Routing TCP/IP

Jeff Doyle CCIE # 1919

Übersetzung:
Cosmos Consulting

CCIE PROFESSIONAL DEVELOPMENT
Routing TCP/IP

Markt&Technik Buch- und Software-Verlag GmbH

Die Deutsche Bibliothek – CIP-Einheitsaufnahme

Doyle, Jeff:
Routing TCP/IP : umfassendes Handbuch zu allen internen
Routing-Protokollen / Jeff Doyle. –
München : Markt und Technik, Buch- und Software-Verl., 1999
  (Cisco Press)
  ISBN 3-8272-5533-3

Die Informationen in diesem Produkt werden ohne Rücksicht auf einen
eventuellen Patentschutz veröffentlicht.
Warennamen werden ohne Gewährleistung der freien Verwendbarkeit benutzt.
Bei der Zusammenstellung von Texten und Abbildungen wurde mit größter
Sorgfalt vorgegangen.
Trotzdem können Fehler nicht vollständig ausgeschlossen werden.
Verlag, Herausgeber und Autoren können für fehlerhafte Angaben
und deren Folgen weder eine juristische Verantwortung noch
irgendeine Haftung übernehmen.
Für Verbesserungsvorschläge und Hinweise auf Fehler sind Verlag und
Herausgeber dankbar.

Autorisierte Übersetzung der amerikanischen Originalausgabe:
Routing TCP/IP © 1999 Macmillan Technical Publishing

Alle Rechte vorbehalten, auch die der fotomechanischen Wiedergabe und der
Speicherung in elektronischen Medien.
Die gewerbliche Nutzung der in diesem Produkt gezeigten Modelle und Arbeiten
ist nicht zulässig.

Fast alle Hardware- und Softwarebezeichnungen, die in diesem Buch erwähnt werden,
sind gleichzeitig auch eingetragene Warenzeichen oder sollten als solche betrachtet
werden.

Das Logo Cisco Press ist ein eingetragenes Warenzeichen von Cisco Systems, Inc., USA.

Umwelthinweis:
Dieses Buch wurde auf chlorfrei gebleichtem Papier gedruckt.
Die Einschrumpffolie – zum Schutz vor Verschmutzung – ist aus umweltverträglichem
und recyclingfähigem PE-Material.

10 9 8 7 6 5 4 3 2 1

03   02   01   00   99

ISBN 3-8272-5533-3

© 1999 by Markt&Technik Buch- und Software-Verlag GmbH,
Martin-Kollar-Straße 10–12, 81829 München/Germany
Alle Rechte vorbehalten
Einbandgestaltung: Helfer Grafik Design, München
Programmleitung: Erik Franz, efranz@pearson.de
Übersetzung und Lokalisierung: Cosmos Consulting GmbH/
Systemhaus/ISP/Redaktion, Cisco@cosmosnet.de
Fachlektorat: Ralf Kothe, Cisco Systems GmbH
Herstellung: Claudia Bäurle, cbaeurle@pearson.de
Satz: text&form, Fürstenfeldbruck
Druck und Verarbeitung: Kösel, Kempten
Printed in Germany

Inhaltsverzeichnis

Vorwort		13
Einleitung		15

Teil 1: Routing Grundlagen   21

1	**Grundkonzepte der Internetzwerke, Router und Adressen**	23
1.1	Fahrräder mit Hilfsmotor	24
1.2	Datenverbindungsadressen	25
1.3	Repeater und Bridges	29
1.4	Router	35
1.5	Netzwerkadressen	38
1.6	Ausblick	41
1.7	Empfohlene Literatur	41
1.8	Übungsfragen	42
2	**TCP/IP – ein Rückblick**	45
2.1	Die TCP/IP-Protokollschichten	45
2.2	Der IP-Paketheader	47
2.3	IP-Adressen	57
2.3.1	Die Regel des ersten Oktetts	59
2.3.2	Adreßmasken	63
2.3.3	Subnetze und Subnetzmasken	65
2.3.4	Design von Subnetzen	69
2.3.5	Bruch der Oktettgrenzen	71
2.3.6	Fehlersuche bei einer Subnetzmaske	74
2.4	ARP	76
2.4.1	Proxy-ARP	82
2.4.2	Grundloses ARP (Gratuitous ARP)	83
2.4.3	Reverse-ARP	84
2.5	ICMP	84
2.6	Die Host-to-Host-Schicht	88

2.6.1	TCP	89
2.6.2	UDP	93
2.7	Ausblick	94
2.7.1	Zusammenfassende Tabelle: Befehle aus Kapitel 2	94
2.8	Empfohlene Literatur	95
2.9	Übungsfragen	95
2.10	Konfigurationsübungen	96
2.11	Übungen zur Fehlersuche	97
3	**Statisches Routing**	**99**
3.1	Die Routing-Tabelle	100
3.2	Konfiguration Statischer Routen	104
3.2.1	Fallstudie: Einfache Statische Routen	105
3.2.2	Fallstudie: Sammelrouten	108
3.2.3	Fallstudie: Alternative Routen	109
3.2.4	Fallstudie: Statische Wechselrouten	111
3.2.5	Fallstudie: Lastverteilung	114
3.2.6	Fallstudie: Rekursive Tabellenprüfungen	118
3.3	Fehlersuche bei statischen Routen	120
3.3.1	Fallstudie: Verfolgung einer fehlerhaften Route	121
3.3.2	Fallstudie: Ein Protokollkonflikt	125
3.4	Ausblick	129
3.4.1	Zusammenfassende Tabelle: Befehle aus Kapitel 3	130
3.5	Übungsfragen	130
3.6	Konfigurationsübungen	131
3.7	Übungen zur Fehlerbehebung	132
4	**Dynamische Routing-Protokolle**	**137**
4.1	Grundlegendes über Routing-Protokolle	138
4.1.1	Pfadbestimmung	138
4.1.2	Metriken	140
4.1.3	Konvergenz	144
4.1.4	Lastverteilung	145
4.2	Routing-Protokolle mit Distanzvektor	146
4.2.1	Allgemeine Eigenschaften	147
4.2.2	Routing by Rumor	148
4.2.3	Routen-Ungültigkeits-Timer	151
4.2.4	Split-Horizon	152
4.2.5	Zählen bis zur Unendlichkeit	155
4.2.6	Triggered Updates	156
4.2.7	Unterdrückungs-Timer	157
4.2.8	Asynchrone Updates	157
4.3	Routing-Protokolle mit Verbindungsstatus	159
4.3.1	Nachbarn	160
4.3.2	Flooding des Verbindungsstatus	161
4.3.3	Die Verbindungsstatus-Datenbank	171
4.3.4	Der SPF-Algorithmus	174
4.3.5	Areas	179

4.4	Interne und Externe Gateway-Protokolle	181
4.5	Statisches oder dynamisches Routing?	183
4.6	Ausblick	184
4.7	Empfohlene Literatur	185
4.8	Übungsfragen	185

Teil 2: Interior-Routing-Protokolle 187

5	**Das Routing-Information-Protocol (RIP)**	189
5.1	Die Wirkungsweise von RIP	190
5.1.1	RIP-Timer und Stabilitätsmerkmale	191
5.1.2	Das RIP-Meldungsformat	194
5.1.3	Die Anfrage-Meldungstypen	196
5.1.4	Classful Routing	197
5.2	Die Konfiguration von RIP	202
5.2.1	Fallstudie: Eine einfache RIP-Konfiguration	202
5.2.2	Fallstudie: Passive Schnittstellen	204
5.2.3	Fallstudie: Konfiguration von Unicast-Updates	206
5.2.4	Fallstudie: Discontiguous Subnetze	208
5.2.5	Fallstudie: Die Veränderung der RIP-Metriken	210
5.3	Die Fehlersuche bei RIP	213
5.4	Ausblick	214
5.4.1	Zusammenfassende Tabelle: Befehle aus Kapitel 5	214
5.5	Empfohlene Literatur	215
5.6	Übungsfragen	215
5.7	Konfigurationsübungen	216
5.8	Übungen zur Fehlersuche	217
6	**Das Interior-Gateway-Routing-Protokoll (IGRP)**	223
6.1	Die Wirkungsweise des IGRP	224
6.1.1	IGRP-Timer und Stabilitätsmerkmale	227
6.1.2	Die IGRP-Metriken	229
6.1.3	Das IGRP-Paketformat	235
6.2	Die Konfiguration des IGRP	239
6.2.1	Fallstudie: Eine einfache IGRP-Konfiguration	240
6.2.2	Fallstudie: Die Unequal-Cost-Lastverteilung	241
6.2.3	Fallstudie: Das Setzen von maximalen Pfaden	244
6.2.4	Fallstudie: Mehrfache IGRP-Prozesse	246
6.3	Fehlersuche bei IGRP	248
6.3.1	Fallstudie: Erneute Unequal-Cost-Lastverteilung	249
6.3.2	Fallstudie: Ein segmentiertes Netzwerk	251
6.4	Ausblick	253
6.4.1	Zusammenfassende Tabelle: Befchle aus Kapitel 6	254
6.5	Empfohlene Literatur	255
6.6	Übungsfragen	256
6.7	Konfigurationsübungen	256
6.8	Übungen zur Fehlersuche	260

7	**Routing-Information-Protokoll Version 2**	267
7.1	Wirkungsweise des RIPv2	268
7.1.1	RIPv2-Meldungsformat	268
7.1.2	Kompatibilität zu RIPv1	271
7.1.3	Classless Routen-Prüfungen	273
7.1.4	Classless Routing-Protokolle	273
7.1.5	Subnetz-Masken mit variabler Länge (VLSM)	274
7.1.6	Authentisierung	278
7.2	Konfiguration des RIPv2	281
7.2.1	Fallstudie: Eine einfache RIPv2-Konfiguration	281
7.2.2	Fallstudie: Kompatibilität zu RIPv1	282
7.2.3	Fallstudie: Verwendung von VLSM	285
7.2.4	Fallstudie: Discontiguous Subnetze und Classless Routing	287
7.2.5	Fallstudie: Authentisierung	290
7.3	Die Fehlersuche bei RIPv2	292
7.3.1	Fallstudie: Fehlerhaft konfiguriertes VLSM	293
7.4	Ausblick	299
7.4.1	Zusammenfassende Tabelle: Befehle aus Kapitel 7	299
7.5	Empfohlene Literatur	300
7.6	Übungsfragen	301
7.7	Konfigurationsübungen	302
7.8	Übungen zur Fehlersuche	304
8	**Enhanced-Interior-Gateway-Routing-Protokoll (EIGRP)**	309
8.1	Wirkungsweise des EIGRP	311
8.1.1	Protokollabhängige Module	312
8.1.2	Reliable-Transport-Protokoll	313
8.1.3	Auf- und Wiederfinden von Nachbarn	315
8.1.4	Der Diffuse-Update-Algorithmus (DUAL)	316
8.1.5	EIGRP-Paket-Formate	342
8.1.6	Adreß-Aggregation	349
8.2	Konfiguration des EIGRP	353
8.2.1	Fallstudie: Eine einfache EIGRP-Konfiguration	354
8.2.2	Fallstudie: Redistribution mit IGRP	356
8.2.3	Fallstudie: Deaktivierung der automatischen Zusammenfassung	359
8.2.4	Fallstudie: Adreß-Aggregation	361
8.2.5	Authentisierung	362
8.3	Fehlersuche bei EIGRP	363
8.3.1	Fallstudie: Ein vermißter Nachbar	364
8.3.2	Stuck-in-Active-Nachbarn	370
8.4	Ausblick	373
8.4.1	Zusammenfassende Tabelle: Befehle aus Kapitel 8	374
8.5	Übungsfragen	376
8.6	Übungen zur Konfiguration	377
8.7	Übungen zur Fehlersuche	379

9	**Open-Shortest-Path-First**	383
9.1	Wirkungsweise des OSPF	384
9.1.1	Nachbarn und Nachbarschaftsverbindungen	386
9.1.2	Areas	427
9.1.3	Die Verbindungs-Status-Datenbank	435
9.1.4	Die Routing-Tabelle	451
9.1.5	Die Authentisierung	456
9.1.6	OSPF über temporäre Verbindungen	456
9.1.7	Die OSPF-Paket-Formate	458
9.1.8	OSPF-LSA-Formate	468
9.1.9	NSSA-External-LSA	476
9.1.10	Das Optionsfeld	477
9.2	Die Konfiguration des OSPF	478
9.2.1	Fallstudie: Eine einfache OSPF-Konfiguration	479
9.2.2	Fallstudie: Das Setzen der Router-IDs auf Loopback-Schnittstellen	483
9.2.3	Fallstudie: Domain-Name-Service-Prüfungen	487
9.2.4	Fallstudie: OSPF und sekundäre Adressen	488
9.2.5	Fallstudie: Rumpf-Areas	493
9.2.6	Fallstudie: Reine Rumpf-Areas	495
9.2.7	Fallstudie: Semi-Rumpf-Areas	496
9.2.8	Fallstudie: Adreßzusammenfassung	502
9.2.9	Fallstudie: Authentisierung	506
9.2.10	Fallstudie: Virtuelle Verbindungen	509
9.2.11	Fallstudie: OSPF auf NBMA-Netzwerken	511
9.2.12	Fallstudie: OSPF über temporäre Verbindungen	520
9.3	Die Fehlersuche bei OSPF	522
9.3.1	Fallstudie: Eine isolierte Area	527
9.3.2	Fallstudie: Eine fehlerhaft konfigurierte Zusammenfassung	531
9.4	Ausblick	534
9.4.1	Zusammenfassende Tabelle: Befehle aus Kapitel 9	534
9.5	Empfohlene Literatur	537
9.6	Übungsfragen	537
9.7	Übungen zur Konfiguration	538
9.8	Übungen zur Fehlersuche	541
10	**Integrated IS-IS**	545
10.1	Die Wirkungsweise des Integrated IS-IS	547
10.1.1	IS-IS-Areas	549
10.1.2	Netzwerk-Entity-Titel	552
10.1.3	Die funktionelle Anordnung des IS-IS	554
10.1.4	IS-IS-PDU-Formate	571
10.2	Die Konfiguration des Integrated IS-IS	596
10.2.1	Fallstudie: Eine einfache Integrated IS-IS-Konfiguration	597
10.2.2	Fallstudie: Die Änderung der Router-Typen	601
10.2.3	Fallstudie: Ein Area-Wechsel	605
10.2.4	Fallstudie: Die Routen-Zusammenfassung	608

10.2.5	Fallstudie: Authentisierung	611
10.3	Die Fehlersuche beim Integrated IS-IS	614
10.3.1	Die Fehlersuche bei IS-IS-Nachbarverbindungen	615
10.3.2	Die Fehlersuche in der IS-IS-Verbindungs-Status-Datenbank	616
10.3.3	Fallstudie: Das Integrated IS-IS auf NBMA-Netzwerken	620
10.4	Ausblick	625
10.4.1	Zusammenfassende Tabelle: Befehle aus Kapitel 10	626
10.5	Übungsfragen	627
10.6	Übungen zur Konfiguration	629
10.7	Übungen zur Fehlersuche	630

Teil 3: Routen-Kontrolle und Interoperabilität 633

11	**Die Routen-Redistribution**	**635**
11.1	Die Grundlagen der Redistribution	638
11.1.1	Metriken	638
11.1.2	Administrative Distanzen	639
11.1.3	Redistribution von Classless zu Classful Protokollen	646
11.2	Konfiguration der Redistribution	650
11.2.1	Fallstudie: Redistribution von IGRP und RIP	652
11.2.2	Fallstudie: Redistribution von EIGRP und OSPF	654
11.2.3	Fallstudie: Redistribution und Routen-Zusammenfassung	659
11.2.4	Fallstudie: Redistribution von IS-IS und RIP	665
11.2.5	Fallstudie: Redistribution statischer Routen	667
11.3	Ausblick	670
11.3.1	Zusammenfassende Tabelle: Befehle aus Kapitel 11	671
11.4	Übungsfragen	671
11.5	Übungen zur Konfiguration	672
11.6	Übungen zur Fehlersuche	673
12	**Default-Routen und On-Demand-Routing**	**675**
12.1	Grundlagen der Default-Routen	676
12.2	Grundlagen des On-Demand-Routings	678
12.3	Konfiguration der Default-Routen und des ODR	681
12.3.1	Fallstudie: Statische Default-Routen	682
12.3.2	Fallstudie: Der Befehl Default-Network	685
12.3.3	Fallstudie: Der Befehl Default-Information Originate	688
12.3.4	Fallstudie: Konfiguration des On-Demand-Routings	692
12.4	Ausblick	693
12.4.1	Zusammenfassende Tabelle: Befehle aus Kapitel 12	694
12.5	Übungsfragen	695
13	**Routen-Filterung**	**697**
13.1	Konfiguration von Routen-Filtern	699
13.1.1	Fallstudie: Filterung bestimmter Routen	699
13.1.2	Fallstudie: Routen-Filterung bei der Redistribution	704

13.1.3	Fallstudie: Eine Protokoll-Umstellung	707
13.1.4	Fallstudie: Mehrfache Redistributions-Punkte	713
13.1.5	Fallstudie: Verwendung der Distanzen zur Bevorzugung von Routern	719
13.2	Ausblick	720
13.2.1	Zusammenfassende Tabelle: Befehle aus Kapitel 13	721
13.3	Übungen zur Konfiguration	721
13.4	Übungen zur Fehlersuche	724
14	**Routen-Maps**	**727**
14.1	Allgemeine Anwendungen der Routen-Maps	727
14.2	Konfiguration von Routen-Maps	731
14.2.1	Fallstudie: Policy-Routing	734
14.2.2	Fallstudie: Policy-Routing und Quality-of-Service-Routing	741
14.2.3	Fallstudie: Routen-Maps und Redistribution	744
14.2.4	Fallstudie: Routen-Tagging	749
14.3	Ausblick	754
14.3.1	Zusammenfassende Tabelle: Befehle aus Kapitel 14	755
14.4	Übungsfragen	757
14.5	Übungen zur Konfiguration	757
14.6	Übungen zur Fehlersuche	759

Teil 4: Anhang 761

Anhang A: Tutorium: Der Umgang mit binären und hexadezimalen Zahlen 763

Anhang B: Tutorium: Die Access-Listen 769

Anhang C: Hinweise zur CCIE-Vorbereitung 797

Anhang D: Antworten zu den Übungsfragen 807

Anhang E: Lösungen zu den Konfigurationsproblemen 833

Anhang F: Lösungen zu den Übungen zur Fehlersuche 875

Stichwortverzeichnis 881

Vorwort

In der heutigen Welt der Netzwerktechnik werden unternehmenskritische Netzwerke für Daten-, Sprach- und Videoübertragungen eingesetzt. Aufgrund der verschiedenen Verkehrsarten und der Dienstqualitäten, die von jedem Informationstyp benötigt werden, ist eine solide praktische Erfahrung unumgänglich, um diese Netzwerke zu verwalten, zu konstruieren und in ihnen Probleme aufzufinden.

Das Erreichen eines hohen Grades an praktischer Erfahrung beinhaltet ein tiefgehendes Verständnis über die Konzepte, die Skalierbarkeit und die Verteilungsaufgaben moderner Netzwerke. Auf einer solchen Erfahrung gründet auch das Fachwissen, mit dem Verkehrsmuster analysiert werden können, und die Kenntnis darüber, wann, wo und wie bestimmte Protokoll- und Bandbreitenmerkmale eingesetzt werden können, um eine Leistungfähigkeit zu steigern.

Um Sie in Ihrer praktischen Erfahrung zu unterstützen, veröffentlicht Cisco-Press die Buchreihe CCIE-Professional-Development. Die Bücher in dieser Reihe werden Ihr Verständnis über Protokollkonzepte deutlich fördern, und sie bieten realitätsnahe Beispiele und Fallstudien, die die betrachteten theoretischen Konzepte unterstreichen. Ich möchte Ihnen sehr empfehlen, diese Bücher als praktische Anleitung zu nutzen, indem Sie die enthaltenen Beispiele und Fallstudien auf Cisco-Geräten nachvollziehen. Sie können auch mit den Konfigurationsparametern spielen, um zu sehen, welche Änderungen jedes Netzwerk erfährt, indem Sie die umfangreichen Debug-

Funktionen ausschöpfen, die auf jedem Cisco-Produkt ausführbar sind.

Im ersten Buch der CCIE-Professional-Development-Reihe, dem *CCIE-Professional-Development: Routing TCP/IP Band I,* beschreibt der Autor Jeff Doyle auf hervorragende Weise die TCP/IP-Konzepte, von den IP-Adreß-Klassen bis zur Analyse der Protokollmetriken. Jedes Kapitel enthält Beispiele, Netzwerk-Topologien mit IP-Adressen, Paketanalysen und Cisco-Debug-Anzeigen. Meiner Meinung nach sind die besten Teile des Buches die Fallstudien, in denen Jeff Doyle mehr oder weniger ähnliche Topologien verwendet, um die verschiedenen Eigenschaften des Protokolls zu vergleichen. Dies führt zu einem tiefen Verständnis über die Konzepte und Merkmale der Protokolle.

Ich empfehle den *CCIE-Professional-Development: Routing TCP/IP Band I* für jede Netzwerk-Zertifizierung, und ich denke, daß es auch ein exzellentes Lehrbuch für Netzwerk-Kurse an Universitäten darstellt.

Imran Qureshi
CCIE-Programm-Manager

Zu behaupten, daß sich das Internet in den letzten zehn Jahren verändert hat, ist eine gewaltige Untertreibung. Das Internet ist heute wohl das größte Phänomen, das nachhaltig Einfluß auf die gesamte Computerwelt nimmt. Durch die Art und Weise, wie sich dieses Phänomen permanent weiterentwickelt, ist längst zu erkennen, daß dieses »Netz der Netze« Einfluß auf jede Art der Kommunikation auf unserem Planeten nimmt. Zusätzlich zeichnet sich heute schon ab, daß der Umgang mit und der Einsatz von globaler, moderner Informationstechnologie zunehmend zu einem Faktor wird, der das gesamte Geschäfts- und Konsumverhalten unserer Gesellschaft nachhaltig verändert.

Mit dem gewaltigen Wachstum des Internets hat sich auch die Rolle von Cisco Systems grundlegend geändert. Cisco ist mittlerweile der weltweit führende Anbieter von Netzwerkkomponenten, und über 80% der Basistechnologie des gesamten Internets stammen von dieser kalifornischen Firma. Ob in großen, weltweiten Enterprise-Netzwerken, bei Service Providern oder in kleinen und mittelständischen Unternehmen: Cisco ist mit seinen innovativen Netzwerklösungen vertreten. Darüber hinaus hat Cisco im Laufe der Jahre weltweit eine einmalige Struktur von Mitarbeitern aufgebaut, in der die kompetentesten Spezialisten des Kommunikationsmarktes helfen, Netzwerke zu planen, zu installieren und zu supporten.

Bisher war Ciscos Internetworking-Know-how hauptsächlich nur unseren Kunden zugänglich, deshalb möchten wir mit der Gründung des Cisco-Press-Forums neue Wege beschreiten, um unser Expertenwissen mit Ihnen zu teilen.

Unser Ziel ist es dabei, eine komplette Fachbibliothek von Publikationen zum Thema Internetworking zu erstellen. In diesen Veröffentlichungen sollen praxisorientierte, nützliche Tips über Design und Implementation von Routern, Switches, Access-Servern und netzübergreifenden Software-Lösungen im Vordergrund stehen.

»Routing TCP/IP« ist ein weiteres Buch dieser Reihe. Darin gibt Cisco einen tiefen Einblick in die Gesetze des TCP/IP Routing und die Anforderungen, die sich bei der Realisierung der Infrastrukturen ergeben. Es beschreibt ausführlich die Aufgabenstellung, mit der sich jeder Netzdesigner auseinandersetzen muß, der TCP/IP-Netzwerke an oder durch das Internet, als Intranet oder Extranet verbinden möchte. Dabei fließen unsere langjährigen Erfahrungen bei der Planung von TCP/IP-Netzwerken ein, um dadurch nützliche Tips aus der Praxis bei Design- und der Implementation von Internetworking-Strukturen zu vermitteln.

»TCP/IP Routing« ist ein Buch, das Ihnen leicht verständlich die wichtigsten Design- und Implementationsrichtlinien erläutert.

Wir hoffen, daß diese Publikation auch eine Bereicherung für Ihre Netzwerk-Bibliothek ist.

Ralf Kothe

Product Marketing Manager
Cisco Systems GmbH

Einleitung

Routing ist ein essentieller Bestandteil aller Netzwerke, mit Ausnahme der kleinsten Daten-Kommunikations-Netzwerke. Auf einer Stufe ist das Routing und die Konfiguration von Routern recht einfach. Wenn die Internetzwerke aber in ihrer Größe und Komplexität anwachsen, können die Routing-Aufgaben plötzlich aufwendig und hintergründig werden. Es mag merkwürdig erscheinen, daß ich für die anspruchsvollen Probleme dankbar bin, die das Routing in großem Maßstab mit sich bringt – aber als Netzwerk-System-Consultant bestreite ich mit diesen Problemen meinen Lebensunterhalt. Ohne diese Probleme könnte der Ausspruch »Möchten Sie noch Pommes dazu?« ein trauriger Teil meines täglichen Sprachgebrauchs sein.

Cisco-Certified-Internetzwerk-Experten sind allseits für ihre Fähigkeit zur Konstruktion, Problembehebung und Verwaltung großer Internetzwerke bekannt. Diese Wertschätzung basiert auf der Tatsache, daß man nicht dadurch zu einem CCIE werden kann, daß man ein paar Unterrichtsstunden nehmen und danach einige auswendig gelernte Dinge in einem schriftlichen Test wiedergeben muß. Ein CCIE hat sein Fachwissen in einer intensiven, für ihre Schwere bekannten, praktischen Labor-Prüfung unter Beweis gestellt.

Die Zielsetzung dieses Buches

Dieses Buch ist das erste in einer Reihe, die Ihnen dabei helfen soll, ein Cisco-Certified-Internetworking-Experte zu werden, und der erste von zwei Bänden, die sich auf die TCP/IP-Routing-Aufgaben konzentrieren. In den Anfängen dieses Projekts sagte Kim Lew, ein Cisco-System-Programm-Manager: »Unser Ziel besteht darin, CCIEs hervorzubringen und nicht darin, Menschen durch die CCIE-Labor-Prüfung zu schleusen.« Ich stimme dieser Aussage vollkommen zu und habe sie während des Verfassens dieses Buches als Richtschnur verwendet. Auch wenn das Buch viele Fallstudien und Beispiele enthält, die Ihnen helfen sollen, sich auf das CCIE-Labor vorzubereiten, besteht mein Hauptziel darin, Ihr Verständnis über IP-Routing zu verbessern – sowohl aus allgemeiner Sicht als auch, wie es auf Cisco-Routern ausgeführt wird.

Der Leserkreis dieses Buches

Dieses Buch richtet sich an jeden Netzwerk-Designer, -Administrator und -Ingenieur, der ein umfassendes Verständnis über interne Routing-Protokolle des TCP/IP benötigt. Obwohl sich die praktischen Aspekte des Buchs auf Cisco-IOS konzentrieren, sind die Informationen auf allen Routing-Plattformen anwendbar.

Dieses Buch richtet sich nicht nur an Leser, die beabsichtigen, ein Cisco-Certified-Internetzwerk-Experte zu werden, sondern an jeden, der sein Wissen über das TCP/IP-Routing erweitern möchte. Diese Leser werden sich in drei Kategorien einteilen lassen:

– Der »Anfänger«, der einige grundlegende Netzwerk-Kenntnisse besitzt und eine eingehende Studie über Internetzwerke beginnen möchte.

– Der fortgeschrittene professionelle Netzwerker, der Erfahrung mit Cisco- oder anderen Routern besitzt und diese Erfahrung auf den Stand eines Experten bringen möchte.

– Der sehr erfahrene Netzwerk-Experte. Dieser hat ein umfangreiches praktisches Fachwissen über Cisco-Router und ist bereit für das CCIE-Labor. Er oder sie möchte jedoch eine strukturierte Wiederholung ausführen und eine Reihe von Beispielen durcharbeiten, um sie nachzuvollziehen und zu bewerten.

Dieses Buch richtet sich hauptsächlich an den fortgeschrittenen professionellen Netzwerker, während es gleichzeitig dem Anfänger einen strukturierten Überblick über grundlegende Informationen bietet und dem Experten die gesuchten Herausforderungen zur Abrundung seines Könnens liefert.

Der Aufbau dieses Buches

Die vierzehn Kapitel dieses Buches sind in drei Teile unterteilt.

Teil I betrachtet die Grundlagen der Netzwerke und des Routings. Obwohl erfahrenere Leser die ersten zwei Kapitel gerne übergehen werden, empfehle ich sehr, daß sie zumindest die Kapitel 3 und 4 überfliegen.

Teil II beschäftigt sich mit internen TCP/IP-Gateway-Protokollen. Jedes protokoll-spezifische Kapitel beginnt mit einer Betrachtung der Mechanismen und Parameter des Protokolls. Diesem allgemeinen Überblick folgen Fallstudien über die Konfiguration und die Fehlersuche des Protokolls auf Cisco-Routern in verschiedenen Netzwerk-Topologien.

Die Externen-Gateway-Protokolle werden, zusammen mit den Themen des Multicast-Routings, des Quality-of-Service-Routings, der Router-Sicherheit und des -Managements sowie des Routings von IPv6 im Band II behandelt.

Teil III betrachtet die verfügbaren Werkzeuge zur Ermöglichung und Verwaltung der Interoperabilität mit mehrfachen IP-Routing-Protokollen, sowie solche Werkzeuge wie Default-Routen und Routen-Filter. Diese Kapitel beginnen, wie diejenigen in Teil II, mit Konzepten und schließen mit Fallstudien.

Konventionen und Merkmale

Die meisten Kapitel enden mit einer Reihe von Wiederholungsfragen, Konfigurationsübungen und Fehlersuchübungen. Die Übungsfragen konzentrieren sich auf die theoretischen Aspekte der Kapitelüberschrift, während sich die Übungen zur Konfiguration und Fehlersuche den Cisco-spezifischen Aspekten des Themas widmen.

Zudem befindet sich am Ende jedes Kapitels eine Tabelle mit einer kurzen Beschreibung aller wichtigen Cisco-IOS-Befehle, die in diesem Kapitel verwendet werden. Diese werden mit folgenden Konventionen dargestellt:

- Vertikale Balken (|) trennen alternative, sich gegenseitig ausschließende Elemente.
- Eckige Klammern [] zeigen optionale Elemente an.
- Geschweifte Klammern {} zeigen eine notwendige Auswahl an.
- Geschweifte Klammern innerhalb von eckigen Klammern [{}] zeigen eine notwendige Auswahl innerhalb eines optionalen Elements.
- **Fettgedrucktes** stellt Befehle und Schlüsselwörter dar, die explizit eingegeben werden müssen.
- *Kursives* stellt Argumente dar, bei denen Sie Werte eingeben können.

Wichtige Konzepte werden durch Randbemerkungen auf Querverweise angezeigt.

Bild 0.1 zeigt die Konventionen, die in den Abbildungen innerhalb des gesamten Buches verwendet werden.

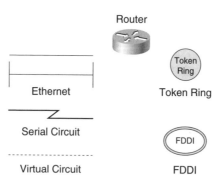

Bild E.1: Die in diesem Buch verwendeten Abbildungs-Konventionen

Alle Protokoll-Analyzer-Aufnahmen, die in diesem Buch gezeigt werden, wurden mit einem DA-320-DominoLAN-Internetzwerk-Analyzer der Firma Wandel & Goltermann aufgenommen.

Teil 1

Routing Grundlagen

1 Grundkonzepte der Internetzwerke, Router und Adressen

2 TCP/IP – ein Rückblick

3 Statisches Routing

4 Dynamische Routing-Protokolle

Dieses Kapitel behandelt die folgenden Themen:

– Fahrräder mit Hilfsmotor

– Datenverbindungsadressen

– Repeater und Bridges

– Router

– Netzwerkadressen

KAPITEL 1

Grundkonzepte der Internetzwerke, Router und Adressen

Ursprünglich waren Rechnerkapazitäten und Datenspeicher zentral organisiert. Großrechner waren in klimatisierte Hochsicherheitsräume gesperrt, beaufsichtigt von der Priesterkaste der IS-Administratoren. Die Kontaktaufnahme mit einem Computer erfolgte üblicherweise durch die Übergabe eines Stapels von Hollerithkarten an die Priester, die sich für uns bei dem Großen Manitou verwendeten.

Die Ankunft der Minicomputer führte die Computer aus dem IS-Tempel der Konzerne und Universitäten und brachte sie auf die Firmenebene. So konnten Ingenieure, Steuerberater und jede andere Firma, die Datenverarbeitung betreibt, für wenige 100000 DM eigene Computer besitzen.

Den Minicomputern folgten auf dem Fuße die Mikrocomputer, welche die Datenverarbeitung direkt auf den Schreibtisch verlegten. Kosten und Nutzbarkeit fielen von der Firmenebene auf die Individualebene und machten den Ausdruck *Personalcomputer* zu einem Teil des allgemeinen Sprachgebrauchs.

Der Schreibtisch-Computer entwickelte sich zwar in schwindelerregender Schnelligkeit, jedoch sicherlich nicht als direkte Alternative zum zentralen Großrechner. Es gab eine Aufbauperiode, in der Software und Hardware auf einer Ebene entwickelt werden mußten, auf der die Personalcomputer ernst zu nehmen waren.

1.1 Fahrräder mit Hilfsmotor

Eine der großen Schwierigkeiten der zentralen Großrechenanlagen liegt darin, daß sie die Benutzer voneinander und von den verwendeten Daten und allgemeinen Applikationen isolieren. Wenn eine Datei erzeugt ist, wie kann sie an Frank, Thomas und Andrea eine Etage tiefer weitergegeben werden? Es gab schon früh eine einfache Lösung: Die Datei wird auf Floppydisketten übertragen und zu Fuß zum gefragten Ziel gebracht. Doch was passiert, wenn Frank, Thomas und Andrea ihre Kopien der Datei verändern? Wie stellt man sicher, daß alle Information in allen Versionen synchronisiert werden? Wie ist so etwas möglich, wenn diese drei Kollegen auf verschiedenen Etagen oder in verschiedenen Gebäuden oder Städten arbeiten? Was ist, wenn die Datei mehrere Male pro Tag überarbeitet werden muß? Was ist, wenn es nicht drei Kollegen, sondern 300 Mitarbeiter sind? Was ist, wenn alle 300 Mitarbeiter hin und wieder eine von ihnen abgeänderte Kopie der Datei ausdrucken müssen?

Das *Local-Area-Network* oder auch LAN ist ein kleiner Schritt zurück zur Zentralverwaltung. LANs stellen ein Mittel dar, um Ressourcen miteinander zu teilen. Server ermöglichen jedem den Zugriff auf eine gemeinsame Dateikopie oder eine gemeinsame Datenbank. Das bedeutet kein weiteres »Herumwandern« mit Disketten und keine weiteren Probleme mit nicht abgeglichenen Informationen. E-Mail liefert einen Kompromiß zwischen Telefonaten, welche die Anwesenheit des Empfängers erfordern, und dem Postverkehr, der aus gutem Grund oft Schneckenpost genannt wird. Das Teilen von Drucker- und Modempools verhindert die Anschaffung von teuren, nur selten genutzten Geräten an jedem Schreibtisch.

Als die LANs noch in den Kinderschuhen waren, ernteten sie natürlich mehr als leichten Spott von den Herstellern der Großrechner. Ein oft gehörter Witz während der frühen Jahre war: »Ein LAN ist wie ein Fahrrad mit Hilfsmotor, und wir produzieren keine Mopeds!« Welchen Unterschied ein paar Jahre und ein paar Milliarden Dollar ausmachen können.

Datenverbindung Physikalisch gesehen erfüllt ein LAN die Ressourcenteilung unter einer Gruppe von Geräten, indem es sie an ein gemeinsam nutzbares Trägermedium anschließt, die *Datenverbin-*

dung. Dieses Medium kann aus Twisted-Pair-Kabeln (geschirmt oder ungeschirmt), Koaxial-Kabeln, Glasfasern, Infrarotem Licht oder auch etwas anderem bestehen. Das Wesentliche besteht lediglich darin, daß alle Geräte nebeneinander an die Datenverbindung durch irgendeine Art von Netzwerkschnittstelle angeschlossen sind.

Jedoch ist ein gemeinsam genutztes physikalisches Medium noch nicht ausreichend. Es muß Regeln geben, wie die Nutzung der Datenverbindung aufgeteilt wird. Wie in jeder anderen Gemeinschaft, ist ein Regelwerk nötig, um ein geregeltes Nebeneinander zu ermöglichen und sicherzustellen, daß sich alle Teile ordentlich verhalten sowie allen ein gleiches Maß der verfügbaren Ressourcen zukommt. In einem Local-Area-Network wird dieses Regelwerk oder auch *Protokoll* allgemein als *Media-Access-Control* (MAC) (=Medienzugriffsregel) bezeichnet. Die MAC-Adresse bestimmt, wie schon der Name sagt, die Art, wie jedes Gerät Zugriff auf ein gemeinsames Medium erhält und wie dieses aufgeteilt wird.

So weit ist ein LAN dadurch beschrieben, daß es eine Gemeinschaft von Geräten wie PCs, Drucker und Server darstellt, die nebeneinander auf einem gemeinsamen Kommunikationsmedium koexistieren und ein gemeinsames Protokoll befolgen, das den Zugriff auf das Medium regelt. Jedoch fehlt noch eine letzte Eigenschaft: Wie in jeder Gemeinschaft muß jedes Individuum eindeutig identifizierbar sein.

1.2 Datenverbindungsadressen

In einer bestimmten Ortschaft in Colorado tragen zwei Personen den Namen Jeff Doyle. Ein Jeff Doyle erhält regelmäßig Telefonanrufe, die für den Herrn bestimmt sind, dessen Namen er mit ihm teilt – so oft, daß seine clevere Ehefrau die richtige Telefonnummer neben dem Telefon notiert hat, um falsch verbundene Anrufer an das richtige Ziel zu verweisen. Mit anderen Worten: Da zwei Individuen nicht eindeutig unterscheidbar sind, werden hin und wieder Daten falsch übertragen, und es muß ein Prozeß erfolgen, um den Fehler zu beheben.

In Familien, Gemeinschaften und unter Freunden ist ein Name im allgemeinen ausreichend, um zwischen einzelnen Individuen unterscheiden zu können. Wie das Beispiel aufzeigt, ist die Zuordnung per Name in größeren Bevölkerungsgruppen nicht mehr sicher. Eine eindeutigere Zuordnung, z.B. per Sozialversicherungsnummer, ist notwendig, um eine Person von der anderen zu unterscheiden.

Frame (=Rahmen)

Auch die Geräte in einem LAN müssen eindeutig und individuell identifizierbar sein. Wenn dies nicht so wäre, so würden sie wie Menschen mit gleichem Namen, Sendungen empfangen, die nicht für sie bestimmt sind. Wenn Daten über ein LAN übertragen werden sollen, werden sie in eine Einheit namens Frame (=Rahmen) eingekapselt (verpackt), eine Art binärer Briefumschlag. Stellen Sie sich die Dateneinkapselung als digitales Pendant zum Einlegen eines Briefes in einen Umschlag vor, wie in Bild 1.1 dargestellt[1]. Auf der Außenseite des Briefumschlags ist die Zieladresse und eine Absender-(Quell-)adresse vermerkt. Ohne Zieladresse würde kein Postbote wissen, wohin er den Brief ausliefern soll. Wenn ein Frame auf die Datenverbindung gesetzt wird, »sehen« dagegen alle angeschlossenen Geräte den Frame. Daher muß es eine Art Mechanismus geben, der festlegt, welches Gerät den Frame aufnehmen und die darin enthaltenen Daten lesen soll.

Bild 1.1: Einkapselung bedeutet die Verpackung von Daten in einen Frame – eine Art digitaler »Briefumschlag« für die Versendung.

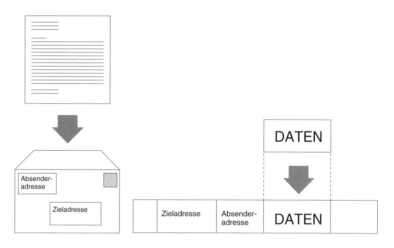

---

1 Wie wir später sehen werden, ist die Erzeugung eines Daten-Verbindungs-Frames vergleichbar mit dem Verpacken eines kleinen Briefumschlags in einen großen.

Kapitel 1 • Grundkonzepte der Internetzwerke, Router und Adressen

Bild 1.2 zeigt das Format der gebräuchlichsten LAN-Frames. Beachten Sie, daß jeder Block eine Zieladresse und eine Quelladresse enthält. Das Format der Adresse hängt von dem jeweiligen MAC-Protokoll ab, jedoch erfüllen alle Adressen denselben Zweck: Sie identifizieren eindeutig die Maschine, für die der Frame bestimmt ist, und von welchem Gerät er gesendet wurde.

Ethernet

PREAMBLE	ZIEL-ADRESSE	QUELL-ADRESSE	TYP	DATEN	FRAME-PRÜF-SEQUENZ

IEEE 802.3

PREAMBLE	ZIEL-ADRESSE	QUELL-ADRESSE	LÄNGE	DATEN	FRAME-PRÜF-SEQUENZ

IEEE 802.5/TOKEN RING

SD	AC	FC	ZIEL-ADRESSE	QUELL-ADRESSE	DATEN	FRAME-PRÜF-SEQUENZ	ED

FDDI

PREAMBLE	SD	FC	ZIEL-ADRESSE	QUELL-ADRESSE	DATEN	FRAME-PRÜF-SEQUENZ	ED	FS

SD = Start Delimiter
AC = Access Control
FC = Frame Control
ED = End Delimiter
FS = Frame Status

Bild 1.2: Das Frameformat einiger oft verwendeter Daten-Verbindungs-Frames in LANs.

Die drei meistverwendeten Datenverbindungen in LANs sind Ethernet, Token Ring und FDDI. Auch wenn jede Verbindung sich stark von den anderen unterscheidet, verwenden sie gemeinsam eine Form der Geräte-Adressierung auf dem Netzwerk. Dieses Format wurde ursprünglich vom Palo Alto Research Center (PARC)[1] der Firma Xerox standardisiert und wird heute vom Institute of Electrical und Electronics Engineers (IEEE) verwaltet. Es hat verschiedene Bezeichnungen, wie ein-

---

1 Der volle Name, der in jeder modernen Publikation über Networking genannt wird, lautet: The Now Famous Xerox PARC.

gebrannte Adresse[1], physikalische Adresse, Geräteadresse oder die am meisten verwendete MAC-Adresse.

Die MAC-Adresse ist eine 48-Bitnummer, die so aufgebaut ist, daß jedes Gerät auf diesem Planeten damit eindeutig zu identifizieren ist, siehe Bild 1.3. Fast jeder hat schon Gerüchte gehört von riesigen Stapeln von Netzwerkkarten mit identischen eingebrannten Adressen, die von gewissenlosen Kopierfirmen stammen oder das Ergebnis von blockiertem Programmcode sind. Auch wenn die meisten dieser Geschichten ins Reich der Märchen gehören, kann man sich vorstellen, was passieren würde, wenn alle Geräte auf einem LAN dieselbe MAC-Adresse tragen würden: Stellen Sie sich vor, jeder Einwohner einer Stadt hieße Wessvick Smackley. Männer, Frauen, Kinder, Hunde und Katzen heißen alle Wesvick Smackley. Jederlei Kommunikation, selbst das Verbreiten von Stadtgesprächen, wäre unglaublich schwierig[2].

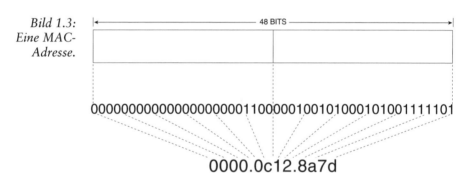

Bild 1.3: Eine MAC-Adresse.

Auch wenn die MAC-Adressen durch die Konvention als »Adressen« bezeichnet werden, sind sie in Wirklichkeit Namen. Bedenken Sie: Da das Kennzeichen eingebrannt oder fest

---

1 Die Adresse ist gewöhnlich im ROM der Netzwerkschnittstelle fest einprogrammiert oder eingebrannt.

2 In der Realität tauchen doppelte MAC-Adressen in einem Netzwerk hauptsächlich dann auf, wenn Netzwerkadministratoren lokal verwaltete Adressen verwenden. Dieses Auftreten ist in Token-Ring-Netzwerken normal, da ein Schritt bei der Einführung des Token-Ring die Überprüfung einer Doppeladresse ist

an ein Gerät gebunden ist, ist es ein Teil dieses Geräts, und es wird mit dem Gerät mitreisen, wohin es auch geht[1].

Die meisten Leute besitzen verschiedene Straßenadressen im Laufe ihres Lebens, und einige haben mehr als einen festen Namen. Ein Name identifiziert eine Einheit – ob Person oder PC. Eine Adresse beschreibt, wo sich die Person oder der PC befindet.

Im Interesse der Klarheit verwendet dieses Buch statt des Begriffs MAC-Adresse häufig den Begriff *Daten-Verbindungs-Kennzeichen* oder *MAC-Kennzeichen*. Der Grund für eine solche Unterscheidung wird Ihnen bald klar werden.

1.3 Repeater und Bridges

Die bisher angeführten Informationen können in einigen kurzen Aussagen zusammengefaßt werden:

- Ein Netzwerk zur Datenkommunikation ist eine Gruppe von zwei oder mehr Geräten, die durch ein gemeinsames Trägermedium verbunden sind.
- Diese Geräte haben ein allgemein akzeptiertes Regelwerk, die sogenannte Media-Access-Control oder kurz MAC, das festlegt, wie das Medium gemeinsam genutzt wird.
- Jedes einzelne Gerät besitzt ein Kennzeichen, und jedes Kennzeichen ist nur einem einzigen Gerät zugeteilt.
- Unter Verwendung dieser Kennzeichen kommunizieren die Geräte untereinander, indem sie zu versendende Daten in einen virtuellen Umschlag namens Frame einkapseln.

So, hier steht nun dieses wundervolle ressourcenteilende Werkzeug namens LAN. Es ist so phantastisch, daß wirklich jeder mit ihm verbunden sein will. Und dies ist der Knackpunkt. Wenn ein LAN wächst, kommen neue Probleme von selbst.

Das erste Problem liegt in der physikalischen Entfernung. Bild 1.4 zeigt, daß drei Faktoren ein elektrisches Signal beeinflus-

---

1 Auch wenn einige Daten-Verbindungs-Adressen administrativ konfiguriert werden können oder müssen, ist zu betonen, daß sie nur einmal in einem Netzwerk existieren dürfen.

sen können. Diese Faktoren können die enthaltene Signalinformation abschwächen oder ganz zerstören:

- Dämpfung

- Interferenz

- Verzerrung

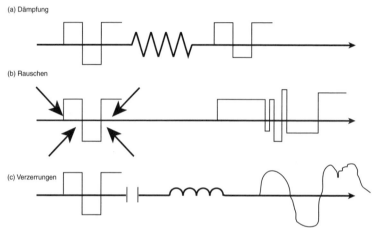

Bild 1.4: *Dämpfung, Interferenz und Verzerrung lassen das Signal in anderer Form ankommen, als es gesendet wurde!. Die Dämpfung (a) hängt vom Innenwiderstand des Kabels ab. Eine bestimmte Signalenergiestärke muß aufgewendet werden, um den Widerstand zu überwinden. Die Interferenz (b) hängt von den äußeren Einflüssen ab – z.B. Rauschen – dies addiert Charakteristiken zur Signalform hinzu, die nicht erwünscht sind. Die Verzerrung (c) entsteht dadurch, daß das Kabel verschiedene Frequenz-Komponenten des Signals verschieden stark beeinflußt.*

Je weiter ein Signal übertragen werden soll, desto stärker werden die störenden Effekte dieser drei Faktoren. Lichtimpulse, die über Glasfaser übertragen werden, sind wesentlich weniger anfällig für Interferenz, sie sind jedoch immer noch anfällig für Dämpfung und Verzerrung.

Bei Kabelverbindungen werden in bestimmten Intervallen *Repeater* (=Wiederholer) eingesetzt, um die Schwierigkeiten auszugleichen, die bei überlangen Entfernungen auftreten. Ein Repeater wird in einiger Entfernung von der Signalquelle in das Trägermedium eingefügt, jedoch noch nah genug, daß er das Signal korrekt interpretieren kann (siehe Bild 1.5). Er wiederholt so das Signal, indem er eine neue saubere Kopie des Ursignals reproduziert. Daher der Name *Repeater*.

Bild 1.5: Durch Einsatz eines Repeaters in der Leitung in einer Entfernung, in der er das Originalsignal trotz der Dämpfungs-, Interferenz- und Verzerrungseffekte noch erkennen kann, kann ein sauberes Signal reproduziert und die Länge der Leitung erweitert werden

Ein Repeater kann als Teil des physikalischen Trägermediums betrachtet werden. Er besitzt keine reale Intelligenz, er reproduziert nur ein Signal. Ein digitaler Repeater wird daher manchmal ironisch auch »Bitspucker« genannt.

Das zweite Problem, das mit wachsenden LANs zusammenhängt, ist der Datenstau (congestion). Repeater werden eingesetzt, um die Länge des Kabels zu erweitern und mehr Geräte anschließen zu können. Der fundamentale Grund für den Betrieb eines LAN liegt jedoch in der Ressourcenteilung. Wenn eine zu große Bevölkerungszahl versucht, beschränkte Ressourcen zu teilen, werden die Regeln des Anstands und Betragens verletzt, und es entstehen Konflikte. Unter Menschen können Armut, Kriminalität und Krieg entstehen. In Ethernet-Netzwerken brauchen Kollisionen die verfügbare Bandbreite auf. In Token-Ring- und FDDI-Netzwerken würden die Rotationszeit des Tokens und die timing jitter kritische Grenzen überschreiten.

Das Ziehen von Grenzen zwischen einzelnen LAN-Geräte-Populationen bietet eine Lösung bei Überbevölkerung. Diese Aufgabe wird mit Hilfe von *Bridges* (=Brücke) erfüllt.

Bild 1.6 zeigt den üblichen Bridge-Typ: eine *transparente Bridge*. Sie erfüllt drei einfache Funktionen: learning (=Lernen), forwarding (=Weiterleitung) und Filterung. Sie ist transparent, d.h., Endstationen haben keine Kenntnis von ihrer Anwesenheit.

Die Bridge lernt durch wechselndes Lauschen auf allen ihren Ports. Das heißt, jedesmal, wenn eine Station einen Frame sendet, wird von der Bridge das Quellkennzeichen des Frames überprüft. Sie speichert das Kennzeichen dann in einer *Bridging-Tabelle*, zusammen mit dem Port, auf dem es empfangen wurde. Die Bridge lernt auf diese Weise, welche Stationen hinter Port 1 liegen, welche hinter Port 2 und so weiter.

In Bild 1.6 verwendet die Bridge die Information ihrer Bridging-Tabelle, um Frames weiterzuleiten, wenn ein Mitglied einer Menge – z.B. eine Station hinter Port 1 – ein Frame an ein Mitglied einer anderen Menge senden will: eine Station hinter Port 2.

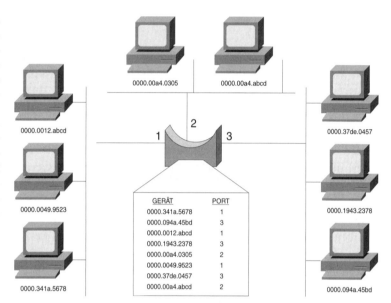

Bild 1.6:
Die transparente Bridge teilt die Anzahl der Netzwerkgeräte in verwaltbare Mengen auf. Eine Bridging-Tabelle vermerkt die Mitglieder jeder Menge und leitet die Kommunikation zwischen den einzelnen Mengen.

Eine Bridge, die nur lernen und weiterleiten würde, hätte keinen Nutzen. Der wahre Nutzen einer Bridge liegt in ihrer dritten Funktion, des Filterns. Bild 1.6 zeigt, daß die Bridge den Frame überprüfen wird, wenn eine Station hinter Port 2 ein Frame an eine andere Station hinter Port 2 sendet. Die Bridge schaut die Bridging-Tabelle durch und sieht, daß sich das Zielgerät hinter dem selben Port befindet, aus dem der Frame empfangen wurde, und wird den Frame nicht weiterleiten. Damit wird der Frame gefiltert.

Bridges ermöglichen den Anschluß von wesentlich mehr Geräten an ein Netzwerk, als möglich wären, wenn alle Geräte in einer Menge zusammengefaßt wären und um die verfügbare Bandbreite konkurrieren müßten. *Filtern* bedeutet, daß nur die Frames weitergeleitet werden, die für eine andere Menge bestimmt sind, somit werden Ressourcen eingespart. Ethernet-Netzwerke werden in Kollisionsdomänen eingeteilt, Token-Ring- und FDDI-Netzwerke in mehrere Ringe.

Bild 1.7 illustriert zwei Perspektiven einer transparenten Bridge. Sie ist transparent, da die Endstationen keine Kenntnis von ihrem Vorhandensein haben. Gleichzeitig hat eine transparente Bridge keine Kenntnis von der Topologie eines Netzwerks. Die Bridge weiß nur, welche Kennzeichen sie auf welchen ihrer Ports gehört hat.

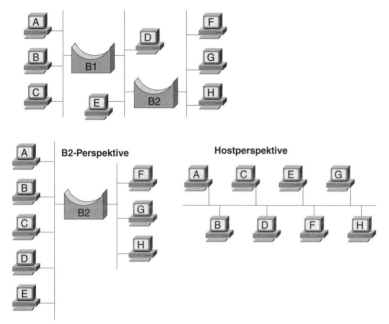

Bild 1.7:
Zwei Perspektiven einer transparenten Bridge.

Weitere Typen von Bridges sind Source-Route-Bridges, Source-Route/ Transparent-Bridges, Translating-Bridges und einkapselnde Bridges. Eine vollständige Behandlung von Bridge-Fragen und deren Funktionalität finden Sie bei Perlman [1992], der in der Literaturliste am Ende des Kapitels zitiert wird.

Das dritte Problem, das sich bei einem wachsenden LAN stellt, liegt in der Lokalität. Repeater ermöglichen die Distanzerweiterung eines LAN, jedoch nur bis hin zu bestimmten geographischen Beschränkungen. Die Erweiterung eines LAN durch eine Stadt oder über den ganzen Kontinent bringt unbezahlbare Kosten für Material, Entwicklung und Konstruktion sowie Rechtsfragen wie das Wegerecht hervor. Solche Entfernungen erfordern den Einsatz eines *Wide-Area-Networks* oder kurz WAN[1]. Tabelle 1.1 vergleicht und unterscheidet die Eigenschaften von LANs und WANs.

Ein viertes Problem liegt in der Skalierung. Bridges ermöglichen die Unterteilung von Netzwerken in kleinere Einheiten mit weniger Stationen. Auf diese Weise erfolgt der Verkehr von Station zu Station lokal. Bestimmte Frame-Typen können jedoch nicht lokal übertragen werden. Einige Applikationen erfordern es, daß Daten per *Broadcast* (=Rundsendung) gesendet werden – d.h., die Daten müssen an alle Stationen eines Netzwerks übertragen werden. Ethernet-, Token-Ring- und FDDI-Netzwerke verwenden ein reserviertes Zielkennzeichen, das nur aus Einsen besteht (0xFFFF.FFFF.FFFF), für einen solchen Broadcast. Bridges müssen einen Broadcast-Frame aus allen Ports senden, um sicherzustellen, daß alle Stationen eine Kopie erhalten. Wenn ein Netzwerk mit Bridges größer und größer wird, werden mehr und mehr Stationen Broadcast-Verkehr erzeugen. Auf diese Weise werden Broadcast-Frames das Netzwerk erneut überlasten.

Tabelle 1.1: Fundamentale Unterschiede zwischen LANs und WANs.

LAN	WAN
Beschränkte geographische Ausdehnung	Stadtweite bis weltweite geographische Ausdehnung
In Privatbesitz und auch privat betriebenes Medium	Das Medium wird von einem Service-Provider gemietet
Sehr große und günstige Bandbreite	Beschränkte und teure Bandbreite

Internetzwerk Um Broadcast-Verkehr und weitere Skalierungsaufgaben zu meistern, ist eine andere Art von Eingrenzung nötig. Bridges ermöglichen die Unterteilung eines Netzwerks in Stationsmengen, aber es muß auch eine Möglichkeit der Unterteilung einer Menge von Netzwerken innerhalb eines größeren Netzwerks geben. Dieses Netzwerk der Netzwerke ist besser bekannt als

---

1 Ein dritter Begriff, der meist falsch verwendet wird, ist Metropolitan-Area-Network oder MAN. Es ist ganz vorteilhaft, daß dieser Begriff ausstirbt. Er weicht die Unterscheidung zwischen einem LAN und einem WAN auf. Ist ein MAN ein großes LAN oder ein kleines WAN? Das Aussterben ist hier auch ein schlechtes Wortspiel, da Bridges (Brücken) sicherstellen, daß kein MAN eine Insel bleibt.

ein *Internetzwerk*. Das Gerät, das Internetzwerke ermöglicht, ist ein Router.

1.4 Router

Router hatten früher verschiedene Namen. In vergangenen Zeiten, als das heute sogenannte Internet noch ARPANET genannt wurde, wurden Router IMPs genannt, dies steht für *Internet-Message-Processors*.[1] Später wurden Router *Gateways* genannt. Überbleibsel dieser Nomenklatur können noch in Begriffen wie Border-*Gateway*-Protokoll (BGP) und Interior-*Gateway*-Routing-Protokoll (IGRP)[2] gefunden werden. In der Open-System-Interconnection-(OSI-)Welt sind Router als *Intermediate-Systems* (IS) bekannt.

Alle diese Ersatznamen beschreiben einige Aspekte von dem, was ein Router ausführt. Das Wort *Internet-Message-Processor* beinhaltet, daß ein Router Datenmeldungen oder -pakete von einem Netzwerk zu einem anderen switcht (=hinüberschaltet). Ein *Gateway* beinhaltet, daß ein Router ein Tor (=Gateway) ist, durch das Daten gesendet werden können, um ein anderes Netzwerk zu erreichen. Und ein *Intermediate-System* beinhaltet, daß ein Router ein Vermittler für die Endsystem-zu-Endsystemübertragung von Internetzwerkdaten ist.

Die Bezeichnung Router ist vermutlich die genaueste Beschreibung von dem, was moderne Ausführungen dieser Geräte tun. Ein Router sendet Informationen entlang einer Route – einem Pfad – zwischen zwei Netzwerken. Dieser Pfad kann über einen einzelnen Router oder über viele Router führen. Des weiteren verwenden moderne Router eine ganze Reihe von Prozeduren, um die beste Route zu bestimmen und sie zu verwenden, wenn Internetzwerke mehrere Pfade zum gleichen Ziel bieten. Wenn diese Route ihre Vorzüge verliert oder vollkommen unbrauchbar wird, wählt der Router den nächstbesten

Router

Routing-Protokoll

---

1 Der Vorgänger der modernen paket-geswitchten Netzwerke war das AlohaNet, das von Norman Abramson in den späten 60er Jahren an der Universität von Hawaii entwickelt wurde. Da Router zu der Zeit IMPs genannt wurden, nannte Dr. Abramson seinen Router Menehune: eine hawaiianische Elfe.

2 Der Begriff Gateway wird heute allgemein als Applikations-Gateway verstanden, als Gegensatz zu einem Router, der in diesem Zusammenhang ein Netzwerk-Gateway darstellt.

Pfad aus. Die von einem Router verwendeten Prozeduren zur Bestimmung und Auswahl der besten Route und zum Austausch von Informationen mit anderen Routern über Status und Erreichbarkeit eines Netzwerks werden insgesamt als *Routing-Protokoll* bezeichnet.

Genauso wie eine Datenverbindung zwei Geräte direkt miteinander verbinden kann, kann ein Router auch eine Verbindung zwischen zwei Geräten herstellen. Der Unterschied besteht darin, daß der Kommunikationspfad zwischen zwei Geräten, die sich eine normale Datenverbindung teilen, ein physikalischer Pfad ist, während der Kommunikationspfad, den der Router zwischen zwei Geräten in verschiedenen Netzwerken herstellt, ein logischer Pfad auf höherer Ebene ist, wie Bild 1.8 zeigt.

Bild 1.8:
Ein Router
erzeugt einen
logischen Pfad
zwischen
Netzwerken

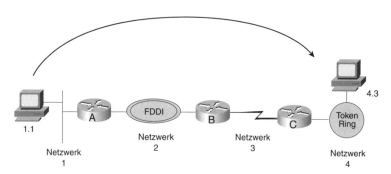

Dieses Konzept ist äußerst wichtig, um die Funktion eines Routers zu verstehen. Beachten Sie, daß der logische Pfad oder die Route zwischen den Geräten in Bild 1.8 mehrere Typen von Datenverbindungen durchläuft: ein Ethernet, einen FDDI-Ring, eine serielle Verbindung und einen Token-Ring. Wie schon früher erwähnt, müssen Daten in ein Frame eingekapselt werden, eine Art digitaler Briefumschlag, um über den physikalischen Pfad einer Datenverbindung gesendet zu werden. Auf ähnliche Weise müssen Daten eingekapselt werden, um über den logischen Pfad eines gerouteten Internetzwerks gesendet zu werden. Der digitale Briefumschlag, der von einem Router verwendet wird, ist ein *Paket* (engl. packet).

Wie schon zuvor erwähnt, besitzt jeder Typ von Datenverbindung sein eigenes Frame-Format. Die in Bild 1.8 dargestellte Internetzwerk-Route überschreitet mehrere Datenverbindungen, doch das Paket bleibt das gleiche, von Anfang bis Ende.

Wie ist das möglich? Die Bild 1.9 zeigt, wie das Paket tatsächlich entlang der Route übertragen wird:

1. Der sendende Host verkapselt die Daten zur Übertragung in einem Paket. Das Paket muß nun über die Datenverbindung des Hosts zum lokalen Router übertragen werden – dies ist das *Standard-Gateway* des Hosts. Daher verkapselt der Host das Paket in einem Frame. Dieses Verfahren ist gleichbedeutend mit dem Verpacken eines kleinen Umschlags der Hauspost in einem größeren Umschlag für die Deutsche Post. Das Zielkennzeichen des Frames trägt das Kennzeichen der Schnittstelle des lokalen Routers[1], und das Quellkennzeichen ist das des Hosts. Das Format der Kennzeichen ist das der lokalen Datenverbindung.

2. Dieser Router (Router A in Bild 1.9) entnimmt das Paket aus dem Ethernet-Frame. Router A weiß, daß der nächste Router auf dem Pfad der Router B ist und daß die Verbindung durch seine FDDI-Schnittstelle hinaus führt. Also verkapselt der Router A das Paket in ein FDDI-Frame. Nun lautet das Zielkennzeichen im Frame auf die FDDI-Schnittstelle von Router B, und das Quellkennzeichen ist das der FDDI-Schnittstelle von Router A.

3. Router B entnimmt das Paket aus dem FDDI Frame. Er weiß, daß der nächste Router auf dem Pfad der Router C über die serielle Verbindung ist, und sendet das Paket eingekapselt in den richtigen Frame für die serielle Verbindung an C.

---

[1] Auch wenn der Zweck eines Routers darin liegt, Pfade zwischen Datenverbindungen (Netzwerken) herzustellen, muß der Router auch den Protokollen der Netzwerke Folge leisten, an die er angeschlossen ist. So wird eine Router-Schnittstelle, die an ein Ethernet angeschlossen ist, ein MAC-Kennzeichen besitzen und muß den CSMA/CD-Regeln gehorchen, eine Token-Ring-Schnittstelle muß den Token-Ring-Regeln gehorchen und so weiter. Mit anderen Worten: Ein Router ist nicht nur ein Router, sondern auch eine Station in jedem der mit ihm direkt verbundenen Netzwerke.

4. Router C entnimmt das Paket und erkennt, daß sich die Station für die das Paket bestimmt ist, auf dem direkt mit ihm verbundenen Token-Ring-Netzwerk befindet. C verkapselt das Paket in ein Token-Ring-Frame mit dem Zielkennzeichen der Zielstation und dem Quell-Kennzeichen seiner Token-Ring-Schnittstelle. Das Paket wurde übertragen.

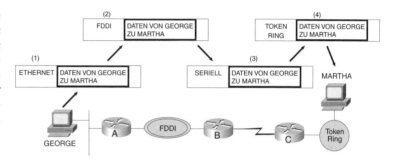

Bild 1.9: Die Frames wechseln bei den unterschiedlichen Datenverbindungen, aber die Pakete bleiben dieselben.

Der Schlüssel zum Verständnis ist, daß die Frames und die verwandten Daten-Verbindungs-Kennzeichen in jedem Netzwerk, welche das Paket durchwandert, anders aussehen. Sie haben nur Relevanz in den individuellen Netzwerken. Dagegen bleibt das Paket vom Anfang bis zum Ende der Übertragung unverändert.

Doch wie wußte der sendende Host, daß das Paket an das Standard-Gateway geschickt werden mußte, um von dort weiter geroutet zu werden? Und wie wußte der Router, wohin er das Paket senden sollte?

1.5 Netzwerkadressen

Jedes Netzwerkgerät in einem gerouteten Internetzwerk muß eindeutig identifiziert werden können.

Damit Geräte in einem LAN korrekt miteinander kommunizieren, müssen sie eindeutig durch ein Daten-Verbindungs-Kennzeichen identifiziert werden. Wenn ein geroutetes *Internetzwerk* – ein Netzwerk von Netzwerken – erzeugt werden soll, muß jedes beteiligte Netzwerk genauso eindeutig identifizierbar sein.

Das grundlegendste Kriterium für ein geroutetes Internetzwerk liegt darin, daß jedes Netzwerk und jede Datenverbindung eindeutig identifizierbar sein muß, um es einem Router zu ermöglichen, Pakete korrekt an seine richtige Zieladresse zu senden. Um diese eindeutige Identifikation zu erreichen, wird eine *Netzwerkadresse* verwendet.

Netzwerkadresse

Bild 1.10 deutet eine Art Netzwerkadresse an. Beachten Sie, daß jedes Netzwerk seine eigene eindeutige Adresse hat. Beachten Sie zudem, daß die serielle Point-to-Point-Verbindung eine Adresse besitzt. Ein häufiger Fehler, den Anfänger begehen, ist zu vergessen, daß serielle Verbindungen auch Netzwerke sind und daher ihre eigenen Adressen benötigen, damit Routing funktionieren kann.

Nun kann eine der Fragen, die am Ende des letzten Abschnitts gestellt wurden, beantwortet werden: Der Router kann das Paket ausliefern, da der sendende Host eine Zieladresse in das Paket geschrieben hat. Aus der Perspektive des Routers ist die Zieladresse alles, was benötigt wird. Als Regel ist zu beachten, daß alle Router sich nur dafür interessieren, wo sich jedes Netzwerk befindet. Einzelne Geräte sind für den Router nicht relevant. Der Router hat nur die Aufgabe, das Paket zum richtigen Zielnetzwerk zu liefern. Wenn das Paket das Netzwerk erreicht, kann das Daten-Verbindungs-Kennzeichen verwendet werden, um die Daten an das individuelle Gerät im Netzwerk zu senden.

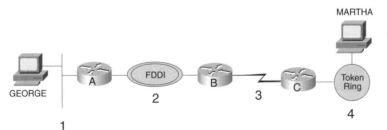

Bild 1.10: Jedes Netzwerk muß eine eindeutige identifizierbare Adresse besitzen.

Die fundamentale Aufgabe und Funktion eines Routers

Wie Router mit Zieladressen umgehen, ist äußerst wichtig und sollte noch einmal wiederholt werden. Der Zweck eines Routers ist die Übertragung von Paketen an die korrekten Zielnetzwerke. In dieser Funktion behandeln Router nur andere Router als Einzelgeräte. Wenn ein Router jedoch sieht, daß die Zieladresse eines Pakets zu einem der mit ihm direkt verbundenen Netzwerke gehört, agiert er wie eine Station in diesem Netzwerk und verwendet das Daten-Verbindungs-Kennzeichen des Zielgeräts, um das Paket (eingekapselt in ein Frame) in das Netzwerk zu senden[1].

Mit dem Verständnis über die Beziehung zwischen Router und Netzwerkadressen stellt sich eine Frage: Wenn der Router sieht, daß die Zieladresse eines Pakets zu einem der mit ihm direkt verbundenen Netzwerke gehört, wie weiß der Router, wohin er das Paket senden sollt? Schließlich zeigte Bild 1.10, daß die sendende Station keine Information über das Daten-Verbindungs-Kennzeichen der Zielstation liefert.

Am Ende des letzten Abschnitts wurde eine ähnliche Frage gestellt: Woher wußte der sendende Host, daß das Paket an das Standard-Gateway zum Routing geschickt werden mußte?

Die Antwort auf beide Fragen ist, daß die in Bild 1.10 gezeigten Netzwerkadressen nicht ausreichend sind. Jedes Gerät in einem Netzwerk muß erneut eindeutig identifiziert werden, diesmal als ein Mitglied des bestimmten Netzwerks. Die Netzwerkadresse muß sowohl ein Netzwerkkennzeichen als auch ein Host-Kennzeichen besitzen (Bild 1.11). Der sendende Host muß fähig sein, die eigene und andere Netzwerkadressen zu erkennen, um im Effekt zu sagen: »Ich muß dieses Paket an das Gerät 4.3 senden. Meine Netzwerkadresse ist 1.2. Daher weiß ich, daß sich das Ziel in einem anderen Netzwerk als in meinem befindet. Also muß ich das Paket an meinen lokalen Router senden, um es zu übertragen.«

---

1 Es sollte darauf hingewiesen werden, daß es solche Dinge wie Hostroutes gibt, eine Route zu einem bestimmten Gerät. Diese werden später in diesem Buch behandelt. Jedoch verursachen Hostroutes zum jetzigen Zeitpunkt nur unnötige Verwirrung.

Kapitel 1 • Grundkonzepte der Internetzwerke, Router und Adressen **41**

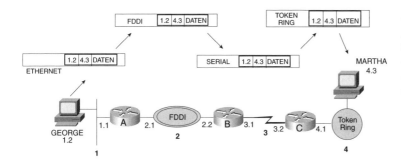

Bild 1.11:
Jedes Netzwerk muß eine eindeutige identifizierbare Adresse besitzen

Entsprechend muß der Router C fähig sein zu erkennen: »Ich habe ein Paket mit einer Zieladresse 4.3 empfangen. Da meine Token-Ring-Schnittstelle die Adresse 4.1 hat, weiß ich, daß das Netzwerk 4 eines der mit mir direkt verbundenen Netzwerke ist. Als ein Mitglied dieses Netzwerks weiß ich, daß die Station 4.3 das MAC-Kennzeichen 0000.2354.AC6B hat. Ich werde also dieses Paket einfach in ein Token-Ring-Frame packen und es ausliefern.«

Die zwei Teile einer Netzwerk-Adresse

1.6 Ausblick

Dieses Kapitel hat nachgewiesen, daß eine Netzwerkadresse sowohl einen Netzwerkteil als auch einen Hostteil besitzen muß und daß ein Verfahren existieren muß, um eine Netzwerkadresse einem Daten-Verbindungs-Kennzeichen zuzuordnen. Kapitel 2 zeigt auf, wie IP diese Voraussetzungen erfüllt. Es betrachtet das Format der IP-Adresse, die Methode, mit der IP die Zuordnung zwischen Netzwerk- und Datenverbindung erreicht, und einige andere für den IP-Routing-Prozeß wichtige Mechanismen.

1.7 Empfohlene Literatur

Perlman, R. *Interconnections: Bridges and Router*. Reading, Massachusetts: Addison-Wesley; 1992. Radia Perlman ist eine der Größen im Feld des Internetworking und dieses Buch ist ein Klassiker. Es liefert nicht nur eine gute Grundlage, auch Perlmans Sarkasmus über die Politik um Standards sollte man nicht verpassen.

1.8 Übungsfragen

1. Was ist der Hauptzweck eines LAN?
2. Was ist ein Protokoll?
3. Welchen Zweck erfüllt ein MAC-Protokoll?
4. Was ist ein Frame?
5. Welche Eigenschaft ist bei allen Frame-Typen gleich?
6. Was ist eine MAC-Adresse oder ein MAC-Kennzeichen?
7. Warum ist eine MAC-Adresse nicht eine wirkliche Adresse?
8. Welche drei Quellen können ein Signal auf einer Datenverbindung stören?
9. Welchen Zweck erfüllt ein Repeater?
10. Welchen Zweck erfüllt eine Bridge?
11. Was macht eine transparente Bridge transparent?
12. Benennen Sie drei grundlegende Unterschiede zwischen LANs und WANs.
13. Welchen Zweck erfüllt ein Broadcast-MAC-Kennzeichen? Wie sieht das Broadcast-MAC-Kennzeichen hexadezimal und binär aus?
14. Worin sind sich eine Bridge und ein Router ähnlich? Was ist der primäre Unterschied zwischen einer Bridge und einem Router?
15. Was ist ein Paket? Worin liegt die Hauptähnlichkeit zwischen einem Frame und einem Paket? Worin liegt der Hauptunterschied zwischen einem Frame und einem Paket?
16. Wenn ein Paket durch ein Internetzwerk wandert, ändert sich seine Quell-Adresse?

17. Was ist eine Netzwerkadresse? Welchen Zweck erfüllt jeder Teil einer Netzwerkadresse?

18. Worin liegt der Hauptunterschied zwischen einer Netzwerkadresse und einem Daten-Verbindungs-Kennzeichen?

Dieses Kapitel behandelt die folgenden Themen:

– Die TCP/IP-Protokollschichten

– Der IP-Paketheader

– IP-Adressen

– ARP

– ICMP

– Die Host-to-Host-Schicht

KAPITEL 2

TCP/IP – ein Rückblick

Gegenstand dieses Kapitels ist die Beschreibung der Protokolldetails, die TCP/IP ermöglichen, regeln und zu dessen Routing beitragen. Jedoch wird hier keine grundlegende Betrachtung des TCP/IP-Protokollschemas erfolgen. Mehrere Bücher der Literaturliste am Ende des Kapitels behandeln dieses Thema umfassend. Es wird empfohlen, zumindest eines davon zu lesen.

Das in den frühen 70er Jahren von Vint Cerf und Bob Kahn entwickelte TCP/IP und seine Protokollschichten-Architektur basieren auf dem OSI-Referenzmodell von ISO. Es sollten Grundkenntnisse über die TCP/IP-Schichten vorhanden sein, um zu verstehen, wie die verschiedenen in diesem Kapitel beschriebenen Funktionen und Dienste miteinander verknüpft sind.

2.1 Die TCP/IP-Protokollschichten

Bild 2.1 zeigt den Aufbau des TCP/IP-Protokollschemas im Vergleich zum OSI-Referenzmodell. Die Netzwerkgrenz(-interface)schicht, die den beiden physikalischen und Datenübertragungsschichten des OSI-Modells gemeinsam entspricht, ist nicht wirklich Teil der Beschreibung. Jedoch wurde sie de facto eine einzelne Schicht, wie in Bild 2.1 gezcigt, oder man betrachtet sie als getrennte physikalische und Datenübertragungsschicht. In diesem Abschnitt wird sie als getrennte physikalische und Datenübertragungsschicht des OSI-Modells behandelt.

Bild 2.1: Das TCP/IP-Protokollschema.

OSI	TCP/IP
APPLIKATION	APPLIKATION
PRÄSENTATION	
SITZUNG	
TRANSPORT	HOST-TO-HOST
NETZWERK	INTERNET
DATENVERBINDUNG	NETZWERK-SCHNITTSTELLE
PHYSIKALISCHE VERBINDUNG	

Die *physikalische Schicht* enthält die Protokolle, die zum physikalischen Träger gehören, auf dem TCP/IP kommuniziert. Offiziell werden die Protokolle dieser Schicht in vier Kategorien unterteilt, die alle Aspekte des physikalischen Trägers beschreiben:

- *Elektrisch/optische* Protokolle beschreiben die Signaleigenschaften, wie z.B. Volt- und Lichtstärke, Bitraten, Kodierung und Signalform.

- *Mechanische* Protokolle umfassen Spezifikationen, wie z.B. die Dimensionen eines Steckers oder die Metallummantelung eines Kabels.

- *Funktionale* Protokolle beschreiben, *was* etwas ausführt. Beispielsweise ist ein »Request to Send« die funktionale Beschreibung des Pin 4 eines EIA-232-D-Anschlusses.

- *Ausführende* Protokolle beschreiben, *wie* etwas ausgeführt wird. Zum Beispiel wird eine binäre 1 auf einer EIA-232-D-Leitung mit einer Voltstärke von unter −3 Volt ausgeführt.

Die *Datenübertragungsschicht* wurde in Kapitel 1 beschrieben. Diese Schicht enthält die Protokolle, die die physikalische Schicht kontrollieren: Wie auf das Trägermedium zugegriffen wird und wie es eingeteilt wird, wie Geräte des Mediums identifiziert werden und wie die Daten vor der Versendung über das Medium in Frames verpackt werden. EEE 802.3/Ethernet, IEEE 802.5/Token Ring und FDDI sind Beispiele von Datenübertragungsprotokollen.

Die *Internet-Schicht*, die der Netzwerkschicht des OSI-Modells entspricht, ist in erster Linie dafür verantwortlich, daß das Routing von Daten über logische Internetzwerkpfade möglich ist, wie z.B. in Bild 1.9. In dieser Schicht wird ein Paketformat und ein Adreßformat festgelegt, und auf diese Schicht richtet sich das Hauptaugenmerk dieses Buches.

Die *Host-to-Host-Schicht*, die der Transportschicht des OSI-Modells entspricht, legt die Protokolle fest, die die InternetSchicht kontrollieren, sehr ähnlich, wie die Datenübertragungsschicht die physikalische Schicht kontrolliert. Host-to-Hostschichten und Datenübertragungsschichten können Mechanismen wie Fluß- und Fehlerkontrollen festlegen. Der Unterschied besteht darin, daß Datenübertragungsprotokolle den Verkehr auf der Datenverbindung regeln (das physikalische Trägermedium, das zwei Geräte verbindet), während die Transportschicht den Verkehr der logischen Verbindung regelt (die End-to-End-Verbindung zweier Geräte, deren logische Verbindung eine Reihe von Datenverbindungen überspannt).

Die *Applikationsschicht* entspricht den Session-, Präsentations-, und Applikationsschichten des OSI-Modells. Auch wenn sich einige Routingprotokolle wie BGP und RIP auf dieser Schicht befinden, ermöglichen die meisten Funktionen auf der Applikationsschicht Schnittstellen für den Zugriff von Benutzerapplikationen auf das Netzwerk.

Eine allgemeine Funktion des Protokollschemas aus Bild 2.1 und auch jedes anderen Protokollschemas ist das sogenannte Multiplexing zwischen den Schichten. Viele Applikationen nutzen einen Dienst der Host-to-Host-Schicht und viele Dienste auf der Host-to-Host-Schicht nutzen die Internet-Schicht. Verschiedene Protokollschemata (z.b. IP, IPX und AppleTalk) können sich eine physikalische Verbindung über normale Datenübertragungsprotokolle teilen.

2.2 Der IP-Paketheader

Bild 2.2 zeigt die Form des IP-Paketheaders, wie er in RFC 791 festgelegt ist. Die meisten der Felder in diesem Paket haben Einfluß auf das Routing.

Bild 2.2: Das IP-Paketprotokoll.

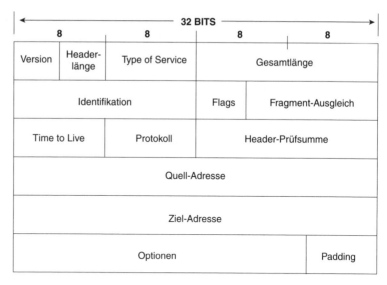

Die *Version* gibt Aufschluß über die IP-Version des Pakets. Dieses 4-Bitfeld ist gewöhnlich auf die binäre Folge 0100 gesetzt; die Version 4 (IPv4) wird hauptsächlich verwendet. Eine neuere, momentan noch wenig verbreitete Version des Protokolls ist die Version 6 (IPv6), die auch zuweilen als »Next-Generation-IP« (IPng) bezeichnet wird. Alle aktuell vergebenen Versionsnummern sind in Tabelle 2.1 aufgezeigt, zusammen mit einigen der relevanten RFCs. Alle anderen Versionen neben 4 und 6 (auch die auf einen früheren Antrag namens Simple Internet Protocol oder SIP aufbauende und die Versionsnummer 6 tragende) existieren nur noch auf dem Papier, und es sei dem interessierten Leser überlassen, die zitierten RFCs nachzulesen.

Die *Headerlänge* ist ein 4-Bitfeld, das Aufschluß über die Länge des IP-Headers (IP-Kopfes) gibt. Der Grund für sein Vorhandensein liegt darin, daß das Optionsfeld (das später in diesem Abschnitt beschrieben wird) in seiner Größe variabel ist. Die minimale Länge des IP-Headers beträgt 20 Oktette (Bytes), und die Optionen können diese Größe auf ein Maximum von 24 Oktetten erweitern. Dieses Feld beschreibt die Länge des Headers in Einheiten von 32-Bit-Worten – fünf bei der minimalen 160-Bit-Größe und sechs bei der maximalen.

Nummer	Version	RFC
0	Reserviert	
1–3	Nicht belegt	
4	Internet Protocol (IP)	791
5	ST Datagram Mode	1190
6	Simple Internet Protocol (SIP)	
6	Ipng	1883
7	TP/IX	1475
8	P Internet Protocol (PIP)	1621
9	TCP und UDP über Bigger Adressen (TUBA)	1347
10–14	Nicht belegt	
15	Reserveiert	

Tabelle 2.1: IP-Versionsnummern.

Das *Type-of-Service*-(TOS-)Feld ist ein 8-Bit-Feld, das zur besonderen Behandlung des Pakets verwendet werden kann. Dieses Feld kann momentan in zwei Unterfelder geteilt werden: Precedence (Vorrang) und TOS. Das Precedence-Feld setzt die Priorität des Pakets, so ähnlich wie ein Paket per Post als Express, als Päckchen oder mit der normalen Paketpost versendet werden soll. TOS ermöglicht die Auswahl des Paketdienstes in Abhängigkeit von Durchsatz, Verzögerung, Übertragungssicherheit und finanziellen Kosten. Auch dieses Feld wird im normalen Gebrauch nicht verwendet (alle Bits sind dann auf 0 gesetzt), frühere Spezifikationen des Open-Shortest-Path-First-(OSPF-)Protokolls beanspruchten das TOS-Routing. Zudem werden die Precedence-Bits in manchen Quality-of-Service-(QoS-)Applikationen genutzt. Bild 2.3 gibt einen Überblick über die 8 TOS-Bits; weitere Informationen entnehmen Sie bitte den RFCs 1340 und 1349.

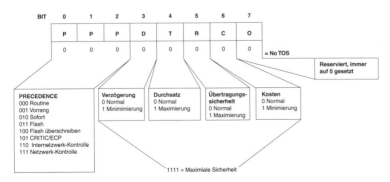

Bild 2.3: Das Type-of-Service-Feld.

Die *Gesamtlänge* ist ein 16-Bit-Feld, das die Gesamtlänge des Pakets inklusive Header in Oktetten festlegt. Durch Subtraktion der Headerlänge kann ein Empfänger die Größe der übertragenen Nettodatenfracht bestimmen. Da 65535 die größte dezimale Nummer darstellt, die mit 16 Bit beschreibbar ist, ist die maximale Paketgröße eines IP-Pakets 65535 Oktette.

Das *Identifikation*sfeld ist ein 16-Bit-Feld, das gemeinsam mit den Feldern *Flags* und *Fragmentausgleich* verwendet wird um ein Paket zu fragmentieren. Pakete müssen in kleinere Pakete fragmentiert (zerstückelt) werden, wenn die Originallänge die Maximum Transmission Unit (MTU) (= maximale Übertragungseinheit) einer Datenverbindung, durch die ein Paket übertragen werden soll, überschreitet. Betrachten wir z.B. ein 5000-Byte-Paket, das durch ein Internetzwerk wandert und eine Datenverbindung erreicht, deren MTU nur 1500 Bytes beträgt – d.h., ein Frame kann hier nur eine maximale Paketgröße von 1500 Bytes haben. Der Router, der das Paket auf die Datenleitung setzt, muß zuerst das Paket in Teile splitten (fragmentieren), deren Größe 1500 Oktette nicht übersteigt. Der Router markiert daraufhin jedes Fragment mit der gleichen Nummer im Identifikationsfeld, damit ein empfangendes Gerät die Fragmente einander zuordnen kann.[1]

Das DF-Bit kann bei der Fehlersuche zur Bestimmung eines MTU-Pfades verwendet werden

Das *Flag*feld ist ein 3-Bitfeld, in dem das erste Bit nicht verwendet wird. Das zweite Feld ist das Don't-Fragment-(DF-)Bit (=Nicht fragmentieren). Wenn das DF-Bit auf 1 gesetzt ist, kann ein Router das Paket nicht fragmentieren. Wenn das Paket nicht ohne Fragmentierung weitergeleitet werden kann, verwirft der Router das Paket und sendet eine Fehlermeldung zurück zur Quelle. Diese Funktion ermöglicht das Austesten von MTUs in einem Internetzwerk. Das DF-Bit kann mit der erweiterten Pinganwendung auf Cisco-Routern gesetzt werden, wie in Bild 2.4 gezeigt wird.

---

[1] Ein fragmentiertes Paket wird nicht am anderen Ende der Datenverbindung wieder zusammengesetzt; es bleibt bis zu seinem Bestimmungsort fragmentiert.

```
Handy#ping
Protocol [ip]:
Target IP address: 172.16.113.17
Repeat count [5]: 1
Datagram size [100]:
Timeout in seconds [2]:
Extended commands [n]: y
Source address:
Type of service [0]:
Set DF bit in IP header? [no]: y
Validate reply data? [no]:
Data pattern [0xABCD]:
Loose, Strict, Record, Timestamp, Verbose[none]: r
Number of hops [ 9 ]:
Loose, Strict, Record, Timestamp, Verbose[RV]:
Sweep range of sizes [n]: y
Sweep min size [76]: 500
Sweep max size [18024]: 2000
Sweep interval [1]: 500
Type escape sequence to abort.
Sending 4, [500..2000]-byte ICMP Echos to 172.16.113.17, timeout is 2 seconds:
Packet has IP options:  Total option bytes= 39, padded length=40

    Record route: <*> 0.0.0.0 0.0.0.0 0.0.0.0 0.0.0.0
                      0.0.0.0 0.0.0.0 0.0.0.0 0.0.0.0 0.0.0.0
Reply to request 0 (16 ms) (size 500).  Received packet has options

    Total option bytes= 40, padded length=40
    Record route: 172.16.192.5 172.16.113.18 172.16.113.17 172.16.113.17
                  172.16.192.6 172.16.192.5 <*> 0.0.0.0 0.0.0.0 0.0.0.0
    End of list
Reply to request 1 (24 ms) (size 1000).  Received packet has options

    Total option bytes= 40, padded length=40
    Record route: 172.16.192.5 172.16.113.18 172.16.113.17 172.16.113.17
                  172.16.192.6 172.16.192.5 <*> 0.0.0.0 0.0.0.0 0.0.0.0
    End of list
Reply to request 2 (28 ms) (size 1500).  Received packet has options

    Total option bytes= 40, padded length=40
    Record route: 172.16.192.5 172.16.113.18 172.16.113.17 172.16.113.17
                  172.16.192.6 172.16.192.5 <*> 0.0.0.0 0.0.0.0 0.0.0.0
    End of list
Unreachable from 172.16.192.6, maximum MTU 1478 (size 2000).

    Received packet has options
    Total option bytes= 39, padded length=40
    Record route: <*> 0.0.0.0 0.0.0.0 0.0.0.0 0.0.0.0
                      0.0.0.0 0.0.0.0 0.0.0.0 0.0.0.0 0.0.0.0


Success rate is 75 percent (3/4), round-trip min/avg/max = 16/22/28 ms
Handy#
```

*Bild 2.4:
Die erweiterte Pinganwendung von Cisco ermöglicht das Setzen des DF-Bits zum Austesten der MTU über ein Internetzwerk. In der Abbildung beträgt die größte MTU des Pfads zum Ziel 172.16.113.17 1.478 Oktette.*

Das dritte Bit ist das More-Fragments-(MF-)Bit (=weitere Fragmente). Wenn ein Router ein Paket fragmentiert, setzt er das MF-Bit in allen Fragmenten bis auf das letzte auf 1. Damit weiß der Empfänger, daß er weitere Fragmente erwarten muß, bis er ein Fragment empfängt, dessen MF = 0 ist.

Der Fragmentausgleich ist ein 13-Bit-Feld, das den Ausgleich in Einheiten von acht Oktetten vom Beginn des Headers zum Beginn des Fragments festlegt.[1] Da Fragmente nicht immer in der richtigen Reihenfolge ankommen, ermöglicht das Fragmentausgleichsfeld die Zusammensetzung des Originalpakets in der richtigen Reihenfolge.

Es ist zu beachten, daß das gesamte Paket erneut gesendet und am selben Punkt des Internetzwerks fragmentiert werden muß, wenn ein einzelnes Fragment während der Übertragung verloren geht. Daher können störungsanfällige Datenverbindungen unverhältnismäßig große Verzögerungen erzeugen. Zudem kann ein einzelnes Fragment, das aufgrund von zu hoher Netzlast verloren wird, die Netzlast weiter erhöhen, da alle Fragmente erneut gesendet werden.

Das *Time-to-Live*-(TTL-)Feld (=Lebenszeit) ist ein 8-Bit-Feld, das mit einer bestimmten Nummer gesetzt wird, wenn das Paket erzeugt wird. Wenn das Paket von Router zu Router weitergegeben wird, vermindert jeder Router diese Zahl um 1. Wenn die Nummer Null erreicht, wird das Paket verworfen, und es wird eine Fehlermeldung zurück zur Quelle gesendet. Dieser Prozeß bewahrt »verlorene« Pakete davor, für immer durch ein Internetzwerk zu geistern.

In der Urform wurde die TTL in Sekunden festgelegt. Wenn ein Paket länger als eine Sekunde in einem Router verzögert wurde, sollte der Router die TTL entsprechend verringern. Jedoch ist dieses Verfahren schwer durchzuführen und wird selten unterstützt. Die meisten Router verringern die TTL um 1, ohne die aktuelle Verzögerung zu berücksichtigen, womit die TTL in Wahrheit einen Stationszähler (hop count) darstellt. Die empfohlene Grundeinstellung für die TTL beträgt 64, auch wenn Werte von 15 und 32 nicht ungewöhnlich sind.

---

1 Es werden Einheiten von acht Oktetten verwendet, so daß die maximale Paketgröße von 65535 Bytes mit 13 Bits beschrieben werden kann.

Einige Traceanwendungen, wie z.B. der Befehl **trace** bei Cisco, verwenden das TTL-Feld. Wenn der Router den Auftrag erhält, die Route zu einer Host-Adresse wie z.B. 10.11.12.13 zu bestimmen, so wird der Router drei Pakete senden, deren TTL auf 1 gesetzt sind. Der erste Router wird die TTL auf Null setzen, die Pakete verwerfen und Fehlermeldungen zurück zur Quelle senden. Durch die Auswertung der Quelladresse der Fehlermeldungen ist somit der erste Router auf dem Pfad erkannt. Die nächsten drei Pakete werden mit einer TTL von 2 gesendet. Der erste Router verringert sie auf 1, der zweite auf 0, und es wird eine Fehlermeldung vom zweiten Router empfangen. Das dritte Set von Paketen hat eine TTL von 3 und so weiter, bis die Zieladresse erreicht ist. Alle Router entlang des Internetzwerkpfades werden sich selbst zu erkennen gegeben haben. Bild 2.5 zeigt die Ausgabe nach Ausführung des Befehls **trace** auf einem Cisco-Router.

Mit trace können Sie die Route bis zum Ziel verfolgen

```
Elvis#trace www.cisco.com
Type escape sequence to abort.
Tracing the route to cio-sys.Cisco.COM (192.31.7.130)
  1 172.18.197.17 4 msec 4 msec
  2 ltlrichard-s1-13.hwy51.com (172.18.197.1) 36 msec 44msec 2536 msec
  3 cperkins-rtf-fr2.hwy51.com(10.168.204.3) 104 msec 60 msec *
  4 cberry.hwy51.com (10.168.193.1) 92 msec *
  5 jllewis-inner.hwy51.com (10.168.207.59) 44 msec * 44 msec
  6 bholly-fw-outer-rt.hwy51.com (10.168.207.94) 44 msec * 48 msec
  7 sl-stk-14-S10/0:6-512k.sprintlink.net (144.228.214.107) 92 msec *
  8 sl-stk-2-F1/0/0.sprintlink.net (144.228.40.2) 52 msec 1156 msec *
  9 sl-mae-w-H1/0-T3.sprintlink.net (144.228.10.46) 100 msec 124 msec 2340 msec
 10 sanjose1-br1.bbnplanet.net (198.32.136.19) 2264 msec 164 msec *
 11 paloalto-br2.bbnplanet.net (4.0.1.10) 64 msec 60 msec *
 12 su-pr2.bbnplanet.net (131.119.0.218) 76 msec 76 msec 76 msec
 13 cisco.bbnplanet.net (131.119.26.10) 2560 msec 76 msec 936 msec
 14 sty.cisco.com (192.31.7.39) 84 msec 72 msec *
 15 cio-sys.Cisco.COM (192.31.7.130) 60 Msec * 64 msec
ELVIS#
```

Bild 2.5: Die Traceanwendung nutzt das TTL-Feld, um die Router entlang einer Route zu identifizieren. Sterne bezeichnen Pakete, deren Timeout abgelaufen ist.

Das *Protokoll*feld ist ein 8-Bit-Feld, das die »Adreß-« oder Protokollnummer des Host-to-Host- oder Transportschichtprotokolls enthält, für das die Information im Paket bestimmt ist. Tabelle 2.2 zeigt einige der gebräuchlichsten unter den mehr als 100 verschiedenen bisher vergebenen Protokollnummern.

Tabelle 2.2:
Einige gebräuchliche Protokollnummern.

Protokollnummer	Host-to-Host-Schichtenprotokoll
1	Internet Control Message Protocol (ICMP)
2	Internet Group Management Protocol (IGMP)
3	Gateway to Gateway Protocol (GGP)
4	IP in IP
6	Transmission Control Protocol (TCP)
8	Exterior Gateway Protocol (EGP)
17	User Datagram Protocol (UDP)
35	Inter-Domain Policy Routing Protocol (IDPR)
45	Inter-Domain Routing Protocol (IDRP)
46	Resource Reservation Protocol (RSVP)
47	Generic Routing Encapsulation (GRE)
54	NBMA Next Hop Resolution Protocol (NHRP)
88	Cisco Internet Gateway Routing Protocol (IGRP)
89	Open Shortest Path First (OSPF)

Das *Header-Prüfsummen*feld ist das Fehlerkorrekturfeld für den IP-Header. Die Prüfsumme wird nicht für die eingekapselten Daten berechnet. UDP, TCP und ICMP verwenden dafür ihre eigenen Prüfsummen. Das Feld enthält eine 16-Bit-Prüfsumme, die komplementär zu einer Folge von Einsen aus der Paketbitfolge berechnet wurde. Der Empfänger wird erneut eine Prüfsumme komplementär zu einer Folge von Einsen berechnen, die die originale Prüfsumme mit enthält. Wenn keine Fehler während der Reise des Pakets auftraten, wird die resultierende Prüfsumme nur Einsen enthalten. Beachten Sie, daß jeder Router die TTL um 1 vermindert. Daher muß die Prüfsumme bei jedem Router neu berechnet werden. RFC 1141 diskutiert einige Strategien, um diese Berechnung zu vereinfachen.

Die *Quell-* und *Zieladressen* enthalten die 32-Bit-IP-Adressen die den Urheber und das Ziel des Pakets festlegen. Das Format von IP-Adressen wird im nächsten Abschnitt, den »IP-Adressen«, behandelt.

Das *Options*feld ist ein variables Längenfeld und optional, wie schon der Name sagt. Es wird dem Paketheader Länge hinzugefügt, um entweder quellerzeugte Informationen zu enthalten oder damit andere Router Informationen beifügen können; die Optionen werden in erster Linie für Testzwecke genutzt. Die gebräuchlichsten Optionen folgen.

– *Loose-Source-Routing*: Hier werden eine Reihe von IP-Adressen für Routerschnittstellen aufgelistet. Das Paket muß jede dieser Adressen passieren, auch wenn mehrere Hops zwischen den einzelnen Adressen möglich sind.

– *Strict-Source-Routing*: Auch hier ist eine Liste von Router-Adressen aufgeführt. Im Gegensatz zum Loose-Source-Routing, muß das Paket hier der vorgegebenen Route exakt folgen. Wenn der nächste Hop nicht die nächste Adresse auf der Liste ist, tritt ein Fehler auf.

– Die Option *Record-Route* bietet Platz für jeden Router, um die Adresse seiner ausgehenden Schnittstelle einzutragen, wenn das Paket weitergegeben wird. So wird eine Liste aller Router erstellt, die das Paket durchlaufen hat. Die Record-Route-Methode bietet eine Funktion, die dem *trace*-Befehl ähnlich ist, jedoch werden die ausgehenden Schnittstellen sowohl auf dem Weg zum Ziel als auch zurück zum Ursprung aufgenommen.

– Die Option *Timestamp* ist der Option *Record-Route* ähnlich, zusätzlich hinterläßt jeder Router hier noch eine Zeitmarke – d.h., das Paket hält nicht nur fest, welchen Weg es gereist ist, sondern auch noch den entsprechenden Zeitplan.

Alle diese Optionen können mit dem Extended-Ping auf Cisco-Routern aufgerufen werden. Die Option *Record-Route* wird in Bild 2.4 verwendet, *Loose-Source-Routing* und *Timestamp* werden in Bild 2.6 und *Strict-Source-Routing* in Bild 2.7 verwendet.

Das *Padding* (=Auffüllung) stellt sicher, daß der Header an einer 32-Bit-Grenze endet, indem Nullen nach dem Optionsfeld angefügt werden, bis ein Mehrfaches von 32 erreicht ist.

Eine Protokollanalyzererfassung eines IP-Header ist in Bild 2.8 gezeigt. Vergleichen Sie diese mit den Information in Bild 2.2.

Bild 2.6:
Der Extended-Ping von Cisco kann verwendet werden, um Parameter im Optionsfeld des IP-Headers zu setzen. In diesem Beispiel werden Loose-Source-Routing und Timestamp verwendet.

```
Handy#ping
Protocol [ip]:
Target IP address: 172.16.113.9
Repeat count [5]:
Datagram size [100]:
Timeout in seconds [2]:
Extended commands [n]: y
Source address:
Type of service [0]:
Set DF bit in IP header? [no]:
Validate reply data? [no]:
Data pattern [0xABCD]:
Loose, Strict, Record, Timestamp, Verbose[none]: l
Source route: 172.16.113.14 172.16.113.10
Loose, Strict, Record, Timestamp, Verbose[LV]: t
Number of timestamps [ 6 ]: 2
Loose, Strict, Record, Timestamp, Verbose[LTV]:
Sweep range of sizes [n]:
Type escape sequence to abort.
Sending 5, 100-byte ICMP Echos to 172.16.113.9, timeout is 2 seconds:
Packet has IP options:  Total option bytes= 23, padded length=24
   Loose source route:  <*> 172.16.113.14 172.16.113.10
   Timestamp: Type 0.  Overflows: 0 length 12, ptr 5
      >>Current pointer<<
      Time= 0
      Time= 0

Request 0 timed out
Reply to request 1 (76 ms).  Received packet has options
   Total option bytes= 24, padded length=24
   Loose source route: 172.16.113.13 172.16.192.6 <*>
   Timestamp: Type 0.  Overflows: 6 length 12, ptr 13
      Time= 80FF4798
      Time= 80FF4750
      >>Current pointer<<
   End of list

Request 2 timed out
Reply to request 3 (76 ms).  Received packet has options
   Total option bytes= 24, padded length=24
   Loose source route: 172.16.113.13 172.16.192.6 <*>
   Timestamp: Type 0.  Overflows: 6 length 12, ptr 13
      Time= 80FF4FC0
      Time= 80FF4F78
      >>Current pointer<<
   End of list

Request 4 timed out
Success rate is 40 percent (2/5), round-trip min/avg/max = 76/76/76 ms
Handy#
```

```
Handy#ping
Protocol [ip]:
Target IP address: 172.16.113.10
Repeat count [5]: 2
Datagram size [100]:
Timeout in seconds [2]:
Extended commands [n]: y
Source address:
Type of service [0]:
Set DF bit in IP header? [no]:
Validate reply data? [no]:
Data pattern [0xABCD]:
Loose, Strict, Record, Timestamp, Verbose[none]: s
Source route: 172.16.192.6 172.16.113.17 172.16.113.10
Loose, Strict, Record, Timestamp, Verbose[SV]:
Sweep range of sizes [n]:
Type escape sequence to abort.
Sending 2, 100-byte ICMP Echos to 172.16.113.10, timeout is 2 seconds:
Packet has IP options:  Total option bytes= 15, padded length=16
   Strict source route: <*> 172.16.192.6 172.16.113.17 172.16.113.10

Reply to request 0 (80 ms).  Received packet has options
 Total option bytes= 16, padded length=16
   Strict source route: 172.16.113.10 172.16.113.17 172.16.192.6 <*>
   End of list

Reply to request 1 (76 ms).  Received packet has options
 Total option bytes= 16, padded length=16
   Strict source route: 172.16.113.10 172.16.113.17 172.16.192.6 <*>
   End of list

Success rate is 100 percent (2/2), round-trip min/avg/max = 76/78/80 ms
Handy#
```

Bild 2.7:
Der Extended-Ping wird hier verwendet, um das Strict-Source-Routing in den Ping-Paketen zu setzen.

2.3 IP-Adressen

IP-Adressen sind 32 Bits lang. Wie alle Adressen auf Netzwerkebene haben sie einen Netzwerkteil und einen Hostteil. Der Netzwerkteil legt eindeutig die Datenverbindung fest (d.h. das Netzwerk) und ist für alle Geräte gleich, die an das Netzwerk angeschlossen sind. Der Hostteil legt eindeutig das bestimmte Gerät fest, das an das Netzwerk angeschlossen ist.

Es gibt verschiedene Möglichkeiten, die 32 Bits einer IP-Adresse darzustellen. Die 32-Bit IP-Adresse

00001010110101100101011110000011

kann z.B. dezimal als

181, 819, 267

dargestellt werden.

Die binäre Form ist unhandlich und die dezimale Form ist zeitaufwendig zu berechnen. Eine bessere Form ist in Bild 2.9 aufgezeigt. Die 32 Bits der Adresse setzt sich aus 4 Oktetten zusammen, die jeweils durch eine Dezimalzahl zwischen 0 und 255 ausgedrückt werden können. Diese Dezimalzahlen sind durch Punkte voneinander getrennt. In der Abbildung wird die 32-Bit-Adresse in die durch Punkte getrennte dezimale Entsprechung übersetzt.

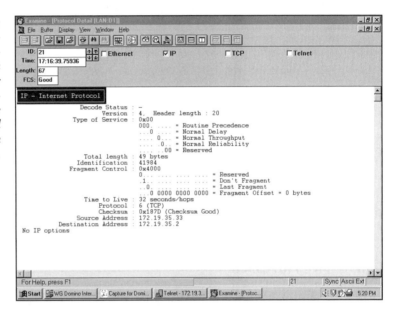

Bild 2.8:
In dieser Protokolanalyzeranzeige können Sie die Felder eines IP-Paketheaders und die in jedem Feld enthaltenen Werte ablesen.

Bei der Arbeit mit IP-Adressen ist es wichtig zu unterscheiden, daß die gepunktete Dezimalform für Menschen nur eine einfache Weise darstellt, die IP-Adressen zu lesen und zu schreiben. Sie sollten sich immer bewußt sein, daß der Router eine Adresse nicht in Form von vier Oktetten liest, sondern eine binäre 32-Bit-Zeichenfolge sieht. Viele Fehler können umgangen werden, wenn man sich dieser Tatsache immer bewußt ist.

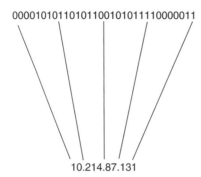

Bild 2.9:
Die gepunktete Dezimalform ist eine praktische Weise, IP-Adressen zu schreiben, jedoch sollte es Sie nicht verwirren, was der Router (oder Host) sieht – eine 32-Bit-Zeichenfolge.

Die Charakteristik von IP-Adressen kennzeichnet vermutlich am besten, daß im Gegensatz zu anderen Adressen auf Netzwerkebene die Länge der Netzwerk- und Hostteile innerhalb der 32-Bit-Grenzen variieren können. Das bedeutet, daß der Netzwerkteil oder der Hostteil den Hauptteil der 32 Bits ausmachen kann, oder sie teilen sich die 32 Bit zu gleichen Teilen. Andere Protokolle, wie z.B. NetWare und AppleTalk, wurden für die Verwendung in relativ kleinen Netzwerken konstruiert[1] und besitzen damit auf Netzwerkebene Adressen mit fest vorgegebenen Netzwerk- und Hostteilen. Diese Vorgabe macht die Behandlung sicherlich leichter, da ein empfangendes Gerät nur eine bestimmte Zahl von Bits in der Adresse lesen muß, um den Netzwerkteil zu erkennen, der Rest ist der Hostteil.

TCP/IP wurde hingegen von Beginn an so konstruiert, daß es flexibel genug ist, um in jedem Internetzwerk verwendet zu werden, in winzigen gleichermaßen wie in riesigen. Diese Flexibilität erschwert die Verwaltung der IP-Adressen. Die Grundlagen der Verwaltung der IP-Adressen wird in diesem Abschnitt behandelt. Zudem werden einige weiterführende Techniken in Kapitel 7 eingeführt.

2.3.1 Die Regel des ersten Oktetts

Grob gesehen, kann man Internetzwerke in drei Größen einteilen in Abhängigkeit von der Anzahl der Hosts: groß, mittel und klein.

---

[1] Trotzdem hat ihre Popularität dazu geführt, daß sie auf wesentlich größerem Maßstab verwendet werden, als die Entwickler es voraussahen. Als Folge daraus erwachsen interessante Schwierigkeiten und Herausforderungen in großen Novell- und Apple-Internetzwerken.

- Große Internetzwerke haben per Definition eine große Anzahl von Hosts. Es existiert jedoch nur eine kleine Anzahl großer Internetzwerke.

- Kleine Internetzwerke sind hier genau das Gegenteil. Sie sind klein, weil sie nur eine kleine Anzahl von Hosts besitzen. Dagegen existiert eine sehr große Anzahl von kleinen Internetzwerken.

- Mittlere Internetzwerke machen genau das aus: eine mittlere Anzahl von ihnen existiert (im Verhältnis zu großen und kleinen) und sie besitzen eine mittlere Anzahl von Hosts.

Dieses hohe Maß an Adresseneinschränkung erfordert drei Typen – *Klassen* – von Netzwerkadressen für die drei Größen von Internetzwerken. Adressen für große Internetzwerke müssen fähig sein viele Hosts anzusprechen, da jedoch nur wenige derart große Internetzwerke existieren, werden nur wenige Adressen für Groß-Internetzwerke benötigt.

Die Situation ist bei kleinen Internetzwerken genau umgekehrt. Da es sehr viele kleine Internetzwerke gibt, wird eine große Anzahl von Adressen für Klein-Netzwerke benötigt. Da diese jedoch nur eine kleine Anzahl von Hosts ansprechen müssen, benötigen die einzelnen kleinen Internetzwerke jeweils nur eine kleine Anzahl von Host-Adressen.

Für mittelgroße Internetzwerke wird eine mittlere Anzahl von Netzwerkadressen und eine mittlere Anzahl von Host-Adressen für jede Netzwerkadresse verfügbar sein.

Bild 2.10 zeigt, wie die Netzwerk- und Hostteile von IP-Adressen für diese drei Klassen (Classes) aufgeteilt werden.

Bild 2.10:
IP-Adreßformate
für A-, B- und
C-Klasse-
Netzwerke.

Class-A:	N	H	H	H
Class-B:	N	N	H	H
Class-C:	N	N	N	H

Die beschriebenen großen, mittleren und kleinen Netzwerke entsprechen damit grob gesehen den folgenden Adreßklassen:

- *Class-A-IP*-Adressen sind für große Internetzwerke. Das erste Oktett ist der Netzwerkteil, und die letzten drei Oktette stellen den Hostteil dar. Es sind nur 256 Nummern im 8-Bit großen Netzwerkteil möglich, aber 2^{24} oder 16777216 Nummern sind für den Hostteil jeder dieser Netzwerkadressen verfügbar.

- *Class-B*-Adressen sind für mittelgroße Internetzwerke. Die ersten zwei Oktette stellen den Netzwerkteil dar und die letzten zwei Oktette den Hostteil. Es gibt 2^{16} oder 65536 mögliche Nummern im Netzwerkteil und die gleiche Menge im Hostteil.

- *Class-C*-Adressen sind genau das Gegenstück zu den *Class-A*-Adressen. Die ersten drei Oktette sind der Netzwerkteil, und das letzte Oktett ist der Hostteil.

Da alle IP-Adressen eine binäre 32-Bitzeichenfolge sind, muß es ein Verfahren geben, um zu entscheiden, zu welcher Klasse eine bestimmte Adresse gehört. Die *Regel des ersten Oktetts*, die in Bild 2.11 dargestellt wird, ermöglicht eine solche Unterscheidung und kann folgendermaßen beschrieben werden:

- Bei *Class-A*-Adressen ist das erste Bit des ersten Oktetts – also das erste Bit auf der linken Seite der gesamten 32-Bit-Zeichenfolge – immer gleich Null. Damit können wir die minimalen und maximalen Nummern des Class-A-Bereichs dadurch ermitteln, daß alle restlichen Bits im ersten Oktett auf Null (für die minimalen) und Eins (für die maximalen) gesetzt werden. Dieses Vorgehen erzeugt die dezimalen Zahlen 0 und 127 mit kleinen Einschränkungen: Die Zahl 0 ist reserviert als Teil der Standardadresse (siehe Kapitel 12), und 127 ist für interne Loopbackadressen reserviert.[1] Damit bleiben die Zahlen 1 bis 126; jede IP-Adresse, deren erstes Oktett zwischen 1 und 126 (inklusive) liegt, ist eine Class-A-Adresse.

---

1 Unix-Maschinen benutzen eine interne Loopback-Adresse (typischerweise 127.0.0.1), um Datenverkehr an sich selbst zu senden. Die Daten werden zu dieser Adresse und wieder zum Übertragungsprozeß zurückgeschickt, ohne daß sie jemals das Gerät verlassen.

– Die *Class-B*-Adressen besitzen als erstes linkes Bit eine Eins, und das zweite Bit ist auf Null gesetzt. Wieder läßt sich die minimale und die maximale Nummer des ersten Oktetts ermitteln, indem alle restlichen Bits auf Null bzw. Eins gesetzt werden. In Bild 2.9 ist zu sehen, daß jede Adresse, deren erstes Oktett im dezimalen Bereich von 128 bis 191 liegt, eine Class-B-Adresse ist.

– In *Class*-C-Adressen sind die ersten zwei Bits auf Eins gesetzt und das dritte Bit auf Null. Als Ergebnis liegt das erste Oktett im Bereich von 192 bis 223.[1]

Bild 2.11: Die Regel des ersten Oktetts

REGEL	MINIMA UND MAXIMA	DEZIMALER BEREICH
Klasse A: Erstes Bit ist immer 0.	**0**0000000 = 0 **0**1111111 = 127	1 - 126* *0 und 127 sind reserviert.
Klasse B: Die ersten zwei Bits sind immer 10.	**10**000000 = 128 **10**111111 = 191	128 - 191
Klasse C: Die ersten drei Bits sind immer 110.	**110**00000 = 192 **110**11111 = 223	192 - 223

So weit erscheint die IP-Adressierung nicht sehr kompliziert. Ein Router oder Host könnte mit Hilfe der obigen Regel sehr einfach den Netzwerkteil einer IP-Adresse bestimmen. Wenn das erste Bit 0 ist, dann lies die ersten 8 Bits, um die Netzwerkadresse zu erhalten. Wenn die ersten zwei Bits 10 sind, dann lies die ersten 16 Bits, und wenn die ersten drei Bits 110 sind, dann lies die ersten 24 Bits ein, um die Netzwerkadresse zu erhalten. Leider ist es nicht ganz so einfach.

---

1 Zu beachten ist, daß 223 nicht alle verfügbaren Nummern des ersten Oktetts nutzt. Siehe auch Konfigurationsübung 1 am Ende diesen Kapitels.

2.3.2 Adreßmasken

Die Adresse einer gesamten Datenverbindung – eine nicht hostspezifische Netzwerkadresse – wird durch einen Netzwerkteil einer IP-Adresse dargestellt, bei der alle Host-Bits auf Null gesetzt sind. Die Körperschaft InterNIC, die alle IP-Adressen verwaltet, könnte z.B. einem Antragsteller die Adresse 172.21.0.0 zuweisen.[1] Diese Adresse ist eine Class-B-Adresse, da 172 zwischen 128 und 191 liegt, so daß die letzten zwei Oktette die Host-Bits sind. Beachten Sie, daß sie alle auf Null gesetzt sind. Die ersten 16 Bits (172.21.) sind belegt, aber die Adreßeigner können über die Host-Bits frei verfügen.

Jedes Gerät und jede Schnittstelle erhält eine eindeutige, hostspezifische Adresse zugewiesen, z.B. 172.21.35.17. Das Gerät, egal ob Host oder Router, muß offensichtlich eine eigene Adresse kennen, aber es muß auch fähig sein, das Netzwerk zu erkennen, zu dem es gehört – in diesem Falle 172.21.0.0.

Diese Aufgabe wird mit Hilfe einer *Adreßmaske* erfüllt. Die Adreßmaske ist eine 32-Bit-Zeichenfolge, ein Bit für jedes Bit der IP-Adresse. Als 32-Bit-Zeichenfolge kann diese Maske auch in gepunkteter Dezimalform wie eine IP-Adresse dargestellt werden. Diese Darstellung stellt oft einen Stolperstein für Anfänger dar: Auch wenn die Adreßmaske in gepunkteter Dezimalform geschrieben werden kann, ist sie keine Adresse. Die Tabelle 2.3 zeigt die Standard-Adreßmasken für die drei Klassen von IP-Adressen.

Class	Maske	Dezimal durch Punkte getrennt
A	11111111000000000000000000000000	255.0.0.0
B	11111111111111110000000000000000	255.255.0.0
C	11111111111111111111111100000000	255.255.255.0

Tabelle 2.3: Adreßmasken für Adressen in Class-A-, -B- und -C-Netzwerken

---

1 Tatsächlich wird diese Adresse nie zugeteilt. Sie stammt aus einem Adreßbereich, der für private Benutzung reserviert ist; die meisten in diesem Buch verwendeten Adressen stammen aus diesem reservierten Bereich, beschrieben in RFC 1918. Reservierte Adressen sind: 10.0.0.0 bis 10.255.255.255, 172.16.0.0. bis 172.31.255.255 und 192.168.0.0 bis 192.168.255.255.

Für jedes Bit der IP-Adresse führt das Gerät eine boolesche (logische) UND-Prozedur mit dem entsprechenden Bit der Adreßmaske aus. Die UND-Prozedur kann so dargestellt werden:

Vergleiche zwei Bits und leite ein Ergebnis ab. Das Ergebnis ist Eins, wenn und nur wenn beide Bits Eins sind. Wenn ein oder beide Bits gleich Null sind, ist das Ergebnis gleich Null.

Bild 2.12 zeigt, wie bei einer gegebenen IP-Adresse die Adreßmaske zur Bestimmung der Netzwerkadresse verwendet wird. Die Maske trägt Einsen an jeder Bitposition ein, die einem Netzwerkbit der Adresse entspricht, und eine Null an jeder Bitposition, die einem Host-Bit entspricht. Da 172.21.35.17 eine Class-B-Adresse ist, muß die Maske in den ersten beiden Oktetten nur Einsen tragen und in den letzten beiden Oktetten, dem Hostteil, nur Nullen. Wie in Tabelle 2.3 zu sehen, wird diese Maske durch die gepunktete Dezimalform 255.255.0.0 repräsentiert.

Bild 2.12: Jedes Bit dieser Class-B-Adresse wird mit einer UND-Prozedur des entsprechenden Bits der Adreßmaske verknüpft, um die Netzwerkadresse zu bestimmen.

Wahrheitstabelle der booleschen UND-Operation:

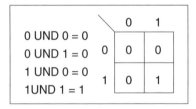

```
        10101100000101010010001100010001 = 172.21.35.17
UND     11111111111111110000000000000000 = 255.255.0.0
        10101100000101010000000000000000 = 172.21.0.0
```

Ein logisches UND wird auf die IP-Adresse und ihre Maske für jede Bitposition ausgeführt. Das Ergebnis ist in Bild 2.12 gezeigt. Im Ergebnis wird jedes Netzwerkbit wiederholt, und alle Host-Bits werden Null. Mit der Zuweisung der Adresse 172.21.35.17 und der Maske 255.255.0.0 zu einer Schnittstelle wird das Gerät wissen, daß die Schnittstelle zum Netzwerk 172.21.0.0 gehört. Die Anwendung des UND-Operators auf eine IP-Adresse und deren Adreßmaske liefert immer die Netzwerkadresse.

Eine Adresse und eine Maske werden einer Schnittstelle eines Cisco-Routers (in diesem Beispiel der E0-Schnittstelle) mit folgenden Befehlen zugewiesen:

```
Smokey(config)# interface ethernet 0
Smokey(config-if)# ip address 172.21.35.17 255.255.0.0
```

Doch warum wird die Adreßmaske überhaupt verwendet? Bisher erscheint die Anwendung der Regel des ersten Oktetts als viel einfacher.

2.3.3 Subnetze und Subnetzmasken

Sie sollten nie aus den Augen verlieren, wofür Adressen auf Netzwerkebene in erster Linie notwendig sind. Damit ein Routing ausgeführt werden kann, muß jede Datenverbindung (Netzwerk) eine eindeutige Adresse besitzen. Zudem muß jeder Host auf der Datenverbindung eine Adresse besitzen, die ihn gleichzeitig als Mitglied des Netzwerks identifiziert und ihn von jedem anderen Host in dem Netzwerk unterscheidet.

Notwendigkeit der Netzwerkadressierung

So weit, wie es bis jetzt festgelegt ist, kann eine einzelne Class-A-, -B- oder -C-Adresse nur auf einer einzelnen Datenverbindung verwendet werden. Um ein Internetzwerk aufzubauen, müssen für jede Datenverbindung separate Adressen verwendet werden, um solche Netzwerke eindeutig identifizierbar zu machen. Wenn eine separate Class-A-, -B- oder -C-Adresse an jede Datenverbindung vergeben würde, könnten weniger als 17 Millionen Datenverbindungen adressiert werden, bevor alle IP-Adressen ausgeschöpft wären. Dieses Verfahren ist somit offensichtlich nicht verwendbar[1]. Zudem müßten im angesprochenen Beispiel mehr als 65000 Geräte auf der Datenverbindung 172.21.0.0 existieren, um den Host-Adressenraum ganz auszuschöpfen.

Der einzige Weg um Class-A-, -B- oder -C-Adressen anwendbar zu machen, ist die Unterteilung jeder Hauptadresse, wie

---

1 Siebzehn Millionen Datenverbindungen können als viel erscheinen, solange Sie nicht bedenken, daß ein einzelnes mittelgroßes Handelsunternehmen Dutzende oder Hunderte von Datenverbindungen besitzt.

z.B. 172.21.0.0, in Subnetzwerk-Adressen. Erinnern wir uns an zwei Fakten:

1. Der Hostteil einer Adresse kann beliebig verwendet werden.

2. Der Netzwerkteil einer IP-Adresse ist durch die Adreßmaske der Schnittstelle festgelegt.

Bild 2.13 zeigt ein Internetzwerk, an das die Haupt-Class-B-Adresse 172.21.0.0 vergeben wurde. Die Router sind über fünf Datenverbindungen untereinander verbunden, jede benötigt eine Netzwerkadresse. Im bisherigen Verfahren hätte 172.21.0.0 einer einzelnen Datenverbindung zugewiesen werden müssen, und es hätten vier weitere Adressen für die anderen Datenverbindungen beantragt werden müssen.

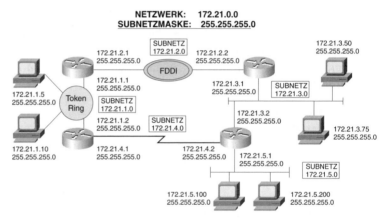

Bild 2.13: Subnetzmasken ermöglichen die Verwendung einer einzelnen Netzwerkadresse auf mehrfachen Datenverbindungen durch »Ausleihen« einiger der Host-Bits zur Verwendung als Subnetzbits.

Subnet Beachten Sie, was in Bild 2.13 getan wurde. Die Adreßmaske ist keine Standard-16-Bit-Maske für Class-B-Adressen. Die Maske wurde um weitere 8 Bits erweitert, so daß die ersten 24 Bits der IP-Adresse als Netzwerkbits interpretiert werden. In anderen Worten wird den Routern und Hosts eine Maske gegeben, die sie veranlaßt, die ersten 8 Host-Bits als Teil der Netzwerkadresse zu lesen. Als Ergebnis paßt die Haupt-Netzwerkadresse auf das gesamte Internetzwerk, und jede Datenverbindung wurde ein Subnetzwerk oder Subnetz. Ein *Subnetz* ist ein Teilsatz eines Haupt-Class-A-, -B- oder -C-Adreßraums.

Die IP-Adresse hat nun drei Teile: den Netzwerkteil, den Subnetzteil und den Hostteil. Die Adreßmaske ist nun eine *Subnetzmaske* oder eine Maske, die nicht mehr die Standard-Adreßmaske ist. Die ersten zwei Oktette der Adresse werden immer 172.21 sein, aber das dritte Oktett – dessen Bits nun Subnetzbits statt Host-Bits sind – kann von 0 bis 255 reichen. Das Internetzwerk in Bild 2.12 besitzt die Subnetze 1, 2, 3, 4 und 5 (172.21.*1*.0 bis 172.21.*5*.0). Es können bis zu 256 Subnetze unter der einzelnen Class-B-Adresse vergeben werden, wenn die gezeigte Maske verwendet wird.

Subnetmask

Zwei Warnungen seien hier ausgesprochen. Erstens können nicht alle Routingprotokolle Subnetzadressen unterstützen, in der alle Subnetzbits nur aus Nullen oder Einsen bestehen. Der Grund liegt darin, daß diese Protokolle, sogenannte *classful*-Protokolle, nicht zwischen einem reinen Null-Subnetz und der Haupt-Netzwerknummer unterscheiden. Das Subnetz 0 in Bild 2.13 würde z.B. 172.21.0.0 sein. Die Haupt-IP-Adresse ist auch 172.21.0.0. Diese beiden können nicht ohne weitere Informationen unterschieden werden.

classful Protokolle

Desgleichen können classful-Routingprotokolle nicht zwischen einem Broadcast auf dem reinen Eins-Subnetz und einer Broadcast-Adresse für alle Subnetze unterscheiden.[1] Zum Beispiel hätte ein reines Eins-Subnetz in Bild 2.13 die Adresse 172.21.255.0. Für dieses Subnetz wäre die Broadcast-Adresse an alle Hosts 172.21.255.255, aber das ist auch die Broadcast-Adresse für alle Hosts auf allen Subnetzen des Hauptnetzwerks 172.21.0.0. Auch hier können die beiden Adressen nicht ohne weitere Informationen unterschieden werden. Die RIP-Version 1 und IGRP sind beide classful-Routingprotokolle. Kapitel 7 führt *classless*-Routingprotokolle ein, die durchaus die reinen Null- und Eins-Subnetze verwenden können.

Die zweite Warnung hat mit der verbalen Beschreibung von Subnetzen und deren Masken zu tun. Die Unterteilung einer

---

1 Die IP-Broadcast-Adresse, die für alle Hosts gilt, besteht nur aus Einsen: 255.255.255.255. Die Broadcast-Adresse, über die man die Hosts eines bestimmten Subnetzes erreicht, bestünde im Host-Abschnitt nur aus Einsen; z.B. wäre die Broadcast-Adresse für das Subnet 172.21.1.0 die 172.21.1.255. Die Broadcast-Adresse für alle Hosts auf allen Subnetzen bestünde schließlich sowohl im Subnet als auch im Host-Abschnitt aus Einsen: 172.21.255.255.

Class-B-Adresse in Subnetze durch Verwendung des dritten Oktetts, wie es in Bild 2.13 getan wurde, ist sehr verbreitet. Genauso verbreitet ist die Beschreibung eines solchen Subnetzdesigns als »Verwendung einer Class-C-Maske mit einer Class-B-Adresse« oder »Subnetting einer Class-B-Adresse in eine Class-C«. Beide Beschreibungen sind falsch! Solche Beschreibungen führen regelmäßig zu Mißverständnissen über das Subnetzdesign oder zu mangelhaftem Verständnis des Subnetting an sich. Der korrekte Weg zur Beschreibung des Subnetzschemas von Bild 2.12 ist entweder der Ausdruck »eine Class-B-Adresse, bei der 8 Bits für das Subnetting verwendet werden« oder »eine Class-B-Adresse mit einer 24-Bit-Maske«.

Die Subnetzmaske kann in allen drei Formaten dargestellt werden – gepunktet dezimal, als Bitzahl und hexadezimal – wie in Bild 2.14 gezeigt. Die gepunktete Dezimalform ist immer noch die gebräuchlichste, auch wenn sich die Bitzahl steigender Beliebtheit erfreut. Im Vergleich zur gepunkteten Dezimalform ist das Bitzahlformat einfacher zu schreiben (der Adresse folgen ein / und die Bitzahl, mit der der Netzwerkteil maskiert wird). Zudem ist das Bitzahlformat anschaulicher in Bezug auf die wirkliche Funktion der Maske und vermeidet damit die Art des semantischen Mißverständnisses, das zuvor beschrieben wurde. Viele Unix-Systeme verwenden die hexadezimale Form.

Bild 2.14: Die Subnetzmaske in Bild 2.13 kann in drei verschiedenen Formaten dargestellt werden.

Gepunktete Dezimalform
255.255.255.0

Bitzahlform
172.21.0.0/24

Hexadezimal
0xFFFFFF00

Auch wenn die Adreßmaske bei Cisco-Routern in gepunkteter Dezimalform angegeben werden muß, wenn Sie den zuvor angesprochenen Befehl verwenden, kann die Maske mit verschiedenen **show**-Befehlen in jedem der drei Formate angezeigt werden, indem Sie den Befehl **ip netmask-format [dec|hex|bit]** im Line-Konfigurationsmodus eingeben. Um z.B. einen Router zur Anzeige seiner Masken im Bitzahlformat zu konfigurieren, geben Sie folgendes ein:

```
Gladys(config)# line vty 0 4
Gladys(config-line)# ip netmask-format bit
```

2.3.4 Design von Subnetzen

Wie im vorigen Abschnitt angesprochen, dürfen Subnetzbits in classful-Umgebungen nicht aus reinen Null- oder reinen Einsfolgen bestehen. Zugleich darf eine IP-Host-Adresse keinen Host-Teil besitzen, der nur aus Nullen besteht – diese Einstellung ist für die Adresse bestimmt, die der Router verwendet, um das Netzwerk oder das Subnetz an sich zu repräsentieren. Die Host-Bits dürfen auch nicht aus einer reinen Einsfolge bestehen, da diese Einstellung die Broadcast-Adresse ist. Diese Beschränkungen gelten ohne Einschränkung für die Host-Bits und stellen die Rahmenbedingung für das Design von Subnetzen. Innerhalb dieser Rahmenbedingungen müssen Netzwerkdesigner das Subnetzschema auswählen, das den verfügbaren Adreßraum am besten den Eigenschaften und Bedürfnissen des Internetzwerks anpaßt.

Beim Design von Subnetzen und den entsprechenden Masken werden die Anzahl der verfügbaren Subnetze unter einer Haupt-Netzwerkadresse sowie die Anzahl der verfügbaren Hosts in jedem Subnetz mit der gleichen Formel berechnet: $2^n - 2$, wobei *n* die Anzahl der Bits im Subnetz oder Host-Raum ist, und es wird 2 subtrahiert, um die nicht verfügbaren Adressen (Null- und Einsfolgen) zu berücksichtigen. Bei der Class-A-Adresse 10.0.0.0 würde z.B. die Subnetzmaske 10.0.0.0/16 (255.255.0.0) bedeuten, daß der 8-Bit große Subnetzraum Platz für $2^8 - 2 = 254$ Subnetze und $2^{16} - 2 = 65534$ Host-Adressen in jedem dieser Subnetze bietet. Auf der anderen Seite würde die Subnetzmaske 10.0.0.0/24 (255.255.255.0) mit dem 16-Bit großen Subnetzraum Platz für 65534 Subnetze bieten und ein 8-Bit großer Host-Raum 254 Host-Adressen in jedem Subnetz.

Eine schrittweise Methode zur Erstellung eines Subnetz-Designs

Folgende Schritte sind notwendig, um eine IP-Adresse in Subnetze zu unterteilen:

1. Bestimmen Sie, wie viele Subnetze und wie viele Hosts pro Subnetz benötigt werden.

2. Wenden Sie die Formel $2^n - 2$ an, um die Anzahl der Subnetzbits und die Anzahl der Host-Bits zu bestimmen, die den in Schritt 1 ermittelten Bedarf erfüllen. Wenn mehrere Subnetzmasken den Bedarf erfüllen können, sollten Sie diejenige wählen, die auf zukünftige Bedürfnisse am besten zugeschnitten ist. Wenn z.B. das Internetzwerk sehr wahrscheinlich durch weitere Subnetze wachsen wird, sollten mehr Subnetzbits vergeben werden. Wenn das Internetzwerk jedoch eher durch weitere Hosts wächst, so sollten mehr Host-Bits verwendet werden. Sie sollten auf keinen Fall ein Schema verwenden, in dem entweder alle Subnetze oder alle Host-Adressen innerhalb der Subnetze sofort vergeben sind, was keinen Raum für weiteres Wachstum läßt.

3. Bestimmen Sie im binären Modus alle verfügbaren Bitkombinationen in den einzelnen Subnetzräumen. Setzen Sie hier alle Host-Bits auf Null. Wandeln Sie die resultierenden Subnetzadressen in die gepunktete Dezimalform um. So erhalten Sie die Subnetzadressen.

4. Listen Sie in der Binärform für jede einzelne Subnetzadresse alle möglichen Bitkombinationen für den Host-Raum auf, ohne die Subnetzbits zu ändern. Wandeln Sie die Ergebnisse in die gepunktete Dezimalform um. So erhalten Sie die verfügbaren Host-Adressen für jedes Subnetz.

Die Ausführung der letzten beiden Schritte in binärer Form ist von größter Wichtigkeit. Ihr kann gar nicht genug Bedeutung beigemessen werden. *Die größte einzelne Fehlerquelle bei der Arbeit mit Subnetzen ist der Versuch der Arbeit mit der gepunkteten Dezimalform, ohne dabei zu verstehen, was auf binärer Ebene passiert.* Es ist erneut zu betonen, daß die gepunktete Dezimalform das Lesen und Schreiben der IP-Adressen erleichtert. Router und Hosts sehen die Adressen jedoch als binäre 32-Bit-Zeichenfolgen. Um erfolgreich mit IP-Adressen zu arbeiten, sollten Sie diese in der Form betrachten, wie sie die Router und Hosts sehen.

Der letzte Abschnitt mag im Licht der bisher gezeigten Beispiele ein wenig zu bitbezogen wirken. Die Muster der Subnetze und Host-Adressen waren recht verständlich, ohne die Adressen und Masken in binärer Form lesen zu müssen. Der nächste Abschnitt verwendet die vier Designschritte, um ein Subnetz-Design abzuleiten, dessen gepunktete dezimale Entsprechungen nicht so einfach zu übersehen sind.

2.3.5 Bruch der Oktettgrenzen

In den bisherigen Beispielen waren die Subnetzräume durch Oktettgrenzen vorgegeben. Diese Anordnung ist nicht immer die praktischste und effizienteste Wahl. Was ist, wenn Sie z.B. eine Class-B-Adresse in 500 Datenverbindungen mit einem jeweiligen Maximum von 100 Hosts unterteilen müssen? Diese Bedürfnisse sind nur dann einfach zu erfüllen, wenn neun Bits im Subnetzfeld verwendet werden: $2^9 - 2 = 510$ verfügbare Subnetze, mit sieben verbleibenden Bits für das Host-Feld und $2^7 - 2 = 126$ verfügbaren Hosts pro Subnetz. Keine andere Bitkombination wird diesen Bedürfnissen gerecht.

Bedenken Sie ebenso, daß es keine Möglichkeit gibt, eine Class-C-Adresse an einer Oktettgrenze zu unterteilen – dies würde das gesamte letzte Byte beanspruchen und keinen Raum für Host-Bits lassen. Die Subnetzbits und Host-Bits müssen sich das letzte Oktett teilen, wie das folgende Beispiel zeigt.

Schritt 1: Bild 2.15 zeigt das Internetzwerk aus Bild 2.13, jedoch mit der Class-C-Adresse 192.168.100.0. Es existieren fünf Datenverbindungen. Daher muß die Adresse so unterteilt werden, daß mindestens fünf Subnetzadressen möglich sind. Die Abbildung gibt auch die Anzahl der Hosts vor (die Routerschnittstellen eingeschlossen), die in jedem Subnetz adressiert werden müssen. Die maximale Anzahl von Host-Adressen beträgt 25 für die beiden Ethernets. Daher sind die gesamten Subnetzvorgaben: mindestens fünf Subnetze und mindestens 25 Host-Adressen pro Subnetz.

Schritt 2: Bei Verwendung der Formel $2^n - 2$ zeigt sich, daß drei Subnetzbits und fünf Host-Bits die Vorgaben erfüllen: $2^3 - 2 = 6$ und $2^5 - 2 = 30$. Eine Class-C-Maske mit drei Bits zum

Subnetting ist mit 255.255.255.224 in gepunkteter Dezimalform repräsentiert.

Schritt 3: Bild 2.16 zeigt die so erhaltenen Subnetzbits. Die in Schritt 2 ermittelte Subnetzmaske ist binär dargestellt und die IP-Adresse darunter geschrieben. Die senkrechten Linien dienen als Markierung für den Subnetzraum, und in diesem Raum sind alle möglichen Bitkombinationen aufgelistet.

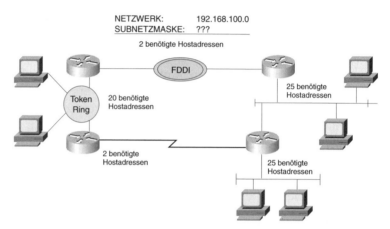

Bild 2.15: Das Netzwerk aus Bild 2.13, jedoch mit einer Class-C-Maske. Ein Subnetz mit einem ganzen Oktett ist hier nicht möglich. Es bliebe kein Raum mehr für Host-Bits.

Bild 2.16: Die Subnetzbits erhält man durch Markierung des maskierten Subnetzbitraums und anschließender Auflistung aller möglichen Bitkombinationen in diesem Raum.

```
11111111111111111111111|111|11100000 = 255.255.255.224
11000000101010000110010|000|00000 = 192.168.100.0
             NETZWERK-  |000|  HOST-
             ADRESS-    |001|  ADRESS-
             RAUM       |010|  RAUM
                        |011|
                        |100|
                        |101| ← SUBNETZ-
                        |110|   ADRESS-
                        |111|   RAUM
```

In Bild 2.17 werden die unveränderten Netzwerkbits auf der linken Seite an die Bits des Subnetzraums angefügt. Die Host-Bits, die in den Subnetzadressen alle Null sind, werden rechts vom Subnetzraum angefügt. Die Ergebnisse werden in die gepunktete Dezimalform umgewandelt, und man erhält die sechs Subnetzadressen (es sei erinnert, daß die erste und die letzte Adresse (000 und 111) im Subnetzraum nicht verwendet werden können).

```
11111111111111111111111111100000 = 255.255.255.224
11000000101010000110010000000000 = 192.168.100.0
11000000101010000110010000000000 = 192.168.100.0
11000000101010000110010000100000 = 192.168.100.32
11000000101010000110010001000000 = 192.168.100.64
11000000101010000110010001100000 = 192.168.100.96
11000000101010000110010010000000 = 192.168.100.128
11000000101010000110000010100000 = 192.168.100.160
11000000101010000110000011000000 = 192.168.100.192
11000000101010000110000011100000 = 192.168.100.224
```

Bild 2.17:
Die Subnetzadressen erhält man durch Anfügen der Netzwerkadresse an die linke Seite des Subnetzraums und das Setzen aller Host-Bits auf Null auf der rechten Seite. Anschließend werden die Ergebnisse in die gepunktete Dezimalform umgewandelt.

Schritt 4: Der letzte Schritt besteht darin, in jedem Subnetz die verfügbaren Host-Adressen zu bestimmen. Dieser Schritt erfolgt durch Auswahl eines Subnetzes. Hier werden bei unveränderten Netzwerk- und Subnetzbits alle möglichen Bitkombinationen des Host-Raums binär aufgelistet, beginnend bei Null.

Bild 2.18 zeigt diesen Schritt für das Subnetz 192.168.100.32. Beachten Sie die Muster in den Ergebnissen: Die erste Adresse, in der alle Host-Bits Null sind, ist die Subnetzadresse. Die letzte Adresse, in der alle Host-Bits Eins sind, ist die Broadcast-Adresse für das Subnetz 192.168.100.32. Die Host-Adressen zählen von der Subnetzadresse aufwärts bis zur Broadcastadresse, und die daran anschließende Adresse ist die des zweiten Subnetzes 192.168.100.64.

Es sollte jetzt klar sein, wie wichtig es ist, Subnetze auf binärer Ebene zu verstehen. Wenn Sie eine Adresse sehen, wie z.B. 192.168.100.160, so können Sie nicht voraussagen, ob es eine Host-Adresse, eine Subnetzadresse oder eine Broadcastadresse ist. Auch bei bekannter Subnetzmaske sind die Dinge nicht immer sofort durchschaubar.

Es sei den Lesern empfohlen, alle Host-Adressen für alle restlichen Subnetze im Beispiel zu bestimmen und die in den Adressen erkennbaren Muster sorgfältig zu studieren. Es ist sehr hilfreich, solche Muster interpretieren zu können, wenn Sie sich in einer Situation befinden, wie in einer der im nächsten Abschnitt beschriebenen.

Bild 2.18:
Die Host-Adressen für ein Subnetz erhält man durch Auflistung aller möglichen Bitkombinationen des Host-Raums. Dies sind die Host-Bits für das Subnetz 192.168.100.32.

NETZWERK-BITS	HOST-BITS		
11000000101010000110010000001	00000	= 192.168.100.32	← SUBNETZ
11000000101010000110010000001	00001	= 192.168.100.33	
11000000101010000110010000001	00010	= 192.168.100.34	
11000000101010000110010000001	00011	= 192.168.100.35	
11000000101010000110010000001	00100	= 192.168.100.36	
11000000101010000110010000001	00101	= 192.168.100.37	
11000000101010000110010000001	00110	= 192.168.100.38	
11000000101010000110010000001	00111	= 192.168.100.39	
11000000101010000110010000001	01000	= 192.168.100.40	
11000000101010000110010000001	01001	= 192.168.100.41	
11000000101010000110010000001	01010	= 192.168.100.42	
11000000101010000110010000001	01011	= 192.168.100.43	
11000000101010000110010000001	01100	= 192.168.100.44	
11000000101010000110010000001	01101	= 192.168.100.45	
11000000101010000110010000001	01110	= 192.168.100.46	
11000000101010000110010000001	01111	= 192.168.100.47	
11000000101010000110010000001	10000	= 192.168.100.48	
11000000101010000110010000001	10001	= 192.168.100.49	GÜLTIGE
11000000101010000110010000001	10010	= 192.168.100.50	← HOST-
11000000101010000110010000001	10011	= 192.168.100.51	ADRESSEN
11000000101010000110010000001	10100	= 192.168.100.52	
11000000101010000110010000001	10101	= 192.168.100.53	
11000000101010000110010000001	10110	= 192.168.100.54	
11000000101010000110010000001	10111	= 192.168.100.55	
11000000101010000110010000001	11000	= 192.168.100.56	
11000000101010000110010000001	11001	= 192.168.100.57	
11000000101010000110010000001	11010	= 192.168.100.58	
11000000101010000110010000001	11011	= 192.168.100.59	
11000000101010000110010000001	11100	= 192.168.100.60	
11000000101010000110010000001	11101	= 192.168.100.61	
11000000101010000110010000001	11110	= 192.168.100.62	
11000000101010000110010000001	11111	= 192.168.100.63	← BROADCAST

2.3.6 Fehlersuche bei einer Subnetzmaske

Es ist regelmäßig nötig, eine gegebene Host-Adresse und -maske zu zergliedern. Dies dient gewöhnlich der Bestimmung, zu welchem Subnetz sie gehört. Wenn z.B. eine Adresse an eine Schnittstelle vergeben werden soll, ist es eine gute Übung, zuerst zu überprüfen, ob diese Adresse für das verbundene Subnetz gültig ist.

Führen Sie die folgenden Schritte aus, um eine IP-Adresse in umgekehrter Weise zu bestimmen:

1. Wandeln Sie die gegebene Subnetzmaske in die binäre Form um.

2. Schreiben Sie die IP-Host-Adresse in binärer Form.

3. Da die Class der Host-Adresse bekannt ist, sollten die Subnetzbits der Maske erkennbar sein. Verwenden Sie die Maskenbits als Markierung, und ziehen Sie eine Linie zwischen dem letzten Netzwerkbit und dem ersten Subnetzbit der Adresse. Ziehen Sie eine weitere Linie zwischen dem letzten Subnetzbit und dem ersten Host-Bit.

4. Schreiben Sie die Netzwerk- und Subnetzbits der Adresse auf, und setzen Sie alle Host-Bits auf Null. Das Ergebnis ist die Adresse des Subnetzes, zu dem die Host-Adresse gehört.

5. Schreiben Sie erneut die Netzwerk- und Subnetzbits der Adresse auf, und setzen Sie diesmal alle Host-Bits auf Eins. Das Ergebnis ist die Broadcast-Adresse des Subnetzes.

6. Da Sie wissen, daß die Subnetzadresse die erste Adresse in diesem Abschnitt ist und die Broadcast-Adresse die letzte Adresse im Abschnitt, wissen Sie damit, daß alle Adressen zwischen diesen beiden gültige Host-Adressen sind.

Eine schrittweise Methode zum Auffinden der Subnet- und Broadcastadresse einer Host-Adresse

Bild 2.19 zeigt diese Schritte, die auf 172.30.0.141/25 angewendet werden. Dies ist eine Class-B-Adresse, folglich sind die ersten 16 Bits die Netzwerkbits. Damit markieren die letzten neun Bits der 25-Bit-Maske den Subnetzraum. Die Subnetzadresse wird mit 172.30.0.128 und die Broadcast-Adresse mit 172.30.0.255 bestimmt. Da bekannt ist, daß die gültigen Host-Adressen des Subnetzes von diesen beiden Adressen umgrenzt sind, ist hiermit ermittelt, daß die Host-Adressen für das Subnetz 172.30.0.128 von 172.30.0.129 bis 172.30.0.254 laufen.

Einige Dinge in diesem Beispiel können Menschen verwirren, die sich erst wenig mit Subnetzen befaßt haben. Einige stört, daß das dritte Oktett der Adresse nur Nullen enthält. Einige stört auch das einzelne Subnetzbit im letzten Oktett. Einige denken, daß die Broadcast-Adresse verdächtig ungültig wirkt. Alle diese schlechten Gefühle entstammen der Interpretation der Adressen in gepunkteter Dezimalform. Wenn die Adressen und die Maske in binärer Form betrachtet werden, werden alle diese Zweifel ausgeräumt, und alles läßt sich erklären. Die Maske setzt einen 9-Bit-Subnetzraum – alle Bits des dritten Oktetts und das erste Bit des vierten Oktetts. Die Moral dieser Geschichte ist die, daß alles binär erklärbar ist, auch wenn die gepunktet-dezimale Darstellung merkwürdig aussieht.

Bild 2.19: Folgen Sie bei gegebener IP-Adresse und Subnetzmaske diesen Schritten, um die Subnetz-, die Broadcast- und die Host-Adressen zu bestimmen.

```
                                  172.30.0.141/25
(1) Write subnet mask:   11111111111111111111111110000000 = 255.255.255.128
(2) Write IP address:    10101100000111100000000010001101 = 172.30.0.141

(3) Mark the subnet      11111111111111111|11111111|0000000 = 255.255.255.128
    space.               10101100000111100|00000000|10001101 = 172.30.0.141

Derive the...            11111111111111111|11111111|0000000 = 255.255.255.128
                         10101100000111100|00000000|10001101 = 172.30.0.141
(4) subnet address:      10101100000111100|00000000|10000000 = 172.30.0.128
(5) broadcast address:   10101100000111100|00000000|11111111 = 172.30.0.255
```

(6) Valid host addresses for this subnet are 172.30.0.129 – 172.30.0.254.

2.4 ARP

In Kapitel 1 wurde erklärt, daß Router Pakete über einen logischen Pfad weitergeben, der sich aus mehrfachen Datenverbindungen zusammensetzt. Dies erfolgt durch das Lesen der Netzwerkadressen in den Paketen und die Reaktion darauf. Die Pakete werden über die einzelnen Datenverbindungen übertragen, indem sie in Frames eingekapselt werden, die Daten-Verbindungs-Kennzeichen (z.B. MAC-Adressen) verwenden, um den Frame von der Quelle zum Ziel der Verbindung zu lenken. Eines der Hauptthemen dieses Buches beschäftigt sich mit den Mechanismen, mit denen Router Informationen über Netzwerkadressen sammeln und weitergeben und damit das sogenannte Routing ermöglichen. Auf ähnliche Art und Weise müssen Geräte auf einer Datenverbindung eine Möglichkeit haben, die Daten-Verbindungs-Kennzeichen ihrer Nachbarn zu ermitteln, um Frames an das korrekte Ziel senden zu können.

Es gibt verschiedene Mechanismen, um diese Informationen zu erhalten.[1] IP verwendet das Adress-Resolution-Protocol (ARP), das in RFC 826 beschrieben ist. Bild 2.20 zeigt die Funktionsweise des ARP. Ein Gerät, welches das Daten-Verbindungs-Kennzeichen eines anderen Geräts benötigt, erzeugt ein ARP-Request-Paket (Request=Anfrage). Diese Anfrage wird die IP-Adresse des angefragten Geräts enthalten (das Ziel) sowie die Quell-IP-Adresse und das Daten-Verbindungs-Kennzeichen (MAC-Adresse) des anfragenden Geräts (der Sender). Das ARP-Request-Paket wird daraufhin in ein Frame eingekapselt, das die MAC-Adresse des Senders als Quell-Adresse trägt und eine Broadcastadresse als Zieladresse (Bild 2.21).[2]

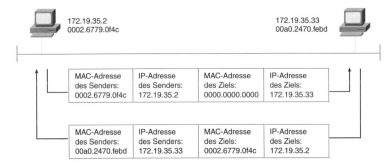

Bild 2.20: ARP *wird verwendet, um das Daten-Verbindungs-Kennzeichen eines Geräts seiner IP-Adresse zuzuordnen*

Durch die Verwendung der Broadcast-Adresse werden alle Geräte auf der Datenverbindung den Frame empfangen und das eingekapselte Paket interpretieren. Alle Geräte außer dem Zielgerät werden erkennen, daß das Paket nicht für sie bestimmt ist, und es verwerfen. Das Zielgerät wird einen ARP-Reply (Reply=Antwort) unter Verwendung seiner MAC-Adresse an die Quell-Adresse zurücksenden (Bild 2.22).

---

1 NetWare z.B. macht die MAC-Adresse des Geräts zum Erbteil der Adresse der Netzwerkschicht – ein sehr vernünftiger Vorgang.

2 Genau wie eine IP-Übermittlung ist die MAC-Übermittlung eine Adresse von allen: ffff.ffff.ffff. .

78 Routing TCP/IP

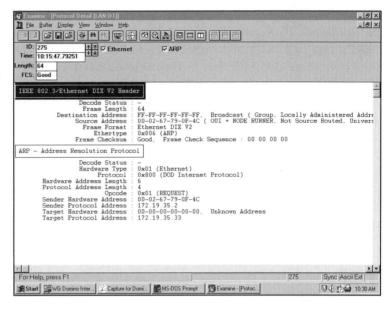

Bild 2.21: Anzeige eines Netzwerk-Analyzers, die die ARP-Anfrage aus Bild 2.20 darstellt, zusammen mit dem ihn umkapselnden Frame.

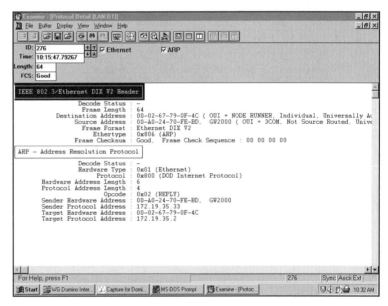

Bild 2.22: Anzeige eines Netzwerk-Analyzers, die die ARP-Antwort aus Bild 2.20 darstellt

Ein Cisco-Router wird ARP-Aktivitäten anzeigen, wenn die Testfunktion **debug arp** aufgerufen wird, wie in Bild 2.23 gezeigt.

```
Aretha#debug arp
IP ARP: rcvd req src 172.19.35.2 0002.6779.0f4c, dst 172.21.5.1 Ethernet0
IP ARP: sent rep src 172.21.5.1 0000.0c0a.2aa9,
        dst 172.19.35.2 0002.6779.0f4c Ethernet0
Aretha#
```

Bild 2.23: Router Aretha (172.21.5.1) antwortet auf eine ARP-Anfrage von Host 172.19.35.2.

Bild 2.24 zeigt die Form des ARP-Pakets. Vergleichen Sie die Beschreibungen mit den ARP-Paketen in Bild 2.21 und Bild 2.22.

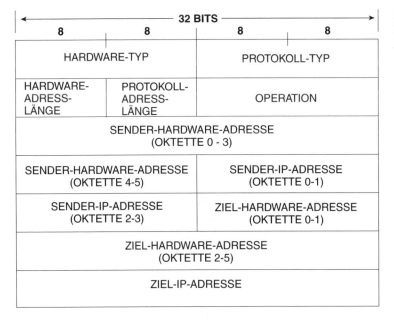

Bild 2.24: Die Form eines ARP-Pakets.

Der *Hardware-Typ* gibt Aufschluß über die Art der Hardware, wie in RFC 1700[1] beschrieben. Einige typische Nummern sind beispielhaft in Tabelle 2.4 gezeigt.

---

1 J. Postel and j. Reynolds. »Assigned Numbers.« RFC 1700, Oktober 1994. Diese RFC spezifiziert alle Nummern, die in verschiedenen Bereichen überall in der TCP/IP Protocol Suite in Gebrauch sind. Dieses große Dokument (230 Seiten) ist eine wertvolle Referenz, von der ein Exemplar zugänglich sein sollte.

Tabelle 2.4: Typische Hardware-Codes.

Nummer	Hardware-Typ
1	Ethernet
3	X.25
4	Proteon ProNET Token Ring
6	IEEE 802 Networks
7	ARCnet
11	Apple LocalTalk
14	SMDS
15	Frame Relay
16	ATM
17	HDLC
18	Fibre Channel
19	ATM
20	Serielle Verbindung

Der *Protokolltyp* beschreibt den Typ von Protokoll auf Netzwerkebene, mit dem der Sender das Daten-Verbindungs-Kennzeichen zuordnet, IP ist 0x0800.

Die *Hardware-Adreßlänge* legt die Länge des Daten-Verbindungs-Kennzeichens in Oktetten fest. Bei MAC-Adressen würde sie 6 lauten.

Die *Protokoll-Adreßlänge* legt die Länge der Adresse der Netzwerkebene in Oktetten fest. Die Länge für IP würde 4 lauten.

Die *Operation* legt fest, ob das Paket eine ARP-Anfrage (1) oder eine ARP-Antwort (2) ist. Es können auch andere Werte hier gefunden werden, die andere Verwendungen des ARP-Pakets bezeugen. Beispiele hierfür sind ein Reverse-ARP-Request (4) (=Gegenstück zu einer ARP-Anfrage), Reverse-ARP-Reply (5), Inverse-ARP-Request (8) und Inverse-ARP-Reply (9).

Die letzten 20 Oktette sind die Felder für die Daten-Verbindungs-Kennzeichen und IP-Adressen von Sender und Ziel.

Im oberen Ausschnitt von Bild 2.25 wurde der Befehl **show arp** verwendet, um die ARP-Tabelle in einem Cisco-Router anzuzeigen. Beachten Sie die Spalte »Age« (=Alter). Offensichtlich werden ARP-Informationen nach einer bestimmten Zeitdauer aus der Tabelle entfernt, um die Tabelle nicht mit veralteten Informationen zu überladen. Cisco-Router bewahren ARP-Einträge vier Stunden lang auf (14400 Sekunden). Diese Grundeinstellung kann verändert werden. Das folgende

Beispiel ändert den ARP-Timeout auf 30 Minuten (1800 Sekunden):

```
Martha(config)# interface ethernet 0
Martha(config-if)# arp timeout 1800
```

Der mittlere Ausschnitt von Bild 2.25 zeigt die ARP-Tabelle eines Windows-95-PC und der untere die ARP-Tabelle einer Linux-Maschine. Auch wenn sich das Format von der Cisco-Anzeige unterscheidet, sind die wesentlichen Informationen in allen drei Tabellen gleich.

```
Martha#show arp
Protocol   Address         Age (min)   Hardware   Addr     Type   Interface
Internet   10.158.43.34        2       0002 . 6779 . 0f4c   ARPA   Ethernet0
Internet   10.158.43.1         -       0000 . 0c0a . 2aa9   ARPA   Ethernet0
Internet   10.158.43.25       18       00a0 . 24a8 . a1a5   ARPA   Ethernet0
Internet   10.158.43.100       6       0000 . 0c0a . 2c51   ARPA   Ethernet0
Martha#
```

```
C:\WINDOWS>arp -a
Interface: 148.158.43.25
  Internet Address      Physical Address     Type
  10.158.43.1           00-00-0c-0a-2a-a9    dynamic
  10.158.43.34          00-02-67-79-0f-4c    dynamic
  10.158.43.100         00-00-0c-0a-2c-51    dynamic
```

```
Linux:~# arp -a
Address           HW type         HW address           Flags   Mask
10.158.43.1       10Mbps Ethernet 00:00:0C:0A:2A:A9    C       *
10.158.43.100     10Mbps Ethernet 00:00:0C:0A:2C:51    C       *
10.158.43.25      10Mbps Ethernet 00:A0:24:A8:A1:A5    C       *
Linux:~#
```

Bild 2.25: Die ARP-Tabelle dreier Geräte, die an das gleiche Netzwerk angeschlossen sind: ein Cisco-Router, ein Windows-95-Host und ein Linux-Host.

ARP-Einträge können dauerhaft in der Tabelle aufgenommen werden. Um 172.21.5.131 fest mit der Hardware-Adresse 0000.00a4.b74c, einem SNAP-Einkapselungstyp, zu verknüpfen, gehen Sie wie folgt vor:

```
Martha(config)# arp 172.21.5.131 0000.00a4.b74c snap
```

Der Befehl **clear arp-cache** löscht alle dynamischen Einträge der ARP-Tabelle. Er entleert zugleich den Fast-Switching-Cache und den IP-Route-Cache.

Es existieren verschiedene Varianten von ARP. Mindestens eine, nämlich das Proxy-ARP, ist für das Routing von Bedeutung.

2.4.1 Proxy-ARP

Proxy-ARP wird auch manchmal *Promiscuous-ARP* genannt und ist in den RFCs 925 und 1027 beschrieben. Es stellt eine Methode dar, mit der sich Router gegenüber Hosts erreichbar machen. Wenn z.B. der Host 192.168.12.5/24 ein Paket an 192.168.20.101/24 senden soll, aber er ist nicht mit einem Standard-Gateway konfiguriert. Folglich weiß er nicht, wie er einen Router erreichen kann. Er kann eine ARP-Anfrage an 192.168.20.101 richten. Der lokale Router empfängt die Anfrage und weiß, wie er das Netzwerk 192.168.20.0 erreichen kann. Er wird eine ARP-Antwort mit seinem eigenen Daten-Verbindungs-Kennzeichen im Hardware-Adreßfeld zurücksenden. Im Endeffekt gaukelt der Router dem lokalen Host vor, die Router-Schnittstelle sei die Schnittstelle von 192.168.20.101. Alle Pakete, die für diese Adresse bestimmt sind, werden an den Router gesendet werden.

Bild 2.26 zeigt eine andere Verwendung von Proxy-ARP. Hier sind besonders die Adreßmasken von Bedeutung. Der Router ist mit einer 28-Bit-Maske konfiguriert (vier Bits für das Subnetting der Class-C-Adresse), aber die Hosts sind mit einer 24-Bit-Maske konfiguriert, der Standardmaske eines Class-C-Netzes. Als Ergebnis werden sich die Hosts nicht bewußt sein, daß Subnetze existieren. Wenn der Host 192.168.20.66 ein Paket an 192.168.20.25 senden will, wird er eine ARP-Anfrage aussenden. Der Router erkennt, daß sich die Zieladresse in einem anderen Subnetz befindet und wird mit seiner eigenen Hardware-Adresse antworten. Proxy-ARP macht also eine in Subnetze unterteilte Netzwerktopologie für die Hosts transparent.

Der ARP-Cache in Bild 2.27 läßt erkennen, daß Proxy-ARP verwendet wird. Beachten Sie, daß mehrere IP-Adressen einem einzelnen MAC-Kennzeichen zugeordnet sind. Die Adressen gehören zu Hosts, aber das Hardware-MAC-Kennzeichen gehört zur Router-Schnittstelle.

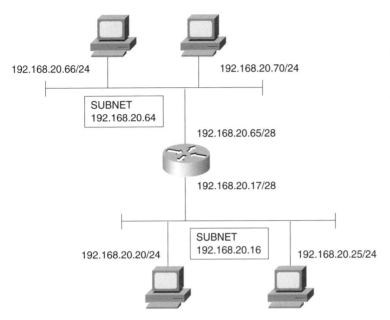

Bild 2.26:
Proxy-ARP ermöglicht die Verwendung transparenter Subnetze.

```
C:\WINDOWS>arp -a

Interface: 192.168.20.66
  Internet Address      Physical Address      Type
  192.168.20.17         00-00-0c-0a-2a-a9     dynamic
  192.168.20.20         00-00-0c-0a-2a-a9     dynamic
  192.168.20.25         00-00-0c-0a-2a-a9     dynamic
  192.168.20.65         00-00-0c-0a-2c-51     dynamic
  192.168.20.70         00-02-67-79-0f-4c     dynamic
```

Proxy-ARP ist auf Cisco-Router voreingestellt und kann für jede einzelne Schnittstelle mit dem Befehl **no ip proxy-arp** deaktiviert werden.

Bild 2.27:
Diese ARP-Tabelle von Host 192.168.20.66 in Bild 2.26 zeigt mehrere IP-Adressen, die einem MAC-Kennzeichen zugeordnet sind, und läßt damit erkennen, daß Proxy-ARP verwendet wird.

2.4.2 Grundloses ARP (Gratuitous ARP)

Ein Host kann hin und wieder eine ARP-Anfrage mit der eigenen IP-Adresse als Zieladresse aussenden. Diese ARP-Anfragen, die als *gratuitous ARPs* bekannt sind (=grundloses ARP), haben zwei Nutzen:

- Ein grundloses ARP kann zum Test von Doppeladressen verwendet werden. Ein Gerät, das eine ARP-Anfrage mit der eigenen IP-Adresse als Ziel aussendet und eine ARP-Antwort von einem anderen Gerät empfängt, wird erkennen, daß die Adresse doppelt vorhanden ist.

- Ein grundloses ARP kann verwendet werden, um ein neues Daten-Verbindungs-Kennzeichen anzumelden. Diese Verwendung nutzt folgenden Mechanismus: Wenn ein Gerät eine ARP-Anfrage von einer IP-Adresse empfängt, die sich bereits in seinem ARP-Cache befindet, wird im Cache die neue Hardware-Adresse des Senders übernommen.

Viele IP-Ausführungen verwenden kein grundloses ARP, jedoch sollten Sie sich seiner Existenz bewußt sein.

2.4.3 Reverse-ARP

Das Reverse-ARP (RARP) ordnet nicht eine Hardware-Adresse einer bekannten IP-Adresse zu, sondern eine IP-Adresse einer bekannten Hardware-Adresse. Einige Geräte kennen u.U. beim Einschalten oder Hochfahren ihre eigene IP-Adresse nicht, z.B. Workstations ohne Diskettenlaufwerk. RARP kann so in den Treibern dieser Geräte einprogrammiert sein, daß eine ARP-Anfrage ausgesendet werden kann mit der eigenen eingebrannten Hardware-Adresse. Die Antwort von einem RARP-Server wird die passende IP-Adresse liefern.

RARP wurde weitgehend vom Bootstrap-Protocol (BOOTP) und seiner Erweiterung, dem Dynamic-Host-Configuration-Protocol (DHCP) verdrängt. Beide können wesentlich mehr Informationen liefern als die IP-Adresse, und diese können auch über die lokale Datenverbindung hinaus geroutet werden (RARP nicht).

2.5 ICMP

Das Internet-Control-Message-Protocol oder ICMP ist in RFC 792 beschrieben. Es legt eine Vielfalt von Meldungen fest, deren allgemeiner Zweck im Management eines Internetzwerks liegt. ICMP-Meldungen können in Fehlermeldungen sowie Anfragen und Antworten eingeteilt werden. Bild 2.28 zeigt das allgemeine ICMP-Paketformat. Die Pakete werden nach Typ identifiziert. Viele Pakettypen besitzen noch bestimmte Untertypen, die anhand des Codefeld identifiziert werden. In Tabelle 2.5 sind die verschiedenen ICMP-Pakettypen und deren Codes aufgelistet, wie sie in RFC 1700 beschrieben sind.

Tabelle 2.5: ICMP-Pakettypen und Codefelder.

Typ	Code	Name
0	0	ECHOANTWORT
3		ZIEL UNERREICHBAR
	0	Netzwerk unerreichbar
	1	Host unerreichbar
	2	Protokoll unerreichbar
	3	Port unerreichbar
	4	Fragmentierung ist erforderlich und die Don't-Fragment-Flag ist gesetzt
	5	Quellroute ist gescheitert
	6	Zielnetzwerk unbekannt
	7	Zielhost unbekannt
	8	Quellhost ist isoliert
	9	Zielnetzwerk ist administrativ verboten
	10	Zielhost ist administrativ verboten
	11	Zielnetzwerk unerreichbar für Type of Service
	12	Zielhost unerreichbar für Type of Service
4	0	QUELL QUENCH
5		REDIRECT (Nachsenden)
	0	Nachsenden des Datagramms für das Netzwerk (oder Subnetz)
	1	Nachsenden des Datagramms für den Host
	2	Nachsenden des Datagramms für das Netzwerk und Type of Service
	3	Nachsenden des Datagramms für den Host und Type of Service
6	0	WECHSELNDE HOSTADRESSE
8	0	ECHO
9	0	ROUTERANMELDUNG
10	0	ROUTERAUSWAHL
11		ZEIT ABGELAUFEN
	0	Time to Live während der Übertragung abgelaufen
	1	Zeit zum Zusammenfügen der Fragmente abgelaufen
12		PARAMETER PROBLEM
	0	Pointer zeigt auf den Fehler
	1	Benötigte Option fehlt
	2	Falsche Länge
13	0	TIMESTAMP (Zeitmarke)
14	0	TIMESTAMP REPLY (Zeitmarke der Antwort)
15	0	INFORMATIONSANFRAGE (Veraltet)
16	0	INFORMATIONSANTWORT (Veraltet)
17	0	ADRESSMASKENANFRAGE
18	0	ADRESSMASKENANTWORT
30		TRACEROUTE
31		DATAGRAM UMWANDLUNGSFEHLER
32		MOBILER HOST NACHSENDEN
33		IPv6 WHERE-ARE-YOU (Wo bist Du?)
34		IPv6 I-AM-HERE (Ich bin hier!)
35		MOBILE REGISTRIERUNGSANFRAGE
36		MOBILE REGISTRIERUNGSANTWORT

*Bild 2.28:
Der ICMP-
Paketkopf
(-header) enthält
ein Typfeld, ein
Codefeld, das
einige Typen
weiter identifi-
ziert und eine
Prüfsumme. Der
Rest der Felder
hängt von Typ
und Code ab.*

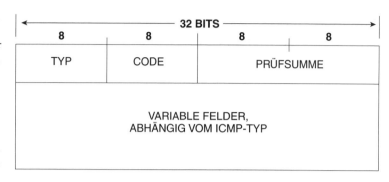

Bild 2.29 und Bild 2.30 zeigen Analyzeraufnahmen von zwei der bekanntesten ICMP-Meldungen – Echoanfrage und Echoantwort, die von der Pingfunktion verwendet werden.

*Bild 2.29:
Eine ICMP-
Echomeldung,
zusammen mit
ihrem IP-Header.*

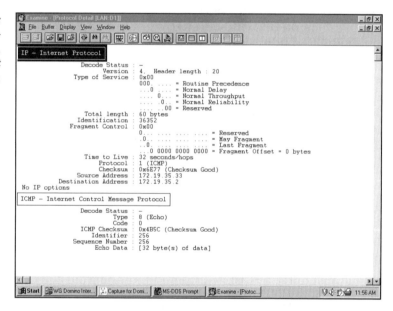

Auch wenn die meisten ICMP-Typen einigen Einfluß auf die Routingfunktionalität haben, sind drei Typen besonders wichtig.

Die Typen 8 und 9, also *Routeranmeldung* und *Routerauswahl*, werden vom ICMP-Router-Discovery-Protocol (IRDP) verwendet.

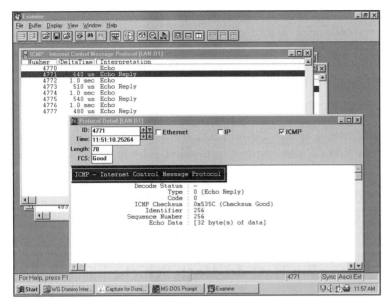

Bild 2.30:
Eine ICMP-Echoantwort ohne den angezeigten IP-Header. Die Paketliste im hinteren Fenster zeigt vier Echo/Echoantwort-Paare, das entspricht vier Pings.

Der ICMP-Typ 5, also *Nachsenden*, wird von Routern verwendet, um Hosts über einen anderen Router auf der Datenverbindung zu informieren, der für ein bestimmtes Ziel angesprochen werden soll. Gesetzt den Fall, zwei Router A und B sind an dasselbe Ethernet angeschlossen, und Host X befindet sich ebenfalls im Ethernet und verwendet Router A als Standardgateway. Der Host sendet ein Paket an Router A, und A sieht, daß die Zieladresse des Pakets über Router B erreichbar ist (also muß Router A das Paket aus derselben Schnittstelle weiterleiten, aus der er es empfangen hat). Router A leitet das Paket an B weiter, sendet jedoch auch einen ICMP-Nachsendeauftrag an Host X, um ihn zu informieren, daß er das Paket an Router B senden muß, um das Ziel zu erreichen. Bild 2.31 zeigt einen Router, der einen Nachsendeauftrag sendet.

Bild 2.31: Mit der Verwendung der Testfunktion **debug ip icmp** kann auf diesem Router beobachtet werden, wie er einen Nachsendeauftrag (redirect) an Host 10.158.43.25 sendet und ihn darüber informiert, daß er der korrekte Router zur Erreichung des Ziels ist. 10.158.40.1 ist erreichbar über das Gateway (gw) 10.158.43.10.

```
Pip#debug ip icmp
ICMP packet debugging is on
ICMP: redirect sent to 10.158.43.25 for dest  10.158.40.1, use gw
10.158.43.10
0
Pip#
```

Ein häufig verwendeter Trick, um Nachsendungen auf Datenverbindungen mit mehreren angeschlossenen Gateways zu vermeiden, besteht darin, dem Standard-Gateway jedes Hosts eine eigene IP-Adresse zu geben. Die Hosts werden daraufhin ARP für jede Adresse verwenden, und wenn die Adresse nicht auf der Datenverbindung ist, sollte der korrekte Router via Proxy-ARP antworten. Der Vorteil dieser Taktik ist fragwürdig, wenn es nur darum geht, Nachsendungen zu vermeiden. Nachsendungen werden vermindert oder ganz verhindert, jedoch auf Kosten von größerem ARP-Verkehr.

Auf Cisco-Routern sind Nachsendungen in der Grundeinstellung aktiviert und können für jede einzelne Schnittstelle mit dem Befehl **no ip redirects** deaktiviert werden.

2.6   Die Host-to-Host-Schicht

Die Host-to-Host-Schicht des TCP/IP-Protokolls ist passend bezeichnet. So wie die Internet-Schicht für die logischen Pfade zwischen Netzwerken verantwortlich ist, ist die Host-to-Host-Schicht verantwortlich für den gesamten logischen Pfad zwischen zwei Hosts in verschiedenen Netzwerken.[1] Aus anderer Sicht ist die Host-to-Host-Schicht eine Schnittstelle für die tieferen Schichten des Protokollschemas und befreit Applikationen von allen Aufgaben, die sich mit der Art der Datenübertragung befassen.

Dieser Service ist vergleichbar mit dem Postraum in einer Firma. Es wird dort ein Paket abgegeben, mit bestimmten Liefervorschriften (normale Versendung, über Nacht). Die Person, die die Sendeanfrage stellt, muß nicht wissen und interessiert sich vermutlich auch nicht dafür, wie das wirkliche Versenden des Pakets erfolgt. Die Angestellten im Postraum werden die korrekte Versandart auswählen (postalisch, UPS, Fahrradkurier), um die Liefervorschriften zu erfüllen.

Die Host-to-Host-Schicht bietet zwei grundlegende Dienste: TCP und UDP.

---

1   Man kann auch sagen, gleiche Funktionen der OSI-Sitzungsschicht, die über der Transportschicht liegen, stellen einen logischen End-to-End-Pfad zwischen zwei Applikationen über ein Internetzwerk bereit.

2.6.1 TCP

Das Transmission-Control-Protocol oder TCP ist in RFC 793 beschrieben. Es bietet Applikationen einen zuverlässigen, verbindungsorientierten Service. Anders ausgedrückt liefert TCP den Anschein einer Point-to-Point-Verbindung.

Point-to-Point-Verbindungen haben zwei Eigenschaften:

- Sie besitzen nur einen Pfad zum Ziel. Ein Paket, das an einem Ende die Verbindung betritt, kann nicht verloren gehen, da der einzige Weg, den es gehen kann, zum anderen Ende führt.
- Pakete kommen in der gleichen Reihenfolge an, wie sie versendet wurden.

TCP bietet den Anschein einer Point-to-Point-Verbindung, auch wenn in Wahrheit keine solche Verbindung existiert. Die Internet-Schicht TCP nutzt einen verbindungslosen Paketlieferdienst, der sich die größte Mühe gibt. Er ist mit dem o.a. Postdienst vergleichbar. Wenn ein Stapel Briefe zur Post gegeben wird, gibt es keine Garantie, daß die Briefe in der gleichen Reihenfolge gestapelt ankommen, daß sie alle am gleichen Tag ankommen oder auch daß sie überhaupt ankommen. Der Postdienst legt sich nur insoweit fest, daß er sich die größte Mühe gibt, die Briefe auszuliefern.

Desgleichen garantiert die Internet-Schicht nicht, daß alle Pakete dieselbe Route nehmen werden, und damit gibt es keine Garantie, daß sie in der gleichen Reihenfolge und in gleichen Zeitintervallen ankommen, wie sie gesendet wurden, oder auch, daß sie überhaupt ankommen.

Andererseits ist ein Telefonanruf ein verbindungsorientierter Service. Daten müssen in Folge und sicher ankommen, oder sie sind nutzlos. Wie bei einem Telefonanruf muß TCP zuerst eine Verbindung knüpfen, daraufhin die Daten übertragen und dann eine Trennung ausführen, wenn der Datentransfer vollendet ist.

TCP verwendet drei fundamentale Mechanismen, um einen verbindungsorientierten Service aufgesetzt auf einem verbindungslosen Service zu ermöglichen:

- Pakete werden mit Sequenznummern beschriftet, damit der empfangende TCP-Service die ungeordneten Pakete in die korrekte Reihenfolge bringen kann, bevor er sie an die Zielapplikation ausliefert.

- TCP verwendet ein System von Bestätigungen, Prüfsummen und Timern, um verläßlich zu sein. Ein Empfänger kann einen Sender benachrichtigen, wenn er erkennt, daß ein Paket in einer Sequenz nicht angekommen ist oder fehlerhaft ist. Zudem kann ein Sender vermuten, daß ein Paket verlorenging, wenn er keine Empfangsbestätigung innerhalb einer bestimmten Zeitdauer nach der Übertragung erhält. In beiden Fällen wird der Sender das gefragte Paket erneut senden.

- TCP verwendet einen Mechanismus, der *windowing* genannt wird, um den Fluß der Pakete zu regulieren. Windowing verringert die Wahrscheinlichkeit, daß Pakete aufgrund voller Puffer des Empfängers verworfen werden.

TCP fügt einen Header (Kopf) an die Daten der Applikationsschicht an. Der Header enthält Felder für die Sequenznummern und weitere Informationen, die für diese Mechanismen notwendig sind. Des weiteren enthält er Felder für Adressen, die Portnummern genannt werden und die Quell- und Zielapplikationen der Daten identifizieren. Die Applikationsdaten werden anschließend zusammen mit dem TCP-Header in ein IP-Paket zur Übertragung verkapselt. Bild 2.32 zeigt die Felder des TCP-Headers, und Bild 2.33 zeigt eine Analyzeraufnahme eines TCP-Headers.

Source und *Destination Port* sind 16-Bit-Felder, die die Quell- und Zielapplikationen für die verkapselten Daten festlegen. Die RFC 1700 beschreibt neben anderen Nummern, die von TCP/IP genutzt werden, alle gewöhnlich und eher ungewöhnlich verwendeten Portnummern. Eine Portnummer einer Applikation, die mit der IP-Adresse des Hosts verknüpft ist, auf dem sich die Applikation befindet, wird *Socket* genannt Ein Socket identifiziert eindeutig jede Applikation in einem Internetzwerk.

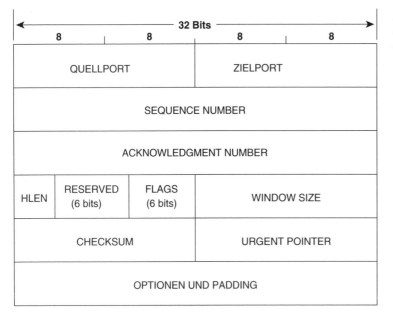

Bild 2.32:
Das TCP-Headerformat.

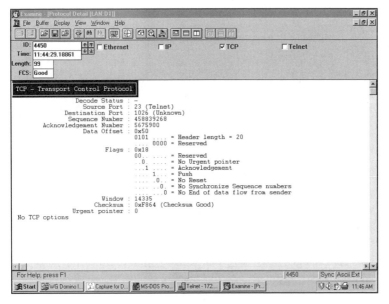

Bild 2.33:
Eine Analyzerausgabe eines TCP-Headers.

Die *Sequence Number* ist eine 32-Bit-Nummer, die festlegt, an welcher Stelle die eingekapselten Daten in den Datenstrom des Senders passen. Wenn z.B. die Sequenznummer eines Segments 1343 ist und das Segment 512 Oktette an Daten enthält, sollte das nächste Segment die Sequenznummer 1343 + 512 + 1 = 1856 tragen.

Die *Acknowledgment Number* (=Bestätigungsnummer) ist ein 32-Bit-Feld, das eine Sequenznummer festlegt. Diese Nummer erwartet die Quelle als nächstes vom Ziel zu empfangen. Wenn ein Host eine Acknowledgmentnummer empfängt, die nicht mit der nächsten Sequenznummer übereinstimmt, die gesendet werden soll (oder gesendet wurde), dann weiß er nicht nur, daß Pakete verlorengingen, sondern auch welche Pakete verlorengingen.

Die *Header Length* (=Kopflänge) wird manchmal auch *Data Offset* genannt und ist ein 4-Bit-Feld, das die Länge des Headers in 32-Bit-Worten festlegt. Dieses Feld ist notwendig, um den Beginn der Daten zu finden, da die Länge des Optionsfelds variabel ist.

Das *Reserved*-Feld (=reserviert) besteht aus 6 Bits, sie sind immer auf Null gesetzt.

Die *Flags* sind sechs 1-Bit-Flags (=Zeiger), die für den Datenfluß und die Verbindungskontrolle verwendet werden. Die einzelnen Flags sind Urgent (URG) (=Eilig), Acknowledgment (ACK) (=Bestätigung), Push (PSH), Reset (RST) (=Zurücksetzen), Synchronisation (SYN) und Final (FIN) (=Ende).

Die *Window Size* ist ein 16-Bit-Feld das zur Flußkontrolle verwendet wird. Es legt eine Oktettanzahl fest, die von dem Oktett ausgeht, das durch die Acknowledgment Number bezeichnet ist. Der Sender wird so viele weitere Segmente von seinem Gegenüber akzeptieren, wie Oktette festgelegt sind, bevor sein Gegenüber mit der Übertragung anhalten und auf weitere Bestätigungen warten muß.

Die *Checksum* (=Prüfsumme) besteht aus 16 Bits und umfaßt sowohl den Header als auch die eingekapselten Daten und dient der Fehlerkontrolle.

Der *Urgent Pointer* wird nur verwendet, wenn die URG-Flag gesetzt ist. Die 16-Bit-Nummer wird zu der Sequenznummer addiert, um das Ende der eiligen Daten zu markieren.

Die *Options* legen Optionen fest, die vom TCP-Prozeß des Senders benötigt werden. Die am meisten verwendete Option ist die Maximum-Segment-Size (=maximale Segmentgröße), die den Empfänger über die maximale Segmentgröße informiert, die der Sender akzeptieren wird. Der Rest des Feldes wird mit Nullen aufgefüllt, damit die Headerlänge aus einem Vielfachen von 32 Oktetten besteht.

2.6.2 UDP

Das User-Datagram-Protocol oder UDP wird in RFC 768 beschrieben. Es bietet einen verbindungslosen Paketlieferservice, der sich die größte Mühe gibt. Im ersten Moment mag es fragwürdig erscheinen, daß eine Applikation eine unsichere Auslieferung dem verbindungsorientierten TCP vorzieht. Der Vorteil von UDP liegt jedoch darin, daß keine Zeit zum Aufbau einer Verbindung verbraucht wird – die Daten werden einfach losgeschickt. Applikationen, die kurze Datensalven aussenden, werden einen Performancezuwachs erfahren, wenn sie UDP statt TCP verwenden.

Bild 2.34 zeigt einen weiteren Vorteil von UDP: Es besitzt einen wesentlich kleineren Header als TCP. Die Quell- und Zielportfelder sind die gleichen wie beim TCP-Header. Die UDP-Length legt die Länge des gesamten Segments in Oktetten fest. Die Prüfsumme umfaßt das ganze Segment, jedoch ist hier im Gegensatz zu TCP die Prüfsumme optional. Wenn keine Prüfsumme verwendet wird, enthält das Feld nur Nullen. Bild 2.35 zeigt eine Analyzerausgabe eines UDP-Headers.

32 Bits			
8	8	8	8
QUELLPORT		ZIELPORT	
UDP LENGTH		CHECKSUM	

Bild 2.34: Das UDP-Headerformat.

*Bild 2.35:
Eine Analyzer-
ausgabe eines
UDP-Headers.*

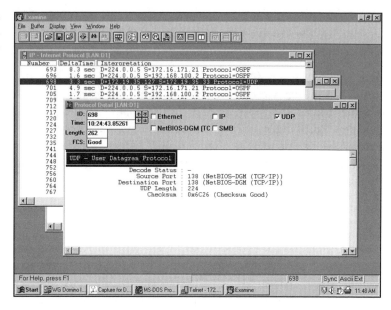

2.7 Ausblick

Dieses Kapitel befaßte sich größtenteils mit den Mechanismen, mit denen die Internet-Schicht (oder OSI-Netzwerkschicht) eines Geräts sich selbst identifiziert und wie sie der Netzwerkschnittstellenschicht (oder OSI-Datenverbindungsschicht) zugeordnet wird. Die Funktionen der Internet-Schicht, die einen Beitrag zum Routing leisten, wurden ebenso betrachtet. Das folgende Kapitel behandelt die Routingfunktion und die Informationen, die ein Router benötigt, um diese Funktion ausführen zu können.

2.7.1 Zusammenfassende Tabelle: Befehle aus Kapitel 2

Befehl	Beschreibung
arp *IP-Adresse Hardware-Adresse*	Ordnet einen IP-Adressentyp [alias] dauerhaft einer Hardware-Adresse zu
arp timeout *Sekunden*	Legt die Zeitdauer fest, die ein Cisco-Router ARP-Einträge in seiner ARP-Tabelle aufbewahrt
clear arp-cache	Erzwingt die Löschung aller dynamischen Einträge in der ARP-Tabelle

Befehl	Beschreibung
debug ip icmp	Zeigt ICMP-Ereignisse an, die im Router auftreten.
ip address *IP-Adresse Maske*	Weist einer Schnittstelle eine IP-Adresse und Maske zu
ip netmask-format{bitcount|decimal|hexadecimal}	Konfiguriert einen Router zur Anzeige der IP-Paare (Adresse, Maske) in Bitzahl-, gepunkteter Dezimal- oder hexadezimaler Form
ip proxy-arp	Aktiviert Proxy-ARP
ip redirects	Aktiviert ICMP-Nachsendungen

2.8 Empfohlene Literatur

Baker, F., ed. »Requirements for IP Version 4 Router«, RFC 1812, Juni 1995. Diese Schrift dokumentiert sowohl Erfordernisse als auch Empfehlungen für Router, die IP betreiben.

Braden, R., ed. »Requirements for Internet Hosts – Communication Schichts«, RFC 1122, Oktober 1989. Das hostbezogene Pendant zu RFC 1812.

Comer, D. E. *Internetworking with TCP/IP*, Vol. 1. Englewood Cliffs, New Jersey: Prentice-Hall; 1991. Dieses Buch ist wie das von Perlman ein Klassiker. Auch wenn es nicht notwendig ist, sowohl Comer als auch Stevens zu lesen, wird es gewiß nicht schaden.

Stevens, W. R. *TCP/IP Illustrated*, Vol. 1. Reading, Massachusetts: Addison-Wesley; 1994. Ein exzellentes Buch über TCP/IP. Zusammen mit einer tiefgehenden Einführung über Protokolle bietet Stevens ein reichhaltiges Sortiment von Aufnahmen eines realen Netzwerks, das im vorderen Umschlag dargestellt ist.

2.9 Übungsfragen

1. Welches sind die fünf Schichten des TCP/IP-Protokollschemas? Welchen Zweck erfüllt jede einzelne Schicht?
2. Welche IP-Version wird aktuell am meisten verwendet?
3. Was versteht man unter Fragmentierung? Welche Felder des IP-Headers werden für die Fragmentierung verwendet?

4. Welchen Zweck erfüllt das TTL-Feld im IP-Header? Wie funktioniert der TTL-Prozeß?
5. Was bedeutet die Regel des ersten Oktetts?
6. Wie erkennt man IP-Adressen eines Class-A-, -B- und -C-Netzwerks anhand ihrer gepunkteten Dezimalform? Wie erkennt man sie binär?
7. Was ist eine Adreßmaske, und wie funktioniert sie?
8. Was ist ein Subnetz? Warum werden Subnetze in IP-Umgebungen verwendet?
9. Warum kann ein Subnetz, das aus reinen Null- oder Einsfolgen besteht, nicht in einer classful-Routingumgebung verwendet werden?
10. Was ist ARP?
11. Was ist Proxy-ARP?
12. Was ist ein Redirect?
13. Welcher grundlegende Unterschied besteht zwischen TCP und UDP?
14. Welche Mechanismen verwendet TCP, um einen verbindungsorientierten Service zu gewährleisten?
15. Novell NetWare verwendet statt ARP eine Netzwerkadresse, die die MAC-Adresse eines Geräts als Hostteil enthält. Warum kann IP dies nicht?
16. NetWare besitzt einen Transportschichtservice, der TCP ähnlich ist und Sequenced-Paket-Exchange (SPX) genannt wird, aber keinen Service, der ähnlich zu UDP ist. Applikationen, die einen verbindungslosen Service benötigen, greifen direkt auf das verbindungslose IPX der Netzwerkschicht zu. Welchen Sinn hat UDP, wenn es einen verbindungslosen Service bietet, der auf einen verbindungslosen Service aufbaut?

2.10 Konfigurationsübungen

1. Die Regel des ersten Oktetts sagt aus, daß die höchste Class-C-Adresse 223 ist, jedoch ist bekannt, daß die maximale Dezimalzahl, die sich mit 8 Bits ausdrücken läßt, 255 ist. Es gibt zwei weitere Klassen: Class-D-Adressen sind für

Multicasts reserviert (Meldungen an mehrere Adressen gleichzeitig) und Class-E-Adressen für den experimentellen Gebrauch. Class-D-Adressen besitzen als erste 4 Bits 1110. Welchen dezimalen Bereich umfaßt das erste Oktett von Class-D-Adressen?

2. Wählen Sie eine Subnetzmaske für die Adresse 10.0.0.0, die mindestens 16000 Subnetze mit mindestens 700 Host-Adressen in jedem Subnetz ermöglicht. Wählen Sie eine Subnetzmaske für die Adresse 172.27.0.0, die mindestens 500 Subnetze mit mindestens 100 Host-Adressen in jedem Subnetz ermöglicht.

3. Wie viele Subnetze sind bei einer Class-C-Adresse möglich, das 6 Bits für das Subnetting verwendet? Wie viele Host-Adressen sind pro Subnetz verfügbar? Gibt es einen praktischen Nutzen für solch ein Subnetzschema?

4. Verwenden Sie eine 28-Bit-Maske, um die verfügbaren Subnetze der Adresse 192.168.147.0 zu bestimmen. Bestimmen Sie die verfügbaren Host-Adressen in jedem Subnetz.

5. Verwenden Sie eine 29-Bit-Maske, um die verfügbaren Subnetze der Adresse 192.168.147.0 zu bestimmen. Bestimmen Sie die verfügbaren Host-Adressen in jedem Subnetz.

6. Verwenden Sie eine 20-Bit-Maske, um die verfügbaren Subnetze der Adresse 172.16.0.0 zu bestimmen. Schreiben Sie den Bereich der verfügbaren Host-Adressen (die numerisch tiefste bis zur numerisch höchsten Adresse) für jedes Subnetz auf.

2.11 Übungen zur Fehlersuche

1. Bestimmen Sie für die folgenden Host-Adressen und Subnetzmasken die dazu passenden Subnetze, die Broadcast-Adresse des Subnetzes und den Bereich der Host-Adressen für das Subnetz:

10.14.87.60/19
172.25.0.235/27
172.25.16.37/25

2. Sie sollen einer Schnittstelle mit der Maske 255.255.255.240 die Adresse 192.168.13.175 zuweisen. Ist das problematisch? Wenn ja, warum?

Dieses Kapitel behandelt die folgenden Themen:

- **Die Routing-Tabelle**

- **Konfiguration statischer Routen**
  Fallstudie: Einfache statische Routen
  Fallstudie: Sammelrouten
  Fallstudie: Alternative Routen
  Fallstudie: Statische Wechselrouten
  Fallstudie: Lastverteilung
  Fallstudie: Rekursive Tabellenprüfungen

- **Fehlersuche bei statischen Routen**
  Fallstudie: Verfolgung einer fehlerhaften Route
  Fallstudie: Ein Protokollkonflikt

KAPITEL 3
Statisches Routing

Eine wichtige Erkenntnis aus Kapitel 2 beinhaltet, daß die Datenverbindungs-/ Physikalischen-Schichten und die Transport-/ Netzwerk-Schichten, die durch das OSI-Modell festgelegt sind, sehr ähnliche Aufgaben erfüllen: Sie liefern die Mittel, um Daten von einer Quelle zu einem Ziel über eine Art Pfad zu transportieren. Der Unterschied liegt darin, daß die Datenverbindungs-/Physikalischen-Schichten die Kommunikation über einen physikalischen Pfad ermöglichen, während die Transport-/Netzwerkschichten die Kommunikation über einen logischen oder virtuellen Pfad ermöglichen, der aus einer Reihe von Datenverbindungen besteht.

Des weiteren hat Kapitel 2 gezeigt, daß eine Kommunikation über einen physikalischen Pfad dadurch ermöglicht wird, daß bestimmte Informationen über Datenverbindungskennzeichen und Verkapselungen ermittelt und in einer Datenbank (z.B. dem ARP-Cache) gespeichert werden müssen. Damit Transport-/Netzwerkschichten ihre Aufgabe erfüllen können, müssen auf ähnliche Weise benötigte Informationen ermittelt und gespeichert werden. Diese Informationen werden in der *Routing-Tabelle* gespeichert, die auch unter *Forwarding Database* (=Datenbank zur Weiterleitung) bekannt ist.

Dieses Kapitel untersucht die Art von Information, die benötigt wird, um ein Paket zu routen, und wie diese Information in der Routing-Tabelle gespeichert wird. Zudem wird gezeigt, wie die Information in die Datenbank eingegeben wird, und es werden einige Techniken zum Aufbau eines gerouteten Internetzwerks durch Eingabe der passenden Informationen in die passenden Routing-Tabellen eines Routers dargestellt.

3.1 Die Routing-Tabelle

Um die Art der Information zu verstehen, die sich in einer Routing-Tabelle befindet, ist es sinnvoll, zuerst zu untersuchen, was passiert, wenn ein Paket in einem Frame die Schnittstelle eines Routers erreicht. Das Datenverbindungs-Kennzeichen im Zieladreßfeld des Frames wird ausgewertet. Wenn es entweder das Kennzeichen der Router-Schnittstelle oder ein Broadcast-Kennzeichen enthält, entfernt der Router den Frame und übergibt das darin enthaltene Paket an die Netzwerkschicht. Auf der Netzwerkschicht wird die Zieladresse des Pakets ausgewertet. Das Protokollfeld des Pakets wird ausgewertet, und die enthaltenen Daten werden an den entsprechenden internen Prozeß gesendet, wenn die Zieladresse entweder die IP-Adresse der Router-Schnittstelle oder eine Broadcast-Adresse für alle Hosts enthält[1].

Jede andere Zieladresse erfordert einen Routing-Prozeß. Die Adresse kann für einen Host in einem anderen Netzwerk bestimmt sein, an das der Router angeschlossen ist, oder für einen Host in einem Netzwerk, das nicht direkt mit dem Router verbunden ist. Die Adresse kann auch einen gerichteten Broadcast enthalten, in dem sich eine entfernte Netzwerk- oder Subnetz-Adresse befindet und die restlichen Host-Bits nur Einsen enthalten. Auch diese Adressen sind routing-fähig.

Wenn das Paket geroutet werden muß, wird der Router seine Routing-Tabelle überprüfen, um die richtige Route zu bestimmen. Ein Routing-Eintrag in der Datenbank muß als Minimaleintrag zwei Posten enthalten:

– Eine Zieladresse. Dies ist die Adresse eines Netzwerks, das der Router erreichen kann. Wie dieses Kapitel erklärt, kann ein Router mehrere Routen haben, um dieselbe Adresse zu erreichen, und/oder eine Gruppe von Subnetzen mit glei-

---

1 Es gibt auch den Spezialfall einer Multicast-Adresse, die zwar für eine Gruppe von Geräten bestimmt ist, aber nicht für alle Geräte. Ein Beispiel für eine Multicast-Adresse ist die Class-D-Adresse 224.0.0.5, die für alle Router reserviert ist, die OSPF verwenden.

chen oder verschiedenen Längen, die unter der gleichen Haupt-IP-Netzwerkadresse gruppiert sind.

– Einen Pointer (Wegweiser) in Richtung Ziel. Dieser Pointer zeigt entweder an, daß das Zielnetzwerk direkt mit dem Router verbunden ist, oder er zeigt die Adresse eines anderen Routers in einem direkt verbundenen Netzwerk an. Dieser Router, der einen Router-Hop (=Knoten) näher am Ziel ist, ist ein *Next-Hop-Router*.

Der Router wird den genauesten Adressenabgleich vollziehen, zu dem er fähig ist[1]. In abnehmender Reihenfolge der Genauigkeit ann die Adresse eine der folgenden sein:

– Eine Host-Adresse (eine Host-*Route*)

– Ein Subnetz

– Eine Gruppe von Subnetzen (eine *Sammelroute*)

– Eine Haupt-Netzwerknummer

– Eine Gruppe von Haupt-Netzwerknummern (ein *Supernetz*)

– Eine Standardadresse

Dieses Kapitel liefert Beispiele zu den ersten vier Typen. Supernetze werden in Kapitel 7 behandelt. Eine Standardadresse wird als ungenaueste Adresse betrachtet und nur verwendet, wenn keine andere Zuordnung möglich ist. Die Standard-Adressierung ist Thema des Kapitels 12.

Wenn die Zieladresse des Pakets mit keinem Eintrag in der Routing-Tabelle übereinstimmt, wird das Paket verworfen, und eine ICMP-Meldung mit der Information »Ziel unerreichbar« wird an die Quell-Adresse gesendet.

Bild 3.1 zeigt ein einfaches Internetzwerk und die Einträge, die jeder Router in seiner Routing-Tabelle benötigt. In erster Linie ist hier das »Gesamtbild« wichtig, um zu überblicken, wie die Routing-Tabellen im Ganzen funktionieren, damit Pakete kor-

---

1 Es existieren zwei grundlegende Prozeduren, um die beste Übereinstimmung zwischen Adresse und Tabelleneintrag zu bestimmen. Es hängt davon ab, ob der Router sich classful oder classless verhält. Classful Tabellenprüfungen werden detaillierter im Kapitel 5 beschrieben und classless Tabellenprüfungen werden in Kapitel 7 erklärt.

rekt und effizient transportiert werden. Die Zieladressen, die der Router erreichen kann, sind in der Netzwerkspalte der Routing-Tabellen aufgelistet. Die Pointer zu den Zielen befinden sich in der Next-Hop-Spalte.

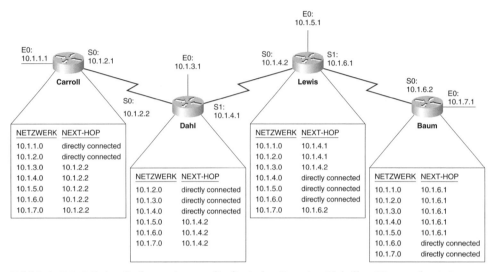

Bild 3.1: Die Minimalinformationen, die für jeden Routing-Tabellen-Eintrag benötigt werden, enthalten die Zielnetzwerke und die Pointer zu diesen Netzwerken.

Wenn der Router Carroll in Bild 3.1 ein Paket mit der Quelladresse 10.1.1.97 und der Zieladresse 10.1.7.35 empfängt, liefert eine Routing-Tabellen-Überprüfung, daß die beste Übereinstimmung für die Zieladresse das Subnetz 10.1.7.0 darstellt. Dies ist erreichbar über die Next-Hop-Adresse 10.1.2.2 hinter der Schnittstelle S0. Das Paket wird an diesen nächsten Router (Dahl) gesendet. Dieser schaut in seine eigene Tabelle und sieht, daß das Netzwerk 10.1.7.0 über die Next-Hop-Adresse 10.1.4.2 hinter Schnittstelle S1 erreichbar ist. Der Prozeß setzt sich so lange fort, bis das Paket den Router Baum erreicht. Dieser Router empfängt das Paket an seiner Schnittstelle S0, schaut in seine Tabelle und sieht, daß sich das Ziel in einem der direkt mit ihm verbundenen Netzwerke befindet, hinter E0. Der Routing-Prozeß ist vollzogen, und das Paket wird an den Host 10.1.7.35 über die Ethernet-Verbindung ausgeliefert.

Der beschriebene Routing-Prozeß setzt voraus, daß der Router seine aufgelisteten Next-Hop-Adressen seinen Schnittstellen zuordnen kann. Der Router Dahl muß z.B. wissen, daß die Adresse von Lewis 10.1.4.2 über die Schnittstelle S1 erreichbar ist. Dahl wird durch die an S1 vergebene IP-Adresse und Subnetzmaske wissen, daß S1 direkt mit dem Subnetz 10.1.4.0 verbunden ist. Damit weiß er, daß 10.1.4.2 ein Mitglied desselben Subnetzes ist und mit demselben Netzwerk verbunden sein muß.

Beachten Sie, daß jeder Router gleiche und exakte Informationen besitzen muß, damit ein korrektes Paket-Switching erfolgen kann. Stellen wir uns vor, in Bild 3.1 fehlt in Dahls Routing-Tabelle ein Eintrag für das Netzwerk 10.1.1.0. Ein Paket von 10.1.1.97 an 10.1.7.35 wird ausgeliefert, aber wenn eine Antwort von 10.1.7.35 an 10.1.1.97 erfolgt, wird das Paket von Baum über Lewis an Dahl weitergegeben. Dahl schaut in seiner Tabelle nach und findet keinen Eintrag für das Subnetz 10.1.1.0. Folglich wird das Paket verworfen und eine ICMP-Meldung »Ziel unerreichbar« an Host 10.1.7.35 gesendet.

Bild 3.2 zeigt die Cisco-Routing-Tabelle von Router Lewis aus Bild 3.1. Der Befehl zur Anzeige der IP-Routing-Tabelle eines Cisco-Routers lautet **show ip route**.

```
Lewis#show ip route
Codes: C - connected, S - static, I - IGRP, R - RIP, M - mobile, B - BGP,
       D - EIGRP, EX - EIGRP external, O - OSPF, IA - OSPF inter area,
       N1 - OSPF NSSA external type 1, N2 - OSPF NSSA external type 2,
       E1 - OSPF external type 1, E2 - OSPF external type 2, E - EGP,
       i - IS-IS, L1 - IS-IS level-1, L2 - IS-IS level-2, * - candidate default,
       U - per-user static route, o - ODR

Gateway of last resort is not set
     10.0.0.0/24 is subnetted, 7 subnets
S       10.1.3.0 [1/0] via 10.1.4.1
S       10.1.2.0 [1/0] via 10.1.4.1
S       10.1.1.0 [1/0] via 10.1.4.1
S       10.1.7.0 [1/0] via 10.1.6.2
C       10.1.6.0 is directly connected, Serial1
C       10.1.5.0 is directly connected, Ethernet0
C       10.1.4.0 is directly connected, Serial0
Lewis#
```

Bild 3.2: Die Cisco-Routing-Tabelle von Router Lewis aus Abbildung 3.1.

Betrachten Sie die Inhalte dieser Datenbank, und vergleichen Sie diese mit der Übersichtstabelle, die für Lewis aus Bild 3.1 gezeigt ist. Ein Schlüssel am Kopf der Tabelle erklärt die Buchstaben, die sich in der linken Spalte der Tabelle befinden. Diese Buchstaben belegen, wie jeder Routing-Eintrag erlernt wurde. In Bild 3.2 tragen alle Routen ein C für »directly connected« (=direkt verbunden) oder ein S für »static entry«

(=statischer Eintrag). Der Ausdruck »gateway of last resort is not set« bezieht sich auf eine Standardroute.

Am Kopf der Tabelle steht ein Ausdruck, der belegt, daß die Routing-Tabelle sieben Subnetze der Haupt-Netzwerkadresse 10.0.0.0 kennt und dieses Netzwerk eine 24-Bit-Subnetzmaske besitzt. Für jeden der sieben Routen-Einträge wird das Zielsubnetz angezeigt. Die nicht direkt verbundenen Einträge – Routen, bei denen das Paket an einen Next-Hop-Router weitergeleitet werden muß – zeigen eine Klammer mit zwei Zahlen, die [administrative Distanz/Metrik] für diese Route bedeuten. Die administrative Distanz wird im weiteren Verlauf dieses Kapitels eingeführt und detailliert im Kapitel 11 beschrieben.

Metriken, auf die in Kapitel 4 näher eingegangen wird, sind ein Mittel, um Routen bestimmten Vorrang einzuräumen – je tiefer die Zahl, desto »kürzer« der Pfad. Beachten Sie, daß die statischen Routen aus Bild 3.2 eine Metrik von 0 tragen. Am Ende wird entweder die Adresse der direkt verbundenen Schnittstelle des Next-Hop-Routers gezeigt oder die Schnittstelle, mit der das Ziel verbunden ist.

3.2 Konfiguration Statischer Routen

Die Routing-Tabelle erwirbt Informationen auf zwei Arten. Die Information kann manuell eingegeben werden, was einen statischen Routing-Eintrag bedeutet, oder sie wird automatisch bezogen, durch eines der verschiedenen Systeme, die automatisch Informationen sammeln und weiterverbreiten, den sogenannten *dynamischen Routingprotokollen*. Der Großteil dieses Buches beschäftigt sich mit dynamischen IP-Routing-Protokollen, aber diese Diskussion der statischen Routen-Konfiguration wird Sie darauf vorbereiten, die folgenden Kapitel zu verstehen.

Kommen wir zur Sache: Statisches Routing ist unter bestimmten Umständen dem dynamischen Routing vorzuziehen. Wie bei jedem Prozeß gilt, je mehr er automatisiert ist, desto weniger Kontrolle hat man über ihn. Auch wenn dynamisches (automatisiertes) Routing wesentlich weniger menschliche Eingriffe erfordert, ermöglicht das statische Routing eine sehr exakte Kontrolle über das Routing-Verhalten eines Internetzwerks. Diese Präzision muß jedoch jedesmal mit der Notwendigkeit der manuellen Neukonfiguration bezahlt werden, wenn sich die Topologie des Netzwerks ändert.

3.2.1 Fallstudie: Einfache Statische Routen

Bild 3.3 zeigt ein Internetzwerk mit vier Routern und sechs Netzwerken. Beachten Sie, daß die Subnetze von Netzwerk 10.0.0.0 nicht alle miteinander verschaltet sind – ein Subnetz eines anderen Netzwerks (192.168.1.192 in der Tigger-zu-Piglet-Verbindung) trennt 10.1.0.0 von den anderen 10.0.0.0 Subnetzen. Solche Subnetze werden *discontiguous* genannt. Die Subnetze von 10.0.0.0 sind auch *variabel unterteilt* – die Subnetzmasken sind innerhalb des Internetzwerks nicht konsistent. Schlußendlich besteht die Subnetz-Adresse von Poohs Ethernet-Verbindung aus einer reinen Nullfolge. Spätere Kapitel zeigen auf, daß ein Adreßschema mit diesen Eigenschaften für einfachere classful Routingprotokolle, wie z.B. RIP und IGRP, Probleme aufwirft, während statische Routen hier sehr gut funktionieren.

Discontignuous Netzwerke

Variables Subnetting

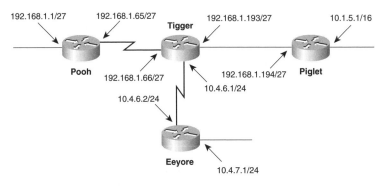

Bild 3.3: Routingprotokolle wie RIP und IGRP können dieses unterbrochene, variabel untervernetzte Internetzwerk nur schwerlich routen, während statisches Routing funktioniert.

Die Prozedur für das statische Routing eines Internetzwerks erfordert drei Schritte:

1. Bestimmen Sie alle Adressen für jede Datenverbindung im Internetzwerk (Subnetz oder Netzwerk).

2. Bestimmen Sie für jeden Router alle Datenverbindungen, die nicht direkt mit ihm verbunden sind.

Die Schritte zur Erstellung einer einfachen statischen Routing-Konfiguration

3. Schreiben Sie für jeden Router eine Routing-Anweisung für jede Datenverbindung auf, die nicht direkt mit ihm verbunden ist.

Das Aufschreiben von Routing-Anweisungen für Datenverbindungen, die direkt mit einem Router verbunden sind, ist unnötig, da die Adressen und Masken, die an den Router-Schnittstellen konfiguriert sind, die Aufnahme der Netzwerke in der Routing-Tabelle verursachen.

Das Internetzwerk in Bild 3.3 besitzt beispielsweise sechs Subnetze:

- 10.1.0.0/16
- 10.4.6.0/24
- 10.4.7.0/24
- 192.168.1.192/27
- 192.168.1.64/27
- 192.168.1.0/27

Um statische Routen für Piglet zu konfigurieren, werden die Subnetze, die nicht direkt mit ihm verbunden sind, auf folgende Weise identifiziert:

- 10.4.6.0/24
- 10.4.7.0/24
- 192.168.1.64/27
- 192.168.1.0/27

Dies sind die Subnetze, für die statische Routen geschrieben werden müssen. Die Befehle zur Eingabe der statischen Routen in Piglets Routing-Tabelle lauten wie folgt[1]:

```
Piglet(config)# ip route 192.168.1.0 255.255.255.224 192.168.1.193
Piglet(config)# ip route 192.168.1.64 255.255.255.224 192.168.1.193
Piglet(config)# ip route 10.4.6.0 255.255.255.0 192.168.1.193
Piglet(config)# ip route 10.4.7.0 255.255.255.0 192.168.1.193
```

---

1 Damit die statischen Routen in diesem Beispiel und die folgenden Beispiele in diesem Kapitel korrekt funktionieren, müssen zwei globale Befehle konfiguriert werden: **ip classless** und **ip subnet-zero**. Diese Befehle werden in Kapitel 7 eingeführt und hier für die Leser erwähnt, die die Konfigurationsbeispiele ausprobieren wollen.

Nach Ausführung der gleichen Schritte ergeben sich die Routen-Einträge für die anderen drei Router:

```
Pooh(config)# ip route 192.168.1.192 255.255.255.224 192.168.1.66
Pooh(config)# ip route 10.1.0.0 255.255.0.0 192.168.1.66
Pooh(config)# ip route 10.4.6.0 255.255.255.0 192.168.1.66
Pooh(config)# ip route 10.4.7.0 255.255.255.0 192.168.1.66
Tigger(config)# ip route 192.168.1.0 255.255.255.224 192.168.1.65
Tigger(config)# ip route 10.1.0.0 255.255.0.0 192.168.1.194
Tigger(config)# ip route 10.4.7.0 255.255.255.0 10.4.6.2
Eeyore(config)# ip route 192.168.1.0 255.255.255.224 10.4.6.1
Eeyore(config)# ip route 192.168.1.64 255.255.255.224 10.4.6.1
Eeyore(config)# ip route 192.168.1.192 255.255.255.224 10.4.6.1
Eeyore(config)# ip route 10.1.0.0 255.255.0.0 10.4.6.1
```

Die Routing-Befehle an sich sind einfach zu lesen, wenn Sie sich daran erinnern, daß jeder Befehl einen Eintrag in der Routing-Tabelle beschreibt. Der Befehl lautet **ip route**, gefolgt von der Adresse, die in der Tabelle eingetragen werden soll, einer Maske, um den Netzwerkteil der Adresse festzulegen, und der Adresse des Next-Hop-Routers, der direkt über ein Interface erreichbar seinen muß.

Ein alternativer Konfigurationsbefehl für statische Routen legt die Schnittstelle fest, aus der ein Netzwerk erreicht wird, anstatt die Adresse des Next-Hop-Routers anzugeben. Die Routing-Einträge für Tigger könnten z.B. auch lauten:

```
Tigger(config)# ip route 192.168.1.0 255.255.255.224 S0
Tigger(config)# ip route 10.1.0.0 255.255.0.0 E0
Tigger(config)# ip route 10.4.7.0 255.255.255.0 S1
```

Bild 3.4 vergleicht die erzeugte Routing-Tabelle mit derjenigen, die durch die Eingabe der Next-Hop-Router entstand. Beachten Sie, daß eine bestimmte Ungenauigkeit eingeführt wurde. Alle Netzwerke, die mit einer statischen Route einer ausgehenden Schnittstelle zugeordnet wurden, erscheinen in der Tabelle so, als ob sie direkt mit der Schnittstelle verbunden wären. Die Auswirkungen für die Routen-Neuverteilung werden in Kapitel 11 diskutiert.

Eine interessante Besonderheit in Bild 3.4 ist, daß der Kopf der Subnetze von 10.0.0.0 die im Netzwerk verwendeten variablen Subnetzmasken erkennen läßt. Variable-Length-Subnet-Masking (VLSM) kann ein nützliches Werkzeug sein und wird ausführlich in Kapitel 7 behandelt.

*Bild 3.4:
Die obere Routing-Tabelle ist das Ergebnis statischer Routen-Einträge, die auf den Next-Hop-Router verweisen. Die untere Routing-Tabelle ist das Ergebnis statischer Routen-Einträge, die auf die Schnittstellen weisen, welche die Pakete verlassen müssen, um das Zielnetzwerk zu erreichen[1]*

```
Tigger#show ip route
Gateway of last resort is not set
     10.0.0.0 is variably subnetted, 3 subnets, 2 masks
C       10.4.6.0 255.255.255.0 is directly connected, Serial1
S       10.4.7.0 255.255.255.0 [1/0] via 10.4.6.2
S       10.1.0.0 255.255.0.0 [1/0] via 192.168.1.194
     192.168.1.0 255.255.255.224 is subnetted, 3 subnets
C       192.168.1.64 is directly connected, Serial0
S       192.168.1.0 [1/0] via 192.168.1.65
C       192.168.1.192 is directly connected, Ethernet0
Tigger#
```

```
Tigger#show ip route
Gateway of last resort is not set
     10.0.0.0 is variably subnetted, 3 subnets, 2 masks
C       10.4.6.0 255.255.255.0 is directly connected, Serial1
S       10.4.7.0 255.255.255.0 is directly connected, Serial1
S       10.1.0.0 255.255.0.0 is directly connected, Ethernet0
     192.168.1.0 255.255.255.224 is subnetted, 3 subnets
C       192.168.1.64 is directly connected, Serial0
S       192.168.1.0 is directly connected, Serial0
C       192.168.1.192 is directly connected, Ethernet0
Tigger#
```

3.2.2 Fallstudie: Sammelrouten

Eine *Sammelroute* (engl. summary route) stellt eine Adresse dar, die mehrere bestimmte Adressen in einer Routing-Tabelle zusammenfaßt. Es ist die Verwendung der Adreßmaske zusammen mit einem Routing-Eintrag, was statische Routen so flexibel macht. Durch Verwendung einer passenden Adreßmaske kann manchmal eine einzelne Sammelroute für mehrere Zieladressen bestimmt werden.

Als Beispiel verwendet die vorherige Fallstudie einen separaten Eintrag für jede Datenverbindung. Die Masken in jedem Eintrag entsprechen den Adreßmasken, die von den Geräteschnittstellen verwendet werden, die an die jeweiligen Datenverbindungen angeschlossen sind. Wenn Sie Bild 3.3 erneut betrachten, können Sie sehen, daß die Subnetze 10.4.6.0/24 und 10.4.7.0/24 gegenüber Piglet mit dem einzelnen Eintrag 10.4.0.0/16 festgelegt werden können, sie sind über Tigger erreichbar. Auf die gleiche Weise können die Subnetze 192.168.1.0/27 und 192.168.1.64/27 in seiner Routing-Tabelle mit einem einzelnen Eintrag zusammengefaßt werden,

---

1 Der Schlüssel, der normalerweise am Kopf der Routing-Tabelle angezeigt wird (wie in Bild 3.2), wurde im Interesse der Klarheit weggelassen.

indem er auf 192.168.1.0/24 weist, sie sind ebenso über Tigger erreichbar. Diese beiden Routen-Einträge 10.4.0.0/16 und 192.16.1.0/24 sind Sammelrouten.

Bei der Verwendung der Sammelrouten sind die statischen Routing-Einträge von Piglet die folgenden:

```
Piglet(config)# ip route 192.168.1.0 255.255.255.0 192.168.1.193
Piglet(config)# ip route 10.4.0.0 255.255.0.0 192.168.1.193
```

Alle Subnetze des Netzwerks 10.0.0.0 sind von Pooh aus über Tigger erreichbar, somit genügt ein einzelner Eintrag, der zusammen mit einer entsprechenden Maske auf die Haupt-Netzwerkadresse verweist:

```
Pooh(config)# ip route 192.168.1.192 255.255.255.224 192.168.1.66
Pooh(config)# ip route 10.0.0.0 255.0.0.0 192.168.1.66
```

Von Eeyore aus sind alle Zieladressen, die mit 192 beginnen, über Tigger erreichbar. Der einzelne Routing-Eintrag muß nicht einmal alle der Class-C-Adreßbits festlegen:[1]

```
Eeyore(config)# ip route 192.0.0.0 255.0.0.0 10.4.6.1
Eeyore(config)# ip route 10.1.0.0 255.255.0.0 10.4.6.1
```

Durch das Zusammenfassen einer Gruppe von Subnetzen oder sogar von Haupt-Netzwerken kann die Anzahl der statischen Routen-Einträge drastisch reduziert werden – in diesem Beispiel um mehr als ein Drittel. Jedoch ist Vorsicht geboten bei der Zusammenfassung von Adressen. Wenn sie falsch erfolgt, können unerwartete Routing-Phänomene auftreten (siehe »Fallstudie: Verfolgen einer fehlerhaften Route« im weiteren Verlauf dieses Kapitels). Das Sammelrouting und die Probleme, die bei einer fehlerhaften Zusammenfassung auftreten können, werden in den Kapiteln 8 und 9 tiefergehend behandelt.

3.2.3 Fallstudie: Alternative Routen

In Bild 3.5 wurde eine neue Verbindung zwischen Pooh und Eeyore hinzugefügt. Alle Pakete von Pooh in die Netzwerke von 10.0.0.0 werden den neuen Pfad nehmen, bis auf die Pakete, die für den Host 10.4.7.25 bestimmt sind. Es soll hier vorgeschrieben werden, daß der Verkehr zu diesem Host über

---

1 Diese Methode der Zusammenfassung einer Gruppe von Haupt-Netzwerkadressen mit einer kürzeren Maske als der Standard-Adreßmaske dieser Klasse wird Supernetting genannt und in Kapitel 7 eingeführt.

Tigger gehen muß. Die statischen Routing-Befehle für Pooh werden folgende sein:

```
Pooh(config)# ip route 192.168.1.192 255.255.255.224 192.168.1.66
Pooh(config)# ip route 10.0.0.0 255.0.0.0 192.168.1.34
Pooh(config)# ip route 10.4.7.25 255.255.255.255 192.168.1.66
```

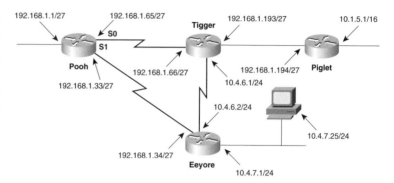

Bild 3.5:
Es wird eine direktere Verbindung von Pooh zu den 10.4.0.0-Subnetzen in das Internetzwerk eingefügt.

Die ersten beiden Routing-Einträge bleiben gleich, außer daß der zweite Pfad nun auf die neue Schnittstelle 192.168.1.34 von Eeyore zeigt. Der dritte Eintrag ist eine Host-*Route*, die auf den einzelnen Host 10.4.7.25 weist. Sie wird dadurch ermöglicht, daß die Adreßmaske nur Einsen enthält. Beachten Sie, daß in Abweichung des Eintrags für die anderen 10.0.0.0-Subnetze, diese Hostroute auf die Schnittstelle von Tigger zeigt: 192.168.1.66.

Die Testfunktion **debug ip Paket** wurde bei Pooh aufgerufen (Bild 3.6), um zu beobachten, welche Pfade die Pakete vom Router aus nehmen, nachdem die neuen Routen-Einträge vorgenommen wurden. Ein Paket wurde von Host 192.168.1.15 an Host 10.4.7.25 gesendet. Die ersten beiden aufgenommenen Testmeldungen zeigen, daß das Paket wie gewünscht von der Schnittstelle E0 zum Next-Hop-Router 192.168.1.66 (Tigger) auf der Schnittstelle S0 gesendet wurde und daß das Antwortpaket auf S0 empfangen und auf dem Interface E0 zum Host 192.168.1.15 gesendet wurde.

Bild 3.6:
Die Testfunktion bestätigt, daß die neuen Routen-Einträge bei Pooh korrekt arbeiten

```
Pooh#debug IP packet
IP packet debugging is on
Pooh#
IP: s=192.168.1.15 (Ethernet0), d=10.4.7.25 (Serial0), g=192.168.1.66, forward
IP: s=10.4.7.25 (Serial0), d=192.168.1.15 (Ethernet0), g=192.168.1.15, forward
Pooh#
IP: s=192.168.1.15 (Ethernet0), d=10.4.7.100 (Serial1), g=192.168.1.34, forward
IP: s=10.4.7.100 (Serial0), d=192.168.1.15 (Ethernet0), g=192.168.1.15, forward
Pooh#
```

Anschließend wurde ein Paket von Host 192.168.1.15 an Host 10.4.7.100 gesendet. Alle Pakete, die für einen beliebigen Host in den 10.0.0.0-Subnetzen außer Host 10.4.7.25 bestimmt sind, sollten über die neue Verbindung zu Eeyores Schnittstelle 192.186.1.34 geroutet werden. Die dritte Testmeldung bestätigt, daß dies tatsächlich erfolgt. Die vierte Meldung zeigt jedoch etwas, das im ersten Moment verwundern kann. Die Antwort von 10.4.7.100 an 192.168.1.15 erreicht Pooh über die Schnittstelle S0 von Tigger.

Bedenken Sie, daß die Routen-Einträge in den anderen Routern seit dem vorhergehenden Beispiel nicht verändert wurden. Das Ergebnis mag erwünscht sein oder nicht, wichtig ist jedoch, daß es zwei Eigenschaften von statischen Routen aufzeigt. Erstens ist zu beachten, daß bei einer Änderung der Topologie eines Internetzwerks alle betroffenen Router neu konfiguriert werden müssen. Zweitens können statische Routen dazu verwendet werden, um ein ganz bestimmtes Routing-Verhalten zu konstruieren. In diesem Beispiel kann es möglicherweise erwünscht sein, daß der Verkehr in der einen Richtung einen anderen Pfad nimmt als der Verkehr in der entgegengesetzten Richtung.

Als letzte Beobachtung dieses Beispiels sei angemerkt, daß Pakete, die von Pooh in das Subnetz 10.1.5.0 geroutet werden, nicht die optimale Route nehmen, da sie von Pooh über Eeyore zu Tigger wandern, anstatt direkt von Pooh zu Tigger. Eine effektivere Konfiguration ist folgende:

```
Pooh(config)# ip route 192.168.1.192 255.255.255.224 192.168.1.66
Pooh(config)# ip route 10.0.0.0 255.0.0.0 192.168.1.34
Pooh(config)# ip route 10.1.0.0 255.255.0.0 192.168.1.66
Pooh(config)# ip route 10.4.7.25 255.255.255.255 192.168.1.66
```

Der dritte Eintrag wird nun alle Pakete für das Subnetz 10.1.5.0 direkt an Tigger senden.

3.2.4 Fallstudie: Statische Wechselrouten

Im Unterschied zu anderen statischen Routen ist eine statische Wechselroute (floating static route) nicht dauerhaft in der Routing-Tabelle vorhanden. Sie erscheint nur unter der bestimmten Voraussetzung, daß eine bevorzugte Route ausfällt.

In Bild 3.7 ist ein neuer Router (Rabbit) mit Piglet über ihre jeweiligen seriellen Schnittstellen Serial 0 verbunden, es wurde jedoch eine zusätzliche Verbindung zwischen den beiden seriellen Schnittstellen S1 eingefügt. Diese zweite Verbindung wurde als Backup-Verbindung installiert: Wenn die Hauptverbindung 10.1.10.0 ausfällt, wird die statische Wechselroute den Verkehr über die Ersatzverbindung 10.1.20.0 leiten.

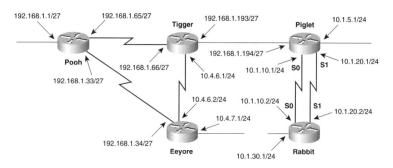

Bild 3.7:
Ein neuer Router wurde mit Piglet verbunden. Es werden zwei serielle Verbindungen verwendet – eine als Hauptverbindung und eine als Ersatzverbindung.

Zusätzlich hat sich die Maske an der Ethernet-Schnittstelle von Piglet von 10.1.5.1/16 auf 10.1.5.1/24 geändert. Diese Änderung ermöglicht den einzelnen Routing-Eintrag bei Tigger

```
ip Route 10.1.0.0 255.255.0.0 192.168.1.194
```

um nicht nur auf 10.1.5.0 zu zeigen, sondern auch auf alle neuen Subnetze, die in Zusammenhang mit dem neuen Router in Gebrauch sind.

Um eine statische Wechselroute zu erzeugen, sehen Piglets Routen-Einträge folgendermaßen aus:

```
ip Route 192.168.1.0 255.255.255.0 192.168.1.193
ip Route 10.4.0.0 255.255.0.0 192.168.1.193
ip Route 10.1.30.0 255.255.255.0 10.1.10.1
ip Route 10.1.30.0 255.255.255.0 10.1.20.1 50
```

Rabbits Routing-Einträge lauten:

```
ip Route 10.4.0.0 255.255.0.0 10.1.10.1
ip Route 10.4.0.0 255.255.0.0 10.1.20.1 50
ip Route 10.1.5.0 255.255.255.0 10.1.10.1
ip Route 10.1.5.0 255.255.255.0 10.1.20.1 50
ip Route 192.168.0.0 255.255.0.0 10.1.10.1
ip Route 192.168.0.0 255.255.0.0 10.1.20.1 50
```

Zwei Einträge bei Piglet zeigen auf das Netzwerk 10.1.30.0 von Rabbit. Der eine legt die Next-Hop-Adresse der S0-Schnittstelle von Rabbit fest, und der andere zeigt auf die Next-Hop-Adresse der S1-Schnittstelle von Rabbit. Rabbit hat entsprechende Doppeleinträge für jede Route.

Beachten Sie, daß an alle statischen Routen, die das Subnetz 10.1.20.0 verwenden, eine 50 angefügt ist. Diese Zahl legt eine *administrative Distanz* fest, welche eine Vorzugsgröße darstellt. Wenn Doppelpfade in dasselbe Netzwerk bekannt sind, wird der Router den Pfad bevorzugen, der die geringere administrative Distanz besitzt. Im ersten Moment klingt dies wie eine Metrik. Eine Metrik legt jedoch die Bevorzugung einer Route fest, während eine administrative Distanz die Bevorzugung in Abhängigkeit von der Ermittlung der Route festlegt.

Administrative Distanz

Statische Routen, die auf eine Next-Hop-Adresse zeigen, besitzen beispielsweise eine administrative Distanz von 1, während statische Routen, die auf eine ausgehende Schnittstelle zeigen, eine administrative Distanz von 0 besitzen. Wenn zwei statische Routen auf dasselbe Ziel zeigen, wobei eine davon auf eine Next-Hop-Adresse und die andere auf eine ausgehende Schnittstelle weist, so wird letztere – mit der kleineren administrativen Distanz – bevorzugt werden.

Durch Erhöhung der administrativen Distanzen auf 50 für die statischen Routen, die über das Subnetz 10.1.20.0 führen, werden sie weniger bevorzugt als die Routen über das Subnetz 10.1.10.0. Bild 3.8 zeigt drei Zustände der Routing-Tabelle von Rabbit. In der ersten Tabelle verwenden alle Routen zu nicht direkt verbundenen Netzwerken die Next-Hop-Adresse 10.1.10.1. Die in Klammern eingeschlossenen Zahlen all dieser Routen zeigen eine administrative Distanz von 1 und eine Metrik von 0 an (bei statischen Routen werden Metriken nicht verwendet).

Im nächsten Fall wird mit einer Sondermeldung angezeigt, daß der Status der Hauptverbindung an Serial 0 auf »down« gewechselt ist und eine Fehlfunktion hat. Ein Blick in die Routing-Tabelle läßt erkennen, daß alle nicht direkt verbundenen Routen nun auf die Next-Hop-Adresse 10.1.20.1 zeigen. Da der Eintrag, der diesem gegenüber bevorzugt werden sollte, nicht mehr verfügbar ist, wechselt der Router auf die weniger bevorzugte Ersatzverbindung. Die Zahlen in Klammern zeigen die administrative Distanz von 50 an. Da das Subnetz 10.1.10.0 ausgefallen ist, erscheint es nicht mehr in der Routing-Tabelle als direkt verbundenes Netzwerk.

Bild 3.8:
Wenn die Hauptverbindung 10.1.10.0 ausfällt, wird die Ersatzverbindung 10.1.20.0 verwendet. Wenn die Hauptverbindung wieder einsetzt, wird sie wieder zum bevorzugten Pfad.

```
Rabbit#show ip route
     10.0.0.0 is variably subnetted, 5 subnets, 2 masks
C       10.1.10.0 255.255.255.0 is directly connected, Serial0
S       10.4.0.0 255.255.0.0 [1/0] via 10.1.10.1
S       10.1.5.0 255.255.255.0 [1/0] via 10.1.10.1
C       10.1.30.0 255.255.255.0 is directly connected, Ethernet0
C       10.1.20.0 255.255.255.0 is directly connected, Serial1
S    192.168.0.0 255.255.0.0 [1/0] via 10.1.10.1
Rabbit#
%LINEPROTO-5-UPDOWN: Line protocol on Interface Serial0, changed state to down
%LINK-3-UPDOWN: Interface Serial0, changed state to down

Rabbit#show ip route
     10.0.0.0 is variably subnetted, 4 subnets, 2 masks
S       10.4.0.0 255.255.0.0 [50/0] via 10.1.20.1
S       10.1.5.0 255.255.255.0 [50/0] via 10.1.20.1
C       10.1.30.0 255.255.255.0 is directly connected, Ethernet0
C       10.1.20.0 255.255.255.0 is directly connected, Serial1
S    192.168.0.0 255.255.0.0 [50/0] via 10.1.20.1
Rabbit#
%LINK-3-UPDOWN: Interface Serial0, changed state to up
%LINEPROTO-5-UPDOWN: Line protocol on Interface Serial0, changed state to up

Rabbit#show ip route
     10.0.0.0 is variably subnetted, 5 subnets, 2 masks
C       10.1.10.0 255.255.255.0 is directly connected, Serial0
S       10.4.0.0 255.255.0.0 [1/0] via 10.1.10.1
S       10.1.5.0 255.255.255.0 [1/0] via 10.1.10.1
C       10.1.30.0 255.255.255.0 is directly connected, Ethernet0
C       10.1.20.0 255.255.255.0 is directly connected, Serial1
S 192.168.0.0 255.255.0.0 [1/0] via 10.1.10.1
Rabbit#
```

Vor der dritten Anzeige der Routing-Tabelle zeigen die Sondermeldungen an, daß der Status der Hauptverbindung wieder in den Zustand »up« gewechselt ist. Die Routing-Tabelle zeigt daraufhin, daß das Subnetz 10.1.10.0 wieder vorhanden ist und der Router die Next-Hop-Adresse 10.1.10.1 verwendet.

Kapitel 11 befaßt sich mit administrativen Distanzen in Zusammenhang mit den verschiedenen dynamischen Routing-Protokollen, jedoch sei hier gesagt, daß die administrativen Distanzen aller dynamischen Routingprotokolle wesentlich höher als 1 sind. Daher wird in der Grundeinstellung eine statische Route zu einem Netzwerk immer gegenüber einer dynamisch ermittelten Route in dasselbe Netzwerk bevorzugt werden.

3.2.5 Fallstudie: Lastverteilung

Die Konfiguration im vorherigen Abschnitt wirft das Problem auf, daß die zweite Verbindung unter normalen Umständen niemals benutzt wird. Die verfügbare Bandbreite dieser Verbindung wird verschwendet. Die *Lastverteilung* oder auch der *Lastausgleich* ermöglicht es dem Router, mehrere Pfade zum selben Ziel zu nutzen, indem er Pakete über alle verfügbaren Routen sendet.

Eine Lastverteilung kann per Equal-Cost oder per Unequal-Cost erfolgen, wobei Cost (=Kosten) einen Oberbegriff darstellt und sich darauf bezieht, welche Metrik (wenn überhaupt) bei der Route verwendet wird.

- Die *Equal-cost*-Lastverteilung verteilt den Verkehr gleichmäßig auf mehrere Pfade mit gleichen Metriken.

- Die *Unequal-Cost*-Lastverteilung verteilt Pakete auf mehrere Pfade mit verschiedenen Metriken. Der Verkehr wird umgekehrt proportional zu den Kosten der Routen verteilt. Das heißt, Pfaden mit geringen Kosten wird mehr Verkehr zugeteilt, und Pfaden mit hohen Kosten wird weniger Verkehr zugewiesen.

Einige Routingprotokolle unterstützen sowohl die Equal-Cost- als auch die Unequal-Cost-Lastverteilung, während andere nur Equal-Cost unterstützen. Da statische Routen keine Metrik besitzen, unterstützen sie nur die Equal-Cost-Lastverteilung.

Um die parallelen Verbindungen Bild 3.7 für die Lastverteilung mit statischen Routen zu konfigurieren, lauten Piglets Routeneinträge so:

```
ip Route 192.168.1.0 255.255.255.0 192.168.1.193
ip Route 10.4.0.0 255.255.0.0 192.168.1.193
ip Route 10.1.30.0 255.255.255.0 10.1.10.1
ip Route 10.1.30.0 255.255.255.0 10.1.20.1
```

Rabbits Routeneinträge sind:

```
ip Route 10.4.0.0 255.255.0.0 10.1.10.1
ip Route 10.4.0.0 255.255.0.0 10.1.20.1
ip Route 10.1.5.0 255.255.255.0 10.1.10.1
ip Route 10.1.5.0 255.255.255.0 10.1.20.1
ip Route 192.168.0.0 255.255.0.0 10.1.10.1
ip Route 192.168.0.0 255.255.0.0 10.1.20.1
```

Diese Einträge wurden auch im vorherigen Abschnitt für statische Wechselrouten verwendet, mit dem einzigen Unterschied, daß beide Verbindungen nun die administrative Standarddistanz von 1 tragen. Die Routing-Tabelle von Rabbit, die in Bild 3.9 gezeigt wird, besitzt nun zwei Routen zu jedem Ziel.

*Bild 3.9:
Diese Routing-Tabelle zeigt zwei Pfade zu denselben Zielnetzwerken. Der Router wird die Last gleichmäßig über diese Pfade verteilen.*

```
Rabbit#show ip route
Codes: C - connected, S - static, I - IGRP, R - RIP, M - mobile, B - BGP
       D - EIGRP, EX - EIGRP external, O - OSPF, IA - OSPF inter area
       E1 - OSPF external type 1, E2 - OSPF external type 2, E - EGP
       i - IS-IS, L1 - IS-IS level-1, L2 - IS-IS level-2, * - candidate default,
       U - per-user static route
Gateway of last resort is not set
     10.0.0.0/8 is variably subnetted, 4 subnets, 2 masks
C       10.1.10.0/24 is directly connected, Serial0
S       10.1.5.0/24 [1/0] via 10.1.10.1
                    [1/0] via 10.1.20.1
S       10.4.0.0/16 [1/0] via 10.1.10.1
                    [1/0] via 10.1.20.1
C       10.1.20.0/24 is directly connected, Serial1
S    192.168.0.0/16 [1/0] via 10.1.10.1
                    [1/0] via 10.1.20.1
Rabbit#
```

Die Lastverteilung kann auch zielabhängig oder paketabhängig erfolgen.

Zielabhängige Lastverteilung und Fast-Switching

Die zielabhängige Lastverteilung verteilt die Last je nach Zieladresse. Wenn zwei Pfade zum selben Netzwerk vorhanden sind, können alle Pakete für ein Ziel in einem Netzwerk über den ersten Pfad und alle Pakete für ein zweites Ziel im selben Netzwerk über den zweiten Pfad wandern, alle Pakete für ein drittes Ziel können wieder über den ersten Pfad gesendet werden und so weiter. Dieser Typ von Lastausgleich tritt bei Cisco-Routern auf, wenn sie *Fast-Switching* ausführen. Dies ist bei Cisco-Produkten der Standard-Switchingmodus.

Fast-Switching arbeitet auf folgende Weise: Wenn ein Router das erste Paket zu einem bestimmten Ziel switcht, überprüft er die Routing-Tabelle und bestimmt eine ausgehende Schnittstelle. Die Datenverbindungs-Informationen, die notwendig sind, um das Paket in ein Frame der ausgewählten Schnittstelle zu verpacken, wird daraufhin bestimmt (z.B aus dem ARP-Cache), und das Paket wird verkapselt und übertragen. Die ermittelten Routen- und Datenverbindungs-Informationen werden in einen Fast-Switching-Cache übertragen. Wenn weitere Pakete zum selben Ziel den Router erreichen, ermöglicht die Information im Fast-Cache dem Router das sofortige Switchen des Pakets, ohne erneute Überprüfung der Routing-Tabelle oder des ARP-Cache.

Während die Switching-Zeit und die Prozessorbelastung verringert werden, routet Fast-Switching jedoch alle Pakete zu einem bestimmten Ziel aus derselben Schnittstelle. Wenn ein

Paket für einen anderen Host im selben Netzwerk den Router erreicht, und es existiert eine weitere Route, so kann der Router alle Pakete für dieses Ziel über die andere Route senden. In diesem Fall ist es sinnvoll, wenn der Router den Verkehr zielabhängig verteilt.

Paketabhängige Lastverteilung und Prozeß-Switching

Unter paketabhängiger Lastverteilung versteht man, daß jeweils ein Paket zu einem Ziel über eine Verbindung gesendet wird, das nächste Paket zum selben Ziel über die nächste Verbindung und so weiter, wenn Equal-Cost-Pfade gegeben sind. Wenn die Pfade nicht gleich teuer sind, kann die Lastverteilung z.B. ein Paket über die teure Verbindung und drei Pakete über die billige Verbindung senden, wobei die Verteilungsrate vom Verhältnis der Kosten-Werte zueinander abhängt. Cisco-Router werden die paketabhängige Lastverteilung ausführen, wenn sie *Prozeß-Switching* verwenden.

Prozeß-Switching bedeutet einfach, daß der Router für jedes Paket die Routing-Tabelle einsieht, eine Schnittstelle auswählt und dann die Datenverbindungs-Informationen ermittelt. Da jede Routing-Entscheidung für jedes Paket einzeln erfolgt, werden nicht alle Pakete, die für dasselbe Ziel bestimmt sind, durch dieselbe Schnittstelle geschickt. Verwenden Sie den Befehl **no ip route-cache**, um das Prozeß-Switching auf einer Schnittstelle zu aktivieren.

In Bild 3.10 hat der Host 192.168.1.15 sechs Pings an Host 10.1.30.25 gesendet. Mit dem Befehl **debug ip Paket** wurden die ICMP-Echo-Anfrage- und Antwort-Pakete bei Piglet beobachtet. Bei der Betrachtung der ausgehenden Schnittstellen und den Weiterleitungsadressen kann man erkennen, daß Piglet und Rabbit S0 und S1 im Wechsel verwenden. Beachten Sie, daß mit dem Befehl **debug ip Paket** nur prozeß-geswitchte Pakete beobachtet werden können. Im Fast-Switch-Modus werden die Pakete nicht angezeigt.

Wie viele andere Verfahren hat auch die paketabhängige Lastverteilung Nachteile. Der Verkehr wird zwar im Vergleich zur zielabhängigen Lastverteilung gleichmäßiger über die verschiedenen Verbindungen verteilt, jedoch geht dies auf Kosten längerer Switching-Zeit und höherer Prozessorbelastung.

Bild 3.10: Dieser Router wechselt zwischen S0 und S1 bei der Sendung von Paketen an dasselbe Ziel. Beachten Sie, daß der Router am anderen Ende der beiden Verbindungen auf gleiche Weise mit den Antwortpaketen verfährt.

```
Piglet#debug ip packet
IP packet debugging is on
Piglet#
IP: s=192.168.1.15 (Ethernet0), d=10.1.30.25 (Serial0), g=10.1.10.2, forward
IP: s=10.1.30.25 (Serial0), d=192.168.1.15 (Ethernet0), g=192.168.1.193, forward
IP: s=192.168.1.15 (Ethernet0), d=10.1.30.25 (Serial1), g=10.1.20.2, forward
IP: s=10.1.30.25 (Serial1), d=192.168.1.15 (Ethernet0), g=192.168.1.193, forward
IP: s=192.168.1.15 (Ethernet0), d=10.1.30.25 (Serial0), g=10.1.10.2, forward
IP: s=10.1.30.25 (Serial0), d=192.168.1.15 (Ethernet0), g=192.168.1.193, forward
IP: s=192.168.1.15 (Ethernet0), d=10.1.30.25 (Serial1), g=10.1.20.2, forward
IP: s=10.1.30.25 (Serial1), d=192.168.1.15 (Ethernet0), g=192.168.1.193, forward
IP: s=192.168.1.15 (Ethernet0), d=10.1.30.25 (Serial0), g=10.1.10.2, forward
IP: s=10.1.30.25 (Serial0), d=192.168.1.15 (Ethernet0), g=192.168.1.193, forward
IP: s=192.168.1.15 (Ethernet0), d=10.1.30.25 (Serial1), g=10.1.20.2, forward
IP: s=10.1.30.25 (Serial1), d=192.168.1.15 (Ethernet0), g=192.168.1.193, forward
Piglet#
```

3.2.6 Fallstudie: Rekursive Tabellenprüfungen

Es müssen nicht alle Routen-Einträge auf den Next-Hop-Router zeigen. Bild 3.11 zeigt eine vereinfachte Version des Internetzwerks aus Bild 3.7. In diesem Internetzwerk ist Pooh folgendermaßen konfiguriert:

```
ip Route 10.1.30.0 255.255.255.0 10.1.10.2
ip Route 10.1.10.0 255.255.255.0 192.168.1.194
ip Route 192.168.1.192 255.255.255.224 192.168.1.66
```

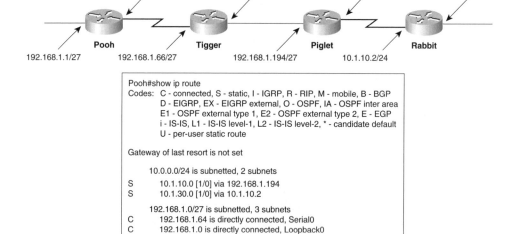

Bild 3.11: Pooh muß seine Routing-Tabelle dreimal überprüfen, bevor er weiß, daß das Netzwerk 10.1.30.0 über 192.168.1.66 erreichbar ist.

Wenn Pooh ein Paket an Host 10.1.30.25 senden muß, wird er in seine Routing-Tabelle schauen und erkennen, daß das Subnetz über 10.1.10.2 erreichbar ist. Da diese Adresse nicht in einem direkt verbundenen Netzwerk ist, muß Pooh erneut die Tabelle konsultieren. Dort findet er, daß das Netzwerk 10.1.10.0 über 192.168.1.194 erreichbar ist. Dieses Subnetz ist auch nicht direkt mit ihm verbunden, daher muß er ein drittes Mal in seine Tabelle schauen. Pooh wird nun erkennen, daß 192.168.1.192 über 192.168.1.66 erreichbar ist, ein direkt mit ihm verbundenes Subnetz. Nun kann das Paket weitergeleitet werden.

Da jede Tabellenprüfung Prozessorzeit benötigt, sollte ein Router unter Normalbedingungen keine mehrfachen Tabellenüberprüfungen vornehmen müssen. Fast-Switching reduziert solche ungünstigen Effekte deutlich, da es rekursive Tabellenprüfungen auf das erste Paket pro Ziel beschränkt. Trotzdem sollte ein triftiger Grund bestehen, um eine solche Konfiguration zu wählen.

Bild 3.12 zeigt das Beispiel eines Falles, in dem rekursive Tabellenprüfungen angebracht sein können. Hier erreicht Sanderz alle Netzwerke über Heffalump. Der Netzwerkadministrator möchte nun Heffalump entfernen und alle Routen von Sanderz über Woozle leiten. Die ersten zwölf Einträge zeigen nicht auf Heffalump, sondern auf den entsprechenden Router, der mit dem Subnetz 10.87.14.0 direkt verbunden ist. Nur der letzte Eintrag legt fest, daß das Subnetz 10.87.14.0 über Heffalump erreichbar ist.

Mit dieser Konfiguration können alle Einträge von Sanderz auf Woozle umgeleitet werden, indem nur der letzte statische Eintrag geändert wird:

```
Sanderz(config)# ip route 10.87.14.0 255.255.255.0 10.23.5.95
Sanderz(config)# no ip route 10.87.14.0 255.255.255.0 10.23.5.20
```

Wenn alle statischen Routen auf 10.23.5.20 als Next-Hop-Adresse gezeigt hätten, wäre es notwendig gewesen, alle 13 Zeilen zu löschen und 13 neue Zeilen einzugeben. Dennoch sollte gewissenhaft abgewogen werden, ob die eingesparte Arbeit die zusätzliche Prozessorbelastung des Routers durch rekursive Tabellenprüfungen rechtfertigt.

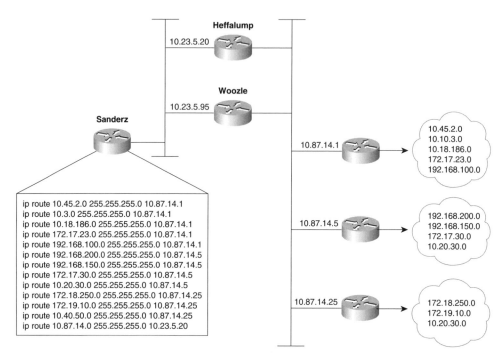

Bild 3.12: Die Konfiguration von Sanderz mit rekursiven Tabellenprüfungen ermöglicht es dem Netzwerkadministrator, den gesamten ausgehenden Routerverkehr durch die Änderung eines einzelnen Routing-Eintrags von Heffalump auf Woozle umzuleiten.

3.3 Fehlersuche bei statischen Routen

Die Beobachter der verschiedenen amerikanischen politischen Skandale der letzten 30 Jahre werden im Untersuchungsausschuß oft die folgende Frage gehört haben: »Was wußte er, und wann wußte er es?« Die gleiche Frage wird einem Administrator, der ein Netzwerk untersucht, sehr hilfreich sein. Bei der Fehlersuche eines Routing-Problems sollte der erste Schritt fast immer die Betrachtung der Routing-Tabelle sein. Was weiß der Router? Weiß der Router, wie er das gefragte Ziel erreicht? Ist die Information in der Routing-Tabelle exakt? Zu wissen, wie man eine Route verfolgt, ist bei der Fehlerbehebung eines Internetzwerks essentiell.

3.3.1 Fallstudie: Verfolgung einer fehlerhaften Route

Bild 3.13 zeigt ein zuvor konfiguriertes Internetzwerk, mit den statischen Routen aller Router. Es trat ein Problem auf. Die Geräte im Subnetz 192.168.1.0/27, die mit der Ethernet-Schnittstelle von Pooh verbunden sind, können mit den Geräten im Subnetz 10.1.0.0/16 ohne Probleme kommunizieren. Wenn jedoch Pooh selbst einen Ping an das Subnetz 10.1.0.0/16 sendet, so scheitert dies (Bild 3.14), was auf den ersten Blick merkwürdig erscheint. Wenn Pakete von Pooh erfolgreich zu ihrem Ziel geroutet werden, warum kommen dann die Pakete nicht an, die von diesem Router selbst erzeugt werden?

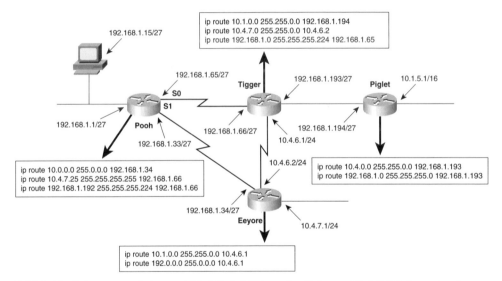

Bild 3.13: Pakete vom Subnetz 192.168.1.0/27 an das Subnetz 10.1.0.0/16 werden korrekt geroutet, jedoch kann Pooh selbst keinen Ping an ein Gerät auf 10.1.0.0/16 senden.

Bild 3.14:
Ein Gerät im Subnetz 192.168.1.0/27 pingt erfolgreich die Ethernet-Schnittstelle von Piglet an, aber Pings von Pooh scheitern.

```
C:\WINDOWS>ping 10.1.5.1
Pinging 10.1.5.1 with 32 bytes of data:
Reply from 10.1.5.1: bytes=32 time=22ms TTL=253
Reply from 10.1.5.1: bytes=32 time=22ms TTL=253
Reply from 10.1.5.1: bytes=32 time=22ms TTL=253
Reply from 10.1.5.1: bytes=32 time=22ms TTL=253
```

```
Pooh#ping 10.1.5.1
Type escape sequence to abort.
Sending 5, 100-byte ICMP Echoechoes to 10.1.5.1, timeout is 2 seconds:
.....
Success rate is 0 percent (0/5)
Pooh#
```

Die Betrachtung dieses Problems erfordert die Verfolgung der Pingroute. Zuerst wird die Routing-Tabelle von Pooh betrachtet (Bild 3.15). Die Zieladresse 10.1.5.1 paßt auf den Routing-Eintrag 10.0.0.0/8, der (entsprechend der Tabelle) über die Next-Hop-Adresse 192.168.1.34 erreichbar ist – eine Schnittstelle der Routers Eeyores.

Bild 3.15:
Ein Paket mit der Zieladresse 10.1.5.1 paßt zum Routing-Eintrag 10.0.0.0/8 und wird an den Next-Hop-Router 192.168.1.34 weitergeleitet.

```
Pooh#show ip route
Codes: C - connected, S - static, I - IGRP, R - RIP, M - mobile, B - BGP
       D - EIGRP, EX - EIGRP external, O - OSPF, IA - OSPF inter area
       E1 - OSPF external type 1, E2 - OSPF external type 2, E - EGP
       i - IS-IS, L1 - IS-IS level-1, L2 - IS-IS level-2, * - candidate default

Gateway of last resort is not set
     10.0.0.0 is variably subnetted, 2 subnets, 2 masks
S       10.0.0.0 255.0.0.0 [1/0] via 192.168.1.34
S       10.4.7.25 255.255.255.255 [1/0] via 192.168.1.66
     192.168.1.0 255.255.255.224 is subnetted, 4 subnets
C       192.168.1.64 is directly connected, Serial0
C       192.168.1.32 is directly connected, Serial1
C       192.168.1.0 is directly connected, Ethernet0
S       192.168.1.192 [1/0] via 192.168.1.66
Pooh#
```

Anschließend muß die Routing-Tabelle von Eeyore überprüft werden (Bild 3.16). Die Zieladresse 10.1.5.1 paßt auf den Eintrag 10.1.0.0/16, mit der Next-Hop-Adresse 10.4.6.1. Diese Adresse gehört zu einer von Tiggers Schnittstellen.

Bild 3.16:
10.1.5.1 paßt auf den Eintrag 10.1.0.0/16 und wird an 10.4.6.1 weitergeleitet.

```
Eeyore#show ip route
Codes: C - connected, S - static, I - IGRP, R - RIP, M - mobile, B - BGP
       D - EIGRP, EX - EIGRP external, O - OSPF, IA - OSPF inter area
       E1 - OSPF external type 1, E2 - OSPF external type 2, E - EGP
       i - IS-IS, L1 - IS-IS level-1, L2 - IS-IS level-2, * - candidate default

Gateway of last resort is not set
     10.0.0.0 is variably subnetted, 3 subnets, 2 masks
C       10.4.6.0 255.255.255.0 is directly connected, Serial1
C       10.4.7.0 255.255.255.0 is directly connected, Ethernet0
S       10.1.0.0 255.255.0.0 [1/0] via 10.4.6.1
     192.168.1.0 255.255.255.224 is subnetted, 1 subnets
C       192.168.1.32 is directly connected, Serial0
S     192.0.0.0 255.0.0.0 [1/0] via 10.4.6.1
Eeyore#
```

Bild 3.17 zeigt die Routing-Tabelle von Tigger. Die Zieladresse paßt auf den Eintrag 10.1.0.0/16 und wird an 192.168.1.194 weitergeleitet, also an Piglet.

```
Tigger#show ip route
Codes: C - connected, S - static, I - IGRP, R - RIP, M - mobile, B - BGP
       D - EIGRP, EX - EIGRP external, O - OSPF, IA - OSPF inter area
       E1 - OSPF external type 1, E2 - OSPF external type 2, E - EGP
       i - IS-IS, L1 - IS-IS level-1, L2 - IS-IS level-2, * - candidate default

Gateway of last resort is not set
     10.0.0.0 is variably subnetted, 3 subnets, 2 masks
C       10.4.6.0 255.255.255.0 is directly connected, Serial1
S       10.4.7.0 255.255.255.0 [1/0] via 10.4.6.2
S       10.1.0.0 255.255.0.0 [1/0] via 192.168.1.194
     192.168.1.0 255.255.255.224 is subnetted, 3 subnets
C       192.168.1.64 is directly connected, Serial0
S       192.168.1.0 [1/0] via 192.168.1.65
C       192.168.1.192 is directly connected, Ethernet0
Tigger#
```

*Bild 3.17:
10.1.5.1 paßt auf den Eintrag 10.1.0.0/16 und wird an 192.168.1.194 weitergeleitet.*

Die Routing-Tabelle von Piglet (Bild 3.18) zeigt, daß das Zielnetzwerk 10.1.0.0 direkt mit ihm verbunden ist. Mit anderen Worten, das Paket ist angekommen. Die Zieladresse 10.1.5.1 ist die eigene Netzwerkschnittstelle von Piglet. Da der Pfad zu dieser Adresse als korrekt überprüft wurde, können wir davon ausgehen, daß die ICMP-Echopakete von Pooh ihr Ziel erreichen.

```
Piglet#show ip route
Codes: C - connected, S - static, I - IGRP, R - RIP, M - mobile, B - BGP
       D - EIGRP, EX - EIGRP external, O - OSPF, IA - OSPF inter area
       E1 - OSPF external type 1, E2 - OSPF external type 2, E - EGP
       i - IS-IS, L1 - IS-IS level-1, L2 - IS-IS level-2, * - candidate default

Gateway of last resort is not set
     10.0.0.0 255.255.0.0 is subnetted, 2 subnets
C       10.1.0.0 is directly connected, Ethernet1
S       10.4.0.0 [1/0] via 192.168.1.193
     192.168.1.0 is variably subnetted, 2 subnets, 2 masks
S       192.168.1.0 255.255.255.0 [1/0] via 192.168.1.193
C       192.168.1.192 255.255.255.224 is directly connected, Ethernet0
Piglet#
```

*Bild 3.18:
Das Zielnetzwerk 10.1.0.0 ist mit Piglet direkt verbunden.*

Der nächste Schritt ist die Verfolgung des Pfades des zurückgehenden ICMP-Echo-Antwortpakets. Um diesen Pfad zu verfolgen, müssen Sie die Quelladresse des Echopakets kennen – die Adresse wird die Zieladresse des Echo-Antwortpakets. Die Quelladresse eines Pakets, das von einem Router erzeugt wird, trägt die Adresse der Schnittstelle, aus der das Paket ausgesendet wird[1]. In diesem Beispiel hat Pooh das Echopaket zuerst an

---

1 Solange nicht der Extended-Ping verwendet wird, um der Quelladresse eine andere Schnittstellenadresse zuzuweisen.

192.168.1.34 weitergeleitet. Bild 3.13 zeigt, daß die Quelladresse dieses Pakets 192.168.1.33 ist. Also ist diese Adresse die Zieladresse, an die Piglet die Echo-Antwort senden wird.

Wenn wir erneut die Routing-Tabelle von Piglet in Bild 3.18 betrachten, wird 192.168.1.33 auf den Eintrag 192.168.1.0/24 passen und an 192.168.1.193 weitergeleitet werden. Dies ist eine andere Schnittstelle von Tigger. Eine neue Überprüfung von Tiggers Routing-Tabelle in Bild 3.17 läßt zuerst erwarten, daß dort der Eintrag 192.168.1.0 lautet. Es ist jedoch Vorsicht geboten, um die tatsächlich enthaltene Information korrekt zu interpretieren.

Vergleichen Sie die Einträge in Tiggers Routing-Tabelle für die Subnetze von 10.0.0.0 mit denen von 192.168.1.0. Der Kopf sagt aus, daß 10.0.0.0 variable Subnetze besitzt. Das bedeutet, daß Tigger für die statische Route in das Subnetz 10.4.7.0 eine 24-Bit-Maske verwendet und für die statische Route ins Subnetz 10.1.0.0 eine 16-Bit-Maske. Die Tabelle enthält die korrekte Maske für jedes Subnetz.

Der Kopf bei 192.168.1.0 ist unterschiedlich. Er zeigt an, daß Tigger drei Subnetze von 192.168.1.0 bekannt sind und daß alle die Maske 255.255.255.224 besitzen. Diese Maske wird auf die Zieladresse 192.168.1.33 angewendet, um das Zielnetzwerk 192.168.1.32/27 abzuleiten. Die Routing-Tabelle besitzt Einträge für 192.168.1.64/27, 192.168.1.0/27 und 192.168.1.192/27. Es existiert jedoch kein Eintrag für 192.168.1.32/27, folglich weiß der Router nicht, wie er dieses Subnetz erreichen kann.

Das Problem ist also, daß das ICMP-Echo-Antwortpaket bei Tigger verworfen wird. Eine Lösung besteht darin, einen weiteren statischen Routing-Eintrag für das Netzwerk 192.168.1.32 einzugeben, der die Maske 255.255.255.224 besitzt und entweder auf den Next-Hop 192.168.1.65 oder auf 10.4.6.2 zeigt. Eine andere Lösung wäre die Änderung der Maske im existierenden statischen Routing-Eintrag für 192.168.1.0 von 255.255.255.224 auf 255.255.255.0.

Fazit: Bei der Verfolgung einer Route muß der vollständige Kommunikationsprozeß betrachten werden. Überprüfen Sie nicht nur, ob der Pfad zu einem Ziel stimmt, sondern daß auch der Rückweg möglich ist.

Überprüfen Sie den Pfad zu einem Ziel und den entsprechenden Rückweg, wenn eine Route fehlerhaft ist.

3.3.2 Fallstudie: Ein Protokollkonflikt

Bild 3.19 zeigt zwei Router, die miteinander durch zwei Ethernet-Netzwerke verbunden sind, bei dem eines eine Bridge enthält. Diese Bridge bedient den Verkehr für diverse andere nicht gezeigte Verbindungen und ist gelegentlich überlastet. Der Host Milne ist ein unternehmenskritischer Server. Der Netzwerkadministrator ist besorgt, daß der Verkehr an Milne durch die Bridge verzögert wird. Daher wurde eine statische Host-Route bei Roo hinzugefügt, die alle Pakete, die für Milne bestimmt sind, über das obere Ethernet lenkt und damit die Bridge vermeidet.

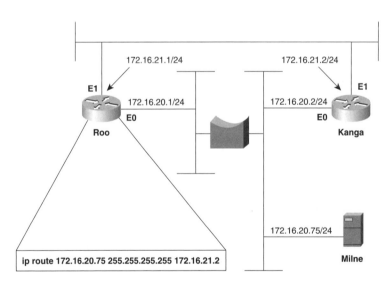

Bild 3.19: Eine Host-Route lenkt Pakete von Roo zu Milne über das obere Ethernet, um die gelegentlich überlastete Bridge zu umgehen.

Diese Lösung erscheint logisch, funktioniert jedoch nicht. Nachdem die statische Route hinzugefügt wurde, erreichten die Pakete, die durch Roo geroutet wurden, nicht mehr den Server. Nicht nur das, auch die Pakete die durch Kanga geroutet wurden, erreichten den Server nicht mehr, auch wenn auf diesem Router nichts verändert wurde.

Der erste Schritt ist wie immer der Blick in die Routing-Tabelle. Die Überprüfung ergibt bei Roo (siehe Bild 3.20), daß Pakete mit der Zieladresse 172.16.20.75 tatsächlich wie gewünscht an die E1-Schnittstelle von Kanga weitergeleitet werden. Kanga ist direkt mit dem Zielnetzwerk verbunden, also sollte kein weiterer Routing-Vorgang auftreten. Ein kurzer Test bestätigt, daß sowohl die Ethernet-Schnittstellen von Kanga als auch die von Milne funktionieren.

Bild 3.20: Roos Routing-Tabelle, die die statische Host-Route zu Milne über Kangas E1-Schnittstelle zeigt.

```
Roo#show ip route
Codes: C - connected, S - static, I - IGRP, R - RIP, M - mobile, B - BGP
       D - EIGRP, EX - EIGRP external, O - OSPF, IA - OSPF inter area
       E1 - OSPF external type 1, E2 - OSPF external type 2, E - EGP
       i - IS-IS, L1 - IS-IS level-1, L2 - IS-IS level-2, * - candidate  default,
       U - per-user static route
Gateway of last resort is not set
     172.16.0.0/16 is variably subnetted, 3 subnets, 2 masks
C       172.16.20.0/24 is directly connected, Ethernet0
C       172.16.21.0/24 is directly connected, Ethernet1
S       172.16.20.75/32 [1/0] via 172.16.21.2
Roo#
```

In Bild 3.21 wird ein trace-Befehl von Roo zu Milne ausgeführt, und es geschieht etwas Merkwürdiges. Anstatt die Pakete an Milne zu senden, leitet Kanga sie zur E0-Schnittstelle von Roo weiter. Roo leitet die Pakete an Kangas E1-Schnittstelle, und Kanga sendet die Pakets direkt zurück an Roo. Es sieht so aus, als ob eine Routing-Schleife entstanden ist, aber warum?

Überprüfen Sie den ARP-Cache eines Routers, wenn Pakete nicht auf dem richtigen Interface an die Zieladresse geschickt werden.

Der verdächtige Aspekt des Ganzen liegt darin, daß Kanga das Paket nicht zurückrouten sollte, obwohl dies offensichtlich der Fall ist. Kanga sollte erkennen, daß die Zieladresse des Pakets für sein direkt verbundenes Netzwerk 172.16.20.0 bestimmt ist, und diese Datenverbindung verwenden, um das Paket an den Host zu senden. Daher sollte der Verdacht auf die Datenverbindung fallen. Genauso wie die Routing-Tabelle überprüft werden sollte, um zu sehen, ob der Router die korrekten Informationen zum Erreichen eines Netzwerks über einen logischen Pfad besitzt, sollte der ARP-Cache überprüft werden, um zu sehen, ob der Router die korrekten Informationen zum Erreichen eines Hosts über einen physikalischen Pfad besitzt.

```
Roo#trace 172.16.20.75
Type escape sequence to abort.
Tracing the route to 172.16.20.75
  1  172.16.21.2    0   msec   0   msec   0   msec
  2  172.16.20.1    4   msec   0   msec   0   msec
  3  172.16.21.2    4   msec   0   msec   0   msec
  4  172.16.20.1    0   msec   0   msec   4   msec
  5  172.16.21.2    0   msec   0   msec   4   msec
  6  172.16.20.1    0   msec   0   msec   4   msec
  7  172.16.21.2    0   msec   0   msec   4   msec
  8  172.16.20.1    0   msec   0   msec   4   msec
  9  172.16.21.2    4   msec   0   msec   4   msec
 10  172.16.20.1    4   msec   0   msec   4   msec
 11  172.16.21.2    4   msec
Roo#
```

Bild 3.21:
Ein trace von Roo zu Milne deckt auf, daß Kanga die Pakete zurück an Roo leitet, anstatt sie an das korrekte Ziel zu senden.

Bild 3.22 zeigt den Inhalt des ARP-Cache von Kanga. Die IP-Adresse von Milne ist wie erwartet in Kangas Cache, jedoch mit der MAC-Adresse 00e0.1e58.dc39. Wenn Milnes Schnittstelle überprüft wird, zeigt er jedoch die MAC-Adresse 0002.6779.0f4c. Kanga hat irgendwie die falsche Information bezogen.

```
Kanga#show arp
Protocol   Address        Age (min)   Hardware Addr    Type   Interface
Internet   172.16.21.1        2       00e0.1e58.dc3c   ARPA   Ethernet1
Internet   172.16.20.2        -       00e0.1e58.dcb1   ARPA   Ethernet0
Internet   172.16.21.2        -       00e0.1e58.dcb4   ARPA   Ethernet1
Internet   172.16.20.75       2       00e0.1e58.dc39   ARPA   Ethernet0
Kanga#
```

Bild 3.22:
Kangas ARP-Cache hat einen Eintrag für Milne, aber das entsprechende Datenverbindungs-Kennzeichen ist falsch.

Ein weiterer Blick in Kangas ARP-Tabelle enthüllt, daß die MAC-Adresse, die Milne zugeordnet ist, auffallend den MAC-Adressen von Kangas eigenen Cisco-Schnittstellen ähnelt (die MAC-Adressen ohne Age sind die der eigenen Router-Schnittstellen). Da Milne aber kein Cisco-Produkt ist, sollten sich die ersten drei Oktette seiner MAC-Adresse von den ersten drei Oktetten von Kangas MAC-Adresse unterscheiden. Das einzige andere Cisco-Produkt im Internetzwerk ist Roo, also wird sein ARP-Cache überprüft (Bild 3.23). 00e0.1e58.dc39 ist die MAC-Adresse von Roos E0-Schnittstelle.

*Bild 3.23:
Roos ARP-
Cache zeigt, daß
die MAC-
Adresse, die
Kanga für Milne
verwendet,
eigentlich zu
Roos E0-
Schnittstelle
gehört*

```
Roo#show arp
Protocol    Address         Age (min)   Hardware Addr    Type    Interface
Internet    172.16.21.1         -       00e0.1e58.dc3c   ARPA    Ethernet0
Internet    172.16.20.1         -       00e0.1e58.dc39   ARPA    Ethernet0
Internet    172.16.20.2         7       00e0.1e58.dcb1   ARPA    Ethernet0
Internet    172.16.21.2         7       00e0.1e58.dcb4   ARPA    Ethernet1
Roo#
```

Also glaubt Kanga fälschlich, daß die E0-Schnittstelle von Roo zu Milne gehört. Er verpackt Pakete, die für Milne bestimmt sind, in Frames mit dem Zielkennzeichen 00e0.1e58.dc39. Roo akzeptiert den Frame, liest die Zieladresse des enthaltenen Pakets und routet das Paket zurück zu Kanga.

Doch wie erhielt Kanga die falsche Information? Die Antwort liegt im Proxy-ARP. Wenn Kanga zuerst ein Paket für Milne empfängt, wird er eine ARP-Anfrage aussenden, um dessen Datenverbindungs-Kennzeichen zu erhalten. Milne antwortet, aber Roo hört auch die ARP-Anfrage auf seiner E0-Schnittstelle. Da Roo eine Route zu Milne auf einem anderen Netzwerk besitzt, als auf dem, von dem er die ARP-Anfrage erhielt, sendet er einen Proxy-ARP als Antwort. Kanga empfängt Milnes ARP-Antwort und speichert sie in seinem ARP-Cache. Die Proxy-ARP-Antwort von Roo kommt später an, da sie durch die Bridge verzögert wurde. Der ursprüngliche Eintrag im ARP-Cache wird durch die Information überschrieben, die Kanga für neu hält.

Es gibt zwei Lösungen des Problems. Die erste ist das Deaktivieren des Proxy-ARP auf Roos E0-Schnittstelle mit dem Befehl:

```
Roo(config)#interface e0
Roo(config-if)#no ip proxy-arp
```

Die zweite Möglichkeit ist die Konfiguration eines statischen ARP-Eintrags bei Kanga für Milne durch folgenden Befehl:

```
Kanga(config)#arp 172.16.20.75 0002.6779.0f4c arpa
```

Dieser Eintrag wird durch keine ARP-Antwort überschrieben. Bild 3.24 zeigt, wie der statische ARP-Eintrag eingegeben wird, und den Inhalt des daraus resultierenden ARP-Cache von Kanga. Beachten Sie, daß kein Age angezeigt wird, da der Eintrag statisch ist.

```
Kanga(config)#arp 172.16.20.75 00a0.24a8.a1a5 arpa
Kanga(config)#^Z
Kanga#
%SYS-5-CONFIG_I: Configured from console by console
Kanga#sh arp
Protocol  Address          Age (min)  Hardware Addr    Type   Interface
Internet  172.16.21.1             10  00e0.1e58.dc3c   ARPA   Ethernet1
Internet  172.16.20.2              -  00e0.1e58.dcb1   ARPA   Ethernet0
Internet  172.16.21.2              -  00e0.1e58.dcb4   ARPA   Ethernet1
Internet  172.16.20.75             -  0002.6779.0f4c   ARPA
Kanga#
```

Bild 3.24:
Ein statischer ARP-Eintrag bereinigt das Problem, das durch Proxy-ARP erzeugt wurde

Die Eigenschaften des Netzwerks sollten zur Klärung beitragen, welche der beiden Lösungen die bessere ist. Wenn die Netzwerk-Schnittstelle von Milne ausgewechselt wird, und es existiert ein statischer ARP-Eintrag, so muß die neue MAC-Adresse im ARP-Eintrag eingegeben werden. Andererseits ist das Abschalten von Proxy-ARP nur dann sinnvoll, wenn es von keinem Host verwendet wird.

3.4 Ausblick

Statisches Routing ist ein mächtiges Werkzeug, um das Routing-Verhalten in einem Internetzwerk präzise zu kontrollieren. Wenn jedoch regelmäßige Änderungen in der Topologie auftreten, kann der hierfür erforderliche Aufwand der manuellen Neukonfiguration ein statisches Routing undurchführbar machen. Die dynamischen Routingprotokolle ermöglichen eine schnelle und automatische Reaktion auf Topologieänderungen. Vor der Betrachtung der Details von bestimmten IP-Routing-Protokollen, müssen die allgemeinen Punkte angesprochen werden, die für alle dynamischen Protokolle gelten. Das nächste Kapitel führt die dynamischen Routingprotokolle ein.

3.4.1 Zusammenfassende Tabelle: Befehle aus Kapitel 3

Befehl	Beschreibung
arp *IP-Adresse Hardware-Adresse*	Weist statisch eine IP-*Typ* [*alias*]-Adresse einer Hardware-Adresse zu.
debug ip packet	Zeigt Informationen über empfangene, erzeugte und weitergeleitete IP-Pakete an. Informationen über fast-geswitchte Pakete werden nicht angezeigt.
ip proxy-arp	Enables proxy ARP.
ip route *prefix Maske {Adresse|Schnittstelle}* [*Distanz*][**permanent**]	Fügt einen statischen Routing-Eintrag in die Routing-Tabelle ein.
ip route-cache	Konfiguriert den Typ von Switching-Cache, den eine Schnittstelle verwenden soll.

3.5 Übungsfragen

1. Welche Informationen müssen in einer Routing-Tabelle gespeichert sein?
2. Was bedeutet es, wenn eine Routing-Tabelle aussagt, daß eine Adresse variable Subnetze besitzt?
3. Was sind *discontiguous* Subnetze?
4. Mit welchem Befehl kann man die Routing-Tabelle eines Cisco-Routers einsehen?
5. Was bedeuten die zwei Zahlen in Klammern bei den nicht direkt verbundenen Routen in der Routing-Tabelle?
6. Wie unterscheiden sich Routen-Einträge in einer Routing-Tabelle von statischen Routen, wenn sie auf eine ausgehende Schnittstelle zeigen und nicht auf eine Next-Hop-Adresse?
7. Was ist eine Sammelroute? Wann sind im Zusammenhang mit statischem Routing solche Sammelrouten sinnvoll?
8. Was ist eine administrative Distanz?
9. Was beinhaltet eine statische Wechselroute?
10. Was ist der Unterschied zwischen Equal-Cost- und Unequal-Cost-Lastverteilung?

11. Wie beeinflußt der Switching-Modus einer Schnittstelle die Lastverteilung?

12. Was ist eine rekursive Tabellenprüfung?

3.6 Konfigurationsübungen

1. Konfigurieren Sie statische Routen für jeden Router des in Abbildung 3.25 gezeigten Internetzwerks. Schreiben Sie die Routen so auf, daß jedes Subnetz des Internetzes einen eigenen Eintrag besitzt.

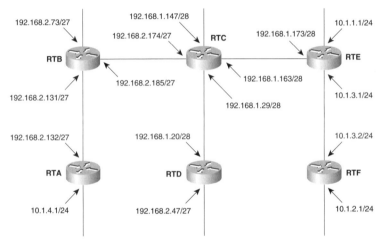

Bild 3.25: Das Internetzwerk für die Konfigurationsübungen 1 und 2.

2. Schreiben Sie die in der ersten Konfigurationsübung erhaltenen statischen Routen so um, daß so wenige Routen-Einträge wie möglich verbleiben[1]. (Hinweis: RTA wird nur zwei statische Routen-Einträge haben.)

3. Schreiben Sie statische Routen für die Router des in Bild 3.26 gezeigten Netzwerks auf. Gehen Sie davon aus, daß alle Verbindungen das gleiche Trägermedium besitzen. Verwenden Sie Lastausgleich und statische Wechselrouten für maximale Auslastung und Redundanz.

---

[1] Wenn Sie diese Übung ausprobieren wollen, muß der Befehl **ip classless** auf allen sechs Routern ausgeführt werden.

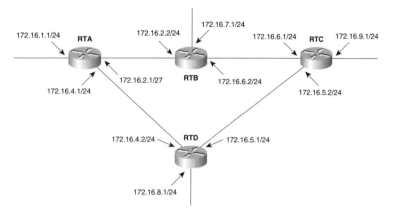

Bild 3.26:
Das Internetzwerk für die Konfigurationsübung 3

3.7 Übungen zur Fehlerbehebung

1. Im Internetzwerk von Bild 3.3 und den zugehörigen Konfigurationen werden die Routen-Einträge von Piglet von

   ```
   Piglet(config)# ip route 192.168.1.0 255.255.255.0 192.168.1.193
   Piglet(config)# ip route 10.4.0.0 255.255.0.0 192.168.1.193
   ```

   auf die folgenden geändert:

   ```
   Piglet(config)# ip route 192.168.1.0 255.255.255.224 192.168.1.193
   Piglet(config)# ip route 10.0.0.0 255.255.0.0 192.168.1.193
   ```

   Was wird daraus resultieren?

2. Die Router in Bild 3.27 sind mit folgenden Routen konfiguriert:

   ```
   RTA
   ip Route 172.20.96.0  255.255.240.0 172.20.20.1
   ip Route 172.20.82.0  255.255.240.0 172.20.20.1
   ip Route 172.20.64.0  255.255.240.0 172.20.20.1
   ip Route 172.20.160.0 255.255.240.0 172.20.30.255
   ip Route 172.20.144.0 255.255.240.0 172.20.30.255
   ip Route 172.20.128.0 255.255.240.0 172.20.30.255
   RTB
   ip Route 172.20.192.0 255.255.240.0 172.20.16.50
   ip Route 172.20.224.0 255.255.240.0 172.20.16.50
   ip Route 172.20.128.0 255.255.240.0 172.20.16.50
   ip Route 172.20.160.0 255.255.240.0 172.20.30.255
   ip Route 172.20.144.0 255.255.240.0 172.20.30.255
   ip Route 172.20.128.0 255.255.240.0 172.20.30.255
   RTC
   ip Route 172.20.192.0 255.255.240.0 172.20.16.50
   ip Route 172.20.208.0 255.255.255.0 172.20.16.50
   ip Route 172.20.224.0 255.255.240.0 172.20.16.50
   ip Route 172.20.96.0  255.255.240.0 172.20.20.1
   ip Route 172.20.82.0  255.255.240.0 172.20.20.1
   ip Route 172.20.64.0  255.255.240.0 172.20.20.1
   ```

Kapitel 3 • Statisches Routing **133**

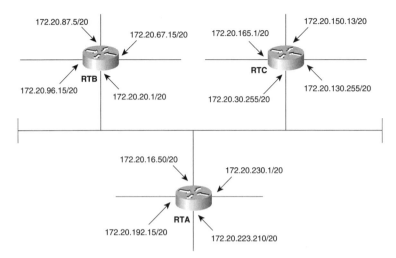

Bild 3.27: Das Internetzwerk für die Fehlersuchübung 2.

Benutzer berichten über diverse Verbindungsprobleme in diesem Internetz. Finden Sie die Fehler in den statischen Routing-Konfigurationen.

3. Bild 3.28 zeigt ein anderes Internetzwerk, in dem Benutzer über Verbindungsprobleme berichten. Die Abbildungen 3.29 bis 3.32 zeigen die Routing-Tabellen der vier Router. Finden Sie die Fehler.

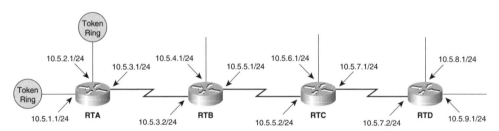

Bild 3.28: Das Internetzwerk für die Fehlersuchübung 3

Bild 3.29:
Die Routing-Tabelle von RTA aus Bild 3.28.

```
RTA#show ip route
Codes:  C - connected, S - static, I - IGRP, R - RIP, M - mobile, B - BGP
        D - EIGRP, EX - EIGRP external, O - OSPF, IA - OSPF inter area
        E1 - OSPF external type 1, E2 - OSPF external type 2, E - EGP
        i - IS-IS, L1 - IS-IS level-1, L2 - IS-IS level-2, * - candidate default,
        U - per-user static route

Gateway of last resort is not set
     10.0.0.0/8 is subnetted, 9 subnets
S       10.5.9.0 [1/0] via 10.5.3.2
S       10.5.8.0 [1/0] via 10.5.3.2
S       10.5.7.0 [1/0] via 10.5.3.2
S       10.5.6.0 [1/0] via 10.5.3.2
S       10.5.5.0 [1/0] via 10.5.3.2
S       10.5.4.0 [1/0] via 10.5.3.2
C       10.5.3.0 is directly connected, Serial0
C       10.5.2.0 is directly connected, TokenRing1
C       10.5.1.0 is directly connected, TokenRing0
RTA#
```

Bild 3.30:
Die Routing-Tabelle von RTB aus Bild 3.28.

```
RTB#show ip route
Codes:  C - connected, S - static, I - IGRP, R - RIP, M - mobile, B - BGP
        D - EIGRP, EX - EIGRP external, O - OSPF, IA - OSPF inter area
        E1 - OSPF external type 1, E2 - OSPF external type 2, E - EGP
        i - IS-IS, L1 - IS-IS level-1, L2 - IS-IS level-2, * - candidate default,
        U - per-user static route

Gateway of last resort is not set
     10.0.0.0/8 is subnetted, 9 subnets
S       10.5.9.0 [1/0] via 10.5.5.2
S       10.5.8.0 [1/0] via 10.5.5.2
S       10.5.7.0 [1/0] via 10.5.5.2
S       10.5.6.0 [1/0] via 10.5.5.2
C       10.5.5.0 is directly connected, Serial1
C       10.5.4.0 is directly connected, TokenRing0
C       10.5.3.0 is directly connected, Serial0
S       10.5.2.0 [1/0] via 10.5.3.1
S       10.5.1.0 [1/0] via 10.5.3.1
RTB#
```

Bild 3.31:
Die Routing-Tabelle von RTC aus Bild 3.28.

```
RTC#show ip route
Codes:  C - connected, S - static, I - IGRP, R - RIP, M - mobile, B - BGP
        D - EIGRP, EX - EIGRP external, O - OSPF, IA - OSPF inter area
        N1 - OSPF NSSA external type 1, N2 - OSPF NSSA external type 2
        E1 - OSPF external type 1, E2 - OSPF external type 2, E - EGP
        i - IS-IS, L1 - IS-IS level-1, L2 - IS-IS level-2, * - candidate default,
        U - per-user static route, o - ODR

Gateway of last resort is not set
     10.0.0.0/24 is subnetted, 8 subnets
S       10.5.9.0 [1/0] via 10.5.7.2
S       10.5.8.0 [1/0] via 10.5.5.1
C       10.5.7.0 is directly connected, Serial1
C       10.5.6.0 is directly connected, Ethernet0
S       10.1.1.0 [1/0] via 10.5.5.1
C       10.5.5.0 is directly connected, Serial0
S       10.5.3.0 [1/0] via 10.5.5.1
S       10.5.2.0 [1/0] via 10.5.5.1
RTC#
```

```
RTD#show ip route
Codes: C - connected, S - static, I - IGRP, R - RIP, M - mobile, B - BGP
       D - EIGRP, EX - EIGRP external, O - OSPF, IA - OSPF inter area
       N1 - OSPF NSSA external type 1, N2 - OSPF NSSA external type 2
       E1 - OSPF external type 1, E2 - OSPF external type 2, E - EGP
       i - IS-IS, L1 - IS-IS level-1, L2 - IS-IS level-2, * - candidate default,
       U - per-user static route, o - ODR

Gateway of last resort is not set
     10.0.0.0/24 is subnetted, 9 subnets
C       10.5.9.0 is directly connected, Ethernet1
C       10.5.8.0 is directly connected, Ethernet0
C       10.5.7.0 is directly connected, Serial0
S       10.5.6.0 [1/0] via 10.5.7.1
S       10.5.5.0 [1/0] via 10.5.7.1
S       10.4.5.0 [1/0] via 10.5.7.1
S       10.5.3.0 [1/0] via 10.5.7.1
S       10.5.2.0 [1/0] via 10.5.7.1
S       10.5.1.0 [1/0] via 10.5.7.1
RTD#
```

Bild 3.32:
Die Routing-Tabelle von RTD aus Bild 3.28.

Dieses Kapitel behandelt die folgenden Themen:

– Grundlegendes über Routing-Protokolle

– Routing-Protokolle mit Distanzvektor

– Routing-Protokolle mit Verbindungsstatus

– Interne und Externe Gateway-Protokolle

– Statisches oder dynamisches Routing?

KAPITEL 4
Dynamische Routing-Protokolle

Das letzte Kapitel erklärte, was ein Router wissen muß, um Pakete korrekt zu ihren entsprechenden Zielen zu switchen und wie diese Informationen manuell in den Routing-Tabellen eingegeben werden. Dieses Kapitel zeigt, wie Router diese Informationen automatisch ermitteln und über dynamische Routing-Protokolle mit anderen Routern teilen können. Ein *Routing-Protokoll* stellt die Sprache dar, mit der ein Router mit anderen Routern kommuniziert, um Informationen über die Erreichbarkeit und den Status von Netzwerken auszutauschen.

Die dynamischen Routing-Protokolle erfüllen nicht nur diese Pfadbestimmung und die Funktionen zur Aktualisierung der Routing-Tabellen. Sie bestimmen zudem den nächstbesten Pfad, wenn der beste Pfad zu einem Ziel unbrauchbar wird. Die Fähigkeit zur Kompensation von Topologieänderungen ist der größte Vorteil des dynamischen Routings gegenüber dem statischen Routing.

Es ist klar, daß eine Kommunikation nur dann stattfinden kann, wenn die Beteiligten die gleiche Sprache sprechen. Es stehen insgesamt acht eigenständige IP-Routing-Protokolle zur Auswahl. Wenn ein Router RIP spricht und ein anderer OSPF, dann können sie keine Routing-Informationen austauschen, da sie nicht die gleiche Sprache sprechen. Die folgenden Kapitel behandeln alle gegenwärtig verwendeten IP-Routing-Protokolle und betrachten zudem, wie ein Router »zweisprachig« werden kann. Zuerst ist es jedoch notwendig, den Blick auf einige Eigenschaften und Sachverhalte zu richten, die für alle Routing-Protokolle gelten – IP oder auch andere.

4.1 Grundlegendes über Routing-Protokolle

Alle dynamischen Routing-Protokolle enthalten einen Algorithmus. Unter *Algorithmus* versteht man generell eine schrittweise Prozedur zur Lösung eines Problems. Ein Routing-Algorithmus muß als Minimalanforderung folgendes enthalten:

- Eine Prozedur, die Informationen über die Erreichbarkeit von Netzwerken an andere Router weitergibt.
- Eine Prozedur, die Informationen über die Erreichbarkeit von anderen Routern empfängt.
- Eine Prozedur zur Bestimmung optimaler Routen, die auf den eigenen Erreichbarkeits-Informationen basiert, sowie zur Aufnahme dieser Informationen in eine Routing-Tabelle.
- Eine Prozedur zur Reaktion auf und Kompensation von Topologieänderungen in einem Internetzwerk sowie zur Bekanntmachung dieser Topologieänderung.

Einige Sachverhalte, die für alle Routing-Protokoll gelten, sind Pfadbestimmung, Metriken, Konvergenz und Lastausgleich.

4.1.1 Pfadbestimmung

Alle Netzwerke innerhalb eines Internetzwerks müssen mit einem Router verbunden sein, und jede Schnittstelle eines Routers, die mit einem Netzwerk verbunden ist, muß eine Adresse in diesem Netzwerk haben. Diese Adresse ist der Entstehungspunkt für Erreichbarkeitsinformationen.

Bild 4.1 zeigt ein einfaches Internetzwerk mit drei Routern. Router A hat Kenntnis über die Netzwerke 192.168.1.0, 192.168.2.0 und 192.168.3.0, da er Schnittstellen in diesen Netzwerken mit entsprechenden Adressen und Adreßmasken besitzt. Desgleichen kennt Router B die Netzwerke 192.168.3.0, 192.168.4.0, 192.168.5.0 und 192.186.6.0. Router C kennt die Netzwerke 192.168.6.0, 192.168.7.0 und

198.168.1.0. Jede Schnittstelle führt die Datenverbindungs- und physikalischen Protokolle in dem Netzwerk aus, an das sie angeschlossen ist, somit kennt der Router auch den Status des Netzwerks (up oder down).

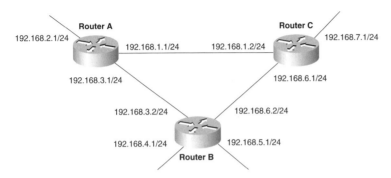

*Bild 4.1:
Jeder Router hat durch die vergebenen Adressen und Masken Kenntnis über seine direkt verbundenen Netzwerke.*

Auf den ersten Blick erscheint die Prozedur des Informations-Austauschs einfach. Betrachten wir den Router A:

1. Router A überprüft seine IP-Adressen und zugehörigen Masken und folgert daraus, daß er an die Netzwerke 192.168.1.0, 192.186.2.0 und 192.168.3.0 angeschlossen ist.

2. Router A übernimmt diese Netzwerke in seine Routing-Tabelle und markiert sie mit einem Flag, das besagt, daß sie direkt mit ihm verbunden sind.

3. Router A verpackt diese Informationen in ein Paket: »Meine direkt verbundenen Netzwerke lauten 192.168.1.0, 192.186.2.0 und 192.168.3.0.«

4. Router A überträgt Kopien dieser Routen-Informations-Pakete oder *Routing-Updates* an Router B und C (Update=Aktualisierung).

5. Die Router B und C haben die gleichen Schritte durchgeführt und Updates mit ihren direkt verbundenen Netzwerken an A gesendet. Router A übernimmt die empfangenen Informationen in seine Routing-Tabelle, zusammen mit der Quell-Adresse des Routers, der das Update-Paket gesendet hat. Router A hat nun Kenntnis von allen Netzwerken, und er kennt die Adressen der Router, mit denen sie verbunden sind.

Diese Prozedur erscheint sehr einfach. Warum sind dann Routing-Protokolle so viel komplizierter? Betrachten Sie erneut Bild 4.1.

- Was sollte Router A mit den Updates von B und C anfangen, nachdem er die Informationen in seine Routing-Tabelle aufgenommen hat? Sollte er beispielsweise das Routing-Informations-Paket von B an C und das Paket von C an B weiterleiten?

- Wenn Router A die Updates nicht weiterleitet, könnte der Informationsaustausch nicht vollständig sein. Wenn z.B. die Verbindung zwischen B und C nicht existiert, würden diese zwei Router keine Kenntnis über ihre gegenseitigen Netzwerke erhalten. Router A muß die Update-Informationen weiterleiten, aber dieser Schritt eröffnet eine ganze Reihe neuer Probleme.

- Wenn Router A sowohl von Router B als auch von Router C über das Netzwerk 192.168.4.0 informiert wird, welcher Router sollte zur Erreichung des Netzwerks verwendet werden? Sind beide gültig? Welches ist der beste Pfad?

- Welcher Mechanismus kann sicherstellen, daß alle Router alle Routing-Informationen erhalten, während er gleichzeitig verhindert, daß Update-Pakete für immer durch das Internetzwerk kreisen?

- Die Router teilen sich bestimmte direkt verbundene Netzwerke (192.168.1.0, 192.168.3.0 und 192.168.6.0) miteinander. Sollte der Router trotzdem diese Netzwerke den anderen bekanntmachen?

Diese Fragen sind fast ebenso vereinfacht, wie die zuvor erfolgte Vorbesprechung zur Erklärung der Routing-Protokolle, aber sie sollen ein Gefühl über die Dinge vermitteln, die zur Komplexität der Protokolle beitragen. Wie Sie in den nächsten Abschnitten und Kapiteln sehen werden, behandelt jedes Routing-Protokoll diese Fragen auf die eine oder andere Weise.

4.1.2 Metriken

Wenn mehrere Routen zum gleichen Ziel möglich sind, muß ein Router über einen Mechanismus verfügen, um den besten Pfad zu bestimmen. Eine *Metrik* ist eine Variable, die Routen als ein Mittel zur Bewertung zugeordnet ist. Mit der Metrik läßt sich die beste bis zur schlechtesten Route bestimmen oder auch die bevozugteste bis zur am wenigsten bevorzugten. Das folgende Beispiel zeigt auf, wofür Metriken benötigt werden.

Wenn wir davon ausgehen, daß im Internetzwerk von Bild 4.1 der Informationsaustausch korrekt erfolgte, könnte Router A eine Routing-Tabelle besitzen, die wie Tabelle 4.1 aussieht.

Netzwerk	Next-Hop-Router
192.168.1.0	Direkt verbunden
192.168.2.0	Direkt verbunden
192.168.3.0	Direkt verbunden
192.168.4.0	B, C
192.168.5.0	B, C
192.168.6.0	B, C
192.168.7.0	B, C

Tabelle 4.1: Eine einfache Routing-Tabelle von Router A aus Bild 4.1

Diese Routing-Tabelle besagt korrekterweise, daß die ersten drei Netzwerke direkt mit Router A verbunden sind und für diese kein Routing von Router A erfolgen muß, um sie zu erreichen. Die letzten vier Netzwerke können nach dieser Tabelle über Router B oder Router C erreicht werden. Diese Informationen sind auch korrekt. Da das Netzwerk 192.168.7.0 aber sowohl über Router B als auch über Router C erreicht werden kann, welcher Pfad ist dem anderen vorzuziehen? Hier werden Metriken benötigt, um die Alternativen bewerten zu können.

Verschiedene Routing-Protokolle nutzen verschiedene und z.T. auch mehrfache Metriken. RIP legt zum Beispiel die »beste« Route anhand der kleinsten Anzahl von Router-Hops fest. IGRP bestimmt die »beste« Route auf der Basis einer Kombination der geringsten Bandbreite entlang der Route und der Gesamtverzögerung der Route. Die folgenden Abschnitte liefern die grundlegenden Beschreibungen dieser und anderer gemeinhin verwendeter Metriken. Weitergehende Einzelheiten – wie einige Routing-Protokolle mehrfache Metriken verwenden und mit Routen umgehen, die identische Metrikwerte besitzen – werden in den folgenden protokoll-spezifischen Kapiteln dieses Buchs behandelt.

Die »beste« oder »kürzeste« Route ist die meist bevorzugte, bezüglich einer speziellen Protokoll-Metrik.

Hop-Count

Eine Hop-Count-Metrik zählt einfach Router-Hops (=Sprünge). Von Router A zum Netzwerk 192.168.5.0 ist es beispielsweise ein Hop, wenn Pakete aus der Schnittstelle 192.168.3.1 (durch Router B) gesendet werden, und es sind zwei Hops, wenn Pakete aus der Schnittstelle 192.168.1.1 (durch Router C und B) gesendet werden. Wenn der Hop-Count die einzige verwendete Metrik ist, ist die beste Route diejenige mit den wenigsten Hops, in diesem Fall A-B.

Aber ist die Verbindung A-B wirklich der beste Pfad? Wenn die Verbindung A-B eine DS-0-Verbindung ist und die A-C- und C-B-Verbindungen jeweils T-1-Verbindungen, kann die 2-Hop-Route tatsächlich die beste sein, da die Bandbreite eine große Rolle dabei spielt, wie effizient der Verkehr durch ein Netzwerk fließt.

Bandbreite

Eine Bandbreiten-Metrik würde einen Pfad mit höherer Bandbreite einem anderen mit niedrigerer Bandbreite vorziehen. Die Bandbreite allein dürfte jedoch keine gute Metrik sein. Es kann der Fall sein, daß eine oder beide T1-Verbindungen stark mit anderem Verkehr belastet ist und die 56K-Verbindung nur wenig benutzt wird. Es ist auch möglich, daß die Verbindung mit der höheren Bandbreite auch eine höhere Verzögerung besitzt.

Belastung

Routenflattern Diese Metrik berücksichtigt das Verkehrsaufkommen, das die Verbindungen entlang des Pfades belastet. Der beste Pfad ist der, der die geringste Belastung erfährt. Im Unterschied zu Hop-Count und Bandbreite ändert sich die Belastung einer Route, und damit ändert sich auch die Metrik. Hier ist Vorsicht geboten. Wenn sich die Metrik zu häufig ändert, kann ein *Routenflattern* auftreten – ein häufiger Wechsel der bevorzugten Routen. Dieses Routenflattern kann negative Effekte auf die CPU des Routers, die Bandbreite der Datenverbindungen und die gesamte Stabilität des Netzwerks haben.

Verzögerung

Die *Verzögerung* ist ein Maß für die Dauer, die ein Paket zum Durchlaufen einer Route benötigt. Wenn ein Routing-Protokoll die Verzögerung als Metrik benutzt, wird der Pfad mit der geringsten Verzögerung als der beste Pfad ausgewählt. Es gibt viele Verfahren zur Bestimmung der Verzögerung. Die Verzögerung kann nicht nur die Verzögerungen der Verbindungen entlang der Route berücksichtigen, sondern auch andere Faktoren, wie Routerlatenz und Verzögerung durch Queuing. Auf der anderen Seite kann die Verzögerung einer Route überhaupt nicht berücksichtigt werden. Sie kann auch als eine Summe der statischen Größen jeder Schnittstelle entlang des Pfads bestimmt werden. Jede einzelne Verzögerungsgröße wäre eine Abschätzung, die auf dem Verbindungstyp basiert, mit dem die Schnittstelle verbunden ist.

Zuverlässigkeit

Die *Zuverlässigkeit* ist ein Maß der Wahrscheinlichkeit, daß eine Verbindung auf irgendeine Art in einen Fehlzustand gerät, und kann entweder variabel oder fest sein. Beispiele von variablen Zuverlässigkeitsmetriken sind die Häufigkeit eines Fehlerzustands einer Verbindung oder die Anzahl an Fehlermeldungen, die innerhalb einer bestimmten Zeitdauer empfangen wurden. Feste Zuverlässigkeitsmetriken basieren auf bekannten Eigenschaften einer Verbindung, die durch den Netzwerkadministrator bestimmt wurden. Der Pfad mit der höchsten Zuverlässigkeit wird als bester ausgewählt.

Kosten

Diese Metrik wird von einem Netzwerkadministrator vorgegeben, um mehr oder weniger bevorzugte Routen zu bestimmen. Kosten können aufgrund jeder Vorgabe oder Verbindungscharakteristik erfolgen oder das willkürliche Urteil des Netzwerkadministrators widerspiegeln.

Der Begriff *Kosten* wird oft als Oberbegriff verwendet, wenn von Routenauswahl die Rede ist. Zum Beispiel: »RIP wählt den *günstigsten* Pfad, basierend auf dem Hop-Count.« Ein weiterer Oberbegriff ist der *kürzeste* Pfad, wie in »RIP wählt den *kürzesten* Pfad, basierend auf dem Hop-Count.« In diesem Kontext bezieht sich *günstigster* (oder *teuerster*) und *kür-*

zester (oder *längster*) nur auf die Art und Weise, wie ein Routing-Protokoll die Pfade aufgrund seiner eigenen Metriken betrachtet.

4.1.3 Konvergenz

Ein dynamisches Routing-Protokoll muß eine Reihe von Prozeduren enthalten, damit ein Router andere Router über seine direkt mit ihm verbundenen Netzwerke informieren kann, damit er die gleichen Informationen von anderen Routern empfangen und verarbeiten kann und damit er die Informationen weitergeben kann, die er von anderen Routern empfängt. Darüber hinaus muß ein Routing-Protokoll eine Metrik festlegen, mit der beste Pfade bestimmt werden können.

Routing-Schleife

Ein zusätzliches Kriterium für Routing-Protokolle beinhaltet, daß die Erreichbarkeitsinformationen in den Routing-Tabellen aller Router im Internetzwerk konsistent sein müssen. Wenn Router A in Bild 4.1 bestimmt, daß der beste Pfad zum Netzwerk 192.168.5.0 über Router C verläuft, und Router C bestimmt, daß der beste Pfad zum selben Netzwerk durch Router A verläuft, wird Router A die Pakete, die für 192.168.5.0 bestimmt sind, an C senden. C wird sie zurück an A senden, A wird sie erneut an C senden und so weiter. Dieser anhaltende Kreisverkehr zwischen zwei oder mehr Zielen wird als *Routing-Schleife* bezeichnet (engl. routing loop).

Konvergenz und Konvergenzzeit

Der Prozeß, der alle Routing-Tabellen in einen Zustand der Konsistenz bringt, nennt sich *Konvergenz*. Die Zeitdauer, die für den Informationsaustausch über ein Internetzwerk und für die Berechnung der besten Pfade für alle Router benötigt wird, ist die *Konvergenzzeit*.

Bild 4.2 zeigt ein Internetzwerk, das konvergent war, bevor eine Topologieänderung auftrat. Die Verbindung zwischen den beiden linken Routern fiel aus. Beide Router sind direkt verbunden, wissen durch das Daten-Verbindungs-Protokoll von dem Fehlzustand und beginnen, ihre Nachbarn von der nicht mehr verfügbaren Verbindung zu informieren. Die Nachbarn aktualisieren ihre Routing-Tabellen entsprechend und informieren ihre Nachbarn. Der Prozeß setzt sich so lange fort, bis alle Router über die Änderung informiert sind.

Kapitel 4 • Dynamische Routing-Protokolle **145**

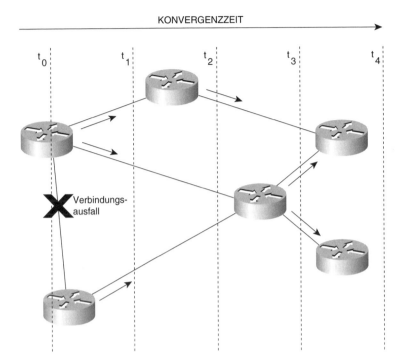

Bild 4.2:
Die Wiederherstellung der Konvergenz nach einer Topologieänderung benötigt Zeit. Während sich das Internetzwerk in einem nicht konvergenten Status befindet, sind die Router anfällig für fehlerhafte Routing-Informationen

Beachten Sie, daß zum Zeitpunkt t_2 die drei Router auf der linken Seite Kenntnis über die Topologieänderung haben, während die drei rechten Router noch nichts darüber wissen. Diese drei besitzen alte Informationen und werden die Pakete entsprechend verarbeiten. Während dieser Übergangszeit, wenn sich das Internetzwerk in einem nicht konvergenten Zustand befindet, können Routing-Fehler auftreten. Daher ist die Konvergenzzeit ein wichtiger Faktor in jedem Routing-Protokoll. Je schneller ein Netzwerk nach einer Topologieänderung rekonvergiert, desto besser.

4.1.4 Lastverteilung

In Kapitel 3 wurde gezeigt, daß eine Lastverteilung die Verteilung des Verkehrs über mehrere Pfade zum selben Ziel bedeutet, um die verfügbare Bandbreite effizient zu nutzen. Um ein Beispiel über den Nutzen der Lastverteilung aufzuzeigen, betrachten wir erneut Bild 4.1. Alle Netzwerke in Bild 4.1 sind über zwei Pfade erreichbar. Wenn das Gerät 192.168.2.0 einen Paketstrom an das Gerät 192.168.6.0 sendet, könnte Router A alle Pakete über Router B oder über Router C senden. In beiden Fällen ist das Netzwerk einen Sprung (bzw. Hop) entfernt. Das Senden aller Pakete über eine einzelne Route stellt jedoch sehr wahrscheinlich nicht die effizienteste Nutzung der verfügbaren Bandbreite dar. Dagegen sollte eine Lastverteilung erfolgen, um den Verkehr auf beiden Pfaden zu verteilen. Wie in Kapitel 3 angesprochen, kann die Lastverteilung zu gleichen oder ungleichen Kosten sowie paket- oder zielabhängig erfolgen.

4.2 Routing-Protokolle mit Distanzvektor

Die meisten Routing-Protokolle lassen sich in zwei Klassen einteilen: *Distanzvektor* oder *Verbindungsstatus*. In diesem Abschnitt werden die Grundlagen der Routing-Protokolle betrachtet, die den Distanzvektor verwenden. Der nächste Abschnitt behandelt die Routing-Protokolle, die den Verbindungsstatus verwenden. Die Distanzvektor-Algorithmen basieren auf den Arbeiten von R. E. Bellman,[1] L. R. Ford und D. R. Fulkerson[2] und werden daher gelegentlich als *Bellman-Ford*- oder *Ford-Fulkerson*-Algorithmen bezeichnet.

Der Name Distanzvektor leitet sich aus der Tatsache ab, daß Routen als Vektoren von (Distanz, Richtung) bekannt gemacht werden. Hier ist Distanz im Sinne einer Metrik zu verstehen. Der Begriff Richtung bezieht sich auf den Next-Hop-Router. Zum Beispiel: »Das Ziel A ist eine Distanz von fünf Hops entfernt, in Richtung des Next-Hop-Routers X.« Dieser Ausdruck beinhaltet, daß jeder Router die Routen durch die Perspektiven seines benachbarten Routers erlernt und daraufhin die Routen aus seiner eigenen Perspektive weiterverbreitet. Da jeder Router von seinen Nachbarn abhängt, um Informationen zu erhalten, die diese Nachbarn im Gegenzug von ihren Nachbarn erlernt haben können, usw., wird das Distanzvektor-Routing manchmal ironisch als »Routing by Rumor« (Routing durch Gerüchte) bezeichnet.

---

1 R. E. Bellman. Dynamic Programming. Princeton, New Jersey: Princeton University Press; 1957.

2 L. R. Ford Jr. und D. R. Fulkerson. Flows in Networks. Princeton, New Jersey: Princeton University Press; 1962.

Die folgenden Routing-Protokolle verwenden den Distanzvektor:

- Routing-Information-Protocol (RIP) für IP
- XNS RIP von Xerox Networking System
- IPX RIP von Novell
- Internet-Gateway-Routing-Protocol (IGRP) von Cisco
- DNA Phase IV von DEC
- Routing Table Maintenance Protocol (RTMP) von AppleTalk

4.2.1 Allgemeine Eigenschaften

Ein typisches Routing-Protokoll mit Distanzvektor verwendet einen Routing-Algorithmus, in dem Router periodisch Routing-Updates durch Broadcast der gesamten Routing-Tabelle an alle Nachbarn senden[1].

Diese Aussage enthält eine Menge Informationen, die in den folgenden Abschnitten detaillierter betrachtet werden.

Periodische Updates

Periodische Updates beinhalten, daß Updates ausgesendet werden, wenn eine bestimmte Zeitdauer abgelaufen ist. Diese Dauer reicht typischerweise von 10 Sekunden bei AppleTalks RTMP bis zu 90 Sekunden bei Ciscos IGRP. Dabei ist zu erwähnen, daß eine Überlastung auftreten kann, wenn zu häufig Updates versendet werden. Wenn Updates zu selten gesendet werden, kann die Konvergenzzeit inakzeptabel hoch werden.

Nachbarn

Im Kontext von Routern bedeutet ein *Nachbar* immer einen Router, mit dem eine gewöhnliche Datenverbindung besteht. Ein Routing-Protokoll mit Distanzvektor sendet seine Updates

---

[1] Eine bemerkenswerte Ausnahme zu dieser Konvention stellt das Enhanced IGRP von Cisco dar. EIGRP ist ein Distanzvektor-Protokoll, sendet aber keine periodischen Updates, es sendet sie nicht als Broadcast, und sie enthalten nicht die gesamte Routing-Tabelle. EIGRP wird in Kapitel 8 beschrieben.

zu benachbarten Routern,[1] und es liegt an ihnen, diese Update-Informationen an deren Nachbarn weiterzugeben. Aus diesem Grund sagt man, daß das Distanzvektor-Routing Hop-to-Hop-Updates verwendet.

Broadcast-Updates

Wenn ein Router das erste Mal in einem Netzwerk aktiv wird, wie findet er andere Router und wie zeigt er an, daß er vorhanden ist? Hier gibt es verschiedene Methoden. Die einfachste besteht darin, die Updates an die Broadcast-Adresse (im Falle von IP ist das die 255.255.255.255) zu richten. Benachbarte Router, die dasselbe Routing-Protokoll sprechen, werden die Broadcasts hören und entsprechend reagieren. Hosts und andere Geräte, die sich nicht für Routing-Updates interessieren, werden die Pakete einfach verwerfen.

Updates mit der gesamten Routing-Tabelle

Die meisten Routing-Protokolle mit einem Distanzvektor-Verfahren verwenden die einfache Methode, daß sie den Nachbarn alles Wissen durch einen Broadcast der gesamten Routing-Tabelle übermitteln. Es gibt einige Ausnahmen, die in den folgenden Abschnitten behandelt werden. Die Nachbarn empfangen diese Updates, sammeln die benötigten Informationen und verwerfen alles andere.

4.2.2 Routing by Rumor

Bild 4.3 zeigt einen Distanzvektor-Algorithmus in Aktion. In diesem Beispiel wird die Metrik des Hop-Count verwendet. Zum Zeitpunkt t_0 wurden die Router A bis D gerade aktiviert. Bei der Betrachtung der Routing-Tabellen der oberen Reihe, haben alle vier Router bei t_0 als einziges Wissen die Informationen über ihre eigenen direkt verbundenen Netzwerke. Die Tabellen identifizieren diese Netzwerke und zeigen durch keinen Next-Hop-Router und einen Hop-Count von 0 an, daß sie direkt mit ihnen verbunden sind. Jeder der vier Router

---

1 Diese Aussage ist nicht vollkommen richtig. Hosts können in einigen Anwendungen auch auf Routing-Updates hören. Jedoch interessiert in dieser Diskussion nur, wie Router arbeiten.

wird diese Informationen als Broadcast über alle Verbindungen senden.

Zum Zeitpunkt t_1 wurden die ersten Updates empfangen und von den Routern verarbeitet. Betrachten Sie die Tabelle von Router A bei t_1. Das Update von Router B an Router A besagte, daß der Router B die Netzwerke 10.1.2.0 und 10.1.3.0 erreichen kann und beide 0 Hops entfernt sind. Wenn die Netzwerke 0 Hops von B entfernt sind, müssen sie einen Hop von A entfernt sein. Der Router A erhöht den Hop-Count um 1 und überprüft seine Routing-Tabelle. Er kannte 10.1.2.0 schon, und der Hop-Count (0) war kleiner als der von B angemeldete Hop-Count (1), also beachtete er diese Informationen nicht.

Die Informationen über das Netzwerk 10.1.3.0 waren jedoch neu, und so hat A sie in seine Routing-Tabelle übernommen. Die Quelladresse des Update-Pakets war die Schnittstelle von Router B (10.1.2.2), damit wurde diese Information zusammen mit dem berechneten Hop-Count gespeichert.

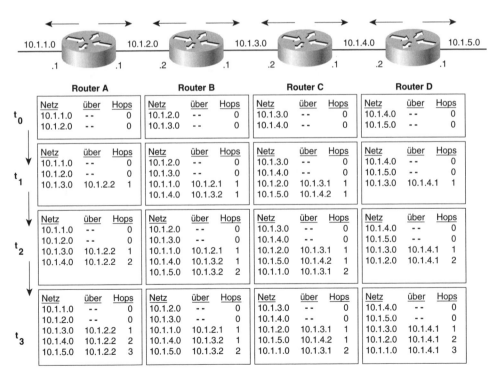

Bild 4.3: *Distanzvektor-Protokolle konvergieren von Hop zu Hop.*

Beachten Sie, daß die anderen Router zum gleichen Zeitpunkt t_1 ähnliche Operationen ausgeführt haben. Der Router C hat beispielsweise die Informationen über 10.1.3.0 von B und 10.1.4.0 von C nicht beachtet, gespeichert hat er hingegen die Informationen von Netzwerk 10.1.2.0, das über die Schnittstellen-Adresse 10.1.3.1 von B erreichbar ist, und die Informationen von Netzwerk 10.1.5.0, das über die Schnittstellen-Adresse 10.1.4.2 von B erreichbar ist. Beide Netzwerke wurden als ein Hop entfernt bestimmt.

Zum Zeitpunkt t_2 ist die Update-Periode erneut abgelaufen, und eine weitere Serie von Updates wurde per Broadcast ausgesendet. Router B sendet seine neueste Tabelle. Router A hat erneut die von B gemeldeten Hop-Counts um 1 erhöht und verglichen. Die Informationen über 10.1.2.0 werden aus dem gleichen Grund wie zuvor verworfen. 10.1.3.0 ist bereits bekannt, und der Hop-Count hat sich nicht geändert, somit werden diese Informationen auch verworfen. 10.1.4.0 ist eine neue Information und wird in der Routing-Tabelle gespeichert.

Das Netzwerk ist zum Zeitpunkt t_3 konvergiert. Jeder Router kennt jedes Netzwerk, die Adresse des Next-Hop-Routers für jedes Netzwerk und die Distanz in Hops zu jedem Netzwerk.

Zeit für eine Analogie. Sie wandern in den Sangre-de-Cristo-Bergen im nördlichen New Mexico – ein wunderschöner Fleck zum Wandern, solange Sie sich nicht verirren. Aber Sie haben sich verirrt. Sie kommen an eine Weggabelung, und ein Wegweiser zeigt Richtung Westen, auf dem zu lesen ist: »Taos, 15 Meilen«. Sie haben keine andere Wahl, als dem Schild zu glauben. Sie haben keinen Hinweis, wie schwer der Weg über diese 15 Meilen ist. Sie wissen nicht, ob es eine bessere Route gibt oder ob das Schild die Wahrheit anzeigt. Jemand könnte das Schild umgedreht haben, was zur Folge hätte, daß sie tiefer in den Wald wandern werden, anstatt in Richtung Sicherheit!

Distanzvektor-Algorithmen bieten Wegweiser zu Netzwerken.[1] Sie zeigen die Richtung und die Distanz an, aber keine Details darüber, was entlang des Weges liegt. Genauso wie das Schild an der Gabelung, sind sie anfällig gegenüber zufälliger oder

---

[1] Die Wegweiser-Analogie wird oft verwendet. Sie können eine gute Präsentation in Radia Perlman's Interconnections, pp. 205–210 finden.

beabsichtigter Irreführung. Es folgen einige Schwierigkeiten und Finessen, die im Zusammenhang mit den Distanzvektor-Algorithmen auftreten.

4.2.3 Routen-Ungültigkeits-Timer

Nachdem nun das Internetzwerk in Bild 4.3 völlig konvergiert ist, wie wird es die Rekonvergenz ausführen, wenn sich ein Teil der Topologie ändert? Wenn das Netzwerk 10.1.5.0 ausfällt, ist die Antwort einfach – der Router D wird das Netzwerk in seinem nächsten Update als unerreichbar anmelden und die Informationen weitergeben.

Was passiert aber, wenn nicht die Verbindung 10.1.5.0, sondern der Router D ausfällt? Die Router A, B und C besitzen weiterhin die Einträge über 10.1.5.0 in ihren Routing-Tabellen. Die Informationen sind nicht mehr gültig, aber es gibt keinen Router im Netzwerk, der diese Tatsache anmeldet. Sie werden die Pakete aus Unkenntnis an ein unerreichbares Ziel weiterleiten – es hat sich ein schwarzes Loch im Internetzwerk aufgetan.

Das Setzen eines Timers (=Zeitgeber) zur Ungültigkeitserklärung einer Route für jeden Eintrag in der Routing-Tabelle umgeht dieses Problem. Wenn z.B. der Router C als Erster das Netzwerk 10.1.5.0 entdeckt und die Informationen in seine Routing-Tabelle übernimmt, setzt C einen Timer für diese Route. Bei jedem regelmäßig durch Router D erfolgenden Update, verwirft C die bereits bekannten Update-Informationen über 10.1.5.0, wie es schon in »Routing by Rumor« beschrieben wurde. Bei diesem Vorgang setzt C jedoch den Timer dieser Route zurück.

Wenn Router D ausfällt, erhält C keine weiteren Updates über 10.1.5.0. Der Timer wird ablaufen, C wird die Route als unerreichbar vermerken und die Information mit dem nächsten Update weitergeben.

Die typische Dauer eines Routen-Timeouts liegt im Bereich von drei bis sechs Update-Perioden. Ein Router sollte keine Route für ungültig erklären, nur weil er ein einziges Update vermißt, da dieser Vorfall auch in einem beschädigten oder verlorenen Paket oder in einer Netzwerkverzögerung begründet sein kann. Auf der anderen Seite sollte die Zeitdauer nicht zu groß eingestellt sein, da hierdurch die Rekonvergenz übermäßig lange dauern würde.

4.2.4 Split-Horizon

Laut dem bisher beschriebenen Distanzvektor-Algorithmus, sendet jeder Router in jeder Update-Periode seine gesamte Routing-Tabelle als Broadcast an alle seine Nachbarn. Aber ist dies wirklich notwendig? In Bild 4.3 wurde jedes Netzwerk mit einem Hop-Count größer 0, das dem Router A bekannt ist, von Router B erlernt. Der gesunde Menschenverstand wird Ihnen sagen, daß es eine Verschwendung von Ressourcen darstellt, wenn Router A die Informationen über die Netzwerke per Broadcast an Router B zurückmeldet, obwohl er diese von ihm selbst erhalten hat. Offensichtlich kennt B diese Netzwerke schon.

Eine Route wird hier *Rückroute* (engl. *reverse route*) genannt, wenn sie zurück auf den Router zeigt, aus dem Pakete empfangen wurden. Der *Split-Horizon* (=geteilter Horizont) ist eine Methode zur Verhinderung von Rückrouten zwischen zwei Routern.

Neben der Einsparung von Ressourcen gibt es einen wesentlich triftigeren Grund dafür, keine Erreichbarkeitsinformationen zurück an den Router zu senden, von dem diese Informationen stammen. Die wichtigste Aufgabe eines dynamischen Routing-Protokolls ist die Entdeckung und Kompensation von Topologieänderungen – wenn der beste Pfad zu einem Netzwerk unerreichbar wird, muß das Protokoll den nächstbesten Pfad bestimmen.

Betrachten wir ein weiteres Mal das konvergierte Internetzwerk in Bild 4.3, und stellen wir uns vor, daß das Netzwerk 10.1.5.0 ausfällt. Router D wird den Fehler bemerken, das Netzwerk als unerreichbar vermerken und die Informationen mit dem nächsten Update an Router C weitermelden. Bevor jedoch der Update-Timer von D diesen Update auslöst, tritt etwas Unvorhergesehenes auf. Es wird ein Update von C empfangen, das behauptet, daß 10.1.5.0 mit einem Hop erreicht werden kann! Erinnern Sie sich an die Wegweiseranalogie? Router D kann nicht erkennen, ob C über einen vorhandenen, nächstbesten Pfad berichtet. Er wird den Hop-Count um Eins erhöhen und einen Eintrag in seine Routing-Tabelle vornehmen, der besagt, daß 10.1.5.0 über die Schnittstelle 10.1.4.1 von Router C erreichbar und nur zwei Hops entfernt ist.

Nun erreicht ein Paket mit der Zieladresse 10.1.5.3 den Router C. Er überprüft seine Routing-Tabelle und leitet das Paket weiter an D. D überprüft seine Routing-Tabelle und leitet das Paket weiter an C, C leitet es zurück an D, *ad infinitum*. Es ist eine Routing-Schleife entstanden.

Die Verwendung des Split-Horizon verhindert die Möglichkeit einer solchen Routing-Schleife. Die Methode des Split-Horizon läßt sich in zwei Kategorien aufteilen: der einfache Split-Horizon und der Split-Horizon mit blockierter Rückroute (engl. *Split-Horizon with poisoned reverse*).

Die Regel des einfachen Split-Horizon besagt folgendes: Wenn Updates aus einer bestimmten Schnittstelle gesendet werden, dann berichte nicht über Netzwerke, die durch Updates erlernt wurden, die an dieser Schnittstelle empfangen wurden.

Simple Split Horizon

Die Router in Bild 4.4 verwenden die Methode des Split-Horizon. Router C sendet ein Update an Router D mit den Netzwerken 10.1.1.0, 10.1.2.0 und 10.1.3.0. Die Netzwerke 10.1.4.0 und 10.1.5.0 sind nicht enthalten, da sie von Router D erlernt wurden. Entsprechend enthalten die Updates an Router B Informationen über 10.1.4.0 und 10.1.5.0, aber nicht über 10.1.1.0, 10.1.2.0 und 10.1.3.0.

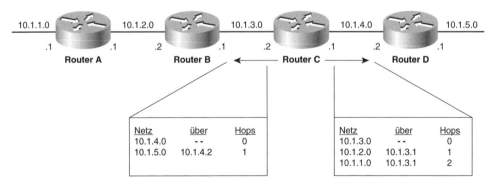

Bild 4.4: *Das einfache Split-Horizon meldet keine Routen zurück an die Nachbarn, von denen die Routen erlernt wurden.*

Split-Horizon mit blockierter Rückroute

Das einfache Split-Horizon unterdrückt Informationen. Split-Horizon mit blockierter Rückroute stellt eine modifizierte Version dar, die mit positiven Informationen arbeitet.

Die Regel des Split-Horizon mit blockierter Rückroute sagt folgendes aus: Wenn Updates aus einer bestimmten Schnittstelle gesendet werden, dann bezeichne jedes Netzwerk als unerreichbar, das durch Updates erlernt wurde, die an dieser Schnittstelle empfangen wurden.

In der Anordnung von Bild 4.4 würde der Router C in diesem Falle die Netzwerke 10.1.4.0 und 10.1.5.0 an Router D melden, aber sie wären als unerreichbar markiert. Bild 4.5 zeigt, wie die Routing-Tabellen von C in Richtung B und D aussehen würden. Beachten Sie: Eine Route wird als unerreichbar markiert, indem die Metrik auf unendlich gesetzt wird. Mit anderen Worten ist das Netzwerk eine unendliche Distanz entfernt. Das Konzept der Unendlichkeit in einem Routing-Protokoll wird im nächsten Abschnitt besprochen.

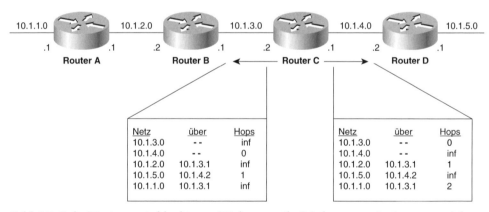

Bild 4.5: Split-Horizon mit blockierter Rückroute gibt Rückrouten mit einer unerreichbaren (unendlichen) Metrik weiter.

Split-Horizon mit blockierter Rückroute wird im Vergleich zum einfachen Split-Horizon als sicherer und stärker betrachtet – so ähnlich wie »schlechte Nachrichten sind besser als gar keine Nachrichten«. Wenn wir z.B. annehmen, daß Router B in Bild 4.5 fehlerhafte Informationen empfängt, die ihn glauben machen, daß das Subnetz 10.1.1.0 über Router C erreichbar ist. Einfaches Split-Horizon würde nichts tun, um diese Fehleinschätzung zu beheben, während ein Update mit blokkierter Rückroute von Router C die mögliche Schleife sofort unterbrechen würde. Aus diesem Grund verwenden die meisten modernen Distanzvektor-Ausführungen das Split-Horizon mit blockierter Rückroute. Der Nachteil ist, daß die Routing-Updatepakete größer sind, was Überlastungsprobleme auf einer Verbindung noch verstärken kann.

4.2.5 Zählen bis zur Unendlichkeit

Das Split-Horizon wird Schleifen zwischen Nachbarn unterbrechen, aber es wird keine Schleife beenden, die in einem Netzwerk wie dem in Bild 4.6 auftritt. Auch hier ist 10.1.5.0 ausgefallen. Router D sendet die entsprechenden Updates an seine benachbarten Router C (die unterbrochenen Pfeile) und Router B (die durchgehenden Pfeile). Router B vermerkt die Route über D als unerreichbar, aber Router A meldet einen nächstbesten Pfad zu 10.1.5.0, der drei Hops entfernt ist. B übernimmt diese Route in seine Routing-Tabelle.

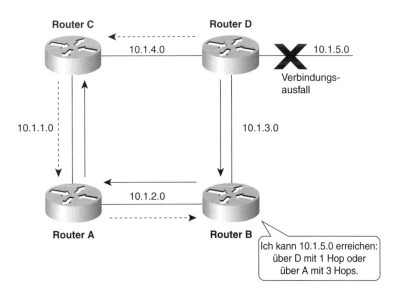

Bild 4.6: Split-Horizon wird hier keine Routing-Schleifen verhindern.

B informiert nun D darüber, daß er eine andere Route zu 10.1.5.0 kennt. D übernimmt diese Informationen und benachrichtigt C mit der Aussage, daß er eine 4-Hop-Route zum Netzwerk kennt. C berichtet A, daß 10.1.5.0 nun fünf Hops entfernt ist. A meldet B, daß das Netzwerk sechs Hops entfernt ist.

»Aha«, denkt Router B, »der Pfad von Router A zu 10.1.5.0 hat sich verlängert. Trotzdem, es ist die einzige Route, die ich habe, also nehme ich sie!«

B ändert den Hop-Count auf 7, sendet ein Update an D, und alles dreht sich weiter. Diese Situation ist das *counting-to-infinity*-Problem (Zählen bis zur Unendlichkeit), da der Hop-Count zu 10.1.5.0 bis zur Unendlichkeit steigen wird. Alle Router führen Split-Horizon aus, aber es hilft nichts.

Definition von Unendlichkeit

Die Möglichkeit, die den Effekt des Hochzählens bis zur Unendlichkeit abmildert, ist die Definition von Unendlichkeit. Die meisten Distanzvektor-Protokolle definieren Unendlichkeit mit 16 Hops. Wenn die Updates weiter unter den Routern in Bild 4.6 kreisen, wird der Hop-Count zu 10.1.5.0 in allen Routern schließlich auf 16 erhöht. Ab diesem Zeitpunkt wird das Netzwerk als unerreichbar betrachtet.

Mit dieser Methode melden die Router ein Netzwerk auch als unerreichbar an andere weiter. Ob es eine blockierte Route, ein ausgefallenes Netzwerk oder ein Netzwerk jenseits des maximalen Netzwerkumkreises von 15 Hops ist, ein Router wird jede 16-Hop-Route als unerreichbar ansehen.

Das Setzen des maximalen Hop-Counts auf 15 gleicht das counting-to-infinity-Problem aus, die Konvergenz wird dennoch sehr langsam erfolgen. Wenn die Update-Periode 30 Sekunden beträgt, kann ein Netzwerk bis zu 7,5 Minuten zur Rekonvergenz benötigen, und es ist in dieser Zeit anfällig für Routing-Fehler. Die zwei Methoden, um die Rekonvergenz zu beschleunigen, sind Triggered Updates und Unterdrückungs-Timer.

4.2.6 Triggered Updates

Triggered Updates (=Ausgelöste Updates) sind auch unter *Flash Updates* bekannt und funktionieren auf einfache Weise: Wenn sich eine Metrik verbessert oder verschlechtert, wird ein Router sofort ein Update aussenden, ohne auf das Signal des Update-Timers zu warten. Die Rekonvergenz wird dadurch sehr viel schneller erfolgen, als wenn jeder Router auf die regulären Updates warten müßte. Auch das Problem des Zählens bis zur Unendlichkeit wird sehr viel geringer, obwohl es nicht ganz ausgeräumt werden kann. Die regelmäßigen

Updates können parallel zu den ausgelösten Updates erfolgen. Auf diese Weise könnte ein Router falsche Informationen über eine Route von einem noch nicht rekonvergierten Router empfangen, nachdem er korrekte Informationen durch einen ausgelösten Update empfangen hat. Eine derartige Situation zeigt, daß weiterhin Verwirrung und Routing-Fehler auftreten, während ein Internetzwerk rekonvergiert, aber die ausgelösten Updates helfen dabei, die Dinge schneller auszugleichen.

Eine weitere Verfeinerung besteht darin, im ausgelösten Update nur über die Netzwerke zu informieren, die ihn wirklich ausgelöst haben, und nicht die gesamte Routing-Tabelle zu senden. Dieses Verfahren reduziert die Zeit zur Verarbeitung der Informationen und den Einfluß auf die Netzwerk-Bandbreite.

4.2.7 Unterdrückungs-Timer

Triggered Updates machen ein rekonvergierendes Internetzwerk empfindlich. *Unterdrückungs-Timer* (engl. Holddown Timer) führen eine bestimmte Größe der Skepsis ein, um die Annahme von falschen Routing-Informationen zu verringern.

Wenn sich die Distanz zu einem Ziel erhöht (zum Beispiel erhöht sich der Hop-Count von 2 auf 4), dann setzt der Router einen Unterdrückungs-Timer für diese Route. Solange der Timer nicht abgelaufen ist, wird der Router keine neuen Updates für die Route annehmen.

Hiermit ist offensichtlich ein Nachteil verbunden. Die Wahrscheinlichkeit wird reduziert, daß falsche Routing-Informationen Eingang in eine Tabelle finden, dies geht aber auf Kosten der Rekonvergenzzeit. Wie viele andere Timer müssen die Unterdrückungs-Timer mit Bedacht gesetzt werden. Wenn die Unterdrückungsperiode zu kurz ist, ist er unwirksam, und wenn sie zu lang ist, wird das normale Routing negativ beeinflußt.

4.2.8 Asynchrone Updates

Bild 4.7 zeigt eine Gruppe von Routern, die mit einem Ethernet-Backbone verbunden sind. Die Router sollten ihre Broadcast-Updates nicht zur gleichen Zeit aussenden. Wenn dies der

Fall wäre, so würden die Update-Pakete kollidieren. Nun kann genau diese Situation eintreten, wenn mehrere Router sich ein Broadcast-Netzwerk teilen. Das Verarbeiten der Updates in den Routern verursacht Systemverzögerungen, und diese neigen dazu, die Update-Timer zu synchronisieren. Wenn einige Router synchronisiert sind, werden erste Kollisionen auftreten, diese tragen zu den Systemverzögerungen bei, und schließlich können alle Router des Broadcast-Netzwerks synchronisiert werden.

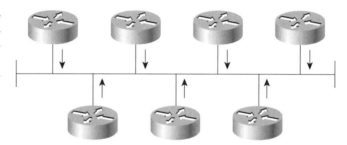

Bild 4.7: Wenn Update-Timer synchronisiert werden, können Kollisionen auftreten.

Asynchrone Updates können mit einer der beiden Methoden aufrechterhalten werden:

- Der Update-Timer von jedem Router ist unabhängig vom Routing-Prozeß und ist damit nicht von der Prozessorbelastung des Routers beeinflußt.

- Eine kleine Zufallszeit oder *timing jitter* wird zu jeder Update-Periode als Ausgleich hinzugefügt.

Wenn Router die Methode des starren, systemunabhängigen Timers verwenden, müssen alle Router, die sich ein Broadcast-Netzwerk teilen, in zufälliger Weise hochgefahren werden. Ein simultanes Rebooting aller Router könnte dazu führen, daß alle Timer zur gleichen Zeit einen Update versuchen.

Einer Update-Periode eine Zufallszeit hinzuzufügen, ist dann effektiv, wenn die Variable groß genug im Verhältnis zur Anzahl der Router ist, die am Broadcast-Netzwerk teilhaben. Sally Floyd und Van Jacobson[1] haben berechnet, daß eine zu kleine Zufallsvariable durch ein genügend großes Netzwerk

---

1 S. Floyd and V. Jacobson. »The Synchronisation of Periodic Routing Messages«, ACM Sigcomm '93 Symposium, September 1993.

von Routern überwunden wird und daß der Schwankungsbereich des Update-Timers größer als 50% der mittleren Update-Periode sein muß.

4.3 Routing-Protokolle mit Verbindungsstatus

Die Informationen, die einem Distanzvektor-Router zur Verfügung stehen, wurden mit den Informationen verglichen, die man durch einen Wegweiser erhalten kann. Routing-Protokolle, die den Verbindungsstatus verwenden, sind mit einer Straßenkarte vergleichbar. Ein Verbindungs-Status-Router kann genauso einfach zu falschen Routing-Entscheidungen verleitet werden, aber er besitzt ein komplettes Bild des Netzwerks. Die Ursache liegt darin, daß im Unterschied zum Routing-by-Rumor-Verfahren per Distanzvektor der Verbindungs-Status-Router Informationen aus erster Hand von allen seinen Peer-Routern[1] hat. Jeder Router erzeugt Informationen über sich selbst, seine direkten Verbindungen und den Status dieser Verbindungen (daher der Name). Diese Informationen werden herumgereicht, von Router zu Router. Jeder Router fertigt eine Kopie der Informationen an, ändert sie aber nie. Das Endziel besteht darin, daß jeder Router identische Informationen über das Internetzwerk besitzt und jeder Router unabhängig seine besten Pfade bestimmt.

Verbindungs-Status-Protokolle werden zuweilen auch *shortest-path-first* oder *distributed-database*-Protokolle genannt. Sie bauen auf einem wohlbekannten Algorithmus aus der »graph theory« auf, E. W. Dijkstra's shortest-path-Algorithmus. Routing-Protokolle, die den Verbindungsstatus verwenden sind zum Beispiel:

– Open Shortest Pfad First (OSPF) für IP

– Intermediate System to Intermediate System (IS-IS) von ISO für CLNS und IP

– DNA Phase V von DEC

– NetWare-Verbindung-Services-Protokoll (NLSP) von Novell

---

1 Das heißt, alle Router, die das gleiche Routing-Protokoll verwenden.

Auch wenn die Verbindungsstatus-Protokolle mit Recht als wesentlich komplexer angesehen werden als die Distanzvektor-Protokolle, ist die grundlegende Funktionalität keineswegs kompliziert:

Link-Status-Pakete

1. Jeder Router nimmt eine Beziehung – eine Ähnlichkeit – zu jedem seiner Nachbarn auf.

2. Jeder Router sendet *Link-Status-Advertisements* (LSAs), manchmal auch *Link-Status-Pakete* (LSPs) genannt, an jeden Nachbarn (Link-Status = Verbindungsstatus). Es wird ein LSA für jede Verbindung des Routers erzeugt, es enthält Informationen über die Verbindung, den Status der Verbindung, die Metrik-Kosten der Router-Schnittstelle zur Verbindung und über jeden Nachbarn, der mit der Verbindung verbunden sein kann. Jeder Nachbar, der ein Advertisement (=Anzeige) empfängt, leitet dieses Advertisement an seine eigenen Nachbarn weiter. Dieses Weiterleiten wird *Flooding* genannt.

3. Jeder Router speichert eine Kopie aller empfangenen LSAs in einer Datenbank. Wenn alles korrekt verläuft, sollten die Datenbanken in allen Routern identisch sein.

4. Die vervollständigte *topologische Datenbank*, die auch *Link-Status-Database* genannt wird, beschreibt ein Diagramm des Internetzwerks. Durch Verwendung des Dijkstra-Algorithmus berechnet jeder Router den kürzesten Pfad zu jedem Netzwerk und trägt diese Informationen in die Routing-Tabelle ein.

4.3.1 Nachbarn

Das Auffinden von Nachbarn ist der erste Schritt auf dem Weg, um eine Verbindungsstatus-Umgebung zu errichten und zu betreiben. In Übereinstimmung mit dem Begriff der guten Nachbarschaft wird für diesen Schritt ein Hello-Protokoll verwendet. Das Protokoll wird ein Hello-Paketformat festlegen sowie eine Prozedur des Paketaustauschs und der Verarbeitung der in den Paketen enthaltenen Informationen.

Router-ID Als Minimalanforderung wird das Hello-Paket eine *Router-Identifikation* und die Adresse des Netzwerks enthalten, über das das Paket gesendet wird. Durch die Router-Identifikation kann der Router, der das Paket erzeugt hat, eindeutig von allen anderen Routern unterschieden werden. Dies kann z.B. die IP-Adresse von einer der Schnittstellen des Routers sein. Andere Felder des Pakets können eine Subnetzmaske tragen, Hello-Intervalle, eine bestimmte maximale Zeitdauer, die der Router auf ein Hello warten wird, bevor der Nachbar für »tot« erklärt wird, eine Beschreibung des zirkularen Typs sowie Flags zur Erzeugung von *Ähnlichkeiten* (engl. adjacencies).

Wenn zwei Router sich als Nachbarn erkannt haben, durchlaufen sie einen Prozeß des Datenbank-Abgleichs, indem sie so lange Datenbank-Informationen austauschen und bestätigen, bis ihre Datenbanken identisch sind. Die Details des Datenbank-Abgleichs werden in den Kapiteln 9 und 10 beschrieben. Um diesen Datenbank-Abgleich ausführen zu können, müssen die Nachbarn *ähnlich* sein – d.h., sie müssen bestimmten protokoll-spezifischen Parametern zustimmen, wie z.B. Timern und der Unterstützung von optionalen Fähigkeiten. Durch die Verwendung von Hello-Paketen zum Aufbau von Ähnlichkeiten können Verbindungsstatus-Protokolle Informationen in kontrollierter Weise austauschen. Vergleichen Sie dieses Verfahren mit dem des Distanzvektors, der einfach Broadcast-Updates aus jeder für dieses Routing-Protokoll konfigurierten Schnittstelle sendet.

Ähnliche Nachbarn (engl. adjacent neighbors)

Neben dem Aufbau von Ähnlichkeiten dienen Hello-Pakete auch als Keepalives (=Aufrechterhaltungspakete), um die Ähnlichkeit zu überwachen. Wenn Hellos von einem ähnlichen Nachbarn nicht innerhalb einer bestimmten vorgegebenen Zeit empfangen werden, wird der Nachbar als unerreichbar betrachtet, und die Ähnlichkeit wird annulliert. Ein typisches Zeitintervall zum Austausch von Hello-Paketen beträgt 10 Sekunden, und eine typische Abbruchdauer beträgt das Vierfache dieser Zeit.

4.3.2 Flooding des Verbindungsstatus

Nachdem die Ähnlichkeiten aufgebaut sind, können die Router mit dem Aussenden von LSAs beginnen. Der Begriff *flooding* (=Fluten) bedeutet, daß die Meldungen an alle Nachbarn gesendet werden. Im Wechsel wird das empfangene LSA kopiert und an jeden Nachbarn weitergeleitet, den Sender des

LSAs ausgenommen. Dieser Prozeß ist die Ursache eines der Vorteile des Verbindungsstatus gegenüber dem Distanzvektor. LSAs werden praktisch sofort weitergeleitet, während Distanzvektor-Protokolle ihren Algorithmus ausführen und die Routing-Tabelle aktualisieren müssen, bevor sie Routing-Updates (auch ausgelöste) weiterleiten können. Daher konvergieren bei einer Topologieänderung die Verbindungsstatus-Protokolle wesentlich schneller als die Distanzvektor-Protokolle.

Der Flooding-Prozeß ist das komplizierteste Element eines Verbindungsstatus-Protokolls. Es existieren verschiedene Wege, um das Flooding effizienter und zuverlässiger auszuführen, z.B. durch Verwendung von Unicast- und Multicast-Adressen, Prüfsummen und positiven Bestätigungen. Diese Begriffe werden in den protokoll-spezifischen Kapiteln betrachtet, aber zwei Prozeduren sind äußerst wichtig für den Flooding-Prozeß: Die Sequentialisierung und das Altern von Paketen.

Sequenznummern

Eine Schwierigkeit im Zusammenhang mit Flooding besteht in der bisherigen Beschreibung darin, daß das Flooding stoppen muß, wenn alle Router alle LSAs empfangen haben. Man könnte einfach einen Time-to-Live-Wert in den Paketen verwenden, um ihre Lebensdauer zu beschränken, aber es ist nicht sehr effizient, die LSAs so lange durch das Internetzwerk wandern zu lassen, bis sie verfallen. Nehmen wir das Internetzwerk in Bild 4.8. Das Subnetz 172.22.4.0 bei Router A ist ausgefallen, und A hat ein LSA zu seinen Nachbarn B und D geflutet, mit der Anmeldung des neuen Status der Verbindung. B und D fluten pflichtgemäß zu ihren Nachbarn usw.

Betrachten Sie als nächstes, was bei Router C passiert. Ein LSA kommt von Router B zur Zeit t_1 an, wird in die Datenbank von C übernommen und an Router F weitergeleitet. Zu einem späteren Zeitpunkt t_3 erreicht eine andere Kopie desselben LSA über die längere Route A-D-E-F-C den Router C. Router C erkennt, daß er das LSA bereits in seiner Datenbank führt. Die Frage stellt sich nun, ob C dieses LSA an Router B weiterleiten soll. Die Antwort ist nein, da B das LSA bereits empfangen hat. Router C weiß dies, da die Sequenznummer des LSA, das er von Router F erhielt, mit der Sequenznummer des LSA übereinstimmt, das er zuvor von Router B empfangen hat.

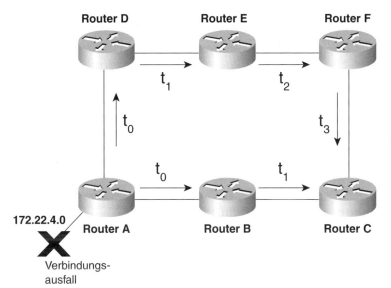

Bild 4.8:
Wenn eine Topologieänderung auftritt, werden LSAs mit der Änderungsmeldung durch das Internetzwerk geflutet.

Wenn Router A das LSA aussendete, gab er jeder Kopie identische Sequenznummern. Diese Sequenznummern werden zusammen mit dem Rest des LSA in den topologischen Datenbanken der Router gespeichert. Wenn ein Router ein LSA empfängt, das sich bereits in der Datenbank befindet und dessen Sequenznummer die gleiche ist, werden die empfangenen Informationen verworfen. Wenn die Informationen die gleichen sind, die Sequenznummer aber höher ist, werden die empfangenen Informationen und neuen Sequenznummern in die Datenbank übernommen, und das LSA wird geflutet. Auf diese Weise klingen die Fluten ab, wenn alle Router eine Kopie des neuesten LSA gelesen haben.

Nach der bisherigen Beschreibung scheint es, daß Router nur überprüfen können, ob ein neu empfangenes LSA mit dem in ihren Datenbanken identisch ist, und eine Entscheidung über Flooding oder Verwerfung auf der Basis dieser Informationen ausführen können, ohne eine Sequenznummer zu benötigen. Stellen Sie sich jedoch vor, daß das Netzwerk 172.22.4.0 in Bild 4.8 direkt nach dem Ausfall wieder einsetzt. Router A könnte ein LSA aussenden und das ausgefallene Netzwerk mit der Sequenznummer 166 anmelden. Anschließend sendet er ein neues LSA mit der Meldung, daß das Netzwerk in Betrieb ist, und dieses LSA trägt die Sequenznummer 167. Router C empfängt das Ausfalls-LSA und dann das Betriebs-LSA über den A-B-C-Pfad, aber danach empfängt er ein verzögertes Ausfalls-LSA über den A-D-E-F-C-Pfad. Ohne die Sequenznummern würde C nicht wissen, ob er dem verzögerten Ausfalls-LSA glauben soll oder nicht. Mit den Sequenznummern wird die Datenbank von C klarstellen, daß die Informationen von Router A die Sequenznummer 167 tragen. Das letzte LSA trägt die Sequenznummer 166 und wird damit als veraltete Information erkannt und verworfen.

Da die Sequenznummern in einem Mengenfeld innerhalb der LSAs transportiert werden, müssen die Nummern in irgendeiner Form eine obere Grenze besitzen. Was passiert, wenn diese maximale Sequenznummer erreicht ist?

Lineare Sequenznummern-Räume

Ein Verfahren besteht darin, einen linearen Sequenznummern-Raum zu verwenden, der so groß ist, daß es sehr unwahrscheinlich ist, das obere Limit je zu erreichen. Ein 32-Bit-Feld bietet z.B. 2^{32} = 4.294.967.296 verfügbare Sequenznummern, wenn der Start bei Null erfolgt. Selbst wenn ein Router alle 10 Sekunden ein neues Verbindungsstatus-Paket erzeugen würde, würde es über 1361 Jahre dauern, um die letzte Sequenznummer zu beanspruchen. Wenige Router werden solch eine lange Lebensdauer besitzen.

In dieser unperfekten Welt gibt es unglücklicherweise Funktionsstörungen. Wenn ein Routing-Prozeß, der den Verbindungsstatus verwendet, auf irgendeine Weise keine weiteren Sequenznummern mehr zur Verfügung hat, muß er sich selbst herunterfahren und so lange unten bleiben, bis seine LSAs durch Überalterung aus allen Datenbanken verschwunden sind, bevor er mit der kleinsten Sequenznummer neu starten kann (siehe den späteren Abschnitt über »Alterung« in diesem Kapitel).

Eine alltäglichere Schwierigkeit bietet sich während des Neustarts von Routern. Wenn Router A einen Neustart ausführt, wird er vermutlich keine Möglichkeit haben, sich an die zuletzt verwendete Sequenznummer zu erinnern, und muß von vorn beginnen, sagen wir bei Eins. Wenn seine Nachbarn aber immer noch die alten Sequenznummern von Router A in ihren Datenbanken führen, werden die niedrigeren Sequenznummern als veraltete Sequenznummern angesehen und ignoriert. Auch hier muß der Routing-Prozeß so lange ruhen, bis alle alten LSAs durch Überalterung aus dem Internetzwerk verschwunden sind. Bei einem gegebenen maximalen Alter von einer Stunde oder mehr ist diese Lösung nicht sehr attraktiv.

Eine bessere Lösung liegt in der Einführung einer neuen Regel zum Flooding-Verhalten, das sich so beschreiben läßt: Wenn ein neu startender Router ein LSA mit einer Sequenznummer an einen Nachbarn aussendet, die diesem älter erscheint als die eigene gespeicherte Sequenznummer, so sendet der Nachbar die gespeicherte LSA und die Sequenznummer zurück an den Router. Der Router wird so die vor dem Neustart zuletzt verwendete Sequenznummer erhalten und kann sie entsprechend anpassen.

Es ist jedoch darauf zu achten, daß die zuletzt verwendete Sequenznummer weit genug vom Maximum entfernt ist. Sonst wird der neu startende Router einen weiteren Neustart ausführen müssen. Eine Regel muß gesetzt werden, um den »Sprung« festzulegen, den Router bei den Sequenznummern machen dürfen – z.B. könnte eine Regel besagen, daß die Sequenznummern keinen einzelnen Sprung ausführen dürfen, der die Hälfte des gesamten Sequenznummern-Raums übersteigt. (Die tatsächlichen Formeln sind komplexer als dieses Beispiel, da sie Alterungszwänge berücksichtigen.)

IS-IS verwendet einen 32 Bit großen linearen Sequenznummern-Raum.

Zirkulare Sequenznummern-Räume

Ein weiteres Verfahren verwendet einen zirkularen Sequenznummern-Raum, bei dem sich die Zahlen »zurückfalten« – d.h. in einem 32-Bit-Raum kommt nach der Nummernfolge 4.294.967.295 die Zahl 0. Funktionsstörungen können jedoch auch hier interessante Dilemmas nach sich ziehen. Ein neu startender Router wird z.B. das gleiche Glaubwürdigkeits-Problem erfahren, das schon bei den linearen Sequenznummern diskutiert wurde.

Die zirkulare Sequenznumerierung erzeugt ein merkwürdiges Bit der Unlogik. Wenn x eine Zahl zwischen 1 und den Zahlen 4.294.967.295 ist, dann ist $0 < x < 0$. Diese Situation kann unter Umständen bewältigt werden, indem zwei Regeln aufgestellt werden, die bestimmen, wann eine Sequenznummer größer als oder kleiner als eine andere Sequenznummer ist. Es sei ein Sequenznummern-Raum n und zwei Sequenznummern a und b gegeben. a wird als jünger betrachtet (vom Maß her größer) in beiden der folgenden Situationen:

- $a > b$ und $(a - b) \leq n/2$

- $a < b$ und $(b - a) > n/2$

Aus Gründen der Vereinfachung nehmen wir einen Sequenznummern-Raum von sechs Bits, der in Bild 4.9 gezeigt wird:

$n = 2^6 = 64$, also $n/2 = 32$.

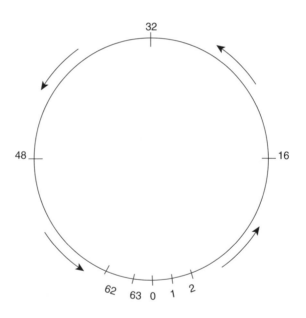

Bild 4.9: Ein 6-Bit großer zirkularer Adreß-Raum

Sind die beiden Sequenznummern 48 und 18 gegeben, so ist 48 jünger aufgrund der Regel (1):

$48 > 18$ und $(48 - 18) = 30$, und $30 < 32$.

Sind die beiden Sequenznummern 3 und 48 gegeben, so ist 3 jünger aufgrund der Regel (2):

3 < 48 und (48 − 3) = 45, und 45 > 32.

Sind die beiden Sequenznummern 3 und 18 gegeben, so ist 18 jünger aufgrund der Regel (1):

18 > 3 und (18 − 3) = 15, und 15 < 32.

Also scheinen die Regeln die Zirkularität zu erzwingen.

Aber was passiert in einem Internetzwerk, das mit einem 6 Bit großen Sequenznummern-Raum betrieben wird? Stellen Sie sich weiter vor, daß einer der Router im Internetzwerk plötzlich abstürzt und während dessen drei identische LSAs mit der Sequenznummer 44 (101100) ausspuckt. Unglücklicherweise funktioniert ein benachbarter Router auch nicht richtig – er läßt Bits fallen. Der Nachbar verliert ein Bit im Sequenznummern-Feld des zweiten LSA, verliert noch ein anderes Bit im dritten LSA und flutet alle drei. Das Ergebnis sind drei identische LSAs mit drei verschiedenen Sequenznummern:

44   (101100)
40   (101000)
8   (001000)

Die Anwendung der Zirkularitätsregeln enthüllt, daß 44 jünger als 40 ist, 40 ist jünger als 8, und 8 ist jünger als 44! Als Folge wird jedes LSA ständig geflutet, und die Datenbanken werden ständig durch das »neueste« LSA überschrieben, bis schließlich die Puffer mit LSAs verstopft und die CPUs überlastet werden und am Ende das gesamte Internetzwerk zusammenbricht.

Diese Ereigniskette erscheint ziemlich weit hergeholt. Sie entspricht dennoch den Tatsachen. Das ARPANET, der Vorgänger des modernen Internets, lief mit einem frühen Verbindungs-Status-Protokoll mit einem 6 Bit großen zirkularen Sequenznummern-Raum. Am 27. Oktober 1980 brachten zwei Router mit den gerade beschriebenen Funktionsstörungen das gesamte ARPANET zum Stillstand.[1]

---

[1] E. C. Rosen. »Vulnerabilities of Network Control Protocol: An Example«, Computer Communication Review, July 1981.

Lollipopförmige Sequenznummern-Räume

Dieses merkwürdige Konstrukt wurde von Dr. Radia Perlman vorgeschlagen.[1] Lollipop-förmige Sequenznummern-Räume stellen eine Kombination der linearen und zirkularen Sequenznummern-Räume dar. Denken Sie darüber nach: Ein Lollipop (=Lutscher) besitzt eine lineare Komponente und eine zirkulare Komponente. Das Problem mit zirkularen Räumen liegt darin, daß sie keine Zahl besitzen, die kleiner ist als alle anderen Zahlen. Das Problem mit linearen Räumen liegt darin, daß sie – nun ja – nicht zirkular sind. Das bedeutet, daß die Menge von Sequenznummern endlich ist.

Wenn Router A neu startet, dann wäre es schön, wenn er mit einer Nummer *a* beginnen würde, die kleiner als alle anderen Nummern ist. Die Nachbarn werden erkennen, welchen Zweck diese Nummer besitzt, und wenn sie eine Nummer *b* in ihren Datenbanken von Router A besitzen, die aus der Zeit vor dem Neustart stammt, können sie diese Nummer an Router A senden, und Router A wird zu dieser Sequenznummer springen. Router A könnte fähig sein, mehr als ein LSA auszusenden, bevor er über die früher verwendete Sequenznummer informiert. Daher ist es wichtig, genügend Neustart-Nummern zu besitzen, damit A sie nicht alle verbraucht, bevor ein Nachbar ihn entweder über eine zuvor verwendete Nummer informiert oder die zuvor verwendete Nummer durch Überalterung aus den Datenbanken entfernt wird.

Diese linearen Neustart-Nummern formen den Stiel des Lollipops. Wenn sie verbraucht sind oder ein Nachbar eine Sequenznummer geliefert hat, zu der A springen kann, betritt A einen zirkularen Nummern-Raum, den süßen Teil des Lollipops.

Eine Möglichkeit zur Erzeugung eines lollipop-förmigen Adreß-Raums ist die Verwendung markierter Sequenznummern, bei denen gilt: $-k < 0 < k$. Die negativen Nummern, die aufwärts von $-k$ bis 1 gezählt werden, formen den Stiel, und die positiven Nummern von 0 bis k bilden den zirkularen Raum. Perlmans Regeln für die Sequenznummern sind die fol-

---

[1] R. Perlman. »Fault-Tolerant Broadcasting of Routing Information«, Computer Networks, Vol. 7, December 1983, pp. 395–405.

genden. Gegeben sind zwei Zahlen *a* und *b* und ein Sequenznummern-Raum *n*. *b* ist jünger als *a*, wenn und nur wenn:

1. $a < 0$ und $a < b$ oder
2. $a > 0$, $a < b$ und $(b - a) < n/2$ oder
3. $a > 0$, $b > 0$, $a > b$ und $(a - b) > n/2$.

Die Abbildung 4.10 zeigt eine Ausführung des lollipop-förmigen Sequenznummern-Raums. Es wird ein 32 Bit großer markierter Nummern-Raum N verwendet, der 2^{31} positive Nummern und 2^{31} negative Nummern enthält. –N (-2^{31} oder 0x80000000) und N – 1 ($2^{31} - 1$ oder 0x7FFFFFFF) werden nicht verwendet. Wenn ein Router online geht, wird er mit seinen Sequenznummern bei –N + 1 (0x80000001) beginnen und bis Null hinaufzählen und damit den zirkularen Nummern-Raum betreten haben. Wenn die Sequenznummer N – 2 (0x7FFFFFFE) erreicht, wird sich die Sequenz zurück zu Null falten (erneut wird N–1 nicht verwendet).

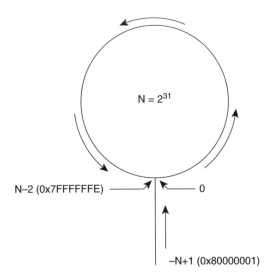

Bild 4.10: Ein lollipop-förmiger Sequenznummern-Raum.

Als nächstes gehen wir davon aus, daß der Router einen Neustart ausführt. Die Sequenznummer des letzten vor dem Neustart gesendeten LSAs lautet 0x00005de3 (Teil des zirkularen Sequenz-Raums). Sobald es seine Datenbank mit seinen Nachbarn nach dem Neustart abgleicht, sendet der Router ein LSA mit der Sequenznummer 0x80000001 (–N + 1). Der Nachbar schaut in seine eigene Datenbank und findet das alte

LSA mit der Sequenznummer 0x00005de3. Der Nachbar sendet dieses LSA an den neu gestarteten Router, was praktisch aussagt: »An diesem Punkt bist du ausgestiegen.« Der neu gestartete Router übernimmt nun das LSA mit der positiven Sequenznummer. Wenn er später eine neue Kopie des LSA senden muß, wird die neue Sequenznummer 0x00005de6 lauten.

Lollipop-förmige Sequenz-Räume wurden mit der Originalversion von OSPF, OSPFv1 (RFC 1131) verwendet. Auch wenn die Verwendung der markierten Nummern einen Fortschritt gegenüber dem linearen Nummern-Raum darstellte, wurde festgestellt, daß der zirkulare Teil gegenüber den gleichen Mehrdeutigkeiten anfällig war, die dem reinen zirkularen Raum zu eigen sind. Die Entwicklung von OSPFv1 kam niemals über die experimentelle Phase hinaus. Die aktuelle Version von OSPF, OSPFv2 (ursprünglich in RFC 1247 festgelegt), übernimmt die besten Eigenschaften der linearen und lollipop-förmigen Sequenznummern-Räume. Es verwendet einen markierten Nummern-Raum wie lollipop-förmige Sequenznummern und beginnt mit 0x80000001. Wenn die Sequenznummern jedoch positiv werden, bleibt der Sequenz-Raum linear, bis er das Maximum von 0x7FFFFFFF erreicht. Zu diesem Zeitpunkt muß der OSPF-Prozeß den LSA aus allen Verbindungsstatus-Datenbanken löschen, bevor ein Neustart erfolgt.

Alterung

Das LSA-Format sollte ein Feld für das Alter (engl. Age) der Meldung enthalten. Wenn ein LSA erzeugt wird, setzt der Router dieses Feld auf Null. Wenn das Paket geflutet wird, erhöht jeder Router das Alter der Meldung um Eins[1].

Maximaler Alterungsprozeß

Dieser Alterungsprozeß fügt dem Flooding-Prozeß eine weitere Schicht der Zuverlässigkeit hinzu. Das Protokoll legt einen maximalen Altersdifferenz-Wert (MaxAgeDiff) für das Internetzwerk fest. Ein Router kann mehrere Kopien desselben LSA mit identischen Sequenznummern, aber verschiedenem Alter erhalten. Wenn die Altersdifferenz geringer als die MaxAgeDiff ist, wird diese Altersdifferenz als Ergebnis normaler

---

1 Natürlich gibt es auch die Möglichkeit, mit einem maximalen Alter zu beginnen und abwärts zu zählen. OSPF zählt aufwärts und IS-IS abwärts.

Netzwerk-Latenzen angesehen. Das ursprüngliche LSA in der Datenbank wird behalten, und das neuere LSA (mit dem höheren Alter) wird nicht geflutet. Wenn die Differenz größer als der MaxAgeDiff-Wert ist, wird angenommen, daß eine Anomalie im Internetzwerk aufgetreten ist, bei der ein neues LSA ausgesendet wurde, ohne die Sequenznummer zu erhöhen. In diesem Falle wird das neuere LSA gespeichert, und das Paket wird geflutet. Ein typischer MaxAgeDiff-Wert beträgt 15 Minuten (von OSPF verwendet).

Maximales Alter

Das Alter eines LSA wird weiter erhöht, solange es sich in einer Verbindungsstatus-Datenbank befindet. Wenn das Alter einer Verbindungsstatus-Aufzeichnung ein bestimmtes maximales Alter (MaxAge) übersteigt – auch dies ist vom Routing-Protokoll festgelegt – wird das LSA mit dem Age-Feld auf den MaxAge-Wert gesetzt, an alle Nachbarn geflutet und die Aufzeichnung aus den Datenbanken gelöscht.

Link-Status-Refresh-Time

Falls das LSA aus allen Datenbanken gelöscht wird, wenn der MaxAge-Wert erreicht wird, dann muß ein Mechanismus bestehen, der periodisch das LSA überprüft und seinen Timer zurücksetzt, bevor dieser den MaxAge-Wert erreicht. Es wird eine Link-Status-Refresh-Time (LSRefreshTime)[1] eingeführt. Wenn diese Zeit abläuft, flutet ein Router ein neues LSA an alle seine Nachbarn, die das Alter in den Aufzeichnungen über den sendenden Router auf das neu empfangene Alter zurücksetzen. OSPF legt einen MaxAge-Wert von 1 Stunde und eine LSRefreshTime von 30 Minuten fest.

4.3.3 Die Verbindungsstatus-Datenbank

Zusätzlich zum Flooding von LSAs und dem Entdecken von Nachbarn führt das Routing-Protokoll, das den Verbindungsstatus verwendet, eine dritte Hauptaufgabe ein: die Verbindungsstatus-Datenbank. Die Verbindungsstatus- oder topologische Datenbank speichert die LSAs als eine Reihe von Aufzeichnungen. Auch wenn eine Sequenznummer und das Alter und möglicherweise andere Informationen im LSA enthalten sind, existieren diese Variablen vorrangig, um den Flooding-Prozeß zu ermöglichen. Die wichtigen Informationen für den

---

[1] LSRefreshTime, MaxAge und MaxAgeDiff sind architektonische Konstanten von OSPF.

Bestimmungsprozeß des kürzesten Pfads bestehen in der angemeldeten Router-Identifikation, seinen angeschlossenen Netzwerken und benachbarten Routern sowie den Kosten, die diesen Netzwerken oder Nachbarn zugeordnet sind. Wie der vorhergehende Satz aussagt, können LSAs zwei Arten von allgemeinen Informationen enthalten:[1]

- Die *Router-Verbindungs-Informationen* drücken die angrenzenden Nachbarn des Routers mit einem Tripel aus (Router-ID, Nachbar-ID, Kosten), bei dem Kosten die Kosten der Verbindung zum Nachbarn bedeuten.

- Die *Stub-Netzwerk-Informationen* drücken die direkt verbundenen *Rumpf-Netzwerk*e eines Routers (Netzwerke ohne Nachbarn) mit einem Tripel aus (Router-ID, Netzwerk-ID, Kosten).

Der Shortest-Path-First-(SPF-)Algorithmus (=kürzester Pfad zuerst) wird einmal für die Router-Verbindungs-Informationen ausgeführt, um die kürzesten Pfade zu jedem Router zu erstellen, und dann werden die Stub-Netzwerk-Informationen verwendet, um diese Netzwerke zu den Routern hinzuzufügen. Bild 4.11 zeigt ein Internetzwerk von Routern und die Verbindungen zwischen ihnen. Rumpf-Netzwerke sind aus Gründen der Vereinfachung nicht gezeigt. Beachten Sie, daß mehreren Verbindungen verschiedene Kosten an den einzelnen Enden zugeordnet sind. Die Kosten hängen mit der ausgehenden Richtung einer Schnittstelle zusammen. Die Verbindung von RB zu RC hat beispielsweise Kosten von 1, während dieselbe Verbindung Kosten von 5 in der Richtung von RC nach RB mit sich bringen.

Die Tabelle 4.2 zeigt eine Übersicht über die Verbindungsstatus-Datenbank des Internetzwerks aus Bild 4.11, von der eine Kopie in jedem Router gespeichert ist. Wenn Sie die einzelnen Posten der Datenbank durchsehen, werden Sie erkennen, daß sie das komplette Internetzwerk beschreibt. Damit ist es möglich, durch die Ausführung des SPF-Algorithmus einen Baum zu berechnen, der den kürzesten Pfad zu jedem Router beschreibt.

---

[1] Tatsächlich können mehr als zwei Arten von Informationen und mehrere Arten von Verbindungsstatus-Paketen existieren. Diese werden in den Kapiteln über die spezifischen Protokolle behandelt.

Kapitel 4 • Dynamische Routing-Protokolle

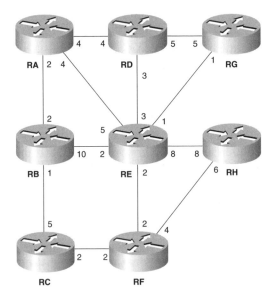

Bild 4.11:
Verbindungskosten werden in ausgehender Richtung einer Schnittstelle berechnet und müssen nicht notwendigerweise für alle Schnittstellen in einem Netzwerk gleich sein.

Router-ID	Nachbar	Kosten
RA	RB	2
RA	RD	4
RA	RE	4
RB	RA	2
RB	RC	1
RB	RE	10
RC	RB	5
RC	RF	2
RD	RA	4
RD	RE	3
RD	RG	5
RE	RA	5
RE	RB	2
RE	RD	3
RE	RF	2
RE	RG	1
RE	RH	8
RF	RC	2
RF	RE	2
RF	RH	4
RG	RD	5
RG	RE	1
RH	RE	8
RH	RF	6

Tabelle 4.2:
Die topologische Datenbank für das Internetzwerk in Bild 4.11

4.3.4 Der SPF-Algorithmus

Es ist bedauerlich, daß der Dijkstra-Algorithmus in der Welt des Routings meist nur als Shortest-Path-First-Algorithmus bezeichnet wird. Jedoch verfolgt jedes Routing-Protokoll den Sinn und Zweck der Bestimmung der kürzesten Pfade. Es ist ebenso bedauerlich, daß der Dijkstra-Algorithmus oft esoterischer dargestellt wird, als er tatsächlich ist. Viele Autoren können einfach nicht widerstehen, ihn mit der Mengentheorie zu beschreiben. Die klarste Beschreibung des Algorithmus ist in E. W. Dijkstras Originalveröffentlichung zu finden. Hier sind seine eigenen Worte, denen eine »Übersetzung« für das Verbindungsstatus-Routing-Protokoll folgt:

Konstruiere einen Baum mit der minimalen Gesamtlänge zwischen den n Knoten. (Der Baum ist ein Graph mit einem und nur einem Pfad zwischen jedem der zwei Knoten.)

Im Verlauf der hier aufgezeigten Konstruktion, werden die Zweige in drei Mengen eingeteilt:

I. Die Zweige, die während der Konstruktion definitiv an den Baum angefügt werden (sie werden Teil eines Sub-Baums sein).

II. Die Zweige, aus denen der Zweig für die Menge I ausgewählt wird.

III. Die restlichen Zweige (abgelehnte oder nicht berücksichtigte).

Die Knoten werden in zwei Mengen eingeteilt:

A. Die Knoten, die mit den Zweigen der Menge I verbunden sind.

B. Die restlichen Knoten (ein und nur ein Zweig der Menge II wird zu jedem dieser Knoten führen).

Wir beginnen mit der Konstruktion durch die Auswahl eines beliebigen Knotens als einziges Glied der Menge A und Übernahme aller Zweige in die Menge II, die in diesem Knoten enden. Zu Anfang ist die Menge I eine leere Menge. Mit diesen Voraussetzungen führen wir die folgenden beiden Schritte wiederholt durch.

Schritt 1: Der kürzeste Zweig der Menge II wird aus dieser Menge entfernt und der Menge I hinzugefügt. Als Folge ist ein Knoten aus der Menge B in die Menge A übertragen worden.

Schritt 2: Betrachten Sie die Zweige, die von dem gerade in die Menge A übertragenen Knoten zu den Knoten zeigen, die sich noch in der Menge B befinden. Wenn der gerade konstruierte Zweig länger ist, als der entsprechenden Zweig in der Menge II, dann wird er abgelehnt. Wenn er kürzer ist, ersetzt er den entsprechenden Zweig in Menge II, und der letztere wird abgelehnt.

Wir kehren daraufhin zu Schritt 1 zurück und wiederholen den Prozeß, bis die Mengen II und B leer sind. Die Zweige in Menge I formen den gesuchten Baum.[1]

Bei der Anpassung des Algorithmus für Router, sei als erstes angemerkt, daß Dijkstra drei Mengen von Zweigen beschreibt: I, II und III. In einem Router entsprechen die drei Datenbanken diesen drei Mengen:

- *Die Baum-Datenbank.* Diese Datenbank stellt die Menge I dar. Verbindungen (Zweige) werden dem kürzesten Pfad-Baum hinzugefügt, indem sie dieser Datenbank hinzugefügt werden. Wenn der Algorithmus beendet ist, wird diese Datenbank den kürzesten Pfad-Baum beschreiben.

- *Die Kandidaten-Datenbank.* Diese Datenbank stellt die Menge II dar. Verbindungen werden aus der Verbindungsstatus-Datenbank in diese Liste in einer vorgeschriebenen Reihenfolge kopiert, womit sie Kandidaten für die Konstruktion des Baums werden.

- *Die Verbindungsstatus-Datenbank.* Das Archiv mit allen Verbindungen, wie es zuvor beschrieben wurde. Diese topologische Datenbank stellt die Menge III dar.

Dijkstra legt auch zwei Mengen von Knoten fest, Menge A und Menge B. Hier entsprechen die Router den Knoten. Genau genommen sind es die Router, die durch die Nachbar-ID in den Verbindungs-Tripeln (Router-ID, Nachbar-ID, Kosten) bezeichnet sind. Die Menge A umfaßt die Router, die über die

---

[1] E. W. Dijkstra. »A Note on two Problems in Connexion with Graphs.« Numerische Mathematik, Vol. 1, 1959, pp. 269–271.

Verbindungen in der Baum-Datenbank verbunden sind. Die Menge B enthält alle anderen Router. Da vorgesehen ist, den kürzesten Pfad zu jedem Router zu bestimmen, sollte die Menge B leer sein, wenn der Algorithmus beendet ist.

Hier ist eine Version des Dijkstra-Algorithmus, der für Router angepaßt wurde:

1. Ein Router initialisiert die Baum-Datenbank, indem er sich selbst als Wurzel (engl. root) einfügt. Dieser Eintrag zeigt den Router als seinen eigenen Nachbarn, mit dem Kostenwert 0.

2. Alle Tripel in der Verbindungsstatus-Datenbank, die Verbindungen zu Nachbarn des Root-Routers beschreiben, werden zur Kandidaten-Datenbank hinzugefügt.

3. Die Kosten vom Root-Router zu jeder Verbindung in der Kandidaten-Datenbank werden berechnet. Die günstigste Verbindung in der Kandidaten-Datenbank wird in die Baum-Datenbank übertragen. Wenn die Kosten von zwei oder mehr Verbindungen gleich niedrig sind, wird eine ausgewählt.

4. Die Nachbar-ID der gerade zur Baum-Datenbank hinzugefügten Verbindung wird betrachtet. Mit Ausnahme aller Tripel, deren Nachbar-ID sich schon in der Baum-Datenbank befinden, werden alle Tripel aus der Verbindungsstatus-Datenbank in die Kandidaten-Datenbank übernommen, welche die Nachbarn dieses Routers beschreiben.

5. Wenn sich noch Einträge in der Kandidaten-Datenbank befinden, gehe zurück zu Schritt 3. Wenn die Kandidaten-Datenbank leer ist, beende den Algorithmus. Nach Beendigung sollte ein einzelner Nachbar-ID-Eintrag in der Baum-Datenbank jeden Router repräsentieren, und der kürzeste Pfad-Baum ist vollständig.

Die Tabelle 4.3 faßt den Prozeß und die Ergebnisse der Anwendung des Dijkstra-Algorithmus zur Erstellung eines kürzesten Pfad-Baums für das Netzwerk in Bild 4.11 zusammen. Der Router RA aus Bild 4.11 führt den Algorithmus aus und verwendet die Verbindungsstatus-Datenbank der Tabelle 4.2. Bild 4.12 zeigt den kürzesten Pfad-Baum der für den Router RA durch diesen Algorithmus konstruiert wurde. Da jeder Router seinen eigenen Baum berechnet, kann er die Netzwerk-Verbindungs-Informationen der anderen Router überprüfen und sehr einfach die Rumpf-Netzwerke an den Baum anfügen. Ausgehend von diesen Informationen, können Einträge in den Routing-Tabellen vorgenommen werden.

Kandidat	Kosten für Root	Baum	Beschreibung
		RA,RA,0	Router A fügt sich selbst zum Baum als Root hinzu.
RA,RB,2	2	RA,RA,0	Die Verbindungen zu allen Nachbarn von RA werden zur Kandidatenliste hinzugefügt.
RA,RD,4	4		
RA,RE,4	4		
RA,RD,4	4	RA,RA,0	(RA,RB,2) ist die günstigste Verbindung auf der Kandidatenliste, also wird sie zum Baum hinzugefügt. Alle Nachbarn von RB bis auf diejenigen, die sich schon am Baum befinden, werden der Kandidatenliste hinzugefügt. (RA,RE,4) ist eine günstigere Verbindung zu RE als (RB,RE,10), also wird letztere aus der Kandidatenliste entfernt.
RA,RE,4	4	RA,RB,2	
RB,RC,1	3		
~~RB,RE,10~~			
RA,RD,4	4	RA,RA,0	(RB,RC,1) ist die günstigste Verbindung auf der Kandidatenliste, also wird sie zum Baum hinzugefügt. Alle Nachbarn von RC bis auf diejenigen, die sich schon am Baum befinden, werden Kandidaten.
RA,RE,4	4	RA,RB,2	
RC,RF,2	5	RB,RC,1	

Tabelle 4.3: *Dijkstras Algorithmus wurde auf die Datenbank der Tabelle 4.1 angewendet.*

Tabelle 4.3: Dijkstras Algorithmus wurde auf die Datenbank der Tabelle 4.1 angewendet (Fortsetzung).

Kandidat	Kosten für Root	Baum	Beschreibung
RA,RE,4	4	RA,RA,0	(RA,RD,4) und (RA,RE,4)
RC,RF,2	5	RA,RB,2	kosten beide 4 von RA aus.
RD,RE,3	7	RB,RC,1	(RC,RF,2) kostet 5.
RD,RG,5	9	RA,RD,4	(RA,RD,4) wird zum Baum hinzugefügt, und seine Nachbarn werden Kandidaten. Es sind zwei Pfade zu RE auf der Kandidatenliste. (RD,RE,3) ist von RA aus gesehen teurer und wird entfernt.
RC,RF,2	5	RA,RA,0	(RA,RE,4) wird zum Baum
~~RD,RG,5~~	9	RA,RB,2	hinzugefügt. Alle Nachbarn
RE,RF,2	6	RB,RC,1	von RE, die sich noch nicht
RE,RG,1	5	RA,RD,4	am Baum befinden, werden
RE,RH,8	12	RA,RE,4	der Kandidatenliste hinzugefügt. Die teurere Verbindung zu RG wird entfernt.
RE,RF,2	6	RA,RA,0	(RC,RF,2) wird zum Baum
RE,RG,1	5	RA,RB,2	hinzugefügt und seine Nachbarn zur Kandidatenliste.
~~RE,RH,8~~	12	RB,RC,1	(RE,RG,1) hätte auch ausgewählt werden können, da sie
RF,RH,4	9	RA,RD,4	dieselben Kosten (5) von RA
		RA,RE,4	besitzt. Der teurere Pfad zu
		RC,RF,2	RH wird entfernt.
RF,RH,4		RA,RA,0	(RE,RG,1) wird zum Baum
		RA,RB,2	hinzugefügt. RG hat keine
		RB,RC,1	Nachbarn, die sich nicht
		RA,RD,4	schon am Baum befinden,
		RA,RE,4	also wird nichts zur Kandi-
		RC,RF,2	datenliste hinzugefügt.
		RE,RG,1	
		RA,RA,0	(RF,RH,4) ist die günstigste
		RA,RB,2	Verbindung auf der
		RB,RC,1	Kandidatenliste, also wird
		RA,RD,4	sie zum Baum hinzugefügt.
		RA,RE,4	Es sind keine Kandidaten
		RC,RF,2	mehr auf der Liste, also
		RE,RG,1	wird der Algorithmus
		RF,RH,4	beendet. Der kürzeste Pfad-Baum ist vollständig.

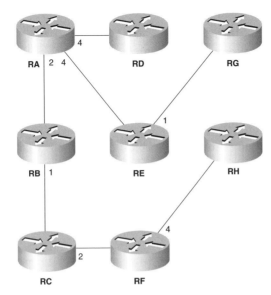

Bild 4.12: Der kürzeste Pfad-Baum, der durch den Algorithmus in Tabelle 4.3 bestimmt wurde.

4.3.5 Areas

Eine *Area* (=Bezirk) ist eine Teilmenge der Router, die ein Internetzwerk bilden. Die Unterteilung eines Internetzwerks in Areas ist eine Reaktion auf drei Bedenken, die gemeinhin mit Verbindungsstatus-Protokollen in Verbindung gebracht werden:

– Die benötigten Datenbanken erfordern mehr Arbeitsspeicher als die der Distanzvektor-Protokolle.

– Der komplexe Algorithmus benötigt mehr CPU-Zeit, als der der Distanzvektor-Protokolle.

– Das Flooding der Verbindungsstatus-Pakete belastet die verfügbare Bandbreite, speziell in instabilen Internetzwerken.

Potentielle Mängel des Verbindungsstatus-Routing

Moderne Verbindungsstatus-Protokolle und die Router, die mit ihnen laufen, sind so ausgelegt, daß sie diese Effekte reduzieren, aber sie können sie nicht vollständig aufheben. Der letzte Abschnitt betrachtete, wie die Verbindungsstatus-Datenbank in einem kleinen 8-Router-Internetzwerk aussehen könnte und wie dort der SPF-Algorithmus ausgeführt werden würde. Bedenken Sie, daß die Rumpf-Netzwerke, die mit diesen acht Routern verbunden wären und die Blätter des SPF-Baum bilden würden, gar nicht betrachtet wurden. Wenn Sie sich nun ein 8000-Router-Internetzwerk vorstellen, werden Sie die Bedenken über den Einfluß auf Speicher, CPU und Bandbreite verstehen können.

Dieser Einfluß kann durch die Verwendung von Areas stark verringert werden, siehe Bild 4.13. Wenn ein Internetzwerk in Areas unterteilt wird, muß der Router, der sich innerhalb einer Area befindet, auch nur LSAs innerhalb dieser Area fluten und damit nur eine Verbindungsstatus-Datenbank für diese Area führen. Je kleiner die Datenbank ist, desto weniger Speicher wird in jedem Router benötigt und desto weniger CPU-Leistung wird für den SPF-Algorithmus dieser Datenbank aufgewendet. Wenn häufige Topologieänderungen auftreten, wird das darauffolgende Flooding auf die Area der Instabilität beschränkt.

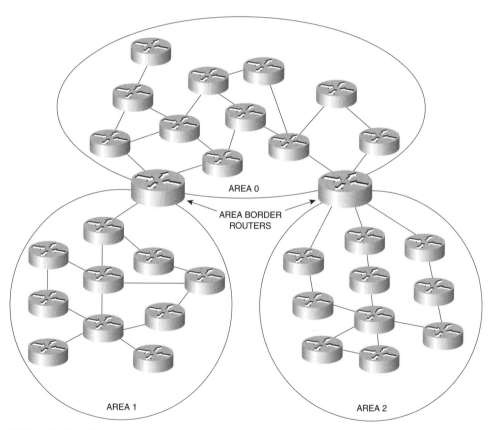

Bild 4.13: *Die Verwendung von Areas verringert den Bedarf an System-Ressourcen durch das Verbindungsstatus-Protokoll.*

Der Router, der zwei Areas miteinander verbindet (*Area-Border-Router* in der OSPF-Terminologie), gehört beiden Areas an und muß separate topologische Datenbanken für jede Seite führen. Genauso wie ein Host in einem Netzwerk nur seinen lokalen Router kennen muß, um ein Paket in ein anderes Netzwerk zu senden, muß ein Router in einer Area nur seinen lokalen Area-Border-Router kennen, um ein Paket in eine andere Area zu senden. Mit anderen Worten: Die Beziehung zwischen Intra-Area-Router und Inter-Area-Router ist die gleiche wie die zwischen Host und Router, aber auf einer höheren hierarchischen Stufe.

Area-Border-Router

Distanzvektor-Protokolle, wie RIP und IGRP, verwenden keine Areas. Da diese Protokolle keine andere Möglichkeit besitzen, ein großes Internetzwerk als einzelne Einheit anzusehen, müssen diese Protokolle eine Route zu jedem Netzwerk berechnen und alle 30 oder 90 Sekunden einen Broadcast mit den resultierenden Routing-Tabellen aussenden. Damit wird klar, daß Verbindungsstatus-Protokolle, die Areas nutzen, tatsächlich System-Ressourcen einsparen können.

4.4 Interne und Externe Gateway-Protokolle

Die Areas führen eine Hierarchie in die Architektur eines Internetzwerks ein. Eine weitere Schicht entsteht in dieser hierarchischen Struktur, wenn Areas in größeren Areas zusammengefaßt werden. Diese Areas der nächsthöheren Stufe werden in der IP-Welt *Autonomous-Systemes* und in der ISO-Welt *Routing-Domains* genannt.

Ein Autonomous-System (=eigenständiges System) wurde zuerst als eine Gruppe von Routern unter einer gemeinsamen administrativen Domain verstanden, die mit einem gemeinsamen Routing-Protokoll betrieben wird. Die Veränderlichkeit der modernen Internetzwerke brachte es mit sich, daß der letztere Teil der Aussage nicht länger exakt ist. Abteilungen, Filialen und selbst ganze Firmen schließen sich regelmäßig zusammen, und damit werden auch Internetzwerke, die mit verschiedenen Routing-Protokolle arbeiten, verschmolzen. Das mündet darin, daß viele Internetzwerke heutzutage mehrere Routing-Protokolle mit verschiedenen Arten von Mangelerscheinungen kombinieren, die alle unter gemeinsamer Administration betrieben werden. Somit ist eine zeitgemäßere Definition eines Autonomous-Systems das eines Internetzwerks unter einer gemeinsamen Administration.

Autonomous-System

Die Routing-Protokolle, die innerhalb eines Autonomous-Systems betrieben werden, werden als *Interior-Gateway-Protokolle* (IGPs) bezeichnet. Alle in diesem Kapitel angesprochenen Protokolle, die als Beispiele von Distanzvektor- oder Verbindungsstatus-Protokolle dienten, sind IGPs.

Die Routing-Protokolle die zwischen Autonomous-Systemen oder Routing-Domains routen, werden als *Exterior-Gateway-Protokolle* (EGPs) bezeichnet. Während IGPs die Pfade zwischen Netzwerke bestimmen, bestimmen EGPs die Pfade zwischen Autonomous-Systemen. Als Beispiele von EGPs seien genannt:

– Border-Gateway-Protokoll (BGP) für IP

– Exterior-Gateway-Protokoll (EGP) für IP (ja, ein EGP namens EGP)

– InterDomain-Routing-Protokoll (IDRP) von ISO

Novell beinhaltet auch eine EGP-Funktionalität namens Level-3-Routing, innerhalb von NLSP.

Nach der Beschreibung dieser Definitionen ist zu sagen, daß die allgemeine Verwendung des Begriffs *Autonomous-System* nicht so klar umgrenzt ist. Diverse Standards und Publikationen neigen dazu, diesem Begriff verschiedene Bedeutungen zu geben. Daher ist es wichtig den Kontext des Gehörten oder Gelesenen zu verstehen, in dem dieser Begriff verwendet wird.

Dieses Buch verwendet *Autonomous-System* in einem von zwei Kontexten:

– *Autonomous-System* kann sich auf eine Routing-Domain beziehen, wie sie am Beginn dieses Abschnitts erklärt wurde. In diesem Kontext ist ein Autonomous-System ein System aus einem oder mehreren IGPs, die unabhängig von anderen IGP-Systemen sind. Es wird ein EGP verwendet, um zwischen diesen Autonomous-Systemen zu routen.

– *Autonomous-System* kann sich auch auf eine *Prozeß-Domain* beziehen oder auf einen einzelnen IGP-Prozeß, der unabhängig von anderen IGP-Prozessen ist. Ein System von OSPF-sprechenden Routern kann zum Beispiel als ein OSPF-Autonomous-System bezeichnet werden. Die Kapitel über IGRP und EIGRP verwenden das Autonomous-System auch in diesem Kontext. Es wird eine Neuverteilung verwendet, um zwischen diesen Autonomous-Systemen zu routen.

Der Kontext wird erkennen lassen, welche Form des Autonomous-Systems gerade in diesem Buch angesprochen wird.

4.5 Statisches oder dynamisches Routing?

Wenn Sie all die großartigen Details der dynamischen Routing-Protokolle lesen (oder vorgetragen bekommen), dann gewinnt man leicht den Eindruck, daß das dynamische Routing immer besser ist als das statische Routing. Sie sollten sich immer bewußt sein, daß die Hauptaufgabe eines dynamischen Routing-Protokolls darin besteht, topologische Änderungen im Internetzwerk automatisch zu erkennen und direkt darauf zu reagieren. Der Preis für diese »Automation« wird mit Bandbreite, Speicher und CPU-Zeit bezahlt und möglicherweise auch mit Queue-Space.

Ein häufig angeführter Einwand zu statischem Routing ist der, daß es schwer zu administrieren ist. Diese Kritik ist berechtigt bei mittleren bis großen Topologien mit alternativen Routen, aber sie ist definitiv falsch bei kleinen Internetzwerken mit wenigen oder keinen alternativen Routen.

Das Internetzwerk in Bild 4.14 hat eine Hub-and-Spoke-Topologie, die gern in kleineren Internetzwerken eingesetzt wird. Wenn ein spoke (=Speiche) zu einem Router ausfällt, kann das dynamische Routing-Protokoll einen anderen Weg finden? Dieses Internetzwerk ist ein idealer Kandidat für das statische Routing. Es wird eine statische Route im Hub-Router für jeden Spoke-Router konfiguriert und eine einzelne Standard-Route in jedem Spoke-Router, die zum Hub zeigt, und das Internetzwerk ist einsatzbereit (Standard- oder Default-Routen werden in Kapitel 12 behandelt.).

*Bild 4.14:
Dieses Hub-and-Spoke-Internetzwerk eignet sich ideal für statisches Routing.*

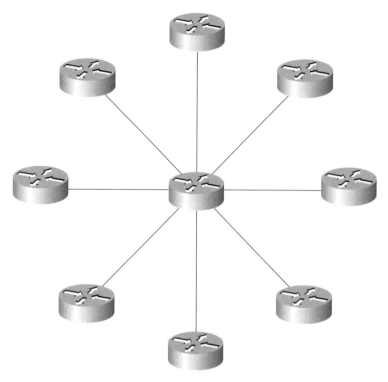

Beim Aufbau eines Internetzwerks ist die einfachste Lösung fast immer die beste Lösung. Es entspricht der allgemeinen Praxis, ein dynamisches Routing-Protokoll nur dann zu verwenden, wenn man feststellt, daß das statische Routing keine praktikable Lösung für das vorhandene Internetzwerk darstellt.

4.6 Ausblick

Nachdem die Grundlagen der dynamischen Routing-Protokolle betrachtet wurden, ist es nun Zeit, die einzelnen Routing-Protokolle kennenzulernen. Das folgende Kapitel befaßt sich mit RIP, dem ältesten und einfachsten der dynamischen Routing-Protokolle.

4.7 Empfohlene Literatur

Perlman, R. *Interconnections: Bridges and Routers.* Reading, Massachusetts: Addison-Wesley; 1992. Dieses Buch wurde bereits in Kapitel 1 angesprochen. Wenn Sie es noch nicht gelesen haben, sollten Sie es tun.

4.8 Übungsfragen

1. Was ist ein Routing-Protokoll?
2. Was sind die grundlegenden Prozeduren, die ein Routing-Algorithmus erfüllen sollte?
3. Warum verwenden Routing-Protokolle Metriken?
4. Was ist die Konvergenzzeit?
5. Was ist Lastausgleich? Nennen Sie vier verschiedene Arten des Lastausgleichs.
6. Was ist ein Routing-Protokoll mit Distanzvektor?
7. Nennen Sie verschiedene Probleme, die im Zusammenhang mit Distanzvektor-Protokollen auftreten.
8. Was sind Nachbarn?
9. Welchen Zweck erfüllen Routen-Ungültigkeits-Timer?
10. Erklären Sie den Unterschied zwischen einfachem Split-Horizon und Split-Horizon mit blockierter Rückroute.
11. Was ist das Counting-to-Infinity-Problem, und wie kann man es kontrollieren?
12. Was sind Unterdrückungs-Timer, und wie wirken sie?
13. Was sind die Unterschiede zwischen den Routing-Protokollen mit Distanzvektor und denen mit Verbindungsstatus?
14. Welchen Zweck erfüllt eine topologische Datenbank?
15. Erklären Sie die grundlegenden Schritte beim Konvergieren eines Verbindungsstatus-Internetzwerks.

16. Warum sind Sequenznummern in Verbindungsstatus-Protokollen so wichtig?
17. Welchen Zweck erfüllt das Altern in einem Verbindungsstatus-Protokoll?
18. Erklären Sie, wie ein SPF-Algorithmus funktioniert.
19. Wie nützlich sind Areas in einem Verbindungsstatus-Internetzwerk?
20. Was ist ein Autonomous-System?
21. Was ist der Unterschied zwischen einem IGP und einem EGP?

TEIL 2

Interior-Routing-Protokolle

5 Das Routing-Informations-Protocol (RIP)

6 Das Interrior-Gateway-Routing-Protokoll (IGRP)

7 Routing-Information-Protokoll Version 2

8 Enhanced-Interior-Gateway-Routing-Protokoll (EIGRP)

9 Open-Shortest-Path-First

10 Integrated IS-IS

Dieses Kapitel behandelt die folgenden Themen:

- **Die Konfiguration von RIP**
  Fallstudie: Eine einfache RIP-Konfiguration
  Fallstudie: Passive Schnittstellen
  Fallstudie: Konfiguration von Unicast-Updates
  Fallstudie: Discontiguous Subnetze
  Fallstudie: Die Veränderung der RIP-Metriken

- **Die Fehlersuche bei RIP**

KAPITEL 5
Das Routing-Information-Protocol (RIP)

Dieses älteste der IP-Routing-Protokolle, das den Distanzvektor verwendet, ist immer noch weitverbreitet. RIP existiert gegenwärtig in zwei Versionen. Dieses Kapitel befaßt sich mit der Version 1 von RIP. Das Kapitel 7 behandelt die Version 2, die mehrere Erweiterungen zu RIPv1 mit sich bringt. Am bemerkenswertesten ist, daß RIPv1 ein classful Routing-Protokoll ist, während RIPv2 classless ist. Dieses Kapitel führt das classful Routing ein und Kapitel 7 das classless Routing.

Distanzvektor-Protokolle, die auf den von Bellman,[1] Ford und Fulkerson[2] entwickelten Algorithmen basieren, wurden schon 1969 in Netzwerken wie dem ARPANET und CYCLADES verwendet. Mitte der 70er Jahre entwickelte Xerox ein Protokoll namens PARC-[3]Universal-Protocol oder PUP, um ihren 3 Mbps schnellen, experimentellen Vorgänger des modernen Ethernet zu betreiben. PUP wurde durch das Gateway-Information-Protocol (GWINFO) geroutet. PUP entwickelte sich weiter in das Xerox-Network-Systems-(XNS-)Protokoll-Schema. Das XNS-Routing-Information-Protocol trat in Konkurrenz zum Gateway-Information-Protocol. XNS-RIP wurde seinerseits der Vorgänger der heute gemeinhin verwendeten

---

1 R. E. Bellman. Dynamic Programming. Princeton, New Jersey: Princeton University Press; 1957.

2 L. R. Ford Jr. und D. R. Fulkerson. Flows in Networks. Princeton, New Jersey: Princeton University Press; 1962.

3 Palo Alto Research Center.

Routing-Protokolle wie Novells IPX-RIP, AppleTalks Routing-Table-Maintenance-Protocol (RTMP) und natürlich IP-RIP.

Die Berkeley-Software-Ausgabe 4.2 von Unix, die 1982 herausgegeben wurde, führte RIP in einem Daemon namens *routed* durch. Viele neuere Versionen von Unix basieren auf dem beliebten 4.2BSD und führen RIP entweder *routed oder gated* durch.[1] Seltsam genug daher, daß ein Standard für RIP erst 1988 veröffentlicht wurde, nachdem das Protokoll schon in ausgedehntem Einsatz war. Dieser Standard ist RFC 1058, er wurde von Charles Hedrick geschrieben und bleibt wohl der einzige formelle Standard von RIPv1.

Je nach Literatur wird RIP entweder ungerechtfertigt verleumdet, oder es erfreut sich unverdienter Beliebtheit. Auch wenn es nicht die Fähigkeiten bietet, die viele seiner Nachfolger entwickelt haben, bringen seine Einfachheit und seine weitverbreitete Anwendung es mit sich, daß Kompatibilitätsprobleme zwischen den Ausführungen selten sind. RIP wurde für kleinere Internetzwerke konstruiert, in denen die Datenverbindungen relativ homogen sind. Innerhalb dieser Beschränkungen und vor allem innerhalb von vielen Unix-Umgebungen wird RIP weiterhin ein beliebtes Routing-Protokoll bleiben.

5.1 Die Wirkungsweise von RIP

Die Metrik ist bei RIP die Anzahl der Hops (bzw. der Hop-Count).

Der RIP-Prozeß läuft auf dem UDP-Port 520. Alle RIP-Meldungen werden in ein UDP-Segment verkapselt und sowohl Quell- als auch Ziel-Portfelder werden auf diesen Wert gesetzt. RIP legt zwei Meldungstypen fest: *Anfrage-Meldungen und Antwort-Meldungen*. Eine Anfrage-Meldung wird verwendet, um einen benachbarten Router aufzufordern, ein Update zu senden. Eine Antwort-Meldung enthält ein Update. Die von RIP verwendete Metrik ist der Hop-Count, bei dem eine 1 ein direkt mit dem meldenden Router verbundenes Netzwerk anzeigt, und eine 16 ein unerreichbares Netzwerk bezeichnet.

Beim Startvorgang sendet RIP ein Broadcast-Paket aus jeder RIP-aktivierten Schnittstelle, das eine Anfrage-Meldung ent-

---

[1] Dies wird »Route-di« und »gate-di« ausgesprochen.

hält. Der RIP-Prozeß tritt daraufhin in eine Schleife ein und wartet auf RIP-Anfrage- oder RIP-Antwort-Meldungen von anderen Routern. Die Nachbarn, die die Anfrage empfangen, senden eine Antwort, die ihre Routing-Tabelle enthält.

Wenn der anfragende Router die Antwort-Meldungen empfängt, verarbeitet er die enthaltenen Informationen. Wenn ein bestimmter Routen-Eintrag im Update neu ist, wird er in die Routing-Tabelle übernommen, gemeinsam mit der Adresse des meldenden Routers. Diese wird durch das Quell-Adreßfeld des Update-Pakets erhalten. Wenn die Route ein Netzwerk bezeichnet, das sich schon in der Tabelle befindet, wird der vorhandene Eintrag nur dann ersetzt, wenn die neue Route einen niedrigeren Hop-Count anzeigt. Wenn der gemeldete Hop-Count höher als der gespeicherte Hop-Count ist und das Update vom Next-Hop-Router erzeugt wurde, wird die Route für eine bestimmte Holddown-Periode (=Unterdrückungsdauer) als unerreichbar markiert. Wenn diese endet und der gleiche Nachbar immer noch den höheren Hop-Count meldet, wird die neue Metrik übernommen.[1]

5.1.1 RIP-Timer und Stabilitätsmerkmale

Nach dem Startvorgang sendet der Router etwa alle 30 Sekunden unaufgefordert Antwort-Meldungen aus jeder RIP-aktivierten Schnittstelle. Die Antwort-Meldung oder das Update enthält die vollständige Routing-Tabelle des Routers, bis auf die Einträge, die durch die Regel des Split-Horizon verhindert werden. Der Update-Timer, der diese periodischen Updates initiiert, enthält eine Zufallsvariable, um eine Tabellen-Synchronisation zu vermeiden.[2] Hiermit kann die Zeit zwischen den einzelnen Updates eines typischen RIP-Prozesses innerhalb von 25 bis 35 Sekunden liegen. Die Cisco-IOS-eigene Zufallsvariable namens RIP_JITTER subtrahiert bis zu 15% (4,5 Sekunden) der Update-Zeit. So können die Updates von Cisco-Routern in einem Abstand von 25,5 und 30 Sekunden

---

[1] Holddown-Timer werden durch Cisco-IOS verwendet, sind aber nicht Teil der in RFC 1058 festgelegten Stabilitätsmerkmale.
[2] Die Synchronisation von Routing-Tabellen wird in Kapitel 4 beschrieben.

erfolgen (Bild 5.1). Die Ziel-Adresse des Update an alle Hosts trägt die Broadcast-Adresse 255.255.255.255.[1]

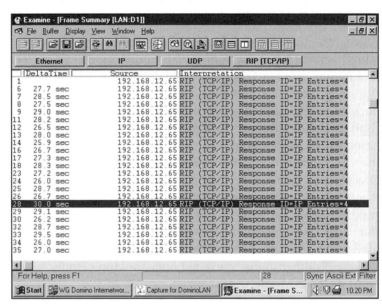

Bild 5.1: RIP fügt dem Update-Timer bei jedem Zurücksetzen eine kleine Zufallsvariable hinzu um eine Synchronisation der Routing-Tabelle zu vermeiden. Die RIP-Updates von Cisco-Routern variieren zwischen 25,5 und 30 Sekunden, wie in den Delta-Times dieser Updates gezeigt wird.

RIP betreibt noch weitere Timer. Der in Kapitel 4 beschriebene Ungültigkeits-Timer wird von den Distanzvektor-Protokollen verwendet, um die Zeitdauer zu limitieren, die eine Route in einer Routing-Tabelle bleiben darf, ohne aktualisiert zu werden. RIP nennt diesen Timer den *Expiration*-Timer oder *Timeout*. Das IOS von Cisco nennt ihn den *Invalid*-Timer. Der Expiration-Timer wird auf einen Anfangswert von 180 Sekunden eingestellt, wenn eine neue Route eingerichtet wird, und er wird auf den Anfangswert zurückgesetzt, wenn ein Update für diese Route empfangen wird. Wenn kein Update für eine Route innerhalb von 180 Sekunden (sechs Update-Perioden) empfangen wird, wird der Hop-Count für die Route auf 16 geändert und damit die Route als unerreichbar markiert.

Ein weiterer Timer ist der *Garbage-Collection*- oder *Flush*-Timer (=Müllabfuhr-Timer), der auf 240 Sekunden gesetzt ist

---

1 Einige Ausführungen des RIP können Broadcasts nur an Broadcast-Medien senden und senden daher Updates an die direkt verbundenen Nachbarn auf Point-to-Point-Verbindungen. Das RIP von Cisco wird Broadcasts auf jedem Verbindungstyp senden, solange es nicht anders konfiguriert ist.

– 60 Sekunden länger als die Expiration-Zeit.[1] Die Route wird so lange mit der Unerreichbar-Metrik weitergemeldet, bis der Garbage-Collection-Timer abläuft und daraufhin die Route aus der Routing-Tabelle entfernt wird. Bild 5.2 zeigt eine Routing-Tabelle, in der eine Route als unerreichbar markiert ist, aber noch nicht entfernt wurde.

```
Mayberry#show ip route
Codes: C - connected, S - static, I - IGRP, R - RIP, M - mobile, B - BGP
       D - EIGRP, EX - EIGRP external, O - OSPF, IA - OSPF inter area
       E1 - OSPF external type 1, E2 - OSPF external type 2, E - EGP
       i - IS-IS, L1 - IS-IS level-1, L2 - IS-IS level-2, * - candidate default

Gateway of last resort is not set
     10.0.0.0 255.255.0.0 is subnetted, 4 subnets
C       10.2.0.0 is directly connected, Serial0
R       10.3.0.0 255.255.0.0 is possibly down,
          routing via 10.1.1.1, Ethernet0
C       10.1.0.0 is directly connected, Ethernet0
R       10.4.0.0 [120/1] via 10.2.2.2, 00:00:00, Serial0
Mayberry#
```

Bild 5.2: Dieser Router hat seit mehr als sechs Update-Perioden kein Update für das Subnetz 10.3.0.0 empfangen. Die Route wurde als unerreichbar markiert.

Der dritte Timer ist der Holddown-Timer (=Unterdrückungs-Timer). Auch wenn das RFC 1058 keine Holddowns verlangt, verwendet ihn die Cisco-Ausführung des RIP. Wenn ein Update empfangen wird, das einen höheren Hop-Count besitzt, als der in der Routing-Tabelle gespeicherte Eintrag anzeigt, wird die Route in einen 180 Sekunden dauernden Holddown gesetzt (drei Update-Perioden).

Die Werte dieser vier Timer können mit dem folgenden Befehl verändert werden:

`timers basic update invalid holddown flush`

Dieser Befehl wirkt auf den gesamten RIP-Prozeß. Wenn das Timing von einem Router verändert wird, müssen die Timer-Einstellungen aller Router in der RIP-Domäne geändert werden. Aus diesem Grund sollten die Grundeinstellungen dieser Timer nur aus ganz bestimmten und sorgfältig überlegten Gründen geändert werden.

RIP verwendet den Split-Horizon mit blockierter Rückroute und Triggered-Updates. Ein Triggered-Update (ausgelöstes Update) tritt dann ein, wenn sich die Metrik einer Route ändert. Diese Updates können, im Unterschied zu regulär versendeten Updates, nur den Eintrag oder die Einträge enthal-

---

1 Cisco-Router verwenden einen Garbage-Collection-Timer mit einer Dauer von 60 Sekunden, auch wenn RFC 1058 120 Sekunden vorschreibt.

ten, die sich geändert haben. Zudem verursacht, im Unterschied zu den regulären Updates, das Triggered-Update nicht das Zurücksetzen des Update-Timers in den Routern. Wenn dies erfolgen würde, könnte eine Topologieänderung viele Router dazu bringen, den Timer gleichzeitig zurückzusetzen und damit die Synchronisation der periodischen Updates verursachen. Um zu vermeiden, daß nach einer Topologieänderung ein »Sturm« von Triggered-Updates auftritt, wird ein weiterer Timer verwendet. Wenn ein Triggered-Update ausgesendet wird, wird dieser Timer zufällig auf einen Wert zwischen 1 und 5 Sekunden gesetzt. Es können keine weiteren Triggered-Updates gesendet werden, solange dieser Timer nicht abgelaufen ist.

Silent hosts Einige Hosts können RIP in einem »stillen« Modus betreiben. Diese sogenannten *Silent-Hosts* erzeugen keine RIP-Updates, aber sie empfangen sie und aktualisieren daraufhin ihre internen Routing-Tabellen entsprechend. Beispielsweise kann auf einem Unix-Host mit dem Befehl *routed* und der Option -q das RIP im stillen Modus aktiviert werden.

5.1.2 Das RIP-Meldungsformat

Das RIP-Meldungsformat wird in Bild 5.3 gezeigt. Jede Meldung enthält eine Befehls- und eine Versionsnummer und kann Einträge für bis zu 25 Routen enthalten. Jeder Routen-Eintrag beinhaltet ein Adreßfamilien-Kennzeichen, die IP-Adresse, die über die Route erreichbar ist, und den Hop-Count für die Route. Wenn ein Router ein Update mit mehr als 25 Einträgen senden muß, müssen mehrere RIP-Meldungen erzeugt werden. Beachten Sie, daß der erste Teil der Meldung aus vier Oktetten besteht und jeder Routen-Eintrag aus 20 Oktetten. Damit besteht die maximale Meldungsgröße aus $4 + (25 \times 20) = 504$ Oktetten. Einen 8 Byte großen UDP-Header eingeschlossen, beträgt die maximale RIP-Datagrammgröße 512 Oktette (den IP-Header nicht eingeschlossen).

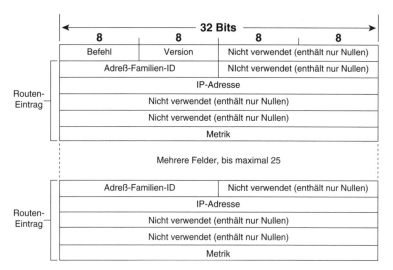

Bild 5.3:
Das RIP-Meldungsformat.

Das Feld *Befehl* wird immer eine Eins enthalten, wenn es eine Anfrage-Meldung ist, oder eine Zwei, wenn es eine Antwort-Meldung anzeigt. Es gibt weitere Befehle, jedoch sind alle entweder veraltet oder für eine private Verwendung reserviert.

Das Feld *Version* wird eine Eins für das RIPv1 enthalten.

Das Feld *Adreßfamilien-Kennzeichen* ist auf Zwei gesetzt, um IP anzuzeigen. Die einzige Ausnahme hierzu ist eine Anfrage nach der gesamten Routing-Tabelle eines Routers (oder Hosts), die im folgenden Abschnitt behandelt wird.

Das Feld *IP-Adresse* enthält die Adresse des Routenziels. Dieser Eintrag kann eine Haupt-Netzwerk-Adresse sein, ein Subnetz oder eine Host-Route. Der Abschnitt mit dem Titel »Classful Routing-Überprüfungen« betrachtet, wie RIP zwischen diesen drei Eintragstypen unterscheidet.

Das Feld *Metrik* enthält, wie zuvor beschrieben, einen Hop-Count-Wert zwischen 1 und 16.

Eine Analyzerentschlüsselung einer RIP-Meldung wird in Bild 5.4 gezeigt.

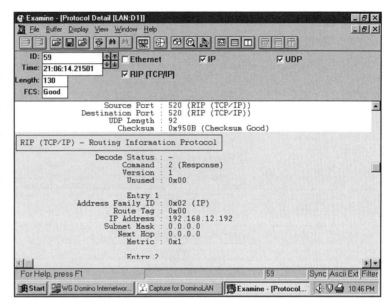

Bild 5.4:
Der Protokoll-Analyzer markiert die Felder, die RIPv1 nicht verwendet, als Subnetz-Maske und Next-Hop. Diese Felder werden von RIPv2 verwendet und sind in Kapitel 7 beschrieben.

Verschiedene historische Einflüsse trugen zum unpraktischen Format der RIP-Meldung bei, indem sehr viel mehr Bitäume unbenutzt bleiben, als wirklich verwendet werden. Diese Einflüsse stammen von der ursprünglichen Entwicklung des RIP als ein XNS-Protokoll und den Absichten der Entwickler, dieses mit einer großen Anzahl von Adreß-Familien auf den Einfluß von BSD anzupassen, sowie von der Verwendung der Socket-Adressen, die mit dem Bedarf an Feldern an die 32-Bit-Wortgrenzen stießen.

5.1.3 Die Anfrage-Meldungstypen

Eine RIP-Anfrage-Meldung kann entweder nach einer vollständigen Routing-Tabelle oder auch nur nach Informationen über bestimmte Routen fragen. Im ersten Fall wird die Anfrage-Meldung einen einfachen Routen-Eintrag enthalten, in dem das Adreß-Familien-Kennzeichen auf Null gesetzt ist, die Adresse nur Nullen (0.0.0.0) besitzt und die Metrik eine 16 anzeigt. Ein Gerät, das eine solche Anfrage empfängt, antwortet mit einem Unicast und sendet darin seine vollständige Routing-Tabelle an die anfragende Adresse, mit Rücksicht auf solche Regeln wie Split-Horizon und Grenzzusammenfassung (dies wird im weiteren Verlauf dieses Kapitels behandelt).

Einige diagnostische Prozesse können Informationen über eine oder mehrere bestimmte Routen benötigen. In diesem Falle kann eine Anfrage-Meldung ausgesendet werden, die Einträge mit den gesuchten Adressen enthält. Ein Gerät, das eine solche Anfrage empfängt, wird die Einträge einzeln verarbeiten und eine Antwort-Meldung auf die Anfrage-Meldung erzeugen. Wenn das Gerät einen Eintrag in seiner Routing-Tabelle besitzt, der einer Adresse in der Anfrage entspricht, wird er die Metrik seines eigenen Routen-Eintrags in das Metrik-Feld setzen. Wenn nicht, setzt er das Metrik-Feld auf 16. Die Antwort wird genau aussagen, was der Router weiß, ohne Rücksicht auf Split-Horizon oder Grenzzusammenfassung.

Wie zuvor angemerkt wurde, können Hosts das RIP im stillen Modus ausführen. Dieses Verfahren ermöglicht es den Hosts, ihre Routing-Tabellen auf dem neuesten Stand zu halten, indem sie auf RIP-Updates von Routern hören, ohne nutzlose RIP-Antwort-Meldungen in das Netzwerk zu senden. Die diagnostischen Prozesse können es jedoch erforderlich machen, die Routing-Tabellen dieser Silent-Hosts zu überprüfen. Daher legt das RFC 1058 fest, daß ein Silent-Host eine Antwort senden muß, wenn er eine Anfrage von einem UDP-Port empfängt, der ein anderer als der Standard-RIP-Port 520 ist.

5.1.4 Classful Routing

Die Routing-Tabelle in Bild 5.5 enthält durch RIP bestimmte Routen, die mit dem Schlüssel links von jedem Eintrag erkannt werden können. In diesen Einträgen sind die zwei Werte in Klammern von Bedeutung. Wie in Kapitel 3 beschrieben wurde, stellt die erste Zahl die administrative Distanz und die zweite Zahl die Metrik dar. Es ist leicht zu erkennen, daß RIP eine administrative Distanz von 120 hat. Die schon angesprochene Metrik von RIP basiert auf der Basis des Hop-Count. Folglich ist das Netzwerk 10.8.0.0 entweder über E0 oder S1 zu erreichen und zwei Hops entfernt. Wenn mehr als eine Route zum selben Ziel mit gleichen Hop-Counts existiert, wird ein Lastausgleich mit Equal-Cost ausgeführt. Die Routing-Tabelle in Bild 5.5 enthält mehrere doppelte Equal-Cost-Routen.

RIPv1 kann Equal-Cost Load Balancing ausführen.

Bild 5.5:
Diese Routing-Tabelle enthält Subnetze der Netzwerke 10.0.0.0 und 172.25.0.0. Alle Netzwerke, die nicht direkt verbunden sind, wurden durch RIP bestimmt.

```
MtPilate#show ip route
Codes: C - connected, S - static, I - IGRP, R - RIP, M - mobile, B - BGP
       D - EIGRP, EX - EIGRP external, O - OSPF, IA - OSPF inter area
       E1 - OSPF external type 1, E2 - OSPF external type 2, E - EGP
       i - IS-IS, L1 - IS-IS level-1, L2 - IS-IS level-2, * - candidate default

Gateway of last resort is not set
     10.0.0.0 255.255.0.0 is subnetted, 9 subnets
R       10.10.0.0  [120/3] via 10.5.5.1, 00:00:20, Serial1
                   [120/3] via 10.1.1.1, 00:00:21, Ethernet0
R       10.11.0.0  [120/3] via 10.5.5.1, 00:00:21, Serial1
                   [120/3] via 10.1.1.1, 00:00:21, Ethernet0
R       10.8.0.0   [120/2] via 10.1.1.1, 00:00:21, Ethernet0
                   [120/2] via 10.5.5.1, 00:00:21, Serial1
R       10.9.0.0   [120/2] via 10.5.5.1, 00:00:21, Serial1
                   [120/2] via 10.1.1.1, 00:00:21, Ethernet0
R       10.3.0.0   [120/1] via 10.1.1.1, 00:00:21, Ethernet0
                   [120/1] via 10.5.5.1, 00:00:21, Serial1
C       10.1.0.0 is directly connected, Ethernet0
R       10.6.0.0   [120/1] via 10.1.1.1, 00:00:22, Ethernet0
                   [120/1] via 10.5.5.1, 00:00:22, Serial1
R       10.7.0.0   [120/2] via 10.1.1.1, 00:00:22, Ethernet0
                   [120/2] via 10.5.5.1, 00:00:22, Serial1
C       10.5.0.0 is directly connected, Serial1
     172.25.0.0 255.255.255.0 is subnetted, 3 subnets
R       172.25.153.0 [120/1] via 172.25.15.2, 00:00:03, Serial0
R       172.25.131.0 [120/1] via 172.25.15.2, 00:00:03, Serial0
C       172.25.15.0 is directly connected, Serial0
```

Definition eines Classful Route Lookup

Wenn ein Paket einen RIP-sprechenden Router betritt und eine Routen-Tabellenprüfung ausgeführt wird, werden die verschiedenen Möglichkeiten in der Tabelle durchgegangen und gestrichen, bis ein einzelner Pfad übrigbleibt. Zuerst wird der Netzwerkteil der Zieladresse gelesen und die Routing-Tabelle nach einem passenden Gegenstück überprüft. Dieser erste Schritt der Überprüfung der Haupt-Class-A-, -B- oder -C-Netzwerknummer kennzeichnet eine classful Routing-Tabellenprüfung. Wenn kein passendes Gegenstück für das Haupt-Netzwerk gefunden wird, wird das Paket verworfen und eine ICMP-Ziel-Unerreichbar-Meldung zur Paket-Quelle zurückgesendet. Wenn ein Gegenstück für den Netzwerkteil gefunden wird, werden die aufgelisteten Subnetze dieses Netzwerks überprüft. Wenn hierzu ein Gegenstück gefunden wird, wird das Paket geroutet. Wenn kein Gegenstück gefunden wird, wird das Paket verworfen und eine Ziel-Unerreichbar-Meldung ausgesendet.

Classful Routing: Direkt verbundene Subnetze

Die classful Routenprüfungen können mit drei Beispielen aufgezeigt werden (unter Verwendung von Bild 5.5):

1. Wenn ein Paket mit der Zieladresse 192.168.35.3 diesen Router betritt, wird kein Eintrag des Netzwerks

192.168.35.0 in der Routing-Tabelle gefunden, und das Paket wird verworfen.

2. Wenn ein Paket mit der Zieladresse 172.25.33.89 den Router betritt, paßt der Eintrag des Class-B-Netzwerks 172.25.0.0/24. Daraufhin werden die aufgelisteten Subnetze dieses Netzwerks überprüft. Es kann kein Gegenstück zum Subnetz 172.25.33.0 gefunden werden, also wird auch dieses Paket verworfen.

3. Schließlich betritt ein Paket mit dem Ziel 172.25.153.220 den Router. Diesmal paßt das Netzwerk 172.25.0.0/24 auf die gesuchte Adresse, anschließend wird das Gegenstück zum Subnetz 172.25.153.0 gefunden, und das Paket wird an die Next-Hop-Adresse 172.25.15.2 weitergeleitet.

Ein weiterer Blick auf Bild 5.3 enthüllt, daß RIP keine Einrichtung besitzt, um eine Subnetz-Maske zusammen mit jedem Routen-Eintrag weiterzumelden. Entsprechend sind auch den Subnetzen in den Routing-Tabellen keine Masken zugeordnet. Wenn daher der Router, dessen Routing-Tabelle in Bild 5.5 dargestellt ist, ein Paket mit der Zieladresse 172.25.131.23 empfängt, kann er nicht auf positive Weise bestimmen, wo die Subnetz-Bits enden und die Host-Bits beginnen oder auch ob die Adresse überhaupt untervernetzt ist.

Die einzige Möglichkeit des Routers besteht in der Annahme, daß die konfigurierte Maske einer seiner Schnittstellen, die mit dem Netzwerk 172.25.0.0 verbunden ist, im gesamten Internetzwerk konsistent ist. Er wird seine eigene Maske für 172.25.0.0 verwenden, um das Subnetz der Ziel-Adresse zu bestimmen. Wie alle Routing-Tabellen innerhalb dieses Kapitels zeigen, wird ein Router, der direkt mit einem Netzwerk verbunden ist, das Netzwerk in einer Kopfzeile zusammen mit der Subnetz-Maske der angeschlossenen Schnittstelle anzeigen und darunter alle bekannten Subnetze des Netzwerks auflisten. Wenn das Netzwerk nicht direkt verbunden ist, wird nur die Adresse des Haupt-Class-Netzwerks ohne zugeordnete Maske angezeigt.

Da die Ziel-Adressen von Paketen, die durch ein classful Routing-Protokoll geroutet werden, anhand der Subnetz-Masken interpretiert werden, die lokal an den Schnittstellen des Routers konfiguriert sind, müssen alle Subnetz-Masken innerhalb eines Haupt-Netzwerks konsistent sein.

Classful Routing: Zusammenfassung bei Boundary-Routern

Es stellt sich eine Frage aus der vorhergehenden Diskussion: Wie interpretiert ein RIP-Prozeß das Subnetz eines Haupt-Netzwerks, wenn er keine direkten Schnittstellen in das Netzwerk besitzt? Ohne eine Schnittstelle in das Class-A-, -B- oder -C-Netzwerk des Ziels kann der Router die korrekte Subnetz-Maske nicht bestimmen und damit auch nicht das Subnetz identifizieren.

Die Lösung ist einfach: Wenn ein Router keine direkten Verbindungen in das Netzwerk besitzt, benötigt er nur einen einzigen Routen-Eintrag, der auf einen direkt verbundenen Router zeigt.

Bild 5.6 zeigt einen Router, der sich an der Grenze zwischen zwei Haupt-Netzwerken befindet, dem Class-A-Netzwerk 10.0.0.0 und dem Class-C-Netzwerk 192.168.115.0. Dieser *Boundary-Router* (=Grenz-Router) sendet keine Details der Subnetze eines Haupt-Netzwerks in das andere Haupt-Netzwerk. Wie die Abbildung zeigt, führt er eine automatische Zusammenfassung oder *Subnet-Hiding* (=Verbergen der Subnetze) durch. Er meldet nur die Adresse 10.0.0.0 an das Netzwerk 192.168.115.0 und nur die Adresse 192.168.115.0 an das Netzwerk 10.0.0.0.

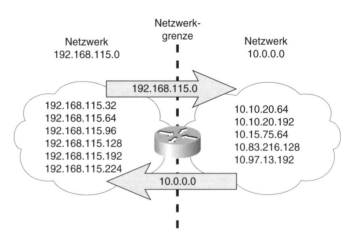

Bild 5.6: Dieser Router, der sich an den Grenzen zwischen zwei Haupt-Netzwerken befindet, meldet keine Subnetze von einem Netzwerk an Router im anderen Netzwerk

Auf diese Weise haben die Routing-Tabellen von Routern innerhalb des Netzwerks 192.168.115.0 nur einen einzigen Eintrag, der die Pakete für 10.0.0.0 zum Boundary-Router schickt. Der Boundary-Router besitzt eine Schnittstelle direkt zum Netzwerk 10.0.0.0 und damit auch eine Subnetz-Maske. Mit dieser Subnetzmaske kann er das Subnetz bestimmen und ein Paket innerhalb dieser Netzwerk-»Wolke« routen. Bild 5.7 zeigt, wie die Routing-Tabelle eines Routers innerhalb des Netzwerks 192.168.115.0 mit einem einzigen Eintrag für das Netzwerk 10.0.0.0 ohne entsprechende Subnetzmaske aussehen würde.

```
Raleigh#show ip route
Codes: C - connected, S - static, I - IGRP, R - RIP, M - mobile, B - BGP
       D - EIGRP, EX - EIGRP external, O - OSPF, IA - OSPF inter area
       E1 - OSPF external type 1, E2 - OSPF external type 2, E - EGP
       i - IS-IS, L1 - IS-IS level-1, L2 - IS-IS level-2, * - candidate default
Gateway of last resort is not set
R    10.0.0.0 [120/1] via 192.168.115.40, 00:00:10, Ethernet1
     192.168.115.0 255.255.255.240 is subnetted, 6 subnets
C       192.168.115.32 is directly connected, Ethernet1
R       192.168.115.64 [120/1] via 192.168.115.99, 00:00:13, Ethernet0
C       192.168.115.96 is directly connected, Ethernet0
C       192.168.115.128 is directly connected, Serial0
R       192.168.115.192 [120/1] via 192.168.115.99, 00:00:13, Ethernet0
R       192.168.115.224 [120/1] via 192.168.115.130, 00:00:25, Serial0
Raleigh#
```

Bild 5.7:
Dieser Router besitzt einen einzigen Eintrag, der in Richtung des Netzwerks 10.0.0.0 zeigt. Die Next-Hop-Adresse ist der Boundary-Router, da das Netzwerk als ein Hop entfernt angezeigt wird.

Die kurze Betrachtung von discontiguous Subnetzen in Kapitel 3 – Subnetze einer Haupt-Netzwerk-Adresse, die durch ein anderes Haupt-Netzwerk vom eigenen Hauptnetz abgetrennt sind – zeigte auf, daß sie ein Problem für classful Routing-Protokolle wie RIP und IGRP darstellen. Das Problem tritt dann auf, wenn discontiguous Subnetze automatisch an Netzwerkgrenzen zusammengefaßt werden. Eine Fallstudie im Konfigurationsabschnitt dieses Kapitels demonstriert dieses Problem und eine Lösung.

Classful Routing: Zusammenfassung

Die kennzeichnenden Eigenschaften eines classful Routing-Protokolls liegen darin, daß sie keine Adreß-Maske zusammen mit der Ziel-Adresse weitermelden. Daher muß ein classful Routing-Protokoll zuerst den Haupt-Class-A-, B- oder C-Netzwerkteil einer Ziel-Adresse überprüfen. Für jedes Paket, das durch den Router tritt, gilt:

1. Wenn die Ziel-Adresse ein Mitglied eines direkt verbundenen Haupt-Netzwerks ist, wird die Subnetz-Maske verwendet, die an der Schnittstelle zu diesem Netzwerk konfiguriert ist, um das Subnetz der Ziel-Adresse zu bestimmen. Daher muß die gleiche Subnetz-Maske im gesamten Haupt-Netzwerk konsistent sein.

2. Wenn die Ziel-Adresse kein Mitglied eines direkt verbundenen Haupt-Netzwerks ist, wird der Router nur den Haupt-Class-A-, -B- oder -C-Teil der Ziel-Adresse überprüfen.

5.2 Die Konfiguration von RIP

In Übereinstimmung mit der einfachen Struktur des RIP, ist die Konfiguration eine leichte Aufgabe. Es gibt einen Befehl zur Aktivierung des RIP-Prozesses und einen Befehl für jedes Netzwerk, in dem RIP laufen soll. Darüber hinaus besitzt RIP nur wenige Konfigurationsoptionen.

5.2.1 Fallstudie: Eine einfache RIP-Konfiguration

Es sind nur zwei Schritte nötig, um RIP zu konfigurieren:

1. Aktivieren Sie RIP mit dem Befehl **router rip**.

2. Bestimmen Sie jedes Haupt-Netzwerk, auf dem RIP ausgeführt werden soll, mit dem Befehl **network**.

Bild 5.8 zeigt ein Internetzwerk mit vier Routern und vier Haupt-Netzwerk-Nummern. Der Router Goober ist an zwei Subnetze des Netzwerks 172.17.0.0 angeschlossen. Die nötigen Befehle zur Aktivierung von RIP sind:

```
Goober(config)#router rip
Goober(config-router)#network 172.17.0.0
```

Opie besitzt auch zwei Subnetze desselben Netzwerks und wird mit den folgenden Befehlen konfiguriert:

```
Opie(config)#router rip
Opie(config-router)#network 172.17.0.0
```

Jede Ausführung des Befehls **router** versetzt den Router in den **config-router**-Modus, wie in der Eingabeaufforderung zu erkennen ist. Die classful Struktur des RIP und das Subnet-Hiding an den Netzwerkgrenzen bringen es mit sich, daß keine Subnetze mit dem Befehl **network** festgelegt werden können – nur Haupt-Class-A-, -B- oder -C-Netzwerkadressen. RIP kann auf jeder Schnittstelle ausgeführt werden. Dabei kann ihr jede Adresse, die zum Netzwerk gehört, mit dem Befehl **network** zugewiesen werden.

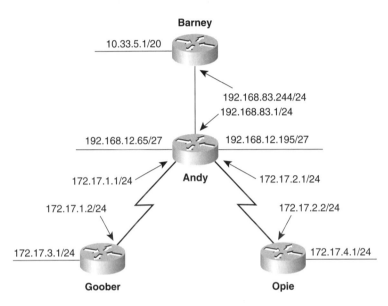

Bild 5.8: Andy und Barney sind beide Border-Router zwischen Haupt-Class-Netzwerken.

Barney ist mit zwei Netzwerken verbunden – 10.0.0.0 und 192.168.83.0. Daher müssen beide Netzwerke eingegeben werden:

```
Barney(config)#router rip
Barney(config-router)#network 10.0.0.0
Barney(config-router)#network 192.168.83.0
```

Andy besitzt einen Anschluß an das Netzwerk 192.168.83.0, Anschlüsse zu zwei Subnetzen von 192.168.12.0 und Anschlüsse zu zwei Subnetzen von 172.17.0.0. Seine Konfiguration lautet:

```
Andy(config)#router rip
Andy(config-router)#network 172.17.0.0
Andy(config-router)# network 192.168.12.0
Andy(config-router)#network 192.168.83.0
```

In Bild 5.9 wurde der Befehl **debug ip rip** auf Andy aufgerufen. Besonders ist hier das Subnet-Hiding des Routers zu erwähnen. Die Subnetze 192.168.12.64 und 192.168.12.192 werden zwischen den Schnittstellen E0 und E2 weitergemeldet, da beide an das Netzwerk 192.168.12.0 angeschlossen sind, aber das Netzwerk wird in Richtung E1, S0 und S1 zusammengefaßt, da alle diese Schnittstellen mit anderen Netzwerken verbunden sind. Genauso werden die Netzwerke 192.168.83.0 und 172.17.0.0 über classful Grenzen zusammengefaßt. Beachten Sie auch, daß Andy eine zusammengefaßte Route des Netzwerks 10.0.0.0 von Barney empfängt. Schließlich kann hier auch Split-Horizon beobachtet werden. Zum Beispiel enthält das Advertisement an Barney das über E1 gesendet wird, keine Einträge für 10.0.0.0 oder 192.168.83.0.

Bild 5.9: Diese Debug-Meldungen zeigen die RIP-Updates, die von Router Andy empfangen und gesendet wurden. Die Ergebnisse der Netzwerkzusammenfassung und des Split-Horizon können in den Update-Einträgen beobachtet werden.

```
Andy#debug ip rip
RIP protocol debugging is on
Andy#
RIP:    sending update to 255.255.255.255 via Ethernet0 (192.168.12.65)
        subnet 192.168.12.192, metric 1
        network 10.0.0.0, metric 2
        network 192.168.83.0, metric 1
        network 172.17.0.0, metric 1
RIP:    sending update to 255.255.255.255 via Ethernet1 (192.168.83.1)
        network 192.168.12.0, metric 1
        network 172.17.0.0, metric 1
RIP:    sending update to 255.255.255.255 via Ethernet2 (192.168.12.195)
        subnet 192.168.12.64, metric 1
        network 10.0.0.0, metric 2
        network 192.168.83.0, metric 1
        network 172.17.0.0, metric 1
RIP:    sending update to 255.255.255.255 via Serial0 (172.17.1.1)
        subnet 172.17.4.0, metric 2
        subnet 172.17.2.0, metric 1
        network 10.0.0.0, metric 2
        network 192.168.83.0, metric 1
        network 192.168.12.0, metric 1
RIP:    sending update to 255.255.255.255 via Serial1 (172.17.2.1)
        subnet 172.17.1.0, metric 1
        subnet 172.17.3.0, metric 2
        network 10.0.0.0, metric 2
        network 192.168.83.0, metric 1
        network 192.168.12.0, metric 1
RIP:    received update from 172.17.1.2 on Serial0
        172.17.3.0 in 1 hops
RIP:    received update from 192.168.83.244 on Ethernet1
        10.0.0.0 in 1 hops
RIP:    received update from 172.17.2.2 on Serial1
        172.17.4.0 in 1 hops
```

5.2.2 Fallstudie: Passive Schnittstellen

Der Router Floyd wurde in das Internetzwerk eingefügt (Bild 5.10). Es ist vorgesehen, daß keine RIP-Advertisements zwischen Floyd und Andy ausgetauscht werden. Dies fällt leicht bei Floyd:

```
Floyd(config)#router rip
Floyd(config-router)#network 192.168.100.0
```

Dadurch daß für das Netzwerk 172.17.0.0 kein **network**-Befehl eingegeben wurde, wird Floyd keine RIP-Updates über die Schnittstelle 172.17.12.66 senden. Andy hat jedoch zwei Schnittstellen an 172.17.0.0 angeschlossen. Das Netzwerk muß unter RIP eingeschlossen werden. Um RIP-Broadcasts auf einer Schnittstelle zu blockieren, die mit einem Subnetz eines RIP-aktivierten Netzwerk verbunden ist, fügen Sie den Befehl **passive-interface** zum RIP-Prozeß hinzu. Andys RIP-Konfiguration lautet:

```
router rip
  passive-interface Ethernet0
  network 172.17.0.0
  network 192.168.12.0
  network 192.168.83.0
```

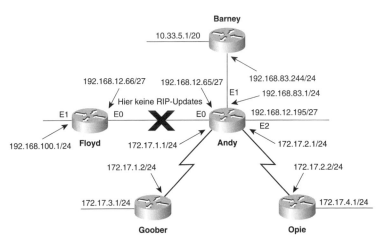

Bild 5.10: Netzwerkvorgaben verlangen, daß der RIP-Austausch zwischen Andy und Floyd unterbleibt.

Der Befehl **passive-interface** ist kein RIP-spezifischer Befehl. Er kann bei jedem IP-Routing-Protokoll konfiguriert werden. Die Verwendung des Befehls **passive-interface** macht einen Router praktisch zu einem Silent-Host auf einer bestimmten Datenverbindung. Wie andere Silent-Hosts wird er immer noch auf RIP-Broadcasts auf der Verbindung hören und seine Routing-Tabelle entsprechend aktualisieren. Wenn beabsichtigt ist, daß der Router keine Routen über diese Verbindung erlernen soll, muß dies mit einer komplizierteren Kontrolle der Routing-Updates erfolgen, nämlich durch die Filterung von Updates (Routenfilter werden in Kapitel 13 betrachtet). Im Gegensatz zu einem Silent-Host antwortet der Router nicht auf eine RIP-Anfrage, die an einer passiven Schnittstelle empfangen wird.

5.2.3 Fallstudie: Konfiguration von Unicast-Updates

Als nächstes wurde der Router Bea zu der Ethernet-Verbindung hinzugefügt, die sich Andy und Floyd teilen (Bild 5.11). Die Vorgabe der Nichtaussendung von RIP-Broadcasts zwischen Andy und Floyd bleibt bestehen, aber nun müssen Bea und Andy sowie Bea und Floyd RIP-Advertisements austauschen.

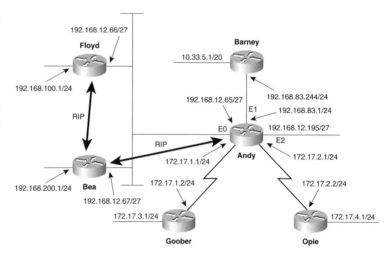

Bild 5.11:
Es sollen keine RIP-Updates zwischen Andy und Floyd ausgetauscht werden, aber beide sollen Updates mit Bea austauschen.

Die Konfiguration von Bea ist einfach:

```
router rip
  network 192.168.12.0
  network 192.168.200.0
```

Das Hinzufügen eines **neighbor**-Befehls unter die RIP-Prozesse von Andy aktiviert RIP für das Aussenden eines Unicast-Advertisements an Beas Schnittstelle, während der **passive-interface**-Befehl weiterhin Broadcast-Updates auf der Verbindung verhindert.[1]

---

[1] Eine weitere Verwendung von **neighbor** ist die Aktivierung von Unicast-Updates auf Nicht-Broadcastmedien wie z.B. Frame-Relay.

Andys Konfiguration lautet:

```
router rip
  passive-interface Ethernet0
  network 172.17.0.0
  network 192.168.12.0
  network 192.168.83.0
  neighbor 192.168.12.67
```

Da Floyd nun Advertisements an Bea senden soll, muß ein **network**-Befehl für 192.168.12.0 hinzugefügt werden. Der Befehl **passive-interface** wird ebenso verwendet, um Broadcast-Updates zu verhindern, und ein **neighbor**-Befehl folgt darauf, um die Unicast-Updates an Bea zu aktivieren:

```
router rip
  passive-interface Ethernet0
  network 192.168.12.0
  network 192.168.100.0
  neighbor 192.168.12.67
```

Durch Aktivierung der **debug ip rip events** bei Andy können die Ergebnisse der neuen Konfiguration überprüft werden (Bild 5.12). Andy empfängt Updates von Bea, aber nicht von Floyd, und er sendet Updates direkt an Beas Schnittstelle, aber keinen Broadcast aus seiner E0-Schnittstelle.

```
Andy#debug ip rip events
RIP event debugging is on
Andy#
RIP:   received update from 192.168.12.67 on Ethernet0
RIP:   Update contains 1 routes
RIP:   sending update to 255.255.255.255 via Ethernet1 (192.168.83.1)
RIP:   Update contains 4 routes
RIP:   sending update to 255.255.255.255 via Ethernet2 (192.168.12.195)
RIP:   Update contains 6 routes
RIP:   sending update to 255.255.255.255 via Serial0 (172.17.1.1)
RIP:   Update contains 7 routes
RIP:   sending update to 255.255.255.255 via Serial1 (172.17.2.1)
RIP:   Update contains 7 routes
RIP:   sending update to 192.168.12.67 via Ethernet0 (192.168.12.65)
RIP:   Update contains 4 routes
RIP:   received update from 172.17.1.2 on Serial0
RIP:   Update contains 1 routes
RIP:   received update from 172.17.2.2 on Serial1
RIP:   Update contains 1 routes
RIP:   received update from 192.168.12.67 on Ethernet0
RIP:   Update contains 1 routes
```

Bild 5.12:
Die einzigen Updates, die Andy aus der Schnittstelle E0 sendet, sind Unicasts an Bea. Updates werden von Bea empfangen, aber nicht von Floyd.

Auch wenn Bea die Routen von Andy und Floyd gelernt hat und Broadcast-Updates über das gemeinsame Ethernet sendet, wird die vorgegebene Politik weiter funktionieren, da Split-Horizon Bea davon abhält, die von diesen zwei Routern erlernten Routen zurück ins Ethernet zu melden.

5.2.4 Fallstudie: Discontiguous Subnetze

In Bild 5.13 wurde ein anderer Router zum Internetzwerk hinzugefügt, mit einem Subnetz 10.33.32.0/20 an seiner E1-Schnittstelle. Das Problem ist hier, daß die anderen Subnetze des Netzwerks 10.0.0.0, 10.33.0.0/20 mit Barney verbunden sind und die einzige Route zwischen den Subnetzen über 192.168.83.0 und 192.168.12.0 führt – zwei vollkommen andere Netzwerke. Somit ist das Netzwerk 10.0.0.0 discontiguous.

Barney wird sich selbst als ein Boundary-Router zwischen dem Netzwerk 10.0.0.0 und dem Netzwerk 192.168.83.0 betrachten. Das gleiche denkt nun aber auch Ernest_T: Er betrachtet sich ebenso als Boundary-Router zwischen 10.0.0.0 und 192.168.12.0. Beide werden eine zusammengefaßte Route für 10.0.0.0 anmelden, und als Ergebnis wird Andy getäuscht werden und glauben, zwei Equal-Cost-Pfade in dasselbe Netzwerk zu kennen. Andy wird die Lastverteilung auf beiden Verbindungen zu Barney und Ernest_T ausführen, und damit besteht nur eine Chance von 50%, daß Pakete in das Netzwerk 10.0.0.0 das richtige Subnetz erreichen.

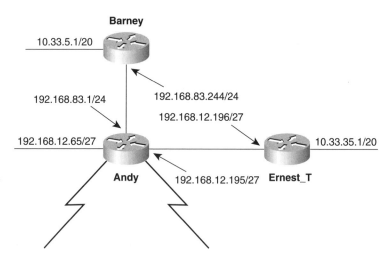

Bild 5.13: Classful Protokolle, wie RIP- und IGRP können keine Topologie routen, in der Subnetze des Netzwerks 10.0.0.0 durch andere Netzwerke voneinander getrennt sind.

Die Lösung besteht in der Konfiguration von Subnetzen des Netzwerks 10.0.0.0 auf denselben Verbindungen, auf denen sich 192.168.83.0/24 und 192.168.12.192/27 befinden. Dies wird durch sekundäre IP-Adressen ermöglicht, wie hier zu sehen:

```
Barney(config)#interface e0
Barney(config-if)#ip address 10.33.55.1 255.255.240.0 secondary
Andy(config)#interface e1
Andy(config-if)#ip address 10.33.55.2 255.255.240.0 secondary
Andy(config-if)#interface e2
Andy(config-if)#ip address 10.33.75.1 255.255.240.0 secondary
Andy(config-if)#router rip
Andy(config-router)#network 10.0.0.0
Ernest_T(config)#interface e0
Ernest_T(config-if)#ip address 10.33.75.2 255.255.240.0 secondary
```

Da Andy bisher noch keine Schnittstelle zum Netzwerk 10.0.0.0 besaß, wurde ein network-Befehl zum RIP-Prozeß hinzugefügt. Das Ergebnis der Konfiguration kann in Bild 5.14 abgelesen werden. Die existierende logische Netzwerkstruktur bleibt an ihrem Platz, und ein zusammenhängendes Netzwerk 10.0.0.0 wird »darübergelegt«.

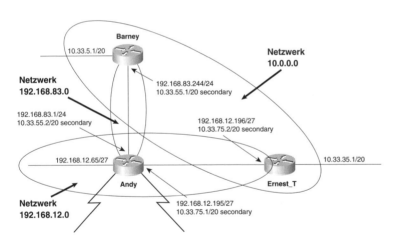

Bild 5.14:
Es werden sekundäre Adressen verwendet, um die Subnetze des Netzwerks 10.0.0.0 über dieselben Verbindungen zu verbinden, auf denen bereits andere Netzwerkadressen existieren.

Bild 5.15 zeigt die Routing-Tabelle von Ernest_T. Hier sind die doppelten Equal-Cost-Routen von Interesse, die den Next-Hop-Adressen 10.33.75.1 und 192.168.12.195 zugeordnet sind.

*Bild 5.15:
Der Routing-
Prozeß in diesem
Router sieht die
Subnetze
192.168.12.192/
27 und
10.33.64.0/20
als separate
Verbindungen,
auch wenn sie
sich auf dersel-
ben physikali-
schen Schnitt-
stelle befinden*

```
Ernest_T#show ip route
Codes: C - connected, S - static, I - IGRP, R - RIP, M - mobile, B - BGP
       D - EIGRP, EX - EIGRP external, O - OSPF, IA - OSPF inter area
       E1 - OSPF external type 1, E2 - OSPF external type 2, E - EGP
       i - IS-IS, L1 - IS-IS level-1, L2 - IS-IS level-2, * - candidate default

Gateway of last resort is not set
     10.0.0.0 255.255.240.0 is subnetted, 4 subnets
C       10.33.32.0 is directly connected, Ethernet1
R       10.33.48.0 [120/1] via 10.33.75.1, 00:00:05, Ethernet0
R       10.33.0.0  [120/2] via 10.33.75.1, 00:00:05, Ethernet0
C       10.33.64.0 is directly connected, Ethernet1
R    192.168.83.0 [120/1] via 192.168.12.195, 00:00:05, Ethernet0
                  [120/1] via 10.33.75.1, 00:00:05, Ethernet0
     192.168.12.0 255.255.255.224 is subnetted, 2 subnets
R       192.168.12.64 [120/1] via 192.168.12.195, 00:00:05, Ethernet0
C       192.168.12.192 is directly connected, Ethernet0
R    192.168.200.0 [120/2] via 192.168.12.195, 00:00:05, Ethernet0
                   [120/2] via 10.33.75.1, 00:00:05, Ethernet0
R    172.17.0.0   [120/1] via 192.168.12.195, 00:00:06, Ethernet0
                  [120/1] via 10.33.75.1, 00:00:06, Ethernet0
Ernest_T#
```

Da der Routing-Prozeß sekundäre Adressen als separate Datenverbindungen betrachtet, sollten derartige Planungen in RIP- oder IGRP-Netzwerke mit Bedacht erfolgen. Ein zusätzliches RIP-Update wird per Broadcast in jedem Subnetz übertragen werden. Wenn die Updates groß sind und die Bandbreite der physikalischen Verbindung begrenzt ist (z.B. auf seriellen Verbindungen), können mehrfache Updates eine Überlastung verursachen. In Bild 5.17 können auf einer mit sekundären Adressen konfigurierten Verbindung mehrfache Updates beobachtet werden.

Seien Sie vorsichtig, wenn Sie die sekundären Adressen eingeben. Wenn Sie das Schlüsselwort »secondary« vergessen, wird der Router davon ausgehen, daß die primäre Adresse durch die neue Adresse ersetzt werden soll. Wenn Sie diesen Fehler bei einer arbeitenden Schnittstelle begehen, wird dies schwere Konsequenzen haben.

5.2.5 Fallstudie: Die Veränderung der RIP-Metriken

Es wurde eine serielle Verbindung zwischen Ernest_T und Barney eingefügt, um als Ersatzverbindung zu fungieren (Bild 5.16). Diese Verbindung soll nur verwendet werden, wenn die Route über Andy ausfällt. Das Problem ist hier, daß die Entfernung des Pfads zwischen dem Subnetz 10.33.0.0 von Barney und dem Subnetz 10.33.32.0 von Ernest_T nur einen Hop über die serielle Verbindung und zwei Hops über die bevorzugten Ethernet-Verbindungen beträgt. Unter normalen Umständen wird RIP die serielle Verbindung wählen.

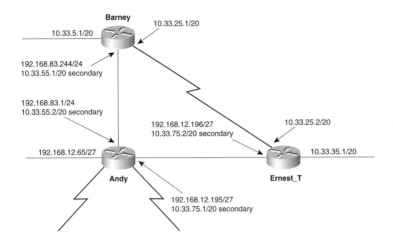

Bild 5.16:
Die RIP-Metriken müssen so verändert werden, daß die zwei Hop lange Ethernet-Route zwischen Barney und Ernest_T der einen Hop langen seriellen Route vorgezogen wird.

Die Routen-Metriken können mit dem Befehl **offset-list** verändert werden. Der Befehl legt eine Zahl fest, die zur Metrik eines Routen-Eintrags addiert wird, und verweist auf eine Access-Liste,[1] um zu bestimmen, welche Routen-Einträge verändert werden sollen. Die Syntax des Befehls lautet:

offset-list {*Access-Listen-Nummer* | *Name*} {**in** | **out**} *Offset* [*Typ Nummer*]

Die Konfiguration von Ernest_T lautet:

```
Ernest_T(config)#access-list 1 permit 10.33.0.0 0.0.0.0
Ernest_T(config)#router rip
Ernest_T(config-router)#network  192.168.12.0
Ernest_T(config-router)#network  10.0.0.0
Ernest_T(config-router)#offset-list 1 in 2 Serial0
```

Es wurde eine Access-Liste geschrieben, die die Route zum Subnetz 10.33.0.0 identifiziert. Die Syntax der Offset-Liste sagt aus: »Überprüfe die eingehenden RIP-Advertisements von Schnittstelle S0. Wenn Routen-Einträge mit den Adressen übereinstimmen, die in der Access-Liste 1 stehen, dann addiere zwei Hops zur Metrik hinzu.«

Nachdem Barney konfiguriert wurde, wird er die folgenden Einträge in seiner Konfigurationsdatei besitzen:

```
router rip
  offset-list 5 in 2 Serial0
  network  10.0.0.0
  network  192.168.83.0
  !
access-list 5 permit 10.33.32.0 0.0.0.0
```

---

1 Siehe Anhang B für eine Übersicht über Access-Listen.

Bild 5.17 zeigt die Ergebnisse der Konfiguration bei Ernest_T.

Bild 5.17:
Die in der Offset-Liste festgelegte Addition der Hops ändert den Hop-Count in das Subnetz 10.33.0.0/20 über S0 von 1 auf 3. Nun wird die 2-Hop-Route über E0 verwendet.

```
Ernest_T#debug ip rip
RIP protocol debugging is on
Ernest_T#
RIP:  received update from 192.168.12.195 on Ethernet0
      192.168.12.64 in 1 hops
      10.0.0.0 in 1 hops
      192.168.83.0 in 1 hops
      192.168.200.0 in 2 hops
      172.17.0.0 in 1 hops
RIP:  received update from 10.33.75.1 on Ethernet0
      10.33.48.0 in 1 hops
      10.33.0.0 in 2 hops
      192.168.83.0 in 1 hops
      192.168.12.0 in 1 hops
      192.168.200.0 in 2 hops
      172.17.0.0 in 1 hops
RIP:  received update from 10.33.25.1 on Serial0
      10.33.32.0 in 3 hops
      10.33.48.0 in 1 hops
      10.33.0.0 in 3 hops
      192.168.83.0 in 1 hops
      192.168.200.0 in 3 hops
      172.17.0.0 in 2 hops
RIP:  sending update to 255.255.255.255 via Ethernet0 (192.168.12.196)
      network 10.0.0.0, metric 1
RIP:  sending update to 255.255.255.255 via Ethernet0 (10.33.75.2)
      subnet 10.33.32.0, metric 1
      subnet 10.33.16.0, metric 1
RIP:  sending update to 255.255.255.255 via Ethernet1 (10.33.35.1)
      subnet 10.33.48.0, metric 2
      subnet 10.33.0.0, metric 3
      subnet 10.33.16.0, metric 1
      subnet 10.33.64.0, metric 1
      network 192.168.83.0, metric 2
      network 192.168.12.0, metric 1
      network 192.168.200.0, metric 3
      network 172.17.0.0, metric 2
RIP:  sending update to 255.255.255.255 via Serial0 (10.33.25.2)
      subnet 10.33.32.0, metric 3
      subnet 10.33.0.0, metric 3
      subnet 10.33.64.0, metric 1
      network 192.168.12.0, metric 1
      network 192.168.200.0, metric 3
      network 172.17.0.0, metric 2
```

Statt der Veränderung der eingehenden Routen-Metriken der zwei Router, können auch die ausgehenden Routen-Metriken verändert werden. Die folgenden Konfigurationen werden denselben Effekt haben wie die vorherigen Konfigurationen:

ERNEST_T:

```
router rip
   offset-list 3 out 2 Serial0
   network 192.168.12.0
   network 10.0.0.0
!
access-list 3 permit 10.33.32.0 0.0.0.0
```

BARNEY:

```
router rip
  offset-list 7 out 2 Serial0
  network  10.0.0.0
  network  192.168.83.0
!
access-list 7 permit 10.33.0.0 0.0.0.0
```

Es sind verschiedene andere Optionen zur Konfiguration von Offset-Listen möglich. Wenn keine Schnittstelle angegeben wird, wird die Liste alle ein- oder ausgehenden Updates auf jeder einzelnen Schnittstelle verändern, die durch die Access-Liste festgelegt ist. Wenn keine Access-Liste aufgerufen wird (durch Verwendung einer Null als Access-Listennummer), wird die Offset-Liste alle ein- oder ausgehenden Updates verändern.

Sie sollten mit Vorsicht auswählen, ob Sie die Offset-Listen auf ein- oder ausgehende Advertisements anwenden wollen. Wenn mehr als zwei Router an ein Broadcast-Netzwerk angeschlossen sind, muß überlegt werden, ob ein einzelner Router ein verändertes Advertisement als Broadcast an alle seine Nachbarn senden soll, oder ob ein einzelner Router ein empfangenes Advertisement verändern soll.

Offset lists: incoming versus outgoing

Seien Sie auch vorsichtig, wenn Sie Offset-Listen auf Routen ausführen, die gerade benutzt werden. Wenn eine Offset-Liste einen Next-Hop-Router dazu bringt, eine höhere Metrik als zuvor anzumelden, wird die Route so lange als unerreichbar markiert, bis der Holddown-Timer abgelaufen ist.

5.3 Die Fehlersuche bei RIP

Die Fehlersuche bei RIP ist relativ einfach. Die meisten Schwierigkeiten mit classful Protokollen wie RIP beinhalten entweder falsch konfigurierte Subnetz-Masken oder discontiguous Subnetze. Wenn eine Routing-Tabelle fehlerhafte oder fehlende Routen enthält, überprüfen Sie alle Subnetze, ob sie zusammenhängend sind, und alle Subnetz-Masken auf ihre Konsistenz.

Ein letzter Befehl kann hilfreich sein, wenn ein Hochgeschwindigkeits-Router mehrere RIP-Meldungen an einen zu langsamen Router sendet. In einem solchen Fall kann es sein, daß der langsame Router nicht fähig ist, die Updates so schnell zu verarbeiten, wie er sie empfängt und Routing-Informationen können verloren gehen. Der Befehl **output-delay** *Verzögerung* kann unter dem RIP-Befehl verwendet werden, um eine Verzögerung von 8 bis 50 Millisekunden zwischen die Pakete zu setzen (die Grundeinstellung ist 0 Millisekunden).

5.4 Ausblick

Die Einfachheit, Ausgereiftheit und weitverbreitete Akzeptanz von RIP garantiert, daß es noch viele weitere Jahre in Betrieb sein wird. Jedoch beschränkt diese Einfachheit von RIP seine Anwendung auf kleine, homogene Internetzwerke. Das nächste Kapitel nimmt das IGRP auf, Ciscos Antwort auf einige limitierende Faktoren von RIP.

5.4.1 Zusammenfassende Tabelle: Befehle aus Kapitel 5

Befehl	Beschreibung
debug ip rip [events]	Zeigt eine Übersicht über den RIP-Verkehr zum und vom Router an
ip address *IP-Adresse Maske* secondary	Konfiguriert eine Schnittstelle mit der angegebenen IP-Adresse als eine sekundäre Adresse
neighbor *IP-Adresse*	Richtet die Verbindung mit der angegebenen IP-Adresse als einen Nachbarn der Schnittstelle ein
network *Netzwerk-Nummer*	Legt das angegebene Netzwerk als eines fest, auf dem RIP ausgeführt wird
offset-list {*Access-Listen-Nummer	Name*} {**in	out**} *Offset* [*Typ Nummer*]	Vereinbart, daß einem Routen-Eintrag, der zur bezeichneten Access-Liste gehört, die angegebene Offset-Zahl zu seiner Metrik addiert wird
output-delay *Verzögerung*	Setzt eine Zeit zwischen der Sendung zweier Pakete fest, um Prozeßverzögerungen zwischen schnellen und langsamen Routern anzupassen
passive-interface *Typ Nummer*	Blockiert RIP-Broadcasts aus der durch Typ und Nummer angegebenen Schnittstelle
router rip	Aktiviert RIP
Timer basic *update invalid holddown flush*	Verändert den Wert des angegebenen Timers

5.5 Empfohlene Literatur

Hedrick, C., »Routing Information Protocol«, RFC 1058, Juni 1988.

5.6 Übungsfragen

1. Welchen Port verwendet RIP?
2. Welche Metrik verwendet RIP? Wie wird die Metrik angewendet, um ein unerreichbares Netzwerk anzuzeigen?
3. Wie groß ist die Update-Periode des RIP?
4. Wie viele Updates müssen verpaßt werden, bis ein Routen-Eintrag als unerreichbar markiert wird?
5. Welchen Zweck erfüllt der Garbage-Collection-Timer?
6. Warum wird ein Zufalls-Timer zusammen mit den Triggered-Updates verwendet? Wie weit kann dieser Timer zeitlich schwanken?
7. Was ist der Unterschied zwischen einer RIP-Anfrage-Meldung und einer RIP-Antwort-Meldung?
8. Welche zwei Typen von Anfrage-Meldungen verwendet RIP?
9. Unter welchen Umständen wird eine RIP-Antwort gesendet?
10. Warum verbirgt RIP Subnetze an Haupt-Netzwerk-Grenzen?

5.7 Konfigurationsübungen

1. Schreiben Sie die Konfigurationen für die sechs Router in Abbildung 5.18 auf, um alle Subnetze über RIP zu routen.

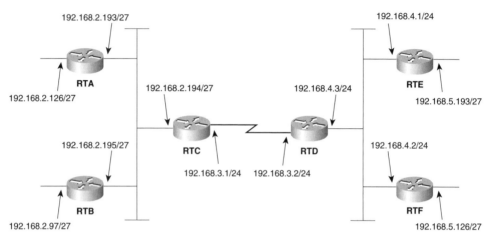

Bild 5.18: *Das Internetzwerk für die Konfigurationsübungen 1 bis 4.*

2. Ändern Sie die Konfigurationen der Konfigurationsübung 1 so, daß RIP-Updates zwischen RTC und RTD nicht als Broadcast, sondern als Unicast gesendet werden.

3. Die Bandbreite der seriellen Verbindung zwischen RTC und RTD in Bild 5.18 ist sehr beschränkt. Konfigurieren Sie RIP so, daß Updates über diese Verbindung nur alle zwei Minuten gesendet werden. Überlegen Sie mit Bedacht, welche Timer verändert werden müssen und auf welchen Routern diese Timer verändert werden müssen.

4. Die folgende Vorgabe soll erfüllt werden: Das Netzwerk 192.168.4.0 soll von RTA aus unerreichbar sein, und das Netzwerk 192.168.5.0 soll von RTB aus unerreichbar sein. Verwenden Sie eine oder mehrere Offset-Listen, um diese Vorgabe zu erfüllen.

5. Laut dem Abschnitt »Classful Routing: Direkt verbundene Subnetze« müssen Subnetz-Masken innerhalb eines Haupt-Netzwerks konsistent sein. Der Abschnitt sagt jedoch nicht aus, daß alle Subnetz-Masken innerhalb eines Haupt-Netzwerks identisch sein müssen. Die RIP-Konfiguration für beide Router folgt in Bild 5.19.

```
router rip
  network 192.168.20.0
```

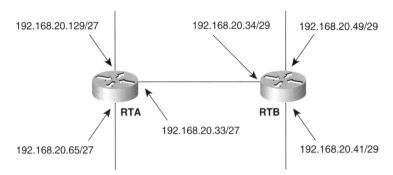

Bild 5.19: Das Internetzwerk für die Konfigurationsübung 5.

6. Werden Pakete in diesem kleinen Internetzwerk korrekt geroutet? Begründen Sie, warum oder warum nicht.

5.8 Übungen zur Fehlersuche

1. Im ersten Offset-Listen-Beispiel wird die Access-Liste in Barney von

   ```
   access-list 5 permit 10.33.32.0 0.0.0.0
   ```

   in folgendes geändert:

   ```
   access-list 5 deny 10.33.32.0 0.0.0.0
   access-list 5 permit any
   ```

   Was wird passieren?

2. Bild 5.20 zeigt ein Internetzwerk, in dem die IP-Adreß-Masken auf einem Router falsch konfiguriert wurden. Bild 5.21 bis Bild 5.23 zeigen die einzelnen Routing-Tabellen von RTA, RTB und RTC. Erklären Sie jeden Eintrag in der Routing-Tabelle von RTB auf der Basis Ihres Wissens bezüglich der Weise, wie RIP-Updates empfängt und weitermeldet. Erklären Sie, warum der Eintrag bei RTB für das Subnetz 172.16.26.0 eine 32-Bit-Maske anzeigt. Erklären Sie, wie es möglich sein kann, daß alle Einträge in allen Routing-Tabellen fehlen.

Bild 5.20:
Das Internetzwerk für die Fehlersuchübungen 2 und 3.

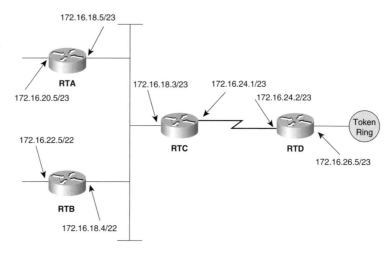

Bild 5.21:
Die Routing-Tabelle von RTA in Bild 5.20.

```
RTA#show ip route
Codes: C - connected, S - static, I - IGRP, R - RIP, M - mobile, B - BGP
       D - EIGRP, EX - EIGRP external, O - OSPF, IA - OSPF inter area
       E1 - OSPF external type 1, E2 - OSPF external type 2, E - EGP
       i - IS-IS, L1 - IS-IS level-1, L2 - IS-IS level-2, * - candidate default,
       U - per-user static route

Gateway of last resort is not set
     172.16.0.0/16 is subnetted, 4 subnets
R       172.16.24.0 [120/1] via 172.16.18.3, 00:00:01, Ethernet0
R       172.16.26.0 [120/2] via 172.16.18.3, 00:00:01, Ethernet0
C       172.16.20.0 is directly connected, Ethernet1
C       172.16.18.0 is directly connected, Ethernet0
RTA#
```

Bild 5.22:
Die Routing-Tabelle von RTB in Bild 5.20.

```
RTB#show ip route
Codes: C - connected, S - static, I - IGRP, R - RIP, M - mobile, B - BGP
       D - EIGRP, EX - EIGRP external, O - OSPF, IA - OSPF inter area
       N1 - OSPF NSSA external type 1, N2 - OSPF NSSA external type 2
       E1 - OSPF external type 1, E2 - OSPF external type 2, E - EGP
       i - IS-IS, L1 - IS-IS level-1, L2 - IS-IS level-2, * - candidate default,
       U - per-user static route, o - ODR

Gateway of last resort is not set
     172.16.0.0/16 is variably subnetted, 4 subnets, 2 masks
R       172.16.24.0/22 [120/1] via 172.16.18.3, 00:00:20, Ethernet0
R       172.16.26.0/32 [120/2] via 172.16.18.3, 00:00:20, Ethernet0
C       172.16.20.0/22 is directly connected, Ethernet1
C       172.16.16.0/22 is directly connected, Ethernet0
RTB#
```

```
RTC#show ip route
Codes:  C - connected, S - static, I - IGRP, R - RIP, M - mobile, B - BGP
        D - EIGRP, EX - EIGRP external, O - OSPF, IA - OSPF inter area
        N1 - OSPF NSSA external type 1, N2 - OSPF NSSA external type 2
        E1 - OSPF external type 1, E2 - OSPF external type 2, E - EGP
        i - IS-IS, L1 - IS-IS level-1, L2 - IS-IS level-2, * - candidate default,
        U - per-user static route, o - ODR

Gateway of last resort is not set
     172.16.0.0/23 is subnetted, 4 subnets
C       172.16.24.0 is directly connected, Serial0
R       172.16.26.0 [120/1] via 172.16.24.2, 00:00:09, Serial0
R       172.16.20.0 [120/1] via 172.16.18.5, 00:00:25, Ethernet0
C       172.16.18.0 is directly connected, Ethernet0
RTC#
```

Bild 5.23:
Die Routing-Tabelle von RTC in Bild 5.20.

3. Die Benutzer in Subnetz 172.16.18.0/23 in Bild 5.20 beschweren sich darüber, daß die Verbindung in das Subnetz 172.16.26.0/23 wechselhaft ist – einmal kann es erreicht werden und das andere Mal nicht. (Die falschen Subnetz-Masken von RTB wurden berichtigt.) Eine erste Überprüfung der Routing-Tabellen von RTC und RTD (Bild 5.24) lassen keine Probleme erkennen. Alle Subnetze sind in beiden Tabellen. Aber etwa eine Minute später zeigt RTC das Subnetz 172.16.26.0/23 als unerreichbar an (Bild 5.25), während RTD immer noch alle Subnetze anzeigt. Ein paar Minuten danach ist das Subnetz wieder in der Routing-Tabelle von RTC (Bild 5.26). In jeder der drei Abbildungen zeigt die Routing-Tabelle von RTD keine Änderung. Eine eingehende Betrachtung der Routing-Tabellen in Bild 5.24 bis Bild 5.26 wird das Problem enthüllen. Welches Problem liegt vor?

Bild 5.24:
Die Routing-
Tabellen von
RTC und RTD
in Bild 5.20.

```
RTC#show ip route
Codes:  C - connected, S - static, I - IGRP, R - RIP, M - mobile, B - BGP
        D - EIGRP, EX - EIGRP external, O - OSPF, IA - OSPF inter area
        N1 - OSPF NSSA external type 1, N2 - OSPF NSSA external type 2
        E1 - OSPF external type 1, E2 - OSPF external type 2, E - EGP
        i - IS-IS, L1 - IS-IS level-1, L2 - IS-IS level-2, * - candidate default,
        U - per-user static route, o - ODR

Gateway of last resort is not set
     172.16.0.0/23 is subnetted, 5 subnets
C       172.16.24.0 is directly connected, Serial0
R       172.16.26.0 [120/1] via 172.16.24.2, 00:02:42, Serial0
R       172.16.20.0 [120/1] via 172.16.18.5, 00:00:22, Ethernet0
R       172.16.22.0 [120/1] via 172.16.18.4, 00:00:05, Ethernet0
C       172.16.18.0 is directly connected, Ethernet0
```

```
RTD#show ip route
Codes:  C - connected, S - static, I - IGRP, R - RIP, M - mobile, B - BGP
        D - EIGRP, EX - EIGRP external, O - OSPF, IA - OSPF inter area
        E1 - OSPF external type 1, E2 - OSPF external type 2, E - EGP
        i - IS-IS, L1 - IS-IS level-1, L2 - IS-IS level-2, * - candidate default,
        U - per-user static route

Gateway of last resort is not set
     172.16.0.0/16 is subnetted, 5 subnets
C       172.16.24.0 is directly connected, Serial0
C       172.16.26.0 is directly connected, TokenRing0
R       172.16.20.0 [120/2] via 172.16.24.1, 00:00:00, Serial0
R       172.16.22.0 [120/2] via 172.16.24.1, 00:00:00, Serial0
R       172.16.18.0 [120/1] via 172.16.24.1, 00:00:00, Serial0
```

Bild 5.25:
Die Routing-
Tabellen von
RTC und RTD,
etwa 60 Sekun-
den nach denen
aus Bild 5.24.

```
RTC#show ip route
Codes:  C - connected, S - static, I - IGRP, R - RIP, M - mobile, B - BGP
        D - EIGRP, EX - EIGRP external, O - OSPF, IA - OSPF inter area
        N1 - OSPF NSSA external type 1, N2 - OSPF NSSA external type 2
        E1 - OSPF external type 1, E2 - OSPF external type 2, E - EGP
        i - IS-IS, L1 - IS-IS level-1, L2 - IS-IS level-2, * - candidate default,
        U - per-user static route, o - ODR

Gateway of last resort is not set
     172.16.0.0/23 is subnetted, 5 subnets
C       172.16.24.0 is directly connected, Serial0
R       172.16.26.0/23 is possibly down,
          routing via 172.16.24.2, Serial0
R       172.16.20.0 [120/1] via 172.16.18.5, 00:00:19, Ethernet0
R       172.16.22.0 [120/1] via 172.16.18.4, 00:00:24, Ethernet0
C       172.16.18.0 is directly connected, Ethernet0
```

```
RTD#show ip route
Codes:  C - connected, S - static, I - IGRP, R - RIP, M - mobile, B - BGP
        D - EIGRP, EX - EIGRP external, O - OSPF, IA - OSPF inter area
        E1 - OSPF external type 1, E2 - OSPF external type 2, E - EGP
        i - IS-IS, L1 - IS-IS level-1, L2 - IS-IS level-2, * - candidate default,
        U - per-user static route

Gateway of last resort is not set
     172.16.0.0/16 is subnetted, 5 subnets
C       172.16.24.0 is directly connected, Serial0
C       172.16.26.0 is directly connected, TokenRing0
R       172.16.20.0 [120/2] via 172.16.24.1, 00:00:15, Serial0
R       172.16.22.0 [120/2] via 172.16.24.1, 00:00:15, Serial0
R       172.16.18.0 [120/1] via 172.16.24.1, 00:00:15, Serial0
```

```
RTC#show ip route
Codes:  C - connected, S - static, I - IGRP, R - RIP, M - mobile, B - BGP
        D - EIGRP, EX - EIGRP external, O - OSPF, IA - OSPF inter area
        N1 - OSPF NSSA external type 1, N2 - OSPF NSSA external type 2
        E1 - OSPF external type 1, E2 - OSPF external type 2, E - EGP
        i - IS-IS, L1 - IS-IS level-1, L2 - IS-IS level-2, * - candidate default,
        U - per-user static route, o - ODR

Gateway of last resort is not set
     172.16.0.0/23 is subnetted, 5 subnets
C       172.16.24.0 is directly connected, Serial0
R       172.16.26.0 [120/1] via 172.16.24.2, 00:00:09, Serial0
R       172.16.20.0 [120/1] via 172.16.18.5, 00:00:11, Ethernet0
R       172.16.22.0 [120/1] via 172.16.18.4, 00:00:18, Ethernet0
C       172.16.18.0 is directly connected, Ethernet0
RTC#
```

```
RTD#show ip route
Codes:  C - connected, S - static, I - IGRP, R - RIP, M - mobile, B - BGP
        D - EIGRP, EX - EIGRP external, O - OSPF, IA - OSPF inter area
        E1 - OSPF external type 1, E2 - OSPF external type 2, E - EGP
        i - IS-IS, L1 - IS-IS level-1, L2 - IS-IS level-2, * - candidate default,
        U - per-user static route

Gateway of last resort is not set
     172.16.0.0/16 is subnetted, 5 subnets
C       172.16.24.0 is directly connected, Serial0
C       172.16.26.0 is directly connected, TokenRing0
R       172.16.20.0 [120/2] via 172.16.24.1, 00:00:19, Serial0
R       172.16.22.0 [120/2] via 172.16.24.1, 00:00:19, Serial0
R       172.16.18.0 [120/1] via 172.16.24.1, 00:00:19, Serial0
```

Bild 5.26:
Die Routing-Tabellen von RTC und RTD, etwa 120 Sekunden nach denen aus Bild 5.25

Dieses Kapitel behandelt die folgenden Themen:

- **Die Wirkungsweise des IGRP**
  IGRP-Timer und Stabilitätsmerkmale
  Die IGRP-Metriken
  Das IGRP-Paketformat

- **Die Konfiguration des IGRP**
  Fallstudie: Eine einfache IGRP-Konfiguration
  Fallstudie: Die Unequal-Cost-Lastverteilung
  Fallstudie: Das Setzen von maximalen Pfaden
  Fallstudie: Mehrfache IGRP-Prozesse

- **Fehlersuche bei IGRP**
  Fallstudie: Erneute Unequal-Cost-Lastverteilung
  Fallstudie: Ein segmentiertes Netzwerk

Kapitel 6
Das Interior-Gateway-Routing-Protokoll (IGRP)

Cisco entwickelte IGRP Mitte der 80er Jahre, als Antwort auf die Einschränkungen, die RIP mit sich brachte, bei der in erster Linie die Hop-Count-Metrik und die 15-Hop-Größe des Internetzwerks zu nennen sind. IGRP berechnet eine gemischte Metrik aus einer Reihe von Routen-Variablen und bietet »Kniffe« für die Gewichtung der Variablen, um die besonderen Eigenschaften und Anforderungen des Internetzwerks zu berücksichtigen. Auch wenn der Hop-Count nicht zu diesen Variablen gehört, verfolgt IGRP den Hop-Count, und er kann in Netzwerken mit bis zu 255 Hops im Durchmesser ausgeführt werden.

Die weiteren Vorteile von IGRP gegenüber RIP bestehen in der Unequal-Cost-Lastverteilung, einer dreifachen Update-Periode gegenüber der des RIP und einem effizienteren Update-Paketformat. Der Hauptnachteil von IGRP liegt darin, daß es eine cisco-proprietäre Entwicklung ist und damit nur auf Cisco-Produkten verwendet werden darf, während RIP auf fast allen Plattformen implementiert ist.

Cisco verfolgte bei der Entwicklung von IGRP das Ziel, ein vielseitiges, robustes Protokoll zu kreieren, das fähig sein sollte, an eine Reihe von gerouteten Protokollschemata angepaßt zu werden. Auch wenn es sich als ein sehr beliebtes Routing-Protokoll für IP erwies, wurde IGRP nur auf ein anderes geroutetes Protokoll angepaßt, das Connectionless-Network-Protocol (CLNP) von ISO. Konsultieren Sie die Konfigurationshandbücher von Cisco für weitere Informationen über das Routing von CLNS mit IGRP.

6.1 Die Wirkungsweise des IGRP

Von einer höheren Warte aus betrachtet, teilt sich IGRP viele funktionelle Eigenschaften mit dem RIP. Es ist ein classful Distanzvektor-Protokoll, das periodische Broadcasts mit seiner gesamten Routing-Tabelle – mit der Ausnahme der durch Split-Horizon unterdrückten Routen – an alle seine Nachbarn aussendet. Genauso wie RIP sendet IGRP bei einem Neustart ein Anfrage-Paket als Broadcast aus allen IGRP-aktivierten Schnittstellen und überprüft die empfangenen Updates, ob die Quell-Adresse des Pakets zum selben Subnetz gehört, auf dem das Update empfangen wurde.[1] Neue Update-Einträge mit Erreichbar-Metriken werden in die Routing-Tabelle übernommen, und ein Eintrag ersetzt einen älteren Eintrag zum selben Ziel nur dann, wenn die Metrik kleiner ist. Für die Stabilität werden Split-Horizon mit blockierter Rückroute, ausgelöste Updates und Holddown-Timer verwendet. IGRP faßt Adressen an Netzwerkgrenzen zusammen.

Im Gegensatz zu RIP, das auf UDP aufgesetzt ist, wird auf den IGRP-Prozeß direkt über die IP-Schicht als Protokoll 9 zugegriffen.

IGRP nutzt auch das Konzept der Autonomous-Systeme. In Kapitel 4 wurde erklärt, daß ein Autonomous-System entweder als eine Routing-Domäne oder als eine Prozeß-Domäne vereinbart werden kann. Ein IGRP-Autonomous-System ist eine IGRP-Prozeß-Domäne – eine Gruppe von Routern, deren gemeinsames Routing-Protokoll ein IGRP-Prozeß ist.

Durch die Vereinbarung und Verfolgung mehrfacher Autonomous-Systeme ermöglicht IGRP die Errichtung mehrfacher Prozeß-Domänen innerhalb einer IGP-Umgebung, die Isolierung der Kommunikation innerhalb einer Domäne gegenüber der Kommunikation anderer Domänen. Der Verkehr zwischen den Domänen kann daraufhin sehr genau durch die Neuverteilung (Kapitel 11) und die Filterung von Routen (Kapitel 13) geregelt werden.

Bild 6.1 illustriert den Unterschied zwischen Prozeß-Domänen und Routing-Domänen. Hier sind zwei Autonomous-Systeme

---

1 Dieser Test kann mit dem Befehl **no validate-update-source** deaktiviert werden.

(ASs) vereinbart: AS 10 und AS 40. Diese Systeme sind Routing-Domänen – eine Gruppe von Routern, die mit einem oder mehreren IGPs unter einer gemeinsamen Administration laufen. Sie kommunizieren über ein External-Gateway-Protokoll miteinander (in diesem Fall mit dem Border-Gateway-Protokoll oder BGP).

Innerhalb des AS 10 liegen zwei IGRP-Prozeß-Domänen: IGRP 20 und IGRP 30. Unter IGRP wird die 20 und die 30 als Autonomous-System-Nummer vereinbart. In diesem Kontext dienen die Nummern zur Unterscheidung von zwei Routing-Prozessen innerhalb derselben Routing-Domäne. IGRP 20 und IGRP 30 kommunizieren miteinander über den einzelnen Router, der mit beiden Domänen verbunden ist. Dieser Router betreibt beide IGRP-Prozesse und dient als Verteiler zwischen ihnen. Der Konfigurationsabschnitt in diesem Kapitel beinhaltet eine Fallstudie, in der die Konfiguration von mehrfachen IGRP-Prozeß-Domänen behandelt wird.

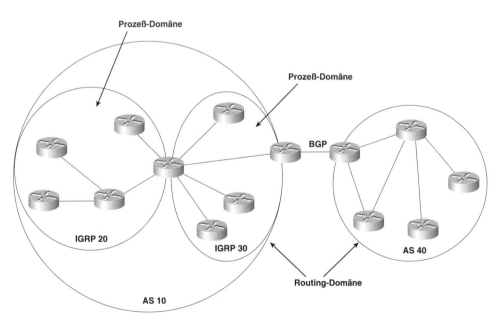

Bild 6.1: Eine Autonomous-System-Nummer kann eine Routing-Domäne bezeichnen, die eine Gruppe von Routern umfaßt, die einen oder mehrere IGP-Prozesse unter einer einzelnen administrativen Domäne ausführen. Eine Autonomous-System-Nummer kann aber auch eine Prozeß-Domäne bezeichnen, die eine Gruppe von Routern umfaßt, die die Routing-Informationen untereinander teilen, indem sie einen einzelnen Routing-Prozeß ausführen.

In seinen Updates teilt IGRP die Routen-Einträge in eine von drei Kategorien ein: interne Routen, System-Routen und externe Routen.

Eine *interne* Route ist ein Pfad zu einem Subnetz der Netzwerkadresse der Datenverbindung, auf der der Update-Broadcast ausgesendet wird. Mit anderen Worten: Ein Subnetz, das als eine interne Route angemeldet wird, ist »lokal« zu dem Haupt-Netzwerk, mit dem der anmeldende Router und der empfangende Router gemeinsam verbunden sind.

Eine *System*-Route ist ein Pfad zu einer Netzwerkadresse, die durch einen Netzwerk-Boundary-Router zusammengefaßt wurde.

Eine *externe* Route ist ein Pfad zu einem Netzwerk, das als ein *Default-Netzwerk* markiert wurde. Ein Default- bzw. Standard-Netzwerk ist eine Adresse, an die ein Router alle Pakete senden wird, denen er kein bestimmtes Ziel zuordnen kann.[1] Die Default-Netzwerke und ihre Konfiguration werden in Kapitel 12 betrachtet.

Die Abbildung 6.2 zeigt, wie IGRP diese drei Kategorien verwendet. Die Router LeHand und Tully sind mit dem Subnetz 192.168.2.64/26 verbunden, also wird das Haupt-Netzwerk 192.168.2.0 als das »lokale« Netzwerk betrachtet, das sich diese beiden Router teilen. LeHand ist an 192.168.2.192/26 angeschlossen, dies ist ein anderes Subnetz des Netzwerks 192.168.2.0. Daher meldet LeHand das Subnetz an Tully als eine interne Route.

Das lokale Netzwerk für LeHand und Thompson ist jedoch das Netzwerk 192.168.3.0. LeHand ist der Boundary-Router zwischen den Haupt-Netzwerken 192.168.2.0 und 192.168.3.0, also wird 192.168.2.0 gegenüber Thompson als eine System-Route angemeldet. Entsprechend wird 192.168.3.0 gegenüber Tully als eine System-Route angemeldet.

Das Netzwerk 192.168.1.0 befindet sich in einem anderen Autonomous-System, und LeHand wurde so konfiguriert, daß

---

1 Die Klassifizierung eines Default-Netzwerks als eine externe Route wird nur von IGRP und EIGRP angewendet. Offene Protokolle wie RIP und OSPF melden die Default-Netzwerke mit der Adresse 0.0.0.0 an

er diese Netzwerkadresse als Default-Route verwendet. Die Adresse 192.168.1.0 wird daher gegenüber Thompson und Tully als ein externe Route angemeldet.

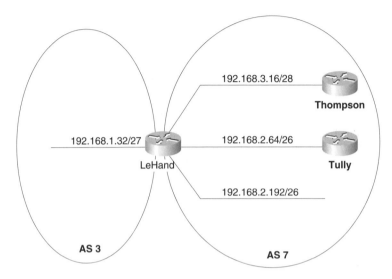

Bild 6.2: LeHand meldet das Subnetz 192.168.2.192/26 gegenüber Tully als eine interne Route an. Das Netzwerk 192.168.3.0 wird gegenüber Tully als eine System-Route und 192.168.1.0 als eine externe Route angemeldet.

6.1.1 IGRP-Timer und Stabilitätsmerkmale

Die Update-Periode von IGRP beträgt 90 Sekunden. Eine zufällige Jitter-Variable von bis zu 20% wird von jeder Update-Zeit abgezogen, um die Update-Timer-Synchronisierung zu verhindern. Damit wird die Zeit zwischen den einzelnen Updates zwischen 72 und 90 Sekunden variieren.

Wenn eine Route das erste Mal erlernt wird, wird der Invalid-Timer (=Ungültigkeits-Timer) für diese Route auf 270 Sekunden oder eine dreifache Update-Periode gesetzt. Der Flush-Timer (=Garbage-Collection-Timer bei RIP) wird auf 630 Sekunden gesetzt – das Siebenfache der Update-Periode. Jedes Mal, wenn ein Update für die Route empfangen wird, werden diese Timer neu initialisiert. Wenn der Invalid-Timer abläuft, bevor ein neues Update empfangen wird, wird die Route als unerreichbar markiert. Sie bleibt jedoch vorläufig in der Routing-Tabelle und wird als unerreichbar weitergemeldet, bis der Flush-Timer abläuft. Zu diesem Zeitpunkt wird die Route aus der Tabelle gelöscht.

Der von IGRP verwendete 90-Sekunden-Timer benötigt im Vergleich zum 30-Sekunden-Timer des RIP weniger Bandbreite für periodische Updates. Der Nachteil liegt jedoch darin, daß IGRP in einigen Fällen langsamer konvergieren kann als RIP. Wenn zum Beispiel ein Router offline geht, benötigt IGRP dreimal länger als RIP, um den verstummten Nachbarn zu erkennen.

Wenn ein Ziel unerreichbar wird oder wenn der Next-Hop-Router die Metrik eines Ziels weit genug erhöht, um ein Update auszulösen, wird die Route mit dem Holddown für 280 Sekunden unterdrückt (drei Update-Perioden plus 10 Sekunden). Es werden keine neuen Informationen über dieses Ziel angenommen, bis der Holddown-Timer abläuft. Der IGRP-Holddown kann mit dem Befehl **no metric holddown** deaktiviert werden. In Topologien ohne Schleifen, in denen der Holddown keinen wirklichen Nutzen erfüllt, kann die Deaktivierung der Funktion die Rekonvergenzzeit reduzieren.

Die Grundeinstellungen der Timer können mit dem folgenden Befehl geändert werden:

```
timers basic update invalid holddown flush [sleeptime]
```

Dieser Befehl wird auch zur Veränderung der RIP-Timer verwendet, mit der Ausnahme der Option **sleeptime**. Die Sleeptime ist ein Timer, der verwendet wird, um eine bestimmte Periode in Millisekunden einzustellen mit der ein reguläres Routing-Update verzögert wird, nachdem ein ausgelöstes Update empfangen wurde.

Die Grundeinstellung der Timer sollte nur bei einem aufgetretenen Problem geändert werden und dann auch nur nach sorgfältiger Betrachtung der zu erwartenden Konsequenzen. Die Perioden könnten zum Beispiel verkürzt werden, um die Rekonvergenz in einer instabilen Topologie zu beschleunigen. Der Preis dafür besteht jedoch im vermehrten Update-Verkehr – der zur Überlastung auf Verbindungen mit geringer Bandbreite führen kann – und einer erhöhten Belastung der Router-CPU durch die Verarbeitung der Updates. Es muß sehr sorgfältig vorgegangen werden, um zu garantieren, daß alle Timer in einem gesamten Autonomous-System gleich eingestellt sind und das Konfigurationsmanagement muß sicherstellen, daß jeder zu einem Autonomous-System neu hinzugefügte Router auch mit den veränderten Timern konfiguriert wird.

6.1.2 Die IGRP-Metriken

Die Verbindungseigenschaften, aus denen IGRP seine gemischte Metrik berechnet, sind die Bandbreite, die Verzögerung, die Last und die Zuverlässigkeit. In der Grundeinstellung wählt IGRP eine Route auf der Basis der Bandbreite und der Verzögerung aus. Wenn man sich eine Datenverbindung als eine Röhre vorstellt, dann entspricht die Bandbreite dem Durchmesser der Röhre, und die Verzögerung entspricht der Länge der Röhre. Mit anderen Worten ist die Bandbreite ein Maß der Übertragungskapazität, und die Verzögerung ist ein Maß der End-to-End-Übertragungszeit. Last und Zuverlässigkeit werden nur dann betrachtet, wenn der Router entsprechend konfiguriert ist. IGRP verfolgt auch die kleinste Maximum-Transmission-Unit (MTU) entlang jeder Route, obwohl die MTU nicht in der gemischten Metrik-Berechnung verwendet wird. Die mit der gemischten Metrik einer bestimmten Schnittstelle zusammenhängenden Größen können mit dem Befehl **show interfaces** angezeigt werden (Bild 6.3).

```
Newfoundland#show interface fddi0
Fddi0 is administratively down, line protocol is down
  Hardware is DAS FDDI, address is 00e0.1e8e.d1d9 (bia 00e0.1e8e.d1d9)
  Internet address is 172.20.50.1/24
  MTU 4470 bytes, BW 100000 Kbit, DLY 100 usec, rely 255/255, load 1/255
  Encapsulation SNAP, loopback not set, keepalive not set
  ARP type: SNAP, ARP Timeout 04:00:00
  Phy-A state is off, neighbor is Unknown, status no signal
  Phy-B state is off, neighbor is Unknown, status no signal
  ECM is out, CFM is isolated, RMT is isolated
  Requested token rotation 5000 usec, negotiated 5017 usec
  Configured tvx is 3400 usec, using 5242.90 usec, ring not operational
  0 SMT frames processed, 0 dropped, 20 SMT buffers
  Upstream neighbor 0000.f800.0000, downstream neighbor 0000.f800.0000
  Last input never, output never, output hang never
  Last clearing of "show interface" counters never
  Queuing strategy: fifo
  Output queue 0/40, 0 drops; input queue 0/75, 0 drops
  5 minute input rate 0 bits/sec, 0 packets/sec
  5 minute output rate 0 bits/sec, 0 packets/sec
     0 packets input, 0 bytes, 0 no buffer
     Received 0 broadcasts, 0 runts, 0 giants
     0 input errors, 0 CRC, 0 frame, 0 overrun, 0 ignored, 0 abort
     0 packets output, 0 bytes, 0 underruns
     0 output errors, 0 collisions, 2 interface resets
     0 output buffer failures, 0 output buffers swapped out
     2 transitions, 0 traces
Newfoundland#
```

Bild 6.3: Die Ausgabe nach jedem **show interface**-*Befehl enthält die metrischen Statistiken für die Schnittstelle. Diese FDDI-Schnittstelle zeigt MTU = 4470 Byte, Bandbreite (bandwidth) = 100 Megabit pro Sekunde, Verzögerung (delay) = 100 Mikrosekunden, Zuverlässigkeit (reliability) = 100% und Last (load) = .39% (die minimale Last).*

Die Bandbreite wird in Einheiten von Kilobit angezeigt. Sie ist eine feste Zahl, die nur für die Berechnung der Metrik verwendet wird und zeigt nicht unbedingt die tatsächliche Bandbreite der Verbindung an – d.h., die Bandbreite wird nicht dynamisch gemessen. Zum Beispiel beträgt die Grundeinstellung der Bandbreite einer seriellen Schnittstelle 1544, gleichgültig ob die Schnittstelle an eine T1- oder eine 56K-Leitung angeschlossen ist. Dieser Standard-Bandbreitenwert kann mit dem Befehl **bandwidth** geändert werden.

IGRP-Updates verwenden eine 3-Oktett-Zahl, die in diesem Buch mit BW_{IGRP} bezeichnet wird. Diese Zahl ist das 10^7-fache der inversen Bandbreite. Bei einer gegebenen Bandbreite einer Schnittstelle von 1544, beträgt diese Zahl folglich:

$BW_{IGRP} = 10^7/1544 = 6476$ oder $0x00194C$.

Verzögerung Die Verzögerung ist, wie die Bandbreite, eine feste Größe und wird nicht dynamisch gemessen. Sie wird mit dem Befehl **show interface** als DLY angezeigt, in Einheiten von Mikrosekunden. Die Standard-Verzögerung einer Schnittstelle kann mit dem Befehl **delay** geändert werden, wobei die Verzögerung in zehnfachen Mikrosekunden eingegeben werden muß. Bild 6.4 zeigt die Ausführung der Befehle **bandwidth** und **delay**, um die Grundeinstellungen der Schnittstelle aus Bild 6.3 zu verändern.

In einem IGRP-Update wird die Verzögerung mit einer 3-Oktett-Zahl ausgedrückt. Sie wird hier ebenso in zehnfachen Mikrosekundeneinheiten übertragen, wie sie im Befehl **delay** eingegeben wurde. Um weitere Verwirrung zu vermeiden, wird sie hier als DLY_{IGRP} bezeichnet, um sie von der DLY-Angabe in Mikrosekunden zu unterscheiden, die mit dem Befehl **show interface** angezeigt wird. Wenn zum Beispiel der DLY hier 50 beträgt, dann ist:

$DLY_{IGRP} = DLY/10 = 50/10 = 5$ oder $0x000005$.

IGRP verwendet die Verzögerung auch, um eine unerreichbare Route anzuzeigen, indem der Wert auf $DLY_{IGRP} = 0xFFFFFF$ gesetzt wird. Diese Zahl entspricht etwa 167,8 Sekunden, so daß die maximale End-to-End-Verzögerung einer IGRP-Route 167 Sekunden beträgt.

Ändern der Standard-Einstellung der Bandbreite und Verzögerung Da IGRP die Bandbreite und die Verzögerung als Standard-Metriken verwendet, müssen diese Größen an allen Schnittstellen von allen IGRP-Routern korrekt und identisch konfiguriert sein. Die Änderung der Bandbreite oder Verzögerung einer Schnittstelle sollte nur aus wichtigen Gründen erfolgen und nur, wenn die Folgen dieser Änderungen vollständig verstanden und überschaut wurden. In den meisten Fällen ist es das beste, die Standardwerte nicht zu verändern. Eine erwähnenswerte Ausnahme bilden die seriellen Schnittstellen. Wie schon zuvor in diesem Abschnitt erwähnt wurde, haben serielle Schnittstellen auf Cisco-Routern eine Standard-Bandbreite von 1544, gleichgültig welche Bandbreite die angeschlossene Verbindung hat. Der Befehl **bandwidth** sollte verwendet werden, um die Schnittstelle auf die tatsächliche Bandbreite der seriellen Verbindung einzustellen.

Es sei auch betont, daß OSPF die Bandbreite ebenso verwendet, um seine Metrik zu berechnen. Wenn daher die IGRP-Metriken in einem Internetz verändert werden müssen, auf dem sowohl IGRP als auch OSPF ausgeführt werden, dann sollte der Befehl **delay** verwendet werden, um nur IGRP zu beeinflussen. Die Veränderung der Bandbreite würde IGRP und OSPF gleichzeitig beeinflussen.

```
Newfoundland(config)#interface fddi0
Newfoundland(config-if)#bandwidth 75000
Newfoundland(config-if)#delay 5
Newfoundland(config-if)#^Z
Newfoundland#
%SYS-5-CONFIG_I: Configured from console by console
Newfoundland#show interface fddi0
Fddi0 is administratively down, line protocol is down
  Hardware is DAS FDDI, address is 00e0.1e8e.d1d9 (bia 00e0.1e8e.d1d9)
  Internet address is 172.20.50.1/24
  MTU 4470 bytes, BW 75000 Kbit, DLY 50 usec, rely 255/255, load 1/255
  Encapsulation SNAP, loopback not set, keepalive not set
  ARP type: SNAP, ARP Timeout 04:00:00
  Phy-A state is off, neighbor is Unknown, status no signal
  Phy-B state is off, neighbor is Unknown, status no signal
  ECM is out, CFM is isolated, RMT is isolated
  Requested token rotation 5000 usec, negotiated 5017 usec
  Configured tvx is 3400 usec, using 5242.90 usec, ring not operational
  0 SMT frames processed, 0 dropped, 20 SMT buffers
  Upstream neighbor 0000.f800.0000, downstream neighbor 0000.f800.0000
  Last input never, output never, output hang never
  Last clearing of "show interface" counters never
  Queuing strategy: fifo
  Output queue 0/40, 0 drops; input queue 0/75, 0 drops
  5 minute input rate 0 bits/sec, 0 packets/sec
  5 minute output rate 0 bits/sec, 0 packets/sec
     0 packets input, 0 bytes, 0 no buffer
     Received 0 broadcasts, 0 runts, 0 giants
     0 input errors, 0 CRC, 0 frame, 0 overrun, 0 ignored, 0 abort
     0 packets output, 0 bytes, 0 underruns
     0 output errors, 0 collisions, 2 interface resets
     0 output buffer failures, 0 output buffers swapped out
     2 transitions, 0 traces
```

*Bild 6.4:
Die Befehle* **bandwidth** *und* **delay** *werden verwendet, um die Standardmetriken der fddi0-Schnittstelle zu ändern. Die neuen Größen können in der Ausgabe nach dem Befehl* **show interface** *überprüft werden.*

Die Tabelle 6.1 listet die Bandbreiten und Verzögerungen für einige gewöhnliche Schnittstellen auf. (Die Standard-Bandbreite einer seriellen Schnittstelle ist immer 1544. Die Tabelle 6.1 zeigt auch, wie die Werte bei Ausführung des Befehls **bandwidth** angezeigt werden, wenn die tatsächliche Bandbreite beobachtet werden soll.)

Tabelle 6.1: Allgemeine Größen von BW_{IGRP} und DLY_{IGRP}

Media	Bandwidth	BW_{IGRP}	Delay	DLY_{IGRP}
100M ATM	100000K	100	100µS	10
Fast Ethernet	100000K	100	100µS	10
FDDI	100000K	100	100µS	10
HSSI	45045K	222	20000µS	2000
16M Token Ring	16000K	625	630µS	63
Ethernet	10000K	1000	1000µS	100
T1	1544K	6476	20000µS	2000
DS0	64K	156250	20000µS	2000
56K	56K	178571	20000µS	2000
Tunnel	9K	1111111	500000µS	50000

Zuverlässigkeit Die Zuverlässigkeit (reliability) wird dynamisch gemessen und als 8-Bit-Zahl angezeigt, wobei 255 einer hundertprozentig zuverlässigen Verbindung und 1 einer vollkommen unzuverlässigen Verbindung entspricht. In der Ausgabe von **show interface** wird die Zuverlässigkeit als Bruchteil von 255 angezeigt, zum Beispiel 234/255 (Bild 6.5).

Bild 6.5: Diese Schnittstelle zeigt eine Zuverlässigkeit von 234/255 oder 91,8%.

```
Casablanca#show interface ethernet0
Ethernet0 is up, line protocol is up
  Hardware is Lance, address is 0000.0c76.5b7c (bia 0000.0c76.5b7c)
  Internet address is 172.20.1.1 255.255.255.0
  MTU 1500 bytes, BW 10000 Kbit, DLY 1000 usec, rely 234/255, load 1/255
  Encapsulation ARPA, loopback not set, keepalive set (10 sec)
  ARP type: ARPA, ARP Timeout 4:00:00
  Last input 0:00:28, output 0:00:06, output hang never
  Last clearing of "show interface" counters 0:06:05
  Output queue 0/40, 0 drops; input queue 0/75, 0 drops
  5 minute input rate 0 bits/sec, 0 packets/sec
  5 minute output rate 0 bits/sec, 0 packets/sec
     22 packets input, 3758 bytes, 0 no buffer
     Received 21 broadcasts, 0 runts, 0 giants
     0 input errors, 0 CRC, 0 frame, 0 overrun, 0 ignored, 0 abort
     0 input packets with dribble condition detected
     125 packets output, 11254 bytes, 0 underruns
     39 output errors, 694 collisions, 0 interface resets, 0 restarts
     0 output buffer failures, 0 output buffers swapped out
Casablanca#
```

Load Die Last (Load) ist in einem IGRP-Update eine 8-Bit-Zahl. Die Last wird in der Ausgabe des Befehls **show interface** als Bruchteil von 255 angezeigt, zum Beispiel 40/255 (Bild 6.6). Eine 1 ist eine minimal belastete Verbindung, und 255 ist eine zu 100% belastete Verbindung.

```
Yalta#show interface serial 1
Serial1 is up, line protocol is up
  Hardware is HD64570
  Internet address is 172.20.20.2 255.255.255.0
  MTU 1500 bytes, BW 56 Kbit, DLY 20000 usec, rely 255/255, load 40/255
  Encapsulation HDLC, loopback not set, keepalive set (10 sec)
  Last input 0:00:08, output 0:00:00, output hang never
  Last clearing of "show interface" counters 0:05:05
  Output queue 0/40, 0 drops; input queue 0/75, 0 drops
  5 minute input rate 10000 bits/sec, 1 packet/sec
  5 minute output rate 9000 bits/sec, 1 packet/sec
     456 packets input, 397463 bytes, 0 no buffer
     Received 70 broadcasts, 0 runts, 0 giants
     0 input errors, 0 CRC, 0 frame, 0 overrun, 0 ignored, 0 abort
     428 packets output, 395862 bytes, 0 underruns
     0 output errors, 0 collisions, 0 interface resets, 0 restarts
     0 output buffer failures, 0 output buffers swapped out
     0 carrier transitions
     DCD=up DSR=up DTR=up RTS=up CTS=up
```

Bild 6.6: Diese Schnittstelle zeigt eine Belastung von 40/255 oder 15,7%.

Wenn die Zuverlässigkeit oder die Last als Metrik oder als Teil einer gemischten Metrik verwendet wird, dann darf der Algorithmus zur Berechnung der Metrik keine plötzlichen Veränderungen in der Fehlerrate oder Kanalbelegung erlauben, um das Internetzwerk nicht zu destabilisieren. Wenn zum Beispiel zu »grobe« Messungen oder Einzelmessungen der Last erfolgen würden, könnte ein plötzlich auftretender starker Verkehr eine Route in den Holddown zwingen, und ein abruptes Abfallen des Verkehrs könnte ein Update auslösen. Um zu häufige Metrik-Änderungen zu vermeiden, werden Zuverlässigkeit und Last auf der Basis eines exponentiell gewichteten Mittels mit einer fünfminütigen Zeitkonstante berechnet, die alle 5 Sekunden aktualisiert wird.

Die gemischte Metrik für jede IGRP-Route wird folgendermaßen berechnet:

metric = $[k1*BW_{IGRP(min)} + (k2* BW_{IGRP(min)})/(256-LOAD) + k3*DLY_{IGRP(sum)}] *[k5/(ZUVERLÄSSIGKEIT+k4)]$

wobei $BW_{IGRP(min)}$ die minimale BW_{IGRP} aller ausgehenden Schnittstellen entlang der Route zum Ziel und $DLY_{IGRP(sum)}$ die gesamte DLY_{IGRP} der Route ist.

Die Werte k1 bis k5 sind konfigurierbare Wichtungen. Ihre Standardwerte sind k1=k3=1 und k2=k4=k5=0. Diese Grundeinstellungen können mit dem folgenden Befehl geändert werden:

metric weights tos k1 k2 k3 k4 k5 [1]

Wenn k5 auf Null gesetzt ist, wird der Term [k5/(ZUVERLÄSSIGKEIT+k4)] nicht verwendet.

Wenn die Standardwerte für k1 bis k5 verwendet werden, dann reduziert sich die gemischte Metrik-Berechnung von IGRP auf die Standard-Metrik:

Metrik = $BW_{IGRP(min)}$ + $DLY_{IGRP(sum)}$

Das Netzwerkbeispiel in Bild 6.7 zeigt die an jeder Schnittstelle konfigurierten Bandbreiten und Verzögerungen und eine Weiterleitungsdatenbank von einem der Router mit den erhaltenen IGRP-Metriken.[2]

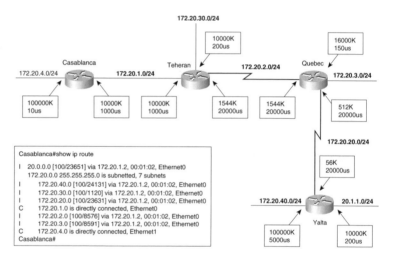

Bild 6.7: In der Grundeinstellung wird die Gesamt-Verzögerung zur minimalen Bandbreite addiert, um die IGRP-Metrik zu bestimmen.

Die Routing-Tabelle selbst zeigt nur die berechnete Metrik, aber die momentanen von IGRP beobachteten Werte jeder Route können mit dem Befehl **show ip route** *Adresse* angezeigt werden, wie in Bild 6.8 zu sehen ist. Hier entspricht die minimale Bandbreite auf der Route von Casablanca ins Subnetz 172.20.40.0/24 der von Quebec (= 512K). Die gesamte Verzögerung der Route beträgt (1000 + 20000 + 20000 + 5000) = 46000 Mikrosekunden.

---

1 tos ist ein Relikt aus der ursprünglichen Absicht von Cisco, daß IGRP das Type-of-Service-Routing ausführt. Dieser Plan wurde nie verwirklicht, und tos wird in diesem Befehl immer auf Null gesetzt.

2 Beachten Sie auch die administrative Distanz, die bei IGRP 100 beträgt.

$BW_{IGRP(min)} = 10^7/512 = 19531$

$DLY_{IGRP(sum)} = 46000/10 = 4600$

Metrik = $BW_{IGRP(min)} + DLY_{IGRP(sum)} = 19531 + 4600 = 24131$

```
Casablanca#show ip route 172.20.40.0
Routing entry for 172.20.40.0 255.255.255.0
  Known via "igrp 1", distance 100, metric 24131
  Redistributing via igrp 1
  Advertised by igrp 1 (self originated)
  Last update from 172.20.1.2 on Ethernet0, 00:00:54 ago
  Routing Descriptor Blocks:
  * 172.20.1.2, from 172.20.1.2, 00:00:54 ago, via Ethernet0
      Route metric is 24131, traffic share count is 1
      Total delay is 46000 microseconds, minimum bandwidth is 512 Kbit
      Reliability 255/255, minimum MTU 1500 bytes
      Loading 1/255, Hops 2
```

Bild 6.8: Die Metrik für die Route von Casablanca in das Subnetz 172.20.40.0 wird mit der minimalen Bandbreite von 512K und der gesamten Verzögerung von 46000 Mikrosekunden berechnet

Bild 6.8 zeigt, daß IGRP auch die kleinste MTU entlang der Route sowie den Hop-Count aufnimmt. Die MTU wird nicht in der Metrik-Berechnung berücksichtigt. Der Hop-Count bezieht sich auf den Wert, der vom Next-Hop-Router gemeldet wurde, und dient nur zur Eingrenzung des Netzwerkdurchmessers. In der Grundeinstellung beträgt der maximale Hop-Count 100 und kann mit dem Befehl **metric maximum-hops** auf die Werte von 1 bis 255 gesetzt werden. Wenn der maximale Hop-Count überschritten wird, wird die Route als unerreichbar markiert, indem die Verzögerung auf 0xFFFFFF gesetzt wird.

Beachten Sie, daß alle Metriken für die ausgehenden Schnittstellen entlang der Route berechnet werden. Zum Beispiel unterscheidet sich die Metrik für die Route von Yalta in das Subnetz 172.20.4.0/24 von der Metrik für die Route von Casablanca in das Subnetz 172.20.40.0/24. Der Grund liegt in den Unterschieden der konfigurierten Bandbreiten auf der Verbindung zwischen Yalta und Quebec sowie in den Unterschieden in der Verzögerung auf den ausgehenden Schnittstellen zu den zwei Ziel-Subnetzen.

6.1.3 Das IGRP-Paketformat

Das IGRP-Paketformat ist in Bild 6.9 gezeigt. Die im Vergleich zum RIP-Format (siehe Bild 5.3) wesentlich effektivere Aufteilung ist leicht zu erkennen. Gleichzeitig liefern IGRP-Updates wesentlich mehr Informationen als RIP, das kaum mehr als einen Schnappschuß von der Routing-Tabelle des Senders überträgt. Kein Feld bleibt unbenutzt, und nach dem 12-Oktett-Header folgen die einzelnen Routen-Einträge. Im Gegensatz zu RIP, verwendet IGRP kein Padding (=Auffüllung), um jeden Eintrag an einer 32-Bit-Wortgrenze enden zu lassen. Jedes Update-Paket kann maximal 104 Einträge aus 14 Oktetten enthalten, also kann die IGRP-Paketgröße zusammen mit dem 12-Oktett-Header eine maximale Länge von 12 + (104 × 14) = 1468 Oktetten erreichen. Das Hinzufügen eines 32 Oktette langen IP-Header ergibt eine maximale IGRP-Paketgröße von 1500 Byte.

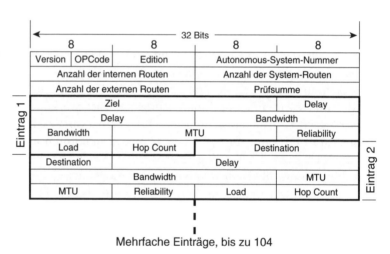

Bild 6.9:
Das IGRP-Paketformat

Die *Version* wird immer eine Eins anzeigen.

Der *Opcode* wird eine Eins tragen für ein IGRP-Anfrage-Paket und eine Zwei für ein IGRP-Udate-Paket. Ein Anfrage-Paket besteht aus einem Header ohne weitere Einträge.

Die *Edition* eines Updates wird vom Sender dann um Eins erhöht, wenn eine Änderung von Routing-Informationen auftritt. Über Editionsnummern kann verhindert werden, daß der Router ein altes Update annimmt, das ihn nach einem neuen Update erreicht.

Die *Autonomous-System-Nummer* ist genauer ausgedrückt die ID-Nummer des IGRP-Prozesses. Diese Marke ermöglicht es mehrfachen IGRP-Prozessen, Informationen über eine gemeinsame Datenverbindung miteinander auszutauschen.

Die *Anzahl der Internen Routen* ist die Menge von Einträgen in dem Update, die Subnetze eines direkt verbundenen Netzwerks beschreiben. Wenn keine direkt verbundenen Netzwerke subvernetzt sind, wird das Feld eine Null enthalten. Interne Routen-Einträge erscheinen immer zuerst im Update. Dieses Feld übermittelt einem IGRP-Prozeß, zusammen mit den folgenden Feldern der Anzahl von System-Routen und der Anzahl von externen Routen, wie viele 14-Oktett-Einträge das Paket enthält, und damit auch die Paketlänge.

Die *Anzahl der System-Routen* gibt Aufschluß über die Anzahl von Routen zu Netzwerken, die nicht direkt verbunden sind – mit anderen Worten Routen, die durch einen Netzwerk-Boundary-Router zusammengefaßt wurden. Die in diesem Feld bezeichneten Einträge folgen hinter den internen Routen-Einträgen (wenn die Zahl nicht Null ist).

Die *Anzahl der Externen Routen* ist die Anzahl von Routen zu Netzwerken, die als Default-Netzwerke identifiziert wurden. Die in diesem Feld bezeichneten Einträge befinden sich am Ende des Update (wenn die Zahl nicht Null ist).

Die *Prüfsumme* wird aus dem IGRP-Header und allen Einträgen berechnet. Zur Berechnung der Prüfsumme wird das Feld auf Null gesetzt und die zu einer 16-Bit-Einsfolge komplementäre Summe des Pakets (ohne den IP-Header) berechnet. Die zu dieser Summe gehörende Ergänzung zu einer 16-Bit-Einsfolge wird dann in dem Prüfsummen-Feld gespeichert. Beim Empfang des Pakets wird die Ergänzung zur 16-Bit-Einsfolge des Pakets erneut berechnet, diesmal einschließlich des übertragenen Prüfsummen-Felds. Wenn dies mit einem fehlerfreien Paket erfolgt, wird das Ergebnis nur aus Einsen bestehen (0xFFFF).

Das *Ziel* ist das erste Feld jedes Routen-Eintrags. Es mag merkwürdig erscheinen, daß das Feld nur drei Oktette lang ist, obwohl doch IP-Adressen aus vier Oktetten bestehen. Wie sich herausstellen wird, läßt sich aufgrund der Routen-Einteilung von IGRP ein Ziel auch mit drei Oktetten beschreiben. Wenn der Eintrag eine interne Route ist, wird zumindest das erste Oktett der IP-Adresse immer das der Schnittstellen-Adresse tragen, an dem das Update empfangen wurde. Daher werden die Ziel-Felder von internen Routen-Einträgen nur die letzten drei Oktette der Adresse enthalten. Wenn der Eintrag nun eine System- oder eine externe Route ist, wurde die Route zusammengefaßt, und zumindest das letzte Oktett wird nur Nullen enthalten. Daher werden die Ziel-Felder von System- und externen Routen-Einträgen nur die ersten drei Oktette der Adresse enthalten.

Wenn zum Beispiel die interne Route 20.40.0 an der Schnittstelle 172.20.1.1/24 empfangen wird, wird diese als das Subnetz 172.20.40.0/24 identifiziert. Wenn nun die System-Routen 192.168.14 und 20.0.0 empfangen werden, wird IGRP diese Ziele als die Haupt-Netzwerkadressen 192.168.14.0 und 20.0.0.0 identifizieren.

Delay enthält die zuvor beschriebene 24-Bit-Variable $DLY_{IGRP(sum)}$ – die Summe der konfigurierten Verzögerungen in Einheiten von zehnfachen Mikrosekunden.

Bandwidth enthält die zuvor beschriebene 24-Bit-Variable $BW_{IGRP(min)}$ – 10.000.000 dividiert durch die kleinste konfigurierte Bandbreite aller Schnittstellen entlang der Route.

MTU ist die kleinste Maximum-Transmission-Unit aller Verbindungen entlang der Route zum Ziel. Auch wenn dieser Parameter enthalten ist, wird er nie zur Berechnung von Metriken verwendet.

Reliability ist eine Zahl zwischen 0x01 und 0xFF, die die gesamten ausgehenden Fehlerraten der Schnittstellen entlang der Route berücksichtigt und einen exponentiell gewichteten 5-Minuten-Mittelwert anzeigt.

Load ist ebenfalls eine Zahl zwischen 0x01 und 0xFF und zeigt die gesamte ausgehende Belastung der Schnittstellen entlang der Route an, berechnet als exponentiell gewichteten 5-Minuten-Mittelwert.

Der *Hop Count* ist eine Zahl zwischen 0x01 und 0xFF, mit der die Anzahl von Hops bis zum Ziel angezeigt wird. Ein Router wird ein direkt verbundenes Netzwerk mit einem Hop-Count von 0 weitermelden. Die folgenden Router werden die Route relativ zum Next-Hop-Router speichern und weitermelden. In Bild 6.8 wird beispielsweise Casablanca das Subnetz 172.20.40.0 als zwei Hops entfernt anzeigen. Bild 6.7 zeigt die Bedeutung des Hop-Counts: 172.20.40.0 ist zwei Hops vom Next-Hop-Router, Teheran entfernt.

In Bild 6.10 wird ein Teil eines IGRP-Update-Pakets durch einen Analyzer aufgeschlüsselt.

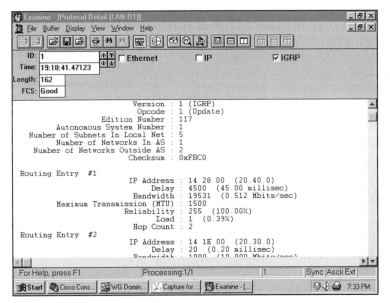

Bild 6.10:
Der Header und der erste Eintrag eines IGRP-Updates kann in dieser Analyzer-Entschlüsselung gesehen werden.

6.2 Die Konfiguration des IGRP

Auch wenn bei IGRP einige zusätzliche Konfigurationsoptionen gegenüber RIP zur Verfügung stehen, ist die grundlegende Konfiguration genauso einfach: Der Befehl **router** wird verwendet, um den Routing-Prozeß auszuführen, und der Befehl **network** wird verwendet, um jedes Netzwerk festzulegen, auf dem IGRP laufen soll. Wie bei RIP können nur Haupt-Netzwerknummern festgelegt werden, da IGRP ebenso ein classful Protokoll ist.

Die Befehle **neighbor** zur Aussendung von Unicast-Updates und **passive-interface** zur Verhinderung von Broadcast-Updates auf ausgewählten Subnetzen wurden in Kapitel 5 eingeführt. Sie können genauso bei IGRP verwendet werden, wie sie bei RIP Anwendung finden.

Auch der Befehl **offset-list** wurde in Kapitel 5 eingeführt. Wenn dieser Befehl bei IGRP verwendet wird, ist *Delay* die Offset-Variable anstatt der *Hops*.

Ein signifikanter Unterschied zu RIP liegt darin, daß jedes IGRP eine Prozeß-ID besitzt, wodurch ermöglicht wird, mehrfache Prozesse auf demselben Router auszuführen.

6.2.1 Fallstudie: Eine einfache IGRP-Konfiguration

Es sind nur zwei Schritte nötig, um IGRP zu konfigurieren:

1. Aktivieren Sie IGRP mit dem Befehl **router igrp** *Prozess-ID*.

2. Legen Sie jedes Haupt-Netzwerk, auf dem IGRP laufen soll, mit dem Befehl **network** fest.

Die Prozeß-ID wird im 16 Bit langen Autonomous-System-Feld des Update-Pakets übertragen. Die Wahl einer Prozeß-ID ist beliebig – jede Zahl zwischen 1 und 65535 (0 ist nicht erlaubt) kann verwendet werden, solange sie auf all jenen Routern gleich verwendet wird, die diese Informationen über den bestimmten IGRP-Prozeß teilen sollen. Die Bild 6.24 zeigt ein einfaches Internetzwerk. Die Konfigurationen für die drei Router lauten:

```
McCloy(config)#router igrp 10
McCloy(config-router)#network 192.168.1.0
McCloy(config-router)#network 192.168.2.0
Acheson(config)#router igrp 10
Acheson(config-router)#network 192.168.2.0
Acheson(config-router)#network 172.16.0.0
Kennan(config)#router igrp 10
Kennan(config-router)#network 172.16.0.0
Kennan(config-router)#network 10.0.0.0
```

Kapitel 6 • Das Interior-Gateway-Routing-Protokoll (IGRP) 241

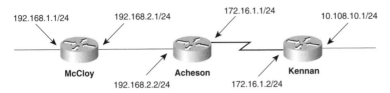

Bild 6.11:
IGRP wird die Adreß-Zusammenfassung auf diesen drei Netzwerk-Boundary-Routern ausführen

IGRP wird die Adreßzusammenfassung oder auch das Subnetz-Hiding an den Netzwerkgrenzen ausführen. Im Falle der Bild 6.11 sind alle drei Router Netzwerk-Boundary-Router.

6.2.2 Fallstudie: Die Unequal-Cost-Lastverteilung

IGRP wird die Equal-Cost-Lastverteilung bei bis zu sechs parallelen Equal-Cost-Routen[1] unter denselben Fast/Prozeß-Switching-Bedingungen ausführen, die auch für das RIP gelten. Im Unterschied zu RIP kann IGRP jedoch auch die Unequal-Cost-Lastverteilung ausführen. Eine zusätzliche serielle Verbindung wurde zwischen Acheson und Kennan in Bild 6.12 eingefügt, mit einer konfigurierten Bandbreite von 256K. Es ist beabsichtigt, daß Acheson die Unequal-Cost-Lastverteilung über diese zwei Verbindungen so ausführt, daß die Verkehrsbelastung umgekehrt proportional zu den Metriken der Verbindung verteilt wird.

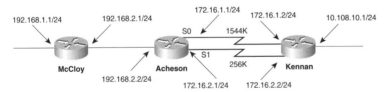

Bild 6.12:
IGRP kann zur Ausführung der Unequal-Cost-Lastverteilung über mehrfache Verbindungen konfiguriert werden, z.B. zwischen Acheson und Kennan.

Wenn sie die Route von Achesons S0-Schnittstelle zum Netzwerk 10.0.0.0 betrachten, so beträgt die minimale Bandbreite 1544K (wir gehen davon aus, daß Kennans Ethernet-Schnittstelle die Standard-Bandbreite von 10000K verwendet). Entsprechend der Tabelle 6.1 beträgt der Wert $DLY_{IGRP(sum)}$ für die serielle Schnittstelle und 2000 + 100 = 2100 für die Ethernet-Schnittstelle. Der Wert $BW_{IGRP(min)}$ beträgt $10^7/1544 = 6476$,

---

1 Die Grundeinstellung beträgt vier Pfade. Für weitere Details lesen Sie bitte die Fallstudie über das Setzen der maximalen Pfade.

also berechnet sich die gemischte Metrik der Route so: 6476 + 2100 = 8576.

Die minimale Bandbreite der Route über S1 von Acheson zu 10.0.0.0 ist 256K. Der Wert $DLY_{IGRP(sum)}$ ist gleich dem Wert der ersten Route. Daher beträgt die gemischte Metrik für diese Route $10^7/256$ + 2100 = 41162. Ohne weitere Konfiguration wird IGRP einfach den Pfad mit der geringsten Metrik auswählen. Bild 6.13 zeigt, daß Acheson nur den Pfad mit einer Metrik von 8576 verwendet.

Bild 6.13: Acheson verwendet nur die günstigste Verbindung zum Netzwerk 10.0.0.0. Es ist eine zusätzliche Konfiguration nötig, um die Unequal-Cost-Lastverteilung zu aktivieren.

```
Acheson#show ip route
Codes:  C - connected, S - static, I - IGRP, R - RIP, M - mobile, B - BGP
        D - EIGRP, EX - EIGRP external, O - OSPF, IA - OSPF inter area
        E1 - OSPF external type 1, E2 - OSPF external type 2, E - EGP
        i - IS-IS, L1 - IS-IS level-1, L2 - IS-IS level-2, * - candidate default
Gateway of last resort is not set
I       10.0.0.0 [100/8576] via 172.16.1.2, 00:00:06, Serial0
I       192.168.1.0 [100/1600] via 192.168.2.1, 00:00:06, Ethernet0
C       192.168.2.0 is directly connected, Ethernet0
        172.16.0.0 255.255.255.0 is subnetted, 2 subnets
C       172.16.1.0 is directly connected, Serial0
C       172.16.2.0 is directly connected, Serial1
Acheson#
```

Um festzulegen, auf welchen Routen die Unequal-Cost-Lastverteilung ausgeführt werden kann, wird der Befehl **variance** verwendet, womit sich ein Multiplikationsfaktor festlegen läßt, um den sich eine Metrik von der Metrik der günstigsten Route unterscheiden darf. Wenn die Metrik einer Route die Metrik der günstigsten Route multipliziert mit der Varianz übersteigt, wird diese Route nicht akzeptiert.

Die Grundeinstellung der Varianz ist Eins, was bedeutet, daß die Metriken von mehrfachen Routen gleich sein müssen, um eine Lastverteilung auszuführen. Die Varianz muß in ganzen Zahlen festgelegt werden.

Die Metrik der Route von Acheson durch S1 ist 41162/8576 = 4,8mal größer als die Metrik der S0-Route. Um die Unequal-Cost-Lastverteilung über Acheson auszuführen, sollte die Varianz bei Acheson fünf betragen. Die IGRP-Konfiguration lautet:

```
router igrp 10
  network 172.16.0.0
  network 192.168.2.0
  variance 5
```

Nachdem die Varianz bei Acheson auf fünf eingestellt wurde, wird seine Routing-Tabelle die zweite, teurere Route enthalten (Bild 6.14). Folgende drei Bedingungen müssen erfüllt sein, damit eine Route bei der Unequal-Cost-Lastverteilung berücksichtigt wird:

1. Das Limit der maximalen Pfade (Grundeinstellung ist 4) darf nicht durch das Hinzufügen der Route zu einer Gruppe von Lastverteilungsrouten überschritten werden.

2. Der Next-Hop-Router muß metrisch näher zum Ziel sein. D.h., seine Metrik für die Route muß kleiner als die lokale Router-Metrik sein. Ein Next-Hop-Router, der näher zum Ziel ist, wird oft als *Downstream*-Router bezeichnet.

3. Die Metrik der günstigsten Route multipliziert mit der Varianz muß größer als die Metrik der hinzugefügten Route sein.

```
Acheson(config)#router igrp 10
Acheson(config-router)#variance 5
Acheson(config-router)#^Z
Acheson#
%SYS-5-CONFIG_I: Configured from console by console
Acheson#clear ip route *
Acheson#show ip route
Codes:  C - connected, S - static, I - IGRP, R - RIP, M - mobile, B - BGP
        D - EIGRP, EX - EIGRP external, O - OSPF, IA - OSPF inter area
        E1 - OSPF external type 1, E2 - OSPF external type 2, E - EGP
        i - IS-IS, L1 - IS-IS level-1, L2 - IS-IS level-2, * - candidate default

Gateway of last resort is not set
I  10.0.0.0 [100/8576] via 172.16.1.2, 00:00:07, Serial0
            [100/41162] via 172.16.2.2, 00:00:07, Serial1
I  192.168.1.0 [100/1600] via 192.168.2.1, 00:00:07, Ethernet0
C  192.168.2.0 is directly connected, Ethernet0
   172.16.0.0 255.255.255.0 is subnetted, 2 subnets
C     172.16.1.0 is directly connected, Serial0
C     172.16.2.0 is directly connected, Serial1
Acheson#
```

Bild 6.14: Die gemischte Metrik des zweiten Pfads zu 10.0.0.0 ist 41162 oder das 4,8fache der Metrik der günstigsten Route. IGRP wird den zweiten Pfad in seine Routing-Tabelle übernehmen, wenn die Varianz mindestens auf fünf gesetzt wird.

Die Regeln der ziel- bzw. paketabhängigen Lastverteilung, die in Kapitel 3 beschrieben wurden, finden hier ebenso Anwendung. Die Lastverteilung erfolgt zielabhängig bei Fast-Switching und paketabhängig, wenn das Prozeß-Switching angewendet wird. Die Bild 6.15 zeigt eine Debug-Ausgabe, bei der 20 Ping-Pakete durch Acheson gesendet wurden. Das Fast-Switching war mit **no ip route-cache** abgeschaltet worden, und der Router führt die paketabhängige Unequal-Cost-Lastverteilung durch. Es werden immer jeweils fünf Pakete über die 1544K-Verbindung (zum Next-Hop 172.16.1.2) und jeweils ein Paket über die 256K-Verbindung (zum Next-Hop

172.16.2.2) gesendet. Dies entspricht dem ungefähren 5:1-Verhältnis der Metriken dieser zwei Pfade.

Wenn die Varianz auf Eins gesetzt ist, führt IGRP nur die günstigste Route zu einem Ziel in der Routing-Tabelle. In einigen Fällen sollten jedoch alle möglichen Routen in die Tabelle übernommen werden, auch wenn keine Lastverteilung auftreten soll, um z.B. die Rekonvergenzzeit zu verringern oder eine Fehlersuche zu ermöglichen. Alle Pakete sollten die günstigste Route verwenden und nur dann auf den nächstbesten Pfad wechseln, wenn die Hauptroute ausfällt. Es existiert eine implizite Grundeinstellung des Befehls (d.h., sie existiert, aber sie ist nicht in der Konfigurationsdatei sichtbar) **traffic-share balanced**. Um den Router so zu konfigurieren, daß er nur den günstigsten Pfad verwendet, auch wenn sich mehrfache Pfade in der Routing-Tabelle befinden, muß diese Grundeinstellung auf **traffic-share min** geändert werden. Wenn mehrere günstigste Pfade existieren und **traffic-share min** konfiguriert ist, wird IGRP die Equal-Cost-Lastverteilung ausführen.

Bild 6.15:
Hier wird die paketabhängige Lastverteilung ausgeführt, wobei jeweils ein Paket über die teurere Verbindung und fünf Pakete über die günstigere Verbindung gesendet werden.

```
Acheson#debug ip packet
IP packet debugging is on
Acheson#
IP: s=192.168.2.1 (Ethernet0), d=10.108.10.1 (Serial0), g=172.16.1.2, forward
IP: s=192.168.2.1 (Ethernet0), d=10.108.10.1 (Serial0), g=172.16.1.2, forward
IP: s=192.168.2.1 (Ethernet0), d=10.108.10.1 (Serial0), g=172.16.1.2, forward
IP: s=192.168.2.1 (Ethernet0), d=10.108.10.1 (Serial0), g=172.16.1.2, forward
IP: s=192.168.2.1 (Ethernet0), d=10.108.10.1 (Serial0), g=172.16.1.2, forward
IP: s=192.168.2.1 (Ethernet0), d=10.108.10.1 (Serial1), g=172.16.2.2, forward
IP: s=192.168.2.1 (Ethernet0), d=10.108.10.1 (Serial0), g=172.16.1.2, forward
IP: s=192.168.2.1 (Ethernet0), d=10.108.10.1 (Serial0), g=172.16.1.2, forward
IP: s=192.168.2.1 (Ethernet0), d=10.108.10.1 (Serial0), g=172.16.1.2, forward
IP: s=192.168.2.1 (Ethernet0), d=10.108.10.1 (Serial1), g=172.16.2.2, forward
IP: s=192.168.2.1 (Ethernet0), d=10.108.10.1 (Serial0), g=172.16.1.2, forward
IP: s=192.168.2.1 (Ethernet0), d=10.108.10.1 (Serial0), g=172.16.1.2, forward
IP: s=192.168.2.1 (Ethernet0), d=10.108.10.1 (Serial0), g=172.16.1.2, forward
IP: s=192.168.2.1 (Ethernet0), d=10.108.10.1 (Serial1), g=172.16.2.2, forward
IP: s=192.168.2.1 (Ethernet0), d=10.108.10.1 (Serial0), g=172.16.1.2, forward
Acheson#
```

6.2.3 Fallstudie: Das Setzen von maximalen Pfaden

Die maximale Anzahl von Routen, über die IGRP die Lastverteilung ausführen kann, wird mit dem Befehl **maximum-paths** *Pfade* gesetzt. Der Wert für *Pfade* kann in den IOS-Versionen ab Version 11.0 jede Zahl von eins bis sechs annehmen und in früheren Versionen jede Zahl von eins bis vier. Die Grundeinstellung für alle Versionen ist vier.

Bild 6.16 zeigt drei parallele Pfade mit verschiedenen Kosten von McCloy zum Netzwerk 172.18.0.0. Der Netzwerk-Administrator möchte die Last über maximal zwei dieser Routen verteilen, aber gleichzeitig sicherstellen, daß beim Ausfall einer der Pfade die dritte Route verwendet wird.

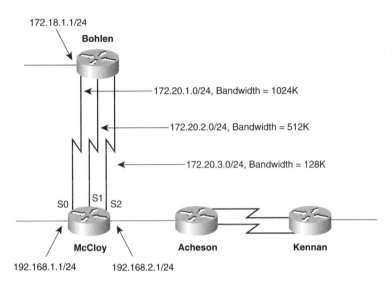

Bild 6.16:
Die Befehle *maximum-paths* und *variance* können gemeinsam verwendet werden, um die Lastverteilung über zwei von drei möglichen Verbindungen zwischen McCloy und Bohlen zu konfigurieren. Wenn eine der beiden Verbindungen ausfällt, wird die dritte als Ersatz verwendet.

Die Metriken von McCloy lauten:

Über S0: 9765 + (2000 + 100) = 11865

Über S1: 19531 + (2000 + 100) = 21631

Über S2: 78125 + (2000 + 100) = 80225

Die Metrik der S2-Route ist 6,76 Mal so groß wie die günstigste Metrik, also beträgt die gesuchte Varianz sieben. Die IGRP-Konfiguration von McCloy ist folgende:

```
router igrp 10
  variance 7
  network 172.20.0.0
  network 192.168.1.0
  network 192.168.2.0
  maximum-paths 2
```

Der Befehl **variance** garantiert, daß alle drei Routen zu 172.18.0.0 verwendbar sind. Der Befehl **maximum-paths** begrenzt die Lastverteilungsgruppe auf die zwei besten Routen. Das Ergebnis dieser Konfiguration kann in Bild 6.17 gesehen werden. Die erste Routing-Tabelle zeigt, daß McCloy die Last über die zwei Verbindungen mit den günstigsten der drei Metriken verteilte: S0 und S1. Nach Ausfall der S1-Verbindung zeigt die zweite Routing-Tabelle, daß der Router nun die Last über die S0- und S2-Verbindungen verteilt. In beiden Fällen wird der Router die Last umgekehrt proportional zu den Metriken der beiden Pfade verteilen.

Bild 6.17: Die Routing-Tabelle von McCloy vor und nach dem Ausfall einer der drei Verbindungen. Sie zeigt die Ergebnisse nach Ausführung der Befehle **variance** *und* **maximum-paths** *zur Konfiguration der Lastverteilung zum Netzwerk 172.18.0.0.*

```
McCloy#show ip route
Codes: C - connected, S - static, I - IGRP, R - RIP, M - mobile, B - BGP
       D - EIGRP, EX - EIGRP external, O - OSPF, IA - OSPF inter area
       E1 - OSPF external type 1, E2 - OSPF external type 2, E - EGP
       i - IS-IS, L1 - IS-IS level-1, L2 - IS-IS level-2, * - candidate default

Gateway of last resort is not set
I    10.0.0.0 [100/8676] via 192.168.2.2, 00:00:02, Ethernet1
C    192.168.1.0 is directly connected, Ethernet0
C    192.168.2.0 is directly connected, Ethernet1
     172.20.0.0 255.255.255.0 is subnetted, 3 subnets
C       172.20.1.0 is directly connected, Serial0
C       172.20.2.0 is directly connected, Serial1
C       172.20.3.0 is directly connected, Serial2
I    172.18.0.0 [100/11865] via 172.20.1.2, 00:00:17, Serial0
                [100/21631] via 172.20.2.2, 00:00:17, Serial1
McCloy#
%LINEPROTO-5-UPDOWN: Line protocol on Interface Serial1, changed state to down
%LINK-3-UPDOWN: Interface Serial1, changed state to down
McCloy#show ip route
Codes: C - connected, S - static, I - IGRP, R - RIP, M - mobile, B - BGP
       D - EIGRP, EX - EIGRP external, O - OSPF, IA - OSPF inter area
       E1 - OSPF external type 1, E2 - OSPF external type 2, E - EGP
       i - IS-IS, L1 - IS-IS level-1, L2 - IS-IS level-2, * - candidate default

Gateway of last resort is not set
I    10.0.0.0 [100/8676] via 192.168.2.2, 00:00:02, Ethernet1
C    192.168.1.0 is directly connected, Ethernet0
C    192.168.2.0 is directly connected, Ethernet1
     172.20.0.0 255.255.255.0 is subnetted, 2 subnets
C       172.20.1.0 is directly connected, Serial0
C       172.20.3.0 is directly connected, Serial2
I    172.18.0.0 [100/11865] via 172.20.1.2, 00:00:08, Serial0
                [100/80225] via 172.20.3.2, 00:00:08, Serial2
McCloy#
```

6.2.4 Fallstudie: Mehrfache IGRP-Prozesse

Die zwei neuen Router Lovett und Harriman wurden dem Internetzwerk hinzugefügt (Bild 6.18). Es wurde entschieden, zwei IGRP-Autonomous-System-»Domänen« im Internetzwerk zu erzeugen, ohne eine Kommunikation zwischen den beiden zu ermöglichen. Bild 6.19 zeigt die zwei Autonomous-Systeme und die jeweiligen Verbindungen der beiden.

Kapitel 6 • Das Interior-Gateway-Routing-Protokoll (IGRP) 247

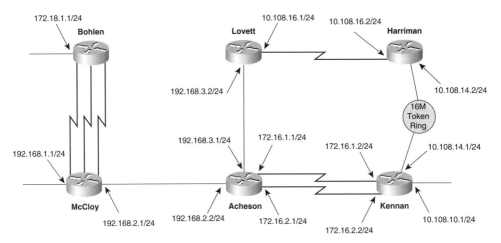

Bild 6.18: In diesem Internetzwerk sollen getrennte Routing-Domänen erzeugt werden.

Die Konfigurationen für Bohlen, Lovett, McCloy und Kennan sind einfach: Bohlen, Lovett und McCloy werden mit IGRP 10 betrieben, und Kennan wird mit IGRP 15 betrieben. Bei Acheson lautet die Konfiguration:

```
router igrp 10
  network 192.168.2.0
  network 192.168.3.0
!
router igrp 15
  network 172.16.0.0
```

Jeder Prozeß wird nur auf den Schnittstellen der angegebenen Netzwerke ausgeführt. Bei Harriman gehören beide Schnittstellen zum Netzwerk 10.0.0.0:

```
router igrp 10
  passive-interface TokenRing0
  network 10.0.0.0
!
router igrp 15
  passive-interface serial0
  network 10.0.0.0
```

Die Ausführung des Befehls **passive-interface** verhindert die Aussendung von IGRP-Update-Broadcasts auf den falschen Datenverbindungen.

Bild 6.19: Die beiden Router Harriman und Acheson werden mehrere IGRP-Prozesse ausführen, um separate Autonomous-Systeme (AS 10 und AS 15) innerhalb dieses IGP zu erleichtern.

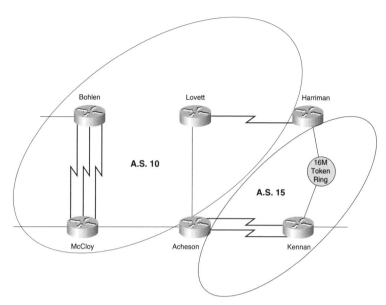

6.3 Fehlersuche bei IGRP

Bei IGRP ist die Fehlersuche, wie bei RIP, in der Regel eine einfache Sache. In den meisten Fällen muß eine Route durch das Internetzwerk verfolgt werden, und die Routing-Tabellen müssen bei jedem Hop überprüft werden, bis die Problemquelle entdeckt wurde. Die Ursache liegt meist in einer falsch konfigurierten Adresse oder Maske oder in der discontiguous Adressierung.

Wenn die Grundeinstellungen der Timer und anderer Variablen des IGRP-Prozesses abgeändert werden, erhöht sich die Wahrscheinlichkeit, daß Probleme auftreten. Dies gilt vor allem, wenn diese Werte geändert werden, ohne die Konsequenzen dieser Änderungen wirklich zu überblicken. Die erste Fallstudie demonstriert diese Situation. IGRP arbeitet korrekt – die Probleme sind jedoch einem »Steuerungsfehler« zuzuschreiben. Die zweite Fallstudie demonstriert, daß ein discontiguous Adressenbereich nicht immer aus einem Konfigurationsfehler resultieren muß.

6.3.1 Fallstudie: Erneute Unequal-Cost-Lastverteilung

Das gesamte Internetzwerk im Bild 6.20 wird mit einem einzelnen IGRP-Prozeß geroutet, und die Bandbreiten für die seriellen Verbindungen sind mit den gezeigten Werten konfiguriert. Es werden die Standard-Verzögerungen verwendet. Beachten Sie, daß sich die Adressen der Verbindung zwischen Lovett und Harriman von den vorherigen Beispielen unterscheiden. Da Acheson das Netzwerk 10.0.0.0 nicht nur über die zwei seriellen Verbindungen erreichen kann, sondern auch über das Ethernet in Richtung Lovett, will der Netzwerkadministrator den Verkehr gleichmäßig auf alle drei Routen verteilen:

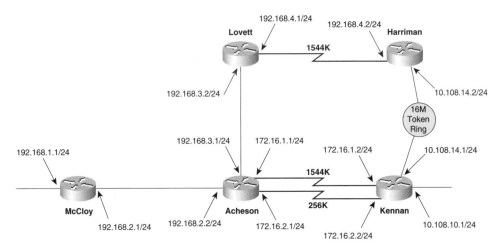

Bild 6.20: Dieses Internetzwerk besitzt drei Pfade von Acheson in das Netzwerk 10.0.0.0.

Die Zugangspunkte zum Netzwerk 10.0.0.0 sind:

– Die Token-Ring-Schnittstelle von Kennan

– Die Ethernet-Schnittstelle von Kennan

– Die Token-Ring-Schnittstelle von Harriman

Da Kennan zwei Schnittstellen zum Netzwerk 10.0.0.0 besitzt, wird er die mit der geringsten Verzögerung weitermelden, also die Token-Ring-Schnittstelle. Die minimalen Bandbreiten aller drei Routen entsprechen den Bandbreiten der seriellen Schnittstellen. Die Metriken der drei Routen von Acheson sind:

Über S0: 6476 + (2000 + 63) = 8539

Über S1: 39062 + (2000 + 63) = 41125

Über E1: 6476 + (100 + 2000 + 63) = 8639

Die höchste Metrik ist das 4,8fache der tiefsten Metrik, also beträgt die Varianz den Wert fünf.

Die Varianz wird konfiguriert, jedoch bemerkt der Administrator, daß die Lastverteilung nicht so funktioniert wie er erwartete (Bild 6.21). Die Routing-Tabelle zeigt nur die zwei Routen über Kennan. Die Route über Lovett liegt zwischen der höchsten und der tiefsten Metrik, sie wird aber nicht berücksichtigt.

Erinnern Sie sich an die drei Regeln, die erfüllt sein müssen, um eine Route in eine Lastverteilungs-»Gruppe« aufzunehmen, die in der Konfigurations-Fallstudie Unequal-Cost-Lastverteilung erwähnt wurden. In diesem Beispiel wird die zweite Regel verletzt, die besagt, daß der Next-Hop-Router metrisch näher zum Ziel sein muß als die lokal beste Route. Bei Lovett hat die Metrik zu 10.0.0.0 den Wert 6476 + (2000 + 63) = 8539. Diese ist zwar gleich, aber nicht größer als Achesons beste Route.

Die Metrik von Lovett kann unter 8539 gedrückt werden, indem die Bandbreite der seriellen Schnittstelle leicht erhöht oder deren Verzögerung leicht erniedrigt wird. In diesem Fall wurde die Verzögerung um 10 Mikrosekunden erniedrigt:

```
Lovett(config)#interface serial 0
Lovett(config-if)#delay 1999
```

Die resultierende Routing-Tabelle ist in Bild 6.22 gezeigt.

```
Acheson#show ip route
Codes:  C - connected, S - static, I - IGRP, R - RIP, M - mobile, B - BGP
        D - EIGRP, EX - EIGRP external, O - OSPF, IA - OSPF inter area
        E1 - OSPF external type 1, E2 - OSPF external type 2, E - EGP
        i - IS-IS, L1 - IS-IS level-1, L2 - IS-IS level-2, * - candidate default
Gateway of last resort is not set
I    10.0.0.0 [100/8539] via 172.16.1.2, 00:00:11, Serial0
             [100/41125] via 172.16.2.2, 00:00:11, Serial1
I    192.168.1.0 [100/1600] via 192.168.2.1, 00:00:11, Ethernet0
C    192.168.2.0 is directly connected, Ethernet0
C    192.168.3.0 is directly connected, Ethernet1
I    192.168.4.0 [100/8576] via 192.168.3.2, 00:00:11, Ethernet1
     172.16.0.0 255.255.255.0 is subnetted, 2 subnets
C       172.16.1.0 is directly connected, Serial0
C       172.16.2.0 is directly connected, Serial1
Acheson#
```

*Bild 6.21:
Die Route für die Lastverteilung zu 10.0.0.0 über Lovett ist in der Tabelle nicht enthalten.*

```
Acheson#show ip route
Codes:  C - connected, S - static, I - IGRP, R - RIP, M - mobile, B - BGP
        D - EIGRP, EX - EIGRP external, O - OSPF, IA - OSPF inter area
        E1 - OSPF external type 1, E2 - OSPF external type 2, E - EGP
        i - IS-IS, L1 - IS-IS level-1, L2 - IS-IS level-2, * - candidate default
Gateway of last resort is not set
I    10.0.0.0 [100/8539] via 172.16.1.2, 00:00:14, Serial0
             [100/41125] via 172.16.2.2, 00:00:14, Serial1
             [100/8638] via 192.168.3.2, 00:00:14, Ethernet1
I    192.168.1.0 [100/1600] via 192.168.2.1, 00:01:02, Ethernet0
C    192.168.2.0 is directly connected, Ethernet0
C    192.168.3.0 is directly connected, Ethernet1
I    192.168.4.0 [100/8575] via 192.168.3.2, 00:00:14, Ethernet1
     172.16.0.0 255.255.255.0 is subnetted, 2 subnets
C       172.16.1.0 is directly connected, Serial0
C       172.16.2.0 is directly connected, Serial1
Acheson#
```

*Bild 6.22:
Nachdem die Verzögerung der seriellen Schnittstelle von Lovett um 10µS erniedrigt wurde, wird Acheson die Route über Lovett zu 10.0.0.0 akzeptieren*

Wenn Sie die Metriken verändern, sollten Sie sehr auf die Auswirkungen achten. Wenn die Kosten eines Pfads nicht einigermaßen seiner aktuellen Kapazität entsprechen, kann die Verkehrsbelastung verzerrt sein – eine Verbindung mit geringer Bandbreite kann überlastet oder eine Verbindung mit hoher Bandbreite zu wenig genutzt werden.

6.3.2 Fallstudie: Ein segmentiertes Netzwerk

Einige Zeit, nachdem das Internetzwerk aus Abbildung 6.20 hochgefahren und mit funktionierender Lastverteilung in Betrieb war, beschweren sich Benutzer darüber, daß der Verkehr in das Subnetz 10.108.14.0 durch Acheson immer wieder aussetzt. Als der Netzwerk-Administrator 100 Pings an eine Adresse in diesem Netzwerk sendet, bestätigt dies, daß der Verkehr tatsächlich periodisch aussetzt (Bild 6.23).

Bild 6.23:
Das periodische Aussetzen des Verkehrs in das Subnetz 10.108.14.0 kann bei diesen Pings beobachtet werden. Nur 46% kommen an

```
Acheson#ping
Protocol [ip]:
Target IP address: 10.108.14.83
Repeat count [5]: 100
Datagram size [100]:
Timeout in seconds [2]:
Extended commands [n]:
Sweep range of sizes [n]:
Type escape sequence to abort.
Sending 100, 100-byte ICMP Echoes to 10.108.14.83, timeout is 2 seconds:
!!!!!.....!!!!!.....!!!!!.....!!!!!.....!!!!!.....!!!!!
.....!!!!!.....!!!!!.....!
Success rate is 46% (46/100), round-trip min/avg/max = 32/34/40 ms
Acheson#
```

Es läßt sich ein regelmäßiges Muster im Ping-Ergebnis ablesen: Fünf erfolgreiche Pings wechseln sich ab mit sechs Timeouts. Die Aktivierung des Paket-Debugging und der Sendung weiterer Pings enthüllt, was vor sich geht (Bild 6.24). Acheson führt die Lastverteilung wie gewünscht aus, mit einem Muster von 5:5:1 (fünf Pakete über E1, fünf Pakete über S0, ein Paket über S1). Die Pakete über E1 kommen erfolgreich an, aber alle Pakete, die über die seriellen Verbindungen gesendet werden, gehen verloren.

Bild 6.24:
Die Sendung von 15 Pings bei aktiviertem Paket-Debugging gibt einen deutlichen Hinweis. Pakete, die die Route über Lovett nehmen, kommen erfolgreich an, während alle Pakete über Kennan verlorengehen.

```
Acheson#debug ip packet
IP packet debugging is on
Acheson#ping
Protocol [ip]:
Target IP address: 10.108.14.83
Repeat count [5]: 15
Datagram size [100]:
Timeout in seconds [2]:
Extended commands [n]:
Sweep range of sizes [n]:
Type escape sequence to abort.
Sending 15, 100-byte ICMP Echoes to 10.108.14.83, timeout is 2 seconds:
IP: s=172.16.1.1 (local), d=10.108.14.83 (Serial0), len 100, sending.
IP: s=172.16.1.1 (local), d=10.108.14.83 (Serial0), len 100, sending.
IP: s=172.16.1.1 (local), d=10.108.14.83 (Serial0), len 100, sending.
IP: s=172.16.2.1 (local), d=10.108.14.83 (Serial1), len 100, sending.!!!!!
IP: s=192.168.3.1 (local), d=10.108.14.83 (Ethernet1), len 100, sending
IP: s=10.108.14.83 (Ethernet1), d=192.168.3.1 (Ethernet1), len 114, rcvd 3
IP: s=192.168.3.1 (local), d=10.108.14.83 (Ethernet1), len 100, sending
IP: s=10.108.14.83 (Ethernet1), d=192.168.3.1 (Ethernet1), len 114, rcvd 3
IP: s=192.168.3.1 (local), d=10.108.14.83 (Ethernet1), len 100, sending
IP: s=10.108.14.83 (Ethernet1), d=192.168.3.1 (Ethernet1), len 114, rcvd 3
IP: s=192.168.3.1 (local), d=10.108.14.83 (Ethernet1), len 100, sending
IP: s=10.108.14.83 (Ethernet1), d=192.168.3.1 (Ethernet1), len 114, rcvd 3
IP: s=192.168.3.1 (local), d=10.108.14.83 (Serial0), len 100, sending.
IP: s=172.16.1.1 (local), d=10.108.14.83 (Serial0), len 100, sending.
IP: s=172.16.1.1 (local), d=10.108.14.83 (Serial0), len 100, sending.
IP: s=172.16.1.1 (local), d=10.108.14.83 (Serial0), len 100, sending.
IP: s=172.16.2.1 (local), d=10.108.14.83 (Serial1), len 100, sending.
Success rate is 33% (5/15), round-trip min/avg/max = 36/36/40 ms
Acheson#
```

Bei der weiteren Untersuchung wird ein loses Kabel an der Schnittstelle von Kennans Token-Ring-Interface entdeckt, und das Problem wird behoben. Die Frage bleibt jedoch: Warum blieben die Routen über die seriellen Schnittstellen bestehen? Sie wurden nicht als unerreichbar markiert, da Kennans Ethernet-Schnittstelle weiterhin funktionsfähig war. Der Router faßt das Netzwerk 10.0.0.0 mit dem Netzwerk 172.16.0.0 zusammen, und so gibt es keine Möglichkeit, mit dem ausgefallenen Subnetz zu kommunizieren.

6.4 Ausblick

Die letzte Fallstudie und andere Beispiele demonstrieren einige Beschränkungen und Anfälligkeiten der classful Routing-Protokolle. Das Kapitel 7 beschreibt mit RIPv2 das erste der classless Protokolle. Wichtiger ist jedoch, daß das Kapitel 7 betrachtet, wie classless Protokolle solche Probleme wie discontiguous Subnetze und segmentierte Netzwerke bewältigen und wie ihre Unterstützung der variablen Länge von Subnetz-Maskierungen eine effizientere Adreßraumgestaltung ermöglicht.

6.4.1 Zusammenfassende Tabelle: Befehle aus Kapitel 6

Befehl	Beschreibung
bandwidth *Kilobits*	Legt den Parameter der Bandbreite in Kilobit pro Sekunde an einer Schnittstelle fest. Diese wird von einigen Routing-Protokollen zur Berechnung der Metriken verwendet. Sie hat keinen Einfluß auf die tatsächliche Bandbreite der Datenverbindung.
delay *Zehner-Mikrosekunden*	Legt den Parameter der Verzögerung als Zehnfaches einer Mikrosekunde an einer Schnittstelle fest. Diese wird von einigen Routing-Protokollen zur Berechnung der Metriken verwendet. Sie hat keinen Einfluß auf die tatsächliche Verzögerung der Datenverbindung.
ip address *IP-Adresse Maske* [**secondary**]	Legt die IP-Adresse und Adreßmaske einer Schnittstelle fest.
maximum-Pfade *Maximum*	Legt die maximale Anzahl von parallelen Routen fest, die ein IP-Routing-Protokoll unterstützen kann, von eins bis sechs, mit einer Grundeinstellung von vier.
metric holddown	Schaltet den IGRP-Holddown an oder ab.
metric maximum-hops *Hops*	Legt die maximale Anzahl von Hops fest, die IGRP anmelden kann, bevor eine Route als unerreichbar markiert wird, mit einem Maximum von 255 und einer Grundeinstellung von 100.
metric weights *tos k1 k2 k3 k4 k5*	Legt die Gewichtung der Parameter Bandbreite, Last, Verzögerung und Zuverlässigkeit fest, mit denen die IGRP- und EIGRP-Metrik berechnet wird.
neighbor *IP-Adresse*	Vereinbart eine Unicast-Adresse, an die ein RIP-, IGRP- oder EGP-Routing-Update gesendet werden soll.
network *Netzwerk-Nummer*	Legt die Netzwerkadresse einer oder mehrerer direkt verbundener Schnittstellen fest, auf denen IGRP-, EIGRP- oder RIP-Prozesse aktiviert werden sollen.
offset-list {Access-Listen-Nummer | Name}{**in** | **out**} *Offset* [*Typ Anzahl*]	Legt eine Anzahl von Hops (für RIP) oder eine zusätzliche Verzögerung (für IGRP) fest, die zu den Metriken der eingehenden oder ausgehenden Routen-Advertisements hinzuaddiert werden soll.

Befehl	Beschreibung
passive-interface *Typ Nummer*	Deaktiviert die Aussendung von Routing-Updates auf einer Schnittstelle.
router igrp Autonomous-System	Aktiviert den angegebenen IGRP-Routing-Prozeß auf einem Router.
show interface [*Typ Nummer*]	Zeigt die konfigurierten und beobachteten Eigenschaften einer Schnittstelle an.
show ip route [*Adresse* [*Maske*]][*Protokoll* [*Prozeß-ID*]]	Zeigt die aktuelle Routing-Tabelle als Ganzes oder als Einzeleintrag an.
timers basic *update invalid holddown flush* [*sleeptime*]	Stellt die EGP-, RIP- oder IGRP-Prozeß-Timer ein.
traffic-share {balanced | min}	Legt fest, ob ein IGRP- oder EIGRP-Routing-Prozeß die Unequal-Cost-Lastverteilung oder nur die Equal-Cost-Lastverteilung verwenden soll.
validate-update-source	Schaltet die Quell-Adreß-Überprüfungs-Funktion von RIP- und IGRP-Routing-Prozessen an oder ab.
variance *Vielfaches*	Legt das Vielfache der günstigsten Metrik fest, um eine Routen-Metrik in eine Unequal-Cost-Lastverteilungs-Gruppe aufzunehmen.

6.5 Empfohlene Literatur

Hedrick, C. L. »An Introduction to IGRP«, Rutgers University, August 1991. Dieser Artikel kann von der folgenden Internet-Seite abgerufen werden: `http://cco.cisco.com/warp/public/103/5.html`. Obwohl er veraltet ist, bleibt dies der beste öffentlich verfügbare Artikel über die technische Wirkungsweise von IGRP.

6.6 Übungsfragen

1. Welcher UDP-Port wird für IGRP verwendet?
2. Wie groß ist der maximale IGRP-Internetzwerk-Durchmesser in Hops?
3. Welche Standard-Update-Periode benutzt IGRP?
4. Wofür legt IGRP eine Autonomous-System-Nummer fest?
5. Wird der Router McCloy aus Bild 6.11 die Adresse 192.168.1.0 als eine interne, eine System- oder eine externe Route anmelden? Mit welchem Routentyp wird Acheson die Adresse 172.16.0.0 anmelden?
6. Was ist die Grundeinstellung des IGRP-Holddown-Timers?
7. Welche Variablen kann IGRP zur Berechnung seiner gemischten Metrik verwenden?
8. Wie viele Einträge können maximal in einem einzelnen IGRP-Update-Paket übertragen werden?

6.7 Konfigurationsübungen

1. Schreiben Sie die Konfigurationen für die sechs Router in Bild 6.25 auf, um alle Subnetze über IGRP zu routen. Verwenden Sie die Autonomous-System-Nummer 50.
2. Bild 6.26 bis Bild 6.29 zeigen die ausgehenden Schnittstellen für die Route vom Subnetz 192.168.2.96/27 ins Subnetz 192.168.5.96/27. Berechnen Sie die gemischte Metrik dieser Route unter der Voraussetzung, daß IGRP die Standard-Bandbreiten- und Verzögerungsmetriken verwendet.

Kapitel 6 • Das Interior-Gateway-Routing-Protokoll (IGRP)

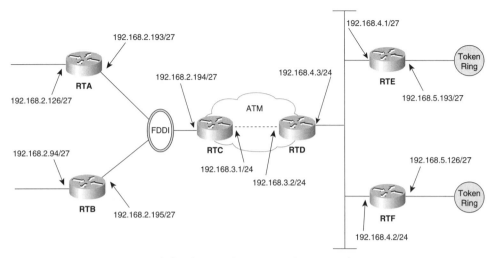

Bild 6.25: Das Internetzwerk für die Konfigurationsübungen 1 bis 3.

```
RTA#show interface fddi0
Fddi0 is up, line protocol is up
  Hardware is DAS FDDI, address is 00e0.1e8e.d1d9 (bia 00e0.1e8e.d1d9)
  Internet address is 192.168.2.193/27
  MTU 4470 bytes, BW 100000 Kbit, DLY 100 usec, rely 255/255, load 1/255
  Encapsulation SNAP, loopback not set, keepalive not set
  ARP type: SNAP, ARP Timeout 04:00:00
  Phy-A state is off, neighbor is Unknown, status no signal
  Phy-B state is off, neighbor is Unknown, status no signal
  ECM is out, CFM is isolated, RMT is isolated
  Requested token rotation 5000 usec, negotiated 5017 usec
  Configured tvx is 3400 usec, using 5242.90 usec, ring not operational
  0 SMT frames processed, 0 dropped, 20 SMT buffers
  Upstream neighbor 0000.f800.0000, downstream neighbor 0000.f800.0000
  Last input never, output never, output hang never
  Last clearing of "show interface" counters never
  Queuing strategy: fifo
  Output queue 0/40, 0 drops; input queue 0/75, 0 drops
  5 minute input rate 0 bits/sec, 0 packets/sec
  5 minute output rate 0 bits/sec, 0 packets/sec
     0 packets input, 0 bytes, 0 no buffer
     Received 0 broadcasts, 0 runts, 0 giants
     0 input errors, 0 CRC, 0 frame, 0 overrun, 0 ignored, 0 abort
     0 packets output, 0 bytes, 0 underruns
     0 output errors, 0 collisions, 2 interface resets
     0 output buffer failures, 0 output buffers swapped out
     2 transitions, 0 traces
RTA#
```

Bild 6.26: Die FDDI-Schnittstelle von RTA in Bild 6.25.

Bild 6.27:
Die ATM-Schnittstelle von RTC in Bild 6.25.

```
RTC# show interfaces atm 3/1
ATM3/1 is up, line protocol is up
  Hardware is cxBus ATM
  Internet address is 192.168.3.1, subnet mask is 255.255.255.0
  MTU 4470 bytes, BW 155000 Kbit, DLY 70 usec, rely 255/255, load 1/255
  Encapsulation ATM, loopback not set, keepalive set (10 sec)
  Encapsulation(s): AAL5, PVC mode
  256 TX buffers, 256 RX buffers, 1024 Maximum VCs, 1 Current VCs
  Signalling vc = 1, vpi = 0, vci = 5
  ATM NSAP address: 14.84D3.01.6A3A23.8340.DEAC.F021.8357.2192.A78E.13
  Last input 0:00:05, output 0:00:05, output hang never
  Last clearing of "show interface" counters never
  Output queue 0/40, 0 drops; input queue 0/75, 0 drops
  Five minute input rate 0 bits/sec, 0 packets/sec
  Five minute output rate 0 bits/sec, 0 packets/sec
     144 packets input, 3148 bytes, 0 no buffer
     Received 0 broadcasts, 0 runts, 0 giants
     0 input errors, 0 CRC, 0 frame, 0 overrun, 0 ignored, 0 abort
     154 packets output, 4228 bytes, 0 underruns
     0 output errors, 0 collisions, 1 interface resets, 0 restarts
```

Bild 6.28:
Die Ethernet-Schnittstelle von RTD in Bild 6.25.

```
RTD#show interface ethernet1/2
Ethernet1/2 is up, line protocol is up
  Hardware is Lance, address is 0000.0c0a.2c51 (bia 0000.0c0a.2c51)
  Internet address is 192.168.4.3/24
  MTU 1500 bytes, BW 10000 Kbit, DLY 1000 usec, rely 255/255, load 1/255
  Encapsulation ARPA, loopback not set, keepalive set (10 sec)
  ARP type: ARPA, ARP Timeout 04:00:00
  Last input 00:00:00, output 00:00:06, output hang never
  Last clearing of "show interface" counters never
  Queueing strategy: fifo
  Output queue 0/40, 0 drops; input queue 0/75, 0 drops
  5 minute input rate 0 bits/sec, 0 packets/sec
  5 minute output rate 0 bits/sec, 0 packets/sec
     85496 packets input, 8284044 bytes, 0 no buffer
     Received 85421 broadcasts, 0 runts, 0 giants, 0 throttles
     0 input errors, 0 CRC, 0 frame, 0 overrun, 0 ignored, 0 abort
     0 input packets with dribble condition detected
     38594 packets output, 3478807 bytes, 0 underruns
     0 output errors, 1 collisions, 5 interface resets
     0 babbles, 0 late collision, 15 deferred
     0 lost carrier, 0 no carrier
     0 output buffer failures, 0 output buffers swapped out
RTD#
```

```
RTF#show interface tokenring0
TokenRing0 is up, line protocol is up
  Hardware is TMS380, address is 0000.3090.c7df (bia 0000.3090.c7df)
  Internet address is 192.168.5.126/27
  MTU 4464 bytes, BW 16000 Kbit, DLY 630 usec, rely 255/255, load 1/255
  Encapsulation SNAP, loopback not set, keepalive set (10 sec)
  ARP type: SNAP, ARP Timeout 04:00:00
  Ring speed: 16Mbps
  Single ring node, Transparent Bridge capable
  Group Address: 0x00000000, Functional Address: 0x08000000
  Ethernet Transit OUI: 0x000000
  Last input 00:00:03, output 00:00:03, output hang never
  Last clearing of "show interface" counters never
  Output queue 0/40, 0 drops; input queue 0/75, 0 drops
  5 minute input rate 0 bits/sec, 0 packets/sec
  5 minute output rate 0 bits/sec, 0 packets/sec
     29245 packets input, 1934430 bytes, 0 no buffer
     Received 75700 broadcasts, 0 runts, 0 giants
     0 input errors, 0 CRC, 0 frame, 0 overrun, 0 ignored, 0 abort
     31612 packets output, 2220089 bytes, 0 underruns
     0 output errors, 0 collisions, 2 interface resets
     0 output buffer failures, 0 output buffers swapped out
     5 transitions
RTF#
```

*Bild 6.29:
Die Token-Ring-Schnittstelle von RTF in Bild 6.25.*

3. Der Befehl **metric weights 0 1 1 0 1 1** wurde zu den IGRP-Konfigurationen der sechs Router in Abbildung 6.25 hinzugefügt. Berechnen Sie erneut die gemischte Metrik für die Route vom Subnetz 192.168.2.96/27 ins Subnetz 192.168.5.96/27.

4. Die zwei Router in Abbildung 6.30 verwenden IGRP. Die gezeigten Bandbreiten und Verzögerungen sind an den Schnittstellen der entsprechenden Verbindungsenden konfiguriert. Welche Befehle müssen bei den Routern eingegeben werden, um die Unequal-Cost-Lastverteilung über alle Verbindungen zu aktivieren?

Bild 6.30: Das Internetzwerk für die Konfigurationsübung 4.

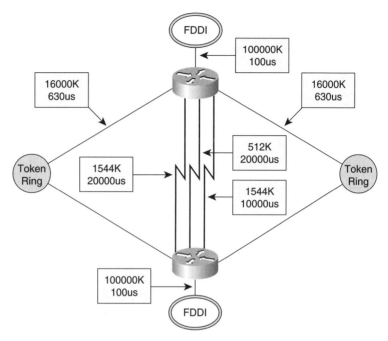

6.8 Übungen zur Fehlersuche

1. Bild 6.31 zeigt die Routing-Tabelle von RTA in Bild 6.32. Auch wenn keine Erreichbarkeitsprobleme in diesem Internetzwerk auftreten, enthält die Routing-Tabelle von RTA einen unerwarteten Eintrag: Das Netzwerk 192.168.3.0 ist über die weniger erwünschten seriellen Verbindungen erreichbar. In den Abbildungen 6.33 bis 6.36 wird die Debugging-Funktion verwendet, um die IGRP-Updates auf den vier Routern zu beobachten. Auch wenn die Ursache des Problems durch diese Debug-Meldungen nicht bestimmt werden kann, läßt sich der Router ermitteln, bei dem das Problem auftritt. Stellen Sie auf der Basis der gegebenen Informationen eine Vermutung auf, die sehr wahrscheinlich die Ursache des Problems erklärt.

```
RTA#show ip route
Codes:  C - connected, S - static, I - IGRP, R - RIP, M - mobile, B - BGP
        D - EIGRP, EX - EIGRP external, O - OSPF, IA - OSPF inter area
        N1 - OSPF NSSA external type 1, N2 - OSPF NSSA external type 2
        E1 - OSPF external type 1, E2 - OSPF external type 2, E - EGP
        i - IS-IS, L1 - IS-IS level-1, L2 - IS-IS level-2, * - candidate default,
        U - per-user static route, o - ODR

Gateway of last resort is not set
     10.0.0.0/24 is subnetted, 1 subnets
C       10.1.1.0 is directly connected, Serial1
I    192.168.1.0/24 [100/8676] via 172.17.16.56, 00:00:38, Ethernet0
I    192.168.2.0/24 [100/1200] via 172.17.16.56, 00:00:38, Ethernet0
I    192.168.3.0/24 [100/12476] via 172.16.17.9, 00:00:19, Serial0
     172.16.0.0/30 is subnetted, 1 subnets
C       172.16.17.8 is directly connected, Serial0
     172.17.0.0/28 is subnetted, 1 subnets
C       172.17.16.48 is directly connected, Ethernet0
RTA#
```

Bild 6.31:
Die Routing-Tabelle von RTA in Bild 6.32.

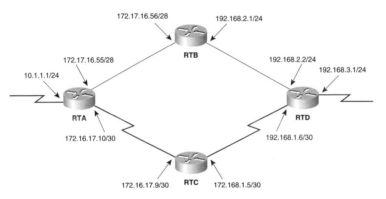

Bild 6.32:
Das Internetzwerk für die Fehlersuchübung 1.

```
RTA#debug ip igrp transactions
IGRP protocol debugging is on
RTA#
IGRP:   received update from 172.17.16.56 on Ethernet0
        network 192.168.1.0, metric 8676 (neighbor 8576)
        network 192.168.2.0, metric 1200 (neighbor 1100)
IGRP:   sending update to 255.255.255.255 via Ethernet0 (172.17.16.55)
        network 10.0.0.0, metric=8476
        network 192.168.3.0, metric=12476
        network 172.16.0.0, metric=8476
IGRP:   sending update to 255.255.255.255 via Serial0 (172.16.17.10)
        network 10.0.0.0, metric=8476
        network 192.168.1.0, metric=8676
        network 192.168.2.0, metric=1200
        network 172.17.0.0, metric=1100
IGRP:   sending update to 255.255.255.255 via Serial1 (10.1.1.1)
        network 192.168.1.0, metric=8676
        network 192.168.2.0, metric=1200
        network 192.168.3.0, metric=12476
        network 172.16.0.0, metric=8476
        network 172.17.0.0, metric=1100
IGRP:   received update from 172.16.17.9 on Serial0
        network 192.168.1.0, metric 10476 (neighbor 8476)
        network 192.168.2.0, metric 10576 (neighbor 8576)
        network 192.168.3.0, metric 12476 (neighbor 10476)
```

Bild 6.33:
Die gesendeten und empfangenen IGRP-Updates von RTA in Bild 6.32.

Bild 6.34:
Die gesendeten und empfangenen IGRP-Updates von RTA in Bild 6.32.

```
RTA#debug ip igrp transactions
IGRP protocol debugging is on
RTB#
IGRP:    received update from 172.17.16.55 on Ethernet0
         network 10.0.0.0, metric 8676 (neighbor 8476)
         network 192.168.3.0, metric 12576 (neighbor 12476)
         network 172.16.0.0, metric=8576 (neighbor 8476)
IGRP:    sending update to 255.255.255.255 via Ethernet0 (172.17.16.56)
         network 192.168.1.0, metric=8676
         network 192.168.2.0, metric=1100
IGRP:    sending update to 255.255.255.255 via Ethernet1 (192.168.2.1)
         network 10.0.0.0, metric=8576
         network 172.16.0.0, metric=8576
         network 172.17.0.0, metric=1100
IGRP:    received update from 192.168.2.2 on Ethernet1
         network 192.168.1.0, metric 8576 (neighbor 8476)
         network 192.168.3.0, metric 8576 (neighbor 8476)
```

Bild 6.35:
Die gesendeten und empfangenen IGRP-Updates von RTC in Bild 6.32.

```
RTC#debug ip igrp transactions
IGRP protocol debugging is on
RTC#
IGRP:    sending update to 255.255.255.255 via Serial0 (172.16.17.9)
         network 192.168.1.0, metric=8476
         network 192.168.2.0, metric=8576
         network 192.168.3.0, metric=10476
IGRP:    sending update to 255.255.255.255 via Serial1 (192.168.1.5)
         network 10.0.0.0, metric=10476
         network 172.16.0.0, metric=8476
         network 172.17.0.0, metric=8576
IGRP:    received update from 172.16.17.10 on Serial0
         network 10.0.0.0, metric 10476 (neighbor 8476)
         network 192.168.1.0, metric 10676 (neighbor 8676)
         network 192.168.2.0, metric 8676 (neighbor 1200)
         network 172.17.0.0, metric 8576 (neighbor 1100)
IGRP:    received update from 192.168.1.6 on Serial1
         network 10.0.0.0, metric 10676 (neighbor 8676)
         network 192.168.2.0, metric 8576 (neighbor 1100)
         network 192.168.3.0, metric 10476 (neighbor 8476)
         network 172.16.0.0, metric 10676 (neighbor 8676)
         network 172.17.0.0, metric 8676 (neighbor 1200)
```

```
RTD#debug ip igrp transactions
IGRP protocol debugging is on
RTD#
IGRP: received update from 192.168.2.1 on Ethernet0
       network 10.0.0.0, metric 8676 (neighbor 8576)
       network 172.16.0.0, metric 8676 (neighbor 8576)
       network 172.17.0.0, metric 1200 (neighbor 1100)
IGRP: sending update to 255.255.255.255 via Ethernet0 (192.168.2.2)
       network 192.168.1.0, metric=8476
       network 192.168.3.0, metric=8476
IGRP: sending update to 255.255.255.255 via Serial0 (192.168.1.6)
       network 10.0.0.0, metric=8676
       network 192.168.2.0, metric=1100
       network 192.168.3.0, metric=8476
       network 172.16.0.0, metric=8676
       network 172.17.0.0, metric=1200
IGRP: sending update to 255.255.255.255 via Serial1 (192.168.3.1)
       network 10.0.0.0, metric=8676
       network 192.168.1.0, metric=8476
       network 192.168.2.0, metric=1100
       network 172.16.0.0, metric=8676
       network 172.17.0.0, metric=1200
IGRP: received update from 192.168.1.5 on Serial0
       network 10.0.0.0, metric 12476 (neighbor 10476)
       network 172.16.0.0, metric 10476 (neighbor 8476)
       network 172.17.0.0, metric 10576 (neighbor 8576)
```

*Bild 6.36:
Die gesendeten
und empfangenen IGRP-Updates von RTD in Bild 6.32.*

2. Die Benutzer der Subnetze 172.16.1.8/29 und 172.16.2.16/29 in Abbildung 6.37 berichten, daß sie sich nicht mit den Servern im Subnetz 172.17.1.8/29 verbinden können. Die Abbildungen 6.38 bis 6.41 zeigen Analyzer-Aufnahmen der IGRP-Updates auf den zwei Ethernet-Verbindungen. In jedem Bild wird auch ein Teil der IP-Header angezeigt. Untersuchen Sie, welcher Router das jeweilige Update erzeugt, und finden Sie das Problem.

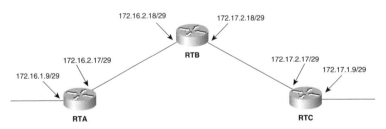

*Bild 6.37:
Das Internetzwerk für die Fehlersuchübung 2.*

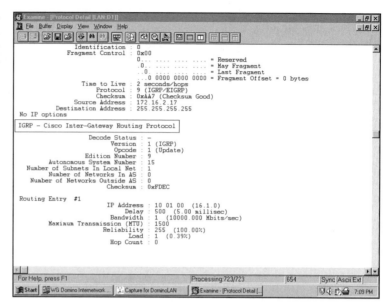

Bild 6.38:
Eine Analyzer-
Aufnahme eines
IGRP-Update
des Internetz-
werks in
Bild 6.37.

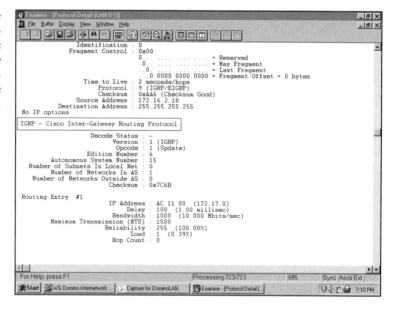

Bild 6.39:
Eine Analyzer-
Aufnahme eines
IGRP-Update
des Internetz-
werks in
Bild 6.37.

Kapitel 6 • Das Interior-Gateway-Routing-Protokoll (IGRP)

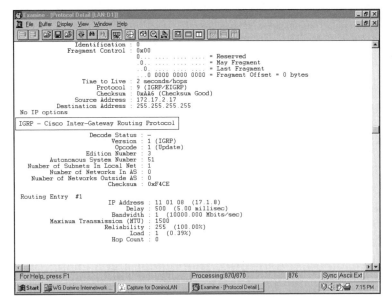

Bild 6.40:
Eine Analyzer-Aufnahme eines IGRP-Update des Internetzwerks in Bild 6.37.

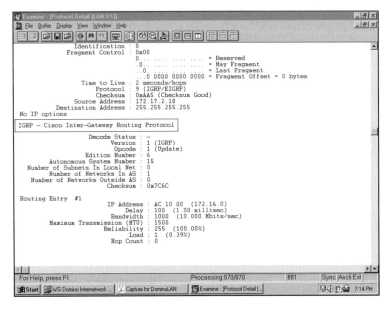

Bild 6.41:
Eine Analyzer-Aufnahme eines IGRP-Update des Internetzwerks in Bild 6.37.

Dieses Kapitel behandelt die folgenden Themen:

- **Wirkungsweise des RIPv2**
  RIPv2-Meldungsformat
  Kompatibilität zu RIPv1
  Classless Routen-Prüfungen
  Classless Routing-Protokolle
  Subnetz-Masken mit variabler Länge (VLSM)
  Authentisierung

- **Konfiguration des RIPv2**
  Fallstudie: Eine einfache RIPv2-Konfiguration
  Fallstudie: Kompatibilität zu RIPv1
  Fallstudie: Verwendung von VLSM
  Fallstudie: Discontiguous Subnetze und Classless Routing
  Fallstudie: Authentisierung

- **Die Fehlersuche bei RIPv2**
  Fallstudie: Fehlerhaft konfiguriertes VLSM

KAPITEL 7
Routing-Information-Protokoll Version 2

RIPv2 ist im RFC 1723[1] festgelegt und wird seit der IOS-Version 11.1 unterstützt. RIPv2 ist kein neues Protokoll. Es stellt eher RIPv1 mit einigen Erweiterungen dar, um es den moderneren Routing-Umgebungen anzupassen. Folgende Erweiterungen wurden vorgenommen:

- In jedem Routen-Eintrag sind Subnetz-Masken enthalten
- Die Routing-Updates können authentisiert werden
- In jedem Routen-Eintrag sind Next-Hop-Adressen enthalten
- Externe Routen-Tags
- Routing-Updates können als Multicast gesendet werden

Die wichtigste Erweiterung ist das Einfügen eines Subnetz-Masken-Felds in den Routing-Update-Einträgen. Damit können Subnetz-Masken mit variablen Längen verwendet werden, und das RIPv2 läßt sich damit als ein classless Routing-Protokoll bezeichnen.

RIPv2 ist das erste der classless Routing-Protokolle, das in diesem Buch betrachtet wird. Daher dient dieses Kapitel nicht nur der Einführung in RIPv2, sondern auch in das classless Routing an sich.

---

1 Die Ergänzungen zu diesem RFC sind das RFC 1721, »RIP Version 2 Protocol Analysis«, und das RFC 1722, »RIP Version 2 Protocol Applicability Statement.«

7.1 Wirkungsweise des RIPv2

Alle ausführbaren Prozeduren, Timer und Stabilitätsfunktionen des RIPv1 bleiben in der Version 2 gleich, mit Ausnahme der Broadcast-Updates. RIPv2 sendet Multicast-Updates an andere RIPv2-sprechende Router, indem es die reservierte Class-D-Adresse 224.0.0.9 verwendet. Der Vorteil des Multicastings liegt darin, daß die Geräte im lokalen Netzwerk, die kein RIP-Routing ausführen, keine Zeit aufwenden müssen, um unnötig Broadcast-Pakete vom Router »auszupacken«. Die Multicast-Updates werden in einem späteren Abschnitt, »Kompatibilität mit RIPv1« behandelt.

Nach einem Blick auf das RIP-Meldungs-Format in Hinsicht darauf, wie die Erweiterungen der Version 2 darin eingebunden wurden, befaßt sich dieser Abschnitt mit der Ausführung und den Vorteilen dieser zusätzlichen Funktionen.

7.1.1 RIPv2-Meldungsformat

Das RIPv2-Meldungsformat wird in Bild 7.1 gezeigt. Der Grundaufbau entspricht dem des RIPv1. Alle Erweiterungen des ursprünglichen Protokolls wurden in vorher ungenutzten Feldern integriert. Wie in der Version 1 können RIPv2-Updates Einträge für bis zu 25 Routen enthalten. RIPv2 verwendet wie die Version 1 den UDP-Port 520 und hat eine Maximale-Datagramm-Größe (mit einem 8 Byte langen UDP-Header) von 512 Oktetten.

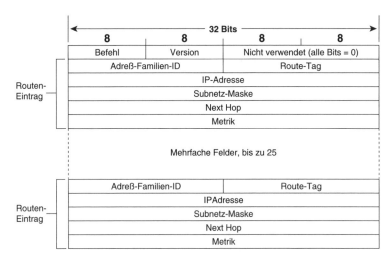

Bild 7.1:
RIPv2 zieht den Vorteil aus den ungenutzten Meldungsfeldern der Version 1. Daher ändern diese Erweiterungen das grundlegende Format nicht.

Das *Befehlsfeld* wird immer eine Eins für eine Anfrage-Meldung tragen oder eine Zwei für eine Antwort-Meldung.

Das *Versionsfeld* wird eine Zwei für das RIPv2 enthalten. Wenn es eine Null oder eine Eins enthält, die Meldung aber kein gültiges RIPv1-Format hat, wird die Meldung verworfen. RIPv2 wird gültige RIPv1-Meldungen verarbeiten.

Das Feld *Adreß-Familien-Kennzeichen* wird eine Zwei für IP enthalten. Die einzige Ausnahme ist eine Anfrage nach der vollständigen Routing-Tabelle eines Routers (oder Hosts). In diesem Fall wird das Kennzeichen eine Null enthalten.

Das Feld *Route-Tag* (=Routen-Marke) bietet ein Feld zur Anzeige von externen Routen oder von Routen, die im RIPv2-Prozeß redistribuiert wurden. Es wurde angeregt, dieses 16-Bit-Feld für die Autonomous-System-Nummern von Routen zu verwenden, die von einem externen Routing-Protokoll importiert wurden. Auch wenn RIP dieses Feld selbst nicht nutzt, könnten externe Routing-Protokolle, die an verschiedenen Punkten mit einer RIP-Domäne verbunden sind, dieses Routen-Tagfeld zum Austausch der Informationen über die RIP-Domäne verwenden. Das Feld könnte ebenso für die Gruppierung bestimmter externer Routen verwendet werden, um sie innerhalb der RIP-Domäne einfacher kontrollieren zu können. Die Verwendung von Route-Tags wird in Kapitel 14 weiter ausgeführt.

Das Feld *IP-Adresse* enthält die Adresse des Routen-Ziels. Es kann eine Haupt-Netzwerk-Adresse, ein Subnetz oder eine Host-Route enthalten.

Das Feld *Subnetz-Maske* enthält eine 32-Bit-Maske, die den Netzwerk- und den Subnetz-Teil der IP-Adresse identifiziert. Die Bedeutung dieses Felds wird im Abschnitt »Subnetz-Masken mit variabler Länge« diskutiert.

Das Feld *Next-Hop* zeigt eine bessere Next-Hop-Adresse, im Vergleich zu der des anmeldenden Routers an, wenn eine vorhanden ist. Dies bedeutet, daß auf demselben Subnetz eine Next-Hop-Adresse existiert, die metrisch näher zum Ziel ist, als der anmeldende Router selbst. Wenn das Feld nur Nullen (0.0.0.0) enthält, ist die Adresse des anmeldenden Routers die beste Next-Hop-Adresse. Ein Beispiel, bei dem dieses Feld hilfreich ist, wird am Ende dieses Abschnitts gegeben.

Das Feld *Metrik* ist ein Hop-Count zwischen 1 und 16.

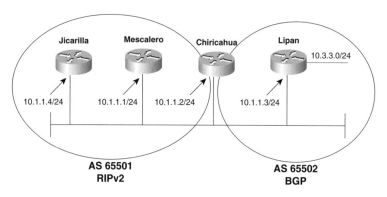

Bild 7.2: Auch wenn sie sich eine gemeinsame Daten-Verbindung teilen, sprechen Jicarilla und Mescalero nur RIPv2. Lipan spricht nur BGP. Chiricahua ist dafür verantwortlich, die ersteren beiden Router über jede Route zu informieren, die er vom letzteren Router erlernt hat.

Bild 7.2 zeigt vier Router, die an eine Ethernet-Verbindung angeschlossen sind.[1] Jicarilla, Mescalero und Chiricahua befinden sich alle im Autonomous-System mit der Nummer 65501 und sprechen RIPv2. Chiricahua ist ein Border-Router zwischen dem Autonomous-System 65501 und dem Autonomous-System 65502. Im zweiten Autonomous-System spricht er BGP mit Lipan.

---

1 Diese Abbildung wurde aus einem Beispiel von Gary Malkin in RFC 1722 übernommen.

Hier meldet Chiricahua alle über BGP erlernten Routen an die RIP-sprechenden Router (Bild 7.3) weiter.[1] In seinen RIPv2-Advertisements wird Chiricahua das Route-Tag-Feld verwenden, um anzuzeigen, daß sich das Subnetz 10.3.3.0, mit der Maske 255.255.255.0 im Autonomous-System 65502 (0xFFDE) befindet. Des weiteren wird Chiricahua das Next-Hop-Feld verwenden, um Jicarilla und Mescalero darüber zu informieren, daß Lipans Schnittstelle die beste Next-Hop-Adresse zu 10.3.3.0 ist und diese damit eine bessere Route darstellt, als die über seine eigene Schnittstelle. Beachten Sie, daß Jicarilla und Mescalero nicht direkt erkennen können, daß Lipan der beste Next-Hop-Router ist (obwohl er auf demselben Subnetz erreichbar ist), da Lipan kein RIP verwendet und Jicarilla und Mescalero kein BGP.

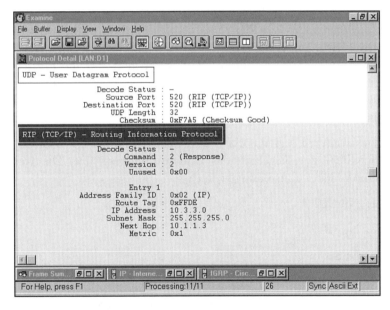

Bild 7.3:
Diese Protokoll-Aufnahme eines RIPv2-Update von Chiricahua zeigt das Route-Tag, die Subnetz-Maske und die Next-Hop-Felder, mit denen das Subnetz 10.3.3.0 angemeldet wird.

7.1.2 Kompatibilität zu RIPv1

RIPv1 geht mit Updates flexibel um. Wenn das Versionsfeld die Version 1 anzeigt, aber irgendein Bit der ungenutzten Felder auf Eins gesetzt ist, wird das Update verworfen. Wenn die

---

1 Die Routen-Redistribution bezieht sich auf das Verfahren zur Anmeldung von Routen, die von einem Protokoll an ein anderes Protokoll weitergegeben wurden. Das Kapitel 11 befaßt sich eingehend mit den Details.

Version größer als 1 ist, werden die Felder ignoriert, die von der Version 1 ungenutzt sind, und die Meldung wird verarbeitet. Auf diese Weise können neuere Versionen des Protokolls, wie RIPv2, abwärtskompatibel zu RIPv1 sein.

Kompatibilitätseinstellungen für RIPv1 und RIPv2

RFC 1723 legt einen »Kompatibilitätsschalter« mit vier Einstellungen fest, der es den Versionen 1 und 2 ermöglicht, miteinander zu kooperieren:

1. Bei *RIP-1* werden nur RIPv1-Meldungen übertragen.

2. Die *RIP-1-Kompatibilität* zwingt RIPv2 dazu, seine Meldungen als Broadcast zu senden und nicht nur als Multicast, damit RIPv1 sie empfangen kann.

3. Bei *RIP-2* werden die RIPv2-Meldungen als Multicast an die Ziel-Adresse 224.0.0.9 gesendet.

4. Bei *Kein* werden keine Updates gesendet.

Das RFC empfiehlt, daß diese Schalter schnittstellenweise konfigurierbar sein sollten. Die Cisco-Befehle für die Einstellungen 1 bis 3 werden im Abschnitt »Die Konfiguration des RIPv2« beschrieben, die Einstellung 4 wird durch den Befehl **passive-interface** erreicht.

Einstellungen für die Update-Empfangs-Kontrolle

Des weiteren legt das RFC 1723 einen »Empfangs-Kontroll-Schalter« zur Regelung des Update-Empfangs fest. Die vier empfohlenen Einstellungen sind:

1. Nur RIP-1

2. Nur RIP-2

3. Beide

4. Kein

Dieser Schalter sollten ebenfalls schnittstellenabhängig konfigurierbar sein. Die Cisco-Befehle für die Einstellungen 1 bis 3 werden auch im Konfigurationsabschnitt dieses Kapitel beschrieben. Die Einstellung 4 wird entweder durch die Verwendung einer Access-Liste zur Filterung des UDP-Quell-Ports 520 erreicht, durch die Nichteingabe des network-Befehls für die Schnittstelle[1] oder durch die Konfiguration eines Routen-Filters, der in Kapitel 13 beschrieben wird.

7.1.3 Classless Routen-Prüfungen

Kapitel 5 beschreibt die classful Routen-Prüfungen, in denen eine Zieladresse erst mit seiner Haupt-Netzwerk-Adresse in der Routing-Tabelle verglichen wird und anschließend ein Vergleich mit einem Subnetz des Haupt-Netzwerks erfolgt. Wenn bei einem dieser Schritte kein Gegenstück gefunden wird, wird das Paket verworfen.

Dieses Standardverhalten kann mit dem globalen Befehl **ip classless** geändert werden und zwar auch bei classful Routing-Protokollen wie RIPv1 und IGRP. Wenn ein Router classless Routen-Prüfungen ausführt, beachtet er nicht die Class der Ziel-Adresse. Statt dessen führt er einen bitweisen Vergleich zwischen der Ziel-Adresse und allen ihm bekannten Routen durch. Diese Fähigkeit kann sehr nützlich sein, wenn man mit Standardrouten arbeitet, wie in Kapitel 12 aufgezeigt wird. In Kombination mit den anderen Möglichkeiten, die die classless Routing-Protokolle zur Verfügung stellen, können classless Routen-Prüfungen sehr wirkungsvoll sein.

7.1.4 Classless Routing-Protokolle

Die wirkliche Eigenschaft, die die classless Routing-Protokolle charakterisiert, ist die Fähigkeit, Subnetz-Masken in ihren Routen-Advertisements zu transportieren. Ein Vorteil der direkt mit jeder Route verbundenen Maske liegt darin, daß auf diese Weise die reinen Null- und reinen Eins-Subnetze verwendbar sind. Das Kapitel 2 beschreibt, daß classful Routing-Protokolle nicht zwischen einem reinen Null-Subnetz (z.B. 172.16.0.0) und der Haupt-Netzwerk-Nummer (172.16.0.0) unterscheiden können. Entsprechend können sie nicht zwischen einem Broadcast an das reine Eins-Subnetz (172.16.255.255) und einem Broadcast an alle Subnetze (172.16.255.255) unterscheiden.

Classless Routing-Protokolle transportieren Subnetz-Masken in ihren Routing-Updates

---

[1] Diese Methode würde nur dann funktionieren, wenn keine andere Schnittstelle des Routers auf dem RIP betrieben werden soll, die an dasselbe Haupt-Netzwerk angeschlossen ist.

Wenn die Subnetz-Masken mitgesendet werden, verschwinden diese Probleme. Man kann leicht erkennen, daß 172.16.0.0/16 die Haupt-Netzwerk-Nummer ist und 172.16.0.0/24 ein reines Null-Subnetz. 172.168.255.255/16 und 172.16.255.255/24 sind genauso unterscheidbar.

In der Grundeinstellung läßt das Cisco-IOS den Konfigurationsversuch eines reinen Null-Subnetzes nicht zu und sieht dies als eine ungültige Adreß/Masken-Kombination an, selbst wenn ein classless Routing-Protokoll betrieben wird. Um dieses Standardverhalten zu ändern, muß der globale Befehl **ip subnet-zero** verwendet werden

Classless Routing-Protokolle ermöglichen Variable-Length-Subnetz-Masking

Ein wesentlich größerer Vorteil der direkt mit jeder Route verbundenen Maske liegt darin, daß das Variable-Length-Subnetz-Masking (VLSM) ermöglicht wird. Mit dieser Methode kann die Zusammenfassung einer Gruppe von Haupt-Netzwerk-Adressen mit einer einzelnen Sammel-Adresse erfolgen. Die Subnetz-Masken mit variabler Länge werden im folgenden Abschnitt und die Adreß-Aggregation (oder das Supernetting) in Kapitel 8 betrachtet.

7.1.5 Subnetz-Masken mit variabler Länge (VLSM)

Wenn jeder im gesamten Internetzwerk angemeldeten Ziel-Adresse eine individuelle Subnetz-Maske zugeordnet werden kann, so besteht kein Grund, daß alle dieses Masken die gleiche Länge besitzen müssen. Diese Tatsache bildet die Basis für VLSM.

Eine einfache Applikation von VLSM ist in Bild 7.4 gezeigt. Jede im Internetzwerk gezeigte Datenverbindung muß eine eindeutig identifizierbare Subnetz-Adresse besitzen, und jede Subnetz-Adresse muß genügend Host-Adressen enthalten, um die an die Datenverbindung angeschlossenen Geräte zu beherbergen.

Kapitel 7 • Routing-Information-Protokoll Version 2

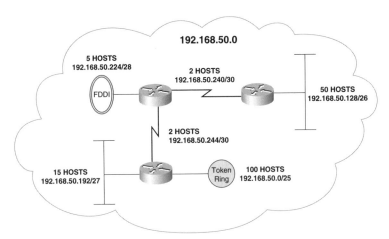

Bild 7.4:
Durch VLSM kann die gezeigte Class-C-Adresse so subvernetzt werden, daß genügend Platz für dieses Internetzwerk und die Hosts auf jeder seiner Datenverbindungen verfügbar ist.

Wenn die Class-C-Netzwerk-Adresse an dieses Internetz vergeben wird, kann die Subvernetzung nicht ohne VLSM erreicht werden. Der Token-Ring mit seinem Bedarf von 100 Host-Adressen benötigt eine 25-Bit Maske (1 Bit für die Subvernetzung). Eine längere Maske würde nicht genügend Host-Bits liefern. Wenn aber alle Masken gleich lang sein müßten, könnte nur ein weiteres Subnetz mit der Class-C-Adresse erzeugt werden.[1] Damit ständen nicht genug Subnetze zur Verfügung, um die anderen Vorgaben zu erfüllen.

Mit VLSM kann der sehr unterschiedliche Bedarf an Host-Adressen des Internetzwerks in Bild 7.4 mit einer Class-C-Netzwerk-Adresse erfüllt werden. Die Tabelle 7.1 listet die Subnetze und die in jedem Subnetz verfügbaren Adreß-Bereiche auf.

Subnetz/Maske	Adreß-Bereich	Broadcast-Adresse
192.168.50.0/25	192.168.50.1–192.168.50.126	192.168.50.127
192.168.50.128/26	192.168.50.129–192.168.50.190	192.168.50.191
192.168.50.192/27	192.168.50.193–192.168.50.222	192.168.50.223
192.168.50.224/28	192.168.50.225–192.168.50.238	192.168.50.239
192.168.50.240/30	192.168.50.241–192.168.50.242	192.168.50.243
192.168.50.244/30	192.168.50.245–192.168.50.246	192.168.50.247

Tabelle 7.1:
Die Subnetze von Bild 7.4.

---

1 Diese Aussage setzt voraus, daß die reinen Null- und Eins-Subnetze – die einzig verfügbaren Subnetze mit einem einzelnen Bit zur Subvernetzung – geroutet werden können.

Viele Menschen, diejenigen die mit VLSM arbeiten eingeschlossen, machen dieses Verfahren komplizierter als es ist. Der vollständige Schlüssel zu VLSM ist der folgende: Nachdem eine Netzwerk-Adresse mit dem Standardverfahren subvernetzt wurde, können diese Subnetze selbst subvernetzt werden. VLSM wird in der Tat bisweilen als »Sub-Subnetting« bezeichnet.

Eine nähere Betrachtung der Adressen in Tabelle 7.1 (wie immer binär) wird enthüllen, wie VLSM funktioniert.[1] Zuerst wird eine 25-Bit-Maske verwendet, um die Netzwerk-Adresse in zwei Subnetze zu unterteilen: 192.168.50.0/25 und 192.168.50.128/25. Das erste Subnetz liefert 126 Host-Adressen, um den Bedarf des Token-Rings in Abbildung 7.4 zu decken.

Aus Kapitel 2 wissen Sie, daß eine Subvernetzung die Ausdehnung der Standard-Netzwerk-Maske beinhaltet, so daß einige Host-Bits als Netzwerk-Bits interpretiert werden. Dieselbe Prozedur wird auf das verbliebene Subnetz 192.168.50.128/25 angewendet. Das eine Ethernet benötigt 50 Host-Adressen, daher wird die Maske des verbliebenen Subnetzes auf 26 Bits ausgedehnt. Dieser Schritt liefert zwei Sub-Subnetze mit den Adressen 192.168.50.128/26 und 192.168.192/26, jedes mit 62 verfügbaren Host-Adressen. Das erste Sub-Subnetz wird für das größere Ethernet verwendet, während das zweite für die weitere Subvernetzung verwendet wird, um sie auf die anderen Datenverbindungen zu verteilen.

Diese Prozedur wird noch zweimal wiederholt, um die benötigten Subnetze mit der benötigten Größe für das kleinere Ethernet und den FDDI-Ring zu erhalten. Das Subnetz 192.168.50.240/28 bleibt übrig, sowie zwei serielle Verbindungen, die Subnetze erfordern. Jede Point-to-Point-Verbindung wird naturgemäß nur zwei Host-Adressen benötigen – eine an jedem Ende. Hier werden nun 30-Bit-Masken verwendet, um die zwei seriellen Verbindungs-Subnetze zu erzeugen, jedes mit nur zwei verfügbaren Host-Adressen.

---

1 Der Leser sei hier sehr dazu ermutigt, das gesamte Beispiel binär durchzuarbeiten

Die Verwendung von VLSM wird allein dadurch gerechtfertigt, daß Point-to-Point-Verbindungen zwar eine Subnetz-Adresse, aber nur zwei Host-Adressen pro Subnetz benötigen. Zum Beispiel zeigt Bild 7.5 eine typische WAN-Topologie mit Remote-Routern, die über Frame-Relay-PVCs mit einem Hub-Router verbunden sind. Ein modernes Vorgehen würde die Konfiguration einer Point-to-Point-Subschnittstelle für jeden dieser PVCs nahelegen.[1] Ohne VLSM wären gleich große Subnetze notwendig. Die Größe würde durch das Subnetz mit den meisten Host-Geräten vorbestimmt.

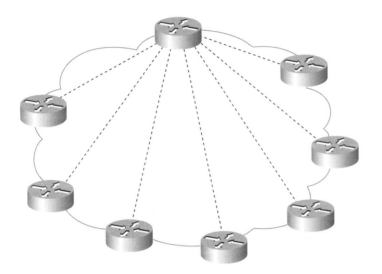

Bild 7.5: VLSM ermöglicht die Konfiguration von separaten Subnetzen für jedes dieser PVCs, ohne Host-Adressen zu verschwenden.

Nehmen wir an, daß eine Class-B-Adresse für das Netzwerk in Bild 7.5 verwendet wird, jeder Router mit mehreren LANs verbunden ist und jedes LAN bis zu 175 angeschlossene Geräte besitzt. Es wäre eine 24-Bit-Maske für jedes Subnetz nötig, für jedes PVC eingeschlossen. Auf diese Weise würden für jedes PVC im Internetzwerk 252 Adressen verschwendet. Mit VLSM kann ein einzelnes Subnetz ausgewählt und mit einer 30-Bit-Maske sub-subvernetzt werden. Es werden dabei so viele Subnetze erzeugt, daß damit bis zu 64 Point-to-Point-Verbindungen betrieben werden können (Bild 7.6).

---

[1] Subschnittstellen werden im Rahmen dieses Buches nicht behandelt. Leser, die noch nicht mit diesen sehr hilfreichen Werkzeugen vertraut sind, seien an den Cisco-Konfiguration-Guide verwiesen.

Bild 7.6:
Diese Class-B-Adresse wurde mit einer 24-Bit-Maske subvernetzt. 172.17.11.0 wurde mit einer 30-Bit-Maske sub-subvernetzt. Die resultierenden 64 Subnetze können für Point-to-Point-Verbindungen genutzt werden.

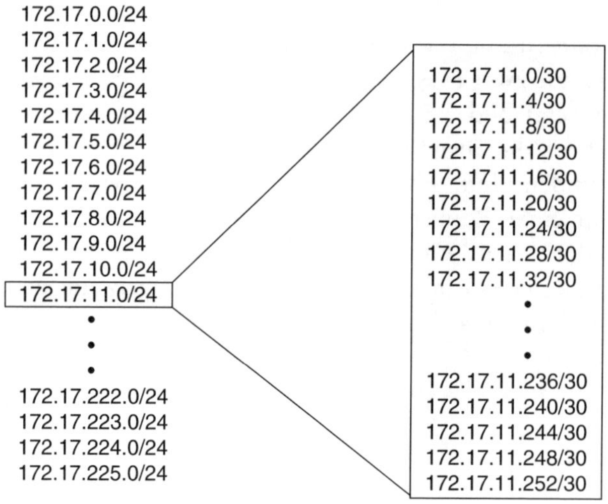

```
172.17.0.0/24
172.17.1.0/24
172.17.2.0/24        172.17.11.0/30
172.17.3.0/24        172.17.11.4/30
172.17.4.0/24        172.17.11.8/30
172.17.5.0/24        172.17.11.12/30
172.17.6.0/24        172.17.11.16/30
172.17.7.0/24        172.17.11.20/30
172.17.8.0/24        172.17.11.24/30
172.17.9.0/24        172.17.11.28/30
172.17.10.0/24       172.17.11.32/30
172.17.11.0/24          •
   •                    •
   •                    •
   •                 172.17.11.236/30
172.17.222.0/24      172.17.11.240/30
172.17.223.0/24      172.17.11.244/30
172.17.224.0/24      172.17.11.248/30
172.17.225.0/24      172.17.11.252/30
```

Beispiele für die VLSM-Adressierung finden sich in diesem und folgenden Kapiteln. Das Kapitel 8 führt einen weiteren Hauptgrund für die Verwendung von VLSM ein, die hierarchische Adressierung sowie die Adreß-Aggregation.

7.1.6 Authentisierung

Ein Sicherheitsaspekt im Zusammenhang mit jedem Routing-Protokoll besteht in der Möglichkeit, daß ein Router ungültige Routing-Updates übernimmt. Die Quelle ungültiger Updates kann in einem Angreifer liegen, der böswillig versucht, das Internetzwerk zu unterbrechen oder Pakete abzufangen, indem er den Router dazu bringt, sie an das falsche Ziel zu senden. Eine alltäglichere Quelle ungültiger Updates kann in einem fehlerhaft funktionierenden Router liegen. RIPv2 beinhaltet die Fähigkeit, die Quelle eines Routing-Update durch ein Paßwort zu authentisieren.

Die Authentisierung wird durch die Veränderung des ersten Routen-Eintrags der RIP-Meldung unterstützt, wie in Bild 7.7 gezeigt. Mit der Authentisierung wird die maximale Anzahl von Einträgen, die ein einzelnes Update übertragen kann, auf 24 reduziert. Das Vorhandensein der Authentisierung wird durch das Setzen des Adreß-Familien-Kennzeichens auf eine Eins-Folge (0xFFFF) angezeigt. Der Authentisierungstyp für die einfache Paßwort-Authentisierung ist zwei (0x0002), und die restlichen 16 Oktette tragen ein alphanumerisches Paßwort von bis zu 16 Zeichen. Es wird nur das Paßwort in das Feld gesetzt, und wenn das Paßwort kürzer als 16 Oktette ist, werden die ungenutzten Bits des Felds auf Null gesetzt.

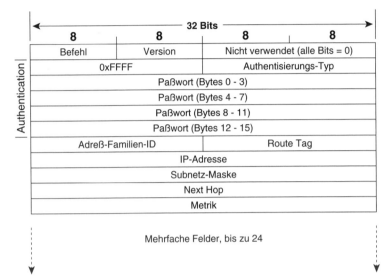

Bild 7.7:
Bei der Verwendung der Authentisierung werden die RIPv2-Authentisierungsinformationen an die Stelle des Routen-Eintrags gesetzt.

Bild 7.8 zeigt eine Analyzer-Aufnahme einer RIPv2-Meldung mit Authentisierung. Die Abbildung zeigt auch eine Schwierigkeit mit der Standard-RIP-Authentisierung auf: Das Paßwort wird im Klartext übertragen. Jeder, der ein Paket mit einer RIPv2-Update-Meldung auffängt, kann das Authentisierungs-Paßwort lesen.

Auch wenn das RFC 1723 nur die einfache Paßwort-Authentisierung beschreibt, zeugt die Einführung des Authentisierungs-Typ-Felds doch von gewisser Voraussicht. Cisco-IOS nutzt diese Möglichkeit und bietet die Option der MD5-Authentisierung statt der einfachen Paßwort-Authentisierung.[1] Cisco verwendet den ersten und den letzten Routen-Eintrags-Raum für die Zwecke der MD5-Authentisierung.

---

1 Das MD5-Verfahren wird im RFC 1321 beschrieben. Eine gute Betrachtung von MD5 kann auch in folgendem Buch gefunden werden: Charlie Kaufman, Radia Perlman and Mike Spencer. Network Security: Private Communication in a Public World. Prentice Hall, 1995, pp. 120–122.

*Bild 7.8:
Wenn die einfache Paßwort-Authentisierung verwendet wird, wird das Paßwort unverschlüsselt übertragen und kann von jedem gelesen werden, der das Paket mit dem Update auffangen kann.*

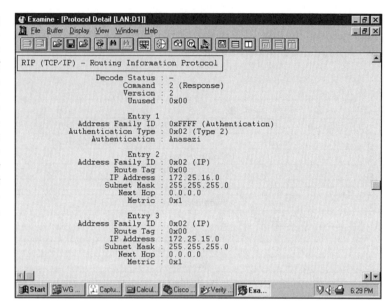

MD5 ist eine einseitige *Message-Digest-* oder *Security-Hash-*Funktion (Meldungszerhacker), die von der RSA Data Security, Inc entwickelt wurde. Sie wird auch gelegentlich als eine *verschlüsselte Prüfsumme* bezeichnet, da sie ähnlich einer arithmetischen Prüfsumme berechnet wird. MD5 berechnet einen 128 Bit langen Hash-Wert aus einer einfachen Textmeldung beliebiger Länge (z.B. aus einem RIPv2-Update) und einem Paßwort. Dieser »Fingerabdruck« wird zusammen mit der Meldung übertragen. Der Empfänger kennt das Paßwort und berechnet seinen eigenen Hash-Wert. Wenn sich in der Meldung nichts verändert hat, sollte der Hash-Wert des Empfängers mit dem Wert des Senders übereinstimmen, der mit der Meldung mit übertragen wurde.

Bild 7.9 zeigt ein Update desselben Routers aus Bild 7.8, aber mit der MD5-Authentisierung. Der Authentisierungstyp ist drei, und es kann kein Paßwort erkannt werden. Beachten Sie, daß Cisco sowohl den ersten als auch den letzten Routen-Eintrags-Raum für die Authentisierungsinformationen verwendet. Da diese Verwendung nicht Teil des offiziellen RIPv2-Standards ist, zeigt der Analyzer, daß die »Authentication out of Place« ist (=Authentisierung nicht am richtigen Platz).

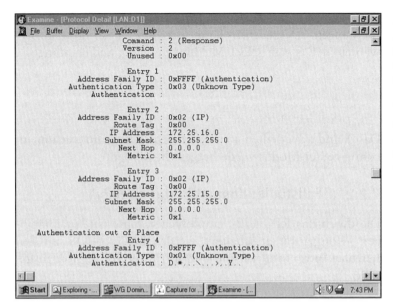

Bild 7.9:
Dieses Update wurde vom selben Router erzeugt, der das Update in Bild 7.8 erzeugte, es wurde jedoch die MD5-Authentisierung verwendet.

7.2 Konfiguration des RIPv2

Da das RIPv2 nur eine Steigerung des RIPv1 und kein separates Protokoll darstellt, werden die in Kapitel 5 eingeführten Befehle für die Veränderung von Timern und Metriken und für die Konfiguration von Unicast-Updates oder keinen Updates in derselben Weise verwendet. Nach dem kurzen Betrachten einer Konfiguration eines RIPv2-Prozesses, konzentriert sich der Rest dieses Abschnitts auf die Konfiguration der neuen Erweiterungen.

7.2.1 Fallstudie: Eine einfache RIPv2-Konfiguration

In der Grundeinstellung sendet ein auf einem Cisco-Router konfigurierter RIP-Prozeß nur RIPv1-Meldungen, hört jedoch sowohl auf RIPv1- als auch auf RIPv2-Meldungen. Diese Grundeinstellung wird mit dem Befehl **version** geändert, wie im folgenden Beispiel:

```
router rip
  version 2
  network 172.25.0.0
  network 192.168.50.0
```

In diesem Modus sendet und empfängt der Router nur RIPv2-Meldungen. Desgleichen kann der Router so konfiguriert werden, daß er nur RIPv1-Meldungen sendet und empfängt:

```
router rip
  version 1
  network 172.25.0.0
  network 192.168.50.0
```

Das Standardverhalten kann mit dem Befehl **no version** im config-router-Modus wiederhergestellt werden.

7.2.2 Fallstudie: Kompatibilität zu RIPv1

Die durch das RFC 1723 empfohlenen schnittstellenabhängigen »Kompatibilitätsschalter« werden in Cisco-IOS mit den Befehlen **ip rip send version** und **ip rip receive version** ausgeführt.

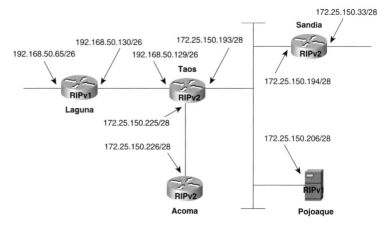

Bild 7.10: Taos verwendet RIPv2, muß aber auch mit der Version 1 zu einigen Geräten sprechen.

Das Internetzwerk in Bild 7.10 enthält Router, die sowohl RIPv1 als auch RIPv2 sprechen. Zusätzlich existiert der Linux-Host Pojoaque mit passivem *routed*, das nur RIPv1 versteht. Die Konfiguration von Taos lautet:

```
interface Ethernet0
  ip adresse 192.168.50.129 255.255.255.192
  ip rip send version 1
  ip rip receive version 1
!
interface Ethernet1
  ip adresse 172.25.150.193 255.255.255.240
  ip rip send version 1 2
!
```

```
interface Ethernet2
  ip adresse 172.25.150.225 255.255.255.240
!
router rip
  version 2
  network 172.25.0.0
  network 192.168.50.0
```

Da der Router Laguna RIPv1 spricht, wird E0 von Taos zum Senden und Empfangen von RIPv1-Updates konfiguriert. E1 wird zum Senden von beiden Versions-Updates konfiguriert, um in Einklang mit dem RIPv1 auf Pojoaque und dem RIPv2 auf Sandia zu sein. E2 benötigt keine besondere Konfiguration. Sie sendet und empfängt die Version 2 in der Grundeinstellung.

```
Taos#debug ip rip
RIP protocol debugging is on
Taos#
RIP:   received v2 update from 172.25.150.194 on Ethernet1
       172.25.150.32/28 - 0.0.0.0 in 1 hops
RIP:   ignored v1 packet from 172.25.150.206 (illegal version)
RIP:   sending v1 update to 255.255.255.255 via Ethernet0 (192.168.50.129)
       network 172.25.0.0, metric 1
RIP:   sending v1 update to 255.255.255.255 via Ethernet1 (172.25.150.193)
       subnet 172.25.150.224, metric 1
       network 192.168.50.0, metric 1
RIP:   sending v2 update to 224.0.0.9 via Ethernet1 (172.25.150.193)
       172.25.150.224/28 - 0.0.0.0, metric 1, tag 0
       192.168.50.0/24 - 0.0.0.0, metric 1, tag 0
RIP:   sending v2 update to 224.0.0.9 via Ethernet2 (172.25.150.225)
       172.25.150.32/28 - 0.0.0.0, metric 2, tag 0
       172.25.150.192/28 - 0.0.0.0, metric 1, tag 0
       192.168.50.0/24 - 0.0.0.0, metric 1, tag 0
RIP:   received v1 update from 192.168.50.130 on Ethernet0
       192.168.50.64 in 1 hops
RIP:   received v2 update from 172.25.150.194 on Ethernet1
       172.25.150.32/28 - 0.0.0.0 in 1 hops
```

Bild 7.11: Mit der Debugging-Funktion können bei Taos die gesendeten und empfangenen RIP-Versionen beobachtet werden.

In Bild 7.11 wird der Befehl **debug ip rip** verwendet, um die von Taos gesendeten und empfangenen Meldungen zu beobachten. Hier sind einige interessante Punkte zu nennen. Beachten Sie zuerst den Unterschied zwischen den aufgefangenen RIPv1- und RIPv2-Meldungen. Die Adreß-Maske sowie die Next-Hop- und Route-Tag-Felder (beide enthalten in diesem Fall nur Nullen) der RIPv2-Updates können beobachtet werden. Zweitens kann beobachtet werden, daß die Schnittstelle E1 RIPv1-Broadcast-Updates und RIPv2-Multicast-Updates sendet. Drittens werden die Updates von Pojoaque

(172.25.150.206) ignoriert, da Taos nicht für den Empfang von RIPv1 konfiguriert wurde (Pojoaque wurde falsch konfiguriert und sendet seine gesamte Routing-Tabelle als Broadcast).[1]

Die vielleicht wichtigste Beobachtung, die in Bild 7.11 gemacht werden kann, betrifft das an Pojoaque gesendete Broadcast-Update: Es beinhaltet nicht das Subnetz 172.25.150.32. Taos kennt dieses Subnetz, das er über die RIPv2-Multicast-Updates von Sandia gelernt hat. Aber Pojoaque kann solche Multicasts nicht empfangen, da er nur RIPv1 spricht. Und obwohl Taos das Subnetz kennt, verhindert die Split-Horizon-Regel, daß Taos das Subnetz aus derselben Schnittstelle aussendet, auf der er es erlernt hat.

Folglich kennt Pojoaque das Subnetz 172.25.150.32 nicht. Zwei Lösungsmöglichkeiten bestehen hier: Erstens könnte Sandia zur Aussendung von beiden RIP-Versionen konfiguriert werden. Zweitens könnte das Split-Horizon an der E1-Schnittstelle von Taos mit der folgenden Konfiguration deaktiviert werden:

```
interface Ethernet1
  ip adresse 172.25.150.193 255.255.255.240
  ip rip send version 1 2
  no ip split-horizon
```

Bild 7.12 zeigt das Ergebnis. Taos schließt nun das Subnetz 172.25.150.32 in seinen Updates ein. Es ist einige Voraussicht nötig, um die möglichen Folgen der Deaktivierung des Split-Horizon zu überblicken. Taos würde dann das Subnetz 172.25.150.32 nicht nur an Pojoaque melden, sondern auch zurück an Sandia.

---

1 Die fehlerhafte Konfiguration erfolgte für dieses Beispiel mit Absicht mit der Option routed -s.

```
Taos#debug ip rip
RIP protocol debugging is on
Taos#
RIP:    ignored v1 packet from 172.25.150.206 (illegal version)
RIP:    received v2 update from 172.25.150.194 on Ethernet1
        172.25.150.32/28 -> 0.0.0.0 in 1 hops
RIP:    sending v1 update to 255.255.255.255 via Ethernet0 (192.168.50.129)
        network 172.25.0.0, metric 1
RIP:    sending v1 update to 255.255.255.255 via Ethernet1 (172.25.150.193)
        subnet 172.25.150.32, metric 2
        subnet 172.25.150.224, metric 1
        subnet 172.25.150.192, metric 1
        network 192.168.50.0, metric 1
RIP:    sending v2 update to 224.0.0.9 via Ethernet1 (172.25.150.193)
        172.25.150.32/28 -> 172.25.150.194, metric 2, tag 0
        172.25.150.224/28 -> 0.0.0.0, metric 1, tag 0
        172.25.150.192/28 -> 0.0.0.0, metric 1, tag 0
        192.168.50.0/24 -> 0.0.0.0, metric 1, tag 0
```

*Bild 7.12:
Mit deaktiviertem Split-Horizon auf E1 schließt Taos nun das Subnetz 172.25.150.32 in seinen Updates an Pojoaque ein.*

7.2.3 Fallstudie: Verwendung von VLSM

In Bild 7.10 wurde dem gezeigten Internetzwerk nun das Subnetz 172.25.150.0/24 zugeordnet. Dieses Subnetz wurde durch eine Ausdehnung der Maske auf 28 Bits wiederum subvernetzt, um es auf die verschiedenen Datenverbindungen anzupassen. Die verfügbaren Sub-Subnetze werden in binärer und gepunkteter Dezimalform in Bild 7.13 gezeigt. Jedes der Subnetze[1] wird nach der Formel $2^n - 2$ dann 14 Host-Adressen besitzen. Aus diesen wurden die Adressen 172.25.150.32, 172.25.150.192 und 172.25.150.224 verwendet.

```
11111111111111111111111111110000 = 255.255.255.240
10101100000110011001011000000000 = 172.25.150.0/28
10101100000110011001011000010000 = 172.25.150.16/28
10101100000110011001011000100000 = 172.25.150.32/28
10101100000110011001011000110000 = 172.25.150.48/28
10101100000110011001011001000000 = 172.25.150.64/28
10101100000110011001011001010000 = 172.25.150.80/28
10101100000110011001011001100000 = 172.25.150.96/28
10101100000110011001011001110000 = 172.25.150.112/28
10101100000110011001011010000000 = 172.25.150.128/28
10101100000110011001011010010000 = 172.25.150.144/28
10101100000110011001011010100000 = 172.25.150.160/28
10101100000110011001011010110000 = 172.25.150.176/28
10101100000110011001011011000000 = 172.25.150.192/28
10101100000110011001011011010000 = 172.25.150.208/28
10101100000110011001011011100000 = 172.25.150.224/28
10101100000110011001011011110000 = 172.25.150.240/28
```

*Bild 7.13:
VLSM wird auf das Subnetz 172.25.150.0/24 angewendet.*

---

1 Da nun das Konzept verstanden sein sollte, wird von hier an der einzelne Begriff Subnetz für ein Subnetz, ein Sub-Subnetz, ein Sub-Sub-Subnetz und alle anderen verwendet werden

In Bild 7.14 wurde bei Taos ein Token-Ring mit 60 Hosts angefügt. Es wird ein Subnetz mit mindestens sechs Host-Bits benötigt, um dieser Datenverbindung genügend Platz zu bieten. Ein classful Routing-Protokoll würde es verlangen, daß fünf der Subnetze aus Bild 7.13 unter Verwendung von sekundären Adressen dem Token-Ring zugeordnet werden müßten [$5 \infty (2^4 - 2) = 70$]. Mit classless Protokollen und VLSM können vier der Subnetze aus Bild 7.13 in ein einzelnes Subnetz mit einer 26-Bit-Maske zusammengefaßt werden. Dieser Schritt wird sechs Host-Bits liefern (62 Host-Adressen), und es ist keine sekundäre Adressierung nötig. Die vier Subnetze 172.25.150.64/28 bis 172.25.150.112/28 werden unter einer 26-Bit-Maske zusammengefaßt: 172.25.150.64/26. Beachten Sie, daß die vier Subnetze nicht zufällig ausgewählt sind. Die ersten der 26 maskierten Bits sind identisch und eindeutig innerhalb der Gruppe der 16 Subnetze[1].

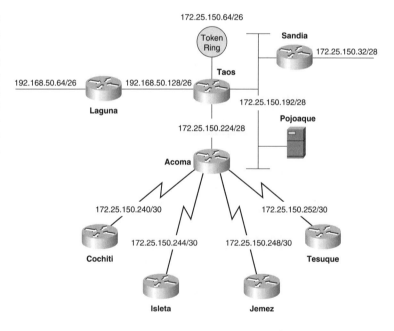

Bild 7.14: VLSM kann verwendet werden, um die Adressen an die Bedürfnisse von individuellen Datenverbindungen anzupassen.

---

1 Das Verfahren der Zusammenfassung mehrerer Adressen in einer Adresse dient als eine Einführung in die Adreß-Aggregation, die in Kapitel 8 behandelt wird

In Bild 7.14 wurden dem Internetzwerk auch vier serielle Verbindungen und vier Router hinzugefügt. Ohne VLSM müßten vier der Subnetze aus Bild 7.13 für die vier seriellen Verbindungen verbraucht werden. Mit VLSM kann ein einzelnes Subnetz aus Bild 7.13 für alle vier seriellen Verbindungen verwendet werden. Das Subnetz 172.25.150.240 wird ausgewählt, und es wird eine 30-Bit-Maske für die Subnetze in Bild 7.15 verwendet. Jedes der resultierenden vier Subnetze enthält zwei Host-Adressen.

```
11111111111111111111111111111100 = 255.255.255.252
10101100000110011001011011110000 = 172.25.150.240/30
10101100000110011001011011110100 = 172.25.150.244/30
10101100000110011001011011111000 = 172.25.150.248/30
10101100000110011001011011111100 = 172.25.150.252/30
```

*Bild 7.15:
Es wird eine 30-Bit-Maske auf das Subnetz 172.25.150.240 angewendet.*

Das grundlegende Ziel der Subvernetzung ist immer dasselbe: Ein Router muß fähig sein, jede Datenverbindung in einem Internetzwerk mit einer eindeutigen Adresse von jeder anderen Adresse zu unterscheiden. Das ist das gemeinsame Ziel in den vorherigen zwei Beispielen. Im ersten Beispiel wurden mehrfache Adressen in einer einzelnen Adresse zusammengefaßt, indem die Größe der Maske so weit verringert wurde, bis nur noch die Bits übrigblieben, die allen Adressen gemein waren. Beachten Sie, daß dies gleichfalls passiert, wenn die Subnetze mit der Haupt-Netzwerk-Adresse zusammengefaßt werden. Im zweiten Beispiel wurden aus einem einzelnen Subnetz durch die Erweiterung der Subnetz-Maske mehrere Subnetze erzeugt.

7.2.4 Fallstudie: Discontiguous Subnetze und Classless Routing

Bild 7.16 zeigt vier neue Router, an die jeweils zwei Ethernets angeschlossen sind. Jeweils ein Ethernet der vier neuen Router ist Mitglied des Subnetzes 172.25.150.0/24 und wird nicht mehr als zwölf Hosts besitzen. Das ist relativ einfach. Es werden vier ungenutzte Subnetze aus Bild 7.13 ausgewählt und vergeben.

Bild 7.16: Cochiti, Isleta, Jemez und Tesuque sind jeweils mit zwei Ethernets verbunden. Ein Ethernet an jedem Router ist ein Mitglied des Subnetzes 172.25.150.0/24 und das andere ist ein Mitglied des Netzwerks 192.168.50.0/24.

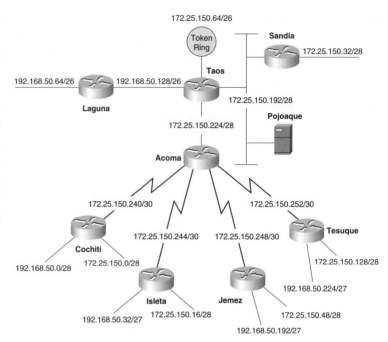

Alle anderen Ethernets sind Mitglieder des Netzwerks 192.168.50.0 und werden nicht mehr als 25 Hosts besitzen. Die Subnetze 192.168.50.64/26 und 192.168.50.128/26 sind in Verwendung, daher bleiben die Subnetze 192.168.50.0/26 und 192.168.50.192/26 übrig. Durch Erhöhung der Maske auf 27 Bits können diese zwei Subnetze in vier geteilt werden, jedes mit fünf Host-Bits – genug für 30 Host-Adressen pro Subnetz. Bild 7.17 zeigt die vier Subnetze in binärer Schreibweise.

Bild 7.17: Das Subnetz 192.169.50.0/26 wird mit einer 27-Bit-Maske weiter subvernetzt.

```
11111111111111111111111111100000 = 255.255.255.224
11000000101010001100100000000000 = 192.169.50.0/27
11000000101010001100100000100000 = 192.168.50.32/27
11000000101010001100100011000000 = 192.168.50.192/27
11000000101010001100100011100000 = 192.168.50.224/27
```

Nach der Verteilung aller Subnetz-Adressen, stellt sich die nächste Aufgabe, da die Subnetze von 192.168.50.0 discontiguous sind. Das Kapitel 5 beschreibt eine Fallstudie über discontiguous Subnetze und demonstriert die Verwendung von sekundären Schnittstellen, um sie zu verbinden. Die classless Routing-Protokolle haben keine so großen Schwierigkeiten mit discontiguous Subnetzen. Da jedes Routen-Update eine Maske enthält, können die Subnetze eines Haupt-Netzwerks in ein anderes Haupt-Netzwerk weitergemeldet werden.

Das Standardverhalten des RIPv2 besteht jedoch in der Zusammenfassung an Netzwerkgrenzen, wie es auch das RIPv1 ausführt. Verwenden Sie den Befehl **no auto-summary** mit dem RIP-Prozeß, um diese Zusammenfassung abzuschalten und die Subnetze über Netzwerkgrenzen weiterzumelden. Die Konfiguration für Cochiti lautet:

```
interface Ethernet0
   ip adresse 192.168.50.1 255.255.255.224
!
interface Ethernet1
   ip adresse 172.25.150.1 255.255.255.240
!
interface Serial0
   ip adresse 172.25.150.242 255.255.255.252
!
router rip
   version 2
   network 172.25.0.0
   network 192.168.50.0
   no auto-summary
```

Isleta, Jemez und Tesuque werden ähnliche Konfigurationen erhalten. Die Zusammenfassung muß auch bei Taos und Acoma abgeschaltet werden. Erinnern Sie sich an Bild 7.10, in der Laguna RIPv1 verwendete. Damit diese Konfiguration funktioniert, muß er auf die Version 2 wechseln.

Es sollte sorgfältig überprüft werden, welchen Effekt die variablen Masken auf Pojoaque haben, auf dem weiterhin RIPv1 ausgeführt wird. Die Debug-Meldungen in Bild 7.18 zeigen die von Taos in das Subnetz 172.25.150.192/28 gesendeten Updates beider Versionen. Die Updates der Version 1 werden nur diejenigen Subnetze enthalten, deren Masken 28 Bits besitzen: dieselben, die das Subnetz besitzt, auf dem die Updates als Broadcast gesendet werden. Ebenso wird Pojoaque keine Advertisements für 172.25.150.64/26 empfangen oder für Subnetze der seriellen Verbindungen. Eine Überprüfung der Subnetz-Adressen zeigt, daß Pojoaque die Adressen korrekt interpretieren wird und zwar, daß sie nicht zu seinem eigenen Subnetz gehören. Die Pakete, die für diese Subnetze bestimmt sind, werden an Taos weitergeleitet werden.

*Bild 7.18:
Auch wenn das
RIPv2-Update
von Taos alle
Subnetze des
Internetzwerks
enthält, beinhalten die RIPv1-
Updates nur eine
zusammenfassende Route
ins Netzwerk
192.168.50.0
und nur diejenigen Subnetze von
172.25.150.0,
deren Masken
dieselben sind,
wie die der
Schnittstelle, auf
der die Updates
ausgesendet
werden.*

```
Taos#debug ip rip
RIP protocol debugging is on
RIP:   sending v1 update to 255.255.255.255 via Ethernet0 (172.25.150.193)
       subnet 172.25.150.0, metric 3
       subnet 172.25.150.16, metric 3
       subnet 172.25.150.32, metric 2
       subnet 172.25.150.48, metric 3
       subnet 172.25.150.128, metric 3
       subnet 172.25.150.192, metric 1
       subnet 172.25.150.224, metric 1
       network 192.168.50.0, metric 1
RIP:   sending v2 update to 224.0.0.9 via Ethernet0 (172.25.150.193)
       172.25.150.0/28 -> 0.0.0.0, metric 3, tag 0
       172.25.150.16/28 -> 0.0.0.0, metric 3, tag 0
       172.25.150.32/28 -> 0.0.0.0, metric 2, tag 0
       172.25.150.48/28 -> 0.0.0.0, metric 3, tag 0
       172.25.150.64/26 -> 0.0.0.0, metric 1, tag 0
       172.25.150.128/28 -> 0.0.0.0, metric 3, tag 0
       172.25.150.192/28 -> 0.0.0.0, metric 1, tag 0
       172.25.150.224/28 -> 0.0.0.0, metric 1, tag 0
       172.25.150.240/30 -> 0.0.0.0, metric 2, tag 0
       172.25.150.244/30 -> 0.0.0.0, metric 2, tag 0
       172.25.150.248/30 -> 0.0.0.0, metric 2, tag 0
       172.25.150.252/30 -> 0.0.0.0, metric 1, tag 0
       192.168.50.0/27 -> 0.0.0.0, metric 3, tag 0
       192.168.50.32/27 -> 0.0.0.0, metric 3, tag 0
       192.168.50.64/26 -> 0.0.0.0, metric 2, tag 0
       192.168.50.128/26 -> 0.0.0.0, metric 1, tag 0
       192.168.50.192/27 -> 0.0.0.0, metric 2, tag 0
       192.168.50.224/27 -> 0.0.0.0, metric 3, tag 0
```

7.2.5 Fallstudie: Authentisierung

Die Ausführung der RIPv2-Meldungsauthentisierung von Cisco enthält die Wahl zwischen einem einfachen Paßwort und der MD5-Authentisierung sowie die Option der Vereinbarung mehrerer Schlüssel oder Paßworte an einer »Schlüsselkette«. Der Router kann daraufhin zur Verwendung von verschiedenen Schlüsseln zu verschiedenen Gelegenheiten konfiguriert werden.

Die Schritte zur Initialisierung der RIPv2-Authentisierung folgen.

1. Vereinbaren Sie eine Schlüsselkette (engl. key chain) mit einem Namen.

2. Vereinbaren Sie den oder die Schlüssel auf der Schlüsselkette.

3. Aktivieren Sie die Authentisierung auf einer Schnittstelle, und legen Sie fest, welche Schlüsselkette verwendet werden soll.

4. Legen Sie fest, ob die Schnittstelle den Klartext oder die MD5-Authentisierung verwenden soll.

5. Konfigurieren Sie optional das Schlüssel-Management.

Im folgenden Beispiel wird eine Schlüsselkette namens Tewa bei Taos konfiguriert. Der Schlüssel 1, als einziger Schlüssel auf der Kette, besitzt das Paßwort Kachina. Die Schnittstelle E0 verwendet daraufhin den Schlüssel mit der MD5-Authentisierung, um die Updates von Laguna zu authentisieren.

```
Taos(config)#key chain Tewa
Taos(config-keychain)#key 1
Taos(config-keychain-key)#key-string Kachina
Taos(config-keychain-key)#interface ethernet 0
Taos(config-if)#ip rip authentication key-chain Tewa
Taos(config-if)#ip rip authentication mode md5
```

Eine Schlüsselkette muß auch dann konfiguriert sein, wenn sich nur ein Schlüssel an ihr befindet. Auch wenn jeder Router, der authentisierte Updates austauscht, dasselbe Paßwort besitzen muß, hat der Name der Schlüsselkette nur auf dem lokalen Router eine Bedeutung. Laguna könnte beispielsweise eine Schlüsselkette namens Keres besitzen, aber die Zeichenfolge des Schlüssels muß Kachina heißen, um mit Taos zu kommunizieren.

Wenn der Befehl **ip rip authentication mode md5** nicht verwendet wird, wird die Schnittstelle die Standard-Klartext-Authentisierung benutzen. Auch wenn die Klartext-Authentisierung notwendig sein kann, um mit einigen RIPv2-Ausführungen kommunizieren zu können, ist es meist angebracht, die wesentlich sicherere MD5-Authentisierung zu verwenden.

Das Schlüssel-Management wird verwendet, um von einem Authentisierungsschlüssel zu einem anderen zu wechseln. Im folgenden Beispiel wird Laguna so konfiguriert, daß er mit dem ersten Schlüssel am 28. November 1997 um 16:30h beginnt und ihn für 12 Stunden (43200 Sekunden) verwendet. Der zweite Schlüssel wird am 29. November um 04:00h gültig und bis zum 15. April 1998 um 13:00h verwendet. Der dritte Schlüssel wird am 15. April 1998 um 12:30h gültig und danach dauerhaft gültig bleiben.

```
key chain Keres
  key 1
    key-string Kachina
    accept-lifetime 16:30:00 Nov 28 1997 duration 43200
    send-lifetime 16:30:00 Nov 28 1997 duration 43200
  key 2
    key-string Kiva
    accept-lifetime 04:00:00 Nov 29 1997 13:00:00 Apr 15 1998
    send-lifetime 04:00:00 Nov 29 1997 13:00:00 Apr 15 1998
```

```
         key 3
            key-string Koshare
            accept-lifetime 12:30:00 Apr 15 1998 infinite
            send-lifetime 12:30:00 Apr 15 1998 infinite
         !
         interface Ethernet0
            ip adresse 198.168.50.130 255.255.255.192
            ip rip authentication key-chain Keres
            ip rip authentication mode md5
```

Wie die Konfiguration zeigt, werden das Paßwort, das von anderen Routern akzeptiert wird, und das Paßwort, das mit übertragenen Meldungen verwendet wird, getrennt verwaltet. Die Befehle **accept-lifetime** und **send-lifetime** benötigen beide eine bestimmte Startzeit und können entweder eine bestimmte Dauer oder Endzeit erhalten oder das Schlüsselwort *infinite* (=unendlich). Die Schlüsselnummern werden nach der niedrigsten Zahl untersucht, und der erste gültige Schlüssel wird verwendet.

Auch wenn diese Konfiguration ein 30minütiges Überschneiden nutzt, um Unterschiede in Systemzeiten zu kompensieren, wird dringend empfohlen, ein Zeit-Synchronisierungs-Protokoll wie das Network-Time-Protocol (NTP) zusammen mit dem Schlüssel-Management zu verwenden[1].

7.3 Die Fehlersuche bei RIPv2

Zwei häufig auftretende Konfigurationsprobleme bei RIPv2 sind unpassende Versionen und eine fehlerhaft konfigurierte Authentisierung. Beide Schwierigkeiten sind einfach mit der Debugging-Funktion zu entdecken, wie Bild 7.19 zeigt.

Bild 7.19: Die Debugging-Funktion enthüllt unpassende Versionen und eine fehlerhaft konfigurierte Authentisierung

```
Jemez#debug ip rip events
RIP event debugging is on
Jemez#
RIP: ignored v1 packet from 172.25.150.249 (illegal version)
RIP: ignored v2 packet from 172.25.150.249 (invalid authentication)
Jemez#
```

Eine wahrscheinlichere Quelle ernsthafter Probleme mit RIPv2 oder anderen classless Routing-Protokollen, ist eine fehlerhaft

---

1 NTP wird im Rahmen dieses Buches nicht behandelt. Es sei hier an den Cisco Konfiguration Guide für weitere Informationen verwiesen.

Kapitel 7 • Routing-Information-Protokoll Version 2

konfigurierte Subnetz-Maske mit variabler Länge. VLSM ist nicht schwer, aber wenn ein VLSM-Schema nicht sorgfältig entworfen und verwaltet wird, kann dies einige ungewöhnliche Routing-Schwierigkeiten erzeugen.

7.3.1 Fallstudie: Fehlerhaft konfiguriertes VLSM

Der Host C in Bild 7.20 kann nicht über das Internetzwerk kommunizieren, und er kann nicht einmal die anderen Hosts oder Router auf der lokalen Datenverbindung anpingen. Die Hosts A und B haben keine Kommunikationsprobleme miteinander oder mit anderen Hosts innerhalb des Internetzwerks, aber sie können nicht mit C kommunizieren. Alle Hosts sind zur Verwendung der Adresse 172.19.35.1 als Standard-Gateway-Adresse konfiguriert.

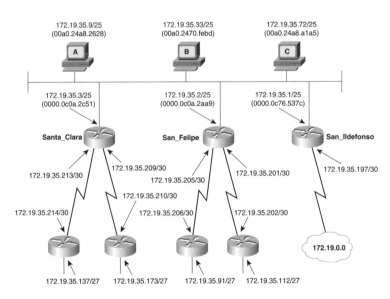

Bild 7.20: Hosts A und B können über das Internetzwerk kommunizieren, nur Host C kann es nicht.

Bei einem Ping-Versuch von Host A oder B zu Host C ist der erste Ping erfolgreich, aber die folgenden Pings schlagen fehl (Bild 7.21). Die Tatsache, daß zumindest ein ICMP-Echo-Anfrage-Paket C erreichte und zumindest ein Echo-Antwort-Paket zurückkehrte, zeigt an, daß das Problem nicht mit der Hardware oder der Datenverbindung zusammenhängt.

*Bild 7.21:
Wenn Host B
einen Ping an
Host C sendet,
ist der erste Ping
erfolgreich, und
nachfolgende
Pings schlagen
fehl.*

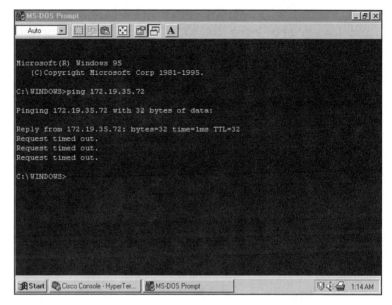

Das merkwürdige Ping-Verhalten läßt vermuten, daß nach dem ersten erfolgreichen Paket alle nachfolgenden Pakete – entweder die Echo-Anfragen von B oder die Echo-Antworten von C – irgendwie in die falsche Richtung gelenkt werden. Da dieses Verhalten auf der lokalen Datenverbindung auftritt, sollten die Address-Resolution-Protocol-(ARP-)Caches überprüft werden.

Bild 7.22 und Bild 7.23 zeigen jeweils die ARP-Caches von C und B. Die Vermutungen werden hiermit über das ARP bestätigt. Der Cache von C enthält die korrekte MAC-Adresse für B (00a0.2470.febd), aber der Cache von B hat C die MAC-Adresse 0000.0c0a.2aa9 zugeordnet. Eine genauere Überprüfung beider Caches zeigt, daß 0000.0c0a.2aa9 die MAC-Adresse von San_Felipes lokal verbundener Schnittstelle ist. Diese Information läßt sich aus der Tatsache folgern, daß dieselbe MAC-Adresse zu der IP-Adresse 172.19.35.2 gehört und allen über diesen Router erreichbaren IP-Adressen diese MAC-Adresse zugeordnet wird.

```
Linux 1.2.13 (Zuni.pueblo.com) (ttyp0)


Zuni login: root
Password:
Last login: Sat Nov 29 11:21:57 on tty1
Linux 1.2.13.
You have mail.
Zuni:~# arp -a
Address              HW type           HW address          Flags    Mask
172.19.35.112        10Mbps Ethernet   00:00:0C:0A:2A:A9   C        *
172.19.35.1          10Mbps Ethernet   00:00:0C:76:5B:7C   C        *
172.19.35.33         10Mbps Ethernet   00:A0:24:70:FE:BD   C        *
172.19.35.2          10Mbps Ethernet   00:00:0C:0A:2A:A9   C        *
172.19.35.3          10Mbps Ethernet   00:00:0C:0A:2C:51   C        *
172.19.35.9          10Mbps Ethernet   00:A0:24:A8:26:28   C        *
172.19.35.91         10Mbps Ethernet   00:00:0C:0A:2A:A9   C        *
Zuni:~#
```

Bild 7.22:
Der ARP-Cache von Host C zeigt die korrekten MAC-Adressen von allen IP-Adressen.

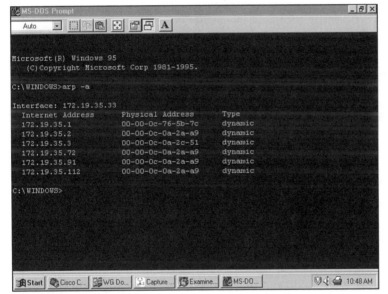

Bild 7.23:
Der ARP-Cache von Host B zeigt, daß die IP-Adresse von C der MAC-Adresse von San_Felipes Schnittstelle 172.19.35.2 zugeordnet wird.

Die Ping-Ergebnisse beginnen einen Sinn zu ergeben. B sendet eine ARP-Anfrage als Broadcast an 172.19.35.72. C sendet eine ARP-Antwort, und B sendet seinen ersten Ping an die richtige Stelle. Währenddessen hat San_Felipe die ARP-Anfrage empfangen und glaubt offensichtlich, eine Route zu 172.19.35.72 zu besitzen. Er antwortet mit einem Proxy-ARP (später als C, weil er zuerst eine Routen-Prüfung vornehmen muß), was B dazu bringt, die MAC-Adresse von C zu überschreiben. Nachfolgende Echo-Anfrage-Pakete werden an San_Felipe gesendet, wo sie aus der lokalen Datenverbindung hinausgeroutet und verloren werden. Der Anschluß eines Protokoll-Analyzer an das Ethernet bestätigt diesen Punkt (Bild 7.24).

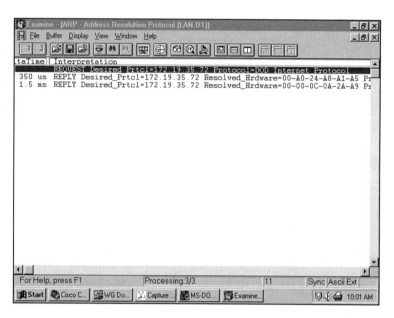

Bild 7.24:
Ein Protokoll-Analyzer, der ARP-Pakete herausfiltert, zeigt die ARP-Anfrage von B an C und die Antworten sowohl von Host C (00a0.24a8.a1a5) als auch vom Router San_Felipe (0000.0c0a.2aa9).

Wenn Sie wissen, daß ein Routing-Problem besteht, muß nur noch die Ursache gefunden werden. Zuerst sollten die Subnetz-Adressen für jede Datenverbindung bestimmt werden (Bild 7.25). Anschließend sollte die IP-Adresse von C mit allen über San_Felipe erreichbaren Subnetzen in binärer Schreibweise verglichen werden, um irgendwelche Konflikte zu finden. Bild 7.26 zeigt die Adressen mit den fettgedruckten Subnetz-Bits des letzten Oktetts.

Ein Vergleich zeigt, daß die ersten drei Bits von 172.19.35.72/25 auf das Subnetz 172.19.35.64/27 passen. San Felipe hat sowohl Routen 172.19.35.0/25 als auch zu 172.19.35.64/27 (siehe Bild 7.27). Wenn er ein Paket für Host C empfängt, wird er ein Bit dem Subnetz 172.19.35.0/25 zuordnen können, aber drei Bits dem Subnetz 172.19.35.64/27. Also wird der Router das präzisere Subnetz wählen und das Paket aus der lokalen Datenverbindung hinaus in die Vergessenheit routen.

Kapitel 7 • Routing-Information-Protokoll Version 2

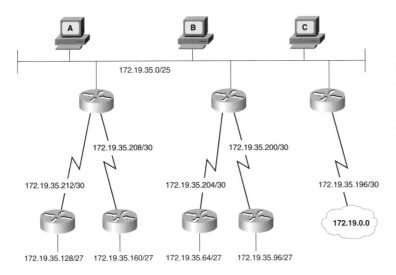

Bild 7.25:
Wenn Sie ein Adreß-Schema analysieren und hier im Besonderen ein VLSM-Design, dann sollten die Subnetze für jede Datenverbindung bestimmt werden, um Konflikte und Überschneidungen entdecken zu können.

```
10101100000100110010001101001000 = 172.19.35.72/25
10101100000100110010001100000000 = 172.19.35.0/25
10101100000100110010001101000000 = 172.19.35.64/27
10101100000100110010001101100000 = 172.19.35.96/27
10101100000100110010001111001000 = 172.19.35.200/30
10101100000100110010001111001100 = 172.19.35.204/30
```

Bild 7.26:
Die IP-Adressen von C mit den hervorgehobenen Subnetz-Bits des letzten Oktetts.

```
San_Felipe#show ip route
Codes:  C - connected, S - static, I - IGRP, R - RIP, M - mobile, B - BGP
        D - EIGRP, EX - EIGRP external, O - OSPF, IA - OSPF inter area
        E1 - OSPF external type 1, E2 - OSPF external type 2, E - EGP
        i - IS-IS, L1 - IS-IS level-1, L2 - IS-IS level-2, * - candidate default,
        U - per-user static route

Gateway of last resort is 172.19.35.1 to network 0.0.0.0
     172.19.0.0/16 is variably subnetted, 10 subnets, 3 masks
R       172.19.35.128/27 [120/1] via 172.19.35.3, 00:00:07, Ethernet0
R       172.19.35.160/27 [120/1] via 172.19.35.3, 00:00:08, Ethernet0
R       172.19.35.212/30 [120/1] via 172.19.35.3, 00:00:08, Ethernet0
R       172.19.35.208/30 [120/1] via 172.19.35.3, 00:00:08, Ethernet0
C       172.19.35.204/30 is directly connected, Serial0
C       172.19.35.200/30 is directly connected, Serial1
R       172.19.35.196/30 [120/1] via 172.19.35.1, 00:00:17, Ethernet0
C       172.19.35.0/25 is directly connected, Ethernet0
R       172.19.35.64/27 [120/1] via 172.19.35.206, 00:00:11, Serial0
R       172.19.35.96/27 [120/1] via 172.19.35.202, 00:00:23, Serial1
R*   0.0.0.0/0 [120/1] via 172.19.35.1, 00:00:18, Ethernet0
San_Felipe#
```

Bild 7.27:
San_Felipe hat Routen zu 172.19.35.0/25 und zu 172.19.35.64/27. Die zweite Route ist die bessere Verbindung zu C.

Die Lösung dieses Problems liegt darin, daß entweder der Host C oder das Subnetz 172.19.35.64 eine neue Adresse erhält. Dieser Schritt ist leichter gesagt als getan. In der Praxis kann dies einige schwierige Entscheidungen abfordern, die auch dem Client auferlegt wurden, auf dessen Internetzwerk diese Fallstudie basiert.

Bild 7.28 zeigt alle möglichen Subnetze mit einer 27-Bit-Maske von 172.19.35.0. Es war beabsichtigt, die ersten vier Subnetze in ein einzelnes Subnetz mit einer 25-Bit-Maske zusammenzufassen, um bis zu 85 Hosts auf dem »Backbone«-Ethernet beherbergen zu können. Diese Entscheidung ist gültig, da die Gruppierung alle Subnetze verwenden wird, deren erstes Bit Null ist. Keine andere Adresse kann einen Konflikt auslösen. Als nächstes wird das Subnetz 172.19.35.192/27 mit einer 30-Bit-Maske subvernetzt, um es für die seriellen Verbindungen zu nutzen. Auch diese Designentscheidung ist gültig. Die Subnetze 172.19.35.128/27 und 172.19.35.160 bleiben unverändert. Der Fehler trat dann auf, als die Subnetze 172.19.35.64/27 und 172.19.35.96/27 ausgewählt wurden, um auf zwei »Remote«-Netzwerken verwendet zu werden. Über diese Subnetze wurde bereits gesprochen.

Bild 7.28: Dem Subnetz 172.19.35.0 wurde eine 27-Bit-Subnetz-Maske zugewiesen.

```
11111111111111111111111111100000 = 255.255.255.224
10101100000100110010001100000000 = 172.19.35.0/27
10101100000100110010001100100000 = 172.19.35.32/27
10101100000100110010001101000000 = 172.19.35.64/27
10101100000100110010001101100000 = 172.19.35.96/27
10101100000100110010001110000000 = 172.19.35.128/27
10101100000100110010001110100000 = 172.19.35.160/27
10101100000100110010001111000000 = 172.19.35.192/27
10101100000100110010001111100000 = 172.19.35.224/27
```

Die schwierige Entscheidung liegt darin, ob das Backbone neu adressiert werden soll und damit einiger Adreßraum geopfert wird oder ob die zwei Remote-Subnetze neu adressiert werden sollen und in jedem von ihnen der Adreßraum geopfert wird. Es wurde die zweite Möglichkeit gewählt und eine 28-Bit-Maske zur Teilung von 172.19.35.224/27 in zwei Subnetze für die Remote-Subnetze verwendet.

7.4 Ausblick

Auch wenn RIPv2 einige entscheidende Verbesserungen gegenüber RIPv1 liefert, ist es weiterhin auf ein Maximum von 15 Hops beschränkt und daher nur für kleine Internetzwerke geeignet. Die Kapitel 8, 9 und 10 betrachten wir drei Protokolle, die in wesentlich größeren Internetzwerken verwendet werden können und bei denen solche Design-Strategien wie VLSM sehr mächtig werden, um sie zu kontrollieren.

7.4.1 Zusammenfassende Tabelle: Befehle aus Kapitel 7

Befehl	Beschreibung
accept-lifetime *Startzeit*{infinite|*Endzeit*|duration *Sekunden*}	Legt die Zeitperiode fest, während der der Authentisierungsschlüssel an einer Schlüsselkette als gültig empfangen wird.
auto-summary	Schaltet die automatische Routen-Zusammenfassung an Netzwerkgrenzen aus oder an.
debug ip rip [events]	Aktiviert die Anzeige von Meldungen bei RIP-Aktionen.
ip classless	Aktiviert die Weiterleitung von Paketen auf die Route, für die der Router den besten Vergleich finden kann, ohne die Class der Ziel-Adresse zu berücksichtigen.
ip rip authentication key-chain *Kettenname*	Aktiviert die RIPv2-Authentisierung auf einer Schnittstelle und legt den Namen der verwendeten Schlüsselkette fest.
ip rip authentication mode{text|md5}	Vereinbart, ob eine Schnittstelle die Klartext- oder md5-Authentisierung verwendet.
ip rip receive version [1] [2]	Legt die Version oder Versionen der RIP-Meldungen fest, die eine Schnittstelle annehmen wird.
ip rip send version [1] [2]	Legt die Version oder Versionen der RIP-Meldungen fest, die eine Schnittstelle aussenden wird.
ip split-horizon	Schaltet die Split-Horizon-Funktion auf einer Schnittstelle an oder aus.
ip subnet-zero	Ermöglicht die Verwendung von reinen Null-Subnetzen für Schnittstellenadressen und Routing-Updates.

Befehl	Beschreibung
key Nummer	Vereinbart einen Schlüssel an einer Schlüsselkette.
key chain Kettenname	Vereinbart eine Gruppe von Schlüsseln.
key-string Text	Vereinbart die von einem Schlüssel verwendete Authentisierungszeichenfolge bzw. das Paßwort.
network Netzwerk-Nummer	Legt die Netzwerkadresse einer oder mehrerer direkt verbundener Schnittstellen fest, auf denen IGRP, EIGRP oder RIP-Prozesse aktiviert werden sollen.
passive-interface Typ Nummer	Deaktiviert die Aussendung von Routing-Updates auf einer Schnittstelle.
router rip	Aktiviert den RIP-Routing-Prozeß auf einem Router.
send-lifetime Startzeit{infinite|Endzeit| duration Sekunden}	Legt die Zeitperiode fest, während der der Authentisierungsschlüssel an einer Schlüsselkette gesendet werden kann.
show ip route[Adresse [Maske]][Protokoll [Prozeß-ID]]	Zeigt die aktuelle Routing-Tabelle als Ganzes oder als Einzeleintrag an.
version	Legt die Version des RIP-Routing-Prozesses fest.

7.5 Empfohlene Literatur

Malkin, G. S. »RIP Version 2: Carrying Additional Information«, RFC 1723, November 1994.

7.6 Übungsfragen

1. Welche drei Felder sind im RIPv2-Meldungsformat neu?

2. Was sind die zwei Hauptänderungen gegenüber RIPv1 neben den Erweiterungen, die durch die drei Felder aus Frage 1 beschrieben werden?

3. Wie lautet die von RIPv2 verwendete Multicast-Adresse? Welchen Vorteil haben Multicasting-Meldungen gegenüber Broadcast-Meldungen?

4. Welchen Zweck erfüllt das Route-Tag-Feld in der RIPv2-Meldung?

5. Welchen Zweck erfüllt das Next-Hop-Feld?

6. Welcher UDP-Port wird vom RIPv2 verwendet?

7. Welche Eigenschaft muß ein Routing-Protokoll besitzen, um ein classless Routing-Protokoll zu sein?

8. Welche Eigenschaft muß ein Routing-Protokoll besitzen, um VLSM verwenden zu können?

9. Welche zwei Authentisierungsarten stehen mit dem RIPv2 von Cisco zur Verfügung? Sind beide Arten im RFC 1723 festgelegt?

7.7 Konfigurationsübungen

1. Im Beispiel von Bild 7.10 wurde der Router Taos zur Aussendung von beiden Update-Versionen konfiguriert, damit der *routed*-Prozeß im Linux-Host Pojoaque die Updates von Taos verstehen kann. Gibt es eine andere Möglichkeit neben der Konfiguration des Routers Taos mit dem Befehl **ip rip send version**?

2. Einem Internetzwerk wurde die Adresse 192.168.100.0 zugewiesen. Diese Adresse soll in Subnetze unterteilt werden, um die folgenden Bedürfnisse zu erfüllen:
   - Ein Subnetz mit 50 Hosts
   - Fünf Subnetze mit 10 Hosts
   - Ein Subnetz mit 25 Hosts
   - Vier Subnetze mit fünf Hosts
   - Zehn serielle Verbindungen

3. Konfigurieren Sie die vier Router in Bild 7.29 zum Betrieb von RIP. RTC läuft mit der IOS-Version 10.3, und ein Upgrade kann aus firmenpolitischen Gründen nicht erfolgen.

4. Konfigurieren Sie RTB und RTD in Bild 7.29 so, daß alle über die serielle Verbindung gesendeten RIP-Updates authentisiert werden.

Kapitel 7 • Routing-Information-Protokoll Version 2 **303**

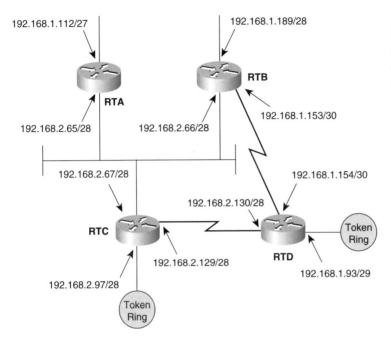

Bild 7.29:
Das Internetzwerk für die Konfigurationsübungen 3 bis 5.

5. Konfigurieren Sie RTB und RTD in Bild 7.29 so, daß drei Tage nachdem der Schlüssel aus der Konfigurationsübung 4 aktiviert wurde, ein neuer Authentisierungsschlüssel verwendet wird. Der neue Schlüssel soll für zehn Stunden gültig sein, und danach soll der Router auf einen anderen Schlüssel wechseln.

7.8 Übungen zur Fehlersuche

1. Bild 7.31 bis Bild 7.33 zeigen die Konfigurationen der drei Router in Bild 7.30. Welche Subnetze befinden sich in den Routing-Tabellen jedes Routers? Welche Subnetze sind von jedem einzelnen Router aus erreichbar, und welche Subnetze (wenn überhaupt) sind unerreichbar?

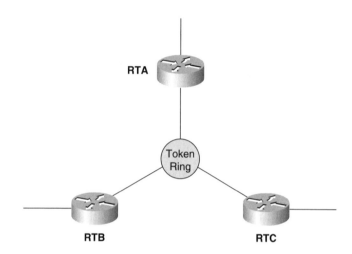

Bild 7.30: Das Internetzwerk für die Fehlersuchübungen 1 und 2

2. Die Konfigurationen von RTA und RTB in Bild 7.30 wurden wie folgt geändert:

```
interface TokenRing0
   ip adresse 192.168.13.35 255.255.255.224
   ip rip receive version 1 2
   ring-speed 16
```

Werden daraufhin Subnetze in den Routing-Tabellen hinzugefügt? Erklären Sie, warum bzw. warum nicht.

```
RTA#show running-config
Building configuration...

Current configuration:
!
version 11.2
no service udp-small-servers
no service tcp-small-servers
!
hostname RTA
!
!
!
interface Ethernet0
 ip address 192.168.13.86 255.255.255.248
!
interface Serial0
 no ip address
 shutdown
!
interface Serial1
 no ip address
 shutdown
!
interface TokenRing0
 ip address 192.168.13.34 255.255.255.224
 ring-speed 16
!
router rip
 version 2
 network 192.168.13.0
!
no ip classless
!
!
line con 0
line aux 0
line vty 0 4
 login
!
end
RTA#
```

Bild 7.31:
Die Konfiguration von RTA in Bild 7.30.

Bild 7.32:
Die Konfiguration von RTB in Bild 7.30.

```
RTA#show running-config
Building configuration...

Current configuration:
!
version 11.2
no service udp-small-servers
no service tcp-small-servers
!
hostname RTB
!
!
!
interface Ethernet0
 ip address 192.168.13.90 255.255.255.240
!
interface Serial0
 no ip address
 shutdown
!
interface Serial1
 no ip address
 shutdown
!
interface TokenRing0
 ip address 192.168.13.35 255.255.255.224
 ring-speed 16
!
router rip
 version 2
 network 192.168.13.0
!
no ip classless
!
!
line con 0
line aux 0
line vty 0 4
 login
!
end

RTB#
```

```
RTC#show running-config
Building configuration...

Current configuration:
!
version 11.1
service udp-small-servers
service tcp-small-servers
!
hostname RTC
!
!
!
interface Ethernet0
 ip address 192.168.13.75 255.255.255.224
!
interface Serial0
 no ip address
 shutdown
!
interface Serial1
 no ip address
 shutdown
!
interface TokenRing0
 ip address 192.168.13.33 255.255.255.224
 ring-speed 16
!
router rip
 network 192.168.13.0
!
no ip classless
!
line con 0
line 1 8
line aux 0
line vty 0 4
 login
!
end

RTC#
```

*Bild 7.33:
Die Konfiguration von RTC in Bild 7.30.*

Dieses Kapitel behandelt die folgenden Themen:

- **Wirkungsweise des EIGRP**
  Protokoll-abhängige Module
  Reliable-Transport-Protokoll
  Auf- und Wiederfinden von Nachbarn
  Der Diffuse-Update-Algorithmus (DUAL)
  EIGRP-Paketformate
  Adreß-Aggregation

- **Konfiguration des EIGRP**
  Fallstudie: Eine einfache EIGRP-Konfiguration
  Fallstudie: Redistribution mit IGRP
  Fallstudie: Deaktivierung der automatischen Zusammenfassung
  Fallstudie: Adreßaggregation
  Authentisierung

- **Fehlersuche bei EIGRP**
  Fallstudie: Ein vermißter Nachbar
  Stuck-in-Active-Nachbarn

KAPITEL 8
Enhanced-Interior-Gateway-Routing-Protokoll (EIGRP)

Das Enhanced-Interior-Gateway-Routing-Protokoll (EIGRP) erschien erstmals in der IOS-Version 9.21 und ist, wie der Name bereits sagt, eine Erweiterung des IGRP. Der Name ist treffend, da im Vergleich zu RIPv2 das EIGRP wesentlich mehr ist als das gleiche Protokoll mit einigen Erweiterungen. EIGRP ist weiterhin ein Distanz-Vektor-Protokoll, und es verwendet dieselben gemischten Metriken wie das IGRP. Darüber hinaus bestehen nur sehr wenige Ähnlichkeiten.

EIGRP wird gelegentlich als Distanz-Vektor-Protokoll beschrieben, das wie ein Verbindungs-Status-Protokoll agiert. Um die ausführliche Behandlung in Kapitel 4 zu wiederholen: Ein Distanz-Vektor-Protokoll tauscht alle seine Kenntnisse aus, aber nur mit seinen direkt verbundenen Nachbarn. Verbindungs-Status-Protokolle melden nur Informationen über ihre direkt angeschlossenen Verbindungen weiter, aber sie tauschen diese Informationen mit allen Routern in ihrer Routing-Domäne oder Area aus.

Alle bisher betrachteten Distanz-Vektor-Protokolle verwenden eine Variante des Bellman-Ford-(oder Ford-Fulkerson-)Algorithmus. Diese Protokolle neigen zu Routing-Schleifen und dem Counting-to-Infinity. Daher müssen sie Verfahren zur Schleifenvermeidung durchführen, wie z.B. Split-Horizon, Rückrouten-Blockierung und Holddown-Timer. Da jeder Router den Routing-Algorithmus auf empfangene Routen anwenden muß, bevor er solche Routen an seine Nachbarn weitermelden kann, ist es möglich, daß größere Internetzwerke nur langsam konvergieren. Noch bedeutsamer ist, daß Distanz-Vektor-Protokolle Routen anmelden. Die Änderung einer stark belasteten Verbindung kann die Anmeldung vieler geänderter Routen verursachen.

Im Vergleich zu Distanz-Vektor-Protokollen sind Verbindungs-Status-Protokolle wesentlich weniger anfällig gegenüber Routing-Schleifen und fehlerhaften Routing-Informationen. Die Weiterleitung von Verbindungs-Status-Paketen erfolgt ohne eine vorherige Routen-Berechnung, daher können Internetzwerke schneller konvergieren. Zudem werden nur Verbindungen und deren Zustand angemeldet und keine Routen, was bedeutet, daß die Änderung einer Verbindung keine Anmeldung aller Routen verursacht, die diese Verbindung nutzen. Jedoch beanspruchen die komplexen Dijkstra-Algorithmen und die zugehörigen Datenbanken die CPU und den Speicher wesentlich stärker als die Distanz-Vektor-Algorithmen.

Diffuse Berechnung

Gleichgültig, ob andere Routing-Protokolle ihre Routen-Berechnungen vor dem Aussenden von Distanz-Vektor-Updates an ihre Nachbarn ausführen oder nach der Erstellung einer topologischen Datenbank, ihr gemeinsamer Nenner liegt darin, daß sie ihre Berechnungen individuell ausführen. Dagegen verwendet EIGRP ein System der *diffusen Berechnungen* – Routen-Berechnungen, die in einer koordinierten Weise unter mehreren Routern erfolgen –, um eine schnellere Konvergenz zu erreichen und dennoch jederzeit schleifenfrei zu bleiben.

EIGRP-Updates sind unperiodisch, partiell und gebunden

Auch wenn EIGRP-Updates weiterhin Vektoren der Distanzen sind, die an direkt verbundene Nachbarn übertragen werden, sind sie unperiodisch, partiell und gebunden. *Unperiodisch* bedeutet, daß Updates nicht in regelmäßigen Intervallen gesendet werden. Updates werden nur dann gesendet, wenn eine Metrik- oder Topologieänderung auftritt. *Partiell* bedeutet, daß die Updates nur geänderte Routen enthalten und nicht jeden Eintrag der Routing-Tabelle. *Gebunden* bedeutet, daß die Updates nur an betroffene Router gesendet werden. Diese Eigenschaften bedeuten, daß EIGRP wesentlich weniger Bandbreite benötigt als typische Distanz-Vektor-Protokolle. Dieses Merkmal kann auf teuren WAN-Verbindungen mit geringer Bandbreite von großer Bedeutung sein.

Ein weiterer Punkt beim Routing über WAN-Verbindungen mit geringer Bandbreite ist die maximal genutzte Bandbreite während einer Konvergenz-Periode, in der der Routing-Verkehr groß ist. In der Grundeinstellung verwendet EIGRP nie mehr als 50% der Bandbreite einer Verbindung. Neuere IOS-Versionen ermöglichen die Veränderung dieser Prozentzahl mit dem Befehl **ip bandwidth-percent eigrp**.

EIGRP ist ein classless Protokoll (d.h. jeder Routen-Eintrag in einem Update enthält eine Subnetz-Maske). Das VLSM kann mit EIGRP nicht nur für die Sub-Subvernetzung verwendet werden, die in Kapitel 7 beschrieben wurde, sondern auch für die Adreß-Aggregation – die Zusammenfassung einer Gruppe von Haupt-Netzwerkadressen.

Ab der IOS-Version 11.3 können EIGRP-Pakete mit einer MD5-kryptographischen Prüfsumme authentisiert werden. Die Grundlagen von Authentisierung und MD5 wurden in Kapitel 7 behandelt. Ein Beispiel zur Konfiguration der EIGRP-Authentisierung ist in diesem Kapitel zu finden.

Ein weiteres Haupt-Merkmal von EIGRP liegt darin, daß es nicht nur IP, sondern auch IPX und AppleTalk routen kann.

8.1 Wirkungsweise des EIGRP[1]

EIGRP verwendet dieselbe Formel, die IGRP zur Berechnung seiner gemischten Metrik verwendet. EIGRP skaliert jedoch die Metrik-Anteile auf 256, um eine feinere Abstufung der Metrik zu erreichen. Wenn die minimal konfigurierte Bandbreite auf dem Pfad zu einem Ziel 512K ist und die gesamte konfigurierte Verzögerung 46000 Mikrosekunden beträgt, würde IGRP eine gemischte Metrik von 24131 berechnen (siehe Kapitel 6 für eine detaillierte Betrachtung von IGRP-Metrik-Berechnungen). Dagegen wird EIGRP die Bandbreiten- und Verzögerungsanteile mit 256 multiplizieren und eine Metrik von 256 x 24131 = 6177536 berechnen.

Das EIGRP besitzt vier Bestandteile (Bild 8.1):

– Die protokollabhängigen Module

– Das Reliable Transport Protocol (RTP)

---

1 Eine grundlegende Software-Neuausgabe des EIGRP erschien mit den IOS-Versionen 10.3(11), 11.0(8) und 11.1(3). Die Performance- und Stabilitäts-Steigerungen der späteren Version machen sie wesentlich empfehlenswerter als die ältere Version.

- Das Auf- und Wiederfinden von Nachbarn
- Der Diffuse-Update-Algorithmus (DUAL)

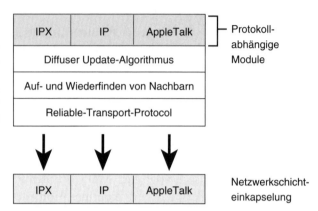

*Bild 8.1:
Die vier Haupt-Bestandteile des EIGRP. Das RTP und das Auffinden der Nachbarn sind Protokolle auf tieferen Schichten, die die korrekte Durchführung von DUAL ermöglichen. DUAL kann Routen-Berechnungen für mehrere geroutete Protokolle ausführen.*

Dieser Abschnitt behandelt jeden EIGRP-Bestandteil mit besonderem Augenmerk auf DUAL und endet mit einer Betrachtung der Adreß-Aggregation.

8.1.1 Protokollabhängige Module

Das EIGRP führt Module für IP, IPX und AppleTalk aus, die für die protokollspezifischen Routing-Aufgaben verantwortlich sind. Zum Beispiel ist das IPX-EIGRP-Modul dafür verantwortlich, Routing-Informationen über IPX-Netzwerke mit anderen IPX-EIGRP-Prozessen auszutauschen und die Informationen an den DUAL weiterzugeben. Zusätzlich wird das IPX-Modul SAP-Informationen senden und empfangen.

Wie Bild 8.1 zeigt, wird der Verkehr für die einzelnen Module in ihren entsprechenden Netzwerkschicht-Protokollen eingekapselt. Das EIGRP für IPX wird zum Beispiel in IPX-Paketen transportiert.

EIGRP wird in vielen Fällen mit anderen Protokollen automatisch die Redistribution ausführen:

- IPX-EIGRP wird automatisch mit IPX-RIP und NLSP redistribuieren.
- AppleTalk-EIGRP wird automatisch mit AppleTalk-RTMP redistribuieren.

– IP-EIGRP wird automatisch Routen IGRP redistributieren, wenn sich der IGRP-Prozeß in demselben Autonomous-System befindet.

Der Konfigurationsabschnitt enthält ein Beispiel der Redistribution zwischen IGRP und EIGRP. (Die Redistribution mit anderen IP-Routing-Protokolle ist Gegenstand des Kapitels 11.)

Die Konfiguration von EIGRP für IPX und AppleTalk liegt außerhalb des Rahmens dieses Buches. Wir verweisen Sie an den *Cisco Configuration Guide* für weitere Informationen.

8.1.2 Reliable-Transport-Protokoll

Das Reliable-Transport-Protokoll (RTP) verwaltet die Anlieferung und den Empfang von EIGRP-Paketen. *Reliable-Delivery* (= zuverlässige Anlieferung) bedeutet, daß die Anlieferung garantiert wird und die Pakete in der richtigen Reihenfolge ankommen.

Die garantierte Anlieferung wird mit Hilfe eines Cisco-eigenen Algorithmus erreicht, der unter *Reliable-Multicast* bekannt ist und die reservierte Class-D-Adresse 224.0.0.10 verwendet. Jeder Nachbar, der ein Reliable-Multicast-Paket empfängt, wird eine Bestätigung als Unicast zurücksenden.

Die geordnete Anlieferung wird durch die Einbettung von zwei Sequenz-Nummern pro Paket sichergestellt. Jedes Paket enthält eine Sequenz-Nummer, die vom sendenden Router vergeben wurde. Diese Sequenz-Nummer wird jedes Mal um Eins erhöht, wenn der Router ein neues Paket sendet. Zusätzlich setzt der sendende Router in das Paket die Sequenz-Nummer des letzten vom Ziel-Router empfangenen Pakets.

In einigen Fällen kann das RTP die *Unreliable-Delivery* anwenden. Hier wird keine Bestätigung benötigt, und es wird keine Sequenz-Nummer in den unzuverlässig angelieferten EIGRP-Paketen enthalten sein.

Das EIGRP verwendet mehrere Paket-Typen, die alle anhand der Protokoll-Nummer 88 im IP-Header identifiziert werden.

- *Hellos* werden für die Prozesse des Auf- und Wiederfindens der Nachbarn genutzt. Hello-Pakete sind Multicasts und nutzen die unzuverlässige Anlieferung.

- *Acknowledgments* (ACKs) sind Hello-Pakete, die keine Daten enthalten. ACKs (=Bestätigungen) sind immer Unicasts und nutzen die unzuverlässige Anlieferung.

- *Updates* befördern Routing-Informationen. Diese Pakete werden im Gegensatz zu den RIP- und IGRP-Updates nur dann übertragen, wenn es erforderlich ist, sie enthalten nur notwendige Informationen und werden nur an Router gesendet, die diese Informationen benötigen. Wenn ein bestimmter Router Updates benötigt, werden sie als Unicast gesendet. Wenn mehrere Router die gleichen Updates benötigen, z.B. bei einer Metrik- oder Topologieänderung, so werden sie als Multicast gesendet. Die Updates werden immer zuverlässig angeliefert.

- *Abfragen* und *Antworten* (engl. Queries and Replies) werden von der DUAL-Finite-State-Machine verwendet, um ihre diffusen Berechnungen ausführen zu können. Abfragen können als Multicast oder Unicast erfolgen, und Antworten erfolgen immer als Unicast. Sowohl Abfragen als auch Antworten nutzen die zuverlässige Anlieferung.

- *Requests* (=Anfragen) waren ursprünglich Pakettypen, die in Route-Servern verwendet werden sollten. Diese Applikation wurde nie verwirklicht, und Request-Pakete werden hier nur angesprochen, da sie in einigen älteren EIGRP-Dokumentationen erwähnt werden.

Wenn ein Paket als zuverlässiger Multicast ausgesendet wurde, und es wird von einem Nachbarn kein ACK empfangen, so wird das Paket erneut als Unicast an diesen nicht antwortenden Nachbarn gesendet. Wenn nach 16 dieser Unicast-Wiederholungen kein ACK empfangen wurde, wird der Nachbar für tot erklärt.

Die Zeitdauer, die auf ein ACK gewartet wird, bevor von Multicast zu Unicast gewechselt wird, ist durch den *Multicast-Flow-Timer* festgelegt. Die Zeitdauer zwischen den einzelnen Unicasts ist durch den *Retransmission-TimeOut* (RTO) festgelegt. Der Multicast-Flow-Timer und der RTO werden beide für jeden Nachbarn durch die *Smooth-Round-Trip-Time*

(SRTT) berechnet. Die SRTT ist die mittlere vergangene Zeit in Millisekunden, zwischen der Aussendung eines Pakets zum Nachbarn und dem Empfang einer Bestätigung. Die Formeln zur Berechnung der exakten Werte der SRTT, des RTOs und des Multicast-Flow-Timers sind Cisco-proprietär.

Die folgenden zwei Unterabschnitte betrachten die EIGRP-Komponenten, die die verschiedenen Paket-Typen nutzen.

8.1.3 Auf- und Wiederfinden von Nachbarn

Da die EIGRP-Updates nicht regelmäßig erfolgen, ist ein Prozeß äußerst wichtig, mit dem Nachbarn – EIGRP-sprechende Router auf direkt verbundenen Netzwerken – entdeckt und nachverfolgt werden können. Auf den meisten Netzwerken werden alle 5 Sekunden Hellos als Multicast ausgesendet, abzüglich einer kleinen Zufallszeit, um eine Synchronisierung zu verhindern. Auf Multipoint-X.25-, Frame-Relay- und ATM-Schnittstellen, mit Verbindungszugriffsgeschwindigkeiten von T1 oder langsamer, werden die Hellos alle 60 Sekunden als Unicast ausgesendet.[1] Dieses längere Hello-Intervall ist auch die Grundeinstellung für ATM-SVCs und für ISDN-PRI-Schnittstellen. In allen Fällen bleiben die Hellos unbestätigt. Das Standard-Hello-Intervall kann schnittstellenweise mit dem Befehl **ip hello-interval eigrp** geändert werden.

Wenn ein Router ein Hello-Paket von einem Nachbarn empfängt, wird das Paket eine *Hold-Time* enthalten. Diese Wartezeit teilt dem Router die maximale Zeit mit, die er auf nachfolgende Hellos warten soll. Wenn der Hold-Timer abläuft, bevor ein weiteres Hello empfangen wurde, wird der Nachbar als unerreichbar erklärt und DUAL über den Verlust eines Nachbarn informiert. Die Grundeinstellung der Hold-Time ist das dreifache des Hello-Intervalls – 180 Sekunden für langsame Non-Broadcast-Multi-Access-(NBMA-)Netzwerke und 15 Sekunden für alle anderen Netzwerke. Die Grundeinstellung kann schnittstellenweise mit dem Befehl **ip hold-time eigrp** geändert werden. Die Fähigkeit, einen verlorenen Nachbarn innerhalb von 15 Sekunden wiederzufinden, im Vergleich zu 180 Sekunden bei RIP und 270 Sekunden bei IGRP, ist ein

---

[1] Point-to-Point-Sub-Schnittstellen senden Hellos alle 5 Sekunden.

wichtiger Faktor, der zur schnellen Rekonvergenz des EIGRP beiträgt.

Die Informationen über jeden Nachbarn werden in einer Nachbartabelle gespeichert. Wie Bild 8.2 zeigt, speichert die *Neighbor-Tabelle* die IP-Adresse des Nachbarn und die Schnittstelle, an der die Hellos des Nachbarn empfangen wurden. Die vom Nachbarn angemeldete Hold-Time ist gespeichert, ebenso wie der SRTT und die *Uptime* – die Zeitdauer seitdem der Nachbar in die Tabelle aufgenommen wurde. Der RTO ist die Zeit in Millisekunden, die der Router auf eine Bestätigung eines gesendeten Unicast-Pakets warten wird, nachdem ein Multicast fehlschlug. Wenn eine EIGRP-Update-Abfrage oder Antwort gesendet wird, wird eine Kopie des Pakets in eine Warteschlange gesetzt. Wenn der RTO abläuft, bevor ein ACK empfangen wird, wird eine weitere Kopie des Pakets in der Schlange gesendet. Der Q-Zähler (=Queue) zeigt die Anzahl der Pakete in der Schlange an. Die Sequenz-Nummer des letzten vom Nachbarn empfangenen Update-, Abfrage- oder Antwort-Pakets ist ebenso in der Nachbartabelle gespeichert. Das RTP verfolgt diese Sequenz-Nummern, um zu garantieren, daß die Pakete vom Nachbarn in der richtigen Reihenfolge empfangen werden. Die H-Spalte speichert die Reihenfolge, in der die Nachbarn entdeckt wurden.

Bild 8.2: Der Befehl show ip eigrp neighbors wird verwendet, um die IP-EIGRP-Nachbartabelle einzusehen

```
Wright#show ip eigrp neighbors
IP-EIGRP neighbors for process 1
H   Address    Interface   Hold Uptime      SRT RTO    Q    Seq
                           (sec)            (ms)       Cnt  Num
3   10.1.1.2   Et0           10 09:01:27    12  200    0    5
2   10.1.4.2   Se1           13 09:02:11    23  200    0    11
1   10.1.2.2   Et1           14 09:02:12     8  200    0    15
0   10.1.3.2   Se0           12 09:02:12    21  200    0    13
Wright#
```

8.1.4 Der Diffuse-Update-Algorithmus (DUAL)

Die Philosophie hinter dem Design des DUAL besteht darin, daß sich selbst kurzzeitige Routing-Schleifen negativ auf die Performance eines Internetzwerks auswirken. DUAL verwendet diffuse Berechnungen, die erstmals von E. W. Dijkstra und

C. S. Scholten vorgeschlagen wurden,[1] um ein verteiltes Shortest-Path-Routing auszuführen und gleichzeitig jederzeit schleifenfrei zu bleiben. Auch wenn viele Forscher zur Entwicklung von DUAL beigetragen haben, stammt die bedeutendste Arbeit von J. J. Garcia-Luna-Aceves.[2]

DUAL: Einführende Konzepte

Damit DUAL korrekt ausgeführt werden kann, muß ein Protokoll einer tieferen Schicht gewährleisten, daß folgende Bedingungen erfüllt sind:[3]

– Ein Knoten entdeckt innerhalb einer endlichen Zeit die Existenz eines neuen Nachbarn oder den Verbindungsverlust zu einem Nachbarn.

– Alle über eine funktionsfähige Verbindung übertragenen Meldungen wurden korrekt und in der richtigen Reihenfolge innerhalb einer endlichen Zeit empfangen.

– Alle Meldungen, Kostenänderungen einer Verbindung, Verbindungsausfälle und Benachrichtigungen über neue Nachbarn wurden nacheinander innerhalb einer endlichen Zeit und in der Reihenfolge ihres Empfangs verarbeitet.

Das EIGRP von Cisco verwendet das Auf- und Wiederfinden von Nachbarn und das RTP, um diese Vorbedingungen zu erfüllen.

Bevor die Ausführung des DUAL betrachtet werden kann, müssen einige Begriffe und Konzepte beschrieben werden.

Während des Startvorgangs verwendet ein Router Hellos, um Nachbarn zu entdecken und um sich selbst bei Nachbarn anzumelden. Wenn ein Nachbar entdeckt wird, wird EIGRP versuchen, eine Nachbarverbindung mit diesem Nachbarn herzu-

Nachbarverbindung

---

[1] Edsger W. Dijkstra and C. S. Scholten. »Termination Detection for Diffusing Computations« Information Processing Letters, Vol. 11, No. 1, pp. 1–4: 29. August 1980.

[2] J. J. Garcia-Luna-Aceves. »A Unified Approach for Loop-Free Routing Using Link States or Distance Vectors« ACM SIGCOMM Computer Communications Review, Vol. 19, No. 4, pp. 212–223: September 1989. J. J. Garcia-Luna-Aceves. »Loop-Free Routing Using Diffusing Computations« IEEE/ACM Transactions on Networking, Vol. 1, No. 1, February 1993.

[3] J. J. Garcia-Luna-Aceves. »Area-Based, Loop-Free Internet Routing« Proceedings of IEEE INFOCOMM 94. Toronto, Ontario, Canada, June 1994

stellen. Eine *Nachbarverbindung* ist eine virtuelle Verbindung zwischen zwei Nachbarn, über die Routing-Informationen ausgetauscht werden. Wenn Nachbarverbindungen aufgebaut wurden, wird der Router Updates von seinen Nachbarn empfangen. Die Updates werden alle dem sendenden Router bekannten Routen enthalten sowie die Metriken dieser Routen. Für jede Route wird der Router eine Distanz berechnen, die von der vom Nachbarn angemeldeten Distanz abhängt und von den Verbindungskosten zu diesem Nachbarn.

Feasible Distanz Die kleinste berechnete Metrik zu jedem Ziel wird die *Feasible Distanz* (FD) dieses Ziels (=mögliche Distanz). Zum Beispiel kann ein Router über drei unterschiedliche Routen zum Subnetz 172.16.5.0 informiert sein und die Metriken 380672, 12381440 und 660868 für die drei Routen berechnen. 380672 wird die FD, da sie die kleinste berechnete Distanz ist.

Feasibility Condition Die *Feasibility Condition* (FC) ist ein (möglicher) Zustand, der eintritt, wenn eine von einem Nachbar angemeldete Distanz zu einem Ziel geringer ist als die FD des Routers zum selben Ziel.

Wenn eine von einem Nachbarn angemeldete Distanz zu einem Ziel die FC erfüllt, wird der Nachbar ein *möglicher Nachfolger*[1] (*engl. feasible successor*) für dieses Ziel. Wenn zum Beispiel in das Subnetz 172.16.5.0 die FD 380672 beträgt und ein Nachbar eine Route zu diesem Subnetz mit einer Distanz von 355072 anmeldet, so wird der Nachbar ein möglicher Nachfolger. Wenn der Nachbar eine Distanz von 380928 anmeldet, wird dies nicht die FC erfüllen, und er wird kein möglicher Nachfolger.

Möglicher Nachfolger Die Konzepte der möglichen Nachfolger und der FC sind zentrale Elemente der Schleifenvermeidung. Da mögliche Nachfolger immer »downstream« sind (d.h. ihre Metrik-Distanz zum Ziel ist kürzer als die FD), wird ein Router niemals einen Pfad wählen, der zurück zu (und durch) sich selbst führen wird. Ein solcher Pfad würde eine größere Distanz als die FD besitzen.

---

1 Successor oder Nachfolger meint einfach einen Router, der einen Hop näher zu einem Ziel ist – mit anderen Worten, ein Next-Hop-Router.

Kapitel 8 • Enhanced-Interior-Gateway-Routing-Protokoll (EIGRP)

Jedes Ziel, für das ein oder mehrere mögliche Nachfolger existieren, wird in einer *topologischen Tabelle* gespeichert, zusammen mit den folgenden Daten:

- Die FD des Ziels

- Alle möglichen Nachfolger

- Die von jedem möglichen Nachfolger angemeldete Distanz zum Ziel

- Die lokal berechnete Distanz zum Ziel über jeden möglichen Nachfolger, die von der angemeldeten Distanz des möglichen Nachfolgers und von den Verbindungskosten zu diesem Nachfolger abhängt

- Die mit dem Netzwerk verbundene Schnittstelle, auf der jeder mögliche Nachfolger gefunden wurde[1]

Für jedes Ziel, das in der topologischen Tabelle aufgelistet ist, wird die Route mit der kleinsten Metrik ausgewählt und in die Routing-Tabelle übernommen. Der Nachbar, der diese Route anmeldete, wird der *Nachfolger* oder der Next-Hop-Router, an den die Pakete für dieses Ziel gesendet werden.

Ein Beispiel wird diese Begriffe besser erklären, doch ist zuerst eine kurze Beschreibung des Internetzwerks nötig, das in den Beispielen dieses Abschnitts verwendet wird. Bild 8.3 zeigt das EIGRP-Internetzwerk, das in diesem und in den nächsten drei Unterabschnitten verwendet wird.[2] Der Befehl **metric weights** 0 0 0 1 0 0 wurde zum EIGRP-Prozeß hinzugefügt, so daß nur die Verzögerung in den Metrik-Berechnungen verwendet wird. Der Befehl **delay** wurde mit den an jeder Verbindung gezeigten Zahlen eingegeben. Zum Beispiel wurden die Schnittstellen der Router Wright und Langley, die mit dem Subnetz 10.1.3.0 verbunden sind, mit einer Verzögerung von 2 konfiguriert. Diese Schritte wurden ausgeführt, um die folgenden Beispiele zu vereinfachen.

Nachfolger

---

1 Tatsächlich ist die Schnittstelle nicht wirklich in der Routing-Tabelle gespeichert. Sie ist eher ein Merkmal des Nachbarn selbst. Diese Konvention beinhaltet, daß derselbe Router über mehrfache parallele Verbindungen gesehen von EIGRP als mehrere Nachbarn betrachtet wird.

2 Einige Abbildungen in diesem und den folgenden Abschnitten und im verwendeten Netzwerkbeispiel wurden aus Dr. Garcia-Lunas »Loop-Free Routing Using Diffusing Computations« mit seiner Erlaubnis übernommen.

Es sollte klargestellt werden, daß, auch wenn der Verzögerungsparameter hier aus Gründen der Vereinfachung verwendet wird, diese Art der Metrik-Einstellung realistisch ist. Viele Parameter werden über die **bandwidth**-Einstellungen einer Schnittstelle berechnet. Einige Parameter, wie der **ip bandwidth-percent eigrp** richten sich direkt an EIGRP. Andere, wie die OSPF-Kosten haben keinen Einfluß. Aus diesem Grund sollten Änderungen der konfigurierten Bandbreite vermieden werden, außer um serielle Verbindungen auf ihre tatsächliche Bandbreite einzustellen. Wenn Schnittstellenmetriken verändert werden müssen, um das EIGRP- (oder IGRP-) Routing zu beeinflussen, sollten Sie **delay** verwenden. Damit können viele unerwartete Kopfschmerzen vermieden werden.

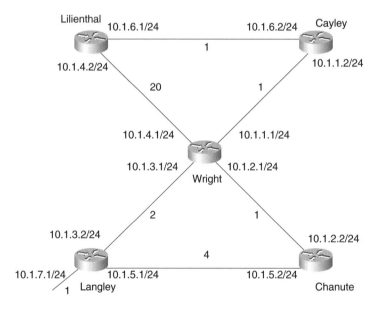

Bild 8.3: Die Beispiele und Abbildungen dieses und der nächsten zwei Unterabschnitte basieren auf diesem EIGRP-Netzwerk.

In Bild 8.4 wurde der Befehl **show ip eigrp topology** verwendet, um die Topologie-Tabelle des Routers Langley aufzuzeigen. Jedes der sieben in Bild 8.3 gezeigten Subnetze ist gemeinsam mit den möglichen Nachfolgern für die Subnetze aufgelistet. Zum Beispiel sind die möglichen Nachfolger für das Subnetz 10.1.6.0 die Router Wright 10.1.3.1 und Chanute 10.1.5.2, über die jeweiligen Schnittstellen S0 und S1.

```
Langley#show ip eigrp topology
IP-EIGRP Topology Table for process 1

Codes: P - Passive, A - Active, U - Update, Q - Query, R - Reply,
       r - Reply status

P 10.1.3.0/24, 1 successors, FD is 512
        via Connected, Serial0
P 10.1.2.0/24, 1 successors, FD is 768
        via 10.1.3.1 (768/256), Serial0
        via 10.1.5.2 (1280/256), Serial1
P 10.1.1.0/24, 1 successors, FD is 768
        via 10.1.3.1 (768/256), Serial0
        via 10.1.5.2 (1536/512), Serial1
P 10.1.7.0/24, 1 successors, FD is 256
        via Connected, Ethernet0
P 10.1.6.0/24, 1 successors, FD is 1024
        via 10.1.3.1 (1024/512), Serial0
        via 10.1.5.2 (1792/768), Serial1
P 10.1.5.0/24, 1 successors, FD is 1024
        via Connected, Serial1
P 10.1.4.0/24, 1 successors, FD is 5632
        via 10.1.3.1 (5632/5120), Serial0
        via 10.1.5.2 (6400/5376), Serial1
Langley#
```

Bild 8.4:
Die Topologie-Tabelle des Routers Langley

Jedem möglichen Nachfolger sind zwei Metriken in Klammern zugeordnet. Die erste Zahl ist die lokal berechnete Metrik von Langley zum Ziel. Die zweite Zahl ist die vom Nachbarn angemeldete Metrik. In Bild 8.3 beträgt zum Beispiel die Metrik von Langley zum Subnetz 10.1.6.0 über Wright 256 x (2 + 1 + 1) = 1024, und die von Wright angemeldete Metrik für das Ziel ist 256 x (1 + 1) = 512. Die zwei Metriken für dasselbe Ziel über Chanute sind 256 x (4 + 1 + 1 + 1) = 1792 und 256 x (1 + 1 + 1) = 768.

Die kleinste Metrik von Langley zum Subnetz 10.1.6.0 ist 1024, daher ist dies die Feasible-Distanz (FD). Bild 8.5 zeigt die Routing-Tabelle von Langley, mit den ausgewählten Nachfolgern.

Bild 8.5:
Langleys Routing-Tabelle zeigt, daß ein einzelner Nachfolger für jedes bekannte Ziel anhand der kleinsten Metrik-Distanz ausgewählt wurde.

```
Langley#show ip route
Codes: C - connected, S - static, I - IGRP, R - RIP, M - mobile, B - BGP
       D - EIGRP, EX - EIGRP external, O - OSPF, IA - OSPF inter area
       E1 - OSPF external type 1, E2 - OSPF external type 2, E - EGP
       i - IS-IS, L1 - IS-IS level-1, L2 - IS-IS level-2, * - candidate default
       U - per-user static route

Gateway of last resort is not set

     10.0.0.0/8 is subnetted, 7 subnets
C       10.1.3.0 is directly connected, Serial0
D       10.1.2.0 [90/768] via 10.1.3.1, 00:32:06, Serial0
D       10.1.1.0 [90/768] via 10.1.3.1, 00:32:07, Serial0
C       10.1.7.0 is directly connected, Ethernet0
D       10.1.6.0 [90/1024] via 10.1.3.1, 00:32:07, Serial0
C       10.1.5.0 is directly connected, Serial1
D       10.1.4.0 [90/5632] via 10.1.3.1, 00:32:07, Serial0
Langley#
```

Langley hat nur einen Nachfolger für jede Route. Die Topologie-Tabelle von Cayley (Bild 8.6) zeigt, daß zwei Nachfolger für 10.1.4.0 existieren, da die lokal berechnete Metrik für beide Routen die FD erfüllt. Beide Routen wurden in die Routing-Tabelle übernommen (Bild 8.7), und Cayley wird die Equal-Cost-Lastverteilung ausführen.

Bild 8.6:
Die Topologie-Tabelle von Cayley, die zwei Nachfolger zum Subnetz 10.1.4.0 anzeigt.

```
Cayley#show ip eigrp topology
IP-EIGRP Topology Table for process 1

Codes: P - Passive, A - Active, U - Update, Q - Query, R - Reply,
       r - Reply status

P 10.1.3.0/24, 1 successors, FD is 768
        via 10.1.1.1 (768/512), Ethernet0
P 10.1.2.0/24, 1 successors, FD is 512
        via 10.1.1.1 (512/256), Ethernet0
P 10.1.1.0/24, 1 successors, FD is 256
        via Connected, Ethernet0
P 10.1.7.0/24, 1 successors, FD is 1024
        via 10.1.1.1 (1024/768), Ethernet0
P 10.1.6.0/24, 1 successors, FD is 256
        via Connected, Serial0
P 10.1.5.0/24, 1 successors, FD is 1536
        via 10.1.1.1 (1536/1280), Ethernet0
P 10.1.4.0/24, 2 successors, FD is 5376
        via 10.1.6.1 (5376/5120), Serial0
        via 10.1.1.1 (5376/5120), Ethernet0
Cayley#
```

```
Cayley#show ip route
Codes: C - connected, S - static, I - IGRP, R - RIP, M - mobile, B - BGP
       D - EIGRP, EX - EIGRP external, O - OSPF, IA - OSPF inter area
       N1 - OSPF NSSA external type 1, N2 - OSPF NSSA external type 2
       E1 - OSPF external type 1, E2 - OSPF external type 2, E - EGP
       i - IS-IS, L1 - IS-IS level-1, L2 - IS-IS level-2, * - candidate default
       U - per-user static route, o - ODR

Gateway of last resort is not set

     10.0.0.0/24 is subnetted, 7 subnets
D       10.1.3.0 [90/768] via 10.1.1.1, 00:01:19, Ethernet0
D       10.1.2.0 [90/512] via 10.1.1.1, 00:01:19, Ethernet0
C       10.1.1.0 is directly connected, Ethernet0
D       10.1.7.0 [90/1024] via 10.1.1.1, 00:01:19, Ethernet0
C       10.1.6.0 is directly connected, Serial0
D       10.1.5.0 [90/1536] via 10.1.1.1, 00:01:19, Ethernet0
D       10.1.4.0 [90/5376] via 10.1.1.1, 00:01:19, Ethernet0
                 [90/5376] via 10.1.6.1, 00:01:19, Serial0
Cayley#
```

Bild 8.7:
Es wird die Equal-Cost Last-Verteilung über die beiden Nachfolger zum Subnetz 10.1.4.0 ausgeführt.

```
Chanute#show ip eigrp topology
IP-EIGRP Topology Table for process 1

Codes: P - Passive, A - Active, U - Update, Q - Query, R - Reply,
       r - Reply status

P 10.1.3.0/24, 1 successors, FD is 768
        via 10.1.2.1 (768/512), Ethernet0
        via 10.1.5.1 (1536/512), Serial0
P 10.1.2.0/24, 1 successors, FD is 256
        via Connected, Ethernet0
P 10.1.1.0/24, 1 successors, FD is 512
        via 10.1.2.1 (512/256), Ethernet0
P 10.1.7.0/24, 1 successors, FD is 1024
        via 10.1.2.1 (1024/768), Ethernet0
        via 10.1.5.1 (1280/256), Serial0
P 10.1.6.0/24, 1 successors, FD is 768
        via 10.1.2.1 (768/512), Ethernet0
P 10.1.5.0/24, 1 successors, FD is 1024
        via Connected, Serial0
P 10.1.4.0/24, 1 successors, FD is 5376
        via 10.1.2.1 (5376/5120), Ethernet0
Chanute#
```

Bild 8.8:
Mehrere der von Chanute erreichbaren Subnetze haben nur einen möglichen Nachfolger.

Die Topologie-Tabelle von Chanute (Bild 8.8) zeigt mehrere Routen, für die es nur einen möglichen Nachfolger gibt. Die Route zu 10.1.6.0 hat zum Beispiel eine FD von 768, und Wright (10.1.2.1) ist der einzige mögliche Nachfolger. Langley besitzt eine Route zu 10.1.6.0, aber seine Metrik ist 256 x (2 + 1 + 1) = 1024 und damit größer als die FD. Daher erfüllt Langleys Route zu 10.1.6.0 nicht die FC, und Langley wird kein möglicher Nachfolger.

Wenn ein möglicher Nachfolger eine Route anmeldet, deren lokal berechnete Metrik kleiner ist als die Metrik über den aktuellen Nachfolger, so wird dieser mögliche Nachfolger der neue Nachfolger. Die folgenden Bedingungen können diese Situation erzeugen:

– Eine neu entdeckte Route

– Die Kosten einer Nachfolgerroute erhöhen sich über die eines möglichen Nachfolgers

– Die Kosten der Route eines möglichen Nachfolgers verringern sich unter die Kosten der Nachfolgerroute

Zum Beispiel zeigt Bild 8.9, daß Cayley (10.1.6.2) der Nachfolger von Lilienthal zum Subnetz 10.1.3.0 ist. Stellen wir uns vor, die Kosten der Verbindung zwischen Lilienthal und Wright verringerten sich um Eins. Wright (10.1.4.1) meldet eine Distanz von 512 zum Subnetz 10.1.3.0 an. Mit den neuen Kosten der Verbindung zu Wright beträgt die lokal berechnete Metrik von Lilienthal zum Subnetz über diesen Router nun 768. Wright wird nun den Platz von Cayley als Nachfolger zum Subnetz 10.1.3.0 übernehmen.

Bild 8.9: Die Topologie-Tabelle von Lilienthal.

```
Lilienthal#show ip eigrp topology
IP-EIGRP Topology Table for process 1

Codes: P - Passive, A - Active, U - Update, Q - Query, R - Reply,
       r - Reply status

P 10.1.3.0/24, 1 successors, FD is 1024
        via 10.1.6.2 (1024/768), Serial0
        via 10.1.4.1 (5632/512), Serial1
P 10.1.2.0/24, 1 successors, FD is 768
        via 10.1.6.2 (768/512), Serial0
        via 10.1.4.1 (5376/256), Serial1
P 10.1.1.0/24, 1 successors, FD is 512
        via 10.1.6.2 (512/256), Serial0
        via 10.1.4.1 (5376/256), Serial1
P 10.1.7.0/24, 1 successors, FD is 1280
        via 10.1.6.2 (1280/1024), Serial0
        via 10.1.4.1 (5888/768), Serial1
P 10.1.6.0/24, 1 successors, FD is 256
        via Connected, Serial0
P 10.1.5.0/24, 1 successors, FD is 1792
        via 10.1.6.2 (1792/1536), Serial0
        via 10.1.4.1 (6400/1280), Serial1
P 10.1.4.0/24, 1 successors, FD is 5120
        via Connected, Serial1
Lilienthal#
```

Als nächstes stellen wir uns vor, daß Lilienthal einen neuen Nachbarn entdeckt, der eine Distanz von 256 zum Subnetz 10.1.3.0 anmeldet. Diese Distanz ist kleiner als die FD, also wird der neue Nachbar ein möglicher Nachfolger. Wir gehen weiterhin davon aus, daß die Kosten der Verbindung zum neuen Nachbarn 256 betragen. Die lokal berechnete Metrik von Lilienthal zu 10.1.3.0 über den neuen Nachbar wird dann 512 sein. Diese Metrik ist kleiner als die Distanz über Wright, also wird der neue Nachbar der Nachfolger zu 10.1.3.0.

Mögliche Nachfolger sind wichtig, da sie die Anzahl der diffusen Berechnungen verringern und damit die Performance erhöhen. Mögliche Nachfolger tragen auch zu kürzeren Rekonvergenzzeiten bei. Wenn eine Verbindung zu einem Nachfolger ausfällt oder wenn sich die Kosten der Verbindung über die FD erhöhen, wird der Router zuerst in seiner Topologie-Tabelle nach einem möglichen Nachfolger suchen. Wenn einer gefunden wird, wird er der neue Nachfolger. Der Router wird nur dann eine diffuse Berechnung beginnen, wenn kein möglicher Nachfolger gefunden wird.

Der folgende Abschnitt liefert einen Satz von Regeln, mit denen bestimmt wird, wann und wie ein Router nach möglichen Nachfolgern suchen wird. Diesen Satz von Regeln nennt man *DUAL-Finite-State-Machine*.

Die DUAL-Finite-State-Machine

Wenn ein EIGRP-Router keine diffusen Berechnungen ausführt, befindet sich jede Route im *passiven Status*. In allen Topologie-Tabellen des vorherigen Abschnitts zeigt ein Schlüssel links von jeder Route einen passiven Status an.

Ein Router wird seine Liste von möglichen Nachfolgern für eine Route immer dann neu bewerten, wenn ein *Input-Ereignis* auftritt, wie es im letzten Abschnitt beschrieben wurde. Ein Input-Ereignis kann sein:

- Eine Änderung der Kosten einer direkt angeschlossenen Verbindung

- Eine Änderung im Status (up oder down) einer direkt angeschlossenen Verbindung

- Der Empfang eines Update-Pakets

- Der Empfang eines Abfrage-Pakets
- Der Empfang eines Antwort-Pakets

Der erste Schritt in seiner Neubewertung ist eine *lokale Berechnung*, in der die Distanz zum Ziel für alle möglichen Nachfolger neu berechnet wird. Die möglichen Ergebnisse sind:

- Wenn der mögliche Nachfolger mit der geringsten Distanz ein anderer als der existierende Nachfolger ist, so wird der mögliche Nachfolger der neue Nachfolger.
- Wenn die neue Distanz geringer als die FD ist, wird die FD aktualisiert.
- Wenn sich die neue Distanz von der existierenden Distanz unterscheidet, werden Updates an alle Nachbarn gesendet.

Während der Router eine lokale Berechnung ausführt, bleibt die Route im passiven Status. Wenn ein möglicher Nachfolger gefunden wird, wird ein Update an alle Nachbarn gesendet, und es erfolgt keine Statusänderung.

Wenn kein möglicher Nachfolger in der Topologie-Tabelle gefunden wird, beginnt der Router eine diffuse Berechnung, und die Route wechselt in den *aktiven Status*. Bis die diffuse Berechnung vollendet ist und die Route zurück in den passiven Status wechselt, kann der Router folgendes nicht:

- Den Nachfolger der Route ändern
- Die Distanz ändern, die er für diese Route anmeldet
- Die FD der Route ändern
- Eine andere diffuse Berechnung für die Route beginnen

Ein Router beginnt eine diffuse Berechnung mit der Aussendung von Abfragen an alle seine Nachbarn (Bild 8.10). Die Abfragen enthalten die neue lokal berechnete Distanz zum Ziel. Jeder Nachbar wird nach Empfang der Abfrage seine eigene lokale Berechnung ausführen:

- Wenn der Nachbar einen oder mehrere mögliche Nachfolger für das Ziel besitzt, wird er eine Antwort zum ursprünglichen Router zurücksenden. Diese Antwort wird die minimale lokal berechnete Distanz dieses Nachbarn zum Ziel enthalten.

- Wenn der Nachbar keinen möglichen Nachfolger besitzt, wird er die Route auch in den aktiven Status setzen und eine diffuse Berechnung beginnen.

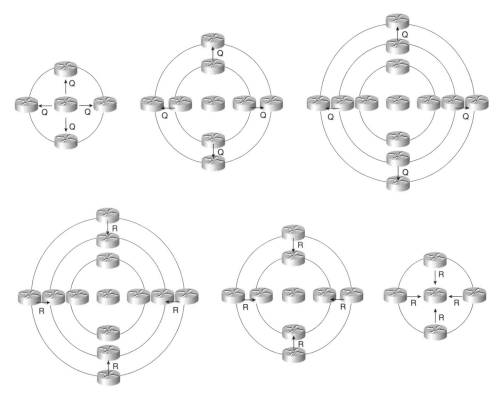

Bild 8.10: *Eine diffuse Berechnung wächst mit den gesendeten Abfragen und schrumpft mit den empfangenen Antworten.*

Für jeden Nachbarn, an den eine Abfrage gesendet wurde, setzt der Router ein *Reply-State-Flag* (r) (=Antwort-Status-Marke), um alle ausstehenden Abfragen verfolgen zu können. Die diffuse Berechnung ist dann vollendet, wenn der Router auf jede Abfrage, die zu jedem Nachbarn gesendet wurde, eine Antwort empfangen hat.

In einigen Fällen empfängt ein Router nicht auf jede gesendete Abfrage eine Antwort. Dies kann zum Beispiel in großen Netzwerken auftreten, die viele Verbindungen mit geringen Bandbreiten besitzen oder deren Verbindungsqualitäten mangelhaft sind. Zu Beginn der diffusen Berechnung wird ein Active-Timer auf 3 Minuten gesetzt.[1] Wenn alle erwarteten Antworten nicht innerhalb der Active-Zeit empfangen werden, wird die Route als *stuck-in-active* (SIA) erklärt. Der Nachbar oder die Nachbarn, die keine Antwort sendeten, werden aus der Nachbartabelle entfernt, und die diffuse Berechnung wird den Nachbarn so betrachten, als ob er mit einer unendlichen Metrik geantwortet hätte.

Mit dem Befehl **timer active-time** kann die standardgemäße dreiminütige Active-Zeit geändert oder deaktiviert werden. Das Löschen eines Nachbarn aufgrund einer verlorenen Abfrage kann offensichtlich Unterbrechungen erzeugen, und SIAs sollten niemals in einem stabilen, gut strukturierten Internetzwerk auftreten. Der Abschnitt zur Fehlersuche in diesem Kapitel behandelt die SIAs detaillierter.

Nach dem Abschluß der diffusen Berechnung wird der ursprüngliche Router die FD auf unendlich setzen, um sicherzustellen, daß jeder mit einer endlichen Distanz zum Ziel antwortende Nachbar die FC erfüllt und ein möglicher Nachfolger wird. Mit jeder dieser Antworten wird eine Metrik berechnet. Diese Berechnung erfolgt auf der Basis der per Antwort gemeldeten Distanz plus den Kosten der Verbindung zu dem Nachbarn, der diese Antwort gesendet hat. Ein Nachfolger wird aufgrund der kleinsten Metrik ausgewählt, und die FD wird auf diese Metrik gesetzt. Alle möglichen Nachfolger, die die FC für diese neue FD nicht erfüllen, werden aus der Topologie-Tabelle entfernt. Beachten Sie, daß kein Nachfolger ausgewählt wird, solange nicht alle Antworten empfangen wurden.

Da mehrere Arten von Input-Ereignissen eine Route zum Statuswechsel veranlassen können, die auch dann auftreten können, während eine Route aktiv ist, legt DUAL mehrere aktive Zustände fest. Ein *Query-Origin-Flag* (O) (=Abfragen-Herkunfts-Marke) wird verwendet, um den aktuellen Status anzuzeigen. Bild 8.11 und die Tabelle 8.1 zeigen die vollständige DUAL-Finite-State-Machine.

---

1 Die Grundeinstellung des Active-Timers beträgt in einigen früheren IOS-Versionen 1 Minute.

Kapitel 8 • Enhanced-Interior-Gateway-Routing-Protokoll (EIGRP)

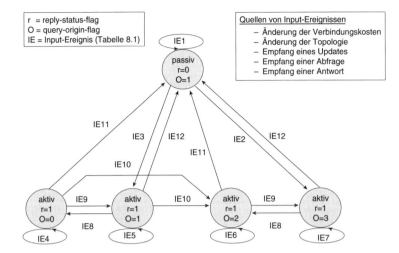

Bild 8.11:
Die DUAL-Finite-State-Machine. Das Query-Origin-Flag (O) markiert den aktuellen Status der diffusen Berechnung. Siehe Tabelle 8.1 für eine Beschreibung jedes Input-Ereignisses (IE).

Input-Ereignis	Beschreibung
IE1	Jedes Input-Ereignis, das die FC erfüllt oder bei dem das Ziel unerreichbar ist.
IE2	Die Abfrage wurde vom Nachfolger empfangen, und die FC ist nicht erfüllt.
IE3	Ein anderes Input-Ereignis als eine Abfrage vom Nachfolger, und die FC ist nicht erfüllt.
IE4	Ein anderes Input-Ereignis als die letzte Antwort oder eine Abfrage vom Nachfolger.
IE5	Ein anderes Input-Ereignis als die letzte Antwort, eine Abfrage vom Nachfolger oder eine erhöhte Distanz zum Ziel.
IE6	Ein anderes Input-Ereignis als die letzte Antwort.
IE7	Ein anderes Input-Ereignis als die letzte Antwort oder eine erhöhte Distanz zum Ziel.
IE8	Eine Erhöhung der Distanz zum Ziel.
IE9	Die letzte Antwort wurde empfangen, und die FC stimmt nicht mit der aktuellen FD überein.
IE10	Die Abfrage wurde vom Nachfolger empfangen.
IE11	Die letzte Antwort wurde empfangen, und die FC stimmt mit der aktuellen FD überein.
IE12	Die letzte Antwort wurde empfangen, und die FD wurde auf unendlich gesetzt.

Tabelle 8.1:
Input-Ereignisse für die DUAL-Finite-State-Machine.

Zwei Beispiele werden zur Erklärung des DUAL-Prozesses beitragen. Bild 8.12 zeigt das Beispiel-Netzwerk, das sich nur auf die Pfade von jedem Router zum Subnetz 10.1.7.0 konzentriert. Beachten Sie Bild 8.3 für die einzelnen Adressen. Auf den Datenverbindungen zeigt ein Pfeil den Nachfolger an, den jeder Router benutzt, um das Subnetz 10.1.7.0 zu erreichen. Neben jedem Router sind in Klammern die jeweiligen lokal berechneten Distanzen zum Subnetz, die eigenen FDs, die Reply-State-Flags (r) und die Query-Origin-Flags (O) angezeigt. Aktive Router werden mit einem Kreis angezeigt.

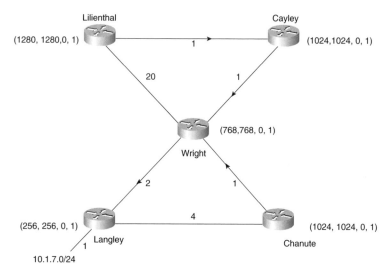

Bild 8.12: Alle Routen zum Subnetz 10.1.7.0 befinden sich im passiven Status, der durch r = 0 und O = 1 angezeigt wird.

Diffuse Berechnung: Beispiel 1

Dieses Beispiel konzentriert sich nur auf Cayley und seine Route zum Subnetz 10.1.7.0. In Bild 8.13 ist die Verbindung zwischen Cayley und Wright (10.1.1.1) ausgefallen. EIGRP betrachtet den Ausfall wie eine Verbindung mit einer unendlichen Distanz.[1] Cayley überprüft seine Topologie-Tabelle nach einem möglichen Nachfolger für das Subnetz 10.1.7.0, findet aber keinen (siehe Bild 8.6).

---

1 Eine unendliche Distanz wird durch die Verzögerung 0xFFFFFFFF oder 4294967295 angezeigt.

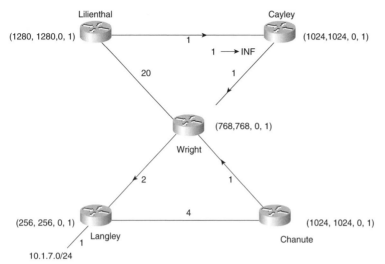

Bild 8.13:
Die Verbindung zwischen Wright und Cayley ist ausgefallen, und Cayley besitzt keinen möglichen Nachfolger zum Subnetz 10.1.7.0.

Daraufhin wird Cayleys Route aktiv (Bild 8.14). Die Distanz und die FD der Route werden auf unerreichbar gesetzt, und es wird eine Abfrage an Cayleys Nachbar Lilienthal gesendet, die die neue Distanz enthält. Cayleys Reply-State-Flag für Lilienthal wird auf Eins gesetzt und zeigt damit an, daß eine Antwort erwartet wird. Da das Input-Ereignis nicht im Empfang einer Abfrage bestand (IE3), ist der Wert O=1.

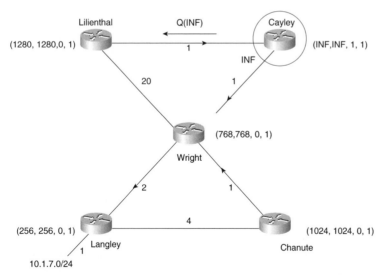

Bild 8.14:
Cayleys Route zu 10.1.7.0 wechselt in den aktiven Status, und Lilienthal wird nach einem möglichen Nachfolger angefragt.

Nach dem Empfang der Abfrage führt Lilienthal eine lokale Berechnung durch (Bild 8.15). Da Lilienthal einen möglichen Nachfolger für 10.1.7.0 besitzt (siehe Bild 8.9), wird die Route nicht aktiv. Wright wird der neue Nachfolger, und es wird eine Antwort gesendet mit der Distanz von Lilienthal zu 10.1.7.0 über Wright. Da sich die Distanz zu 10.1.7.0 erhöht hat und die Route nicht aktiv wurde, bleibt die FD bei Lilienthal unverändert.

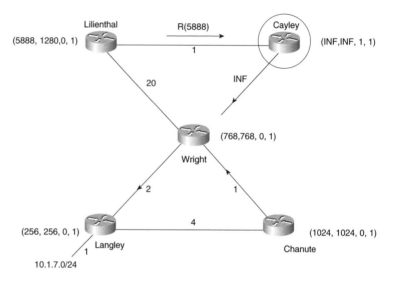

Bild 8.15: Lilienthal besitzt einen möglichen Nachfolger zu 10.1.7.0. Es wird eine lokale Berechnung ausgeführt, eine Antwort mit der Distanz über Wright an Cayley gesendet und ein Update an Wright gesendet

Nachdem Cayley die Antwort von Lilienthal empfangen hat, setzt er r=0, und die Route wechselt in den passiven Status (Bild 8.16). Lilienthal wird der neue Nachfolger, und die FD wird auf die neue Distanz gesetzt. Zum Schluß wird ein Update an Lilienthal gesendet mit der lokal berechneten Metrik von Cayley. Zudem wird Lilienthal ein Update senden, mit dem er seine neue Metrik anmeldet.

Die ein- und ausgehenden EIGRP-Pakete können mit dem Debug-Befehl **debug eigrp packets** beobachtet werden. In der Grundeinstellung werden alle EIGRP-Pakete angezeigt. Da die Menge der Hellos und ACKs die Debug-Ausgabe schwer nachvollziehbar machen, besitzt der Befehl optionale Schlüsselwörter, um nur einzelne Pakettypen anzuzeigen. In Bild 8.17 wurde der Befehl **debug eigrp packets query reply update** eingegeben, um die Paket-Aktivitäten bei Cayley für die in diesem Beispiel beschriebenen Ereignisse zu beobachten.

Kapitel 8 • Enhanced-Interior-Gateway-Routing-Protokoll (EIGRP)

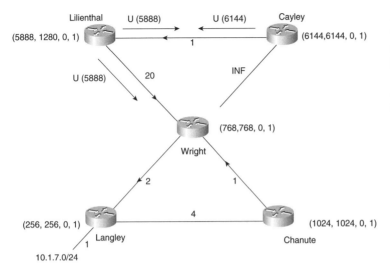

Bild 8.16:
Cayleys Route zu 10.1.7.0 wird passiv und ein Update wird an Lilienthal gesendet.

```
Cayley#debug eigrp packet update query reply
EIGRP Packets debugging is on
    (UPDATE, QUERY, REPLY)
B#
%LINEPROTO-5-UPDOWN: Line protocol on Interface Ethernet0, changed state to down
EIGRP: Enqueueing QUERY on Serial0 iidbQ un/rely 0/1 serno 45-49
EIGRP: Enqueueing QUERY on Serial0 nbr 10.1.6.1 iidbQ un/rely 0/0 peerQ un/rely
 0/0 serno 45-49
EIGRP: Sending QUERY on Serial0 nbr 10.1.6.1
    AS 1, Flags 0x0, Seq 45/64 idbQ 0/0 iidbQ un/rely 0/0 peerQ un/rely 0/1 serno
 45-49
EIGRP: Received REPLY on Serial0 nbr 10.1.6.1
    AS 1, Flags 0x0, Seq 65/45 idbQ 0/0 iidbQ un/rely 0/0 peerQ un/rely 0/0
EIGRP: Enqueueing UPDATE on Serial0 iidbQ un/rely 0/1 serno 50-54
EIGRP: Enqueueing UPDATE on Serial0 nbr 10.1.6.1 iidbQ un/rely 0/0 peerQ un/rely
 0/0 serno 50-54
EIGRP: Sending UPDATE on Serial0 nbr 10.1.6.1
    AS 1, Flags 0x0, Seq 46/66 idbQ 0/0 iidbQ un/rely 0/0 peerQ un/rely 0/1 serno
 50-54
EIGRP: Received UPDATE on Serial0 nbr 10.1.6.1
    AS 1, Flags 0x0, Seq 67/46 idbQ 0/0 iidbQ un/rely 0/0 peerQ un/rely 0/1
```

Bild 8.17:
Die EIGRP-Paketereignisse, die in diesem Beispiel beschrieben wurden, können in diesen Debug-Meldungen abgelesen werden

Die *Flags* in den Debug-Meldungen zeigen den Status der Flags im EIGRP-Paket-Header an (siehe den Abschnitt »EIGRP-Paket-Header« im weiteren Verlauf dieses Kapitels). 0x0 zeigt an, daß keine Flags gesetzt sind. 0x1 zeigt an, daß das *Initialisierungs*-Bit gesetzt ist. Dieses Flag wird gesetzt, wenn die enthaltenen Routen-Einträge die ersten in einer neuen Nachbarbeziehung sind. 0x2 zeigt an, daß das *Conditional-Receive*-Bit gesetzt ist. Dieses Flag wird im Cisco-proprietären Reliable-Multicasting-Algorithmus verwendet.

Seq ist die Paket-Sequenz-Nummer/bestätigte Sequenz-Nummer.

idbq zeigt Pakete in der Input-/Output-Queue der Schnittstelle an (Queue = Warteschlange).

iidbq zeigt unzuverlässige/zuverlässige Multicast-Pakete an, die auf die Übertragung an der Schnittstelle warten.

peerQ zeigt unzuverlässige/zuverlässige Unicast-Pakete an, die auf die Übertragung an der Schnittstelle warten.

serno ist ein Zeiger auf eine doppelt verbundene serielle Nummer für die Route. Dieser wird von einem internen (und Cisco-proprietären) Mechanismus verwendet, um die korrekten Routing-Informationen in einer sehr schnell wechselnden Topologie zu verfolgen.

Diffuse Berechnung: Beispiel 2

Dieses Beispiel konzentriert sich auf Wright und seine Route zum Subnetz 10.1.7.0. Auch wenn die Kombination der hier aufgezeigten Input-Ereignisse (die Verzögerung einer Verbindung wechselt zweimal während einer diffusen Berechnung) in der Realität wohl nie auftreten wird, zeigt das Beispiel auf, wie DUAL mit mehrfachen Metrik-Änderungen umgeht.

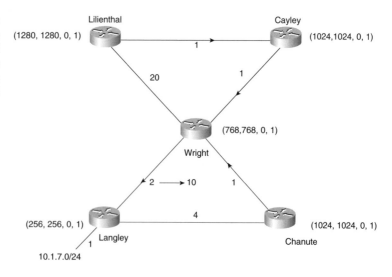

Bild 8.18: Cayleys Route zu 10.1.7.0 wird passiv, und es wird ein Update an Lilienthal gesendet.

In Bild 8.18 ändern sich die Kosten der Verbindung zwischen Wright und Langley von 2 auf 10. Die Distanz zu 10.1.7.0 über Langley übersteigt nun die FD von Wright, woraufhin der Router eine lokale Berechnung beginnt. Die Metrik wird aktualisiert, und Wright sendet Updates an alle seine Nachbarn, außer an den Nachbarn, dessen Verbindungskosten sich geändert haben (Bild 8.19).

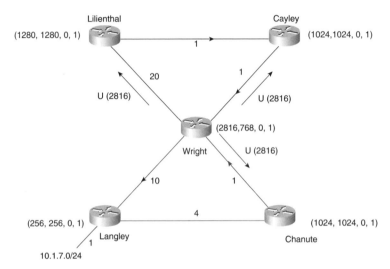

Bild 8.19: Wright sendet Updates mit der neuen Metrik an alle Nachbarn außer Langley.

Beachten Sie, daß Langley der einzige mögliche Nachfolger zum Subnetz 10.1.7.0 war, da die lokal berechnete Metrik von Chanute höher ist als die FD von Wright (1024 > 768). Die Metrik-Erhöhung auf der Verbindung Wright-Langley zwingt Wright zur Suche nach einem neuen Nachfolger in seiner Topologie-Tabelle. Da Langley der einzige mögliche Nachfolger ist, den Wright in seiner Topologie-Tabelle finden kann, wird die Route aktiv. Daraufhin werden Abfragen an die Nachbarn gesendet (Bild 8.20).

Die von Wright in Bild 8.19 gesendeten Updates zwingen Cayley, Lilienthal und Chanute zur gleichzeitigen Ausführung von lokalen Berechnungen.

*Bild 8.20:
Wrights Route
zu 10.1.7.0 wird
aktiv, und er sendet Abfragen an
seine Nachbarn
auf der Suche
nach möglichen
Nachfolgern. Als
Reaktion auf das
von Wright gesendete Update
setzt Cayley
seine Route in
den aktiven Status und sendet
Abfragen an
seine Nachbarn.
Zudem ändert
Chanute seine
Metrik und sendet Updates.*

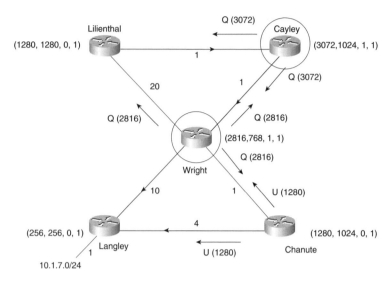

Bei Cayley übersteigt die Route über Wright nun die FD von Cayley (2816 > 1024). Die Route wird aktiv, und es werden Abfragen an die Nachbarn gesendet.

Lilienthal verwendet Cayley als Nachfolger und hat in Bild 8.20 noch keine Abfrage von Cayley empfangen. Daher berechnet Lilienthal nur die Metrik des Pfads über Wright neu, erkennt, daß er nicht mehr die FC erfüllt, und entfernt den Pfad aus der Topologie-Tabelle.

Für Chanute ist Wright der Nachfolger. Da die von Wright angemeldete Distanz nicht mehr die FC von Chanute erfüllt (2816 > 1024) und Chanute einen möglichen Nachfolger besitzt (Bild 8.8), wird Wright aus der Topologie-Tabelle von Chanute gelöscht. Nun wird Langley der Nachfolger für Chanute. Die Metrik wird aktualisiert, und Chanute sendet Updates an seine Nachbarn (siehe Bild 8.20). Die Route bei Chanute wird zu keiner Zeit aktiv.

Cayley, Lilienthal und Chanute antworten alle unterschiedlich auf die Abfragen von Wright (Bild 8.21).

Cayley ist bereits aktiv. Da das Input-Ereignis eine Abfrage von seinem Nachfolger ist, wird das Query-Origin-Flag eine 2 (O=2) tragen (siehe Bild 8.11 und Tabelle 8.1).

Kapitel 8 • Enhanced-Interior-Gateway-Routing-Protokoll (EIGRP)   337

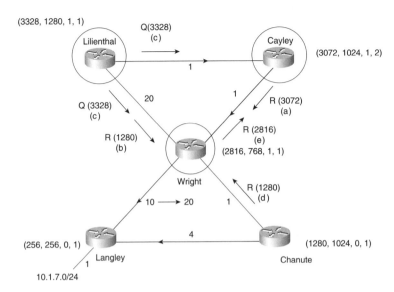

Bild 8.21: Cayley (a) antwortet auf die Abfrage von Wright. Lilienthal (b) antwortet auf die Abfrage von Wright und (c) wird für die Route aktiv, indem er Abfragen als Antwort auf die Abfrage von Cayley sendet. Chanute (d) antwortet auf die Abfrage von Wright. Wright (e) antwortet auf die Abfrage von Cayley.

Nach dem Empfang von Wrights Abfrage wird Lilienthal eine Antwort mit seiner Distanz über Cayley senden. Jedoch empfängt Lilienthal, gerade nachdem die Antwort ausgesendet wurde, die Abfrage von Cayley. Die FD wird überschritten, die Metrik wird aktualisiert, und die Route wird aktiv. Lilienthal sendet daraufhin Abfragen an seine Nachbarn.

Chanute, der bereits Langley zu seinem Nachfolger gemacht hat, sendet lediglich eine Antwort.

Während all dieser Vorgänge zeigt Bild 8.21, daß sich die Kosten der Verbindung zwischen Wright und Langley erneut erhöhen, diesmal von 10 auf 20. Wright wird die Metrik zu 10.1.7.0 aufgrund dieser neuen Kosten neu berechnen, da aber die Route aktiv ist, wird sich weder die von ihm gemeldete FD noch die Distanz ändern, bis die Route passiv wird.

Wenn eine Route aktiv ist und sich währenddessen die Distanz zum Ziel erhöht, wird laut Bild 8.11 und der Tabelle 8.1 das Query-Origin-Flag auf O=0 gesetzt (Bild 8.22). Wright antwortet auf die Abfrage von Lilienthal. Die von ihm gemeldete Distanz ist die Distanz, die er hatte, als die erste Route aktiv wurde (die Meldungsdistanz kann nicht geändert werden, während die Route aktiv ist). Cayley sendet ebenso eine Antwort auf Lilienthals Abfrage.

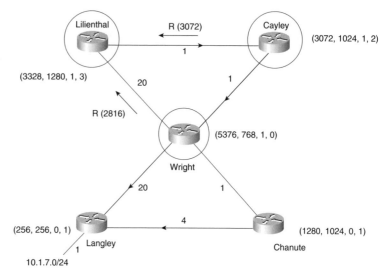

Bild 8.22: Wright kann die Meldungs-Metrik nicht ändern, bis die Route passiv wird.

Nachdem Lilienthal alle Antworten auf alle seine Abfragen empfangen hat, wird er die Route in den passiven Status versetzen (Bild 8.23). Es wird daraufhin eine neue FD für die Route gesetzt. Cayley bleibt der Nachfolger, da seine gemeldete Route geringer als die FD bei Lilienthal ist. Auch Lilienthal sendet eine Antwort auf Cayleys Abfrage.

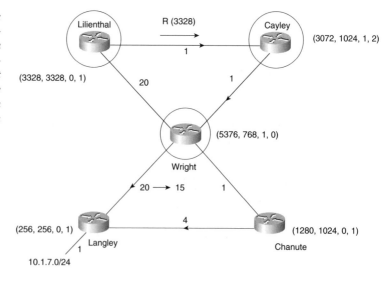

Bild 8.23: Nach dem Empfang der letzten erwarteten Antwort versetzt Lilienthal seine Route in den passiven Status (r=0, O=1).

Bild 8.23 zeigt auch an, daß sich die Distanz wiederum geändert hat, diesmal von 20 auf 15. Wright berechnet seine lokale Distanz für die Route erneut, diesmal auf den Wert 4096 (Bild 8.24). Wenn er eine Abfrage vor dem Wechsel in den passiven Status empfangen hätte, würde die Route weiterhin mit einer Distanz von 2816 gemeldet werden – die Distanz, als die Route aktiv wurde.

Wenn Cayley die Antwort auf seine Abfrage empfängt, wird auch seine Route zu 10.1.7.0 passiv (Bild 8.24), und es wird eine neue FD gesetzt. Auch wenn nun die lokal berechnete Metrik von Wright 4096 ist, wurde die letzte Metrik mit 2816 gemeldet. Daher erfüllt Wright die FC bei Cayley, und er wird der Nachfolger zu 10.1.7.0. Es wird eine Antwort an Wright gesendet.

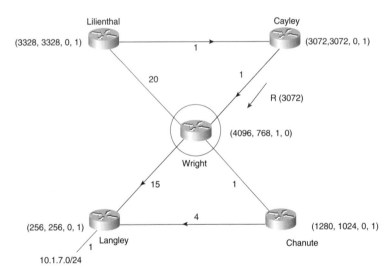

Bild 8.24: Nach dem Empfang der letzten erwarteten Antwort ändert Cayley seine Route in den passiven Status.

In Bild 8.25 hat Wright auf jede gesendete Abfrage eine Antwort empfangen, und seine Route wird passiv. Er wählt Chanute als seinen neuen Nachfolger aus und ändert die FD auf die Summe aus Chanutes angemeldeter Distanz und den Kosten der Verbindung zu diesem Nachbarn. Wright sendet ein Update an alle seine Nachbarn, in denen er die neue lokal berechnete Metrik anmeldet.

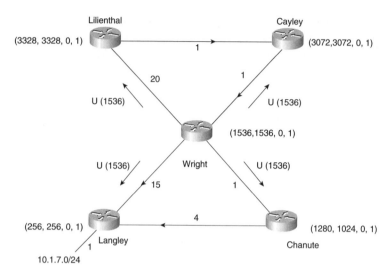

Bild 8.25: Wright wechselt in den passiven Status, wählt Chanute als Nachfolger aus, ändert die FD und sendet Updates an alle Nachbarn.

Cayley verwendet Wright bereits als seinen Nachfolger. Wenn er das Update von Wright mit den geringeren Kosten empfängt, ändert er seine lokal berechnete Metrik und die FD entsprechend und benachrichtigt seine Nachbarn (Bild 8.26).

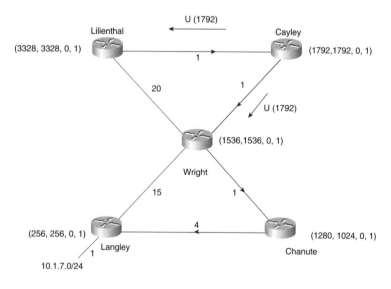

Bild 8.26: Cayley berechnet seine Metrik neu, ändert die FD aufgrund der von Wright gemeldeten geringeren Kosten und sendet Updates an seine Nachbarn.

Das Update von Cayley hat keinen Effekt auf Wright, da es die dortige FC nicht erfüllt. Bei Lilienthal verursacht das

Update eine lokale Berechnung. Lilienthal verringert die Metrik und die FD und sendet Updates an seine Nachbarn (Bild 8.27).

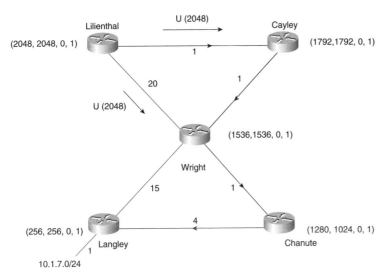

Bild 8.27: Lilienthal berechnet seine Metrik neu, ändert die FD aufgrund des Update von Cayley und sendet Updates an seine Nachbarn.

Auch wenn die beiden letzten Beispiele relativ kompliziert sind und es nötig sein kann, sie mehrere Male durchzulesen, um sie ganz zu verstehen, so enthalten sie doch das essentielle Grundverhalten der diffusen Berechnungen:

- Führe bei jedem Input-Ereignis eine lokale Berechnung durch.

- Wenn sich ein oder mehrere mögliche/r Nachfolger in der Topologie-Tabelle befinden, so mache den/die mit den geringsten Metrik-Kosten zu dem/den Nachfolger/n.

- Wenn sich kein möglicher Nachfolger findet, so aktiviere die Route und sende Abfragen nach einem möglichen Nachfolger an die Nachbarn.

- Halte die Route so lange aktiv, bis alle Abfragen durch eine Antwort beantwortet wurden oder bis die entsprechenden Aktiv-Timer abgelaufen sind.

- Wenn die diffuse Berechnung keinen möglichen Nachfolger liefert, so erkläre das Ziel für unerreichbar.

8.1.5 EIGRP-Paket-Formate

Der IP-Header eines EIGRP-Pakets belegt die Protokoll-Nummer 88, und die maximale Länge des Pakets entspricht der Maximum-Transmission-Unit (MTU) des IP – in der Regel 1500 Oktette. Nach dem IP-Header folgt ein EIGRP-Header und darauf verschiedene *Typ/Längen/Value*-(TLV-)Tripel. Diese TLVs enthalten nicht nur die Routen-Einträge, sie enthalten auch Felder für die Verwaltung des DUAL-Prozesses, der Multicast-Sequentierung und für die IOS-Software-Versionen.

EIGRP-Paket-Header

Bild 8.28 zeigt den EIGRP-Header, mit dem jedes EIGRP-Paket beginnt.

Bild 8.28: Der EIGRP-Paket-Header.

8	8	8	8
VERSION	OPCODE	PRÜF-SUMME	
FLAGS			
SEQUENZ			
ACK			
AUTONOMOUS-SYSTEM-NUMMER			
TLVs			

32 BITS

Die *Version* zeigt die spezielle Version des erzeugenden EIGRP-Prozesses. Auch wenn heute zwei Software-Veröffentlichungen von EIGRP verfügbar sind,[1] hat sich die Version des EIGRP-Prozesses selbst seit seiner ersten Veröffentlichung nicht geändert.

Der *Opcode* legt den EIGRP-Paket-Typ fest, der in der Tabelle 8.2 gezeigt ist. Auch wenn der IPX-SAP-Paket-Typ in der

---

[1] Aufgrund der Stabilitätsverbesserungen, die ab den IOS-Versionen 10.3(11), 11.0(8) und 11.1(3) zur Verfügung stehen, wird die Verwendung der späteren EIGRP-Version sehr empfohlen.

Tabelle enthalten ist, wird das IPX-EIGRP nicht im Rahmen dieses Buches behandelt.

Opcode	Typ
1	Update
3	Abfrage
4	Antwort
5	Hello
6	IPX-SAP

Tabelle 8.2: EIGRP-Paket-Typen.

Die *Prüf-Summe* ist eine Standard-IP-Prüfsumme. Sie wird für das gesamte EIGRP-Paket berechnet, den IP-Header nicht eingeschlossen.

Die *Flags* enthalten in der jetzigen Version nur zwei Flags. Das erste Bit der rechten Seite ist das *Init*-Flag. Wenn dieses gesetzt ist (0x00000001), wird damit angezeigt, daß die enthaltenen Routen-Einträge die ersten in einer neuen Nachbarbeziehung sind. Das zweite Bit (0x00000002) ist das Conditional-Receive-Bit, das im Cisco-proprietären Reliable-Multicasting-Algorithmus verwendet wird.

Die *Sequenz* ist die 32 Bit lange Sequenz-Nummer, die vom RTP verwendet wird.

Die *ACK* ist die 32 Bit lange Sequenz-Nummer, die zuletzt von dem Nachbarn empfangen wurde, an den das Paket gesendet wurde. Ein Hello-Paket, in dessen ACK-Feld sich keine Null befindet, wird wie ein ACK-Paket (=Bestätigungspaket) behandelt und nicht wie ein Hello-Paket. Beachten Sie, daß ein ACK-Feld nur dann keine Null enthält, wenn dies ein Unicast-Paket ist, da Bestätigungen nie als Multicast gesendet werden.

Die *Autonomous-System-Nummer* ist die Identifikationsnummer der EIGRP-Domäne.

Nach dem Header folgen die TLVs, deren verschiedene Typen in der Tabelle 8.3 aufgelistet sind. Die IPX- und AppleTalk-Typen sind zwar enthalten, sie werden in diesem Buch aber nicht betrachtet. Jedes TLV enthält eine der 2-Oktett-Typen-Nummern, die in der Tabelle 8.3 gezeigt sind, ein 2-Oktett-Feld, das die Länge des TLV festlegt, sowie ein variables Feld, dessen Format durch den Typ bestimmt wird.

Tabelle 8.3: Typ/Länge/ Value-(TLV-) Typen.

Nummer	TLV-Typ
Allgemeine TLV-Typen	
0x0001	EIGRP-Parameter
0x0003	Sequenz
0x0004	Software-Version[1]
0x0005	Nächste Multicast-Sequenz
IP-spezifische TLV-Typen	
0x0102	Interne IP-Routen
0x0103	Externe IP-Routen
AppleTalk-eigene TLV-Typen	
0x0202	Interne AppleTalk-Routen
0X0203	Externe AppleTalk-Routen
0x0204	AppleTalk-Kabel-Konfiguration
IPX-eigene TLV-Typen	
0x0302	Interne IPX-Routen
0x0303	Externe IPX-Routen

Allgemeine TLV-Felder

Diese TLVs enthalten EIGRP-Management-Informationen und sind nicht auf ein bestimmtes Routing-Protokoll beschränkt. Die TLV-Parameter werden zur Übermittlung der Metrik-Wichtungen und der Hold-Zeit verwendet und sind in Bild 8.29 gezeigt. Die Sequenz-, Software-Version- und Next-Multicast-Sequenz-TLVs werden vom Cisco-proprietären Reliable-Multicast-Algorithmus verwendet und nicht im Rahmen dieses Buches behandelt.

Bild 8.29: Die EIGRP-TLV-Parameter.

```
←――――――――――― 32 BITS ―――――――――――→
|     8     |     8     |     8     |     8     |
|    TYP = 0x0001       |        LÄNGE          |
|    K1     |    K2     |    K3     |    K4     |
|    K5     | RESERVIERT|      HOLD-TIME        |
```

---

1 Dieses Paket zeigt an, ob die ältere Software-Ausgabe verwendet wird (Software-Version 0) oder die neuere Ausgabe, die mit der IOS-Version 10.3(11), 11.0(8) und 11.1(3) läuft (Version 1).

IP-eigene TLV-Felder

Jedes interne und externe Routen-TLV enthält einen Routen-Eintrag. Jedes Update-, Abfrage- und Antwort-Paket enthält mindestens ein Routen-TLV.

Die internen und externen Routen-TLVs enthalten Metrik-Informationen der Route. Wie bereits erwähnt, verwendet EIGRP dieselben Metriken, die auch von IGRP verwendet werden, auch wenn sie auf 256 skaliert werden. Diese Metriken wurden ausführlich – zusammen mit der Berechnung der gemischten Metrik – in Kapitel 6 betrachtet.

Das Interne IP-Routen-TLV

Eine interne Route ist ein Pfad zu einem Ziel innerhalb des EIGRP-Autonomous-Systems. Das Format des internen Routen-TLVs ist in Bild 8.30 gezeigt.

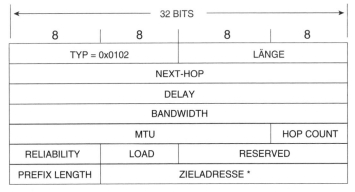

Bild 8.30: Das interne IP-Routen-TLV.

* Dieses Feld ist variabel. Falls es weniger oder mehr als drei Oktette beinhaltet, wird die TLV bis zur nächsten 4-Oktett-Grenze mit Nullen aufgefüllt. Ist die Zieladresse z.B. 10.1, besteht das Zieladressenfeld aus zwei Oktetten, und es folgt 0x00. Ist die Adresse 192.168.16.64, besteht das Zieladreßfeld aus vier Oktetten, und es folgt 0x000000.

Der *Next-Hop* ist die Next-Hop-IP-Adresse. Diese Adresse kann die Adresse des erzeugenden Routers enthalten oder auch nicht. *Delay* ist die Summe der konfigurierten Verzögerungen in Einheiten von 10 Mikrosekunden. Beachten Sie, daß im Unterschied zum 24 Bit langen Verzögerungsfeld des IGRP-Pakets dieses Feld 32 Bit lang ist. Dieses längere Feld bietet dem vom EIGRP verwendeten Multiplikationsfaktor von 256 genügend Raum. Eine Verzögerung von 0xFFFFFFFF zeigt eine unerreichbare Route an.

Die *Bandwidth* beträgt 256 * $BW_{IGRP(min)}$ oder 2.560.000.000 dividiert durch die kleinste konfigurierte Bandbreite von jeder Schnittstelle entlang der Route. Wie das Delay-Feld ist dieses Feld auch um acht Bits länger als das IGRP-Feld.

Die *MTU* ist die kleinste Maximum-Transmission-Unit jeder Verbindung entlang der Route zum Ziel. Auch wenn dieser Parameter enthalten ist, wurde er nie in der Berechnung von Metriken berücksichtigt.

Der *Hop-Count* ist eine Zahl zwischen 0x01 und 0xFF und zeigt die Anzahl von Hops zum Ziel an. Ein Router wird ein direkt verbundenes Netzwerk mit dem Hop-Count 0 anmelden. Nachfolgende Router werden die Route relativ zum Next-Hop-Router speichern und weitermelden.

Reliability ist eine Zahl zwischen 0x01 und 0xFF, die die gesamten ausgehenden Fehlerraten der Schnittstellen entlang der Route widerspiegelt und die als fünfminütiges exponentiell gewichtetes Mittel berechnet wird. 0xFF signalisiert eine hundertprozentig zuverlässige Verbindung.

Load ist auch eine Zahl zwischen 0x01 und 0xFF, die die gesamten ausgehenden Belastungen der Schnittstellen entlang der Route widerspiegelt und die als fünfminütiges exponentiell gewichtetes Mittel berechnet wird. 0x01 signalisiert eine minimal belastete Verbindung.

Reserved ist ein unbenutztes Feld und enthält immer 0x0000.

Die *Prefix-Länge* zeigt die Anzahl der Netzwerk-Bits der Adreß-Maske an. Die *Destination* ist die Ziel-Adresse der Route. Auch wenn das Feld in Bild 8.30 und Bild 8.31 als ein drei-Oktett-Feld gezeigt wird, variiert das Feld mit der einzelnen Adresse. Wenn die Route zum Beispiel nach 10.1.0.0/16 zeigt, wird die Prefix-Länge 16 betragen, und das Ziel wird das 2-Oktett-Feld 10.1 enthalten. Wenn die Route nach 192.168.17.64/27 zeigt, wird die Prefix-Länge 27 betragen, und das Ziel wird das 4-Oktett Feld 192.168.16.64 enthalten. Wenn dieses Feld nicht aus genau drei Oktetten besteht, wird das TLV mit Nullen aufgefüllt, bis es an einer 4-Oktett-Grenze endet.

Das Externe IP-Routen-TLV

Eine externe Route ist ein Pfad, der zu einem Ziel außerhalb des EIGRP-Autonomous-Systems führt und der in der EIGRP-Domäne redistributiert wurde. Bild 8.31 zeigt das Format des externen Routen-TLV.

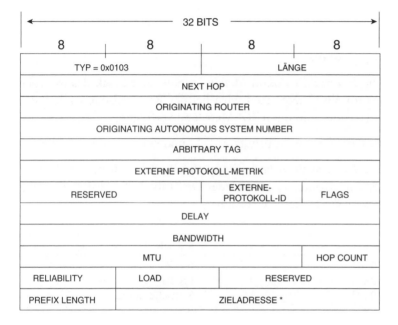

Bild 8.31: Das externe IP-Routen-TLV.

* Dieses Feld ist variabel. Falls es weniger oder mehr als drei Oktette beinhaltet, wird die TLV bis zur nächsten 4-Oktett-Grenze mit Nullen aufgefüllt. Ist die Zieladresse z.B. 10.1, besteht das Zieladressenfeld aus zwei Oktetten, und es folgt 0x00. Ist die Adresse 192.168.16.64, besteht das Zieladreßfeld aus vier Oktetten, und es folgt 0x000000.

Next-Hop ist die Next-Hop-IP-Adresse. Auf einem Multi-access-Netzwerk muß der Router, der die Route anmeldet, nicht der beste Next-Hop-Router zum Ziel sein. Zum Beispiel könnte ein EIGRP-sprechender Router auf einer Ethernet-Verbindung auch BGP sprechen, und dieser kann nun eine durch BGP erlernte Route in das EIGRP-Autonomous-System melden. Da andere Router auf der Verbindung kein BGP sprechen, können sie nicht wissen, daß die Schnittstelle zu dem BGP-Sprecher die beste Next-Hop-Adresse ist. Das Next-Hop-Feld ermöglicht es dem »zweisprachigen« Router, seinen EIGRP-Nachbarn folgendes mitzuteilen: »Verwende die Adresse A.B.C.D als Next-Hop und nicht meine Schnittstellen-Adresse«. Der *Originating Router* ist die IP-Adresse oder Router-ID des Routers, der die externe Route in das EIGRP-Autonomous-System redistributiert hat.

Die *Originating Autonomous System Number* ist die Autonomous-System-Nummer des Routers, von dem die Route stammt.

Arbitrary Tag kann verwendet werden, um einen Satz von Marken (=Tags) für Route-Maps zu übertragen. Siehe Kapitel 14 für weitere Informationen über die Verwendung von Route-Maps.

Die *Externe-Protokoll-Metrik* enthält die Metrik des externen Protokolls. Dieses Feld wird bei der Redistribution mit IGRP verwendet, um die IGRP-Metrik zu verfolgen.

Reserved ist ein unbenutztes Feld und enthält immer 0x0000.

Die *Externe-Protokoll-ID* legt das Protokoll fest, von dem die externe Route erlernt wurde. Die Tabelle 8.4 listet die möglichen Werte dieses Felds auf.

Tabelle 8.4: Werte des externen Protokoll-ID-Felds.

Code	Externes Protokoll
0x01	IGRP
0x02	EIGRP
0x03	Statische Route
0x04	RIP
0x05	Hello
0x06	OSPF
0x07	IS-IS
0x08	EGP
0x09	BGP
0x0A	IDRP
0x0B	Angeschlossene Verbindung

Die *Flags* können bisher nur zwei Flags enthalten. Wenn das erste Bit des acht-Bit-Felds gesetzt ist (0x01), ist die Route eine externe Route. Wenn das zweite Bit gesetzt ist (0x02), ist die Route eine mögliche Default-Route. Default-Routen werden in Kapitel 12 betrachtet.

Die restlichen Felder beschreiben die Metriken und die Ziel-Adresse. Die Inhalte und Bedeutungen dieser Felder gleichen denen des internen Routen-TLVs.

8.1.6 Adreß-Aggregation

Das Kapitel 2 führte das Verfahren der Subvernetzung ein, bei dem die Adreßmaske in den Host-Raum erweitert wird, um unter einer Haupt-Netzwerkadresse mehrfache Datenverbindungen adressieren zu können. Das Kapitel 7 führt das Verfahren der Subnetz-Maskierung mit variabler Länge ein, bei dem die Adreßmaske noch weiter ausgedehnt wird, um Subnetze innerhalb von Subnetzen zu erzeugen.

Aus der entgegengesetzten Blickrichtung kann eine Subnetz-Adresse wie eine Zusammenfassung einer Gruppe von Sub-Subnetzen betrachtet werden. Auch eine Haupt-Netzwerkadresse kann wie eine Zusammenfassung einer Gruppe von Subnetz-Adressen angesehen werden. In jedem Fall wird die Zusammenfassung durch eine Reduzierung der Adreßmaskenlänge erreicht.

Die sogenannte Adreßaggregation geht mit der Zusammenfassung einen Schritt weiter und überschreitet die Class-Grenzen der Haupt-Netzwerkadressen. Eine aggregierte Adresse repräsentiert eine numerisch zusammenhängende Gruppe von Netzwerkadressen, die auch als ein Supernetz bekannt ist.[1] Bild 8.32 zeigt ein Beispiel einer aggregierten Adresse.

Eine Adreßaggregation faßt eine Gruppe von Netzwerk- oder Subnet-Adressen zusammen

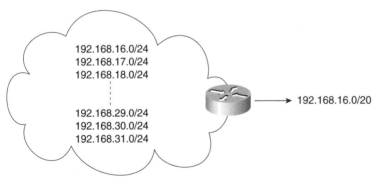

Bild 8.32: Diese Gruppe von Netzwerkadressen kann durch eine einzelne aggregierte Adresse oder ein aggregiertes Subnetz dargestellt werden.

---

1 Korrekter ausgedrückt ist eine aggregierte Adresse jede zusammengefaßte Gruppe von Adressen. Zum klareren Verständnis wird in diesem Buch der Begriff aggregierte Adresse nur für eine zusammengefaßte Gruppe von Haupt-Netzwerkadressen verwendet.

Bild 8.33 zeigt, wie die aggregierte Adresse Bild 8.34 abgeleitet wird. Es werden die gemeinsamen Bits einer Gruppe von Netzwerkadressen bestimmt, und diese werden maskiert. Der maskierte Teil ist die aggregierte Adresse.

Bild 8.33:
Die aggregierte Adresse wird durch die Maskierung aller gemeinsamen Bits einer Gruppe von numerisch zusammenhängenden Netzwerkadressen bestimmt.

```
11111111111111111111111100000000 = 24-bit mask
11000000101010000001000000000000 = 192.168.16.0/24
11000000101010000001000100000000 = 192.168.17.0/24
11000000101010000001001000000000 = 192.168.18.0/24
11000000101010000001001100000000 = 192.168.19.0/24
11000000101010000001010000000000 = 192.168.20.0/24
11000000101010000001010100000000 = 192.168.21.0/24
11000000101010000001011000000000 = 192.168.22.0/24
11000000101010000001011100000000 = 192.168.23.0/24
11000000101010000001100000000000 = 192.168.24.0/24
11000000101010000001100100000000 = 192.168.25.0/24
11000000101010000001101000000000 = 192.168.26.0/24
11000000101010000001101100000000 = 192.168.27.0/24
11000000101010000001110000000000 = 192.168.28.0/24
11000000101010000001110100000000 = 192.168.29.0/24
11000000101010000001111000000000 = 192.168.30.0/24
11000000101010000001111100000000 = 192.168.31.0/24
11000000101010000001000000000000 = 192.168.16.0/20
```

Eine Design-Regel für aggregierte Adressierung

Beim Design eines Supernetzes ist es wichtig, daß die Adressen der Mitglieder eine komplette, zusammenhängende Menge ehemaliger maskierter Bits bilden. In Bild 8.33 ist zum Beispiel die 20-Bit-Maske der aggregierten Adresse vier Bits kürzer als die Maske der Mitgliedsadressen. Bei den vier »unterschiedlichen« Bits ist zu beachten, daß sie jede mögliche Bit-Kombination von 0000 bis 1111 enthalten. Wenn Sie diese Design-Regel nicht beachten, wird das Adreßschema verwirrend, es kann die Effizienz von aggregierten Routen stark reduzieren und zu Routing-Schleifen und schwarzen Löchern führen.

Der offensichtliche Vorteil der Zusammenfassung von Adressen liegt in der Erhaltung von Netzwerkressourcen. Die Bandbreite wird durch die Anmeldung einer geringeren Anzahl von Routen erhalten, und die Verarbeitung einer geringeren Anzahl von Routen beansprucht die CPU weniger. Am wichtigsten ist jedoch, daß weniger Speicher durch die reduzierte Größe der Routing-Tabellen beansprucht wird.

Vergleich der Adressierungsfähigkeiten von EIGRP und IGRP

Das classless Routing, das VLSM und die Adreßaggregation bieten gemeinsam die Mittel zur Maximierung der Ressourcenerhaltung durch die Konstruktion von Adreßhierarchien. Im Gegensatz zum IGRP unterstützt EIGRP alle diese Adressierungsverfahren. In der Bild 8.34 wurden der Ingenieursabteilung des Konzerns Treetop-Aviation 16 Class-C-Adressen zugewiesen. Diese Adressen wurden an die verschiedenen Unterabteilungen entsprechend ihres Bedarfs vergeben.

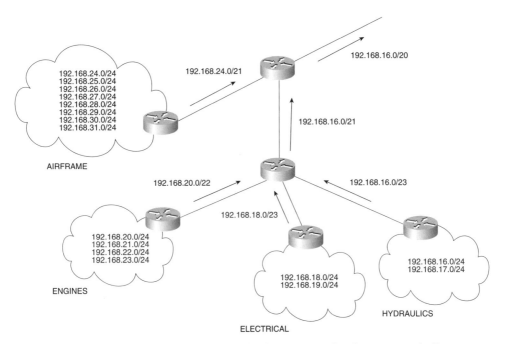

Bild 8.34: Bei Treetop-Aviation aggregieren mehrere Unterabteilungen innerhalb einer größeren Abteilung ihre Adressen. Daraufhin kann die gesamte Abteilung mit einer einzelnen aggregierten Adresse (192.168.16.0/20) angemeldet werden.

Die aggregierten Adressen der Engines-, Electrical- und Hydraulics-Unter-Abteilungen sind ihrerseits in der einzelnen Adresse 192.168.16.0/21 aggregiert. Diese Adresse und die aggregierte Adresse der Airframe-Unterabteilung sind gemeinsam in der einzelnen Adresse 192.168.16.0/20 aggregiert, diese repräsentiert die gesamte Ingenieursabteilung.

Andere Abteilungen können auf ähnliche Weise repräsentiert werden. Wenn der Konzern Treetop-Aviation beispielsweise aus insgesamt acht Abteilungen besteht und diese Abteilungen alle ähnlich zur Ingenieurabteilung adressiert sind, könnte der Backbone-Router an der Spitze der Hierarchie lediglich acht Routen besitzen (Bild 8.35).

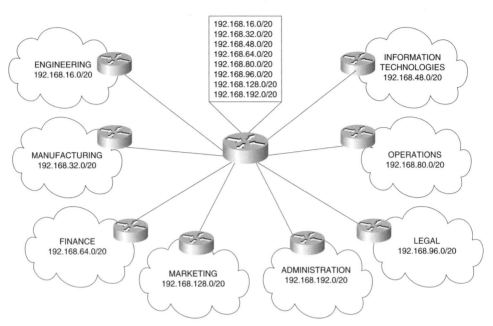

Bild 8.35: Auch wenn sich 128 Haupt-Netzwerkadressen und bis zu 32000 Hosts in diesem Internetzwerk befinden, hat der Backbone-Router nur acht aggregierte Adressen in seiner Routing-Tabelle.

Das hierarchische Design wird innerhalb jeder einzelnen Unterabteilung fortgeführt, indem die einzelnen Netzwerkadressen subvernetzt werden. Das VLSM kann zur weiteren Unterteilung der Subnetze verwendet werden. Die Routing-Protokolle werden die Subnetze automatisch an den Netzwerkgrenzen zusammenfassen, wie es im vorherigen Kapitel beschrieben wurde.

Die Adreßaggregation ermöglicht sowohl die Einsparung von Adressen als auch die Adreßhierarchien im Internet. Zwei Probleme entstehen durch das exponentielle Wachstum des Internets, die drohende Erschöpfung der IP-Adressen (besonders der Class-B-Adressen) und die riesigen Datenbanken, die für die Speicherung der Internet-Routing-Informationen benötigt werden.

Eine Lösung dieser Probleme liegt in einer Initiative, die unter dem Begriff *Classless-InterDomain-Routing* (CIDR) bekannt ist.[1] Unter CIDR vergibt InterNIC einzelne Class-C-Adreß-Aggregate an die verschiedenen weltweiten Adreßvergabe-Institutionen, wie z.B. die Network-Solutions in den USA und das Rèseaux-IP-Europèens (RIPE) in Europa. Diese Aggregate werden geographisch verteilt, wie Tabelle 8.5 zeigt.

Region	Adreß-Bereich
Multiregional	192.0.0.0–193.255.255.255
Europa	194.0.0.0–195.255.255.255
Andere	196.0.0.0–197.255.255.255
Nordamerika	198.0.0.0–199.255.255.255
Zentral-/Südamerika	200.0.0.0–201.255.255.255
Pazifische Region	202.0.0.0–203.255.255.255
Andere	204.0.0.0–205.255.255.255
Andere	206.0.0.0–207.255.255.255

Tabelle 8.5: CIDR-Adreß-vergaben nach geographischer Region.

Diese Adreßvergabe-Institutionen teilen ihrerseits diese Portionen unter den regionalen Internet-Service-Providern (ISPs) auf. Wenn eine Organisation eine IP-Adresse beantragt und sie für weniger als 32 Subnetze und 4096 Hosts benötigt, wird sie eine zusammenhängende Gruppe von Class-C-Adressen erhalten, die ein *CIDR-Block* genannt wird.

Auf diese Weise können sich die Internet-Router einzelner Organisationen mit einer einzigen zusammengefaßten Adresse bei ihrem ISP anmelden. Der ISP aggregiert seinerseits alle seine Adressen, und alle ISPs einer Weltregion können über die in Tabelle 8.5 gezeigten Adressen zusammengefaßt werden.

Die Fallstudien dieses Kapitels enthalten einige Beispiele der Adreßaggregation. Weitere Beispiele sind in Kapitel 9 zu finden.

8.2 Konfiguration des EIGRP

Die Grundkonfiguration des EIGRP ist der Grundkonfiguration des IGRP derart ähnlich, daß Anfänger mitunter die Anleitung bekommen: »Konfiguriere IGRP und setze ein *E* davor«. Wie schon im vorherigen Abschnitt angesprochen

---

1 V. Fuller, T. Li, J. I. Yu and K. Varadhan. »Classless Inter-Domain Routing (CIDR): An Address Assignment and Aggregation Strategy«, RFC 1519, September 1993.

wurde, wird der Befehl **metric weights** bei EIGRP und IGRP auf die gleiche Weise verwendet. Auch die Befehle **traffic-share** und **variance** haben in beiden Protokollen dieselbe Verwendung. Daher können Sie diese Befehle in Kapitel 6 nachlesen.

Die Fallstudien in diesem Abschnitt zeigen eine grundlegende EIGRP-Konfiguration und betrachten anschließend die Verfahren zur Zusammenfassung und die möglichen Interaktionen mit dem IGRP.

8.2.1 Fallstudie: Eine einfache EIGRP-Konfiguration

Das EIGRP benötigt wie das IGRP zwei Schritte, um mit dem Routing-Prozeß zu beginnen:

1. Aktivieren Sie das EIGRP mit dem Befehl **router eigrp** *Prozeß-ID*.

2. Geben Sie jedes Haupt-Netzwerk, auf dem das EIGRP ausgeführt werden soll, mit dem Befehl **network** an.

Die Prozeß-ID kann jede Nummer zwischen 1 und 65535 erhalten (0 ist nicht erlaubt), und sie kann vom Netzwerk-Administrator beliebig vergeben werden, sie muß jedoch gleich sein für alle EIGRP-Prozesse auf allen Routern, die sich Informationen teilen müssen. Diese Nummer kann jedoch auch eine vom InterNIC vergebene Autonomous-System-Nummer sein. Bild 8.36 zeigt ein einfaches Internetzwerk. Die Konfigurationen für die drei Router sind die folgenden:

Earhart:

```
router eigrp 15
  network 172.20.0.0
```

Cochran:

```
router eigrp 15
  network 172.20.0.0
  network 192.168.17.0
```

Lindbergh:

```
router eigrp 15
  network 172.20.0.0
  network 192.168.16.0
```

Kapitel 8 • Enhanced-Interior-Gateway-Routing-Protokoll (EIGRP)

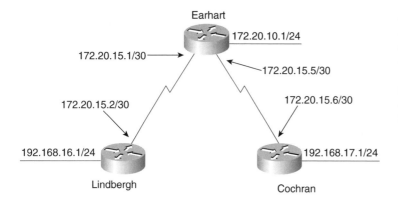

Bild 8.36: Im Gegensatz zu IGRP wird EIGRP die VLSM-Bedürfnisse dieses Internetzwerks unterstützen.

Die Routing-Tabelle von Earhart ist in Bild 8.37 gezeigt. Die Tabelle zeigt, daß die administrative Standard-EIGRP-Distanz 90 beträgt und das Netzwerk 172.20.0.0 variabel subvernetzt ist.

```
Earhart#show ip route
Codes: C - connected, S - static, I - IGRP, R - RIP, M - mobile, B - BGP
       D - EIGRP, EX - EIGRP external, O - OSPF, IA - OSPF inter area
       N1 - OSPF NSSA external type 1, N2 - OSPF NSSA external type 2
       E1 - OSPF external type 1, E2 - OSPF external type 2, E - EGP
       i - IS-IS, L1 - IS-IS level-1, L2 - IS-IS level-2, * - candidate default
       U - per-user static route, o - ODR

Gateway of last resort is not set

D    192.168.16.0/24 [90/2195456] via 172.20.15.2, 00:02:06, Serial0
D    192.168.17.0/24 [90/2195456] via 172.20.15.6, 00:02:06, Serial1
     172.20.0.0/16 is variably subnetted, 3 subnets, 2 masks
C       172.20.10.0/24 is directly connected, Ethernet0
C       172.20.15.4/30 is directly connected, Serial1
C       172.20.15.0/30 is directly connected, Serial0
Earhart#
```

Bild 8.37: Earharts Routing-Tabelle.

Das Internetzwerk aus Bild 8.36 verwendet im Gegensatz zu den früheren Beispielen in diesem Kapitel die Standard-Metriken, daher kann ein Rückblick auf die EIGRP-Metrik-Berechnung in einem realistischeren Szenario angebracht sein.

Bei der Verfolgung der Route von Earhart zum Netzwerk 192.168.16.0, durchläuft der Pfad eine serielle Schnittstelle und eine Ethernet-Schnittstelle, beide besitzen ihre Standard-Metrik-Werte. Die Metrik-Berechnung erfolgt auf die gleiche Weise wie beim IGRP, die in Kapitel 6 beschrieben ist, jedoch multipliziert EIGRP das Endergebnis mit 256. Die minimale Bandbreite der Route wird die der seriellen Schnittstelle sein,[1] und die Verzögerung wird die Summe aus den beiden Schnittstellenverzögerungen sein. Ein Vergleich mit der Tabelle 6.1 ergibt:

$BW_{EIGRP(min)} = 256 * 6476 = 1657856$

$DLY_{EIGRP(sum)} = 256 * (2000 + 100) = 537600$

Daraus folgt die

Metrik = 1657856 + 537600 = 2195456

8.2.2 Fallstudie: Redistribution mit IGRP

Die Redistribution zwischen Routing-Protokollen wird in Kapitel 11 behandelt, aber es sei hier folgendes angemerkt: Wenn ein IGRP-Prozeß und ein EIGRP-Prozeß dieselben Prozeß-IDs besitzen, so wird die Redistribution automatisch ausgeführt. In Bild 8.38 hat der Router Curtiss die folgende Konfiguration:

```
router igrp 15
  network 172.25.0.0
  network 172.20.0.0
```

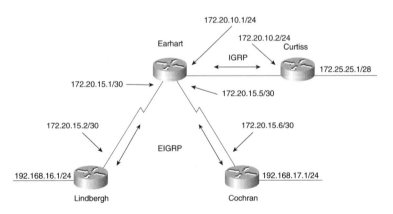

Bild 8.38: Wenn Earhart sowohl mit EIGRP als auch IGRP konfiguriert ist und beide dieselbe Prozeß-ID verwenden, so werden die Routen-Informationen in beiden Prozessen redistributiert.

---

1 Es sei erinnert, daß die Standard-Bandbreite einer seriellen Schnittstelle 1544K beträgt.

Die Konfiguration von Earhart lautet:

```
router eigrp 15
 passive-interface Ethernet0
 network 172.20.0.0
!
router igrp 15
 passive-interface Serial0
 passive-interface Serial1
 network 172.20.0.0
```

Der IGRP-Prozeß kommuniziert mit Curtiss, und der EIGRP-Prozeß kommuniziert mit Lindbergh und Cochran. Beachten Sie, daß sich Earharts Schnittstellen alle im Netzwerk 172.20.0.0 befinden. Daher wurde der Befehl **passive-interface** verwendet, um unnötigen Routing-Protokoll-Verkehr zu beschränken. Bei EIGRP wird dieser Befehl nur benötigt, um unnötige Hellos auszuschließen. Wenn an einer Schnittstelle kein Nachbar entdeckt wird, werden keine anderen EIGRP-Pakete ausgesendet.

Bild 8.39 zeigt die Routing-Tabelle von Curtiss. Beachten Sie, daß nicht nur die Routen zu 192.168.16.0 und 192.168.17.0 vorhanden sind, sondern auch die Metriken. Diese wurden durch den Redistributionsprozeß angepaßt, indem sie durch den Multiplikationsfaktor des EIGRP dividiert wurden. Auf der anderen Seite werden die Routen-Metriken des IGRP bei der Redistribution im EIGRP mit 256 multipliziert.

```
Curtiss#show ip route
Codes: C - connected, S - static, I - IGRP, R - RIP, M - mobile, B - BGP
       D - EIGRP, EX - EIGRP external, O - OSPF, IA - OSPF inter area
       N1 - OSPF NSSA external type 1, N2 - OSPF NSSA external type 2
       E1 - OSPF external type 1, E2 - OSPF external type 2, E - EGP
       i - IS-IS, L1 - IS-IS level-1, L2 - IS-IS level-2, * - candidate default
       U - per-user static route, o - ODR

Gateway of last resort is not set

I    192.168.16.0/24 [100/8676] via 172.20.10.1, 00:00:06, Ethernet0
I    192.168.17.0/24 [100/8676] via 172.20.10.1, 00:00:06, Ethernet0
     172.25.0.0/28 is subnetted, 1 subnets
C       172.25.25.0 is directly connected, Ethernet1
     172.20.0.0/24 is subnetted, 1 subnets
C       172.20.10.0 is directly connected, Ethernet0
Curtiss#
```

*Bild 8.39:
Die Routing-Tabelle bei Curtiss, nachdem der IGRP-Prozeß bei Earhart gestartet wurde.*

Bild 8.39 zeigt auch, daß Informationen fehlen. Der classful IGRP-Prozeß bei Earhart wird die variabel subvernetzten Routen zu 172.20.15.0/30 und 172.20.15.4/30 nicht akzeptieren. Mit dem Befehl **ip summary-address eigrp** kann Earhart zur Aussendung eines Sammel-Advertisements an Curtiss konfiguriert werden:

```
interface Ethernet0
  ip address 172.20.10.1 255.255.255.0
  ip summary-address eigrp 15 172.20.15.0 255.255.255.0
!
router eigrp 15
  passive-interface Ethernet0
  network 172.20.0.0
!
router igrp 15
  passive-interface Serial0
  passive-interface Serial1
  network 172.20.0.0
```

Der IGRP-Prozeß bei Curtiss wird die EIGRP-Zusammenfassung verarbeiten, und daraus ergibt sich die in Bild 8.40 gezeigte Routing-Tabelle.

Bild 8.40: Durch die bei Earhart konfigurierte Sammel-Route kann Curtiss nun die zwei seriellen Verbindungen erreichen.

```
Curtiss#show ip route
Codes: C - connected, S - static, I - IGRP, R - RIP, M - mobile, B - BGP
       D - EIGRP, EX - EIGRP external, O - OSPF, IA - OSPF inter area
       N1 - OSPF NSSA external type 1, N2 - OSPF NSSA external type 2
       E1 - OSPF external type 1, E2 - OSPF external type 2, E - EGP
       i - IS-IS, L1 - IS-IS level-1, L2 - IS-IS level-2, * - candidate default
       U - per-user static route, o - ODR

Gateway of last resort is not set

I    192.168.16.0/24 [100/10676] via 172.20.10.1, 00:00:18, Ethernet0
I    192.168.17.0/24 [100/8576] via 172.20.10.1, 00:00:18, Ethernet0
     172.25.0.0/28 is subnetted, 1 subnets
C       172.25.25.0 is directly connected, Loopback0
     172.20.0.0/24 is subnetted, 2 subnets
C       172.20.10.0 is directly connected, Ethernet0
I       172.20.15.0 [100/8576] via 172.20.10.1, 00:00:18, Ethernet0
Curtiss#
```

Bild 8.41 zeigt die Routing-Tabelle von Cochran mit der redistributierten IGRP-Route. Wie die Tabelle zeigt, markiert EIGRP die extern erlernten Routen ausdrücklich. Diese Information kann eine Hilfe bei der Überprüfung einer Routing-Tabelle darstellen, da durch eine Redistribution erlernte Routen leicht zu erkennen sind.

```
Cochran#show ip route
Codes: C - connected, S - static, I - IGRP, R - RIP, M - mobile, B - BGP
       D - EIGRP, EX - EIGRP external, O - OSPF, IA - OSPF inter area
       E1 - OSPF external type 1, E2 - OSPF external type 2, E - EGP
       i - IS-IS, L1 - IS-IS level-1, L2 - IS-IS level-2, * - candidate default
       U - per-user static route

Gateway of last resort is not set

D    192.168.16.0/24 [90/3219456] via 172.20.15.5, 00:41:41, Serial0
C    192.168.17.0/24 is directly connected, Ethernet0
     192.168.18.0/24 is variably subnetted, 2 subnets, 2 masks
D EX 172.25.0.0/16 [170/2221056] via 172.20.15.5, 00:41:48, Serial0
     172.20.0.0/16 is variably subnetted, 3 subnets, 2 masks
D        172.20.10.0/24 [90/2195456] via 172.20.15.5, 00:41:48, Serial0
C        172.20.15.4/30 is directly connected, Serial0
D        172.20.15.0/30 [90/2681856] via 172.20.15.5, 00:41:48, Serial0
D        172.20.0.0/16 is a summary, 00:00:09, Null0
```

Bild 8.41:
Die Routing-Tabelle von Cochran zeigt, daß EIGRP die extern erlernten Routen markiert.

Ebenso interessant ist der letzte Eintrag in Bild 8.41. Eine Sammel-Route zeigt hier auf die Null-Schnittstelle. Diese Route verhindert mögliche schwarze Löcher, wenn Default- und Sammel-Routen verwendet werden. Dieses Verfahren wird in Kapitel 11 und 12 betrachtet.

8.2.3 Fallstudie: Deaktivierung der automatischen Zusammenfassung

In der Grundeinstellung führt EIGRP, wie die Protokolle der bisherigen Kapitel, die Zusammenfassung an den Netzwerkgrenzen durch. Im Gegensatz zu den anderen Protokollen kann die automatische Zusammenfassung des EIGRP jedoch deaktiviert werden. Bild 8.42 zeigt eine Situation, in der die Deaktivierung der Zusammenfassung hilfreich ist.

Es wurden neue Ethernet-Verbindungen bei den Routern Cochran und Lindbergh hinzugefügt, und ihre Adressen erzeugen ein unzusammenhängendes Subnetz. In der Grundeinstellung verhalten sich die beiden Router wie Border-Router zwischen den Haupt-Netzwerken 172.20.0.0 und 192.168.18.0. Daraus folgt, daß Earhart Sammel-Advertisements für das Netzwerk 192.168.18.0 auf seinen beiden seriellen Schnittstellen empfangen wird. Daraus resultiert eine zweideutige Routing-Situation, in der Earhart zwei Equal-Cost-Pfade in das Netzwerk 192.168.18.0 in seiner Routing-Tabelle führt. Ein Paket, das für eines der Subnetze bestimmt ist, kann zur korrekten Verbindung geroutet werden oder auch nicht.

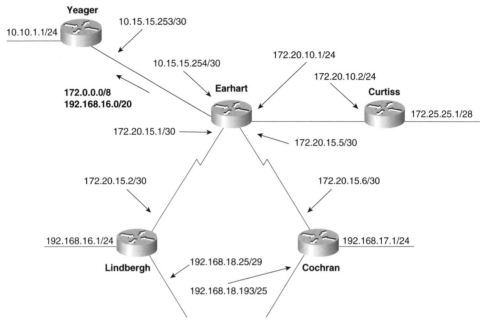

Bild 8.42: Die Deaktivierung der automatischen Zusammenfassung bei Cochran und Lindbergh verhindert die zweideutige Routing-Situation zum Netzwerk 192.168.18.0.

Die automatische Zusammenfassung wird mit dem Befehl **no auto-summary** abgeschaltet. Lindberghs Konfiguration lautet daraufhin zum Beispiel so:

```
router eigrp 15
  network 172.20.0.0
  network 192.168.16.0
  network 192.168.18.0
  no auto-summary
```

Durch die Deaktivierung der Zusammenfassung bei Lindbergh und Cochran werden die einzelnen Subnetze 192.168.18.24/29 und 192.168.18.128/25 in das Netzwerk 172.20.0.0 gemeldet, und die Zweideutigkeit bei Earhart wird vermieden.

8.2.4 Fallstudie: Adreß-Aggregation

Ein neuer Router wurde zum Internetzwerk in Bild 8.43 hinzugefügt. Die fünf Netzwerkadressen, die Earhart an Yeager melden muß, können mit zwei aggregierten Adressen zusammengefaßt werden. Die Konfiguration von Earhart wird lauten:

```
interface Ethernet1
   ip address 10.15.15.254 255.255.255.252
   ip summary-address eigrp 15 172.0.0.0 255.0.0.0
   ip summary-address eigrp 15 192.168.16.0 255.255.240.0
```

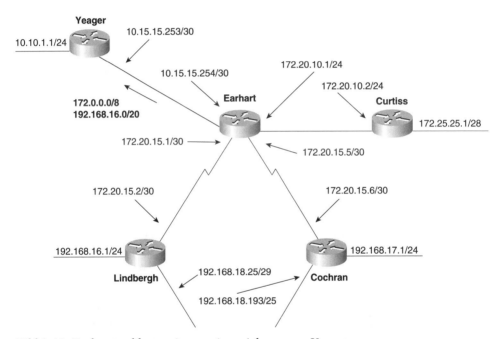

Bild 8.43: Earhart meldet zwei aggregierte Adressen an Yeager.

Der Befehl **ip summary-address eigrp** wird automatisch verhindern, daß die Routen zu den einzelnen Netzwerken an Yeager gesendet werden. Bild 8.44 zeigt die Routing-Tabelle von Yeager vor und nachdem die aggregierten Adressen konfiguriert wurden. Selbst in diesem kleinen Internetzwerk wurde die Anzahl der durch EIGRP erlernten Einträge halbiert. In einem großen Internetzwerk kann die Wirkung auf die Routing-Tabellen und den hierfür benötigten Speicher enorm sein.

Bild 8.44:
Die Routing-Tabelle von Yeager vor und nachdem die aggregierten Adressen bei Earhart konfiguriert wurden.

```
Yeager#show ip route
Codes: C - connected, S - static, I - IGRP, R - RIP, M - mobile, B - BGP
       D - EIGRP, EX - EIGRP external, O - OSPF, IA - OSPF inter area
       E1 - OSPF external type 1, E2 - OSPF external type 2, E - EGP
       i - IS-IS, L1 - IS-IS level-1, L2 - IS-IS level-2, * - candidate default
       U - per-user static route

Gateway of last resort is not set

     10.0.0.0/8 is variably subnetted, 2 subnets, 2 masks
C       10.10.1.0/24 is directly connected, Ethernet1
C       10.15.15.252/30 is directly connected, Ethernet0
D    192.168.16.0/24 [90/2733056] via 10.15.15.254, 00:00:13, Ethernet0
D    192.168.17.0/24 [90/2221056] via 10.15.15.254, 00:00:13, Ethernet0
     192.168.18.0/24 is variably subnetted, 2 subnets, 2 masks
D       192.168.18.24/29 [90/2221056] via 10.15.15.254, 00:00:13, Ethernet0
D       192.168.18.128/25 [90/2323456] via 10.15.15.254, 00:00:13, Ethernet0
D EX 172.25.0.0/16 [170/332800] via 10.15.15.254, 00:00:13, Ethernet0
D    172.20.0.0/16 [90/307200] via 10.15.15.254, 00:00:14, Ethernet0
```

```
Yeager#show ip route
Codes: C - connected, S - static, I - IGRP, R - RIP, M - mobile, B - BGP
       D - EIGRP, EX - EIGRP external, O - OSPF, IA - OSPF inter area
       E1 - OSPF external type 1, E2 - OSPF external type 2, E - EGP
       i - IS-IS, L1 - IS-IS level-1, L2 - IS-IS level-2, * - candidate default
       U - per-user static route

Gateway of last resort is not set

     10.0.0.0/8 is variably subnetted, 2 subnets, 2 masks
C       10.10.1.0/24 is directly connected, Ethernet1
C       10.15.15.252/30 is directly connected, Ethernet0
D    192.168.16.0/20 [90/435200] via 10.15.15.254, 00:00:26, Ethernet0
D    172.0.0.0/8 [90/307200] via 10.15.15.254, 00:00:26, Ethernet0
```

8.2.5 Authentisierung

Authentisierungsmethoden von EIGRP verglichen mit OSPF und RIPv2

Die Authentisierung von EIGRP-Paketen wird ab der IOS-Version 11.3 unterstützt. Als Authentisierung werden lediglich die verschlüsselten MD5-Prüfsummen unterstützt, was auf den ersten Blick weniger flexibel erscheint als bei RIPv2 und OSPF, die beide die MD5- und Klartext-Paßworte unterstützen. Die Authentisierung per Klartext-Paßwort sollte jedoch nur dann verwendet werden, wenn ein benachbartes Gerät das sicherere MD5 nicht unterstützt. Da EIGRP nur zwischen zwei Cisco-Geräten gesprochen wird, kann diese Situation niemals eintreten.

Die Schritte zur Konfiguration der EIGRP-Authentisierung sind folgende:

1. Vereinbaren Sie eine Schlüsselkette mit einem Namen.

2. Vereinbaren Sie den oder die Schlüssel an der Schlüsselkette.

3. Aktivieren Sie die Authentisierung an einer Schnittstelle, und legen Sie die verwendete Schlüsselkette fest.

4. Konfigurieren Sie optional das Schlüssel-Management.

Die Schlüsselketten-Konfiguration und das Management wurde in Kapitel 7 beschrieben. Mit den Befehlen **ip authentication key-chain eigrp** und **ip authentication mode eigrp md5** wird die EIGRP-Authentisierung aktiviert und einer Schlüsselkette an einer Schnittstelle zugewiesen.[1]

In Bild 8.43 aktiviert die folgende Konfiguration die EIGRP-Authentisierung an der Schnittstelle von Cochran, die zu Earhart führt:

Cochran
```
key chain Edwards
 key 1
   key-string PanchoBarnes
!
interface Serial0
  ip address 172.20.15.6 255.255.255.252
  ip authentication key-chain eigrp 15 Edwards
  ip authentication mode eigrp 15 md5
```

Bei Earhart wäre eine ähnliche Konfiguration notwendig. Die Befehle **accept-lifetime** und **send-lifetime** werden für das in Kapitel 7 beschriebene Schlüsselketten-Management verwendet.

8.3 Fehlersuche bei EIGRP

Die Fehlersuche beim Austausch von Routing-Informationen mit IGRP oder RIP ist eine relativ einfache Sache. Entweder werden Routing-Updates angemeldet oder nicht, und entweder enthalten sie richtige Informationen oder nicht. Die zusätzliche Komplexität des EIGRP bedeutet auch eine zusätzliche Komplexität der Verfahren bei einer Fehlersuche. Die Nachbartabellen und Nachbarverbindungen müssen überprüft, die Abfrage/Antwort-Prozeduren des DUAL müssen

---

[1] Auch wenn das MD5 der einzige verfügbare Authentisierungsmodus ist, bietet der Befehl **ip authentication mode eigrp md5** die mögliche Aufnahme eines anderen zukünftigen Modus.

verfolgt und die Einflüsse des VLSM auf die automatische Zusammenfassung müssen betrachtet werden.

Die Fallstudie in diesem Abschnitt beschreibt eine Ereignisfolge, die Sie bei der Verfolgung eines EIGRP-Problems anwenden können. Die folgende Fallstudie ist die Betrachtung einer gelegentlichen Instabilitätsursache in größeren EIGRP-Internetzen.

8.3.1 Fallstudie: Ein vermißter Nachbar

Bild 8.45 zeigt ein kleines EIGRP-Internetzwerk. Die Benutzer beschweren sich, daß das Subnetz 192.168.16.224/28 unerreichbar ist. Eine Betrachtung der Routing-Tabellen läßt einen Fehler beim Router Grissom erkennen (Bild 8.46).[1]

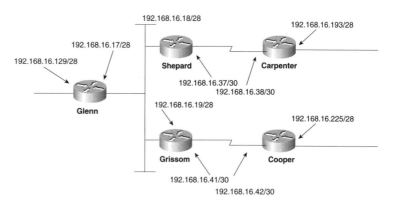

Bild 8.45: In diesem Beispiel eines EIGRP-Internetzwerks ist das Subnet 192.168.16.224/28 nicht durch Grissom erreichbar.

Die folgenden Beobachtungen wurden in den zwei Routing-Tabellen Bild 8.46 gemacht:

– Shepard besitzt die Subnetze 192.168.16.40/30 und 192.168.16.224/28 nicht in seiner Routing-Tabelle, obwohl Grissom sie besitzt.

– Grissoms Routing-Tabelle enthält keines der Subnetze, die durch Glenn oder Shepard angemeldet werden sollten.

– Shepards Routing-Tabelle enthält die von Glenn angemeldeten Subnetze (und Glenns Tabelle enthält die von

---

1 Bei der Fehlersuche in einem Internetzwerk empfiehlt sich die Überprüfung, ob die Adressen aller Router-Schnittstellen zum richtigen Subnetz gehören.

Shepard angemeldeten Subnetze, auch wenn seine Routing-Tabelle nicht in der Abbildung gezeigt wird).

```
Grissom#show ip route
Codes: C - connected, S - static, I - IGRP, R - RIP, M - mobile, B - BGP
       D - EIGRP, EX - EIGRP external, O - OSPF, IA - OSPF inter area
       N1 - OSPF NSSA external type 1, N2 - OSPF NSSA external type 2
       E1 - OSPF external type 1, E2 - OSPF external type 2, E - EGP
       i - IS-IS, L1 - IS-IS level-1, L2 - IS-IS level-2, * - candidate default
       U - per-user static route, o - ODR

Gateway of last resort is not set

     192.168.16.0/24 is variably subnetted, 3 subnets, 2 masks
C       192.168.16.40/30 is directly connected, Serial0
C       192.168.16.16/28 is directly connected, Ethernet0
D       192.168.16.224/28 [90/2195456] via 192.168.16.42, 01:07:26, Serial0
```

```
Shepard#show ip route
Codes: C - connected, S - static, I - IGRP, R - RIP, M - mobile, B - BGP
       D - EIGRP, EX - EIGRP external, O - OSPF, IA - OSPF inter area
       N1 - OSPF NSSA external type 1, N2 - OSPF NSSA external type 2
       E1 - OSPF external type 1, E2 - OSPF external type 2, E - EGP
       i - IS-IS, L1 - IS-IS level-1, L2 - IS-IS level-2, * - candidate default
       U - per-user static route, o - ODR

Gateway of last resort is not set

     192.168.16.0/24 is variably subnetted, 4 subnets, 2 masks
C       192.168.16.36/30 is directly connected, Serial0
C       192.168.16.16/28 is directly connected, Ethernet0
D       192.168.16.192/28 [90/2297856] via 192.168.16.38, 01:07:20, Serial0
D       192.168.16.128/28 [90/307200] via 192.168.16.17, 01:07:20, Ethernet0
```

*Bild 8.46:
Die Routing-Tabellen von Shepard und Grissom zeigen, daß Grissoms EIGRP-Prozeß die Routen zum Subnetz 192.168.16.16/28 nicht anmeldet oder nicht empfängt.*

Aus diesen Beobachtungen kann gefolgert werden, daß Grissom die Routen über das Subnetz 192.168.16.16/28 nicht richtig anmeldet oder nicht empfängt.

Da es viele mögliche Ursachen gibt, sollten zuerst die einfachsten betrachtet werden. Dies sind:

– Eine falsche Schnittstellenadresse oder -maske

– Eine falsche EIGRP-Prozeß-ID

– Ein fehlendes oder falsches network-Statement

In diesem Fall gibt es keine fehlerhaften EIGRP- oder Adreß-konfigurationen.

Als nächstes sollten die Nachbartabellen überprüft werden. Bei dem Blick in die Nachbartabellen von Grissom, Shepard und Glenn (Bild 8.47) stellen sich zwei Dinge heraus:

- Grissom (192.168.16.19) ist in den Tabellen seiner Nachbarn, aber seine Nachbarn sind nicht in der Nachbartabelle von Grissom.

- Das gesamte Internetzwerk war mehr als fünf Stunden in Betrieb. Diese Information spiegelt sich in der *Uptime*-Statistik für alle Nachbarn außer Grissom wider. Die Uptime von Grissom zeigt nur etwa eine Minute an.

Bild 8.47: Shepard und Glenn sehen Grissom als einen Nachbarn an, aber Grissom sieht sie nicht. Dies läßt vermuten, daß Shepard und Glenn Hellos von Grissom empfangen, nur Grissom empfängt keine Hellos von Shepard und Glenn.

```
Grissom#show ip eigrp neighbors
IP-EIGRP neighbors for process 75
H   Address                 Interface       Hold Uptime     SRTT     RTO   Q   Seq
                                            (sec)           (ms)           Cnt Num
0   192.168.16.42           Se0              11  05:27:11    23      200   0    8
```

```
Shepard#show ip eigrp neighbors
IP-EIGRP neighbors for process 75
H   Address                 Interface       Hold Uptime     SRTT     RTO   Q   Seq
                                            (sec)           (ms)           Cnt Num
1   192.168.16.19           Et0              12  00:01:01     0     5000   1    0
2   192.168.16.17           Et0              11  05:27:33     8      200   0    6
0   192.168.16.38           Se0              14  05:27:34    22      200   0   10
```

```
Glenn#show ip eigrp neighbors
IP-EIGRP neighbors for process 75
H   Address                 Interface       Hold Uptime     SRTT     RTO   Q   Seq
                                            (sec)           (ms)           Cnt Num
1   192.168.16.19           Et0              14  00:00:59     0     8000   1    0
2   192.168.16.18           Et0              10  05:30:11     9       20   0    7
0   192.168.16.129          Et1              12  05:30:58     6       20   0    7
```

Wenn Grissom in der Nachbartabelle von Shepard ist, muß Shepard Hellos von ihm empfangen. Grissom empfängt jedoch offensichtlich keine Hellos von Shepard. Ohne den gegenseitigen Austausch von Hello-Paketen wird keine Nachbarverbindung aufgebaut, und es werden keine Routen-Informationen ausgetauscht.

Eine nähere Betrachtung der Nachbartabellen von Shepard und Glenn verstärken diese Annahme:

- Die SRTT für Grissom ist 0, also hat bisher kein Paket den Rückweg gefunden.

- Die RTO für Grissom wurde auf fünf bzw. acht Sekunden erhöht.

- Es befindet sich ein Paket in der Warteschlange für Grissom (Q Cnt).
- Die für Grissom gespeicherte Sequenz-Nummer ist 0, also wurde bisher noch kein zuverlässiges Paket empfangen.

Diese Faktoren zeigen an, daß die zwei Router versuchen, zuverlässig ein Paket an Grissom zu senden, aber sie empfangen kein ACK (=Bestätigung).

In Bild 8.48 wird der Befehl **debug eigrp packets** bei Shepard eingegeben, um einen besseren Überblick über die Vorgänge zu erhalten. Alle EIGRP-Paket-Typen werden angezeigt, jedoch wird ein zweiter Debug-Befehl hinzugefügt: **debug ip eigrp neighbor 75 192.168.16.19**. Dieser Befehl setzt einen Filter auf den ersten Befehl. Damit wird **debug eigrp packets** nur IP-Pakete des EIGRP 75 (die Prozeß-ID der Router in Bild 8.45) anzeigen und dabei nur die Pakete, die den Nachbarn 192.168.16.19 (Grissom) betreffen.

```
Shepard#debug eigrp packets
EIGRP Packets debugging is on
    (UPDATE, REQUEST, QUERY, REPLY, HELLO, IPXSAP, PROBE, ACK)
Shepard#debug ip eigrp neighbor 75 192.168.16.19
IP Neighbor target enabled on AS 75 for 192.168.16.19
IP-EIGRP Neighbor Target Events debugging is on
EIGRP: Sending UPDATE on Ethernet0 nbr 192.168.16.19, retry 14, RTO 5000
   AS 75, Flags 0x1, Seq 22/0 idbQ 1/0 iidbQ un/rely 0/0 peerQ un/rely 0/1 serno 1-4
EIGRP: Received HELLO on Ethernet0 nbr 192.168.16.19
   AS 75, Flags 0x0, Seq 0/0 idbQ 0/0 iidbQ un/rely 0/0 peerQ un/rely 0/1
EIGRP: Sending UPDATE on Ethernet0 nbr 192.168.16.19, retry 15, RTO 5000
   AS 75, Flags 0x1, Seq 22/0 idbQ 1/0 iidbQ un/rely 0/0 peerQ un/rely 0/1 serno 1-4
EIGRP: Received HELLO on Ethernet0 nbr 192.168.16.19
   AS 75, Flags 0x0, Seq 0/0 idbQ 0/0 iidbQ un/rely 0/0 peerQ un/rely 0/1
EIGRP: Sending UPDATE on Ethernet0 nbr 192.168.16.19, retry 16, RTO 5000
   AS 75, Flags 0x1, Seq 22/0 idbQ 1/0 iidbQ un/rely 0/0 peerQ un/rely 0/1 serno 1-4
EIGRP: Received HELLO on Ethernet0 nbr 192.168.16.19
   AS 75, Flags 0x0, Seq 0/0 idbQ 0/0 iidbQ un/rely 0/0 peerQ un/rely 0/1
EIGRP: Retransmission retry limit exceeded
EIGRP: Received HELLO on Ethernet0 nbr 192.168.16.19
   AS 75, Flags 0x0, Seq 0/0 idbQ 0/0
EIGRP: Enqueueing UPDATE on Ethernet0 nbr 192.168.16.19 iidbQ un/rely 0/1 peerQ un/rely 0/0 serno 1-4
EIGRP: Sending UPDATE on Ethernet0 nbr 192.168.16.19
   AS 75, Flags 0x1, Seq 23/0 idbQ 1/0 iidbQ un/rely 0/0 peerQ un/rely 0/1 serno 1-4
```

Bild 8.48: Der Befehl **debug ip eigrp neighbor** *wird verwendet, um die mit dem Befehl* **debug eigrp packets** *angezeigten Pakete zu filtern.*

Bild 8.48 zeigt an, daß Hello-Pakete von Grissom empfangen werden. Es läßt auch erkennen, daß Shepard versucht, Updates an Grissom zu senden. Grissom bestätigt sie jedoch nicht. Nach dem sechzehnten Wiederholungsversuch wird die Meldung »Retransmission retry limit exceeded« angezeigt. Dieses überschrittene Limit ist der Grund für die kurze Uptime, die für

Grissom in den Nachbartabellen gezeigt wird – wenn das Übertragungswiederholungslimit überschritten wird, wird Grissom aus der Nachbartabelle entfernt. Da die Hellos aber weiterhin von Grissom empfangen werden, erscheint er prompt wieder in der Tabelle, und der Prozeß beginnt von vorn.

Bild 8.49 zeigt den Output auf den Befehl **debug eigrp neighbors** bei Shepard. Dieser Befehl ist nicht IP-spezifisch, aber er zeigt dafür EIGRP-Nachbarereignisse. Hier werden zwei Ereignismomente gezeigt, die im letzten Abschnitt beschrieben wurden: Nachdem das Retransmission-Limit überschritten ist, wird Grissom für tot erklärt, aber er wird direkt »wiederbelebt«, sobald sein nächstes Hello empfangen wird.

Bild 8.49:
Der Befehl *debug eigrp neighbors* zeigt Nachbarereignisse an.

```
Shepard#debug eigrp neighbors
EIGRP Neighbors debugging is on
Shepard#
EIGRP: Retransmission retry limit exceeded
EIGRP: Holdtime expired
EIGRP: Neighbor 192.168.16.19 went down on Ethernet0
EIGRP: New peer 192.168.16.19
EIGRP: Retransmission retry limit exceeded
EIGRP: Holdtime expired
EIGRP: Neighbor 192.168.16.19 went down on Ethernet0
EIGRP: New peer 192.168.16.19
```

Auch wenn Bild 8.48 anzeigt, daß Update-Pakete an Grissom gesendet werden, läßt die Beobachtung der EIGRP-Pakete auf diesem Router erkennen, daß sie nicht empfangen werden (Bild 8.50). Da Grissom die Hellos erfolgreich mit Cooper austauscht, muß der EIGRP-Prozeß von Grissom funktionieren. Daher fällt ein Verdacht auf Grissoms Ethernet-Schnittstelle. Eine Überprüfung der Konfigurationsdatei zeigt, daß eine Access-Liste als eingehender Filter an E0 konfiguriert ist:

```
interface Ethernet0
  ip address 192.168.16.19 255.255.255.240
  ip access-group 150 in
!
!
access-list 150 permit tcp any any established
access-list 150 permit tcp any host 192.168.16.238 eq ftp
access-list 150 permit tcp host 192.168.16.201 any eq telnet
access-list 150 permit tcp any host 192.168.16.230 eq pop3
access-list 150 permit udp any any eq snmp access-list 150 permit
icmp any 192.168.16.224.0.0.0.15
```

Kapitel 8 • Enhanced-Interior-Gateway-Routing-Protokoll (EIGRP)

```
Grissom#debug eigrp packets
EIGRP Packets debugging is on
    (UPDATE, REQUEST, QUERY, REPLY, HELLO, IPXSAP, PROBE, ACK)
Grissom#
EIGRP: Sending HELLO on Serial0
  AS 75, Flags 0x0, Seq 0/0 idbQ 0/0 iidbQ un/rely 0/0
EIGRP: Received HELLO on Serial0 nbr 192.168.16.42
  AS 75, Flags 0x0, Seq 0/0 idbQ 0/0 iidbQ un/rely 0/0 peerQ un/rely 0/0
EIGRP: Sending HELLO on Ethernet0
  AS 75, Flags 0x0, Seq 0/0 idbQ 0/0 iidbQ un/rely 0/0
EIGRP: Sending HELLO on Serial0
  AS 75, Flags 0x0, Seq 0/0 idbQ 0/0 iidbQ un/rely 0/0
EIGRP: Received HELLO on Serial0 nbr 192.168.16.42
  AS 75, Flags 0x0, Seq 0/0 idbQ 0/0 iidbQ un/rely 0/0 peerQ un/rely 0/0
EIGRP: Sending HELLO on Ethernet0
  AS 75, Flags 0x0, Seq 0/0 idbQ 0/0 iidbQ un/rely 0/0
EIGRP: Sending HELLO on Serial0
  AS 75, Flags 0x0, Seq 0/0 idbQ 0/0 iidbQ un/rely 0/0
EIGRP: Sending HELLO on Ethernet0
  AS 75, Flags 0x0, Seq 0/0 idbQ 0/0 iidbQ un/rely 0/0
EIGRP: Received HELLO on Serial0 nbr 192.168.16.42
  AS 75, Flags 0x0, Seq 0/0 idbQ 0/0 iidbQ un/rely 0/0 peerQ un/rely 0/0
EIGRP: Sending HELLO on Serial0
  AS 75, Flags 0x0, Seq 0/0 idbQ 0/0 iidbQ un/rely 0/0
EIGRP: Sending HELLO on Ethernet0
  AS 75, Flags 0x0, Seq 0/0 idbQ 0/0 iidbQ un/rely 0/0
```

Bild 8.50: Grissom tauscht Hellos mit Cooper über die Schnittstelle S0 aus und sendet Hellos aus E0. Grissom empfängt jedoch keine EIGRP-Pakete an der Schnittstelle E0.

Wenn EIGRP-Pakete an der E0-Schnittstelle von Grissom empfangen werden, werden sie zuerst durch die Access-Liste 150 gefiltert. Sie passen auf keinen Eintrag in der Liste und werden daher verworfen. Das Problem wird durch (Bild 8.51) den folgenden zusätzlichen Eintrag in der Access-Liste gelöst:

```
access-list 150 permit eigrp 192.168.16.16 0.0.0.15 any
```

```
Grissom#show ip eigrp neighbors
IP-EIGRP neighbors for process 75
H   Address          Interface    Hold Uptime    SRTT   RTO  Q    Seq
                                  (sec)          (ms)        Cnt  Num
2   192.168.16.17    Et0          10   00:06:20  4      200  0    41
1   192.168.16.18    Et0          14   00:06:24  15     200  0    85
0   192.168.16.42    Se0          10   06:22:56  22     200  0    12
Grissom#show ip route
Codes: C - connected, S - static, I - IGRP, R - RIP, M - mobile, B - BGP
       D - EIGRP, EX - EIGRP external, O - OSPF, IA - OSPF inter area
       N1 - OSPF NSSA external type 1, N2 - OSPF NSSA external type 2
       E1 - OSPF external type 1, E2 - OSPF external type 2, E - EGP
       i - IS-IS, L1 - IS-IS level-1, L2 - IS-IS level-2, * - candidate default
       U - per-user static route, o - ODR

Gateway of last resort is not set

     192.168.16.0/24 is variably subnetted, 6 subnets, 2 masks
C       192.168.16.40/30 is directly connected, Serial0
D       192.168.16.36/30 [90/2195456] via 192.168.16.18, 00:06:27, Ethernet0
C       192.168.16.16/28 is directly connected, Ethernet0
D       192.168.16.224/28 [90/2195456] via 192.168.16.42, 00:06:12, Serial0
D       192.168.16.192/28 [90/2323456] via 192.168.16.18, 00:06:27, Ethernet0
D       192.168.16.128/28 [90/307200] via 192.168.16.17, 00:06:12, Ethernet0
Grissom#
```

Bild 8.51: Wenn ein Eintrag zur Access-Liste hinzugefügt wird, um EIGRP-Pakete zuzulassen, so zeigen die Nachbar- und Routing-Tabellen von Grissom die Routen zu allen Subnetzen.

8.3.2 Stuck-in-Active-Nachbarn

Wenn eine Route aktiv wird und Abfragen an die Nachbarn gesendet werden, dann bleibt die Route so lange aktiv, bis eine Antwort auf jede Abfrage empfangen wurde. Was passiert aber, wenn ein Nachbar tot ist oder auf andere Weise behindert ist, so daß er nicht antworten kann? Die Route würde dauerhaft aktiv bleiben. Um diese Situation zu verhindern, wurde der Aktiv-Timer eingeführt. Der Timer wird aktiviert, wenn eine Abfrage gesendet wird. Wenn der Timer abläuft, bevor eine Antwort auf die Abfrage empfangen wurde, dann wird die Route als *Stuck-in-Active* erklärt, der Nachbar wird für tot erklärt, und er wird aus der Nachbartabelle gelöscht.[1] Die SIA-Route und jede andere Route, die über diesen Nachbarn führt, werden aus der Routing-Tabelle entfernt. Das DUAL wird dadurch erfüllt, daß der Nachbar so betrachtet wird, als ob er mit einer unendlichen Metrik geantwortet hätte.

Im realen Betrieb wird diese Ereignisfolge wohl niemals stattfinden. Der Verlust von Hellos sollte einen deaktivierten Nachbarn lange vor dem Ablauf des Aktiv-Timers identifizieren.

Aber was passiert in großen EIGRP-Netzwerken, in denen eine Abfrage weiter und weiter laufen kann, wie der Hase in der Batterie-Werbung? Erinnern Sie sich, daß Abfragen die diffuse Berechnung anwachsen lassen, während Antworten sie schrumpfen lassen (siehe Bild 8.10). Die Abfragen müssen irgendwann den Rand des Internetzwerks erreichen, und die Antworten müssen schließlich damit beginnen zurückzukommen. Wenn aber der Durchmesser der diffusen Berechnung groß genug wird, kann ein Aktiv-Timer ablaufen, bevor alle Antworten empfangen wurden. Das darauffolgende Löschen eines funktionsfähigen Nachbarn aus der Nachbartabelle ist offensichtlich ein destabilisierender Vorgang.

Wenn Nachbarn auf mysteriöse Weise aus Nachbartabellen verschwinden und später wieder erscheinen oder wenn sich Benutzer über die wiederkehrende Unerreichbarkeit von Zie-

---

[1] Wie zuvor angemerkt wurde, beträgt die Standard-Aktiv-Zeit drei Minuten, und sie kann mit dem Befehl **timer active-time** geändert werden

Kapitel 8 • Enhanced-Interior-Gateway-Routing-Protokoll (EIGRP)

len beschweren, könnten SIA-Routen die Schuld tragen. Die Überprüfung der Error-Logs von Routern ist empfehlenswert, um herauszufinden, ob SIAs aufgetreten sind (Bild 8.52).

```
Gagarin#show logging
Syslog logging: enabled (0 messages dropped, 0 flushes, 0 overruns)
    Console logging: level debugging, 3369 messages logged
    Monitor logging: level debugging, 0 messages logged
    Trap logging: level informational, 71 message lines logged
    Buffer logging: level debugging, 3369 messages logged

Log Buffer (4096 bytes):
        ...
        ...
        ...
DUAL: dual_rcvupdate(): 10.51.1.0/24 via 10.1.2.1 metric 409600/128256
DUAL: Find FS for dest 10.51.1.0/24. FD is 4294967295, RD is 4294967295 found
DUAL: RT installed 10.51.1.0/24 via 10.1.2.1
DUAL: Send update about 10.51.1.0/24.  Reason: metric chg
DUAL: Send update about 10.51.1.0/24.  Reason: new if
DUAL: dual_rcvupdate(): 10.52.1.0/24 via 10.1.2.1 metric 409600/128256
DUAL: Find FS for dest 10.52.1.0/24. FD is 4294967295, RD is 4294967295 found
%DUAL-3-SIA: Route 10.11.1.0/24 stuck-in-active state in IP-EIGRP 1.  Cleaning up
Gagarin#
```

Bild 8.52: Der letzte Eintrag dieses Error-Logs zeigt eine SIA-Meldung.

Bei der Suche nach der Ursache von SIAs sollte sehr genau auf die Topologie-Tabelle in Routern geachtet werden. Wenn Routen im aktiven Status »gefangen« werden können, sollten die Nachbarn beachtet werden, von denen noch keine Abfragen empfangen wurden. Bild 8.53 zeigt zum Beispiel eine Topologie-Tabelle, in der mehrere Routen aktiv sind. Beachten Sie, daß die meisten von ihnen 15 Sekunden lang aktiv waren und eine (10.6.1.0) 41 Sekunden lang aktiv war.

Beachten Sie auch, daß der Nachbar 10.1.2.1 in jedem Fall sein Reply-State-Flag (r) gesetzt hat. Dies ist der Nachbar, von dem noch keine Antworten empfangen wurden. Es kann sein, daß kein Problem mit dem Nachbarn selbst oder mit der Verbindung zum Nachbarn besteht, aber diese Informationen zeigen in die Richtung der Internetzwerk-Topologie, in der die Untersuchung weitergeführt werden sollte.

Gewöhnliche Ursachen von SIAs in größeren EIGRP-Internetzwerken sind sehr überlastete Datenverbindungen mit geringer Bandbreite und Router mit zu kleinem Speicher oder überlasteten CPUs. Das Problem wird noch verschlimmert, wenn diese beschränkten Ressourcen eine große Anzahl von Abfragen verarbeiten müssen.

Bild 8.53:
Diese Topologie-Tabelle zeigt mehrere aktive Routen, die alle auf eine Antwort von Nachbar 10.1.2.1 warten.

```
Gagarin#show ip eigrp topology
IP-EIGRP Topology Table for process 1

Codes: P - Passive, A - Active, U - Update, Q - Query, R - Reply,
       r - Reply status

A 10.11.1.0/24, 0 successors, FD is 3072128000, Q
    1 replies, active 00:00:15, query-origin: Local origin
    Remaining replies:
        via 10.1.2.1, r, Ethernet0
A 10.10.1.0/24, 0 successors, FD is 3584128000, Q
    1 replies, active 00:00:15, query-origin: Local origin
    Remaining replies:
        via 10.1.2.1, r, Ethernet0
A 10.9.1.0/24, 0 successors, FD is 4096128000, Q
    1 replies, active 00:00:15, query-origin: Local origin
    Remaining replies:
        via 10.1.2.1, r, Ethernet0
A 10.2.1.0/24, 1 successors, FD is Inaccessible, Q
    1 replies, active 00:00:15, query-origin: Local origin
    Remaining replies:
        via 10.1.2.1, r, Ethernet0
P 10.1.2.0/24, 1 successors, FD is 281600
        via Connected, Ethernet0
A 10.6.1.0/24, 0 successors, FD is 3385160704, Q
    1 replies, active 00:00:41, query-origin: Local origin
    Remaining replies:
        via 10.1.2.1, r, Ethernet0
A 10.27.1.0/24, 0 successors, FD is 3897160704, Q
--More--
```

Die sorglose Veränderung der Bandbreitenparameter an Schnittstellen kann eine weitere Ursache für SIAs sein. Bedenken Sie, daß EIGRP so konstruiert wurde, daß es nicht mehr als 50% der verfügbaren Bandbreite einer Verbindung beansprucht. Diese Beschränkung bedeutet, daß die Geschwindigkeit des EIGRP von der konfigurierten Bandbreite abhängt. Wenn die Bandbreite künstlich verringert wird, um die Routing-Auswahl zu verändern, kann der EIGRP-Prozeß verhungern. Wenn Sie eine IOS-Version ab 11.2 verwenden, kann der Befehl **ip bandwidth-percent eigrp** verwendet werden, um den Prozentanteil der genutzten Bandbreite einzustellen.

Veränderung des Prozentanteils der EIGRP-Bandbreite

Stellen wir uns zum Beispiel vor, eine Schnittstelle ist an eine serielle 56K-Verbindung angeschlossen, aber die Bandbreite wird auf 14K eingestellt. EIGRP würde seinem Prozeß daraufhin nur 50% dieser Größe zugestehen, also 7K. Die folgenden Befehle stellen den Prozentanteil für die EIGRP-Bandbreite auf 200% ein – 200% von 14K entspricht 50% der tatsächlichen Bandbreite der 56K-Verbindung:

```
interface Serial 3
  ip address 172.18.107.210 255.255.255.240
  bandwidth 14
  ip bandwidth-percent eigrp 1 200
```

Die Erhöhung der Aktiv-Timer-Periode mit dem Befehl **timer active-time** kann SIAs in einigen Situationen vermeiden, dieser Schritt sollte jedoch nur nach sorgfältiger Betrachtung der möglichen Rekonvergenzeffekte vorgenommen werden.

Ein gutes Internetzwerk-Design ist letztendlich die beste Lösung gegenüber solchen Instabilitäten wie SIA-Routen. Durch die Verwendung einer Kombination aus intelligenter Adressenvergabe, Routen-Filterung, Default- und Sammel-Routen können in einem großen EIGRP-Internetzwerk Grenzen gezogen werden, um die Größe und den Rahmen von diffusen Berechnungen einzuschränken. Das Kapitel 13 enthält ein Beispiel eines derartigen Designs.

8.4 Ausblick

Beim Vergleich von EIGRP und OSPF wird oft gesagt, daß der Vorteil des EIGRP in der einfacheren Konfiguration liegt. Diese Aussage ist für viele Internetzwerke zutreffend, jedoch zeigt die Betrachtung der Fehlersuche in diesem Kapitel auf, daß mit einem wachsenden Internetzwerk der Aufwand zur »Unterteilung« der EIGRP-Topologie anwächst. Ironischerweise vereinfacht die große Komplexität des OSPF die Konfiguration von großen Internetzwerken, wie das nächste Kapitel zeigen wird.

8.4.1 Zusammenfassende Tabelle: Befehle aus Kapitel 8

Befehl	Beschreibung
accept-lifetime *Start-Zeit* {infinite|*End-Zeit*|duration *Sekunden*}	Legt die Zeit-Periode fest, während der der Authentisierungsschlüssel einer Schlüsselkette als gültig empfangen wird.
auto-summary	Aktiviert die automatische Zusammenfassung an Netzwerkgrenzen. Dieser Befehl ist in der Grundeinstellung aktiviert.
bandwidth *Kilobits*	Legt den Bandbreitenparameter einer Schnittstelle in Kilobit pro Sekunde fest.
debug eigrp packets	Zeigt die EIGRP-Paket-Aktivität an.
debug ip eigrp neighbor *Prozeß-ID Adresse*	Fügt dem Befehl **debug eigrp packets** einen Filter hinzu, mit dem nur IP-Pakete für den bezeichneten Prozeß und Nachbarn angezeigt werden.
delay *Zehner-Mikrosekunden*	Legt den Verzögerungsparameter einer Schnittstelle in zehnfachen Mikrosekunden fest.
ip authentication key-chain eigrp *Prozeß-ID Schlüsselkette*	Konfiguriert eine Schlüsselkette auf einer EIGRP-Schnittstelle und legt den Namen der verwendeten Schlüsselkette fest.
ip authentication mode eigrp *Prozeß-ID* **md5**	Aktiviert die EIGRP-Authentisierung auf einer Schnittstelle.
ip bandwidth-percent eigrp *Prozeß-ID Prozent*	Konfiguriert den Prozentanteil der Bandbreite, die vom EIGRP verwendet wird. Die Grundeinstellung beträgt 50%.
ip hello-interval eigrp *Prozeß-ID Sekunden*	Konfiguriert das EIGRP-Hello-Intervall.
ip hold-time eigrp *Prozeß-ID Sekunden*	Konfiguriert die EIGRP-Hold-Time.
ip summary-address eigrp *Prozeß-id Adresse Maske*	Konfiguriert einen Router zur Aussendung eines zusammengefaßten EIGRP-Advertisement.
key *Nummer*	Vereinbart einen Schlüssel an einer Schlüsselkette.
keychain *Kettenname*	Vereinbart eine Gruppe von Authentisierungsschlüsseln.
key-string *Text*	Vereinbart die vom Schlüssel verwendete Authentisierungszeichenkette oder das -paßwort.

Befehl	Beschreibung
metric weights *tos k1 k2 k3 k4 k5*	Vereinbart die Gewichtung der Bandbreite, Last, Verzögerung und Zuverlässigkeitsparameter, die für die IGRP- und EIGRP-Metrik-Berechnungen berücksichtigt werden.
network *Netzwerk-Nummer*	Vereinbart die Netzwerkadresse einer oder mehrerer Schnittstellen, auf denen IGRP-, EIGRP- oder RIP-Prozesse aktiviert werden sollen.
passive-interface *Typ Nummer*	Deaktiviert die Aussendung von Broadcast- oder Multicast-Routing-Updates an einer Schnittstelle.
router eigrp *Prozeß-ID*	Aktiviert einen EIGRP-Prozeß.
send-lifetime *Start-Zeit* {infinite|*End-Zeit*|**duration** *Sekunden*}	Vereinbart die Zeitperiode, während der der Authentisierungsschlüssel an einer Schlüsselkette gesendet werden soll.
show ip eigrp neighbors [*Typ Nummer*]	Zeigt die EIGRP-Nachbartabelle an.
show ip eigrp topology [*Prozeß-ID*|[*IP-Adresse*]*Maske*]]	Zeigt die EIGRP-Topologietabelle an.
timer active-time {*Minuten*|**disabled**}	Ändert oder deaktiviert die grundeingestellte dreiminütige Aktiv-Zeit.
traffic-share {balanced|min}	Vereinbart, ob ein IGRP- oder EIGRP-Routing-Prozeß die Unequal-Cost-Lastverteilung oder die Equal-Cost-Lastverteilung verwenden soll.
variance *Multiplikator*	Vereinbart einen Routen-Multiplikator, mit dem eine Routen-Metrik von der günstigsten Metrik abweichen darf und trotzdem in einer Gruppe für die Unequal-Cost-Lastverteilung enthalten ist.

8.5 Übungsfragen

1. Ist EIGRP ein Distanz-Vektor- oder ein Verbindungs-Status-Routing-Protokoll?
2. Welche maximal konfigurierte Bandbreite wird EIGRP auf einer Verbindung nutzen? Kann dieser Prozentanteil verändert werden?
3. Wie unterscheiden sich EIGRP und IGRP in der Berechnung ihrer gemischten Metrik?
4. Welches sind die vier grundlegenden Bestandteile des EIGRP?
5. Was versteht man im Kontext des EIGRP unter dem Begriff *zuverlässige Anlieferung*? Welche zwei Methoden garantieren die zuverlässige Anlieferung der EIGRP-Pakete?
6. Welcher Mechanismus stellt sicher, daß ein Router den neuesten Routen-Eintrag akzeptiert?
7. Welche Multicast-IP-Adresse wird vom EIGRP verwendet?
8. Welche Paket-Typen werden vom EIGRP verwendet?
9. Mit welchem Standard-Zeitintervall werden EIGRP-Hello-Pakete gesendet?
10. Wie groß ist die grundeingestellte Hold-Time?
11. Was ist der Unterschied zwischen der Nachbartabelle und der Topologietabelle?
12. Was ist eine feasible Distanz?
13. Was ist die Feasibility-Condition?
14. Was ist ein möglicher Nachfolger?
15. Was ist ein Nachfolger?
16. Was ist der Unterschied zwischen einer aktiven und einer passiven Route?
17. Was läßt eine passive Route aktiv werden?
18. Was läßt eine aktive Route passiv werden?
19. Was bedeutet *Stuck-in-Active*?
20. Was ist der Unterschied zwischen Subvernetzung und Adreßaggregation?

8.6 Übungen zur Konfiguration

1. In Bild 8.42 und der dazugehörigen Fallstudie wurde die automatische Zusammenfassung auf den Routern Cochran und Lindbergh abgeschaltet. Als Folge werden die variabel maskierten Subnetze 192.168.18.24/29 und 192.168.18.128/25 in der Routing-Tabelle von Earhart gespeichert. Ist eine weitere Konfiguration nötig, damit der classful IGRP-Prozeß von Curtiss richtig in diese Subnetze routen wird?

2. Schreiben Sie die EIGRP-Konfigurationen für die Router A, B und C in Bild 8.54 auf. Verwenden Sie die Prozeß-ID 5.

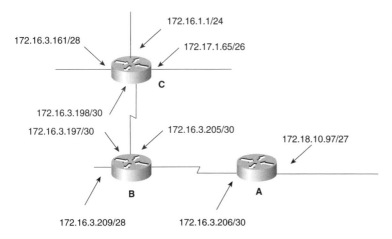

Bild 8.54: Das Internetzwerk für die Konfigurations-Übungen 2 und 3.

3. Die seriellen Schnittstellen, die die Router A und B in Bild 8.54 miteinander verbinden, sind beide die S0-Schnittstellen. Konfigurieren Sie die Authentisierung zwischen diesen beiden Routern, bei der der erste Schlüssel vom heutigen Datum ab in zwei Tagen verwendet werden soll. Konfigurieren Sie einen zweiten Schlüssel, der 30 Tage nach dem ersten Schlüssel gültig werden soll.

4. In Bild 8.55 wurde der Router D hinzugefügt. Fügen Sie den Router zu den Konfigurationen aus der Konfigurationsübung 3 hinzu.

Bild 8.55:
Das Internetzwerk für die Konfigurationsübung 4.

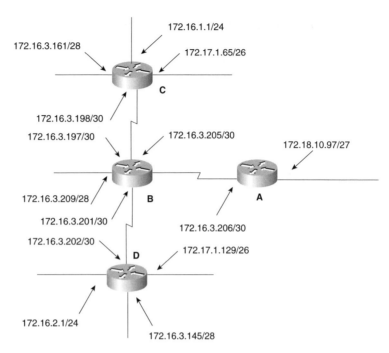

5. In Bild 8.56 wurde der Router E hinzugefügt, der nur IGRP ausführt. Fügen Sie den Router zu den Konfigurationen aus den Konfigurationsübungen 3 und 4 hinzu.

Bild 8.56:
Das Internetzwerk für die Konfigurationsübung 5.

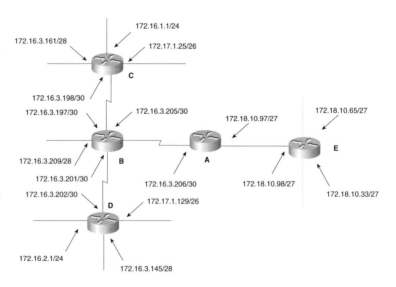

6. In Bild 8.57 wurde der Router F hinzugefügt, der nur IGRP ausführt. Fügen Sie den Router zu den Konfigurationen aus den Konfigurationsübungen 3, 4 und 5 hinzu.

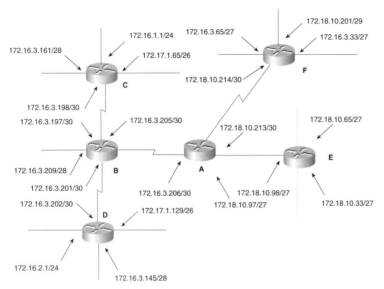

Bild 8.57:
Das Internetzwerk für die Konfigurationsübung 6 und 7.

7. Konfigurieren Sie alle möglichen Sammel-Routen im Internetzwerk Bild 8.57.

8.7 Übungen zur Fehlersuche

1. Ein Router wurde zur Redistribution zwischen EIGRP und IGRP auf folgende Weise konfiguriert:

```
router eigrp 15
  network 192.168.5.0
  no auto-summary
  metric weights 0 1 1 0 1 1
!
router igrp 5
  network 172.16.0.0
  metric weights 0 0 0 1 1 1
```

Die Router der EIGRP-Domäne erlernen keine Routen der IGRP-Domäne, und die Router der IGRP-Domäne erlernen keine Routen der EIGRP-Domäne. Wo liegt der Fehler?

2. Tabelle 8.6 zeigt die Werte, die auf den Befehl **show interface** für jede Schnittstelle in Bild 8.58 angezeigt werden.

Welcher Router wird den Router F als seinen Nachfolger zum Subnetz A verwenden?

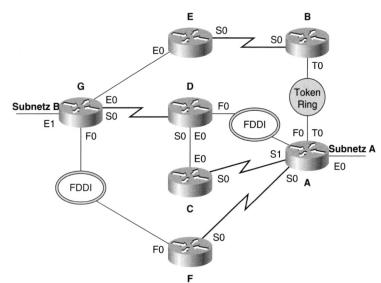

Bild 8.58: Das Internetzwerk für die Fehlersuchübungen 2 bis 6.

Tabelle 8.6: Die Metrik-Werte für alle Schnittstellen der Abbildung 8.58, die nach dem Befehl **show interface** angezeigt wurden.

Router	Schnittstelle	BW(k)	DLY(µS)
A	E0	10000	1000
	F0	100000	100
	T0	16000	630
	S0	512	20000
	S1	1544	20000
B	T0	16000	630
	S0	1544	20000
C	E0	10000	1000
	S0	1544	20000
D	E0	10000	1000
	F0	100000	100
	S0	1544	20000
E	E0	10000	1000
	S0	1544	20000
F	F0	100000	100
	S0	512	20000
G	E0	10000	1000
	E1	10000	1000
	F0	100000	100
	S0	56	20000

3. Wie groß ist die feasible Distanz des Routers C zum Subnetz A in Bild 8.58?

4. Wie groß ist die feasible Distanz des Routers G zum Subnetz A in Bild 8.58?

5. Welche Router in Bild 8.58 werden den Router G in ihren Topologietabellen als möglichen Nachfolger zeigen?

6. Wie groß ist die feasible Distanz des Routers A zum Subnetz B in Bild 8.58?

Dieses Kapitel behandelt die folgenden Themen:

- **Wirkungsweise des OSPF**
  Nachbarn und Nachbarschaftsverbindungen
  Areas
  Die Verbindungs-Status-Datenbank
  Die Routing-Tabelle
  Die Authentisierung
  OSPF über temporäre Verbindungen
  Die OSPF-Paket-Formate
  OSPF-LSA-Formate
  NSSA-External-LSA
  Das Optionsfeld

- **Die Konfiguration des OSPF**
  Fallstudie: Eine einfache OSPF-Konfiguration
  Fallstudie: Das Setzen der Router IDs auf
            Loopback-Schnittstellen
  Fallstudie: Domain-Name-Service-Prüfungen
  Fallstudie: OSPF und sekundäre Adressen
  Fallstudie: Rumpf-Areas
  Fallstudie: Reine Rumpf-Areas
  Fallstudie: Semi-Rumpf-Areas
  Fallstudie: Adreßzusammenfassung
  Fallstudie: Authentisierung
  Fallstudie: Virtuelle Verbindungen
  Fallstudie: OSPF auf NBMA-Netzwerken
  Fallstudie: OSPF über temporäre Verbindungen

- **Die Fehlersuche bei OSPF**
  Fallstudie: Eine isolierte Area
  Fallstudie: Eine fehlerhaft konfigurierte Zusammenfassung

KAPITEL 9

Open-Shortest-Path-First

Open-Shortest-Path-First (OSPF) wurde von der Internet-Engineering-Task-Force (IETF) als Antwort auf das mit Problemen behaftete RIP entwickelt und ist heute das von der IETF empfohlene Interior-Gateway-Protokoll (IGP). OSPF ist ein Verbindungs-Statusprotokoll, das, wie der Name schon sagt, den Shortest-Path-First-(SPF-)Algorithmus von Dijkstra verwendet und das *offen* ist – d.h., es ist nicht proprietär. OSPF entwickelte sich durch mehrere RFCs, die alle von John Moy erstellt wurden. Die erste Version des Protokolls wurde im RFC 1131 festgelegt. Diese Version kam nie über das experimentelle Stadium hinaus. Die Version 2 ist momentan die aktuelle und wurde erstmals im RFC 1247 festgelegt, wobei das RFC 2328 die neueste Beschreibung enthält.[1]

Die Vorteile von OSPF gegenüber Distanz-Vektor-Protokollen liegen, wie bei allen Verbindungs-Status-Protokollen, in seiner schnellen Rekonvergenz, der Unterstützung wesentlich größerer Internetzwerke und der geringeren Anfälligkeit gegenüber falschen Routing-Informationen. Weitere Merkmale des OSPF sind:

– Die Verwendung von Areas, die den Protokolleinfluß auf CPU und Speicher reduzieren, den Fluß des Routing-Protokollverkehrs eingrenzen und die Konstruktion hierarchischer Internetzwerktopologien ermöglichen.

---

1 RFC 2328 wurde herausgegeben, während dieses Kapitel verfaßt wurde, und ersetzt damit das RFC 2178.

- Das vollkommene classless Verhalten, das solche classful Probleme wie z.B. discontiguous Subnetze ausräumt.
- Die Unterstützung von classless Routing-Tabellen-Prüfungen, VLSM und der Supervernetzung für ein effizientes Adreßmanagement.
- Eine dimensionslose, frei wählbare Metrik.
- Die Equal-Cost-Lastverteilung für eine effizientere Verwendung mehrfacher Pfade.[1]
- Die Verwendung reservierter Multicast-Adressen, um den Einfluß auf Nicht-OSPF-Geräte zu reduzieren.
- Die Unterstützung der Authentisierung für ein sichereres Routing
- Die Verwendung der Routen-Markierung für die Verfolgung externer Routen

OSPF unterstützt auch das Type-of-Service-(TOS-)Routing, auch wenn seine wirkliche Ausführung nie erfolgte. Aus diesem Grund wurde im RFC 2328 die TOS-Routing-Option gelöscht.

9.1 Wirkungsweise des OSPF[2]

Im groben Überblick läßt sich die Ausführung des OSPF leicht erklären:

1. OSPF-sprechende Router senden Hello-Pakete aus allen OSPF-aktivierten Schnittstellen. Wenn zwei Router, die sich eine gemeinsame Datenverbindung teilen, in bestimmten

---

1 Genauer gesagt verlangt das RFC nach einem mehrfachen Equal-Cost-Pfad, also der Entdeckung und Verwendung von mehreren Equal-Cost-Pfaden, ohne zu beschreiben, wie das Protokoll einzelne Pakete über diese Mehrfach-Pfade routen soll. Die OSPF-Ausführung von Cisco verwendet die Equal-Cost-Lastverteilung, die im letzten Kapitel beschrieben wurde.

2 Aufgrund der wechselseitigen Beziehungen der OSPF-Begriffe und -Konzepte, verwendet dieses Kapitel häufig Begriffe, die noch nicht ganz festgelegt wurden. Es wird dem Leser empfohlen, diesen Abschnitt mehrere Male zu lesen, um die Wirkungsweise des OSPF vollständig nachzuvollziehen. Des weiteren wird die Wiederholung des Abschnitts »Routing-Protokolle mit Verbindungs-Status« in Kapitel 4 empfohlen.

Parametern übereinstimmen, die in ihren entsprechenden Hello-Paketen festgelegt sind, dann werden sie *Nachbarn*.

2. *Nachbarverbindungen*, die man sich als virtuelle Point-to-Point-Verbindungen vorstellen kann, werden zwischen einigen Nachbarn aufgebaut. OSPF vereinbart mehrere Netzwerktypen und mehrere Router-Typen. Die Einrichtung einer Nachbarverbindung bestimmt sich durch die Router-Typen, die Hellos austauschen und den Netzwerktyp.

3. Jeder Router sendet *Verbindungs-Status-Advertisements* (LSAs, engl. link state advertisements) über alle Nachbarverbindungen. Die LSAs beschreiben alle Router-Verbindungen oder -Schnittstellen und den Status der Verbindungen. Diese Verbindungen können in Rumpf-Netzwerke (Netzwerke ohne weitere angeschlossene Router), zu anderen OSPF-Routern, zu Netzwerken in anderen Areas oder in externe Netzwerke (durch andere Routing-Prozesse erlernte Netzwerke) führen. Aufgrund der verschiedenen Arten von Verbindungs-Status-Informationen vereinbart OSPF mehrere LSA-Typen.

4. Jeder Router, der ein LSA von einem Nachbarn empfängt, speichert das LSA in seiner *Verbindungs-Status-Datenbank* und sendet eine Kopie des LSA an alle seine anderen Nachbarn.

5. Durch das Fluten von LSAs durch eine gesamte Area werden alle Router identische Verbindungs-Status-Datenbanken aufbauen.

6. Wenn die Datenbanken vollständig sind, verwendet jeder Router den SPF-Algorithmus zur Berechnung eines schleifenfreien Graphs, der den kürzesten (günstigsten) Pfad zu jedem bekannten Ziel beschreibt, wobei er sich selbst als Root (=Wurzel) einsetzt. Dieser Graph ist der SPF-Baum.

7. Jeder Router leitet seine Routing-Tabelle von seinem SPF-Baum ab.[1]

---

1 Diese grundlegende Prozedur zur Routen-Berechnung aus der Verbindungs-Status-Datenbank hat, im Gegensatz zum Routen-Austausch mit den Nachbarn, Auswirkungen auf die Routen-Filterung. Weitere Informationen finden Sie in Kapitel 13.

Wenn alle Verbindungs-Status-Informationen an alle Router einer Area geflutet wurden – d.h., die Verbindungs-Status-Datenbanken wurden synchronisiert – und die Routing-Tabellen erstellt wurden, dann ist OSPF ein stilles Protokoll. Zwischen den Nachbarn werden Hello-Pakete als Keepalives ausgetauscht, und LSAs werden alle 30 Minuten neu ausgesendet. Wenn die Topologie des Internetzwerks stabil bleibt, sollten keine weiteren Aktivitäten auftreten.

9.1.1 Nachbarn und Nachbarschaftsverbindungen

OSPF-Router müssen erst ihre Nachbarn auffinden und Nachbarverbindungen einrichten, bevor LSAs ausgesendet werden können. Die Nachbarn werden zusammen mit der Schnittstelle, über die der Nachbar erreichbar ist, und anderen notwendigen Informationen in einer *Nachbar-Tabelle* gespeichert (Bild 9.1).

Bild 9.1: Die Nachbar-Tabelle speichert alle OSPF-sprechenden Nachbarn.

```
Monet#show ip ospf neighbor

Neighbor ID       Pri  State      Dead Time  Address         Interface
192.168.30.70     1    FULL/DR    00:00:34   192.168.17.73   Ethernet0
192.168.30.254    1    FULL/DR    00:00:34   192.168.32.2    Ethernet1
192.168.30.70     1    FULL/BDR   00:00:34   192.168.32.4    Ethernet1
192.168.30.30     1    FULL/  -   00:00:33   192.168.17.50   Serial0.23
192.168.30.10     1    FULL/  -   00:00:32   192.168.17.9    Serial1
192.168.30.68     1    FULL/  -   00:00:39   192.168.21.134  Serial2.824
192.168.30.18     1    FULL/  -   00:00:30   192.168.21.142  Serial2.826
192.168.30.78     1    FULL/  -   00:00:36   192.168.21.170  Serial2.836
```

Router ID Die Nachverfolgung anderer OSPF-Router erfordert es, daß jeder Router eine *Router-ID* besitzt, also eine IP-Adresse, mit der der Router innerhalb der OSPF-Domäne eindeutig identifizierbar ist. Cisco-Router leiten ihre eigene Router-ID auf folgende Weise ab:

1. Der Router wählt die numerisch höchste IP-Adresse seiner Loopback-Schnittstellen aus.

2. Wenn keine Loopback-Schnittstellen mit IP-Adressen konfiguriert sind, wählt der Router die numerisch höchste IP-Adresse seiner physikalischen Schnittstellen aus. Die für die Router-ID ausgewählte Schnittstelle muß kein OSPF betreiben.

Die Verwendung der Loopback-Schnittstellen-Adressen hat zwei Vorteile:

- Die Loopback-Schnittstelle ist stabiler als jede physikalische Schnittstelle. Sie ist auch dann aktiv, wenn der Router bootet und fällt nur dann aus, wenn der gesamte Router ausfällt.
- Der Netzwerkadministrator hat mehr Spielraum bei der Vergabe von vorhersagbaren oder erkennbaren Router-ID-Adressen.

Das OSPF von Cisco wird die von einer physikalischen Schnittstelle erlernte Router-ID weiterverwenden, auch wenn die Schnittstelle später ausfällt oder gelöscht wird (siehe »Fallstudie: Das Setzen von Router-IDs mit Loopback-Schnittstellen« im weiteren Verlauf dieses Kapitels). Daher stellt die Stabilität einer Loopback-Schnittstelle nur einen kleinen Vorteil dar. Der Hauptnutzen liegt in der Fähigkeit, die Router-ID zu bestimmen.

Der OSPF-Router beginnt eine Nachbarbeziehung durch die Aussendung von Hello-Paketen mit seiner Router-ID.

Das Hello-Protokoll

Das Hello-Protokoll erfüllt mehrere Zwecke:

- Mit ihm werden Nachbarn entdeckt.
- Es übermittelt mehrere Parameter, die zwischen zwei Routern übereinstimmen müssen, bevor sie Nachbarn werden können.
- Hello-Pakete fungieren als Keepalives zwischen Nachbarn.
- Sie stellen die gegenseitige Kommunikation zwischen Nachbarn sicher.
- Es bestimmt die Designated-Router (DRs) und die Backup-Designated-Router (BDRs) auf Broadcast- und NonBroadcast-Multiaccess-(NBMA-)Netzwerken.

OSPF-sprechende Router senden regelmäßig Hello-Pakete aus jeder OSPF-aktivierten Schnittstelle. Die Zeitperiode nennt sich *Hello-Intervall*, und sie wird schnittstellenweise konfiguriert. Cisco verwendet das Standard-Hello-Intervall von 10

Sekunden.[1] Der Wert kann mit dem Befehl **ip ospf hello-interval** geändert werden. Wenn ein Router innerhalb einer Zeitperiode, die *Router-Dead-Intervall* genannt wird, kein Hello von einem Nachbarn empfangen hat, so wird der Nachbar für inaktiv erklärt. Das Cisco Standard-Router-Dead-Intervall entspricht dem Vierfachen des Hello-Intervalls und kann mit dem Befehl **ip ospf dead-interval** geändert werden.[2]

Jedes Hello-Paket enthält die folgenden Informationen:

- Die Router-ID des erzeugenden Routers
- Die Area-ID der erzeugenden Router-Schnittstelle
- Die Adreß-Maske der erzeugenden Schnittstelle
- Den Authentisierungstyp und die Authentisierungsinformationen für die erzeugende Schnittstelle
- Das Hello-Intervall der erzeugenden Schnittstelle
- Das Router-Dead-Intervall der erzeugenden Schnittstelle
- Die Router-Priorität
- Den DR und den BDR
- Fünf Flag-Bits, mit denen optionale Fähigkeiten angezeigt werden
- Die Router-IDs der Nachbarn des erzeugenden Routers. Diese Liste enthält nur Router, von denen Hellos auf der erzeugenden Schnittstelle innerhalb des letzten Router-Dead-Intervalls empfangen wurden.

Dieser Abschnitt gibt einen Überblick über die Bedeutung und die Verwendung der meisten aufgezeigten Informationen. Weitere Abschnitte betrachten den DR, den BDR und die Router-Priorität und erläutern das genaue Format des Hello-Pakets. Wenn ein Router ein Hello von einem Nachbarn empfängt, wird er überprüfen, ob die Area-ID, die Authentisierung, die Netzwerkmaske, das Hello-Intervall, das Router-Dead-Intervall und die Optionswerte den konfigurierten Werten der

---

1 Die Grundeinstellung auf NBMA-Schnittstellen beträgt 30 Sekunden.
2 Das RFC 2328 gibt keine festen Werte für das Hello-Intervall oder das Router-Dead-Intervall vor, auch wenn es die Werte von 10 Sekunden und das Vierfache des Hello-Intervalls vorschlägt.

empfangenden Schnittstelle entsprechen. Wenn dies nicht der Fall ist, wird das Paket verworfen, und es wird keine Nachbarverbindung eingerichtet.

Wenn alle Werte übereinstimmen, wird das Hello-Paket für gültig erklärt. Wenn sich die ID des erzeugenden Routers bereits in der Nachbartabelle dieser empfangenden Schnittstelle befindet, wird der Timer mit dem Router-Dead-Intervall zurückgesetzt. Wenn die Router-ID nicht aufgelistet ist, wird sie in die Nachbartabelle übernommen.

Bei jedem Aussenden eines Hello plaziert ein Router in das Paket die Router-IDs aller für diese Verbindung gelisteten Nachbarn. Wenn ein Router ein gültiges Hello empfängt, in dem er seine eigene Router-ID findet, so weiß der Router, daß eine zweiseitige Kommunikation aufgenommen wurde.

Wenn erstmals eine zweiseitige Kommunikation aufgenommen wurde, können Nachbarverbindungen aufgebaut werden. Wie zuvor schon angesprochen, können jedoch nicht alle Nachbarn solche Verbindungen eingehen. Ob eine Nachbarverbindung aufgebaut wird oder nicht, hängt vom Typ des Netzwerks ab, an das die beiden Nachbarn angeschlossen sind. Die Netzwerktypen beeinflussen auch die Weise, wie OSPF-Pakete ausgesendet werden. Daher müssen vor der Betrachtung von Nachbarverbindungen die Netzwerktypen betrachtet werden.

Die Netzwerktypen

Das OSPF legt fünf Netzwerktypen fest:

1. Point-to-Point-Netzwerke

2. Broadcast-Netzwerke

3. Non-Broadcast-Multi-Access-(NBMA-)Netzwerke

4. Point-to-Multipoint-Netzwerke

5. Virtuelle Verbindungen

Point-to-Point-Netzwerke, wie T1- oder langsamere Verbindungen, verbinden einzelne Routerpaare. Gültige Nachbarn auf Point-to-Point-Netzwerken werden immer Nachbarverbindungen eingehen. Die Ziel-Adresse der OSPF-Pakete auf diesen Netzwerken wird immer die reservierte Class-D-Adresse 224.0.0.5 sein, die *AllSPFRouter* genannt wird.[1]

Broadcast-Netzwerke, wie Ethernet-, Token-Ring- und FDDI-Netzwerke, wären sinnvoller mit Broadcast-Multi-Access-Netzwerken bezeichnet, um sie von den NBMA-Netzwerken zu unterscheiden. Broadcast-Netzwerke sind Multi-Accessible (=vielfacher Zugriff), da mehr als zwei Geräte miteinander verbunden werden können und ein einzelnes Broadcast-Paket von allen angeschlossenen Geräten empfangen werden kann. Die OSPF-Router auf Broadcast-Netzwerken wählen einen DR und einen BDR, dieser Prozeß wird im nächsten Abschnitt beschrieben. Die Hello-Pakete werden als Multicast mit der AllSPFRouter-Ziel-Adresse 224.0.0.5 ausgesendet, so wie auch alle von den DRs und BDRs erzeugten OSPF-Pakete. Das Ziel-Media-Access-Control-(MAC-)Kennzeichen der Frames, die diese Pakete enthalten, lautet 0100.5E00.0005. Alle anderen Router werden Verbindungs-Status-Updates und Verbindungs-Status-Bestätigungs-Pakete (diese werden später beschrieben) als Multicast an die reservierte Class-D-Adresse 224.0.0.6 senden, die *AllDRouter* genannt wird. Das Ziel-MAC-Kennzeichen der Frames, die diese Pakete enthalten, lautet 0100.5E00.0006.

NBMA-Netzwerke, wie X.25, Frame-Relay und ATM, können mehr als zwei Router miteinander verbinden, aber keinen Broadcast übertragen. Ein Paket, das von einem angeschlossenen Router gesendet wird, wird nicht von allen anderen angeschlossenen Routern empfangen werden. Daher kann eine besondere Konfiguration notwendig sein, damit Router auf diesen Netzwerken ihre Nachbarn auffinden können. Die OSPF-Router auf NBMA-Netzwerken wählen einen DR und einen BDR, und alle OSPF-Pakete werden als Unicast gesendet.

Point-to-Multipoint-Netzwerke stellen eine besondere Konfiguration von NBMA-Netzwerken dar, in denen die Netzwerke wie eine Sammlung von Point-to-Point-Verbindungen behandelt werden. Die Router auf diesen Netzwerken wählen keine DRs und BDRs, und da die Netzwerke als Point-to-Point-

---

[1] Die Ausnahme dieser Regel bilden rückübertragene LSAs, die auf allen Netzwerktypen immer als Unicast gesendet werden. Diese Ausnahme wird in einem späteren Abschnitt behandelt.

Verbindungen betrachtet werden, werden die OSPF-Pakete als Multicast gesendet.

Virtuelle Verbindungen, die in einem späteren Abschnitt beschrieben werden, sind spezielle Konfigurationen, die vom Router als nicht numerierte Point-to-Point-Netzwerke betrachtet werden. OSPF-Pakete werden über virtuelle Verbindungen als Unicast gesendet.

Neben der Einteilung in diese fünf Netzwerktypen sollte beachtet werden, daß sich alle Netzwerke in zwei allgemeinere Typen einteilen lassen:

1. *Transit*-Netzwerke besitzen zwei oder mehr angeschlossene Router. Diese können Pakete transportieren, die einfach hindurchgeleitet werden – Pakete, die aus anderen Netzwerken stammen und für andere Netzwerke bestimmt sind.

    Transit- und Stub-Netzwerke

2. *Rumpf*-Netzwerke besitzen nur einen einzelnen angeschlossenen Router.[1] Pakete in einem Rumpf-Netzwerk haben immer eine Quell- oder eine Ziel-Adresse, die zu diesem Netzwerk gehört. Das heißt, alle Pakete wurden entweder von einem Gerät im Netzwerk erzeugt, oder sie sind für ein Gerät im Netzwerk bestimmt. OSPF meldet Host-Routen (Routen mit der Maske 255.255.255.255) als Rumpf-Netzwerke an. Die Loopback-Schnittstellen werden auch als Rumpf-Netzwerke betrachtet und als Host-Routen angemeldet.[2]

Designated-Router und Backup-Designated-Router

Die Multiaccess-Netzwerke stellen das OSPF vor zwei Probleme bezüglich des Flutens der LSAs (dies wird in einem späteren Abschnitt beschrieben):

1. Die Einrichtung einer Nachbarverbindung zwischen jedem angeschlossenen Router würde viele unnötige LSAs erzeugen. Wenn *n* die Anzahl der Router in einem Multi-Access-

---

[1] Verwechseln Sie nicht die Rumpf-Netzwerke mit Rumpf-Areas, die später in diesem Kapitel beschrieben werden.

[2] Ab der IOS-Version 11.3 kann dieses Standardverhalten geändert werden, indem der Befehl **ip ospf network point-to-point** an der Loopback-Schnittstelle eingegeben wird. Damit wird die Adresse der Loopback-Schnittstelle als Subnetz-Route angemeldet.

Netzwerk ist, dann gibt es $n(n - 1)/2$ Nachbarverbindungen (Bild 9.2). Jeder Router würde $n - 1$ LSAs für seine Nachbarverbindungen fluten, plus ein LSA für das Netzwerk, damit würden n^2 LSAs in dem Netzwerk erzeugt.

2. Das Fluten im Netzwerk selbst wäre chaotisch. Ein Router würde ein LSA an alle seine Nachbarverbindungen fluten, und diese würden daraufhin an alle ihre Nachbarverbindungen fluten, was viele Kopien desselben LSAs im gleichen Netzwerk erzeugen würde.

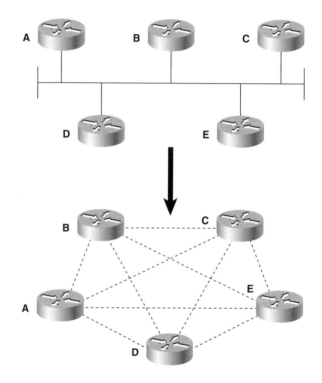

Bild 9.2: Für jeden der fünf Router in diesem OSPF-Netzwerk wären zehn Nachbarverbindungen notwendig, um mit allen Nachbarn Verbindungen einzugehen. In diesem Netzwerk würden daher 25 LSAs erzeugt werden.

Designated-Router

Um diese Probleme zu verhindern, wird in Multi-Access-Netzwerken ein Designated-Router gewählt. Der DR hat die folgenden Aufgaben:

– Er muß das Multi-Access-Netzwerk und seine angeschlossenen Router gegenüber dem Rest des Internetzwerks repräsentieren.

– Er muß den Flooding-Prozeß auf dem Multi-Access-Netzwerk verwalten.

Das Konzept, das hinter dem DR steht, ist die Betrachtung des gesamten Netzwerks als ein »Pseudoknoten« oder als ein virtueller Router. Jeder Router auf dem Netzwerk baut eine Nachbarverbindung mit dem DR auf (Bild 9.3), der den Pseudoknoten darstellt. Nur der DR wird LSAs an den Rest des Internetzwerks senden. Merken Sie sich, daß ein Router auf einem seiner angeschlossenen Multi-Access-Netzwerke ein DR sein kann und auf einem anderen seiner angeschlossenen Multi-Access-Netzwerke nicht. Das heißt, die Eigenschaft des DR gilt für eine Router-Schnittstelle, nicht für den gesamten Router.

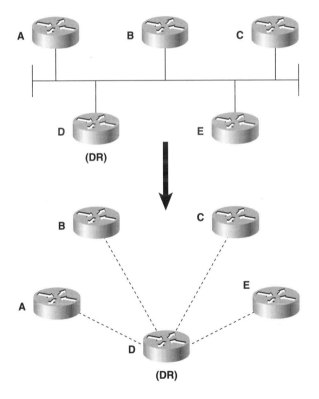

Bild 9.3:
Der Designated-Router repräsentiert das Multi-Access-Netzwerk. Andere Router im Netzwerk werden Nachbarverbindungen mit dem DR aufbauen und sonst mit keinem weiteren.

Ein wichtiges Problem des bisher beschriebenen DR-Schemas liegt darin, daß ein neuer DR gewählt werden muß, wenn ein DR ausfällt. Es müssen neue Nachbarverbindungen aufgebaut werden, und alle Router im Netzwerk müssen ihre Datenbanken mit dem neuen DR synchronisieren (Teil des Nachbarverbindungsprozesses). Während dieser Vorgänge ist das Netzwerk für die Durchleitung von Paketen nicht verfügbar.

Backup-Designated-Router   Um nun dieses Problem zu verhindern, wird zusätzlich zum DR ein Backup-Designated-Router gewählt. Alle Router bauen nicht nur mit dem DR, sondern auch mit dem BDR Nachbarverbindungen auf. DR und BDR gehen auch zueinander Nachbarverbindungen ein. Wenn der DR ausfällt, wird der BDR der neue DR. Da die anderen Router im Netzwerk schon Nachbarverbindungen zum BDR unterhalten, wird die Nichtverfügbarkeit des Netzwerks minimiert.

Die Wahl des DR und des BDR wird durch die Interface-State-Machine ausgelöst, die in einem späteren Abschnitt beschrieben wird. Damit der Wahlvorgang korrekt erfolgt, müssen folgende Vorbedingungen erfüllt sein:

– Jede Multi-Access-Schnittstelle jedes Routers besitzt eine *Router-Priorität*, eine 8-Bit-Integerzahl ohne Vorzeichen zwischen 0 und 255. Die Standard-Priorität eines Cisco-Routers ist 1 und kann mit dem Befehl **ip ospf priority** für jede Multi-Access-Schnittstelle geändert werden. Router mit einer Priorität von 0 sind nicht dazu berechtigt, DR oder BDR zu werden.

– Hello-Pakete enthalten Felder für den erzeugenden Router, um seine Router-Priorität und die IP-Adressen der verbundenen Schnittstellen der Router anzugeben, die er als DR und BDR ansieht.

– Wenn eine Schnittstelle erstmals auf einem Multi-Access-Netzwerk aktiv wird, setzt sie den DR und den BDR auf 0.0.0.0. Sie setzt auch einen *Wait-Timer* mit einem Wert, der dem Router-Dead-Intervall gleicht.

– Die in einem Multi-Access-Netzwerk vorhandenen Schnittstellen speichern die Adressen des DR und des BDR in der Schnittstellen-Daten-Struktur, die in einem späteren Abschnitt beschrieben wird.

Der Wahlvorgang des DR und des BDR läuft auf folgende Weise ab:

1. Nachdem eine zweiseitige Kommunikation mit einem oder mehreren Nachbarn aufgenommen wurde, werden die Prioritäts-, die DR- und die BDR-Felder von jedem Nachbar-Hello überprüft. Es werden alle wahlberechtigten Router aufgelistet (alle Router mit einer Priorität höher als 0,

deren Nachbarstatus zumindest 2-Way ist). Alle Router erklären sich selbst zum DR (ihre eigene Schnittstellenadresse ist im DR-Feld des Hello-Pakets), und alle Router erklären sich selbst zum BDR (ihre eigene Schnittstellenadresse ist im BDR-Feld des Hello-Pakets). Wenn der berechnende Router wahlberechtigt ist, wird er auch sich selbst in der Liste führen.

2. Aus der Liste der wahlberechtigten Router wird eine Teilmenge aller Router gebildet, die nicht behaupten, der DR zu sein (Router, die sich selbst zum DR erklären, können nicht zum BDR gewählt werden).

3. Wenn ein oder mehrere Nachbarn dieser Teilmenge ihre eigene Schnittstelleadresse im BDR-Feld führen, wird der Nachbar mit der höchsten Priorität zum BDR erklärt. Bei Gleichstand wird der Nachbar mit der höchsten Router-ID gewählt.

4. Wenn kein Router in der Teilmenge behauptet, der BDR zu sein, wird der Nachbar mit der höchsten Priorität der BDR. Bei Gleichstand wird der Nachbar mit der höchsten Router-ID gewählt.

5. Wenn einer oder mehrere der wahlberechtigten Router ihre eigene Adresse im DR-Feld führen, wird der Nachbar mit der höchsten Priorität zum DR erklärt. Bei Gleichstand wird der Nachbar mit der höchsten Router-ID gewählt.

6. Wenn sich kein Router selbst zum DR erklärt hat, wird der neu gewählte BDR der DR.

7. Wenn der berechnende Router der neu gewählte DR oder BDR wird oder wenn er nicht mehr der DR oder BDR ist, werden die Schritte 2 bis 6 wiederholt.

Um es einfacher auszudrücken: Wenn ein OSPF-Router aktiv wird und seine Nachbarn entdeckt, sucht er nach einem aktiven DR und BDR. Wenn ein DR und ein BDR vorhanden sind, wird der Router sie übernehmen. Wenn kein BDR vorhanden ist, wird eine Wahl abgehalten, in welcher der Router mit der höchsten Priorität der BDR wird. Wenn mehr als ein Router die gleiche Priorität besitzt, gewinnt der mit der numerisch höchsten Router-ID. Wenn kein aktiver DR vorhanden ist, wird der BDR zum DR erkoren, und es wird eine neue Wahl für den BDR abgehalten.

Es ist zu beachten, daß die Priorität eine Wahl beeinflussen kann, aber sie wird keinen aktiven DR oder BDR überstimmen. Wenn also ein Router mit einer höheren Priorität aktiv wird, nachdem ein DR und ein BDR gewählt wurde, wird der neue Router keinen von ihnen ersetzen. Das bedeutet auch, daß die ersten beiden DR-wahlberechtigten Router, die in einem Multi-Access-Netzwerk initialisiert werden, zum DR und BDR gewählt werden.

Nachdem DR und BDR erstmalig gewählt wurden, werden die anderen Router (DRothers genannt) nur mit dem DR und dem BDR Nachbarverbindungen aufbauen. Alle Router senden weiterhin Multicast-Hellos an die AllSPFRouter-Adresse 224.0.0.5, um ihre Nachbarn verfolgen zu können, aber DRothers senden Multicast-Update-Pakete an die AllDRouter-Adresse 224.0.0.6. Nur der DR und der BDR werden auf diese Adresse hören. Im Gegenzug wird der DR die Updates an die DRothers an die Adresse 224.0.0.5 fluten.

Beachten Sie: Wenn nur ein wahlberechtigter Router an ein Multi-Access-Netzwerk angeschlossen ist, wird dieser Router der DR, und es wird keinen BDR geben. Jeder andere Router wird nur mit dem DR Nachbarverbindungen aufbauen. Wenn keiner der angeschlossenen Router wahlberechtigt ist, wird es keinen DR oder BDR geben, und es werden keine Nachbarverbindungen ausgebildet. Die Nachbarzustände aller Router werden zweiseitig bleiben (dies wird später in der »Neighbor-State-Machine« erklärt).

Die Aufgaben, die vom DR und vom BDR erfüllt werden müssen, werden umfassend in den folgenden Abschnitten beschrieben.

Die OSPF-Schnittstellen

Das Wesentliche eines Verbindungs-Status-Protokolls ist, daß es sich mit den Verbindungen befaßt und mit dem Status dieser Verbindungen. Bevor Hellos gesendet werden können, bevor Nachbarverbindungen hergestellt werden können und bevor LSAs ausgesendet werden können, muß ein OSPF-Router seine eigenen Verbindungen verstehen. Die Schnittstellen eines Routers sind die Mittel, mit denen OSPF Verbindungen beurteilt. Daraus folgt, daß es nicht ungewöhnlich ist, die Begriffe *Schnittstelle* und *Verbindung* im Zusammenhang mit OSPF gleichbedeutend zu verwenden. Dieser Abschnitt untersucht die Datenstruktur, die OSPF jeder Schnittstelle zuordnet, und die verschiedenen Zustände einer OSPF-Schnittstelle.

Die Schnittstellen-Daten-Struktur

Ein OSPF-Router unterhält eine Daten-Struktur für jede OSPF-aktivierte Schnittstelle. In Bild 9.4 wurde der Befehl **show ip ospf interface** verwendet, um die Bestandteile einer Schnittstellen-Daten-Struktur anzusehen.

```
Renoir#show ip ospf interface Serial1.738
Serial1.738 is up, line protocol is up
  Internet Address 192.168.21.21/30, Area 7
  Process ID 1, Router ID 192.168.30.70, Network Type POINT_TO_POINT, Cost: 781
  Transmit Delay is 1 sec, State POINT_TO_POINT,
  Timer intervals configured, Hello 10, Dead 40, Wait 40, Retransmit 5
    Hello due in 00:00:07
  Neighbor Count is 1, Adjacent neighbor count is 1
    Adjacent with neighbor 192.168.30.77
  Message digest authentication enabled
    Youngest key id is 10
```

Bild 9.4: Die OSPF-spezifischen Daten einer Schnittstelle können mit dem Befehl show ip ospf interface aufgerufen werden. In diesem Beispiel ist die Schnittstelle an einen Point-to-Point-Netzwerktyp angeschlossen.

Die Bestandteile der Schnittstellen-Daten-Struktur sind die folgenden:

IP-Adresse und -Maske. Dieser Bestandteil ist die konfigurierte Adresse und Maske der Schnittstelle. OSPF-Pakete, die an dieser Schnittstelle erzeugt wurden, werden diese Quell-Adresse tragen. In Bild 9.4 lautet die Adreß/Masken-Paarung 192.168.21.21/30.

Area-ID. Die Area, zu der die Schnittstelle und das daran angeschlossene Netzwerk gehören. OSPF-Pakete, die an dieser Schnittstelle erzeugt wurden, werden diese Area-ID tragen. In Bild 9.4 ist die Area-ID 7.

Process-ID. Dieses Cisco-proprietäre Merkmal ist nicht Teil des offenen Standards. Cisco-Router sind zur Ausführung von mehreren OSPF-Prozessen fähig und verwenden die Prozeß-ID, um sie zu unterscheiden. Die Prozeß-ID hat außerhalb des damit konfigurierten Routers keine Bedeutung. In Bild 9.4 ist die Prozeß-ID 1.

Router-ID. In Bild 9.4 ist die Router-ID 192.168.30.70.

Network-Type. Der Netzwerktyp, mit dem die Schnittstelle verbunden ist: Broadcast-, Point-to-Point-, NBMA-, Point-to-Multipoint- oder virtuelle Verbindung. In Bild 9.4 ist der Netzwerktyp Point-to-Point.[1]

Cost. Die ausgehenden Kosten für aus dieser Schnittstelle gesendete Pakete. Cost ist die OSPF-Metrik, eine 16-Bit-Integerzahl ohne Vorzeichen im Bereich von 1 bis 65535. Cisco verwendet die Standardkosten von 10^8/BW, in ganzen Zahlen ausgedrückt, wobei BW die konfigurierte Bandbreite der Schnittstelle ist und 10^8 die *Referenz-Bandbreite*. Die Schnittstelle in Bild 9.4 hat eine konfigurierte Bandbreite von 128K (nicht in der Abbildung gezeigt), daher sind die Kosten 10^8/128K = 781.

Veränderung der Standardkosten

Die Kosten können mit dem Befehl **ip ospf cost** geändert werden. Dieser Befehl ist besonders wichtig, wenn Cisco-Router in einer Umgebung mit Routern verschiedener Hersteller konfiguriert wird. Bay und andere Hersteller verwenden zum Beispiel die Standard-Kosten von 1 auf allen Schnittstellen (damit spiegeln die OSPF-Kosten die Hop-Counts wider). Wenn nicht alle Router die Kosten auf gleiche Weise verwenden, kann OSPF fehlerhaft routen.

Die Referenz-Bandbreite 10^8 erweist sich als Problem für einige moderne Medien mit Bandbreiten, die höher als 100M sind (z.B. OC-3 und GigaBit-Ethernet). 10^8/100M = 1, das bedeutet, daß höhere Bandbreiten einen Bruchteil von 1 berechnen, was nicht erlaubt ist. Ab der IOS-Version 11.2 hat Cisco dieses Problem mit dem Befehl **ospf auto-cost reference-bandwidth** behoben, mit dem die Standard-Referenz-Bandbreite geändert werden kann.

InfTransDelay. Die Anzahl von Sekunden, nach denen LSAs, die die Schnittstelle verlassen, ihr Alter um Eins erhöhen. In Bild 9.4 wird diese als Transmit-Delay angezeigt, und sie trägt hier die Cisco-Grundeinstellung von 1 Sekunde. Die InfTransDelay kann mit dem Befehl **ip ospf transmit-delay** geändert werden.

---

1 Beachten Sie, daß diese Schnittstelle an ein Frame-Relay-Netzwerk angeschlossen ist. Da dies jedoch eine Point-to-Point-Sub-Schnittstelle ist, ist der OSPF-Netzwerktyp Point-to-Point und nicht NBMA.

State. Der funktionelle Status der Schnittstelle, der im folgenden Abschnitt, »Die Interface-State-Machine«, beschrieben wird

Router-Priorität. Diese 8-Bit-Integerzahl ohne Vorzeichen im Bereich von 0 bis 255 wählt den DR und den BDR. Die Priorität wurde in Bild 9.4 nicht angezeigt, da der Netzwerktyp Point-to-Point ist. Bei diesem Netzwerktyp wird kein DR oder BDR gewählt. Bild 9.5 zeigt eine andere OSPF-Schnittstelle im gleichen Router. Diese Schnittstelle zeigt einen angeschlossenen Broadcast-Netzwerktyp, daher wird hier ein DR und ein BDR gewählt. Die angezeigte Priorität ist hier 1, die Cisco-Grundeinstellung. Der Befehl **ip ospf priority** kann verwendet werden, um die Router-Priorität zu ändern.

```
Renoir#show ip ospf interface Ethernet0
Ethernet0 is up, line protocol is up
  Internet Address 192.168.17.73/29, Area 0
  Process ID 1, Router ID 192.168.30.70, Network Type BROADCAST, Cost: 10
  Transmit Delay is 1 sec, State DR, Priority 1
  Designated Router (ID) 192.168.30.70, Interface address 192.168.17.73
  Backup Designated router (ID) 192.168.30.80, Interface address 192.168.17.74
  Timer intervals configured, Hello 10, Dead 40, Wait 40, Retransmit 5
    Hello due in 00:00:03
  Neighbor Count is 1, Adjacent neighbor count is 1
    Adjacent with neighbor 192.168.30.80 (Backup Designated Router)
  Message digest authentication enabled
    Youngest key id is 10
```

Bild 9.5: Diese Schnittstelle ist an einen Broadcast-Netzwerktyp angeschlossen, und der Router ist der DR auf diesem Netzwerk.

Designated-Router. Der DR für das Netzwerk, an das die Schnittstelle angeschlossen ist, wird sowohl mit der Router-ID als auch mit der Schnittstelladresse gespeichert, die an das gemeinsame Netzwerk angeschlossen ist. Beachten Sie, daß in Bild 9.4 kein DR angezeigt ist. Er wird nur für Multi-Access-Netzwerktypen angezeigt. In Bild 9.5 hat der DR die Adresse 192.168.30.70. Die Adresse seiner angeschlossenen Schnittstelle ist 192.168.17.73. Ein Blick auf die Router-ID, die Schnittstelladresse und den Schnittstellenstatus zeigen, daß Renoir der DR ist.

Backup-Designated-Router. Der BDR für das Netzwerk, an das die Schnittstelle angeschlossen ist, wird auch mit der Router-ID und der Schnittstelladresse gespeichert. In Bild 9.5 besitzt der BDR die Adresse 192.168.30.80, und seine Schnittstelladresse lautet 192.168.17.74.

Hello-Intervall. Die Zeitperiode in Sekunden zwischen der Aussendung von Hello-Paketen aus dieser Schnittstelle. Diese

Periode wird in Hello-Paketen angemeldet, die aus der Schnittstelle ausgesendet werden. Cisco verwendet die Grundeinstellung von 10 Sekunden, die mit dem Befehl **ip ospf hello-interval** geändert werden kann. Bild 9.5 zeigt das Hello-Intervall als Hello und zeigt weiter, daß die Grundeinstellung verwendet wird.

Router-Dead-Interval. Die Zeitperiode in Sekunden, die der Router auf ein Hello von einem Nachbarn warten wird, der sich auf dem an die Schnittstelle angeschlossenen Netzwerk befindet, bevor der Nachbar für inaktiv erklärt wird. Das Router-Dead-Intervall wird in Hello-Paketen angemeldet, die aus der Schnittstelle ausgesendet werden. Cisco verwendet als Grundeinstellung das vierfache des Hello-Intervalls. Die Grundeinstellung kann mit dem Befehl **ip ospf dead-interval** geändert werden. Bild 9.5 zeigt das Router-Dead-Intervall als Dead und zeigt weiter, daß die Grundeinstellung verwendet wird.

Wait-Timer. Die Zeitdauer, die der Router darauf warten wird, daß ein DR und ein BDR in einem Hello-Paket eines Nachbarn angemeldet wird, bevor er beginnt, einen DR und einen BDR auszuwählen. Die Periode des Wait-Timers entspricht der des Router-Dead-Intervalls. In Bild 9.4 ist die Wait-Time irrelevant, da die Schnittstelle an ein Point-to-Point-Netzwerk angeschlossen ist. Es wird kein DR oder BDR verwendet.

Rxmt-Intervall. Die Zeitperiode in Sekunden, die der Router zwischen der erneuten Aussendung von unbestätigten OSPF-Paketen warten wird. Bild 9.5 zeigt diese Periode als retransmit an und zeigt weiter, daß die Cisco-Grundeinstellung von 5 Sekunden verwendet wird. Das Rxmt-Intervall einer Schnittstelle kann mit dem Befehl **ip ospf retransmit-interval** geändert werden.

Hello-Timer. Ein Timer, der für das Hello-Intervall gesetzt ist. Wenn er abläuft, wird ein Hello-Paket aus der Schnittstelle gesendet. Bild 9.5 zeigt, daß der Hello-Timer in drei Sekunden ablaufen wird.

Neighboring-Router. Eine Liste mit allen gültigen Nachbarn (Nachbarn, deren Hellos innerhalb des letzten Router-Dead-Intervalls empfangen wurden) auf dem angeschlossenen Netzwerk. Bild 9.6 zeigt noch eine andere Schnittstelle auf dem gleichen Router. Hier sind fünf Nachbarn im Netzwerk bekannt, aber nur zwei besitzen eine Nachbarverbindung (es werden nur die Router-IDs der Nachbarverbindungen angezeigt). Als ein DRother auf diesem Netzwerk hat der Router in Einklang mit dem DR-Protokoll nur eine Nachbarverbindung mit dem DR und dem BDR aufgebaut.

```
Renoir#show ip ospf interface Ethernet1
Ethernet1 is up, line protocol is up
  Internet Address 192.168.32.4/24, Area 78
  Process ID 1, Router ID 192.168.30.70, Network Type BROADCAST, Cost: 10
  Transmit Delay is 1 sec, State DROTHER, Priority 1
  Designated Router (ID) 192.168.30.254, Interface address 192.168.32.2
  Backup Designated router (ID) 192.168.30.80, Interface address 192.168.32.1
  Timer intervals configured, Hello 10, Dead 40, Wait 40, Retransmit 5
    Hello due in 00:00:01
  Neighbor Count is 5, Adjacent neighbor count is 2
    Adjacent with neighbor 192.168.30.80 (Backup Designated Router)
    Adjacent with neighbor 192.168.30.254 (Designated Router)
  Message digest authentication enabled
    Youngest key id is 10
```

Bild 9.6: Auf diesem Netzwerk sieht der Router fünf Nachbarn, aber er hat nur Nachbarverbindungen mit dem DR und dem BDR aufgebaut.

Au-Type. Beschreibt den im Netzwerk verwendeten Authentisierungstyp. Die möglichen Authentisierungstypen sind Null (keine Authentisierung), Simple-Paßwort oder verschlüsselt (Message-Digest). Bild 9.6 zeigt, daß die Message-Digest-Authentisierung verwendet wird. Wenn die Null-Authentisierung verwendet wird, werden bei Eingabe des Befehls **show ip ospf interface** keine Authentisierungstypen oder Schlüsselinformationen angezeigt.

Authentisierungsschlüssel. Bei der aktivierten Simple-Authentisierung wird ein 64-Bit-Paßwort und bei der verschlüsselten Authentisierung ein Message-Digest-Schlüssel für die Schnittstelle verwendet. Bild 9.6 zeigt, daß die »youngest key-ID« 10 ist. Dies zeugt davon, daß die verschlüsselte Authentisierung die Konfiguration mehrerer Schlüssel für eine Schnittstelle ermöglicht, um einen reibungslosen und sicheren Schlüsselaustausch zu gewährleisten.

Bild 9.7 zeigt eine Schnittstelle, die mit einem NBMA-Netzwerk verbunden ist. Beachten Sie, daß das Hello-Intervall hier 30 Sekunden beträgt, die Grundeinstellung für NBMAs, und daß das Router-Dead-Intervall dem Vierfachen des Standard-Hello-Intervalls entspricht.

Bild 9.7:
Diese Schnittstelle ist an ein NBMA-Frame-Relay-Netzwerk angeschlossen und ist der BDR für dieses Netzwerk.

```
Renoir#show ip ospf interface Serial3
Serial3 is up, line protocol is up
  Internet Address 192.168.16.41/30, Area 0
  Process ID 1, Router ID 192.168.30.105, Network Type NON_BROADCAST, Cost: 64
  Transmit Delay is 1 sec, State BDR, Priority 1
  Designated Router (ID) 192.168.30.210, Interface address 192.168.16.42
  Backup Designated router (ID) 192.168.30.105, Interface address 192.168.16.41
  Timer intervals configured, Hello 30, Dead 120, Wait 120, Retransmit 5
    Hello due in 00:00:08
  Neighbor Count is 1, Adjacent neighbor count is 1
    Adjacent with neighbor 192.168.30.210 (Designated Router)
```

Es lohnt sich, Bild 9.4 bis Bild 9.7 eingehender zu vergleichen. Alle vier Schnittstellen befinden sich auf dem gleichen Router, aber auf jedem Netzwerk erfüllt der Router eine andere Aufgabe. In jedem Fall bestimmt der Schnittstellen-Status die Rolle des OSPF-Routers auf einem Netzwerk. Der nächste Abschnitt beschreibt die verschiedenen Schnittstellen-Zustände und die Interface-State-Machine.

Die Interface-State-Machine

Eine OSPF-aktivierte Schnittstelle wird mehrere Zustände durchlaufen, bevor sie voll funktionsfähig ist. Diese Zustände sind Down, Point-to-Point, Waiting, DR, Backup, DRother und Loopback.

Down. Dies ist der Ausgangszustand der Schnittstelle. Die Schnittstelle ist nicht in Betrieb, alle Schnittstellenparameter werden auf ihre Anfangswerte gesetzt, und es wird kein Protokoll-Verkehr an der Schnittstelle ausgesendet oder empfangen.

Point-to-Point. Dieser Status ist nur für Schnittstellen möglich, die mit Point-to-Point-, Point-to-Multipoint- und virtuellen Verbindungs-Netzwerktypen verbunden sind. Wenn eine Schnittstelle in diesen Status wechselt, ist sie voll funktionsfähig. Sie wird beginnen, nach jedem Hello-Intervall Hello-Pakete auszusenden und wird versuchen, eine Nachbarverbindung mit dem Nachbarn am anderen Ende der Verbindung aufzubauen.

Waiting. Dieser Status ist nur für Schnittstellen möglich, die mit Broadcast- und NBMA-Netzwerktypen verbunden sind. Wenn eine Schnittstelle in diesen Status wechselt, wird sie beginnen, Hello-Pakete auszusenden und zu empfangen, und sie wird den Wait-Timer setzen. Der Router wird in diesem Status versuchen, den DR und den BDR des Netzwerks zu identifizieren.

DR. In diesem Status ist der Router der DR des angeschlossenen Netzwerks, und er wird Nachbarverbindungen mit den anderen Routern auf dem Multi-Access-Netzwerk aufbauen.

Backup. In diesem Status ist der Router der BDR des angeschlossenen Netzwerks, und er wird Nachbarverbindungen mit den anderen Routern auf dem Multi-Access-Netzwerk aufbauen.

DRother. In diesem Status ist der Router weder der DR noch der BDR des angeschlossenen Netzwerks. Er wird nur Nachbarverbindungen mit dem DR und dem BDR aufbauen, auch wenn er alle Nachbarn im Netzwerk nachverfolgt.

Loopback. In diesem Status wird die Schnittstelle über die Software oder Hardware in eine Schleife gesetzt. Auch wenn keine Pakete eine Schnittstelle in diesem Status passieren können, wird die Schnittstellenadresse weiterhin in Router LSAs angemeldet (dies wird später beschrieben), so daß Test-Pakete ihren Weg zu dieser Schnittstelle finden können.

Bild 9.8 zeigt die OSPF-Schnittstellenzustände und die Input-Ereignisse, die einen Status-Wechsel verursachen. Die Input-Ereignisse sind in Tabelle 9.1 beschrieben.

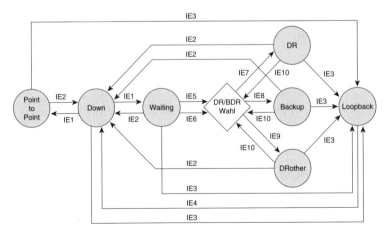

Bild 9.8: Die OSPF-Interface-State-Machine. Siehe Tabelle 9.1 für eine Beschreibung der Input-Ereignisse (IEs).

Tabelle 9.1: Input-Ereignisse für die Interface-State-Machine.

Input-Ereignisse	Beschreibung
IE1	Protokolle aus tieferen Schichten signalisieren, daß die Netzwerkschnittstelle betriebsbereit ist.
IE2	Protokolle aus tieferen Schichten signalisieren, daß die Netzwerkschnittstelle nicht betriebsbereit ist.
IE3	Das Netzwerkmanagement oder Protokolle aus tieferen Schichten signalisieren, daß die Schnittstelle in eine Schleife gesetzt wird.
IE4	Das Netzwerkmanagement oder Protokolle aus tieferen Schichten signalisieren, daß die Schnittstelle aus einer Schleife genommen wird.
IE5	Es wird ein Hello-Paket empfangen, in dem sich der erzeugende Nachbar selbst als der BDR bezeichnet oder in dem sich der erzeugende Nachbar selbst als der DR bezeichnet und keinen BDR anzeigt.
IE6	Der Wait-Timer ist abgelaufen.
IE7	Der Router wird zum DR für dieses Netzwerk gewählt.
IE8	Der Router wird zum BDR für dieses Netzwerk gewählt.
IE9	Der Router wurde weder zum DR noch zum BDR für dieses Netzwerk gewählt.
IE10	Die Menge der gültigen Nachbarn auf diesem Netzwerk hat sich verändert. Diese Veränderung kann eine der folgenden sein: (1) Die Einrichtung einer zweiseitigen Kommunikation mit einem Nachbarn (2) Der Verlust einer zweiseitigen Kommunikation mit einem Nachbarn (3) Der Empfang eines Hellos, in dem sich der erzeugende Nachbar neuerdings als DR oder BDR bezeichnet (4) Der Empfang eines Hellos vom DR, in dem der Router nicht mehr als der DR geführt ist (5) Der Empfang eines Hellos vom BDR, in dem der Router nicht mehr als der BDR geführt ist (6) Der Ablauf des Router-Dead-Intervalls, ohne ein Hello vom DR oder vom BDR oder von beiden empfangen zu haben

OSPF-Nachbarn

Der letzte Abschnitt betrachtete die Beziehungen eines Routers mit dem angeschlossenen Netzwerk. Auch wenn die Wechselwirkung eines Routers mit anderen Routern in Zusammenhang mit der Wahl der DRs und der BDRs diskutiert wurde, besteht der Zweck des DR-Wahlvorgangs weiterhin im Aufbau einer Beziehung mit einem Netzwerk. Dieser Abschnitt betrachtet nun die Beziehungen eines Routers mit den Nachbarn in einem Netzwerk. Der letztendliche Zweck der Nachbarbeziehungen ist der Aufbau von Nachbarverbindungen, über die Routing-Informationen weitergegeben werden.

Der Aufbau einer Nachbarverbindung erfolgt in vier Hauptphasen:

Die Einrichtungsphasen einer Nachbarverbindung

1. *Entdeckung der Nachbarn.*

2. *Zweiseitige Kommunikation.* Diese Kommunikation wird hergestellt, wenn zwei Nachbarn ihre gegenseitigen Router-IDs in ihren Hello-Paketen führen.

3. *Datenbank-Synchronisierung.* Es werden Datenbank-Beschreibungs-, Verbindungs-Status-Anfrage- und Verbindungs-Status-Update-Pakete (in einem späteren Abschnitt beschrieben) ausgetauscht, um zu gewährleisten, daß beide Nachbarn identische Informationen in ihren Verbindungs-Status-Datenbanken besitzen. Damit dieser Prozeß erfolgen kann, wird ein Nachbar der Master und der andere der Slave. Wie der Name schon sagt, wird der Master den Austausch der Datenbank-Beschreibungs-Pakete regeln.

4. *Vollständige Nachbarverbindung.*

Es wurde schon angesprochen, daß Nachbarbeziehungen durch den Austausch von Hello-Paketen aufgebaut und unterhalten werden. Bei Broadcast- und Point-to-Point-Netzwerktypen werden die Hellos als Multicast an die AllSPFRouter (224.0.0.5) gesendet. Bei NBMA-, Point-to-Multipoint- und virtuellen Verbindungs-Netzwerktypen werden die Hellos als Unicast an einzelne Nachbarn gesendet. Das Unicasting beinhaltet, daß der Router erst die Existenz seiner Nachbarn bestimmen muß. Dies erfolgt entweder durch manuelle Konfiguration oder durch einen zugrundeliegenden Mechanismus, wie das Inverse-ARP. Die Konfiguration der Nachbarn in diesen Netzwerktypen wird in den entsprechenden Abschnitten behandelt.

Hellos werden nach jedem Hello-Intervall auf jedem Netzwerktyp gesendet, mit einer Ausnahme: Auf NBMA-Netzwerken sendet ein Router Hellos nach jedem Poll-Intervall an die Nachbarn, deren Nachbarstatus Down ist. Auf Cisco-Routern beträgt das Standard-Poll-Intervall 60 Sekunden.

Die Nachbar-Daten-Struktur

Ein OSPF-Router erzeugt die Hello-Pakete für jedes Netzwerk mit den Informationen, die in der Schnittstellen-Daten-Struktur der angeschlossenen Schnittstelle gespeichert sind. Durch die Aussendung der Hello-Pakete mit diesen Informationen informiert der Router seine Nachbarn über sich selbst. Entsprechend wird der Router für jeden Nachbarn eine Nachbar-Daten-Struktur unterhalten, die die Informationen enthält, die von Hello-Paketen anderer Router erlernt wurden. Dieser gegenseitige Informationsaustausch mit einem Nachbarn kann als eine Konversation betrachtet werden.

In Bild 9.9 wird der Befehl **show ip ospf neighbor** verwendet, um einige Informationen aus der Nachbar-Daten-Struktur für einen einzelnen Nachbarn zu erhalten.[1]

Bild 9.9: Ein OSPF-Router beschreibt jede Konversation mit jedem Nachbarn durch eine Nachbar-Daten-Struktur

```
Seurat#show ip ospf neighbor 192.168.30.105
Neighbor 192.168.30.105, interface address 192.168.16.41
    In the area 0 via interface Serial0
    Neighbor priority is 1, State is FULL
    Poll interval 60
    Options 2
    Dead timer due in 00:01:40
```

Tatsächlich speichert die Daten-Struktur mehr Informationen über jeden Nachbarn, als in der Abbildung gezeigt sind. Die Bestandteile der Nachbar-Daten-Struktur sind die folgenden:

Neighbor-ID. Die Router-ID des Nachbarn. In Bild 9.9 ist die Nachbar-ID 192.168.30.105.

Neighbor-IP-Adresse. Die IP-Adresse der an das Netzwerk angeschlossenen Nachbarschnittstelle. Wenn OSPF-Pakete als Unicast an diesen Nachbarn gesendet werden, wird diese Adresse die Ziel-Adresse sein. In Bild 9.9 ist die IP-Adresse des Nachbarn 192.168.16.41.

---

1 Vergleichen Sie diese Verwendung mit Bild 9.1.

Area-ID. Damit zwei Router Nachbarn werden können, muß die Area-ID in einem empfangenen Hello-Paket der Area-ID der empfangenden Schnittstelle entsprechen. Die Area-ID des Nachbarn in Bild 9.9 ist 0 (0.0.0.0).

Interface. Die Schnittstelle, die an das Netzwerk angeschlossen ist, auf dem sich der Nachbar befindet. In Bild 9.9 ist der Nachbar über S0 erreichbar.

Neighbor-Priority. Dieser Bestandteil ist die Router-Priorität des Nachbarn, wie sie in den Hello-Paketen des Nachbarn angemeldet wird. Die Priorität wird für den DR/BDR-Wahl-Vorgang verwendet. Der Nachbar in Bild 9.9 hat eine Priorität von 1, die Cisco-Grundeinstellung.

State. Dieser Bestandteil ist der Funktionsstatus des Nachbarn, der im folgenden Abschnitt beschrieben wird. Der Status des Nachbarn in Bild 9.9 ist Full.

Poll-Intervall. Dieser Wert wird nur für Nachbarn auf NBMA-Netzwerken gespeichert. Da Nachbarn nicht automatisch auf NBMA-Netzwerken entdeckt werden, wenn der Nachbarstatus Down ist, wird ein Hello nach jedem Poll-Intervall an jeden Nachbarn gesendet – es ist einige Zeit länger als das Hello-Intervall. Der Nachbar in Bild 9.9 befindet sich auf einem NBMA-Netzwerk, das durch das Standard-Cisco-Poll-Intervall von 60 Sekunden zu erkennen ist.

Neighbor-Options. Die optionalen OSPF-Fähigkeiten, die vom Nachbarn unterstützt werden. Die Optionen werden in dem Abschnitt behandelt, der sich mit dem Hello-Paket-Format beschäftigt.

Inaktivitäts-Timer. Ein Timer mit der Periode des Router-Dead-Intervalls, das in der Schnittstellen-Daten-Struktur vereinbart ist. Der Timer wird immer dann zurückgesetzt, wenn ein Hello vom Nachbarn empfangen wird. Wenn der Inaktivitäts-Timer abläuft, bevor ein Hello vom Nachbarn empfangen wurde, wird der Nachbar als Down erklärt. In Bild 9.9 ist der Inaktivitäts-Timer als Dead-Timer gezeigt; er wird in 100 Sekunden ablaufen.

Die Bestandteile der Nachbar-Daten-Struktur, die nicht mit dem Befehl **show ip ospf neighbor** angezeigt werden, sind die folgenden:

Designated-Router. Diese Adresse ist im DR-Feld der Hello-Pakete des Nachbarn enthalten.

Backup-Designated-Router. Diese Adresse ist im BDR-Feld der Hello-Pakete des Nachbarn enthalten.

Master/Slave. Die Master/Slave-Beziehung wurde mit den Nachbarn im ExStart-Status ausgehandelt, und sie bestimmt, welcher Nachbar die Datenbank-Synchronisierung kontrolliert.

DB-Sequenz-Nummer. Die Sequenz-Nummer des Datenbank-Beschreibungs-(DB-)Pakets, das gerade zum Nachbarn gesendet wird.

Letztes empfangenes Datenbank-Beschreibungs-Paket. Die Initialisierungs-, More- und Master-Bits, die Optionen und die Sequenz-Nummer des letzten empfangenen Datenbank-Beschreibungs-Pakets. Diese Informationen dienen der Bestimmung, ob das nächste DB-Paket ein Doppel ist.

Verbindungs-Status-Retransmissions-Liste. Dieser Bestandteil ist eine LSA-Liste, die an die Nachbarverbindung geflutet wurde, bis jetzt aber noch nicht bestätigt wurde. Die LSAs werden nach jedem RxmtInterval wiederholt ausgesendet, wie es in der Schnittstellen-Daten-Struktur vereinbart ist, bis sie bestätigt werden oder die Nachbarverbindung aufgehoben wird.

Datenbank-Zusammenfassungs-Liste. Dieser Bestandteil ist die LSA-Liste, die während der Datenbank-Synchronisierung in den Datenbank-Beschreibungs-Paketen an den Nachbarn gesendet werden. Diese LSAs bilden die Verbindungs-Status-Datenbank, wenn der Router in den Austausch-Status wechselt.

Verbindungs-Status-Anfrage-Liste. Diese Liste speichert LSAs aus den Datenbank-Beschreibungs-Paketen des Nachbarn, die aktueller sind, als die LSAs in der Verbindungs-Status-Datenbank. Verbindungs-Status-Anfrage-Pakete werden an den

Nachbarn gesendet, um Kopien dieser LSAs zu erhalten. Sowie die angefragten LSAs in den Verbindungs-Status-Update-Paketen empfangen werden, wird die Anfrage-Liste entleert.

Die Neighbor-State-Machine

Ein OSPF-Router wird einen Nachbarn (wie in der Nachbar-Daten-Struktur beschrieben) durch mehrere Zustände wechseln lassen, bevor mit dem Nachbarn eine vollständige Nachbarverbindung aufgebaut ist.

Down. Der Anfangszustand einer Nachbarkonversation ist dadurch gekennzeichnet, daß vom Nachbarn keine Hellos innerhalb des letzten Router-Dead-Intervalls empfangen wurden. An Down-Nachbarn werden keine Hellos gesendet, soweit sich die Nachbarn nicht auf NBMA-Netzwerken befinden. In diesem Fall werden Hellos nach jedem Poll-Intervall gesendet. Wenn ein Nachbar aus einem höheren Status in den Down-Status wechselt, werden die Verbindungs-Status-Retransmissions-Liste, die Datenbank-Zusammenfassungs-Liste und die Verbindungs-Status-Anfrage-Liste entleert.

Attempt. Dieser Status tritt nur bei Nachbarn auf NBMA-Netzwerken auf, bei denen Nachbarn manuell konfiguriert sind. Ein DR-wahlberechtigter Router wird einen Nachbarn in den Attempt-Status versetzen, wenn die Schnittstelle zum Nachbarn erstmals aktiv wird oder wenn der Router der DR oder der BDR ist. Ein Router wird das Hello-Intervall verwenden, um Pakete an einen Nachbarn im Attempt-Status zu senden und nicht das Poll-Intervall.

Init. Dieser Status zeigt an, daß ein Hello-Paket innerhalb des letzten Router-Dead-Intervalls vom Nachbarn empfangen wurde, aber die gegenseitige Kommunikation noch nicht eingerichtet wurde. Ein Router wird die Router-IDs aller Nachbarn in diesem oder einem höheren Status in das Nachbarfeld der Hello-Pakete setzen.

2-Way. Dieser Status zeigt an, daß der Router seine eigene Router-ID im Nachbarfeld der Hello-Pakete des Nachbarn entdeckt hat, d.h., es wurde eine zweiseitige Konversation aufgebaut. Auf Multi-Access-Netzwerken müssen sich Nachbarn in diesem oder einem höheren Status befinden, um für den DR oder den BDR wahlberechtigt zu sein. Der Empfang eines Datenbank-Beschreibungs-Pakets von einem Nachbarn im Init-Status wird auch einen Wechsel in den 2-Way-Status verursachen.

ExStart. In diesem Status bauen der Router und sein Nachbar eine Master/Slave-Beziehung auf und bestimmen die erste DB-Sequenz-Nummer, um den Austausch von Datenbank-Beschreibungs-Paketen vorzubereiten. Der Nachbar mit der höchsten Schnittstellenadresse wird der Master.

Exchange. Der Router sendet Datenbank-Beschreibungs-Pakete, mit denen seine gesamte Verbindungs-Status-Datenbank an die Nachbarn übermittelt wird, die sich im Exchange-Status befinden. Der Router kann auch Verbindungs-Status-Anfrage-Pakete an Exchange-Nachbarn senden und damit nach neueren LSAs fragen.

Loading. Der Router wird Verbindungs-Status-Anfrage-Pakete an Nachbarn im Loading-Status senden und damit nach neueren LSAs fragen, die während des Austauschstatus entdeckt, aber noch nicht empfangen wurden.

Full. Die Nachbarn in diesem Status haben eine vollständige Nachbarverbindung aufgebaut, und diese Nachbarverbindungen werden in den Router-LSAs und Netzwerk-LSAs erscheinen.

Bild 9.10 bis Bild 9.12 zeigen die OSPF-Nachbarzustände und die Input-Ereignisse, die einen Statuswechsel verursachen. Die Input-Ereignisse sind in der Tabelle 9.2 beschrieben, und die Entscheidungspunkte sind in der Tabelle 9.3 festgelegt. Bild 9.10 zeigt den üblichen Fortschritt vom geringsten funktionellen Status bis zum vollständig funktionellen Status. Bild 9.11 und Bild 9.12 zeigen die vollständige OSPF-Neighbor-State-Machine.

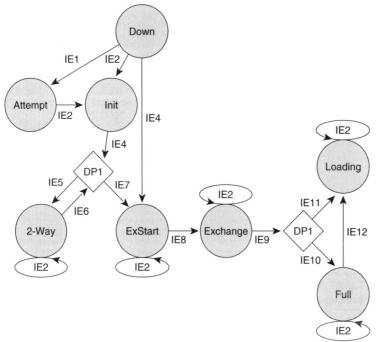

*Bild 9.10:
Die übliche Reihe von Wechselvorgängen in der OSPF-Neighbor-State-Machine, die ein Nachbar von Down zu Full durchläuft.*

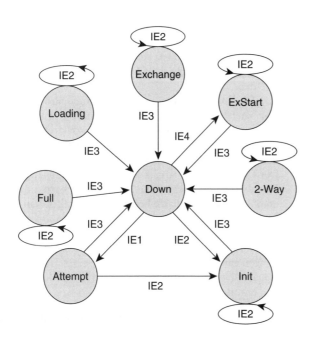

*Bild 9.11:
Die Neighbor-State-Machine, von Down bis Init.*

*Bild 9.12:
Die Neighbor-
State-Machine,
von Init bis Full.*

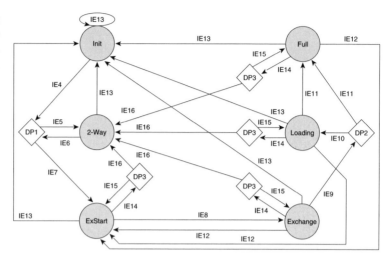

*Tabelle 9.2:
Input-Ereignisse
für Bild 9.10,
Bild 9.11 und
Bild 9.12.*

Input-Ereignis	Beschreibung
IE1	Dieses Ereignis tritt nur bei NBMA-verbundenen Nachbarn ein. Dieses Input-Ereignis wird unter einer der folgenden Bedingungen ausgelöst: (1) Die Schnittstelle zum NBMA-Netzwerk wird erstmals aktiv, und der Nachbar ist berechtigt, zum DR gewählt zu werden. (2) Der Router wird entweder DR oder BDR, und der Nachbar ist nicht berechtigt, zum DR gewählt zu werden.
IE2	Ein gültiges Hello-Paket wurde vom Nachbarn empfangen.
IE3	Der Nachbar ist nicht mehr erreichbar. Dies wurde durch Protokolle der tieferen Schichten festgestellt, durch eine ausdrückliche Anweisung des OSPF-Prozesses oder durch den Ablauf des Inaktivitäts-Timers.
IE4	Der Router findet erstmals seine eigene Router-ID im Nachbarfeld des Hello-Pakets seines Nachbarn, oder er empfängt ein Datenbank-Beschreibungs-Paket vom Nachbarn.
IE5	Der Nachbar soll keine Nachbarverbindung eingehen.
IE6	Dieses Input-Ereignis tritt unter einer der folgenden Bedingungen ein: (1) Der Nachbarstatus wechselt erstmals in den 2-Way-Status. (2) Der Schnittstellenstatus wechselt.
IE7	Mit diesem Nachbarn soll eine Nachbarverbindung eingegangen werden.

Input-Ereignis	Beschreibung
IE8	Die Master/Slave-Beziehung wurde eingegangen, und es wurden DB-Sequenz-Nummern ausgetauscht.
IE9	Der Austausch der Datenbank-Beschreibungs-Pakete wurde abgeschlossen.
IE10	Es befinden sich Einträge in der Verbindungs-Status-Anfrage-Liste.
IE11	Die Verbindungs-Status-Anfrage-Liste ist leer.
IE12	Die Nachbarverbindung soll unterbrochen und dann neu aufgenommen werden. Dieses Input-Ereignis wird unter einer der folgenden Bedingungen ausgelöst: (1) Es wird ein Datenbank-Beschreibungs-Paket mit einer unerwarteten DB-Sequenz-Nummer empfangen. (2) Das Optionsfeld eines empfangenen Datenbankbeschreibungs-Pakets unterscheidet sich von dem Optionsfeld des letzten DB-Pakets. (3) Es wird nicht das erste Datenbank-Beschreibungs-Paket empfangen, in dem das Init-Bit gesetzt ist, sondern ein anderes Paket (4) Es wird ein Verbindungs-Status-Anfrage-Paket empfangen, mit dem ein LSA angefordert wird, das sich nicht in der Datenbank befindet
IE13	Es wurde ein Hello-Paket vom Nachbarn empfangen, in dessen Nachbarfeld die Router-ID des empfangenden Routers nicht enthalten ist.
IE14	Dieses Ereignis tritt ein, wenn der Schnittstellenstatus wechselt.
IE15	Die mit diesem Nachbar be- oder entstehende Nachbarverbindung soll weitergeführt werden.
IE16	Die mit diesem Nachbar be- oder entstehende Nachbarverbindung soll nicht weitergeführt werden.

Tabelle 9.2: Input-Ereignisse für Bild 9.10, Bild 9.11 und Bild 9.12 (Fortsetzung).

Entscheidung	Beschreibung
DP1	Soll eine Nachbarverbindung mit dem Nachbarn aufgebaut werden? Eine Nachbarverbindung soll aufgebaut werden, wenn eine oder mehr der folgenden Bedingungen zutreffend sind: (1) Der Netzwerktyp ist Point-to-Point. (2) Der Netzwerktyp ist Point-to-Multipoint. (3) Der Netzwerktyp ist eine virtuelle Verbindung. (4) Der Router ist der DR für das Netzwerk, auf dem sich der Nachbar befindet. (5) Der Router ist der BDR für das Netzwerk, auf dem sich der Nachbar befindet. (6) Der Nachbar ist der DR. (7) Der Nachbar ist der BDR.

Tabelle 9.3: Entscheidungspunkte in Bild 9.10 und Bild 9.12.

Tabelle 9.3: Entscheidungspunkte in Bild 9.10 und Bild 9.12 (Fortsetzung).

Entscheidung	Beschreibung
DP2	Ist die Verbindungs-Status-Anfrage-Liste für diesen Nachbarn leer?
DP3	Soll die mit diesem Nachbar be- oder entstehende Nachbarverbindung weitergeführt werden?

Der Aufbau einer Nachbarverbindung

Die Nachbarn auf Point-to-Point-, Point-to-Multipoint- und virtuellen Verbindungsnetzwerken werden immer Nachbarverbindungen eingehen, wenn die Parameter ihrer Hellos übereinstimmen. Auf Broadcast- und NBMA-Netzwerken werden die DRs und die BDRs mit allen Nachbarn Verbindungen aufbauen, aber es werden keine Nachbarverbindungen zwischen DRothers bestehen.

Der Aufbauprozeß für eine Nachbarverbindung verwendet drei OSPF-Paket-Typen:

1. Datenbank-Beschreibungs-Pakete (Typ 2)

2. Verbindungs-Status-Anfrage-Pakete (Typ 3)

3. Verbindungs-Status-Update-Pakete (Typ 4)

Die Formate dieser Paket-Typen werden ausführlich in einem späteren Abschnitt beschrieben.

Das Datenbank-Beschreibungs-Paket ist für den Aufbauprozeß einer Nachbarverbindung besonders wichtig. Der Name beinhaltet, daß die Pakete eine zusammenfassende Beschreibung jedes LSA aus der Verbindungs-Status-Datenbank des erzeugenden Routers enthalten. Diese Beschreibungen sind keine vollständigen LSAs, sondern sie bestehen nur aus deren Header – diese Informationen genügen dem empfangenden Router, um entscheiden zu können, ob er die neueste LSA-Kopie in seiner eigenen Datenbank führt. Zusätzlich werden drei Flags im DB-Paket verwendet, um den Aufbauprozeß für die Nachbarverbindung zu ermöglichen:

1. Mit dem Setzen des I-Bits oder Initial-Bits wird das erste gesendete DB-Paket markiert.

2. Mit dem Setzen des M-Bits oder More-Bits wird angezeigt, daß dies noch nicht das letzte gesendete DB-Paket ist.

3. Das MS-Bit oder Master/Slave-Bit wird in allen vom Master erzeugten DB-Paketen gesetzt.

Wenn die Master/Slave-Verhandlung im ExStart-Status beginnt, werden beide Nachbarn den Master-Status für sich beanspruchen und ein leeres DB-Paket senden, in dem das MS-Bit auf Eins gesetzt ist. Die erzeugenden Router werden ihre eigenen DB-Sequenz-Nummern in diesen zwei Paketen verwenden. Der Nachbar mit der geringeren Router-ID wird zum Slave werden und mit einem DB-Paket antworten, in dem das MS-Bit auf Null gesetzt ist und das die DB-Sequenz-Nummer des Masters trägt. Dieses DB-Paket wird das erste Paket sein, das LSA-Zusammenfassungen enthält. Wenn die Master/Slave-Verhandlung abgeschlossen ist, wird der Nachbarstatus in den Exchange-Status wechseln.

Im Exchange-Status synchronisieren die Nachbarn ihre Verbindungs-Status-Datenbanken durch die Beschreibung aller Einträge in ihren entsprechenden Verbindungs-Status-Datenbanken. Die Datenbank-Zusammenfassungs-Liste enthält die Header aller LSAs aus der Router-Datenbank. Die hier aufgelisteten LSA-Header werden mit den Datenbank-Beschreibungs-Paketen an den Nachbarn gesendet.

Wenn einer der Router bemerkt, daß sein Nachbar ein LSA besitzt, das sich nicht in seiner eigenen Datenbank befindet, oder daß der Nachbar eine neuere Kopie eines bekannten LSA besitzt, so setzt er dieses LSA auf die Verbindungs-Status-Anfrage-Liste. Daraufhin sendet er ein Verbindungs-Status-Anfrage-Paket, das eine vollständige LSA-Kopie anfordert. Verbindungs-Status-Update-Pakete übertragen diese angeforderten LSAs. Sowie die angeforderten LSAs empfangen werden, werden sie aus der Verbindungs-Status-Anfrage-Liste entfernt.

Alle in Update-Paketen gesendeten LSAs müssen einzeln bestätigt werden. Daher werden die gesendeten LSAs in die Verbindungs-Status-Retransmissions-Liste aufgenommen. Sobald sie bestätigt wurden, werden sie aus der Liste entfernt. Das LSA kann auf diese zwei Arten bestätigt werden:

– *Ausdrückliche Bestätigung*. Es wird ein Verbindungs-Status-Bestätigungs-Paket mit dem LSA-Header empfangen.

– *Implizierte Bestätigung.* Es wird ein Update-Paket empfangen, das dieselbe LSA-Instanz enthält (kein LSA ist neuer als das andere).

Der Master steuert den Synchronisationsprozeß und stellt sicher, daß zur gleichen Zeit immer nur ein DB-Paket unterwegs ist. Wenn der Slave ein DB-Paket vom Master empfängt, so bestätigt der Slave das Paket durch das Aussenden eines DB-Pakets mit der gleichen Sequenz-Nummer. Wenn der Master innerhalb des Rxmt-Intervalls, das in der Schnittstellen-Daten-Struktur festgelegt ist, keine Bestätigung eines ausstehenden DB-Pakets empfängt, so sendet er eine neue Paket-Kopie.

Der Slave sendet DB-Pakete nur als Antwort auf DB-Pakete, die er vom Master empfängt. Wenn das empfangene DB-Paket eine neue Sequenz-Nummer trägt, so sendet der Slave ein DB-Paket mit der gleichen Sequenz-Nummer. Wenn die empfangene Sequenz-Nummer mit der des zuvor bestätigten DB-Pakets übereinstimmt, wird das bestätigende Paket erneut gesendet.

Wenn der Datenbank-Synchronisations-Prozeß abgeschlossen ist, wird einer der beiden Statuswechsel eintreten:

– Wenn sich immer noch Einträge in der Verbindungs-Status-Anfrage-Liste befinden, wird der Router in den Loading-Status wechseln.

– Wenn die Verbindungs-Status-Anfrage-Liste leer ist, wird der Router in den Full-Status wechseln.

Der Master weiß, daß der Synchronisationsprozeß abgeschlossen ist, wenn er alle DB-Pakete gesendet hat, die notwendig sind, um seine Verbindungs-Status-Datenbank vollständig zu beschreiben, und er ein DB-Paket empfangen hat, dessen M-Bit auf Null gesetzt ist. Der Slave weiß, daß der Prozeß abgeschlossen ist, wenn er ein DB-Paket empfängt, dessen M-Bit auf Null gesetzt ist, und er sendet ein bestätigendes DB-Paket, dessen M-Bit auch auf Null gesetzt ist (d.h., der Slave hat seine eigene Datenbank vollständig beschrieben). Da der Slave jedes empfangene DB-Paket bestätigen muß, wird der Slave immer zuerst wissen, daß der Synchronisationsprozeß abgeschlossen ist.

Bild 9.13 zeigt den Aufbauprozeß einer Nachbarverbindung. Dieses Beispiel wurde direkt aus dem RFC 2328 übernommen.

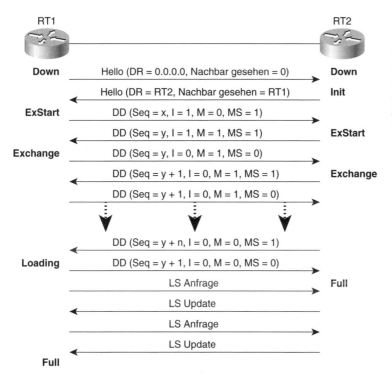

Bild 9.13: Der Synchronisationsprozeß der Verbindungs-Status-Datenbank und die zugehörigen Nachbarzustände.

Die folgenden Schritte sind in Bild 9.13 aufgezeigt:

1. RT1 wird auf dem Multi-Access-Netzwerk aktiv und sendet ein Hello-Paket. Er hat noch keinerlei Kenntnis über Nachbarn, daher bleibt das Nachbarfeld des Pakets leer, und die DR- und BDR-Felder sind auf 0.0.0.0 gesetzt.

2. Nachdem RT2 das Hello von RT1 empfangen hat, erzeugt er eine Nachbar-Daten-Struktur für RT1 und setzt den RT1-Status auf Init. RT2 sendet ein Hello-Paket mit der Router-ID von RT1 im Nachbarfeld. Als amtierender DR setzt RT2 auch seine eigene Schnittstellenadresse in das DR-Feld.

3. Im empfangenen Hello-Paket erkennt RT1 seine eigene Router-ID (IE 4 in Tabelle 9.2), er erzeugt eine Nachbar-Daten-Struktur für RT2 und setzt den RT2-Status auf Ex-Start für die Master/Slave-Verhandlung. Er erzeugt nun ein

leeres (ohne LSA-Zusammenfassungen) Datenbank-Beschreibungs-Paket. Die DB-Sequenz-Nummer wird auf x gesetzt, und das I-Bit wird gesetzt, um anzuzeigen, daß dies das Anfangs-DB-Paket von RT1 für diesen Austausch ist. Das M-Bit wird gesetzt, um anzuzeigen, daß dies nicht das letzte DB-Paket ist, und das MS-Bit wird gesetzt, um anzuzeigen, daß RT1 sich selbst zum Master erklärt.

4. Nach dem Empfang des DB-Pakets wechselt RT2 den RT1-Status auf ExStart. Er antwortet daraufhin mit einem DB-Paket, das die DB-Sequenz-Nummer y trägt. RT2 hat eine höhere Router-ID als RT1, daher setzt er das MS-Bit. Wie das erste DB-Paket, wird dieses für die Master/Slave-Verhandlung verwendet und bleibt daher leer.

5. RT1 erkennt RT2 als Master an und wechselt den RT2-Status auf Exchange. RT1 wird ein DB-Paket erzeugen, das die DB-Sequenz-Nummer von RT2 (= y) trägt, und erklärt sich durch das Setzen des MS-Bit auf 0 zum Slave. Dieses Paket wird LSA-Header aus der Verbindungs-Status-Zusammenfassungs-Liste von RT1 enthalten.

6. RT2 wechselt nach dem Empfang des DB-Pakets von RT1 den RT1-Status auf Exchange. Er wird ein DB-Paket mit LSA-Headern aus seiner Verbindungs-Status-Zusammenfassungs-Liste senden und die DB-Sequenz-Nummer auf y+1 erhöhen.

7. RT1 empfängt das DB-Paket von RT2 und sendet ein bestätigendes Paket mit der gleichen Sequenz-Nummer zurück. Der Prozeß setzt sich fort, bei dem RT2 ein einzelnes DB-Paket aussendet und dann auf ein bestätigendes Paket von RT1 mit der gleichen Sequenz-Nummer wartet, bevor das nächste Paket gesendet wird. Wenn RT2 das DB-Paket mit seinen letzten LSA-Zusammenfassungen sendet, setzt er M = 0.

8. Wenn RT1 dieses Paket empfängt, weiß er, daß das nächste bestätigende Paket seine letzten eigenen LSA-Zusammenfassungen enthalten wird, und RT1 weiß auch, daß der Exchange-Prozeß abgeschlossen ist. Er besitzt jedoch noch Einträge in seiner Verbindungs-Status-Anfrage-Liste. Daher wechselt er in den Loading-Status.

9. Wenn RT2 das letzte DB-Paket von RT1 empfängt, wechselt RT2 den RT1-Status zu Full, da er keine weiteren Einträge in seiner Verbindungs-Status-Anfrage-Liste besitzt.

10. RT1 sendet nun Verbindungs-Status-Anfrage-Pakete. RT2 sendet die angeforderten LSAs in Verbindungs-Status-Update-Paketen, bis die Verbindungs-Status-Anfrage-Liste von RT1 leer ist. RT1 wird daraufhin den RT2-Status auf Full setzen.

Beachten Sie: Wenn einer der Router noch Einträge in seiner Verbindungs-Status-Anfrage-Liste besitzt, muß er nicht auf den Loading-Status warten, um Verbindungs-Status-Anfrage-Pakete zu senden. Er kann diese auch schon senden, wenn sich der Nachbar noch im Exchange-Status befindet. Daher ist der Synchronisationsprozeß nicht so übersichtlich, wie er in Bild 9.13 aufgezeichnet ist, jedoch ist er damit auch wesentlich effizienter.

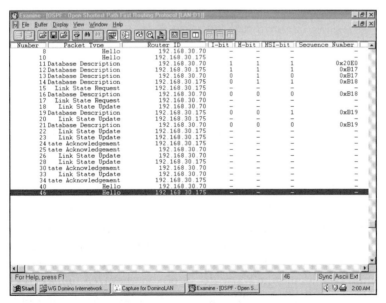

Bild 9.14:
Diese Analyzer-Aufnahme zeigt den Aufbau einer Nachbarverbindung.

Bild 9.14 zeigt eine Analyzer-Aufzeichnung, wie zwischen zwei Routern eine Nachbarverbindung aufgebaut wird. Auch wenn Verbindungs-Status-Anfrage- und Verbindungs-Status-Update-Pakete gesendet werden, während sich beide Nachbarn noch im Exchange-Status befinden, können Sie erkennen, daß der tatsächliche Prozeß der generellen Prozedur aus Bild 9.13

folgt, wenn sie auf die I-, M- und MS-Bits und die Sequenz-Nummern achten.

Bild 9.15 zeigt die Ausgabe nach dem Befehl **debug ip ospf adj** den Aufbau der Nachbarverbindung aus Bild 9.14 aus der Perspektive eines Routers (Router-ID 192.168.30.175).

Bild 9.15: Diese Debug-Ausgabe zeigt die Nachbar-Verbindungs-Ereignisse der Abbildung 9.14 aus der Perspektive eines Routers.

```
Degas#debug ip ospf adj
OSPF adjacency events debugging is on
OSPF: Rcv DBD from 192.168.30.70 on Ethernet0 seq 0x20E0 opt 0x2 flag 0x7 len 32
      state INIT
OSPF: 2 Way Communication to 192.168.30.70 on Ethernet0,
      state 2WAY
OSPF: Neighbor change Event on interface Ethernet0
OSPF: DR/BDR election on Ethernet0
OSPF: Elect BDR 192.168.30.70
OSPF: Elect DR 192.168.30.175
    DR: 192.168.30.175 (Id) BDR: 192.168.30.70 (Id)
OSPF: Send DBD to 192.168.30.70 on Ethernet0 seq 0xB17 opt 0x2 flag 0x7 len 32
OSPF: First DBD and we are not SLAVE
OSPF: Rcv DBD from 192.168.30.70 on Ethernet0 seq 0xB17 opt 0x2 flag 0x2 len 92
      state EXSTART
OSPF: NBR Negotiation Done. We are the MASTER
OSPF: Send DBD to 192.168.30.70 on Ethernet0 seq 0xB18 opt 0x2 flag 0x3 len 72
OSPF: Database request to 192.168.30.70
OSPF: Rcv DBD from 192.168.30.70 on Ethernet0 seq 0xB18 opt 0x2 flag 0x0 len 32
      state EXCHANGE
OSPF: Send DBD to 192.168.30.70 on Ethernet0 seq 0xB19 opt 0x2 flag 0x1 len 32
OSPF: Rcv DBD from 192.168.30.70 on Ethernet0 seq 0xB19 opt 0x2 flag 0x0 len 32
      state EXCHANGE
OSPF: Exchange Done with 192.168.30.70 on Ethernet0
OSPF: Synchronized with 192.168.30.70 on Ethernet0,
      state FULL
```

Am Ende des Synchronisationsprozesses von Bild 9.14 können eine Reihe von Verbindungs-Status-Update- und Verbindungs-Status-Bestätigungs-Paketen beobachtet werden. Diese sind Teil des LSA-Flooding-Prozesses, der im nächsten Abschnitt betrachtet wird.

Flooding

Die gesamte OSPF-Topologie kann als eine Gruppe von Routern oder Knoten beschrieben werden, die nicht über physikalische Verbindungen miteinander verbunden sind, sondern über logische Nachbarverbindungen (Bild 9.16). Jeder Knoten muß eine identische Karte der Topologie besitzen, um korrekt über diese logische Topologie routen zu können. Diese Karte ist die topologische Datenbank.

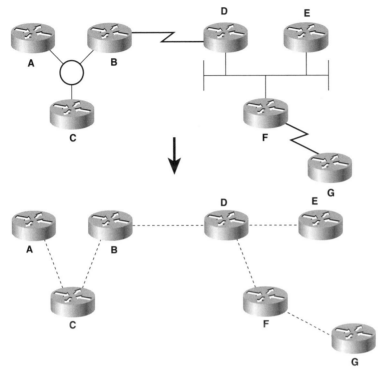

Bild 9.16:
Eine Gruppe von Routern, die durch Datenverbindungen miteinander verbunden sind, werden durch das OSPF als eine Gruppe von Knoten betrachtet, die über Nachbarverbindungen miteinander verbunden sind.

Die topologische Datenbank des OSPF ist besser bekannt unter dem Begriff Verbindungs-Status-Datenbank. Diese Datenbank enthält alle vom Router empfangenen LSAs. Eine Topologieänderung zeigt sich durch eine Änderung eines oder mehrerer LSAs. Das Flooding ist der Prozeß, bei dem diese geänderten oder neuen LSAs durch das gesamte Netzwerk gesendet werden, um sicherzustellen, daß jeder Knoten seine Datenbank aktualisiert und diese mit den Datenbanken aller andere Knoten übereinstimmt.

Flooding nutzt die folgenden zwei OSPF-Paket-Typen:

– Verbindungs-Status-Update-Pakete (Typ 4)

– Verbindungs-Status-Bestätigungs-Pakete (Typ 5)

Bild 9.17 zeigt, daß jedes Verbindungs-Status-Update- und Bestätigungs-Paket mehrere LSAs übertragen kann. Auch wenn die LSAs selbst durch das gesamte Internetzwerk geflutet werden, wandern die Update- und Bestätigungs-Pakete nur zwischen zwei Knoten über eine Nachbarverbindung hin und her.

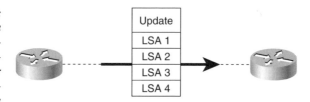

Bild 9.17: LSAs werden in Verbindungs-Status-Update-Paketen über Nachbar-verbindungen gesendet

Auf Point-to-Point-Netzwerken werden Updates an die Multicast-Adresse AllSPFRouter (224.0.0.5) gesendet. Auf Point-to-Multipoint- und virtuellen Verbindungsnetzwerken werden Updates als Unicast an die Schnittstellenadressen der Nachbarverbindungen gesendet.

Auf Broadcast-Netzwerken bilden DRothers nur Nachbarverbindungen mit dem DR und dem BDR. Daher werden Updates an die Adresse AllDRouter (224.0.0.6) gesendet. Der DR sendet dagegen Update-Pakete mit dem LSA als Multicast an die Adresse AllSPFRouter und damit an alle nachbar-verbundenen Router auf dem Netzwerk. Alle Router fluten daraufhin das LSA aus allen anderen Schnittstellen (Bild 9.18). Auch wenn der BDR LSA-Multicasts von den DRothers empfängt und speichert, wird er sie nicht zurückfluten oder bestätigen, solange der DR dies tut. Die gleiche DR/BDR-Funktionalität besteht auf NBMA-Netzwerken, nur werden die LSAs als Unicast von DRothers an den DR und den BDR gesendet, und der DR sendet eine Kopie des LSA als Unicast an alle Nachbarverbindungen.

Das Flooding muß äußerst zuverlässig sein, da identische Verbindungs-Status-Datenbanken für eine korrekte OSPF-Ausführung essentiell sind. Sendende Router müssen wissen, ob ihre LSAs erfolgreich empfangen wurden, und empfangende Router müssen wissen, ob sie die korrekten LSAs übernehmen.

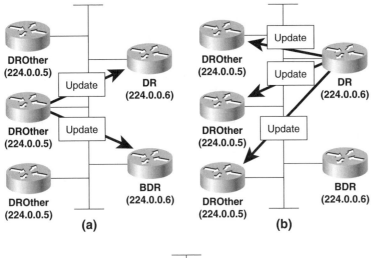
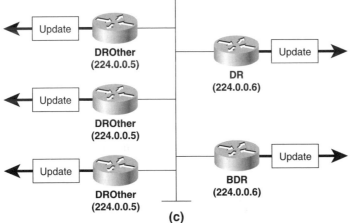

Bild 9.18:
Auf einem Broadcast-Netzwerk sendet ein DRother ein LSA nur an den DR und den BDR (a). Der DR flutet das LSA an alle Nachbarverbindungen zurück (b). Alle Router fluten daraufhin das LSA aus allen anderen Schnittstellen (c).

Zuverlässiges Flooding: Bestätigungen

Jedes einzelne ausgesendete LSA muß bestätigt werden. Dies kann entweder durch eine *implizite* Bestätigung oder durch eine *ausdrückliche* Bestätigung erfolgen.

Implizierte Bestätigung

Ein Nachbar kann implizit den Empfang eines LSA bestätigen, indem er eine identische Kopie des LSA in einem Update zurück zum Erzeuger sendet. Implizierte Bestätigungen sind in einigen Situationen wesentlich effizienter als ausdrückliche Bestätigungen, z.B. wenn der Nachbar ohnehin ein Update an den Erzeuger senden wollte.

Explizierte Bestätigung Ein Nachbar bestätigt den Empfang eines LSA ausdrücklich, wenn er ein Verbindungs-Status-Bestätigungs-Paket sendet. Ein einzelnes Verbindungs-Status-Bestätigungs-Paket kann mehrere LSAs bestätigen. Das Paket überträgt nur die LSA-Header – diese sind ausreichend, um die LSAs zu identifizieren – und nicht das gesamte LSA.

Wenn ein Router ein LSA erstmals aussendet, übernimmt er eine Kopie des LSA in die Verbindungs-Status-Retransmissions-Liste jedes adressierten Nachbarn. Das LSA wird nach jedem Rxmt-Intervall erneut gesendet, bis es bestätigt wurde oder bis die Nachbarverbindung unterbrochen wird. Die Verbindungs-Status-Update-Pakete, die wiederholte Sendungen enthalten, sind immer Unicasts, ohne Rücksicht auf den Netzwerktyp.

Verzögerte Bestätigungen Bestätigungen können entweder *verzögert* oder *direkt* erfolgen. Durch die Verzögerung einer Bestätigung können mehr LSAs in einem einzelnen Verbindungs-Status-Bestätigungs-Paket bestätigt werden. Auf einem Broadcast-Netzwerk können LSAs von mehreren Nachbarn in einem einzelnen Multicast-Verbindungs-Status-Bestätigungs-Paket bestätigt werden. Die Zeitdauer, um die eine Bestätigung verzögert wird, muß kürzer als das Rxmt-Intervall sein, um unnötige erneute Übertragungen zu vermeiden. Unter normalen Umständen gelten für die Verbindungs-Status-Bestätigungen die gleichen Unicast/Multicast-Adreß-Konventionen, die für die Verbindungs-Status-Update-Pakete der verschiedenen Netzwerktypen verwendet werden.

Direkte Bestätigungen Direkte Bestätigungen werden immer sofort gesendet und erfolgen immer als Unicast. Eine direkte Bestätigung wird unter einer der folgenden Voraussetzungen gesendet:

1. Von einem Nachbarn wird ein doppeltes LSA empfangen. Dies kann bedeuten, daß er noch keine Bestätigung empfangen hat.

2. Das Alter des LSA entspricht dem MaxAge (dies wird im nächsten Abschnitt beschrieben), und die LSA-Instanz befindet sich nicht in der Verbindungs-Status-Datenbank des empfangenden Routers.

Zuverlässiges Flooding: Sequentierung, Prüfsummen und Alterung

Jedes LSA enthält drei Werte, mit denen sichergestellt wird, daß sich in jeder Datenbank immer die neueste Kopie des LSA befindet. Dies sind die Sequenz-Nummer, die Prüfsumme und das Alter.

Das OSPF verwendet einen linearen Sequenz-Nummern-Raum (siehe Kapitel 4) und 32 Bit lange Sequenz-Nummern mit Vorzeichen, die von der Initial-Sequenz-Nummer (0x80000001) bis zur Max-Sequenz-Nummer (0x7fffffff) reichen. Wenn ein Router ein LSA erzeugt, setzt er die Sequenz-Nummer des LSA auf die Initial-Sequenz-Nummer. Jedesmal, wenn der Router eine neue LSA-Instanz erzeugt, erhöht er die Sequenz-Nummer um Eins.

Sequenz-Nummern

Wenn die aktuelle Sequenz-Nummer die maximale Sequenz-Nummer ist, und es soll eine neue LSA-Instanz erzeugt werden, muß der Router zuerst das alte LSA aus allen Datenbanken löschen. Dies wird dadurch erreicht, daß das Alter des bestehenden LSA auf das MaxAge gesetzt wird (=Maximales Alter, im weiteren Verlauf dieses Abschnitts beschrieben) und es über alle Nachbarverbindungen neu geflutet wird. Sobald alle Nachbarverbindungen das vorzeitig gealterte LSA bestätigt haben, kann die neue LSA-Instanz mit der Initial-Sequenz-Nummer geflutet werden.

Die Prüfsumme ist eine 16-Bit-Integerzahl, die mit Hilfe eines Fletcher-Algorithmus berechnet wird.[1] Die Prüfsumme wird über das gesamte LSA berechnet, mit Ausnahme des Age-Feldes (dieses ändert sich, wenn das LSA von Knoten zu Knoten wandert und würde daher die Neuberechnung der Prüfsumme an jedem Knoten erfordern). Die Prüfsumme jedes LSA wird auch in der Verbindungs-Status-Datenbank alle fünf Minuten überprüft, um sicherzustellen, daß es nicht innerhalb der Datenbank beschädigt wurde.

Prüfsumme

Das Age ist eine 16-Bit-Integerzahl ohne Vorzeichen, die das Alter des LSA in Sekunden anzeigt. Der Zahlenbereich läuft von 0 bis 3600 (eine Stunde oder auch Max-Age). Wenn ein

Max-Age

---

[1] Alex McKenzie, »ISO Transport Protocol Specification ISO DP 8073«, RFC 905, April 1984, Annex B.

Router ein LSA erzeugt, setzt er das Alter auf 0. Wenn das geflutete LSA durch einen Router wandert, wird das Alter um eine Sekunde erhöht, die durch das InfTransDelay festgelegt ist. Cisco-Router besitzen einen Standard-InfTransDelay von einer Sekunde, der mit dem Befehl **ip ospf transmit-delay** geändert werden kann. Das Alter wird auch in den Datenbanken entsprechend erhöht.

Wenn ein LSA das MaxAge erreicht, wird das LSA neu geflutet und anschließend aus der Datenbank entfernt. Wenn ein Router ein LSA aus allen Datenbanken löschen muß, setzt er das Alter vorzeitig auf das MaxAge und flutet es neu. Nur der Router, der das LSA erzeugte, kann das Alter vorzeitig erhöhen. Bild 9.19 zeigt einen Teil einer Verbindungs-Status-Datenbank. Jedes LSA ist mit dem Alter (Age), der Sequenz-Nummer (Seq#) und der Prüfsumme (checksum) aufgelistet. Eine eingehende Betrachtung der Datenbank und der verschiedenen LSA-Typen erfolgt im Laufe dieses Kapitels.

Bild 9.19: Jedes LSA wird zusammen mit dem Alter, der Sequenz-Nummer und der Prüfsumme in der Verbindungs-Status-Datenbank gespeichert. Das Alter wird in Sekunden erhöht.

```
Manet#show ip ospf database

    OSPF Router with ID (192.168.30.43) (Process ID 1)

            Router Link States (Area 3)

Link ID         ADV Router      Age     Seq#         Checksum    Link Count
192.168.30.13   192.168.30.13   910     0x80000F29   0xA94E      2
192.168.30.23   192.168.30.23   1334    0x80000F55   0x8D53      3
192.168.30.30   192.168.30.30   327     0x800011CA   0x523       8
192.168.30.33   192.168.30.33   70      0x80000AF4   0x94DD      3
192.168.30.43   192.168.30.43   1697    0x80000F2F   0x1DA1      2
```

Wenn mehrere Instanzen des gleichen LSA empfangen werden, bestimmt ein Router mit dem folgenden Algorithmus die neueste Instanz:

1. Vergleiche die Sequenz-Nummern. Das LSA mit der höchsten Sequenz-Nummer ist neuer.

2. Wenn die Sequenz-Nummern gleich sind, vergleiche die Prüfsummen. Das LSA mit der höchsten Prüfsumme ohne Vorzeichen ist das neueste.

3. Wenn die Prüfsummen gleich sind, vergleiche das Alter. Wenn nur ein LSA das MaxAge hat (3600 Sekunden), wird es als das neueste betrachtet. Wenn nicht:

4. Wenn sich das Alter der LSAs um mehr als 15 Minuten unterscheidet (das MaxAgeDiff), ist das LSA mit dem geringeren Alter das neueste.

5. Wenn keine der bisherigen Bedingungen zutrifft, werden die beiden LSAs als identisch angesehen.

9.1.2 Areas

Der Leser sollte bis zu diesem Punkt einen recht guten Eindruck davon haben, warum OSPF, mit seinen diversen Datenbanken und komplexen Algorithmen, größere Anforderungen an den Speicher und die Prozessoren eines Routers stellen dürfte als die zuvor betrachteten Protokolle. Mit einem wachsenden Internetzwerk können diese Anforderungen Ausmaße annehmen, die sogar den Datenverkehr behindern können. Auch wenn das Flooding eine effizientere Methode gegenüber den regelmäßigen Tabellen-Updates des RIP und des IGRP darstellt, kann es dennoch die Datenverbindungen eines großen Internetzwerks übermäßig belasten. Entgegen der allgemeinen Einschätzung beansprucht der reine SPF-Algorithmus den Prozessor nicht besonders. Es sind die begleitenden Prozesse, wie das Flooding und die Unterhaltung der Datenbanken, die die CPU belasten.

OSPF verwendet Areas, um diese negativen Auswirkungen zu reduzieren. Im Zusammenhang mit OSPF ist eine Area eine logische Zusammenfassung von OSPF-Routern und OSPF-Verbindungen, mit der eine OSPF-Domäne in Sub-Domänen unterteilt wird (Bild 9.20). Die Router innerhalb einer Area kennen keine Details über die Topologie, die sich außerhalb ihrer Area befindet. Aufgrund dieser Voraussetzung gilt:

Vorteile der Untergliederung in Area

– Die Verbindungs-Status-Datenbank eines Routers muß nur mit denen der anderen Router in seiner Area abgeglichen werden, nicht mit denen im gesamten Internetzwerk. Diese verkleinerte Datenbank reduziert die Beanspruchung des Routerspeichers.

– Die kleineren Verbindungs-Status-Datenbanken bedeuten weniger zu verarbeitende LSAs und damit eine geringere Belastung der CPU.

– Da die Verbindungs-Status-Datenbank nur innerhalb einer Area unterhalten werden muß, beschränkt sich auch der Hauptteil des Flooding auf die Area.

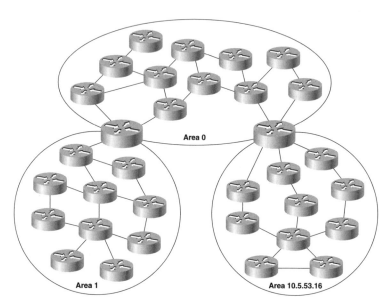

Bild 9.20: Eine OSPF-Area ist eine logische Zusammenfassung von OSPF-Routern. Jede Area wird durch ihre eigene Verbindungs-Status-Datenbank beschrieben, und jeder Router muß nur eine Datenbank für die eigene Area unterhalten.

Area-ID Areas werden durch eine 32 Bit lange *Area-ID* identifiziert. Wie Bild 9.20 zeigt, kann die Area-ID entweder als eine Dezimalzahl oder in gepunkteter Dezimalform ausgedrückt werden, und beide Formate können parallel auf Cisco-Routern verwendet werden. Die Wahl des Formats hängt gewöhnlich davon ab, auf welche Weise die spezielle Area-ID einfacher zu identifizieren ist. Zum Beispiel sind die Area 0 und die Area 0.0.0.0 gleichbedeutend, genauso wie die Area 16 und die Area 0.0.0.16 bzw. die Area 271 und die Area 0.0.1.15. In jedem dieser Fälle wäre das dezimale Format vorzuziehen. Bei der Wahl zwischen der Area 3232243229 und der Area 192.168.30.29 ist hingegen das letztere Format sinnvoller.

In bezug auf Areas können drei Verkehrsarten festgelegt werden:

Festlegen von von Verkehrs-Arten in bezug auf Areas
– *Intra-Area*-Verkehr besteht aus Paketen, die zwischen Routern innerhalb einer einzelnen Area übertragen werden.

– *Inter-Area*-Verkehr besteht aus Paketen, die zwischen Routern in verschiedenen Areas übertragen werden.

– *Externer* Verkehr besteht aus Paketen, die zwischen einem Router innerhalb der OSPF-Domäne und einem Router in einem anderen Autonomous-System übertragen werden.

Die Area-ID 0 (oder 0.0.0.0) ist für das Backbone reserviert. Das *Backbone* ist dafür verantwortlich, die Topographie jeder Area gegenüber jeder anderen Area zusammenzufassen. Aus diesem Grund muß der gesamte Inter-Area-Verkehr das Backbone passieren. Areas, die nicht zum Backbone gehören, können Pakete nicht direkt miteinander austauschen.

Backbone

Ein weiterer besonderer Areatyp ist die *Rumpf-Area*. Da Rumpf-Areas nicht ausreichend erklärt werden können, ohne zuvor die verschiedenen LSA-Typen zu beschreiben, wird dieses Thema im Abschnitt »Die Verbindungs-Status-Datenbank« betrachtet.

Viele OSPF-Designer haben eine eigene Faustregel, wie viele Router in einer Area maximal vertretbar sind. Diese Zahl kann im Bereich von 30 bis 200 rangieren. Die Anzahl der Router hat jedoch nur wenig mit der maximalen Größe einer Area zu tun. Die wesentlich bedeutenderen Faktoren liegen in der Menge der Verbindungen in einer Area, der Stabilität der Topologie, dem Speicher und der Leistung der Router, der angewendeten Zusammenfassung und der Anzahl der Sammel-LSAs, die in die Area eintreten. Auf der Basis dieser Faktoren können 25 Router zu viele für einige Areas sein, während andere Areas über 500 Router beherbergen können.

Es ist sehr sinnvoll, ein kleines OSPF-Internetzwerk nur mit einer einzigen Area zu konzipieren. Unabhängig von der Anzahl der Areas, stellt sich ein potentielles Problem, wenn in einer Area so wenige Router existieren, daß in ihr keine redundanten Verbindungen bestehen. Wenn eine solche Area partitioniert wird, können Service-Unterbrechungen auftreten. Partitionierte Areas werden in einem späteren Abschnitt ausführlicher beschrieben.

Die Router-Typen

Auch die Router können in Hinsicht auf die Areas in verschiedene Kategorien eingeteilt werden. Alle OSPF-Router entsprechen einem der vier in Bild 9.40 gezeigten Router-Typen.

Interne Router sind Router, deren Schnittstellen alle zur selben Area gehören. Diese Router besitzen eine einzige Verbindungs-Status-Datenbank.

Area-Border-Router (ABRs) verbinden eine oder mehrere Areas mit dem Backbone und fungieren als Gateway für den Inter-Area-Verkehr. Ein ABR besitzt immer zumindest eine Schnittstelle, die zum Backbone gehört, und muß eine separate Verbindungs-Status-Datenbank für jede mit ihm verbundene Area unterhalten. Aus diesem Grunde besitzen ABRs oft einen größeren Speicher und eventuell auch schnellere Prozessoren als die internen Router. Ein ABR wird die topologischen Informationen seiner angeschlossenen Areas in Richtung Backbone zusammenfassen, und dieses wird diese Sammelinformationen gegenüber anderen Areas vertreten.

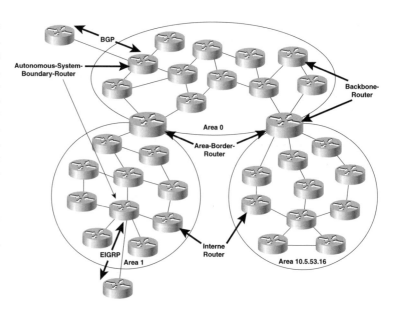

Bild 9.21: Alle OSPF-Router können in interne Router, Backbone-Router, Area-Border-Router (ABR) und Autonomous-System-Boundary-Router (ASBR) eingeteilt werden. Beachten Sie, daß die ersten drei Router-Typen gleichzeitig auch ein ASBR sein können.

Backbone-Router sind Router mit mindestens einer an das Backbone angeschlossenen Schnittstelle. Auch wenn diese Voraussetzung bedeutet, daß ABRs auch Backbone-Router sind, zeigt Bild 9.21, daß nicht alle Backbone-Router auch ABRs sind. Ein interner Router, dessen Schnittstellen alle zur Area 0 gehören, ist auch ein Backbone-Router.

Autonomous-System-Boundary-Router (ASBRs) sind Gateways für den externen Verkehr, deren Routen von außen in die

OSPF-Domäne eintreten und durch ein anderes Protokoll erlernt (redistributiert) wurden, wie z.B. durch die BGP- und EIGRP-Prozesse, die in Bild 9.21 gezeigt sind. Ein ASBR kann sich an beliebiger Stelle innerhalb des OSPF-Autonomous-Systems befinden. Er kann ein interner, ein Backbone- oder ein ABR-Router sein.

Partitionierte Areas

Eine *partitionierte Area* ist eine Area, in der ein Verbindungsausfall die Area in zwei isolierte Bereiche trennt. Wenn eine partitionierte Area nicht die Backbone-Area ist und alle Router auf jeder Partition weiterhin Kontakt zu einem ABR haben (Bild 9.40), werden keine Service-Unterbrechungen auftreten. Das Backbone wird die partitionierte Area einfach als zwei separate Areas behandeln. Der ursprüngliche Intra-Area-Verkehr von der einen Seite der Partition auf die andere Seite wird als Inter-Area-Verkehr durch das Backbone geleitet und umgeht damit die Partition. Beachten Sie, daß eine partitionierte Area keine *isolierte* Area ist, in der kein Pfad in den Rest des Internetzwerks möglich ist.

Partitionierte gegenüber isolierter Area

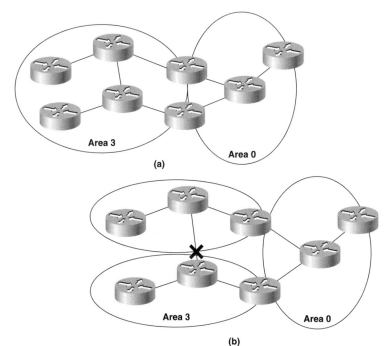

Bild 9.22: (a) Die Area 3 ist mit dem Backbone (Area 0) durch zwei ABRs verbunden. (b) Ein Verbindungsausfall in der Area 3 erzeugt eine partitionierte Area, aber alle Router in der Area 3 können weiterhin einen ABR erreichen.

Eine Partition des Backbone ist eine wesentlich ernstere Angelegenheit. Bild 9.23 zeigt, daß eine partitionierte Backbone-Area die Areas auf jeder Seite der Partition isolieren und zwei separate OSPF-Domänen erzeugen wird.

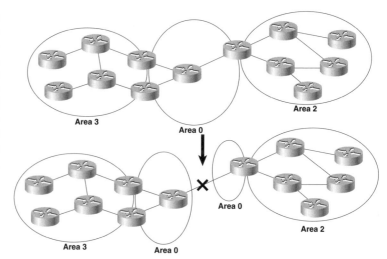

Bild 9.23:
Wenn ein Backbone partitioniert wird, werden jede Seite der Partition und alle damit verbundenen Areas von der anderen Seite isoliert.

Bild 9.24 zeigt einige Areas, die besser konzipiert sind. Sowohl Area 0 als auch Area 2 sind so konstruiert, daß keine von ihnen durch einen einzelnen Verbindungsausfall partitioniert werden kann. Die Area 2 ist jedoch insoweit anfällig, daß sie isoliert wird, wenn der ABR ausfällt. Die Area 3 besitzt dagegen zwei ABRs. In dieser Anordnung kann weder ein einzelner Verbindungsausfall noch ein einzelner ABR-Ausfall einen Teil der Area isolieren.

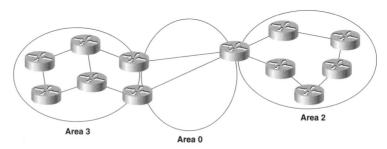

Bild 9.24:
In den Areas 0 und 2 kann kein einzelner Verbindungsausfall die Area partitionieren. In der Area 3 kann kein einzelner ABR- oder Verbindungsausfall die Area isolieren.

Virtuelle Verbindungen

Eine virtuelle Verbindung ist eine Verbindung mit dem Backbone durch eine Nicht-Backbone-Area. Virtuelle Verbindungen erfüllen folgende Aufgaben:

1. Sie verbinden eine Area mit dem Backbone durch eine Nicht-Backbone-Area (Bild 9.25)

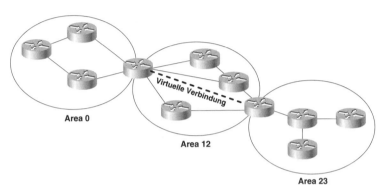

*Bild 9.25:
Eine virtuelle
Verbindung
verbindet die
Area 23 mit dem
Backbone durch
die Area 12.*

2. Sie verbinden zwei Teile eines partitionierten Backbone durch eine Nicht-Backbone-Area (Bild 9.26).

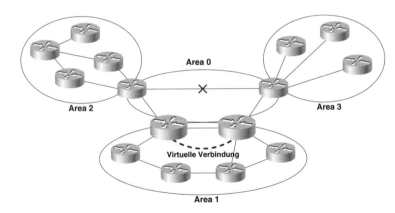

*Bild 9.26:
Eine virtuelle
Verbindung verknüpft ein partitioniertes Backbone durch eine
Nicht-Backbone-Area*

In beiden Beispielen ist die virtuelle Verbindung keiner bestimmten physikalischen Verbindung zugeordnet. Die virtuelle Verbindung stellt einen Tunnel dar, durch den Pakete auf dem optimalen Pfad von einem Endpunkt zum anderen geroutet werden können.

Bei der Konfiguration virtueller Verbindungen gelten mehrere Regeln:

- Virtuelle Verbindungen müssen zwischen zwei ABRs konfiguriert sein.
- Die Area, durch die die virtuelle Verbindung konfiguriert ist, wird *Transit-Area* genannt und muß die gesamten Routing-Informationen besitzen.
- Die Transit-Area kann keine Rumpf-Area sein.

Es wurde zuvor schon angesprochen, daß OSPF eine virtuelle Verbindung als einen Netzwerktyp behandelt. Genaugenommen wird die Verbindung als eine nicht numerierte – d.h. nicht adressierte – Verbindung betrachtet, die zum Backbone gehört und sich zwischen zwei ABRs befindet. Diese ABRs werden aufgrund der virtuellen Verbindung als Nachbarn betrachtet, auch wenn sie nicht physikalisch miteinander verbunden sind. In jedem ABR wird die virtuelle Verbindung in den vollständig betriebsfähigen Point-to-Point-Schnittstellen-Status wechseln, wenn eine Route zum benachbarten ABR in der Routing-Tabelle gefunden wird. Die Kosten der Verbindung entsprechen den Kosten der Route zum Nachbarn. Wenn der Schnittstellen-Status Point-to-Point erreicht, wird eine Nachbarverbindung über die virtuelle Verbindung errichtet.

Virtuelle Verbindungen bringen in jedem Internetzwerk zusätzliche Komplexität und Schwierigkeiten bei der Fehlerbeseitigung mit sich, daher ist es besser, ihre Verwendung zu vermeiden. Sinnvoller ist es, die Areas und hier vor allem die Backbone-Areas, mit redundanten Verbindungen zu konzipieren, um eine Partitionierung zu verhindern. Wenn zwei oder mehrere Internetzwerke miteinander verschmolzen werden, sollte im Vorfeld eine ausführliche Planung erfolgen, damit jede Area eine direkte Verbindung zum Backbone erhält.

Wenn eine virtuelle Verbindung konfiguriert wird, sollte sie nur eine temporäre Lösung für ein unvermeidbares Topologie-Problem darstellen. Sie ist mit einem Flag markiert, das auf einen Teil eines Internetzwerks hinweist, der überarbeitet werden muß. Permanente virtuelle Verbindungen sind immer ein Anzeichen dafür, daß ein Internetzwerk mangelhaft konzipiert ist.

9.1.3 Die Verbindungs-Status-Datenbank

Ein Router speichert alle empfangenen und gültigen LSAs in seiner Verbindungs-Status-Datenbank. Die gesammelten LSAs beschreiben einen Graph der Area-Topologie. Da jeder Router in einer Area seinen kürzesten Pfad-Baum auf der Basis dieser Datenbank berechnet, ist es für ein korrektes Routing unbedingt erforderlich, daß alle Area-Datenbanken identisch sind.

Mit dem Befehl **show ip ospf database** kann, wie in Bild 9.27 gezeigt, die LSA-Liste einer Verbindungs-Status-Datenbank angezeigt werden. Diese Liste zeigt nur die Informationen der LSA-Header und nicht die gesamten Informationen, die für jedes LSA gespeichert sind. Beachten Sie, daß diese Datenbank LSAs aus mehreren Areas enthält, folglich ist der Router ein ABR.

Die meisten Einträge aus Bild 9.27 wurden gelöscht, um die Liste zu verkleinern. Die tatsächliche Verbindungs-Status-Datenbank enthält laut Bild 9.28 1445 Einträge und vier Areas.

In einem früheren Abschnitt wurde bereits erwähnt, daß LSAs auch dann altern, wenn sie sich in einer Verbindungs-Status-Datenbank befinden. Wenn sie das MaxAge (1 hour) erreichen, werden sie aus der OSPF-Domäne gelöscht. Dies beinhaltet jedoch, daß es ein Verfahren geben muß, das legitime LSAs davor bewahrt, das MaxAge zu erreichen und gelöscht zu werden. Dieses Verfahren ist das *Verbindungs-Status-Refresh*. Nach Ablauf der LSRefreshTime (30 Minuten) flutet der Router, der das LSA erzeugt hat, eine neue LSA-Kopie mit einer erhöhten Sequenz-Nummer und einem Alter von Null. Die anderen OSPF-Router werden nach dem Empfang die alte LSA-Kopie durch die neue ersetzen, und diese beginnt von neuem zu altern.

Der Verbindungs-Status-Refresh-Prozeß kann daher als ein Keepalive für jedes LSA angesehen werden. Ein zusätzlicher Vorteil liegt darin, daß evtl. beschädigte LSAs in einer Verbindungs-Status-Datenbank durch die neue Kopie des legitimen LSA ersetzt werden.

```
Homer#show ip ospf database

            OSPF Router with ID (192.168.30.50) (Process ID 1)

                        Router Link States (Area 0)

Link ID                 ADV Router              Age         Seq#            Checksum        Link count
192.168.30.10           192.168.30.10           1010        0x80001416      0xA818          3
192.168.30.20           192.168.30.20           677         0x800013C9      0xDE18          3
192.168.30.70           192.168.30.70           857         0x80001448      0xFD79          3
192.168.30.80           192.168.30.80           1010        0x800014D1      0xEB5C          5

                        Net Link States (Area 0)

Link ID                 ADV Router              Age         Seq#            Checksum
192.168.17.18           192.168.30.20           677         0x800001AD      0x849A
192.168.17.34           192.168.30.60           695         0x800003E2      0x4619
192.168.17.58           192.168.30.40           579         0x8000113C      0xF0D
192.168.17.73           192.168.30.70           857         0x8000044F      0xB0E7

                        Summary Net Link States (Area 0)

Link ID                 ADV Router              Age         Seq#            Checksum
172.16.121.0            192.168.30.60           421         0x8000009F      0xD52
172.16.121.0            192.168.30.70           656         0x8000037F      0x86A
10.63.65.0              192.168.30.10           983         0x80000004      0x1EAA
10.63.65.0              192.168.30.80           962         0x80000004      0x780A

                        Summary ASB Link States (Area 0)

Link ID                 ADV Router              Age         Seq#            Checksum
192.168.30.12           192.168.30.20           584         0x80000005      0xFC4C
192.168.30.12           192.168.30.30           56          0x80000004      0x45BA
172.20.57.254           192.168.30.70           664         0x800000CE      0xF2CF
172.20.57.254           192.168.30.80           963         0x80000295      0x23CC

                        Router Link States (Area 4)

Link ID                 ADV Router              Age         Seq#            Checksum        Link count
192.168.30.14           192.168.30.14           311         0x80000EA5      0x93A0          7
192.168.30.24           192.168.30.24           685         0x80001333      0x6F56          6
192.168.30.50           192.168.30.50           116         0x80001056      0x42BF          2
192.168.30.54           192.168.30.54           1213        0x80000D1F      0x3385          2

                        Summary Net Link States (Area 4)

Link ID                 ADV Router              Age         Seq#            Checksum
172.16.121.0            192.168.30.40           1231        0x80000D88      0x73BF
172.16.121.0            192.168.30.50           34          0x800003F4      0xF90D
10.63.65.0              192.168.30.40           1240        0x80000003      0x5110
10.63.65.0              192.168.30.50           42          0x80000005      0x1144

                        Summary ASB Link States (Area 4)

Link ID                 ADV Router              Age         Seq#            Checksum
192.168.30.12           192.168.30.40           1240        0x80000006      0x6980
192.168.30.12           192.168.30.50           42          0x80000008      0xC423
172.20.57.254           192.168.30.40           1241        0x8000029B      0xEED8
172.20.57.254           192.168.30.50           43          0x800002A8      0x9818

                        AS External Link States

Link ID                 ADV Router              Age         Seq#            Checksum        Tag
10.83.10.0              192.168.30.60           459         0x80000D49      0x9C0B          0
10.1.27.0               192.168.30.62           785         0x800000EB      0xB5CE          0
10.22.85.0              192.168.30.70           902         0x8000037D      0x1EC0          65502
10.22.85.0              192.168.30.80           1056        0x800001F7      0x6B4B          65502
Homer#
```

Bild 9.27: Der Befehl **show ip ospf database** *listet alle LSAs in der Verbindungs-Status-Datenbank auf.*

```
Homer#show ip ospf database database-summary

         OSPF Router with ID (192.168.30.50) (Process ID 1)
Area ID       Router    Network   Sum-Net   Sum-ASBR   Subtotal   Delete    Maxage
0             8         4         185       27         224        0         0
4             7         0         216       26         249        0         0
5             7         0         107       13         127        0         0
56            2         1         236       26         265        0         0
AS External                                            580        0         0
Total         24        5         744       92         1445
Homer#
```

Bild 9.28: Der Befehl show ip ospf database database-summary zeigt die Anzahl von LSAs in einer Verbindungs-Status-Datenbank in Abhängigkeit von Area und LSA-Typ.

Der Gedanke hinter der Verwendung eines individuellen Refresh-Timers für jedes LSA liegt darin, daß die LSRefreshTime aller LSAs nicht gleichzeitig ablaufen soll und nicht alle LSAs nach genau 30 Minuten neu geflutet werden. Statt dessen erfolgt das Reflooding in einem halb zufälligen Muster. Das Problem dieses Verfahrens liegt jedoch darin, daß mit jedem einzelnen neu gefluteteten LSA die Bandbreite ineffizient genutzt wird. Es ist möglich, daß Update-Pakete nur wenige oder sogar nur ein einziges LSA enthalten.

Vor der IOS-Version 11.3 verwendete Cisco eine einzige LSRefreshTime, die der gesamten VS-Datenbank zugeordnet war. Jeder Router erneuert nach 30 Minuten alle von ihm erzeugten LSAs, ohne Rücksicht auf ihr tatsächliches Alter. Auch wenn dieses Vorgehen das Ineffizienz-Problem vermeidet, erzeugt es das Problem erneut, das die individuellen Refresh-Timer lösen sollten. Wenn die VS-Datenbank groß ist, kann jeder Router alle 30 Minuten Spitzen im Area-Verkehr und bei der CPU-Belastung verursachen.

Die IOS-Version 11.3AA führte einen Mechanismus namens *LSA-Group-Pacing* ein, um einen Kompromiß zwischen den Problemen der individuellen Refresh-Timer und einem einzelnen monolithischen Timer zu erreichen. Jedes LSA besitzt seinen eigenen Refresh-Timer, aber sobald die individuellen Refresh-Timer ablaufen, wird eine Verzögerung eingeführt, bevor die LSAs geflutet werden. Durch die Verzögerung des Refresh können mehr LSAs vor dem Flooding zusammengefaßt werden, und die Update-Pakete übertragen eine größere LSA-Menge. Das Standard-Group-Pacing-Intervall beträgt 240 Sekunden (vier Minuten), und es kann mit dem Befehl **timers lsa-group-pacing** geändert werden. Wenn die Datenbank sehr umfangreich ist, kann sich die Verkürzung des Group-Pacing-Intervalls lohnen. Wenn die Datenbank klein ist, kann es sinn-

LSA-Group-Pacing

voll sein, das Intervall zu verlängern. Der Bereich des Group-Pacing-Timers reicht von 10 bis 1800 Sekunden.

Die LSA-Typen

Da im OSPF mehrere Router-Typen vereinbart sind, sind auch mehrere LSA-Typen notwendig. Ein DR muß zum Beispiel die Multi-Access-Verbindung und alle an die Verbindung angeschlossenen Router anmelden. Andere Router-Typen würden diese Art von Information nicht anmelden. Bild 9.27 und Bild 9.28 zeigen, daß es mehrere LSA-Typen gibt. Jeder Typ beschreibt einen anderen Aspekt eines OSPF-Internetzwerks. Die Tabelle 9.4 listet die LSA-Typen mit den entsprechenden Typen-Kodierungen auf.

Tabelle 9.4: LSA-Typen.

Typen-Kodierung	Beschreibung
1	Router-LSA
2	Netzwerk-LSA
3	Netzwerk-Summary-LSA
4	ASBR-Summary-LSA
5	AS-External-LSA
6	Group-Membership-LSA
7	NSSA-External-LSA
8	External Attributes LSA
9	Opaque-LSA (linklocal scope)
10	Opaque-LSA (area local scope)
11	Opaque-LSA (AS scope)

Router-LSAs werden von jedem Router erzeugt (Bild 9.29). Dieses grundlegendste LSA listet alle Verbindungen oder Schnittstellen eines Routers auf, zusammen mit dem Status und den ausgehenden Kosten jeder Verbindung. Diese LSAs werden nur innerhalb der Area geflutet, in der sie erzeugt wurden. Der Befehl **show ip ospf database router** wird alle Router-LSAs aus einer Datenbank auflisten. Bild 9.30 zeigt eine Variante des Befehls, in dem durch Eingabe der Router-ID ein einzelnes Router-LSA angezeigt wird. Diese und die folgenden Abbildungen lassen erkennen, daß das gesamte LSA in der Verbindungs-Status-Datenbank gespeichert wird. Eine Beschreibung aller LSA-Felder finden Sie in einem späteren Abschnitt dieses Kapitels.

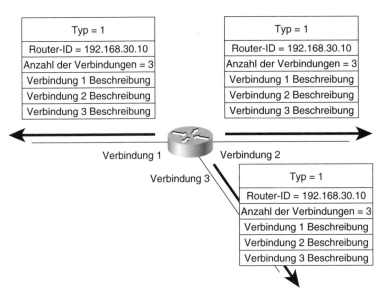

Bild 9.29:
Das Router-LSA beschreibt alle Router-Schnittstellen.

```
Homer#show ip ospf database router 192.168.30.10

        OSPF Router with ID (192.168.30.50) (Process ID 1)

                Router Link States (Area 0)

Routing Bit Set on this LSA
LS age: 680
Options: (No TOS-capability)
LS Type: Router Links
Link State ID: 192.168.30.10
Advertising Router: 192.168.30.10
LS Seq Number: 80001428
Checksum: 0x842A
Length: 60
Area Border Router
  Number of Links: 3

    Link connected to: another Router (point-to-point)
     (Link ID) Neighboring Router ID: 192.168.30.80
     (Link Data) Router Interface address: 192.168.17.9
       Number of TOS metrics: 0
        TOS 0 Metrics: 64

    Link connected to: a Stub Network
     (Link ID) Network/subnet number: 192.168.17.8
     (Link Data) Network Mask: 255.255.255.248
       Number of TOS metrics: 0
        TOS 0 Metrics: 64

    Link connected to: a Transit Network
     (Link ID) Designated Router address: 192.168.17.18
     (Link Data) Router Interface address: 192.168.17.17
       Number of TOS metrics: 0
        TOS 0 Metrics: 10

Homer#
```

Bild 9.30:
Der Befehl **show ip ospf database router** zeigt die Router-LSAs aus der Verbindungs-Status-Datenbank.

Netzwerk-LSAs werden vom DR auf jedem Multi-Access-Netzwerk erzeugt (Bild 9.31). Es wurde schon angesprochen, daß der DR das Multi-Access-Netzwerk und alle angeschlossenen Router als einen »Pseudo-Knoten« oder als einen einzigen virtuellen Router repräsentiert. In dieser Betrachtungsweise repräsentiert ein Netzwerk-LSA einen Pseudo-Knoten auf die gleiche Weise, wie ein Router-LSA einen einzelnen physikalischen Router repräsentiert. Das Netzwerk-LSA listet alle angeschlossenen Router auf, den DR eingeschlossen. Wie ein Router-LSA wird auch ein Netzwerk-LSA nur innerhalb der Area geflutet, in der es erzeugt wurde. In Bild 9.31 wird der Befehl **show ip ospf database network** verwendet, um ein Netzwerk-LSA anzuzeigen.

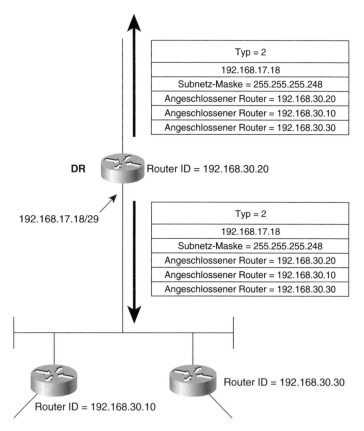

Bild 9.31: Ein DR erzeugt ein Netzwerk-LSA, um ein Multi-Access-Netzwerk und alle angeschlossen Router zu repräsentieren.

```
Homer#show ip ospf database network 192.168.17.18

      OSPF Router with ID (192.168.30.50) (Process ID 1)

                 Net Link States (Area 0)

Routing Bit Set on this LSA
LS age: 244
Options: (No TOS-capability)
LS Type: Network Links
Link State ID: 192.168.17.18 (address of Designated Router)
Advertising Router: 192.168.30.20
LS Seq Number: 800001BF
Checksum: 0x60AC
Length: 32
Network Mask: /29
      Attached Router: 192.168.30.20
      Attached Router: 192.168.30.10
      Attached Router: 192.168.30.30

Homer#
```

*Bild 9.32: Netzwerk-LSAs können mit dem Befehl **show ip ospf database network** angezeigt werden.*

Netzwerk-Summary-LSAs oder auch *Netzwerk-Sammel-LSAs* werden von den ABRs erzeugt. Sie werden in eine einzelne Area gesendet, um Ziele außerhalb dieser Area anzumelden (Bild 9.33). Mit diesen LSAs teilt ein ABR den internen Router einer angeschlossenen Area mit, welche Ziele der ABR erreichen kann. Ein ABR meldet mit den Netzwerk-Sammel-LSAs auch die Ziele innerhalb seiner angeschlossenen Areas in das Backbone. Auch Default-Routen, die für die Area extern, aber für das OSPF-Autonomous-System intern sind, werden mit diesem LSA-Typ angemeldet. In Bild 9.34 wird der Befehl **show ip ospf database summary** verwendet, um die Netzwerk-Sammel-LSAs der Datenbank anzuzeigen.

Wenn ein ABR ein Netzwerk-Sammel-LSA erzeugt, fügt er die Kosten der Verbindung von sich selbst zum Ziel des LSAs hinzu. Der ABR wird nur ein einziges Netzwerk-Sammel-LSA für jedes Ziel erzeugen, auch wenn er mehrere Routen zum Ziel kennt. Wenn der ABR mehrere Routen zu einem Ziel innerhalb seiner eigenen angeschlossenen Area kennt, wird er daher ein einzelnes Netzwerk-Sammel-LSA mit der günstigsten Route erzeugen und in das Backbone senden. Wenn ein ABR mehrere Netzwerk-Sammel-LSAs von anderen ABRs über das Backbone empfängt, wird der ABR die günstigsten Routen in den LSAs auswählen und diese Kosten in seinen angeschlossenen Nicht-Backbone-Areas anmelden.

Wenn ein anderer Router ein Netzwerk-Sammel-LSA von einem ABR empfängt, führt er den SPF-Algorithmus nicht aus. Statt dessen summiert er einfach die Routen-Kosten zum ABR mit den im LSA enthaltenen Kosten. Es wird eine Route zum angemeldeten Ziel über den ABR in die Routing-Tabelle aufgenommen, zusammen mit den berechneten Kosten. Dieses Verhalten – das Vertrauen auf einen Zwischen-Router, anstatt die gesamte Route zum Ziel zu bestimmen – ist ein Distanz-Vektor-Verhalten. Während also OSPF innerhalb einer Area ein Verbindungs-Status-Protokoll ist, verwendet es einen Distanz-Vektor-Algorithmus, um Inter-Area-Routen zu bestimmen.[1]

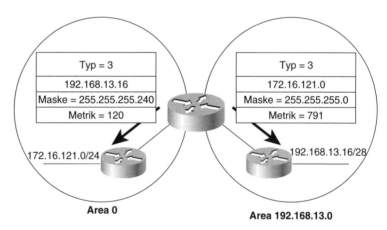

Bild 9.33: Ein ABR wird ein Netzwerk-Sammel-LSA erzeugen, um Inter-Area-Ziele zu beschreiben.

---

[1] Dieses Distanz-Vektor-Verhalten ist der Grund für den Bedarf einer Backbone-Area und dafür, daß der gesamte Inter-Area-Verkehr das Backbone passieren muß. Durch die Gestaltung der Areas in so etwas wie eine Hub-and-Spoke-Topologie werden die Routen-Schleifen vermieden, zu denen Distanz-Vektor-Protokolle neigen.

```
Homer#show ip ospf database summary 172.16.121.0

   OSPF Router with ID (192.168.30.50) (Process ID 1)

     Summary Net Link States (Area 0)

Routing Bit Set on this LSA
LS age: 214
Options: (No TOS-capability)
LS Type: Summary Links(Network)
Link State ID: 172.16.121.0 (summary Network Number)
Advertising Router: 192.168.30.60
LS Seq Number: 800000B1
Checksum: 0xE864
Length: 28
Network Mask: /24
   TOS: 0 Metric: 791
```

Bild 9.34: Netzwerk-Sammel-LSAs können mit dem Befehl show ip ospf database summary angezeigt werden.

ASBR-Summary-LSAs oder *ASBR-Sammel-LSAs* werden auch von ABRs erzeugt. ASBR-Sammel-LSAs sind identisch zu Netzwerk-Sammel-LSAs, mit der Ausnahme, daß das angemeldete Ziel ein ASBR ist (Bild 9.35) und nicht ein Netzwerk. Der Befehl **show ip ospf database asbr-summary** wird verwendet, um ASBR-Sammel-LSAs anzuzeigen (Bild 9.36). Beachten Sie in der Abbildung, daß das Ziel eine Host-Adresse ist und die Maske Null lautet. Das von einem ASBR-Sammel-LSA angemeldete Ziel wird immer eine Host-Adresse tragen, da es eine Route zu einem Router ist.

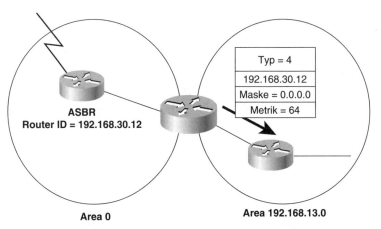

Bild 9.35: ASBR-Sammel-LSAs melden Routen zu ASBRs.

Bild 9.36:
ASBR-Sammel-LSAs können mit dem Befehl **show ip ospf database asbr-summary** *angezeigt werden.*

```
Homer#show ip ospf database asbr-summary

     OSPF Router with ID (192.168.30.50) (Process ID 1)

         Summary ASB Link States (Area 0)

Routing Bit Set on this LSA
LS age: 1640
Options: (No TOS-capability)
LS Type: Summary Links (AS Boundary Router)
Link State ID: 192.168.30.12 (AS Boundary Router address)
Advertising Router: 192.168.30.20
LS Seq Number: 80000009
Checksum: 0xF450
Length: 28
Network Mask: /0
    TOS: 0 Metric: 64

--More-
```

Autonomous-System-External-LSAs oder auch *Externe LSAs* werden von ASBRs erzeugt und melden entweder ein Ziel oder eine Default-Route[1] an, das bzw. die sich außerhalb des OSPF-Autonomous-Systems befindet (Bild 9.37). Wenn Sie Bild 9.27 erneut betrachten, können Sie sehen, daß die externen AS-LSAs die einzigen LSA-Typen in der Datenbank sind, die keiner speziellen Area zugeordnet sind. Externe LSAs werden durch das gesamte Autonomous-System geflutet. Der Befehl **show ip ospf database external** zeigt die AS-External-LSAs an (Bild 9.38).

Group-Membership-LSAs werden in einer erweiterten OSPF-Version verwendet, die als *Multicast-OSPF* (MOSPF) bekannt ist.[2] MOSPF routet Pakete von einer einzelnen Quelle zu mehreren Zielen oder Gruppen-Mitgliedern, die eine gemeinsame Class-D-Multicast-Adresse besitzen. Auch wenn Cisco andere Multicast-Routing-Protokolle unterstützt, wurde das MOSPF bis zum Zeitpunkt dieser Ausgabe noch nicht unterstützt. Aus diesem Grund wird weder das MOSPF noch das Group-Membership-LSA in diesem Buch betrachtet.

---

1 Default-Routen sind Routen, die dann gewählt werden, wenn keine genauere Route in der Routing-Tabelle vorhanden ist. OSPF und RIP verwenden die IP-Adresse 0.0.0.0, um eine Default-Route zu bezeichnen. Siehe Kapitel 12 für weitere Informationen.

2 John Moy, »Multicast Extensions to OSPF«, RFC 1584, March 1994.

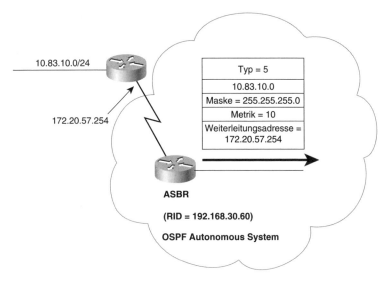

Bild 9.37:
AS-External-LSAs melden Ziele außerhalb des OSPF-Autonomous-Systems an.

```
Homer#show ip ospf database external 10.83.10.0

     OSPF Router with ID (192.168.30.50) (Process ID 1)

             AS External Link States

Routing Bit Set on this LSA
LS age: 1680
Options: (No TOS-capability)
LS Type: AS External Link
Link State ID: 10.83.10.0 (External Network Number )
Advertising Router: 192.168.30.60
LS Seq Number: 80000D5A
Checksum: 0x7A1C
Length: 36
Network Mask: /24
      Metric Type: 1 (Comparable directly to link state metric)
      TOS: 0
      Metric: 10
      Forward Address: 172.20.57.254
      External Route Tag: 0

Homer#
```

Bild 9.38:
AS-External-LSAs können mit dem Befehl show ip ospf database external angezeigt werden.

NSSA-External-LSAs werden von ASBRs innerhalb von Not-So-Stubby-Areas (NSSAs) erzeugt. Die NSSAs (=Semi-Rumpf-Areas) werden im folgenden Abschnitt beschrieben. Ein NSSA-External-LSA ist annähernd identisch zu einem AS-External-LSA, wie der Abschnitt über OSPF-Paket-Formate zeigen wird. Im Gegensatz zu den AS-External-LSAs, die durch ein gesamtes OSPF-Autonomous-System geflutet werden, werden NSSA-External-LSAs nur innerhalb der Semi-Rumpf-Area geflutet, in der sie erzeugt wurden. Der Befehl **show ip ospf database nssa-external** zeigt NSSA-External-LSAs an (Bild 9.39).

Bild 9.39: NSSA-External-LSAs können mit dem Befehl show ip ospf database nssa-external angezeigt werden.

```
Morisot#show ip ospf database nssa-external

        OSPF Router with ID (10.3.0.1) (Process ID 1)

            Type-7 AS External Link States (Area 15)

LS age: 532
Options: (No TOS-capability, No Type 7/5 translation, DC)
LS Type: AS External Link
Link State ID: 10.0.0.0 (External Network Number)
Advertising Router: 10.3.0.1
LS Seq Number: 80000001
Checksum: 0x9493
Length: 36
Network Mask: /16
      Metric Type: 2 (Larger than any link state path)
      TOS: 0
      Metric: 100
      Forward Address: 10.3.0.1
      External Route Tag: 0

--More-
```

External-Attributes-LSAs werden als eine Alternative zur Verwendung des internen BGP (iBGP) vorgeschlagen, um die BGP-Informationen über eine OSPF-Domäne zu transportieren. Die LSAs des Typs 8 wurden bis zum Zeitpunkt dieser Ausgabe noch nicht implementiert, und es wurde bisher noch kein RFC oder Internet-Draft zu diesem Thema veröffentlicht.

Opaque-LSAs wurden als eine LSA-Klasse vorgeschlagen, die aus einem Standard-LSA-Header und daran anschließenden applikationsspezifischen Informationen besteht.[1] Das Informationsfeld kann direkt von OSPF oder indirekt durch andere Applikationen verwendet werden, um die Informationen in der gesamten OSPF-Domäne zu verteilen. Bis zum Zeitpunkt dieser Ausgabe wurden Opaque-LSAs noch nicht entwickelt.

Rumpf-Areas

Ein ASBR wird erlernte externe Ziele durch das Fluten von AS-External-LSAs in das gesamte OSPF-Autonomous-System anmelden. In vielen Fällen machen diese externen LSAs einen hohen prozentualen Anteil der LSAs in den Datenbanken jedes Routers aus. Die Abbildung 9.28 zeigt beispielsweise, daß 580 LSAs in der Datenbank – also 40 % – externe LSAs sind.

In Bild 9.40 muß nicht jeder Router alle externen Ziele kennen. Die Router in Area 2 müssen ein Paket an einen ABR senden, um den ASBR zu erreichen, ganz gleich, welches externe Ziel erwünscht ist. Daher kann die Area 2 wie eine *Rumpf-Area* konfiguriert werden.

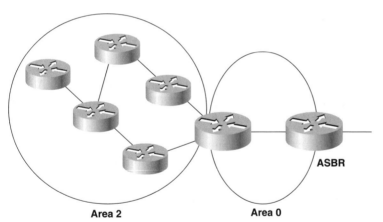

Bild 9.40: Durch die Konfiguration der Area 2 als Rumpf-Area kann Speicher eingespart und die Performance verbessert werden.

Eine *Rumpf-Area* (engl. stub area) ist eine Area, in die keine AS-External-LSAs geflutet werden. Wenn in einer Area diese LSAs vom Typ 5 nicht bekannt sind, sind auch LSAs vom Typ 4 unnötig. Daher werden auch diese LSAs blockiert. Die ABRs an der Grenze einer Rumpf-Area werden Netzwerk-Sammel-LSAs verwenden, um eine einzelne Default-Route (Ziel

---

1 Rob Coltun, »The OSPF Opaque LSA Option«, RFC 2370, Juli 1998.

0.0.0.0) in die Area zu melden. Jedes Ziel, das ein interner Router nicht einer Intra- oder Inter-Area-Route zuordnen kann, wird der Default-Route entsprechen. Da die Default-Routen in LSAs vom Typ 3 übertragen werden, werden sie nicht außerhalb der Area angemeldet.

Durch die derart verkleinerten Datenbanken kann die Performance der Router innerhalb einer Rumpf-Area verbessert und Speicher freigegeben werden. Natürlich werden sich diese Verbesserungen vor allem in Internetzwerken auswirken, die sehr viele LSAs vom Typ 5 übertragen. Es bestehen jedoch vier Einschränkungen in bezug auf Rumpf-Areas:

Einschränkungen bei Rumpf-Areas

1. Wie in jeder Area müssen alle Router in einer Rumpf-Area identische Verbindungs-Status-Datenbanken besitzen. Um diese Bedingung zu gewährleisten, werden alle Rumpf-Router ein Flag (das E-Bit) in ihren Hello-Paketen auf Null setzen. Sie werden kein Router-Hello annehmen, dessen E-Bit auf Eins gesetzt ist. Folglich werden keine Nachbarverbindungen mit Routern aufgebaut, die nicht als Rumpf-Router konfiguriert sind.

2. Virtuelle Verbindungen können nicht innerhalb oder durch eine Rumpf-Area konfiguriert werden.

3. Ein Router innerhalb einer Rumpf-Area kann kein ASBR sein. Diese Einschränkung ist nachvollziehbar, da ASBRs LSAs vom Typ 5 erzeugen und diese nicht innerhalb einer Rumpf-Area existieren können.

4. Eine Rumpf-Area kann mehr als einen ABR besitzen. Durch das Vorhandensein der Default-Route kann jedoch der interne Router nicht erkennen, welcher Router der optimale Gateway-Router zum ASBR ist.

Reine Rumpf-Areas

Wenn in einer Area durch die Blockierung der LSAs vom Typ 5 und Typ 4 Speicher eingespart wird, würde nicht noch mehr Speicher eingespart, wenn auch die LSAs vom Typ 3 blockiert wären? Als logische Antwort auf diese Frage entwickelte Cisco das Konzept der Rumpf-Areas weiter und führte das Schema der *reinen Rumpf-Areas* (engl. *totally stubby areas*) ein.

Die reinen Rumpf-Areas verwenden die Default-Route nicht nur, um Ziele außerhalb des Autonomous-Systems zu erreichen, sondern auch für alle Ziele außerhalb der Area. Der ABR einer reinen Rumpf-Area wird nicht nur AS-Externe-LSAs blockieren, sondern auch alle Sammel-LSAs – mit Ausnahme eines einzelnen LSA vom Typ 3, das die Default-Route anmeldet.

Semi-Rumpf-Areas

In Bild 9.41 soll ein Router mit einigen Rumpf-Netzwerken über einen Area-2-Router an das OSPF-Internetzwerk angeschlossen werden. Der Router unterstützt nur das RIP, daher wird der Area-2-Router RIP betreiben und die Netzwerke im OSPF redistribuieren. Leider macht diese Konfiguration den Area-2-Router zum ASBR, und die Area 2 kann daher keine Rumpf-Area mehr sein.

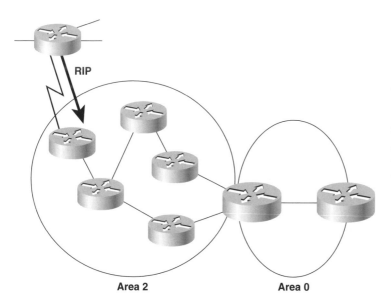

Bild 9.41:
Da einige externe Ziele an einem der Area-2-Router in das OSPF redistribuiert werden müssen, kann die gesamte Area 2 keine Rumpf-Area mehr sein.

Der RIP-sprechende Router muß keine Routen vom OSPF erlernen – er benötigt lediglich eine Default-Route, die auf den Area-2-Router zeigt. Aber alle OSPF-Router müssen die Netzwerke kennen, die an den RIP-Router angeschlossen sind, um Pakete zu ihnen routen zu können.

Not-So-Stubby-Areas (NSSAs)[1] oder auch *Semi-Rumpf-Areas* ermöglichen die Anmeldung externer Routen im OSPF-Autonomous-System und behalten gleichzeitig die Eigenschaften einer Rumpf-Area gegenüber dem Rest des Autonomous-Systems. Der ASBR in einem NSSA erzeugt dafür LSAs vom Typ 7, um die externen Ziele anzumelden. Diese NSSA-External-LSAs werden durch das gesamte NSSA geflutet, aber am ABR blockiert.

Das NSSA-External-LSA besitzt ein Flag in seinem Header, das P-Bit genannt wird. Der NSSA-ASBR hat die Möglichkeit, das P-Bit zu setzen oder zu entfernen. Wenn der ABR des NSSA ein LSA vom Typ 7 empfängt, dessen P-Bit auf Eins gesetzt ist, wird er dieses LSA in ein LSA vom Typ 5 übersetzen und durch die anderen Areas fluten (siehe Bild 9.42). Wenn das P-Bit auf Null gesetzt ist, wird das LSA nicht übersetzt, und das Ziel in diesem LSA wird nicht außerhalb des NSSA angemeldet.

NSSAs werden ab der IOS-Version 11.2 unterstützt.

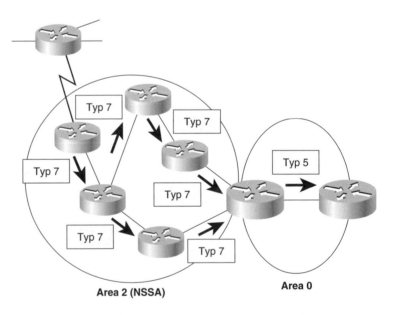

Bild 9.42: Ein ASBR innerhalb eines NSSA wird NSSA-External-LSAs erzeugen. Wenn das P-Bit eines NSSA-External-LSA gesetzt ist, wird der ABR das LSA in ein AS-External-LSA übersetzen.

---

1 Rob Coltun und Vince Fuller, »D OSPF NSSA Option«, RFC 1587, March 1994.

Die Tabelle 9.5 faßt zusammen, welche LSAs in welchen Areas vorkommen dürfen.

Area-Typ	1&2	3&4	5	7
Backbone (Area 0)	Ja	Ja	Ja	Nein
Nicht-Backbone-Area, Nicht-Rumpf-Area	Ja	Ja	Ja	Nein
Rumpf-Area	Ja	Ja	Nein	Nein
Reine Rumpf-Area	Ja	Nein[1]	Nein	Nein
Semi-Rumpf-Area	Ja	Ja	Nein	Ja

Tabelle 9.5: In Area-Typen erlaubte LSA-Typen.

9.1.4 Die Routing-Tabelle

Mit dem Dijkstra-Algorithmus wird der kürzeste Pfad-Baum aus den LSAs in der Verbindungs-Status-Datenbank berechnet. Das Kapitel 4 liefert eine recht detaillierte Diskussion des Dijkstra-Algorithmus. Eine umfassende Beschreibung der OSPF-Berechnung des SPF-Baums finden Sie im Abschnitt 16.1 des RFC 2328. Der SPF-Algorithmus wird einmal ausgeführt, um die Zweige des Baums zu konstruieren, die die Verbindungen zu jedem Knoten (Router) in der Area darstellen. Der Algorithmus wird anschließend ein zweites Mal ausgeführt, um dem Baum Blätter zu verleihen – die an jeden Router angeschlossenen Rumpf-Netzwerke.

OSPF bestimmt den kürzesten Pfad auf der Basis beliebiger Metriken namens *Kosten*, die jeder Schnittstelle zugeordnet sind. Die Kosten einer Route entsprechen der Summe der Kosten aller ausgehenden Schnittstellen zu einem Ziel. Das RFC 2328 legt keine Werte für die Kosten fest. Cisco-Router berechnen die Standard-OSPF-Kosten mit $10^8/BW$, wobei BW der konfigurierten Bandbreite der Schnittstelle entspricht. Die Nachkommastellen der Kosten werden auf ganze Zahlen abgerundet. Die Kosten einer Schnittstelle können mit dem Befehl **ip ospf cost** geändert werden. Die LSAs speichern die Kosten in einem 16-Bit-Feld, so daß die Gesamtkosten einer Schnittstelle von 1 bis 65535 reichen können. Die Tabelle 9.6 zeigt die Standardkosten für einige typische Schnittstellen.

Cisco Standard-Kosten

---

[1] Bis auf ein einziges LSA vom Typ 3 pro ABR, mit dem die Default-Route angemeldet wird

Tabelle 9.6: Ciscos Standard-Schnittstellen-Kosten.

Schnittstellen-Typ	Kosten (10^8/BW)
FDBI, Fast-Ethernet	1
HSSI (45M)	2
16M Token-Ring	6
Ethernet	10
4M Token-Ring	25
T1 (1.544M)	64
DS0 (64K)[1]	1562
56 K1	1785
Tunnel (9K)	11111

Die Ziel-Typen

Jeder Routen-Eintrag wird nach einem *Ziel-Typ* klassifiziert. Die Ziel-Typen lauten entweder *Netzwerk* oder *Router*.

Netzwerkeinträge sind Netzwerkadressen, an die Pakete geroutet werden können. Dies sind die Ziele, die in die Routing-Tabelle übernommen werden (Bild 9.43).

Bild 9.43: Die OSPF-Einträge in der Routing-Tabelle sind Netzwerk-Ziel-Typen.

```
Homer#show ip route
Codes: C - connected, S - static, I - IGRP, R - RIP, M - mobile, B - BGP
       D - EIGRP, EX - EIGRP external, O - OSPF, IA - OSPF inter area
       E1 - OSPF external type 1, E2 - OSPF external type 2, E - EGP
       i - IS-IS, L1 - IS-IS level-1, L2 - IS-IS level-2, * - candidate default
       U - per-user static route

Gateway of last resort is 192.168.32.2 to network 0.0.0.0

O E1   192.168.118.0/24 [110/94] via 192.168.17.74, 02:15:01, Ethernet0
O E1   10.0.0.0/8 [110/84] via 192.168.17.41, 02:15:01, Serial0.19
O E1   192.168.119.0/24 [110/94] via 192.168.17.74, 02:15:01, Ethernet0
O E2   172.19.0.0/16 [110/21] via 192.168.32.2, 02:15:01, Ethernet1
       172.21.0.0/16 is variably subnetted, 2 subnets, 2 masks
O E2      172.21.21.6/0 [110/801] via 192.168.21.6, 02:15:01, Serial1.724
O         172.21.121.0/24 [110/791] via 192.168.21.6, 04:18:30, Serial1.724
       172.16.0.0/16 is variably subnetted, 104 subnets, 7 masks
O         172.16.21.48/30 [110/844] via 192.168.21.10, 04:18:48, Serial1.725
O IA      172.16.30.61/32 [110/856] via 192.168.17.74, 02:15:19, Ethernet0
O IA      172.16.35.0/24 [110/865] via 192.168.17.74, 02:15:19, Ethernet0
C         172.16.32.0/24 is directly connected, Ethernet1
O         172.16.17.48/29 [110/74] via 192.168.17.74, 06:19:46, Ethernet0
O E1      172.16.46.0/24 [110/30] via 192.168.32.2, 02:15:19, Ethernet1
O         172.16.45.0/24 [110/20] via 192.168.32.2, 3d10h, Ethernet1
O IA      172.16.30.54/32 [110/1061] via 192.168.17.74, 02:15:21, Ethernet0
O         172.16.17.56/29 [110/84] via 192.168.17.74, 06:19:48, Ethernet0
O         172.16.54.0/24 [110/11] via 192.168.32.2, 3d10h, Ethernet1
O         172.16.55.0/24 [110/11] via 192.168.32.2, 3d10h, Ethernet1
O         172.16.52.0/24 [110/11] via 192.168.32.2, 3d10h, Ethernet1
O         172.16.53.0/24 [110/11] via 192.168.32.2, 3d10h, Ethernet1
C         172.16.25.28/30 is directly connected, Tunnel29
--More--
```

---

1 Hier wird davon ausgegangen, daß die Standard-Bandbreite der seriellen Schnittstelle geändert wurde.

Router-Einträge sind Routen zu ABRs und ASBRs. Wenn ein Router ein Paket zu einem Inter-Area-Ziel senden will, muß er einen ABR finden können. Wenn ein Paket für ein externes Ziel bestimmt ist, muß der Router einen ASBR finden können. Router-Einträge enthalten diese Informationen und werden in einer separaten, internen Routing-Tabelle geführt. Diese Tabelle kann mit dem Befehl **show ip ospf border-router** angezeigt werden (Bild 9.44).

```
Homer#show ip ospf border-routers
OSPF Process 1 internal Routing Table
Codes:   i - Intra-area route, I - Inter-area route
i  192.168.30.10 [74] via 192.168.17.74, Ethernet0, ABR, Area 0, SPF 391
I  192.168.30.12 [148] via 192.168.17.74, Ethernet0, ASBR, Area 0, SPF 391
I  192.168.30.18 [205] via 192.168.17.74, Ethernet0, ASBR, Area 0, SPF 391
i  192.168.30.20 [84] via 192.168.17.74, Ethernet0, ABR, Area 0, SPF 391
i  192.168.30.27 [781] via 192.168.21.6, Serial1.724, ASBR, Area 7, SPF 631
i  192.168.30.30 [74] via 192.168.17.74, Ethernet0, ABR/ASBR, Area 0, SPF 391
I  192.168.30.38 [269] via 192.168.17.74, Ethernet0, ASBR, Area 0, SPF 391
i  192.168.30.37 [390] via 192.168.21.10, Serial1.725, ASBR, Area 7, SPF 631
i  192.168.30.40 [84] via 192.168.17.74, Ethernet0, ABR/ASBR, Area 0, SPF 391
i  192.168.30.47 [400] via 192.168.21.10, Serial1.725, ASBR, Area 7, SPF 631
i  192.168.30.50 [74] via 192.168.17.41, Serial0.19, ABR/ASBR, Area 0, SPF 391
I  192.168.30.62 [94] via 192.168.17.74, Ethernet0, ASBR, Area 0, SPF 391
i  192.168.30.60 [64] via 192.168.17.41, Serial0.19, ABR/ASBR, Area 0, SPF 391
i  192.168.30.60 [790] via 192.168.21.10, Serial1.725, ABR/ASBR, Area 7, SPF 631
i  192.168.30.80 [10] via 192.168.32.5, Ethernet1, ABR/ASBR, Area 78, SPF 158
i  192.168.30.80 [10] via 192.168.17.74, Ethernet0, ABR/ASBR, Area 0, SPF 391
i  172.20.57.254 [10] via 192.168.32.2, Ethernet1, ASBR, Area 78, SPF 158
Homer#
```

Bild 9.44: Die Router-Einträge, die in einer separaten Routing-Tabelle geführt werden, sind Routen zu ABRs und ASBRs.

Wie Bild 9.44 zeigt, sieht die interne Routing-Tabelle den anderen Routing-Tabellen sehr ähnlich – sie enthält Ziele, Metriken, Next-Hop-Adressen und ausgehende Schnittstellen. Der Unterschied besteht darin, daß alle Ziele den Router-IDs von ABRs und ASBRs entsprechen. Jeder Eintrag ist als Intra-Area (i) oder Inter-Area (I) markiert, und der Eintrag zeigt an, ob das Ziel ein ABR, ein ASBR oder beides ist. Die Area ist gespeichert, sowie die Iteration des SPF-Algorithmus, die den Eintrag verursachte.

Die Pfad-Typen

Jede Route zu einem Netzwerkziel wird auch als einer von vier *Pfad-Typen* klassifiziert. Diese Pfad-Typen sind Intra-Area, Inter-Area, externer Typ 1 und externer Typ 2.

Intra-Area-Pfade führen zu Zielen, die sich in einer der Areas befinden, die direkt mit dem Router verbunden sind.

Inter-Area-Pfade führen zu Zielen in einer anderen Area innerhalb des OSPF-Autonomous-Systems. Ein Inter-Area-Pfad, der in Bild 9.43 mit einem IA markiert ist, wird immer mindestens einen ABR passieren.

Externe Pfade vom Typ 1 (E1 in Bild 9.43) führen zu Zielen außerhalb des OSPF-Autonomous-Systems. Wenn eine externe Route in ein Autonomous-System redistribuiert wird, muß sie eine Metrik erhalten, die das Routing-Protokoll des Autonomous-Systems interpretieren kann. Innerhalb des OSPF weist der ASBR den von ihm angemeldeten externen Routen die Kosten zu. Die Kosten eines externen Pfads vom Typ 1 bestimmen sich aus der Summe dieser externen Kosten plus den Kosten des Pfads zum ASBR. Die Konfiguration eines ASBR zur Anmeldung einer externen (redistributierten) Route mit einer E1-Metrik wird in Kapitel 11 beschrieben

Externe Pfade vom Typ 2 (E2) führen auch zu Zielen außerhalb des OSPF-Autonomous-Systems, aber sie berücksichtigen keine Kosten des Pfads zum ASBR. E2-Routen bieten dem Netzwerkadministrator die Möglichkeit, OSPF nur die externen Kosten einer externen Route betrachten zu lassen und die internen Kosten zum Erreichen des ASBR nicht zu berücksichtigen. OSPF betrachtet externe Routen in der Grundeinstellung als E2-Pfade.

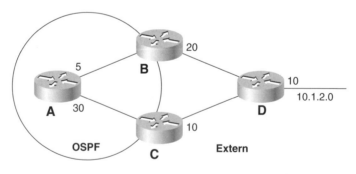

Bild 9.45: Wenn die Route zum externen Netzwerk 10.1.2.0 mit einer E1-Metrik angemeldet wird, wird der Router A die Route über B als den »nächsten« ASBR wählen. Wenn das Ziel mit einer E2-Metrik angemeldet wird, wird C als ASBR ausgewählt.

In Bild 9.45 besitzt der Router A zwei Pfade zum externen Ziel 10.1.2.0. Wenn das Ziel als E1 angemeldet wird, besitzt der A-B-D-Pfad die Kosten von 35 (5 + 20 + 10) und wird dem A-C-D-Pfad vorgezogen, dessen Kosten 50 (30 + 10 + 10) betragen. Wenn das Ziel als E2 angemeldet wird, werden die Kosten der zwei internen Verbindungen zum ASBR nicht berücksichtigt. In diesem Fall besitzt der A-B-D-Pfad die Kosten von 30 (20 + 10), und die Kosten des A-C-D-Pfads betragen 20 (10 + 10). Damit wird der A-C-D-Pfad bevorzugt.

Routing-Tabellen-Prüfungen

Wenn ein OSPF-Router die Ziel-Adresse eines Pakets überprüft, unternimmt er die folgenden Schritte, um die beste Route zu bestimmen.[1]

1. Wähle die Route oder die Routen, die am besten mit der Ziel-Adresse übereinstimmen. Wenn zum Beispiel die Routen-Einträge 172.16.64.0/18, 172.16.64.0/24 und 172.16.64.192/27 vorhanden sind und die Ziel-Adresse 172.16.64.205 lautet, wird der letzte Eintrag ausgewählt. Die genaueste Übereinstimmung sollte immer die längste Übereinstimmung sein – die Route mit der längsten Adreß-Maske. Die Einträge können Host-, Subnetz-, Netzwerk-, Supernetz- oder Default-Adressen sein. Wenn keine Übereinstimmung gefunden wird, sendet der Router eine ICMP-Ziel-Unerreichbar-Meldung an die Quell-Adresse, und das Paket wird verworfen.

2. Streiche einzelne ausgewählte Einträge durch die Entfernung der weniger bevorzugten Pfad-Typen. Die Pfad-Typen werden in der folgenden Reihenfolge bevorzugt, wobei eine 1 der höchsten und eine 4 der geringsten Priorität entspricht:

   1. Intra-Area-Pfade
   2. Inter-Area-Pfade
   3. Externe E1-Pfade
   4. Externe E2-Pfade

Wenn sich mehrere Equal-Cost- und Equal-Pfad-Typ-Routen in der Restmenge befinden, wird OSPF sie benutzen. Die OSPF-Ausführung von Cisco wird in der Grundeinstellung den Last-Ausgleich über maximal vier Equal-Cost-Pfade aus-

Ciscos OSPF erfüllt Equal-Cost Load Balancing

---

[1] Die hier beschriebene Überprüfungsprozedur hält sich an das RFC 2328. Die früheren OSPF-RFCs legen fest, daß zuerst eine Menge von übereinstimmenden Routen erzeugt werden muß, um dann den bevorzugten Pfad-Typ auszuwählen und zuletzt die längste Übereinstimmung zu bestimmen.

führen. Diese Anzahl kann mit dem Befehl **maximum-paths** auf eins bis sechs geändert werden.

9.1.5 Die Authentisierung

OSPF kann alle Pakete authentisieren, die zwischen Nachbarn ausgetauscht werden. Die Authentisierung kann durch einfache Paßwörter oder durch die verschlüsselten MD5-Prüfsummen erfolgen. Diese Authentisierungsmethoden wurden im Kapitel 7 betrachtet und Beispiele zur Konfiguration der OSPF-Authentisierung finden sich im Konfigurationsabschnitt.

9.1.6 OSPF über temporäre Verbindungen

Das OSPF sendet alle 10 Sekunden Hellos aus und erneuert seine LSAs alle 30 Minuten. Diese Funktionen halten die Nachbarbeziehungen aufrecht, garantieren korrekt geführte Verbindungs-Status-Datenbanken und benötigen wesentlich weniger Bandbreite als das RIP oder das IGRP. Jedoch ist auch dieser Minimal-Verkehr auf *temporären Verbindungen* (engl. Demand-Circuits) unerwünscht – also Verbindungen, die nach Bedarf aufgebaut und unterbrochen werden, wie X.25-SVCs, ISDN- und Einwähl-Leitungen. Die auflaufenden Gebühren für derartige Verbindungen können sich anhand der Verbindungsdauer oder des Verkehrsaufkommens oder beidem bestimmen, daher ist jeder Netzwerkverwalter daran interessiert, die Verbindungszeiten zu minimieren.

Eine Verbesserung, die den Betrieb des OSPF über temporäre Verbindungen ermöglicht, liegt in der Möglichkeit, die Hello- und LSA-Refresh-Funktionen zu unterdrücken, so daß eine Verbindung nicht permanent aufrechterhalten werden muß.[1] Auch wenn diese Verbesserung eigens für temporäre Verbindungen entwickelt wurde, kann sie auf jeder Verbindung hilfreich sein, deren Bandbreite beschränkt ist.[2] Das OSPF über

---

[1] John Moy, »Extending OSPF to Support Demand Circuits«, RFC 1793, April 1995.

[2] Auch wenn das OSPF über temporäre Verbindungen auf jeder Schnittstelle konfiguriert werden kann, werden die Hellos auf Multi-Access-Netzwerk-Typen nicht unterdrückt. Dies würde die korrekte Funktion der DR-Prozesse verhindern. Daher ist diese Verbesserung nur auf Point-to-Point- und Point-to-Multipoint-Netzwerk-Typen sinnvoll.

temporäre Verbindungen wird ab der IOS-Version 11.2 unterstützt.

Das OSPF über temporäre Verbindungen wird eine benötigte Verbindung in Betrieb nehmen, um die erstmalige Datenbank-Synchronisierung auszuführen, und wird später die Verbindung nur noch aufnehmen, um LSAs zu fluten, bei denen bestimmte Änderungen auftraten. Diese Änderungen sind:

1. Eine Änderung im LSA-Optionsfeld.
2. Es wurde eine neue Instanz eines existierenden LSA empfangen, in der das Alter MaxAge ist.
3. Eine Änderung im Längen-Feld des LSA-Headers.
4. Eine Änderung der LSA-Inhalte, mit Ausnahme des 20-Oktett-Headers, der Prüfsumme und der Sequenz-Nummer.

Da keine regelmäßigen Hellos ausgetauscht werden (Hellos werden nur verwendet, um die Verbindung aufzubauen), muß das OSPF eine *Annahme der Erreichbarkeit* machen. Das heißt, es muß annehmen, daß die temporäre Verbindung bei Bedarf verfügbar ist. Es ist jedoch möglich, daß in bestimmten Momenten nicht direkt auf die Verbindung zugegriffen werden kann. Zum Beispiel kann eine Einwähl-Verbindung belegt sein, beide B-Kanäle einer BRI-Verbindung können in Gebrauch sein, oder die maximale Anzahl der erlaubten X.25-SVCs wird schon verwendet. In diesen Situationen, in denen die Verbindung nicht fehlerhaft, sondern betriebsbedingt nicht verfügbar ist, ist die Verbindung *überbelegt* (engl. oversubscribed).

OSPF wird eine überbelegte temporäre Verbindung nicht als fehlerhaft anmelden, und zu einer überbelegten Verbindung geroutete Pakete werden verworfen und nicht in eine Warteschlange gesetzt. Dieses Vorgehen ist sinnvoll, da keine Vorhersage möglich ist, wann die Verbindung wieder verfügbar sein wird. Ein Paketstrom zu einer nicht verfügbaren Schnittstelle könnte die Puffer überlaufen lassen.

Es müssen mehrere Änderungen für die Schnittstelle, die Neighbor-State-Machines und die Flooding-Prozedur erfolgen, um das OSPF über temporäre Verbindungen zu unterstützen (siehe RFC 1793 für weitere Details). Im LSA-Format erfolgten zwei Änderungen.

Erstens sollte kein Router auf der anderen Seite einer temporären Verbindung das LSA für ungültig erklären, wenn es das MaxAge überschreitet, da die LSAs über temporäre Verbindungen nicht regelmäßig erneuert werden. Um dies zu ermöglichen, wurde die Bedeutung des Age-Felds des LSA geändert, indem das höchste Bit als das *DoNotAge*-Bit (=Nicht Altern) bestimmt wurde. Wenn ein LSA über eine temporäre Verbindung geflutet wird, wird der sendende Router das DoNotAge-Bit auf Eins setzen. Wenn das LSA an alle Router auf der anderen Seite der Verbindung geflutet wird, wird das Age-Feld ganz normal um die InfTransDelay-Sekunden erhöht.[1] Nachdem es aber in eine Datenbank übernommen wurde, wird das LSA, im Gegensatz zu den anderen LSAs, nicht weiter altern.

Die zweite Änderung ist eine Folge der ersten Änderung. Da alle Router fähig sein müssen, das DoNotAge-Bit korrekt zu interpretieren, wurde ein neues Flag in alle LSAs aufgenommen, das sogenannte *Demand-Circuit-Bit* (DC-Bit). Ein Router, der in allen von ihm erzeugten LSAs dieses Flag setzt, signalisiert den anderen Routern, daß er das OSPF über temporäre Verbindungen unterstützt.

9.1.7 Die OSPF-Paket-Formate

Das OSPF-Paket besteht aus mehreren Einkapselungen, und das Zergliedern eines Pakets erfolgt wie das Schälen einer Zwiebel. In der Abbildung 9.46 wird gezeigt, daß das Äußere der Zwiebel dem IP-Header entspricht. Die maximale Größe eines OSPF-Pakets beträgt bei Cisco 1500 Oktette. Innerhalb des IP-Headers ist einer der fünf OSPF-Paket-Typen eingekapselt. Jeder Paket-Typ beginnt mit einem OSPF-Paket-Header, dessen Format für alle Paket-Typen gleich ist. Die dem Header folgenden OSPF-Paket-Daten sind je nach Paket-Typ unterschiedlich. Jeder Paket-Typ besitzt eine Reihe von typenspezifischen Feldern, denen weitere Daten folgen. Die in einem Hello-Paket enthaltenen Daten bestehen aus einer Liste von Nachbarn. VS-Anfrage-Pakete enthalten eine Reihe von Feldern zur Beschreibung der angefragten LSAs. VS-Update-Pakete enthalten ein Liste von LSAs, wie sie in Bild 9.46 gezeigt

---

1 Beachten Sie, daß dieses MaxAge tatsächlich MaxAge + DoNotAge sein wird.

ist. Diese LSAs besitzen wiederum ihre eigenen Header und typen-spezifischen Daten-Felder. Datenbank-Beschreibungs- und VS-Bestätigungs-Pakete enthalten eine Liste von LSA-Headern.

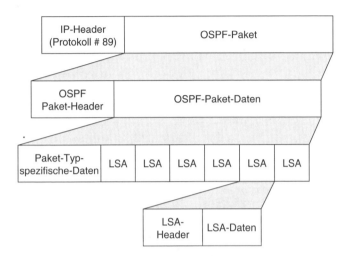

*Bild 9.46:
Ein OSPF-Paket ist aus einer Reihe von Einkapselungen aufgebaut.*

Beachten Sie, daß die OSPF-Pakete nur zwischen Nachbarn auf einem Netzwerk ausgetauscht werden. Sie werden niemals aus dem Netzwerk, in dem sie erzeugt wurden, hinausgeroutet.

Bild 9.47 zeigt die Analyzer-Aufnahme eines IP-Headers für ein Paket mit OSPF-Daten, das durch die Protokoll-Nummer 89 angezeigt wird. Wie zu erkennen ist, werden die OSPF-Pakete mit einer TTL von Eins gesendet. Da ein OSPF-Paket niemals über einen direkten Nachbarn hinaus geroutet werden sollte, garantiert das Setzen des TTL auf Eins, daß das Paket nie weiter als bis zum nächsten Hop wandert. Einige Router führen Prozesse aus, die Pakete nach ihren Precedence-Bits bevorzugen (zum Beispiel Weighted Fair Queuing und Weighted Random Early Detection). OSPF setzt die Precedence-Bits auf Internetwork-Control (110b), wie in Bild 9.47 gezeigt, so daß diese Prozesse den OSPF-Paketen eine hohe Priorität verleihen.

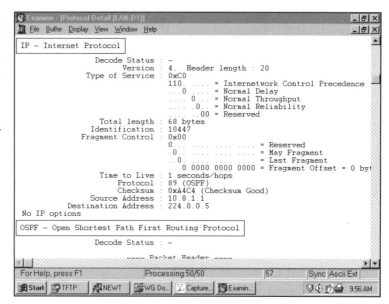

Bild 9.47: OSPF verwendet die Protokoll-Nummer 89. Es setzt auch den TTL-Wert im IP-Header auf 1 und die Precedence-Bits auf Internetwork-Control.

Dieser Abschnitt beschreibt die fünf OSPF-Paket-Typen im einzelnen und beginnt mit dem Header. Die folgenden Abschnitte beschreiben die einzelnen LSA-Typen. Ein Optionsfeld befindet sich in einem Hello, den Datenbank-Beschreibungs-Paketen und in allen LSAs. Das Format dieses Felds ist in alle Fällen gleich und wird in einem eigenen Abschnitt behandelt.

Der Paket-Header

Alle OSPF-Pakete beginnen mit einem 24-Oktett-Header, der in Bild 9.48 gezeigt ist.

Die *Version* ist die OSPF-Versionsnummer. Zum Zeitpunkt dieser Ausgabe lautet die aktuellste OSPF-Versionsnummer 2.

Der *Typ* zeigt den Paket-Typ an, der dem Header folgt. Die Tabelle 9.7 listet die fünf Paket-Typen nach der Nummer im Typ-Feld auf.

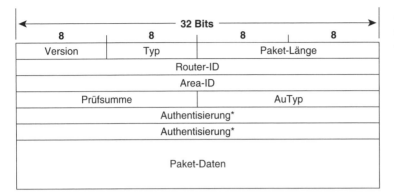

Bild 9.48:
Der OSPF-Paket-Header.

Typ-Kodierung	Beschreibung
1	Hello
2	Datenbank-Beschreibung
3	Verbindungs-Status-Anfrage
4	Verbindungs-Status-Update
5	Verbindungs-Status-Bestätigung

Tabelle 9.7:
OSPF-Paket-Typen.

Die *Paket-Länge* ist die Länge des OSPF-Pakets in Oktetten, den Header eingeschlossen.

Die *Router-ID* ist die ID des erzeugenden Routers.

Die *Area-ID* ist die Area, aus der das Paket stammt. Wenn das Paket über eine virtuelle Verbindung gesendet wird, wird die Area-ID 0.0.0.0 zeigen, also die Backbone-Area-ID, da virtuelle Verbindungen als Teil des Backbone angesehen werden.

Die *Prüfsumme* ist eine Standard-IP-Prüfsumme des gesamten Pakets, den Header eingeschlossen.

Der *AuTyp* ist der verwendete Authentisierungsmodus. Tabelle 9.8 listet die möglichen Authentisierungsmodi auf.

Tabelle 9.8:
OSPF-Authenti-
sierungs-Typen.

AuTyp	Authentisierungs-Typ
0	Null (Keine Authentisierung)
1	Simple (Klartext-) Paßwort-Authentisierung
2	Verschlüsselte (MD5-) Prüfsumme

Die *Authentisierung* enthält die notwendigen Informationen, um das Paket mit dem entsprechenden Modus zu authentisieren. Wenn der AuTyp = 0 ist, wird das Feld nicht überprüft und kann daher etwas Beliebiges enthalten. Wenn der AuTyp = 1 ist, wird das Feld ein Paßwort von bis zu 64 Bit Länge enthalten. Wenn der AuTyp = 2 ist, wird das Authentisierungsfeld eine Schlüssel-ID enthalten, die Authentisierungs-Daten-Länge und eine sich nicht verringernde verschlüsselte Sequenz-Nummer. Das Message-Digest wird an das Ende des OSPF-Pakets angefügt und wird nicht als das Paket an sich betrachtet.

Die *Schlüssel-ID* identifiziert den Authentisierungsalgorithmus und den für das Message-Digest verwendeten Geheim-Schlüssel.

Die *Authentisierungs-Daten-Länge* gibt die Länge des Message-Digest in Oktetten an, das an das Ende des Pakets angefügt ist.

Die *verschlüsselte Sequenz-Nummer* ist eine nicht abnehmende Nummer, die vor Replay-Attacken schützt.

Das Hello-Paket

Das Hello-Paket (Bild 9.49) baut Nachbarverbindungen auf und hält sie aufrecht. Das Hello enthält Parameter, mit denen Nachbarn übereinstimmen müssen, um eine Nachbarverbindung aufbauen zu können.

Die *Netzwerkmaske* ist die Adreßmaske der Schnittstelle, aus der das Paket gesendet wurde. Wenn diese Maske nicht mit der Maske der Schnittstelle übereinstimmt, an der das Paket empfangen wurde, wird das Paket verworfen. Dieses Verfahren stellt sicher, daß Router nur dann Nachbarn werden, wenn sie der exakten Adresse ihres gemeinsamen Netzwerks zustimmen.

Bild 9.49: Das OSPF-Hello-Paket

8	8	8	8
Version	Typ = 1	Paket-Länge	
Router-ID			
Area-ID			
Prüfsumme		AuTyp	
Authentisierung			
Authentisierung			
Netzwerk-Maske			
Hello-Intervall		Optionen	Router-Priorität
Router-Dead-Intervall			
Designated-Router			
Backup-Designated-Router			
Nachbar			
⋮			
Nachbar			

Das *Hello-Intervall*, das bereits besprochen wurde, ist die Zeitperiode in Sekunden, zwischen dem Aussenden von Hello-Paketen aus der Schnittstelle. Wenn der sendende und der empfangende Router für diesen Parameter keine gleichen Werte verwenden, werden sie keine Nachbarbeziehung aufbauen.

Die *Optionen* werden in einem späteren Abschnitt dieses Kapitels beschrieben. Dieses Feld ist im Hello-Paket enthalten, um zu gewährleisten, daß die Nachbarn kompatible Fähigkeiten besitzen. Ein Router kann einen Nachbarn aufgrund von unpassenden Fähigkeiten zurückweisen.

Die *Router-Priorität* wird für die Wahl des DR und des BDR verwendet. Wenn sie auf Null gesetzt ist, ist der erzeugende Router nicht dazu berechtigt, DR oder BDR zu werden.

Das *Router-Dead-Intervall* ist die Sekundenanzahl, die der erzeugende Router auf ein Hello von einem Nachbarn warten wird, bis er den Nachbarn für tot erklärt. Wenn ein Hello empfangen wird, in dem diese Nummer nicht dem Router-Dead-Intervall der empfangenden Schnittstelle entspricht, wird das Paket verworfen. Hiermit wird sichergestellt, daß Nachbarn in diesem Parameter übereinstimmen.

Der *Designated-Router* ist die IP-Adresse der Schnittstelle des DR im Netzwerk (nicht seine Router-ID). Während des DR-

Wahlvorgangs kann es sein, daß der erzeugende Router hier nur den vermeintlichen DR einträgt und nicht den wirklich gewählten DR. Wenn es keinen DR gibt (weil noch keiner gewählt wurde oder weil der Netzwerktyp keine DRs benötigt), ist dieses Feld auf 0.0.0.0 gesetzt.

Der *Backup-DR* ist die IP-Adresse der Schnittstelle des BDR im Netzwerk. Auch hier kann während des DR-Wahlvorgangs nur der vermeintliche BDR eingetragen sein. Wenn es keinen BDR gibt, ist dieses Feld auf 0.0.0.0 gesetzt.

Nachbar ist ein sich wiederholendes Feld, in dem alle Nachbarn des Netzwerks aufgelistet sind, von dem der erzeugende Router ein gültiges Hello innerhalb des letzten Router-Dead-Intervalls empfangen hat.

Das Datenbank-Beschreibungs-Paket

Das Datenbank-Beschreibungs-Paket (Bild 9.50) wird verwendet, nachdem eine Nachbarverbindung aufgebaut wurde. Die Hauptaufgabe des DB-Pakets liegt in der Beschreibung einiger oder aller LSAs in der Datenbank des Erzeugers, damit der Empfänger überprüfen kann, ob er ein passendes LSA in seiner eigenen Datenbank besitzt. Hierfür werden lediglich die Header der LSAs aufgelistet. Da während dieses Prozesses mehrere DB-Pakete ausgetauscht werden können, werden Flags hinzugefügt, um den Austausch über eine Master/Slave-Beziehung zu regeln.

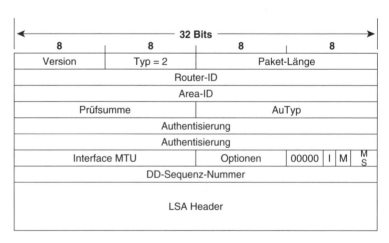

Bild 9.50: Das OSPF-Datenbank-Beschreibungs-Paket.

Die *Schnittstellen-MTU* ist die Größe des größten IP-Pakets in Oktetten, das aus der Erzeuger-Schnittstelle ohne Fragmentierung ausgesendet werden kann. Dieses Feld wird auf 0x0000 gesetzt, wenn das Paket über virtuelle Verbindungen gesendet wird.

Die *Optionen* sind in »Das Optionsfeld« beschrieben. Dieses Feld ist im Datenbank-Beschreibungs-Paket enthalten, damit ein Router es vorziehen kann, bestimmte LSAs nicht an einen Nachbarn weiterzuleiten, der die hierfür erforderlichen Fähigkeiten nicht besitzt.

Die ersten fünf Bits des nächsten Oktetts werden nicht benutzt und immer auf 00000b gesetzt.

Das *I-Bit* oder Initial-Bit wird auf 1 gesetzt, wenn das Paket das erste Paket in der Reihe der DB-Pakete ist. Die darauffolgenden DB-Pakete werden das I-Bit = 0 besitzen.

Das *M-Bit* oder More-Bit wird auf 1 gesetzt, um anzuzeigen, daß es nicht das letzte in einer Reihe von DB-Paketen ist. Das letzte DB-Paket wird das M-Bit = 0 tragen.

Das *MS-Bit* oder Master/Slave-Bit wird auf 1 gesetzt, um anzuzeigen, daß der Erzeuger der Master während einer Datenbank-Synchronisierung ist (d.h., er steuert den Auswahl-Prozeß). Der Slave setzt das MS-Bit auf 0.

Die *DB-Sequenz-Nummer* gewährleistet, daß die gesamte Sequenz der DB-Pakete im Datenbank-Synchronisations-Prozeß empfangen wird. Die Sequenz-Nummer wird vom Master auf einen eindeutigen Wert im ersten DB-Paket gesetzt, und die Sequenz wird in den folgenden Paketen erhöht.

Die *LSA-Header* listen einige oder alle LSA-Header aus der Verbindungs-Status-Datenbank des Erzeugers auf. Im Abschnitt »Der Verbindungs-Status-Header« finden Sie eine vollständige Beschreibung des LSA-Headers. Der Header enthält genug Informationen, um das LSA und die bestimmte LSA-Instanz eindeutig identifizieren zu können.

Das Verbindungs-Status-Anfrage-Paket

Wenn die Datenbank-Beschreibungs-Pakete während des Datenbank-Synchronisations-Prozesses empfangen werden, wird ein Router auf alle LSAs achten, die sich nicht in seiner

Datenbank befinden oder die neuer sind als seine eigenen LSAs. Diese LSAs werden in der Verbindungs-Status-Anfrage-Liste gespeichert. Der Router wird daraufhin ein oder mehrere Verbindungs-Status-Anfrage-Pakete aussenden (Bild 9.51) und vom Nachbarn dessen LSA-Kopien anfordern. Beachten Sie, daß das Paket das LSA eindeutig nach dem Typ, der ID und den anmeldenden Router-Feldern seines Headers identifiziert, aber es fragt nicht nach einer bestimmten LSA-Instanz (die durch die Sequenz-Nummer, die Prüfsumme und das Age des Headers bestimmt ist). Daher gilt die Anfrage der neuesten LSA-Instanz, ganz gleich, ob der Anfragende die Instanz kennt oder nicht.

Bild 9.51: Das OSPF-Verbindungs-Status-Anfrage-Paket.

8	8	8	8
Version	Typ = 3	Paket-Länge	
Router-ID			
Area-ID			
Prüfsumme		AuTyp	
Authentisierung			
Authentisierung			
Verbindungs-Status-Typ			
Verbindungs-Status-ID			
Advertising Router			
Verbindungs-Status-Typ			
Verbindungs-Status-ID			
Advertising Router			

Der *Verbindungs-Status-Typ* ist die VS-Typ-Nummer, die das LSA als ein Router-LSA, ein Netzwerk-LSA usw. identifiziert. Die Typ-Nummern sind in der Tabelle 9.4 aufgelistet.

Die *Verbindungs-Status-ID* ist ein typenabhängiges Feld des LSA-Headers. Lesen Sie hierzu »Der Verbindungs-Status-Header« und die LSA-spezifischen Abschnitte für eine vollständige Beschreibung, wie die verschiedenen LSAs dieses Feld nutzen.

Der *Advertising Router* ist die Router-ID des Routers, der das LSA erzeugte.

Das Verbindungs-Status-Update-Paket

Das Verbindungs-Status-Update-Paket ist in Bild 9.52 gezeigt und wird beim Flooding von LSAs und zur Aussendung von LSAs als Antwort auf Verbindungs-Status-Anfragen verwendet. Es sei erinnert, daß OSPF-Pakete das Netzwerk nicht verlassen, auf dem sie erzeugt wurden. Folglich überträgt ein Verbindungs-Status-Update-Paket, das ein oder viele LSAs enthält, diese LSAs nur einen Hop weiter von ihrem erzeugenden Router. Der empfangende Nachbar ist für die Neu-Einkapselung der richtigen LSAs in neue VS-Update-Pakete verantwortlich, um sie weiter zu fluten.

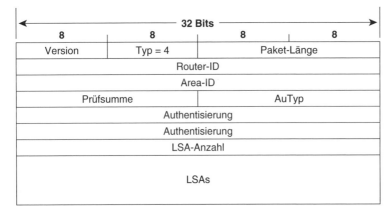

Bild 9.52: Das OSPF-Verbindungs-Status-Update-Paket.

Die *LSA-Anzahl* zeigt die Menge von LSAs in diesem Paket an.

Die *LSAs* sind die vollständigen LSAs, wie sie in den OSPF-LSA-Formaten beschrieben sind. Jedes Update kann mehrere LSAs enthalten, bis zur maximal auf der Verbindung erlaubten Paketgröße.

Das Verbindungs-Status-Bestätigungs-Paket

Die Verbindungs-Status-Bestätigungs-Pakete werden für ein zuverlässiges Flooding der LSAs verwendet. Jedes LSA, das ein Router von einem Nachbar empfängt, muß explizit in einem Verbindungs-Status-Bestätigungs-Paket bestätigt werden. Das zu bestätigende LSA wird dadurch identifiziert, daß sein Header in das VS-ACK-Paket gesetzt wird, wobei mehrere LSAs in einem einzelnen Paket bestätigt werden können. Wie Bild 9.53

zeigt, besteht das VS-ACK-Paket nur aus einem OSPF-Paket-Header und einer Liste von LSA-Headern.

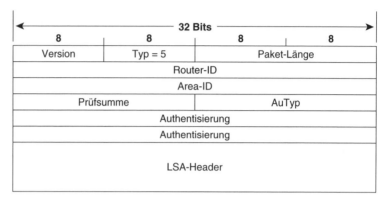

Bild 9.53:
Das OSPF-Verbindungs-Status-Bestätigungs-Paket.

9.1.8 OSPF-LSA-Formate

Dieser Abschnitt beschreibt die einzelnen Felder jedes LSA-Typs mit der Ausnahme des Group-Membership-LSA (Typ 6). Da das MOSPF in diesem Buch nicht betrachtet wird, werden auch die Einzelheiten der zugehörigen LSAs nicht behandelt. Auch werden die LSAs der Typen 8 bis 11 nicht betrachtet, da dies bisher nur vorgeschlagene Typen sind, die noch nicht entwickelt wurden.

Der LSA-Header

Der LSA-Header (Bild 9.54) ist der Kopf aller LSAs und wird auch als Einheit in Datenbank-Beschreibungs- und Verbindungs-Status-Bestätigungs-Paketen verwendet. Drei Felder des Headers identifizieren jedes LSA eindeutig: der Typ, die Verbindungs-Status-ID und der anmeldende Router. Zusätzlich identifizieren drei andere Felder die neueste Instanz eines LSA: das Alter, die Sequenz-Nummer und die Prüfsumme.

Bild 9.54:
Der OSPF-LSA-Header.

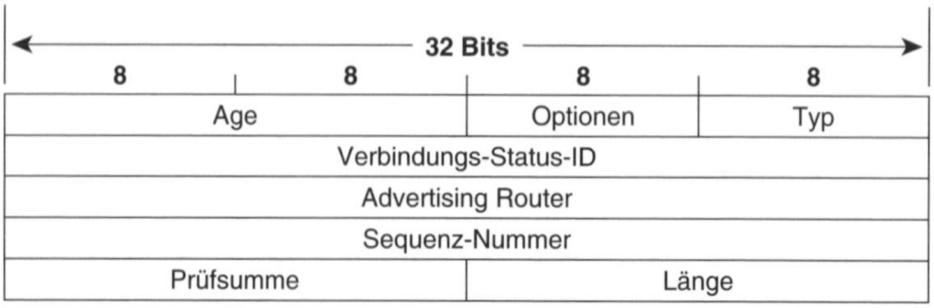

Das *Age* (=Alter) ist die vergangene Zeit in Sekunden, seit das LSA erzeugt wurde. Beim Fluten eines LSA wird das Alter an jeder ausgehenden Router-Schnittstelle um die InfTransDelay-Sekunden erhöht. Das Alter wird auch dann sekundenweise erhöht, wenn es sich in einer Verbindungs-Status-Datenbank befindet.

Die *Optionen* sind im Abschnitt »Das Optionsfeld« beschrieben. Im Optionsfeld des LSA-Headers werden die optionalen Fähigkeiten beschrieben, die von dem Teil der OSPF-Domäne unterstützt werden, der durch das LSA beschrieben wird.

Der *Typ* ist der LSA-Typ. Die Typkodierungen sind in der Tabelle 9.4 gezeigt.

Die *Verbindungs-Status-ID* identifiziert den Teil der OSPF-Domäne, der durch das LSA beschrieben wird. Die besondere Verwendung dieses Felds variiert mit dem LSA-Typ. Die Beschreibungen der einzelnen LSAs enthalten eine Beschreibung, wie das LSA dieses Feld nutzt.

Der *Advertising Router* ist die Router-ID des Routers, der das LSA erzeugte.

Die *Sequenz-Nummer* wird jedesmal um Eins erhöht, wenn eine neue Instanz des LSA erzeugt wird. Diese Aktualisierung ermöglicht es den anderen Routern, die neueste LSA-Instanz zu erkennen.

Die *Prüfsumme* ist die Fletcher-Prüfsumme der gesamten LSA-Inhalte, das Age-Feld ausgenommen. Wenn das Age-Feld eingeschlossen wäre, müßte die Prüfsumme bei jeder Alterserhöhung neu berechnet werden.

Die *Länge* enthält die Oktett-Anzahl des LSA, den Header eingeschlossen.

Router-LSA

Ein Router-LSA (Bild 9.55) wird von jedem Router erzeugt. Es listet die Verbindungen oder Schnittstellen eines Routers auf, zusammen mit dem Status und den ausgehenden Kosten jeder Verbindung. Diese LSAs werden nur innerhalb der Area geflutet, in der sie erzeugt wurden. Der Befehl **show ip ospf database router** (siehe Bild 9.30) listet die Router-LSAs einer Datenbank auf. Beachten Sie, daß Router-LSAs Host-Routen als Rumpf-Netzwerke anmelden. Das Verbindungs-ID-Feld trägt die Host-IP-Adresse und das Verbindungs-Daten-Feld trägt die Host-Adreß-Maske 255.255.255.255.

Bild 9.55: Das OSPF-Router-LSA.

8	8	8	8
Age		Optionen	Typ = 1
Verbindungs-Status-ID			
Advertising Router			
Sequenz-Nummer			
Prüfsumme		Länge	
00000 V E B	0x00	Verbindungsanzahl	
Verbindungs-ID			
Verbindungs-Daten			
Verbindungstyp	TOS-Nummer	Metrik	
TOS	0x00	TOS Metrik	
Verbindungs-ID			
Verbindungs-Daten			

Die *Verbindungs-Status-ID* der Router-LSAs ist die Router-ID des erzeugenden Routers.

Das *V-* oder das *Virtuelle-Verbindung-Endpunkt*-Bit ist auf Eins gesetzt, wenn der erzeugende Router einen Endpunkt einer oder mehrerer vollständig nachbar-verbundener virtueller Verbindungen darstellt, die die beschriebene Area als Transit-Area nutzen.

Das *E-* oder das *Externe* Bit ist auf Eins gesetzt, wenn der erzeugende Router ein ASBR ist.

Das *B-* oder *Border*-Bit ist auf Eins gesetzt, wenn der erzeugende Router ein ABR ist.

Die *Verbindungs-Anzahl* enthält die Anzahl der Router-Verbindungen, die das LSA beschreibt. Das Router-LSA muß alle Verbindungen oder Schnittstellen des erzeugenden Routers in die Area beschreiben, in die das LSA geflutet wird.

Die anschließenden Felder des Router-LSA beschreiben jede Verbindung und erscheinen ein- oder mehrfach, entsprechend der Zahl im Verbindungs-Anzahl-Feld. Obwohl das Verbindungs-Typ-Feld erst nach dem Verbindungs-Daten-Feld erscheint, wird es hier zuerst betrachtet. Es ist wichtig, zuerst den Verbindungs-Typ zu verstehen, da die Beschreibungen der Verbindungs-ID und Verbindungs-Daten-Felder vom Wert des Verbindungs-Typ-Felds abhängen.

Der *Verbindungs-Typ* beschreibt den allgemeinen Verbindungs-Typ. Die Tabelle 9.9 listet die möglichen Werte des Felds und die entsprechenden Verbindungs-Typen auf.

Verbindungs-Typ	Verbindung
1	Point-to-Point-Verbindung zu einem anderen Router
2	Verbindung zu einem Transit-Netzwerk
3	Verbindung zu einem Rumpf-Netzwerk
4	Virtuelle Verbindung

Tabelle 9.9: Werte des Verbindung-Typs.

Die *Verbindungs-ID* identifiziert das Objekt, mit dem die Verbindung besteht. Dieses ist vom Verbindungs-Typ abhängig, wie die Tabelle 9.10 zeigt. Beachten Sie: Wenn das verbundene Objekt ein anderer Router ist, so ist die Verbindungs-ID gleich der Verbindungs-Status-ID im LSA-Header des benachbarten Routers. Während der Routing-Tabellen-Berechnung wird dieser Wert verwendet, um das LSA des Nachbarn in der Verbindungs-Status-Datenbank zu finden.

Verbindungs-Typ	Inhalte des Verbindungs-ID-Felds
1	Router-ID des benachbarten Routers
2	IP-Adresse der Schnittstelle des DR
3	IP-Netzwerk- oder Subnetz-Adresse
4	Router-ID des benachbarten Routers

Tabelle 9.10: Bedeutung der Verbindungs-ID.

Die *Verbindungs-Daten* hängen auch vom Wert des Verbindungs-Typ-Felds ab, wie die Tabelle 9.11 zeigt.

Die *TOS-Nummer* bezeichnet die Nummer der Typ-of-Service-Metriken, die für diese Verbindung aufgelistet ist. Auch wenn das TOS im RFC 2328 nicht mehr unterstützt wird, sind die

TOS-Felder aus Gründen der Abwärtskompatibilität mit früheren OSPF-Ausführungen weiterhin enthalten. Wenn einer Verbindung keine TOS-Metriken zugeordnet sind, ist dieses Feld auf 0x00 gesetzt.

Tabelle 9.11: Bedeutung der Verbindungs-Daten.

Verbindungs-Typ	Inhalt des Verbindungs-Daten-Felds
1	IP-Adresse der Schnittstelle des erzeugenden Routers zum Netzwerk[1]
2	IP-Adresse der Schnittstelle des erzeugenden Routers zum Netzwerk
3	IP-Adresse des Netzwerks oder der Subnetz-Maske
4	Der MIB-II-ifIndex-Wert der Schnittstelle des erzeugenden Routers

Die *Metrik* enthält die Kosten der Verbindung (Schnittstelle).

Die nächsten zwei Felder beziehen sich auf eine Verbindung, die der Nummer (#) des TOS-Felds entspricht. Wenn zum Beispiel die # von TOS = 3 ist, so werden drei 32-Bit-Worte vorhanden sein, die dreimal diese Felder enthalten. Wenn die # von TOS = 0 ist, werden diese Felder nicht vorhanden sein.

Beachten Sie, daß Cisco nur TOS = 0 unterstützt.

TOS bezeichnet den Type-of-Service, auf den sich die folgende Metrik bezieht[2]. Die Tabelle 9.12 listet die TOS-Werte auf (die im RFC 1349 festgelegt sind), die Bit-Werte des entsprechenden TOS-Felds im IP-Header und den entsprechenden Wert, der im OSPF-TOS-Feld verwendet wird.

Tabelle 9.12: OSPF-TOS-Werte.

RFC-TOS-Wert	TOS-Feld im IP-Header	OSPF-TOS-Kodierung
Normaler Service	0000	0
Minimierung der monetären Kosten	0001	2
Maximierung der Zuverlässigkeit	0010	4
Maximierung des Durchsatzes	0100	8
Minimierung der Verzögerung	1000	16

---

1 Wenn die Point-to-Point-Verbindung nicht numeriert ist, wird dieses Feld statt dessen den MIB-II-ifIndex-Wert der Schnittstelle tragen.

2 Philip Almquist, »Type of Service in d Internet Protocol Suite«, RFC 1349, July 1992

Die *TOS-Metrik* ist die Metrik, die dem entsprechenden TOS-Wert zugeordnet ist.

Das Netzwerk-LSA

Die Netzwerk-LSAs (Bild 9.56) werden von den DRs erzeugt. Diese LSAs melden das Multi-Access-Netzwerk an, sowie alle an das Netzwerk angeschlossenen Router (den DR eingeschlossen). Auch die Netzwerk-LSAs werden, wie die Router-LSAs, nur innerhalb der erzeugenden Area geflutet. Der Befehl **show ip ospf database network** (Bild 9.33) zeigt ein Netzwerk-LSA an.

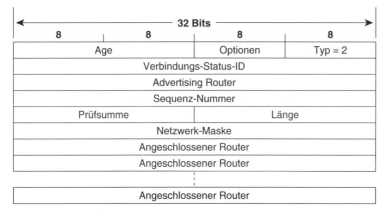

Bild 9.56: Das OSPF-Netzwerk-LSA.

Die *Verbindungs-Status-ID* des Netzwerk-LSA ist die IP-Adresse der DR-Schnittstelle zum Netzwerk.

Die *Netzwerk-Maske* bezeichnet die auf diesem Netzwerk verwendete Adreß- oder Subnetzmaske.

Die *Angeschlossenen Router* listen die Router-IDs aller Router des Netzwerks auf, die eine vollständige Nachbarverbindung mit dem DR besitzen, und die Router-ID des DR selbst. Die Feld-Anzahl (und damit die gelistete Router-Anzahl) kann über das Längenfeld des LSA-Headers bestimmt werden.

Die Netzwerk- und die ASBR-Sammel-LSAs

Die Netzwerk-Sammel-LSAs (Typ 3) und die ASBR-Sammel-LSAs (Typ 4) besitzen identische Formate; dies wird in Bild 9.57 gezeigt. Die Feld-Inhalte unterscheiden sich lediglich im Typ und in der Verbindungs-Status-ID. Die ABRs erzeugen beide Sammel-LSA-Typen. Die Netzwerk-Sammel-LSAs melden externe Netzwerke an eine Area (Default-Routen eingeschlossen), während ASBR-Sammel-LSAs externe ASBRs an eine Area melden. Beide Typen werden nur in eine einzelne Area geflutet. Die Netzwerk-Sammel-LSAs einer Router-Datenbank können mit dem Befehl **show ip ospf database summary** angezeigt werden (Bild 9.34), und die ASBR-Sammel-LSAs können mit **show ip ospf database asbr-summary** angezeigt werden (Bild 9.5).

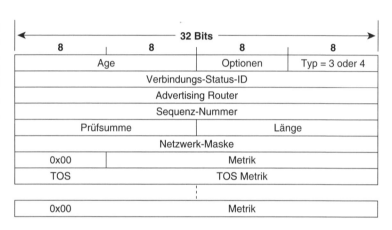

Bild 9.57: Das OSPF-Sammel-LSA. Das Format ist für die Typen 3 und 4 der Sammel-LSAs gleich.

Die *Verbindungs-Status-ID* ist bei LSAs vom Typ 3 die IP-Adresse des angemeldeten Netzwerks oder Subnetzes. Wenn das LSA vom Typ 4 ist, ist die Verbindungs-Status-ID die Router-ID des angemeldeten ASBR.

Die *Netzwerk-Maske* ist bei LSAs vom Typ 3 die Adreß- oder Subnetzmaske des angemeldeten Netzwerks. Bei LSAs vom Typ 4 hat dieses Feld keine Bedeutung; es ist auf 0.0.0.0 gesetzt.

Wenn ein LSA vom Typ 3 eine Default-Route anmeldet, wird sowohl das Verbindungs-Status-ID- als auch das Netzwerk-Masken-Feld auf 0.0.0.0 gesetzt.

Die *Metrik* enthält die Kosten der Route zu diesem Ziel.

Die TOS- und TOS-Metrik-Felder sind optional und werden im Abschnitt »Das Router-LSA« beschrieben. Wie bereits erwähnt, unterstützt Cisco lediglich TOS = 0.

Das Autonomous-System-External-LSA

Die Autonomous-System-External-LSAs (Bild 9.58) werden von ASBRs erzeugt. Diese LSAs melden externe Ziele an das OSPF-Autonomous-System, einschließlich Default-Routen zu externen Zielen. Sie werden in alle Nicht-Rumpf-Areas der OSPF-Domäne geflutet. Der Befehl **show ip ospf database external** zeigt AS-External-LSAs an (Bild 9.38).

8	8	8	8
Age		Optionen	Typ = 5
Verbindungs-Status-ID			
Advertising Router			
Sequenz-Nummer			
Prüfsumme		Länge	
Netzwerk-Maske			
E	0000000	Metrik	
Forwarding-Adresse			
Externes Routen-Tag			
E	TOS	TOS-Metrik	
Forwarding-Adresse			
Externes Routen-Tag			
Netzwerk-Maske			
E	0000000	Metrik	
Forwarding-Adresse			
Externes Routen-Tag			

Bild 9.58: Das OSPF-Autonomous-System-External-LSA

Die *Verbindungs-Status-ID* ist bei AS-External-LSAs die IP-Adresse des Ziels.

Die *Netzwerk-Maske* ist die Adreß- oder Subnetzmaske für das angemeldete Ziel.

Wenn das LSA vom Typ 5 eine Default-Route anmeldet, ist die Verbindungs-Status-ID und die Netzwerk-Maske auf 0.0.0.0 gesetzt.

Das *E*- oder *Externe Metrik*-Bit bezeichnet den externen Metrik-Typ, der auf dieser Route verwendet wird. Wenn das E-Bit auf 1 gesetzt ist, ist der Metrik-Typ E2. Wenn das E-Bit auf 0 gesetzt ist, ist der Metrik-Typ E1. Im früheren Abschnitt »Pfad-Typen« dieses Kapitels können Sie weitere Informationen über die externen E1- und E2-Metriken finden.

Die *Metrik* enthält die Kosten der Route, die der ASBR gesetzt hat.

Die *Forwarding-Adresse* ist die Adresse, an die Pakete für das angemeldete Ziel weitergeleitet werden sollen. Wenn die Forwarding-Adresse 0.0.0.0 lautet, werden die Pakete an den erzeugenden ASBR weitergeleitet.

Das *Externe Routen-Tag* ist ein beliebiges Tag, mit dem eine externe Route markiert werden kann. Dieses Feld wird nicht vom OSPF-Protokoll verwendet, es dient statt dessen dem externen Routen-Management. Das Setzen und die Verwendung solcher Tags wird in Kapitel 14 behandelt.

Es ist auch möglich, die TOS-Felder dem Ziel zuzuordnen. Diese Felder werden wie in der vorherigen Betrachtung verwendet, mit der Ausnahme, daß jede TOS-Metrik hier ihr eigenes E-Bit, ihre Forwarding-Adresse und ihr externes Routen-Tag besitzt.

9.1.9 NSSA-External-LSA

Die NSSA-External-LSAs werden von ASBRs innerhalb einer NSSA (Semi-Rumpf-Area) erzeugt. Alle Felder eines NSSA-External-LSA (Bild 9.59) sind identisch mit denen eines AS-External-LSA, mit der Ausnahme des Forwarding-Adreßfelds. Im Gegensatz zu den AS-External-LSAs, die durch ein gesamtes OSPF-Autonomous-System geflutet werden, werden die NSSA-External-LSAs nur innerhalb der Semi-Rumpf-Area geflutet, in der sie erzeugt wurden. Der Befehl **show ip ospf database nssa-external** zeigt NSSA-External-LSAs an (Bild 9.39).

Die *Forwarding-Adresse* ist die Next-Hop-Adresse im Netzwerk, wenn das Netzwerk zwischen dem NSSA-ASBR und dem nachbarverbundenen Autonomous-System als eine interne Route angemeldet ist. Wenn das Netzwerk nicht als eine interne Route angemeldet ist, wird die Forwarding-Adresse die Router-ID des NSSA-ASBR tragen.

```
                    32 Bits
      8          8          8          8
|    Age      |      Optionen     |   Typ = 7   |
|        Verbindungs-Status-ID                  |
|            Advertising Router                 |
|              Sequenz-Nummer                   |
|    Prüfsumme      |        Länge              |
|              Netzwerk-Maske                   |
| E |  TOS  |           Metrik                  |
|            Forwarding-Adresse                 |
|            Externes Routen-Tag                |
                      ⋮
|              Netzwerk-Maske                   |
| E |  TOS  |           Metrik                  |
|            Forwarding-Adresse                 |
|            Externes Routen-Tag                |
```

Bild 9.59: Das OSPF-NSSA-LSA.

9.1.10 Das Optionsfeld

Das Optionsfeld (Bild 9.60) ist in jedem Hello- und Datenbank-Beschreibungs-Paket und in jedem LSA vorhanden. Das Optionsfeld ermöglicht es Routern, ihre optionalen Fähigkeiten anderen Routern mitzuteilen.

| * | * | DC | EA | N/P | MC | E | T |

Bild 9.60: Das OSPF-Optionsfeld.

Der Stern * bezeichnet ein ungenutztes Bit, das gewöhnlich auf Null gesetzt ist.

Das *DC* ist gesetzt, wenn der erzeugende Router das OSPF über temporäre Verbindungen unterstützen kann.

Das *EA* ist gesetzt, wenn der erzeugende Router External-Attributes-LSAs empfangen und weiterleiten kann. Diese LSAs sind noch nicht in allgemeinem Gebrauch und werden in diesem Buch nicht behandelt.

Das *N* wird nur in Hello-Paketen verwendet. Ein Router wird das N-Bit = 1 setzen, um die Unterstützung für NSSA-External-LSAs anzuzeigen. Wenn das N-Bit = 0 ist, wird der Router diese LSAs weder senden noch akzeptieren. Benachbarte Router, deren N-Bits nicht übereinstimmen, werden keine Nachbarverbindung eingehen. Diese Beschränkung gewährleistet, daß alle Router in einer Area gleichermaßen die NSSA-Fähigkeiten unterstützen. Wenn das N-Bit = 1 ist, muß das E-Bit = 0 sein.

Das *P* wird nur in NSSA-External-LSA-Headern verwendet. (Daher können die N- und P-Bits die gleiche Position einnehmen.) Dieses Bit beauftragt den ABR einer Semi-Rumpf-Area, die LSAs vom Typ 7 in LSAs vom Typ 5 zu übersetzen.

Das *MC* ist gesetzt, wenn der erzeugende Router IP-Multicast-Pakete weiterleiten kann. Dieses Bit wird vom MOSPF genutzt.

Das *E* ist gesetzt, wenn der erzeugende Router AS-External-LSAs akzeptieren kann. Es wird in allen AS-External-LSAs auf Eins gesetzt, sowie in allen LSAs, die im Backbone und in Nicht-Rumpf-Areas erzeugt werden. Das E-Bit ist in allen LSAs auf Null gesetzt, die innerhalb einer Rumpf-Area erzeugt werden. Darüber hinaus zeigt das Bit im Hello-Paket die Fähigkeit einer Schnittstelle an, LSAs vom Typ 5 senden und empfangen zu können. Benachbarte Router, deren E-Bits nicht zueinander passen, werden keine Nachbarverbindung eingehen. Diese Einschränkung gewährleistet, daß alle Router in einer Area die Rumpf-Fähigkeiten gleichermaßen unterstützen.

Das *T* ist gesetzt, wenn der erzeugende Router das TOS unterstützen kann.

9.2 Die Konfiguration des OSPF

Durch die vielen Optionen und Konfigurationsvariablen, die dem OSPF zur Verfügung stehen, ist es das meistverwendete IGP in großen IP-Internetzwerken. Jedoch ist die zuweilen geäußerte Meinung, daß die OSPF-Konfiguration »zu komplex« sei, um sie in kleinen Internetzwerken zu verwenden, purer Unsinn. Wie die erste Fallstudie zeigt, benötigen der Start und der Betrieb einer einfachen OSPF-Konfiguration nur einige zusätzliche Eingaben im **network**-Befehl. Wer die Wirkungsweise des OSPF einigermaßen nachvollziehen konnte, wird diese zusätzlichen Eingaben intuitiv ausführen.

9.2.1 Fallstudie: Eine einfache OSPF-Konfiguration

Um einen einfachen OSPF-Prozeß zu starten, sind die folgenden drei Schritte notwendig:

1. Bestimmen Sie die Area, an die jede Router-Schnittstelle angeschlossen werden soll.

2. Aktivieren Sie OSPF mit dem Befehl **router ospf** *Prozeß-ID*.

3. Bezeichnen Sie mit dem Befehl **network area** die Schnittstellen, auf denen OSPF ausgeführt werden soll, sowie ihre Areas.

Die OSPF-Prozeß-ID ist, im Gegensatz zur Prozeß-ID von IGRP und EIGRP, keine Autonomous-System-Nummer. Die Prozeß-ID kann jede positive Integerzahl sein und hat außerhalb des konfigurierten Routers keine Bedeutung. Cisco IOS erlaubt den Betrieb von mehreren OSPF-Prozessen auf demselben Router.[1] Die Prozeß-ID dient nur der Unterscheidung der einzelnen Prozesse innerhalb des Geräts.

Die bisher betrachteten Protokolle erlauben die Verwendung des Befehls **network** nur zusammen mit einer Haupt-Netzwerk-Adresse. Wenn einige Schnittstellen innerhalb des Netzwerks das Routing-Protokoll nicht verwenden sollen, muß bei diesen Protokollen der Befehl **passive-interface** eingegeben werden. Der Befehl **network area** ist wesentlich flexibler, da er die vollständige classless Eigenschaft des OSPF widerspiegelt. Es kann jeder Adreßbereich mit einer (Adresse, inverse Maske)-Paarung festgelegt werden. Die inverse Maske ist gleich der mit Access-Listen verwendeten inversen Maske.[2] Die Area kann entweder dezimal oder in gepunkteter Dezimalform eingegeben werden.

---

1 Auch wenn die Verwendung mehrerer Prozesse auf einem Router möglich ist, wird sehr davor gewarnt, da mehrere Datenbanken die Router-Ressourcen sehr stark belasten werden.

2 Siehe Anhang B für eine Anleitung über die Verwendung von inversen Masken.

Bild 9.61 zeigt ein OSPF-Internetzwerk. Beachten Sie, daß jede Area eine zugeordnete IP-Adresse besitzt, aus der ihre Subnetze abgeleitet sind. Die Begrenzung einer Area auf eine einzelne Adresse oder ein Subnetz ist nicht notwendig, aber dieses Vorgehen hat bestimmte Vorteile, die in einer späteren Fallstudie über Adreß-Zusammenfassung aufgezeigt werden. Beachten Sie auch, daß dieses Beispiel konstruiert wurde, um die Konfiguration mehrfacher Areas zu demonstrieren. Im »wahren Leben« wäre es viel sinnvoller, ein derart kleines Internetzwerk innerhalb einer einzelnen Area zu betreiben. Zudem muß diese einzelne Area keine Area 0 sein. Es gilt die Regel, daß alle Areas mit dem Backbone verbunden sein müssen. Daher wird eine Backbone-Area nur dann benötigt, wenn mehr als eine Area existiert.

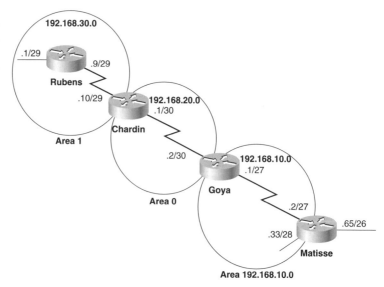

Bild 9.61: Chardin und Goya sind ABRs, Rubens und Matisse sind interne Router.

Jeder der vier Router in Bild 9.61 ist unterschiedlich konfiguriert, um die Flexibilität des **network area**-Befehls zu demonstrieren. Die Konfigurationen lauten:

Rubens

```
router ospf 10
  network 0.0.0.0 255.255.255.255 area 1
```

Chardin

```
router ospf 20
  network 192.168.30.0 0.0.0.255 area 1
  network 192.168.20.0 0.0.0.255 area 0
```

Goya

```
router ospf 30
  network 192.168.20.0 0.0.0.3 area 0.0.0.0
  network 192.168.10.0 0.0.0.31 area 192.168.10.0
```

Matisse

```
router ospf 40
  network 192.168.10.2 0.0.0.0 area 192.168.10.0
  network 192.168.10.33 0.0.0.0 area 192.168.10.0
```

Als erstes sei angemerkt, daß die Prozeß-IDs aller Router unterschiedlich sind. Gewöhnlich sind diese Nummern aus Gründen der Konfigurationskonsistenz in einem gesamten Internetzwerk gleich. Hier sind die Prozeß-IDs nur deshalb unterschiedlich konfiguriert, um zu demonstrieren, daß sie außerhalb der Router keine Bedeutung haben. Diese vier unterschiedlich numerierten Prozesse können miteinander kommunizieren.

Der nächste interessante Punkt ist das Format des **network area**-Befehls. Nach dem **network**-Teil folgen eine IP-Adresse und eine inverse Maske. Wenn der OSPF-Prozeß erstmals aktiv wird, wird er die IP-Adressen aller aktiven Schnittstellen gegenüber der (Adresse, inverse Maske)-Paarung des ersten Netzwerk-Statements abgleichen. Alle darauf passenden Schnittstellen werden der Area zugeordnet, die im **area**-Teil des Befehls angegeben ist. Der Prozeß wird anschließend die Adressen aller Schnittstellen, die nicht auf das erste Netzwerk-Statement paßten, mit dem zweiten Netzwerk-Statement vergleichen. Der Prozeß des IP-Adressen-Abgleichs gegenüber den Netzwerk-Statements setzt sich so lange fort, bis alle Schnittstellen zugeordnet wurden oder alle Netzwerk-Statements verwendet wurden. Es ist zu beachten, daß dieser Prozeß fortlaufend ist und mit dem ersten Netzwerk-Statement be-

Der Adressen-Abgleich ist fortlaufend, er beginnt mit dem ersten Network-Statement

ginnt. Folglich kann die Reihenfolge der Statements von Bedeutung sein, was im Abschnitt zur Fehlerbehebung aufgezeigt wird.

Das Netzwerk-Statement von Rubens paßt auf alle seine Router-Schnittstellen. Die Adresse 0.0.0.0 ist lediglich ein Platzhalter. Die inverse Maske 255.255.255.255 ist das Element, das alles Nötige erfüllt. Dadurch, daß die »nicht beachten« Bits über alle vier Oktette gelegt sind, wird die Maske mit jeder Adresse übereinstimmen und die entsprechende Schnittstelle in die Area 1 setzen. Diese Methode bietet die geringste Genauigkeit darüber, welche Schnittstellen OSPF ausführen sollen.

Chardin ist ein ABR zwischen Area 1 und Area 0. Diese Tatsache spiegelt sich in seinen Netzwerk-Statements wider. Hier werden die (Adresse, inverse Maske)-Paarungen jede Schnittstelle, die mit einem Subnetz des Haupt-Netzwerks 192.168.30.0 verbunden ist, in die Area 1 setzen, und jede Schnittstelle, die mit einem Subnetz des Haupt-Netzwerks 192.168.20.0 verbunden ist, in die Backbone-Area setzen.

Goya ist auch ein ABR. Hier werden die (Adresse, inverse Maske)-Paarungen nur auf die bestimmten Subnetze passen, die auf den zwei Schnittstellen konfiguriert sind. Beachten Sie zudem, daß die Backbone-Area in gepunkteter Dezimalform festgelegt ist. Sowohl dieses Format als auch das bei Chardin verwendete dezimale Format werden den OSPF-Paketen die Area-Felder 0x00000000 zuordnen, d.h., sie sind kompatibel.

Matisse besitzt die Schnittstelle 192.168.10.65/26, die nicht mit OSPF betrieben wird. Die Netzwerk-Statements für diesen Router sind mit den individuellen Schnittstellen-Adressen konfiguriert, und die inverse Maske läßt erkennen, daß alle 32 Bits exakt passen müssen. Diese Methode bietet die genaueste Kontrolle darüber, welche Schnittstellen mit OSPF betrieben werden sollen.

Beachten Sie zum Schluß, daß die Schnittstellen-Adresse 192.168.10.65/26 die numerisch höchste des Routers Matisse ist, diese aber nicht mit OSPF betrieben wird. Folglich lautet die Router-ID von Matisse 192.168.10.65 (Bild 9.62).

```
Matisse#show ip ospf 40
Routing Process "ospf 40" with ID 192.168.10.65
Supports only single TOS(TOS0) routes
SPF schedule delay 5 secs, Hold time between two SPFs 10 secs
Number of DCbitless external LSA 0
Number of DoNotAge external LSA 0
Number of areas in this router is 1. 1 normal 0 stub 0 nssa
    Area 192.168.10.0
        Number of interfaces in this area is 2
        Area has no authentication
        SPF algorithm executed 3 times
        Area ranges are
        Link State Update Interval is 00:30:00 and due in 00:27:59
        Link State Age Interval is 00:20:00 and due in 00:17:58
        Number of DCbitless LSA 1
        Number of indication LSA 1
        Number of DoNotAge LSA 0

Matisse#
```

*Bild 9.62: Der Befehl **show ip ospf** Prozeß-ID zeigt prozeßeigene Informationen an. Die erste Zeile zeigt, daß die Router-ID 192.168.10.65 lautet.*

9.2.2 Fallstudie: Das Setzen der Router-IDs auf Loopback-Schnittstellen

Wir gehen davon aus, daß der Router Matisse in Bild 9.61 in einem »staging center« konfiguriert und anschließend in einem Internetzwerk installiert wurde. Während des Bootvorgangs meldet der Router, daß er keine Router-ID zuweisen kann, und er meldet offenbar die **network area**-Befehle als Konfigurationsfehler (Bild 9.63). Noch schlimmer ist, daß die OSPF-Befehle nicht mehr in der laufenden Konfiguration vorhanden sind.

Das vorliegende Problem liegt darin, daß alle Schnittstellen des Routers während des Bootvorgangs administrativ abgeschaltet waren. Wenn OSPF keine aktive IP-Adresse für seine Router-ID findet, kann es nicht starten. Wenn nun der OSPF-Prozeß inaktiv ist, werden die darauf folgenden **network area**-Befehle ungültig sein.

Die Lösung dieses Problems (wir gehen davon aus, daß ein echter Grund dafür besteht, alle physikalischen Schnittstellen abgeschaltet zu haben) liegt in der Verwendung einer Loopback-Schnittstelle. Die Loopback-Schnittstelle, die eine virtuelle, reine Software-Schnittstelle ist, ist immer aktiv. Daher ist ihre IP-Adresse immer verfügbar.

Bild 9.63:
OSPF wird nicht booten, wenn es keine aktive IP-Adresse für die Router-ID findet.

```
Cisco Internetwork Operating System Software
IOS (tm) 2500 Software (C2500-J-L), Version 11.2(7a), RELEASE SOFTWARE (fc1)
Copyright (c) 1986-1997 by cisco Systems, Inc.
Compiled Tue 01-Jul-97 15:31 by kuong
Image text-base: 0x0303E1EC, data-base: 0x00001000
cisco 2509 (68030) processor (revision C) with 16384K/2048K bytes of memory.
Processor board ID 01210416, with hardware revision 00000000
Bridging software.
SuperLAT software copyright 1990 by Meridian Technology Corp).
X.25 software, Version 2.0, NET2, BFE and GOSIP compliant.
TN3270 Emulation software.
1 Ethernet/IEEE 802.3 interface(s)
2 Serial network interface(s)
32K bytes of non-volatile configuration memory.
8192K bytes of processor board System flash (Read ONLY)

OSPF: Could not allocate router id
 network 192.168.10.2 0.0.0.0 area 192.168.10.0
         ^
% Invalid input detected at '^' marker.

 network 192.168.10.33 4 0.0.0.0 area 192.168.10.0
         ^
% Invalid input detected at '^' marker.

Press RETURN to get started!
```

Ein häufigerer Beweggrund für die Verwendung von Loopback-Schnittstellen auf OSPF-Routern ist, daß der Netzwerkadministrator mit diesen Schnittstellen die Router-IDs bestimmen kann. Wenn der OSPF-Prozeß nach einer Router-ID sucht, wird OSPF die Adresse einer Loopback-Schnittstelle gegenüber den Adressen aller physikalischen Schnittstellen vorziehen, ohne Rücksicht auf die numerische Rangordnung. Wenn mehrere Loopback-Schnittstellen mit IP-Adressen vorhanden sind, wird OSPF die numerisch höchste Loopback-Adresse auswählen.

Die Steuerung der Router-IDs zur einfacheren Identifizierung der einzelnen OSPF-Router erleichtert das Management und die Fehlerbehebung. Die Router-IDs werden gewöhnlich mit einer der beiden Methoden verwaltet:

– Es wird eine gültige Netzwerk- oder Subnetz-Adresse reserviert, um sie nur für Router-IDs zu verwenden.

– Es wird ein »unechter« IP-Adressen-Bereich verwendet.

Die erste Methode hat den Nachteil, daß Netzwerkadreßraum verbraucht wird. Die zweite Methode spart die legitimen Adressen ein, es ist jedoch zu bedenken, daß eine unechte Adresse in einem Internetzwerk in einem anderen echt sein kann. Es ist sinnvoll, einfach erkennbare Adressen, wie 1.1.1.1

oder 2.2.1.1, zu verwenden, solange Sie sich bewußt sind, daß diese Adressen nicht öffentlich sind. Es ist Vorsicht geboten, damit die Scheinadressen nicht in das öffentliche Internet gelangen.

Die Konfigurationen des letzten Abschnitts wurden verändert, um Loopback-Adressen zu verwenden:

Rubens

```
interface Loopback0
  ip address 192.168.50.1 255.255.255.255
!
router ospf 10
  network 192.168.30.0 0.0.0.255 area 1
```

Chardin

```
interface Loopback0
  ip address 192.168.50.2 255.255.255.255
!
router ospf 20
  network 192.168.30.0 0.0.0.255 area 1
  network 192.168.20.0 0.0.0.255 area 0
```

Goya

```
interface Loopback0
  ip address 192.168.50.3 255.255.255.255
!
router ospf 30
  network 192.168.20.0 0.0.0.3 area 0.0.0.0
  network 192.168.10.0 0.0.0.31 area 192.168.10.0
```

Matisse

```
interface Loopback0
  ip address 192.168.50.4 255.255.255.255
!
router ospf 40
  network 192.168.10.2 0.0.0.0 area 192.168.10.0
  network 192.168.10.33 0.0.0.0 area 192.168.10.0
```

Für dieses Beispiel wurde die Netzwerkadresse 192.168.50.0 reserviert, um sie für Router-IDs zu verwenden. Daher unterscheiden sich die Router-IDs von den anderen IP-Adressen in diesem Internetzwerk.

In dieser Konfiguration sind zuerst die Adreßmasken der Loopback-Adressen zu beachten: Jede Maske ist als Host-Adresse konfiguriert. Dieser Schritt ist nicht wirklich notwendig, da OSPF eine Loopback-Schnittstelle als einen Rumpf-

Host betrachtet. Ganz gleich, welche (Adresse, Maske)-Paarung konfiguriert ist, die Adresse der Loopback-Schnittstelle wird als eine Host-Route angemeldet werden. Die Host-Maske wird nur verwendet, um das Ganze übersichtlich zu halten und aufzuzeigen, wie die Adresse angemeldet wird.

OSFP meldet Loopback-Schnittstellen-Adressen als Host-Route an

Der zweite interessante Punkt läßt den ersten relativ irrelevant werden. Erinnern sie sich, daß eine Schnittstelle nicht mit OSPF betrieben werden muß, um deren IP-Adresse als Router-ID zu verwenden. Dadurch, daß OSPF nun die Loopback-Adressen anmeldet, werden unnötige LSAs erzeugt. Beachten Sie, daß die **network area**-Statements im gezeigten Beispiel nicht auf die Loopback-Adressen verweisen. Tatsächlich mußte die Konfiguration bei Rubens geändert werden. Der vorherige Befehl von Rubens, **network** 0.0.0.0 255.255.255.255 **area 1**, hätte die Loopback-Adresse aufgenommen.

Vorteile der Loopback-Adressen

Ein weiterer Vorteil einer Loopback-Schnittstelle liegt neben der Vereinfachung des Managements und der Fehlerbehebung in der Stabilisierung eines OSPF-Internetzwerks. Wenn eine physikalische Schnittstelle, von der die Router-ID stammt, einen Hardware-Schaden erleidet,[1] wenn die Schnittstelle administrativ abgeschaltet wird oder die IP-Adresse versehentlich gelöscht wird, muß der OSPF-Prozeß eine neue Router-ID beziehen. Daher muß der Router seine alten LSAs vorzeitig altern und fluten und daraufhin die LSAs mit der neuen ID fluten. Eine Loopback-Schnittstelle besitzt keine Hardware-Komponenten, die ausfallen können. Die Router-ID wird auch dann neu berechnet werden müssen, wenn die Loopback-Schnittstelle oder seine IP-Adresse versehentlich gelöscht wurde, aber die Wahrscheinlichkeit einer Änderung in der Loopback-Schnittstelle ist gering, da routinemäßige Konfigurationen diese Schnittstelle nicht betreffen sollten.

---

1 Die einfache Unterbrechung der Schnittstelle wird die Router-ID-Änderung nicht verursachen.

9.2.3 Fallstudie: Domain-Name-Service-Prüfungen

Loopback-Schnittstellen vereinfachen das Management und die Fehlersuche von OSPF-Internetzwerken durch bestimmbare Router-IDs. Diese Vereinfachung kann noch weitergeführt werden, indem die Router-IDs in einer Domain-Name-Service-(DNS-)Datenbank gespeichert werden. Der Router kann daraufhin so konfiguriert werden, daß er einen Adressen/Namen-Vergleich eines Servers oder die Reverse-DNS-Prüfung anfordert und anschließend die Router mit Namen und nicht mit der Router-ID anzeigt (Bild 9.64).

```
Goya#show ip ospf neighbor
Neighbor ID     Pr$tate     Dead Time   Address         Interface
chardin         1 FULL/ -   00:00:38    192.168.20.1    Serial0
matisse         1 FULL/ -   00:00:36    192.168.10.2    Serial1
Goya#show ip ospf database
     OSPF Router with ID (192.168.50.3) (Process ID 30)
        Router Link States (Area 0.0.0.0)
Link ID        ADV Router      Age      Seq#          Checksum    Link count
192.168.50.2   chardin         151      0x80000097    0x1B3F      2
192.168.50.3   goya            1568     0x8000000C    0x2A1C      3
        Summary Net Link States (Area 0.0.0.0)
Link ID        ADV Router      Age      Seq#          Checksum
192.168.10.0   goya            1568     0x80000009    0xA35E
192.168.10.33  goya            1568     0x80000009    0x1DA3
192.168.30.1   chardin         1058     0x80000009    0x6984
192.168.30.8   chardin         1059     0x80000009    0xEEFF
        Router Link States (Area 192.168.10.0)
Link ID        ADV Router      Age      Seq#          Checksum    Link count
192.168.50.3   goya            1569     0x8000001C    0xF9E8      2
192.168.50.4   matisse         688      0x8000000B    0xB597      3
--More-
```

*Bild 9.64: OSPF kann so konfiguriert werden, daß es mit DNS die Router-IDs den Namen zuordnet, die in einigen **show**-Befehlen verwendet werden.*

Goya wurde folgendermaßen zur Ausführung von DNS-Prüfungen konfiguriert:

```
ip name-server 172.19.35.2
!
ip ospf name-lookup
```

Der erste Befehl bezeichnet die Adresse des DNS-Servers und der zweite aktiviert den OSPF-Prozeß zur Ausführung der DNS-Prüfungen. In einigen Fällen wird ein Router nicht durch seine Router-ID, sondern durch eine seiner Schnittstellenadressen identifiziert. Zusätzliche Einträge in der DNS-Datenbank für die Router-Schnittstellen, z.B. *rubens-e0*, ermöglichen auch die Identifizierung der Schnittstellen durch den Namen und die Unterscheidung von den Router-IDs.

Die in diesem Beispiel verwendete Adresse des Name-Servers gehört zu keinem der Subnetze, die in Bild 9.61 gezeigt sind. Die Methode, mit der dieses Netzwerk erreicht wird, ist Thema der nächsten Fallstudie.

9.2.4 Fallstudie: OSPF und sekundäre Adressen

Es gelten zwei Regeln bei der Verwendung sekundärer Adressen in einer OSPF-Umgebung:

1. OSPF wird ein sekundäres Netzwerk oder Subnetz nur dann anmelden, wenn es auch auf dem primären Netzwerk oder Subnetz betrieben wird.

2. OSPF betrachtet sekundäre Netzwerke als Rumpf-Netzwerke (Netzwerke, auf denen es keine OSPF-Nachbarn gibt) und wird daher keine Hellos an sie senden. Folglich können auf sekundären Netzwerken keine Nachbarverbindungen aufgebaut werden.

Bild 9.65 zeigt den DNS-Server und einen zusätzlichen Router, der an die E0-Schnittstelle von Matisse angeschlossen wurde. Der Server und der neue Router besitzen Adressen im Subnetz 172.19.35.0/25, daher erhielt Matisses E0 die sekundäre Adresse 172.19.35.15/25:

```
interface Ethernet0
  ip address 172.19.35.15 255.255.255.128 secondary
  ip address 192.168.10.33 255.255.255.240
!
router ospf 40
  network 192.168.10.2 0.0.0.0 area 192.168.10.0
  network 192.168.10.33 0.0.0.0 area 192.168.10.0
  network 172.19.35.15 0.0.0.0 area 192.168.10.0
```

Mit dieser Konfiguration wird Matisse das Subnetz 172.19.35.0/25 an seine Nachbarn melden. Würde jedoch das **network area**-Statement für 192.168.10.33 gelöscht, so würde das Subnetz 172.19.35.0/25 nicht mehr weitergemeldet.

Kapitel 9 • Open-Shortest-Path-First **489**

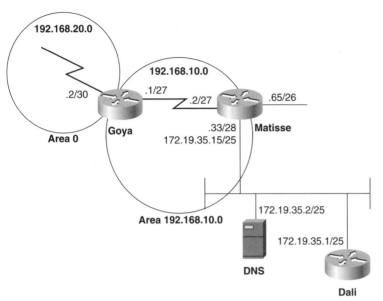

Bild 9.65:
Router Dali und der DNS-Server sind nun Teil der OSPF-Domäne und an Matisse über eine sekundäre Netzwerkadresse angeschlossen.

Da Matisse an das Subnetz 172.19.35.0/25 über eine sekundäre Adresse angeschlossen ist, kann er mit keinem Router dieses Subnetzes eine Nachbarverbindung eingehen (Bild 9.66). Jedoch verwendet der DNS-Server den Router Dali als sein Standard-Gateway. Daher müssen Matisse und Dali Pakete zueinander routen können.

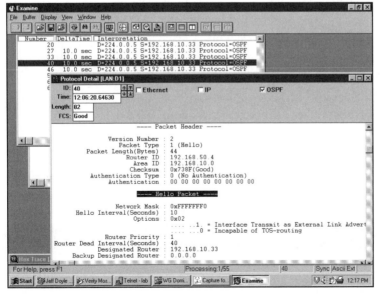

Bild 9.66:
Diese Analyzer-Aufnahme entstammt dem Netzwerk, an das Matisse, Dali und der DNS-Server angeschlossen sind. Das kleinere Fenster zeigt, daß Hellos nur aus Matisses Primär-Adresse 192.168.10.33 entspringen. Das größere Fenster zeigt die Aufschlüsselung eines der Hellos.

Soweit das Internetzwerk bisher beschrieben wurde, läßt sich folgendes feststellen:

- Das Subnetz 172.19.35.0/25 wird in der OSPF-Domäne angemeldet. Ein Paket mit der Ziel-Adresse 172.19.35.2 wird zur E0-Schnittstelle von Matisse geroutet und von dort direkt zum DNS-Server (Bild 9.67).

- Da der DNS-Server auf alle Netzwerkadressen antworten muß, die sich von seiner unterscheiden, wird er die Antworten an Dali senden, um sie routen zu lassen.

- Dali tauscht keine Routing-Informationen mit Matisse aus, daher weiß er nicht, wie er die Netzwerke innerhalb des OSPF-Autonomous-Systems erreichen soll.

Bild 9.67: Das MAC-Kennzeichen des DNS-Servers ist in Matisses ARP-Cache gespeichert, also kann der Server direkt erreicht werden. Wenn für den Server bestimmte Pakete durch Dali geroutet werden müßten, würde der Cache das MAC-Kennzeichen 0000.0c0a.2aa9 für den Server und für Dali enthalten.

```
Matisse#show arp
Protocol   Address          Age (min)  Hardware Addr    Type   Interface
Internet   192.168.10.33    -          0000.0c0a.2c51   ARPA   Ethernet0
Internet   172.19.35.15     -          0000.0c0a.2c51   ARPA   Ethernet0
Internet   172.19.35.1      167        0000.0c0a.2aa9   ARPA   Ethernet0
Internet   172.19.35.2      26         0002.6779.0f4c   ARPA   Ethernet0
Matisse#
```

Um nun den »Kreis zu schließen«, muß Dali die OSPF-Netzwerke erreichen können. Dies erfolgt einfach mit einer statischen Route:

```
Dali(config)#ip route 192.168.0.0 255.255.0.0 172.19.35.15
```

Beachten Sie, daß statische Routen classless sind, daher kann dieser eine Supernetz-Eintrag alle Adressen innerhalb des OSPF-Autonomous-Systems abdecken.

In diesem Beispiel ist Matisse kein ASBR. Auch wenn er Pakete zu Zielen außerhalb des Autonomous-Systems sendet, akzeptiert er keine Informationen über externe Ziele und erzeugt daher auch keine LSAs vom Typ 5.

Bild 9.68 zeigt eine neue Zielgruppe, die über Dali erreichbar ist. Matisse muß nun ein ASBR werden und die Routen in die OSPF-Domäne melden. Jedoch muß er zuerst die Routen erlernen. Diese Aufgabe kann durch die Konfiguration statischer Routen erfolgen oder durch die Ausführung eines Routing-Protokolls, das über das sekundäre Netzwerk kommuniziert. In beiden Fällen müssen die Routen in das OSPF redistribuiert werden.

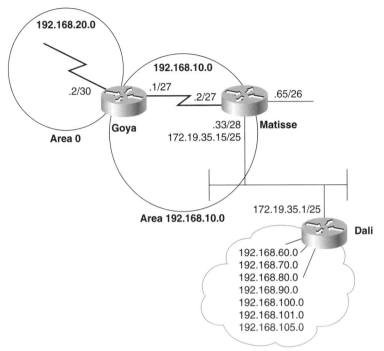

Bild 9.68:
Das OSPF-Autonomous-System muß die über Dali erreichbaren Ziele erlernen, aber die sekundäre Adresse von Matisse zu Dali verhindert, daß die beiden Router sich die Informationen über OSPF mitteilen.

RIP hat keine Schwierigkeiten mit sekundären Adressen und wird daher zur Kommunikation mit Dali ausgewählt. Die Konfiguration von Matisse lautet:

```
interface Ethernet0
  ip address 172.19.35.15 255.255.255.128 secondary
  ip address 192.168.10.33 255.255.255.240
!
router ospf 40
  redistribute rip metric 10
  network 192.168.10.2 0.0.0.0 area 192.168.10.0
  network 192.168.10.33 0.0.0.0 area 192.168.10.0
!
router rip
  network 172.19.0.0
```

Diese Konfiguration aktiviert RIP auf dem sekundären Netzwerk von E0 und ermöglicht es Matisse, die Routen von Dali zu erlernen (Bild 9.69). Die Routen werden in das OSPF redistributiert (das nicht mehr auf der sekundären Adresse läuft), und sie erhalten mit dem Befehl **redistribute rip metric 10** die OSPF-Kosten von 10 zugewiesen. Siehe Kapitel 11 für weitere Details über die Redistribution. Bild 9.70 zeigt, daß die Routen in die OSPF-Domäne mit den externen Typ-2-(E2-)

Standard-Metriken angemeldet werden. Beachten Sie, daß die Kosten dieser Routen bei Rubens weiterhin 10 betragen. Matisse meldet diese externen Ziele mit LSAs vom Typ 5 an, damit ist er ein ASBR (Bild 9.71).

Bild 9.69:
Dali hat seine Routing-Informationen über RIP an Matisse weitergegeben.

```
Matisse#show ip route
Codes:  C - connected, S - static, I - IGRP, R - RIP, M - mobile, B - BGP
        D - EIGRP, EX - EIGRP external, O - OSPF, IA - OSPF inter area
        N1 - OSPF NSSA external type 1, N2 - OSPF NSSA external type 2
        E1 - OSPF external type 1, E2 - OSPF external type 2, E - EGP
        i - IS-IS, L1 - IS-IS level-1, L2 - IS-IS level-2, * - candidate default
        U - per-user static route, o - ODR

Gateway of last resort is not set

R    192.168.105.0/24 [120/1] via 172.19.35.1, 00:00:13, Ethernet0
R    192.168.100.0/24 [120/1] via 172.19.35.1, 00:00:14, Ethernet0
R    192.168.101.0/24 [120/1] via 172.19.35.1, 00:00:14, Ethernet0
R    192.168.70.0/24 [120/1] via 172.19.35.1, 00:00:14, Ethernet0
R    192.168.90.0/24 [120/1] via 172.19.35.1, 00:00:14, Ethernet0
R    192.168.80.0/24 [120/1] via 172.19.35.1, 00:00:14, Ethernet0
R    192.168.60.0/24 [120/1] via 172.19.35.1, 00:00:14, Ethernet0
     192.168.50.0/32 is subnetted, 1 subnets
C       192.168.50.4 is directly connected, Loopback0
     192.168.10.0/24 is variably subnetted, 3 subnets, 3 masks
C       192.168.10.64/26 is directly connected, Ethernet1
C       192.168.10.32/28 is directly connected, Ethernet0
C       192.168.10.0/27 is directly connected, Serial1
     192.168.30.0/24 is variably subnetted, 2 subnets, 2 masks
O IA    192.168.30.1/32 [110/193] via 192.168.10.1, 01:16:02, Serial1
O IA    192.168.30.8/29 [110/192] via 192.168.10.1, 01:16:02, Serial1
     192.168.20.0/30 is subnetted, 1 subnets
O IA    192.168.20.0 [110/128] via 192.168.10.1, 01:16:02, Serial1
     172.19.0.0/25 is subnetted, 1 subnets
C       172.19.35.0 is directly connected, Ethernet0
```

Bild 9.70:
Die per RIP erlernten Routen werden in das OSPF-Autonomous-System als Pfad-Typ E2 redistributiert.

```
Rubens#show ip route
Codes:  C - connected, S - static, I - IGRP, R - RIP, M - mobile, B - BGP
        D - EIGRP, EX - EIGRP external, O - OSPF, IA - OSPF inter area
        E1 - OSPF external type 1, E2 - OSPF external type 2, E - EGP
        i - IS-IS, L1 - IS-IS level-1, L2 - IS-IS level-2, * - candidate default
        U - per-user static route

Gateway of last resort is not set

O E2 192.168.105.0/24 [110/10] via 192.168.30.10, 01:21:35, Serial1
O E2 192.168.100.0/24 [110/10] via 192.168.30.10, 01:21:35, Serial1
O E2 192.168.101.0/24 [110/10] via 192.168.30.10, 01:21:35, Serial1
O E2 192.168.70.0/24 [110/10] via 192.168.30.10, 01:21:35, Serial1
O E2 192.168.90.0/24 [110/10] via 192.168.30.10, 01:21:35, Serial1
O E2 192.168.80.0/24 [110/10] via 192.168.30.10, 01:21:35, Serial1
O E2 192.168.60.0/24 [110/10] via 192.168.30.10, 01:21:35, Serial1
     192.168.50.0/24 is subnetted, 1 subnets
C       192.168.50.1 is directly connected, Loopback1
     192.168.10.0/24 is variably subnetted, 2 subnets, 2 masks
O IA    192.168.10.32/28 [110/202] via 192.168.30.10, 02:01:21, Serial1
O IA    192.168.10.0/27 [110/192] via 192.168.30.10, 02:01:22, Serial1
     192.168.30.0/24 is subnetted, 2 subnets
C       192.168.30.0 is directly connected, Ethernet0
C       192.168.30.8 is directly connected, Serial1
     192.168.20.0/24 is subnetted, 1 subnets
O IA    192.168.20.0 [110/128] via 192.168.30.10, 02:01:22, Serial1
     172.19.0.0/16 is subnetted, 1 subnets
O IA    172.19.35.0 [110/202] via 192.168.30.10, 02:01:22, Serial1
Rubens#
```

```
Rubens#show ip ospf border-routers

OSPF Process 10 internal Routing Table

Codes: i - Intra-area route, I - Inter-area route
i    192.168.50.2 [64] via 192.168.30.10, Serial1, ABR, Area 1, SPF 60
I    192.168.50.4 [192] via 192.168.30.10, Serial1, ASBR, Area 1, SPF 60
Rubens#
```

Bild 9.71: Matisse (RID = 192.168.50.4) ist nun ein ASBR, da er Autonomous-System-External-LSAs erzeugt, um die externen Routen anzumelden.

9.2.5 Fallstudie: Rumpf-Areas

Da innerhalb der Area 1 keine LSAs vom Typ 5 erzeugt werden, kann sie als eine Rumpf-Area konfiguriert werden. Beachten Sie: Wenn eine angeschlossene Area als eine Rumpf-Area konfiguriert wird, werden die Hellos, die vom Router in diese Area erzeugt werden, im Optionsfeld E = 0 tragen. Jeder Router, der diese Hellos empfängt und nicht entsprechend konfiguriert ist, wird die Pakete verwerfen, und es wird keine Nachbarverbindung aufgebaut. Wenn eine Nachbarverbindung vorhanden ist, wird sie aufgelöst. Daher sollte eine gewisse Betriebsausfallzeit eingeplant werden, wenn eine laufende Area als Rumpf-Area rekonfiguriert werden soll. Das Routing wird unterbrochen, bis alle Router rekonfiguriert sind.

Eine Rumpf-Area wird durch die Addition des Befehls **area stub** zum OSPF-Prozeß konfiguriert:

Rubens

```
router ospf 10
  network 0.0.0.0 255.255.255.255 area 1
  area 1 stub
```

Chardin

```
router ospf 20
  network 192.168.30.0 0.0.0.255 area 1
  network 192.168.20.0 0.0.0.255 area 0
  area 1 stub
```

```
Rubens#show ip ospf database database-summary
          OSPF Router with ID (192.168.50.1) (Process ID 10)

Area ID      Router   Network   Sum-Net   Sum-ASBR   Subtotal   Delete   Maxage
1            2        0         4         1          7          0        0
AS External                                          7          0        0
Total        2        0         4         1          14
Rubens#
```

Bild 9.72: Die Datenbank von Rubens hatte insgesamt 14 LSA, bevor die Area 1 als eine Rumpf-Area konfiguriert wurde.

Wenn die Verbindungs-Status-Datenbank von Rubens vor (Bild 9.72) und nach (Bild 9.73) der konfigurierten Rumpf-Area verglichen wird, so zeigt sich, daß alle Autonomous-System-External-LSAs und ASBR-Sammel-LSAs aus der Datenbank entfernt wurden. In diesem Fall wurde die Größe der Datenbank um 50% reduziert.

Bild 9.73:
Die Rumpf-Area-Konfiguration entfernt die sieben LSAs vom Typ 5 und das einzelne LSA vom Typ 4 aus der Datenbank von Rubens. Es wurde ein LSA vom Typ 3 mit der Default-Route hinzugefügt.

```
Rubens#show ip ospf database database-summary

            OSPF Router with ID (192.168.50.1) (Process ID 10)

Area ID        Router      Network  Sum-Net  Sum-ASBR  Subtotal  Delete  Maxage
1              2           0        5        0         7         0       0
AS External                                            0         0       0
Total          2           0        5        0         7
Rubens#
```

Wenn eine Rumpf-Area an einen ABR angeschlossen ist, wird der Router automatisch eine Default-Route (Ziel 0.0.0.0) mit einem Netzwerk-Sammel-LSA in der Area anmelden. Die Datenbankzusammenfassung in Bild 9.73 zeigt dieses zusätzliche LSA vom Typ 3. Der letzte Eintrag in der Routing-Tabelle von Rubens (Bild 9.74) zeigt die von Chardin angemeldete Default-Route.

Bild 9.74:
Die Routing-Tabelle von Rubens zeigt, daß alle externe Routen entfernt wurden (vergleiche mit der Abbildung 9.70) und daß eine Default-Route hinzugefügt wurde.

```
Rubens#show ip route
Codes: C - connected, S - static, I - IGRP, R - RIP, M - mobile, B - BGP
       D - EIGRP, EX - EIGRP external, O - OSPF, IA - OSPF inter area
       E1 - OSPF external type 1, E2 - OSPF external type 2, E - EGP
       i - IS-IS, L1 - IS-IS level-1, L2 - IS-IS level-2, * - candidate default
       U - per-user static route

Gateway of last resort is 192.168.30.10 to network 0.0.0.0

     192.168.50.0/24 is subnetted, 1 subnets
C       192.168.50.1 is directly connected, Loopback1
     192.168.10.0/24 is variably subnetted, 2 subnets, 2 masks
O IA    192.168.10.32/28 [110/202] via 192.168.30.10, 00:05:43, Serial1
O IA    192.168.10.0/27 [110/192] via 192.168.30.10, 00:05:43, Serial1
     192.168.30.0/24 is subnetted, 2 subnets
C       192.168.30.0 is directly connected, Loopback0
C       192.168.30.8 is directly connected, Serial1
     192.168.20.0/24 is subnetted, 1 subnets
O IA    192.168.20.0 [110/128] via 192.168.30.10, 00:05:43, Serial1
     172.19.0.0/16 is subnetted, 1 subnets
O IA    172.19.35.0 [110/202] via 192.168.30.10, 00:05:43, Serial1
O*IA 0.0.0.0/0 [110/65] via 192.168.30.10, 00:05:44, Serial1
Rubens#
```

Der ABR wird eine Default-Route mit den Kosten von 1 anmelden. Die Kosten der seriellen Verbindung zwischen Rubens und Chardin betragen 64. Bild 9.74 zeigt die Gesamtkosten der Default-Route mit 64 + 1 = 65. Diese Standardkosten können mit dem Befehl **area default-cost** geändert werden.

Zum Beispiel kann auf Chardin die Default-Route mit den Kosten von 20 konfiguriert werden:

```
router ospf 20
  network 192.168.30.0 0.0.0.255 area 1
  network 192.168.20.0 0.0.0.255 area 0
  area 1 stub
  area 1 default-cost 20
```

Die resultierenden Kosten steigen auf 64 + 20 = 84 und können in Bild 9.75 gesehen werden. Die Kostenänderung der Default-Route bringt hier keinen wirklichen Vorteil, aber sie kann in Rumpf-Areas mit mehr als einem ABR sinnvoll sein. Normalerweise würde jeder interne Router nur die günstigste Default-Route auswählen. Durch die Veränderung der angemeldeten Kosten, kann der Netzwerkadministrator alle internen Router dazu bringen, den gleichen ABR zu verwenden. Der zweite ABR, der höhere Kosten anmeldet, würde nur verwendet werden, wenn der erste ausfiele.

```
Rubens#show ip route
Codes:  C - connected, S - static, I - IGRP, R - RIP, M - mobile, B - BGP
        D - EIGRP, EX - EIGRP external, O - OSPF, IA - OSPF inter area
        E1 - OSPF external type 1, E2 - OSPF external type 2, E - EGP
        i - IS-IS, L1 - IS-IS level-1, L2 - IS-IS level-2, * - candidate default
        U - per-user static route

Gateway of last resort is 192.168.30.10 to network 0.0.0.0

     192.168.50.0/24 is subnetted, 1 subnets
C       192.168.50.1 is directly connected, Loopback1
     192.168.10.0/24 is variably subnetted, 2 subnets, 2 masks
O IA    192.168.10.32/28 [110/202] via 192.168.30.10, 00:01:08, Serial1
O IA    192.168.10.0/27 [110/192] via 192.168.30.10, 00:01:08, Serial1
     192.168.30.0/24 is subnetted, 2 subnets
C       192.168.30.0 is directly connected, Ethernet0
C       192.168.30.8 is directly connected, Serial1
     192.168.20.0/24 is subnetted, 1 subnets
O IA    192.168.20.0 [110/128] via 192.168.30.10, 00:01:08, Serial1
     172.19.0.0/16 is subnetted, 1 subnets
O IA    172.19.35.0 [110/202] via 192.168.30.10, 00:01:08, Serial1
O*IA 0.0.0.0/0 [110/84] via 192.168.30.10, 00:01:03, Serial1
Rubens#
```

Bild 9.75: Die Routing-Tabelle von Rubens spiegelt die veränderten Kosten der Default-Route wider.

9.2.6 Fallstudie: Reine Rumpf-Areas

Die reinen Rumpf-Areas werden durch das Schlüsselwort **no-summary** nach dem Befehl **area stub** konfiguriert. Dieser Schritt ist nur auf dem ABR notwendig. Die internen Router nutzen die Standard-Rumpf-Area-Konfiguration. Um aus der Area 1 des Beispiels eine reine Rumpf-Area zu machen, lautet die Konfiguration von Chardin:

```
router ospf 20
  network 192.168.30.0 0.0.0.255 area 1
  network 192.168.20.0 0.0.0.255 area 0
  area 1 stub no-summary
```

Bild 9.74 zeigt, daß die LSAs in der Datenbank von Rubens um drei verringert wurden. Bild 9.77 zeigt die Routing-Tabelle.

Bild 9.76: Der Wechsel der Area 1 zu einer reinen Rumpf-Area entfernt alle LSAs vom Typ 3 bis auf die Default-Route.

```
Rubens#show ip ospf database database-summary

  OSPF Router with ID (192.168.50.1) (Process ID 10)

Area ID  Router  Network  Sum-Net  Sum-ASBR  Subtotal  Delete  Maxage
1        2       0        1        0         3         0       0
AS External                                  0         0       0
Total    2       0        1        0         3
Rubens#
```

Bild 9.77: Eine Routing-Tabelle in einer reinen Rumpf-Area wird nur Intra-Area-Routen und die Default-Route enthalten.

```
Rubens#show ip route
Codes: C - connected, S - static, I - IGRP, R - RIP, M - mobile, B - BGP
       D - EIGRP, EX - EIGRP external, O - OSPF, IA - OSPF inter area
       E1 - OSPF external type 1, E2 - OSPF external type 2, E - EGP
       i - IS-IS, L1 - IS-IS level-1, L2 - IS-IS level-2, * - candidate default
       U - per-user static route

Gateway of last resort is 192.168.30.10 to network 0.0.0.0

     192.168.50.0/24 is subnetted, 1 subnets
C       192.168.50.1 is directly connected, Loopback1
     192.168.30.0/24 is subnetted, 2 subnets
C       192.168.30.0 is directly connected, Ethernet0
C       192.168.30.8 is directly connected, Serial1
O*IA 0.0.0.0/0 [110/65] via 192.168.30.10, 00:03:33, Serial1
Rubens#
```

9.2.7 Fallstudie: Semi-Rumpf-Areas

Die frühere Fallstudie »OSPF und Sekundäre Schnittstellen« endete damit, daß Matisse Routen von Dali über RIP akzeptierte und sie in die OSPF-Domäne redistributierte (siehe Bild 9.68). Dieser Schritt macht Matisse zu einem ASBR, und damit kann die Area 192.168.10.0 keine reguläre Rumpf-Area werden. Es ist jedoch nicht nötig, daß AS External-LSAs aus der Backbone-Area in die Area übertragen werden. Daher kann die Area 192.168.10.0 als NSSA (Not-so-Stubby-Area bzw. Semi-Rumpf-Area) konfiguriert werden. Die Konfiguration bei Matisse lautet:

```
router ospf 40
  redistribute rip metric 10
  network 192.168.10.2 0.0.0.0 area 192.168.10.0
  network 192.168.10.33 0.0.0.0 area 192.168.10.0
  area 192.168.10.0 nssa
!
router rip
  network 172.19.0.0
```

Das gleiche hier gezeigte **area nssa**-Statement wird bei Goya konfiguriert. Da Goya ein ABR ist, wird er die auf der NSSA-angeschlossenen Schnittstelle empfangenen LSAs vom Typ 7 in LSAs vom Typ 5 übersetzen. Diese übersetzten LSAs werden in das Backbone geflutet und damit auch in die anderen Areas. Der Vergleich der Routing-Tabellen von Goya und Chardin zeigt, daß Goya seine externen Routen als NSSA markiert hat[1] (Bild 9.78). Chardin hat die Routen als E2 markiert (Bild 9.79) und zeigt damit an, daß sie durch LSAs vom Typ 5 erlernt wurden.

```
Goya#show ip route
Codes: C - connected, S - static, I - IGRP, R - RIP, M - mobile, B - BGP
       D - EIGRP, EX - EIGRP external, O - OSPF, IA - OSPF inter area
       N1 - OSPF NSSA external type 1, N2 - OSPF NSSA external type 2
       E1 - OSPF external type 1, E2 - OSPF external type 2, E - EGP
       i - IS-IS, L1 - IS-IS level-1, L2 - IS-IS level-2, * - candidate default
       U - per-user static route, o - ODR

Gateway of last resort is not set

O N2 192.168.105.0/24 [110/10] via 192.168.10.2, 00:38:32, Serial1
O N2 192.168.100.0/24 [110/10] via 192.168.10.2, 00:38:33, Serial1
O N2 192.168.101.0/24 [110/10] via 192.168.10.2, 00:38:33, Serial1
O N2 192.168.70.0/24 [110/10] via 192.168.10.2, 00:38:33, Serial1
O N2 192.168.90.0/24 [110/10] via 192.168.10.2, 00:38:33, Serial1
O N2 192.168.80.0/24 [110/10] via 192.168.10.2, 00:38:33, Serial1
O N2 192.168.60.0/24 [110/10] via 192.168.10.2, 00:38:33, Serial1
     192.168.50.0/32 is subnetted, 1 subnets
C        192.168.50.3 is directly connected, Loopback0
     192.168.10.0/24 is variably subnetted, 2 subnets, 2 masks
O        192.168.10.32/28 [110/74] via 192.168.10.2, 00:38:33, Serial1
C        192.168.10.0/27 is directly connected, Serial1
     192.168.30.0/24 is variably subnetted, 2 subnets, 2 masks
O IA     192.168.30.1/32 [110/129] via 192.168.20.1, 00:38:33, Serial0
O IA     192.168.30.8/29 [110/128] via 192.168.20.1, 00:38:35, Serial0
     192.168.20.0/30 is subnetted, 1 subnets
C        192.168.20.0 is directly connected, Serial0
```

Bild 9.78:
Die von Matisse erlernten externen Routen werden bei Goya als NSSA-Routen markiert.

---

[1] N2 bedeutet die gleiche Metrik-Berechnung wie E2 – d.h., es werden nur die externen Kosten verwendet. Ein späteres Beispiel wird E1- und N1-Metrik-Typen darstellen.

Bild 9.79:
Chardin hat die gleichen Routen als E2 markiert und zeigt damit an, daß er sie durch Autonomous-System-External-LSAs erlernt hat.

```
Chardin#show ip route
Codes:  C - connected, S - static, I - IGRP, R - RIP, M - mobile, B - BGP
        D - EIGRP, EX - EIGRP external, O - OSPF, IA - OSPF inter area
        E1 - OSPF external type 1, E2 - OSPF external type 2, E - EGP
        i - IS-IS, L1 - IS-IS level-1, L2 - IS-IS level-2, * - candidate default
        U - per-user static route

Gateway of last resort is not set

O E2  192.168.105.0/24 [110/10] via 192.168.20.2, 00:00:58, Serial0
O E2  192.168.100.0/24 [110/10] via 192.168.20.2, 00:00:58, Serial0
O E2  192.168.101.0/24 [110/10] via 192.168.20.2, 00:00:58, Serial0
O E2  192.168.70.0/24 [110/10] via 192.168.20.2, 00:00:58, Serial0
O E2  192.168.90.0/24 [110/10] via 192.168.20.2, 00:00:58, Serial0
O E2  192.168.80.0/24 [110/10] via 192.168.20.2, 00:00:58, Serial0
O E2  192.168.60.0/24 [110/10] via 192.168.20.2, 00:00:58, Serial0
      192.168.50.0/24 is subnetted, 1 subnets
C        192.168.50.2 is directly connected, Loopback0
      192.168.10.0/24 is variably subnetted, 2 subnets, 2 masks
O IA     192.168.10.32/28 [110/138] via 192.168.20.2, 00:00:59, Serial0
O IA     192.168.10.0/27 [110/128] via 192.168.20.2, 00:01:10, Serial0
      192.168.30.0/24 is variably subnetted, 2 subnets, 2 masks
O        192.168.30.1/32 [110/65] via 192.168.30.9, 00:01:30, Serial1
C        192.168.30.8/29 is directly connected, Serial1
      192.168.20.0/24 is subnetted, 1 subnets
C        192.168.20.0 is directly connected, Serial0
```

Diese Übersetzung kann auch in Goyas Datenbank betrachtet werden. Bild 9.80 zeigt, daß die Datenbank LSAs vom Typ 7 und vom Typ 5 für dieselben externen Routen enthält. Der erzeugende Router für die LSAs vom Typ 7 ist Matisse, während Goya der erzeugende Router für die LSAs vom Typ 5 ist.

Bild 9.80:
Goyas Verbindungs-Status-Datenbank läßt erkennen, daß die LSAs vom Typ 7 von Matisse (192.168.50.4) durch Goya in LSAs vom Typ 5 (192.168.50.3) übersetzt wurden.

```
Type-7 AS External Link States (Area 192.168.10.0)

Link ID        ADV Router     Age    Seq#         Checksum   Tag
192.168.60.0   192.168.50.4   1476   0x800000E6   0xD907     0
192.168.70.0   192.168.50.4   1485   0x800000E6   0x6B6B     0
192.168.80.0   192.168.50.4   1494   0x800000E6   0xFCCF     0
192.168.90.0   192.168.50.4   1503   0x800000E6   0x8E34     0
192.168.100.0  192.168.50.4   1512   0x800000E6   0x2098     0
192.168.101.0  192.168.50.4   1521   0x800000E6   0x15A2     0
192.168.105.0  192.168.50.4   1530   0x800000E6   0xE8CA     0

          Type-5 AS External Link States

Link ID        ADV Router     Age    Seq#         Checksum   Tag
192.168.60.0   192.168.50.3   2695   0x80000001   0x4091     0
192.168.70.0   192.168.50.3   2704   0x80000001   0xD1F5     0
192.168.80.0   192.168.50.3   2713   0x80000001   0x635A     0
192.168.90.0   192.168.50.3   2722   0x80000001   0xF4BE     0
192.168.100.0  192.168.50.3   2731   0x80000001   0x8623     0
192.168.101.0  192.168.50.3   2740   0x80000001   0x7B2D     0
192.168.105.0  192.168.50.3   2749   0x80000001   0x4F55     0
Goya#
```

Dem ABR stehen mehrere Konfigurationsoptionen zur Verfügung. Erstens kann die Option **no-summary** mit dem Befehl **area nssa** verwendet werden, um zu verhindern, daß LSAs vom Typ 3 und 4 in das NSSA geflutet werden. Um die Area 192.168.10.0 in eine sich merkwürdig widersprechende »reine

Semi-Rumpf«-Area zu verwandeln, lautet die Konfiguration von Goya:[1]

```
interface Ethernet0
  ip address 172.19.35.15  255.255.255.128
!
  router ospf 30
  network 192.168.20.0 0.0.0.3 area 0
  network 192.168.10.0 0.0.0.31 area 192.168.10.0
  area 192.168.10.0 nssa no-summary
!
router rip
  network 172.19.0.0
```

Die Routing-Tabelle von Matisse (Bild 9.81) zeigt die Entfernung aller Inter-Area-Routen und das Auftauchen einer von Goya angemeldeten Default-Route.

```
Matisse#show ip route
Codes: C - connected, S - static, I - IGRP, R - RIP, M - mobile, B - BGP
       D - EIGRP, EX - EIGRP external, O - OSPF, IA - OSPF inter area
       N1 - OSPF NSSA external type 1, N2 - OSPF NSSA external type 2
       E1 - OSPF external type 1, E2 - OSPF external type 2, E - EGP
       i - IS-IS, L1 - IS-IS level-1, L2 - IS-IS level-2, * - candidate default
       U - per-user static route, o - ODR

Gateway of last resort is 192.168.10.1 to network 0.0.0.0

R    192.168.105.0/24 [120/1] via 172.19.35.1, 00:00:13, Ethernet0
R    192.168.100.0/24 [120/1] via 172.19.35.1, 00:00:13, Ethernet0
R    192.168.101.0/24 [120/1] via 172.19.35.1, 00:00:13, Ethernet0
R    192.168.70.0/24 [120/1] via 172.19.35.1, 00:00:13, Ethernet0
R    192.168.90.0/24 [120/1] via 172.19.35.1, 00:00:13, Ethernet0
R    192.168.80.0/24 [120/1] via 172.19.35.1, 00:00:13, Ethernet0
R    192.168.60.0/24 [120/1] via 172.19.35.1, 00:00:13, Ethernet0
     192.168.50.0/32 is subnetted, 1 subnets
C       192.168.50.4 is directly connected, Loopback0
     192.168.10.0/24 is variably subnetted, 3 subnets, 3 masks
C       192.168.10.64/26 is directly connected, Loopback1
C       192.168.10.32/28 is directly connected, Ethernet0
C       192.168.10.0/27 is directly connected, Serial1
     172.19.0.0/25 is subnetted, 1 subnets
C       172.19.35.0 is directly connected, Ethernet0
O*IA 0.0.0.0/0 [110/65] via 192.168.10.1, 00:36:50, Serial1
Matisse#
```

Bild 9.81:
Alle Inter-Area-Routen wurden durch eine Default-Route zum ABR ersetzt.

In Bild 9.82 wurde die Verbindung zu Dali von Matisse zu Goya verlegt. Auch die IP-Adresse wurde ausgewechselt. Nun ist Goya ein ASBR, der RIP-erlernte Routen in das OSPF redistributiert.

---

1 Beachten Sie das Statement Metrik-Typ 1 im Redistributions-Befehl. Mit diesem Statement werden externe Ziele mit einer E1-Metrik angemeldet. Innerhalb der NSSA gilt daraufhin der Metrik-Typ N1, der in der Bild 9.82 gezeigt wird.

*Bild 9.82:
Die Verbindung zu Dali wurde zu Goya verlegt, der nun per RIP mit Dali kommuniziert und die erlernten Routen in das OSPF redistributiert.*

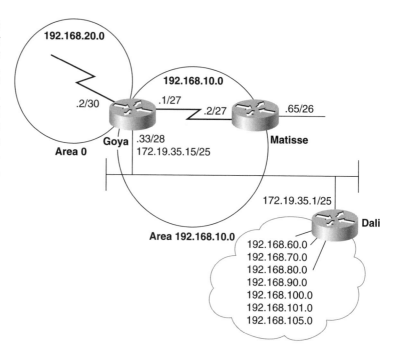

Wenn ein ABR auch ein ASBR ist und mit einer Semi-Rumpf-Area verbunden ist, werden in der Grundeinstellung die redistributierten Routen in das NSSA gemeldet, wie es in Bild 9.83 gezeigt ist.

*Bild 9.83:
Ein ABR, der auch ein ASBR ist, wird die externen Routen in ein NSSA mit LSAs vom Typ 7 anmelden. In diesem Beispiel meldet Goya die externen Routen mit einem N1-Metrik-Typ an.*

```
Matisse#show ip route
Codes: C - connected, S - static, I - IGRP, R - RIP, M - mobile, B - BGP
       D - EIGRP, EX - EIGRP external, O - OSPF, IA - OSPF inter area
       N1 - OSPF NSSA external type 1, N2 - OSPF NSSA external type 2
       E1 - OSPF external type 1, E2 - OSPF external type 2, E - EGP
       i - IS-IS, L1 - IS-IS level-1, L2 - IS-IS level-2, * - candidate default
       U - per-user static route, o - ODR

Gateway of last resort is 192.168.10.1 to network 0.0.0.0

O N1 192.168.105.0/24 [110/74] via 192.168.10.1, 00:03:03, Serial1
O N1 192.168.100.0/24 [110/74] via 192.168.10.1, 00:03:03, Serial1
O N1 192.168.101.0/24 [110/74] via 192.168.10.1, 00:03:03, Serial1
O N1 192.168.70.0/24 [110/74] via 192.168.10.1, 00:03:03, Serial1
O N1 192.168.90.0/24 [110/74] via 192.168.10.1, 00:03:03, Serial1
O N1 192.168.80.0/24 [110/74] via 192.168.10.1, 00:03:03, Serial1
O N1 192.168.60.0/24 [110/74] via 192.168.10.1, 00:03:03, Serial1
     192.168.50.0/32 is subnetted, 1 subnets
C       192.168.50.4 is directly connected, Loopback0
     192.168.10.0/24 is variably subnetted, 3 subnets, 3 masks
C       192.168.10.64/26 is directly connected, Loopback1
C       192.168.10.32/28 is directly connected, Ethernet0
C       192.168.10.0/27 is directly connected, Serial1
O*IA 0.0.0.0/0 [110/65] via 192.168.10.1, 00:03:04, Serial1
Matisse#
```

Die Standard-Redistribution auf einem ABR/ASBR kann mit dem Statement **no-redistribution** nach dem Befehl **area nssa** abgeschaltet werden. Im Beispiel-Internetzwerk sollen keine LSAs der Typen 3, 4, 5 und 7 vom ABR in die Area 192.168.10.0 gesendet werden. Die erwünschte Redistribution wird durch die folgende Konfiguration bei Goya erreicht:

```
interface Ethernet0
  ip address 172.19.35.15 255.255.255.128
!
router ospf 30
  redistribute rip metric 10 metric-type 1
  network 192.168.20.0 0.0.0.3 area 0
  network 192.168.10.0 0.0.0.31 area 192.168.10.0
  area 192.168.10.0 nssa no-redistribution no-summary
!
router rip
  network 172.19.0.0
```

Hier wird mit dem Befehl **area nssa** verhindert, daß die LSAs vom Typ 5 von Goya in die Area eintreten. Der Zusatz **no-redistribution** blockiert die LSAs vom Typ 7, und **no-summary** blockiert die LSAs der Typen 3 und 4. Wie bisher verursacht der Befehl **no-summary**, daß Goya ein einzelnes LSA vom Typ 3 in die Area sendet, um eine Default-Route anzumelden. Bild 9.84 zeigt die Routing-Tabelle von Matisse, nachdem die Typ-7-Redistribution bei Goya deaktiviert wurde. Beachten Sie, daß sich die externen Netzwerke nicht mehr in der Tabelle befinden, dennoch sind sie durch die Default-Route weiterhin erreichbar.

```
Matisse#show ip route
Codes: C - connected, S - static, I - IGRP, R - RIP, M - mobile, B - BGP
       D - EIGRP, EX - EIGRP external, O - OSPF, IA - OSPF inter area
       N1 - OSPF NSSA external type 1, N2 - OSPF NSSA external type 2
       E1 - OSPF external type 1, E2 - OSPF external type 2, E - EGP
       i - IS-IS, L1 - IS-IS level-1, L2 - IS-IS level-2, * - candidate default
       U - per-user static route, o - ODR

Gateway of last resort is 192.168.10.1 to network 0.0.0.0

     192.168.50.0/32 is subnetted, 1 subnets
C       192.168.50.4 is directly connected, Loopback0
     192.168.10.0/24 is variably subnetted, 3 subnets, 3 masks
C       192.168.10.64/26 is directly connected, Loopback1
C       192.168.10.32/28 is directly connected, Ethernet0
C       192.168.10.0/27 is directly connected, Serial1
O*IA 0.0.0.0/0 [110/65] via 192.168.10.1, 00:00:10, Serial1
Matisse#
```

Bild 9.84: Nachdem no-redistribution bei Goya zum area nssa-Befehl hinzugefügt wurde, enthält die Routing-Tabelle aus Bild 9.83 keine Routen mehr, die durch LSAs vom Typ 7 erlernt wurden.

Im abschließenden Beispiel soll Goya die LSAs der Typen 3 und 4 in das NSSA senden, aber keine der Typen 5 und 7.

Wenn hier das Statement **no-summary** entfernt wird, stellt sich das Problem, daß der ABR kein LSA vom Typ 3 mehr erzeugen wird, um eine Default-Route anzumelden. Ohne Default-Route sind die externen Ziele nicht mehr aus dem NSSA erreichbar. Mit dem Statement **default-information-originate** nach dem Befehl **area nssa** wird der ABR eine Default-Route in das NSSA anmelden – diesmal mit einem LSA vom Typ 7. Mit diesem Statement lautet die OSPF-Konfiguration von Goya:

```
router ospf 30
  redistribute rip metric 10 metric-type 1
  network 192.168.20.0 0.0.0.3 area 0
  network 192.168.10.0 0.0.0.31 area 192.168.10.0
  area 192.168.10.0 nssa no-redistribution default-information-originate
```

Bild 9.85 zeigt die Routing-Tabelle von Matisse nach der Neukonfiguration. Die Tabelle enthält Inter-Area-Routen und eine Default-Route mit einer N2-Markierung, die anzeigt, daß die Route durch ein LSA vom Typ 7 erlernt wurde.

Bild 9.85: Das Statement default-information-originate nach dem Befehl area nssa läßt den ABR eine Default-Route in ein NSSA anmelden.

```
Matisse#show ip route
Codes: C - connected, S - static, I - IGRP, R - RIP, M - mobile, B - BGP
       D - EIGRP, EX - EIGRP external, O - OSPF, IA - OSPF inter area
       N1 - OSPF NSSA external type 1, N2 - OSPF NSSA external type 2
       E1 - OSPF external type 1, E2 - OSPF external type 2, E - EGP
       i - IS-IS, L1 - IS-IS level-1, L2 - IS-IS level-2, * - candidate default
       U - per-user static route, o - ODR

Gateway of last resort is 192.168.10.1 to network 0.0.0.0

     192.168.50.0/32 is subnetted, 1 subnets
C       192.168.50.4 is directly connected, Loopback0
     192.168.10.0/24 is variably subnetted, 3 subnets, 3 masks
C       192.168.10.64/26 is directly connected, Loopback1
C       192.168.10.32/28 is directly connected, Ethernet0
C       192.168.10.0/27 is directly connected, Serial1
     192.168.30.0/24 is variably subnetted, 2 subnets, 2 masks
O IA    192.168.30.1/32 [110/193] via 192.168.10.1, 00:00:13, Serial1
O IA    192.168.30.8/29 [110/192] via 192.168.10.1, 00:00:13, Serial1
     192.168.20.0/30 is subnetted, 1 subnets
O IA    192.168.20.0 [110/128] via 192.168.10.1, 00:00:14, Serial1
O*N2 0.0.0.0/0 [110/1] via 192.168.10.1, 00:00:14, Serial1
Matisse#
```

9.2.8 Fallstudie: Adreßzusammenfassung

Durch die Blockierung bestimmter LSAs sparen Rumpf-Areas innerhalb von Nicht-Backbone-Areas Ressourcen ein, jedoch tragen diese Areas nichts zur Einsparung von Ressourcen auf dem Backbone bei. Alle Adressen innerhalb einer Area werden weiterhin an das Backbone gemeldet. In dieser Situation ist die Adreßzusammenfassung hilfreich. Wie die Rumpf-Areas, spart die Adreßzusammenfassung Ressourcen ein, indem die Anzahl der gefluteten LSAs verringert wird. Zudem werden Ressourcen durch das Verdecken von Instabilitäten eingespart. Zum Beispiel wird ein »flatterndes« Subnetz bei jedem Status-Wechsel das Flooding von LSAs durch das ganze Internetzwerk verursachen. Wenn nun die Subnetz-Adresse in einer Sammel-Adresse zusammengefaßt wird, wird das individuelle Subnetz mit seinen Instabilitäten nicht weiter angemeldet.

Das OSPF von Cisco kann zwei Typen der Adreßzusammenfassung ausführen: Die Inter-Area-Zusammenfassung und die externe Routen-Zusammenfassung. Die *Inter-Area-Zusammenfassung* faßt die Adressen zwischen Areas zusammen. Dieser Typ der Zusammenfassung ist immer auf ABRs konfiguriert. Die *Externe Routen-Zusammenfassung* ermöglicht die Redistribution einer Reihe von externen Adressen als eine Sammel-Adresse in eine OSPF-Domäne und wird auf ASBRs konfiguriert. Die Inter-Area-Zusammenfassung wird in diesem Abschnitt betrachtet; die externe Routen-Zusammenfassung ist ein Thema im Kapitel 11.

Inter-Area- und externe Routen-Zusammenfassung

In Bild 9.86 enthält die Area 15 acht Subnetze: 10.0.0.0/16 bis 10.7.0.0/16. Bild 9.87 zeigt, daß diese Adressen durch die einzelne Sammel-Adresse 10.0.0.0/13 repräsentiert werden können.

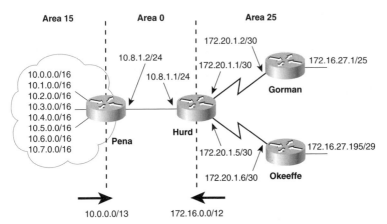

Bild 9.86: Die Adressen in den Areas 15 und 25 können in Richtung Backbone-Area zusammengefaßt werden.

*Bild 9.87:
Die Sammel-
Adresse
10.0.0.0/13 re-
präsentiert den
Adreß-Bereich
von 10.0.0.0/16
bis 10.7.0.0/16.*

```
11111111111111110000000000000000 = 16-bit mask
00001010000000000000000000000000 = 10.0.0.0/16
00001010000000010000000000000000 = 10.1.0.0/16
00001010000000100000000000000000 = 10.2.0.0/16
00001010000000110000000000000000 = 10.3.0.0/16
00001010000001000000000000000000 = 10.4.0.0/16
00001010000001010000000000000000 = 10.5.0.0/16
00001010000001100000000000000000 = 10.6.0.0/16
00001010000001110000000000000000 = 10.7.0.0/16
00001010000000000000000000000000 = 10.0.0.0/13
```

Ein ABR kann so konfiguriert werden, daß er eine Sammel-Adresse entweder in die Backbone-Area oder in eine Nicht-Backbone-Area anmeldet. Am sinnvollsten ist es, die Adressen einer Nicht-Backbone-Area in Richtung Backbone durch den eigenen ABR zusammenzufassen, damit nicht alle anderen ABRs die Area in Richtung ihrer eigenen Areas zusammenfassen müssen. Aus der Backbone-Area wird daraufhin die Zusammenfassung über das Backbone und in die anderen Areas weitergemeldet. Auf diese Weise vereinfachen sich die Router-Konfigurationen und die Größe der VS-Datenbank im Backbone verkleinert sich.

Der Befehl **area range** bezeichnet die Area, zu der die Sammel-Adresse gehört, die Sammel-Adresse und die Adreß-Maske. Erinnern Sie sich an das Kapitel 8: Wenn eine Sammel-Route für EIGRP konfiguriert wird, wird in die Routing-Tabelle automatisch eine Route für die Null-Schnittstelle übernommen, um schwarze Löcher und Routen-Schleifen zu verhindern.[1] Im Gegensatz zu EIGRP übernimmt OSPF diese Route nicht automatisch. Daher sollten Sie bei der Konfiguration von Sammel-Routen innerhalb einer OSPF-Domäne immer daran denken, eine statische Route für die Sammel-Adresse zu konfigurieren, die auf die Null-Schnittstelle zeigt.

Die OSPF-Konfiguration von Pena lautet:

```
router ospf 1
  network 10.0.0.0 0.7.255.255 area 15
  network 10.8.0.0 0.7.255.255 area 0
  area 15 range 10.0.0.0 255.248.0.0
!
ip route 10.0.0.0 255.248.0.0 Null0
```

---

1 Die Gründe für diese Route werden ausführlicher und mit Beispielen im Kapitel 11 beschrieben.

Bild 9.87 zeigt, daß der durch 10.0.0.0/13 repräsentierte Adreßbereich zusammenhängend ist – d.h., die drei zusammengefaßten Bits bilden jede Kombination von 000 bis 111. Die Adressen in Area 25 unterscheiden sich davon. Diese bilden keinen zusammenhängenden Bereich. Sie können dennoch mit der folgenden Konfiguration bei Hurd zusammengefaßt werden:

```
router ospf 1
  network 10.8.0.0 0.0.255.255 area 0
  network 172.20.0.0 0.0.255.255 area 25
  area 25 range 172.16.0.0 255.240.0.0
!
ip route 172.16.0.0 255.240.0.0 Null0
```

Diese Zusammenfassung wird selbst dann funktionieren, wenn sich einige der Bereichsadressen an einer anderen Stelle des Internetzwerks befinden. In Bild 9.88 befindet sich das Netzwerk 172.17.0.0/16 in der Area 15, auch wenn es im Adreßbereich enthalten ist, der durch die Area 25 angemeldet wird. Pena meldet diese Adresse in die Backbone-Area, in der Hurd sie erlernt und in die Area 25 meldet. Die dazugehörige Maske ist genauer (d.h. länger) als die Maske der Sammel-Adresse 172.16.0.0/12. Da OSPF classless ist, wird es Pakete für die Ziel-Adressen 172.17.0.0 an das korrekte Ziel routen.

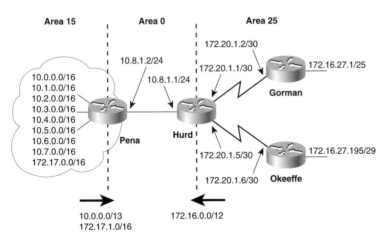

Bild 9.88:
Das Netzwerk 172.17.0.0 befindet sich in der Area 15, obwohl es im zusammengefaßten Adreßbereich 172.16.0.0/12 genannt wird.

Auch wenn die Adreßkonfiguration von Bild 9.88 funktioniert, ist dieses Design nicht wünschenswert. Die Zusammenfassung erfolgt, um Ressourcen einzusparen. Das Netzwerk 172.17.0.0/16 muß unabhängig von 172.16.0.0/12 über das

Backbone angemeldet werden. Ein derartiges Design kann auch Routen-Schleifen erzeugen, wenn Default-Adressen verwendet werden. Dieses Problem wird in Kapitel 12 betrachtet.

Beachten Sie auch, daß in Bild 9.88 die Subnetze 172.16.27.0/25 (bei Gorman) und 172.16.27.192/29 (bei Okeeffe) discontiguous sind. Da OSPF ein classless Routing-Protokoll ist, verhalten sich Gorman und Okeeffe nicht wie Netzwerk-Border-Router. Die Subnetze und ihre Masken werden in das Netzwerk 172.20.0.0 gemeldet, und es wird keine Zweideutigkeit beim Routing auftreten.

9.2.9 Fallstudie: Authentisierung

Die OSPF-Pakete können authentisiert werden, um ein versehentliches oder beabsichtigtes Verursachen von falschen Routing-Informationen zu verhindern. Die Tabelle 9.8 listet die verfügbaren Authentisierungstypen auf. Bei der Standard-Null-Authentisierung (Typ 0) werden keine Authentisierungsinformationen im Paket-Header verwendet. Es kann die einfache Klartext-Authentisierung (Typ 1) oder die MD5-Authentisierung mit verschlüsselten Prüfsummen (Typ 2) konfiguriert werden. Wenn eine Authentisierung konfiguriert wird, muß sie für die gesamte Area konfiguriert werden.

Wenn eine erhöhte Netzwerksicherheit erforderlich ist, sollte der Authentisierungstyp 1 nur dann angewendet werden, wenn einige Geräte innerhalb einer Area den sichereren Authentisierungstyp 2 nicht unterstützen. Die Klartext-Authentisierung macht das Internetzwerk weiterhin anfällig für eine »Sniffer-Attacke«, in der Pakete durch einen Protokoll-Analyzer abgefangen und die Paßworte gelesen werden (siehe Kapitel 7 und dort besonders Bild 7.8). Der Authentisierungstyp 1 kann jedoch sehr nützlich bei der Ausführung von OSPF-Neukonfigurationen sein. Es können zum Beispiel separate Paßworte verwendet werden, damit ein »alter« und ein »neuer« OSPF-Router, die sich ein gemeinsames Broadcast-Netzwerk teilen, nicht miteinander kommunizieren können.

Um den Authentisierungstyp 1 für eine Area zu konfigurieren, wird der Befehl **ip ospf authentication-key** verwendet, um ein Paßwort von bis zu acht Oktetten für jede an die Area angeschlossene Schnittstelle zu vergeben. Die Paßworte müssen innerhalb der Area nicht gleich sein, aber zwischen Nachbarn müssen sie gleich lauten. Der Authentisierungstyp 1 wird daraufhin durch Eingabe des Befehls **area authentication** bei der OSPF-Konfiguration aktiviert.

In Bild 9.88 ist der Authentisierungstyp 1 für die Areas 0 und 25 aktiviert. Die Konfiguration von Hurd lautet:

```
interface Ethernet0
  ip address 10.8.1.1 255.255.255.0
  ip ospf authentication santafe
!
interface Serial0
  ip address 172.20.1.1 255.255.255.252
  ip ospf authentication taos
!
interface Serial1
  ip address 172.20.1.5 255.255.255.252
  ip ospf authentication abiquiu
!
router ospf 1
  network 10.8.0.0 0.0.255.255 area 0
  network 172.20.0.0 0.0.255.255 area 25
  area 25 range 172.16.0.0 255.240.0.0
  area 0 authentication
  area 25 authentication
```

Das Paßwort zwischen Hurd und Pena lautet »santafe«, zwischen Hurd und Gorman gilt »taos«, und zwischen Hurd und Okeeffe gilt »abiquiu«.

Der Authentisierungstyp 2 verwendet den MD5-Algorithmus, der einen Hash-Wert aus den OSPF-Paket-Inhalten und einem Paßwort (oder Schlüssel) berechnet. Dieser Hash-Wert wird im Paket übertragen, zusammen mit einer Schlüssel-ID und einer sich nicht verringernden Sequenz-Nummer. Der Empfänger kennt das gleiche Paßwort und wird seinen eigenen Hash-Wert berechnen. Wenn sich in der Meldung nichts verändert hat, sollte der Hash-Wert des Empfängers mit dem Wert übereinstimmen, den der Sender mit der Meldung übertrug. Mit der Schlüssel-ID kann der Router mehrere Paßworte besitzen, und damit wird ein Wechsel auf ein neues Paßwort einfacher und sicherer. Ein Beispiel des Paßwortwechsels wird in dieser Fallstudie gezeigt. Die Sequenz-Nummer schützt vor

»Replay-Attacken«, in der OSPF-Pakete abgefangen, verändert und an einen Router retransmittiert werden.

Um den Authentisierungstyp 2 für eine Area zu konfigurieren, wird der Befehl **ip ospf message-digest-key md5** verwendet, um ein Paßwort von bis zu 16 Byte und eine Schlüssel-ID zwischen 1 und 255 für jede an die Area angeschlossene Schnittstelle zu vergeben. Wie beim Typ 1 müssen die Paßworte innerhalb der Area nicht gleich lauten, aber die Schlüssel-ID und das Paßwort müssen zwischen Nachbarn gleich sein. Der Authentisierungstyp 2 wird daraufhin durch Eingabe des Befehls **area authentication message-digest** bei der OSPF-Konfiguration aktiviert.

Der Authentisierungstyp 2 wird bei Hurd folgendermaßen konfiguriert:

```
interface Ethernet0
  ip address 10.8.1.1 255.255.255.0
  ip ospf message-digest-key 5 md5 santafe
!
interface Serial0
  ip address 172.20.1.1 255.255.255.252
  ip ospf message-digest-key 10 md5 taos
!
interface Serial1
  ip address 172.20.1.5 255.255.255.252
  ip ospf message-digest-key 15 md5 abiquiu
!
router ospf 1
  network 10.8.0.0 0.0.255.255 area 0
  network 172.20.0.0 0.0.255.255 area 25
  area 25 range 172.16.0.0 255.240.0.0
  area 0 authentication message-digest
  area 25 authentication message-digest
```

Paßwortänderung ohne Authentisierungsverlust

Mit dem Schlüssel kann das Paßwort geändert werden, ohne die Authentisierung zu deaktivieren. Um zum Beispiel das Paßwort zwischen Hurd und Okeeffe zu ändern, müßte das neue Paßwort mit einem anderen Schlüssel konfiguriert werden. Die Konfiguration von Hurd würde lauten:

```
interface Serial1
  ip address 172.20.1.5 255.255.255.252
  ip ospf message-digest-key 15 md5 abiquiu
  ip ospf message-digest-key 20 md5 steiglitz
```

Hurd wird nun doppelte OSPF-Paket-Kopien aus S1 senden. Eine wird mit dem Schlüssel 15 authentisiert, die andere mit dem Schlüssel 20. Wenn Hurd nach einiger Zeit OSPF-Pakete von Okeeffe empfängt, die mit dem Schlüssel 20 authentisiert sind, wird er keine Pakete mehr mit dem Schlüssel 15 senden. Wenn der neue Schlüssel in Gebrauch ist, kann der alte Schlüssel auf beiden Routern mit dem Befehl **no ip ospf message-digest-key 15 md5 abiquiu** entfernt werden.

Die Paßworte, die in einem tatsächlichen Internetzwerk verwendet werden, sollten niemals so vorhersagbar sein, wie sie in diesen Beispielen sind. Es ist auch sinnvoll, bei allen Routern, die die Authentisierung verwenden, den Befehl **service password-encryption** in den Konfigurationsdateien einzufügen. Mit dieser Änderung wird der Router die Paßworte in jeder Anzeige der Konfigurationsdatei verschlüsseln und damit verhindern, daß das Paßwort in einer Textkopie der Router-Konfiguration gefunden werden kann. Mit der Verschlüsselung würde eine Anzeige der Konfiguration von Hurd folgendes enthalten:

```
service password-encryption
!
interface Ethernet0
  ip address 10.8.1.1 255.255.255.0
  ip ospf message-digest-key 5 md5 7 001712008105A0D03
!
interface Serial0
  ip address 172.20.1.1 255.255.255.252
  ip ospf message-digest-key 10 md5 7 03105A0415
!
interface Serial1
  ip address 172.20.1.5 255.255.255.252
  ip ospf message-digest-key 20 md5 7 070E23455F1C1010
```

9.2.10 Fallstudie: Virtuelle Verbindungen

Bild 9.89 zeigt ein Internetzwerk mit einer mangelhaft konstruierten Backbone-Area. Wenn die Verbindung zwischen Router Hokusai und Hiroshige ausfällt, wird das Backbone partitioniert. Daraufhin werden die Router Sesshiu und Okyo nicht mehr miteinander kommunizieren können. Wenn diese zwei Router ABRs gegenüber separaten Areas sind, wird der Inter-Area-Verkehr zwischen diesen Areas ebenfalls blockiert.

*Bild 9.89:
Ein Ausfall der Verbindung zwischen Hokusai und Hiroshige wird die Backbone-Area partitionieren.*

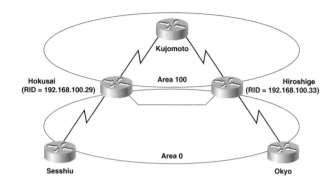

Die beste Lösung zur Beseitigung dieser Gefahr besteht im Hinzufügen einer weiteren Verbindung zur Backbone-Area – z.B. zwischen Sesshiu und Okyo. Bis das Backbone umkonstruiert werden kann, besteht eine Zwischenlösung in einer virtuellen Verbindung zwischen Hokusai und Hiroshige durch die Area 100.

Virtuelle Verbindungen werden immer zwischen ABRs erzeugt, von denen zumindest einer mit der Area 0 verbunden sein muß[1]. Bei jedem ABR wird der Befehl **area virtual-link** der OSPF-Konfiguration hinzugefügt. Dieser Befehl bezeichnet die Area, durch die die virtuelle Verbindung laufen wird und die Router-ID des ABRs am anderen Ende der Verbindung. Zwischen Hokusai und Hiroshige wird auf folgende Weise eine virtuelle Verbindung konfiguriert:

Hokusai

```
router ospf 10
  network 192.168.100.1 0.0.0.0 area 0
  network 192.168.100.29 0.0.0.0 area 0
  network 192.168.100.21 0.0.0.0 area 100
  area 100 virtual-link 192.168.100.33
```

Hiroshige

```
router ospf 10
  network 192.168.100.2 0.0.0.0 area 0
  network 192.168.100.33 0.0.0.0 area 0
  network 192.168.100.25 0.0.0.0 area 100
  area 100 virtual-link 192.168.100.29
```

---

1 Wenn eine virtuelle Verbindung verwendet wird, um eine Area durch eine Nicht-Backbone-Area mit dem Backbone zu verbinden, wird sich einer der ABRs zwischen den beiden Nicht-Backbone-Areas befinden.

Die Pakete werden gewöhnlich zwischen Sesshiu und Okyo über die Backbone-Verbindung zwischen Hokusai und Hiroshige wandern. Wenn diese Verbindung ausfällt, wird die virtuelle Verbindung verwendet. Auch wenn jeder Router die Verbindung als ein nicht numeriertes Point-to-Point-Netzwerk ansieht (Bild 9.90), werden die Pakete in Wahrheit über Kujomoto geroutet.

```
Hokusai#show ip ospf virtual-link
Virtual Link OSPF_VL1 to router 192.168.100.33 is up
    Run as demand circuit
    DoNotAge LSA not allowed (Number of DCbitless LSA is 2).
    Transit area 100, via interface Serial0, Cost of using 128
    Transmit Delay is 1 sec, State POINT_TO_POINT,
    Timer intervals configured, Hello 10, Dead 40, Wait 40, Retransmit 5
      Hello due in 00:00:00
      Adjacency State FULL (Hello suppressed)
Hokusai#
```

*Bild 9.90:
Der Status einer virtuellen Verbindung kann mit dem Befehl **show ip ospf virtual-link** angesehen werden.*

9.2.11 Fallstudie: OSPF auf NBMA-Netzwerken

Non-Broadcast-Multi-Access-Netzwerke wie X.25, Frame-Relay und ATM, stellen ein Problem für das OSPF dar. *Multi-Access* bedeutet, daß die NBMA-»Wolke« ein einzelnes Netzwerk ist, an das mehrere Geräte angeschlossen sind, wie es bei Ethernet- oder Token-Ring-Netzwerken der Fall ist (Bild 9.91). Im Gegensatz zu den Broadcast-Netzwerken Ethernet und Token-Ring bedeutet *Non-Broadcast*, daß ein in das Netzwerk gesendetes Paket nicht unbedingt von allen an das Netzwerk angeschlossenen Routern gesehen wird. Da ein NBMA-Netzwerk Multi-Access ist, wird OSPF versuchen, einen DR und einen BDR zu wählen. Da aber ein NBMA-Netzwerk keine Broadcasts zuläßt, ist nicht gewährleistet, daß alle angeschlossenen Router die Hellos von allen anderen Routern empfangen. Daher können die Router nicht automatisch alles Nötige über ihre Nachbarn erlernen, und die DR-Wahl würde nicht korrekt ausgeführt werden.

Dieser Abschnitt betrachtet mehrere Lösungen für das NBMA-Problem. Die Auswahl einer speziellen Lösung hängt von den Eigenschaften des Internetzwerks ab.

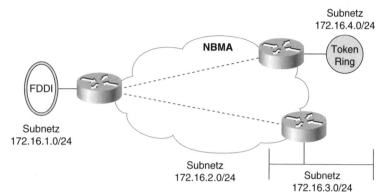

Bild 9.91: Die Routing-Protokolle sehen NBMA-Netzwerke als ein einzelnes Subnetz an, an das mehrere Geräte angeschlossen sind. Wenn, wie in dieser Anordnung, ein NBMA-Netzwerk nur teilweise verzahnt ist, haben nicht alle angeschlossenen Router eine direkte Verbindung mit allen anderen angeschlossenen Routern.

Die älteste Lösung, die den Cisco IOS-Versionen vor 10.0 zur Verfügung steht, besteht in der manuellen Konfiguration der Nachbarn jedes Routers mit dem **neighbor**-Befehl und der damit erfolgenden Auswahl des DR. Bild 9.92 zeigt ein Frame-Relay-Netzwerk mit vier angeschlossenen Routern.

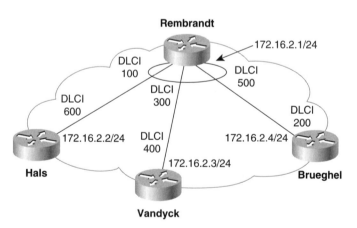

Bild 9.92: Es bestehen mehrere Optionen zur Konfiguration des OSPF auf diesem NBMA-Netzwerk.

Durch die teilweise Verzahnung der Hub-and-Spoke-Anordnung der PVCs in Bild 9.92 muß Rembrandt der DR werden. Als Hub ist nur dieser Router mit allen anderen Routern direkt verbunden. Die Konfigurationen der vier Router lauten:

Rembrandt

```
interface Serial0
  encapsulation frame-relay
  ip address 172.16.2.1 255.255.255.0
  frame-relay map ip 172.16.2.2 100
  frame-realy map ip 172.16.2.3 300
  frame-relay map ip 172.16.2.4 500
!
router ospf 1
  network 172.16.0.0 0.0.255.255 area 0
  neighbor 172.16.2.2
  neighbor 172.16.2.3
  neighbor 172.16.2.4
```

Hals

```
interface Serial0
  encapsulation frame-relay
  ip address 172.16.2.2 255.255.255.0
  frame-relay map ip 172.16.2.1 600
  frame-relay map ip 172.16.2.3 600
  frame-relay map ip 172.16.2.4 600
!
router ospf 1
  network 172.16.0.0 0.0.255.255 area 0
  neighbor 172.16.2.1 priority 10
```

Vandyck

```
interface Serial0
  encapsulation frame-relay
  ip address 172.16.2.3 255.255.255.0
  frame-relay map ip 172.16.2.1 400
  frame-relay map ip 172.16.2.2 400
  frame-relay map ip 172.16.2.4 400
!
router ospf 1
  network 172.16.0.0 0.0.255.255 area 0
  neighbor 172.16.2.1 priority 10
```

Brueghel

```
interface Serial0
  encapsulation frame-relay
  ip address 172.16.2.4 255.255.255.0
  frame-relay map ip 172.16.2.1 200
  frame-relay map ip 172.16.2.2 200
  frame-relay map ip 172.16.2.3 200
!
router ospf 1
  network 172.16.0.0 0.0.255.255 area 0
  neighbor 172.16.2.1 priority 10
```

Der neighbor-Befehl konfiguriert Rembrandt mit den IP-Adressen der Schnittstellen seiner drei Nachbarn. Die Standard-Priorität ist Null. Da die Grundeinstellung bei Rembrandt nicht geändert wurde, ist keiner seiner Nachbarn berechtigt, DR oder BDR zu werden.

Bei den anderen drei Routern wurde nur Rembrandt als Nachbar konfiguriert. Die Priorität wurde auf 10 gesetzt, daher wird Rembrandt der DR. Durch diese Anordnung gehen die PVCs genau die Nachbarverbindungen ein, die die vier Router in einem Broadcast-Multi-Access-Netzwerk aufgebaut hätten. Die OSPF-Pakete werden nun per Unicast an die konfigurierten Nachbaradressen gesendet.

Um es zu betonen: Der **neighbor**-Befehl ist nur bei alten (vor 10.0) IOS-Versionen notwendig. Ein neuere Lösung besteht in der Verwendung des **ip ospf network**-Befehls, um den Standard-OSPF-Netzwerktyp zu ändern.

Eine Möglichkeit bei diesem Befehl besteht in der Änderung des Netzwerktyps auf Broadcast, indem **ip ospf network broadcast** an jeder Frame-Relay-Schnittstelle eingegeben wird. Durch diese Änderung wird die NBMA-Wolke als ein Broadcast-Netzwerk angesehen. Die Konfiguration der vier Router lautet:

Rembrandt

```
interface Serial0
  encapsulation frame-relay
  ip address 172.16.2.1 255.255.255.0
  ip ospf network broadcast
  ip ospf priority 10
  frame-relay map ip 172.16.2.2 100 broadcast
  frame-realy map ip 172.16.2.3 300 broadcast
  frame-relay map ip 172.16.2.4 500 broadcast
!
router ospf 1
  network 172.16.0.0 0.0.255.255 area 0
```

Hals

```
interface Serial0
  encapsulation frame-relay
  ip address 172.16.2.2 255.255.255.0
  ip ospf network broadcast
  ip ospf priority 0
  frame-relay map ip 172.16.2.1 600 broadcast
  frame-relay map ip 172.16.2.3 600 broadcast
  frame-relay map ip 172.16.2.4 600 broadcast
!
router ospf 1
  network 172.16.0.0 0.0.255.255 area 0
```

Vandyck

```
interface Serial0
  encapsulation frame-relay
  ip address 172.16.2.3 255.255.255.0
  ip ospf network broadcast
  ip ospf priority 0
  frame-relay map ip 172.16.2.1 400 broadcast
  frame-relay map ip 172.16.2.2 400 broadcast
  frame-relay map ip 172.16.2.4 400 broadcast
!
router ospf 1
  network 172.16.0.0 0.0.255.255 area 0
```

Brueghel

```
interface Serial0
  encapsulation frame-relay
  ip address 172.16.2.4 255.255.255.0
  ip ospf network broadcast
  ip ospf priority 0
  frame-relay map ip 172.16.2.1 200 broadcast
  frame-relay map ip 172.16.2.2 200 broadcast
  frame-relay map ip 172.16.2.3 200 broadcast
!
router ospf 1
  network 172.16.0.0 0.0.255.255 area 0
```

Beachten Sie, daß in diesem Beispiel die Priorität von Rembrandts Schnittstelle auf 10 gesetzt wurde und die Priorität der anderen Schnittstellen auf 0. Auch dies stellt sicher, daß Rembrandt der DR ist. Beachten Sie auch, daß die statischen Befehle **frame-relay map** gesetzt wurden, um Broadcast- und Multicast-Adressen weiterzuleiten.

Eine Alternative in der Beeinflussung der DR-Wahl besteht in einer vollkommen vernetzten Topologie, in der jeder Router ein PVC zu jedem anderen Router besitzt. Vom Standpunkt des Routers aus stellt diese Lösung die effizienteste aller NBMA-Alternativen dar. Die zu erwartenden monetären Kosten lassen diese Alternative natürlich nicht zu. Wenn n Router vorhanden sind, wären $n(n - 1)/2$ PVCs notwendig, um eine voll vernetzte Topologie zu erzeugen. Zum Beispiel würden die vier Router in Bild 9.92 6 PVCs für eine vollständige Vernetzung benötigen. 16 Router würden 120 PVCs erfordern.

Eine andere Möglichkeit besteht in der Vermeidung des gesamten DR/BDR-Wahlvorgangs, durch eine Änderung des Netzwerktyps auf Point-to-Multipoint. Point-to-Multipoint-

Netzwerke betrachten die PVCs als eine Ansammlung von Point-to-Point-Verbindungen. Daher wird keine DR/BDR-Wahl stattfinden. In Umgebungen mit Routern verschiedener Hersteller kann Point-to-Multipoint die einzige Alternative zu Broadcast-Netzwerken darstellen.

In den folgenden Konfigurationen wird der OSPF-Netzwerktyp jeder Schnittstelle auf Point-to-Multipoint geändert:

Rembrandt

```
interface Serial0
  encapsulation frame-relay
  ip address 172.16.2.1 255.255.255.0
  ip ospf network point-to-multipoint
!
router ospf 1
  network 172.16.0.0 0.0.255.255 area 0
```

Hals

```
interface Serial0
  encapsulation frame-relay
  ip address 172.16.2.2 255.255.255.0
  ip ospf network point-to-multipoint
!
router ospf 1
  network 172.16.0.0 0.0.255.255 area 0
```

Vandyck

```
interface Serial0
  encapsulation frame-relay
  ip address 172.16.2.3 255.255.255.0
  ip ospf network point-to-multipoint
!
router ospf 1
  network 172.16.0.0 0.0.255.255 area 0
```

Brueghel

```
interface Serial0
  encapsulation frame-relay
  ip address 172.16.2.4 255.255.255.0
  ip ospf network point-to-multipoint
!
router ospf 1
  network 172.16.0.0 0.0.255.255 area 0
```

Diese Konfigurationen nutzen den Vorteil der Reverse ARP-Funktion des Frame-Relay, um die Netzwerk-Level-Adressen dynamisch den DLCIs zuzuordnen, um nicht die statischen map-Befehle verwenden zu müssen, die in den vorherigen Beispielen gezeigt wurden. Die statischen Maps können allerdings weiterhin verwendet werden.

Der Point-to-Multipoint-Netzwerktyp des OSPF betrachtet das zugrundeliegende Netzwerk als eine Ansammlung von Point-to-Point-Verbindungen und nicht wie ein Multi-Access-Netzwerk, und OSPF-Pakete werden als Multicast an die Nachbarn gesendet. Diese Situation kann für Netzwerke problematisch sein, deren Verbindungen dynamisch sind, wie z.B. Frame-Relay-SVCs oder ATM-SVCs. Ab der IOS-Version 11.3AA kann dieses Problem dadurch gelöst werden, daß ein Netzwerk gleichzeitig als Point-to-Multipoint und als Non-Broadcast erklärt wird:

Rembrandt

```
interface Serial0
  ip address 172.16.2.1 255.255.255.0
  encapsulation frame-relay
  ip ospf network point-to-multipoint non-broadcast
  map-group Leiden
  frame-relay lmi-type q933a
  frame-relay svc
!
router ospf 1
  network 172.16.0.0 0.0.255.255 area 0
  neighbor 172.16.2.2 cost 30
  neighbor 172.16.2.3 cost 20
  neighbor 172.16.2.4 cost 50
```

Hals

```
interface Serial0
  ip address 172.16.2.2 255.255.255.0
  encapsulation frame-relay
  ip ospf network point-to-multipoint non-broadcast
  map-group Haarlem
  frame-relay lmi-type q933a
  frame-relay svc
!
router ospf 1
  network 172.16.0.0 0.0.255.255 area 0
  neighbor 172.16.2.1 priority 10
```

Vandyck

```
interface Serial0
  ip address 172.16.2.3 255.255.255.0
  encapsulation frame-relay
  ip ospf network point-to-multipoint non-broadcast
  map-group Antwerp
  frame-relay lmi-type q933a
  frame-relay svc
!
router ospf 1
  network 172.16.0.0 0.0.255.255 area 0
  neighbor 172.16.2.1 priority 10
```

Brueghel

```
interface Serial0
  ip address 172.16.2.4 255.255.255.0
  encapsulation frame-relay
  ip ospf network point-to-multipoint non-broadcast
  map-group Brussels
  frame-relay lmi-type q933a
  frame-relay svc
!
router ospf 1
  network 172.16.0.0 0.0.255.255 area 0
  neighbor 172.16.2.1 priority 10
```

Da das Netzwerk Non-Broadcast ist, werden die Nachbarn nicht automatisch entdeckt und müssen manuell konfiguriert werden. Eine weiteres Merkmal, das in der IOS-Version 11.3AA eingeführt wurde, kann in der Konfiguration von Rembrandt gesehen werden: Die Kosten können mit dem **neighbor**-Befehl auf VC-Basis zugewiesen werden.

Die letzte Lösung besteht in der Einrichtung jedes PVCs als ein individuelles Point-to-Point-Netzwerk mit seinem eigenen Subnetz (Bild 9.93). Diese Lösung wird mit Sub-Schnittstellen erfüllt:

Rembrandt

```
interface Serial0
  no ip address
  encapsulation frame-relay
interface Serial0.100 point-to-point
  description ----------------------- to Hals
  ip address 172.16.2.1 255.255.255.252
  frame-relay interface-dlci 100
```

```
interface Serial0.300 point-to-point
  description ------------------------- to Vandyck
  ip address 172.16.2.5 255.255.255.252
  frame-relay interface-dlci 300
interface Serial0.500 point-to-point
  description ------------------------- to Brueghels
  ip address 172.16.2.9 255.255.255.252
  frame-relay interface-dlci 500
!
router ospf 1
  network 172.16.0.0 0.0.255.255 area 0
```

Hals

```
interface Serial0
  no ip address
  encapsulation frame-relay
interface Serial0.600
  description ------------------------- to Rembrandt
  ip address 172.16.2.2 255.255.255.252
  frame-relay interface-dlci 600
!
router ospf 1
  network 172.16.0.0 0.0.255.255 area 0
```

Vandyck

```
interface Serial0
  no ip address
  encapsulation frame-relay
interface Serial0.400
  description ------------------------- to Rembrandt
  ip address 172.16.2.6 255.255.255.252
  frame-relay interface-dlci 400
!
router ospf 1
  network 172.16.0.0 0.0.255.255 area 0
```

Brueghel

```
interface Serial0
  no ip address
  encapsulation frame-relay
interface Serial0.200
  description ------------------------- to Rembrandt
  ip address 172.16.2.10 255.255.255.252
  frame-relay interface-dlci 200
!
router ospf 1
  network 172.16.0.0 0.0.255.255 area 0
```

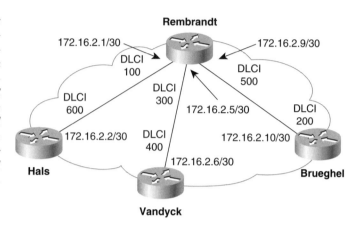

Bild 9.93:
Point-to-Point-Sub-Schnittstellen ermöglichen die Konfiguration jedes PVC als individuelles Subnetz und eliminiert das Problem der DR/BDR-Wahl auf NBMA-Netzwerken.

Diese Konfiguration ist im Vergleich zu den anderen OSPF-Konfigurationen für NBMA-Netzwerke am einfachsten zu bewerkstelligen. Einige der Vorteile liegen offensichtlich in der Konfigurationskodierung, z.B. der Möglichkeit, eine Schnittstellen-Nummer zu verwenden, die dem DLCI entspricht, und der Möglichkeit eine Kommentarzeile einzufügen. Der Hauptvorteil liegt jedoch in der einfachen Eins-zu-Eins-Beziehung zwischen den Routern.

Ein gelegentlicher Vorbehalt bei der Verwendung der Sub-Schnittstellen gründet darauf, daß jedes PVC seine eigene Subnetz-Adresse benötigt. In den meisten Fällen sollte diese Anforderung kein Problem darstellen, da OSPF das VLSM unterstützt. Wie das Beispiel zeigt, ist die Erzeugung von Sub-Subnetzen aus der an die Wolke vergebenen Subnetz-Adresse eine einfache Angelegenheit. Da die PVCs nun Point-to-Point-Verbindungen sind, kann unnumeriertes IP als eine Alternative zu den Subnetz-Adressen verwendet werden. Ernsthaftere Bedenken gelten dem erhöhten Speicherbedarf bei der Verwendung von Sub-Schnittstellen. Die Belastung kann auf kleinen Routern mit beschränktem Speicher signifikant sein.

9.2.12 Fallstudie: OSPF über temporäre Verbindungen

OSPF über temporäre Verbindungen wird einfach mit dem Befehl **ip ospf demand-circuit** für jede Schnittstelle konfiguriert, die an die temporäre Leitung angeschlossen ist. Es muß nur ein Ende einer Point-to-Point-Verbindung oder der Multipoint-Seite einer Point-to-Multipoint-Verbindung als temporäre Verbindung erklärt werden. In den meisten Fällen sollte OSPF über temporäre Verbindungen nicht über ein Broadcast-Medium ausgeführt werden. Auf einem derartigen Netzwerk können die Hello-Pakete nicht unterdrückt werden, und die Verbindung wird aufrechterhalten.

Wenn die virtuellen Verbindungen in Bild 9.92 Frame-Relay-SVCs sind, könnte die Konfiguration von Rembrandt so lauten:

```
interface Serial0
  ip address 172.16.2.1 255.255.255.0
  encapsulation frame-relay
  ip ospf network point-to-multipoint non-broadcast
  ip ospf demand-circuit
  map-group Leiden
  frame-relay lmi-type q933a
  frame-relay svc
!
router ospf 1
  network 172.16.0.0 0.0.255.255 area 0
  neighbor 172.16.2.2 cost 30
  neighbor 172.16.2.3 cost 20
  neighbor 172.16.2.4 cost 50
```

Merken Sie sich die folgenden Punkte, wenn Sie OSPF über temporäre Verbindungen ausführen:

- LSAs mit dem gesetzten DoNotAge-Bit werden nur dann in einer Area erlaubt, wenn alle LSAs in der Verbindungs-Status-Datenbank einer Area das DC-Bit gesetzt haben. So wird gewährleistet, daß alle Router in der Area das DoNotAge-Bit interpretieren können.

- Wenn in einer Area OSPF über temporäre Verbindungen ausgeführt wird, müssen es alle Router unterstützen.

- Wenn OSPF über temporäre Verbindungen in einer Nicht-Rumpf-Area ausgeführt wird, müssen es die Router in allen Nicht-Rumpf-Areas unterstützen. Da das DC-Bit in LSAs vom Typ 5 gesetzt wird, werden diese LSAs in alle Nicht-Rumpf-Areas geflutet.

- Sie sollten versuchen, die temporären Verbindungen nur innerhalb von Rumpf-, reinen Rumpf- oder NSSA-Areas zu betreiben. Auf diese Weise müssen nicht alle Router innerhalb der OSPF-Domäne das OSPF über temporäre Verbindungen unterstützen. Es minimiert auch die Anzahl der empfangenen Änderungs-LSAs, die durch die Topologie-Änderungen in anderen Areas erzeugt wurden, und verhindert damit eine exzessive Aufrechterhaltung einer temporären Verbindung.

- Wenn OSPF über temporäre Verbindungen konfiguriert wurde, und eine virtuelle Verbindung ist so konfiguriert, daß sie die temporäre Verbindung überquert, wird die virtuelle Verbindung auch wie eine temporäre Verbindung behandelt, da sonst der virtuelle Verbindungsverkehr die Verbindung aufrechterhalten würde.

- OSPF erneuert seine LSAs alle 30 Minuten, um ein LSA vor einer Beschädigung zu schützen, während es sich in der Verbindungs-Status-Datenbank befindet. Da die DoNot-Age-LSAs über eine temporäre Verbindung nicht erneuert werden, geht dieses Sicherungsmerkmal verloren.

- Der Refresh-Prozeß erfolgt auf jeder Seite einer temporären Verbindung aus allen anderen Schnittstellen, nur über diese Verbindung werden die LSAs nicht erneuert. Daher können sich die Sequenz-Nummern von ansonsten identischen LSAs auf jeder Seite der Verbindung unterscheiden. Es ist möglich, daß Netzwerk-Management-Stationen bestimmte MIB-Variablen[1] verwenden, um die Datenbank-Synchronisierung zu gewährleisten. Wenn die Sequenz-Nummern der Datenbanken nicht übereinstimmen, kann fälschlicherweise ein Fehler gemeldet werden.

9.3 Die Fehlersuche bei OSPF

Die Fehlersuche kann bei OSPF zuweilen entmutigend sein, besonders in einem großen Internetzwerk. Jedoch unterscheidet sich ein Routing-Problem bei OSPF nicht von einem Rou-

---

[1] Vor allem ospfExternLSACksumSum und ospfAreaLSACksumSum. Dies sind Summen der individuellen LSA-Prüfsummen-Felder. Da die Prüfsummenberechnung die Sequenz-Nummer enthält und sich die Sequenz-Nummern unterscheiden können, werden sich auch die Prüfsummen unterscheiden.

ting-Problem bei einem anderen Routing-Protokoll. Es wird eine der folgenden Ursachen haben:

- Fehlende Routen-Informationen

- Ungenaue Routen-Informationen

Eine Betrachtung der Routing-Tabelle ist weiterhin die primäre Quelle der Informationen zur Fehlerbehebung. Der Befehl **show ip ospf database** wird neben den verschiedenen LSAs auch weitere wichtige Informationen anzeigen. Wenn z.B. eine Verbindung unstabil ist, wird sich das angemeldete LSA regelmäßig ändern. Diese Bedingung spiegelt sich in einer verdächtig erhöhten Sequenz-Nummer im Vergleich zu den anderen LSAs wider. Ein anderes Zeichen der Instabilität ist ein LSA, dessen Alter nie sehr weit ansteigt.

Merken Sie sich, daß die VS-Datenbank jedes Routers innerhalb einer Area gleich ist. Solange sie nicht den Verdacht haben, daß die Datenbank selbst auf einigen Routern beschädigt ist, genügt die Betrachtung der VS-Datenbank eines einzelnen Routers, um die VS-Datenbank der gesamten Area zu überprüfen. Sinnvollerweise sollte man für jede Area eine Kopie der Verbindungs-Status-Datenbank aufbewahren.

Wenn Sie eine individuelle Router-Konfiguration überprüfen, betrachten Sie folgendes:

- Besitzen alle Schnittstellen die korrekten Adressen und Masken?

- Besitzen die **network area**-Statements die korrekten inversen Masken, die mit den korrekten Schnittstellen übereinstimmen?

- Setzen die **network area**-Statements alle Schnittstellen in die korrekten Areas?

- Befinden sich die **network area**-Statements in der korrekten Reihenfolge?

Wenn Sie die vorhandenen Nachbarverbindungen (oder die fehlenden) überprüfen, stellen Sie sich diese Fragen:

- Werden von beiden Nachbarn Hellos gesendet?

- Sind die Timer bei beiden Nachbarn gleich gesetzt?

- Stimmen die optionalen Fähigkeiten der Nachbarn überein?
- Sind die Schnittstellen mit dem gleichen Subnetz konfiguriert (d.h. gehören die Adresse/Masken-Paarungen zum gleichen Subnetz)?
- Sind die benachbarten Schnittstellen vom gleichen Netzwerktyp?
- Versucht ein Router mit der sekundären Adresse eines Nachbarn eine Nachbarverbindung aufzubauen?
- Wenn die Authentisierung verwendet wird, ist der Authentisierungstyp der beiden Nachbarn gleich? Sind die Paßworte und (im Fall von MD5) die Schlüssel gleich? Ist die Authentisierung auf allen Routern innerhalb der Area aktiviert?
- Blockiert eine Access-Liste das OSPF?
- Wenn die Nachbarverbindung über eine virtuelle Verbindung führt, ist die Verbindung innerhalb einer Rumpf-Area konfiguriert?

Wenn ein Nachbar oder eine Nachbarverbindung als unstabil verdächtigt wird, können die Nachbarverbindungen mit dem Befehl **debug ip ospf adj** aufgezeichnet werden. Dieser Befehl kann jedoch wesentlich mehr Informationen liefern, als erwünscht ist, wie Bild 9.94 zeigt. Es werden nicht nur die Statuswechsel eines Nachbarn detailliert aufgezeichnet, sondern auch die regulären Hello-Prozesse. Wenn eine Beobachtung über einen längeren Zeitraum ausgeführt werden soll, können diese umfangreichen Informationen die internen Logging-Buffer eines Routers überlaufen lassen. Ab der IOS-Version 11.2 können Nachbarverbindungen mit dem Befehl **ospf log-adjacency-changes** bei einer OSPF-Konfiguration eines Routers beobachtet werden. Dieser Befehl erzeugt eine vereinfachte Aufzeichnung der Nachbarverbindungsänderungen, wie Bild 9.95 zeigt.

```
Hurd#debug ip ospf adj
OSPF adjacency events debugging is on
Hurd#
OSPF: Rcv hello from 172.20.1.2 area 25 from Serial0 172.20.1.2
OSPF: End of hello processing
OSPF: Rcv hello from 10.3.0.1 area 0 from Ethernet0 10.8.1.2
OSPF: Cannot see ourself in hello from 10.3.0.1 on Ethernet0, state INIT
%OSPF-5-ADJCHG: Process 1, Nbr 10.3.0.1 on Ethernet0 from FULL to INIT, 1-Way
OSPF: Neighbor change Event on interface Ethernet0
OSPF: DR/BDR election on Ethernet0
OSPF: Elect BDR 0.0.0.0
OSPF: Elect DR 172.20.1.5
        DR: 172.20.1.5 (Id) BDR: none
OSPF: End of hello processing
OSPF: Build router LSA for area 0, router ID 172.20.1.5
OSPF: Build network LSA for Ethernet0, router ID 172.20.1.5
OSPF: No full nbrs to build Net Lsa
OSPF: Flush network LSA on Ethernet0 for area 0
OSPF: Schedule SPF to remove network route
OSPF: Rcv hello from 172.20.1.2 area 25 from Serial0 172.20.1.2
OSPF: End of hello processing
OSPF: Rcv hello from 10.3.0.1 area 0 from Ethernet0 10.8.1.2
OSPF: End of hello processing
OSPF: Rcv DBD from 10.3.0.1 on Ethernet0 seq 0x2653 opt 0x2 flag 0x7 len 32
state INIT
%OSPF-5-ADJCHG: Process 1, Nbr 10.3.0.1 on Ethernet0 from INIT to 2WAY, 2-Way
Received
OSPF: 2 Way Communication to 10.3.0.1 on Ethernet0, state 2WAY
OSPF: Neighbor change Event on interface Ethernet0
OSPF: DR/BDR election on Ethernet0
OSPF: Elect BDR 10.3.0.1
OSPF: Elect DR 172.20.1.5
        DR: 172.20.1.5 (Id)    BDR: 10.3.0.1 (Id)
%OSPF-5-ADJCHG: Process 1, Nbr 10.3.0.1 on Ethernet0 from 2WAY to EXSTART,
AdjOK?
OSPF: Send DBD to 10.3.0.1 on Ethernet0 seq 0x25D7 opt 0x2 flag 0x7 len 32
OSPF: First DBD and we are not SLAVE
OSPF: Rcv DBD from 10.3.0.1 on Ethernet0 seq 0x25D7 opt 0x2 flag 0x2 len 312
state EXSTART
OSPF: NBR Negotiation Done. We are the MASTER
%OSPF-5-ADJCHG: Process 1, Nbr 10.3.0.1 on Ethernet0 from EXSTART to EXCHANGE,
Negotiation Done
OSPF: Send DBD to 10.3.0.1 on Ethernet0 seq 0x25D8 opt 0x2 flag 0x3 len 292
OSPF: Database request to 10.3.0.1
OSPF:sent LS REQ packet to 10.8.1.2, length 36
OSPF: Rcv DBD from 10.3.0.1 on Etherneto seq 0x25DB opt 0x2 flag 0x0 len 32
state EXCHANGE
OSPF: Send DBD to 10.3.0.1 on Ethernet0 seq 0x25D9 opt 0x2 flag 0x1 len 32
OSPF: Rcv DBD from 10.3.0.1 on Ethernet0 seq 0x25D9 opt 0x2 flag 0x0 len 32
state EXCHANGE
OSPF: Exchange Done with 10.3.0.1 on Ethernet0
%OSPF-5-ADJCHG: Process 1, Nbr 10.3.0.1 on Ethernet0 from EXCHANGE to LOADING,
Exchange Done
OSPF: Synchronized with 10.3.0.1 on Ethernet0, state FULL
%OSPF-5-ADJCHG: Process 1, Nbr 10.3.0.1 on Ethernet0 from LOADING to FULL,
Loading Done
OSPF: Build router LSA for area 0, router ID 172.20.1.5
OSPF: Build network LSA for Ethernet0, router ID 172.20.1.5
OSPF: Rcv hello from 172.20.1.2 area 25 from Serial0 172.20.1.2
OSPF: End of hello processing
OSPF: Rcv hello from 10.3.0.1 area 0 from Ethernet0 10.8.1.2
OSPF: Neighbor change Event on interface Ethernet0
OSPF: DR/BDR election on Ethernet0
OSPF: Elect BDR 10.3.0.1
OSPF: Elect DR 172.20.1.5
        DR: 172.20.1.5 (Id) BDR: 10.3.0.1 (Id)
OSPF: End of hello processing
OSPF: Build router LSA for area 0, router ID 172.20.1.
```

Bild 9.94:
Diese Debug-Ausgabe nach dem Befehl debug ip ospf adj zeigt die Ergebnisse einer zeitweise unterbrochenen und wieder einsetzenden Ethernet-Schnittstelle eines Nachbarn.

*Bild 9.95:
Diese Logging-Meldungen wurden durch den Befehl ospf log-adjacency-changes verursacht und zeigen den gleichen Nachbarausfall der in Bild 9.94 gezeigt wird; er enthält jedoch wesentlich weniger Details.*

```
Hurd#show logging
Syslog logging: enabled (0 messages dropped, 0 flushes, 0 overruns)
    Console logging: level debugging, 19 messages logged
    Monitor logging: level debugging, 0 messages logged
    Trap logging: level informational, 23 message lines logged
    Buffer logging: level debugging, 19 messages logged

Log Buffer (4096 bytes):

%OSPF-5-ADJCHG: Process 1, Nbr 10.3.0.1 on Ethernet0 from FULL to INIT, 1-Way
%OSPF-5-ADJCHG: Process 1, Nbr 10.3.0.1 on Ethernet0 from INIT to 2WAY, 2-Way Received
%OSPF-5-ADJCHG: Process 1, Nbr 10.3.0.1 on Ethernet0 from 2WAY to EXSTART, AdjOK?
%OSPF-5-ADJCHG: Process 1, Nbr 10.3.0.1 on Ethernet0 from EXSTART to EXCHANGE, Negotiation Done
%OSPF-5-ADJCHG: Process 1, Nbr 10.3.0.1 on Ethernet0 from EXCHANGE to LOADING, Exchange Done
%OSPF-5-ADJCHG: Process 1, Nbr 10.3.0.1 on Ethernet0 from LOADING to FULL, Loading Done
Hurd#
```

Wenn Sie vermuten, daß eine Verbindungs-Status-Datenbank beschädigt ist oder daß zwei Datenbanken nicht synchronisiert sind, können Sie den Befehl **show ip ospf database database-summary** verwenden, um die Anzahl der LSAs in jeder Router-Datenbank zu überprüfen. Bei gleicher Area sollte die Anzahl jedes LSA-Typs in allen Routern gleich sein. Als nächstes wird der Befehl **show ip ospf database** die Prüfsummen für jedes LSA in einer Router-Datenbank zeigen. Innerhalb einer Area sollte jede LSA-Prüfsumme in jeder Router-Datenbank gleich sein. Die Überprüfung dieses Zustands kann äußerst ermüdend sein, selbst bei den kleinsten Datenbanken. Glücklicherweise gibt es die MIBs,[1] die die Summe der Prüfsummen einer Datenbank an eine SNMP-Management-Plattform melden können. Wenn alle Datenbanken in einer Area synchronisiert sind, sollte diese Summe für jede Datenbank gleich sein.

Wenn Sie ein Area-bezogenes Problem betrachten, sollten Sie sich die folgenden Fragen stellen:

– Ist der ABR korrekt konfiguriert?

– Sind alle Router mit dem gleichen Area-Typ konfiguriert? Wenn die Area zum Beispiel eine Rumpf-Area ist, müssen alle Router den **area stub**-Befehl besitzen.

– Wenn die Adreßzusammenfassung konfiguriert ist, ist sie korrekt?

Wenn die Performance ein Problem ist, überprüfen Sie die Speicher- und CPU-Nutzung auf den Routern. Wenn die Speicherbelegung über 70% liegt, kann die Verbindungs-Status-Datenbank zu groß sein. Wenn die CPU-Belastung dauerhaft

---

1 Dies sind: ospfExternLsaCksumSum und ospfAreaLsaCksumSum

über 60% liegt, können Instabilitäten in der Topologie vorliegen. Wenn der Speicher und/oder die CPU die 50%-Marke überschreitet, sollte der Netzwerkadministrator eine Ursachenanalyse des Performance-Mangels ausführen und mit den erhaltenen Ergebnissen korrigierende Schritte planen.

Rumpf-Areas und Adreßzusammenfassungen können die Größe der Verbindungs-Status-Datenbank reduzieren und enthaltene Instabilitäten verringern. Die Hauptbelastung eines OSPF-Routers wird durch die Verarbeitung der LSAs verursacht und nicht durch den SPF-Algorithmus. Einzeln betrachtet würden LSAs der Typen 1 und 2 einen Prozessor stärker belasten als die Sammel-LSAs. Die LSAs der Typen 1 und 2 werden jedoch meist gemeinsam gesendet, während die Sendung der Sammel-LSAs in einzelnen Paketen erfolgt. Daher belasten die Sammel-LSAs den Prozessor stärker.

Die folgenden Fallstudien demonstrieren die am häufigsten verwendeten Methoden und Verfahren zur Fehlerbehebung bei OSPF.

9.3.1 Fallstudie: Eine isolierte Area

Innerhalb der Area 1 von Bild 9.96 können Intra-Area-Pakete geroutet werden, aber alle Versuche der Inter-Area-Kommunikation schlagen fehl. Es sollte sofort ein Verdacht auf den ABR der Area 1 fallen. Dieser Verdacht wird durch die Tatsache bestätigt, daß die internen Router keinen Router-Eintrag für einen ABR besitzen (Bild 9.97).

Der nächste Schritt ist die Überprüfung, ob die physikalische Verbindung zum ABR in Betrieb ist und ob das OSPF korrekt läuft. Die Nachbartabelle des gleichen internen Routers (Bild 9.98) zeigt, daß der Nachbarstatus des ABR full ist und damit eine Nachbarverbindung existiert. Der ABR ist sogar der DR für das Token-Ring-Netzwerk. Die Existenz einer Nachbarverbindung bestätigt, daß die Verbindung in Ordnung ist und daß OSPF-Hellos mit den richtigen Parametern ausgetauscht werden.

Bild 9.96:
Die End-Systeme und Router innerhalb der Area 1 können kommunizieren, aber es wird kein Verkehr aus oder in die Area 0 übertragen.

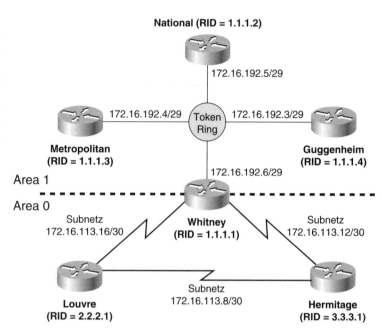

Bild 9.97:
Der Befehl **show ip ospf border-routers** *überprüft die interne Routing-Tabelle der internen Router. Es ist kein Router-Eintrag für einen ABR angezeigt.*

```
National#show ip ospf border-routers

OSPF Process 8 internal Routing Table

Codes: i - Intra-area route, I - Inter-area route

National#
```

Bild 9.98:
Die Nachbar-Tabelle des Routers National zeigt die vollständige Nachbarverbindung mit dem ABR (1.1.1.1) an.

```
National#show ip ospf neighbor
Neighbor ID     Pri  State      Dead Time   Address        Interface
1.1.1.1          1   FULL/DR    00:00:33    172.16.192.6   TokenRing0
1.1.1.3          1   FULL/BDR   00:00:34    172.16.192.4   TokenRing0
1.1.1.4          1   FULL/ -    00:00:30    172.16.192.3   TokenRing0
National#
```

Weitere relevante Hinweise auf das Problem können in der Datenbank von National und in seiner Routing-Tabelle gefunden werden. Die Datenbank (Bild 9.99) enthält nur Router-LSAs (Typ 1) und Netzwerk-LSAs (Typ 2). Es sind keine Netzwerk-Sammel-LSAs (Typ 3) gespeichert, die Ziele außerhalb der Area anmelden. Gleichzeitig werden LSAs durch Whitney (1.1.1.1) erzeugt. Diese Informationen zeigen erneut, daß

Whitney nachbarverbunden ist, aber keine Informationen aus der Area 0 in die Area 1 überträgt.

Die einzigen Ziele außerhalb der Area 1 in der Routing-Tabelle von National (Bild 9.100) sind die seriellen Verbindungen, die an Whitney angeschlossen sind. Damit findet sich ein weiterer Hinweis: Die Routen-Einträge sind als Intra-Area-Routen markiert (O). Wenn sie sich in der Area 0 befänden, wo sie laut Bild 9.96 sein sollten, wären sie als Inter-Area-Routen markiert (O IA). Das Problem liegt offensichtlich auf der Area-0-Seite des ABR.

```
National#show ip ospf database

     OSPF Router with ID (1.1.1.2) (Process ID 8)

          Router Link States (Area 1)

Link ID         ADV Router      Age    Seq#         Checksum   Link count
172.16.192.6    1.1.1.1         132    0x80000034   0xAC4D     3
172.16.219.120  1.1.1.2 1       458    0x8000002B   0x6B46     2

          Net Link States (Area 1)

Link ID         ADV Router      Age    Seq#         Checksum
172.16.192.6    1.1.1.1         132    0x8000002E   0x2078
National#
```

Bild 9.99:
Die Verbindungs-Status-Datenbank von National zeigt auch, daß Whitney nachbarverbunden ist, aber er meldet keine Inter-Area-Ziele an.

```
National#show ip route
Codes: C - connected, S - static, I - IGRP, R - RIP, M - mobile, B - BGP
       D - EIGRP, EX - EIGRP external, O - OSPF, IA - OSPF inter area
       E1 - OSPF external type 1, E2 - OSPF external type 2, E - EGP
       i - IS-IS, L1 - IS-IS level-1, L2 - IS-IS level-2, * - candidate default
       U - per-user static route

Gateway of last resort is not set

     172.16.0.0/16 is variably subnetted, 4 subnets, 3 masks
C       172.16.219.112/28 is directly connected, Serial0
C       172.16.192.0/29 is directly connected, TokenRing0
O       172.16.113.12/30 [110/70] via 172.16.192.6, 03:01:43, TokenRing0
O       172.16.113.16/30 [110/70] via 172.16.192.6, 03:01:43, TokenRing0
National#
```

Bild 9.100:
Whitney meldet die Subnetze seiner seriellen Schnittstellen an, aber sie werden als Intra-Area-Ziele gemeldet.

Eine Überprüfung der seriellen Schnittstellen von Whitney (Bild 9.101) enthüllen bzw. verursachen das Problem. Beide Schnittstellen, die sich in der Area 0 befinden sollten, sind statt dessen in der Area 1. Beide Schnittstellen sind mit topologischen Nachbarn verbunden (Louvre und Hermitage), es werden aber keine OSPF-Nachbarn gespeichert. Es werden regelmäßig Fehlermeldungen angezeigt, die erkennen lassen, daß

Whitney Hellos von Louvre und Hermitage empfängt. Die Area-Felder dieser Hellos sind auf Null gesetzt und passen nicht zu den eigenen.

Bild 9.101: Whitneys serielle Schnittstellen sind für die Area 1 konfiguriert und nicht für die Area 0. Diese Konfiguration verursacht Fehlermeldungen, wenn Hellos der Area 0 empfangen werden.

```
Whitney#show ip ospf interface serial0
Serial0 is up, line protocol is up
    Internet Address 172.16.113.18/30, Area 1
    Process ID 8, Router ID 1.1.1.1, Network Type POINT_TO_POINT, Cost: 64
    Transmit Delay is 1 sec, State POINT_TO_POINT,
    Timer intervals configured, Hello 10, Dead 40, Wait 40, Retransmit 5
        Hello due in 00:00:05
    Neighbor Count is 0, Adjacent neighbor count is 0
Whitney#show ip ospf interface serial 1
Serial1 is up, line protocol is up
    Internet Address 172.16.113.14/30, Area 1
    Process ID 8, Router ID 1.1.1.1, Network Type POINT_TO_POINT, Cost: 64
    Transmit Delay is 1 sec, State POINT_TO_POINT,
    Timer intervals configured, Hello 10, Dead 40, Wait 40, Retransmit 5
        Hello due in 00:00:09
    Neighbor Count is 0, Adjacent neighbor count is 0
Whitney#
%OSPF-4-ERRRCV: Received invalid packet: mismatch area ID, from backbone area
    must be virtual-link but not found from 172.16.113.13, Serial1
%OSPF-4-ERRRCV: Received invalid packet: mismatch area ID, from backbone area
    must be virtual-link but not found from 172.16.113.17, Serial0
```

Die OSPF-Konfiguration von Whitney lautet:

```
router ospf 8
  network 172.16.0.0 0.0.255.255 area 1
  network 172.16.113.0 0.0.0.255 area 0
```

Auf den ersten Blick erscheint diese Konfiguration tadellos. Erinnern sie sich aber an die erste Konfigurationsfallstudie, daß die **network area**-Befehle nacheinander ausgeführt werden. Der zweite **network area**-Befehl betrifft nur Schnittstellen, die nicht auf den ersten Befehl passen. Bei dieser Konfiguration passen alle Schnittstellen auf den ersten **network area**-Befehl, und sie werden in die Area 1 gesetzt. Der zweite Befehl wird niemals ausgeführt.

Eine korrekte Konfiguration lautet:

```
router ospf 8
  network 172.16.192.0 0.0.0.255 area 1
  network 172.16.113.0 0.0.0.255 area 0
```

Es sind natürlich mehrere gültige Konfigurationen möglich. Der wichtige Punkt ist der, daß der erste **network area**-Befehl genau genug sein muß, um nur der Adresse der Area-1-Schnittstelle und nicht den Adressen der Area-0-Schnittstellen zu entsprechen.

9.3.2 Fallstudie: Eine fehlerhaft konfigurierte Zusammenfassung

Bild 9.102 zeigt eine Backbone-Area und drei angeschlossene Areas. Um die Größe der Verbindungs-Status-Datenbank zu reduzieren und die Stabilität des Internetzwerks zu verbessern, wird die Zusammenfassung zwischen Areas verwendet.

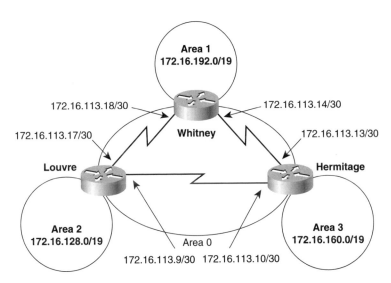

Bild 9.102: Die für jede Area gezeigten Sammel-Adressen werden in die Area 0 gemeldet. Die Area 0 wird auch in die anderen Areas zusammengefaßt.

Die einzelnen Subnetze der drei Nicht-Backbone-Areas werden mit den in der Abbildung gezeigten Adressen zusammengefaßt. Zum Beispiel können einige der Subnetze der Area 1 lauten:

172.16.192.0/29

172.16.192.160/29

172.16.192.248/30

172.16.217.0/24

172.16.199.160/29

172.16.210.248/30

Bild 9.103 zeigt, daß alle diese Subnetz-Adressen mit 172.16.192.0/19 zusammengefaßt werden können.

Bild 9.103: Einige der Subnetz-Adressen die mit 172.16.192.0/19 zusammengefaßt werden. Die fettgedruckten Zeichen kennzeichnen die Netzwerk-Bits jeder Adresse.

```
10101100000100001100000000000000  = 172.16.192.0/29
10101100000100001100000011111000  = 172.16.192.248/30
10101100000100001101100100000000  = 172.16.217.0/24
10101100000100001100011110100000  = 172.16.199.160/29
10101100000100001101001011111000  = 172.16.210.248/30
10101100000100001100000000000000  = 172.16.192.0/19
```

Whitneys Konfiguration lautet:

```
router ospf 8
  network 172.16.192.0 0.0.0.255 area 1
  network 172.16.113.0 0.0.0.255 area 0
  area 1 range 172.16.192.0 255.255.224.0
  area 0 range 172.16.113.0 255.255.224.0
```

Die anderen drei ABRs sind ähnlich konfiguriert. Jeder ABR wird die Sammel-Adresse seiner angeschlossenen Nicht-Backbone-Area in die Area 0 anmelden und wird auch die Area 0 gegenüber der Nicht-Backbone Area zusammenfassen.

Bild 9.104 zeigt ein bestehendes Problem. Wenn die Routing-Tabelle eines internen Routers der Area 1 überprüft wird, wird die Area 0 nicht richtig zusammengefaßt (aus Gründen der Klarheit werden die internen Subnetze der Area 1 nicht gezeigt). Auch wenn die Sammel-Adressen für die Areas 2 und 3 vorhanden sind, befinden sich die einzelnen Subnetze der Area 0 in der Tabelle und nicht ihre Sammel-Adresse.

Bild 9.104: Es werden die einzelnen Subnetze der Area 0 und nicht die erwartete Sammel-Adresse in der Routing-Tabelle eines internen Routers der Area 1 gespeichert.

```
National#show ip route
Codes: C - connected, S - static, I - IGRP, R - RIP, M - mobile, B - BGP
       D - EIGRP, EX - EIGRP external, O - OSPF, IA - OSPF inter area
       E1 - OSPF external type 1, E2 - OSPF external type 2, E - EGP
       i - IS-IS, L1 - IS-IS level-1, L2 - IS-IS level-2, * - candidate default
       U - per-user static route

Gateway of last resort is not set

     172.16.0.0/16 is variably subnetted, 7 subnets, 4 masks
O IA    172.16.160.0/19 [110/80] via 172.16.192.6, 1d22h, TokenRing0
O IA    172.16.128.0/19 [110/80] via 172.16.192.6, 1d22h, TokenRing0
C       172.16.192.0/29 is directly connected, TokenRing0
O IA    172.16.113.12/30 [110/70] via 172.16.192.6, 00:39:46, TokenRing0
O IA    172.16.113.8/30 [110/134] via 172.16.192.6, 00:39:46, TokenRing0
O IA    172.16.113.16/30 [110/70] via 172.16.192.6, 00:39:46, TokenRing0
National#
```

Sie können sehen, daß der **area range**-Befehl für die Area 0 das Problem darstellt, wenn Sie die drei Subnetze der Area 0 in binärer Form überprüfen (Bild 9.105).

```
10101100000100000111000100001000 = 172.16.113.8/30
10101100000100000111000100001100 = 172.16.113.12/30
10101100000100000111000100010000 = 172.16.113.16/30
11111111111111111110000000000000 = 255.255.224.0
10101100000100000110000000000000 = 172.16.96.0
```

Bild 9.105:
Die Subnetze der Area 0, die konfigurierte Sammel-Maske und die korrekte Sammel-Adresse

Das Problem ist, daß die im **area range**-Befehl bezeichnete Sammel-Adresse (172.16.113.0) genauer ist als die zugeordnete Maske (255.255.224.0). Die korrekte Adresse, die mit der 19-Bit-Maske zu verwenden ist, lautet 172.16.96.0:

```
router ospf 8
  network 172.16.192.0 0.0.0.255 area 1
  network 172.16.113.0 0.0.0.255 area 0
  area 1 range 172.16.192.0 255.255.224.0
  area 0 range 172.16.96.0 255.255.224.0
```

Bild 9.106 zeigt die resultierende Routing-Tabelle. Es gibt weitere Möglichkeiten für eine Sammel-Adresse der Area 0. Zum Beispiel sind 172.16.113.0/24 und 172.16.113.0/27 beide legitim. Die am besten passende Sammel-Adresse hängt von den Vorgaben des Internetzwerk-Designs ab. Im Falle des Internetzwerks von Bild 9.99 könnte die 172.16.96.0/19 aus Gründen der Konsistenz gewählt werden – alle Sammel-Adressen besitzen eine 19-Bit-Maske. Auf der anderen Seite könnte die 172.16.113.0/27 für eine bessere Skalierbarkeit gewählt werden. Fünf weitere Subnetze können mit dieser Sammel-Adresse dem Backbone hinzugefügt werden und einen breiteren Adreßbereich für eine Nutzung an anderer Stelle im Internetzwerk zur Verfügung stellen.

```
National#show ip route
Codes: C - connected, S - static, I - IGRP, R - RIP, M - mobile, B - BGP
       D - EIGRP, EX - EIGRP external, O - OSPF, IA - OSPF inter area
       E1 - OSPF external type 1, E2 - OSPF external type 2, E - EGP
       i - IS-IS, L1 - IS-IS level-1, L2 - IS-IS level-2, * - candidate default
       U - per-user static route

Gateway of last resort is not set

   172.16.0.0/16 is variably subnetted, 5 subnets, 3 masks
O IA   172.16.160.0/19 [110/80] via 172.16.192.6, 00:38:11, TokenRing0
O IA   172.16.128.0/19 [110/80] via 172.16.192.6, 1d23h, TokenRing0
C      172.16.192.0/29 is directly connected, TokenRing0
O IA   172.16.96.0/19 [110/70] via 172.16.192.6, 00:00:23, TokenRing0
National#
```

Bild 9.106:
Die Area 0 wird nun korrekt zusammengefaßt.

9.4 Ausblick

Im Zusammenhang mit Verbindungs-Status-Routing-Protokollen denken die meisten Menschen zuerst an OSPF. Dies ist jedoch nicht das einzige Verbindungs-Status-Protokoll für IP. Auch wenn das Intermediate-System zu Intermediate-System (IS-IS) von ISO für das Routing von anderen Protokollen entwickelt wurde, kann es IP routen. Das Kapitel 10 betrachtet dieses weniger bekannte Verbindungs-Status-Routing-Protokoll.

9.4.1 Zusammenfassende Tabelle: Befehle aus Kapitel 9

Befehl	Beschreibung
area *Area-ID* authentication[message-digest]	Aktiviert den Authentisierungstyp 1 oder Typ 2 für eine Area.
area Area-ID default-cost *Kosten*	Vereinbart die Kosten für die Default-Route, die von einem ABR in eine Rumpf-Area angemeldet wird.
area *Area-ID* nssa [no-redistribution][default-information-originate][no-summary]	Konfiguriert eine Area als Semi-Rumpf-Area (NSSA).
area Area-*ID* range *Adresse Maske*	Faßt die Adressen in eine Area oder aus einer Area zusammen.
area area-id *Rumpf* [no-summary]	Konfiguriert eine Area als eine Rumpf- oder reine Rumpf-Area.
area *Area-ID* virtual-link *Router-ID*	Legt eine virtuelle Verbindung zwischen ABRs fest.
debug ip ospf adj	Zeigt die Ereignisse an, die während des Aufbaus oder einer Aufhebung einer OSPF-Nachbarverbindung auftreten.
ip ospf authentication-key *Paßwort*	Weist einer OSPF-Schnittstelle ein Paßwort zu, das mit dem Authentisierungstyp 1 verwendet wird.
ip ospf cost *Kosten*	Vereinbart die ausgehenden Kosten einer OSPF-Schnittstelle.
ip ospf dead-interval *Sekunden*	Vereinbart das OSPF-Router-Dead-Intervall für eine Schnittstelle.
ip ospf demand-circuit	Konfiguriert eine Schnittstelle als eine temporäre Verbindung mit OSPF.

Befehl	Beschreibung
ip ospf hello-interval *Sekunden*	Vereinbart das OSPF-Hello-Intervall für eine Schnittstelle.
ip ospf message-digest-key *Schlüssel-ID* md5 *Schlüssel*	Vereinbart die Schlüssel-ID einer Schnittstelle und den Schlüssel (Paßwort) für den Authentisierungstyp 2.
ip ospf name-lookup	Aktiviert die reverse DNS-Namensprüfung, um die Router-IDs für bestimmte **show**-Befehle zu erhalten.
ip ospf network [broadcast] [nonbroadcast][point-to-multipoint]	Konfiguriert den OSPF-Netzwerktyp.
ip ospf priority *Nummer*	Setzt die Router-Priorität einer Schnittstelle für den DR/BDR-Wahlvorgang.
ip ospf retransmit-interval *Sekunden*	Setzt das OSPF-Rxmt-Intervall einer Schnittstelle.
ip ospf transmit-delay *Sekunden*	Setzt den OSPF-InfTransDelay einer Schnittstelle.
maximum-paths	Setzt die Pfadanzahl, über die OSPF die Lastverteilung ausführt.
neighbor *IP-Adresse*[priority *Nummer*][poll-interval *Sekunden*] [cost *Kosten*]	Informiert einen Router manuell über seine Nachbarn auf einem Nicht-Broadcast-Netzwerk.
network *Adresse inverse-Maske* area *Area-ID*	Vereinbart die Schnittstellen, auf denen OSPF ausgeführt werden soll, und bezeichnet die Area, mit der die Schnittstelle verbunden ist.
ospf auto-cost reference-bandwidth *Referenz-Bandbreite*	Ändert die Grundeinstellung der OSPF-Referenz-Bandbreite, die für die Berechnung der Verbindungskosten verwendet wird.
ospf log-adjacency-changes	Zeichnet die Änderungen des Nachbarstatus auf.
router ospf *Prozeß-ID*	Aktiviert einen OSPF-Routing-Prozeß.
show ip ospf [*Prozeß-ID*]	Zeigt allgemeine Informationen über einen OSPF-Routing-Prozeß an.
show ip ospf border-Router	Zeigt die interne OSPF-Routing-Tabelle eines Routers an.
show ip ospf [*Prozeß-ID Area-ID*] database	Zeigt alle Einträge in der OSPF-Verbindungs-Status-Datenbank an.

Befehl	Beschreibung
show ip ospf [*Prozeß-ID Area-ID*] database router [*Verbindungs-Status-ID*]	Zeigt LSAs vom Typ 1 in der OSPF-Verbindungs-Status-Datenbank an.
show ip ospf [*Prozeß-ID Area-ID*] database network [*Verbindungs-Status-ID*]	Zeigt LSAs vom Typ 2 in der OSPF-Verbindungs-Status-Datenbank an.
show ip ospf [*Prozeß-ID Area-ID*] database summary [*Verbindungs-Status-ID*]	Zeigt LSAs vom Typ 3 in der OSPF-Verbindungs-Status-Datenbank an.
show ip ospf [*Prozeß-ID Area-ID*] database asbr-summary[*Verbindungs-Status-ID*]	Zeigt LSAs vom Typ 4 in der OSPF-Verbindungs-Status-Datenbank an.
show ip ospf [*Prozeß-ID Area-ID*] database nssa-external[*Verbindungs-Status-ID*]	Zeigt LSAs vom Typ 7 in der OSPF-Verbindungs-Status-Datenbank an.
show ip ospf [*Prozeß-ID*] database external [*Verbindungs-Status-ID*]	Zeigt LSAs vom Typ 5 in der OSPF-Verbindungs-Status-Datenbank an.
show ip ospf [*Prozeß-ID Area-ID*] database database-summary	Zeigt die Anzahl der LSAs in der OSPF-Verbindungs-Status-Datenbank nach Typ und Area-ID an.
show ip ospf interface [*Typ Nummer*]	Zeigt OSPF-spezifische Informationen einer Schnittstelle an.
show ip ospf neighbor [*Typ Nummer*][*Nachbar-ID*] [detail]	Zeigt Informationen aus der OSPF-Nachbartabelle an.
show ip ospf virtual-linken	Zeigt Informationen über virtuelle OSPF-Verbindungen.
timer lsa-group-pacing *Pacing-Time*	Setzt die minimale Pacing-Time zwischen zwei LSA-Gruppen, deren Refresh-Timer abgelaufen sind.

9.5 Empfohlene Literatur

John Moy, »OSPF Version 2«, RFC 2328, April 1998.

John Moy, *OSPF: Anatomy of ein Internet Routing Protocol*. Reading, Massachusetts: Addison-Wesley. 1998.

Dieses Buch wurde von einem der ursprünglichen OSPF-Designer und dem Autor der RFCs verfaßt. Es stellt nicht nur eine wertvolle Lektüre in Hinsicht auf die hervorragende Betrachtung des Protokolls dar, sondern auch durch seine historische Perspektive. Das Kapitel 3 ist von besonderem Interesse, durch seine Hintergrundinformationen über das Design, die Testverfahren und die Standardisierung eines Routing-Protokolls.

9.6 Übungsfragen

1. Was ist ein OSPF-Nachbar?
2. Was ist eine OSPF-Nachbarverbindung?
3. Welches sind die fünf OSPF-Paket-Typen? Welche Aufgaben erfüllen sie?
4. Was ist ein LSA? Wie unterscheidet sich ein LSA von einem OSPF-Update-Paket?
5. Welches sind die LSA-Typen 1 bis 5 und der LSA-Typ 7? Welche Aufgabe erfüllt jeder Typ?
6. Was ist eine Verbindungs-Status-Datenbank? Was ist eine Verbindungs-Status-Datenbank-Synchronisierung?
7. Was ist die Grundeinstellung des Hello-Intervalls?
8. Was ist das Default-Router-Dead-Intervall?
9. Was ist eine Router-ID? Wie wird eine Router-ID bestimmt?
10. Was ist eine Area?
11. Was ist das Kennzeichen der Area 0?
12. Was ist das MaxAge?
13. Welches sind die vier OSPF-Router-Typen?
14. Welches sind die OSPF-Pfad-Typen?

15. Welches sind die fünf OSPF-Netzwerktypen?

16. Was ist ein Designated-Router?

17. Wie berechnet ein Cisco-Router die ausgehenden Kosten einer Schnittstelle?

18. Was ist ein partitionierte Area?

19. Was ist eine virtuelle Verbindung?

20. Was ist der Unterschied zwischen einer Rumpf-Area, einer reinen Rumpf-Area und einer Semi-Rumpf-Area?

21. Was ist der Unterschied zwischen OSPF-Netzwerkeinträgen und OSPF-Router-Einträgen?

22. Warum ist der Authentisierungstyp 2 dem Authentisierungstyp 1 vorzuziehen?

23. Welche drei Felder im LSA-Header unterscheiden verschiedene LSAs? Welche drei Felder im LSA-Header unterscheiden verschiedene Instanzen des gleichen LSA?

9.7 Übungen zur Konfiguration

1. Die Tabelle 9.13 zeigt die Schnittstellen und Adressen von 14 Routern. Darüber hinaus ist die OSPF-Area gezeigt, mit der jede Schnittstelle verbunden ist. Die folgenden Vorgaben gelten:

   – In der Tabelle sind alle Schnittstellen von jedem Router gezeigt.

   – Wenn keine Area gezeigt ist (-), soll OSPF nicht auf der entsprechenden Schnittstelle ausgeführt werden.

   – Das zweite Oktett der Subnetz-Adresse ist gleich der Area-ID.

   – Die ersten 16 Bits der Adresse jeder OSPF-Schnittstelle sind nur in der eigenen Area vorhanden. Zum Beispiel werden die Adressen mit dem Prefix 10.30.x.x nur innerhalb der Area 30 existieren.

   Schreiben Sie die OSPF-Konfigurationen für die Router in der Tabelle 9.13 auf. (Tip: Fertigen Sie zuerst eine Zeichnung der Router und Subnetze an.)

Router	Schnittstelle	Adresse/Maske	Area-ID
A	L0	10.100.100.1/32	-
	E0	10.0.1.1/24	0
	E1	10.0.2.1/24	0
	E2	10.0.3.1/24	0
	E3	10.0.4.1/24	0
B	L0	10.100.100.2/32	-
	E0	10.0.1.2/24	0
	E1	10.5.1.1/24	5
	S0	10.5.255.13/30	5
	S1	10.5.255.129/30	5
C	L0	10.100.100.3/32	-
	E0	10.0.2.2/24	0
	E1	10.10.1.1/24	10
	S0	10.30.255.249/30	30
D	L0	10.100.100.4/32	-
	E0	10.0.3.2/24	0
	E1	10.20.1.1/24	20
E	L0	10.100.100.5/32	-
	E0	10.0.4.2/24	0
	S0	10.15.255.1/30	15
F	L0	10.100.100.6/32	-
	E0	10.5.5.1/24	5
	S0	10.5.255.130/30	5
	S1	10.5.255.65/30	5
G	L0	10.100.100.7/32	-
	E0	10.10.1.58/24	10
	S0	10.10.255.5/30	-
H	L0	10.100.100.8/32	-
	E0	10.20.1.2/24	20
	E1	10.20.100.100/27	20
	S0	10.20.255.225/30	-
I	L0	10.100.100.9/32	-
	E0	10.35.1.1/24	35
	S0	10.5.255.66/30	5
J	L0	10.100.100.10/32	-
	E0	10.15.227.50/24	15
	S0	10.15.225.2	15
K	L0	10.100.100.11/32	-
	E0	10.30.1.1/24	30
	S0[1]	10.30.254.193/26	30
L	L0	10.100.100.12/32	-
	E0	10.30.2.1/24	30
	S0[1]	10.30.254.194/26	30

Tabelle 9.13:
Die Router-Informationen für die Konfigurationsübungen 1 bis 6.

1 Bezeichnet Frame-Relay-Einkapselung

Tabelle 9.13:
Die Router-
Informationen
für die Konfigu-
rationsübungen
1 bis 6
(Fortsetzung).

Router	Schnittstelle	Adresse/Maske	Area-ID
M	L0	10.100.100.13/32	-
	E0	10.30.3.1/24	30
	S0[1]	10.30.254.195/26	30
	S1	10.30.255.250/30	30
N	L0	10.100.100.14/32	-
	E0	10.30.4.1/24	30
	S0[1]	10.30.254.196/26	30

2. Konfigurieren Sie die Zusammenfassung auf allen ABRs in Tabelle 9.13.

3. Verändern Sie die Konfigurationen so, daß die Area 15 eine Rumpf-Area wird.

4. Verändern Sie die Konfigurationen so, daß die Area 30 eine reine Rumpf-Area wird.

5. Die Schnittstelle S0 des Routers H ist mit einem Router verbunden, der ein anderes Routing-Protokoll verwendet, und die durch das Protokoll erlernten Routen werden in das OSPF redistributiert. Verändern Sie die Konfigurationen so weit, daß diese redistributierten Routen in der gesamten OSPF-Domäne angemeldet werden, aber keine LSAs vom Typ 5 in die Area 20 gelangen.

6. Die serielle Verbindung zwischen Router C und M hat eine sehr geringe Bandbreite. Verändern Sie die Konfigurationen so, daß OSPF diese Verbindung als eine temporäre Verbindung behandelt.

9.8 Übungen zur Fehlersuche

1. Zwischen zwei Routern arbeitet das OSPF nicht. Wenn das Debugging angeschaltet wird, werden alle 10 Sekunden die Meldungen von Bild 9.107 empfangen. Wo liegt das Problem?

```
RTR_EX1#debug ip ospf adj
OSPF adjacency events debugging is on
RTR_EX1#
OSPF: Rcv pkt from 172.16.27.1, TokenRing0, area 0.0.0.25 : src not on the same network
OSPF: Rcv pkt from 172.16.27.1, TokenRing0, area 0.0.0.25 : src not on the same network
OSPF: Rcv pkt from 172.16.27.1, TokenRing0, area 0.0.0.25 : src not on the same network
OSPF: Rcv pkt from 172.16.27.1, TokenRing0, area 0.0.0.25 : src not on the same network
OSPF: Rcv pkt from 172.16.27.1, TokenRing0, area 0.0.0.25 : src not on the same network
```

Bild 9.107: Die Debug-Meldungen für die Fehlersuchübung 1.

2. Erklären Sie, welches Problem durch die Debug-Meldungen in Bild 9.108 aufgezeigt wird.

```
RTR_EX2#debug ip ospf adj
OSPF adjacency events debugging is on
RTR_EX2#
OSPF: Hello from 172.16.27.195 with mismatched Stub/Transit area option bit
OSPF: Hello from 172.20.1.1 with mismatched Stub/Transit area option bit
OSPF: Hello from 172.16.27.195 with mismatched Stub/Transit area option bit
OSPF: Hello from 172.20.1.1 with mismatched Stub/Transit area option bit
OSPF: Hello from 172.16.27.195 with mismatched Stub/Transit area option bit
OSPF: Hello from 172.20.1.1 with mismatched Stub/Transit area option bit
OSPF: Hello from 172.16.27.195 with mismatched Stub/Transit area option bit
OSPF: Hello from 172.20.1.1 with mismatched Stub/Transit area option bit
```

Bild 9.108: Die Debug-Meldungen für die Fehlersuchübung 2.

3. Erklären Sie, welches Problem durch die Fehlermeldungen in Bild 9.109 aufgezeigt wird.

```
RTR_EX3#
OSPF: Send with youngest Key 10
OSPF: Rcv pkt from 10.8.1.1, Ethernet0 : Mismatch Authentication type. Input packet specified type 0, we use type 2
OSPF: Send with youngest Key 10
OSPF: Rcv pkt from 10.8.1.1, Ethernet0 : Mismatch Authentication type. Input packet specified type 0, we use type 2
RTR_EX3#
```

Bild 9.109: Die Fehlermeldungen für die Fehlersuchübung 3.

4. Erklären Sie, welches Problem durch die Fehlermeldungen in Bild 9.110 aufgezeigt wird.

Bild 9.110: Die Fehlermeldungen für die Fehlersuchübung 4.

```
RTR_EX4#
OSPF: Send with youngest Key 10
OSPF: Rcv pkt from 10.8.1.1, Ethernet0 : Mismatch Authentication Key - Message D
igest Key 10
OSPF: Send with youngest Key 10
OSPF: Rcv pkt from 10.8.1.1, Ethernet0 : Mismatch Authentication Key - Message D
igest Key 10
RTR_EX4#
```

5. Erklären Sie, welches Problem durch die Fehlermeldungen in Bild 9.111 aufgezeigt wird.

Bild 9.111: Die Fehlermeldungen für die Fehlersuchübung 5.

```
RTR_EX5#
%OSPF-4-ERRRCV: Received invalid packet: mismatch area ID, from backbone
area must be virtual-link but not found from 10.8.1.1, Ethernet0
%OSPF-4-ERRRCV: Received invalid packet: mismatch area ID, from backbone
area must be virtual-link but not found from 10.8.1.1, Ethernet0
RTR_EX5#
```

6. Die Konfigurationen für die Router in Bild 9.112 lauten:

A

```
router ospf 15
  network 192.168.50.224 0.0.0.31 area 192.168.50.0
  network 192.168.50.240 0.0.0.15 area 0.0.0.0
  area 192.168.50.0 authentication message-digest
```

B

```
router ospf 51
  network 192.168.50.0 0.0.0.255 area 0
```

Router A und B bilden keine Nachbarverbindung. Welcher Fehler liegt vor?

Bild 9.112: Das Internetzwerk für das Fehlersuchproblem 6.

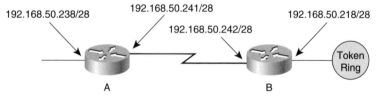

7. Bild 9.113 zeigt eine Verbindungs-Status-Datenbank einer Area, in der eine instabile Verbindung existiert. Bestimmen Sie anhand der gezeigten Informationen, welche Verbindung vermutlich die schuldige ist.

```
RTR_EX7#show ip ospf database

    OSPF Router with ID (10.8.20.1) (Process ID 1)

        Router Link States (Area 0)

Link ID      ADV Router      Age    Seq#          Checksum   Link count
10.3.0.1     10.3.0.1        18     0x8000001B    0x6AF8     5
10.8.5.1     10.8.5.1        15     0x80000267    0xFDA0     6
10.8.20.1    10.8.20.1       478    0x800000      1E 0xD451  4

        Net Link States (Area 0)

Link ID      ADV Router      Age    Seq#          Checksum
10.8.1.2     10.3.0.1        18     0x80000013    0xA747
RTR_EX2#
```

Bild 9.113: Die Verbindungs-Status-Datenbank für die Fehlersuchübung 7.

Dieses Kapitel behandelt die folgenden Themen:

- **Die Wirkungsweise des Integrated IS-IS**
  IS-IS-Areas
  Netzwerk-Entity-Titel
  Die funktionelle Anordnung des IS-IS
  IS-IS-PDU-Formate

- **Die Konfiguration des Integrated IS-IS**
  Fallstudie: Eine einfache Integrated-IS-IS-Konfiguration
  Fallstudie: Die Änderung der Router-Typen
  Fallstudie: Ein Area-Wechsel
  Fallstudie: Die Routen-Zusammenfassung
  Fallstudie: Authentisierung

- **Die Fehlersuche beim Integrated IS-IS**
  Die Fehlersuche bei IS-IS-Nachbar-Verbindungen
  Die Fehlersuche in der IS-IS-Verbindungsstatus-Datenbank
  Fallstudie: Das Integrated IS-IS auf NBMA-Netzwerken

KAPITEL 10

Integrated IS-IS

Wenn die Rede auf die beiden Begriffe *Verbindungs-Status-Protokoll* und *IP* kommt, wird fast jeder an OSPF denken. Einige werden sagen: »Ja klar, es gibt da auch noch IS-IS, aber darüber weiß ich nicht viel«. Nur wenige werden das Integrated IS-IS als eine wirkliche Alternative zu OSPF ansehen. Aber es gibt einige wenige, und es gibt Internetzwerke – einige ISPs eingeschlossen –, die das IP mit dem IS-IS routen.

IS-IS steht für Intermediate-System-to-Intermediate-System, und es ist das Routing-Protokoll für das Connectionless-Network-Protocol (CLNP) von ISO, das in der ISO 10589 beschrieben ist.[1] Das Protokoll wurde von der Digital-Equipment-Corporation für ihre DECnet-Phase V entwickelt.

Die ISO arbeitete mehr oder weniger zeitgleich am IS-IS, als das Internet-Architecture-Board (IAB) am OSPF arbeitete, und es wurde vorgeschlagen, daß IS-IS das OSPF als Routing-Protokoll für TCP/IP ablösen solle. Dieser Vorschlag fußte auf der Ende der 80er und Anfang der 90er Jahre verbreiteten Auffassung, daß TCP/IP ein Übergangsprotokollschema sei, das schließlich durch das OSI-Schema abgelöst werden würde. Anstöße für eine Bewegung in Richtung OSI lieferten Spezifikationen, wie das US-amerikanische Government-Open-Systems-Interconnection-Profile (GOSIP) und das European-Procurement-Handbook-for-Open-Systems (EPHOS).

---

[1] International Organization for Standardization, »Intermediate System to Intermediate System Intra-Domain Routing Information Exchange Protocol for Use with the Protocol for Providing the Connectingless-mode Network Service (ISO 8473)«, ISO/IEC 10589, 1992.

Um den vorhergesehenen Wechsel von TCP/IP zu OSI zu unterstützen, wurde eine Erweiterung des IS-IS vorgeschlagen, das sogenannte Integrated IS-IS.[1] Die Aufgabe des Integrated IS-IS, das auch unter dem dualen IS-IS bekannt ist, bestand in einem einzelnen Routing-Protokoll, das sowohl den CLNS[2] als auch das IP routen konnte. Das Protokoll wurde so konstruiert, daß es in einer reinen CLNS-Umgebung, einer reinen IP-Umgebung oder einer dualen CLNS/IP-Umgebung betrieben werden konnte.

Die Behauptung, daß regelrechte Phalanxen aufgestellt wurden, mag zu dramatisch klingen, aber es wurden zumindest starke pro-ISO- und pro-OSPF-Positionen bezogen. Es kann lehrreich sein, wenn man liest und vergleicht, wie OSPF und IS-IS in den bekannten Büchern beschrieben werden, die zum einen von Christian Huitema[3], einem ehemaligen Vorsitzenden der IAB, und zum anderen von Radia Perlman,[4] dem Chef-Designer von IS-IS verfaßt wurden. Letztendlich übernahm die Internet-Engineering-Task-Force (IETF) das OSPF als das empfohlene IGP. Sicherlich beeinflußten technische Unterschiede die Entscheidung, jedoch spielten auch politische Gründe eine Rolle. Die ISO-Standardisierung ist ein langsamer Vier-Stufen-Prozeß, der der Zustimmung vieler Komitees bedarf. Dagegen hat die IETF wesentlich mehr Freiheiten. Ein im Jahre 1992 gemachter Ausspruch wurde zum zwanglosen Motto: »Wir lehnen Könige, Präsidenten und Abstimmungen ab. Wir glauben an grobe Übereinstimmung und an Running-Code.«[5] Die Entwicklung des OSPF durch den RFC-Prozeß wurde als sinnvoller erachtet als die Übernahme des formalisierteren IS-IS.

---

1 Ross Callon, »Use of OSI IS-IS for Routing in TCP/IP and Dual Environments«, RFC 1195, December 1990.
2 Connectionless-Mode Network Service – das CLNP-Netzwerkschicht-Protokoll.
3 Christian Huitema, Routing in the Internet, Prentice Hall PTR, Englewood Cliffs, NJ, 1995
4 Radia Perlman, Interconnections: Bridges and Routers, Addison-Wesley, Reading, MA, 1992.
5 Dave Clark, quoted in Huitema, Seite 23.

Trotz der politischen Reibereien lernte und bediente sich die OSPF-Arbeitsgruppe aus vielen der grundlegenden Mechanismen, die für das IS-IS entwickelt wurden. An der Oberfläche haben OSPF und IS-IS viele Merkmale gemeinsam:

— Sie unterhalten beide eine Verbindungs-Status-Datenbank, aus der ein Dijkstra-basierter SPF-Algorithmus einen kürzesten Pfad-Baum berechnet.

— Sie verwenden beide Hello-Pakete, um Nachbarverbindungen zu formen und aufrechtzuerhalten.

— Sie verwenden beide Areas, um eine zweistufige hierarchische Topologie zu bilden.

— Sie können beide die Adreßzusammenfassung zwischen Areas ausführen.

— Sie sind beide classless Protokolle.

— Sie wählen beide einen Designated-Router, um Broadcast-Netzwerke zu repräsentieren.

— Sie besitzen beide Authentisierungsfähigkeiten.

Jenseits dieser Ähnlichkeiten existieren deutliche Unterschiede. Dieses Kapitel beginnt mit der Betrachtung dieser Unterschiede. Das Integrated IS-IS (von nun an einfach mit IS-IS bezeichnet) wird hier nur als ein IP-Routing-Protokoll behandelt. Das CLNS wird nur dann angesprochen, wenn es für die Verwendung des IS-IS zum Routen von IP relevant ist.

10.1 Die Wirkungsweise des Integrated IS-IS

Die ISO verwendet oft andere Begriffe als die IETF, um die gleichen Einzel- bzw. Wesenheiten zu beschreiben – eine Tatsache, die oft zur Verwirrung beiträgt. Die ISO-Begriffe werden in diesem Abschnitt eingeführt und erklärt, jedoch wird in diesem Kapitel zumeist die vertrautere IETF-Terminologie verwendet, die in den anderen Teilen dieses Buches verwendet wird[1]. Einige ISO-Begriffe sind so fundamental, daß sie ange-

---

1 Der Versuch, die ISO/Europäische Rechtschreibung bestimmter gemeinsamer Ausdrücke wie »routeing« und »neighbour« zu verwenden, wurde erfolgreich verweigert.

sprochen werden sollten, bevor die Einzelheiten des IS-IS-Protokolls betrachtet werden können.

ES-IS   Ein Router ist ein *Intermediate-System* (IS), und ein Host ist ein *End-System* (ES). Entsprechend wird ein Protokoll, das die Kommunikation zwischen einem Host und einem Router ermöglicht, als ES-IS bezeichnet. Des weiteren wird ein Protokoll, das von Routern verwendet wird, um mit anderen Routern zu kommunizieren (ein Routing-Protokoll) IS-IS genannt (Bild 10.1). Während das IP Router-Entdeckungs-Verfahren verwendet, wie das Proxy-ARP oder das IRDP, oder einfach ein Default-Gateway bei Hosts konfiguriert, verwendet das CLNP das ES-IS, um Nachbarverbindungen zwischen End-Systemen und Intermediate-Systemen zu formen. Das ES-IS hat keine Bedeutung für das IS-IS für IP und wird in diesem Buch nicht behandelt.

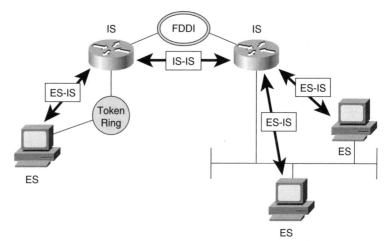

Bild 10.1:
In der ISO-Terminologie sind Hosts End-Systeme und Router Intermediate-Systeme.

SNPA   Eine Schnittstelle, die an ein Sub-Netzwerk angeschlossen ist, ist ein *Sub-Network-Point-of-Attachment* (SNPA). Ein SNPA entspricht dem zugrundeliegenden Begriff, da es praktisch den Punkt festlegt, an dem die Sub-Netzwerk-Dienste angeboten werden, und nicht eine wirkliche physikalische Schnittstelle darstellt. Die Begrifflichkeit des SNPA entspricht der Begrifflichkeit der Subnetzwerke, die mehrere Datenverbindungen enthalten können, die über Datenverbindungs-Switches miteinander verbunden sind.

Eine Dateneinheit, die von einer OSI-Schicht eines Knotens zur gleichen OSI-Schicht eines anderen Knotens übertragen wird, nennt sich *Protocol-Data-Unit* (PDU). Daher ist ein Frame eine Data-Link-PDU (DLPDU), und ein Paket ist eine Network-PDU (NPDU). Die Dateneinheit, die die entsprechende Funktion des OSPF-LSAs erfüllt, ist die Link-State-PDU (LSP).[1] Im Gegensatz zu LSAs, die hinter einem OSPF-Header und danach in ein IP-Paket eingekapselt werden, ist die LSP ein eigenes Paket.

PDU

10.1.1 IS-IS-Areas

Auch wenn IS-IS und OSPF beide Areas zur Erzeugung einer zweistufigen hierarchischen Topologie verwenden, besteht ein fundamentaler Unterschied in der Art und Weise, wie die zwei Protokolle ihre Areas festlegen. Die OSPF-Area-Grenzen werden durch Router markiert, wie in Bild 10.2 zu sehen ist. Einige Schnittstellen befinden sich in einer Area, und andere Schnittstellen befinden sich in einer anderen Area. Wenn ein OSPF-Router Schnittstellen in mehr als einer Area besitzt, ist er ein Area-Border-Router (ABR).

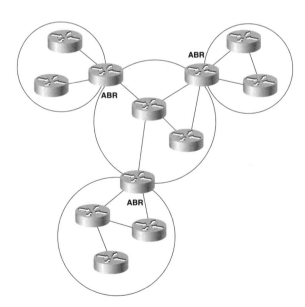

Bild 10.2: Die OSPF-Area-Grenzen führen durch Router, und die area-verbindenden Router sind ABRs.

---

1 Manche Dokumentationen, wie RFC1195, definieren die LSP als Link State Protocol.

Level-1- und Level-2-Router

Bild 10.3 zeigt die gleiche Topologie wie Bild 10.2, aber mit IS-IS-Areas. Beachten Sie, daß sich alle Router vollständig innerhalb einer Area befinden und daß sich die Area-Grenzen auf den Verbindungen befinden, nicht in den Routern. Die Router, die die Areas miteinander verbinden, sind *Level-2-Router*, und Router ohne direkte Verbindung zu einer anderen Area sind *Level-1*-Router.

*Bild 10.3:
Die Grenzen von IS-IS-Areas fallen auf Verbindungen und die Router, die die Areas verbinden, sind Level-2-Router.*

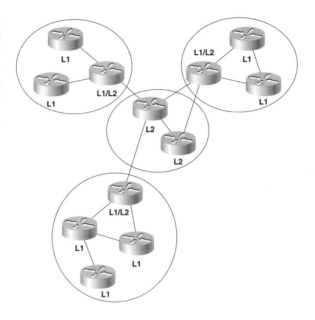

Ein Intermediate-System kann ein Level-1-(L1-)Router, ein Level-2-(L2-)Router oder beides (L1/L2) sein. Die L1-Router entsprechen den internen OSPF-Nicht-Backbone-Routern, die L2-Router entsprechen den OSPF-Backbone-Routern, und die L1/L2-Router entsprechen den OSPF-ABRs. In Bild 10.3 sind die L1/L2-Router mit L1-Routern und L2-Routern verbunden. Diese L1/L2-Router müssen sowohl eine Level-1-Verbindungs-Status-Datenbank als auch eine Level-2-Verbindungs-Status-Datenbank unterhalten, auf ähnliche Weise, wie ein OSPF-ABR eine separate Datenbank für jede angeschlossene Area unterhalten muß.

Die Menge der L2-Router (L1/L2-Router eingeschlossen) und ihre Verbindungen untereinander bilden das IS-IS-Backbone. Wie beim OSPF muß der Inter-Area-Verkehr das Backbone passieren. Jeder Level-1-Router innerhalb einer Area (die L1/L2-Router der Area eingeschlossen) unterhält eine identische Verbindungs-Status-Datenbank. Im Gegensatz zu den OSPF-ABRs melden L1/L2-Router keine L2-Routen an L1-Router. Daher kennt kein L1-Router Ziele außerhalb seiner eigenen Area. In dieser Hinsicht gleicht ein L1-Router einem Router in einer reinen OSPF-Rumpf-Area. Um ein Paket in eine andere Area zu routen, muß ein L1-Router das Paket zu einem L1/L2-Router weiterleiten. Wenn ein L1/L2-Router sein Level-1-LSP in eine Area sendet, signalisiert er anderen L1-Routern, daß er eine andere Area erreichen kann, indem er das sogenannte *Attached*-(ATT-)Bit[1] in dem LSP setzt.

In Kapitel 9 wurde erklärt, daß OSPF seinen SPF-Algorithmus ausführt, um Routen innerhalb einer Area zu berechnen, während Inter-Area-Routen durch einen Distanz-Vektor-Algorithmus berechnet werden. Dies ist bei IS-IS nicht der Fall. Die L1/L2-Router, die separate Level-1- und Level-2-Verbindungs-Status-Datenbanken unterhalten, berechnen separate SPF-Bäume für die Level-1- und die Level-2-Topologie.

Die ISO 10589 beschreibt eine Prozedur, mit der IS-IS-Router virtuelle Verbindungen erzeugen können, um partitionierte Areas zu reparieren, so wie es auch OSPF kann. Dieses Merkmal wird von Cisco und den meisten anderen Router-Herstellern nicht unterstützt und wird hier nicht weiter beschrieben.

Area ID
System ID

Da sich ein IS-IS-Router vollkommen innerhalb einer einzelnen Area befindet, gilt die Area-ID (oder Area-Adresse) für den gesamten Router und nicht nur für eine Schnittstelle. Ein einzigartiges Merkmal des IS-IS ist, daß ein Router bis zu drei Area-Adressen besitzen kann, was bei Area-Wechseln sehr nützlich sein kann. Eine Konfigurationsfallstudie im weiteren Verlauf dieses Kapitels demonstriert die Verwendung mehrfacher Area-Adressen. Jeder IS-IS-Router muß eine Möglichkeit besitzen, sich selbst eindeutig innerhalb der Routing-Domäne zu identifizieren. Diese Identifizierung erfolgt mit der *System-ID*, die analog zur OSPF-Router-ID ist. Sowohl die Area-ID

---

1 Tatsächlich gibt es vier ATT-Bits, relevant für zwei verschiedene Metrik. Diese Bits werden später im Abschnitt »IS-IS-PDU-Formate« erklärt.

als auch die System-ID werden auf einem IS-IS-Router durch eine einzelne Adresse festgelegt, den Netzwerk-Entity-Titel (NET).

10.1.2 Netzwerk-Entity-Titel

Auch wenn IS-IS nur für das Routen von TCP/IP verwendet wird, ist IS-IS weiterhin ein ISO-CLNP-Protokoll. Folglich sind die CLNS-PDUs die Pakete, die IS-IS zur normalen Kommunikation verwendet. Das bedeutet wiederum, daß ein IS-IS-Router auch in einer reinen IP-Umgebung eine ISO-Adresse besitzen muß. Die ISO-Adresse ist eine Netzwerk-Adresse, die als *Network-Entity-Title* (NET) in der ISO 8348 beschrieben ist.[1] Die Länge eines NET liegt im Bereich von 8 bis 20 Oktetten. Der NET beschreibt sowohl die Area-ID als auch die System-ID eines Geräts, wie Bild 10.4 zeigt.

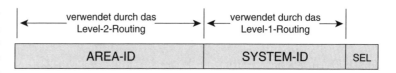

Bild 10.4: Der NET bezeichnet die Area-ID und die System-ID eines IS oder ES.

Die ISO konstruierte den NET, um viele Dinge für viele Systeme zu erfüllen, und es hängt von Ihrem Standpunkt ab, ob das Adreßformat entweder extrem flexibel und skalierbar erscheint oder ob es sich wie ein unhandliches Durcheinander variabler Felder darstellt. Bild 10.5 zeigt nur drei der vielen Formen, die ein ISO-NET annehmen kann. Auch wenn sich die Felder vor der System-ID in jedem Beispiel unterscheiden, ist die System-ID immer die gleiche. Die ISO 10589 legt fest, daß das Feld eine Länge von ein bis acht Oktetten haben kann, dabei muß aber die System-ID aller Knoten innerhalb der Routing-Domäne die gleiche Länge besitzen. Die meisten System-IDs sind sechs Oktette lang,[2] und sie bestehen gewöhnlich aus dem Media-Access-Control-(MAC-)Kennzeichen einer Geräteschnittstelle. Die System-ID muß für jeden Knoten innerhalb der Routing-Domäne eindeutig sein.

---

[1] International Organization for Standardization, »Network Service Definition Addendum 2: Network Layer Addressing«, ISO/IEC 8348/Add.2, 1988.

[2] Ciscos IS-IS-Implementierung erfordert eine System-ID von sechs Oktetten.

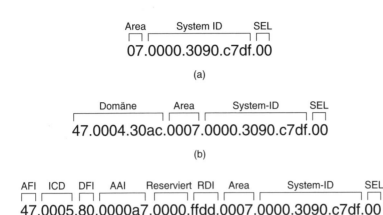

Bild 10.5:
Drei verschiedene NET-Formate: ein einfaches Area-ID/System-ID-Format mit acht Oktetten (a), ein OSI-NSAP-Format (b) und ein GOSIP-NSAP-Format (c).[1]

AFI: Authority and Format Identifier
ICD: International Code Designator
DFI: Domain Specific Part (DSP) Format Identifier
AAI: Administrative Authority Identifier
RDI: Routing Domain Identifier (Autonomous System Number)
SEL: Network Service Access Point (NSAP) Selector

In den Beispielen von Bild 10.5 ist auch der NSAP-Selektor (SEL) zu erwähnen. Dieses Ein-Oktett-Feld ist hier in jedem Fall auf 0x00 gesetzt. Ein Netzwerk-Service-Access-Point (NSAP) beschreibt einen Anschluß an einen bestimmten Service auf der Netzwerkschicht eines Knotens. Wenn nun der SEL auf etwas anderes als 0x00 in einer ISO-Adresse gesetzt ist, so ist die Adresse eine NSAP-Adresse. Dies ist vergleichbar mit der Kombination aus IP-Ziel-Adresse und IP-Protokoll-Nummer in einem IP-Paket, mit der ein bestimmter Service auf der Netzwerkschicht eines bestimmten TCP/IP-Stapels in einem Gerät angesprochen wird. Wenn der SEL in einer ISO-Adresse auf 0x00 gesetzt ist, ist die Adresse ein NET, also die direkte Adresse der Netzwerkschicht eines Knotens.

Wie die Vielfalt der Formate in Bild 10.5 erkennen läßt, geht eine detaillierte Beschreibung der NET-Konfiguration über den Rahmen dieses Buches hinaus. Eine gute Anleitung für weitere

---

[1] GOSIP Advanced Requirements Group, »Government Open Systems Interconnection Profile (GOSIP) Version 2.0 [Schluß-Text]«, Federal Information Processing Standard, U.S. Department of Commerce, National Institute of Standards and Technology, October 1990

Studien bietet das RFC 1237.[1] In den meisten Fällen wird das Integrated IS-IS in einer dualen CLNP/IP-Umgebung betrieben, und der verwendete NET wird an die CLNP-Anforderungen angepaßt sein. In einer reinen IP-Umgebung kann der verwendete NET einem Standard wie dem GOSIP entsprechen. Wenn Sie einen beliebigen NET für eine reine IP-Umgebung verwenden können, sollten Sie das einfachste Format wählen, das die Bedürfnisse Ihres Internetzwerks erfüllt.

Unabhängig vom Format gelten die folgenden drei Regeln:

- Der NET muß mit einem einzelnen Oktett beginnen (zum Beispiel 47.xxxx...).

- Der NET muß mit einem einzelnen Oktett enden, das auf 0x00 gesetzt sein sollte (...xxxx.00). Das IS-IS funktioniert, wenn der SEL nicht Null ist, aber ein dualer CLNP/IP-Router wird Probleme bekommen.

- Die System-ID des NET muß auf Cisco-Routern aus sechs Oktetten bestehen.

10.1.3 Die funktionelle Anordnung des IS-IS

Einer der Hauptgründe einer geschichteten Netzwerkarchitektur wie der des OSI-Modells liegt darin, daß die Funktionen jeder Schicht unabhängig von der darunterliegenden Schicht sind. Die Netzwerkschicht muß sich zum Beispiel vielen Arten von Datenverbindungen oder Subnetzwerken anpassen. Um diese Anpassungsfähigkeit zu unterstützen, besteht die Netzwerkschicht aus zwei Unterschichten (Bild 10.6). Die *subnetzwerkunabhängige Unterschicht* bietet der Transport-Schicht konsistente und einheitliche Netzwerkdienste an. Die *subnetzwerkabhängige Unterschicht* greift im Namen der subnetzwerkunabhängigen Unterschicht auf die Dienste der Daten-Verbindungs-Schicht zu. Wie die Namen schon aussagen, hängt die subnetzwerkabhängige Unterschicht von einem bestimmten Daten-Verbindungs-Typ ab, damit die subnetzwerkunabhängige Unterschicht unabhängig von der Datenverbindung sein kann.

---

[1] Richard Colella, Ella Grdner und Ross Callon, »Guidelines for OSI NSAP Allocation in the Internet«, RFC 1237, Juli 1991.

```
                    |                                          |
Transport Layer     |                                          |
                    |   Subnetwork Independent                 |
                    |         Sublayer                         |
Network Layer       |- - - - - - - - - - - - - - - - - - - - -|
                    |   Subnetwork Dependent                   |
                    |         Sublayer                         |
Data Link Layer     | LANs  |  HDLC  |  X.25  |  Others        |
```

Bild 10.6: Die OSI-Netzwerkschicht besteht aus zwei Unterschichten.

Die Organisierung der Netzwerkschicht, die in der ISO 8648 festgelegt ist,[1] ist tatsächlich wesentlich komplexer als die Abbildung 10.6 aufzeigt. Die zwei grundlegenden Unterschichten werden hier eingeführt, da die ISO 10589 den Großteil ihrer Beschreibung über die IS-IS-Operation innerhalb des Rahmens der Funktionen dieser Unterschichten ausführt.

Die subnetzwerkabhängigen Funktionen

Die subnetzwerkabhängigen Funktionen sind natürlich die Funktionen der subnetzwerkabhängigen Unterschicht. Ihre Aufgabe besteht darin, die Eigenschaften der verschiedenen Daten-Verbindungs-Typen (Subnetzwerke) gegenüber den Funktionen der subnetzwerkunabhängigen Unterschicht zu verbergen. Die folgenden subnetzwerkabhängigen Funktionen sind für das Routing von Bedeutung:

– Die Aussendung und der Empfang von PDUs über das bestimmte angeschlossene Subnetzwerk

– Der Austausch von IS-IS-Hello-PDUs zum Auffinden von Nachbarn und zum Aufbau von Nachbarverbindungen auf dem Subnetzwerk

– Die Unterhaltung der Nachbarverbindungen

– Das Demultiplexing einer Verbindung oder die Übertragung von OSI-PDUs in den OSI-Prozeß und die Übertragung von IP-Paketen in den IP-Prozeß

Im Unterschied zu den vier Netzwerktypen des OSPF, legt IS-IS nur zwei fest: Broadcast-Subnetzwerke und Point-to-Point-

---

1 International Organization for Standardization, »International Organisation of the Network Layer«, ISO 8648, 1990.

bzw. allgemeine Topologie-Subnetzwerke. Die Bestimmungen für die *Broadcast-Subnetzwerke* sind gleich denen des OSPF – Multi-Access-Daten-Verbindungen, die das Multicasting unterstützen. Point-to-Point-(Non-Broadcast-)Subnetzwerke können dauerhaft (z.B. eine T1-Verbindung) oder dynamisch (z.B. X.25-SVCs) eingerichtet werden.

IS-IS-Netzwerktypen

Nachbarn und Nachbarverbindungen

IS-IS-Router tauschen IS-IS-Hello-PDUs aus, um ihre Nachbarn aufzufinden und Nachbarverbindungen zu formen. Die Hellos werden alle 10 Sekunden ausgesendet, und auf Cisco-Routern kann dieses Intervall schnittstellenweise mit dem Befehl **isis hello-interval** geändert werden. Auch wenn sich die IS-IS-Hellos der Broadcast- und Point-to-Point-Subnetzwerke leicht unterscheiden, enthalten die Hellos die gleichen essentiellen Informationen, die im Abschnitt »IS-IS-PDU-Formate« beschrieben sind. Ein IS-IS-Router verwendet seine Hello-PDUs, um sich selbst und seine Fähigkeiten zu identifizieren und um die Parameter der Schnittstelle zu beschreiben, aus der die Hellos gesendet werden. Wenn zwei Nachbarn in ihren Fähigkeiten und Schnittstellenparametern übereinstimmen, werden sie nachbarverbunden.

Das IS-IS bildet separate Nachbarverbindungen für Level-1- und Level-2-Nachbarn. L1-Router gehen L1-Nachbarverbindungen mit L1- und L1/L2-Nachbarn ein, und L2-Router gehen L2-Nachbarverbindungen mit L2- und L1/L2-Nachbarn ein. Benachbarte L1/L2-Router gehen sowohl eine L1-Nachbarverbindung als auch eine L2-Nachbarverbindung ein. Ein L1-Router und ein L2-Router werden miteinander keine Nachbarverbindung eingehen.

Wenn eine Nachbarverbindung eingerichtet ist, fungieren Hellos als Keepalives. Jeder Router sendet eine *Hold-Time* in seinen Hellos und teilt seinen Nachbarn hierdurch mit, wie lange sie auf das nächste Hello warten sollen, bevor sie den Router für tot erklären. Die Standard-Hold-Time auf Cisco-Routern ist das Dreifache des Hello-Intervalls und kann schnittstellenweise mit dem Befehl **isis hello-multiplier** geändert werden.

Die IS-IS-Nachbartabelle kann mit dem Befehl **show clns is-neighbors** (Bild 10.7) angezeigt werden. Die ersten vier Spalten der Anzeige zeigen die System-ID jedes Nachbarn, die Schnittstelle, an der sich der Nachbar befindet, den Status der Nachbarverbindung und den Nachbarverbindungstyp. Der Status wird entweder Init sein und damit anzeigen, daß der Nachbar bekannt, aber nicht nachbarverbunden ist, oder er ist Up und zeigt damit an, daß der Nachbar nachbarverbunden ist. Die Priority ist die Router-Priorität für die Wahl eines Designated-Routers auf einem Broadcast-Netzwerk, der im nächsten Abschnitt beschrieben wird.

```
Brussels#show clns is-neighbors

System Id         Interface    State  Type  Priority   Circuit Id            Format
0000.0C04.DCC0    Se0          Up     L1    0          06                    Phase V
0000.0C04.DCC0    Et1          Up     L1    64         0000.0C76.5B7C.03     Phase V
0000.0C0A.2C51    Et0          Up     L2    64         0000.0C76.5B7C.02     Phase V
0000.0C0A.2AA9    Et0          Up     L1L2  64/64      0000.0C76.5B7C.02     Phase V
Brussels#
```

*Bild 10.7: Der Befehl **show clns is-neighbors** zeigt die IS-IS-Nachbartabelle an.*

Die sechste Spalte zeigt die *Circuit-ID*, eine Ein-Oktett-Nummer, die der Router zur eindeutigen Identifizierung der IS-IS-Schnittstelle verwendet. Wenn die Schnittstelle an ein Broadcast-Multi-Access-Netzwerk angeschlossen ist, so ist die Circuit-ID mit der System-ID des Designated-Routers eines Netzwerks verknüpft, und die vollständige Nummer wird als *LAN-ID* bezeichnet. In diesem Zusammenhang wird die Circuit-ID korrekterweise *Pseudo-Knoten-ID* (engl. Pseudonode ID) genannt. In Bild 10.7 lautet zum Beispiel die LAN-ID der an die Schnittstelle E0 angeschlossenen Verbindung 0000.0c76.5b7c.02. Die System-ID des Designated-Routers lautet 0000.0c76.5b7c, und die Pseudo-Knoten-ID lautet 02.

Circuit-ID, LAN-ID und Pseudonode-ID

Die letzte Spalte bezeichnet das Format der Nachbarverbindung. Bei dem Integrated IS-IS wird das Format immer Phase V sein und damit die OSI/DECnet-Phase V bezeichnen. Das einzig mögliche andere Nachbarverbindungsformat ist die DECnet-Phase IV.

Der Designated-Router

Das IS-IS wählt einen Designated-Router (oder offizieller ausgedrückt, ein Designated-IS) auf Broadcast-Multi-Access-Netzwerken aus den gleichen Gründen, aus denen OSPF ihn wählt. Damit nicht jeder Router, der mit einem LAN verbunden ist, eine Nachbarverbindung mit jedem anderen Router auf dem Netzwerk anmeldet, wird das Netzwerk selbst als ein Router betrachtet – ein Pseudo-Knoten. Jeder Router, auch der Designated-Router, meldet eine einfache Verbindung an den Pseudo-Knoten. Der DR meldet auch, als Vertreter des Pseudo-Knotens, eine Verbindung an alle angeschlossenen Router.

Im Gegensatz zum OSPF baut jedoch ein an ein Broadcast-Multi-Access-Netzwerk angeschlossener IS-IS-Router Nachbarverbindungen mit allen seinen Nachbarn auf dem Netzwerk auf und nicht nur mit dem DR. Jeder Router sendet seine LSPs als Multicasts an alle seine Nachbarn, und der DR verwendet ein System aus PDUs, das Sequenz-Nummer-PDUs (SNPs) genannt wird, um zu gewährleisten, daß das Flooding der LSPs zuverlässig erfolgt. Der zuverlässige Flooding-Prozeß und die SNPs sind in dem späteren Abschnitt »Der Update-Prozeß« beschrieben.

Der Wahlvorgang des IS-IS-Designated-Routers ist sehr einfach: Jede IS-IS-Router-Schnittstelle besitzt sowohl eine L1-Priorität als auch eine L2-Priorität im Bereich von 0 bis 127. Cisco-Router-Schnittstellen besitzen eine Standard-Priorität von 64 für beide Level, und dieser Wert kann mit dem Befehl **isis priority** geändert werden.

Der Router meldet seine Priorität in den aus jeder Schnittstelle ausgesendeten Hellos an – die L1-Priorität wird in L1-Hellos und die L2-Priorität wird in L2-Hellos angemeldet. Wenn die Priorität 0 ist, ist der Router nicht berechtigt, DR zu werden. Schnittstellen zu Non-Broadcast-Netzwerken, auf denen kein DR gewählt wird, besitzen auch eine Priorität von 0 (achten Sie auf die Priorität der seriellen Schnittstelle in Bild 10.7). Der Router mit der höchsten Priorität wird der DR. Bei einem Gleichstand wird der Router mit der numerisch höchsten System-ID der DR.

Wie die L1- und L2-Prioritäten vermuten lassen, werden auf einem Netzwerk separate DRs für die beiden Level gewählt. Dies ist aufgrund der separaten L1- und L2-Nachbarverbindungen, die auf einem einzelnen LAN existieren können, notwendig, wie Bild 10.8 zeigt. Da eine Schnittstelle verschiedene Prioritäten für jeden Level haben kann, können der L1-DR und der L2-DR auf einem LAN der gleiche Router sein oder auch nicht.

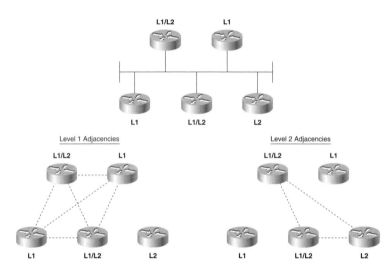

Bild 10.8: Es werden separate Nachbarverbindungen für Level 1 und Level 2 geformt, daher müssen separate DRs für die beiden Level gewählt werden.

Der DR vergibt die LAN-ID an das Netzwerk. Wie schon im letzten Abschnitt erwähnt wurde, ist die LAN-ID eine Verknüpfung aus der System-ID des DR und seiner Pseudo-Knoten-ID für das angeschlossene Netzwerk. Alle anderen Router auf dem Netzwerk werden die vom DR vergebene LAN-ID verwenden.

Bild 10.9 zeigt die Nachbartabelle eines Routers, dessen E0-Schnittstelle an das Netzwerk angeschlossen ist, mit dem auch die E0-Schnittstelle des Routers aus Bild 10.7 verbunden ist. Wenn Sie diese beiden Tabellen vergleichen, können Sie erkennen, daß drei Router an das Ethernet angeschlossen sind: 0000.0c0a.2aa9, 0000.0c0a.2c51 und 0000.0c76.5b7c. Alle besitzen eine Priorität von 64, also ist derjenige mit der numerisch höchsten System-ID der DR. Der Router 0000.0c76.5b7c identifiziert folglich das Netzwerk mit der Circuit-ID 02. Daher lautet die in Bild 10.7 und Bild 10.9 gezeigte LAN-ID 0000.0c76.5b7c.02.

Bild 10.9:
Die E0-Schnittstelle dieses Routers ist an das gleiche Netzwerk angeschlossen, mit dem auch die E0-Schnittstelle des Routers aus Bild 10.7 verbunden ist.

```
London#show clns is-neighbors
System Id        Interface   State  Type  Priority  Circuit Id          Format
0000.0C76.5B7C   Et0         Up     L2    64        0000.0C76.5B7C.02   Phase V
0000.0C0A.2AA9   Et0         Up     L2    64        0000.0C76.5B7C.02   Phase V
0000.3090.6756   Se0         Up     L1    0         02                  Phase V
London#
```

Es ist notwendig, die Circuit-ID an die System-ID anzufügen, da derselbe Router auf mehr als einem Netzwerk der DR sein kann. Beachten Sie in Bild 10.7, daß der Router sowohl auf dem an E0 angeschlossenen Netzwerk der DR ist als auch auf dem an E1 angeschlossenen Netzwerk. Die Circuit-IDs 02 auf E0 und 03 auf E1 machen die LAN-ID für jedes Netzwerk eindeutig.

IS-IS-Designated-Router-Prozeß verglichen mit OSPF

Der IS-IS-DR-Prozeß ist in zwei Punkten primitiver (oder weniger komplex, je nach Sichtweise) als der OSPF-DR-Prozeß. Erstens wählt IS-IS keinen Backup-Designated-Router. Wenn der IS-IS-DR ausfällt, wird ein neuer DR gewählt. Zweitens ist die Amtszeit des IS-IS-DR nicht so dauerhaft, wie die des OSPF-DR. Wenn ein OSPF-Router auf einem Netzwerk mit einem existierenden DR aktiv wird, wird der neue Router nicht DR, auch wenn seine Priorität oder Router-ID höher ist. Daraus folgt, daß der OSPF-DR gewöhnlich der Router ist, der die längste Zeit auf dem Netzwerk aktiv war. Im Gegensatz zu den OSPF-Regeln wird ein neuer IS-IS-Router der neue DR, wenn seine Priorität höher ist als die des existierenden DR oder wenn seine Priorität gleich ist und er eine höhere System-ID besitzt. Jedesmal, wenn der DR wechselt, muß ein neuer Satz LSPs geflutet werden.

Die subnetzwerkunabhängigen Funktionen

Die Funktionen der subnetzwerkunabhängigen Unterschicht bestimmen, wie der CLNS Pakete durch das gesamte CLNP-Internetzwerk überträgt und wie diese Dienste der Transport-Schicht präsentiert werden. Die Routing-Funktion selbst ist in vier Prozesse unterteilt: Der Update-Prozeß, der Entscheidungs-Prozeß, der Weiterleitungs-Prozeß und der Empfangs-Prozeß. Wie die Namen der letzten beiden Prozesse bereits andeuten, ist der Weiterleitungs-Prozeß für die Aussendung der PDUs und der Empfangs-Prozeß für den Empfang der PDUs verantwortlich. Diese beiden Prozesse sind in der ISO 10589 beschrieben, sie sind wesentlich relevanter für CLNS-

NPDUs, als für IP-Pakete und werden daher nicht weiter beschrieben.

Der Update-Prozeß

Der Update-Prozeß ist für die Erstellung der L1- und L2-Verbindungs-Status-Datenbanken verantwortlich. Hierfür werden L1-LSPs durch eine gesamte Area geflutet, und L2-LSPs werden über alle L2-Nachbarverbindungen geflutet. Die einzelnen Felder der LSPs sind im Abschnitt »Die IS-IS-PDU-Formate« beschrieben.

Jede LSP enthält eine Remaining-Lifetime (=verbleibende Lebenszeit), eine Sequenz-Nummer und eine Prüfsumme. Die Remaining-Lifetime ist ein Alter. Der Unterschied zwischen einer Remaining Lifetime einer IS-IS-LSP und einem Age-Parameter eines OSPF-LSA besteht darin, daß sich das LSA-Alter von Null zum MaxAge erhöht, während die LSP-Remaining-Lifetime mit dem MaxAge beginnt und bis Null abnimmt. Das IS-IS-MaxAge beträgt 1200 Sekunden (20 Minuten). Auf die gleiche Weise wie das OSPF läßt das IS-IS jede LSP altern, die sich in der Verbindungs-Status-Datenbank befindet, und der Erzeuger muß seine LSPs regelmäßig erneuern, damit die Remaining-Lifetime nicht Null erreicht. Das IS-IS-Refresh-Intervall beträgt 15 Minuten abzüglich einem Zufalls-Jitter von bis zu 25%. Wenn die Remaining-Lifetime Null erreicht, wird die abgelaufene LSP für 60 Sekunden in der Verbindungs-Status-Datenbank aufbewahrt, der sogenannten *ZeroAgeLifetime*.

Wenn ein Router eine LSP mit einer fehlerhaften Prüfsumme empfängt, wird der Router die LSP entfernen, indem er die Remaining-Lifetime der LSP auf Null setzt und es neu flutet. Die Entfernung läßt den Erzeuger der LSP eine neue Instanz der LSP senden. Diese Prozedur ist eine weitere Vorgehensweise, in der sich das IS-IS vom OSPF unterscheidet, da hier nur der Erzeuger ein OSPF-LSA entfernen kann.

Wenn empfangende Router auf fehleranfälligen Subnetzwerken die Entfernung der LSPs veranlassen können, dann kann dies den LSP-Verkehr deutlich erhöhen. Um dieses Verhalten aufzuheben, kann der Befehl **ignore-lsp-errors** zur IS-IS-Routing-Konfiguration hinzugefügt werden. Wenn ein mit dieser Option aktivierter Router eine beschädigte LSP empfängt, ignoriert er sie, anstatt sie zu entfernen. Der Erzeuger der beschädigten LSP wird durch die Verwendung von SNPs dennoch wissen, daß die LSP nicht empfangen wurde. Die SNPs werden im weiteren Verlauf dieses Abschnitts beschrieben.

Sequenz-Nummer

Die Sequenz-Nummer ist eine lineare 32-Bit-Zahl ohne Vorzeichen. Wenn ein Router erstmals eine LSP erzeugt, verwendet er die Sequenz-Nummer Eins, und die Sequenz-Nummer jeder folgenden Instanz der LSP wird um Eins erhöht. Wenn die Sequenz-Nummer das Maximum (0xFFFFFFFF) erreicht, muß der IS-IS-Prozeß für mindestens 21 Minuten deaktiviert werden (MaxAge + ZeroAgeLifetime), bis die alten LSPs aus allen Datenbanken durch Überalterung entfernt wurden.

MAC-Kennzeichen zum Senden von L1- und L2-LSPs

Auf Point-to-Point-Subnetzwerken senden Router L1- und L2-LSPs direkt an die benachbarten Router. Auf Broadcast-Subnetzwerken werden die LSPs als Multicast an alle Nachbarn gesendet. Die Frames, die L1-LSPs enthalten, besitzen das Ziel-MAC-Kennzeichen 0180.c200.0014, das AllL1Iss genannt wird. Die Frames, die L1-LSPs enthalten, besitzen das Ziel-MAC-Kennzeichen 0180.c200.0015, das sich AllL2Iss nennt.

Das IS-IS verwendet SNPs sowohl zur Bestätigung des LSP-Empfangs als auch zur Aufrechterhaltung der Verbindungs-Status-Datenbank-Synchronisierung. Es gibt zwei SNP-Typen: *Partielle SNPs* (PSNPs) und *Komplette (engl. Complete) SNPs* (CSNPs). Auf einem Point-to-Point-Subnetzwerk verwendet ein Router eine PSNP, um jede empfangene LSP ausdrücklich zu bestätigen.[1] Die PSNP beschreibt die zu bestätigende LSP durch die folgenden enthaltenen Informationen:

– Die LSP-ID

– Die Sequenz-Nummer der LSP

– Die Prüfsumme der LSP

– Die Remaining-Lifetime der LSP

Wenn ein Router eine LSP auf einem Point-to-Point-Subnetzwerk sendet, setzt er einen Timer für eine Zeitdauer, die *minimumLSPTransmission-Interval* genannt wird. Wenn der Timer

---

[1] Die Ausnahme ist, wenn ein Router eine Instanz einer LSP erhält, die älter ist als die Instanz in seiner Datenbank. In diesem Fall wird der Router mit der neueren LSP antworten.

abläuft, bevor der Router eine PSNP empfängt, die den Empfang der LSP bestätigt, wird eine neue LSP gesendet. Auf Cisco-Routern beträgt die Standard-Einstellung des minimumLSPTransmissionIntervals fünf Sekunden; sie kann schnittstellenweise mit dem Befehl **isis retransmit-interval** geändert werden.

Auf Broadcast-Subnetzwerken werden LSPs nicht von jedem empfangenden Router bestätigt. Statt dessen sendet der DR regelmäßig eine CSNP als Multicast, die jede LSP in der Verbindungs-Status-Datenbank beschreibt. Die Standard-CSNP-Periode beträgt 10 Sekunden und kann mit dem Befehl **isis csnp-interval** geändert werden. Die L1-CSNP-Multicasts werden an AllL1ISs (0180.c200.0014) und die L2-CSNP-Multicasts werden an AllL2ISs (0180.c200.0015) gesendet.

Wenn ein Router eine CSNP empfängt, vergleicht er die zusammengefaßten LSPs in der PDU mit den LSPs in seiner Datenbank. Wenn der Router eine LSP besitzt, die in der CSNP nicht aufgelistet ist, oder wenn er eine neuere Instanz einer LSP besitzt, so sendet der Router die LSP als Multicast in das Netzwerk. Wenn jedoch ein anderer Router die erneuerte LSP zuerst sendet, wird der Router keine weitere Kopie der gleichen LSP senden. Wenn die Datenbank des Routers keine Kopie von jeder LSP enthält, die in der CSNP aufgelistet ist oder wenn die Datenbank eine ältere Instanz einer LSP enthält, dann sendet der Router eine PSNP mit einer Liste der benötigten LSPs als Multicast. Auch wenn die PSNP als Multicast gesendet wird, antwortet nur der DR mit den entsprechenden LSPs.

Ein interessantes Merkmal des IS-IS ist seine Fähigkeit, anderen Router zu signalisieren, daß der Speicher voll ist und die komplette Verbindungs-Status-Datenbank nicht gespeichert werden kann. Die Ursache eines Speicherüberlaufs kann in einer zu groß gewachsenen Area liegen, in einem Router mit ungenügendem Speicher oder in einem vorübergehenden Zustand, wie dem eines DR-Ausfalls. Wenn ein Router nicht die komplette Verbindungs-Status-Datenbank speichern kann, wird er ein Bit in seiner LSP setzen, das sogenannte *Overload-(OL-)Bit*.

Das OL-Bit signalisiert, daß der Router aufgrund seiner unvollständigen Datenbank möglicherweise nicht die korrekten Routing-Entscheidungen fällen kann. Die anderen Router routen weiterhin Pakete in die direkt verbundenen Netzwerke des übergelaufenen Routers, aber sie nutzen den Router nicht mehr für den Transit-Verkehr, bis er eine LSP mit dem ungesetzten OL-Bit sendet. Da ein gesetztes OL-Bit den Router davor bewahrt, als ein Hop entlang einer Route benutzt zu werden, wird das Bit häufig als das *Hippity*-Bit bezeichnet (wie im englischen Spruch: hippity-hop, believe it oder not).

Der Speicher sollte der L1- und der L2-Datenbank gleichmäßig zugeteilt sein, dennoch kann sich ein Router auf einem Level in einem Overload-Zustand befinden und auf dem anderen im Normal-Zustand. Wenn sie einen IS-IS-Router absichtlich in den Zustand versetzen wollen, in dem er nur wie ein End-Knoten fungiert, kann das OL-Bit manuell mit dem Befehl **set-overload-bit** gesetzt werden.

Der Befehl **show isis database** zeigt eine Zusammenfassung der IS-IS-Verbindungs-Status-Datenbank an, ein Beispiel ist in der Abbildung 10.10 gezeigt. In dieser Abbildung ist der Router Brussels ein L1/L2-Router, daher besitzt er eine L1- und eine L2-Datenbank. Die gezeigte LSP-ID in der ersten Spalte besteht aus der System-ID des erzeugenden Routers, die mit zwei weiteren Oktetten verknüpft ist. Das erste Oktett nach der System-ID ist die Pseudo-Knoten-ID. Wenn dieses Oktett nicht Null ist, wurde die LSP von einem DR erzeugt. Die System-ID und die Nicht-Null-Pseudo-Knoten-ID bilden zusammen die LAN-ID eines Broadcast-Subnetzwerks.

Das letzte Oktett ist die LSP-Nummer. Gelegentlich kann eine LSP so groß sein, daß sie die von den Router-Puffern oder der Datenverbindung unterstützte MTU übersteigt. In diesem Fall wird die LSP *fragmentiert* – d.h., die Informationen werden in mehreren LSPs übertragen. Die LSP-IDs dieser mehrfachen LSPs bestehen aus identischen System-IDs und Pseudo-Knoten-IDs. Sie besitzen aber unterschiedliche LSP-Nummern.

```
Brussels#show isis database
IS-IS Level-1 Link State Database
LSPID                 LSP Seq Num    LSP Checksum   LSP Holdtime   ATT/P/OL
0000.0C04.DCC0.00-00  0x00000036     0x78AE         1152           0/0/0
0000.0C0A.2AA9.00-00  0x0000011B     0x057B         416            0/0/0
0000.0C76.5B7C.00-00* 0x00000150     0xD5D4         961            1/0/0
0000.0C76.5B7C.02-00* 0x00000119     0xD9C3         407            0/0/0
0000.0C76.5B7C.03-00* 0x000000FA     0x896E         847            0/0/0

IS-IS Level-2 Link State Database
LSPID                 LSP Seq Num    LSP Checksum   LSP Holdtime   ATT/P/OL
0000.0C0A.2AA9.00-00  0x0000013E     0x319A         666            0/0/0
0000.0C0A.2C51.00-00  0x00000133     0x762D         654            0/0/0
0000.0C76.5B7C.00-00* 0x0000014C     0x4E91         886            0/0/0
0000.0C76.5B7C.02-00* 0x0000011F     0x3CC3         1174           0/0/0
0000.3090.C7DF.00-00  0x0000011A     0xDDF0         858            0/0/0
Brussels#
```

*Bild 10.10:
Die IS-IS-Datenbank kann mit dem Befehl show isis database angezeigt werden.*

Ein Stern nach der LSP-ID zeigt an, daß die LSP von dem Router erzeugt wurde, auf dem die Datenbank aufgerufen wurde. Zum Beispiel stammt die in Bild 10.10 gezeigte Datenbank von einem Router namens Brussels. Die L1-LSP mit der ID 0000.0c76.5bB7c.00-00 sowie vier weitere LSPs wurden von Brussels erzeugt.

Die zweite und dritte Spalte der Datenbankanzeige zeigt jeweils die Sequenz-Nummer und die Prüfsumme jeder LSP. Die vierte Spalte namens LSP-Holdtime ist die Remaining-Lifetime der LSP in Sekunden. Wenn Sie den Befehl **show isis database** wiederholt eingeben, können Sie sehen, wie die Zahlen abnehmen. Wenn die LSP erneuert wird, wird die Remaining-Lifetime auf 1200 Sekunden zurückgesetzt und die Sequenz-Nummer um Eins erhöht.

Die letzte Spalte zeigt den Status des Attached-(ATT-)Bit, des Partition-(P-)Bit und des Overload-(OL-)Bit von jeder LSP an. L2- und L1/L2-Router werden das ATT-Bit auf Eins setzen, um anzuzeigen, daß sie eine Route zu einer anderen Area besitzen. Das P-Bit zeigt an, daß der erzeugende Router die Partitions-Reparatur-Fähigkeit besitzt. Cisco (und die meisten anderen Hersteller) unterstützen diese Funktion nicht, daher ist das Bit immer auf Null gesetzt. Das OL-Bit ist auf Eins gesetzt, wenn der erzeugende Router einen Speicherüberlauf hat und daher eine unvollständige Verbindungs-Status-Datenbank besitzt.

Eine vollständige LSP kann mit dem Befehl **show isis database detail** zusammen mit dem Level und der LSP-ID aufgerufen werden, ein Beispiel ist in Bild 10.11 gezeigt. Die Bedeutungen der einzelnen LSP-Felder werden im Abschnitt »IS-IS-PDU-Formate« beschrieben.

Bild 10.11: Der Befehl show isis database detail wird verwendet, um vollständige LSPs aus der Datenbank anzuzeigen.

```
London#show isis database detail level-2 0000.0C0A.2C51.00-00

IS-IS Level-2 LSP 0000.0C0A.2C51.00-00
LSPID                 LSP Seq Num  LSP Checksum  LSP Holdtime  ATT/P/OL
0000.0C0A.2C51.00-00* 0x0000013B   0x6635        815           0/0/0
  Area Address: 47.0001
  NLPID:     0x81 0xCC
  IP Address:   10.1.3.2
  Metric: 10 IS 0000.0C76.5B7C.02
  Metric: 10 IP 10.1.3.0 255.255.255.0
  Metric: 20 IP 10.1.2.0 255.255.255.0
  Metric: 10 IP 10.1.255.4 255.255.255.252
  Metric: 20 IP 10.1.255.0 255.255.255.0
  Metric: 30 IP 10.1.255.8 255.255.255.252
London#
```

Der Entscheidungs-Prozeß

Nachdem der Update-Prozeß die Verbindungs-Status-Datenbank aufgebaut hat, verwendet der Entscheidungs-Prozeß die Informationen in der Datenbank zur Berechnung eines kürzesten Pfad-Baums. Der Prozeß verwendet danach den kürzesten Pfad-Baum zum Aufbau einer Weiterleitungsdatenbank (die Routing-Tabelle). Für die L1-Routen und die L2-Routen werden getrennte SPF-Berechnungen ausgeführt.

Die ISO 10589 legt die folgenden Metriken fest (eine erforderliche und drei optionale), die vom IS-IS für die Berechnung des kürzesten Pfads verwendet werden:

IS-IS-Metrik

- *Default*. Diese Standard-Metrik muß von jedem IS-IS-Router unterstützt und verstanden werden.

- *Delay*. Diese optionale Metrik berücksichtigt die Transit-Verzögerung eines Subnetzwerks.

- *Expense*. Diese optionale Metrik berücksichtigt die monetären Kosten für die Nutzung des Subnetzwerks.

- *Error*. Diese optionale Metrik berücksichtigt die residuale Fehlerwahrscheinlichkeit des Subnetzwerks, die der IGRP/EIGRP-Zuverlässigkeits-Metrik ähnelt.

Jede Metrik ist eine Integerzahl zwischen 0 und 63, und es wird eine separate Route für jede Metrik berechnet. Wenn ein

System alle vier Metriken unterstützt, muß daher die SPF-Berechnung viermal für die beiden L1-Routen und L2-Routen ausgeführt werden. Da mehrere Metriken die Iterationen in der SPF-Berechnung für jedes Ziel stark erhöhen und dadurch viele verschiedene Routing-Tabellen erstellt werden und da die optionalen Metriken bestenfalls ein rudimentäres Type-of-Service-Routing ermöglichen, unterstützt Cisco nur die Standard-Metrik.

Cisco weist jeder Schnittstelle die Standard-Metrik von 10 zu, ohne Rücksicht auf den Schnittstellentyp. Der Befehl **isis metric** ändert den Wert der Standard-Metrik, und die Änderung der Grundeinstellung kann für die Level 1 und 2 getrennt erfolgen. Wenn die Metriken für jede Schnittstelle bei 10 belassen werden, wird jedes Subnetzwerk als gleichberechtigt betrachtet, und die IS-IS-Metrik wird das einfache Hop-Count-Maß verwenden, mit den jeweiligen Hop-Kosten von 10.

Die Gesamtkosten einer Route entsprechen einer einfachen Summation der einzelnen Metriken an jeder ausgehenden Schnittstelle, wobei der maximale Metrik-Wert für eine Route 1023 beträgt. Dieses geringe Maximum wird häufig als eine Schwachstelle des IS-IS bezeichnet, da es nur wenig Spielraum für die Metrik-Auflösung in großen Internetzwerken bietet. Auf der anderen Seite ermöglicht die Limitierung der Metrik auf 1023 einen effizienteren SPF-Algorithmus.

Das IS-IS teilt die Routen nicht nur in L1 und L2 ein, sondern auch in *interne* und *externe Routen*. Interne Routen sind Pfade zu Zielen innerhalb der IS-IS-Routing-Domäne, während externe Routen Pfade zu Zielen außerhalb der Routing-Domäne darstellen. Während L2-Routen sowohl intern als auch extern sein können, sind L1-Routen immer intern.

Interne und externe Routen

Wenn mehrere mögliche Routen zu einem bestimmten Ziel möglich sind, wird ein L1-Pfad einem L2-Pfad vorgezogen. Innerhalb eines Level wird ein Pfad, der die optionalen Metriken unterstützt, einem Pfad vorgezogen, der nur die Standard-Metrik unterstützt. (Zur Erinnerung: Cisco unterstützt nur die Standard-Metrik, daher hat die zweite Vorzugsregel auf Cisco-Routern keine Bedeutung.) Innerhalb der einzelnen unterstützten Metrik wird der Pfad mit der günstigsten Metrik bevorzugt. Wenn der Entscheidungs-Prozeß mehrere

Equal-Cost-Pfade des gleichen Level auffindet, wird er sie alle in die Routing-Tabelle übernehmen. Die IS-IS-Ausführung von Cisco wird den Equal-Cost-Lastausgleich auf bis zu sechs Pfaden ausführen.

Load Balancing Im letzten Abschnitt »Der Update-Prozeß« wurde das letzte Oktett des LSP-ID beschrieben, die sogenannte LSP-Nummer, mit der fragmentierte LSPs numeriert werden. Der Entscheidungs-Prozeß berücksichtigt die LSP-Nummer in mehrerer Hinsicht. Erstens wird der Entscheidungs-Prozeß keine LSPs aus einem System verarbeiten, deren LSP-Nummern größer als Null sind, wenn sich keine Anfangs-LSP mit einer LSP-Nummer Null und einer Remaining-Lifetime größer Null in der Datenbank befindet. Wenn sich zum Beispiel die LSP-IDs 0000.0c76.5b7c.00-01 und 0000.0c76.5b7c.00-02 in der Datenbank befinden, die Datenbank aber keine Anfangs-LSP mit der LSP-ID 0000.0c76.5b7c.00-00 besitzt, werden die beiden Folge-LSPs nicht verarbeitet. Dieses Vorgehen gewährleistet, daß unvollständige LSPs keine fehlerhaften Routing-Entscheidungen verursachen.

Des weiteren akzeptiert der Entscheidungs-Prozeß die folgenden Informationen nur von Anfangs-LSPs, deren LSP-Nummer Null ist:

– Die Einstellung des Datenbank-Overload-Bit

– Die Einstellung des IS-Typ-Felds

– Die Einstellung des Area-Adreß-Optionsfelds

Der Entscheidungs-Prozeß ignoriert diese Einstellungen in LSPs, deren LSP-Nummer nicht Null ist. Das bedeutet, daß die Anfangs-LSP diese drei Einstellungen für eine ganze Fragmentserie vorgibt.

IS-IS unterstützt VLSM Bild 10.12 zeigt eine Routing-Tabelle eines Cisco-IS-IS-Routers. Beachten Sie, daß die L1-und L2-Routen markiert sind und daß drei Ziele mehrfache Pfade besitzen. Jeder Route ist eine Maske zugeordnet, folglich unterstützen sie das VLSM. Die administrative Distanz der IS-IS-Routen in der Routing-Tabelle beträgt 115.

```
Brussels#show ip route
Codes: C - connected, S - static, I - IGRP, R - RIP, M - mobile, B - BGP
       D - EIGRP, EX - EIGRP external, O - OSPF, IA - OSPF inter area
       E1 - OSPF external type 1, E2 - OSPF external type 2, E - EGP
       i - IS-IS, L1 - IS-IS level-1, L2 - IS-IS level-2, * - candidate default

Gateway of last resort is not set

     10.0.0.0 is variably subnetted, 8 subnets, 3 masks
C       10.1.3.0 255.255.255.0 is directly connected, Ethernet0
i L2    10.1.2.0 255.255.255.0 [115/30] via 10.1.3.2, Ethernet0
                                [115/30] via 10.1.3.3, Ethernet0
i L1    10.1.5.0 255.255.255.0 [115/20] via 0.0.0.0, Serial0
                                [115/20] via 10.1.4.2, Ethernet1
C       10.1.4.0 255.255.255.0 is directly connected, Ethernet1
i L2    10.1.255.4 255.255.255.252 [115/20] via 10.1.3.2, Ethernet0
i L2    10.1.255.0 255.255.255.0 [115/30] via 10.1.3.2, Ethernet0
i L1    10.1.255.8 255.255.255.252 [115/20] via 10.1.3.3, Ethernet0
i L1    10.1.6.240 255.255.255.240 [115/20] via 0.0.0.0, Serial0
                                [115/20] via 10.1.4.2, Ethernet1
Brussels#
```

Bild 10.12: Diese Routing-Tabelle zeigt sowohl Level-1- als auch Level-2-IS-IS-Routen.

Eine weitere Aufgabe des Entscheidungs-Prozesses in L1-Routern besteht in der Berechnung des Pfads zum nächsten L2-Router, um das Inter-Area-Routing zu ermöglichen. Es wurde bereits erwähnt, daß ein L2- oder L1/L2-Router, der an eine andere Area angeschlossen ist, diese Tatsache anmelden wird, indem er das ATT-Bit in seiner LSP auf Eins setzt. Der Entscheidungs-Prozeß in L1-Routern wird den metrisch nächsten L1/L2-Router als den Default-Inter-Area-Router wählen. Wenn das IS-IS zum Routen von IP verwendet wird, dann wird eine Default-IP-Route zum L1/L2 in die Routing-Tabelle übernommen. Bild 10.13 zeigt ein Beispiel einer Verbindungs-Status-Datenbank eines L1-Routers und seine zugehörige Routing-Tabelle. Das LSP 0000.0c0a.2c51.00-00 besitzt das ATT = 1. Aufgrund dieser Information hat der Entscheidungs-Prozeß den Router mit der System-ID 0000.0c0a.2c51 als den Default-Inter-Area-Router ausgewählt. Die Routing-Tabelle zeigt die Default-Route (0.0.0.0) über 10.1.255.6 mit einer Metrik von 10. Auch wenn es aus den in Bild 10.13 gezeigten Informationen nicht ganz ersichtlich ist, bezeichnen die Adresse 10.1.255.6 und die System-ID 0000.0c0a.2c51 denselben Router.

Bild 10.13:
Das Integrated IS-IS fügt der Routing-Tabelle eine Default-IP-Route zum nächsten L1/L2-Router hinzu, dessen ATT-Bit auf Eins gesetzt ist.

```
Paris#show isis database
IS-IS Level-1 Link State Database
LSPID                 LSP Seq Num   LSP Checksum   LSP Holdtime   ATT/P/OL
0000.0C0A.2C51.00-00  0x0000016D    0xA093         730            1/0/0
0000.3090.6756.00-00* 0x00000167    0xC103         813            0/0/0
0000.3090.6756.04-00* 0x0000014E    0x227F         801            0/0/0
0000.3090.C7DF.00-00  0x00000158    0x78A6         442            0/0/0
Paris#show ip route
Codes: C - connected, S - static, I - IGRP, R - RIP, M - mobile, B - BGP
       D - EIGRP, EX - EIGRP external, O - OSPF, IA - OSPF inter area
       E1 - OSPF external type 1, E2 - OSPF external type 2, E - EGP
       i - IS-IS, L1 - IS-IS level-1, L2 - IS-IS level-2, * - candidate default

Gateway of last resort is 10.1.255.6 to network 0.0.0.0

     10.0.0.0 is variably subnetted, 5 subnets, 2 masks
i L1    10.1.3.0 255.255.255.0 [115/20] via 10.1.255.6, Serial0
C       10.1.2.0 255.255.255.0 is directly connected, TokenRing0
i L1    10.1.255.4 255.255.255.252 [115/20] via 10.1.255.6, Serial0
C       10.1.255.0 255.255.255.0 is directly connected, Serial0
i L1    10.1.255.8 255.255.255.252 [115/20] via 10.1.2.2, TokenRing0
i*L1 0.0.0.0 0.0.0.0 [115/10] via 10.1.255.6, Serial0
Paris#
```

Die Informationen in Bild 10.13 zeigen ein grundlegendes Problem des Integrated IS-IS-Betriebs auf, das vor allem bei der Fehlersuche zum Tragen kommt. Auch wenn TCP/IP das geroutete Protokoll ist, bestimmt ein CLNS-Protokoll die Routen, einschließlich aller Routen-Kontroll-Pakete und Adressen. Mitunter kann der Abgleich der CLNS-Informationen mit den IP-Informationen schwierig sein. Der Befehl **which-route** kann hier sehr hilfreich sein.

Der Befehl wird hauptsächlich zur Bestimmung einer Routing-Tabelle verwendet, in der sich ein bestimmtes CLNS-Ziel befindet. Jedoch kann der Befehl **which-route** auch nützliche Informationen über die IP-Adressen liefern, die einer bestimmten CLNS-Adresse zugeordnet sind. In Bild 10.14 wird die System-ID/Circuit-ID 0000.0c0a.2c51.00 als Argument im Befehl **which-route** verwendet, die in der Datenbank von Bild 10.13 das ATT = 1 besaß. Das Ergebnis zeigt unter anderem die Next-Hop-Adresse 10.1.255.6 für die angefragte System-ID.

Bild 10.14:
*Der Befehl **which-route** kann einige Informationen über die Zuordnung von CLNS-Adressen zu IP-Adressen liefern.*

```
Paris#which-route 0000.0C0A.2C51.00
Route look-up for destination 00.000c.0a2c.5100
  Using route to closest IS-IS level-2 router

Adjacency entry used:
System Id         SNPA              Interface   State   Holdtime   Type   Protocol
0000.0C0A.2C51    *HDLC*            Se0         Up      26         L1     IS-IS
   Area Address(es): 47.0001
   IP Address(es):   10.1.255.6
   Uptime: 22:08:52
Paris#
```

10.1.4 IS-IS-PDU-Formate

Das IS-IS verwendet neun PDU-Typen in seinen Prozessen, und jede PDU wird durch eine 5 Bit lange Typ-Nummer identifiziert. Die PDUs lassen sich in drei Kategorien einteilen, die in der Tabelle 10.1 gezeigt sind.

IS-IS-PDU	Typ-Nummer
Hello-PDUs	
Level-1-LAN-IS-IS-Hello-PDU	15
Level-2-LAN-IS-IS-Hello-PDU	16
Point-to-Point-IS-IS-Hello-PDU	17
Verbindungs-Status-PDUs	
Level-1-LSP	18
Level-2-LSP	20
Sequenz-Nummern-PDUs	
Level-1-CSNP	24
Level-2-CNSP	25
Level-1-PSNP	26
Level-2-PSNP	27

Tabelle 10.1: IS-IS-PDU-Typen.

Die ersten acht Oktette aller IS-IS-PDUs sind Header-Felder, die bei allen PDU-Typen gleich sind, wie Bild 10.15 zeigt. Diese ersten Felder werden hier beschrieben, die PDU-spezifischen Felder sind Themen der folgenden Abschnitte.

Der *Intradomain-Routing-Protocol-Discriminator* ist eine Konstante, die durch die ISO 9577[1] vergeben wurde, um NPDUs zu identifizieren. Alle IS-IS-PDUs besitzen den Wert 0x83 in diesem Feld.

Der *Length-Indicator* bezeichnet die Länge des festen Headers in Oktetten.

Die *Version/Protocol-ID-Extension* ist immer auf Eins gesetzt.

---

[1] International Organization for Standardisation, »Protocol Identification in the Network Layer«, ISO/IEC TR 9577, 1990.

Bild 10.15:
Die ersten acht
Oktette der IS-
IS-PDUs.

	Länge in Oktetten
Intradomain Routeing Protocol Discriminator	1
Length Indicator	1
Version/Protocol ID Extension	1
ID Length	1
R | R | R | PDU Typ	1
Version	1
Reserved	1
Maximum Area Addresses	1
PDU- Specific Fields	
Variable-Length Fields	

Die *ID-Length* beschreibt die Länge des System-ID-Felds von NSAP-Adressen und NETs, die in dieser Routing-Domäne verwendet werden. Dieses Feld ist auf einen der folgenden Werte gesetzt:

- Eine Integerzahl zwischen 1 und 8 zeigt die Länge des System-ID-Felds in Oktetten an.

- Eine 0 zeigt an, daß das System-ID-Feld aus sechs Oktetten besteht.

- Eine 255 zeigt ein Null-System-ID-Feld an (es besteht aus Null Oktetten).

Die System-ID von Cisco-Routern muß aus sechs Oktetten bestehen, daher wird das ID-Längen-Feld einer Cisco-erzeugten PDU immer Null sein.

Der *PDU-Typ* ist ein 5-Bit-Feld, das eine der in der Tabelle 10.1 gezeigten PDU-Typ-Nummern enthält. Die drei Bits vor dem PDU-Typ (R) sind reserviert und immer auf Null gesetzt.

Die *Version* ist, wie die Version/Protokoll-ID-Erweiterung im dritten Oktett, immer auf Eins gesetzt.

Das *Reserved*-Feld enthält nur Nullen.

Die *Maximum-Area-Addresses* geben die erlaubte Anzahl von Area-Adressen für diese IS-Area an. Diese Zahl ist auf einen der folgenden Werte gesetzt:

- Eine Integerzahl zwischen 1 und 254 zeigt die Anzahl der erlaubten Areas an.

- Eine 0 zeigt an, daß das IS maximal drei Adressen unterstützt.

Die Cisco-IOS unterstützt maximal drei Areas, daher werden die von einem Cisco-Router erzeugten IS-IS-PDUs in ihren Maximalen-Area-Adreß-Feldern immer eine Null tragen.

In Bild 10.16 zeigt eine Analyzer-Aufnahme einer IS-IS-PDU die ersten acht Oktette der PDU.

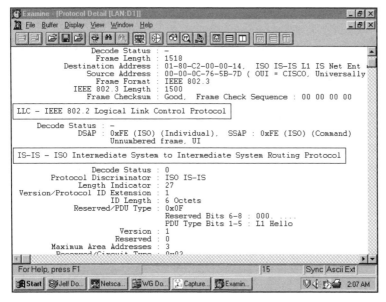

Bild 10.16: Diese Analyzer-Aufnahme zeigt die ersten acht Felder der IS-IS-PDU, zusammen mit ihrem Datenverbindungs-Header.

Die gemeinsamen Header-Felder schließen die PDU-spezifischen Felder ein, die ebenso Teil des Headers sind. Sie variieren je nach PDU-Typ und werden in den Abschnitten der einzelnen PDU-Typen beschrieben.

Die CLV-Felder

Nach den PDU-spezifischen Feldern folgen die Felder mit variabler Länge, die aus *Code/Length/Value*-(CLV-)[1] Tripeln bestehen und in Bild 10.17 gezeigt sind. Der Code ist eine Nummer, der den Informationsinhalt des Value-Felds festlegt, Length legt die Länge des Value-Felds fest, und das Value-Feld enhält die eigentliche Information. Da das Length-Feld nur ein Oktett groß ist, legt es damit auch die maximale Größe des Value-Felds auf 255 Oktette fest.

Bild 10.17: Die IS-IS-Code/Length/Value-Tripel erfüllen dieselbe Funktion für das IS-IS, wie die Type/Length/Value-Tripel für das EIGRP.

	Länge in Oktetten
Code	1
Length	1
Value	Länge

Die Tabelle 10.2 listet die IS-IS-CLV-Codes auf. Die Tabelle zeigt auch, ob das CLV in der ISO 10589 oder im RFC 1195 festgelegt ist. Die CLVs, die in der ISO festgelegt sind, wurden für die Verwendung mit dem CLNP konstruiert, obwohl die meisten auch mit IP verwendet werden. Die CLVs, die im RFC festgelegt sind, wurden ausschließlich für das IP konstruiert. Wenn ein Router einen bestimmte CLV-Code nicht erkennt, wird er das CLV ignorieren. Dieses Verhalten ermöglicht die Übertragung der CLVs für CLNP, IP oder für beide innerhalb derselben PDU.

---

1 Das Akronym CLV wird nicht in ISO 10589 verwendet, hier wird es der Bequemlichkeit halber angewandt. Sie sind bereits mit dem Konzept des CLV aus EIGRP TLVs in Kapitel 8 vertraut, »Enhanced-Interior Gateway Routing Protokoll (EIGRP)«. Tatsächlich verweist RFC 1195 auf Integrated IS-IS CLVs als TLVs.

Code	CLV-Typ	ISO 10589	RFC 1195
1	Area-Adressen	X	
2	IS-Nachbarn (LSPs)	X	
3	ES-Nachbarn*	X	
4	Partition-Designated-Level-2-IS+	X	
5	Prefix-Nachbarn*	X	
6	IS-Nachbarn (Hellos)	X	
8	Padding	X	
9	LSP-Einträge	X	
10	Authentisierungsinformationen	X	
128	Interne IP-Erreichbarkeits-informationen		X
129	Unterstützte Protokolle		X
130	Externe IP-Erreichbarkeits-informationen		X
131	Inter-Domänen-Routing-Protokoll-Informationen		X
132	IP-Schnittstellen-Adressen		X
133	Authentisierungsinformationen#		X

Tabelle 10.2: Die vom IS-IS verwendeten CLV-Codes.

Auch wenn viele der CLVs von mehr als einem IS-IS-PDU-Typ verwendet werden, wird nur eine (die Authentisierung) von allen PDUs verwendet. Wenn die Formate der einzelnen IS-IS-PDUs in den folgenden Abschnitten beschrieben werden, werden die von jeder PDU verwendeten CLVs aufgelistet. Das Format jedes CLV wird immer nur bei seinem ersten Auftauchen in einer Liste beschrieben. Die Tabelle 10.3 faßt zusammen, welche CLVs mit welchen PDUs verwendet werden.

---

* Die ES-Nachbar- und Prefix-Nachbar-CLVs sind für das IP-Routing nicht relevant und werden in diesem Buch nicht behandelt.

+ Dieses CLV wird für die Partitions-Reparatur verwendet, die Cisco nicht unterstützt.

Das RFC 1195 legt diesen Code für die IP-Authentisierung fest, aber Cisco verwendet den ISO-Code 10.

Tabelle 10.3: Die CLVs, die von den einzelnen IS-IS-PDUs verwendet werden.

CLV-Typ	PDU-Typ								
	15	16	17	18	20	24	25	26	27
Area-Adressen	X	X	X	X	X				
IS-Nachbarn (LSPs)				X	X				
ES-Nachbarn				X					
Partition-Designated-Level-2-IS					X				
Prefix-Nachbarn					X				
IS-Nachbarn (Hellos)	X	X							
Padding	X	X	X						
LSP-Einträge						X	X	X	X
Authentisierungsinformationen	X	X	X	X	X	X	X	X	X
Interne IP-Erreichbarkeitsinformationen				X	X				
Unterstützte Protokolle	X	X	X	X	X				
Externe IP-Erreichbarkeitsinformationen					X				
Inter-Domänen-Routing-Protokoll-Informationen					X				
IP-Schnittstellen-Adressen	X	X	X	X	X				

Das IS-IS-Hello-PDU-Format

Mit einer IS-IS-Hello-PDU kann ein IS-IS-Router seine IS-IS-Nachbarn auf einer Verbindung entdecken. Wenn die Nachbarn entdeckt sind und nachbarverbunden wurden, fungiert die Hello-PDU als ein Keepalive, um die Nachbarverbindung aufrechtzuerhalten und um den Nachbarn über Änderungen in den Nachbarverbindungsparametern zu unterrichten.

Die maximale Größe einer IS-IS-PDU bestimmt sich entweder durch die Puffergröße des erzeugenden Routers oder durch die MTU der Datenverbindung, auf der die PDU übertragen wird. Die ISO 10589 legt fest, daß IS-IS-Hellos auf ein Oktett weniger als dieses Maximum aufgefüllt werden müssen. Ein Grund liegt darin, daß es einem Router ermöglicht wird, seine MTU durch die Hello-PDUs implizit an seine Nachbarn weiterzumelden. Weitaus wichtiger ist jedoch die Sendung von Hellos mit oder in der Nähe der Verbindungs-MTU, um Verbindungs-Fehlzustände zu entdecken, in denen kleine PDUs auftreten können, aber größere PDUs verloren gehen. Der Nutzen dieser Design-Entscheidung gegenüber den Kosten der Aussendung solch großer Hellos über langsame serielle Verbindungen ist umstritten.

Es gibt zwei Arten von IS-IS-Hellos: LAN-Hellos und Point-to-Point-Hellos. Die LAN-Hellos können weiter in L1- und L2-LAN-Hellos unterteilt werden. Das Format der zwei LAN-Hello-Typen ist identisch, wie Bild 10.18 zeigt. Bild 10.19 zeigt eine Analyzer-Aufnahme eines Level-2-LAN-Hello.

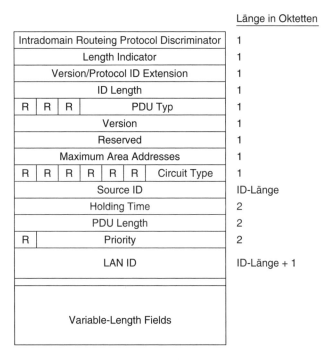

Bild 10.18: Das IS-IS-LAN-Hello-PDU-Format.

Der *Circuit-Type* ist ein 2-Bit-Feld (die vorangestellten Bits sind reserviert und immer auf Null gesetzt), das festlegt, ob der Router ein L1 (01), ein L2 (10) oder ein L1/L2 (11) ist. Wenn beide Bits gleich Null (00) sind, wird die gesamte PDU ignoriert.

Die *Source-ID* ist die System-ID des Routers, der das Hello erzeugt hat.

Die *Holding-Time* ist die Zeitdauer, die ein Nachbar auf den Empfang des nächsten Hello warten soll, bevor er den erzeugenden Router für tot erklärt.

Bild 10.19: Diese Analyzer-Aufnahme eines LAN-Hello zeigt die Felder, die nur in einem Hello-PDU vorkommen

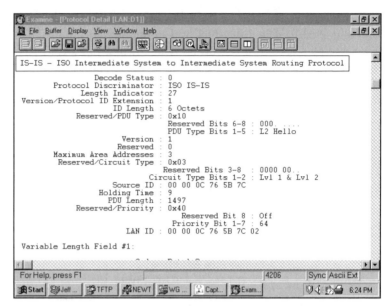

Die *PDU-Length* ist die Länge der gesamten PDU in Oktetten.

Die *Priority* ist ein 7-Bit-Feld, das zur Wahl eines DR verwendet wird. Das Feld enthält einen Wert zwischen 0 und 127, bei der die höhere Nummer die höhere Priorität bedeutet. Die L1-DRs werden über die Priorität in den L1-LAN-Hellos gewählt, und die L2-DRs werden über die Priorität in den L2-LAN-Hellos gewählt.

Die *LAN-ID* ist die System-ID des DR plus ein weiteres Oktett (die Pseudo-Knoten-ID), um diese LAN-ID von einer anderen LAN-ID zu unterscheiden, die denselben DR besitzen kann.

Die folgenden CLVs können von einem IS-IS-LAN-Hello verwendet werden:[1]

– Area-Adressen (Typ 1)

– Intermediate-System-Nachbarn (Typ 6)

---

[1] Zur Erinnerung, RFC 1195 spezifiziert auch eine Authentifikationsinformations-CLV mit einer Typennummer 133. Cisco verwendet die ISO-spezifizierte Typennummer 10, um seine Authentifikationsinformations-CLVs zu identifizieren.

- Padding (Typ 8)
- Authentisierungsinformationen (Typ 10)
- Unterstützte Protokolle (Typ 129)
- IP-Schnittstellen-Adressen (Typ 132)

Die Abbildung 10.20 zeigt das Format der IS-IS-Point-to-Point-Hello-PDU. Sie unterscheidet sich von einem LAN-Hello nur durch das nicht vorhandene Prioritäts-Feld und durch ein lokales Circuit-ID-Feld, das sich an der Stelle des LAN-ID-Felds befindet. Im Gegensatz zu den LAN-Hellos werden die L1- und L2-Informationen in derselben Point-to-Point-Hello-PDU übertragen.

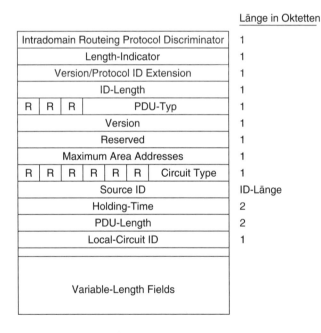

Bild 10.20: Die IS-IS-Point-to-Point-Hello-PDU.

Die Local-Circuit-ID ist eine Ein-Oktett-ID, die vom Hello-erzeugenden Router an diese Verbindung vergeben wird. Sie ist einer Router-Schnittstelle eindeutig zugeordnet. Die lokale

Circuit-ID in den Hellos des anderen Endes der Point-to-Point-Verbindung kann denselben Wert enthalten oder auch nicht.

Das IS-IS-Point-to-Point-Hello verwendet kein IS-Nachbar-CLV. Bis auf diese Ausnahme werden dieselben CLVs wie bei den LAN-Hellos verwendet.

Das Area-Adressen-CLV

Das Area-Adressen-CLV (Bild 10.21) wird verwendet, um die konfigurierten Area-Adressen des erzeugenden Routers anzumelden. Die mehrfachen Adreßlängen/Area-Adreßfelder lassen erkennen, daß ein Router mit mehreren Area-Adressen konfiguriert sein kann. Da die Cisco-Router maximal drei Area-Adressen unterstützen, werden sich in den von ihnen erzeugten PDUs nie mehr als drei Adreßlängen/Area-Adressenfelder befinden.

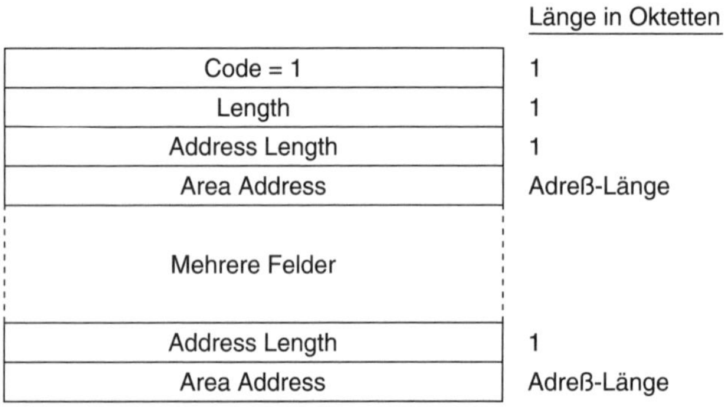

Bild 10.21: Das Area-Adressen-CLV.

	Länge in Oktetten
Code = 1	1
Length	1
Address Length	1
Area Address	Adreß-Länge
Mehrere Felder	
Address Length	1
Area Address	Adreß-Länge

Bild 10.22 zeigt Teile einer IS-IS-Hello-PDU. Das Variable Length Field #3 ist ein Area-Adreß-CLV mit einer Gesamt-Länge von sechs Oktetten. Es werden zwei Area-Adressen angezeigt: 47.0002 (drei Oktette) und 0 (ein Oktett).

Kapitel 10 • Die Routen-Redistribution **581**

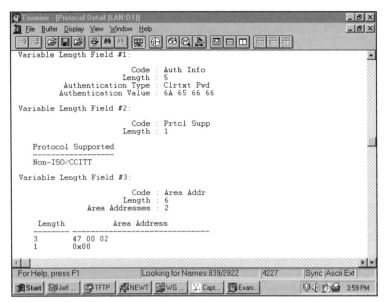

*Bild 10.22:
Ein Area-Adressen-CLV wird als Variable Length Field #3 angezeigt. Der Analyzer zeigt zusätzlich auch die Adreßliste im CLV (2); diese Information ist aber nicht Teil der CLV-Felder.*

Das *Intermediate-System-Nachbarn-CLV (Hello)*

Das IS-Nachbarn-CLV (Bild 10.23) listet die System-IDs aller Nachbarn auf, von denen ein Hello innerhalb der letzten Hold-Time empfangen wurde. Beachten Sie, daß dieses CLV dem IS-IS-LAN-Hello eine Funktion verleiht, die der OSPF-Funktion ähnelt, bei der alle in letzter Zeit gehörten Nachbarn aufgelistet werden, um eine beidseitige Kommunikation nachzuweisen.

	Länge in Oktetten
Code = 6	1
Length	1
LAN Length	6
Mehrere Felder	
LAN Address	6

*Bild 10.23:
Das IS-Nachbarn-CLV für Hello-PDUs.*

Dieses CLV wird nur in LAN-Hellos verwendet. Es wird nicht in Point-to-Point-Hellos übertragen, da dort keine DR-Wahl vorgenommen wird. Es unterscheidet sich auch vom IS-Nachbarn-CLV, das von LSPs verwendet wird. Diese beiden werden anhand ihrer Typ-Nummern identifiziert. Die L1-LAN-Hellos listen nur L1-Nachbarn auf und die L2-LAN-Hellos nur L2-Nachbarn. Auch wenn Felder mit System-IDs bisweilen variable Längen besitzen können, bestehen die Felder dieses CLV immer aus sechs Oktetten. Die Länge kann hier festgelegt werden, da die System-IDs immer zu Routern auf LANs gehören und daher immer aus MAC-Kennzeichen bestehen. Das Variable Length Field #5 in Bild 10.24 zeigt ein IS-Nachbarn-CLV, in dem der einzige Nachbar 0000.0c0a.2aa9 aufgelistet ist.

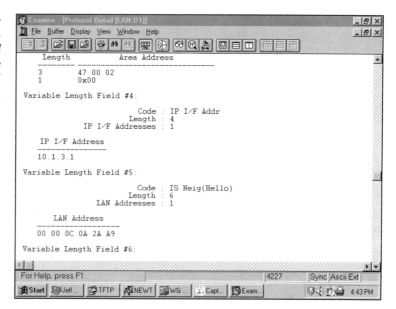

Bild 10.24: Ein IS-Nachbarn-CLV wird als Variable Length Field #5 gezeigt.

Das Padding-CLV

Das Padding-CLV wird verwendet, um ein Hello-PDU auf seine minimal erlaubte Größe aufzufüllen. Da die maximale Größe eines Value-Felds 255 Oktette ist, werden oft mehrere Padding-CLVs verwendet. Die Bits im Value-Feld können beliebig sein, da sie ignoriert werden. Cisco setzt diese Bits auf Null (Bild 10.25).

Kapitel 10 • Die Routen-Redistribution **583**

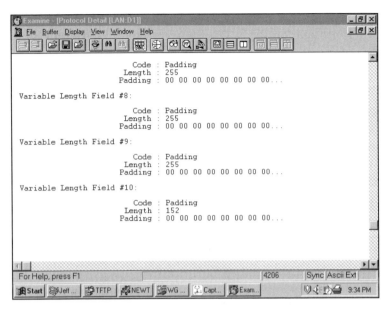

Bild 10.25:
Die letzten Variable Length Fields der in der Abbildung 10.19 gezeigten Hello-PDU sind Padding-CLVs, die die Größe der PDU auf die 1497-Oktett-Länge auffüllen, die in der Abbildung 10.19 gezeigt ist. Mit dem zusätzlichen 3-Oktett-LLC-Header und dem 18-Oktett-Ethernet-Header besteht der gesamte Frame aus 1518 Oktetten, dies entspricht der Ethernet-MTU.

Das Authentisierungsinformations-CLV

Das Authentisierungsinformations-CLV (Bild 10.26) wird verwendet, wenn die Authentisierung konfiguriert ist. Das Authentisierungstyp-Feld enthält eine Nummer zwischen 0 und 255, mit der der verwendete Authentisierungstyp festgelegt wird, und damit auch den im Authentisierungs-Value-Feld enthaltenen Informationstyp. Der bisher einzige Authentisierungstyp 1, der durch die ISO 10589 festgelegt ist und durch Cisco unterstützt wird, ist ein Klartext-Paßwort.

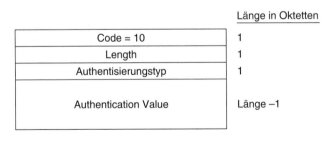

Bild 10.26:
Das Authentisierungsinformations-CLV.

Das Variable Length Field #1 in Bild 10.22 ist ein Authentisierungsinformations-CLV. Das Paßwort lautet »jeff« und ist in hexadezimaler Form angezeigt.

Das Unterstützte-Protokolle-CLV

Das Unterstützte-Protokolle-CLV (Bild 10.27) ist im RFC 1195 festgelegt. Seine Aufgabe besteht in der Anzeige, ob der Erzeuger der PDU nur CLNP, nur IP oder beides zusammen unterstützt. Für jedes unterstützte Protokoll enthält das CLV die entsprechenden Network-Layer-Protocol-IDs (NLPID), die aus jeweils einem Oktett bestehen und in der ISO/TR 9577 festgelegt sind. Die NLPID für das IP ist 0x81. Das Variable Length Field #2 in Bild 10.22 ist ein Unterstützte-Protokolle-CLV (gezeigt ist Protocol Supported).

Bild 10.27: Das Unterstützte-Protokolle-CLV.

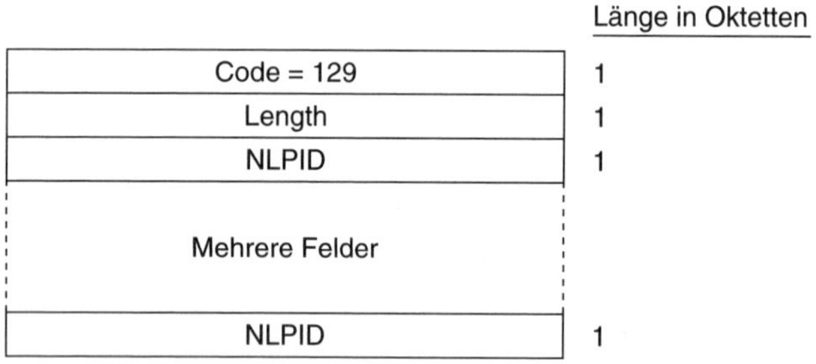

	Länge in Oktetten
Code = 129	1
Length	1
NLPID	1
Mehrere Felder	
NLPID	1

Das IP-Schnittstellen-Adressen-CLV

Das IP-Schnittstellen-Adressen-CLV (Bild 10.28) enthält die IP-Adresse oder die IP-Adressen der Schnittstelle, aus der die PDU ausgesendet wurde. Da das Längen-Feld aus einem Oktett besteht, kann die Schnittstelle eines IS-IS-Routers theoretisch bis zu 255 IP-Adressen besitzen. Das Variable Length Field #4 in Bild 10.24 ist ein IP-Schnittstellen-Adressen-CLV (als IP I/F Address gezeigt), das erkennen läßt, daß die aufgefangene Hello-PDU aus einer Schnittstelle mit der Adresse 10.1.3.1 ausgesendet wurde.

	Länge in Oktetten
Code = 132	1
Length	1
IP Address	4
Mehrere Felder	
IP Address	4

Bild 10.28: Das IP-Schnittstellen-Adressen-CLV.

Das IS-IS-Verbindungs-Status-PDU-Format

Die IS-IS-LSP erfüllt im Grunde dieselbe Funktion wie das OSPF-LSA. Ein L1-Router flutet eine L1-LSP durch eine gesamte Area, um seine Nachbarverbindungen und den Status dieser Nachbarverbindungen zu identifizieren. Ein L2-Router flutet L2-LSPs durch die gesamte Level-2-Domäne, um Nachbarverbindungen zu anderen L2-Routern zu identifizieren und Adressen-Prefixes zu bestimmen, die die anmeldenden L2-Router erreichen können.

Bild 10.29 zeigt das Format der IS-IS-LSP. Das Format gilt sowohl für die L1-LSPs als auch für die L2-LSPs.

Die *PDU-Length* ist die Länge der gesamten PDU in Oktetten.

Die *Remaining-Lifetime* ist die restliche Sekunden-Anzahl, nach der die LSP als veraltet betrachtet wird.

Die *LSP-ID* enthält die System-ID, die Pseudo-Knoten-ID und die LSP-Nummer der LSP. Die LSP-ID ist detaillierter im Abschnitt »Der Update-Prozeß« beschrieben.

Die *Sequenz-Nummer* ist eine 32-Bit-Integerzahl ohne Vorzeichen.

Die *Checksum* ist die Prüfsumme der LSP-Inhalte.

Das *P* ist das Partitions-Reparatur-Bit. Auch wenn das Bit in den beiden L1- und L2-LSPs vorhanden ist, ist es nur in den L2-LSPs von Bedeutung. Wenn der erzeugende Router dieses Bit setzt, unterstützt er die automatische Reparatur von Area-Partitionen. Die Cisco-IOS unterstützt diese Funktion nicht, daher setzen die Cisco-Router das P-Bit in den von ihnen erzeugten LSPs immer auf Null.

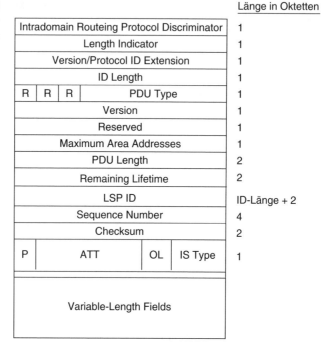

Bild 10.29: Das IS-IS-LSP-Format.

Das *ATT* ist ein 4-Bit-Feld, mit dem der erzeugende Router anzeigt, ob er an eine oder mehrere weitere Areas angeschlossen ist. Auch wenn die Bits in den beiden L1- und L2-LSPs vorhanden sind, sind sie nur in L1-LSPs von Bedeutung, die von L1/L2-Routern erzeugt wurden. Die vier Bits zeigen an, welche Metriken von dem Anschluß unterstützt werden. Von rechts nach links gelesen bedeuten die Bits nacheinander:

– Bit 7: Die Error-Metrik

– Bit 6: Die Expense-Metrik

– Bit 5: Die Delay-Metrik

– Bit 4: Die Default-Metrik

Die Cisco-IOS unterstützt nur die Default-Metrik, daher werden die Bits 5 bis 7 immer Nullen enthalten.

Das *OL* ist das Verbindungs-Status-Datenbank-Overload-Bit. Unter normalen Umständen wird dieses Bit auf Null gesetzt sein. Wenn der erzeugende Router einen Speicherüberlauf erfährt, wird er das OL-Bit auf Eins setzen. Die Router, die eine LSP mit dem gesetzten OL-Bit empfangen, werden den erzeugenden Router nicht als Transit-Router benutzen, aber sie werden weiterhin Pakete an ihn routen, die für Ziele auf seinen direkten Verbindungen bestimmt sind.

Der *IS-Type* ist ein 2-Bit-Feld, das anzeigt, ob der erzeugende Router ein L1- oder ein L2-Router ist:

- 00 = Ungenutzter Wert
- 01 = L1
- 10 = Ungenutzter Wert
- 11 = L2

Ein L1/L2-Router setzt die Bits abhängig davon, ob die LSP eine L1- oder eine L2-LSP ist.

Die folgenden CLVs können von einer L1-LSP verwendet werden:

- Area-Adressen (Typ 1)
- IS-Nachbarn (Typ 2)
- ES-Nachbarn (Typ 3).
- Authentisierungsinformationen (Typ 10)
- Interne IP-Erreichbarkeitsinformation (Typ 128)
- Unterstützte Protokolle (Typ 129)
- IP-Schnittstellen-Adressen (Typ 132)

Die folgenden CLVs können von einer L2-LSP verwendet werden:

- Area-Adressen (Typ 1)
- IS-Nachbarn (Typ 2)
- Partition Designated Level 2 IS (Typ 4)
- Prefix-Nachbarn (Typ 5)
- Authentisierungsinformationen (Typ 10)
- Interne IP-Erreichbarkeitsinformation (Typ 128)
- Externe IP-Erreichbarkeitsinformation (Typ 130)
- Inter-Domäne-Routing-Protokoll-Information (Typ 131)

- Unterstützte Protokolle (Typ 129)

- IP-Schnittstellen-Adressen (Typ 132)

Bild 10.30 zeigt eine L1-LSP, die von einem L1/L2-Router erzeugt wurde.

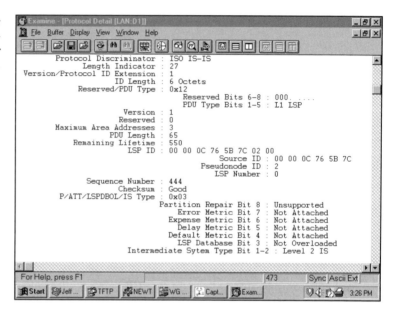

Bild 10.30:
Eine Analyzer-Aufnahme einer LSP.

Das Intermediate-System-Nachbarn-CLV (LSP)

Das von den LSPs verwendete Intermediate-System-Nachbarn-CLV (Bild 10.31) listet die IS-IS-Nachbarn (Pseudo-Knoten eingeschlossen) des erzeugenden Routers auf, sowie die Metriken der Router-Verbindung zu jedem seiner Nachbarn.

Die *Virtual-Flag* hat den Wert 0x01 oder 0x00, obwohl sie acht Bits lang ist. Eine 0x01 in diesem Feld zeigt an, daß die Verbindung eine virtuelle Level-2-Verbindung zur Reparatur einer Area-Partition ist. Das Feld ist nur für L2-Router von Bedeutung, die die Partitions-Reparatur einer Area unterstützen. Da Cisco dies nicht unterstützt, wird das Feld in Cisco-erzeugten LSPs immer 0x00 enthalten.

Das *R* ist ein reserviertes Bit und immer Null.

			Länge in Oktetten
	Code = 2		1
	Length		1
	Virtual Flag		1
R	I/E	Default Metric	1
S	I/E	Delay Metric	1
S	I/E	Expense Metric	1
S	I/E	Error Metric	1
	Neighbor ID		ID-Länge + 1
	Mehrere Felder		
R	I/E	Default Metric	1
S	I/E	Delay Metric	1
S	I/E	Expense Metric	1
S	I/E	Error Metric	1
	Neighbor ID		ID-Länge + 1

Bild 10.31: Das Intermediate-System-Nachbarn-CLV für LSPs.

Das *I/E* ist jeder Metrik zugewiesen und zeigt an, ob die zugeordnete Metrik intern oder extern ist. Das Bit hat keine Bedeutung in IS-Nachbarn-CLVs, da für eine IS-IS-Domäne alle Nachbarn per Definition intern sind. Daher ist dieses Bit in IS-Nachbarn-CLVs immer Null.

Die *Default-Metric* ist das 6-Bit-Feld mit der Standard-Metrik für die Verbindung des erzeugenden Routers zum gelisteten Nachbarn und enthält einen Wert zwischen 0 und 63.

S ist jeder optionalen Metrik zugewiesen und zeigt an, ob die Metrik unterstützt wird (Null) oder ob sie nicht unterstützt wird (Eins). Cisco unterstützt keine der drei optionalen Metriken, daher ist das Bit immer auf Eins gesetzt, und die zugeordneten 6-Bit-Felder der Metriken enthalten nur Nullen.

Die *Neighbor-ID* ist die System-ID des Nachbarn plus ein weiteres Oktett. Wenn der Nachbar ein Router ist, enthält das letzte Oktett eine 0x00. Wenn der Nachbar ein Pseudo-Knoten ist, ist die System-ID die des DR, und das letzte Oktett ist die Pseudo-Knoten-ID.

Bild 10.32 zeigt Teile eines IS-Nachbarn-CLV (gezeigt als IS Neighbor).

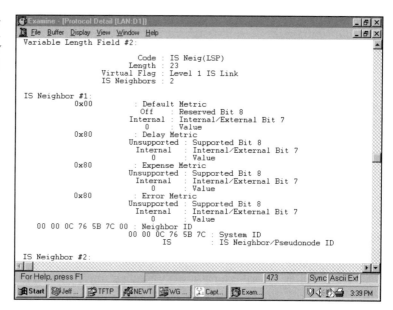

Bild 10.32:
Ein Teil eines IS-Nachbarn-CLV in einer LSP.

Das Interne IP-Erreichbarkeitsinformations-CLV

Das Interne IP-Erreichbarkeitsinformations-CLV (Bild 10.33) listet interne IP-Adressen und dazugehörige Masken der Routing-Domäne auf, die direkt mit dem anmeldenden Router verbunden sind. Das CLV wird von den beiden L1- und L2-LSPs verwendet, aber es erscheint niemals in einer LSP, die einen Pseudo-Knoten beschreibt. Die Metrik-Felder sind identisch zum IS-Nachbarn CLV, mit der Ausnahme, daß den optionalen Metriken kein I/E-Bit zugeordnet ist. Statt dessen ist das Bit reserviert und immer Null. Wie im IS-Nachbarn-CLV ist das I/E-Bit in diesem CLV immer Null, da die im CLV angemeldeten Adressen immer interne sind. Bild 10.34 zeigt eine Analyzer-Aufnahme eines Internen IP-Erreichbarkeitsinformations-CLV (gezeigt als Internal Reachability Information).

Kapitel 10 • Die Routen-Redistribution

				Länge in Oktetten
		Code = 128		1
		Length		1
R	I/E	Default Metric		1
S	R	Delay Metric		1
S	R	Expense Metric		1
S	R	Error Metric		1
		IP Address		4
		Subnet Mask		4
		Mehrere Felder		
R	I/E	Default Metric		1
S	R	Delay Metric		1
S	R	Expense Metric		1
S	R	Error Metric		1
		IP Address		4
		Subnet Mask		4

Bild 10.33:
Das Interne IP-Erreichbarkeits-informations-CLV.

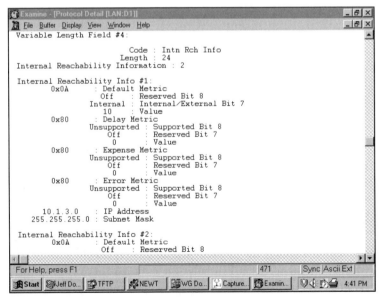

Bild 10.34:
Eine Analyzer-Aufnahme eines Internen IP-Erreichbarkeits-informations-CLVs.

Das Externe IP-Erreichbarkeitsinformations-CLV

Das Externe IP-Erreichbarkeitsinformations-CLV listet externe IP-Adressen und zugehörige Masken einer Routing-Domäne auf, die über eine der Schnittstellen des erzeugenden Routers erreichbar sind. Sein Format ist identisch mit dem Internen Erreichbarkeitsinformations-CLV, das in Bild 10.33 gezeigt ist, mit Ausnahme des Codes, der hier 130 ist. Im Gegensatz zum Internen Erreichbarkeitsinformations-CLV kann dieses CLV nur von L2-LSPs verwendet werden. Das I/E-Bit bestimmt den Metrik-Typ für alle vier Metriken – I/E = 0 für interne Metriken und I/E = 1 für externe Metriken.

Das Inter-Domänen-Routing-Protokoll-Informations-CLV

Das Inter-Domänen-Routing-Protokoll-Informations-CLV ermöglicht den L2-LSPs (Bild 10.35) die transparente Übertragung von Informationen externer Routing-Protokolle durch die IS-IS-Domäne. Das CLV erfüllt den gleichen Zweck wie die Routen-Tag-Felder der RIPv2-, EIGRP- und OSPF-Pakete. Das Routen-Tagging wird im Kapitel 14 behandelt.

Bild 10.35: Das Inter-Domänen-Routing-Protokoll-Informations-CLV.

	Länge in Oktetten
Code = 131	1
Length	1
Inter-Domain Information Type	1
External Information	Variable

Der *Inter-Domain Information Type* bezeichnet den Informationstyp, der im variablen External-Informations-Feld enthalten ist. Wenn das Typ-Feld eine 0x01 enthält, dann hat die externe Information ein Format, das vom lokalen Interdomain-Routing-Protokoll verwendet wird. Das Kapitel 14 enthält Beispiele der Verwendung von Routen-Maps, um solche lokalen Informationen zu setzen. Wenn das Typ-Feld eine 0x02 enthält, ist die externe Information eine 16-Bit-Autonomous-System-Nummer, mit der alle nachfolgenden externen IP-Erreichbarkeitseinträge markiert werden, bis das Ende der LSP erreicht ist oder bis zum nächsten Auftreten des Inter-Domänen-Routing-Protokoll-Informations-CLV.

Das IS-IS-Sequenz-Nummern-PDU-Format

SNPs werden verwendet, um die IS-IS-Verbindungs-Status-Datenbank zu unterhalten, indem einige oder alle LSPs aus der Datenbank beschrieben werden. Ein DR sendet periodisch eine CSNP als Multicast (Bild 10.36), um alle LSPs aus der Datenbank des Pseudo-Knotens zu beschreiben. Da eine L1-Datenbank und eine L2-Datenbank vorhanden sind, gibt es auch L1-CSNPs und L2-CSNPs. Einige Verbindungs-Status-Datenbanken können so groß sein, daß die LSPs nicht alle in einer einzelnen CSNP beschrieben werden können. Aus diesem Grund sind die letzten zwei Felder des CSNP-Headers das *Start-LSP-ID-Feld* und das *End-LSP-ID-Feld*, die gemeinsam den Bereich der beschriebenen LSPs in der CSNP beschreiben. Bild 10.37 zeigt, wie diese zwei Felder verwendet werden. In dieser CSNP wird die gesamte Datenbank beschrieben. Daher startet die LSP-ID mit 0000.0000.0000.00.00, und sie endet mit ffff.ffff.ffff.ff.ff. Wenn zwei CSNPs nötig wären, um die Datenbank zu beschreiben, könnte der Bereich der ersten CSNP z.B von 0000.0000.0000.00 bis 0000.0c0a.1234.00.00 laufen und der Bereich der zweiten CSNP folglich von 0000.0c0a.1235.00.00 bis ffff.ffff.ffff.ff.ff.

Feld	Länge in Oktetten
Intradomain Routing Protocol Discriminator	1
Length Indicator	1
Version/Protocol ID Extension	1
ID Length	1
R R R PDU Type	1
Version	1
Reserved	1
Maximum Area Addresses	1
PDU Length	2
Source ID	ID-Länge + 1
Start LSP ID	ID-Länge + 2
End LSP ID	ID-Länge + 2
Variable-Length Fields	

Bild 10.36: Das IS-IS-CSNP-Format.

*Bild 10.37:
Diese Analyzer-
Aufnahme zeigt
den Header einer
L1-CSNP.*

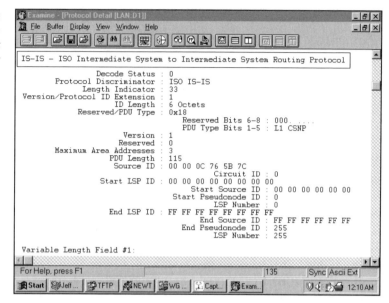

Eine PSNP (Bild 10.38) ähnelt einer CSNP, bis auf die Ausnahme, daß die PSNP nur einige LSPs beschreibt und nicht die gesamte Datenbank. Daher sind keine Start- und End-Felder notwendig wie bei den CSNPs. Ein Router sendet eine PSNP auf ein Point-to-Point-Subnetzwerk, um empfangene LSPs zu bestätigen. Auf einem Broadcast-Subnetzwerk fordern PSNPs fehlende oder neuere LSPs an. Wie bei den CSNPs gibt es auch L1- und L2-PSNPs.

*Bild 10.38:
Das IS-IS-PSNP-
Format.*

					Länge in Oktetten
\multicolumn{5}{c	}{Intradomain Routeing Protocol Discriminator}	1
Length Indicator					1
Version/Protocol ID Extension					1
ID Length					1
R	R	R		PDU Type	1
Version					1
Reserved					1
Maximum Area Addresses					1
PDU Length					2
Source ID					ID-Länge + 1
Variable-Length Fields					

Die SNPs verwenden nur zwei CLVs, ganz gleich, ob sie eine CSNP oder eine PSNP sind und ob sie vom Level 1 oder Level 2 sind:

- LSP-Einträge (Typ 9)
- Authentisierungsinformationen (Typ 10)

Das LSP-Einträge-CLV

Das LSP-Einträge-CLV (Bild 10.39) beschreibt eine LSP, indem es ihre Remaining-Lifetime, ihre LSP-ID, ihre Sequenz-Nummer und ihre Prüfsumme auflistet. Diese Felder identifizieren nicht nur die LSP, sondern auch eine bestimmte Instanz eines LSP umfassend. Bild 10.40 zeigt Teile eines LSP-Einträge-CLV (gezeigt als LSP-Entries).

	Länge in Oktetten
Code = 9	1
Length	1
Remaining Lifetime	2
LSP ID	ID-Länge + 2
LSP Sequence Number	4
Checksum	2
Mehrere Felder	
Remaining Lifetime	2
LSP ID	ID-Länge + 2
LSP Sequence Number	4
Checksum	2

Bild 10.39: Das LSP-Einträge-CLV.

*Bild 10.40:
Ein Teil des LSP-
Einträge-CLV
der CSNP aus
der Abbildung
10.37.*

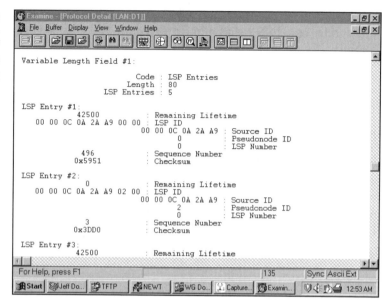

10.2 Die Konfiguration des Integrated IS-IS

Das Integrated IS-IS nimmt aus mehreren Gründen einen Sonderstatus unter den in diesem Buch behandelten IP-Routing-Protokollen ein. Erstens ist dies das einzige Protokoll, das nicht nur als Prozeß aktiviert werden muß, sondern auch auf den einzelnen Schnittstellen. Zweitens ist es das einzige IP-Routing-Protokoll, das nicht ursprünglich für das IP entwikkelt wurde. Da das Integrated IS-IS keine IP-Pakete, sondern CLNS-PDUs verwendet, ist die Konfiguration nicht immer so augenscheinlich wie bei den anderen Protokollen.

Ein interessanter Nebeneffekt der Tatsache, daß das Integrated IS-IS ein CLNS-Protokoll ist, liegt darin, daß die IP-Adressen benachbarter Router keinen Einfluß auf die Bildung von Nachbarverbindungen haben. Daher hat das IS-IS keine Einschränkungen der Nachbarverbindungen, die das OSPF in Hinsicht auf sekundäre IP-Adressen besitzt. Jedoch folgt daraus auch, daß zwei Schnittstellen mit IP-Adressen aus vollständig verschiedenen Subnetzen nachbarverbunden werden können. Das IP wird in einer derartigen Situation nicht funktionieren, aber die Tatsache, daß die Nachbarverbindung die Verbindung nur »halb unterbricht«, kann einige Verwirrung bei der Fehlersuche verursachen.

10.2.1 Fallstudie: Eine einfache Integrated IS-IS-Konfiguration

Ein einfacher Integrated IS-IS-Prozeß wird auf einem Cisco-Router in vier Schritten konfiguriert:

1. Bestimmen Sie die Area, in der sich der Router befindet, und die Schnittstellen, auf denen das IS-IS aktiviert werden soll.

2. Aktivieren Sie das IS-IS mit dem Befehl **router isis**.[1]

3. Konfigurieren Sie den NET mit dem Befehl **net**.

4. Aktivieren Sie das Integrated IS-IS auf den entsprechenden Schnittstellen mit dem Befehl **ip router isis**. Dieser Befehl muß nicht nur auf den Transit-Schnittstellen (mit IS-IS-Nachbarn verbundene Schnittstellen) hinzugefügt werden, sondern auch auf Schnittstellen, die mit Rumpf-Netzwerken verbunden sind, deren IP-Adressen durch IS-IS angemeldet werden sollen.

Bild 10.41 zeigt ein kleines Internetzwerk mit sechs Routern, das in zwei Areas unterteilt ist. In den NETs werden die Areas 1 und 2 jeweils als 00.0001 und 00.0002 kodiert, und die System-IDs werden die MAC-Kennzeichen der E0- bzw. T00-Schnittstelle jedes Routers tragen. Die Tabelle 10.4 zeigt die mit diesen Informationen kodierten NETs.

Router	Area	MAC	Netz
Paris	00.0001	0000.3090.6756	00.0001.0000.3090.6756.00
Berlin	00.0001	0000.3090.c7df	00.0001.0000.3090.c7df.00
London	00.0001	0000.0c0a.2c51	00.0001.0000.0c0a.2c51.00
Rome	00.0001	0000.0c0a.2aa9	00.0001.0000.0c0a.2aa9.00
Brussels	00.0002	0000.0c76.5b7c	00.0002.0000.0c76.5b7c.00
Amsterdam	00.0002	0000.0c04.dcc0	00.0002.0000.0c04.dcc0.00

Tabelle 10.4:
Die für die IS-IS-Konfigurationen verwendeten NETs der Router aus Bild 10.41.

---

[1] Der Befehl **router isis** kann auch ein vergebener Name sein, wie z.B. **isis Warsaw**. Wenn IS-IS und ISO-IGRP auf dem gleichen Router konfiguriert sind, müssen ein oder beide Prozesse mit einem Namen versehen werden. Wenn ISO-IGRFP nicht konfiguriert wird, ist die Namensgebung unerheblich.

*Bild 10.41:
Die Area 1 ist
als 00.0001 im
NET kodiert
und die Area 2.
als 00.0002.
Die System-ID
jedes NET ist
das E0- oder das
TO0-MAC-
Kennzeichen.*

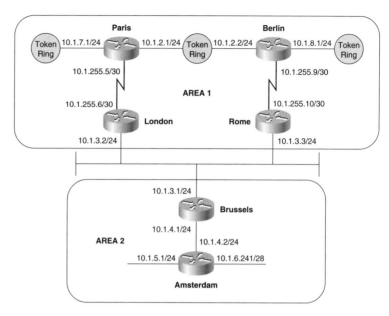

Die Konfigurationen der Router Paris, London, Brussels und Amsterdam lauten:

Paris

```
clns routing
!
interface Serial0
  ip address 10.1.255.5 255.255.255.252
  ip router isis
!
interface TokenRing0
  ip address 10.1.2.1 255.255.255.0
  ip router isis
  ring-speed 16
!
interface TokenRing1
  ip address 10.1.7.1 255.255.255.0
  ip router isis
  ring-speed 16
!
router isis
  net 00.0001.0000.3090.6756.00
```

London

```
clns routing
!
interface Ethernet0
  ip address 10.1.3.2 255.255.255.0
  ip router isis
!
interface Serial0
  ip address 10.1.255.6 255.255.255.252
  ip router isis
!
router isis
  net 00.0001.0000.0c0a.2c51.00
```

Brussels

```
clns routing
!
interface Ethernet0
  ip address 10.1.3.1 255.255.255.0
  ip router isis
!
interface Ethernet1
  ip address 10.1.4.1 255.255.255.0
  ip router isis
!
router isis
  net 00.0002.0000.0c76.5b7c.00
```

Amsterdam

```
clns routing
!
interface Ethernet0
  ip address 10.1.4.2 255.255.255.0
  ip router isis
!
interface Ethernet1
  ip address 10.1.5.1 255.255.255.0
  ip router isis
!
interface Ethernet2
  ip address 10.1.6.241 255.255.255.240
  ip router isis
!
router isis
  net 00.0002.0000.0c04.dcc0.00
```

Die Konfigurationen von Berlin und Rome sind ähnlich. Bemerkenswert ist, daß in diesen Konfigurationen das CLNS-Routing aktiviert wird. Das CLNS-Routing ist notwendig, um die CLNS-PDUs des IS-IS zu verwalten. Jedoch wurde der Befehl **clns routing** nicht als Konfigurationsschritt eingegeben. Der Router führte ihn automatisch aus, als IS-IS aktiviert wurde.

Bild 10.42 zeigt die Routing-Tabelle von Paris. Beachten Sie, daß die Tabelle L1- und L2-Routen enthält. In der Grundeinstellung sind Cisco-Router L1/L2-Router. Diese Tatsache läßt sich auch erkennen, wenn man die IS-Nachbar-Tabellen der Router überprüft, wie Bild 10.43 zeigt.

Bild 10.42:
Die Routing-Tabelle von Paris zeigt L1- und L2-Routen, folglich ist dieser Router ein L1/L2-Router.

```
Paris#show ip route
Codes: C - connected, S - static, I - IGRP, R - RIP, M - mobile, B - BGP
       D - EIGRP, EX - EIGRP external, O - OSPF, IA - OSPF inter area
       E1 - OSPF external type 1, E2 - OSPF external type 2, E - EGP
       i - IS-IS, L1 - IS-IS level-1, L2 - IS-IS level-2, * - candidate default

Gateway of last resort is not set

     10.0.0.0 is variably subnetted, 9 subnets, 3 masks
i L1    10.1.8.0 255.255.255.0 [115/20] via 10.1.2.2, TokenRing0
i L1    10.1.3.0 255.255.255.0 [115/20] via 10.1.255.6, Serial0
C       10.1.2.0 255.255.255.0 is directly connected, TokenRing0
C       10.1.7.0 255.255.255.0 is directly connected, TokenRing1
i L2    10.1.5.0 255.255.255.0 [115/40] via 10.1.255.6, Serial0
i L2    10.1.4.0 255.255.255.0 [115/30] via 10.1.255.6, Serial0
C       10.1.255.4 255.255.255.252 is directly connected, Serial0
i L1    10.1.255.8 255.255.255.252 [115/20] via 10.1.2.2, TokenRing0
i L2    10.1.6.240 255.255.255.240 [115/40] via 10.1.255.6, Serial0
Paris#
```

Bild 10.43:
Die IS-Nachbar-Tabelle von Berlin zeigt, daß Paris und Rome beide L1/L2-Router sind.

```
Berlin#show clns is-neighbors

System Id        Interface   State   Type Priority  Circuit Id           Format
0000.0C0A.2AA9   Se0         Up      L1L2 0 /0      03                   Phase V
0000.3090.6756   To0         Up      L1L2 64/74     0000.3090.6756.04    Phase V
Berlin#
```

Da jeder Router im Internetzwerk in Bild 10.41 ein L1/L2-Router ist, hat jeder Router eine L1-Nachbarverbindung und eine L2-Nachbarverbindung aufgebaut. Daher besitzt auch jeder Router eine L1- und eine L2-LS-Datenbank. Bild 10.44 zeigt zum Beispiel die LS-Datenbanken von Amsterdam. Die L1-Datenbank enthält eine von Amsterdam erzeugte LSP (0000.0c04.dcc0.00-00)[1] und eine von Brussels erzeugte LSP

---

[1] Wie schon zuvor diskutiert wurde, zeigt das Sternchen nach der LSP-ID an, daß der LSP von diesem Router erzeugt wurde.

(0000.0c76.5b7c.00-00). Sie enthält auch eine von Brussels erzeugte Pseudo-Knoten-LSP (0000.0c76.5b7c.03-00), die die Ethernet-Verbindung zwischen Brussels und Amsterdam repräsentiert. Es sei erinnert, daß die LSP-ID die einer Pseudo-Knoten-LSP ist, wenn das vorletzte Oktett, das die Pseudo-Knoten-ID enthält, nicht Null ist.

Die drei LSPs zeigen an, daß die einzige L1-Nachbarverbindung von Amsterdam mit Brussels besteht. Diese einzelne Nachbarverbindung ist zu erwarten, da Brussels der einzige andere Router in der Area 2 ist. Ein Vergleich der L2-Datenbank von Amsterdam mit den System-IDs in der Tabelle 10.4 läßt erkennen, daß Amsterdam mit jedem Router in der IS-IS-Domäne eine L2-Nachbarverbindung besitzt, was gleichfalls zu erwarten ist, da jeder Router ein L1/L2-Router ist.

```
Amsterdam#show isis database
IS-IS Level-1 Link State Database
LSPID                 LSP Seq Num   LSP Checksum   LSP Holdtime   ATT/P/OL
0000.0C04.DCC0.00-00* 0x00000025    0x3E6C         1078           0/0/0
0000.0C76.5B7C.00-00  0x00000023    0xD30E         1074           1/0/0
0000.0C76.5B7C.03-00  0x00000020    0x3F93         1074           0/0/0

IS-IS Level-2 Link State Database
LSPID                 LSP Seq Num   LSP Checksum   LSP Holdtime   ATT/P/OL
0000.0C04.DCC0.00-00* 0x0000005B    0x9A66         1080           0/0/0
0000.0C0A.2AA9.00-00  0x00000034    0xE971         371            0/0/0
0000.0C0A.2C51.00-00  0x00000031    0x732C         1135           0/0/0
0000.0C76.5B7C.00-00  0x0000002F    0xBEC6         1078           0/0/0
0000.0C76.5B7C.02-00  0x0000001F    0x3FC1         366            0/0/0
0000.0C76.5B7C.03-00  0x00000021    0xCC8D         1073           0/0/0
0000.3090.6756.00-00  0x0000002C    0xEF9F         365            0/0/0
0000.3090.6756.04-00  0x0000001D    0x1941         1143           0/0/0
0000.3090.C7DF.00-00  0x0000002D    0x4C01         359            0/0/0
Amsterdam#
```

Bild 10.44: Amsterdam besitzt eine Level-1-LS-Datenbank und eine Level-2-LS-Datenbank, folglich ist der Router ein L1/L2-Router.

10.2.2 Fallstudie: Die Änderung der Router-Typen

In einem kleinen Internetzwerk wie dem in Bild 10.41 ist es akzeptabel, alle Router in ihrem Standard-Typ zu belassen. Wenn das Internetzwerk jedoch wächst, werden diese Grundeinstellungen mit der Zeit nicht mehr praktikabel sein. Neben der starken Belastung der CPU und des Speichers eines Routers durch die Verarbeitung und Unterhaltung der beiden LS-Datenbanken, beanspruchen die von jedem Router erzeugten L1- und L2-IS-IS-PDUs die Puffer und die Bandbreite.

In Bild 10.41 können die Router Paris, Berlin und Amsterdam als L1-Router konfiguriert werden, da sie keine direkte Verbindung mit einer anderen Area besitzen. Verwenden Sie den Befehl **is-type**, um den Standard-Router-Typ zu ändern. Zum Beispiel lautet die Konfiguration des Routers Berlin als L1-Router:

```
router isis
  net 00.0001.0000.3090.c7df.00
  is-type level-1
```

Paris und Amsterdam werden ähnlich konfiguriert. Der Vergleich der Routing-Tabelle von Paris in Bild 10.45 mit seiner Routing-Tabelle in Bild 10.42 zeigt, daß die L2-Routen gelöscht wurden. Entsprechend zeigt ein Vergleich von Bild 10.46 mit Bild 10.44, daß Amsterdam nur noch eine L1-LS-Datenbank besitzt.

Bild 10.45: Nachdem Paris als L1-Router konfiguriert wurde, enthält seine Routing-Tabelle nur noch Routen zu Zielen innerhalb seiner eigenen Area.

```
Paris#show ip route
Codes: C - connected, S - static, I - IGRP, R - RIP, M - mobile, B - BGP
       D - EIGRP, EX - EIGRP external, O - OSPF, IA - OSPF inter area
       E1 - OSPF external type 1, E2 - OSPF external type 2, E - EGP
       i - IS-IS, L1 - IS-IS level-1, L2 - IS-IS level-2, * - candidate default

Gateway of last resort is not set

     10.0.0.0 is variably subnetted, 6 subnets, 2 masks
i L1    10.1.8.0 255.255.255.0 [115/20] via 10.1.2.2, TokenRing0
i L1    10.1.3.0 255.255.255.0 [115/20] via 10.1.255.6, Serial0
C       10.1.2.0 255.255.255.0 is directly connected, TokenRing0
C       10.1.7.0 255.255.255.0 is directly connected, TokenRing1
C       10.1.255.4 255.255.255.252 is directly connected, Serial0
i L1    10.1.255.8 255.255.255.252 [115/20] via 10.1.2.2, TokenRing0
Paris#
```

Bild 10.46: Nachdem Amsterdam als L1-Router konfiguriert wurde, besitzt er nur noch eine Level-1-Verbindungs-Status-Datenbank.

```
Amsterdam#show isis database
IS-IS Level-1 Link State Database
LSPID                 LSP Seq Num    LSP Checksum   LSP Holdtime   ATT/P/OL
0000.0C04.DCC0.00-00* 0x0000002C     0x2E77         726            0/0/0
0000.0C76.5B7C.00-00  0x0000002A     0xC515         733            1/0/0
0000.0C76.5B7C.03-00  0x00000026     0x3399         733            0/0/0
Amsterdam#
```

Mit den bisher gezeigten L1-Konfigurationen ist das IP-Routing nicht vollständig funktionsfähig. Erinnern Sie sich an die früher erfolgte Betrachtung des ATT-Bit in den LSPs, die ein L1/L2-Router verwendet, um einem L1-Router mitzuteilen, daß er eine Inter-Area-Verbindung besitzt. Bild 10.47 zeigt, daß die LSP von London (0000.0c0a.2c51.00-00) und die LSP von Rome (0000.0c0aA.2aa9.00-00) beide das ATT = 1 besitzen. Daher sollte Paris wissen, daß er Inter-Area-Verkehr entweder an London oder an Rome senden muß. Das soll heißen, daß Paris eine Default-Route zu London oder Rome besitzen sollte, in der London bevorzugt wird, da er metrisch näher ist. Leider zeigt Bild 10.45, daß sich keine Default-Route (0.0.0.0) in der Routing-Tabelle von Paris befindet.

```
Paris#show isis database
IS-IS Level-1 Link State Database
LSPID               LSP Seq Num    LSP Checksum   LSP Holdtime   ATT/P/OL
0000.0C0A.2AA9.00-00  0x0000000F    0x63B0         837            1/0/0
0000.0C0A.2C51.00-00  0x00000013    0x8922         784            1/0/0
0000.0C0A.2C51.01-00  0x0000000A    0x69D2         646            0/0/0
0000.3090.6756.00-00* 0x00000016    0x4A66         650            0/0/0
0000.3090.6756.04-00* 0x0000000E    0xA53D         864            0/0/0
0000.3090.C7DF.00-00  0x00000014    0x047E         1119           0/0/0
Paris#
```

Bild 10.47: Die L1-LSPs von London und Rome besitzen das ATT = 1 und zeigen damit eine Verbindung zu einer anderen Area an.

Das Problem ist, daß das ATT-Bit eine CLNS-Funktion ist und der IP-Prozeß das Bit nicht direkt interpretieren kann. Es gibt zwei Lösungen für dieses Problem. Die erste Lösung besteht darin, daß zusätzlich zum IS-IS für IP das IS-IS für CLNS auf den Schnittstellen aktiviert wird. Zum Beispiel lauten die seriellen Schnittstellen-Konfigurationen für London und Paris:

London

```
interface Serial0
  ip address 10.1.255.6 255.255.255.252
  ip router isis
  clns router isis
```

Paris

```
interface Serial0
  ip address 10.1.255.5 255.255.255.252
  ip router isis
  clns router isis
```

Bild 10.48 zeigt, daß Paris nun eine Default-IP-Route besitzt, die auf London zeigt und daß ein Ping zu einem Inter-Area-Ziel erfolgreich ist.

*Bild 10.48:
Nachdem London und Paris als duale CLNP/IP-Router konfiguriert wurden, versteht Paris das ATT-Bit und übernimmt eine Default-Route in seine Routing-Tabelle.*

```
Paris#show ip route
Codes: C - connected, S - static, I - IGRP, R - RIP, M - mobile, B - BGP
       D - EIGRP, EX - EIGRP external, O - OSPF, IA - OSPF inter area
       E1 - OSPF external type 1, E2 - OSPF external type 2, E - EGP
       i - IS-IS, L1 - IS-IS level-1, L2 - IS-IS level-2, * - candidate default

Gateway of last resort is 10.1.255.6 to network 0.0.0.0

     10.0.0.0 is variably subnetted, 6 subnets, 2 masks
i L1    10.1.8.0 255.255.255.0 [115/20] via 10.1.2.2, TokenRing0
i L1    10.1.3.0 255.255.255.0 [115/20] via 10.1.255.6, Serial0
C       10.1.2.0 255.255.255.0 is directly connected, TokenRing0
C       10.1.7.0 255.255.255.0 is directly connected, TokenRing1
C       10.1.255.4 255.255.255.252 is directly connected, Serial0
i L1    10.1.255.8 255.255.255.252 [115/20] via 10.1.2.2, TokenRing0
i*L1 0.0.0.0 0.0.0.0 [115/10] via 10.1.255.6, Serial0
Paris#ping 10.1.6.241
Type escape sequence to abort.
Sending 5, 100-byte ICMP Echos to 10.1.6.241, timeout is 2 seconds:
!!!!!
Success rate is 100 percent (5/5), round-trip min/avg/max = 32/36/40 ms
Paris#
```

Diese erste Lösung funktioniert in einer dualen CLNP/IP-Umgebung, aber wenn IS-IS als reines IP-Routing-Protokoll verwendet werden soll, kann die Aktivierung des CLNS-Routings nur für die Default-IP-Routen unerwünscht sein. Eine zweite Lösung für das Default-Routen-Problem besteht in der Konfiguration einer statischen Default-Route auf dem L1/L2-Router und der Konfiguration des IS-IS zur Anmeldung dieser Route mit dem Befehl **default-information originate**. Wenn diese Methode in der Area 2 in Bild 10.41 angewendet werden soll, lautet die Konfiguration von Brussels:

```
router isis
 net 00.0002.0000.0c76.5b7c.00
 default-information originate
!
ip route 0.0.0.0 0.0.0.0 Null0
```

Bild 10.49 zeigt die Routing-Tabelle von Amsterdam mit der Default-Route, die von Brussels angemeldet wurde, und einen erfolgreichen Ping zu einem Inter-Area-Ziel. Default-Routen und der Befehl **default-information originate** werden im Kapitel 12 detaillierter erklärt.

```
Amsterdam#show ip route
Codes: C - connected, S - static, I - IGRP, R - RIP, M - mobile, B - BGP
       D - EIGRP, EX - EIGRP external, O - OSPF, IA - OSPF inter area
       E1 - OSPF external type 1, E2 - OSPF external type 2, E - EGP
       i - IS-IS, L1 - IS-IS level-1, L2 - IS-IS level-2, * - candidate default

Gateway of last resort is 10.1.4.1 to network 0.0.0.0

     10.0.0.0 is variably subnetted, 4 subnets, 2 masks
i L1    10.1.3.0 255.255.255.0 [115/20] via 10.1.4.1, Ethernet0
C       10.1.5.0 255.255.255.0 is directly connected, Ethernet1
C       10.1.4.0 255.255.255.0 is directly connected, Ethernet0
C       10.1.6.240 255.255.255.240 is directly connected, Ethernet2
i*L1 0.0.0.0 0.0.0.0 [115/10] via 10.1.4.1, Ethernet0
Amsterdam#ping 10.1.8.1
Type escape sequence to abort.
Sending 5, 100-byte ICMP Echos to 10.1.8.1, timeout is 2 seconds:
!!!!!
Success rate is 100 percent (5/5), round-trip min/avg/max = 32/36/40 ms
Amsterdam#
```

Bild 10.49: Die Routing-Tabelle von Amsterdam enthält die bei Brussels statisch konfigurierte Default-Route.

10.2.3 Fallstudie: Ein Area-Wechsel

Um in einer OSPF-Domäne die Area-Adressen zu ändern, muß eine Ausfallzeit eingeplant werden. Das IS-IS ermöglicht dagegen eine unterbrechungsfreie Area-Änderung. Im Abschnitt »Die Wirkungsweise des Integrated IS-IS« wurde beschrieben, daß ein Cisco-Router mit bis zu drei Area-Adressen konfiguriert werden kann. Damit zwei Router eine L1-Nachbarverbindung eingehen können, müssen sie zumindest eine Area-Adresse gemeinsam haben. Bei mehreren erlaubten Area-Adressen kann bei der Unterbrechung einer alten Nachbarverbindung eine neue Nachbarverbindung einsetzen. Dieses Vorgehen ist nützlich, wenn sich Areas verschmelzen oder teilen, wenn eine Area nicht numeriert wird oder wenn in derselben IS-IS-Domäne Area-Adressen verwendet werden, die von mehreren Adreß-Vergabe-Institutionen vergeben werden.

Zum Beispiel besitzen die Router in Bild 10.50(a) alle die Area-Adresse 01 (ein NET eines dieser Router würde 01.0000.0c12.3456.00 lauten). In Bild 10.50(b) wurde an die Router die zusätzliche Area-Adresse 03 vergeben. Auch wenn momentan keine mehrfachen Nachbarverbindungen aufgebaut werden, erkennen die Router, daß sie mehrere gemeinsame Area-Adressen besitzen. In Bild 10.50(c) wurde die Area 01 von einem der Router entfernt. Alle drei Router bleiben nachbarverbunden, da alle zumindest eine gemeinsame Area-Adresse besitzen. Schließlich wurden in Bild 10.50(d) alle 01-Area-Adressen entfernt, und die Router befinden sich alle in der Area 03. Während des Area-Wechsels wurde zu keiner Zeit eine Nachbarverbindung verloren.

*Bild 10.50:
Die Unterstützung von mehrfachen Area-Adressen pro Router erleichtert die Änderung von Areas.*

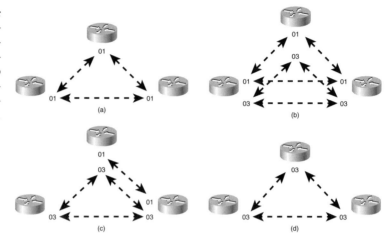

Stellen wir uns vor, daß »Mächte«, die über dem Internetzwerk in Bild 10.41 stehen, verfügen, daß das verwendete Area-Adreßschema nicht adäquat ist und es den Vorschriften des GOSIP entsprechen soll. Nach der Registrierung bei der U.S. GSA sollen die folgenden Komponenten verwendet werden, um die NETs zu konstruieren:

AFI: 47

IDI: 0005

DFI: 80

AAI: 00ab7c

Reserviert: 0000

RDI: fffe9

Areas: 0001 (Area 1), 0002 (Area 2)

Die neuen NETs sind in der Tabelle 10.5 gezeigt.

*Tabelle 10.5:
Die neuen NETs mit dem GOSIP-Format, die an die Router in Bild 10.41 vergeben werden sollen.*

Router	NET
Paris	47.0005.80.00ab7c.0000.ffe9.0001.0000.3090.6756.00
Berlin	47.0005.80.00ab7c.0000.ffe9.0001.0000.3090.c7df.00
London	47.0005.80.00ab7c.0000.ffe9.0001.0000.0c0a.2c51.00
Rome	47.0005.80.00ab7c.0000.ffe9.0001.0000.0c0a.2aa9.00
Brussels	47.0005.80.00ab7c.0000.ffe9.0002.0000.0c76.5b7c.00
Amsterdam	47.0005.80.00ab7c.0000.ffe9.0002.0000.0c04.dcc0.00

Der erste Schritt zur Änderung der Area-Adressen besteht im Hinzufügen der neuen NETs zu den Routern, ohne die alten NETs zu ändern. Die IS-IS-Konfiguration von Rome lautet:

```
router isis
  net 00.0001.0000.0c0a.2aa9.00
  net 47.0005.8000.ab7c.0000.ffe9.0001.0000.0c0a.2aa9.00
```

Die anderen fünf Router werden entsprechend konfiguriert. Die Resultate können mit dem Schlüsselwort **detail** nach einem der Befehle **show isis database** (Bild 10.51) oder **show clns is-neighbors** (Bild 10.52) betrachtet werden. In beiden Datenbanken sind jedem Router im Internetzwerk mehrere Areas zugeordnet.

```
Rome#show isis database detail
IS-IS Level-1 Link State Database
LSPID                 LSP Seq Num   LSP Checksum   LSP Holdtime   ATT/P/OL
0000.0C0A.2AA9.00-00* 0x00000059    0x705E         592            1/0/0
  Area Address: 00.0001
  Area Address: 47.0005.8000.ab7c.0000.ffe9.0001
  NLPID:     0x81 0xCC
  IP Address:   10.1.3.3
  Metric: 10  IP 10.1.3.0 255.255.255.0
  Metric: 10  IP 10.1.255.8 255.255.255.252
  Metric: 10  IS 0000.0C0A.2C51.01
  Metric: 10  IS 0000.3090.C7DF.00
  Metric: 0   ES 0000.0C0A.2AA9
0000.0C0A.2C51.00-00  0x00000059    0xD495         652            1/0/0
  Area Address: 00.0001
  Area Address: 47.0005.8000.ab7c.0000.ffe9.0001
  NLPID:     0x81 0xCC
  IP Address:   10.1.3.2
  Metric: 10  IP 10.1.3.0 255.255.255.0
  Metric: 10  IP 10.1.255.4 255.255.255.252
  Metric: 10  IS 0000.0C0A.2C51.01
  Metric: 10  IS 0000.3090.6756.00
  Metric: 0   ES 0000.0C0A.2C51
0000.0C0A.2C51.01-00  0x00000052    0xD81B         507            0/0/0
  Metric: 0   IS 0000.0C0A.2C51.00
  Metric: 0   IS 0000.0C0A.2AA9.00
0000.3090.6756.00-00  0x0000005C    0xDB0D         678            0/0/0
  Area Address: 00.0001
  Area Address: 47.0005.8000.ab7c.0000.ffe9.0001
  NLPID:     0x81 0xCC
  IP Address:   10.1.7.1
  Metric: 10  IP 10.1.7.0 255.255.255.0
  Metric: 10  IP 10.1.255.4 255.255.255.252
  Metric: 10  IP 10.1.2.0 255.255.255.0
  Metric: 10  IS 0000.3090.6756.04
  Metric: 10  IS 0000.0C0A.2C51.00
  Metric: 0   ES 0000.3090.6756
0000.3090.6756.04-00  0x00000054    0x1983         835            0/0/0
  Metric: 0   IS 0000.3090.6756.00
  Metric: 0   IS 0000.3090.C7DF.00
0000.3090.C7DF.00-00  0x0000005B    0x18A5         545            0/0/0
  Area Address: 00.0001
  Area Address: 47.0005.8000.ab7c.0000.ffe9.0001
 --More--
```

Bild 10.51: Die LSPs in der Verbindungs-Status-Datenbank von Rome zeigen, daß alle Router im Internetzwerk in Bild 10.41 zwei Area-Adressen haben.

Bild 10.52:
Die IS-IS-Nachbar-Tabelle von Rome zeigt auch bei jedem Nachbarn mehrere zugeordnete Adressen.

```
Rome#show clns is-neighbors detail
System Id       Interface    State   Type  Priority  Circuit Id         Format
0000.0C76.5B7C  Et0          Up      L2    64        0000.0C76.5B7C.02  Phase V
  Area Address(es): 00.0002 47.0005.8000.ab7c.0000.ffe9.0002
  IP Address(es):   10.1.3.1
  Uptime: 0:27:22
0000.0C0A.2C51  Et0          Up      L1L2  64/64     0000.0C0A.2C51.01  Phase V
  Area Address(es): 00.0001 47.0005.8000.ab7c.0000.ffe9.0001
  IP Address(es):   10.1.3.2
  Uptime: 0:27:21
0000.3090.C7DF  Se0          Up      L1    0         02                 Phase V
  Area Address(es): 00.0001 47.0005.8000.ab7c.0000.ffe9.0001
  IP Address(es):   10.1.255.9
  Uptime: 0:27:24
Rome#
```

Der letzte Schritt des Wechsels besteht in der Entfernung der alten NET-Statements bei allen Routern. Zum Beispiel wird bei der IS-IS-Konfiguration von Rome der Befehl **no net 00.0001.0000.0c0a.2aa9.00** eingegeben. Bild 10.53 zeigt einige der LSPs in der Datenbank von Rome, nachdem die alten NET-Statements vom Router entfernt wurden.

10.2.4 Fallstudie: Die Routen-Zusammenfassung

Das Kapitel 9 führte die Routen-Zusammenfassung zwischen Areas bei einem Verbindungs-Status-Protokoll ein. Eine umfassendere Diskussion der Zusammenfassung wird im Kapitel 12 im Zusammenhang mit Default-Routen beschrieben. Kurz gesagt sind Sammel-Routen nützlich:

– Sie verringern die LSP-Größe und damit den Umfang der Verbindungs-Status-Datenbank. Folglich wird Speicher und CPU-Zeit eingespart.

– Sie verdecken Instabilitäten innerhalb von Areas. Wenn sich eine Adresse innerhalb eines Sammel-Bereichs ändert oder wenn eine Verbindung ihren Status ändert, wird diese Änderung nicht außerhalb der zusammengefaßten Area angemeldet.

```
Rome#show isis data detail
IS-IS Level-1 Link State Database
LSPID                LSP Seq Num   LSP Checksum  LSP Holdtime  ATT/P/OL
0000.0C0A.2AA9.00-00* 0x00000069    0x02C4         809            1/0/0
  Area Address: 47.0005.8000.ab7c.0000.ffe9.0001
  NLPID:      0x81 0xCC
  IP Address:  10.1.3.3
  Metric: 10   IP 10.1.3.0 255.255.255.0
  Metric: 10   IP 10.1.255.8 255.255.255.252
  Metric: 10   IS 0000.0C0A.2C51.01
  Metric: 10   IS 0000.3090.C7DF.00
  Metric: 0    ES 0000.0C0A.2AA9
0000.0C0A.2C51.00-00  0x0000006C    0x75E9         719            1/0/0
  Area Address: 47.0005.8000.ab7c.0000.ffe9.0001
  NLPID:      0x81 0xCC
  IP Address:  10.1.3.2
  Metric: 10   IP 10.1.3.0 255.255.255.0
  Metric: 10   IP 10.1.255.4 255.255.255.252
  Metric: 10   IS 0000.0C0A.2C51.01
  Metric: 10   IS 0000.3090.6756.00
  Metric: 0    ES 0000.0C0A.2C51
0000.0C0A.2C51.01-00  0x0000005F    0xBE28         628            0/0/0
  Metric: 0    IS 0000.0C0A.2C51.00
  Metric: 0    IS 0000.0C0A.2AA9.00
0000.3090.6756.00-00  0x00000067    0x9936         896            0/0/0
  Area Address: 47.0005.8000.ab7c.0000.ffe9.0001
  NLPID:      0x81 0xCC
  IP Address:  10.1.7.1
  Metric: 10   IP 10.1.7.0 255.255.255.0
  Metric: 10   IP 10.1.255.4 255.255.255.252
  Metric: 10   IP 10.1.2.0 255.255.255.0
  Metric: 10   IS 0000.3090.6756.04
  Metric: 10   IS 0000.3090.6756.05
  Metric: 10   IS 0000.0C0A.2C51.00
  Metric: 0    ES 0000.3090.6756
0000.3090.6756.04-00  0x0000005B    0x0B8A         730            0/0/0
  Metric: 0    IS 0000.3090.6756.00
  Metric: 0    IS 0000.3090.C7DF.00
0000.3090.6756.05-00  0x00000004    0xDF01         857            0/0/0
  Metric: 0    IS 0000.3090.6756.00
0000.3090.C7DF.00-00  0x00000069    0xECC6         646            0/0/0
  Area Address: 47.0005.8000.ab7c.0000.ffe9.0001
  NLPID:      0x81 0xCC
  IP Address:  10.1.8.1
  Metric: 10   IP 10.1.8.0 255.255.255.0
  Metric: 10   IP 10.1.255.8 255.255.255.252
  Metric: 10   IP 10.1.2.0 255.255.255.0
  Metric: 10   IS 0000.3090.C7DF.05
--More--
```

Bild 10.53: Die LSPs in der Datenbank von Rome zeigen nur eine einzelne Area-Adresse.

Die Hauptnachteile der Sammel-Routen sind:

— Ihre Effektivität hängt davon ab, ob ein zusammenhängender Bereich von IP-Adressen zusammengefaßt werden kann, daher muß eine sorgfältige Planung erfolgen.

— Sie können die Routen-Genauigkeit verringern, da die Details der Area verdeckt werden. Wenn sich mehrfache Pfade in einer zusammengefaßten Area befinden, kann der beste Pfad nicht bestimmt werden.

Die Zusammenfassung wird bei einer IS-IS-Konfiguration mit dem Befehl **summary-address** aktiviert. Alle exakteren Ziel-Adressen, die in den zusammengefaßten Bereich fallen, werden unterdrückt, und die Metrik der Sammel-Route ist geringer als die Metrik aller exakteren Adressen.

Bild 10.54 zeigt ein IS-IS-Internetzwerk mit drei Areas. Die Adressen innerhalb der Area 1 können mit 172.16.0.0/21 zusammengefaßt werden, und die Adressen innerhalb der Area 3 können mit 172.16.16.0/21 zusammengefaßt werden. Die Konfigurationen von Zurich, Madrid und Bonn lauten[1]:

Zurich

```
router isis
  net 01.0000.0c76.5b7c.00
  summary-address 172.16.0.0 255.255.248.0
```

Madrid

```
router isis
  net 02.0000.3090.6756.00
  is-type level-2-only
```

Bonn

```
router isis
  net 03.0000.0c0a.2aa9.00
  summary-address 172.16.16.0 255.255.248.0
```

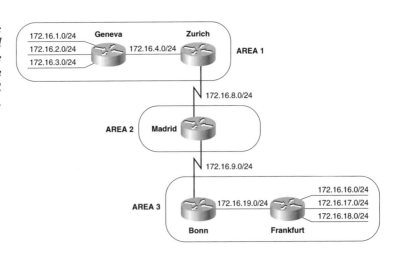

Bild 10.54: Zurich und Bonn fassen die Areas 1 und 3 in Richtung Area 2 zusammen.

---

1 Beachten Sie, daß Madrid als L2-Router konfiguriert wurde, da er keinen L1-Nachbarn besitzt.

Beachten Sie, daß Madrid als L2-Router konfiguriert wurde, da er keinen L1-Nachbarn besitzt. Zurich und Bonn fassen ihre Areas in Richtung Level-2-Backbone zusammen. Das Ergebnis der Zusammenfassung kann in der Routing-Tabelle von Madrid angesehen werden (Bild 10.55).

```
Madrid#show ip route
Codes: C - connected, S - static, I - IGRP, R - RIP, M - mobile, B - BGP
       D - EIGRP, EX - EIGRP external, O - OSPF, IA - OSPF inter area
       E1 - OSPF external type 1, E2 - OSPF external type 2, E - EGP
       i - IS-IS, L1 - IS-IS level-1, L2 - IS-IS level-2, * - candidate default

Gateway of last resort is not set

     172.16.0.0 is variably subnetted, 4 subnets, 2 masks
i L2   172.16.16.0 255.255.248.0 [115/20] via 172.16.9.2, Serial0
C      172.16.8.0 255.255.255.0 is directly connected, Serial0
C      172.16.9.0 255.255.255.0 is directly connected, Serial0
i L2   172.16.0.0 255.255.248.0 [115/20] via 172.16.8.2, Serial1
Madrid#
```

Bild 10.55: Die Routing-Tabelle von Madrid zeigt die von Bonn und Zurich angemeldeten Sammel-Adressen.

10.2.5 Fallstudie: Authentisierung

Die IS-IS-Authentisierung ist nur auf Klartext-Paßwörter beschränkt. Dieser Authentisierungsmodus bietet nur einen schwachen Schutz gegenüber einer absichtlichen Attacke auf das Internetzwerk, aber er bietet ausreichenden Schutz vor Betriebsausfällen, die durch fehlerhaft konfigurierte oder unauthorisierte Router verursacht werden.

Die Cisco-IOS unterstützt die IS-IS-Authentisierung auf drei Ebenen: zwischen Nachbarn, auf Area-Ebene und auf Domänen-Ebene. Die drei Authentisierungsebenen können getrennt oder gemeinsam verwendet werden. Die Regeln für die IS-IS-Authentisierung lauten:

– Bei der Authentisierung zwischen zwei Nachbarn muß dasselbe Paßwort auf den verbindenden Schnittstellen konfiguriert sein.

– Bei der Authentisierung zwischen zwei Nachbarn muß die Authentisierung für L1- und L2-Nachbarverbindungen getrennt konfiguriert sein.

– Bei der Authentisierung auf Area-Ebene muß jeder Router in der Area die Authentisierung ausführen, und jeder muß dasselbe Paßwort besitzen.

- Bei der Authentisierung auf Domäne-Ebene muß jeder L2- und L1/L2-Router in der IS-IS Domäne die Authentisierung ausführen, und jeder muß dasselbe Paßwort besitzen.

Für die Authentisierung zwischen Nachbarn wird der Befehl **isis password** verwendet, um ein Paßwort auf den verbundenen Schnittstellen zu konfigurieren. Der Befehl legt ein Paßwort fest und vereinbart, ob das Paßwort für L1- oder L2-Nachbarverbindungen gilt. Auf einer Schnittstelle können für einen oder für beide Level Paßwörter vereinbart werden, und die Paßwörter können für jeden Level gleich oder verschieden sein. Wenn sie konfiguriert sind, werden die Paßwörter in Authentisierungsinformationen-CLVs in den L1- oder L2-Hellos zwischen IS-IS-Nachbarn übertragen.

Um zum Beispiel die Authentisierung zwischen Geneva, Zurich und Madrid in der Abbildung 10.54 auszuführen, lauten die Konfigurationen:

Geneva

```
interface Ethernet0
  ip address 172.16.4.1 255.255.255.0
  ip router isis
  isis password Alps level-1
```

Zurich

```
interface Ethernet0
  ip address 172.16.4.2 255.255.255.0
  ip router isis
  isis password Alps level-1
!
interface Serial0
  ip address 172.16.8.2 255.255.255.0
  ip router isis
  isis password Pyrenees level-2
```

Madrid

```
interface Serial1
  ip address 172.16.8.1 255.255.255.0
  ip router isis
  isis password Pyrenees level-2
```

Da zwischen Geneva und Zurich eine L1-Nachbarverbindung besteht, wurde nur ein Level-1-Paßwort (Alps) eingegeben. Zwischen Zurich und Madrid besteht nur eine L2-Nachbarverbindung, daher wurde ein Level-2-Paßwort (Pyranees) verwendet. Beachten Sie: Wenn kein Schlüsselwort **level-1** oder **level-2** verwendet wird, gilt der Befehl **isis password** für den Level 1.

Für die Authentisierung innerhalb eine Area wird der Befehl **area-password** verwendet, um ein Paßwort in der IS-IS-Konfiguration zu vereinbaren. Während das Paßwort des Befehls **isis password** in Hellos übertragen wird, wird das Paßwort, das mit dem Befehl **area-password** vereinbart wurde, in allen L1-LSPs, CSNPs und PSNPs übertragen. Daher reguliert das Nachbar-Level-Paßwort die Einrichtung der Nachbarverbindungen, und das Area-Level-Paßwort reguliert den Austausch von Level-1-Verbindungs-Status-Informationen. Wenn die Area-Authentisierung nicht richtig konfiguriert ist, werden die Router zwar nachbarverbunden, aber es werden keine L1-LSPs ausgetauscht.

Um in der Area 3 von Bild 10.54 Area-Paßwörter zu konfigurieren, lauten die Konfigurationen von Bonn und Frankfurt:

Bonn

```
router isis
  net 03.0000.0c0a.2aa9.00
  area-password Rhine
  summary-address 172.16.16.0 255.255.248.0
```

Frankfurt

```
router isis
  net 03.0000.0c04.dcc0.00
  is-type level-1
  area-password Rhine
```

Für eine Authentisierung auf Domänen-Ebene wird der Befehl **domain-password** verwendet. Das durch diesen Befehl vereinbarte Paßwort wird in L2-LSPs, CSNPs und PSNPs übertragen. Folglich reguliert die Domänen-Authentisierung den Austausch von Level-2-Routen-Informationen. Ähnlich wie die Area-Authentisierung wird die Domänen-Authentisierung zwar den Austausch von L2-LSPs authentisieren, aber keine L2-Nachbarverbindungen.

Um die Domänen-Authentisierung im Internetzwerk von Bild 10.54 zu konfigurieren, müssen nur die Router Zurich, Madrid und Bonn konfiguriert werden, da Geneva und Frankfurt L1-Router sind. Die Konfigurationen lauten:

Zurich

```
router isis
  net 01.0000.0c76.5b7c.00
  domain-password BlackForest
  area-password Switzerland
  summary-address 172.16.0.0 255.255.248.0
```

Madrid

```
router isis
  net 02.0000.3090.6756.00
  is-type level-2-only
  domain-password BlackForest
```

Bonn

```
router isis
  net 03.0000.0c0a.2aa9.00
  domain-password Blackforest
  area-password Rhine
  summary-address 172.16.16.0 255.255.248.0
```

10.3 Die Fehlersuche beim Integrated IS-IS

Die grundlegenden Methoden zur Fehlersuche beim IS-IS sind den Methoden der Fehlersuche beim OSPF aus Kapitel 9 sehr ähnlich. Ein Hauptaspekt bei der Fehlersuche beim Integrated IS-IS, der sich von der Fehlersuche bei den anderen IP-Routing-Protokollen unterscheidet, liegt darin, daß IS-IS CLNS-PDUs verwendet und nicht IP-Pakete. Wenn Sie eine Fehlersuche des Protokolls an sich ausführen, dann vergessen Sie nicht, daß Sie den CLNS überprüfen und kein IP.

Wie bei allen Routing-Protokollen besteht der erste Schritt der Fehlersuche in der Überprüfung der Routing-Tabelle, ob sie korrekte Informationen enthält. Wenn ein erwarteter Routen-Eintrag fehlt oder falsch ist, muß daraufhin die Quelle des Problems bestimmt werden.

Nach der Routing-Tabelle ist die Verbindungs-Status-Datenbank die wichtigste Quelle für Fehlerbestimmungsinformationen. Wie es schon in Kapitel 9 empfohlen wurde, ist es eine nützliche Angewohnheit, eine Kopie der L1-Verbindungs-Status-Datenbank für jede Area und eine Kopie der L2-Verbindungs-Status-Datenbank aufzubewahren. Diese gespeicherten Datenbank-Kopien sollten als Bestandteil Ihrer Routinemaßnahmen regelmäßig erneuert werden. Wenn etwas schiefläuft, kann in diesen gespeicherten Datenbanken der letzte stabile Zustand überprüft werden.

Wenn Sie eine individuelle Router-Konfiguration überprüfen, betrachten Sie folgendes:

— Bezeichnet das **net**-Statement der IS-IS-Konfiguration das korrekte NET? Sind die Area-ID und die System-ID für diesen Router richtig? Erfüllt das NET die CLNS-Adressierungs-Konvention, die in diesem Internetzwerk verwendet wird?

— Ist das IS-IS mit dem **ip router isis**-Befehl auf den richtigen Schnittstellen aktiviert?

— Sind die IP-Adressen und Subnetz-Masken korrekt? Diese Überprüfung ist in einer Integrated IS-IS-Umgebung doppelt wichtig, da eine fehlkonfigurierte IP-Adresse nicht verhindert, daß eine IS-IS-Nachbarverbindung aufgebaut wird.

10.3.1 Die Fehlersuche bei IS-IS-Nachbarverbindungen

Der Befehl **show clns is-neighbors** zeigt die IS-IS-Nachbartabelle an. In der Grundeinstellung wird die gesamte Tabelle angezeigt, Sie können aber auch eine bestimmte Schnittstelle angeben. In dieser Tabelle können Sie überprüfen, ob alle erwarteten Nachbarn vorhanden sind und ob der richtige Typ angezeigt wird. Weitere Informationen erhalten Sie mit dem Befehl **show clns is-neighbors detail**, z.B. die Area-Adressen, die IP-Adressen und die Uptime jedes Nachbarn.

Wenn Sie die Nachbarverbindungen überprüfen, betrachten Sie folgendes:

— Sind die Router-Level richtig konfiguriert? L1-Router können nur mit L1- und L1/L2-Routern Nachbarverbindungen eingehen, und L2-Router können nur mit L2- und L1/L2-Routern Nachbarverbindungen eingehen.

— Werden Hellos von beiden Nachbarn gesendet? Besitzen die Hellos den richtigen Level und enthalten sie die korrekten Parameter? Mit dem Befehl **debug isis adj-packets** (Bild 10.56) können Hellos überprüft werden.

- Sind die Werte, die durch die Befehle **isis hello-interval** und **isis hello-multiplier** gesetzt wurden, für beide Nachbarn gleich?

- Wenn die Authentisierung verwendet wird, sind die Paßwörter bei beiden Nachbarn gleich? Bedenken Sie, daß die Area-(Level-1-) und die Domänen-(Level-2-)Authentisierung keine Nachbarverbindungen reguliert, sondern nur den Austausch von LSPs.

- Blockieren Access-Listen das IS-IS oder den CLNS?

*Bild 10.56: Die Einzelheiten von IS-IS-Hellos (IIHs) können mit dem Befehl **debug isis adj-packets** betrachtet werden. Diese Anzeige stammt vom Router Bonn in der Abbildung 10.54.*

```
Bonn#debug isis adj-packets
IS-IS Adjacency related packets debugging is on
Bonn#
ISIS-Adj: Sending serial IIH on Serial0
ISIS-Adj: Rec L1 IIH from 0000.0c04.dcc0 (Ethernet0), cir type 1, cir id 0000.0C
0A.2AA9.02
ISIS-Adj: Sending L1 IIH on Ethernet0
ISIS-Adj: Rec serial IIH from *HDLC* on Serial0, cir type 2, cir id 02
ISIS-Adj: rcvd state 0, old state 0, new state 0
ISIS-Adj: Action = 2, new_type = 0
ISIS-Adj: Sending L1 IIH on Ethernet0
ISIS-Adj: Sending L2 IIH on Ethernet0
ISIS-Adj: Sending serial IIH on Serial0
ISIS-Adj: Sending L1 IIH on Ethernet0
ISIS-Adj: Rec serial IIH from *HDLC* on Serial0, cir type 2, cir id 02
ISIS-Adj: rcvd state 0, old state 0, new state 0
ISIS-Adj: Action = 2, new_type = 0
ISIS-Adj: Sending L1 IIH on Ethernet0
ISIS-Adj: Rec L1 IIH from 0000.0c04.dcc0 (Etheir type 1, cir id 0000.0C0A.2AA9.0
2
ISIS-Adj: Sending L1 IIH on Ethernet0
ISIS-Adj: Sending L2 IIH on Ethernet0
ISIS-Adj: Sending serial IIH on Serial0
```

10.3.2 Die Fehlersuche in der IS-IS-Verbindungs-Status-Datenbank

Mit dem Befehl **show isis database** können Sie die IS-IS-Verbindungs-Status-Datenbank überprüfen. Bei einem L1/L2-Router werden in der Grundeinstellung beide Datenbanken angezeigt. Mit den Schlüsselworten **level-1** oder **level-2** können Sie nur eine der Datenbanken aufrufen. Um mehr Einzelheiten der LSPs anzusehen, fügen Sie das Schlüsselwort **detail** hinzu. Eine einzelne LSP kann durch die Angabe ihrer LSPID überprüft werden, wie Bild 10.57 zeigt.

```
Zurich#show isis database detail 0000.3090.6756.00-00

IS-IS Level-2 LSP 0000.3090.6756.00-00
LSPID                LSP Seq Num  LSP Checksum  LSP Holdtime  ATT/P/OL
0000.3090.6756.00-00 0x00000080   0x9EA1        480           0/0/0
  Auth:         Length: 12
  Area Address: 02
  NLPID:        0xCC
  IP Address:   172.16.8.1
  Metric: 10 IS 0000.0C76.5B7C.00
  Metric: 10 IS 0000.0C0A.2AA9.00
  Metric: 10 IP 172.16.8.0 255.255.255.0
  Metric: 10 IP 172.16.9.0 255.255.255.0
Zurich#
```

Bild 10.57: Diese LSP stammt aus der L2-Datenbank des Routers Zurich in der Abbildung 10.54.

Eine auffallend höhere Sequenz-Nummer im Vergleich zu den Sequenz-Nummern anderer LSPs kann von einer Instabilität innerhalb der Area oder auf dem Level-2-Backbone herrühren. Ein anderer Hinweis auf eine Instabilität ist eine LSP-Holdtime, die nie sehr klein wird. Wenn Sie eine Instabilität vermuten, verwenden Sie den Befehl **show isis spf-log**, um alle zuletzt vom Router ausgeführten SPF-Berechnungen anzuzeigen.

```
Geneva#sh isis spf-log

   Level 1 SPF log
   When     Duration  Nodes  Count  Last trigger LSP       Triggers
   02:43:09    12       3      1                           PERIODIC
   02:28:08    12       3      1                           PERIODIC
   02:13:06    12       3      1                           PERIODIC
   01:58:05    12       3      1                           PERIODIC
   01:43:03    12       3      1                           PERIODIC
   01:28:02    12       3      1                           PERIODIC
   01:13:00    12       3      1                           PERIODIC
   00:57:59    12       3      1                           PERIODIC
   00:42:58    12       3      1                           PERIODIC
   00:27:56    12       3      1                           PERIODIC
   00:12:55    12       3      1                           PERIODIC
   00:03:08     8       3      1    0000.0C76.5B7C.00-00   LSPHEADER
   00:02:35     8       3      1    0000.0C76.5B7C.00-00   LSPHEADER
   00:02:23     8       3      1    0000.0C76.5B7C.00-00   LSPHEADER
   00:01:50     8       3      1    0000.0C76.5B7C.00-00   LSPHEADER
   00:01:14     4       1      1    0000.0C0A.2C51.00-00   TLVCONTENT
   00:00:46     4       2      2    0000.0C0A.2C51.04-00   NEWLSP TLVCONTENT
   00:00:20     4       1      3    0000.0C0A.2C51.00-00   NEWADJ TLVCONTENT
   00:00:08     8       3      1    0000.0C76.5B7C.02-00   TLVCONTENT
Geneva#
```

Bild 10.58: Dieses SPF-Log zeigt Instabilitäten in der Area 1 aus Bild 10.54 an.

In Bild 10.58 wird das SPF-Log des Routers Geneva aus Bild 10.54 gezeigt. Zu Beginn werden nur die regelmäßigen SPF-Berechnungen gezeigt, die durch die 15minütigen Datenbank-Refreshs ausgelöst wurden. Erst etwa drei Minuten bevor das Log angezeigt wurde, traten mehrere SPF-Berechnungen auf, die anzeigen, daß im Internetzwerk eine Häufung von Änderungen auftrat.[1]

Um die im SPF-Log angezeigten Instabilitäten weiter zu untersuchen, können drei nützliche Debug-Befehle verwendet werden. Bild 10.59, Bild 10.60 und Bild 10.61 zeigen die Ausgaben dieser drei Debug-Funktionen. In jedem Fall zeigen die Debug-Meldungen eine Unterbrechung und die erneute Verbindung der seriellen Schnittstelle von Zurich aus Bild 10.54 aus der Perspektive von Geneva an. Der erste Befehl lautet **debug isis spf-triggers** (Bild 10.59), und er zeigt Meldungen über Ereignisse an, die eine SPF-Berechnung auslösen. Der zweite Befehl lautet **debug isis spf-events** (Bild 10.60), und er zeigt eine detaillierte Aufstellung der SPF-Berechnungen an, die durch ein auslösendes Ereignis verursacht wurden. Der dritte Befehl lautet **debug isis spf-statistics** (Bild 10.61), und er zeigt Informationen über die SPF-Berechnung an sich an. Von besonderem Interesse ist die Zeit, die während einer vollständigen Berechnung vergeht, da sie mögliche Performance-Probleme auf dem Router belegen kann.

Bild 10.59:
Der Befehl *debug isis spf-triggers* zeigt Meldungen über Ereignisse an, die eine SPF-Berechnung auslösen.

```
Geneva#debug isis spf-triggers
IS-IS SPF triggering events debugging is on
Geneva#
ISIS-SPF-TRIG: L1, LSP fields changed 0000.0C76.5B7C.00-00
ISIS-SPF-TRIG: L1, LSP fields changed 0000.0C76.5B7C.00-00
Geneva#
```

---

1 Die ersten vier auslösenden Ereignisse wurden von Zurichs mehrfach springender serieller Schnittstelle verursacht. Die nächsten drei Ereignisse wurden durch das Löschen und darauffolgender Fehlkonfiguration des Verbindungspaßwortes verursacht. Das letzte Ereignis fand statt, als das richtige Paßwort eingerichtet wurde.

```
Geneva#debug isis spf-events
IS-IS SPF events debugging is on
Geneva#
ISIS-SPF: L1 LSP 3 (0000.0C76.5B7C.00-00) flagged for recalculation
from 34F561A
ISIS-SPF: Calculating routes for L1 LSP 3 (0000.0C76.5B7C.00-00)
ISIS-SPF: Add 172.16.4.0/255.255.255.0 to IP route table, metric 20
ISIS-SPF: Next hop 0000.0C76.5B7C/172.16.4.2 (Ethernet0) (rejected)
ISIS-SPF: Add 0000.0C76.5B7C to L1 route table, metric 10
ISIS-SPF:    Next hop 0000.0C76.5B7C (Ethernet0)
ISIS-SPF: Aging L1 LSP 3 (0000.0C76.5B7C.00-00), version 132
ISIS-SPF: Aging IP 172.16.8.0/255.255.255.0, next hop 172.16.4.2
ISIS-SPF: Deleted NDB
ISIS-SPF: Compute L1 SPT
ISIS-SPF: Move 0000.0C0A.2C51.00-00 to PATHS, metric 0
ISIS-SPF: thru 2147483647/2147483647/2147483647, delay 0/0/0, mtu 2147483647/214
7483647/2147483647, hops 0/0/0, ticks 0/0/0
ISIS-SPF: Add 0000.0C76.5B7C.02-00 to TENT, metric 10
ISIS-SPF:    Next hop local
ISIS-SPF: Add 0000.0C0A.2C51 to L1 route table, metric 0
ISIS-SPF: Move 0000.0C76.5B7C.02-00 to PATHS, metric 10
ISIS-SPF: thru 2147483647/2147483647/2147483647, delay 0/0/0, mtu 2147483647/214
7483647/2147483647, hops 0/0/0, ticks 0/0/0
ISIS-SPF: considering adj to 0000.0C76.5B7C (Ethernet0) metric 10
ISIS-SPF:    (accepted)
ISIS-SPF: Add 0000.0C76.5B7C.00-00 to TENT, metric 10
ISIS-SPF:    Next hop 0000.0C76.5B7C (Ethernet0)
ISIS-SPF: Move 0000.0C76.5B7C.00-00 to PATHS, metric 10
ISIS-SPF: Add 172.16.4.0/255.255.255.0 to IP route table, metric 20
ISIS-SPF: NOC76.5B7C/172.16.4.2 (Ethernet0) (rejected)
ISIS-SPF: Add 0000.0C76.5B7C to L1 route table, metric 10
ISIS-SPF:    Next hop 0000.0C76.5B7C (Ethernet0)
ISIS-SPF: Aging L1 LSP 1 (0000.0C0A.2C51.00-00), version 126
ISIS-SPF: Aging L1 LSP 2 (0000.0C76.5B7C.02-00), version 127
ISIS-SPF: Aging L1 LSP 3 (0000.0C76.5B7C.00-00), version 133
```

*Bild 10.60: Der Befehl **debug isis spf-events** zeigt die Details einer SPF-Berechnung an.*

```
Geneva#debug isis spf-statistics
IS-IS SPF Timing and Statistics Data debugging is on
Geneva#
ISIS-Stats: Compute L1 SPT
ISIS-Stats: Complete L1 SPT, Compute time 0.008, 3 nodes, 2 links on SPT, 0 suspends
ISIS-Stats: Compute L1 SPT
ISIS-Stats: Complete L1 SPT, Compute time 0.008, 3 nodes, 2 links on SPT, 0 suspends
```

*Bild 10.61: Der Befehl **debug isis spf-statistics** zeigt statistische Informationen über die SPF-Berechnung an.*

Innerhalb jeder Area muß jeder Router eine identische Verbindungs-Status-Datenbank besitzen. Zusätzlich müssen alle L1/L2- und L2-Router in der IS-IS-Domäne eine identische L2-Datenbank besitzen. Wenn Sie vermuten, daß die Verbindungs-Status-Datenbank eines Routers nicht richtig synchronisiert ist, überprüfen Sie die LSP-IDs und die Prüfsummen. In jeder Datenbank sollten dieselben LSP-IDs existieren, und in jeder Datenbank sollte die Prüfsumme von jeder LSP identisch sein.

Mit zwei Debug-Befehlen können Sie den Synchronisierungsprozeß überprüfen. Der erste lautet **debug isis update-packets** (Bild 10.62), und er zeigt Informationen über SNPs und LSPs an, die der Router sendet und empfängt. Der zweite Befehl lautet **debug isis snp-packets** (Bild 10.63), und er zeigt Detail-Informationen über CSNPs und PSNPs an, die der Router sendet und empfängt.

Bild 10.62: Der Befehl **debug isis update-packets** *zeigt Informationen über SNPs und LSPs an.*

```
Geneva#debug isis update-packets
IS-IS Update related packet debugging is on
Geneva#
ISIS-Update: Rec L1 LSP 0000.0C76.5B7C.00-00, seq A7, ht 1199,
ISIS-Update: from SNPA 0000.0c76.5b7c (Ethernet0)
ISIS-Update: LSP newer than database copy
ISIS-Update: Important fields changed
ISIS-Update: Populating FastPSNP cache (index 245 lspix 3 chksm EF1A)
ISIS-Update: Full SPF required
ISIS-SNP: Rec L1 CSNP from 0000.0C76.5B7C (Ethernet0)
ISIS-SNP: Rec L1 CSNP from 0000.0C76.5B7C (Ethernet0)
Geneva#
```

Bild 10.63: Der Befehl **debug isis snp-packets** *zeigt Detail-Informationen über CSNPs und PSNPs an.*

```
Geneva#debug isis snp-packets
IS-IS CSNP/PSNP packets debugging is on
Geneva#
ISIS-SNP: Rec L1 CSNP from 0000.0C76.5B7C (Ethernet0)
ISIS-SNP: CSNP range 0000.0000.0000.00-00 to FFFF.FFFF.FFFF.FF-FF
ISIS-SNP: Same entry 0000.0C0A.2C51.00-00, seq 82
ISIS-SNP: Same entry 0000.0C76.5B7C.00-00, seq A7
ISIS-SNP: Same entry 0000.0C76.5B7C.02-00, seq 65
ISIS-SNP: Rec L1 CSNP from 0000.0C76.5B7C (Ethernet0)
ISIS-SNP: CSNP range 0000.0000.0000.00-00 to FFFF.FFFF.FFFF.FF-FF
ISIS-SNP: Same entry 0000.0C0A.2C51.00-00, seq 82
ISIS-SNP: Entry 0000.0C76.5B7C.00-00, seq AD is newer than ours (seq A8), sending PSNP
ISIS-SNP: Same entry 0000.0C76.5B7C.02-00, seq 65
ISIS-SNP: Rec L1 CSNP from 0000.0C76.5B7C (Ethernet0)
ISIS-SNP: CSNP range 0000.0000.0000.00-00 to FFFF.FFFF.FFFF.FF-FF
ISIS-SNP: Same entry 0000.0C0A.2C51.00-00, seq 82
ISIS-SNP: Same entry 0000.0C76.5B7C.00-00, seq AE
ISIS-SNP: Same entry 0000.0C76.5B7C.02-00, seq 65
ISIS-SNP: Rec L1 CSNP from 0000.0C76.5B7C (Ethernet0)
ISIS-SNP: CSNP range 0000.0000.0000.00-00 to FFFF.FFFF.FFFF.FF-FF
ISIS-SNP: Same entry 0000.0C0A.2C51.00-00, seq 82
ISIS-SNP: Same entry 0000.0C76.5B7C.00-00, seq AE
ISIS-SNP: Same entry 0000.0C76.5B7C.02-00, seq 65
```

10.3.3 Fallstudie: Das Integrated IS-IS auf NBMA-Netzwerken

Bild 10.64 zeigt vier IS-IS-Router, die durch ein teilweise vernetztes Frame-Relay-Netzwerk verbunden sind. Die IP-Adressen, DLCIs und NETs sind angezeigt. Die IS-IS-Konfigurationen aller Router wurden als korrekt überprüft, und es ist keine Authentisierung konfiguriert.

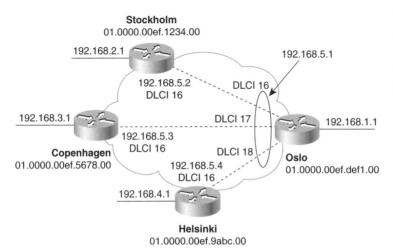

*Bild 10.64:
IS-IS baut keine Nachbarverbindungen über das Frame-Relay-Netzwerk auf.*

Das vorliegende Problem ist, daß in diesem Internetzwerk keine Routen entdeckt werden (Bild 10.65). Ein Ping an die IP-Adressen der benachbarten Frame-Relay-Schnittstellen ist erfolgreich, aber ein Ping an die Adressen der anderen Router-Schnittstellen schlägt fehl (Bild 10.66). Die Pings zeigen, daß die Frame-Relay-PVCs funktionsfähig sind und daß auch das IP funktioniert, aber die Router führen kein Routing aus.

```
Oslo#show ip route
Codes: C - connected, S - static, I - IGRP, R - RIP, M - mobile, B - BGP
       D - EIGRP, EX - EIGRP external, O - OSPF, IA - OSPF inter area
       E1 - OSPF external type 1, E2 - OSPF external type 2, E - EGP
       i - IS-IS, L1 - IS-IS level-1, L2 - IS-IS level-2, * - candidate default

Gateway of last resort is not set

C    192.168.1.0 is directly connected, TokenRing0
C    192.168.5.0 is directly connected, Serial0
Oslo#
```

*Bild 10.65:
Die Routing-Tabelle von Oslo in der Abbildung 10.64 enthält keine IS-IS-Routen.*

Der nächste Schritt ist die Überprüfung der IS-IS-Nachbartabelle. Die Nachbartabelle von Oslo zeigt, daß Hellos empfangen wurden (Bild 10.67) und daß der Router die System-IDs seiner Nachbarn kennt. Sie zeigt auch, daß die IP-Adressen und die Area-Adressen der Nachbarn korrekt sind. Jedoch zeigt der Status aller Nachbarn *Init* an und läßt damit erkennen, daß eine vollständige Nachbarverbindung nicht eingerichtet wurde. Ein Blick in die Verbindungs-Status-Datenbank belegt das Fehlen der Nachbarverbindungen. Die einzigen LSPs in der Datenbank von Oslo sind die eigenen Router-LSPs (Bild 10.68).

Bild 10.66:
Pings zu anderen Schnittstellen, die direkt mit dem Frame-Relay-Netzwerk verbunden sind, sind erfolgreich, aber Pings zu Adressen, die durch die Router erreichbar sind, schlagen fehl.

```
Oslo#ping 192.168.5.2
Type escape sequence to abort.
Sending 5, 100-byte ICMP Echos to 192.168.5.2, timeout is 2 seconds:
!!!!!
Success rate is 100 percent (5/5), round-trip min/avg/max = 64/65/68 ms
Oslo#ping 192.168.2.1
Type escape sequence to abort.
Sending 5, 100-byte ICMP Echos to 192.168.2.1, timeout is 2 seconds:
.....
Success rate is 0 percent (0/5)
Oslo#ping 192.168.5.3
Type escape sequence to 5, 100-byte ICMP Echos to 192.168.5.3, timeout is 2 seconds:
!!!!!
Success rate is 100 percent (5/5), round-trip min/avg/max = 64/66/68 ms
Oslo#ping 192.168.3.1
Type escape sequence to abort.
Sending 5, 100-byte ICMP Echos to 192.168.3.1, timeout is 2 seconds:
.....
Success rate is 0 percent (0/5)
Oslo#ping 192.168.5.4
Type escape sequence to abort.
Sending 5, 100-byte ICMP Echos to 192.168.5.4, timeout is 2 seconds:
!!!!!
Success rate is 100 percent (5/5), round-trip min/avg/max = 64/65/68 ms
Oslo#ping 192.168.4.1
Type escape sequence to abort.
Sending 5, 100-byte ICMP Echos to 192.168.4.1, timeout is 2 seconds:
.....
Success rate is 0 percent (0/5)
Oslo#
```

Die Tatsache, daß Hellos empfangen werden, aber Nachbarverbindungen nicht aufgebaut werden, zeigt auf ein Problem mit den Hellos an sich. Wenn die Parameter in den Hellos nicht korrekt sind, wird die PDU verworfen. Daher wird **debug isis adj-packets** aktiviert, um die Hellos zu überprüfen. Von besonderem Interesse sind die »encapsulation failed«-Meldungen in der Debug-Ausgabe (Bild 10.69). Diese Meldungen zeigen an, daß der Router die empfangenen Hellos offensichtlich nicht interpretieren kann und sie daher verwirft.

Bild 10.67:
Die IS-IS-Nachbar-Tabelle von Oslo zeigt, daß Hellos empfangen werden, aber die Nachbarverbindung nicht vollständig aufgebaut ist.

```
Oslo#show clns is-neighbors detail
System Id         Interface   State  Type Priority  Circuit Id        Format
0000.00EF.5678    Se0         Init   L1L2 0 /0      0000.0000.0000.00 Phase V
  Area Address(es): 01
  IP Address(es):   192.168.5.3
  Uptime: 1:11:20
0000.00EF.1234    Se0         Init   L1L2 0 /0      0500.0000.0000.00 Phase V
  Area Address(es): 01
  IP Address(es):   192.168.5.2
  Uptime: 1:11:15
0000.00EF.9ABC    Se0         Init   L1L2 0 /0      0700.0000.0000.00 Phase V
  Area Address(es): 01
  IP Address(es):   192.168.5.4
  Uptime: 1:11:20
Oslo#
```

```
Oslo#show isis database
IS-IS Level-1 Link State Database
LSPID               LSP SeqCheckum  LSP Holdtime  ATT/P/OL
0000.00EF.DEF1.00-00* 0x0000001F    0x8460        947           0/0/0
0000.00EF.DEF1.02-00* 0x00000010    0x695E        896           0/0/0
0000.00EF.DEF1.04-00* 0x00000002    0x2F2E        887           0/0/0
0000.00EF.DEF1.05-00* 0x00000008    0x1C3A        847           0/0/0

IS-IS Level-2 Link State Database
LSPID               LSP Seq Num   LSP Checksum  LSP Holdtime  ATT/P/OL
0000.00EF.DEF1.00-00* 0x00000013    0x81BE        829           0/0/0
Oslo#
```

Bild 10.68:
Die Verbindungs-Status-Datenbank von Oslo enthält keine LSPs von seinen Nachbarn.

```
Oslo#debug isis adj-packets
IS-IS Adjacency related packets debugging is on
Oslo#
ISIS-Adj: Sending L1 IIH on TokenRing0
ISIS-Adj: Encapsulation failed for level 2 IIH on Serial0
ISIS-Adj: Rec serial IIH from DLCI 17 on Serial0, cir type 3, cir id 00
ISIS-Adj: rcvd state 2, old state 1, new state 1
ISIS-Adj: Action = 1, new_type = 3
ISIS-Adj: Sending L2 IIH on TokenRing0
ISIS-Adj: Encapsulation failed for level 1 IIH on Serial0
ISIS-Adj: Sending L1 IIH on TokenRing0
ISIS-Adj: Rec serial IIH from DLCI 18 on Serial0, cir type 3, cir id 07
ISIS-Adj: rcvd state 2, old state 1, new state 1
ISIS-Adj: Action = 1, new_type = 3
ISIS-Adj: Encapsulation failed for level 2 IIH on Serial0
ISIS-Adj: Sending L2 IIH on TokenRing0
ISIS-Adj: Encapsulation failed for level 1 IIH on Serial0
ISIS-Adj: Rec serial IIH from DLCI 16 on Serial0, cir type 3, cir id 05
ISIS-Adj: rcvd state 2, old state 1, new state 1
ISIS-Adj: Action = 1, new_type = 3
ISIS-Adj: Sending L1 IIH on TokenRing0
ISIS-Adj: Encapsulation failed for level 2 IIH on Serial0no debu
ISIS-Adj: Sending L2 IIH on TokenRing0
ISIS-Adj: Encapsulation failed for level 1 IIH on Serial0g a
ISIS-Adj: Sending L1 IIH on TokenRing0
ISIS-Adj: Rec serial IIH from DLCI 17 on Serial0, cir type 3, cir id 00
ISIS-Adj: rcvd state 2, old state 1, new state 1
ISIS-Adj: Action = 1, new_type = 3
ISIS-Adj: Encapsulation failed for level 2 IIH on Serial0ll
```

Bild 10.69:
Nach Eingabe des Befehls **debug isis adj-packets** *wird angezeigt, daß die Hellos wegen Encapsulation-Fehlern verworfen werden.*

Wenn eine *encapsulation-failed*-Meldung empfangen wird, sollte immer ein Verdacht auf die Datenverbindung und ihre verbundenen Schnittstellen fallen. Die Überprüfung der Schnittstellen mit dem Befehl **show interface serial** zeigt keine signifikanten Fehlerraten, daher ist es unwahrscheinlich, daß die Hellos auf den Frame-Relay-PVCs beschädigt werden. Der nächste Schritt ist die Überprüfung der Schnittstellen-Konfigurationen. Die Schnittstellen-Konfigurationen der vier Router in Bild 10.64 lauten:

Oslo

```
interface Serial0
  ip address 192.168.5.1 255.255.255.0
  ip router isis
  encapsulation frame-relay
  frame-relay interface-dlci 16
  frame-relay interface-dlci 17
  frame-relay interface-dlci 18
```

Stockholm

```
interface Serial0
  no ip address
  encapsulation frame-relay
!
interface Serial0.16 point-to-point
  ip address 192.168.5.2 255.255.255.0
  ip router isis
  frame-relay interface-dlci 16
```

Copenhagen

```
interface Serial0
  no ip address
  encapsulation frame-relay
!
interface Serial0.16 point-to-point
  ip address 192.168.5.3 255.255.255.0
  ip router isis
  frame-relay interface-dlci 16
```

Helsinki

```
interface Serial0
  no ip address
  encapsulation frame-relay
!
interface Serial0.16 point-to-point
  ip address 192.168.5.4 255.255.255.0
  ip router isis
  frame-relay interface-dlci 16
```

Ein Vergleich dieser Konfigurationen enthüllt das Problem, auch wenn es nicht sofort erkennbar ist. Die Router Stockholm, Copenhagen und Helsinki sind alle mit Point-to-Point-Sub-Schnittstellen konfiguriert. Oslo verwendet keine Sub-Schnittstellen. Bei Cisco ist eine serielle Schnittstelle mit Frame-Relay-Einkapselung in der Grundeinstellung eine Multi-Point-Schnittstelle. Daher senden Stockholm, Copenhagen und Helsinki Point-to-Point-IS-IS-Hellos, und Oslo sendet L1- und L2-IS-IS-LAN-Hellos.

IS-IS bietet keine Konfigurationsoption, die dem OSPF-Befehl **ip ospf network** entspricht. Daher muß Oslo mit Point-to-Point-Sub-Schnittstellen rekonfiguriert werden, und die IP-Adressen müssen so geändert werden, daß jedes PVC ein anderes Subnetz ist (Bild 10.70).

```
Oslo#show ip route
Codes: C - connected, S - static, I - IGRP, R - RIP, M - mobile, B - BGP
       D - EIGRP, EX - EIGRP external, O - OSPF, IA - OSPF inter area
       E1 - OSPF external type 1, E2 - OSPF external type 2, E - EGP
       i - IS-IS, L1 - IS-IS level-1, L2 - IS-IS level-2, * - candidate default

Gateway of last resort is not set

C    192.168.1.0 is directly connected, TokenRing0
i L1 192.168.2.0 [115/20] via 192.168.5.5, Serial0.16
i L1 192.168.3.0 [115/20] via 192.168.5.9, Serial0.17
i L1 192.168.4.0 [115/20] via 192.168.5.13, Serial0.18
     192.168.5.0 is variably subnetted, 4 subnets, 2 masks
C       192.168.5.12 255.255.255.252 is directly connected, Serial0.18
C       192.168.5.8 255.255.255.252 is directly connected, Serial0.17
C       192.168.5.4 255.255.255.252 is directly connected, Serial0.16
C       192.168.5.0 255.255.255.0 is directly connected, Serial0
Oslo#
```

Bild 10.70: Nachdem Oslo mit Point-to-Point-Sub-Schnittstellen konfiguriert wurde und die PVCs als individuelle Subnetze umadressiert wurden, funktioniert das IS-IS-Routing.

10.4 Ausblick

Da nun alle IP-IGPs betrachtet wurden, besteht der nächste Schritt darin, die Werkzeuge zu studieren, die Ihnen für die Kontrolle Ihres Internetzwerks zur Verfügung stehen. Der Teil III behandelt die Redistribution, die Default-Routen, das Routing über temporäre Verbindungen, Routen-Filter und Routen-Maps.

10.4.1 Zusammenfassende Tabelle: Befehle aus Kapitel 10

Befehl	Beschreibung
area-password *Paßwort*	Konfiguriert die IS-IS-Area-(Level-1-)Authentisierung.
clns routing	Aktiviert das Routing von CLNS-PDUs.
debug isis adj-packets	Zeigt die IS-IS-Hello-PDU-Aktivität an.
debug isis spf-events	Zeigt Details von Ereignissen an, die eine IS-IS-SPF-Berechnung auslösen.
debug isis snp-packets	Zeigt Informationen über SNPs an, die vom Router gesendet und empfangen wurden.
debug isis spf-statistics	Zeigt statistische Informationen über IS-IS-SPF-Berechnungen an.
debug isis spf-triggers	Zeigt Ereignisse an, die IS-IS-SPF-Berechnungen auslösen.
debug isis update-packets	Zeigt Informationen über LSPs, CSNPs und PSNPs an, die vom Router gesendet und empfangen wurden.
default-information originate [route-map *Map-Name*]	Erzeugt eine Default-IP-Route in eine IS-IS-Domäne.
domain-password *Paßwort*	Konfiguriert die IS-IS-Domänen-(Level-2-)Authentisierung.
ignore-lsp-errors	Konfiguriert einen IS-IS-Router so, daß er fehlerhafte LSPs ignoriert und keine Entfernung der LSPs auslöst.
ip router isis [*Tag*]	Aktiviert das IS-IS-Routing auf einer Schnittstelle.
isis csnp-interval *Sekunden* {level-1|level-2}	Vereinbart das Intervall zwischen dem Aussenden von CSNPs durch einen IS-IS-Designated-Router.
isis hello-interval *Sekunden* {level-1|level-2}	Vereinbart das Intervall zwischen dem Aussenden von IS-IS-Hello-PDUs.
isis hello-multiplier *Multiplikator* {level-1|level-2}	Vereinbart die Anzahl der IS-SI-Hello-PDUs, die ein Nachbar vermissen muß, bevor er die Nachbarverbindung zum erzeugenden Router für down erklärt.
isis metric *Default-Metrik* {level-1|level-2}	Vereinbart die IS-IS-Default-Metrik einer Schnittstelle.
isis password *Paßwort* {level-1|level-2}	Konfiguriert die Authentisierung zwischen zwei IS-IS-Nachbarn.

Befehl	Beschreibung
isis priority *Wert* {level-1|level-2}	Vereinbart die Priorität einer Schnittstelle, die für die DR-Wahl verwendet wird.
isis retransmit-interval *Sekunden*	Vereinbart die Zeitdauer, die ein Router auf eine Bestätigung warten wird, nachdem er eine LSP auf einer Point-to-Point-Verbindung aussendete, bevor er die LSP erneut sendet.
is-type {level-1|level-1-2|level-2-only}	Konfiguriert den Router als einen L1, L1/L2- oder L2-IS-IS-Router.
net *Netzwerk-Entity-Titel*	Konfiguriert ein IS-IS-Router-NET.
router isis [*Tag*]	Aktiviert einen IS-IS-Routing-Prozeß.
set-overload-bit	Setzt das Overload-Bit in einer Router-LSP manuell auf Eins.
show clns is-neighbor [*Typ Nummer*][detail]	Zeigt die IS-IS-Nachbar-Tabelle an.
show isis database [level-1][level-2][l1][l2][detail][*LSP-ID*]	Zeigt eine IS-IS-Verbindungs-Status-Datenbank an.
show isis spf-log	Zeigt an, wie oft und warum der Router eine volle SPF-Berechnung ausführte.
summary-address *Adresse-Maske* {level-1|level-1-2|level-2}	Konfiguriert die IP-Adreß-Zusammenfassung.
which-route {*NSAP-Adresse*|*CLNS-Name*}	Zeigt die Routing-Tabelle, in der das angegebene CLNS-Ziel enthalten ist, und zeigt Details der zugeordneten IP-Adressen und Area-Adressen an.

10.5 Übungsfragen

1. Was ist ein Intermediate-System?

2. Was ist eine Network-Protocol-Data-Unit?

3. Was ist der Unterschied zwischen einem L1-, einem L2- und einem L1/L2-Router?

4. Erklären Sie den grundlegenden Unterschied zwischen einer IS-IS-Area und einer OSPF-Area.

5. Was ist ein Netzwerk-Entity-Titel (NET)?

6. Auf welchen Wert muß der NSAP-Selektor in einem NET gesetzt werden?

7. Welchen Zweck erfüllt eine System-ID?

8. Wie bestimmt ein Router, in welcher Area er sich befindet?

9. Wählt das IS-IS einen Backup-Designated-Router auf einem Broadcast-Subnetzwerk?

10. Welchen Zweck erfüllt die Pseudo-Knoten-ID?

11. Was ist das maximale Alter (MaxAge) einer IS-IS-LSP?

12. Was ist der grundlegende Unterschied zwischen der OSPF-LSA-Alterung und der IS-IS-LSP-Alterung?

13. Wie oft erneuert ein IS-IS-Router seine LSPs?

14. Was ist eine Complete-Sequenz-Number-PDU (CSNP)? Wie wird sie verwendet?

15. Was ist eine Partiellle-Sequenz-Number-PDU (PSNP)? Wie wird sie verwendet?

16. Welchen Zweck erfüllt das Overload-(OL-)Bit?

17. Welchen Zweck erfüllt das Attached-(ATT-)Bit?

18. Welche Metriken werden durch die ISO für das IS-IS festgelegt? Wie viele dieser Metriken unterstützt die Cisco-IOS?

19. Welches ist der maximale Wert der IS-IS-Default-Metrik?

20. Welches ist der maximale Metrik-Wert einer IS-IS-Route?

21. Was ist der Unterschied zwischen einer Level-1-IS-IS-Metrik und einer Level-2-IS-IS-Metrik?

22. Was ist der Unterschied zwischen einer internen IS-IS-Metrik und einer externen IS-IS-Metrik?

10.6 Übungen zur Konfiguration

1. Die Tabelle 10.6 zeigt die Schnittstellen, die Schnittstellen-Adressen und die Subnetz-Masken von elf Routern. Die Tabelle bestimmt auch, welche Router zur gleichen Area gehören. Schreiben Sie unter Anwendung der folgenden Vorgaben die Integrated IS-IS-Konfigurationen für die Router auf:

   - Legen Sie Ihre eigenen System-IDs für die Router fest.
   - Verwenden Sie die kürzesten NETs, die möglich sind.
   - Konfigurieren Sie die geeigneten Router als L1-, L2- oder L1/L2-Router.
   - Tip: Zeichnen Sie sich zuerst einen Plan mit den Routern und den Subnetzen.

Router	Area	Schnittstelle	Adresse/Maske
A	0	E0	192.168.1.17/28
		E1	192.168.1.50/28
B	0	E0	192.168.1.33/28
		E1	192.168.1.51/28
C	0	E0	192.168.1.49/28
		S0	192.168.1.133/30
D	2	S0	192.168.1.134/30
		S1	192.168.1.137/30
E	2	S0	192.168.1.142/30
		S1	192.168.1.145/30
		S2	192.168.1.138/30
F	2	S0	192.168.1.141/30
		S1	192.168.1.158/30
G	1	E0	192.168.1.111/27
		S0	192.168.1.157/30
H	1	E0	192.168.1.73/27
		E1	192.168.1.97/27
I	3	E0	192.168.1.225/29
		E1	192.168.1.221/29
		S0	192.168.1.249/30
		S1	192.168.1.146/30
J	3	E0	192.168.1.201/29
		E1	192.168.1.217/29
K	3	E0	192.168.1.209/29
		S0	192.168.1.250/30

Tabelle 10.6: Router-Informationen für die Konfigurationsübungen 1 bis 5.

2. Konfigurieren Sie die Authentisierung zwischen allen Routern der Area 2 in der Tabelle 10.6. Verwenden Sie das Paßwort »Eiffel« zwischen den Routern D und E. Verwenden Sie das Paßwort »Tower« zwischen den Routern D und F.

3. Konfigurieren Sie die Level-1-Authentisierung in der Area 1 der Tabelle 10.6. Verwenden Sie das Paßwort »Scotland«.

4. Konfigurieren Sie die Level-2-Authentisierung auf den Routern der Tabelle 10.6. Verwenden Sie das Paßwort »Vienna«.

5. Konfigurieren Sie die die L1/L2-Router in den Areas 0, 1 und 3 in der Tabelle 10.6so, daß sie ihre Area-Adressen zusammenfassen.

10.7 Übungen zur Fehlersuche

1. Bild 10.71 und Bild 10.72 zeigen die IS-IS-Nachbartabellen der Router A und B, die über ein Token-Ring-Netzwerk miteinander verbunden sind. Das IS-IS meldet Routen zwischen den zwei Routern an und übernimmt sie in die Routing-Tabellen, aber es wird kein IP-Verkehr zwischen den Routern übertragen. Wo liegt der Fehler?

Bild 10.71: Die IS-IS-Nachbartabelle des Routers A für die Fehlersuchübung 1.

```
Router_A#show clns is-neighbors detail
System Id       Interface   State  Type Priority  Circuit Id         Format
0000.00EF.DCBA To0          Up     L1L2 64/64     0000.00EF.DCBA.04  Phase V
  Area Address(es): 01
  IP Address(es): 192.168.11.2
  Uptime: 0:09:25
0000.00EF.5678 Se0.17        Up     L1L2 0 /0     00                 Phase V
  Area Address(es): 01
  IP Address(es): 192.168.5.9
  Uptime: 1:28:22
0000.00EF.9ABC Se0.18        Up     L1L2 0 /0     07                 Phase V
  Area Address(es): 01
  IP Address(es): 192.168.5.13
  Uptime: 1:29:45
0000.00EF.1234 Se0.16        Up     L1L2 0 /0     06                 Phase V
  Area Address(es): 01
  IP Address(es): 192.168.5.5
  Uptime: 1:29:45
Router_A#
```

```
Router_B#show clns is-neighbors detail

System Id         Interface   State   Type Priority   Circuit Id           Format
0000.00EF.DEF1    To0         Up      L1L2 64/64      0000.00EF.DCBA.04    Phase V
  Area Address(es): 01
  IP Address(es): 192.168.1.1
  Uptime: 0:11:06
Router_B#
```

*Bild 10.72:
Die IS-IS-Nachbartabelle des Routers B für die Fehlersuchübung 1.*

2. Bild 10.73 zeigt Debug-Meldungen von einem Router, der keine Nachbarverbindung mit einem Nachbarn auf seiner Schnittstelle T00 aufbaut. Wo liegt der Fehler?

```
Router_B#debug isis adj-packets
IS-IS Adjacency related packets debugging is on
Router_B#
ISIS-Adj: Sending L1 IIH on TokenRing0
ISIS-Adj: Sending L1 IIH on TokenRing1
ISIS-Adj: Sending L1 IIH on TokenRing0
ISIS-Adj: Sending L1 IIH on TokenRing1
ISIS-Adj: Sending L1 IIH on TokenRing0
ISIS-Adj: Sending L1 IIH on TokenRing1
ISIS-Adj: Rec L2 IIH from 0000.3090.c7df (TokenRing0), cir type 2, cir id 0000.0
0EF.DCBA.04
ISIS-Adj: is-type mismatch
ISIS-Adj: Sending L1 IIH on TokenRing0
ISIS-Adj: Sending L1 IIH on TokenRing1
ISIS-Adj: Sending L1 IIH on TokenRing0
ISIS-Adj: Sending L1 IIH on TokenRing1
ISIS-Adj: Sending L1 IIH on TokenRing0
ISIS-Adj: Sending L1 IIH on TokenRing1
ISIS-Adj: Sending L1 IIH on TokenRing0
ISIS-Adj: Rec L2 IIH from 0000.3090.c7df (TokenRing0), cir type 2, cir id 0000.0
0EF.DCBA.04
ISIS-Adj: is-type mismatch
ISIS-Adj: Sending L1 IIH on TokenRing1
ISIS-Adj: Sending L1 IIH on TokenRing0
ISIS-Adj: Sending L1 IIH on TokenRing1
ISIS-Adj: Sending L1 IIH on TokenRing0
 IIH on TokenRing0L1 IIH on TokenRing1
```

*Bild 10.73:
Die Debug-Ausgabe für die Fehlersuchübung 2.*

Teil 3
Routen-Kontrolle und Interoperabilität

11 Die Routendistribution

12 Default-Routen und On-Demand-Routing

13 Routen-Führung

14 Routen-Maps

Dieses Kapitel behandelt die folgenden Themen:

- **Die Grundlagen der Redistribution**
  Metriken
  Administrative Distanzen
  Redistribution von Classless zu Classful Protokollen

- **Konfiguration der Redistribution**
  Fallstudie: Redistribution von IGRP und RIP
  Fallstudie: Redistribution von EIGRP und OSPF
  Fallstudie: Redistribution und Routen-Zusammenfassung
  Fallstudie: Redistribution von IS-IS und RIP
  Fallstudie: Redistribution statischer Routen

KAPITEL 11

Die Routen-Redistribution

Ein Router führt eine Redistribution durch, wenn er mit einem Routing-Protokoll Routen anmeldet, die er auf andere Weise erlernt hat. Diese »andere Weise« kann in einem anderen Routing-Protokoll, in statischen Routen oder in einer direkten Verbindung zum Ziel-Netzwerk bestehen. Zum Beispiel kann ein Router gleichzeitig einen OSPF-Prozeß und einen RIP-Prozeß ausführen. Wenn der OSPF-Prozeß so konfiguriert ist, daß er durch den RIP-Prozeß erlernte Routen anmeldet, so sagt man: »Das RIP wird redistributiert.«

Der Betrieb eines einzelnen Routing-Protokolls im gesamten IP-Internetzwerk ist aus der Sicht des Konfigurations- und des Störungs-Managements normalerweise gegenüber der Ausführung mehrerer Protokolle vorzuziehen. Jedoch verlangt die Realität des modernen Internetzwerk-Betriebs die Akzeptanz von Multiprotokoll-IP-Routing-Domänen. Wenn Fachbereiche, Abteilungen oder ganze Firmen verschmolzen werden, müssen ihre vorher autonomen Internetzwerke zusammengeschlossen werden.

In den meisten Fällen wurden die zusammenzuschließenden Internetze auf verschiedene Weise betrieben, und sie haben sich unterschiedlich entwickelt, um den verschiedenen Ansprüchen zu genügen, oder auch nur aus unterschiedlichen Design-Vorstellungen. Diese Vielfalt kann den Wechsel auf ein einzelnes Routing-Protokoll zu einem komplexen Unternehmen machen. In einigen Fällen kann die Firmenpolitik die Verwendung mehrerer Routing-Protokolle erzwingen. Zuweilen kann der Betrieb mehrerer Routing-Protokolle auch in mehreren

Netzwerkadministratoren begründet sein, die nicht richtig miteinander kommunizieren oder kooperieren.

Umgebungen, die mit Geräten verschiedener Hersteller betrieben werden, sind ein weiterer Faktor, der die Redistribution erforderlich machen kann. Zum Beispiel kann es nötig sein, ein Internetzwerk, das mit dem IGRP oder dem EIGRP von Cisco betrieben wird, mit einem Internetzwerk zusammenzuschließen, das Router eines anderen Herstellers enthält, die nur RIP oder Open-Shortest-Path-First unterstützen. Ohne die Redistribution müßten entweder die Cisco-Router mit einem offenen Protokoll rekonfiguriert werden, oder die Nicht-Cisco-Router müßten durch Cisco-Router ersetzt werden.

Die Redistribution wird notwendig, wenn mehrere Routing-Protokolle »in einen Topf geworfen« werden, gleichzeitig kann die Redistribution aber auch Teil eines wohldurchdachten Internetzwerk-Designs sein, Bild 11.1 zeigt dazu ein Beispiel. Hier sind zwei OSPF-Prozeß-Domänen verbunden, aber die OSPF-Prozesse kommunizieren nicht direkt miteinander. Statt dessen sind auf jedem Router statische Routen zu ausgewählten Netzwerken in der anderen OSPF-Domäne konfiguriert.

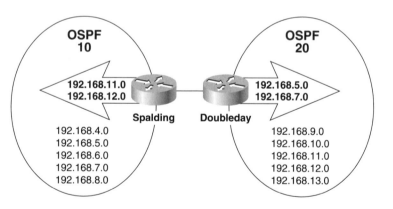

Bild 11.1: In diesem Internetzwerk sind auf jedem Router statische Routen konfiguriert, und sie werden in das OSPF redistribuiert. Daher wird die Anmeldung von Netzwerken zwischen den beiden OSPF-Domänen genau kontrolliert.

Der Router Spalding besitzt zum Beispiel statische Routen zu den Netzwerken 192.168.11.0 und 192.168.12.0. Spalding redistribuiert daraufhin diese statische Routen in das OSPF, und das OSPF meldet die Routen an die anderen Router in der OSPF-Prozeß-Domäne 10. Damit werden die anderen Netzwerke der OSPF-Prozeß-Domäne 20 gegenüber der OSPF-Prozeß-Domäne 10 verborgen. Die Redistribution ermöglicht so die gemeinsame Verwendung der dynamischen Eigenschaften des OSPF und der präzisen Kontrolle der statischen Routen.

Die Redistribution von statischen Routen in ein dynamisches Routing-Protokoll ist auch in Einwähl-Umgebungen sehr nützlich, wenn nicht sogar unabdingbar. Der regelmäßige Management-Verkehr eines dynamischen Protokolls kann eine Dauerbelegung der Einwähl-Verbindung verursachen. Durch die Blockierung von Routing-Updates oder Hellos über die Verbindung und die Konfiguration statischer Routen auf jeder Seite kann der Administrator gewährleisten, daß die Verbindung nur in Betrieb genommen wird, wenn Benutzer-Verkehr übertragen werden muß. Durch die Redistribution der statischen Routen in das dynamische Routing-Protokoll kennen alle Router auf beiden Seiten der Einwähl-Verbindung alle Netzwerke der gegenüberliegenden Seite der Verbindung.

Beachten Sie, daß mit wenigen Ausnahmen[1] die Existenz mehrerer Routing-Protokolle auf demselben Router nicht bedeutet, daß die Redistribution automatisch erfolgt. Die Redistribution muß ausdrücklich konfiguriert werden. Die Konfiguration mehrerer Routing-Protokolle auf einem einzigen Router ohne eine Redistribution wird *Ships-in-the-Night*-(SIN-) Routing genannt. Der Router wird interne Routen an seine Gegenüber in jeder Prozeß-Domäne anmelden, aber die Prozeß-Domänen werden nichts voneinander wissen – wie Schiffe, die sich bei Nacht passieren. Obwohl sich das SIN-Routing gewöhnlich darauf bezieht, daß mehrere Routing-Protokolle mehrere geroutete Protokolle auf demselben Router routen (z.B. OSPF routet IP und NLSP routet IPX), kann es sich auch darauf beziehen, daß zwei IP-Protokolle auf einem einzigen Router für separate IP-Domänen routen.

---

1 Innerhalb von IP-, IGRP- und EIGRP-Prozessen mit der gleichen Autonomous-System-Nummer wird die Redistribution automatisch ausgeführt. Im Kapitel 8 im Abschnitt »Fallstudie: Die Redistribution mit IGRP« ist ein Beispiel aufgezeigt.

11.1 Die Grundlagen der Redistribution

Die Fähigkeiten der IP-Routing-Protokolle sind sehr unterschiedlich. Die Protokoll-Eigenschaften, die sich am stärksten auf die Redistribution auswirken, sind die Unterschiede in den Metriken und administrativen Distanzen und die classful- oder classless-Fähigkeiten der einzelnen Protokolle. Wenn diese Unterschiede nicht sorgfältig betrachtet werden, kann dies bei der Redistribution zu einem fehlerhaften Austausch von einigen oder allen Routen führen oder im schlimmsten Fall zu Routing-Schleifen und Schwarzen Löchern.

11.1.1 Metriken

Die Router in Bild 11.1 redistributieren statische Routen in das OSPF, das die Routen daraufhin an andere OSPF-sprechende Router weitermeldet. Statische Routen besitzen keine zugeordnete Metrik, aber jede OSPF-Route muß Kosten besitzen. Ein anderes Beispiel des Metrik-Konflikts stellt die Redistribution von RIP-Routen in das IGRP dar. Die RIP-Metrik ist der Hop-Count, während IGRP die Bandbreite und die Verzögerung verwendet. In beiden Fällen muß das Protokoll, in das die Routen redistributiert werden, fähig sein, diesen Routen seine eigene Metriken zuzuordnen.

Daher muß der Router, der die Redistribution ausführt, den redistributierten Routen eine Metrik zuordnen. Bild 11.2 zeigt hierzu ein Beispiel. Hier wird das EIGRP in das OSPF redistributiert, und das OSPF wird in das EIGRP redistributiert. Das OSPF versteht die gemischte Metrik des EIGRP nicht, und das EIGRP versteht keine Kosten. Folglich besteht ein Teil des Redistributionsprozesses darin, daß der Router jeder EIGRP-Route Kosten zuweist, bevor er sie an das OSPF übergibt. Entsprechend muß der Router jeder OSPF-Route eine Bandbreite, eine Verzögerung, eine Zuverlässigkeit, eine Last und eine MTU zuordnen, bevor er sie an das EIGRP übergibt. Wenn falsche Metriken vergeben werden, wird die Redistribution fehlschlagen.

Kapitel 11 • Die Routen-Redistribution 639

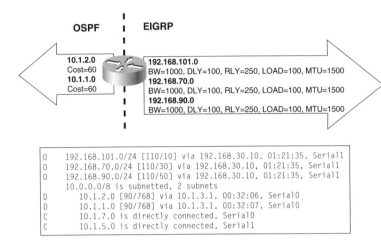

Bild 11.2:
Wenn Routen redistributiert werden, muß den Routen eine Metrik zugeordnet werden, die für das empfangende Protokoll verständlich ist.

Einige Fallstudien im weiteren Verlauf dieses Kapitels zeigen, wie Router so konfiguriert werden, daß sie die Metriken für die Redistribution zuordnen.

11.1.2 Administrative Distanzen

Die Vielfalt der verschiedenen Metriken bringen ein weiteres Problem mit sich: Wenn ein Router mehr als ein Routing-Protokoll ausführt und er erlernt eine Route zum selben Ziel von jedem der Protokolle, welche Route soll er auswählen? Jedes Protokoll verwendet sein eigenes Metrik-Schema, um die beste Route festzulegen. Der Vergleich von Routen mit verschiedenen Metriken, z.B. Kosten und Hop-Count, ist wie Äpfel mit Birnen zu vergleichen.

Die Antwort auf dieses Problem sind die administrativen Distanzen. So wie den Routen Metriken zugeordnet werden, um die am meisten bevorzugte Route bestimmen zu können, werden Routen-Quellen administrative Distanzen zugeordnet, um die am meisten bevorzugte Quelle bestimmen zu können. Stellen Sie sich eine administrative Distanz als ein Maß der Glaubwürdigkeit vor. Je geringer die administrative Distanz ist, desto glaubwürdiger ist das Protokoll.

Wenn wir uns zum Beispiel vorstellen, daß ein Router, der RIP und EIGRP ausführt, eine Route zum Netzwerk 192.168.5.0 von einem RIP-sprechenden Nachbarn erlernt und eine weitere Route zum selben Ziel von einem EIGRP-sprechenden

Nachbarn. Da das EIGRP eine gemischte Metrik verwendet, ist es wahrscheinlicher, daß dieses Protokoll die optimale Route bestimmt hat. Daher sollte dem EIGRP eher geglaubt werden als dem RIP[1].

Die Tabelle 11.1 zeigt die administrativen Standard-Distanzen von Cisco. EIGRP besitzt eine administrative Distanz von 90, während RIP eine administrative Distanz von 120 besitzt. Daher wird das EIGRP gegenüber dem RIP als glaubwürdiger erachtet.

Tabelle 11.1: Die administrativen Standard-Distanzen von Cisco.

Routen-Quelle	Administrative Distanz
Angeschlossene Schnittstelle[1]	0
Statische Route	1
EIGRP-Sammel-Route	5
Externes BGP	20
EIGRP	90
IGRP	100
OSPF	110
IS-IS	115
RIP	120
EGP	140
Externes EIGRP	170
Internes BGP	200
Unbekannt	255

Auch wenn die administrativen Distanzen eine Hilfe darstellen, um die Verwirrung der diversen Metriken aufzulösen, können sie Probleme bei der Redistribution verursachen. Zum Beispiel redistribuieren in Bild 11.3 die beiden Router Gehrig und Ruth ihre vom RIP erlernten Routen in das IGRP. Gehrig erlernt über das RIP die Route zum Netzwerk 192.168.1.0 und meldet sie in die IGRP-Domäne. Folglich erlernt Ruth zwei Routen zum Netzwerk 192.168.1.0 und zwar von Combs über das RIP und von Meusel über das IGRP.

---

1 In Kapitel 3 wurde angesprochen, daß das Ziel einer statischen Route, die zu einer Schnittstelle und nicht zu einem Next-Hop verweist, als ein direkt angeschlossenes Netzwerk angesehen wird.

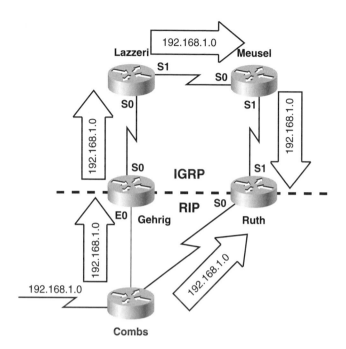

*Bild 11.3:
Das Netzwerk
192.168.1.0
wird an Ruth
über RIP und
IGRP angemeldet.*

```
Ruth#show ip route
Codes: C - connected, S - static, I - IGRP, R - RIP, M - mobile, B - BGP
       D - EIGRP, EX - EIGRP external, O - OSPF, IA - OSPF inter area
       E1 - OSPF external type 1, E2 - OSPF external type 2, E - EGP
       i - IS-IS, L1 - IS-IS level-1, L2 - IS-IS level-2, * - candidate default
       U - per-user static route

Gateway of last resort is not set

I     192.168.1.0/24 [100/16100] via 192.168.5.1, 00:00:00, Serial1
I     192.168.2.0/24 [100/12576] via 192.168.5.1, 00:00:00, Serial1
I     192.168.3.0/24 [100/12476] via 192.168.5.1, 00:00:01, Serial1
I     192.168.4.0/24 [100/10476] via 192.168.5.1, 00:00:01, Serial1
C     192.168.5.0/24 is directly connected, Serial1
C     192.168.6.0/24 is directly connected, Serial0
Ruth#
```

*Bild 11.4:
Auch wenn die
optimale Route
zum Netzwerk
192.168.1.0 von
Ruth durch
Combs aus der
Schnittstelle S0
führt, routet
Ruth statt dessen
Pakete zu diesem
Netzwerk durch
Meusel aus der
Schnittstelle S1.*

Bild 11.4 zeigt die Routing-Tabelle von Ruth. Beachten Sie, daß die Route zu 192.168.1.0 eine IGRP-Route ist. Ruth hat die IGRP-Route gewählt, da das IGRP im Vergleich zum RIP eine geringere administrative Distanz besitzt. Ruth wird alle Pakete zu 192.168.1.0 über die »landschaftlich schönere Route« durch Meusel senden und nicht direkt an Combs.

Der Split-Horizon verhindert eine Routing-Schleife im Internetzwerk von Bild 11.3. Die beiden Router Gehrig und Ruth melden zu Anfang das Netzwerk 192.168.1.0 in der IGRP-Domäne an, und die vier IGRP-Router konvergieren schließlich auf einen einzigen Pfad zu diesem Netzwerk. Jedoch ist die Konvergenz nicht vorhersagbar. Diese Bedingung kann beobachtet werden, wenn die Router Lazzeri und Meusel neu gebootet werden. Nach dem Reboot zeigt die Routing-Tabelle von Ruth an, daß er (der Router) Combs als Next-Hop-Router verwendet, um 192.168.1.0 zu erreichen (Bild 11.5).

*Bild 11.5:
Die Konvergenz des Internetzwerks in Abbildung 11.3 ist nicht vorhersagbar. Nach einem Reboot der Router routet Ruth nun durch Combs zur Adresse 192.168.1.0.*

```
Ruth#show ip route
Codes: C - connected, S - static, I - IGRP, R - RIP, M - mobile, B - BGP
       D - EIGRP, EX - EIGRP external, O - OSPF, IA - OSPF inter area
       E1 - OSPF external type 1, E2 - OSPF external type 2, E - EGP
       i - IS-IS, L1 - IS-IS level-1, L2 - IS-IS level-2, * - candidate default
       U - per-user static route

Gateway of last resort is not set

R    192.168.1.0/24 [120/1] via 192.168.6.2, 00:00:23, Serial0
I    192.168.2.0/24 [100/12576] via 192.168.5.1, 00:00:22, Serial1
I    192.168.3.0/24 [100/12476] via 192.168.5.1, 00:00:22, Serial1
I    192.168.4.0/24 [100/10476] via 192.168.5.1, 00:00:22, Serial1
C    192.168.5.0/24 is directly connected, Serial1
C    192.168.6.0/24 is directly connected, Serial0
Ruth#
```

Die Konvergenz nach dem Reboot ist nicht nur unvorhersagbar, sie erfolgt auch sehr langsam. Bild 11.6 zeigt die Routing-Tabelle von Gehrig etwa drei Minuten nach dem Reboot. Er verwendet Lazzeri als den Next-Hop-Router zum Netzwerk 192.168.1.0, aber Pings an eine vorhandene Adresse auf diesem Netzwerk schlagen fehl. Die Routing-Tabelle von Lazzeri (Bild 11.7) zeigt das Problem: Lazzeri verwendet Gehrig als den Next-Hop-Router. Es existiert eine Routing-Schleife.

*Bild 11.6:
Kurze Zeit nach dem Reboot routet Gehrig Pakete zur Adresse 192.168.1.0 über Lazzeri.*

```
Gehrig#show ip route
Codes: C - connected, S - static, I - IGRP, R - RIP, M - mobile, B - BGP
       D - EIGRP, EX - EIGRP external, O - OSPF, IA - OSPF inter area
       N1 - OSPF NSSA external type 1, N2 - OSPF NSSA external type 2
       E1 - OSPF external type 1, E2 - OSPF external type 2, E - EGP
       i - IS-IS, L1 - IS-IS level-1, L2 - IS-IS level-2, * - candidate default
       U - per-user static route, o - ODR

Gateway of last resort is not set

I    192.168.1.0/24 [100/16100] via 192.168.3.2, 00:02:38, Serial0
C    192.168.2.0/24 is directly connected, Ethernet0
C    192.168.3.0/24 is directly connected, Serial0
I    192.168.4.0/24 [100/10476] via 192.168.3.2, 00:00:29, Serial0
I    192.168.5.0/24 [100/12576] via 192.168.3.2, 00:00:29, Serial0
I    192.168.6.0/24 [100/14476] via 192.168.3.2, 00:00:39, Serial0
Gehrig#ping 192.168.1.1

Type escape sequence to abort.
Sending 5, 100-byte ICMP Echos to 192.168.1.1, timeout is 2 seconds:
.....
Success rate is 0 percent (0/5)
Gehrig#
```

```
Lazzeri#show ip route
Codes: C - connected, S - static, I - IGRP, R - RIP, M - mobile, B - BGP
       D - EIGRP, EX - EIGRP external, O - OSPF, IA - OSPF inter area
       E1 - OSPF external type 1, E2 - OSPF external type 2, E - EGP
       i - IS-IS, L1 - IS-IS level-1, L2 - IS-IS level-2, * - candidate default
       U - per-user static route

Gateway of last resort is not set

I    192.168.1.0/24 [100/12100] via 192.168.3.1, 00:04:21, Serial0
I    192.168.2.0/24 [100/8576] via 192.168.3.1, 00:00:33, Serial0
C    192.168.3.0/24 is directly connected, Serial0
C    192.168.4.0/24 is directly connected, Serial1
I    192.168.5.0/24 [100/10476] via 192.168.4.2, 00:00:53, Serial1
I    192.168.6.0/24 [100/12100] via 192.168.3.1, 00:02:32, Serial0
Lazzeri#
```

*Bild 11.7:
Lazzeri routet
Pakete zur
Adresse
192.168.1.0
über Gerig und
erzeugt eine
Routing-Schleife.*

Hier wird die Ereignisfolge beschrieben, die zur Routing-Schleife führte:

1. Während Lazzeri und Meusel neu booten, besitzen Gehrig und Ruth Routing-Tabelleneinträge, die anzeigen, daß das Netzwerk 192.168.1.0 über Combs erreichbar ist.

2. Sobald Lazzeri und Meusel aktiv werden, senden Gehrig und Ruth IGRP-Updates, die das Netzwerk 192.168.1.0 enthalten. Einfach nur durch Zufall sendet Ruth sein Update etwas früher als Gehrig.

3. Meusel empfängt das Update von Ruth, macht Ruth zu seinem Next-Hop-Router und sendet ein Update an Lazzeri.

4. Lazzeri empfängt das Update von Meusel und macht Meusel zu seinem Next-Hop-Router.

5. Lazzeri und Gehrig senden sich etwa zur gleichen Zeit gegenseitig Updates. Lazzeri macht Gehrig zu seinem Next-Hop-Router für die Adresse 192.168.1.0, da seine Route metrisch näher ist als Meusels Route. Gehrig macht Lazzeri zu seinem Next-Hop-Router für die Adresse 192.168.1.0, da sein IGRP-Advertisement eine geringere administrative Distanz besitzt als das RIP-Advertisement von Combs. Damit ist die Schleife geschlossen.

Der Split-Horizon und die Ungültigkeits-Timer (engl. Invalid Timer) werden die Dinge schließlich ordnen. Lazzeri meldet die Adresse 192.168.1.0 an Meusel, aber Meusel verwendet weiterhin die metrisch nähere Route über Ruth. Da Ruth der Next-Hop-Router ist, wirkt der Split-Horizon an Meusels S1-Schnittstelle für die Adresse 192.168.1.0. Meusel meldet die

Adresse 192.168.1.0 auch an Lazzeri, aber Lazzeri sieht Gehrig als metrisch näher an.

Lazzeri und Gehrig betrachten einander als Next-Hop-Router zur Adresse 192.168.1.0, daher werden sie die Route nicht gegenseitig anmelden. Die Route wird in ihren beiden Routing-Tabellen so lange altern, bis der Ungültigkeits-Timer abläuft (Bild 11.8).

Bild 11.8: Wenn der Ungültigkeits-Timer für die Route zu 192.168.1.0 abläuft, wird die Route als unerreichbar erklärt, und der Holddown-Timer wird gestartet.

```
Lazzeri#show ip route
Codes: C - connected, S - static, I - IGRP, R - RIP, M - mobile, B - BGP
       D - EIGRP, EX - EIGRP external, O - OSPF, IA - OSPF inter area
       E1 - OSPF external type 1, E2 - OSPF external type 2, E - EGP
       i - IS-IS, L1 - IS-IS level-1, L2 - IS-IS level-2, * - candidate default
       U - per-user static route

Gateway of last resort is not set

I    192.168.1.0/24 is possibly down, routing via 192.168.3.1, Serial0
I    192.168.2.0/24 [100/8576] via 192.168.3.1, 00:00:57, Serial0
C    192.168.3.0/24 is directly connected, Serial0
C    192.168.4.0/24 is directly connected, Serial1
I    192.168.5.0/24 [100/10476] via 192.168.4.2, 00:01:25, Serial1
I    192.168.6.0/24 is possibly down, routing via 192.168.3.1, Serial0
Lazzeri#
```

Wenn der Ungültigkeits-Timer von Lazzeri abläuft, wird die Route zu 192.168.1.0 in den Holddown gesetzt. Obwohl Meusel eine Route zu diesem Netzwerk anmeldet, kann Lazzeri sie nicht akzeptieren, bis der Holddown-Timer abläuft. Bild 11.9 zeigt, daß Lazzeri schließlich die Route von Meusel übernommen hat. Bild 11.10 zeigt, daß Gehrig die Adresse 192.168.1.0 erfolgreich durch Lazzeri erreicht. Es dauerte mehr als neun Minuten, bis diese beiden Router konvergierten, und die von ihnen verwendete Route ist immer noch nicht die optimale Route.

Bild 11.9: Nachdem der Holddown-Timer für 192.168.1.0 abläuft, akzeptiert Lazzeri die von Meusel angemeldete Route.

```
Lazzeri#show ip route
Codes: C - connected, S - static, I - IGRP, R - RIP, M - mobile, B - BGP
       D - EIGRP, EX - EIGRP external, O - OSPF, IA - OSPF inter area
       E1 - OSPF external type 1, E2 - OSPF external type 2, E - EGP
       i - IS-IS, L1 - IS-IS level-1, L2 - IS-IS level-2, * - candidate default
       U - per-user static route

Gateway of last resort is not set

I    192.168.1.0/24 [100/14100] via 192.168.4.2, 00:00:27, Serial1
I    192.168.2.0/24 [100/8576] via 192.168.3.1, 00:00:02, Serial0
C    192.168.3.0/24 is directly connected, Serial0
C    192.168.4.0/24 is directly connected, Serial1
I    192.168.5.0/24 [100/10476] via 192.168.4.2, 00:00:28, Serial1
I    192.168.6.0/24 [100/12476] via 192.168.4.2, 00:00:28, Serial1
Lazzeri#
```

Administrative Distanzen können noch wesentlich schlimmere Probleme verursachen, als das im letzten Beispiel aufgezeigte Auftreten von weniger optimalen Routen, unvorhersehbarem Verhalten und langsamer Konvergenz. Zum Beispiel zeigt Bild 11.11 im Grunde dasselbe Internetzwerk aus Bild 11.13, mit der Ausnahme, daß die Verbindungen zwischen den IGRP-Routern Frame-Relay-PVCs sind. In der Grundeinstellung ist der IP-Split-Horizon auf Frame-Relay-Schnittstellen deaktiviert. Als Folge werden sich dauerhafte Routing-Schleifen zwischen Lazzeri und Gehrig und zwischen Meusel und Ruth bilden. Das Netzwerk 192.168.1.0 ist für die IGRP-Domäne unerreichbar.

Administrative Distanzen können zu Routing-Schleifen beitragen

Es stehen mehrere Werkzeuge und Strategien zur Verfügung, um bei einer Redistribution Routing-Schleifen zu verhindern. Die administrativen Distanzen können verändert werden, und es können Routen-Filter oder Routen-Maps verwendet werden. Das Kapitel 13 behandelt die Routen-Filter und das Kapitel 14 die Routen-Maps. In diesen Kapiteln werden auch Techniken aufgezeigt, mit denen administrative Distanzen geändert werden können.

```
Gehrig#show ip route
Codes: C - connected, S - static, I - IGRP, R - RIP, M - mobile, B - BGP
       D - EIGRP, EX - EIGRP external, O - OSPF, IA - OSPF inter area
       N1 - OSPF NSSA external type 1, N2 - OSPF NSSA external type 2
       E1 - OSPF external type 1, E2 - OSPF external type 2, E - EGP
       i - IS-IS, L1 - IS-IS level-1, L2 - IS-IS level-2, * - candidate default
       U - per-user static route, o - ODR

Gateway of last resort is not set

I    192.168.1.0/24 [100/16100] via 192.168.3.2, 00:00:32, Serial0
C    192.168.2.0/24 is directly connected, Ethernet0
C    192.168.3.0/24 is directly connected, Serial0
I    192.168.4.0/24 [100/10476] via 192.168.3.2, 00:00:33, Serial0
I    192.168.5.0/24 [100/12476] via 192.168.3.2, 00:00:33, Serial0
I    192.168.6.0/24 [100/14476] via 192.168.3.2, 00:00:33, Serial0
Gehrig#ping 192.168.1.1

Type escape sequence to abort.
Sending 5, 100-byte ICMP Echos to 192.168.1.1, timeout is 2 seconds:
!!!!!
Success rate is 100 percent (5/5), round-trip min/avg/max = 52/72/108 ms
Gehrig#
```

Bild 11.10: Gehrig kann nun das Netzwerk 192.168.1.0 über Lazzeri erreichen.

11.1.3 Redistribution von Classless zu Classful Protokollen

Es sollte sorgfältig betrachtet werden, welche Auswirkungen die Routen-Redistribution von einer classless Routing-Prozeß-Domäne in eine classful Domäne mit sich bringt. Um dies nachvollziehen zu können, ist es notwendig, zuerst die Reaktion eines classful Routing-Protokolls auf die variable Subvernetzung verstanden zu haben. Im Kapitel 5 wurde erklärt, daß classful Routing-Protokolle in den Routen keine Masken anmelden. Bei jeder Route, die ein Classful-Router empfängt, gilt eine der zwei Situationen:

– Der Router besitzt eine oder mehr an das Haupt-Netzwerk angeschlossene Schnittstellen.

– Der Router besitzt keine an das Haupt-Netzwerk angeschlossene Schnittstelle.

Im ersten Fall muß der Router seine eigene konfigurierte Maske für dieses Haupt-Netzwerk verwenden, um das richtige Subnetz der Ziel-Adresse eines Pakets zu bestimmen. Im zweiten Fall kann nur die Haupt-Netzwerkadresse selbst im Advertisement enthalten sein, da der Router nicht wissen kann, welche Subnetz-Maske er verwenden soll.

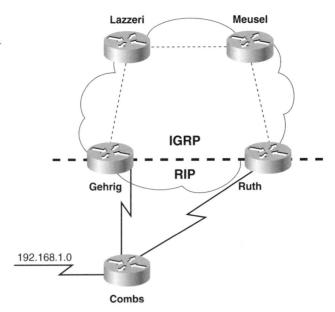

Bild 11.11: Da der IP-Split-Horizon auf Frame-Relay-Schnittstellen in der Grundeinstellung deaktiviert ist, werden sich in diesem Internetzwerk dauerhafte Routing-Schleifen ausbilden.

Bild 11.12 zeigt einen Router, der mit vier Schnittstellen mit den Subnetzen 192.168.100.0 verbunden ist. Das Netzwerk ist variabel subvernetzt – zwei Schnittstellen besitzen 27-Bit-Masken, und zwei Schnittstellen besitzen 30-Bit-Masken. Wenn der Router ein classful Protokoll wie das IGRP ausführt, kann er die 27-Bit-Maske nicht verwenden, um die 30-Bit-Subnetze abzuleiten, und er kann die 30-Bit-Maske nicht verwenden, um die 27-Bit-Subnetze abzuleiten. Wie kann nun das Protokoll mit den widersprüchlichen Masken umgehen?

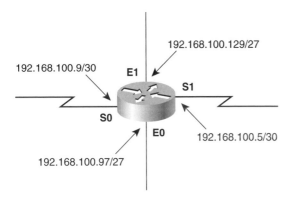

Bild 11.12:
Welche Maske soll dieser Router verwenden, wenn er ein classful Routing-Protokoll ausführt?

In Bild 11.13 wird das Debugging aktiviert, um die vom Router aus Bild 11.12 gesendeten IGRP-Advertisements zu beobachten. Beachten Sie, daß das Subnetz 192.168.100.128/27 aus der Schnittstelle E0 angemeldet wird, die eine 27-Bit-Maske besitzt, aber weder das Subnetz 192.168.100.4/30 noch das Subnetz 192.168.100.8/30 wird aus dieser Schnittstelle gemeldet. Entsprechend wird das Subnetz 192.168.100.8/30 aus der Schnittstelle S1 angemeldet, die eine 30-Bit-Maske besitzt, aber weder das Subnetz 192.168.100.96/27 noch das Subnetz 192.168.100.128/27 wird aus dieser Schnittstelle gemeldet. Die gleiche Situation gilt für alle vier Schnittstellen. Nur die Subnetze von 192.168.100.0 werden angemeldet, deren Masken der Schnittstellen-Maske entsprechen. Folglich werden die IGRP-sprechenden Nachbarn der Schnittstellen E0 und E1 keine Kenntnis von den 30-Bit-Subnetzen haben, und die IGRP-sprechenden Nachbarn der Schnittstellen S0 und S1 werden keine Kenntnis von den 27-Bit-Subnetzen haben.

Bild 11.13:
Ein classful Routing-Protokoll wird keine Routen zwischen Schnittstellen anmelden, deren Masken nicht übereinstimmen.

```
O'Neil#debug ip igrp transactions
IGRP protocol debugging is on
O'Neil#
IGRP: sending update to 255.255.255.255 via Ethernet0 (192.168.100.97)
      subnet 192.168.100.128, metric=1100
IGRP: sending update to 255.255.255.255 via Ethernet1 (192.168.100.129)
      subnet 192.168.100.96, metric=1100
IGRP: sending update to 255.255.255.255 via Serial0 (192.168.100.9)
      subnet 192.168.100.4, metric=8476
IGRP: sending update to 255.255.255.255 via Serial1 (192.168.100.5)
      subnet 192.168.100.8, metric=8476
O'Neil#
```

Dieses Verhalten, daß nur Routen zwischen Schnittstellen mit übereinstimmenden Masken angemeldet werden, tritt auch dann auf, wenn ein classless Routing-Protokoll in ein classful Routing-Protokoll redistributiert wird. In Bild 11.14 sind die Subnetze der OSPF-Domäne variabel subvernetzt, und Paige redistributiert OSPF-erlernte Routen in das IGRP.

Bild 11.14:
Paige redistributiert seine OSPF-erlernten Routen in das IGRP.

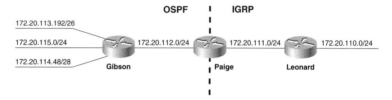

Wie Bild 11.15 zeigt, kennt Paige alle Subnetze in der OSPF- und der IGRP-Domäne. Da OSPF classless ist, kennt der Router die Masken aller Subnetze, die mit Gibson verbunden sind. Der IGRP-Prozeß von Paige verwendet eine 24-Bit-Maske. Daher stimmen die Masken der Subnetze 172.20.113.192/26 und 172.20.114.48/28 nicht mit seiner eigenen Maske überein, und die Subnetze werden nicht angemeldet (Bild 11.16). Beachten Sie, daß das IGRP die Subnetze 172.20.112.0/24 und 172.20.115.0/24 anmeldet. Im Ergebnis sind die einzigen Subnetze der OSPF-Domäne, die Leonard kennt, diejenigen mit einer 24-Bit-Maske (Bild 11.17).

```
Paige#show ip route
Codes: C - connected, S - static, I - IGRP, R - RIP, M - mobile, B - BGP
       D - EIGRP, EX - EIGRP external, O - OSPF, IA - OSPF inter area
       N1 - OSPF NSSA external type 1, N2 - OSPF NSSA external type 2
       E1 - OSPF external type 1, E2 - OSPF external type 2, E - EGP
       i - IS-IS, L1 - IS-IS level-1, L2 - IS-IS level-2, * - candidate default
       U - per-user static route, o - ODR

Gateway of last resort is not set

     172.20.0.0/16 is variably subnetted, 6 subnets, 3 masks
O       172.20.113.192/26 [110/74] via 172.20.112.1, 00:01:35, Ethernet1
C       172.20.112.0/24 is directly connected, Ethernet1
O       172.20.115.0/24 [110/80] via 172.20.112.1, 00:01:35, Ethernet1
I       172.20.110.0/24 [100/1600] via 172.20.111.1, 00:00:33, Ethernet0
C       172.20.111.0/24 is directly connected, Ethernet0
O       172.20.114.48/28 [110/74] via 172.20.112.1, 00:01:35, Ethernet1
Paige#
```

Bild 11.15: Paige kennt alle sechs Subnetze der Abbildung 11.14, entweder durch OSPF, IGRP oder durch eine direkte Verbindung.

```
Paige#debug ip igrp transactions
IGRP protocol debugging is on
Paige#
IGRP: received update from 172.20.111.1 on Ethernet0
      subnet 172.20.110.0, metric 1600 (neighbor 501)
IGRP: sending update to 255.255.255.255 via Ethernet0 (172.20.111.2)
      subnet 172.20.112.0, metric=1100
      subnet 172.20.115.0, metric=1100
Paige#
```

Bild 11.16: Nur die OSPF-erlernten Routen mit einer 24-Bit-Maske werden erfolgreich in die IGRP-Domäne redistributiert, die selbst eine 24-Bit-Maske verwendet.

```
Leonard#show ip route
Codes: C - connected, S - static, I - IGRP, R - RIP, M - mobile, B - BGP
       D - EIGRP, EX - EIGRP external, O - OSPF, IA - OSPF inter area
       N1 - OSPF NSSA external type 1, N2 - OSPF NSSA external type 2
       E1 - OSPF external type 1, E2 - OSPF external type 2, E - EGP
       i - IS-IS, L1 - IS-IS level-1, L2 - IS-IS level-2, * - candidate default
       U - per-user static route, o - ODR

Gateway of last resort is not set

     172.20.0.0/24 is subnetted, 4 subnets
I       172.20.112.0 [100/1200] via 172.20.111.2, 00:00:48, Ethernet1
I       172.20.115.0 [100/1200] via 172.20.111.2, 00:00:48, Ethernet1
C       172.20.110.0 is directly connected, Ethernet0
C       172.20.111.0 is directly connected, Ethernet1
Leonard#
```

Bild 11.17: Die einzigen Subnetze, die Leonard aus der OSPF-Domäne kennt, sind diejenigen mit einer 24-Bit-Maske. Die Subnetze 172.20.113.192/26 und 172.20.114.48/28 sind von ihm aus unerreichbar.

Der Konfigurationsabschnitt enthält Fallstudien, die Methoden für eine zuverlässige Redistribution eines classless Routing-Protokoll in ein classful Routing-Protokoll demonstrieren.

11.2 Konfiguration der Redistribution

Die Redistribution wird in zwei Schritten konfiguriert:

1. In der Routing-Protokoll-Konfiguration, die die redistribuierten Routen empfangen soll, wird der Befehl **redistribute** verwendet, um die Quelle der Routen festzulegen.

2. Den redistributierten Routen wird eine Metrik zugeordnet.

Zum Beispiel lautet die IGRP-Konfiguration von Paige in Bild 11.14 :

```
router igrp 1
 redistribute ospf 1 metric 10000 100 255 1 1500
 passive-interface Ethernet1
 network 172.20.0.0
```

Diese Konfiguration redistributiert durch den OSPF-Prozeß 1 erlernte Routen in den IGRP-Prozeß 1. Der **metric**-Teil des Befehls weist den Routen IGRP-Metriken zu. Die aufeinanderfolgenden Zahlen legen folgende Metriken fest:

– Die Bandbreite in Kilobits pro Sekunde

– Die Verzögerung Delay mit dem Zehnfachen einer Mikrosekunde

– Die Zuverlässigkeit als Bruchteil von 255

– Die Last als Bruchteil von 255

– Die MTU in Oktetten

Die OSPF-Konfiguration von Paige lautet:

```
router ospf 1
 redistribute igrp 1 metric 30 metric-type 1 subnets
 network 172.20.112.2 0.0.0.0 area 0
```

Diese Konfiguration redistributiert Routen, die durch den IGRP-Prozeß 1 entdeckt wurden, in den OSPF-Prozeß 1. Der **metric**-Teil des Befehls weist jeder redistributierten Route die OSPF-Kosten von 30 zu. Durch die Redistribution wird Paige ein ASBR in der OSPF-Domäne, und die redistributierten Routen werden von ihm als externe Routen angemeldet. Der **metric-type**-Teil des Befehls legt den externen E1-Typ für die Routen fest. Mit dem Schlüsselwort **subnets**, das nur bei einer Routen-Redistribution in das OSPF verwendet wird, werden auch die Subnetz-Details redistributiert. Ohne dieses Schlüsselwort werden nur die Haupt-Netzwerkadressen redistributiert. In den Fallstudien wird das Schlüsselwort **subnets** noch ausführlicher behandelt.

Der Befehl **default-metric** bietet eine andere Möglichkeit, um den redistributierten Routen Metriken zuzuordnen. Zum Beispiel kann die letzte OSPF-Konfiguration auch so lauten:

```
router ospf 1
 redistribute igrp 1 metric-type 1 subnets
 default-metric 30
 network 172.20.112.2 0.0.0.0 area 0
```

Im Ergebnis bewirkt diese Konfiguration genau das gleiche wie die letzte Konfiguration. Der Befehl **default-metric** ist nützlich, wenn Routen aus mehr als einer Quelle redistributiert werden. Stellen wir uns zum Beispiel vor, der Router Paige in Bild 11.14 führt nicht nur das IGRP und das OSPF aus, sondern auch noch das RIP und das EIGRP. Dann könnte die OSPF-Konfiguration so lauten:

```
router ospf 1
 redistribute igrp 1 metric-type 1 subnets
 redistribute rip metric-type 1 subnets
 redistribute eigrp 2 metric-type 1 subnets
 default-metric 30
 network 172.20.112.2 0.0.0.0 area 0
```

Hier werden allen IGRP-, RIP- und EIGRP-erlernten Routen die OSPF-Kosten von 30 zugeordnet.

Die zwei Methoden der Metrik-Zuweisung können auch gemeinsam verwendet werden. Wenn Paige zum Beispiel so konfiguriert werden soll, daß er OSPF-, RIP- und EIGRP-Routen in das IGRP redistributiert, die RIP-Routen aber mit einer anderen Metrik-Einstellung angemeldet werden als die OSPF- und EIGRP-Routen. Die Konfiguration könnte lauten:

```
router igrp 1
 redistribute ospf 1
 redistribute rip metric 50000 500 255 1 1500
 redistribute eigrp 2
 default-metric 10000 100 255 1 1500
 passive-interface Ethernet1
 network 172.20.0.0
```

Default-Metric-Mengen zur Redistribution

Die Metriken, die mit dem Befehl **redistribute** gemeinsam mit dem Schlüsselwort **metric** zugewiesen werden, haben Vorrang vor den Metriken, die mit dem Befehl **default-metric** zugewiesen werden. Die RIP-erlernten Routen werden in das IGRP mit den Metriken angemeldet, die nach der Zeile **redistribute rip** festgelegt wurden, und die OSPF- und EIGRP-erlernten Routen werden in das IGRP mit den Metriken angemeldet, die durch den Befehl **default-metric** festgelegt wurden.

Wenn weder das Schlüsselwort **metric** noch der Befehl **default-metric** eine Metrik festlegt, wird für in das OSPF redistribuierte Routen die Standard-Metrik von 20 verwendet und die Metrik von 0 für Routen, die in andere Protokolle redistribuiert werden. Die Metrik von 0 wird vom IS-IS verstanden, aber nicht vom RIP, dessen Hop-Count zwischen 1 und 16 sein muß. Die Metrik 0 ist auch nicht mit dem mehrfachen IGRP- und EIGRP-Metrik-Format kompatibel. Bei diesen drei Protokollen müssen den redistribuierten Routen die passenden Metriken zugeordnet werden, da die Redistribution sonst nicht funktioniert. Die folgenden Fallstudien betrachten die Konfigurationstechniken, um die Redistribution in den verschiedenen IP-IGPs durchzuführen. Darüber hinaus sind sie so aufgebaut, daß die allgemeineren Fragen zur Redistribution von classful zu classful, classless zu classless und classless zu classful betrachtet werden.

11.2.1 Fallstudie: Redistribution von IGRP und RIP

Im Internetzwerk in Bild 11.18 führt der Router Ford das IGRP aus, und Berra verwendet das RIP. Die Routing-Konfiguration von Mantle lautet:

```
router rip
 redistribute igrp 1 metric 5
 passive-interface Ethernet1
 network 10.0.0.0
!
router igrp 1
 redistribute rip
 default-metric 1000 100 255 1 1500
 passive-interface Ethernet0
 network 10.0.0.0
```

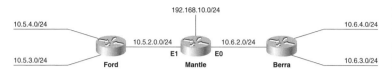

*Bild 11.18:
Ford betreibt das
IGRP, und Berra
verwendet das
RIP. Mantle
führt die
Redistribution
durch.*

Aus Demonstrationszwecken werden hier beide Methoden der Metrik-Zuweisung verwendet. In den meisten Fällen wird in einem derart einfachen Redistributionsschema wie diesem nur eine der Methoden verwendet.

Beachten Sie, daß Mantle auch mit einem Rumpf-Netzwerk (192.168.10.0/24) verbunden ist. In diesem Fall soll das Rumpf-Netzwerk in die IGRP-Domäne gemeldet werden, aber nicht in die RIP-Domäne. Eine Möglichkeit für diese Konfiguration besteht einfach im Hinzufügen des entsprechenden network-Statements unter IGRP. Jedoch würde dies unnötige IGRP-Broadcasts auf dem Rumpf-Netzwerk verursachen. Eine andere Möglichkeit, um die erwünschte Konfiguration zu erreichen, besteht in der Anwendung der Redistribution:

```
router rip
 redistribute igrp 1 metric 5
 passive-interface Ethernet1
 network 10.0.0.0
!
router igrp 1
 redistribute connected
 redistribute rip
 default-metric 1000 100 255 1 1500
 passive-interface Ethernet0
 network 10.0.0.0
```

Der Befehl **redistribute connected** wird alle direkt verbundenen Netzwerke redistribuieren. Wenn das Netzwerk 192.168.10.0/24 in die IGRP-Domäne und in die RIP-Domäne gemeldet werden soll, lautet die Konfiguration:

```
router rip
 redistribute connected metric 5
 redistribute igrp 1 metric 5
 passive-interface Ethernet1
 network 10.0.0.0
!
router igrp 1
 redistribute connected
 redistribute rip
 default-metric 1000 100 255 1 1500
 passive-interface Ethernet0
 network 10.0.0.0
```

11.2.2 Fallstudie: Redistribution von EIGRP und OSPF

Das Internetzwerk in Bild 11.19 besitzt eine OSPF-Domäne und zwei EIGRP-Domänen. Der Router Hodges führt den OSPF-Prozeß 1 aus. Podres betreibt den EIGRP-Prozeß 1, und der EIGRP-Prozeß 2 wird auf Snider und Campanella ausgeführt. Robinson besitzt die folgende Konfiguration:

```
router eigrp 1
 redistribute ospf 1 metric 1000 100 1 255 1500
 redistribute eigrp 2
 passive-interface Ethernet0
 network 192.168.3.0
!
router eigrp 2
 redistribute ospf 1 metric 1000 100 1 255 1500
 redistribute eigrp 1
 network 192.168.4.0
 network 172.16.0.0
!
router ospf 1
 redistribute eigrp 1 metric 50
 redistribute eigrp 2 metric 100
 network 192.168.3.33 0.0.0.0 area 0
```

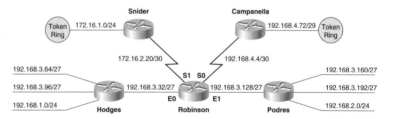

Bild 11.19: Hodges betreibt OSPF und Podres führt EIGRP 1 aus. Auf Snider und Campanella wird EIGRP 2 ausgeführt.

Beachten Sie: Obwohl die Redistribution zwischen den EIGRP-Prozessen konfiguriert sein muß, sind keine Metriken konfiguriert. Die Prozesse verwenden dieselben Metriken, daher können die Metriken exakt über die Redistributionsgrenzen hinweg verfolgt werden. Bild 11.20 zeigt die Routing-Tabelle von Podres. Die redistributierten Routen sind als externe EIGRP-Routen markiert.

```
Podres#show ip route
Codes: C - connected, S - static, I - IGRP, R - RIP, M - mobile, B - BGP
       D - EIGRP, EX - EIGRP external, O - OSPF, IA - OSPF inter area
       E1 - OSPF external type 1, E2 - OSPF external type 2, E - EGP
       i - IS-IS, L1 - IS-IS level-1, L2 - IS-IS level-2, * - candidate default
       U - per-user static route

Gateway of last resort is not set

D EX 192.168.1.0/24 [170/2611200] via 192.168.3.129, 00:39:14, Ethernet0
C    192.168.2.0/24 is directly connected, Ethernet3
     192.168.3.0/24 is variably subnetted, 7 subnets, 3 masks
D EX    192.168.3.96/27 [170/2611200] via 192.168.3.129, 00:41:18, Ethernet0
D EX    192.168.3.64/27 [170/2611200] via 192.168.3.129, 00:41:18, Ethernet0
D       192.168.3.32/27 [90/307200] via 192.168.3.129, 00:44:06, Ethernet0
D       192.168.3.0/24 is a summary, 00:52:21, Null0
C       192.168.3.192/27 is directly connected, Ethernet2
C       192.168.3.160/27 is directly connected, Ethernet1
C       192.168.3.128/27 is directly connected, Ethernet0
     192.168.4.0/24 is variably subnetted, 3 subnets, 3 masks
D EX    192.168.4.72/29 [170/2211584] via 192.168.3.129, 00:07:25, Ethernet0
D EX    192.168.4.4/30 [170/281600] via 192.168.3.129, 00:07:25, Ethernet0
D EX    192.168.4.0/24 [170/2195456] via 192.168.3.129, 00:07:25, Ethernet0
     172.16.0.0/16 is variably subnetted, 3 subnets, 3 masks
D EX    172.16.2.20/30 [170/281600] via 192.168.3.129, 00:07:27, Ethernet0
D EX    172.16.0.0/16 [170/2195456] via 192.168.3.129, 00:07:27, Ethernet0
D EX    172.16.1.0/24 [170/2211584] via 192.168.3.129, 00:07:27, Ethernet0
Podres#
```

Bild 11.20: Die Routing-Tabelle von Podres in Bild 11.19.

Bild 11.21 zeigt die Routing-Tabelle von Hodges, in der einige Probleme auftreten. In Kapitel 9 wurde erklärt, daß in das OSPF redistributierte Routen entweder externe Routen vom Typ 1 (E1) oder vom Typ 2 (E2) sind. Offensichtlich ist die einzige redistributierte Route die Haupt-Netzwerkadresse 192.168.2.0/24, die mit E2 markiert ist. Der Grund ist das fehlende Schlüsselwort **subnets** in den Redistributions-Statements von Robinson. Ohne dieses Schlüsselwort werden nur die direkt an den redistributierenden Router angeschlossenen Haupt-Netzwerkadressen redistributiert.

```
Hodges#show ip route
Codes: C - connected, S - static, I - IGRP, R - RIP, M - mobile, B - BGP
       D - EIGRP, EX - EIGRP external, O - OSPF, IA - OSPF inter area
       N1 - OSPF NSSA external type 1, N2 - OSPF NSSA external type 2
       E1 - OSPF external type 1, E2 - OSPF external type 2, E - EGP
       i - IS-IS, L1 - IS-IS level-1, L2 - IS-IS level-2, * - candidate default
       U - per-user static route, o - ODR

Gateway of last resort is not set

C    192.168.1.0/24 is directly connected, Ethernet2
O E2 192.168.2.0/24 [110/50] via 192.168.3.33, 00:11:59, Ethernet0
     192.168.3.0/27 is subnetted, 3 subnets
C       192.168.3.96 is directly connected, Ethernet1
C       192.168.3.64 is directly connected, Ethernet3
C       192.168.3.32 is directly connected, Ethernet0
Hodges#
```

Bild 11.21: Die Routing-Tabelle von Hodges enthält nur eine einzige redistributierte Route, die mit E2 markiert ist.

Die Konfiguration von Robinson wurde geändert und enthält nun die Schlüsselworte **subnets:**

```
router eigrp 1
  redistribute ospf 1 metric 1000 100 1 255 1500
  redistribute eigrp 2
  passive-interface Ethernet0
  network 192.168.3.0
!
router eigrp 2
  redistribute ospf 1 metric  1000 100 1 255 1500
  redistribute eigrp 1
  network 192.168.4.0
  network 172.16.0.0
!
router ospf 1
  redistribute eigrp 1 metric 50 subnets
  redistribute eigrp 2 metric 100 subnets
  network 192.168.3.33 0.0.0.0 area 0
```

Daraufhin befinden sich alle Subnetze aus Bild 11.19 in der Routing-Tabelle von Hodges (Bild 11.22).

*Bild 11.22: Nachdem die Schlüsselworte **subnets** in der Redistributionskonfiguration von Robinson hinzugefügt wurden, erkennt Hodges alle Subnetze.*

```
Hodges#show ip route
Codes: C - connected, S - static, I - IGRP, R - RIP, M - mobile, B - BGP
       D - EIGRP, EX - EIGRP external, O - OSPF, IA - OSPF inter area
       N1 - OSPF NSSA external type 1, N2 - OSPF NSSA external type 2
       E1 - OSPF external type 1, E2 - OSPF external type 2, E - EGP
       i - IS-IS, L1 - IS-IS level-1, L2 - IS-IS level-2, * - candidate default
       U - per-user static route, o - ODR

Gateway of last resort is not set

C       192.168.1.0/24 is directly connected, Ethernet2
O E2    192.168.2.0/24 [110/50] via 192.168.3.33, 00:17:31, Ethernet0
        192.168.3.0/27 is subnetted, 6 subnets
C          192.168.3.96 is directly connected, Ethernet1
C          192.168.3.64 is directly connected, Ethernet3
C          192.168.3.32 is directly connected, Ethernet0
O E2       192.168.3.192 [110/50] via 192.168.3.33, 00:02:51, Ethernet0
O E2       192.168.3.160 [110/50] via 192.168.3.33, 00:02:51, Ethernet0
O E2       192.168.3.128 [110/50] via 192.168.3.33, 00:00:36, Ethernet0
        192.168.4.0/24 is variably subnetted, 3 subnets, 3 masks
O E2       192.168.4.72/29 [110/100] via 192.168.3.33, 00:00:19, Ethernet0
O E2       192.168.4.4/30 [110/100] via 192.168.3.33, 00:00:19, Ethernet0
O E2       192.168.4.0/24 [110/100] via 192.168.3.33, 00:00:19, Ethernet0
        172.16.0.0/16 is variably subnetted, 3 subnets, 3 masks
O E2       172.16.2.20/30 [110/100] via 192.168.3.33, 00:00:20, Ethernet0
O E2       172.16.0.0/16 [110/100] via 192.168.3.33, 00:00:20, Ethernet0
O E2       172.16.1.0/24 [110/100] via 192.168.3.33, 00:00:20, Ethernet0
Hodges#
```

In der Grundeinstellung werden externe Routen in das OSPF als Routen vom Typ 2 redistributiert. Laut Kapitel 9 enthalten E2-Routen nur die externen Kosten der Route. Diese Eigenschaft kann von Bedeutung sein, wenn ein einzelnes Ziel über mehr als eine externe Route erreichbar ist, wie Bild 11.23

zeigt. In diesem Internetzwerk redistribuiert ein Router die Route zu 10.2.3.0/24 mit Kosten von 50, und der andere Router redistribuiert eine andere Route zum selben Ziel mit Kosten von 100. Wenn die Routen als E2 angemeldet werden, werden die Kosten der Verbindungen innerhalb der OSPF-Domäne nicht addiert. Folglich wird der interne Router der OSPF-Domäne die Route 1 wählen, um 10.2.3.0/24 zu erreichen.

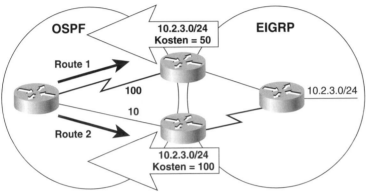

Bild 11.23: Wenn die Routen zu 10.2.3.0/24 als E2 angemeldet werden, dann besitzt die Route 1 Kosten von 50 und die Route 2 Kosten von 100. Wenn die Routen als E1 angemeldet werden, besitzt die Route 1 Kosten von 150 und die Route 2 Kosten von 110.

Wenn die Routen zu 10.2.3.0/24 in Bild 11.23 als E1 redistribuiert werden, dann werden die Kosten der Verbindungen innerhalb der OSPF-Domäne zu den redistribuierten Kosten hinzuaddiert. Daraus folgt, daß der interne Router der OSPF-Domäne die Route 2 mit den Kosten von 110 (100 + 10) der Route 1 mit den Kosten von 150 (50 + 100) vorziehen wird.

Der Router Robinson aus Bild 11.19 redistribuiert EIGRP 1 mit den Kosten von 50 und EIGRP 2 mit den Kosten von 100. Bild 11.22 zeigt, daß bei Hodges die Routen zu den Subnetzen des EIGRP 1 weiterhin Kosten von 50 und die Routen zu den Subnetzen des EIGRP 2 weiterhin Kosten von 100 besitzen. Die Kosten der Ethernet-Verbindung zwischen Hodges und Robinson wurden den Routen nicht hinzugefügt.

Um die Routen in das OSPF als E1 zu redistribuieren, wird nach dem Befehl **redistribute** das Schlüsselwort **metric-type 1** angefügt. In der folgenden Konfiguration redistribuiert Robinson das EIGRP 1 weiterhin als E2, aber das EIGRP 2 wird als E1 redistribuiert:

Redistribuieren externer Routen in OSPF als E1 anstatt E2

```
router eigrp 1
  redistribute ospf 1 metric 1000 100 1 255 1500
  redistribute eigrp 2
  passive-interface Ethernet0
  network 192.168.3.0
!
router eigrp 2
  redistribute ospf 1 metric 1000 100 1 255 1500
  redistribute eigrp 1
  network 192.168.4.0
  network 172.16.0.0
!
router ospf 1
  redistribute eigrp 1 metric 50 subnets
  redistribute eigrp 2 metric 100 metric-type 1 subnets
  network 192.168.3.33 0.0.0.0 area 0
```

Bild 11.24 zeigt die Routing-Tabelle von Hodges, nachdem Robinson rekonfiguriert wurde. Alle Routen-Ziele innerhalb der EIGRP-1-Domäne besitzen weiterhin Kosten von 50, aber die Routen-Ziele innerhalb der EIGRP-2-Domäne besitzen nun Kosten von 110 (die redistributierten Kosten plus die Standardkosten von 10 für die Ethernet-Verbindung zwischen Robinson und Hodges).

Bild 11.24: Die Konfiguration von Robinson wurde so geändert, daß die Subnetze 192.168.4.0 und 172.16.0.0 als externe Routen vom Typ 1 angemeldet werden.

```
Hodges#sh ip rou
Codes: C - connected, S - static, I - IGRP, R - RIP, M - mobile, B - BGP
       D - EIGRP, EX - EIGRP external, O - OSPF, IA - OSPF inter area
       N1 - OSPF NSSA external type 1, N2 - OSPF NSSA external type 2
       E1 - OSPF external type 1, E2 - OSPF external type 2, E - EGP
       i - IS-IS, L1 - IS-IS level-1, L2 - IS-IS level-2, * - candidate default
       U - per-user static route, o - ODR

Gateway of last resort is not set

C       192.168.1.0/24 is directly connected, Ethernet2
O E2    192.168.2.0/24 [110/50] via 192.168.3.33, 00:21:20, Ethernet0
        192.168.3.0/27 is subnetted, 6 subnets
C          192.168.3.96 is directly connected, Ethernet1
C          192.168.3.64 is directly connected, Ethernet3
C          192.168.3.32 is directly connected, Ethernet0
O E2       192.168.3.192 [110/50] via 192.168.3.33, 00:06:40, Ethernet0
O E2       192.168.3.160 [110/50] via 192.168.3.33, 00:06:40, Ethernet0
O E2       192.168.3.128 [110/50] via 192.168.3.33, 00:04:24, Ethernet0
        192.168.4.0/24 is variably subnetted, 3 subnets, 3 masks
O E1       192.168.4.72/29 [110/110] via 192.168.3.33, 00:00:54, Ethernet0
O E1       192.168.4.4/30 [110/110] via 192.168.3.33, 00:00:54, Ethernet0
O E1       192.168.4.0/24 [110/110] via 192.168.3.33, 00:00:54, Ethernet0
        172.16.0.0/16 is variably subnetted, 3 subnets, 3 masks
O E1       172.16.2.20/30 [110/110] via 192.168.3.33, 00:00:55, Ethernet0
O E1       172.16.0.0/16 [110/110] via 192.168.3.33, 00:00:55, Ethernet0
O E1       172.16.1.0/24 [110/110] via 192.168.3.33, 00:00:55, Ethernet0
Hodges#
```

11.2.3 Fallstudie: Redistribution und Routen-Zusammenfassung

Die EIGRP-, OSPF- und IS-IS-Ausführungen von Cisco besitzen die Fähigkeit, redistributierte Routen zusammenzufassen. Diese Fallstudie betrachtet die Zusammenfassung für das EIGRP und das OSPF. Die anschließende Fallstudie betrachtet die IS-IS-Zusammenfassung.

Als erstes sei hier angemerkt, daß eine Zusammenfassung nur dann hilfreich ist, wenn die IP-Subnetz-Adressen für die Zusammenfassung konzipiert wurden. Zum Beispiel lassen sich die Subnetze der Haupt-Adresse 192.168.3.0 innerhalb der OSPF-Domäne von Bild 11.19 mit der Sammel-Adresse 192.168.3.0/25 zusammenfassen. Die Subnetze derselben Haupt-Adresse innerhalb der EIGRP-1-Domäne lassen sich mit der Sammel-Adresse 192.168.3.128/25 zusammenfassen. Wenn das Subnetz 192.168.3.0/27 an Podres angeschlossen wäre, müßte dieses einzelne Ziel zusätzlich neben der Sammel-Adresse angemeldet werden. Auch wenn die Anmeldung eines solchen Einzel-Ziels nur eine leicht negative Wirkung mit sich bringt, wird die gesonderte Einzel-Anmeldung einer großen Anzahl von Subnetzen aus dem Bereich einer Sammel-Adresse die Vorteile der Zusammenfassung verringern.

Der Befehl **summary-address** legt eine Sammel-Adresse und eine Maske in einem OSPF-Prozeß fest. Alle genaueren Subnetz-Adressen, die in den Bereich der festgelegten Sammel-Adresse fallen, werden unterdrückt. Beachten Sie, daß dieser Befehl nur zur Zusammenfassung externer Routen auf ASBRs verwendet wird. Die Zusammenfassung interner OSPF-Routen auf ABRs erfolgt mit dem Befehl **area range**, der in Kapitel 9 angesprochen wurde.

Auf Robinson aus Bild 11.19 werden die EIGRP-1-Subnetze in die OSPF-Domäne mit der Sammel-Adresse 192.168.3.128/25 zusammengefaßt, und die EIGRP 2-Subnetze werden mit der Sammel-Adresse 172.16.0.0/16 zusammengefaßt:

```
router eigrp 1
   redistribute ospf 1 metric 1000 100 1 255 1500
   redistribute eigrp 2
   passive-interface Ethernet0
   network 192.168.3.0
!
```

```
router eigrp 2
  redistribute eigrp 1
  network 192.168.4.0
  network 172.16.0.0
!
router ospf 1
  summary-address 192.168.3.128 255.255.255.128
  summary-address 172.16.0.0 255.255.0.0
  redistribute eigrp 1 metric 50 subnets
  redistribute eigrp 2 metric 100 metric-type 1 subnets
  network 192.168.3.33 0.0.0.0 area 0
```

Vergleichen Sie Bild 11.25 mit Bild 11.24. In Bild 11.25 enthält die Routing-Tabelle von Hodges die festgelegten Sammel-Adressen. Die einzelnen Subnetz-Adressen innerhalb des Sammel-Bereichs wurden am Redistributionspunkt unterdrückt. Beachten Sie auch, daß keine Zusammenfassung für die Haupt-Adresse 192.168.4.0/24 konfiguriert wurde, daher befinden sich die Subnetze dieser Haupt-Adresse weiterhin in der Routing-Tabelle.

Bild 11.25: Robinson verwendet die Sammel-Adressen 192.168.3.128/25 und 172.16.0.0/26, daher erscheinen keine genaueren Subnetz-Adressen aus diesem Bereich mehr in der Routing-Tabelle von Hodges.

```
Hodges#show ip route
Codes: C - connected, S - static, I - IGRP, R - RIP, M - mobile, B - BGP
       D - EIGRP, EX - EIGRP external, O - OSPF, IA - OSPF inter area
       N1 - OSPF NSSA external type 1, N2 - OSPF NSSA external type 2
       E1 - OSPF external type 1, E2 - OSPF external type 2, E - EGP
       i - IS-IS, L1 - IS-IS level-1, L2 - IS-IS level-2, * - candidate default
       U - per-user static route, o - ODR

Gateway of last resort is not set

C       192.168.1.0/24 is directly connected, Ethernet2
O E2    192.168.2.0/24 [110/50] via 192.168.3.33, 00:25:01, Ethernet0
        192.168.3.0/24 is variably subnetted, 4 subnets, 2 masks
C          192.168.3.96/27 is directly connected, Ethernet1
C          192.168.3.64/27 is directly connected, Ethernet3
C          192.168.3.32/27 is directly connected, Ethernet0
O E2       192.168.3.128/25 [110/50] via 192.168.3.33, 00:01:45, Ethernet0
        192.168.4.0/24 is variably subnetted, 3 subnets, 3 masks
O E1       192.168.4.72/29 [110/110] via 192.168.3.33, 00:04:35, Ethernet0
O E1       192.168.4.4/30 [110/110] via 192.168.3.33, 00:04:35, Ethernet0
O E1       192.168.4.0/24 [110/110] via 192.168.3.33, 00:04:36, Ethernet0
O E1    172.16.0.0/16 [110/110] via 192.168.3.33, 00:04:36, Ethernet0
Hodges#
```

Die Zusammenfassung für das EIGRP erfolgt schnittstellenweise. Das bedeutet, daß die Sammel-Adresse und die Maske nicht an den Routing-Prozeß vergeben wird, sondern sie wird an individuelle Schnittstellen vergeben. Dieses System bietet die Möglichkeit der Anmeldung verschiedener Sammel-Routen aus verschiedenen Schnittstellen für denselben Prozeß. Der Befehl **ip summary-address eigrp** *Prozeß-ID* legt die Sammel-Adresse und die Maske fest sowie den EIGRP-Prozeß, in den die Zusammenfassung gemeldet werden soll.

Kapitel 11 • Die Routen-Redistribution **661**

In der folgenden Konfiguration wird Robinson die Sammel-Adressen 192.168.3.0/25, 172.16.0.0/16 und 192.168.4.0/24 in den EIGRP-1-Prozeß melden:

```
interface Ethernet0
  ip address 192.168.3.33 255.255.255.224
!
interface Ethernet1
  ip address 192.168.3.129 255.255.255.224
  ip summary-address eigrp 1 192.168.3.0 255.255.255.128
  ip summary-address eigrp 1 172.16.0.0 255.255.0.0
  ip summary-address eigrp 1 192.168.4.0 255.255.255.0
!
interface Serial0
  ip address 192.168.4.5 255.255.255.252
  ip summary-address eigrp 2 192.168.3.0 255.255.255.0
!
interface Serial1
  ip address 172.16.2.21 255.255.255.252
  ip summary-address eigrp 2 192.168.0.0 255.255.0.0
!
router eigrp 1
  redistribute ospf 1 metric 1000 100 1 255 1500
  redistribute eigrp 2
  passive-interface Ethernet0
  network 192.168.3.0
!
router eigrp 2
  redistribute eigrp 1
  network 192.168.4.0
  network 172.16.0.0
!
router ospf 1
  summary-address 192.168.3.128 255.255.255.128
  summary-address 172.16.0.0 255.255.0.0
  redistribute eigrp 1 metric 50 subnets
  redistribute eigrp 2 metric 100 metric-type 1 subnets
  network 192.168.3.33 0.0.0.0 area 0
```

Bild 11.26 zeigt die Routing-Tabelle von Podres. Wie bei der OSPF-Zusammenfassung unterdrückt die EIGRP-Zusammenfassung die Anmeldung der Subnetze innerhalb des Sammel-Bereichs. Die Routing-Tabelle von Podres läßt auch erkennen, daß die in das EIGRP gemeldeten Sammel-Routen im Gegensatz zum OSPF nicht als externe Routen markiert sind.

Robinson meldet die EIGRP-Sammel-Route 192.168.3.0/24 an Campanella und die EIGRP-Sammel-Route 192.168.0.0/16 an Snider. Bild 11.27 zeigt die Routing-Tabelle von Campanella, und Bild 11.28 zeigt die Routing-Tabelle von Snider.

Bild 11.26:
Die Routing-Tabelle von Podres zeigt die Sammel-Routen 192.168.3.0/25, 192.168.4.0/24 und 172.16.0.0/16.

```
Podres#show ip route
Codes: C - connected, S - static, I - IGRP, R - RIP, M - mobile, B - BGP
       D - EIGRP, EX - EIGRP external, O - OSPF, IA - OSPF inter area
       E1 - OSPF external type 1, E2 - OSPF external type 2, E - EGP
       i - IS-IS, L1 - IS-IS level-1, L2 - IS-IS level-2, * - candidate default
       U - per-user static route

Gateway of last resort is not set

D EX 192.168.1.0/24 [170/2611200] via 192.168.3.129, 00:00:52, Ethernet0
C    192.168.2.0/24 is directly connected, Ethernet3
     192.168.3.0/24 is variably subnetted, 6 subnets, 3 masks
D       192.168.3.0/24 is a summary, 00:00:52, Null0
D       192.168.3.0/25 [90/307200] via 192.168.3.129, 00:00:52, Ethernet0
C       192.168.3.192/27 is directly connected, Ethernet2
C       192.168.3.160/27 is directly connected, Ethernet1
D EX    192.168.3.128/25 [170/2611200] via 192.168.3.129, 00:00:52, Ethernet0
C       192.168.3.128/27 is directly connected, Ethernet0
D    192.168.4.0/24 [90/281600] via 192.168.3.129, 00:00:52, Ethernet0
D    172.16.0.0/16 [90/281600] via 192.168.3.129, 00:00:52, Ethernet0
D EX 192.168.0.0/16 [170/281600] via 192.168.3.129, 00:00:53, Ethernet0
Podres#
```

Bild 11.27:
Die Routing-Tabelle von Campanella nachdem die Zusammenfassung bei Robinson konfiguriert wurde.

```
Campanella#show ip route
Codes: C - connected, S - static, I - IGRP, R - RIP, M - mobile, B - BGP
       D - EIGRP, EX - EIGRP external, O - OSPF, IA - OSPF inter area
       E1 - OSPF external type 1, E2 - OSPF external type 2, E - EGP
       i - IS-IS, L1 - IS-IS level-1, L2 - IS-IS level-2, * - candidate default
       U - per-user static route

Gateway of last resort is not set

D EX 192.168.2.0/24 [170/2323456] via 192.168.4.5, 00:03:15, Serial0
D    192.168.3.0/24 [90/2169856] via 192.168.4.5, 00:04:26, Serial0
     192.168.4.0/24 is variably subnetted, 2 subnets, 2 masks
C       192.168.4.72/29 is directly connected, TokenRing0
C       192.168.4.4/30 is directly connected, Serial0
D    172.16.0.0/16 [90/2681856] via 192.168.4.5, 00:03:13, Serial0
Campanella#
```

Bild 11.28:
Die Routing-Tabelle von Snider nachdem die Zusammenfassung bei Robinson konfiguriert wurde.

```
Snider#show ip route
Codes: C - connected, S - static, I - IGRP, R - RIP, M - mobile, B - BGP
       D - EIGRP, EX - EIGRP external, O - OSPF, IA - OSPF inter area
       E1 - OSPF external type 1, E2 - OSPF external type 2, E - EGP
       i - IS-IS, L1 - IS-IS level-1, L2 - IS-IS level-2, * - candidate default
       U - per-user static route

Gateway of last resort is not set

D    192.168.4.0/24 [90/2681856] via 172.16.2.21, 00:05:26, Serial0
     172.16.0.0/16 is variably subnetted, 3 subnets, 3 masks
C       172.16.2.20/30 is directly connected, Serial0
D       172.16.0.0/16 is a summary, 00:05:24, Null0
C       172.16.1.0/24 is directly connected, TokenRing0
D    192.168.0.0/16 [90/2169856] via 172.16.2.21, 00:07:37, Serial0
Snider#
```

Ein interessanter Punkt in der Routing-Tabelle von Snider ist der Eintrag 192.168.4.0/24. Sie könnten erwarten, daß diese Route durch die Sammel-Adresse 192.168.0.0/16 unterdrückt wird. Für die EIGRP-2-Prozeß-Domäne ist die Adresse

192.168.4.0/24 aber eine interne Adresse. Die Zusammenfassung wird nur auf Routen angewendet, die in die Prozeß-Domäne redistributiert werden.

Schauen Sie erneut auf Bild 11.26, und achten Sie auf den Eintrag für die Sammel-Route 192.168.3.128/25. Dieser Eintrag mag Sie überraschen, da die Sammel-Adresse in das OSPF gemeldet wird und nicht in das EIGRP. Beachten Sie auch, daß die Route als eine externe Route markiert ist und damit anzeigt, daß sie in die EIGRP-Domäne redistributiert wurde. Folgendes ist passiert: Die Sammel-Route wurde in das OSPF gemeldet und daraufhin von der OSPF-Domäne zurück in das EIGRP redistributiert. Auf diese Weise entstand der unerwartete Eintrag bei Podres.

Stellen wir uns nun vor, das Subnetz 192.168.3.192/27 würde unerreichbar werden. Podres würde Pakete, die für dieses Subnetz bestimmt wären, an die weniger genaue Route 192.168.3.128/25 weiterleiten. Die Pakete würden in die OSPF-Domäne gesendet, von der Sie erwarten könnten, daß durch die Sammel-Route 192.168.3.128/25 die Pakete direkt zurück an Podres gesendet würden.

Tatsächlich wird diese Situation nicht auftreten. Die Routing-Tabelle von Robinson (Bild 11.29) besitzt zahlreiche Einträge für Sammel-Routen, die die Schnittstelle Null0 als eine direkt verbundene Schnittstelle zeigen. Die Null-Schnittstelle ist eine reine Software-Schnittstelle, die ins Nirgendwo führt – Pakete, die zu ihr geroutet werden, werden verworfen. Mit einigen Ausnahmen[1] wird ein Router bei der Erzeugung einer Sammel-Adresse immer eine zusätzliche Route für diese Adresse erzeugen, die zur Null-Schnittstelle führt. Wenn Robinson ein Paket für die Adresse 192.168.3.192/27 empfängt und dieses Subnetz nicht mehr erreichbar ist, wird der Router das Paket an die Null-Schnittstelle weiterleiten. Die Routing-Schleife ist nach einem Hop unterbrochen.

Verwendung von Null-Schnittstellen zum Schutz der durch Zusammenfassung verursachten Router-Schleifen

---

[1] Die OSPF-Inter-Area-Zusammenfassung erzeugt z.B. nicht automatisch eine Sammel-Route zur Null-Schnittstelle. Sie muß statisch konfiguriert werden, wie es im Kapitel 9 demonstriert wurde.

Bild 11.29:
Die Routing-Tabelle von Robinson. Da der Router viele Sammel-Routen erzeugt, existieren viele Sammel-Einträge, die auf die Schnittstelle Null0 zeigen. Dies ist eine Sicherung gegen Routing-Schleifen.

```
Robinson#show ip route
Codes: C - connected, S - static, I - IGRP, R - RIP, M - mobile, B - BGP
       D - EIGRP, EX - EIGRP external, O - OSPF, IA - OSPF inter area
       N1 - OSPF NSSA external type 1, N2 - OSPF NSSA external type 2
       E1 - OSPF external type 1, E2 - OSPF external type 2, E - EGP
       i - IS-IS, L1 - IS-IS level-1, L2 - IS-IS level-2, * - candidate default
       U - per-user static route, o - ODR

Gateway of last resort is not set

O    192.168.1.0/24 [110/74] via 192.168.3.34, 02:28:09, Ethernet0
D    192.168.2.0/24 [90/409600] via 192.168.3.130, 02:04:15, Ethernet1
     192.168.3.0/24 is variably subnetted, 9 subnets, 4 masks
O       192.168.3.96/27 [110/11] via 192.168.3.34, 02:28:09, Ethernet0
O       192.168.3.64/27 [110/74] via 192.168.3.34, 02:28:09, Ethernet0
C       192.168.3.32/27 is directly connected, Ethernet0
D       192.168.3.0/24 is a summary, 00:58:14, Null0
D       192.168.3.0/25 is a summary, 00:58:14, Null0
D       192.168.3.192/27 [90/435200] via 192.168.3.130, 02:04:15, Ethernet1
D       192.168.3.160/27 [90/460800] via 192.168.3.130, 02:04:15, Ethernet1
O       192.168.3.128/25 is a summary, 01:21:18, Null0
C       192.168.3.128/27 is directly connected, Ethernet1
     192.168.4.0/24 is variably subnetted, 3 subnets, 3 masks
D       192.168.4.72/29 [90/2185984] via 192.168.4.6, 00:58:15, Serial0
C       192.168.4.4/30 is directly connected, Serial0
D       192.168.4.0/24 is a summary, 01:21:08, Null0
     172.16.0.0/16 is variably subnetted, 3 subnets, 3 masks
C       172.16.2.20/30 is directly connected, Serial1
D       172.16.0.0/16 is a summary, 00:58:16, Null0
D       172.16.1.0/24 [90/2185984] via 172.16.2.22, 01:21:10, Serial1
D    192.168.0.0/16 is a summary, 01:21:08, Null0
Robinson#
```

Sammel-Routen zu Null-Schnittstellen sind sehr hilfreich gegen Routen-Schleifen, und ihre Verwendung wird im Kapitel 12 näher betrachtet. Jedoch sollte die Redistribution von unrichtigen Routing-Informationen niemals ermöglicht werden. Stellen Sie sich vor, Podres wäre nicht nur einen Hop von Robinson entfernt, sondern zehn Hops. Das fehlgeleitete Paket müßte wesentlich weiter wandern, bevor es verworfen wird. Dieses Beispiel zeigt auf, daß die Routen-Advertisements sorgfältig geregelt werden müssen, wenn die *gegenseitige Redistribution* (engl. mutual redistribution) angewendet wird – das bedeutet, daß sich zwei Routing-Protokolle ihre Routen gegenseitig redistributieren. In solchen Fällen ist die Verwendung von Routen-Filtern oder Routen-Maps unabdingbar. Die Routenfilter werden in Kapitel 13 und die Routen-Maps werden in Kapitel 14 beschrieben.

Das letzte Szenario demonstriert auch die Nachteile, die mit der Anwendung der Zusammenfassung einhergehen. Auch wenn die Größe der Routing-Tabelle verringert wird und damit Speicher und CPU-Zeit eingespart wird, reduziert sich die Routen-Genauigkeit. Wenn das Internetzwerk wächst und komplexer wird, erhöht dieser Detail-Verlust die Möglichkeit der Routing-Fehler.

11.2.4 Fallstudie: Redistribution von IS-IS und RIP

Im Internetzwerk von Bild 11.30 führt Aaron das IS-IS aus, Williams betreibt das RIPv1, und Mays soll die beiden Protokolle gegenseitig redistribuieren. Die IS-IS-Konfiguration von Mays lautet:

```
router isis
  redistribute rip metric 0 metric-type internal level-2
  net 01.0001.0000.0c76.5432.00
!
router rip
  redistribute isis level-1-2 metric 1
  passive-interface Ethernet0
  network 10.0.0.0
```

Die Routen können in das IS-IS entweder als interne oder als externe Routen (intern ist die Grundeinstellung) und entweder als Level-1- oder als Level-2-Routen (Level 2 ist die Grundeinstellung) redistribuiert werden. Im gezeigten Beispiel werden die RIP-Routen als interne Level-2-Routen mit der Standard-Metrik von 0 redistribuiert. Bild 11.31 zeigt die redistribuierten Routen in der Routing-Tabelle von Aaron.

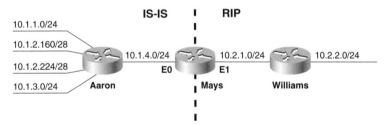

Bild 11.30: Router Mays redistribuiert das RIP in das IS-IS und das IS-IS in das RIP.

```
Aaron#show ip route
Codes: C - connected, S - static, I - IGRP, R - RIP, M - mobile, B - BGP
       D - EIGRP, EX - EIGRP external, O - OSPF, IA - OSPF inter area
       N1 - OSPF NSSA external type 1, N2 - OSPF NSSA external type 2
       E1 - OSPF external type 1, E2 - OSPF external type 2, E - EGP
       i - IS-IS, L1 - IS-IS level-1, L2 - IS-IS level-2, * - candidate default
       U - per-user static route, o - ODR

Gateway of last resort is not set

     10.0.0.0/8 is variably subnetted, 7 subnets, 2 masks
C       10.1.3.0/24 is directly connected, Ethernet4
i L2    10.2.1.0/24 [115/10] via 10.1.4.2, Ethernet0
i L2    10.2.2.0/24 [115/10] via 10.1.4.2, Ethernet0
C       10.1.1.0/24 is directly connected, Ethernet1
C       10.1.4.0/24 is directly connected, Ethernet0
C       10.1.2.160/28 is directly connected, Ethernet2
C       10.1.2.224/28 is directly connected, Ethernet3
Aaron#
```

Bild 11.31: Die Routing-Tabelle von Aaron zeigt die redistribuierten RIP-Routen

Da die RIP-Routen für die IS-IS-Routing-Domäne extern sind, ist es besser, sie auch als externe Routen in die Domäne zu redistributieren:

```
router isis
  redistribute rip metric 0 metric-type external level-2
  net 01.0001.0000.0c76.5432.00
!
router rip
  redistribute isis level-1-2 metric 1
  passive-interface Ethernet0
  network 10.0.0.0
```

Bild 11.32 zeigt die Routing-Tabelle von Aaron nach der Änderung. Die einzige Änderung im Vergleich zu Bild 11.31 besteht in den Metriken der redistributierten Routen, die sich auf über 64 erhöht haben und damit (in diesem kleinen Internetzwerk) externe Routen anzeigen.

Bild 11.32: Die Metriken der Routen zu 10.2.1.0/24 und 10.2.2.0/24 haben sich auf 138 erhöht, seitdem die Routen als extern angemeldet werden.

```
Aaron#show ip route
Codes: C - connected, S - static, I - IGRP, R - RIP, M - mobile, B - BGP
       D - EIGRP, EX - EIGRP external, O - OSPF, IA - OSPF inter area
       N1 - OSPF NSSA external type 1, N2 - OSPF NSSA external type 2
       E1 - OSPF external type 1, E2 - OSPF external type 2, E - EGP
       i - IS-IS, L1 - IS-IS level-1, L2 - IS-IS level-2, * - candidate default
       U - per-user static route, o - ODR

Gateway of last resort is not set

     10.0.0.0/8 is variably subnetted, 6 subnets, 2 masks
C       10.1.3.0/24 is directly connected, Ethernet4
i L2    10.2.1.0/24 [115/138] via 10.1.4.2, Ethernet0
i L2    10.2.2.0/24 [115/138] via 10.1.4.2, Ethernet0
C       10.1.1.0/24 is directly connected, Ethernet1
C       10.1.4.0/24 is directly connected, Ethernet0
C       10.1.2.160/28 is directly connected, Ethernet2
C       10.1.2.224/28 is directly connected, Ethernet3
Aaron#
```

Ein weiterer Blick auf Bild 11.30 zeigt, daß beide Subnetze der RIP-Domäne mit der Sammel-Adresse 10.2.0.0/16 zusammengefaßt werden können. Die Routen-Zusammenfassung wird im IS-IS mit dem gleichen **summary-address**-Befehl konfiguriert, der auch beim OSPF verwendet wird. Jedoch muß der Level angegeben werden, in den die Zusammenfassung gesendet werden soll. In der folgenden Konfiguration werden die RIP-Routen zusammengefaßt und als Level 1 redistributiert:

```
router isis
  summary-address 10.2.0.0 255.255.0.0 level-1
  redistribute rip metric 0 metric-type external level-1
  net 01.0001.0000.0c76.5432.00
!
```

```
router rip
  redistribute isis level-1-2 metric 1
  passive-interface Ethernet0
  network 10.0.0.0
```

Bild 11.33 zeigt die Sammel-Route in der Routing-Tabelle von Aaron. Wie im OSPF und im EIGRP unterdrückt die Zusammenfassung genauere Routen innerhalb des Sammel-Bereichs.

```
Aaron#show ip route
Codes: C - connected, S - static, I - IGRP, R - RIP, M - mobile, B - BGP
       D - EIGRP, EX - EIGRP external, O - OSPF, IA - OSPF inter area
       N1 - OSPF NSSA external type 1, N2 - OSPF NSSA external type 2
       E1 - OSPF external type 1, E2 - OSPF external type 2, E - EGP
       i - IS-IS, L1 - IS-IS level-1, L2 - IS-IS level-2, * - candidate default
       U - per-user static route, o - ODR

Gateway of last resort is not set

     10.0.0.0/8 is variably subnetted, 6 subnets, 3 masks
i L1    10.2.0.0/16 [115/138] via 10.1.4.2, Ethernet0
C       10.1.3.0/24 is directly connected, Ethernet4
C       10.1.1.0/24 is directly connected, Ethernet1
C       10.1.4.0/24 is directly connected, Ethernet0
C       10.1.2.160/28 is directly connected, Ethernet2
C       10.1.2.224/28 is directly connected, Ethernet3
Aaron#
```

Bild 11.33: Die Routing-Tabelle von Aaron mit einer Sammel-Route zu den Subnetzen innerhalb der RIP-Domäne.

Wenn IS-IS in ein anderes Protokoll redistributiert wird, muß der Routen-Level festgelegt werden, der redistributiert werden soll. In den bisher gezeigten Beispielen wurden sowohl die Level-1- als auch die Level-2-Routen zur Redistribution in das RIP festgelegt.

11.2.5 Fallstudie: Redistribution statischer Routen

Bild 11.34 zeigt die Routing-Tabelle von Williams in der Abbildung 11.30. Beachten Sie, daß die Subnetze 10.1.2.160/28 und 10.1.2.224/28 fehlen. Ihre Subnetz-Masken stimmen nicht mit der 24-Bit-Maske überein, die auf der E1-Schnittstelle von Mays konfiguriert ist, daher sind die Routen nicht in den RIP-Updates enthalten, die aus dieser Schnittstelle ausgesendet werden. Dieses Szenario zeigt erneut das Problem der Redistribution variabel subvernetzter Routen aus einem classless Protokoll in ein classful Protokoll auf, das schon zuvor in diesem Kapitel diskutiert wurde.

Bild 11.34: Die Routen, deren Subnetz-Masken nicht aus 24 Bit bestehen, werden nicht in die RIP-Domäne redistributiert.

```
Williams#show ip route
Codes: C - connected, S - static, I - IGRP, R - RIP, M - mobile, B - BGP
       D - EIGRP, EX - EIGRP external, O - OSPF, IA - OSPF inter area
       E1 - OSPF external type 1, E2 - OSPF external type 2, E - EGP
       i - IS-IS, L1 - IS-IS level-1, L2 - IS-IS level-2, * - candidate default
       U - per-user static route

Gateway of last resort is not set

     10.0.0.0/8 is subnetted, 5 subnets
R       10.1.3.0 [120/1] via 10.2.1.2, 00:00:01, Ethernet0
C       10.2.1.0 is directly connected, Ethernet0
R       10.1.1.0 [120/1] via 10.2.1.2, 00:00:02, Ethernet0
C       10.2.2.0 is directly connected, Ethernet1
R       10.1.4.0 [120/1] via 10.2.1.2, 00:00:02, Ethernet0
Williams#
```

Eine Lösung dieses Problems besteht in der Zusammenfassung der beiden 28-Bit-Subnetze mit der einzelnen 24-Bit-Sammel-Adresse 10.1.2.0/24. RIP besitzt keinen summary-Befehl, daher kann die Zusammenfassung so erreicht werden, daß eine statische Route zu der Sammel-Adresse konfiguriert wird und diese Route daraufhin in das RIP redistributiert wird:

```
router isis
  summary-address 10.2.0.0 255.255.0.0 level-1
  redistribute rip metric 0 metric-type external level-1
  net 01.0001.0000.0c76.5432.00
!
router rip
  redistribute static metric 1
  redistribute isis level-1-2 metric 1
  passive-interface Ethernet0
  network 10.0.0.0
!
ip route 10.1.2.0 255.255.255.0 10.1.4.1
```

Bild 11.35 zeigt die Routing-Tabelle von Williams mit der enthaltenen Sammel-Route.

Bild 11.35: Die Subnetze 10.1.2.160/28 und 10.1.2.224/28 wurden mit der Adresse 10.1.2.0/24 zusammengefaßt.

```
Williams#show ip route
Codes: C - connected, S - static, I - IGRP, R - RIP, M - mobile, B - BGP
       D - EIGRP, EX - EIGRP external, O - OSPF, IA - OSPF inter area
       E1 - OSPF external type 1, E2 - OSPF external type 2, E - EGP
       i - IS-IS, L1 - IS-IS level-1, L2 - IS-IS level-2, * - candidate default
       U - per-user static route

Gateway of last resort is not set

     10.0.0.0/8 is subnetted, 6 subnets
R       10.1.3.0 [120/1] via 10.2.1.2, 00:00:03, Ethernet0
R       10.1.2.0 [120/1] via 10.2.1.2, 00:00:03, Ethernet0
C       10.2.1.0 is directly connected, Ethernet0
R       10.1.1.0 [120/1] via 10.2.1.2, 00:00:03, Ethernet0
C       10.2.2.0 is directly connected, Ethernet1
R       10.1.4.0 [120/1] via 10.2.1.2, 00:00:03, Ethernet0
Williams#
```

In Kapitel 3 wurde eine Variante der statischen Route beschrieben, deren Eintrag auf eine ausgehende Schnittstelle zeigt und nicht auf eine Next-Hop-Adresse. Diese statischen Routen können gleichfalls redistribuiert werden, nur unterscheidet sich die Konfiguration etwas. Zum Beispiel kann die Konfiguration von Mays so lauten:

```
router isis
summary-address 10.2.0.0 255.255.0.0 level-1
redistribute rip metric 0 metric-type external level-1
net 01.0001.0000.0c76.5432.00
!
router rip
redistribute isis level-1-2 metric 1
passive-interface Ethernet0
network 10.0.0.0
!
ip route 10.1.2.0 255.255.255.0 Ethernet0
```

Hier zeigt die statische Route nun auf die E0-Schnittstelle von Mays und nicht auf die Next-Hop-Adresse 10.1.4.1. Zudem wird der Befehl **redistribute static** nicht mehr in der RIP-Konfiguration verwendet, dennoch sieht die Routing-Tabelle von Williams noch genauso aus wie in Bild 11.35.

Diese statische Route wird weiterhin redistribuiert, weil der Router ein Ziel als direkt verbunden betrachtet, wenn eine statische Route auf eine ausgehende Schnittstelle zeigt (Bild 11.36). Da nun ein network-Statement für die Adresse 10.0.0.0 in der RIP-Konfiguration existiert, wird RIP dieses »direkt verbundene« Subnetz von 10.0.0.0 anmelden.

```
Mays#show ip route
Codes: C - connected, S - static, I - IGRP, R - RIP, M - mobile, B - BGP
       D - EIGRP, EX - EIGRP external, O - OSPF, IA - OSPF inter area
       N1 - OSPF NSSA external type 1, N2 - OSPF NSSA external type 2
       E1 - OSPF external type 1, E2 - OSPF external type 2, E - EGP
       i - IS-IS, L1 - IS-IS level-1, L2 - IS-IS level-2, * - candidate default
       U - per-user static route, o - ODR

Gateway of last resort is not set

     10.0.0.0/8 is variably subnetted, 8 subnets, 2 masks
i L1    10.1.3.0/24 [115/20] via 10.1.4.1, Ethernet0
S       10.1.2.0/24 is directly connected, Ethernet0
C       10.2.1.0/24 is directly connected, Ethernet1
i L1    10.1.1.0/24 [115/20] via 10.1.4.1, Ethernet0
R       10.2.2.0/24 [120/1] via 10.2.1.1, 00:00:21, Ethernet1
C       10.1.4.0/24 is directly connected, Ethernet0
i L1    10.1.2.160/28 [115/20] via 10.1.4.1, Ethernet0
i L1    10.1.2.224/28 [115/20] via 10.1.4.1, Ethernet0
Mays#
```

Bild 11.36: Mays betrachtet die Sammel-Adresse 10.1.2.0/24 als direkt an die Schnittstelle Ethernet 0 angeschlossen.

Stellen wir uns vor, Williams empfängt ein Paket mit der Ziel-Adresse 10.1.2.5. Die Sammel-Adresse 10.1.2.0/24 paßt, und das Paket wird an Mays weitergeleitet. Bei Mays paßt die Ziel-Adresse auf kein genaueres Subnetz und wird daher der statischen Route zugewiesen. Mays wird ARP-Anfragen aus der E0-Schnittstelle senden, um den Host 10.1.2.5 zu finden (oder einen Router, der eine Proxy-ARP-Antwort sendet). Da er keine Antwort erhält, weiß der Router nicht, was er mit dem Paket anfangen soll. Es wird keine ICMP-Ziel-Unerreichbar-Meldung an den Erzeuger gesendet.

Erinnern Sie sich an die Zusammenfassungsbefehle: Diese erzeugen einen Eintrag in der Routing-Tabelle, der auf die Schnittstelle Null 0 zeigt. Das gleiche kann und sollte mit statischen Sammel-Routen konfiguriert werden:

```
router isis
  summary-address 10.2.0.0 255.255.0.0 level-1
  redistribute rip metric 0 metric-type external level-1
  net 01.0001.0000.0c76.5432.00
!
router rip
  redistribute isis level-1-2 metric 1
  passive-interface Ethernet0
  network 10.0.0.0
!
ip route 10.1.2.0 255.255.255.0 Null0
```

Daraufhin wird jedes Paket, das für eine Ziel-Adresse bestimmt ist, für die Mays keine genauere Übereinstimmung findet, an die Null-Schnittstelle geroutet und verworfen. Anschließend wird eine ICMP-Ziel-Unerreichbar-Meldung an den Erzeuger gesendet.

11.3 Ausblick

Dieses Kapitel beschäftigt sich mit mehreren Problemen, die bei der Redistribution von Routen auftreten können. Die Vermeidung oder die Korrektur von Problemen mündet in praktisch allen bis auf die einfachsten Redistributionsschemata in der Verwendung von Routen-Filtern oder Routen-Maps, die in den Kapiteln 13 und 14 betrachtet werden. Diese Kapitel enthalten Beispiele von komplexeren Redistributionsschemata und wie darin Probleme behoben werden können. Zuerst betrachtet jedoch das Kapitel 12 die Default-Routen – die man als die allgemeinste Form einer Sammel-Route ansehen kann.

11.3.1 Zusammenfassende Tabelle: Befehle aus Kapitel 11

Befehl	Beschreibung
default-metric *Bandbreite Verzögerung Zuverlässigkeit Last MTU*	Vereinbart eine Standard-Metrik für Routen, die in das IGRP und das EIGRP redistribuiert werden.
default-metric *Nummer*	Vereinbart eine Standard-Metrik für Routen, die in das RIP und das OSPF redistribuiert werden.
ip summary-address eigrp *Autonomous-System-Nummer Adresse Maske*	Konfiguriert eine EIGRP-Sammel-Route auf einer Schnittstelle.
redistribute connected	Redistributiert alle direkt verbundenen Netzwerke.
redistribute *Protokoll [Prozeß-ID]*{level-1|level-1-2|level-2}[**metric** *Metrik-Wert*][**metric-type** *Typ-Wert*][**match**{internal|external 1|external 2}][**tag** *Tag-Wert*] [**route-map** *Map-Tag*][**weight** *Wichtung*][**subnets**]	Konfiguriert die Redistribution in ein Routing-Protokoll und vereinbart die Quelle der redistribuierten Routen.
summary-address *Adresse Maske* {level-1|level-1-2|level-2} *Präfix Maske* [**not-advertise**] [**tag** *Tag*]	Konfiguriert die Routen-Zusammenfassung für das IS-IS und das OSPF.

11.4 Übungsfragen

1. Aus welchen Quellen kann eine Route redistribuiert werden?

2. Welchen Zweck erfüllt eine administrative Distanz?

3. Wie können administrative Distanzen Probleme bei der Redistribution verursachen?

4. Wie kann eine Redistribution von einem classless in ein classful Routing-Protokoll Probleme verursachen?

5. Welche IP-IGPs können die Standard-Redistributions-Metrik verwenden, und welche IGPs benötigen eine konfigurierte Metrik, damit die Redistribution funktioniert?

6. Wie unterscheidet sich die Verwendung des Befehls **redistribute** mit dem Schlüsselwort **metric** von der Verwendung des Befehls **default-metric**?

7. Welchen Zweck erfüllt das Schlüsselwort **subnets** bei der Redistribution in das OSPF?

8. Welchen Nutzen hat die Null-Schnittstelle bei der Zusammenfassung von Routen?

11.5 Übungen zur Konfiguration

1. Der Router A in Bild 11.37 führt das IGRP aus, und der Router C betreibt das RIPv1. Erstellen Sie eine Konfiguration für den Router B, die eine vollständige Verbindung aller Subnetze ermöglicht.

Bild 11.37: Das Internetzwerk für die Konfigurationsübungen 1, 2 und 3.

2. Der Router A in Bild 11.37 führt das OSPF aus, und der Router C betreibt das RIPv1. Erstellen Sie eine Konfiguration für den Router B, die eine vollständige Verbindung aller Subnetze ermöglicht.

3. Der Router A in Bild 11.37 führt das EIGRP aus, und der Router C betreibt das IS-IS. Auf dem Router B sind alle IS-IS-Routen vom Level 1. Konfigurieren Sie die gegenseitige Redistribution auf dem Router B mit jeder möglichen Zusammenfassung. Die EIGRP-Routen sollen in die IS-IS-Domäne als externe Routen gemeldet werden.

11.6 Übungen zur Fehlersuche

1. In der Fallstudie »Die Redistribution von IGRP und RIP« ist die folgende Konfiguration für den Router Mantle in Bild 11.18 vorgegeben:

   ```
   router rip
     redistribute igrp 1 metric 5
     passive-interface Ethernet1
     network 10.0.0.0
   !
   router igrp 1
     redistribute connected
     redistribute rip
     default-metric 1000 100 255 1 1500
     passive-interface Ethernet0
     network 10.0.0.0
   ```

   Wird die RIP-Domäne das Rumpf-Netzwerk 192.168.10.0/24 aufgrund der Tatsache kennen, daß es in das IGRP und daraufhin in das RIP redistributiert wird?

2. Wenn in der Fehlersuchübung 1 der Befehl **redistribute rip** in der IGRP-Konfiguration entfernt wird, wird der Befehl **redistribute connected** genügen, um die RIP-Domäne anzumelden?

3. Warum ist in Bild 11.20 das Subnetz 192.168.3.32/27 nicht als eine externe EIGRP-Route markiert?

4. In Bild 11.20 existiert eine Sammel-Route zu 192.168.3.0. Was hat diesen Eintrag verursacht?

5. Warum ist in Bild 11.27 die Adresse 192.168.1.0/24 nicht in Campanellas Routing-Tabelle?

Dieses Kapitel behandelt die folgenden Themen:

- **Grundlagen der Default-Routen**

- **Grundlagen des On-Demand-Routings**

- **Konfiguration der Default-Routen und des ODR**
  Fallstudie: Statische Default-Routen
  Fallstudie: Der Befehl Default-Network
  Fallstudie: Der Befehl Default-Information Originate
  Fallstudie: Konfiguration des On-Demand-Routings

Kapitel 12
Default-Routen und On-Demand-Routing

Die Zusammenfassung wurde bereits in einigen Kapiteln betrachtet. Die *Zusammenfassung* spart Internetzwerk-Ressourcen durch die verringerte Größe von Routing-Tabellen und Routen-Advertisements ein. Die kürzeren und vereinfachten Routing-Tabellen können zudem das Management und die Problembehebung erleichtern.

Eine *Sammel-Adresse* ist eine Adresse, die einige und manchmal auch viele genauere Adressen gemeinsam repräsentiert. Zum Beispiel können die folgenden vier Subnetze:

```
192.168.200.128/27
192.168.200.160/27
192.168.200.192/27
192.168.200.224/27
```

mit der einzelnen Adresse 192.168.200.128/25 zusammengefaßt werden.

Wenn man die Adressen binär betrachtet, so läßt sich erkennen, daß die Sammel-Adresse weniger genau ist, da sie weniger Netzwerk- und Subnetz-Bits besitzt, als die zusammengefaßten Adressen. Um es einfach auszudrücken: Je mehr Nullen der Host-Raum besitzt und je weniger Netzwerk-Bits verwendet werden, desto mehr Adressen sind zusammengefaßt. Was bedeutet es nun aber, wenn man dieses Prinzip bis zur letzten Konsequenz durchführt und dem Host-Raum so viele Nullen hinzufügt, daß keine Netzwerk-Bits mehr vorhanden sind? Oder anders gesagt, was ist, wenn die Sammel-Adresse aus 32 Nullen besteht (0.0.0.0)? Diese Adresse faßt jede mögliche IP-Adresse zusammen.

Die IP-Default-Adresse ist 0.0.0.0

0.0.0.0 ist die IP-Default-Adresse, und eine Route zu 0.0.0.0 ist eine Default-Route[1]. Jede andere IP-Adresse ist genauer als die Default-Adresse. Wenn nun eine Default-Route in einer Routing-Tabelle existiert, wird ihr eine Route nur dann zugewiesen, wenn keine genauere Übereinstimmung gefunden wird.

12.1 Grundlagen der Default-Routen

Wenn ein Router mit dem Internet verbunden ist, ist eine Default-Route äußerst hilfreich. Ohne eine Default-Route müßte der Router für jede über das Internet erreichbare Ziel-Adresse einen Routen-Eintrag besitzen. Laut diesem Buch besteht eine solche Routing-Tabelle aus mehr als 55000 Einträgen. Mit einer Default-Route muß der Router nur die internen Ziele seines eigenen administrativen Systems kennen. Die Default-Route wird alle Pakete, die für eine andere Adresse bestimmt sind, an den Internet-Service-Provider weiterleiten. Beim Umgang mit umfangreichen Routing-Tabellen stellen Topologie-Änderungen ein wesentlich größeres Problem dar als die erhöhten Speicheranforderungen. In einem großen Internetzwerk treten Topologie-Änderungen häufiger auf, was zu einer erhöhten System-Aktivität durch die Anmeldung und Verarbeitung dieser Änderungen führt. Die Verwendung einer Default-Route hat den Effekt, daß die Änderungen von genaueren Routen »verdeckt« werden. Daher wird ein Internetzwerk, in dem eine Default-Route angemeldet wird, wesentlich stabiler sein.

Default-Routen sind auch in kleineren Bereichen, innerhalb von einzelnen Autonomous-Systemen, hilfreich. Auch in kleineren Internetzwerken können die gleichen Vorteile der verringerten Speicher- und Prozessor-Belastung erreicht werden, obwohl sich der Nutzen gleichzeitig mit der Zahl der Routen verringert.

In Hub-and-Spoke-Topologien (=Naben-und-Spoke-Topologien) wie der in Bild 12.1 haben Default-Routen ebenfalls ih-

---

1 Diese Adresse wird von allen offenen IP-Routing-Protokollen verwendet. IGRP und EIGRP von Cisco verwenden eine wirkliche Netzwerkadresse, die als externe Route angemeldet wird.

ren Nutzen. Hier besitzt der Hub-Router eine statische Route zu jedem Remote-Subnetz. Die Eingabe neuer statischer Routen beim Hub-Router nachdem ein neues Subnetz in Betrieb genommen wurde, ist eine wenig originelle administrative Vorgehensweise, aber das Hinzufügen der Routen bei jedem Spoke-Router wäre wesentlich zeitaufwendiger. Durch die Verwendung von Default-Routen auf den Spoke-Routern benötigt nur der Hub-Router Einträge für jedes Subnetz. Wenn ein Spoke-Router ein Paket für ein unbekanntes Ziel empfängt, wird er das Paket zum Hub-Router weiterleiten, der das Paket wiederum zum korrekten Ziel weiterleiten kann.

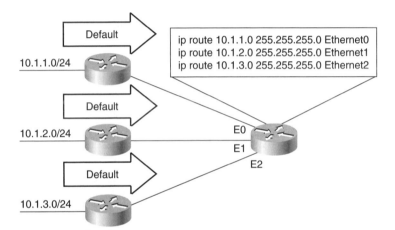

Bild 12.1:
Die Administration des statischen Routings wird in einem Hub-and-Spoke-Internetzwerk durch Default-Routen stark vereinfacht.

Die Spoke-Router in Bild 12.1 sind korrekterweise als »Rumpf-Router« zu bezeichnen. Ein *Rumpf-Router* (engl. stub router) besitzt nur eine einzige Verbindung zu einem anderen Router. Die Routing-Entscheidungen werden in einem solchen Gerät sehr einfach realisiert: Das Ziel ist entweder ein direkt mit dem Router verbundenes Netzwerk (*Rumpf-Netzwerk*), oder es ist über den einzigen Nachbar erreichbar. Wenn dieser Nachbar nun die einzige Next-Hop-Routing-Möglichkeit darstellt, benötigt der Rumpf-Router keine ausführliche Routing-Tabelle. Eine Default-Route genügt in diesem Fall.

Wie bei den anderen Sammel-Routen liegt der Nachteil der Default-Routen in einem Verlust der Routing-Details. Zum Beispiel können die Rumpf-Router in Bild 12.1 nicht wissen, ob ein Ziel unerreichbar ist. Alle Pakete zu unbekannten Zielen werden an den Hub-Router weitergeleitet, und erst dort wird die Erreichbarkeit bestimmt. Pakete zu nicht existierenden Adressen sollten in einem Internetzwerk möglichst selten auftreten. Wenn sie sich aus irgendwelchen Gründen dennoch häufen, kann es unter Umständen sinnvoll sein, den Rumpf-Routern eine vollständige Routing-Tabelle zu geben, damit unbekannte Ziele so schnell wie möglich bestimmt werden können.

Ein weiteres Problem im Zusammenhang mit dem Verlust von Routing-Details ist in Bild 12.2 gezeigt. Diese Router bilden ein landesweites Gemeinschafts-Backbone, und es sind große lokale Internetzwerke mit jedem der Backbone-Router verbunden. Der Backbone-Router Los Angeles empfängt sowohl von San Francisco als auch von San Diego Default-Routen. Wenn Los Angeles ein Paket an Seattle weiterleiten muß und nur diese beiden Default-Routen besitzt, so kann er nicht wissen, daß die beste Route über San Francisco führt. Los Angeles kann das Paket an San Diego weiterleiten, was zur Folge hat, daß das Paket einen kleinen Anteil sehr kostspieliger Bandbreite verbrauchen wird, bevor es verspätet sein Ziel erreicht. Die Verwendung von Default-Routen auf diesem Backbone wäre eine schlechte Design-Entscheidung,[1] aber sie illustriert, wie die Maskierung von Routen-Details durch eine Default-Route zu einem weniger optimalen Routing führen kann.

12.2 Grundlagen des On-Demand-Routings

Obwohl die Konfiguration statischer Routen auf einem Hub-Router wie dem in Bild 12.1 sehr einfach ist, sehen viele Netzwerkadministratoren die statischen Routen weiterhin als administrativ nicht wünschenswert an. Die Schwierigkeit liegt nicht so sehr im Hinzufügen der Routen, wenn neue Rumpf-Netzwerke in Betrieb genommen werden, vielmehr muß man sich daran erinnern, welche Routen entfernt werden müssen, wenn Rumpf-Netzwerke oder Rumpf-Router vom Netz genommen werden. Seit der IOS-Version 11.2 bietet Cisco eine proprietäre Alternative für Hub-Router, die sich *On-Demand-Routing* (ODR) nennt.

---

[1] Dagegen kann es eine sehr sinnvolle Konfiguration sein, wenn jeder Backbone-Router nur eine Default-Route in sein lokales Internetzwerk anmeldet.

Kapitel 12 • Default-Routen und On-Demand-Routing **679**

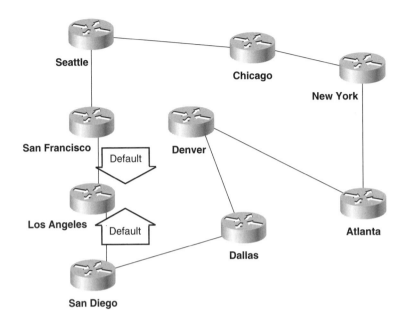

Bild 12.2:
Wenn der Router Los Angeles nur die Default-Routen kennt, die durch San Francisco und San Diego angemeldet werden und keine genaueren Details über die Topologie hinter diesen beiden Router kennt, kann er nicht effizient routen.

Mit dem ODR kann ein Hub-Router Rumpf-Netzwerke automatisch entdecken, während die Rumpf-Router weiterhin eine Default-Route zum Hub verwenden. Das ODR überträgt statt der gesamten Adresse nur ein Adreß-Präfix (=Vorsilbe) bzw. den Netzwerkteil der Adresse – daher wird das VLSM unterstützt. Da hiermit nur minimale Routen-Informationen über die Verbindung zwischen Rumpf- und Hub-Router übertragen werden, wird die Bandbreite weniger beansprucht.

Das ODR ist kein wirkliches Routing-Protokoll. Es entdeckt Informationen über Rumpf-Netzwerke, aber es liefert keine Routing-Informationen an die Rumpf-Router. Die Verbindungsinformationen werden durch ein Daten-Verbindungs-Protokoll übertragen und wandern daher nicht weiter als vom Rumpf-Router bis zum Hub-Router. Wie jedoch eine Fallstudie zeigen wird, können ODR-entdeckte Routen in dynamische Routing-Protokolle redistribuiert werden.

Bild 12.3 zeigt eine Routing-Tabelle, die ODR-Einträge enthält. Die Tabelle zeigt, daß die administrative Distanz 160 und die Routen-Metrik 1 beträgt. Da ODR-Routen immer nur von einem Hub-Router zu einem Rumpf-Router führen, wird die Metrik (Hop-Count) niemals größer als 1 sein. Die Routen zeigen zusätzlich, daß das VLSM unterstützt wird.

Bild 12.3:
Diese Routing-Tabelle zeigt einige ODR-Einträge.

```
Router#show ip route
Codes:  C - connected, S - static, I - IGRP, R - RIP, M - mobile, B - BGP
        D - EIGRP, EX - EIGRP external, O - OSPF, IA - OSPF inter area
        N1 - OSPF NSSA external type 1, N2 - OSPF NSSA external type 2
        E1 - OSPF external type 1, E2 - OSPF external type 2, E - EGP
        i - IS-IS, L1 - IS-IS level-1, L2 - IS-IS level-2, * - candidate default
        U - per-user static route, o - ODR

Gateway of last resort is not set

     192.168.1.0/24 is variably subnetted, 3 subnets, 2 masks
o       192.168.1.40/30 [160/1] via 192.168.1.37, 00:00:27, Serial0
C       192.168.1.36/30 is directly connected, Serial0
C       192.168.1.192/27 is directly connected, Ethernet1
o    192.168.3.0/24 [160/1] via 192.168.1.37, 00:00:27, Serial0
     192.168.4.0/24 is variably subnetted, 2 subnets, 2 masks
o       192.168.4.48/29 [160/1] via 192.168.1.37, 00:00:27, Serial0
o       192.168.4.128/27 [160/1] via 192.168.1.37, 00:00:27, Serial0
Router#
```

ODR und Cisco-Discovery-Protokoll

Der Transport-Mechanismus für die ODR-Routen ist das *Cisco-Discovery-Protokoll* (CDP), ein Cisco-proprietäres Daten-Verbindungs-Protokoll, das Informationen über benachbarte Netzwerkgeräte sammelt.[1] Bild 12.4 zeigt die Art der Informationen, die durch das CDP gesammelt werden.

Bild 12.4:
Das CDP sammelt Informationen über benachbarte Cisco-Netzwerkgeräte.

```
reg75k2#show cdp neighbor detail
-------------------------
Device ID: WPI72k
Entry address(es):
  IP address: 192.168.5.2
  Novell address: BA5.0008.f417.1f88
Platform: cisco 7206, Capabilities: Router Source-Route-Bridge
Interface: TokenRing5/1/0, Port ID (outgoing port): TokenRing2/1
Holdtime : 133 sec
Version :
Cisco Internetwork Operating System Software
IOS (tm) 7200 Software (C7200-DR-M), Version 11.1(14)CA1, EARLY DEPLOYMENT RELEASE SOFTWARE (fc1)
Synced to mainline version: 11.1(14)
Copyright (c) 1986-1997 by cisco Systems, Inc.
Compiled Tue 30-Sep-97 16:49 by susingh
-------------------------
Device ID: REG75K1
Entry address(es):
  IP address: 172.23.109.2
  Novell address: AA08.0006.e2b4.8c46
  DECnet address: 16.2
Platform: cisco RSP4, Capabilities: Router Source-Route-Bridge
Interface: TokenRing5/1/3, Port ID (outgoing port): TokenRing3/2
Holdtime : 134 sec
Version :
Cisco Internetwork Operating System Software
IOS (tm) GS Software (RSP-JV-M), Version 11.1(16)CA, EARLY DEPLOYMENT RELEASE SO
FTWARE (fc1)
Synced to mainline version: 11.1(16)
Copyright (c) 1986-1997 by cisco Systems, Inc.
Compiled Sat 20-Dec-97 04:21 by tej
-------------------------
```

Das CDP kann auf jedem Medium betrieben werden, das das Subnetwork-Access-Protokoll (SNAP) unterstützt, d.h., ODR hängt auch von der SNAP-Unterstützung ab. Obwohl das CDP schon ab der IOS-Version 10.3 auf allen Schnittstellen eines Cisco-Geräts in der Grundeinstellung aktiviert ist, wird das ODR erst ab der IOS-Version 11.2 unterstützt. Die Konfi-

---

1 CDP läuft nicht nur auf Routern, sondern auch auf Cisco-Switches und Access-Servern.

gurationsfallstudie wird zeigen, daß das ODR nur auf dem Hub-Router konfiguriert wird. Jedoch müssen die Rumpf-Router mindestens die IOS-Version 11.2 ausführen, damit der Hub-Router ihre angeschlossenen Netzwerke entdecken kann.

12.3 Konfiguration der Default-Routen und des ODR

Default-Routen können entweder auf jedem Router konfiguriert werden, der eine Default-Route benötigt oder auf einem Router, der im Gegenzug die Routen an seine benachbarten Router meldet. Die Fallstudien dieses Abschnitts betrachten beide Methoden.

Im Kapitel 5 wurde in Hinsicht auf classful Routen-Prüfungen erklärt, daß ein Router zuerst einen Vergleich mit einer Haupt-Netzwerkadresse ausführen wird und anschließend einen Vergleich mit dem Subnetz vollzieht. Wenn kein passendes Subnetz gefunden wird, wird das Paket verworfen. Cisco-Router werden in der Grundeinstellung die classful Routen-Prüfungen ausführen. Mit dem globalen Befehl **ip classless** können die Prüfungen auf classless geändert werden (auch bei classful Routing-Protokollen).

Jeder Router mit einer Default-Route muß classless Routen-Prüfungen ausführen. Bild 12.5 zeigt die Ursache. In diesem Internetzwerk verwendet Memphis ein dynamisches Routing-Protokoll zur Kommunikation mit Tanis und Giza, aber er empfängt keine Routen von Thebes. Memphis besitzt eine Default-Route für Routing-Pakete in das BigNet, die auf Thebes zeigt. Wenn Memphis ein Paket mit der Ziel-Adresse 192.168.1.50 empfängt und daraufhin classful Routen-Prüfungen ausführt, so wird er zuerst das Haupt-Netzwerk 192.168.1.0 zuordnen, von dem er einige Subnetze in seiner Routing-Tabelle führt. Memphis wird anschließend versuchen, ein Route für das Subnetz 192.168.1.48/28 zu finden. Da aber Memphis keine Routen von Thebes empfängt, befinden sich diese Subnetze nicht in seiner Routing-Tabelle. Das Paket wird also verworfen.

Router die eine Default-Route verwenden, sollten Classless-Prüfungen durchführen

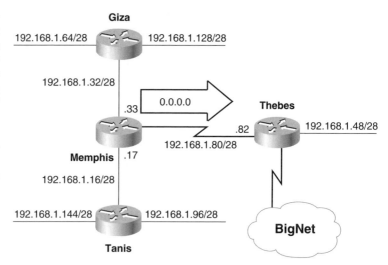

Bild 12.5: Memphis leitet Pakete an Thebes mit einer Default-Route weiter. Wenn Memphis classful Routen-Prüfungen ausführt, wird das Subnetz 192.168.1.48/28 unerreichbar sein.

Wenn Memphis mit **ip classless** konfiguriert ist, wird er die genaueste Übereinstimmung für die Adresse 192.168.1.48/28 suchen, ohne sie zuerst mit der Haupt-Netzwerkadresse zu vergleichen. Wenn er kein passendes Gegenstück für dieses Subnetz in der Routing-Tabelle findet, wird es schließlich der Default-Route zugeordnet, und er wird das Paket an Thebes weiterleiten.

12.3.1 Fallstudie: Statische Default-Routen

Die Konfiguration von Memphis in Bild 12.5 lautet:

```
router rip
  network 192.168.1.0
!
ip classless
ip route 0.0.0.0 0.0.0.0 192.168.1.82
```

Der statische Routen-Befehl konfiguriert die Default-Routen-Adresse 0.0.0.0 und verwendet dazu die Maske 0.0.0.0. Ein klassischer Fehler von Menschen, die erstmals eine Default-Route konfigurieren, besteht in der Verwendung einer Maske, die nur aus Einsen besteht, anstatt eine reine Null-Maske zu konfigurieren:

```
ip route 0.0.0.0 255.255.255.255 192.168.1.82
```

Ein reine Eins-Maske würde eine Host-Route zu 0.0.0.0 konfigurieren und die einzigen Pakete, die auf diese Adresse passen, entsprechen der Ziel-Adresse 0.0.0.0. Die reine Null-Maske ist hingegen eine Maske, die vollständig aus »nicht beachteten« Bits besteht, und wird mit jedem Bit an jeder Stelle übereinstimmen. Zu Anfang dieses Kapitel wurde die Default-Adresse als eine Sammel-Route beschrieben, die bis an ihre Grenzen ausgedehnt wurde, so daß jedes Bit mit einer Null zusammengefaßt wurde. Die Maske der Default-Route ist eine Sammel-Maske, die bis an ihre Grenzen ausgedehnt wurde.

Die Default-Route von Memphis hat eine Next-Hop-Adresse, die auf Thebes zeigt. Diese Adresse ist das *Gateway-of-last-resort* oder auch der Default-Router. Bild 12.6 zeigt die Routing-Tabelle von Memphis. Die Route zu 0.0.0.0 ist als ein Default-Kandidat markiert und das Gateway-of-last-resort wird zu Anfang der Tabelle gezeigt.

Gateway-of-last-resort

```
Memphis#show ip route
Codes: C - connected, S - static, I - IGRP, R - RIP, M - mobile, B - BGP
       D - EIGRP, EX - EIGRP external, O - OSPF, IA - OSPF inter area
       N1 - OSPF NSSA external type 1, N2 - OSPF NSSA external type 2
       E1 - OSPF external type 1, E2 - OSPF external type 2, E - EGP
       i - IS-IS, L1 - IS-IS level-1, L2 - IS-IS level-2, * - candidate default
       U - per-user static route, o - ODR

Gateway of last resort is 192.168.1.82 to network 0.0.0.0

     192.168.1.0/28 is subnetted, 7 subnets
R       192.168.1.96 [120/1] via 192.168.1.18, 00:00:15, Ethernet0
R       192.168.1.64 [120/1] via 192.168.1.34, 00:00:27, Ethernet1
C       192.168.1.80 is directly connected, Serial0
C       192.168.1.32 is directly connected, Ethernet1
C       192.168.1.16 is directly connected, Ethernet0
R       192.168.1.128 [120/1] via 192.168.1.34, 00:00:27, Ethernet1
R       192.168.1.144 [120/1] via 192.168.1.18, 00:00:15, Ethernet0
S*   0.0.0.0/0 [1/0] via 192.168.1.82
Memphis#
```

Bild 12.6: Die Routing-Tabelle von Memphis zeigt die Default-Route und das Gateway-of-last-resort.

Memphis wird die Default-Route bei Tanis und Giza anmelden (Bild 12.7). Dies mag zuerst überraschen, da keine Redistribution bei Memphis konfiguriert wurde. Jedoch ist es nicht wirklich die statische Route, die redistributiert wird. Nachdem eine Default-Route in der Routing-Tabelle erkannt wurde, wird das RIP, das IGRP und das EIGRP sie automatisch anmelden. Das OSPF und das IS-IS benötigen eine zusätzliche Konfiguration, die in einer späteren Fallstudie gezeigt wird.

Bild 12.7:
Die Routing-Tabelle von Tanis zeigt, daß die Default-Route von Memphis über das RIP erlernt wurde.

```
Tanis#show ip route
Codes: C - connected, S - static, I - IGRP, R - RIP, M - mobile, B - BGP
       D - EIGRP, EX - EIGRP external, O - OSPF, IA - OSPF inter area
       N1 - OSPF NSSA external type 1, N2 - OSPF NSSA external type 2
       E1 - OSPF external type 1, E2 - OSPF external type 2, E - EGP
       i - IS-IS, L1 - IS-IS level-1, L2 - IS-IS level-2, * - candidate default
       U - per-user static route, o - ODR

Gateway of last resort is 192.168.1.17 to network 0.0.0.0

     192.168.1.0/28 is subnetted, 9 subnets
C       192.168.1.96 is directly connected, Ethernet1
R       192.168.1.64 [120/2] via 192.168.1.17, 00:00:01, Ethernet0
R       192.168.1.80 [120/1] via 192.168.1.17, 00:00:01, Ethernet0
R       192.168.1.32 [120/1] via 192.168.1.17, 00:00:01, Ethernet0
R       192.168.1.48 [120/2] via 192.168.1.17, 00:00:01, Ethernet0
C       192.168.1.16 is directly connected, Ethernet0
R       192.168.1.224 [120/1] via 192.168.1.17, 00:00:01, Ethernet0
R       192.168.1.128 [120/2] via 192.168.1.17, 00:00:01, Ethernet0
C       192.168.1.144 is directly connected, Ethernet2
R*   0.0.0.0/0 [120/1] via 192.168.1.17, 00:00:02, Ethernet0
Tanis#
```

Default-Routen sind auch sehr hilfreich, um classless Routing-Domänen miteinander zu verbinden. In Bild 12.8 verbindet Chimu eine RIP-Domäne mit einer EIGRP-Domäne. Obwohl die Masken des Haupt-Netzwerks 192.168.25.0 in der RIP-Domäne konsistent sind, sind sie in der EIGRP-Domäne variabel subvernetzt. Darüber hinaus eignet sich das VLSM-Schema nicht für die Zusammenfassung in das RIP.

Bild 12.8:
Eine Default-Route ermöglicht das Routing von RIP in die variabel subvernetzte EIGRP-Domäne.

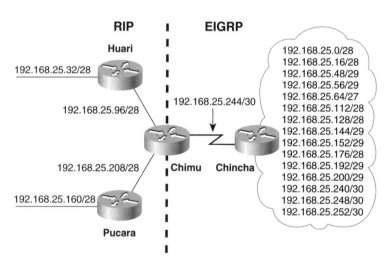

Die Konfiguration von Chimu lautet:

```
router eigrp 1
  redistribute rip metric 1000 100 255 1 1500
  passive-interface Ethernet0
  passive-interface Ethernet1
  network 192.168.25.0
!
router rip
  passive-interface Serial0
  network 192.168.25.0
!
ip classless
ip route 0.0.0.0 0.0.0.0 Null0
```

Chimu besitzt eine ganze Reihe von Routen aus der EIGRP-Domäne, aber er redistribuiert sie nicht in das RIP. Statt dessen meldet Chimu eine Default-Route an. Die RIP-Router werden Pakete mit unbekannten Zielen an Chimu weiterleiten, der daraufhin seine Routing-Tabelle überprüfen kann, um eine genauere Route in die EIGRP-Domäne zu bestimmen.

Chimus statische Route zeigt auf die Null-Schnittstelle und nicht auf eine Next-Hop-Adresse. Wenn ein Paket an Chimu weitergeleitet wird, das als Ziel ein nicht vorhandenes Subnetz (z.B. 192.168.25.224/28) enthält, so wird das Paket verworfen und nicht in die EIGRP-Domäne weitergeleitet.

12.3.2 Fallstudie: Der Befehl Default-Network

Der Befehl **ip default-network** bietet eine alternative Methode zur Konfiguration von Default-Routen. Dieser Befehl vereinbart eine Haupt-Netzwerkadresse, die als ein Default-Netzwerk verwendet werden soll. Das Netzwerk kann direkt mit dem Router verbunden, durch eine statische Route festgelegt oder durch ein dynamisches Routing-Protokoll entdeckt worden sein.

Die Konfiguration von Athens in Bild 12.9 lautet:

```
router rip
  network 172.16.0.0
!
ip classless
default-network 10.0.0.0
```

*Bild 12.9:
Auf Athens wird der Befehl **default-network** verwendet, um ein Default-Netzwerk-Advertisement zu erzeugen.*

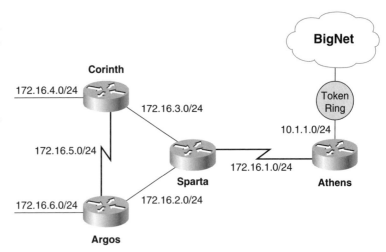

Bild 12.10 zeigt, daß das Netzwerk 10.0.0.0 als ein Default-Routen-Kandidat in der Routing-Tabelle von Athens markiert ist. Dennoch ist zu erkennen, daß das Gateway-of-last-resort nicht festgelegt ist. Der Grund liegt darin, daß Athens das Gateway zum Default-Netzwerk ist. Der Befehl **ip default-network** läßt Athens ein Default-Netzwerk anmelden, obwohl kein network-Statement für 10.0.0.0 unter der RIP-Konfiguration vorhanden ist (Bild 12.11).

*Bild 12.10:
Das Netzwerk 10.0.0.0 ist als ein Default-Kandidat in der Routing-Tabelle von Athens markiert.*

```
Athens#show ip route
Codes: C - connected, S - static, I - IGRP, R - RIP, M - mobile, B - BGP
       D - EIGRP, EX - EIGRP external, O - OSPF, IA - OSPF inter area
       E1 - OSPF external type 1, E2 - OSPF external type 2, E - EGP
       i - IS-IS, L1 - IS-IS level-1, L2 - IS-IS level-2, * - candidate default
       U - per-user static route

Gateway of last resort is not set

*    10.0.0.0/8 is subnetted, 1 subnets
C       10.1.1.0 is directly connected, TokenRing0
R    192.168.1.0/24 [120/2] via 172.16.1.2, 00:00:12, Serial0
     172.16.0.0/16 is subnetted, 6 subnets
R       172.16.4.0 [120/2] via 172.16.1.2, 00:00:12, Serial0
R       172.16.5.0 [120/2] via 172.16.1.2, 00:00:12, Serial0
R       172.16.6.0 [120/2] via 172.16.1.2, 00:00:12, Serial0
C       172.16.1.0 is directly connected, Serial0
R       172.16.2.0 [120/1] via 172.16.1.2, 00:00:12, Serial0
R       172.16.3.0 [120/1] via 172.16.1.2, 00:00:12, Serial0
Athens#
```

Kapitel 12 • Default-Routen und On-Demand-Routing

```
Sparta#show ip route
Codes: C - connected, S - static, I - IGRP, R - RIP, M - mobile, B - BGP
       D - EIGRP, EX - EIGRP external, O - OSPF, IA - OSPF inter area
       N1 - OSPF NSSA external type 1, N2 - OSPF NSSA external type 2
       E1 - OSPF external type 1, E2 - OSPF external type 2, E - EGP
       i - IS-IS, L1 - IS-IS level-1, L2 - IS-IS level-2, * - candidate default
       U - per-user static route, o - ODR

Gateway of last resort is 172.16.1.1 to network 0.0.0.0

R    192.168.1.0/24 [120/1] via 172.16.2.2, 00:00:10, Ethernet0
                    [120/1] via 172.16.3.2, 00:00:14, Ethernet1
     172.16.0.0/24 is subnetted, 6 subnets
R       172.16.4.0 [120/1] via 172.16.3.2, 00:00:14, Ethernet1
R       172.16.5.0 [120/1] via 172.16.3.2, 00:00:14, Ethernet1
R       172.16.6.0 [120/1] via 172.16.2.2, 00:00:10, Ethernet0
C       172.16.1.0 is directly connected, Serial0
C       172.16.2.0 is directly connected, Ethernet0
C       172.16.3.0 is directly connected, Ethernet1
R*   0.0.0.0/0 [120/1] via 172.16.1.1, 00:00:17, Serial0
Sparta#
```

*Bild 12.11:
Die Routing-Tabelle von Sparta zeigt, daß Athens die Default-Route 0.0.0.0 anmeldet und daß Athens das Gateway-of-last-resort für Sparta ist.*

Das Default-Routing für das IGRP und das EIGRP ist etwas unterschiedlich. Diese Protokolle verstehen die Adresse 0.0.0.0 nicht. Statt dessen melden sie eine wirkliche Adresse als eine externe Route an (siehe die Kapitel 6 und 8). Ziele, die im IGRP und im EIGRP mit externen Routen angemeldet werden, werden als Default-Routen interpretiert. Wenn die Router in Bild 12.9 zur Ausführung des IGRP konfiguriert sind, so wird die Konfiguration von Athens folgendermaßen lauten:

```
router igrp 1
  network 10.0.0.0
  network 172.16.0.0
!
ip classless
ip default-network 10.0.0.0
```

Der Befehl **ip default-network** bleibt der gleiche, aber der IGRP-Konfiguration wurde ein network-Statement für 10.0.0.0 hinzugefügt. Da das IGRP die wirkliche Netzwerkadresse verwendet, muß diese Adresse konfiguriert sein, um angemeldet zu werden, wie Bild 12.12 zeigt. Da Corinth die Default-Route von Sparta erlernt hat, ist dieser Router das Gateway-of-last-resort für Corinth. Wenn die Verbindung zu Sparta ausfällt, wird Corinth den Router Argos als sein Gateway-of-last-resort verwenden.

Bild 12.12: Das IGRP und das EIGRP verwenden eine wirkliche Netzwerkadresse und nicht die Adresse 0.0.0.0 als Default-Netzwerk. Die Routing-Tabelle von Corinth zeigt, daß das Netzwerk 10.0.0.0 als Default-Netzwerk markiert ist.

```
Corinth#show ip route
Codes: C - connected, S - static, I - IGRP, R - RIP, M - mobile, B - BGP
       D - EIGRP, EX - EIGRP external, O - OSPF, IA - OSPF inter area
       E1 - OSPF external type 1, E2 - OSPF external type 2, E - EGP
       i - IS-IS, L1 - IS-IS level-1, L2 - IS-IS level-2, * - candidate default
       U - per-user static route

Gateway of last resort is 172.16.3.1 to network 10.0.0.0

I*   10.0.0.0/8 [100/8639] via 172.16.3.1, 00:00:17, Ethernet0
     172.16.0.0/16 is subnetted, 6 subnets
C       172.16.4.0 is directly connected, Ethernet1
C       172.16.5.0 is directly connected, Serial0
I       172.16.6.0 [100/1700] via 172.16.3.1, 00:00:18, Ethernet0
I       172.16.6.0 [100/1700] via 172.16.3.1, 00:00:18, Ethernet0
I       172.16.2.0 [100/1200] via 172.16.3.1, 00:00:18, Ethernet0
C       172.16.3.0 is directly connected, Ethernet0
```

12.3.3 Fallstudie: Der Befehl Default-Information Originate

Ein OSPF-ASBR oder ein IS-IS-Inter-Domänen-Router wird nicht automatisch eine Default-Route in seiner Routing-Domäne anmelden, auch wenn eine vorhanden ist. Wenn zum Beispiel Athens in Bild 12.9 für das OSPF konfiguriert wird und eine statische Default-Route in das BigNet erhält:

```
router ospf 1
  network 172.16.0.0 0.0.255.255 area 0
!
ip classless
ip route 0.0.0.0 0.0.0.0 10.1.1.2
```

Bild 12.13 zeigt die Routing-Tabellen von Athens und Sparta. Obwohl durch die statische Route das Gateway-of-last-resort bei Athens besetzt wurde, kennt Sparta die Default-Route nicht. Die Default-Route muß in LSAs vom Typ 5 in die OSPF-Domäne angemeldet werden, daher muß Athens ein ASBR sein. Bisher befindet sich in der Konfiguration von Athens noch keine Zeile, mit der diese Funktion aufgerufen wird.

```
Athens#show ip route
Codes: C - connected, S - static, I - IGRP, R - RIP, M - mobile, B - BGP
       D - EIGRP, EX - EIGRP external, O - OSPF, IA - OSPF inter area
       E1 - OSPF external type 1, E2 - OSPF external type 2, E - EGP
       i - IS-IS, L1 - IS-IS level-1, L2 - IS-IS level-2, * - candidate default

Gateway of last resort is 10.1.1.2 to network 0.0.0.0

     10.0.0.0 255.255.255.0 is subnetted, 1 subnets
C       10.1.1.0 is directly connected, TokenRing0
     172.16.0.0 is variably subnetted, 6 subnets, 2 masks
O       172.16.5.0 255.255.255.0 [110/138] via 172.16.1.2, 00:04:17, Serial0
O       172.16.4.1 255.255.255.0 [110/75] via 172.16.1.2, 00:04:17, Serial0
O       172.16.6.1 255.255.255.0 [110/75] via 172.16.1.2, 00:04:17, Serial0
C       172.16.1.0 255.255.255.0 is directly connected, Serial0
O       172.16.2.0 255.255.255.0 [110/74] via 172.16.1.2, 00:04:17, Serial0
O       172.16.3.0 255.255.255.0 [110/74] via 172.16.1.2, 00:04:17, Serial0
S*   0.0.0.0 0.0.0.0 [1/0] via 10.1.1.2
```

```
Sparta#show ip route
Codes: C - connected, S - static, I - IGRP, R - RIP, M - mobile, B - BGP
       D - EIGRP, EX - EIGRP external, O - OSPF, IA - OSPF inter area
       N1 - OSPF NSSA external type 1, N2 - OSPF NSSA external type 2
       E1 - OSPF external type 1, E2 - OSPF external type 2, E - EGP
       i - IS-IS, L1 - IS-IS level-1, L2 - IS-IS level-2, * - candidate default
       U - per-user static route, o - ODR

Gateway of last resort is not set

     172.16.0.0/16 is variably subnetted, 6 subnets, 2 masks
O       172.16.5.0/24  [110/74] via 172.16.2.2, 00:06:00, Ethernet1
                       [110/74] via 172.16.3.2, 00:06:00, Ethernet0
O       172.16.4.1/24  [110/11] via 172.16.3.2, 00:06:00, Ethernet0
O       172.16.6.1/24  [110/11] via 172.16.2.2, 00:06:00, Ethernet1
C       172.16.1.0/24 is directly connected, Serial0
C       172.16.2.0/24 is directly connected, Ethernet1
C       172.16.3.0/24 is directly connected, Ethernet0
```

Bild 12.13: Der OSPF-Prozeß auf Athens meldet die Default-Route nicht automatisch in die OSPF-Domäne.

Der Befehl **default-information originate** ist eine Sonderform des Befehls **redistribute**, der die Redistribution einer Default-Route in das OSPF oder das IS-IS verursacht. Auf die gleiche Weise wie der Befehl **redistribute** informiert der Befehl **default-information originate** einen OSPF-Router darüber, daß er ein ASBR ist, oder einen IS-IS-Router, daß er ein Inter-Domänen-Router ist. Dem Befehl **redistribute** entsprechend kann auch die Metrik der redistributierten Default-Route vereinbart werden, sowie der externe OSPF-Metrik-Typ und der IS-IS-Level. Um die Default-Route in die OSPF-Domäne mit einer Metrik von 10 und dem externen Metrik-Typ E1 zu redistributieren, wird die Konfiguration von Athens folgendermaßen lauten:

```
router ospf 1
  network 172.16.0.0 0.0.255.255 area 0
  default-information originate metric 10 metric-type 1
!
ip classless
ip route 0.0.0.0 0.0.0.0 10.1.1.2
```

Bild 12.14 zeigt, daß nun die Default-Route in das OSPF redistributiert wird. Die Route ist auch in der OSPF-Datenbank von Sparta zu sehen (Bild 12.15).

Bild 12.14: Nachdem der Befehl **default-information originate** in der Konfiguration von Athens verwendet wurde, wird die Default-Route in die OSPF-Domäne redistributiert.

```
Sparta#show ip route
Codes: C - connected, S - static, I - IGRP, R - RIP, M - mobile, B - BGP
       D - EIGRP, EX - EIGRP external, O - OSPF, IA - OSPF inter area
       N1 - OSPF NSSA external type 1, N2 - OSPF NSSA external type 2
       E1 - OSPF external type 1, E2 - OSPF external type 2, E - EGP
       i - IS-IS, L1 - IS-IS level-1, L2 - IS-IS level-2, * - candidate default
       U - per-user static route, o - ODR

Gateway of last resort is 172.16.1.1 to network 0.0.0.0

     172.16.0.0/16 is variably subnetted, 6 subnets, 2 masks
O       172.16.5.0/24 [110/74] via 172.16.2.2, 00:14:46, Ethernet0
O       172.16.4.1/32 [110/75] via 172.16.2.2, 00:14:46, Ethernet0
O       172.16.6.1/32 [110/11] via 172.16.2.2, 00:14:46, Ethernet0
C       172.16.1.0/24 is directly connected, Serial0
C       172.16.2.0/24 is directly connected, Ethernet0
C       172.16.3.0/24 is directly connected, Ethernet1
O* E1 0.0.0.0/0 [110/74] via 172.16.1.1, 00:02:55, Serial0
Sparta#
```

Bild 12.15: Ein ASBR meldet die Default-Route wie alle anderen externen Routen in einem LSA vom Typ

```
Sparta#show ip ospf database external

       OSPF Router with ID (172.16.3.1) (Process ID 1)

           Type-5 AS External Link States

  Routing Bit Set on this LSA
  LS age: 422
  Options: (No TOS-capability, No DC)
  LS Type: AS External Link
  Link State ID: 0.0.0.0 (External Network Number )
  Advertising Router: 172.16.1.1
  LS Seq Number: 80000002
  Checksum: 0x5238
  Length: 36
  Network Mask: /0
        Metric Type: 1 (Comparable directly to link state metric)
        TOS: 0
        Metric: 10
        Forward Address: 0.0.0.0
        External Route Tag: 1
Sparta#
```

Der Befehl **default-information originate** wird auch eine Default-Route in das OSPF oder IS-IS redistributieren, die durch einen anderen Routing-Prozeß entdeckt wurde. In der folgenden Konfiguration wurde die statische Route zu 0.0.0.0 entfernt, und Athens kommuniziert über das BGP mit einem Router im BigNet:

```
router ospf 1
  network 172.16.0.0 0.0.255.255 area 0
  default-information originate metric 10 metric-type 1
!
router bgp 65501
  network 172.16.0.0
  neighbor 10.1.1.2 remote-as 65502
!
ip classless
```

Athens erlernt nun eine Route zu 0.0.0.0 von seinem BGP-Nachbarn und wird diese Route in die OSPF-Domäne mit LSAs vom Typ 5 anmelden (Bild 12.16).

```
Athens#show ip route
Codes: C - connected, S - static, I - IGRP, R - RIP, M - mobile, B - BGP
       D - EIGRP, EX - EIGRP external, O - OSPF, IA - OSPF inter area
       E1 - OSPF external type 1, E2 - OSPF external type 2, E - EGP
       i - IS-IS, L1 - IS-IS level-1, L2 - IS-IS level-2, * - candidate default
       U - per-user static route

Gateway of last resort is 10.1.1.2 to network 0.0.0.0

     10.0.0.0/8 is subnetted, 1 subnets
C       10.1.1.0 is directly connected, TokenRing0
     172.16.0.0/16 is variably subnetted, 6 subnets, 2 masks
O IA    172.16.4.1/32 [110/139] via 172.16.1.2, 00:16:45, Serial0
O IA    172.16.5.0/24 [110/138] via 172.16.1.2, 00:16:45, Serial0
O IA    172.16.6.1/32 [110/75] via 172.16.1.2, 00:16:45, Serial0
C       172.16.1.0/24 is directly connected, Serial0
O IA    172.16.2.0/24 [110/74] via 172.16.1.2, 00:16:45, Serial0
O IA    172.16.3.0/24 [110/74] via 172.16.1.2, 00:16:45, Serial0
B*   0.0.0.0/0 [20/0] via 10.1.1.2, 00:12:02
Athens#
```

Bild 12.16: Ein BGP-sprechender Nachbar im BigNet meldet eine Default-Route an Athens.

Ein Vorteil der Default-Routen und jeder Sammel-Route besteht darin, daß sie ein Internetzwerk stabilisieren können. Aber was ist, wenn die Default-Route selbst instabil ist? Wenn wir uns zum Beispiel vorstellen, daß die an Athens in Bild 12.16 gemeldete Default-Route *flattert*, d.h., sie wechselt ständig zwischen erreichbar und unerreichbar. Nach jeder Änderung muß Athens ein neues LSA vom Typ 5 in die OSPF-Domäne senden. Dieses LSA wird in alle Nicht-Rumpf-Areas gemeldet. Auch wenn sich dieses Flooding und Reflooding nur minimal auf die System-Ressourcen auswirkt, könnte es vom Netzwerkadministrator nicht erwünscht sein. Eine Lösung besteht in der Verwendung des Schlüsselworts **always**:[1]

---

[1] Dieses Schlüsselwort ist nur unter OSPF verfügbar. Unter IS-IS wird es nicht unterstützt.

```
router ospf 1
  network 172.16.0.0 0.0.255.255 area 0
  default-information originate always metric 10 metric-type 1
!
router bgp 65501
  network 172.16.0.0
  neighbor 10.1.1.2 remote-as 65502
!
ip classless
```

Mit dieser Konfiguration wird Athens immer eine Default-Route in die OSPF-Domäne anmelden, gleichgültig ob er tatsächlich eine Route zu 0.0.0.0 besitzt oder nicht. Wenn ein Router innerhalb der OSPF-Domäne ein Paket über die Default-Route zu Athens sendet, und Athens besitzt keine Default-Route, wird er eine ICMP-Ziel-Unerreichbar-Meldung an die Quell-Adresse senden und das Paket verwerfen.

Das Schlüsselwort **always** kann ohne Bedenken verwendet werden, wenn nur eine einzige Default-Route aus der OSPF-Domäne führt. Wenn mehr als ein ASBR eine Default-Route anmeldet, sollten die Default-Routen dynamisch sein – d.h., der Verlust einer Default-Route sollte angemeldet werden. Wenn ein ASBR fälschlicherweise behauptet, eine Default-Route zu besitzen, können Pakete an ihn weitergeleitet werden, anstatt sie an einen legitimen ASBR zu senden.

12.3.4 Fallstudie: Konfiguration des On-Demand-Routings

Das ODR wird mit dem einfachen Befehl **router odr** aktiviert. Es müssen keine Netzwerke oder anderen Parameter angegeben werden. Das CDP ist in der Grundeinstellung bereits aktiviert. Es muß nur dann neu aktiviert werden, wenn es aus irgendwelchen Gründen abgeschaltet wurde. Der Befehl zur Aktivierung des CDP-Prozesses auf einem Router lautet **cdp run**. Mit dem Befehl **cdp enable** kann das CDP auf einer bestimmten Schnittstelle aktiviert werden.

Bild 12.17 zeigt eine typische Hub-and-Spoke-Topologie. Um das ODR zu konfigurieren, muß der Befehl **router odr** auf dem Hub-Router verwendet werden. Wenn auf allen Routern mindestens die IOS-Version 11.2 ausgeführt wird und das verbindende Medium das SNAP unterstützt (z.B. das Frame-

Relay oder die PVCs der Abbildung), wird das ODR funktionsfähig sein und der Hub wird die Rumpf-Netzwerke erkennen. Die einzig notwendige Konfiguration der Rumpf-Router besteht in einer statischen Default-Route zum Hub-Router.

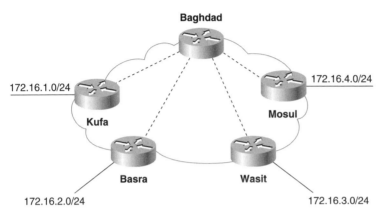

Bild 12.17: Eine Hub-and-Spoke-Topologie wie diese ist in Frame-Relay-Netzwerken sehr verbreitet.

Das ODR kann auch redistributiert werden. Wenn Baghdad in Bild 12.17 die ODR-entdeckten Routen in das OSPF anmelden muß, dann könnte die Konfiguration Baghdad so lauten:

```
router odr
!
router ospf 1
  redistribute odr metric 100
  network 172.16.0.0 0.0.255.255 area 5
```

12.4 Ausblick

In den einfachen und schleifenfreien Internetzwerken, die in diesem Kapitel gezeigt wurden, ist die Konfiguration von Default-Routen und deren Problembeseitigung recht einfach. Wenn die Topologien komplexer sind und insbeondere verschlungene Pfade enthalten sind, so erhöht sich das Fehler-Potential in Zusammenhang mit dem Default-Routing und der Redistribution. Die Kapitel 13 und 14 über die Routen-Filter und Routen-Maps betrachten die Werkzeuge, die für die Kontrolle des Routing-Verhaltens in komplexen Topologien unerläßlich sind.

12.4.1 Zusammenfassende Tabelle: Befehle aus Kapitel 12

Befehl	Beschreibung
cdp enable	Aktiviert das CDP auf einer Schnittstelle.
cdp run	Aktiviert das CDP auf dem gesamten Router.
default-information originate [always][metric metric-value] [metric-type type-value] {level-1|level-1-2|level-2} [route-map *Map-Name*]	Erzeugt eine Default-Route in OSPF- und IS-IS-Routing-Domänen.
ip classless	Aktiviert classless Routen-Prüfungen, damit der Router Pakete zu unbekannten Subnetzen von direkt verbundenen Netzwerken weiterleiten kann.
ip default-network network-number	Legt ein Netzwerk als einen Routen-Kandidaten für die Bestimmung des Gateway-of-last-resort fest.
ip route prefix mask {*Adresse*|*Schnittstelle*}[*Distanz*] [tag *Tag*][permanent]	Legt einen statischen Route-Eintrag fest.
router odr	Aktiviert das On-Demand-Routing.

12.5 Übungsfragen

1. Welche Ziel-Adresse von Default-Routen verwenden die offenen Protokolle?
2. Wie werden die Default-Routen durch das IGRP und das EIGRP identifiziert und angemeldet?
3. Kann eine statische Route mit der Adresse 0.0.0.0 als Default-Route auf einem IGRP-Router verwendet werden?
4. Was ist ein Rumpf-Router? Was ist ein Rumpf-Netzwerk?
5. Welchen Vorteil hat die Verwendung einer Default-Route gegenüber einer vollständigen Routing-Tabelle?
6. Welchen Vorteil hat die Verwendung einer vollständigen Routing-Tabelle gegenüber einer Default-Route?
7. Welches Daten-Verbindungs-Protokoll verwendet On-Demand-Routing, um Routen zu entdecken?
8. Welche IOS-Einschränkungen gelten für das ODR?
9. Welche Medien-Einschränkungen gelten für das ODR?

Dieses Kapitel behandelt die folgenden Themen:

- **Konfiguration von Routen-Filtern**
  Fallstudie: Filterung bestimmter Routen
  Fallstudie: Routen-Filterung bei der Redistribution
  Fallstudie: Eine Protokoll-Umstellung
  Fallstudie: Mehrfache Redistributions-Punkte
  Fallstudie: Verwendung der Distanzen zur
  Bevorzugung von Routern

KAPITEL 13

Routen-Filterung

Das Kapitel 11 zeigte verschiedene Situationen auf, in denen die Redistribution ungewollte oder ungenaue Routen auf einem bestimmten Router erzeugte. Zum Beispiel wählten in Bild 11.3 und der darauffolgenden Diskussion ein oder mehrere Router eine weniger optimale Route durch ein Internetzwerk. Das Problem in diesem Beispiel bestand darin, daß der Router die geringere administrative Distanz des IGRP der administrativen Distanz des RIP vorzog. Um es allgemeiner auszudrücken: Bei allen Routen zum selben Ziel, die von mehr als einem einzigen Router in eine Routing-Domäne redistributiert werden, besteht die Gefahr des ungenauen Routings. In einigen Fällen können sogar Routing-Schleifen und Schwarze Löcher auftreten.

Bild 11.26 zeigt ein anderes Beispiel einer ungewollten oder unerwarteten Route. In diesem Fall wird die Sammel-Route 192.168.3.128/25 in das OSPF angemeldet, aber in die EIGRP-Domäne redistributiert – in der die zusammengefaßten Subnetze existieren. Dieses Phänomen, in dem eine Route über einen redistributierenden Router in die falsche Richtung angemeldet wird, nennt sich *Routen-Feedback*.

Die Routen-Filterung ermöglicht dem Netzwerk-Administrator eine engmaschige Kontrolle über Routen-Advertisements. Wenn ein Router eine *gegenseitige Redistribution* ausführt – der gegenseitige Austausch der Routen zwischen zwei oder mehreren Routing-Protokollen – sollten immer Routen-Filter verwendet werden, um zu sicherzustellen, daß die Routen nur in einer Richtung angemeldet werden.

Bild 13.1 zeigt eine andere Verwendung der Routen-Filter. Hier ist eine Routing-Domäne in zwei Sub-Domänen geteilt, die beide mehrere Router enthalten. Der sub-domänenverbindende Router filtert die Routen so, daß die Router in der Sub-Domäne B nur einen Teil der Routen in der Sub-Domäne A kennen. Diese Filterung kann aus Sicherheitsgründen erfolgen, um den B-Routern nur authorisierte Subnetze anzuzeigen. Sie kann aber auch einfach nur ausgeführt werden, um die Größe der Routing-Tabellen und Updates der B-Router durch die Vermeidung unnötiger Routen zu begrenzen.

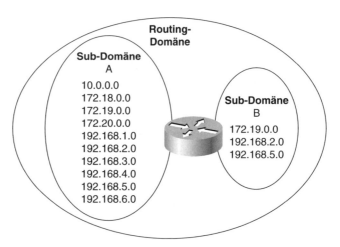

Bild 13.1: Mit den Routen-Filtern können Routing-Sub-Domänen erzeugt werden, in denen nur einige der Adressen einer Routing-Domäne angemeldet werden.

Eine weitere verbreitete Anwendung eines Routen-Filters besteht in der Erstellung eines »Routen-Firewalls«. Häufig müssen Firmenabteilungen oder Verwaltungsbehörden untereinander verbunden sein, während sie gleichzeitig unter separater administrativer Verwaltung stehen. Wenn Sie keine Kontrolle über alle Teile des Internetzwerks besitzen, ist Ihr Bereich gegenüber fehlkonfiguriertem oder gar arglistigem Routing verwundbar. Der Einsatz von Routen-Filtern auf den bereichsverbindenden Routern wird sicherstellen, daß Router nur legitime Routen akzeptieren. Dieses Verfahren stellt auch eine Form der Schutzes dar, nur werden in diesem Fall die eingehenden und nicht die ausgehenden Routen abgeschottet.

Routen-Filter und Distanz-Vektor-Routing

Die Routen-Filter bewirken eine Auswahl der Routen, die in die Routing-Tabelle übernommen oder aus ihr angemeldet werden. Ihre Wirkung auf Verbindungs-Status-Routing-Protokolle bzw. Distanz-Vektor-Routing-Protokolle unterscheidet sich etwas. Ein Router, der ein Distanz-Vektor-Protokoll ausführt, meldet Routen auf der Basis seiner Routing-Tabelle an. Daher wird sich ein Routen-Filter darauf auswirken, welche Routen der Router an seine Nachbarn meldet.

Dagegen bestimmt ein Router, der ein Verbindungs-Status-Protokoll ausführt, seine Routen aufgrund der Informationen in seiner Verbindungs-Status-Datenbank und nicht durch die angemeldeten Routen-Einträge seiner Nachbarn. Ein Routen-Filter hat keine Wirkung auf Verbindungs-Status-Advertisements oder die Verbindungs-Status-Datenbank.[1] Folglich kann ein Routen-Filter die Routing-Tabelle des Routers beeinflussen, auf dem der Filter konfiguriert ist, aber er hat keinen Effekt auf die Routen-Einträge benachbarter Router. Aufgrund dieses Verhaltens werden Routen-Filter in der Regel an Redistributions-Punkten in die Verbindungs-Status-Domänen eingerichtet, z.B. auf einem OSPF-ASBR. Auf ihm kann festgelegt werden, welche Routen in die Domäne eintreten oder welche aus ihr entspringen. Innerhalb der Verbindungs-Status-Domäne haben Routen-Filter nur einen begrenzten Nutzen.

Routen-Filter und Verbindungs-Status-Routing

13.1 Konfiguration von Routen-Filtern

Die Routen-Filterung erfolgt mit einer der beiden Methoden:

- Mit dem Befehl **distribute-list** werden bestimmte Routen ausgefiltert.
- Mit dem Befehl **distance** werden die administrativen Distanzen der Routen verändert.

13.1.1 Fallstudie: Filterung bestimmter Routen

Bild 13.2 zeigt Teile eines Internetzwerks, auf dem das RIPv2 ausgeführt wird. Barkis besitzt die Verbindung zum Rest des Internetzwerks über Traddles. Zusätzlich zu den 700 bestimmten Routen innerhalb des BigNets, meldet Traddles auch eine Default-Route an Barkis. Aufgrund der Default-Route müssen

---

[1] Es sei daran erinnert, daß eine grundsätzliche Bedingung eines Verbindungs-Status-Protokolls darin besteht, daß alle Router in einer Area identische Verbindungs-Status-Datenbanken besitzen müssen. Wenn ein Routen-Filter einige LSAs blockiert, wird diese Bedingung verletzt.

Barkis, Micawber, Peggotty und Heep die anderen 700 Routen in das BigNet nicht kennen. Daher soll ein Filter bei Barkis konfiguriert werden, der nur die Default-Route von Traddles übernehmen und alle andere Routen ablehnen wird. Die Konfiguration von Barkis lautet:

```
router rip
  version 2
  network 192.168.75.0
  distribute-list 1 in Serial1
!
ip classless
  access-list 1 permit 0.0.0.0
```

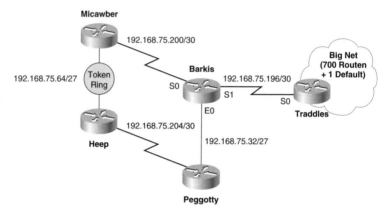

Bild 13.2:
Ein Routen-Filter auf Barkis wird nur die Default-Route von Traddles übernehmen und alle anderen BigNet-Routen ablehnen.

Dieser Routen-Filter überprüft die eingehenden Routen auf der mit Traddles verbundenen S1-Schnittstelle. Er legt fest, daß nur die Routen durch den RIP-Prozeß von Barkis akzeptiert werden, die durch die Access-Liste 1 zugelassen werden, und die Access-Liste 1 legt fest, daß nur die Route 0.0.0.0 zugelassen wird.[1] Alle anderen Routen werden damit implizit durch die Access-Liste abgelehnt. Bild 13.3 zeigt die resultierende Routing-Tabelle von Barkis.

---

[1] Beachten Sie, daß keine inverse Maske angezeigt wird. Die grundeingestellte inverse Maske einer Access-Liste lautet 0.0.0.0, die für diese Konfiguration korrekt ist.

```
Barkis#show ip route
Codes: C - connected, S - static, I - IGRP, R - RIP, M - mobile, B - BGP
       D - EIGRP, EX - EIGRP external, O - OSPF, IA - OSPF inter area
       N1 - OSPF NSSA external type 1, N2 - OSPF NSSA external type 2
       E1 - OSPF external type 1, E2 - OSPF external type 2, E - EGP
       i - IS-IS, L1 - IS-IS level-1, L2 - IS-IS level-2, * - candidate default
       U - per-user static route, o - ODR

Gateway of last resort is 192.168.75.198 to network 0.0.0.0

     192.168.75.0/24 is variably subnetted, 5 subnets, 2 masks
C       192.168.75.32/27 is directly connected, Ethernet0
R       192.168.75.64/27 [120/1] via 192.168.75.201, 00:00:23, Serial0
C       192.168.75.196/30 is directly connected, Serial1
C       192.168.75.200/30 is directly connected, Serial0
R       192.168.75.204/30 [120/1] via 192.168.75.34, 00:00:13, Ethernet0
R*   0.0.0.0/0 [120/10] via 192.168.75.198, 00:00:03, Serial1
Barkis#
```

Bild 13.3: Die Route 0.0.0.0 wird als einzige von Traddles akzeptiert.

Natürlich ist es eine Verschwendung der Bandbreite, wenn 700 Routen über eine serielle Verbindung angemeldet und am anderen Ende fallengelassen werden. Daher besteht eine bessere Konfiguration in der Einrichtung eines Filters bei Traddles, um nur die Default-Route bei Barkis anzumelden:

```
router rip
  version 2
  network 192.168.63.0
  network 192.168.75.0
  network 192.168.88.0
  distribute-list 1 out Serial0
!
ip classless
access-list 1 permit 0.0.0.0
```

Hier sieht die Filter-Konfiguration annähernd gleich aus, mit der einzigen Ausnahme, daß sie anstatt der eingehenden die ausgehenden Routen filtert. Bild 13.4 zeigt, daß nur die Default-Route über die serielle Verbindung von Traddles angemeldet wird.

In beiden Konfigurationen wird Barkis die Default-Route an Micawber und Peggotty weitermelden. Keine der Konfigurationen beeinflußt die Routen, die Barkis an Traddles meldet.

Bild 13.4:
Der Filter bei Traddles erlaubt nur die Anmeldung der Default-Route an Barkis.

```
Barkis#debug ip rip
RIP protocol debugging is on
Barkis#
RIP: received v2 update from 192.168.75.198 on Serial1
     0.0.0.0/0 -> 0.0.0.0 in 10 hops
RIP: sending v2 update to 224.0.0.9 via Ethernet0 (192.168.75.33)
     192.168.75.64/27 -> 0.0.0.0, metric 2, tag 0
     192.168.75.196/30 -> 0.0.0.0, metric 1, tag 0
     192.168.75.200/30 -> 0.0.0.0, metric 1, tag 0
     0.0.0.0/0 -> 0.0.0.0, metric 11, tag 0
RIP: sending v2 update to 224.0.0.9 via Serial0 (192.168.75.202)
     192.168.75.32/27 -> 0.0.0.0, metric 1, tag 0
     192.168.75.196/30 -> 0.0.0.0, metric 1, tag 0
     192.168.75.204/30 -> 0.0.0.0, metric 2, tag 0
     0.0.0.0/0 -> 0.0.0.0, metric 11, tag 0
RIP: sending v2 update to 224.0.0.9 via Serial1 (192.168.75.197)
     192.168.75.32/27 -> 0.0.0.0, metric 1, tag 0
     192.168.75.64/27 -> 0.0.0.0, metric 2, tag 0
     192.168.75.200/30 -> 0.0.0.0, metric 1, tag 0
     192.168.75.204/30 -> 0.0.0.0, metric 2, tag 0
RIP: received v2 update from 192.168.75.34 on Ethernet0
     192.168.75.64/27 -> 0.0.0.0 in 2 hops
     192.168.75.204/30 -> 0.0.0.0 in 1 hops
RIP: received v2 update from 192.168.75.201 on Serial0
     192.168.75.64/27 -> 0.0.0.0 in 1 hops
     192.168.75.204/30 -> 0.0.0.0 in 2 hops
```

Wenn der Befehl **distribute-list** unter Verbindungs-Status-Protokollen wie dem OSPF konfiguriert wird, kann das Schlüsselwort »out« nicht in Verbindung mit einer Schnittstelle verwendet werden.[1] Da die Verbindungs-Status-Protokolle ihre Routen nicht wie die Distanz-Vektor-Protokolle aus ihren Routing-Tabelle anmelden, gibt es keine Updates, die gefiltert werden müßten. Ein Befehl wie **distribute-list 1 out Serial1** ist unter einem Verbindungs-Status-Protokoll bedeutungslos.

In Bild 13.5 wurde eine andere Gruppe von Routern angeschlossen. Dieser Internetzwerk-Bereich namens ThemNet befindet sich gemeinsam mit dem Router Creakle unter separater administrativer Verwaltung. Da der BigNet-Administrator keinen Zugang zu oder Kontrolle über die Router im Them-Net besitzt, sollten Routen-Filter eingesetzt werden, um die Gefahr zu minimieren, daß falsche Routing-Informationen von Creakle in das BigNet gelangen. Zum Beispiel ist darauf zu achten, daß das ThemNet eine Default-Route verwendet (um möglicherweise Zugang zu einer internen Internet-

---

[1] Das Schlüsselwort »out« kann in Verbindung mit einem Routing-Protokoll verwendet werden, wie die nächste Fallstudie zeigen wird.

Verbindung zu haben). Würde diese Default-Route in das BigNet angemeldet, dann würden Pakete in das ThemNet fehlgeroutet. Es würde ein Schwarzes Loch existieren.

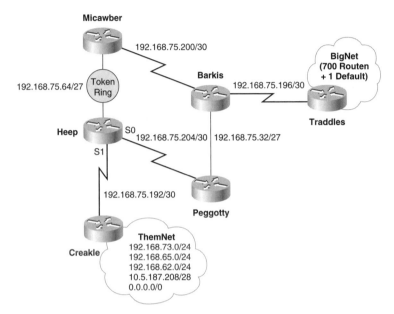

Bild 13.5:
Das Internetzwerk ThemNet wird nicht vom BigNet-Administrator verwaltet.

Um nur die für eine Kommunikation mit dem ThemNet notwendigen Routen zuzulassen, lautet die Konfiguration von Heep folgendermaßen:

```
router rip
  version 2
  network 192.168.75.0
  distribute-list 2 out Serial1
  distribute-list 1 in Serial1
!
ip classless
access-list 1 permit 192.168.73.0
access-list 1 permit 192.168.65.0
access-list 1 permit 192.168.62.0
access-list 1 permit 10.5.187.208
access-list 2 deny 0.0.0.0
access-list 2 permit any
```

Die Zeile distribute list 1 läßt nur die Routen von Creakle zu, die in der Access-Liste 1 bezeichnet sind. Er blockiert die Default-Route und jede andere Route, die sich möglicherweise fehlerhaft in den Routing-Tabellen des ThemNet befindet.

Die Zeile distribute list 2 wurde eingefügt, um sicherzustellen, daß das BigNet ein guter Nachbar ist. Sie blockiert die Big-Net-Default-Route, die im ThemNet Probleme verursachen könnte und läßt alle anderen BigNet-Routen zu.

13.1.2 Fallstudie: Routen-Filterung bei der Redistribution

Bei jeder gegenseitigen Redistribution, die ein Router ausführt, besteht die Gefahr des Routen-Feedbacks. Zum Beispiel kann in Bild 13.6 eine Route von der RIP-Seite in das OSPF redistributiert und von dort zurück in das RIP redistributiert werden. Daher ist der Einsatz eines Routen-Filters zur Richtungs-Kontrolle der Routen-Advertisements eine weise Entscheidung.

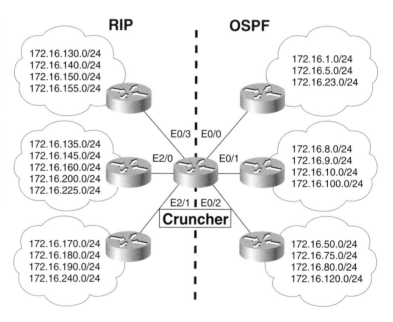

Bild 13.6: Cruncher redistributiert RIP-Routen in das OSPF und OSPF-Routen in das RIP. Hier sollten Routen-Filter eingesetzt werden, um ein Routen-Feedback zu verhindern.

Der Router Cruncher in Bild 13.6 spricht RIP und OSPF jeweils auf mehreren Schnittstellen. Die Konfiguration von Cruncher lautet:

```
router ospf 25
  redistribute rip metric 100
  network 172.16.1.254 0.0.0.0 area 25
  network 172.16.8.254 0.0.0.0 area 25
  network 172.16.50.254 0.0.0.0 area 25
  distribute-list 3 in Ethernet0/0
  distribute-list 3 in Ethernet0/1
  distribute-list 3 in Ethernet0/2
!
router rip
  redistribute ospf 25 metric 5
  passive-interface Ethernet0/0
  passive-interface Ethernet0/1
  passive-interface Ethernet0/2
  network 172.16.0.0
  distribute-list 1 in Ethernet0/3
  distribute-list 1 in Ethernet2/0
  distribute-list 1 in Ethernet2/1
!
ip classless
access-list 1 permit 172.16.128.0 0.0.127.255
access-list 3 permit 172.16.0.0 0.0.127.255
```

In dieser Konfiguration besteht die Logik der Access-Listen darin, bestimmte Routen zuzulassen und alle anderen abzulehnen. Diese Logik kann auch invertiert werden, um bestimmte Routen abzulehnen und alle anderen zuzulassen:

```
access-list 1 deny 172.16.0.0 0.0.127.255
access-list 1 permit any
access-list 3 deny 172.16.128.0 0.0.127.255
access-list 3 permit any
```

Diese zweite Access-Listen-Konfiguration hat dieselben Auswirkungen wie die erste. In beiden Fällen werden Routen zu Zielen in der OSPF-Domäne nicht vom RIP in das OSPF gemeldet, und Routen zu Zielen in der RIP-Domäne werden nicht vom OSPF in das RIP angemeldet. Jedoch ist diese zweite Access-Listen-Konfiguration nicht so einfach zu administrieren, weil sich das *permit any* am Ende befindet. Um der Liste neue Einträge hinzuzufügen, muß zuerst die gesamte Liste gelöscht werden, um den neuen Eintrag vor das *permit any* setzen zu können.

Die hier gezeigten, recht kurzen Access-Listen wurden durch eine sorgfältige Auswahl der Subnetz-Adressen in Bild 13.6 für eine einfache Zusammenfassung ermöglicht. Der Nachteil liegt in einem Verlust der Genauigkeit. Eine exaktere Kontrolle über die Routen bedeutet auch größere und ausführlichere Access-Listen, die einen erhöhten administrativen Aufwand erfordern.

Eine alternative Methode der Konfiguration von Routen-Filtern an Redistributions-Punkten besteht in der Filterung durch den Routen-Prozeß anstatt durch die Schnittstelle. Zum Beispiel läßt die folgende Konfiguration nur die Redistribution bestimmter Routen aus Bild 13.6 zu:

```
router ospf 25
  redistribute rip metric 100
  network 172.16.1.254 0.0.0.0 area 25
  network 172.16.8.254 0.0.0.0 area 25
  network 172.16.50.254 0.0.0.0 area 25
  distribute-list 10 out rip
!
router rip
  redistribute ospf 25 metric 5
  passive-interface Ethernet0/3
  passive-interface Ethernet2/0
  passive-interface Ethernet2/1
  network 172.16.0.0
  distribute-list 20 out ospf 25
!
ip classless
access-list 10 permit 172.16.130.0
access-list 10 permit 172.16.145.0
access-list 10 permit 172.16.240.0
access-list 20 permit 172.16.23.0
access-list 20 permit 172.16.9.0
access-list 20 permit 172.16.75.0
```

Der Routen-Filter unter der OSPF-Konfiguration erlaubt dem OSPF nur dann eine Anmeldung der RIP-entdeckten Routen, wenn es die Access-Liste 10 zuläßt. Entsprechend erlaubt der Filter unter der RIP-Konfiguration dem RIP nur dann eine Anmeldung der durch den OSPF-25-Prozeß entdeckten Routen, wenn es die Access-Liste 20 zuläßt. In beiden Fällen haben die Filter keine Wirkung auf Routen, die durch andere Protokolle entdeckt werden. Wenn zum Beispiel das OSPF parallel RIP und EIGRP-Routen redistributiert, so wird die gezeigte Distribute-Liste nicht für die EIGRP-entdeckten Routen gelten.

Wenn die Filterung durch einen Routen-Prozeß erfolgt, ist nur das Schlüsselwort »out« erlaubt. Schließlich würde es auch keinen Sinn ergeben, den Befehl **distribute-list 10 in rip** unter OSPF zu verwenden. Die Route wurde bereits durch das RIP in die Routing-Tabelle übernommen, und das OSPF meldet sie an (»out«) oder nicht.

Hierbei ist folgendes zu beachten: Obwohl die Filterung durch ein Routing-Protokoll sehr nützlich ist, um zu bestimmen, welche Routen redistributiert werden, stellt dies keine gute Methode dar, um einen Routen-Feedback zu verhindern. Betrachten Sie zum Beispiel die folgende Konfiguration für Cruncher aus Bild 13.6:

```
router ospf 25
  redistribute rip metric 100
  network 172.16.1.254 0.0.0.0 area 25
  network 172.16.8.254 0.0.0.0 area 25
  network 172.16.50.254 0.0.0.0 area 25
  distribute-list 1 out rip
!
router rip
  redistribute ospf 25 metric 5
  passive-interface Ethernet0/3
  passive-interface Ethernet2/0
  passive-interface Ethernet2/1
  network 172.16.0.0
  distribute-list 3 out ospf 25
!
ip classless
access-list 1 permit 172.16.128.0 0.0.127.255
access-list 3 permit 172.16.0.0 0.0.127.255
```

Stellen wir uns vor, die Route 172.16.190.0/24 aus der RIP-Domäne wurde in die OSPF-Domäne redistributiert, und sie wird zurück an Cruncher gemeldet. Zwar wird die Distribute-Liste unter der RIP-Konfiguration verhindern, daß die Route zurück in die RIP-Domäne gemeldet wird, aber sie verhindert nicht, daß diese Route als eine aus der OSPF-Domäne stammende Route in die Routing-Tabelle von Cruncher übernommen wird. Tatsächlich geht der Filter davon aus, daß die Route schon durch das OSPF in die Tabelle eingetragen wurde. Um einen Routen-Feedback zu verhindern, müssen Routen bei der Ankunft an einer Schnittstelle gefiltert werden, also bevor sie in die Routing-Tabelle eingetragen werden.

13.1.3 Fallstudie: Eine Protokoll-Umstellung

Der Befehl **distance** ohne weitere optionale Parameter weist den durch ein bestimmtes Routing-Protokoll erlernten Routen eine administrative Distanz zu. Auf den ersten Blick erscheint diese Anwendung keine Routen-Filter-Funktion darzustellen, aber dies täuscht. Wenn mehrere Routing-Protokolle ausgeführt werden, dann werden die Routen aufgrund ihrer administrativen Distanzen abgelehnt oder zugelassen.

Das Internetzwerk in Bild 13.7 führt das RIP aus, und es ist beabsichtigt, auf das EIGRP umzustellen. Es gibt mehrere Methoden, um einen solchen Protokoll-Übergang zu vollziehen. Eine Möglichkeit besteht in dem Abschalten des alten Protokolls und der Inbetriebnahme des neuen Protokolls auf jedem einzelnen Router. Auch wenn diese Option für ein kleines Internetzwerk wie das in Bild 13.7 praktikabel ist, können die Betriebsausfallzeiten in großen Internetzwerken diese Methode undurchführbar machen.

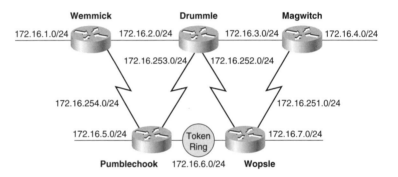

Bild 13.7: Diese Router führen das RIP aus und sollen auf das EIGRP umgestellt werden.

Eine weitere Möglichkeit besteht im Hinzufügen des neuen Protokolls, ohne zuvor das alte Protokoll zu entfernen. Wenn die administrative Standard-Distanz des neuen Protokolls geringer als die des alten ist, wird jeder Router die durch das neue Protokoll angemeldeten Routen bevorzugen, sobald sie hinzugefügt werden. Das Internetzwerk wird sich mit jedem Router-Wechsel weiter auf das neue Protokoll einstellen, und nachdem das gesamte Internetzwerk das neue Protokoll übernommen hat, kann das alte von allen Routern entfernt werden.

Laut Tabelle 11.1 beträgt die administrative Standard-Distanz des RIP 120, und die administrative Standard-Distanz des EIGRP beträgt 90. Wenn auf jedem Router zusätzlich zum RIP das EIGRP aktiviert wird, dann werden die Router damit beginnen, die EIGRP-Routen ihrer Nachbarn zu bevorzugen, sobald auch diese das EIGRP verwenden. Wenn alle RIP-Routen aus allen Routing-Tabellen verschwunden sind, ist das Internetzwerk auf das EIGRP umgestellt. Die RIP-Prozesse können daraufhin von den Routern entfernt werden.

Das Problem in diesem Verfahren liegt in der Gefahr der Routing-Schleifen und Schwarzen Löcher, die während der Rekonfiguration auftreten können. Die fünf Router in Bild 13.7 können in wenigen Minuten rekonfiguriert und rekonvergiert werden, daher dürfte hier eine Schleifenbildung keine so große Rolle spielen, wie in einem größeren Internetzwerk.

Eine Abart dieser dualen Protokoll-Methode besteht in der Verwendung des Befehls **distance**, um zu gewährleisten, daß die Routen des neuen Protokolls so lange abgelehnt werden, bis alle Router für den Wechsel vorbereitet sind. Der erste Schritt in dieser Prozedur erfolgt durch die Verringerung der administrativen Distanz des RIP auf allen Routern:

```
router rip
  network 172.16.0.0
  distance 70
```

Beachten Sie, daß die administrative Distanz nur für den Routing-Prozeß eines einzelnen Routers von Bedeutung ist. Solange das RIP das einzige ausgeführte Protokoll ist, hat die Änderung der administrativen Distanz keine Wirkung auf das Routing.

Anschließend wird jeder Router erneut besucht und der EIGRP-Prozeß hinzugefügt:

```
router eigrp 1
  network 172.16.0.0
!
router rip
  network 172.16.0.0
  distance 70
```

Da EIGRP eine administrative Standard-Distanz von 90 besitzt, werden die RIP-Routen bevorzugt (Bild 13.8). Kein Router bevorzugt bis dahin das EIGRP, daher müssen für die Konfigurationsänderungen keine administrativen Ausfallzeiten des Netzwerks eingeplant werden. Dieses Vorgehen läßt dem Netzwerkadministrator genügend Zeit, die neuen Konfigurationen in jedem Router auf ihre Richtigkeit zu überprüfen, bevor der Wechsel ausgeführt wird.

Bild 13.8:
Die RIP-Routen,
denen die
administrative
Distanz von 70
zugewiesen
wurde, werden
gegenüber den
EIGRP-Routen
vorgezogen.

```
Drummle#show ip route
       D - EIGRP, EX - EIGRP external, O - OSPF, IA - OSPF inter area
       N1 - OSPF NSSA external type 1, N2 - OSPF NSSA external type 2
       E1 - OSPF external type 1, E2 - OSPF external type 2, E - EGP
       i - IS-IS, L1 - IS-IS level-1, L2 - IS-IS level-2, * - candidate default
       U - per-user static route, o - ODR

Gateway of last resort is not set

     172.16.0.0/24 is subnetted, 11 subnets
C       172.16.252.0 is directly connected, Serial0
C       172.16.253.0 is directly connected, Serial1
R       172.16.254.0 [70/1] via 172.16.2.253, 00:00:16, Ethernet0
                     [70/1] via 172.16.253.253, 00:00:05, Serial1
R       172.16.251.0 [70/1] via 172.16.252.253, 00:00:08, Serial0
                     [70/1] via 172.16.3.253, 00:00:01, Ethernet1
R       172.16.4.0 [70/1] via 172.16.3.253, 00:00:01, Ethernet1
R       172.16.5.0 [70/1] via 172.16.253.253, 00:00:05, Serial1
R       172.16.6.0 [70/1] via 172.16.252.253, 00:00:08, Serial0
                   [70/1] via 172.16.253.253, 00:00:05, Serial1
R       172.16.7.0 [70/1] via 172.16.252.253, 00:00:08, Serial0
R       172.16.1.0 [70/1] via 172.16.2.253, 00:00:17, Ethernet0
C       172.16.2.0 is directly connected, Ethernet0
C       172.16.3.0 is directly connected, Ethernet1
Drummle#
```

Schließlich wird jeder Router erneut aufgesucht und der Wechsel durch die Zurücksetzung der RIP-Distanz auf den Standard-Wert von 120 vollzogen. Für diesen Schritt muß ein zeitweiser Netzwerkausfall eingeplant werden. Die RIP-Routen mit der administrativen Distanz von 70 werden mit der Zeit überaltern, da den neuen RIP-Updates die administrative Distanz von 120 zugewiesen wird (Bild 13.9). Nach 210 Sekunden werden die RIP-Routen für ungültig erklärt (Bild 13.10) und daraufhin die EIGRP-Routen bevorzugt (Bild 13.11).

Bild 13.9:
Nachdem die
administrative
RIP-Distanz
zurück auf 120
geändert wurde,
überaltern die
Routen mit der
Distanz von 70
mit der Zeit.
Hier sind alle
RIP-Routen
älter als zwei
Minuten.

```
Drummle#show ip route
Codes: C - connected, S - static, I - IGRP, R - RIP, M - mobile, B - BGP
       D - EIGRP, EX - EIGRP external, O - OSPF, IA - OSPF inter area
       N1 - OSPF NSSA external type 1, N2 - OSPF NSSA external type 2
       E1 - OSPF external type 1, E2 - OSPF external type 2, E - EGP
       i - IS-IS, L1 - IS-IS level-1, L2 - IS-IS level-2, * - candidate default
       U - per-user static route, o - ODR

Gateway of last resort is not set

     172.16.0.0/24 is subnetted, 11 subnets
C       172.16.252.0 is directly connected, Serial0
C       172.16.253.0 is directly connected, Serial1
R       172.16.254.0 [70/1] via 172.16.2.253, 00:02:31, Ethernet0
                     [70/1] via 172.16.253.253, 00:02:18, Serial1
R       172.16.251.0 [70/1] via 172.16.252.253, 00:02:27, Serial0
                     [70/1] via 172.16.3.253, 00:02:32, Ethernet1
R       172.16.4.0 [70/1] via 172.16.3.253, 00:02:32, Ethernet1
R       172.16.5.0 [70/1] via 172.16.253.253, 00:02:19, Serial1
R       172.16.6.0 [70/1] via 172.16.252.253, 00:02:27, Serial0
                   [70/1] via 172.16.253.253, 00:02:19, Serial1
R       172.16.7.0 [70/1] via 172.16.252.253, 00:02:27, Serial0
R       172.16.1.0 [70/1] via 172.16.2.253, 00:02:32, Ethernet0
C       172.16.2.0 is directly connected, Ethernet0
C       172.16.3.0 is directly connected, Ethernet1
```

```
Drummle#show ip route
Codes: C - connected, S - static, I - IGRP, R - RIP, M - mobile, B - BGP
       D - EIGRP, EX - EIGRP external, O - OSPF, IA - OSPF inter area
       N1 - OSPF NSSA external type 1, N2 - OSPF NSSA external type 2
       E1 - OSPF external type 1, E2 - OSPF external type 2, E - EGP
       i - IS-IS, L1 - IS-IS level-1, L2 - IS-IS level-2, * - candidate default
       U - per-user static route, o - ODR

Gateway of last resort is not set

     172.16.0.0/24 is subnetted, 11 subnets
C       172.16.252.0 is directly connected, Serial0
C       172.16.253.0 is directly connected, Serial1
R       172.16.254.0/24 is possibly down,
          routing via 172.16.253.253, Serial1
R       172.16.251.0/24 is possibly down,
          routing via 172.16.252.253, Serial0
R       172.16.4.0/24 is possibly down,
          routing via 172.16.3.253, Ethernet1
R       172.16.5.0/24 is possibly down,
          routing via 172.16.253.253, Serial1
R       172.16.6.0/24 is possibly down,
          routing via 172.16.253.253, Serial1
R       172.16.7.0/24 is possibly down,
          routing via 172.16.252.253, Serial0
R       172.16.1.0/24 is possibly down,
          routing via 172.16.2.253, Ethernet0
C       172.16.2.0 is directly connected, Ethernet0
C       172.16.3.0 is directly connected, Ethernet1
Drummle#
```

*Bild 13.10:
Nach 3,5 Minuten werden die RIP-Routen für ungültig erklärt.*

```
Drummle#show ip route
Codes: C - connected, S - static, I - IGRP, R - RIP, M - mobile, B - BGP
       D - EIGRP, EX - EIGRP external, O - OSPF, IA - OSPF inter area
       N1 - OSPF NSSA external type 1, N2 - OSPF NSSA external type 2
       E1 - OSPF external type 1, E2 - OSPF external type 2, E - EGP
       i - IS-IS, L1 - IS-IS level-1, L2 - IS-IS level-2, * - candidate default
       U - per-user static route, o - ODR

Gateway of last resort is not set

     172.16.0.0/24 is subnetted, 11 subnets
C       172.16.252.0 is directly connected, Serial0
C       172.16.253.0 is directly connected, Serial1
D       172.16.254.0 [90/2195456] via 172.16.2.253, 00:01:11, Ethernet0
D       172.16.251.0 [90/2195456] via 172.16.3.253, 00:01:06, Ethernet1
D       172.16.4.0 [90/307200] via 172.16.3.253, 00:01:06, Ethernet1
D       172.16.5.0 [90/2195456] via 172.16.253.253, 00:01:11, Serial1
D       172.16.6.0 [90/2185984] via 172.16.252.253, 00:01:11, Serial0
                   [90/2185984] via 172.16.253.253, 00:01:11, Serial1
D       172.16.7.0 [90/2195456] via 172.16.252.253, 00:01:07, Serial0
D       172.16.1.0 [90/307200] via 172.16.2.253, 00:01:11, Ethernet0
C       172.16.2.0 is directly connected, Ethernet0
C       172.16.3.0 is directly connected, Ethernet1
Drummle#
```

*Bild 13.11:
Die EIGRP-Routen mit der Standard-Distanz von 90 ersetzen die RIP-Routen.*

Auch wenn bei dieser Methode weiterhin Routing-Schleifen und Schwarze Löcher möglich sind, sollte die Umstellung schneller erfolgen und weniger anfällig gegenüber fehlerhafter Ausführung sein, da lediglich die administrative Distanz geändert werden muß.

Ein weiterer Vorteil dieser Methode liegt darin, daß beim Auftreten von Problemen die Umstellung jederzeit rückgängig gemacht werden kann. Die RIP-Prozesse befinden sich weiterhin auf allen Routern, daher muß die administrative Distanz lediglich zurück auf 70 gesetzt werden, um zum RIP zurückzukehren. Wenn die neue EIGRP-Konfiguration durchgetestet und für stabil befunden wurde, können die RIP-Prozesse ohne weitere Dienst-Unterbrechungen von allen Routern entfernt werden.

Vor der Ausführung der dualen Protokoll-Methode muß überprüft werden, wie sich der Parallel-Betrieb zweier Protokolle auf jedem Router auf die Speicher-Belastung und die CPU-Zeit auswirkt. Wenn die mittlere Speicher- oder Prozessor-Auslastung oder auch beide gemeinsam 50% bis 60% übersteigt, sollten im Vorfeld der Umstellung sorgfältige Probe- und Modell-Läufe durchgeführt werden, um zu gewährleisten, daß die Router für die zusätzliche Belastung ausgelegt sind. Wenn die Belastungen zu hoch sind, kann die einzig mögliche Umstellung in der komplizierteren Methode bestehen, zuerst das alte Protokoll zu entfernen und anschließend das neue Protokoll zu konfigurieren.

Eine Variante dieses Verfahrens besteht in der Erhöhung der administrativen Distanz des neuen Protokolls und der anschließenden Verringerung der Distanz des alten Protokolls, um die Umstellung zu vollziehen. Jedoch sollten Sie sich vergewissern, daß sich der **distance**-Befehl vor allen network-Befehlen befindet, damit das neue Protokoll nicht zuerst mit seiner Standard-Distanz aktiviert wird.

Ein erneuter Blick auf Tabelle 11.1 läßt erkennen, daß das EIGRP zwei administrative Standard-Distanzen verwendet: 90 für interne Routen und 170 für externe Routen. Daher hat der Befehl **distance** auch eine andere Wirkung auf das EIGRP. Um zum Beispiel zuerst die EIGRP-Distanz zu erhöhen, anstatt die RIP-Distanz zu verringern, lautet die Konfiguration so:

```
router eigrp 1
  network 172.16.0.0
  distance eigrp 130 170
!
router rip
  network 172.16.0.0
```

Das Schlüsselwort »eigrp« muß hinzugefügt werden, um die EIGRP-Distanzen zu verändern. Die administrative Distanz der internen EIGRP-Routen wird auf 130 geändert, während die Distanz der externen Routen auf 170 belassen wird.

Ein letzter Punkt zur Verwendung des dualen Protokoll-Verfahrens zur Umstellung auf ein neues Routing-Protokoll sei hier angemerkt: Sie sollten sich sicher sein, daß Sie das Verhalten beider Protokolle verstanden haben. Zum Beispiel werden in einigen Protokolle wie dem EIGRP keine Routen-Einträge durch Überalterung entfernt. Daher muß bei der Ersetzung des EIGRP ein zusätzlicher Schritt während des Umstellungs-Prozesses erfolgen, indem mit dem Befehl **clear ip route *** die Routing-Tabellen entleert werden, nachdem die Distanzen verändert wurden.

13.1.4 Fallstudie: Mehrfache Redistributions-Punkte

Bild 13.12 zeigt ein Internetzwerk, das dem in Bild 11.3 sehr ähnlich ist. Das zugehörige Problem aus Kapitel 11 bestand in mehreren Redistributions-Punkten, deren administrative Distanzen einen Router veranlassen können, unerwünschte Pfade auszuwählen. In einigen Fällen können dabei Routen-Schleifen und Schwarze Löcher auftreten. Zum Beispiel zeigt die Routing-Tabelle von Bumble (Bild 13.13), daß er Pakete zum Netzwerk 192.168.6.0 durch Blathers routet, anstatt die optimale Route durch Monks zu verwenden.

Eine Lösung dieses Problems besteht in der Verwendung des Befehls **distribute-list,** mit dem die Routen-Quelle an den Redistributions-Punkten kontrolliert wird. Die Konfigurationen von Bumble und Grimwig lauten:

Bumble

```
router ospf 1
  redistribute rip metric 100
  network 192.168.3.1 0.0.0.0 area 0
  distribute-list 1 in
!
router rip
  redistribute ospf 1 metric 2
  network 192.168.2.0
  distribute-list 2 in
!
ip classless
access-list 1 permit 192.168.4.0
access-list 1 permit 192.168.5.0
access-list 2 permit 192.168.1.0
access-list 2 permit 192.168.6.0
```

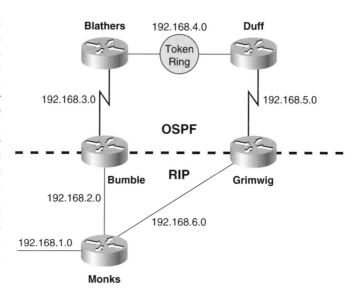

Bild 13.12:
Wenn wie in diesem Internetzwerk die gegenseitige Redistribution an mehr als einem Punkt ausgeführt wird, können die administrativen Distanzen ein weniger optimales Routing, Routen-Schleifen und Schwarze Löcher verursachen.

Grimwig

```
router ospf 1
  redistribute rip metric 100
  network 192.168.5.1 0.0.0.0 area 0
  distribute-list 1 in
!
router rip
  redistribute ospf 1 metric 2
  network 192.168.6.0
  distribute-list 2 in
!
no ip classless
access-list 1 permit 192.168.3.0
access-list 1 permit 192.168.4.0
access-list 2 permit 192.168.1.0
access-list 2 permit 192.168.2.0
```

In beiden Konfigurationen bewirkt die Access-Liste 1, daß der OSPF-Prozeß die OSPF-Routen nur direkt aus der OSPF-Domäne akzeptiert, und die Access-Liste 2 bewirkt, daß der RIP-Prozeß die RIP-Routen nur direkt aus der RIP-Domäne akzeptiert. Bild 13.14 zeigt die Routing-Tabelle von Bumble, nachdem der Routen-Filter konfiguriert wurde.

Das Problem in dieser Konfiguration besteht darin, daß die Redundanz aufgehoben wird, die durch mehrere Redistributions-Punkte erst ermöglicht wird. In Bild 13.15 wurde die Ethernet-Verbindung von Bumble unterbrochen. Da die Routen in die RIP-Netzwerke im OSPF gefiltert werden, sind nun alle diese Routen unerreichbar.

```
Bumble#show ip route
Codes: C - connected, S - static, I - IGRP, R - RIP, M - mobile, B - BGP
       D - EIGRP, EX - EIGRP external, O - OSPF, IA - OSPF inter area
       N1 - OSPF NSSA external type 1, N2 - OSPF NSSA external type 2
       E1 - OSPF external type 1, E2 - OSPF external type 2, E - EGP
       i - IS-IS, L1 - IS-IS level-1, L2 - IS-IS level-2, * - candidate default
       U - per-user static route, o - ODR

Gateway of last resort is not set

R    192.168.1.0/24 [120/1] via 192.168.2.1, 00:00:00, Ethernet0
C    192.168.2.0/24 is directly connected, Ethernet0
C    192.168.3.0/24 is directly connected, Serial0
O    192.168.4.0/24 [110/70] via 192.168.3.2, 00:05:09, Serial0
O    192.168.5.0/24 [110/134] via 192.168.3.2, 00:05:09, Serial0
O E2 192.168.6.0/24 [110/100] via 192.168.3.2, 00:05:09, Serial0
Bumble#
```

Bild 13.13: Die Route, die Bumble zum Netzwerk 192.168.6.0 verwendet, führt über Blathers (192.168.3.2), durch zwei serielle Verbindungen und einen Token

```
Bumble#show ip route
Codes: C - connected, S - static, I - IGRP, R - RIP, M - mobile, B - BGP
       D - EIGRP, EX - EIGRP external, O - OSPF, IA - OSPF inter area
       N1 - OSPF NSSA external type 1, N2 - OSPF NSSA external type 2
       E1 - OSPF external type 1, E2 - OSPF external type 2, E - EGP
       i - IS-IS, L1 - IS-IS level-1, L2 - IS-IS level-2, * - candidate default
       U - per-user static route, o - ODR

Gateway of last resort is not set

R    192.168.1.0/24 [120/1] via 192.168.2.1, 00:00:12, Ethernet0
C    192.168.2.0/24 is directly connected, Ethernet0
C    192.168.3.0/24 is directly connected, Serial0
O    192.168.4.0/24 [110/70] via 192.168.3.2, 00:00:22, Serial0
O    192.168.5.0/24 [110/134] via 192.168.3.2, 00:00:22, Serial0
R    192.168.6.0/24 [120/1] via 192.168.2.1, 00:00:13, Ethernet0
Bumble#
```

Bild 13.14: Nachdem die Routen-Filter konfiguriert sind, verwendet Bumble die bevorzugte Route, um das Netzwerk 192.168.6.0 zu erreichen.

```
Bumble#
%LINEPROTO-5-UPDOWN: Line protocol on Interface Ethernet0, changed state to down
Bumble#show ip route
Codes: C - connected, S - static, I - IGRP, R - RIP, M - mobile, B - BGP
       D - EIGRP, EX - EIGRP external, O - OSPF, IA - OSPF inter area
       N1 - OSPF NSSA external type 1, N2 - OSPF NSSA external type 2
       E1 - OSPF external type 1, E2 - OSPF external type 2, E - EGP
       i - IS-IS, L1 - IS-IS level-1, L2 - IS-IS level-2, * - candidate default
       U - per-user static route, o - ODR

Gateway of last resort is not set

C    192.168.3.0/24 is directly connected, Serial0
O    192.168.4.0/24 [110/70] via 192.168.3.2, 00:06:45, Serial0
O    192.168.5.0/24 [110/134] via 192.168.3.2, 00:06:45, Serial0
Bumble#
```

Bild 13.15: Wenn Bumbles Ethernet-Verbindung ausfällt, werden die RIP-Netzwerke unerreichbar. Die Routen-Filter verhindern, daß das OSPF die alternative Route in die Routing-Tabelle überträgt.

Ein besseres Verfahren stellt die Verwendung zweier Formen des Befehls **distance** dar, um bevorzugte Routen festzulegen. Die Konfigurationen von Bumble und Grimwig lauten:

Bumble

```
router ospf 1
  redistribute rip metric 100
  network 192.168.3.1 0.0.0.0 area 0
  distance 130
  distance 110 0.0.0.0 255.255.255.255 1
!
router rip
  redistribute ospf 1 metric 2
  network 192.168.2.0
  distance 130
  distance 120 192.168.2.1 0.0.0.0 2
!
ip classless
access-list 1 permit 192.168.4.0
access-list 1 permit 192.168.5.0
access-list 2 permit 192.168.1.0
access-list 2 permit 192.168.6.0
```

Grimwig

```
router ospf 1
  redistribute rip metric 100
  network 192.168.5.1 0.0.0.0 area 0
  distance 130
  distance 110 0.0.0.0 255.255.255.255 1
!
router rip
  redistribute ospf 1 metric 2
  network 192.168.6.0
  distance 130
  distance 120 192.168.6.1 0.0.0.0 2
!
ip classless
access-list 1 permit 192.168.3.0
access-list 1 permit 192.168.4.0
access-list 2 permit 192.168.1.0
access-list 2 permit 192.168.2.0
```

Der erste **distance**-Befehl in den beiden Konfigurationen setzt die grundeingestellte Distanz aller OSPF- und RIP-Routen auf 130. Der zweite **distance**-Befehl legt eine abweichende Distanz in Abhängigkeit vom anmeldenden Router und der entsprechenden Access-Liste fest. Zum Beispiel weist der RIP-Prozeß von Grimwig allen von Monks (192.168.6.1) angemeldeten Routen, die durch die Access-Liste 2 zugelassen werden, eine Distanz von 120 zu. Allen anderen Routen wird eine Distanz von 130 zugewiesen. Beachten Sie, daß der Adresse des anmeldenden Routers eine inverse Maske beigefügt ist.

Das OSPF ist in dieser Hinsicht problematischer. Die Adresse des anmeldenden Routers entspricht nicht notwendigerweise der Schnittstellen-Adresse des Next-Hop-Routers. Sie entspricht vielmehr der Router-ID des Routers, der das LSA erzeugte, mit dem die Route berechnet wurde. Daher lauten die Adresse und die inverse Maske des Befehls **distance** unter OSPF 0.0.0.0 bzw. 255.255.255.255, und sie bezeichnen damit jeden Router.[1] Allen OSPF-Routen aller Router, die durch die Access-Liste 1 zugelassen werden, wird eine Distanz von 110 zugewiesen. Alle anderen Routen erhalten eine Distanz von 130.

Das Ergebnis ist in Bild 13.16 gezeigt. Die erste Routing-Tabelle zeigt, daß Grimwig zu allen Netzwerken in der OSPF-Domäne über Duff routen wird und zu allen Netzwerken in der RIP-Domäne über Monks. Den OSPF- bzw. RIP-Routen sind die normalen Distanzen von 110 bzw. 120 zugeordnet. Anschließend fällt die Ethernet-Verbindung von Grimwig aus. Die zweite Routing-Tabelle zeigt, daß nun alle Netzwerke über Duff erreichbar sind. Die Routen zu den Netzwerken in der RIP-Domäne besitzen nun eine Distanz von 130. Wenn die Ethernet-Verbindung wiederhergestellt wird, werden die RIP-Advertisements von Monk mit der Distanz von 120 die OSPF-Advertisements mit der Distanz von 130 ersetzen.

Wenn eine der seriellen Verbindungen in Bild 13.12 ausfällt, wird das Gegenteil eintreten. Die Netzwerke innerhalb der OSPF-Domäne werden durch die RIP-Domäne erreichbar und zwar auch mit der Distanz von 130 (Bild 13.17). Jedoch wird, im Gegensatz zur schnellen Rekonvergenz des OSPF, die RIP-Seite einige Minuten zur Rekonvergenz benötigen. Diese langsame Rekonvergenz begründet sich im Split-Horizon des RIP bei Monks. Dieser Router wird die OSPF-Routen nicht an Bumble oder Grimwig melden, solange die gleichen Routen noch von einem dieser Router angemeldet werden und die vorhandenen Routen noch nicht ungültig wurden.

---

1 Dieselbe »jede«-Adresse kann auch beim RIP verwendet werden. Die genaue Adresse wurde nur aus Demonstrationszwecken verwendet.

*Bild 13.16:
Die Routing-Tabelle von Grimwig vor und nach der Unterbrechung seiner Ethernet-Verbindung zu Monks.*

```
Grimwig#show ip route
Codes: C - connected, S - static, I - IGRP, R - RIP, M - mobile, B - BGP
       D - EIGRP, EX - EIGRP external, O - OSPF, IA - OSPF inter area
       E1 - OSPF external type 1, E2 - OSPF external type 2, E - EGP
       i - IS-IS, L1 - IS-IS level-1, L2 - IS-IS level-2, * - candidate default
       U - per-user static route

Gateway of last resort is not set

R    192.168.1.0/24 [120/1] via 192.168.6.1, 00:00:19, Ethernet0
R    192.168.2.0/24 [120/1] via 192.168.6.1, 00:00:19, Ethernet0
O    192.168.3.0/24 [110/134] via 192.168.5.2, 00:15:06, Serial0
O    192.168.4.0/24 [110/70] via 192.168.5.2, 00:15:06, Serial0
C    192.168.5.0/24 is directly connected, Serial0
C    192.168.6.0/24 is directly connected, Ethernet0
Grimwig#
%LINEPROTO-5-UPDOWN: Line protocol on Interface Ethernet0, changed state to down
Grimwig#show ip route
Codes: C - connected, S - static, I - IGRP, R - RIP, M - mobile, B - BGP
       D - EIGRP, EX - EIGRP external, O - OSPF, IA - OSPF inter area
       E1 - OSPF external type 1, E2 - OSPF external type 2, E - EGP
       i - IS-IS, L1 - IS-IS level-1, L2 - IS-IS level-2, * - candidate default
       U - per-user static route

Gateway of last resort is not set

O E2 192.168.1.0/24 [130/100] via 192.168.5.2, 00:00:08, Serial0
O E2 192.168.2.0/24 [130/100] via 192.168.5.2, 00:00:08, Serial0
O    192.168.3.0/24 [110/134] via 192.168.5.2, 00:16:23, Serial0
O    192.168.4.0/24 [110/70] via 192.168.5.2, 00:16:23, Serial0
C    192.168.5.0/24 is directly connected, Serial0
O E2 192.168.6.0/24 [130/100] via 192.168.5.2, 00:00:08, Serial0
Grimwig#
```

*Bild 13.17:
Die Routing-Tabelle von Grimwig vor und nach der Unterbrechung seiner seriellen Verbindung*

```
Grimwig#show ip route
Codes: C - connected, S - static, I - IGRP, R - RIP, M - mobile, B - BGP
       D - EIGRP, EX - EIGRP external, O - OSPF, IA - OSPF inter area
       E1 - OSPF external type 1, E2 - OSPF external type 2, E - EGP
       i - IS-IS, L1 - IS-IS level-1, L2 - IS-IS level-2, * - candidate default
       U - per-user static route

Gateway of last resort is not set

R    192.168.1.0/24 [120/1] via 192.168.6.1, 00:00:04, Ethernet0
R    192.168.2.0/24 [120/1] via 192.168.6.1, 00:00:04, Ethernet0
O    192.168.3.0/24 [110/134] via 192.168.5.2, 00:00:12, Serial0
O    192.168.4.0/24 [110/70] via 192.168.5.2, 00:00:12, Serial0
C    192.168.5.0/24 is directly connected, Serial0
C    192.168.6.0/24 is directly connected, Ethernet0
Grimwig#
%LINEPROTO-5-UPDOWN: Line protocol on Interface Serial0, changed state to down
%LINK-3-UPDOWN: Interface Serial0, changed state to down
Grimwig#show ip route
Codes: C - connected, S - static, I - IGRP, R - RIP, M - mobile, B - BGP
       D - EIGRP, EX - EIGRP external, O - OSPF, IA - OSPF inter area
       E1 - OSPF external type 1, E2 - OSPF external type 2, E - EGP
       i - IS-IS, L1 - IS-IS level-1, L2 - IS-IS level-2, * - candidate default
       U - per-user static route

Gateway of last resort is not set

R    192.168.1.0/24 [120/1] via 192.168.6.1, 00:00:07, Ethernet0
R    192.168.2.0/24 [120/1] via 192.168.6.1, 00:00:07, Ethernet0
R    192.168.3.0/24 [130/3] via 192.168.6.1, 00:00:07, Ethernet0
R    192.168.4.0/24 [130/3] via 192.168.6.1, 00:00:07, Ethernet0
R    192.168.5.0/24 is possibly down, routing via 192.168.6.1, Ethernet0
C    192.168.6.0/24 is directly connected, Ethernet0
Grimwig#
```

Die Lösung dieses Problems besteht in der Deaktivierung des Split-Horizon auf den beiden Ethernet-Schnittstellen von Monks mit dem Befehl **no ip split-horizon**. Obwohl man sich mit der Deaktivierung des Split-Horizon für eine kürzere Rekonvergenz-Zeit einen schwächeren Schutz vor Schleifen einhandelt, ist es dennoch sinnvoll. Die distanz-gebundenen Routen-Filter auf Bumble und Grimwig werden alle Mehrfach-Hop-Schleifen verhindern, und die Split-Horizon-Funktion auf den Ethernet-Schnittstellen derselben beiden Router wird Einfach-Hop-Schleifen unterbrechen.

13.1.5 Fallstudie: Verwendung der Distanzen zur Bevorzugung von Routern

Stellen wir uns vor, die Firmenpolitik verlangt, daß der Router Monks in Bild 13.12 den Router Grimwig als sein Haupt-Gateway zur OSPF-Domäne verwendet und die Route über Bumble nur dann beansprucht, wenn Grimwig unerrreichbar ist. Momentan führt Monks die Equal-Cost-Lastverteilung zwischen Grimwig und Bumble aus, um die OSPF-Netzwerke zu erreichen (Bild 13.18).

```
Monks#show ip route
Codes: C - connected, S - static, I - IGRP, R - RIP, M - mobile, B - BGP
       D - EIGRP, EX - EIGRP external, O - OSPF, IA - OSPF inter area
       N1 - OSPF NSSA external type 1, N2 - OSPF NSSA external type 2
       E1 - OSPF external type 1, E2 - OSPF external type 2, E - EGP
       i - IS-IS, L1 - IS-IS level-1, L2 - IS-IS level-2, * - candidate default
       U - per-user static route, o - ODR

Gateway of last resort is not set

C    192.168.1.0/24 is directly connected, Ethernet2
C    192.168.2.0/24 is directly connected, Ethernet0
R    192.168.3.0/24 [120/2] via 192.168.2.2, 00:00:26, Ethernet0
                    [120/2] via 192.168.6.2, 00:00:23, Ethernet1
R    192.168.4.0/24 [120/2] via 192.168.2.2, 00:00:26, Ethernet0
                    [120/2] via 192.168.6.2, 00:00:23, Ethernet1
R    192.168.5.0/24 [120/2] via 192.168.2.2, 00:00:26, Ethernet0
                    [120/2] via 192.168.6.2, 00:00:23, Ethernet1
C    192.168.6.0/24 is directly connected, Ethernet1
Monks#
```

Bild 13.18: Monks sieht alle Routen zu Netzwerken in der OSPF-Domäne über Bumble und Grimwig als gleichwertig an.

Auf Monks können die Distanzen der Routen von Grimwig verringert werden, so daß er diesen Router bevorzugt:

```
router rip
  network 192.168.1.0
  network 192.168.2.0
  network 192.168.6.0
  distance 100 192.168.6.2 0.0.0.0
```

Hier bezieht sich der **distance**-Befehl auf keine Access-Liste. Allen von Grimwig (192.168.6.2) angemeldeten Routen wird die administrative Distanz von 100 zugewiesen. Alle anderen Routen (also die Routen von Bumble) erhalten die administrative Standard-RIP-Distanz von 120. Damit werden Grimwigs Routen vorgezogen.

Bild 13.19 zeigt das Ergebnis. Die erste Routing-Tabelle zeigt, daß Monks nun nur zu Grimwig routet. Nach dem Ausfall der Verbindung zu Grimwig zeigt die untere Routing-Tabelle, daß Monks zu Bumble (192.168.2.2) gewechselt ist.

Bild 13.19: Die Routing-Tabelle von Monks vor und nachdem seine Ethernet-Verbindung zu Grimwig unterbrochen wurde.

```
Monks#show ip route
Codes: C - connected, S - static, I - IGRP, R - RIP, M - mobile, B - BGP
       D - EIGRP, EX - EIGRP external, O - OSPF, IA - OSPF inter area
       N1 - OSPF NSSA external type 1, N2 - OSPF NSSA external type 2
       E1 - OSPF external type 1, E2 - OSPF external type 2, E - EGP
       i - IS-IS, L1 - IS-IS level-1, L2 - IS-IS level-2, * - candidate default
       U - per-user static route, o - ODR

Gateway of last resort is not set

C    192.168.1.0/24 is directly connected, Ethernet2
C    192.168.2.0/24 is directly connected, Ethernet0
R    192.168.3.0/24 [100/2] via 192.168.6.2, 00:00:12, Ethernet1
R    192.168.4.0/24 [100/2] via 192.168.6.2, 00:00:12, Ethernet1
R    192.168.5.0/24 [100/2] via 192.168.6.2, 00:00:12, Ethernet1
C    192.168.6.0/24 is directly connected, Ethernet1
Monks#
%LINEPROTO-5-UPDOWN: Line protocol on Interface Ethernet1, changed state to down
Monks#show ip route
Codes: C - connected, S - static, I - IGRP, R - RIP, M - mobile, B - BGP
       D - EIGRP, EX - EIGRP external, O - OSPF, IA - OSPF inter area
       N1 - OSPF NSSA external type 1, N2 - OSPF NSSA external type 2
       E1 - OSPF external type 1, E2 - OSPF external type 2, E - EGP
       i - IS-IS, L1 - IS-IS level-1, L2 - IS-IS level-2, * - candidate default
       U - per-user static route, o - ODR

Gateway of last resort is not set

C    192.168.1.0/24 is directly connected, Ethernet2
C    192.168.2.0/24 is directly connected, Ethernet0
R    192.168.3.0/24 [120/2] via 192.168.2.2, 00:00:00, Ethernet0
R    192.168.4.0/24 [120/2] via 192.168.2.2, 00:00:00, Ethernet0
R    192.168.5.0/24 [120/2] via 192.168.2.2, 00:00:00, Ethernet0
R    192.168.6.0/24 [120/2] via 192.168.2.2, 00:00:00, Ethernet0
Monks#
```

13.2 Ausblick

Routen-Filter stellen Ihnen sehr nützliche Werkzeuge zur Verfügung, um das Verhalten Ihres Internetzwerks zu kontrollieren. In großen Internetzwerken sind Routen-Filter nahezu unentbehrlich. Trotz ihres großen Nutzens kann man mit ihnen jedoch nur Routen zulassen oder ablehnen. Das Kapitel 14 führt die Routen-Maps als mächtige Werkzeuge ein, die nicht nur Routen identifizieren, sondern auch aktiv ändern.

13.2.1 Zusammenfassende Tabelle: Befehle aus Kapitel 13

Befehl	Beschreibung
access-list access-list-number {deny|permit} *Quelle* [*Quelle-Platzhalter*]	Legt eine Zeile einer Standard-IP-Access-Liste fest.
distance weight [*Adresse Maske* [*Access-Listen-Nummer|Name*]]	Legt eine andere administrative Distanz als die grundeingestellte fest.
distance eigrp internal-distance external-distance	Legt eine andere administrative Distanz als die grundeingestellte für interne und externe EIGRP-Routen fest.
distribute-list {*Access-Listen-Nummer|Name*} in [*Schnittstellen-Name*]	Filtert die Routen in eingehenden Updates.
distribute-list {*Access-Listen-Nummer|Name*} out [*Schnittstellen-Name |Routing-Prozeß|Autonomous-System-Nummer*]	Filtert die Routen in ausgehenden Updates.
redistribute *Protokoll* [*Prozeß-ID*]{level-1|level-1-2|level-2}[metric *Metrik-Wert*][metric-type *Typ-Wert*][match{internal|external 1|external 2}][tag *Tag-Wert*] [route-map *Map-Tag*][weight *Wichtung*][Subnetze]	Konfiguriert die Redistribution in ein Routing-Protokoll und legt die Quelle der redistributierten Routen fest.

13.3 Übungen zur Konfiguration

1. Die Routing-Konfiguration für Router A in Bild 13.20 lautet:

```
router rip
  redistribute igrp 1 metric 3
  passive-interface Ethernet0
  passive-interface Ethernet1
  network 172.16.0.0
!
router igrp 1
  redistribute rip metric 10000 1000 255 1 1500
  passive-interface Ethernet2
  passive-interface Ethernet3
  network 172.16.0.0
```

Konfigurieren Sie einen Routen-Filter auf A so, daß der Router E der einzige Router ist, der Kenntnis vom Subnetz 172.16.12.0/24 hat.

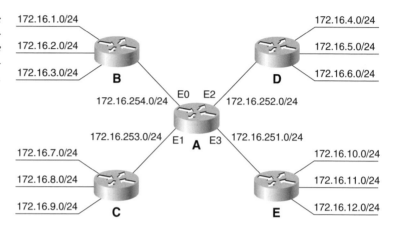

Bild 13.20: Das Internetzwerk für die Konfigurationsübungen 1 bis 4.

2. Konfigurieren Sie einen Routen-Filter auf A in Bild 13.20, der verhindert, daß der Router D das Subnetz 172.16.10.0/24 erkennt.

3. Konfigurieren Sie einen Routen-Filter auf A in Bild 13.20, der nur die Anmeldung der Subnetze 172.16.2.0/24, 172.16.8.0/24 und 172.16.9.0/24 in die RIP-Domäne zuläßt.

4. Konfigurieren Sie einen Routen-Filter auf A in Bild 13.20 so, daß der Router B keine Subnetze aus der RIP-Domäne erlernt.

5. Die Tabelle 13.1 zeigt die Schnittstellen-Adressen aller Router in Bild 13.21. Die Router A und B führen das EIGRP aus, und die Router E und F betreiben das IS-IS. Die Router C und D redistribuieren die Protokolle gegenseitig. Konfigurieren Sie **distance**-Befehle auf C und D so, daß Routing-Schleifen und ein Routen-Feedback verhindert werden, die redundanten Pfade aber weiterhin erhalten bleiben.

Kapitel 13 • Routen-Filterung

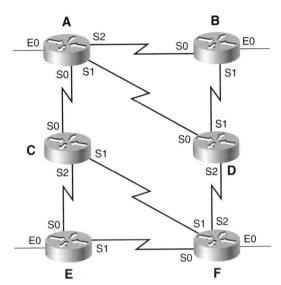

Bild 13.21:
Das Internetzwerk für die Konfigurationsübungen 5 bis 7.

Router	Schnittstelle	Adresse	Maske
A	E0	192.168.1.1	255.255.255.0
	S0	192.168.10.254	255.255.255.252
	S1	192.168.10.249	255.255.255.252
	S2	192.168.10.245	255.255.255.252
B	E0	192.168.2.1	255.255.255.0
	S0	192.168.10.246	255.255.255.252
	S1	192.168.10.241	255.255.255.252
C	S0	192.168.10.253	255.255.255.252
	S1	192.168.10.234	255.255.255.252
	S2	192.168.10.225	255.255.255.252
D	S0	192.168.10.250	255.255.255.252
	S1	192.168.10.242	255.255.255.252
	S2	192.168.10.237	255.255.255.252
E	E0	192.168.4.1	255.255.255.0
	S0	192.168.10.226	255.255.255.252
	S1	192.168.10.229	255.255.255.252
F	E0	192.168.3.1	255.255.255.0
	S0	192.168.10.230	255.255.255.252
	S1	192.168.10.233	255.255.255.252
	S2	192.168.10.238	255.255.255.252

Tabelle 13.1:
Die Schnittstellen-Adressen der Router in der Abbildung 13.21.

6. Verwenden Sie den **distance**-Befehl, um den Router D in Bild 13.21 so zu konfigurieren, daß er EIGRP-Routen nur vom Router A akzeptiert. Wenn die Verbindung zu A ausfällt, soll D keine Routen vom Router B akzeptieren, obwohl D weiterhin Routen an B melden soll.

7. Entfernen Sie die hinzugefügte Konfiguration der Konfigurationsübung 6 von D. Konfigurieren Sie den Router C in Bild 13.21 so, daß er alle Ziele über den Router A routet, die Netzwerke und Subnetze der IS-IS Domäne eingeschlossen. C soll nur dann durch E und F routen, wenn die Verbindung zu A ausfällt.

13.4 Übungen zur Fehlersuche

1. Ein Router besitzt die folgende Konfiguration:

```
router igrp 1
  network 10.0.0.0
  distribute-list 1 in Ethernet5/1
!
access-list 1 deny 0.0.0.0 255.255.255.255
access-list 1 permit any
```

Die Konfiguration soll die eingehende Default-Route an der Schnittstelle E5/1 ablehnen und alle anderen auf dieser Schnittstelle eingehenden Routen zulassen. Jedoch werden keinerlei Routen auf E5/1 akzeptiert. Worin besteht der Fehler?

2. Der Router Grimwig in Bild 13.12 besitzt die folgende Konfiguration:

```
router ospf 1
  redistribute rip metric 100
  network 192.168.5.1 0.0.0.0 area 0
  distance 255
  distance 110 0.0.0.0 255.255.255.255 1
!
router rip
  redistribute ospf 1 metric 2
  network 192.168.6.0
  distance 255
  distance 120 192.168.6.1 0.0.0.0 2
!
```

```
ip classless
access-list 1 permit 192.168.3.0
access-list 1 permit 192.168.4.0
access-list 2 permit 192.168.1.0
access-list 2 permit 192.168.2.0
```

Welchen Effekt wird diese Konfiguration auf die Routen bei Grimwig haben?

3. Die Router in Bild 13.22 führen das OSPF aus. Der Router B besitzt die folgende Konfiguration:

```
router ospf 50
  network 0.0.0.0 255.255.255.255 area 1
  distribute-list 1 in
!
access-list 1 deny 172.17.0.0
access-list 1 permit any
```

Bild 13.22: Das Internetzwerk für die Fehlersuchübungen 3 und 4.

Die Konfiguration soll verhindern, daß die Router B und C einen Routen-Eintrag für das Netzwerk 172.17.0.0 besitzen. Dies scheint auf dem Router B zu funktionieren, aber der Router C besitzt weiterhin einen Eintrag für 172.17.0.0. Warum?

4. Die Router in Bild 13.22 betreiben das RIP. Der Router B besitzt die folgende Konfiguration:

```
router rip
  network 172.19.0.0
  network 172.20.0.0
  distribute-list 1 out Ethernet0
  distribute-list 2 out Ethernet1
!
access-list 1 permit 172.18.0.0
access-list 2 permit 172.22.0.0
```

Die Konfiguration soll nur das Netzwerk 172.22.0.0 an den Router A melden und nur das Netzwerk 172.18.0.0 an den Router C. Dennoch besitzen A und C keine RIP-Einträge in ihren Routing-Tabellen. Wo ist der Fehler?

Dieses Kapitel behandelt die folgenden Themen:

- **Allgemeine Anwendungen der Routen-Maps**

- **Konfiguration von Routen-Maps**
  Fallstudie: Policy-Routing
  Fallstudie: Policy-Routing und Quality-of-Service-Routing
  Fallstudie: Routen-Maps und Redistribution
  Fallstudie: Routen-Tagging

KAPITEL 14

Routen-Maps

Routen-Maps sind vergleichbar mit Access-Listen. Beide verwenden Kriterien, mit denen Einzelheiten bestimmter Pakete verglichen werden, und eine daran anschließende Aktion, die diese Pakete zuläßt oder ablehnt. Im Unterschied zu den Access-Listen besitzen jedoch die Routen-Maps neben dem »Vergleichs«-Kriterium die Option eines zusätzlichen »Änderungs«-Kriteriums, das ein Paket oder auch die Routen-Information in einer bestimmten Weise ändern kann.

14.1 Allgemeine Anwendungen der Routen-Maps

Routen-Maps können sowohl für die Redistribution als auch für das Policy-Routing verwendet werden. Sie werden auch häufig in ausgedehnten Border-Gateway-Protokoll-(BGP-)Anwendungen verwendet. Obwohl die Redistribution in den früheren Kapiteln bereits ausführlich betrachtet wurde, führt dieses Kapitel das Thema des Policy-Routings ein.

Policy-Routen sind nichts anderes als hochentwickelte statische Routen. Während statische Routen ein Paket aufgrund seiner Ziel-Adresse an einen bestimmten Next-Hop weiterleiten, leiten Policy-Routen ein Paket auf der Basis der Paket-Quelle an einen bestimmten Next-Hop weiter. Policy-Routen können auch mit erweiterten IP-Access-Listen verknüpft werden, um das Routing z.B. auf der Basis von Protokoll-Typen oder Port-Nummern auszuführen. Wie die statischen Routen beeinflussen auch die Policy-Routen nur das Routing-Verhalten des Routers, auf dem sie konfiguriert sind.

Policy-Routing Bild 14.1 zeigt ein Beispiel einer typischen Policy-Routing-Anwendung. Das AbnerNet ist mit zwei Internet-Service-Providern über den Router Dogpatch verbunden. Die Firmenpolitik des AbnerNet schreibt vor, daß der Internet-Verkehr einiger Benutzer über den ISP 1 und der Internet-Verkehr der anderen Benutzer über den ISP 2 gesendet werden soll. Wenn einer der ISP nicht verfügbar sein sollte, wird der gewöhnlich für diesen Provider bestimmte Verkehr an den anderen Provider gesendet. Eine Policy-Route auf Dogpatch kann den Internet-Verkehr entsprechend der lokalen Vorgaben verteilen. Die Verteilung des Verkehrs kann auf der Basis von Subnetzen, bestimmten Benutzern oder sogar Benutzer-Anwendungen erfolgen.

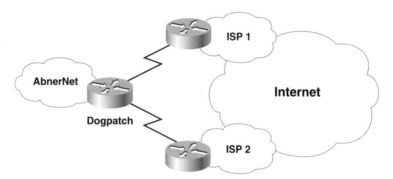

Bild 14.1: Das Policy-Routing ermöglicht die Verkehrs-Verteilung des AbnerNets zu einem der beiden Internet-Service-Provider auf der Basis von Parametern wie Quell-Adresse, Quell-/Ziel-Adreß-Kombinationen, Paket-Größe, applikationsgebundene Ports oder sogar Paket-Länge.

Bild 14.2 zeigt eine weitere Anwendung des Policy-Routings. Eines der Systeme der rechten Seite hält Ausschau nach Invasionstruppen vom Planeten Mongo, während das andere System im Hintergrund Kopien von *Dilbert*-Comic-Strips speichert. Hier können Policy-Routen so konfiguriert werden, daß der kritische Verkehr vom Mongo-System zu Flash_G über die FDDI-Verbindung geroutet wird und der Dilbert-Verkehr mit geringerer Priorität über die 56K-Verbindungen. Natürlich kann es auch umgekehrt erfolgen.

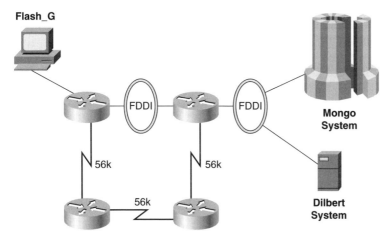

Bild 14.2:
Das Policy-Routing ermöglicht es, daß der Verkehr mit hoher Priorität vom Mongo-System über die FDDI-Verbindung geroutet wird, während der Verkehr mit geringer Priorität vom Dilbert-System über die 56K-Verbindungen geroutet wird.

Tabelle 14.1 und Tabelle 14.2 zeigen die Befehle **match** und **set**, wie sie in Zusammenhang mit der Redistribution verwendet werden können. Tabelle 14.3 und Tabelle 14.4 zeigen die Befehle **match** und **set**, wie sie in Zusammenhang mit dem Policy-Routing verwendet werden können.

Befehl	Beschreibung
match interface *Typ Nummer* [...*Typ Nummer*]	Überprüft, ob der Next-Hop einer Route aus einer der bezeichneten Schnittstellen führt.
match ip address {*Access-Listen-Nummer|Name*} [...*Access-Listen-Nummer|Name*]	Überprüft, ob sich die Ziel-Adresse einer Route in einer der angegebenen Access-Listen befindet.
match ip next-hop {*Access-Listen-Nummer|Name*} [...*Access-Listen-Nummer|Name*]	Überprüft, ob sich die Adresse des Next-Hop-Routers einer Route in einer der angegebenen Access-Listen befindet.
match ip route-source {*Access-Listen-Nummer|Name*} [...*Access-Listen-Nummer|Name*]	Überprüft, ob sich die Adresse des anmeldenden Routers einer Route in einer der angegebenen Access-Listen befindet.
match metric *Metrik-Wert*	Überprüft, ob eine Route den angegebenen Metrik-Wert besitzt.
match route-type {**internal**|**external**[**type-1**|**type-2**]|**level-1**|**level-2**}	Überprüft OSPF-, EIGRP- oder IS-IS-Routen auf den angegebenen Typ.
match tag *Tag-Wert* [...*Tag-Wert*]	Überprüft, ob eine Route den angegebenen Tag-Wert besitzt.

Tabelle 14.1:
Der Befehl **match** kann in Zusammenhang mit der Redistribution verwendet werden.

Tabelle 14.2: Der Befehl set kann in Zusammenhang mit der Redistribution verwendet werden.

Befehl	Beschreibung
set level {level-1|level-2|level-1-2| stub-area|backbone}	Setzt den IS-IS-Level oder die OSPF-Area, in den/die eine passende Route redistributiert werden soll.
set metric {Metrik-Wert|Bandbreite Verzögerung Zuverlässigkeit Last MTU}	Setzt den Metrik-Wert einer passenden Route.
set metric-type {internal|external|type-1| type-2}	Setzt den Metrik-Typ einer passenden Route, die in das IS-IS oder OSPF redistribuiert wird.
set next-hop *Next-Hop*	Setzt die Adresse des Next-Hop-Routers einer passenden Route.
set tag *Tag-Wert*	Setzt einen Tag-Wert einer passenden Route.

Tabelle 14.3: Der Befehl match kann in Zusammenhang mit dem Policy-Routing verwendet werden.

Befehl	Beschreibung
match ip address {*Access-Listen-Nummer|Name*} [...*Access-Listen-Nummer|Name*]	Überprüft, ob ein Paket die Eigenschaften besitzt, die in einer der Standard- oder der erweiterten Access-Listen aufgeführt sind.
match length *Min Max*	Überprüft die Länge eines Level-3-Pakets.

Tabelle 14.4: Der Befehl set kann in Zusammenhang mit dem Policy-Routing verwendet werden.

Befehl	Beschreibung
set default interface *Typ Nummer* [...*Typ Nummer*]	Setzt die ausgehende Schnittstelle für passende Pakete, wenn keine ausdrückliche Route zum Ziel vorhanden ist.
set interface *Typ Nummer* [...*Typ Nummer*]	Setzt die ausgehende Schnittstelle für passende Pakete, wenn eine ausdrückliche Route zum Ziel vorhanden ist.
set ip default next-hop *IP-Adresse* [...*IP-Adresse*]	Setzt die Adresse des Next-Hop-Routers für passende Pakete, wenn keine ausdrückliche Route zum Ziel vorhanden ist.
set ip next-hop *IP-Adresse* [...*IP-Adresse*]	Setzt die Adresse des Next-Hop-Routers für passende Pakete, wenn eine ausdrückliche Route zum Ziel vorhanden ist.
set ip precedence *Precedence*	Setzt die Precedence-Bits im Type-of-Service-Feld passender IP-Pakete.
set ip tos *Typ-of-service*	Setzt die TOS-Bits im Type-of-Service-Feld passender Pakete.

14.2 Konfiguration von Routen-Maps

Routen-Maps (=Routen-Straßenkarten) haben wie Access-Listen (siehe Anhang B) für sich gesehen keinerlei Wirkung. Sie müssen durch einen anderen Befehl »aufgerufen« werden. Der Befehl kann ein Policy-Routing-Befehl oder ein Redistributions-Befehl sein. Das Policy-Routing wird Pakete an die Routen-Map senden, während die Redistribution Routen an die Routen-Map sendet. Die Fallstudien in diesem Abschnitt demonstrieren sowohl die Verwendung der Routen-Maps für die Redistribution als auch für das Policy-Routing.

Die Routen-Maps werden anhand ihres Namens identifiziert. Die folgende Routen-Map heißt beispielsweise Hagar:

```
route-map Hagar permit 10
  match ip address 110
  set metric 100
```

Jedes Routen-Map-Statement beinhaltet eine »Permit«- (=Zulaß-) oder »Deny«- (=Ablehn-)Aktion und eine Sequenz-Nummer. Diese Routen-Map zeigt eine Permit-Aktion und die Sequenz-Nummer 10. Diese Einstellungen sind die Grundeinstellungen – d.h. wenn bei der Konfiguration einer Routen-Map keine Aktion oder Sequenz-Nummer angegeben wird, dann wird die Routen-Map eine Permit-Aktion und eine Sequenz-Nummer von 10 enthalten.

Die Sequenz-Nummer ermöglicht die Identifizierung und Bearbeitung mehrerer Statements. Betrachten Sie die folgenden Konfigurationsschritte:

```
Linus(config)#route-map Hagar 20
Linus(config-route-map)#match ip address 111
Linus(config-route-map)#set metric 50
Linus(config-route-map)#route-map Hagar 15
Linus(config-route-map)#match ip address 112
Linus(config-route-map)#set metric 80
```

Hier wurde der Routen-Map Hagar ein zweiter und dritter Satz von Routen-Map-Statements hinzugefügt, bei dem jedes eigene **match**- und **set**-Ausdrücke besitzt. Beachten Sie, daß zuerst die Sequenz-Nummer 20 konfiguriert wurde und anschließend die Sequenz-Nummer 15. In der End-Konfiguration hat die IOS das Statement 15 vor das Statement 20 gesetzt, obwohl es später eingegeben wurde:

```
route-map Hagar permit 10
  match ip address 110
  set metric 100
!
route-map Hagar permit 15
  match ip address 112
  set metric 80
!
route-map Hagar permit 20
  match ip address 111
  set metric 50
```

Die Sequenz-Nummern ermöglichen auch die Entfernung einzelner Statements. Zum Beispiel entfernt die Eingabe:

```
Linus(config)#no route-map Hagar 15
```

das Statement 15, beläßt aber die anderen Statements in der Routen-Map:

```
route-map Hagar permit 10
  match ip address 110
  set metric 100
!
route-map Hagar permit 20
  match ip address 111
  set metric 50
```

Die Bearbeitung der Routen-Maps sollte mit Bedacht ausgeführt werden. Wenn in diesem Beispiel das Statement **no route-map Hagar** ohne eine Sequenz-Nummer eingegeben worden wäre, dann wäre die gesamte Routen-Map gelöscht worden. Entsprechend hätten die zusätzlichen **match**- und **set**-Ausdrücke das Statement 10 verändert, wenn nicht zuvor eine andere Sequenz-Nummer eingegeben worden wäre.

Ein Paket oder eine Route wird nacheinander mit den Routen-Map-Statements verglichen. Wenn die Route oder das Paket mit dem **match**-Ausdruck übereinstimmt, werden alle zugehörigen **set**-Befehle ausgeführt und die Permit- oder Deny-Aktion durchgeführt. Auf die gleiche Weise wie bei den Access-Listen wird bei einer Übereinstimmung die Verarbeitung gestoppt und die festgelegte Aktion durchgeführt. Die Route oder das Paket wird nicht mehr mit den nachfolgenden Statements verglichen. Betrachten Sie die folgende Routen-Map:

```
route-map Sluggo permit 10
  match ip route-source 1
  set next-hop 192.168.1.5
!
```

```
route-map Sluggo permit 20
  match ip route-source 2
  set next-hop 192.168.1.10
!
route-map Sluggo permit 30
  match ip route-source 3
  set next-hop 192.168.1.15
```

Wenn eine Route nicht mit dem Statement 10 übereinstimmt, wird sie mit dem Statement 20 verglichen. Wenn eine Übereinstimmung mit dem Statement 20 vorliegt, wird der Befehl **set** ausgeführt, und die Route wird zugelassen (permit). Die zugeordnete Route wird nicht mehr mit dem Statement 30 verglichen.

Das Verhalten einer »Deny«-Aktion hängt davon ab, ob die Routen-Map für das Policy-Routing oder für die Redistribution verwendet wird. Wenn eine Routen-Map für die Redistribution verwendet wird, und eine Route stimmt mit einem Statement überein, das zu einer Deny-Aktion gehört, dann wird die Route nicht redistributiert. Wenn die Routen-Map für das Policy-Routing verwendet wird, und ein Paket stimmt mit einem Statement überein, das zu einer Deny-Aktion gehört, dann wird das Paket nicht dem Policy-Routing unterworfen, aber es wird zurück an den normalen Routing-Prozeß zur Weiterleitung übergeben.

Wie bei den Access-Listen muß eine Routen-Map auch eine grundeingestellte Aktion besitzen, die dann ausgeführt wird, wenn eine Route oder ein Paket mit keinem Statement der Routen-Map übereinstimmt. Am Ende jeder Routen-Map befindet sich eine unausgesprochene Deny-Aktion. Alle Routen, die ohne Übereinstimmung bis zum Ende einer Redistributions-Routen-Map gelangen, werden nicht redistributiert, und alle Pakete, die ohne Übereinstimmung bis zum Ende einer Policy-Routen-Map gelangen, werden zurück zum normalen Routing-Prozeß gesendet.

Unausgesprochene Deny-Aktion

Wenn unter einem Routen-Map-Statement kein **match**-Ausdruck konfiguriert ist, so entspricht dies einer Default-Aktion, die auf alle Routen bzw. Pakete angewendet wird.

Jedes map-Statement kann mehrere match- und set-Ausdrücke enthalten, z.B.:

```
route-map Garfield permit 10
  match ip route-source 15
  match interface Serial0
  set metric-type type-1
  set next-hop 10.1.2.3
```

In einem solchen Fall muß eine Route oder ein Paket mit jedem **match**-Ausdruck übereinstimmen, damit die **set**-Befehle ausgeführt werden.

14.2.1 Fallstudie: Policy-Routing

Das Policy-Routing wird mit dem Befehl **ip policy route-map** aufgerufen. Der Befehl wird auf einer Schnittstelle konfiguriert und betrachtet nur eingehende Pakete.

Stellen wir uns vor, auf Linus in Bild 14.3 soll das Policy-Routing den Verkehr aus dem Subnetz 172.16.6.0/24 an Lucy weiterleiten und den Verkehr aus dem Subnetz 172.16.7.0/24 an Pigpen weiterleiten. Die Konfiguration von Linus lautet daraufhin:

```
interface Serial0
  ip address 172.16.5.1 255.255.255.0
  ip policy route-map Sally
!
access-list 1 permit 172.16.6.0 0.0.0.255
access-list 2 permit 172.16.7.0 0.0.0.255
!
route-map Sally permit 10
  match ip address 1
  set ip next-hop 172.16.4.2
!
route-map Sally permit 15
  match ip address 2
  set ip next-hop 172.16.4.3
```

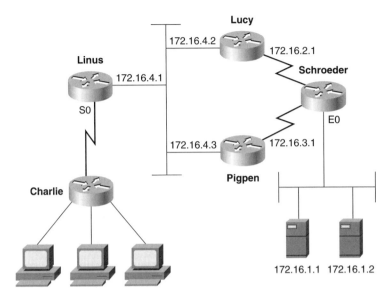

Bild 14.3:
Auf Linus können Policy-Routen konfiguriert werden, um einige Pakete durch Lucy und andere Pakete durch Pigpen zu routen.

Der Policy-Routing-Befehl auf S0 bewirkt, daß eingehende Pakete mit der Routen-Map Sally verglichen werden. Das Statement 10 der Routen-Map Sally verwendet die Access-Liste 1, um die Quell-Adressen mit den Adressen des Subnetzes 172.16.6.0/24 zu vergleichen. Wenn eine Übereinstimmung vorliegt, wird das Paket an Lucy weitergeleitet, deren Next-Hop-Schnittstelle-Adresse 172.16.4.2 ist. Wenn keine Übereinstimmung vorliegt, wird das Paket mit dem Statement 15 verglichen. Dieses Statement verwendet die Access-Liste 2, um die Quell-Adressen mit den Adressen des Subnetzes 172.16.7.0/24 zu vergleichen. Wenn eine Übereinstimmung vorliegt, wird das Paket an Pigpen (172.16.4.3) weitergeleitet. Alle Pakete, die nicht mit dem Statement 15 übereinstimmen, z.B. Pakete aus dem Subnetz 172.16.8.0/24, werden normal weitergeroutet. Bild 14.4 zeigt das Ergebnis der Policy-Route[1].

---

1 Es ist zu beachten, daß der Debug-IP-Packet-Befehl auf eine Zugriffsliste 5 verweist. Diese Zugriffsliste erlaubt nur die zum Router Charlie verbundenen Subnetze, so daß uninteressanter Verkehr nicht in der Debug-Funktion angezeigt wird.

```
Linus#debug ip packet 5
IP packet debugging is on for access list 5
Linus#
IP: s=172.16.7.1 (Serial0), d=172.16.1.1 (Ethernet0), g=172.16.4.3, len 60, forward
IP: s=172.16.7.1 (Serial0), d=172.16.1.1 (Ethernet0), g=172.16.4.3, len 60, forward
IP: s=172.16.7.1 (Serial0), d=172.16.1.1 (Ethernet0), g=172.16.4.3, len 60, forward
IP: s=172.16.7.1 (Serial0), d=172.16.1.1 (Ethernet0), g=172.16.4.3, len 60, forward
IP: s=172.16.6.1 (Serial0), d=172.16.1.1 (Ethernet0), g=172.16.4.2, len 60, forward
IP: s=172.16.6.1 (Serial0), d=172.16.1.1 (Ethernet0), g=172.16.4.2, len 60, forward
IP: s=172.16.6.1 (Serial0), d=172.16.1.1 (Ethernet0), g=172.16.4.2, len 60, forward
IP: s=172.16.6.1 (Serial0), d=172.16.1.1 (Ethernet0), g=172.16.4.2, len 60, forward
IP: s=172.16.8.1 (Serial0), d=172.16.1.1 (Ethernet0), g=172.16.4.2, len 60, forward
IP: s=172.16.8.1 (Serial0), d=172.16.1.1 (Ethernet0), g=172.16.4.3, len 60, forward
IP: s=172.16.8.1 (Serial0), d=172.16.1.1 (Ethernet0), g=172.16.4.2, len 60, forward
IP: s=172.16.8.1 (Serial0), d=172.16.1.1 (Ethernet0), g=172.16.4.3, len 60, forward
```

Bild 14.4: Die auf der S0-Schnittstelle von Linus konfigurierte Policy-Route routet Pakete aus dem Subnetz 172.16.6.0/24 zu Lucy (172.16.4.2) und Pakete aus dem Subnetz 172.16.7.0/24 zu Pigpen (172.16.4.3). Paket aus dem Subnetz 172.16.8.0/24 passen nicht auf die Policy-Route und werden normal weitergeroutet (Lastverteilung zwischen Lucy und Pigpen).

Die Standard-IP-Access-Listen werden nur dann verwendet, wenn das Policy-Routing anhand der Quell-Adressen erfolgt. Für ein gleichzeitiges quell- und zielabhängiges Routing wird eine erweiterte IP-Access-Liste verwendet. Die folgende Konfiguration wird alle für den Host 172.16.1.1 bestimmte Pakete aus allen Subnetzen an Lucy weiterleiten, während Pakete vom Host 172.16.7.1 an den Host 172.16.1.2 an Pigpen weitergeleitet werden. Alle anderen Pakete werden normal geroutet:

```
interface Serial0
  ip address 172.16.5.1 255.255.255.0
  ip policy route-map Sally
!
access-list 101 permit ip any host 172.16.1.1
access-list 102 permit ip host 172.16.7.1 host 172.16.1.2
!
route-map Sally permit 10
  match ip address 101
  set ip next-hop 172.16.4.2
!
route-map Sally permit 15
  match ip address 102
  set ip next-hop 172.16.4.3
```

Es wird erneut die Routen-Map Sally verwendet, nur verweisen die **match**-Ausdrücke nun auf die Access-Listen 101 und 102. Bild 14.5 zeigt das Ergebnis.

```
Linus#debug ip packet 5
IP packet debugging is on for access list 5
Linus#
IP: s=172.16.7.1 (Serial0), d=172.16.1.1 (Ethernet0), g=172.16.4.2, len 60, forward
IP: s=172.16.7.1 (Serial0), d=172.16.1.1 (Ethernet0), g=172.16.4.2, len 60, forward
IP: s=172.16.7.1 (Serial0), d=172.16.1.1 (Ethernet0), g=172.16.4.2, len 60, forward
IP: s=172.16.7.1 (Serial0), d=172.16.1.1 (Ethernet0), g=172.16.4.2, len 60, forward
IP: s=172.16.7.1 (Serial0), d=172.16.1.2 (Ethernet0), g=172.16.4.3, len 60, forward
IP: s=172.16.7.1 (Serial0), d=172.16.1.2 (Ethernet0), g=172.16.4.3, len 60, forward
IP: s=172.16.7.1 (Serial0), d=172.16.1.2 (Ethernet0), g=172.16.4.3, len 60, forward
IP: s=172.16.7.254 (Serial0), d=172.16.1.2 (Ethernet0), g=172.16.4.3, len 60, forward
IP: s=172.16.7.254 (Serial0), d=172.16.1.2 (Ethernet0), g=172.16.4.2, len 60, forward
IP: s=172.16.7.254 (Serial0), d=172.16.1.2 (Ethernet0), g=172.16.4.3, len 60, forward
IP: s=172.16.7.254 (Serial0), d=172.16.1.2 (Ethernet0), g=172.16.4.2, len 60, forward
```

Bild 14.5: Die Pakete von Host 172.16.7.1 an den Host 172.16.1.1 stimmen mit dem Statement 10 der Routen-Map Sally überein und werden an Lucy weitergeleitet. Die Pakete vom gleichen Host an den Host 172.16.1.2 werden an Pigpen weitergeleitet. Pakete von einer anderen Adresse des Subnetzes 172.16.7.0/24 an den Host 172.16.1.2 stimmen nicht mit Sally überein und werden normal geroutet.

Als nächstes verlangt Ihre Firmenpolitik, daß der FTP-Verkehr der Server auf dem Subnetz 172.16.1.0/24 an Lucy weitergeleitet werden soll und daß der Telnet-Verkehr derselben Server an Pigpen weitergeleitet werden soll. Dieses Vorgehen ermöglicht die Aufteilung des umfangreichen FTP-Verkehrs und des stoßweisen, interaktiven Telnet-Verkehrs auf die beiden seriellen Verbindungen von Schroeder. Schroeder wird die folgende Konfiguration besitzen:

```
interface Ethernet0
  ip address 172.16.1.4 255.255.255.0
  ip policy route-map Rerun
!
access-list 105 permit tcp 172.16.1.0 0.0.0.255 eq ftp any
access-list 105 permit tcp 172.16.1.0 0.0.0.255 eq ftp-data any
access-list 106 permit tcp 172.16.1.0 0.0.0.255 eq telnet any
!
route-map Rerun permit 10
  match ip address 105
  set ip next-hop 172.16.2.1
!
route-map Rerun permit 20
  match ip address 106
  set ip next-hop 172.16.3.1
```

Mit den Access-Listen 105 und 106 werden nicht nur die Quell- und Ziel-Adressen verglichen, sondern auch der Quell-Port. In Bild 14.6 wird der Befehl **debug ip packet** mit der Option **detail** verwendet, um die Paket-Typen beobachten zu können, die an Schroeder weitergeleitet werden. Eine Access-Liste 10 läßt nur eine Anzeige der Pakete von 172.16.1.1 an 172.16.6.1 zu.

Der Vorteil der im letzten Beispiel gezeigten Aufteilung in den Bulk- und in den interaktiven Verkehr liegt darin, daß die kleinen Pakete des interaktiven Verkehrs nicht durch die großen Pakete des Bulk-Verkehrs verzögert werden. Das Problem des in diesem Beispiel verwendeten Verfahrens ist jedoch, daß die Access-Listen, die den Verkehr nach ihrem Ziel-Port identifizieren, zu umfangreich werden, wenn viele Verkehrs-Typen getrennt werden sollen.

Wenn einfach nur beabsichtigt ist, kleine Pakete von großen Paketen zu trennen, dann kann anhand der Länge des Pakets verglichen werden:

```
interface Ethernet0
  ip address 172.16.1.4 255.255.255.0
  ip policy route-map Woodstock
!
route-map Woodstock permit 20
  match length 1000 1600
  set ip next-hop 172.16.2.1
!
route-map Woodstock permit 30
  match length 0 400
  set ip next-hop 172.16.3.1
```

Hier legt der **match length**-Ausdruck eine minimale und eine maximale Paket-Größe fest. Das Statement 20 der Routen-Map routet alle Pakete, die zwischen 1000 und 1600 Oktetten lang sind, über die serielle Verbindung an Lucy. Das Statement 30 routet alle Pakete bis zu einer Länge von 400 Oktetten über die serielle Verbindung an Pigpen. Die Pakete, die zwischen 400 und 1000 Oktetten lang sind, werden normal geroutet.

Bild 14.6:
Die FTP-Pakete (TCP-Ports 20 und 21) werden an Lucy weitergeleitet, während die Telnet-Pakete (TCP-Port 23) mit der gleichen Quell- und Ziel-Adresse an Pigpen weitergeleitet werden. Die Echo-Reply-Pakete (ICMP-Typ 0), die nicht auf die Policy-Route passen, werden normal geroutet.

```
Schroeder#debug ip packet detail 10
IP packet debugging is on (detailed) for access list 10
Schroeder#
IP: s=172.16.1.2 (Ethernet0), d=172.16.6.1 (Serial0), g=172.16.2.1, len 1064, forward
    TCP src=20, dst=1047, seq=3702770065, ack=591246297, win=14335 ACK PSH
IP: s=172.16.1.2 (Ethernet0), d=172.16.6.1 (Serial0), g=172.16.2.1, len 64, forward
    TCP src=21, dst=1046, seq=3662108731, ack=591205663, win=14335 ACK PSH
IP: s=172.16.1.2 (Ethernet0), d=172.16.6.1 (Serial0), g=172.16.2.1, len 1476, forward
    TCP src=20, dst=1047, seq=3702771089, ack=591246297, win=14335 ACK PSH
IP: s=172.16.1.2 (Ethernet0), d=172.16.6.1 (Serial1), g=172.16.3.1, len 40, forward
    TCP src=23, dst=1048, seq=3734385279, ack=591277873, win=14332 ACK
IP: s=172.16.1.2 (Ethernet0), d=172.16.6.1 (Serial1), g=172.16.3.1, len 52, forward
    TCP src=23, dst=1048, seq=3734385279, ack=591277873, win=14332 ACK PSH
IP: s=172.16.1.2 (Ethernet0), d=172.16.6.1 (Serial1), g=172.16.3.1, len 40, forward
    TCP src=23, dst=1048, seq=3734385291, ack=591277876, win=14332 ACK
IP: s=172.16.1.2 (Ethernet0), d=172.16.6.1 (Serial0), g=172.16.2.1, len 60, forward
    ICMP type=0, code=0
IP: s=172.16.1.2 (Ethernet0), d=172.16.6.1 (Serial1), g=172.16.3.1, len 60, forward
    ICMP type=0, code=0
IP: s=172.16.1.2 (Ethernet0), d=172.16.6.1 (Serial0), g=172.16.2.1, len 60, forward
    ICMP type=0, code=0
IP: s=172.16.1.2 (Ethernet0), d=172.16.6.1 (Serial1), g=172.16.3.1, len 60, forward
    ICMP type=0, code=0
```

Bild 14.7 zeigt das Ergebnis der neuen Routen-Map. Auch hier werden FTP-, Telnet- und Echo-Reply-Pakete von 172.16.1.2 an 172.16.6.1 übertragen, aber nun werden die

Pakete aufgrund ihrer Größe und nicht aufgrund ihrer Adressen und Ports geroutet.

```
Schroeder#debug ip packet detail 10
IP packet debugging is on (detailed) for access list 10
Schroeder#
IP: s=172.16.1.2 (Ethernet0), d=172.16.6.1 (Serial0), g=172.16.2.1, len 1476, forward
    TCP src=20, dst=1063, seq=1528444161, ack=601956937, win=14335 ACK PSH
IP: s=172.16.1.2 (Ethernet0), d=172.16.6.1 (Serial0), g=172.16.2.1, len 1476, forward
    TCP src=20, dst=1063, seq=1528442725, ack=601956937, win=14335 ACK PSH
IP: s=172.16.1.2 (Ethernet0), d=172.16.6.1 (Serial0), g=172.16.2.1, len 1476, forward
    TCP src=20, dst=1063, seq=1528444161, ack=601956937, win=14335 ACK PSH
IP: s=172.16.1.2 (Ethernet0), d=172.16.6.1 (Serial0), g=172.16.3.1, len 840, forward
    TCP src=20, dst=1063, seq=1528445597, ack=601956937, win=14335 ACK PSH
IP: s=172.16.1.2 (Ethernet0), d=172.16.6.1 (Serial1), g=172.16.3.1, len 40, forward
    TCP src=21, dst=1062, seq=1469372904, ack=601897901, win=14329 ACK
IP: s=172.16.1.2 (Ethernet0), d=172.16.6.1 (Serial1), g=172.16.3.1, len 54, forward
    TCP src=21, dst=1062, seq=1469372904, ack=601897901, win=14335 ACK PSH
IP: s=172.16.1.2 (Ethernet0), d=172.16.6.1 (Serial1), g=172.16.3.1, len 40, forward
    TCP src=21, dst=1062, seq=1469372918, ack=601897901, win=14335 ACK FIN
IP: s=172.16.1.2 (Ethernet0), d=172.16.6.1 (Serial1), g=172.16.3.1, len 44, forward
    TCP src=23, dst=1064, seq=1712116521, ack=602140570, win=14335 ACK SYN
IP: s=172.16.1.2 (Ethernet0), d=172.16.6.1 (Serial1), g=172.16.3.1, len 43, forward
    TCP src=23, dst=1064, seq=1712116522, ack=602140570, win=14335 ACK PSH
IP: s=172.16.1.2 (Ethernet0), d=172.16.6.1 (Serial1), g=172.16.3.1, len 40, forward
    TCP src=23, dst=1064, seq=1712116525, ack=602140573, win=14332 ACK
IP: s=172.16.1.2 (Ethernet0), d=172.16.6.1 (Serial1), g=172.16.3.1, len 52, forward
    TCP src=23, dst=1064, seq=1712116525, ack=602140573, win=14335 ACK PSH
IP: s=172.16.1.2 (Ethernet0), d=172.16.6.1 (Serial1), g=172.16.3.1, len 60, forward
    ICMP type=0, code=0
IP: s=172.16.1.2 (Ethernet0), d=172.16.6.1 (Serial1), g=172.16.3.1, len 60, forward
    ICMP type=0, code=0
IP: s=172.16.1.2 (Ethernet0), d=172.16.6.1 (Serial1), g=172.16.3.1, len 60, forward
    ICMP type=0, code=0
IP: s=172.16.1.2 (Ethernet0), d=172.16.6.1 (Serial1), g=172.16.3.1, len 60, forward
    ICMP type=0, code=0
```

*Bild 14.7:
Alle Pakete ab einer Länge von 1000 Oktetten werden an Lucy geroutet, während Pakete, die bis zu 400 Oktette lang sind, an Pigpen geroutet werden. Die Pakete mit einer Länge zwischen 400 und 1000 Oktetten werden normal geroutet.*

Die bisher beschriebenen Policy-Routen betreffen Pakete, die in den Router durch eine Schnittstelle eintreten. Aber was ist mit den Paketen, die der Router selbst erzeugt? Diese können durch den Befehl **ip local policy route-map** auch dem Policy-Routing unterworfen werden. Im Unterschied zum Befehl **ip policy route-map**, der auf einer Schnittstelle konfiguriert wird, wird dieser Befehl auf dem gesamten Router konfiguriert.

Um das zuvor demonstrierte Verhalten auf alle vom Router Schroeder erzeugten Pakete anzuwenden, lautet die Konfiguration:

```
interface Ethernet0
  ip address 172.16.1.4 255.255.255.0
  ip policy route-map Woodstock
!
ip local policy route-map Woodstock
!
access-list 120 permit ip any 172.16.1.0 0.0.0.255
access-list 120 permit ospf any any
!
route-map Woodstock permit 10
  match ip address 120
!
```

```
route-map Woodstock permit 20
  match length 1000 1600
  set ip next-hop 172.16.2.1
!
route-map Woodstock permit 30
  match length 0 400
  set ip next-hop 172.16.3.1
```

Besonders interessant ist hier das Statement 10. Dieses Statement besitzt keinen **set**-Ausdruck, sondern läßt einfach alle Pakete zu, deren Adresse mit der Access-Liste 120 übereinstimmt. Die Access-Liste 120 läßt alle OSPF-Pakete und alle für das Subnetz 172.16.1.0/24 bestimmte Pakete zu. Ohne die erste Zeile der Access-Liste würden einige von Schroeder erzeugte Pakete, die für das Subnetz 172.16.1.0/24 bestimmt sind, durch die Statements 20 oder 30 an die falsche Schnittstelle weitergeleitet werden. Bild 14.8 zeigt, warum die zweite Zeile der Access-Liste notwendig ist. Die Länge der OSPF-Hellos von Schroeder beträgt 44 Oktette. Wenn das Statement 10 nicht enthalten wäre, würden die OSPF-Hellos alle mit dem Statement 30 übereinstimmen und an Pigpen weitergeleitet werden, was zur Folge hätte, daß die Nachbarverbindung zwischen Lucy und Schroeder aufgehoben werden würde. Durch das Statement 10 werden alle OSPF-Pakete ohne Änderungen zugelassen und normal weitergeleitet.

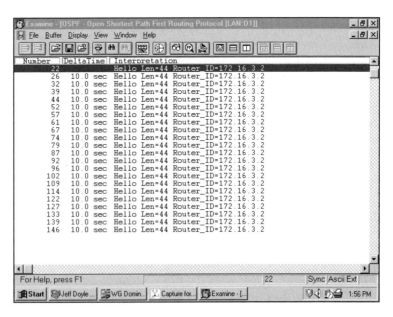

Bild 14.8: Die Länge der OSPF-Hello-Pakete ist in dieser Analyzer-Aufnahme zu sehen.

14.2.2 Fallstudie: Policy-Routing und Quality-of-Service-Routing

Obwohl Quality-of-Service-(QoS-)Routing nicht im Rahmen dieses Buches behandelt wird, sei hier angemerkt, daß Policy-Routing ein integraler Bestandteil des QoS sei kann. Policy-Routing erfolgt in Verbindung mit QoS durch das Setzen der Precedence- oder der Type-of-Service-(TOS-)Bits des TOS-Felds in den IP-Headern der Pakete, die in eine der Router-Schnittstellen eintreten. Bild 14.9 zeigt die Bits des TOS-Felds. Obwohl die TOS-Bits in modernen Internetzwerken relativ selten verwendet werden, fanden die Precedence-Bits in QoS-Applikationen eine neue Daseinsberechtigung. Die TOS-Bits werden verwendet, um die Pfadwahl eines Routers für ein Paket zu beeinflussen, während die Precedence-Bits verwendet werden, um Paketen innerhalb eines Routers Priorität zu verleihen.

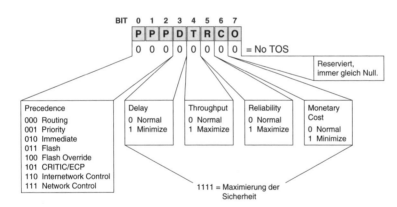

Bild 14.9: Die Precedence- und TOS-Bits des Type-of-Service-Felds in den IP-Headern.

Die Precedence-Bits werden durch den Befehl **set ip precedence** innerhalb einer Routen-Map gesetzt. Die Precedence kann durch die dezimale Entsprechung der drei Precedence-Bits gesetzt werden oder durch ein Schlüsselwort. Die Tabelle 14.5 zeigt die verwendbaren Dezimal-Zahlen und Schlüsselwörter.

Tabelle 14.5:
Die Precedence-Werte und Schlüsselwörter, die mit dem Befehl **set ip precedence** *verwendbar sind.*

Bits	Nummer	Schlüsselwort
000	0	routine
001	1	priority
010	2	immediate
011	3	flash
100	4	flash-override
101	5	critical
110	6	internet
111	7	network

Tabelle 14.6:
Die TOS-Werte und Schlüsselwörter, die mit dem Befehl **set ip tos** *verwendbar sind.*

Bits	Nummer (0-15)	Schlüsselwort
0000	0	normal
0001	1	min-monetary-cost
0010	2	max-reliability
0100	4	max-throughput
1000	8	min-delay

Die TOS-Bits werden mit dem Befehl **set ip tos** gesetzt. Auch hier kann das Argument des Befehls eine Zahl oder ein Schlüsselwort sein, die verschiedenen Möglichkeiten sind in der Tabelle 14.6 gezeigt. Im Unterschied zur Precedence können Sie eine Kombination von TOS-Werten verwenden. Zum Beispiel bedeutet ein TOS-Wert von 12 (1100b) eine *minimale Verzögerung* und einen *maximalen Durchsatz*. Es kann nur ein einziges Schlüsselwort verwendet werden, daher muß für eine Kombination von TOS-Werten eine Zahl eingegeben werden.

Bild 14.10 zeigt ein Beispiel, wie Policy-Routen für das QoS-Routing verwendet werden können. Hier befindet sich der Router Pogo am »Rand« des Internetzwerks OkefenokeeNet. Durch die Konfiguration von Policy-Routen auf den seriellen Verbindungen von Pogo können die Precedence- und/oder TOS-Bits der eingehenden Pakete geändert werden, um den IP-Verkehr in mehrere Verkehrs-Klassen zu unterteilen. Zum Beispiel:

```
interface Serial0
  ip address 10.1.18.67 255.255.255.252
  ip policy route-map Albert
!
interface Serial1
  ip address 10.34.16.83 255.255.255.252
  ip policy route-map Albert
!
```

```
access-list 1 permit 172.16.0.0 0.0.255.255
access-list 110 permit tcp any eq www any
!
route-map Albert permit 10
  match ip address 1 110
  set ip precedence critical
!
route-map Albert permit 20
  set ip tos 10
  set ip precedence priority
```

Das Statement 10 besagt, daß die Precedence-Bits auf *critical* (=kritisch) gesetzt werden, wenn die Pakete mit den beiden Access-Listen 1 und 110 übereinstimmen. Beachten Sie, daß das Statement 20 keinen **match**-Ausdruck enthält. Dieses Statement wird mit allen Paketen übereinstimmen, die nicht mit dem Statement 10 übereinstimmten. Es befinden sich auch zwei **set**-Befehle unter dem Statement 20. Diese Befehle werden die TOS-Bits auf *minimale Verzögerung* und *maximale Zuverlässigkeit* und die Precedence-Bits auf *priority* (Priorität) setzen. Bild 14.11 zeigt eine Aufnahme eines Pakets aus dem Internetzwerk OkefenokeeNet, das durch die Routen-Map auf Pogo modifiziert wurde.

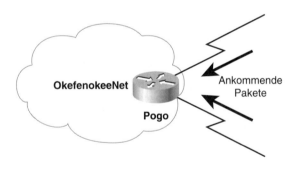

Bild 14.10: Die Policy-Routen können verwendet werden, um die Precedence- oder die TOS-Bits von Paketen zu verändern, die in ein Internetzwerk eintreten. Die Router innerhalb des Internetzwerks können daraufhin QoS-Entscheidungen auf der Basis dieser Bits treffen.

*Bild 14.11:
Die Policy-
Route von Pogo
hat die Precedence-Bits dieses
Pakets auf Priorität (001b) und
die TOS-Bits auf
minimale Verzögerung und
maximale
Zuverlässigkeit
(1010b) gesetzt.*

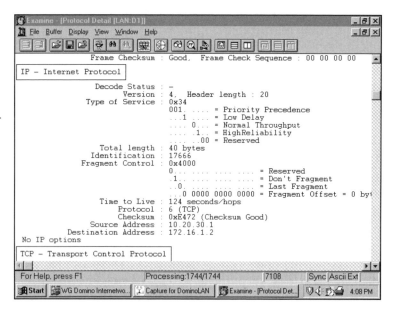

Nachdem auf den in das Internetzwerk eingetretenen Paketen die Precedence- oder TOS-Bits gesetzt wurden, können Router innerhalb des Internetzwerks QoS-Entscheidungen treffen, die ganz oder teilweise auf der Klassen-Einteilung dieser Bits basieren. Zum Beispiel kann eine bevorzugte, eine gewöhnliche oder eine gewichtete Paketverarbeitung konfiguriert werden, um den Verkehr auf der Basis der Precedence- oder TOS-Bits aufzuteilen. In einigen Ausführungen können die Precedence-Bits in Zusammenhang mit Mechanismen zur Belastungsbegrenzung wie der Weighted-Random-Early-Detection (WRED) verwendet werden. Es kann auch ein primitives Class-of-Service-Routing ausgeführt werden, indem Access-Listen konfiguriert werden, die Pakete über bestimmte Verbindungen aufgrund ihrer Precedence- oder TOS-Bits zulassen oder ablehnen.

14.2.3 Fallstudie: Routen-Maps und Redistribution

Eine Routen-Map kann in der Redistribution verwendet werden, indem die Routen-Map mit dem Befehl **redistribute** aufgerufen wird. Bild 14.12 zeigt ein Internetzwerk, in dem die IS-IS- und OSPF-Routen auf dem Router Zippy gegenseitig redistributiert werden. Es sollen nur die Netzwerk- und Subnetz-Adressen der Abbildung redistributiert werden, deren drittes Oktett ungerade ist. Die Konfiguration von Zippy lautet:

```
router ospf 1
  redistribute isis level-1 metric 20 subnets route-map Griffy
  network 172.16.10.2 0.0.0.0 area 5
!
router isis
  redistribute ospf 1 metric 25 route-map Toad metric-type internal level-2
  net 47.0001.1234.5678.9056.00
!
access-list 1 permit 192.168.2.0
access-list 1 permit 192.168.4.0
access-list 1 permit 192.168.6.0
access-list 2 permit 172.16.1.0
access-list 2 permit 172.16.3.0
access-list 2 permit 172.16.5.0
access-list 2 permit 172.16.7.0
access-list 2 permit 172.16.9.0
!
route-map Griffy deny 10
  match ip address 1
!
route-map Griffy permit 20
!
route-map Toad permit 10
  match ip address 2
```

*Bild 14.12: Die OSPF- und IS-IS-Routen werden gegenseitig redistribuiert. Die Routen-Maps können durch den Befehl **redistribute** als reine Routen-Filter verwendet werden, sie können aber auch verwendet werden, um die Eigenschaften der redistributierten Routen zu verändern.*

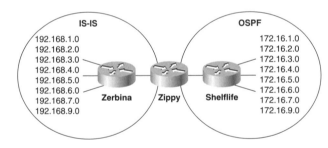

Die Routen-Maps Griffy und Toad führen dieselben Funktionen durch, aber mit unterschiedlichen logischen Aussagen. Griffy verwendet die negative Aussage und identifiziert die Routen, die nicht redistributiert werden sollen, während Toad die positive Aussage verwendet und die Routen identifiziert, die redistributiert werden sollen.

Das Statement 10 von Griffy lehnt alle Routen ab, die durch die Access-Liste 1 zugelassen werden (die Adressen mit einem geraden dritten Oktett). Da die Adressen mit ungeraden dritten Oktetten nicht mit dem Statement 10 übereinstimmen, werden sie an das Statement 20 weitergereicht. Das Statement 20 besitzt keinen **match**-Ausdruck, daher trifft das Statement auf alle verbliebenen Routen zu. Das Statement 20 besitzt eine Permit-Aktion, daher werden die ungeraden Routen zugelassen. Das Ergebnis ist in Bild 14.13 gezeigt.

Bild 14.13: Die einzigen Ziele der IS-IS-Domäne, die sich in der Routen-Tabelle von Shelflife befinden, besitzen ein ungerades drittes Oktett.

```
Shelflife#show ip route
Codes: C - connected, S - static, I - IGRP, R - RIP, M - mobile, B - BGP
       D - EIGRP, EX - EIGRP external, O - OSPF, IA - OSPF inter area
       E1 - OSPF external type 1, E2 - OSPF external type 2, E - EGP
       i - IS-IS, L1 - IS-IS level-1, L2 - IS-IS level-2, * - candidate default

Gateway of last resort is not set

O E2 192.168.9.0 [110/20] via 172.16.10.2, 00:24:46, Ethernet0
O E2 192.168.1.0 [110/20] via 172.16.10.2, 00:24:46, Ethernet0
O E2 192.168.3.0 [110/20] via 172.16.10.2, 00:24:46, Ethernet0
O E2 192.168.5.0 [110/20] via 172.16.10.2, 00:24:47, Ethernet0
O E2 192.168.7.0 [110/20] via 172.16.10.2, 00:24:47, Ethernet0
     172.16.0.0 255.255.255.0 is subnetted, 9 subnets
C       172.16.9.0 is directly connected, Serial0
C       172.16.10.0 is directly connected, Ethernet0
O       172.16.4.0 [110/159] via 172.16.9.2, 14:05:33, Serial0
O       172.16.5.0 [110/159] via 172.16.9.2, 14:05:33, Serial0
O       172.16.6.0 [110/159] via 172.16.9.2, 14:05:33, Serial0
O       172.16.7.0 [110/159] via 172.16.9.2, 14:05:33, Serial0
O       172.16.1.0 [110/159] via 172.16.9.2, 14:05:33, Serial0
O       172.16.2.0 [110/159] via 172.16.9.2, 14:05:33, Serial0
O       172.16.3.0 [110/159] via 172.16.9.2, 14:05:33, Serial0
Shelflife#
```

Die Routen-Map Toad besitzt einen einzigen Ausdruck, der die Routen zuläßt, die mit der Access-Liste 2 übereinstimmen (Adressen mit einem geraden dritten Oktett). Die Adressen mit einem geraden dritten Oktett stimmen nicht mit der Access-Liste 2 überein. Das Standard-Routen-Map-Statement für die Redistribution lehnt alle Routen ab, daher werden die Adressen, die nicht mit der Access-Liste 2 übereinstimmen, nicht redistributiert. Bild 14.14 zeigt die Wirkung der Routen-Map Toad.

Auch andere Konfigurationen können dieselbe Wirkung haben. Zum Beispiel wird die Routen-Map Toad denselben Effekt mit der folgenden Access-Liste haben:

```
access-list 2 deny 172.16.2.0
access-list 2 deny 172.16.4.0
access-list 2 deny 172.16.6.0
access-list 2 permit any
```

```
Zerbina#show ip route
Codes: C - connected, S - static, I - IGRP, R - RIP, M - mobile, B - BGP
       D - EIGRP, EX - EIGRP external, O - OSPF, IA - OSPF inter area
       N1 - OSPF NSSA external type 1, N2 - OSPF NSSA external type 2
       E1 - OSPF external type 1, E2 - OSPF external type 2, E - EGP
       i - IS-IS, L1 - IS-IS level-1, L2 - IS-IS level-2, * - candidate default
       U - per-user static route, o - ODR

Gateway of last resort is not set

C       192.168.9.0/24 is directly connected, Serial0
C       192.168.10.0/24 is directly connected, Ethernet0
i L1    192.168.1.0/24 [115/15] via 192.168.9.2, Serial0
i L1    192.168.2.0/24 [115/15] via 192.168.9.2, Serial0
i L1    192.168.3.0/24 [115/15] via 192.168.9.2, Serial0
i L1    192.168.4.0/24 [115/15] via 192.168.9.2, Serial0
i L1    192.168.5.0/24 [115/15] via 192.168.9.2, Serial0
i L1    192.168.6.0/24 [115/15] via 192.168.9.2, Serial0
i L1    192.168.7.0/24 [115/15] via 192.168.9.2, Serial0
        172.16.0.0/24 is subnetted, 5 subnets
i L2       172.16.9.0 [115/35] via 192.168.10.2, Ethernet0
i L2       172.16.5.0 [115/35] via 192.168.10.2, Ethernet0
i L2       172.16.7.0 [115/35] via 192.168.10.2, Ethernet0
i L2       172.16.1.0 [115/35] via 192.168.10.2, Ethernet0
i L2       172.16.3.0 [115/35] via 192.168.10.2, Ethernet0
Zerbina#
```

Bild 14.14: Die einzigen Ziele der OSPF-Domäne, die sich in der Routen-Tabelle von Zerbina befinden, besitzen ein ungerades drittes Oktett.

Obwohl Routen-Maps sehr gut als einfache Routen-Filter funktionieren, liegt ihre wirkliche Stärke in der Fähigkeit, Routen auf verschiedene Weise zu verändern. Betrachten Sie die folgenden Konfiguration von Zippy aus Bild 14.12:

```
router ospf 1
 redistribute isis level-1 metric 20 subnets route-map Griffy
 network 172.16.10.2 0.0.0.0 area 5
!
router isis
 redistribute ospf 1 metric 25 route-map Toad metric-type internal level-2
 net 47.0001.1234.5678.9056.00
!
ip classless
access-list 1 permit 192.168.2.0
access-list 1 permit 192.168.4.0
access-list 1 permit 192.168.6.0
access-list 2 permit 172.16.9.0
access-list 2 permit 172.16.5.0
access-list 2 permit 172.16.7.0
access-list 2 permit 172.16.1.0
access-list 2 permit 172.16.3.0
!
route-map Griffy permit 10
 match ip address 1
 set metric-type type-1
!
route-map Griffy permit 20
!
route-map Toad permit 10
 match ip address 2
 set metric 15
 set level level-1
!
route-map Toad permit 20
```

Das Statement 10 der Routen-Map Griffy läßt Routen zu den Adressen in der Access-Liste 1 zu und redistributiert sie in das OSPF als externe Routen vom Typ 1. Das Statement 20 läßt alle anderen Routen zu, die mit dem grundeingestellten externen Typ 2 redistributiert werden. Bild 14.15 zeigt das Ergebnis.

Bild 14.15: Die Routen zu Zielen in der IS-IS-Domäne sind E1-Routen, wenn das dritte Oktett der Adresse gerade ist, und es sind E2-Routen, wenn das dritte Oktett ungerade ist.

```
Shelflife#show ip route
Codes: C - connected, S - static, I - IGRP, R - RIP, M - mobile, B - BGP
       D - EIGRP, EX - EIGRP external, O - OSPF, IA - OSPF inter area
       E1 - OSPF external type 1, E2 - OSPF external type 2, E - EGP
       i - IS-IS, L1 - IS-IS level-1, L2 - IS-IS level-2, * - candidate default

Gateway of last resort is not set

O E2 192.168.9.0 [110/20] via 172.16.10.2, 00:13:43, Ethernet0
O E2 192.168.1.0 [110/20] via 172.16.10.2, 00:13:43, Ethernet0
O E1 192.168.2.0 [110/30] via 172.16.10.2, 00:13:43, Ethernet0
O E2 192.168.3.0 [110/20] via 172.16.10.2, 00:13:44, Ethernet0
O E1 192.168.4.0 [110/30] via 172.16.10.2, 00:13:44, Ethernet0
O E2 192.168.5.0 [110/20] via 172.16.10.2, 00:13:44, Ethernet0
O E1 192.168.6.0 [110/30] via 172.16.10.2, 00:13:44, Ethernet0
O E2 192.168.7.0 [110/20] via 172.16.10.2, 00:13:44, Ethernet0
     172.16.0.0 255.255.255.0 is subnetted, 9 subnets
C       172.16.9.0 is directly connected, Serial0
C       172.16.10.0 is directly connected, Ethernet0
O       172.16.4.0 [110/159] via 172.16.9.2, 15:49:29, Serial0
O       172.16.5.0 [110/159] via 172.16.9.2, 15:49:30, Serial0
O       172.16.6.0 [110/159] via 172.16.9.2, 15:49:30, Serial0
O       172.16.7.0 [110/159] via 172.16.9.2, 15:49:30, Serial0
O       172.16.1.0 [110/159] via 172.16.9.2, 15:49:30, Serial0
O       172.16.2.0 [110/159] via 172.16.9.2, 15:49:30, Serial0
O       172.16.3.0 [110/159] via 172.16.9.2, 15:49:30, Serial0
Shelflife#
```

Das Statement 10 der Routen-Map Toad läßt Routen zu den Adressen in der Access-Liste 2 zu und redistributiert sie in das IS-IS als Level-1-Routen. Ihre Metrik wird auf 15 gesetzt. Das Statement 20 läßt alle anderen Routen zu, die als Level-2-Routen mit einer Metrik von 25 redistributiert werden, wobei dies durch den Befehl **redistribute** unter der IS-IS-Konfiguration festgelegt wurde (Bild 14.16).

```
Zerbina#show ip route
Codes: C - connected, S - static, I - IGRP, R - RIP, M - mobile, B - BGP
       D - EIGRP, EX - EIGRP external, O - OSPF, IA - OSPF inter area
       N1 - OSPF NSSA external type 1, N2 - OSPF NSSA external type 2
       E1 - OSPF external type 1, E2 - OSPF external type 2, E - EGP
       i - IS-IS, L1 - IS-IS level-1, L2 - IS-IS level-2, * - candidate default
       U - per-user static route, o - ODR

Gateway of last resort is not set

C    192.168.9.0/24 is directly connected, Serial0
C    192.168.10.0/24 is directly connected, Ethernet0
i L1 192.168.1.0/24 [115/15] via 192.168.9.2, Serial0
i L1 192.168.2.0/24 [115/15] via 192.168.9.2, Serial0
i L1 192.168.3.0/24 [115/15] via 192.168.9.2, Serial0
i L1 192.168.4.0/24 [115/15] via 192.168.9.2, Serial0
i L1 192.168.5.0/24 [115/15] via 192.168.9.2, Serial0
i L1 192.168.6.0/24 [115/15] via 192.168.9.2, Serial0
i L1 192.168.7.0/24 [115/15] via 192.168.9.2, Serial0
     172.16.0.0/24 is subnetted, 8 subnets
i L1    172.16.9.0 [115/25] via 192.168.10.2, Ethernet0
i L2    172.16.4.0 [115/35] via 192.168.10.2, Ethernet0
i L1    172.16.5.0 [115/25] via 192.168.10.2, Ethernet0
i L2    172.16.6.0 [115/35] via 192.168.10.2, Ethernet0
i L1    172.16.7.0 [115/25] via 192.168.10.2, Ethernet0
i L1    172.16.1.0 [115/25] via 192.168.10.2, Ethernet0
i L2    172.16.2.0 [115/35] via 192.168.10.2, Ethernet0
i L1    172.16.3.0 [115/25] via 192.168.10.2, Ethernet0
Zerbina#
```

Bild 14.16: Die Routen zu Zielen in der OSPF-Domäne sind L2-Routen, wenn das dritte Oktett der Adresse gerade ist, und sie sind L1-Routen, wenn das dritte Oktett ungerade ist. Die »ungeraden« Routen werden mit einer Metrik von 15 redistributiert, und die »geraden« Routen werden mit einer Metrik von 25 redistributiert (es wird 10 für den Hop von Zippy zu Zerbina addiert).

14.2.4 Fallstudie: Routen-Tagging

Bild 14.17 zeigt eine Situation, in der Routen aus verschiedenen Routing-Domänen, die alle verschiedene Routing-Protokolle ausführen, in eine einzige Transit-Domäne redistributiert werden, auf der das OSPF ausgeführt wird. Auf der anderen Seite der OSPF-Wolke müssen die Routen zurück in die entsprechenden Domänen redistributiert werden. Es können Routen-Filter an den Austritts-Punkten der OSPF-Wolke in die einzelnen Domänen verwendet werden, um nur die Routen zuzulassen, die zu dieser Domäne gehören. Wenn nun aber jede Domäne viele Routen besitzt oder wenn die Routen innerhalb der Domäne häufig wechseln, kann die Verwaltung der Routen-Filter recht schwierig sein.

*Bild 14.17:
Die Routen von allen drei Domänen links werden in ein Transit-Internetzwerk redistributiert, das das OSPF ausführt. Auf der rechten Seite müssen die Routen für jede Domäne zurück in die jeweiligen Domänen redistribuiert werden.*

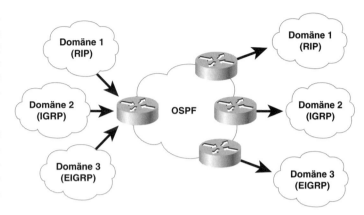

Eine andere Möglichkeit, um dieses Problem zu lösen, besteht in der Markierung der Routen an ihrem Eintritts-Punkt in die OSPF-Transit-Domäne mit einem Tag (=Markierung), das für jede Domäne eindeutig ist. An den Austritts-Punkten können die Routen anhand ihrer Tags redistribuiert werden, anstatt dafür bestimmte Adressen zu verwenden. Das Routing-Protokoll des Transit-Netzwerks verwendet das Tag nicht, sondern überträgt es lediglich zu und von den externen Netzwerken. Die RIPv2-, EIGRP-, Integrated IS-IS- und OSPF-Protokolle unterstützen alle Routen-Tags. Auch das BGP unterstützt Routen-Tags. Die Tags werden hingegen nicht vom RIPv1 oder vom IGRP unterstützt.

Eine erneute Betrachtung des Paket-Formats in den Kapiteln 7 und 9 zeigt, daß RIPv2-Meldungen 16-Bit-Tags unterstützen, während externe EIGRP-Routen-TLVs und OSPF-LSAs vom Typ 5 32-Bit-Tags unterstützen. Diese Tags werden als Dezimal-Zahlen ausgedrückt, daher werden die Tags des RIPv2 zwischen 0 und 65,535 liegen und die Tags, die durch das EIGRP und das OSPF übertragen werden, zwischen 0 und 4.294.967.295.

In Bild 14.18 akzeptiert der Router Dagwood die Routen von drei verschiedenen Routing-Domänen und redistribuiert sie in eine Domäne, die das OSPF ausführt. Hier ist vorgesehen, daß die Routen jeder einzelnen Domäne markiert werden, damit ihre Quell-Domäne innerhalb der OSPF-Wolke identifiziert werden kann. Die Routen aus der Domäne 1 werden einen Tag von 1 besitzen, diejenigen aus der Domäne 2 werden einen Tag von 2 tragen usw.

Die Konfiguration von Dagwood lautet:

```
router ospf 1
  redistribute igrp 1 metric 10 subnets tag 1
  redistribute rip metric 10 subnets route-map Dithers
network 10.100.200.1 0.0.0.0 area 0
!
router rip
  network 10.0.0.0
!
router igrp 1
  network 10.0.0.0
!
access-list 1 permit 10.1.2.3
access-list 2 permit 10.1.2.4
!
route-map Dithers permit 10
  match ip route-source 1
  set tag 2
!
route-map Dithers permit 20
  match ip route-source 2
  set tag 3
```

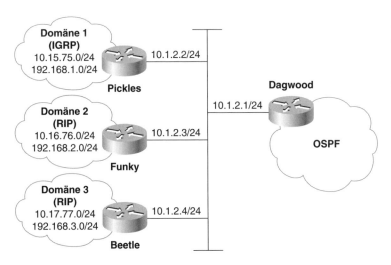

Bild 14.18: Dagwood ist so konfiguriert, daß er die Routen aus jeder der drei Routing-Domänen markiert, wenn er sie in das OSPF redistributiert.

Beachten Sie zuerst den Befehl **redistribute igrp** unter der OSPF-Konfiguration. Dagwood übernimmt Routen nur von einer IGRP-Domäne, daher kann der Tag direkt im **redistribute**-Befehl auf 1 gesetzt werden. Dagegen werden Routen aus zwei RIP-Domänen erlernt. Hier wird eine Routen-Map benötigt. Die Routen-Map Dithers setzt den Tag der RIP-Routen auf 2 bzw. 3, je nachdem, ob er die Route von Funky (10.1.2.3) oder Beetle (10.1.2.4) erlernt hat. Bild 14.19 zeigt ein LSA, das eine der RIP-erlernten Routen anmeldet und ein Routen-Tag von 2 besitzt. Die Routen-Tags können auch in der OSPF-Verbindungs-Status-Datenbank eingesehen werden (Bild 14.20).

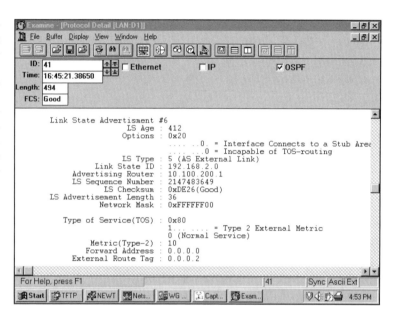

Bild 14.19: Dieses LSA vom Typ 5 meldet das Netzwerk 192.168.2.0 aus der Domäne 2 innerhalb der OSPF-Domäne an. Der Routen-Tag ist in der letzten Zeile gezeigt.

Bild 14.20: Die OSPF-Verbindungs-Status-Datenbank läßt die Tags erkennen, die durch Dagwoods Redistributionsprozesse an die externen Routen vergeben wurden.

```
Blondie#show ip ospf database

     OSPF Router with ID (10.100.200.2) (Process ID 1)

         Router Link States (Area 0)

Link ID         ADV Router      Age    Seq#       Checksum Link count
10.100.200.2    10.100.200.2    39     0x80000002 0x6FF5   1
10.100.200.1    10.100.200.1    40     0x80000033 0x33E1   1

         Net Link States (Area 0)

Link ID         ADV Router      Age    Seq#       Checksum
10.100.200.1    10.100.200.1    40     0x80000001 0xB0A7

         AS External Link States

Link ID         ADV Router      Age    Seq#       Checksum Tag
192.168.2.0     10.100.200.1    641    0x80000028 0x904D   2
10.17.77.0      10.100.200.1    642    0x80000028 0xC817   3
192.168.3.0     10.100.200.1    642    0x80000028 0x9744   3
10.15.75.0      10.100.200.1    642    0x80000028 0xD213   1
10.1.2.0        10.100.200.1    642    0x80000028 0xA19B   1
10.16.76.0      10.100.200.1    642    0x80000028 0xCD15   2
192.168.1.0     10.100.200.1    644    0x80000028 0x8956   1
10.100.200.0    10.100.200.1    644    0x80000028 0x6EA4   1
Blondie#
```

In Bild 14.21 muß Blondie alle Routen der Domäne 2 an Alley und alle Routen der Domäne 1 an Oop redistributieren. Da die Routen bereits markiert wurden, als sie in die OSPF-Transit-Domäne eintraten, ist dies ein einfaches Verfahren:

```
router ospf 1
  network 10.100.200.2 0.0.0.0 area 0
!
router rip
  redistribute ospf 1 match external 2 route-map Daisy
  passive-interface Ethernet0
  passive-interface Serial1
  network 10.0.0.0
  default-metric 5
!
router igrp 1
  redistribute ospf 1 match external 2 route-map Herb
  passive-interface Ethernet0
  passive-interface Serial0
  network 10.0.0.0
  default-metric 10000 1000 255 1 1500
!
route-map Daisy permit 10
  match tag 2
!
route-map Herb permit 10
  match tag 1
```

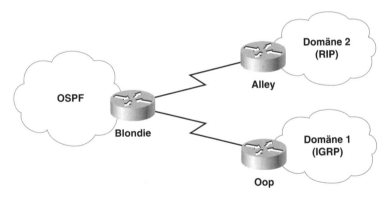

Bild 14.21: Blondie verwendet Routen-Maps, um Routen in Abhängigkeit von ihrem Routen-Tag zu redistributieren.

Bild 14.22 zeigt die resultierenden Routen auf Alley und Oop. Ein Nachteil bei der Verwendung der Routen-Tags zur Filterung von Routen liegt darin, daß die Routen nicht nach der Schnittstelle gefiltert werden können. Wenn Blondie zum Beispiel Routen an die Domäne 2 und die Domäne 3 senden soll, die beide das RIP ausführen, dann können die Routen-Maps nicht so konfiguriert werden, daß sie einige Routen an einen

RIP-Prozeß und andere Routen an einen anderen RIP-Prozeß senden. Die Routen müßten mit **distribute-list**-Befehlen anhand ihrer Adresse gefiltert werden.

Bild 14.22:
Die Routen-
Tabellen von
Alley und Oop
aus der Abbil-
dung 14.21
zeigen die
Ergebnisse der
Redistributions-
konfiguration
auf Blondie.

```
Alley#show ip route
Codes: C - connected, S - static, I - IGRP, R - RIP, M - mobile, B - BGP
       D - EIGRP, EX - EIGRP external, O - OSPF, IA - OSPF inter area
       E1 - OSPF external type 1, E2 - OSPF external type 2, E - EGP
       i - IS-IS, L1 - IS-IS level-1, L2 - IS-IS level-2, * - candidate default

Gateway of last resort is not set

     10.0.0.0 255.255.255.0 is subnetted, 4 subnets
C       10.1.3.0 is directly connected, Serial0
R       10.1.4.0 [120/1] via 10.1.3.1, 00:00:19, Serial0
R       10.16.76.0 [120/5] via 10.1.3.1, 00:00:19, Serial0
R       10.100.200.0 [120/1] via 10.1.3.1, 00:00:19, Serial0
R    192.168.2.0 [120/5] via 10.1.3.1, 00:00:19, Serial0
Alley#
```

```
Oop#show ip route
Codes: C - connected, S - static, I - IGRP, R - RIP, M - mobile, B - BGP
       D - EIGRP, EX - EIGRP external, O - OSPF, IA - OSPF inter area
       E1 - OSPF external type 1, E2 - OSPF external type 2, E - EGP
       i - IS-IS, L1 - IS-IS level-1, L2 - IS-IS level-2, * - candidate default

Gateway of last resort is not set

     10.0.0.0 255.255.255.0 is subnetted, 5 subnets
I       10.1.3.0 [100/10476] via 10.1.4.1, 00:00:22, Serial0
I       10.1.2.0 [100/8676] via 10.1.4.1, 00:00:22, Serial0
C       10.1.4.0 is directly connected, Serial0
I       10.15.75.0 [100/9176] via 10.1.4.1, 00:00:22, Serial0
I       10.100.200.0 [100/8576] via 10.1.4.1, 00:00:22, Serial0
I    192.168.1.0 [100/9176] via 10.1.4.1, 00:00:22, Serial0
Oop#
```

14.3 Ausblick

Mit diesem Kapitel schließt die eingehende Betrachtung des TCP/IP-Routings in Hinsicht auf Interior-Gateway-Protokolle dieses Buches. Wenn Sie sich auf eine Prüfung zum CCIE vorbereiten, werden Sie im Vorfeld die Themen dieses Buches sicherlich gründlich studieren. Nutzen Sie die Problemstellungen am Ende der Kapitel, um Ihr Wissen und Ihre bisherige Vorbereitung zu überprüfen. Falls Sie sich bisher noch nicht mit dem Studium des TCP/IP-Routings in Hinsicht auf Exterior-Gateway-Protokolle befaßt haben, so besteht darin der nächste logische Schritt Ihrer Vorbereitung.

14.3.1 Zusammenfassende Tabelle: Befehle aus Kapitel 14

Befehl	Beschreibung
access-list *Access-Listen-Nummer* {deny|permit} *Quelle* [*Quellen-Platzhalter*]	Vereinbart eine Zeile einer Standard-IP-Access-Liste.
access-list *Access-Listen-Nummer* {deny|permit} *Protokoll Quelle Quellen- Platzhalter Ziel Ziel- Platzhalter* [precedence *precedence*] [tos *Tos*] [log]	Vereinbart eine Zeile einer erweiterten IP-Access-Liste.
ip local policy route-map *Map-Tag*	Vereinbart eine Policy-Route für Pakete, die vom Router selbst erzeugt werden.
ip policy route-map *map-tag*	Vereinbart eine Policy-Route für Pakete, die den Router durchlaufen.
match interface *Typ Nummer* [...*Typ Nummer*]	Überprüft, ob der Next-Hop einer Route aus einer der bezeichneten Schnittstellen führt.
match ip address {*Access-Listen-Nummer*|*Name*} [...*Access-Listen-Nummer*|*Name*]	Überprüft, ob sich die Ziel-Adresse einer Route in einer der angegebenen Access-Listen befindet.
match ip next-hop {*Access-Listen-Nummer*|*Name*} [...*Access-Listen-Nummer*|*Name*]	Überprüft, ob sich die Adresse des Next-Hop-Routers einer Route in einer der angegebenen Access-Listen befindet.
match ip route-source {*Access-Listen-Nummer*|*Name*} [...*Access-Listen-Nummer*|*Name*]	Überprüft, ob sich die Adresse des anmeldenden Routers einer Route in einer der angegebenen Access-Listen befindet.
match length *Min Max*	Überprüft die Länge eines Level-3-Pakets.
match metric *Metrik-Wert*	Überprüft, ob eine Route den angegebenen Metrik-Wert besitzt.
match route-type {internal|external[type-1|type-2]|level-1|level-2}	Überprüft OSPF-, EIGRP- oder IS-IS-Routen auf den angegebenen Typ.
match tag *Tag-Wert* [...*Tag-Wert*]	Überprüft, ob eine Route den angegebenen Tag-Wert besitzt.

Befehl	Beschreibung
redistribute *Protokoll* [*Prozeß-ID*]{level-1|level-1-2| level-2}[metric *Metrik-Wert*][metric-type *Typ-Wert*][match{internal| external 1|external 2}][tag *Tag-Wert*] [route-map *Map-Tag*][weight *Wichtung*][subnets]	Konfiguriert die Redistribution in ein Routing-Protokoll und legt die Quelle der redistributierten Routen fest.
set level {level-1|level-2|level-1-2| stub-area|backbone}	Setzt den IS-IS-Level oder die OSPF-Area, in den/die eine passende Route redistributiert werden soll.
set default interface *Typ Nummer* [...*Typ Nummer*]	Setzt die ausgehende Schnittstelle für passende Pakete, wenn keine ausdrückliche Route zum Ziel vorhanden ist.
set interface *Typ Nummer* [...*Typ Nummer*]	Setzt die ausgehende Schnittstelle für passende Pakete, wenn eine ausdrückliche Route zum Ziel vorhanden ist.
set ip default next-hop *IP-Adresse* [...*IP-Adresse*]	Setzt die Adresse des Next-Hop-Routers für passende Pakete, wenn keine ausdrückliche Route zum Ziel vorhanden ist.
set ip next-hop *IP-Adresse* [...*IP-Adresse*]	Setzt die Adresse des Next-Hop-Routers für passende Pakete, wenn eine ausdrückliche Route zum Ziel vorhanden ist.
set ip precedence *Precedence*	Setzt die Precedence-Bits im Type-of-Service-Feld passender IP-Pakete.
set ip tos *Typ-of-service*	Setzt die TOS-Bits im Type-of-Service-Feld passender Pakete.
set metric {*Metrik-Wert*|*Bandbreite Verzögerung Zuverlässigkeit Last MTU*}	Setzt den Metrik-Wert einer passenden Route.
set metric-type {internal|external|type-1| type-2}	Setzt den Metrik-Typ einer passenden Route, die in das IS-IS oder OSPF redistributiert wird.
set next-hop *Next-Hop*	Setzt die Adresse des Next-Hop-Routers einer passenden Route.
set tag *Tag-Wert*	Setzt einen Tag-Wert einer passenden Route.

14.4 Übungsfragen

1. Worin gleichen sich Routen-Maps und Access-Listen? Worin unterscheiden sie sich?

2. Was sind Policy-Routen?

3. Was sind Routen-Tags?

4. Auf welche Weise beeinflussen Routen-Tags die Routing-Protokolle?

14.5 Übungen zur Konfiguration

1. Konfigurieren Sie Policy-Routen für den Router A in Bild 14.23, mit denen die Pakete aus den Subnetzen 172.16.1.0/28 bis 172.16.1.112/28 an den Router D weitergeleitet und die Pakete aus den Subnetzen 172.16.1.128/28 bis 172.16.1.240/28 an den Router E weitergeleitet werden.

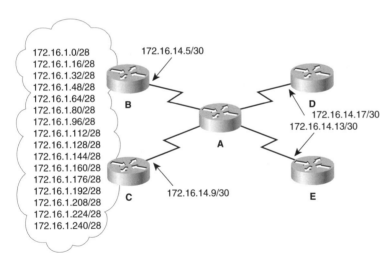

Bild 14.23: Das Internetzwerk für die Konfigurationsübungen 1 bis 3.

2. Konfigurieren Sie Policy-Routen für den Router A in Bild 14.23 so, daß die Pakete aus den Subnetzen 172.16.1.64/28 bis 172.16.1.112 an den Router D weitergeleitet werden, wenn sie aus dem Router C empfangen wurden. Wenn Pakete aus denselben Subnetzen vom Router B empfangen werden, sollen sie an den Router E wei-

tergeleitet werden. Alle anderen Pakete sollen normal weitergeleitet werden.

3. Konfigurieren Sie Policy-Routen für den Router A in Bild 14.23, die alle Pakete an den Router C weiterleiten, die für die Subnetze 172.16.1.0/28 bis 172.16.1.240/28 bestimmt sind und aus einem SMTP-Port stammen. Alle anderen UDP-Pakete, die für dieselben Subnetze bestimmt sind, sollen an den Router B geroutet werden. Es sollen keine anderen Pakete an die Router C oder B weitergeleitet werden, weder durch Policy-Routen noch durch das normale Routing-Protokoll.

4. Die OSPF- und EIGRP-Konfigurationen des Routers in Bild 14.24 lauten:

```
router eigrp 1
  network 192.168.100.0
!
router ospf 1
  network 192.168.1.0 0.0.0.255 area 16
```

Konfigurieren Sie den Router so, daß er interne EIGRP-Routen in das OSPF als E1-Routen mit einer Metrik von 10 redistributiert und externe EIGRP-Routen in das OSPF als E2-Routen mit einer Metrik von 50 redistributiert. Mit Ausnahme von 10.201.100.0/24 sollen alle in der EIGRP-Domäne gezeigten Netzwerke und Subnetze redistributiert werden.

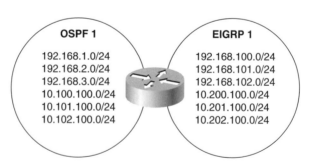

Bild 14.24: Der Router für die Konfigurationsübungen 4 und 5.

OSPF 1
192.168.1.0/24
192.168.2.0/24
192.168.3.0/24
10.100.100.0/24
10.101.100.0/24
10.102.100.0/24

EIGRP 1
192.168.100.0/24
192.168.101.0/24
192.168.102.0/24
10.200.100.0/24
10.201.100.0/24
10.202.100.0/24

5. Konfigurieren Sie den Router in Bild 14.24 so, daß interne OSPF-Routen in das EIGRP mit einer geringeren Verzögerungs-Metrik redistributiert werden als externe OSPF-Routen. Es sollen nur drei der gezeigten Class-C-Netzwerke in die OSPF-Domäne redistributiert werden.

14.6 Übungen zur Fehlersuche

1. Die folgende Konfiguration ist vorgegeben:

   ```
   interface TokenRing1
     ip address 192.168.15.254 255.255.255.0
     ip policy route-map Ex1
   !
   access-list 1 permit 192.168.0.0 0.0.255.255
   access-list 101 permit host 192.168.10.5 any eq telnet
   !
   route-map Ex1 permit 5
     match ip address 1
     set ip next-hop 192.168.16.254
   !
   route-map Ex1 permit 10
     match ip address 101
     set ip next-hop 192.168.17.254
   ```

   Es ist beabsichtigt, alle Pakete mit dem Quell-Adressen-Prefix 192.168.x.x durch die Policy-Route an 192.168.16.254 weiterzuleiten. Die Ausnahme besteht darin, daß die Pakete, die aus dem Telnet-Port des Hosts 192.168.10.5 stammen, an 192.168.17.254 weitergeleitet werden sollen. In dieser Konfiguration befinden sich zwei Fehler, die die korrekte Funktion der Policy-Route verhindern. Bestimmen Sie diese Fehler.

Teil 4

Anhang

Anhang A: Tutorium: Der Umgang mit binären und hexadezimalen Zahlen

Anhang B: Tutorium: Die Access-Listen

Anhang C: Hinweise zur CCIE-Vorbereitung

Anhang D: Antworten zu den Übungsfragen

Anhang E: Lösungen zu den Konfigurationsproblemen

Anhang F: Lösungen zu den Übungen zur Fehlersuche

Tutorium: Der Umgang mit binären und hexadezimalen Zahlen

Der beste Weg zum Verständnis der binären und hexadezimalen Zahlen besteht in der vorherigen Betrachtung des Systems der Dezimal-Zahlen. Das Dezimal-System ist ein Zahlen-System mit der Basis 10 (die Vorsilbe *dezi* bedeutet »zehn«). Die *Basis 10* bedeutet, daß 10 Ziffern existieren, die die Zahlen 0 bis 9 repräsentieren. Sehr wahrscheinlich verwenden wir die Basis 10, weil der Mensch in grauer Vorzeit sein Vieh, seine Kinder und seine Feinde an seinen 10 Fingern abzählte.

Die Verwendung des Stellenwerts ermöglicht die Ersetzung großer Zahlen durch einige Ziffern, z.B. durch 10 dezimale Ziffern. Die Stellenwerte aller Zahlen-Systeme beginnen auf der rechten Seite mit der Basis, die mit dem Wert 0 potenziert ist. Liest man nun von rechts nach links, so wird jeder Stellenwert mit einem Wert potenziert, der um eins höher ist als der Potenz-Wert des vorherigen Stellenwerts:

$B^4 \; B^3 \; B^2 \; B^1 \; B^0$

Mit der Basis 10 lauten die ersten fünf Stellenwerte:

$10^4 \; 10^3 \; 10^2 \; 10^1 \; 10^0$

Die ersten zwei Stellenwerte sind für jede Basis einfach zu berechnen. Jede Zahl, die mit 0 potenziert wird, ist 1, also $10^0 = 1$. Jede Zahl, die mit 1 potenziert wird, wird nicht verändert, also $10^1 = 10$. Beginnen Sie mit dem kleinsten Stellenwert, und multiplizieren Sie einfach die rechte Zahl der vorherigen Zeile mit der Basis:

$10^0 = 1$
$10^1 = 1 \times 10 = 10$
$10^2 = 10 \times 10 = 100$
$10^3 = 100 \times 10 = 1000$
$10^4 = 1000 \times 10 = 10000$

Folglich lauten die ersten fünf Stellenwerte des Zahlen-Systems mit der Basis 10:

10000   1000   100   10   1

Wenn man nun eine Zahl wie z.B. 57258 durch Stellenwerte ausdrückt, so existieren fünf Einheiten von 10000, sieben Einheiten von 1000, zwei Einheiten von 100, fünf Einheiten von 10 und acht Einheiten von 1. Das heißt:

$5 \times 10000 = 50000$
$7 \times 1000 = 7000$
$2 \times 100 = 200$
$5 \times 10 = 50$
$8 \times 1 = 8$

Wenn man diese Einzelergebnisse addiert, folgt wiederum $50000 + 7000 + 200 + 50 + 8 = 57258$.

Wir sind alle so vertraut mit dem Gebrauch der Basis 10, daß wir selten daran denken, eine Zahl in ihre Stellenwerte zu zerlegen. Jedoch ist dieses Verfahren äußerst wichtig, um Zahlen aus anderen Basen entziffern zu können.

A.1 Der Umgang mit binären Zahlen

Wenn man einen Computer auf der Basis einer Maschine betrachtet, so besteht er lediglich aus einer Ansammlung elektrischer Schalter. Zahlen und Zeichen werden durch diese Schalterstellungen repräsentiert. Da ein Schalter nur zwei Einstellungen einnehmen kann, nämlich An oder Aus, verwendet ein Computer ein binäres Zahlen-System oder auch ein Zahlen-System mit der Basis 2 (die Vorsilbe *bi* bedeutet »zwei«). Ein System zur Basis 2 besitzt 2 Ziffern: 0 und 1.

Die Computer gruppieren gewöhnlich diese Ziffern in acht Stellenwerte, die als ein *Byte* oder ein *Oktett* bekannt sind. Die acht Stellenwerte sind:

$2^7 \ 2^6 \ 2^5 \ 2^4 \ 2^3 \ 2^2 \ 2^1 \ 2^0$

Die Stellenwerte werden so berechnet:

```
2⁰ = 1
2¹ = 1 x 2 = 2
2² = 2 x 2 = 4
2³ = 4 x 2 = 8
2⁴ = 8 x 2 = 16
2⁵ = 16 x 2 = 32
2⁶ = 32 x 2 = 64
2⁷ = 64 x 2 = 128
```

Daher lauten die Stellenwerte eines binären Oktetts:

```
128   64   32   16   8   4   2   1
```

Somit kann das binäre Oktett 10010111 auf folgende Weise gelesen werden:

```
1 x 128 = 128
0 x 64 = 0
0 x 32 = 0
1 x 16 = 16
0 x 8 = 0
1 x 4 = 4
1 x 2 = 2
1 x 1 = 1
oder 128 + 16 + 4 + 2 + 1 = 151
```

Die Arbeit mit binären Zahlen ist recht einfach, da für jeden Stellenwert entweder eine Einheit vorhanden ist oder nicht. Hier ein weiteres Beispiel: 11101001 = 128 + 64 + 32 + 8 + 1 = 233.

Während die Umwandlung einer binären in eine Dezimal-Zahl durch die Addition der Stellenwerte erfolgt, wird eine dezimale Zahl durch die Subtraktion der Stellenwerte in eine binäre Zahl umgewandelt. Um zum Beispiel die dezimale Zahl 178 binär auszudrücken, wird der höchstmögliche Stellenwert der Basis 2 von der Zahl abgezogen:

1. 178 ist größer als 128, daher besitzt dieser Stellenwert eine 1: 178 − 128 = 50.

2. 50 ist kleiner als 64, daher besitzt dieser Stellenwert eine 0.

3. 50 ist größer als 32, daher besitzt dieser Stellenwert eine 1: 50 − 32 = 18.

4. 18 ist größer als 16, daher besitzt dieser Stellenwert eine 1: 18 − 16 = 2.

5. 2 ist kleiner als 8, daher besitzt dieser Stellenwert eine 0.

6. 2 ist kleiner als 4, daher besitzt dieser Stellenwert eine 0.

7. 2 ist gleich 2, daher besitzt dieser Stellenwert eine 1: 2 − 2 = 0.

8. 0 ist kleiner als 1, daher besitzt dieser Stellenwert eine 0.

Durch die Aneinanderreihung all dieser Ergebnisse wird aus der dezimalen Zahl 178 die binäre Zahl 10110010.

Ein weiteres Beispiel kann hilfreich sein. Gegeben sei die dezimale Zahl 110:

1. 110 ist kleiner als 128, daher besitzt dieser Stellenwert eine 0.

2. 110 ist größer als 64, daher besitzt dieser Stellenwert eine 1: 110 − 64 = 46.

3. 46 ist größer als 32, daher besitzt dieser Stellenwert eine 1: 46 − 32 = 14.

4. 14 ist kleiner als 16, daher besitzt dieser Stellenwert eine 0.

5. 14 ist größer als 8, daher besitzt dieser Stellenwert eine 1: 14 − 8 = 6.

6. 6 ist größer als 4, daher besitzt dieser Stellenwert eine 1: 6 − 4 = 2.

7. Dieser Stellenwert besitzt eine 1: 2 − 2 = 0.

8. 0 ist kleiner als 1, daher besitzt dieser Stellenwert eine 0.

Somit entspricht die dezimale Zahl 110 der binären Zahl 01101110.

A.2 Der Umgang mit hexadezimalen Zahlen

Das Ausschreiben von binären Oktetten ist nicht sehr angenehm. Den Menschen, die recht häufig mit solchen Zahlen arbeiten müssen, kommt eine einfachere Schreibweise gelegen. Eine mögliche Schreibweise stellt ein einzelnes Zeichen für jedes mögliche Oktett dar. Da aber 2^8 = 256 verschiedene Kombinationen von acht Bits möglich sind, würde eine Ersetzung aller Oktette durch einzelne Zeichen 256 Ziffern oder ein Zahlen-System zur Basis 256 erfordern.

Eine große Vereinfachung bringt die Betrachtung des Oktetts als zwei Gruppen mit vier Bits. Zum Beispiel kann das Oktett 11010011 als 1101 und 0011 betrachtet werden. Es sind $2^4 =$ 16 mögliche Kombinationen von vier Bits möglich, daher kann jedes Oktett mit zwei Ziffern eines Zahlen-Systems mit der Basis 16 oder dem hexadezimalen Zahlen-System ausgedrückt werden (Die Vorsilbe *hex* bedeutet »sechs«, und *dezi* bedeutet »zehn«.) Die Tabelle A.1 zeigt die hexadezimalen Ziffern und ihre dezimalen und binären Entsprechungen.

Hex	Dezimal	Binär
0	0	0000
1	1	0001
2	2	0010
3	3	0011
4	4	0100
5	5	0101
6	6	0110
7	7	0111
8	8	1000
9	9	1001
A	10	1010
B	11	1011
C	12	1100
D	13	1101
E	14	1110
F	15	1111

Tabelle A.1: Hexadezimale, dezimale und binäre Entsprechungen

Da die ersten zehn Zeichen des dezimalen und des hexadezimalen Zahlen-Systems gleich sind, wird gewöhnlich vor eine Hex-Zahl ein *0x* gesetzt, oder es wird ein *h* hintangefügt, um sie von einer dezimalen Zahl unterscheiden zu können. Zum Beispiel kann die Hex-Zahl 25 als 0x25 oder als 25h geschrieben werden. Dieses Buch verwendet die 0x-Konvention.

Schon nach kurzer Zeit der Arbeit mit binären Zahlen wird es Ihnen leicht fallen, eine binäre Zahl mit vier Bits im Kopf in eine Dezimal-Zahl umzuwandeln. Es ist auch einfach, eine Dezimal-Zahl im Kopf in eine Hex-Zahl umzuwandeln. Daher ist die Umwandlung eines binären Oktetts in eine Hex-Zahl recht einfach in drei Schritten auszuführen:

1. Teilen Sie das Oktett in zwei binäre 4-Bit-Zahlen auf.

2. Wandeln Sie jede 4-Bit-Zahl in eine Dezimal-Zahl um.

3. Wandeln Sie jede dezimale Zahl in ihre hexadezimale Entsprechung um.

Um zum Beispiel die binäre Zahl 11010011 in eine Hex-Zahl umzuwandeln:

1. 11010011 wird zu 1101 und 0011.

2. 1101 = 8 + 4 + 1 = 13 und 0011 = 2 + 1 = 3.

3. 13 = 0xD und 3 = 0x3.

Daher wird aus der binären Zahl 11010011 die Hex-Zahl 0xD3.

Die Umwandlung einer Hex-Zahl zu einer binären Zahl erfolgt einfach auf dem umgekehrten Weg. Um zum Beispiel die Zahl 0x7B in eine binäre Zahl umzuwandeln:

1. 0x7 = 7 und 0xB = 11.

2. 7 = 0111 und 11 = 1011.

3. Die Zusammensetzung der 4-Bit-Zahlen ergibt 0x7B = 01111011.

ANHANG B

Tutorium: Die Access-Listen

Das Wort Access-Liste ist heutzutage eigentlich die falsche Bezeichnung. Der Name beinhaltet die ursprüngliche Aufgabe einer Access-Liste, die darin bestand, den Access (=Zugang) von Paketen in, aus oder durch einen Router zu gewähren oder abzulehnen. Die Access-Listen haben sich zu mächtigen Werkzeugen entwickelt, die das Verhalten von Paketen und Frames kontrollieren. Ihre Verwendung läßt sich in drei Kategorien einteilen (Bild B.1):

- *Sicherheits-Filter* schützen die Integrität der Router und der Netzwerke, durch die der Verkehr fließt. Gewöhnlich läßt ein Sicherheits-Filter nur wenige genau identifizierte Pakete zu und blockiert alle anderen Pakete.

- *Verkehrs-Filter* verhindern, daß unnötige Pakete auf Verbindungen mit beschränkter Bandbreite übertragen werden. Diese Filter sehen den Sicherheits-Filtern sehr ähnlich, und ihr Verhalten ist entsprechend, nur sind ihre Auswahlkriterien meist umgekehrt: Verkehrs-Filter blockieren wenige unerwünschte Pakete und lassen alle anderen Pakete durch.

- Viele Werkzeuge auf Cisco-Routern, wie z.B. Einwahl-Listen, Routen-Filter, Routen-Maps und Queuing-Listen, müssen bestimmte Pakete identifizieren können, um ihre Funktion korrekt ausführen zu können. Die Access-Listen können mit diesen und anderen Werkzeugen verknüpft werden, um diese *Paket-Identifikations*-Funktion zu erfüllen.

*Bild B.1:
Access-Listen werden als Sicherheits-Filter, als Verkehrs-Filter und zur Paket-Identifizierung verwendet.*

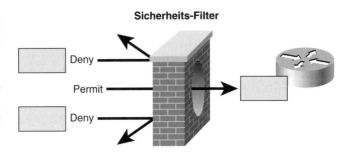

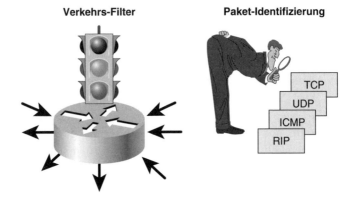

B.1 Die Grundlagen der Access-Listen

Eine Access-Liste besteht aus einer aufeinanderfolgenden Reihe von Filtern. Jeder Filter besitzt ein Vergleichskriterium und eine Aktion. Die Aktion ist immer ein *Permit (=Zulassen)* oder ein *Deny (=Ablehnen)*. Das Vergleichskriterium kann eine einfache Quell-Adresse sein. Daneben gibt es aber auch komplexere Kombinationen aus Quell- und Ziel-Adressen, Protokoll-Typen, Ports oder Sockets und bestimmten Flag-Einstellungen, z.B. des TCP-ACK-Bits.

Ein Paket »fällt« von oben auf den Filter-Stapel (Bild B.1). Bei jedem einzelnen Filter wird das Vergleichskriterium angewendet. Wenn eine Übereinstimmung auftritt, wird die zugehörige *Permit*- oder *Deny*-Aktion ausgeführt, das Paket wird ausgesiebt. Wenn keine Übereinstimmung vorliegt, wird das Paket an den nächsten Filter im Stapel weitergereicht, und der Vergleichs-Prozeß wird erneut angewendet.

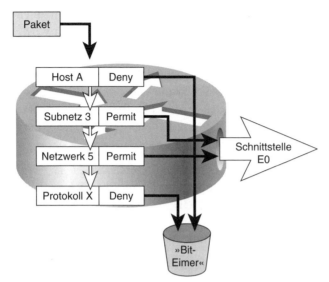

Bild B.2:
Eine Access-Liste ist eine aufeinanderfolgende Liste von Filtern, wobei jeder ein Vergleichskriterium und eine Aktion bestimmt.

In Bild B.2 bedeutet ein *Permit*, daß das Paket aus der Schnittstelle E0 gelassen wird. Ein *Deny* bedeutet, daß das Paket verworfen wird. Zum Beispiel wird ein Paket mit der Quell-Adresse von Host A am ersten Filter verworfen werden. Stellen wir uns vor, die Quell-Adresse des Pakets ist die des Host D im Subnetz 2 des Netzwerks 5. Der erste Filter besitzt das Vergleichskriterium des Host A, das Paket stimmt nicht mit ihm überein, und es wird an die zweite Schicht weitergereicht. Der zweite Filter bezeichnet das Subnetz 3 – wieder keine Übereinstimmung. Das Paket gelangt weiter zum dritten Filter, der das Netzwerk 5 bezeichnet. Dieses Kriterium bringt eine Übereinstimmung: Die Aktion der dritten Schicht lautet auf *Permit*, daher wird das Paket aus der Schnittstelle E0 hinausgeleitet.

B.1.1 Das implizite Deny Any

Was passiert, wenn ein Paket durch alle Filter durchfällt und keinerlei Übereinstimmung auftritt? Der Router muß wissen, wie er in einer solchen Situation mit einem Paket verfahren soll. Das heißt, es muß eine *Default-Aktion*, eine Standard-Aktion bestimmt sein. Die Default-Aktion kann entweder darin bestehen, alle Pakete durchzulassen oder alle Pakete abzulehnen.

Cisco hat sich entschieden, alle Pakete abzulehnen: Jedes Paket, das mit einer Access-Liste abgeglichen wird, wird automatisch verworfen, wenn sich keine Übereinstimmung findet.

Dieses Verfahren ist technisch gesehen die korrekte Vorgehensweise, besonders wenn die Access-Liste aus Sicherheitsgründen verwendet wird. Es ist besser, einige Pakete fälschlich zu verwerfen, als andere Pakete durchzulassen, deren Filterung versehentlich versäumt wurde.

Dieser letzte Filter wird mit *implizites Deny Any* (=unausgesprochene Ablehnung aller Pakete) bezeichnet (Bild B.3). Dies bedeutet, daß die Zeile in keiner der von Ihnen erstellten Access-Listen angezeigt wird. Es ist einfach eine Standard-Aktion, und sie befindet sich am Ende aller Access-Listen.

Diese Grundeinstellung kann dadurch geändert werden, daß die letzte Zeile eine explizites *Permit Any* (=ausdrückliches Zulassen aller Pakete) enthält. Dies bedeutet, daß die Pakete, die durch alle anderen Filter durchfallen, am Ende mit dem *Permit Any* übereinstimmen werden und daher nicht bis zum Standard-*Deny Any* gelangen. Auf diese Weise werden alle Pakete zugelassen, die mit keinem anderen Filter übereinstimmen – keines wird jemals das *implizite Deny Any* erreichen.

Bild B.3: Alle Access-Listen enden mit einem impliziten Deny Any, das alle Pakete verwirft, die mit keiner der Zeilen in der Liste übereinstimmen.

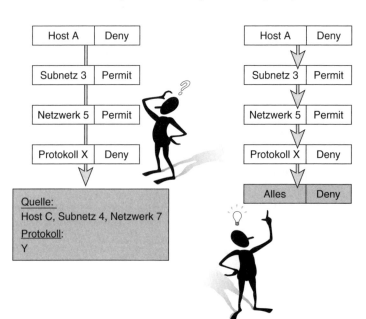

B.1.2 Die Reihenfolge

Die Access-Listen werden in einer Reihenfolge von oben nach unten durchgearbeitet. Dieses Konzept ist wichtig: Der vermutlich häufigste Grund einer fehlerhaft funktionierenden Access-Liste liegt in der falschen Reihenfolge der einzelnen Filter-Zeilen.

In Bild B.4 sollte das Subnetz 10.23.147.0/24 abgelehnt werden, und der Rest des Netzwerks 10.0.0.0 sollte zugelassen werden. Die Zeilen der linken Liste sind in der falschen Reihenfolge angeordnet. Alle Pakete des Netzwerks 10.0.0.0, einschließlich die des Subnetzes 10.23.147.0, werden mit der ersten Zeile übereinstimmen und zugelassen werden. Die abzulehnenden Pakete des Subnetzes werden niemals die zweite Zeile erreichen.

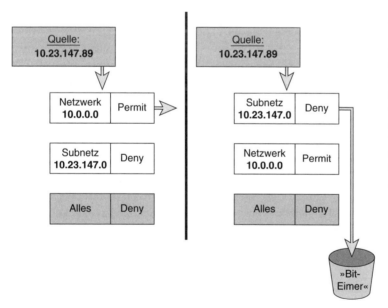

Bild B.4:
Wenn die einzelnen Filter-Schichten einer Access-Liste nicht in der richtigen Reihenfolge angeordnet sind, wird die Access-Liste nicht richtig funktionieren.

Die rechte Liste ist korrekt. Das Subnetz 10.23.147.0 stimmt mit der ersten Zeile überein und wird abgelehnt, während alle anderen Subnetze des Netzwerks 10.0.0.0 an die nächste Zeile weitergereicht und dort zugelassen werden.

B.1.3 Access-Listen-Typen

Die tatsächlichen Konfigurationszeilen der rechten Access-Liste aus der Abbildung B.4 lauten:

```
access-list 9 deny 10.23.147.0 0.0.0.255
access-list 9 permit 10.0.0.0 0.255.255.255
```

Jede Filter-Schicht einer Access-Liste wird durch eine Konfigurationszeile dargestellt. Die verschiedenen Bestandteile einer Access-Listen-Zeile werden anschließend betrachtet, daher beachten Sie nur die Nummer 9 in beiden Zeilen. Diese Nummer ist die Access-Listen-Nummer, und sie erfüllt zwei Aufgaben:

– Sie bündelt alle Zeilen dieser Liste und grenzt die Liste von allen anderen Listen ab, die sich in der Konfigurationsdatei eines Routers befinden (es ist üblich, mehrere Access-Listen auf einem einzigen Router zu besitzen).

– Der Router muß fähig sein, den Access-Listen-Typ zu erkennen. Die Cisco IOS besitzt Access-Listen für IP, IPX, AppleTalk, DEC, NetBIOS, Bridging und viele andere Protokolle. Darüber hinaus besitzen viele dieser Protokolle mehrere Access-Listen-Typen. Anhand der Access-Listen-Nummer kann der Router den Typ der Liste erkennen.

Die Access-Listen-Typen können entweder durch eine Nummer oder durch einen Namen identifiziert werden. Die Tabelle B.1 zeigt die numerierten Access-Listen-Typen und den Bereich der jeweilig verwendbaren Access-Listen-Nummern. Zum Beispiel würde der Ausdruck **access-list 1010** laut der Tabelle IPX-SAPs bezeichnen, da die Nummer zwischen 1000 und 1099 liegt.

Innerhalb eines Bereiches müssen Access-Listen-Nummern keinerlei Reihenfolge einhalten. Das heißt, es ist nicht notwendig, daß die Nummer der ersten AppleTalk-Liste auf einem Router 600 lautet, die zweite Liste 601 usw. Es kann jede Nummer zwischen 600 und 699 vergeben werden, solange sie nur einmalig auf dem einzelnen Router existiert.

Es ist auch zu beachten, daß einige Nummern-Bereiche für verschiedene Protokolle gleich lauten – z.B. für den Ethernet-Typen-Code, das Source-Route-Bridging und das Simple-VI

NES. In diesen Fällen wird der Router die Access-Listen-Typen durch das Format der Access-Listen-Zeilen unterscheiden.

Access-Listen-Typ	Bereich
Standard-IP	1–99
Erweitertes IP	100–199
Ethernet-Typen-Code	200–299
Ethernet-Adresse	700–799
Transparentes Bridging (Protokoll-Typ)	200–299
Transparentes Bridging (Hersteller-Code)	700–799
Erweitertes transparentes Bridging	1100–1199
DECnet und erweitertes DECnet	300–399
XNS	400–499
Erweitertes XNS	500–599
AppleTalk	600–699
Source-Route-Bridging (Protokoll-Typ)	200–299
Source-Route-Bridging (Hersteller-Code)	700–799
Standard-IPX	800–899
Erweitertes IPX	900–999
IPX-SAP	1000–1099
NLSP-Routen-Zusammenfassung	1200–1299
Standard-VINES	1–99
Erweitertes VINES	100–199
Simple-VINES	200–299

Tabelle B.1: Die Access-Listen-Nummern von Cisco.

Die folgenden Access-Listen-Typen werden anhand ihrer Namen anstatt der Nummern identifiziert:

– Apollo-Domain

– Standard-IP

– Erweitertes IP

– ISO-CLNS

– Source-Route-Bridging-NetBIOS

– Standard-IPX

– Erweitertes IPX

– IPX-Sap

– IPX-NetBIOS

– NLSP-Routen-Zusammenfassung

Ein Beispiel einer Access-Liste namens Boo, die das IPX-Net-BIOS erkennen läßt, ist hier angezeigt:

```
netbios access-list host Boo deny Atticus
netbios access-list host Boo deny Scout
netbios access-list host Boo deny Jem
netbios access-list host Boo permit *
```

Beachten Sie: Auch wenn die Standard- und die erweiterten IP-Access-Listen normalerweise numeriert werden, können Access-Listen auch Namen tragen. Diese Konvention wird ab der IOS-Version 11.2 unterstützt. In einigen Umgebungen kann ein Router eine große Anzahl von IP-Listen besitzen. Durch die Verwendung von Namen sind einzelne Listen einfacher zu identifizieren. Des weiteren heben die Namen die Beschränkung der 99 Standard- und 100 erweiterten IP-Access-Listen auf.

Die bezeichneten IP-Access-Listen können bisher nur mit Paket- und Routen-Filtern verwendet werden. Weitere Informationen finden Sie im Cisco-Konfiguration-Guide.

B.1.4 Die Bearbeitung der Access-Listen

Jeder, der bereits eine etwas längere Access-Liste direkt von der Konsole bearbeitet hat, wird Ihnen sagen, daß dies eine frustierende Angelegenheit sein kann. An der Konsole gibt es keine Möglichkeit, eine Zeile in der Mitte der Liste einzufügen. Alle neuen Zeilen werden an das Ende angefügt. Wenn Sie nun einen Fehler gemacht haben und versuchen, eine bestimmte Zeile zu entfernen, indem Sie zum Beispiel folgendes eingeben:

```
no access-list 101 permit tcp 10.2.5.4 0.0.0.255 192.168.3.0 0.0.0.255 eq 25
```

so wird diese Zeile zwar entfernt, aber zusammen mit der ganzen Access-Liste 101!

Ein wesentlich bequemeres Verfahren besteht darin, die Liste per Ausschneiden und Einfügen in den Editor Ihres PC zu übernehmen oder die Konfiguration auf einen TFTP-Server zu laden und dort die Bearbeitung auszuführen. Nach der Bearbeitung kann die neue Access-Liste zurück in den Router geladen werden. Aber auch hier ist Vorsicht geboten: Alle neuen Zeilen werden an das Ende einer Access-Liste angefügt. Geben Sie zu Beginn jeder neuen Listenbearbeitung den Befehl **no ac-**

cess-list # ein, bei dem das # der Nummer der zu erstellenden Liste entspricht. Zum Beispiel:

```
no access-list 5
access-list 5 permit 172.16.5.4 0.0.0.0
access-list 5 permit 172.16.12.0 0.0.0.255
access-list deny 172.16.0.0 0.0.255.255
access-list permit any
```

Die Zeile **no access-list 5** wird die alte Liste 5 aus der Konfigurationsdatei entfernen, bevor die neue Liste hinzugefügt wird. Wenn Sie diesen Schritt auslassen, wird die neue Liste einfach an die alte angefügt.

B.2   Standard-IP-Access-Listen

Das Format einer Standard-Access-Listen-Zeile lautet:

access-list *access-list-number* {**deny|permit**} *source* [*source-wildcard*]

Dieser Befehl vereinbart die Access-Listen-Nummer, die nach Tabelle B.1 zwischen 1 und 99 liegen muß, die Aktion (permit oder deny), eine Quell-IP-Adresse und die Platzhalter- (oder die inverse) Maske. Ein Beispiel einer Standard-IP-Access-Liste ist hier gezeigt:

```
access-list 1 permit 172.22.30.6 0.0.0.0
access-list 1 permit 172.22.30.95 0.0.0.0
access-list 1 deny 172.22.30.0 0.0.0.255
access-list 1 permit 172.22.0.0 0.0.31.255
access-list 1 deny 172.22.0.0 0.0.255.255
access-list 1 permit 0.0.0.0 255.255.255.255
```

Die ersten zwei Zeilen des Beispiels lassen Pakete zu, deren Quell-Adressen zu zwei bestimmten Hosts gehören: 172.22.30.6 und 172.22.30.95. Dies ist recht einfach nachzuvollziehen, obwohl die inverse Maske 0.0.0.0 noch keinen Sinn ergibt. Die dritte Zeile lehnt alle anderen Hosts des Subnetzes 172.22.30.0 ab. Auch dies ist leicht erkennbar. Der Zweck der vierten Zeile ist nicht so offensichtlich. Sie läßt alle Hosts zu, deren Adresse im Bereich von 172.22.0.1 bis 172.22.31.255 liegt. Die inverse Maske ermöglicht die Beschreibung dieses Adressen-Bereichs mit einer einzigen Zeile. Die fünfte Zeile lehnt alle anderen Subnetze des Class-B-Netzwerks 172.22.0.0 ab, und die letzte Zeile läßt alle anderen Adressen zu.

Um diese Access-Liste vollständig nachvollziehen zu können, müssen Sie inverse Masken verstehen können.

Erinnern Sie sich an die Funktion einer IP-Adreß-Maske: Um eine Netzwerk- oder eine Subnetz-Adresse von einer Host-Adresse ableiten zu können, wird eine Eins in die Maske für jedes korrespondierende Bit der Netzwerk-Adresse gesetzt, und eine Null wird für jedes Bit der Host-Adresse gesetzt. Eine boolesche UND-Operation wird für jedes Bit ausgeführt, und das Ergebnis liefert die Netzwerk- oder die Subnetz-Nummer. Bild B.5 (a) enthält eine Wahrheitstabelle für die UND-Operation. In Worten sagt die Operation aus:

Vergleiche zwei Bits. Das Ergebnis ist Eins, wenn und nur wenn beide Bits Eins sind.

Bild B.5: Wahrheitstabellen und Beispiele der booleschen UND- (a) und der booleschen ODER- (b) Operation

Boolesches UND

	0	1
0	0	0
1	0	1

172.22.30.13 = **10101100000010110000111100001101**
255.255.255.0 = **11111111111111111111111100000000**
172.22.30.0 = **10101100000010110000111100000000**

(a)

Boolesches ODER

	0	1
0	0	1
1	1	1

172.22.30.0 = **10101100000010110000111100001101**
0.0.0.255 = **00000000000000000000000011111111**
172.22.30.255 = **10101100000010110000111011111111**

(b)

Eine boolesche ODER-Operation ist invers zur UND-Operation, wie die Wahrheitstabelle in Bild B.5 (b) zeigt:

Vergleiche zwei Bits. Das Ergebnis ist Null, wenn und nur wenn beide Bits Null sind.

Eine *inverse Maske* (Cisco verwendet den Begriff *Platzhalter-Maske*, englisch *wildcard mask*) setzt eine Null für jedes Bit der Adresse, die genau übereinstimmen muß, und eine Eins für jedes Bit, das mit allem übereinstimmt. Die Eins-Bits werden oft auch als »nicht beachten« Bits bezeichnet. Mit der inversen Maske wird daraufhin eine ODER-Operation auf die Adresse angewendet.

Beachten Sie das Ergebnis 172.22.30.255 des ODER-Beispiels in Bild B.6 (b). In Hinsicht auf das IP bedeutet dieses Ergebnis »alle Host-Adressen auf dem Subnetz 172.22.30.0«. Jede einzelne Adresse des Subnetzes 172.22.30.0 wird mit dieser Adressen/inversen Masken-Kombination übereinstimmen.

Die Abbildung B.6 zeigt zwei Abkürzungen, die in einer Standard-IP-Access-Liste verwendet werden können. Bild B.6 (a) zeigt eine inverse Maske, die nur aus Nullen besteht und damit anzeigt, daß alle 32 Bits der gefragten Adresse genau mit 172.22.30.6 übereinstimmen müssen. Die grundeingestellte Maske einer Standard-IP-Access-Liste lautet 0.0.0.0. Daher hat der zweite Ausdruck ohne eine Maske dieselbe Bedeutung wie der erste Ausdruck. Es sei angemerkt, daß diese Grundeinstellung nicht für die erweiterten IP-Access-Listen gilt, die im folgenden Abschnitt betrachtet werden.

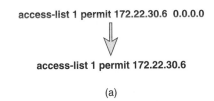

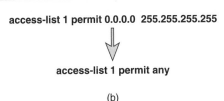

Bild B.6: Bei den Standard-IP-Access-Listen können zwei Abkürzungen verwendet werden.

Bild B.6 (b) zeigt die Adressen/inverse Masken-Kombination, die alle Adressen zuläßt. Die Adresse 0.0.0.0 ist eigentlich nur ein Platzhalter, da die Maske 255.255.255.255 in diesem Fall die gesamten nötigen Informationen liefert. Die Maske besitzt an allen 32 Bit-Positionen eine Eins und stimmt daher mit jeder Adresse überein. Die entsprechende Abkürzung des Ausdrucks verwendet das Schlüsselwort **any** (=alle), das dieselbe Bedeutung wie der Original-Ausdruck hat.

B.3 Die erweiterten IP-Access-Listen

Die erweiterten IP-Access-Listen bieten wesentlich flexiblere Einstellungsmöglichkeiten in Hinsicht darauf, was gefiltert werden soll. Das grundlegende Format einer erweiterten IP-Access-Listen-Zeile sieht folgendermaßen aus:

access-list *Access-Listen-Nummer* {**deny**|**permit**} *Protokoll Quell-Adresse Quell-Platzhalter Ziel-Adresse Ziel-Platzhalter* [**precedence** *Precedence*][**tos***Tos*][**log**]

Einige der Einzelheiten sind schon bekannt, und einige sind neu.

- Die *Access-Listen-Nummer* für erweiterte IP-Access-Listen liegt zwischen 100 und 199.

- Das *Protokoll* ist eine neue Variable, die nach einer Übereinstimmung im *Protokoll*-Feld des IP-Paket-Headers sucht. Die möglichen Schlüsselwörter sind **eigrp**, **gre**, **icmp**, **igmp**, **igrp**, **ip**, **ipinip**, **nos**, **ospf**, **tcp** und **udp**. Es kann auch eine Integerzahl im Bereich von 0 bis 255 verwendet werden, die eine IP-Protokoll-Nummer repräsentiert. Das **ip** ist ein übergreifendes Schlüsselwort, das mit allen IP-Protokollen auf die gleiche Weise übereinstimmen wird, wie die inverse Maske 255.255.255.255 mit allen Adressen übereinstimmt.

- Beachten Sie, daß sowohl die *Quell*- als auch die *Ziel*-Paket-Adressen überprüft werden und jede ihre eigene inverse Maske besitzt.

- Das *Precedence* und das *Tos* sind optionale Variablen, die nach einer Übereinstimmung in den *Precedence*- und *Type-of-Service*-Feldern des IP-Paket-Headers suchen. Die Precedence kann eine Integer-Zahl von 0 bis 7 sein und das TOS eine Integer-Zahl von 0 bis 15 enthalten. Beide Felder können aber auch durch verschiedene Schlüsselwörter bezeichnet werden. Eine Liste der verfügbaren Schlüsselwörter finden Sie in der Cisco-Dokumentation.

- Das *log* bietet die Möglichkeit, das Logging zu aktivieren, um Informationen zu sammeln.

Ein Beispiel einer erweiterten IP-Access-Liste sei hier aufgezeigt:

```
access-list 101 permit ip 172.22.30.6 0.0.0.0 10.0.0.0 0.255.255.255
access-list 101 permit ip 172.22.30.95 0.0.0.0 10.11.12.0 0.0.0.255
access-list 101 deny ip 172.22.30.0 0.0.0.255 192.168.18.27 0.0.0.0
access-list 101 permit ip 172.22.0.0 0.0.31.255 192.168.18.0 0.0.0.255
access-list 101 deny ip 172.22.0.0 0.0.255.255 192.168.18.64 0.0.0.63
access-list 101 permit ip 0.0.0.0 255.255.255.255 0.0.0.0 255.255.255.255
```

Zeile 1: Alle IP-Pakete mit der Quell-Adresse 172.22.30.6 und mit einer Ziel-Adresse für das Netzwerk 10.0.0.0 werden zugelassen.

Zeile 2: Alle IP-Pakete mit der Quell-Adresse 172.22.30.95 und mit einer Ziel-Adresse für das Subnetz 10.11.12.0/24 werden zugelassen.

Zeile 3: Alle IP-Pakete mit einer Quell-Adresse aus dem Subnetz 172.22.30.0/24 und mit der Ziel-Adresse 192.168.18.27 werden verworfen.

Zeile 4: Alle IP-Pakete mit Quell-Adressen zwischen 172.22.0.0 und 172.22.31.255 und mit einer Ziel-Adresse für das Netzwerk 192.168.18.0 werden zugelassen.

Zeile 5: Alle IP-Pakete mit einer Quell Adresse aus dem Netzwerk 172.22.0.0 und mit einer Ziel-Adresse, deren erste 26 Bits auf die Adresse 192.168.18.64 passen, werden verworfen.

Zeile 6: Jedes IP-Paket aus beliebiger Quelle an jedes Ziel wird zugelassen.

Bild B.7 zeigt zwei Abkürzungen, die in einer erweiterten IP-Access-Liste verwendet werden können. In der Standard-IP-Access-Liste wurde die Standard-Maske 0.0.0.0 beschrieben. Diese Grundeinstellung gilt nicht für erweiterte Access-Listen, da der Router sie nicht korrekt interpretieren könnte. Für die erweiterten Listen gibt es jedoch eine andere Möglichkeit. In Bild B.7 (a) werden alle Pakete zugelassen, die vom Host 172.22.30.6 an den Host 10.20.30.40 gesendet werden. Immer wenn die Maske in einer erweiterten IP-Access-Liste aus einer 0.0.0.0 besteht, kann sie durch das Schlüsselwort **host** vor der Adresse ersetzt werden.

Bild B.7:
Bei den erweiterten IP-Access-Listen sind zwei Abkürzungen möglich.

access-list 101 permit ip 172.22.30.6 0.0.0.0 10.20.30.40 0.0.0.0

access-list 101 permit ip host 172.22.30.6 host 10.20.30.40

(a)

---

access-list 101 permit ip 0.0.0.0 255.255.255.255 0.0.0.0 255.255.255.255

access-list 101 permit ip any any

(b)

Das Beispiel in Bild B.7 (b) läßt alle IP-Pakete aus beliebiger Quelle zu jedem Ziel zu. Wie bei den Standard-Access-Listen kann hier das Schlüsselwort **any** die Adressen/inversen Masken-Kombinationen 0.0.0.0 255.255.255.255 für die Quelle, für das Ziel oder für beide ersetzen.

Die erweiterten Access-Listen sind wesentlich mächtiger als die Standard-Access-Listen, da sie nicht nur die Quell-Adresse des Pakets überprüfen, aber sie haben auch einen Nachteil. Die erweiterten Listen erfordern wesentlich mehr Verarbeitungsschritte (Bild B.8). Da jede Zeile der Access-Liste mehrere Felder innerhalb des Pakets untersucht, können mehrere CPU-Interrupts auftreten. Wenn die Access-Liste sehr umfangreich oder der Router sehr beschäftigt ist, kann sich diese zusätzliche Belastung negativ auf die Performance auswirken.

Eine Access-Liste sollte immer so kurz wie möglich gehalten werden, um die CPU-Belastung des Routers zu reduzieren. Es ist darauf zu achten, daß bei einer Übereinstimmung die bezeichnete Aktion ausgeführt wird und die Verarbeitung beendet wird. Daher sollten die Listen so gehalten sein, daß die meisten Übereinstimmungen in einer der ersten Zeilen auftreten, um die Performance zu erhalten. Dieses Vorgehen ist nicht immer möglich, aber man sollte es bei der Erstellung einer Access-Liste immer im Kopf behalten.

Versuchen Sie als eine kleine Übung, die zu Beginn dieses Abschnitts als Beispiel gezeigte Access-Liste in eine effektivere Form zu bringen. Die verbesserte Liste soll so wenig Zeilen wie möglich enthalten, ohne ihre Wirkung zu verlieren. (Ein Hinweis: Die kürzeste Liste mit derselben Wirkung besitzt nur drei Zeilen.)

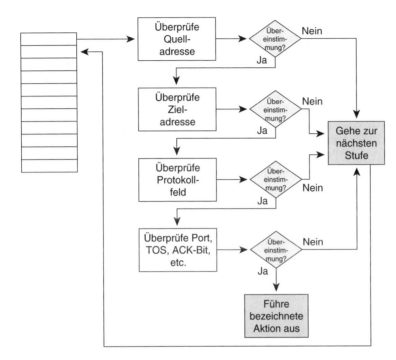

Bild B.8:
Der Entscheidungsfluß einer erweiterten IP-Access-Liste.

B.3.1 TCP-Access-Listen

Das Format einer erweiterten Access-Listen-Zeile, die ein TCP-Segment überprüft, sieht folgendermaßen aus:

access-list *Access-Listen-Nummer* {**deny**|**permit**} **tcp** *Quelle Quell-Platzhalter* [*Operator Port* [*Port*]] *Ziel Ziel-Platzhalter* [*Operator Port* [*Port*]] [**established**][**precedence** *Precedence*][**tos***Tos*][**log**]

Beachten Sie, daß die *Protokoll*-Variable hier das **tcp** zeigt. Die wohl signifikanteste Eigenschaft dieser Access-Liste liegt darin, daß die Quell- und Ziel-Port-Nummern im TCP-Segment-Header überprüft werden können. Damit haben Sie nicht nur die Möglichkeit, die Pakete anhand bestimmter Quell- und Ziel-Adressen zu filtern, sondern auch anhand eines bestimmten Quell- und Ziel-Sockets (eine IP-Adressen/Applikations-Port-Kombination).

- Der *Operator* bezeichnet einen logischen Operanden. Die Optionen sind **eq** (gleich), **neq** (ungleich), **gt** (größer als), **lt** (kleiner als) und **range**, mit dem ein inklusiver Port-Bereich bestimmt wird. Wenn der **range**-Operand verwendet wird, müssen zwei Port-Nummern angegeben werden.

- Der *Port* legt den zu vergleichenden Port der Applikations-Schicht fest. Einige häufig verwendete Port-Nummern sind Telnet (23), FTP (20 und 21), SMTP (25) und SNMP (169). Eine vollständige Aufstellung der TCP-Port-Nummers ist im RFC 1700 zu finden.

- Wenn Sie eine Access-Liste erstellt haben, die verhindert, daß TCP-Sitzungen in Ihr Netzwerk hinein aufgebaut werden, wie ist es dann möglich, daß diese Access-Liste die Antworten durchläßt, wenn Ihr Netzwerk eine TCP-Sitzung aufbaut? Das Schlüsselwort **established** ermöglicht dieses Ereignis, indem die ACK- und RST-Flags im TCP-Segment-Header überprüft werden. Wenn eines dieser Flags gesetzt ist, tritt eine Übereinstimmung auf. Wenn kein Bit gesetzt ist, wird die Quelle versuchen, eine TCP-Verbindung zum Ziel aufzubauen, und es liegt keine Übereinstimmung vor. Das Paket wird durch eine der nachfolgenden Zeilen der Access-Liste abgelehnt.

Ein Beispiel einer TCP-Access-Liste ist hier gezeigt:

```
access-list 110 permit tcp any 172.22.0.0 0.0.255.255 established
access-list 110 permit tcp any host 172.22.15.83 eq 25
access-list 110 permit tcp 10.0.0.0 0.255.255.255 172.22.114.0 0.0.0.255 eq 23
```

Zeile 1: Alle TCP-Pakete aus beliebiger Quelle in das Netzwerk 172.22.0.0 werden zugelassen, wenn die Verbindung aus dem Netzwerk aufgebaut wurde.

Zeile 2: Alle TCP-Pakete aus beliebiger Quelle werden zugelassen, wenn das Ziel der Port 25 (SMTP) des Hosts 172.22.15.83 ist.

Zeile 3: Alle TCP-Pakete mit einer Quell-Adresse aus dem Netzwerk 10.0.0.0 dürfen per Telnet (Port 23) mit jeder Adresse auf dem Subnetz 172.22.114.0/24 kommunizieren.

Alle anderen Pakete werden aufgrund des impliziten *Deny Any* abgelehnt.

B.3.2 UDP-Access-Listen

Das Format einer erweiterten Access-Listen-Zeile, die ein UDP-Segment überprüft, sieht folgendermaßen aus:

access-list *Access-Listen-Nummer* {**deny**|**permit**} **udp** *Quelle Quell-Platzhalter* [*Operator Port* [*Port*]] *Ziel Ziel-Platzhalter* [*Operator Port* [*Port*]] [**precedence** *Precedence*][**tos***Tos*][**log**]

Dieses Format ist dem TCP-Format sehr ähnlich, nur lautet die *Protokoll*-Variable hier **udp**. Der einzige andere Unterschied liegt im fehlenden **established**-Schlüsselwort. Dies liegt daran, daß das UDP ein verbindungsloser Transport-Service ist und daher keine Verbindungen zwischen Hosts aufgebaut werden.

Im folgenden Beispiel wurden dem vorherigen TCP-Beispiel drei Zeilen angefügt:

```
access-list 110 permit tcp any 172.22.0.0 0.0.255.255 established
access-list 110 permit tcp any host 172.22.15.83 eq 25
access-list 110 permit tcp 10.0.0.0 0.255.255.255 172.22.114.0 0.0.0.255 eq 23
access-list 110 permit udp 10.64.32.0 0.0.0.255 host 172.22.15.87 eq 69
access-list 110 permit udp any host 172.22.15.85 eq 53
access-list 110 permit udp any any eq 161
```

Zeile 4: Alle UDP-Pakete aus dem Subnetz 10.64.32.0/24 zum TFTP-Port (69) auf dem Host 172.22.15.87 werden zugelassen.

Zeile 5: Alle UDP-Pakete aus beliebiger Quelle zum Domänen-Namen-Server (Port 53) auf dem Host 172.22.15.85 werden zugelassen.

Zeile 6: Alle SNMP-Pakete (Port 161) von beliebiger Quelle an beliebige Ziele werden zugelassen.

Das implizite *Deny Any* wird weiterhin alle Pakete verwerfen, für die keine Übereinstimmung in der Liste gefunden wird.

B.3.3 ICMP-Access-Listen

Das Format einer erweiterten Access-Listen-Zeile, die ein ICMP-Paket überprüft, sieht folgendermaßen aus:

access-list *Access-Listen-Nummer* {**deny**|**permit**} **icmp** *Quelle Quell-Platzhalter Ziel Ziel-Platzhalter* [*ICMP-Typ* [*ICMP-Code*]][**precedence** *Precedence*][**tos***Tos*][**log**]

Diesmal befindet sich das **icmp** im *Protokoll*-Feld. Beachten Sie, daß hier keine Quell- oder Ziel-Ports vorhanden sind. Das ICMP ist ein Protokoll der Netzwerkschicht. Diese Zeile kann entweder zur Filterung aller ICMP-Meldungen verwendet werden, oder man verwendet die folgenden Optionen, um bestimmte ICMP-Meldungen zu filtern:

- Der *ICMP-Typ* ist eine Nummer zwischen 0 und 255. Alle ICMP-Typen-Nummern sind im RFC 1700 und in diesem Buch in der Tabelle 2.5 zu finden.

- Die Feineinstellung des Filters kann durch Angabe des *ICMP-Codes* noch weiter erhöht werden. Ein ICMP-Code bezeichnet eine Teilmenge der ICMP-Paket-Typen. Die Codes besitzen eine Nummer zwischen 0 und 255 und finden sich ebenfalls im RFC 1700 oder in der Tabelle 2.5.

Ein Beispiel einer ICMP-Access-Liste ist hier gezeigt:

```
access-list 111 deny icmp 172.22.0.0 0.0.255.255 any 0
access-list 111 deny icmp 172.22.0.0 0.0.255.255 any 3 9
access-list 111 deny icmp 172.22.0.0 0.0.255.255 any 3 10
access-list 111 permit ip any any
```

Zeile 1: Lehne alle ICMP-Ping-Antworten (Echo-Reply bzw. ICMP-Typ 0) aus dem Netzwerk 172.22.0.0 zu jedem Ziel ab.

Zeile 2: Lehne alle ICMP-Ziel-Unerreichbar-Pakete (Typ 3) mit der Code-Nummer 9 (Netzwerk administrativ verboten) aus dem Netzwerk 172.22.0.0 zu jedem Ziel ab.

Zeile 3: Lehne alle ICMP-Ziel-Unerreichbar-Pakete (Typ 3) mit der Code-Nummer 10 (Host administrativ verboten) aus dem Netzwerk 172.22.0.0 zu jedem Ziel ab.

Zeile 4: Lasse alle anderen IP-Pakete zu.

B.4 Aufruf der Access-Liste

Eine Access-Liste ist so lange untätig, bis Pakete durch einen Aufruf-Befehl an sie gesendet werden, der festlegt, wie die Access-Liste verwendet werden soll. Einer dieser Befehle lautet:

ip access-group *Access-Listen-Nummer* {**in**|**out**}

Dieser Befehl wird auf einer Schnittstelle konfiguriert, um einen Sicherheits- oder Verkehrs-Filter zu erzeugen, und er wird auf eingehenden oder ausgehenden Verkehr angewendet. Wenn weder **in** noch **out** als Schlüsselwort angegeben ist, wird in der Grundeinstellung der ausgehende Verkehr gefiltert. Die Access-Listen-Nummer bezeichnet natürlich die Access-Liste, an die dieser Befehl die Pakete senden wird. Bild B.9 zeigt zwei Konfigurationen dieses Befehls.

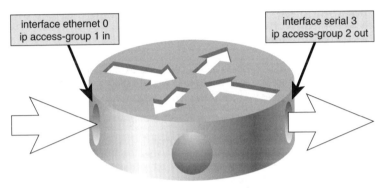

Bild B.9:
Der Befehl *ip-access-group* verwendet die angegebene Access-Liste, um einen Filter auf einer Schnittstelle entweder für eingehende oder für ausgehende Pakete zu erzeugen.

Die Access-Liste 1 in Bild B.9 filtert eingehende IP-Pakete an der Schnittstelle E0. Sie hat keine Wirkung auf ausgehenden IP-Verkehr und keine Wirkung auf Pakete von anderen Protokollen, wie z.B. IPX. Die Access-Liste 2 filtert IP-Pakete, die aus der Schnittstelle S3 austreten. Sie hat keine Wirkung auf eingehende IP-Pakete und keine Wirkung auf Pakete von anderen Protokollen.

Mehrere Schnittstellen können dieselbe Access-Liste aufrufen, aber jede einzelne Schnittstelle kann nur eine eingehende und eine ausgehende Access-Liste für jedes Protokoll aufrufen.

In der Abbildung B.10 werden die in den vorherigen Beispielen gezeigten TCP-, UDP- und ICMP-Access-Listen als Filter verwendet. Die Access-Liste 110 der letzten zwei Beispiele überprüft den eingehenden Verkehr an der Schnittstelle TokenRing0. Die Access-Liste 111 überprüft den ausgehenden Verkehr derselben Schnittstelle. Betrachten Sie die beiden Access-Listen sorgfältig, und berücksichtigen Sie auch die gegenseitigen Effekte der Listen. Überprüfen Sie daraufhin folgendes:

- Eine Ping-Antwort von 172.23.12.5 an 10.64.32.7 will die Schnittstelle TO0 verlassen. Wird sie durchgelassen?

– Ein Benutzer auf 172.22.67.4 möchte einen Ping an ein Gerät auf 10.64.32.20 senden, der aus der TO0 führt. Wird der Ping erfolgreich sein?

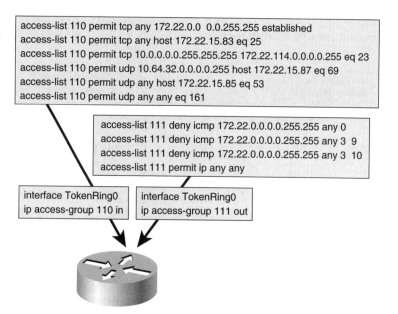

Bild B.10: Hier wird die Access-Liste 110 verwendet, um eingehende Pakete an der Token-Ring-Schnittstelle zu filtern, und die Access-Liste 111 wird verwendet, um die ausgehenden Pakete an derselben Schnittstelle zu filtern.

Ein weiterer Befehl, der eine Access-Liste aufruft, ist der Befehl **access-class**. Dieser Befehl wird nicht für die Paket-Filterung verwendet, sondern um Telnet-Sitzungen zu und von den virtuellen Terminal-Zeilen des Routers zu regeln. Das Format dieses Befehls lautet:

access-class *Access-Listen-Nummer* {in|out}

Bild B.11 zeigt ein Beispiel des **access-class**-Befehls. Die Access-Liste 3 bestimmt die Adressen, von denen die VTY-Zeilen des Routers Telnet-Sitzungen akzeptieren werden. Die Access-Liste 4 bestimmt die Adressen, mit denen sich die virtuellen Terminal-Zeilen des Routers verbinden können.

Der Befehl **access-class** hat keine Wirkung auf Telnet-Verkehr, der durch den Router fließt. Er beeinflußt lediglich die Telnet-Sitzungen zum und vom Router selbst.

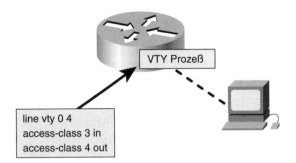

Bild B.11:
Der Befehl *access-class* verwendet eine Access-Liste, um den Telnet-Verkehr zu und von den virtuellen Terminal-Zeilen des Routers zu regeln.

B.5 Keyword Alternatives

Die meisten professionellen Netzwerker kennen einige der meistverwendeten TCP-Port-Nummern und vielleicht einige UDP-Port-Nummern. Einige werden noch den ICMP-Typ einer Ping- oder einer Ziel-Unerreichbar-Meldung kennen und nur wenige die ICMP-Codes der Ziel-Unerreichbar-Typen. Seit der IOS-Version 10.3 können Access-Listen mit Schlüsselwörtern an Stelle von vielen Port-, Typen- oder Code-Nummern konfiguriert werden. Durch die Verwendung der Schlüsselwörter lauten die Access-Listen 110 und 111 aus Bild B.12 folgendermaßen:

```
access-list 110 permit tcp any 172.22.0.0 0.0.255.255 established
access-list 110 permit tcp any host 172.22.15.83 eq smtp
access-list 110 permit tcp 10.0.0.0 0.255.255.255 172.22.114.0 0.0.0.255 eq telnet
access-list 110 permit udp 10.64.32.0 0.0.0.255 host 172.22.15.87 eq tftp
access-list 110 permit udp any host 172.22.15.85 eq domain
access-list 110 permit udp any any eq snmp
!
access-list 111 deny icmp 172.22.0.0 0.0.255.255 any echo-reply
access-list 111 deny icmp 172.22.0.0 0.0.255.255 any net-unreachable administratively-prohibited
access-list 111 deny icmp 172.22.0.0 0.0.255.255 any host-unreachable administratively-prohibited
access-list 111 permit ip any any
```

Eine Warnung sei hier angemerkt: Wenn Sie einen Router mit einem Betriebssystem vor der Version 10.3 auf die neue IOS aufrüsten, werden während des Bootvorgangs die Access-Listen in der Konfigurationsdatei in die neue Syntax umgewandelt, alle Schlüsselwörter eingeschlossen. Wenn Sie später das ursprüngliche ältere Betriebssystem erneut laden müssen, werden die abgeänderten Access-Listen nicht mehr verstanden. Daher sollten Sie immer eine Kopie der Original-Konfigurationsdatei auf einem TFTP-Server abspeichern, bevor Sie das Betriebssystem aufrüsten.

B.6 Die Access-Listen mit Namen

Die Beschränkung auf 99 Standard-Access-Listen und 100 erweiterte IP-Access-Listen pro Router sollte eigentlich als ausreichend erscheinen. Jedoch gibt es Fälle, wie bei dynamischen Access-Listen,[1] in denen dieses Maximum nicht genügend Spielraum bietet. Die bezeichneten Access-Listen, die ab der IOS 11.2-Version verfügbar sind, erweitern diese Grenzen. Ein weiterer Vorteil liegt darin, daß eine große Zahl von Listen durch beschreibende Namen leichter zu verwalten sind.

Bei der Verwendung eines Namens hat die erste Zeile der Access-Liste folgendes Format:

ip access-list {**standard**|**extended**} *Name*

Da keine Nummern existieren, um die verschiedenen Listen-Typen zu unterscheiden, bezeichnet diese Zeile die Liste als IP und entweder als Standard oder extended (=erweitert).

Unter dieser Kopfzeile folgen die Permit- und Deny-Ausdrücke. Die Syntax für die Standard-Liste lautet:

{**deny**|**permit**} *Quelle* [*Quell-Platzhalter*]

Die Syntax für die allgemeine erweiterte Liste lautet:

{**deny**|**permit**} *Protokoll Quelle Quell-Platzhalter Ziel Ziel-Platzhalter* [**precedence** *Precedence*][**tos** *Tos*][**log**]

In beiden Fällen ist der Befehlsteil **access-list** *Access-Listen-Nummer* verschwunden, der Rest bleibt jedoch gleich. Eine Standard- und eine erweiterte Access-Liste darf auf einem einzigen Router nicht gleich lauten. Der Befehl zur Verknüpfung einer Access-Liste mit einer Schnittstelle bezieht sich auf den Namen anstatt auf eine Nummer, in allen anderen Dingen bleibt er dagegen gleich. Bild B.12 zeigt die in das Namensformat umgewandelten Access-Listen in Bild B.10.

---

[1] Dynamische Access-Listen werden in diesem Tutorium nicht betrachtet. Weitere Inormationen finden Sie in der Cisco-Dokumentation.

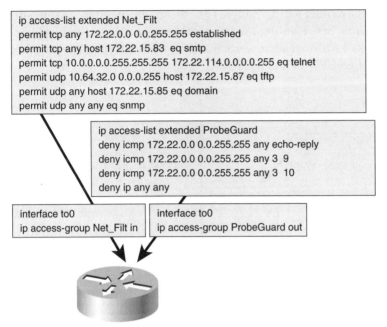

Bild B.12:
Die Access-Listen aus der Abbildung B.10 sind nun als Access-Listen mit Namen konfiguriert.

B.7 Betrachtung zur Positionierung eines Filters

Für die beste Performance ist neben dem effizienten Aufbau der Access-Liste auch zu berücksichtigen, an welcher Stelle der Filter auf dem Router und im gesamten Internetzwerk positioniert werden sollte.

Eine Faustregel besagt, daß ein Sicherheits-Filter gewöhnlich ein eingehender Filter ist. Die Ausfilterung unerwünschter oder suspekter Pakete vor dem Eintritt in den Routing-Prozeß verhindert *Spoofing-Attacken* – bei denen ein Paket dem Routing-Prozeß vorgaukelt, es käme aus einer anderen Richtung. Dagegen sind Verkehrs-Filter gewöhnlich ausgehende Filter. Dieses Verfahren ist sinnvoll, wenn man bedenkt, daß die Aufgabe eines Verkehrs-Filters darin besteht, eine bestimmte Datenverbindung nicht mit unnötigen Paketen zu belasten.

Neben diesen beiden Faustregeln ist ein weiterer zu berücksichtigender Faktor die benötigte CPU-Zeit, die die Access-Liste in Verbindung mit den Routing-Prozessen beansprucht. Ein eingehender Filter wird vor dem Routing-Prozeß angewendet, während ein ausgehender Filter nach dem Routing-Prozeß angewendet wird (Bild B.13). Wenn die meisten Pakete, die durch den Routing-Prozeß geschleust werden, durch die Access-Liste abgelehnt werden sollen, kann ein eingehender Filter einige CPU-Zeit einsparen.

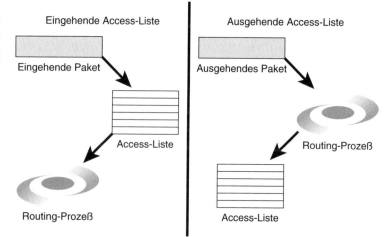

Bild B.13: Eingehende Paket-Filter werden vor dem Routing-Prozeß angewendet, während ausgehende Paket-Filter nach dem Routing-Prozeß angewendet werden

Die Standard-IP-Access-Listen können nur Quell-Adressen filtern. Folglich muß ein Filter, der eine Standard-Liste verwendet, unbedingt so nah am Ziel wie möglich positioniert werden, um der Quelle weiterhin Zugang zu anderen ungefilterten Zielen zu bieten (Bild B.14 (a)). Im Ergebnis kann jedoch Bandbreite und CPU-Zeit verschwendet werden, wenn Pakete übertragen werden, die am Ende doch verworfen werden.

Die erweiterten IP-Access-Listen sollten sich wegen ihrer Fähigkeit zur Identifizierung sehr bestimmter Paket-Eigenschaften so nahe wie möglich an der Quelle befinden, um die Verschwendung von Bandbreite und CPU-Zeit durch »todgeweihte« Pakete zu verhindern (Bild B.14 (b)). Auf der anderen Seite bringt die Komplexität der erweiterten Listen eine erhöhte Prozessorbelastung mit sich. Diese Vor- und Nachteile müssen überdacht werden, wenn die Entscheidung ansteht, an welcher Stelle eines Netzwerks ein Filter positioniert werden soll.

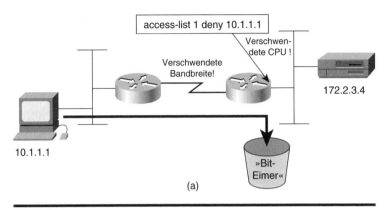

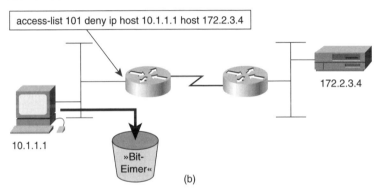

Bild B.14:
Ein Filter, der eine Standard Access-Liste verwendet, muß generell sehr nah zum Ziel (a) positioniert sein, während Filter mit erweiterten Access-Listen sehr nah zur Quelle (b) positioniert sein können.

Des weiteren müssen Sie verstanden haben, inwiefern Ihre Access-Liste das Switching auf dem Router beeinflußt. Zum Beispiel kann eine Schnittstelle, die eine erweiterte IP-Access-Liste verwendet, kein autonomes Switching ausführen. Dynamische Access-Listen können keinem Silicon-Switching unterworfen werden, und sie können die Silicon-Switching-Performance negativ beeinflussen. Access-Listen mit Namen werden vor der IOS-Version 11.2 in keiner Weise unterstützt.

Eine Access-Liste kann sich auf das Switching eines Backbone- oder Core-Routers kritisch auswirken. Vergewissern Sie sich, daß Sie alle Effekte einer Access-Liste untersucht und verstanden haben, indem Sie den Cisco-Configuration-Guide für die IOS lesen, die sich auf Ihrem Router befindet. In einigen Fällen kann ein *Paket-Filter-Router* – ein kleinerer Router, der nur Paket-Filterung betreibt – verwendet werden, um die Filter-Belastung von einem unternehmenskritischen Router zu nehmen.

B.8 Access-Listen-Überprüfung und deren Aufzeichnung

Es ist hilfreich, eine Access-Liste oder auch alle Access-Listen überprüfen zu können, ohne sich die gesamte Konfigurationsdatei eines Routers ansehen zu müssen. Der Befehl **show ip access-list** zeigt eine abgekürzte Form aller IP-Access-Listen auf dem Router an. Wenn eine bestimmte Access-Liste gesucht ist, kann sie durch den Namen oder die Nummer bezeichnet werden (Bild B.15). Wenn Sie das Schlüsselwort **ip** nicht verwenden (**show access-list**), werden alle Access-Listen angezeigt.

Bild B.15: Der Befehl show ip access-list zeigt eine abgekürzte Form der Access-Listen an.

```
Woody#show ip access-list 110
Extended IP access list 110
    permit tcp any 172.22.0.0 0.0.255.255 established
    permit tcp any host 172.22.15.83 eq smtp
    permit tcp 10.0.0.0 0.255.255.255 172.22.114.0 0.0.0.255 eq telnet
    permit udp 10.64.32.0 0.0.0.255 host 172.22.15.87 eq tftp
    permit udp any host 172.22.15.85 eq domain
    permit udp any any eq snmp
Woody#
```

Ebenso hilfreich ist es, als Teil einer Sicherheitsplans oder einer Kapazitätsplanungsstrategie die Pakete verfolgen zu können, die durch eine Access-Liste abgelehnt wurden. Der Befehl **ip accounting access-violations** kann auf jeder einzelnen Schnittstelle konfiguriert werden, um eine Datenbank mit allen Paketen zu erstellen, die durch alle Access-Listen auf dieser Schnittstelle abgelehnt wurden. Verwenden Sie den Befehl **show ip accounting access-violations** um die Datenbank einzusehen. Daraufhin werden die Quell- und Ziel-Adressen, die Paket- und die Byte-Anzahl dieser Adressen und die ablehnende Access-Listen-Nummer angezeigt (Bild B.16). Der Befehl **clear ip accounting** löscht die Aufzeichnungsdatenbank.

```
Woody#show ip accounting access-violations
    Source          Destination              Packets           Bytes    ACL
    10.1.4.1        255.255.255.255               13             936    110
    10.1.4.1        172.22.1.1                    12            1088    110

Accounting data age is 10
Woody#
```

*Bild B.16:
Die Aufzeichnungsdatenbank einer Access-Liste kann mit dem Befehl* **show ip accounting access-violations** *angezeigt werden*

Die Aufzeichnung wird das autonome und das Silicon-Switching auf einer Schnittstelle deaktivieren. Daher sollten Sie die Aufzeichnung nicht auf einer Schnittstelle ausführen, auf der diese Switching-Modi notwendig sind.

Für den letzten »Trick« sollten Sie sich bewußt sein, daß die Aufzeichnung keine Pakete aufnimmt, die durch das implizite *Deny Any* am Ende der Liste verworfen werden. Um auch diese Pakete verfolgen zu können, müssen Sie einfach ein Deny Any am Ende der Liste konfigurieren:

```
access-list 110 permit tcp any 172.22.0.0 0.0.255.255 established
access-list 110 permit tcp any host 172.22.15.83 eq smtp
access-list 110 permit tcp 10.0.0.0 0.255.255.255 172.22.114.0 0.0.0.255 eq telnet
access-list 110 permit udp 10.64.32.0 0.0.0.255 host 172.22.15.87 eq tftp
access-list 110 permit udp any host 172.22.15.85 eq domain
access-list 110 permit udp any any eq snmp
access-list 110 deny ip any any 1
```

Die dynamischen Access-Listen werden in diesem Buch nicht behandelt. Zu diesen Listen finden Sie weitere Informationen in der Cisco-Dokumentation.

ANHANG C

Hinweise zur CCIE-Vorbereitung

Die Prüfung zu einem Cisco Certified InterNetworking Expert (CCIE) ist weit entfernt von dem »Lies ein Buch, schreibe einen Test«-Verfahren einiger anderer Industrie-Zertifizierungen. Sie werden Ihr Fachwissen in einer praktischen und als äußerst schwierig bekannten Versuchslaborprüfung unter Beweis stellen müssen. Während Sie mit den Cisco-Konfigurationsbefehlen auf das Engste vertraut sein sollten, sind die schwierigsten Prüfungen des Labors jedoch nicht Cisco-spezifisch. Statt dessen wird ausgelotet, inwieweit Sie über ein tiefergehendes Verständnis von Switches, Routern und Routing-Protokollen verfügen. Diese Kenntnisse bilden die Grundlage dafür, daß ein CCIE als geprüfter Internetzwerk-Experte anerkannt und begehrt ist.

Die strukturierte Erstellung eines Internetzwerks beinhaltet vier Phasen und die gleichen vier Phasen sind hilfreich, um ein strukturiertes Vorbereitungsprogramm für das CCIE-Labor zu erstellen.

Planung: Nehmen Sie eine kühle und konkrete Analyse Ihres aktuellen Erfahrungshorizonts und dessen Mängel vor. Bestimmen Sie den täglichen Zeitrahmen, den Sie für Ihr Studium verwenden können. Stellen Sie fest, welche Ressourcen Ihnen zu Verfügung stehen, z.B. Labor-Ausrüstung, während des Trainings nutzbare monetäre Rücklagen und Zeit, Bücher und Bekannte, die als Trainer, Tutoren und Experten für bestimmte Themen herangezogen werden können. Bewerten Sie Ihre persönlichen Stärken und Schwächen: Sind Sie gut in Tests? Haben Sie keine Probleme, unter Druck zu arbeiten?

Wie reagieren Sie auf Rückschläge und Enttäuschungen? Haben Sie ein gutes Studierverhalten? Lernen Sie besser durch Lesen oder durch Unterricht? Verwenden Sie die Rohdaten dieser Bewertungen, und erstellen Sie eine Liste der aktiven und passiven Posten. Entwickeln Sie einen Plan, um Ihre Aktiv-Posten vollständig auszuschöpfen und so viele Passiv-Posten wie möglich zu eliminieren.

Aufbau: Erstellen Sie für sich ein persönliches Vorbereitungs-Programm, das Ihren Bedürfnissen entspricht und gleichzeitig mit Ihrem Zeitplan und Ihren Ressourcen abgestimmt ist. Sprechen Sie mit so vielen CCIEs wie möglich. Fragen Sie sie nach ihren eigenen Vorbereitungsprogrammen. Finden Sie heraus, was sich bei ihnen lohnte und was nicht. Ihr Programm sollte Sie von Ihrem aktuellen Wissensstand direkt in das CCIE-Labor führen, mit vorbestimmten Terminen und Etappenzielen. Erstellen Sie dieses Projekt aus einer Reihe von Miniprojekten, bei dem jedes ein genau beschriebenes Ziel besitzt. Seien Sie realistisch, wenn Sie Ihren Zeitplan aufstellen, und berücksichtigen Sie die Vorhersagbarkeit (oder deren Fehlen) Ihrer beruflichen und Ihrer persönlichen Lebensumstände. Die Art und Weise der Unterstützung, die Sie von Ihrem Arbeitgeber und Ihrer Familie erwarten können, ist ein wichtiger Faktor in der Beurteilung, ob der Zeitrahmen Ihrer Vorbereitung eher gedrängt oder etwas extensiver sein sollte. Wenn Sie den guten Willen Ihrer nächsten Mitmenschen überbeanspruchen, wird dies Ihren Zeitrahmen eher sprengen, als daß dies hilfreich wäre.

Ausführung: Viele Projekte schlagen fehl, weil ihre Ausführung vor dem Abschluß des Aufbaus beginnt. Ihr Vorbereitungsprogramm sollte ein schriftliches Dokument sein, das alle Schritte klar beschreibt, vom Startschuß bis zum Finale. Wenn Sie erst mit Ihrem Vorbereitungsprogramm begonnen haben, dann bleiben Sie auch dabei. Geben Sie nicht auf, lassen Sie sich nicht entmutigen, und seien Sie nicht faul. Haken Sie Ihre Ziele und Etappen ab, wenn Sie diese erreichen.

Optimierung: Ihr Vorbereitungsprogramm sollte ein lebendiges Dokument sein. Während Ihres Fortschritts können einige Themen schwieriger als erwartet sein und einige Themen leichter als gedacht. Schreiten Sie immer weiter voran, aber seien

Sie flexibel genug, um jede Extra-Aufgabe aufzunehmen, die zur Bestehung eines Teilvorhabens notwendig ist.

Nur Sie können ein Vorbereitungsprogramm erstellen, das auch wirklich zu Ihnen paßt. Die Ratschläge in den folgenden Abschnitten müssen nicht bedingungslos befolgt werden, sie sind viel eher als Anstöße zum Aufbau Ihres eigenen Studien-Programms gedacht. Diese Tips stammen aus meiner persönlichen Erfahrung als CCIE und Cisco-Systems-Berater und von den Erfahrungen von Kollegen, die erfolgreich die CCIE-Prüfung bestanden haben.

C.1 Erarbeitung der Grundlagen

Wenn Sie sich erst in einem Anfangsstadium befinden oder Ihre Internetzwerk-Erfahrung begrenzt ist, besteht Ihr erster Schritt darin, ein solides Basiswissen über Internetzwerke und über Cisco-Router aufzubauen. Diese Anstrengungen werden sowohl Unterricht als auch eigene Studien beinhalten.

Durch seine Trainings-Partner bietet Cisco viele praktische Trainings-Seminare an. Sie sollten so viele dieser Seminare belegen, wie Ihre Zeit und Ihre Ressourcen ermöglichen, aber von besonderer Wichtigkeit sind folgende:

– Einführung in die Cisco-Router-Konfiguration (ICRC)

– Fortgeschrittene Cisco-Router-Konfiguration (ACRC)

– Die Cisco-LAN-Switch-Konfiguration (CLSC)

– Die Cisco-Internetzwerk-Fehlersuche

Ziehen Sie den vollen Nutzen aus jedem besuchten Seminar. Stellen Sie Fragen an den Referenten, und diskutieren Sie über die Seminarthemen mit Ihren Kommilitonen. Was aber das Wichtigste ist: Nutzen Sie die Möglichkeiten, die sich Ihnen durch den Zugang zu den Versuchsgeräten bieten. Arbeiten Sie die Versuche nicht einfach ab. Vergewissern Sie sich, daß Sie das Warum und das Wie der Versuchsanordnungen vollständig verstanden haben. Wenn Sie eine Übung beendet haben, hören Sie nicht einfach auf. Spielen Sie mit der Ausrüstung. Überprüfen Sie, welche Konfigurations- und Fehlersuchoptionen möglich sind, und probieren Sie sie aus. Wenn Sie genügend

Zeit haben, versuchen Sie, die Versuchs-Konfiguration mehrere Male zu erstellen, um Professionalität zu erlangen.

Die Seminar-Arbeit wird die Lücken in Ihren Kenntnissen über Internetzwerke aufdecken. Lesen Sie so viel wie möglich, um Ihre Wissenslücken über grundlegende Internetzwerk-Protokolle und Technologien zu schließen. Viele gute Anleitungen sind im Internet erhältlich, sowohl von kommerziellen Händlern als auch von Privatpersonen. Wann immer Sie mit einem bestimmten Thema neu beginnen, sollten Sie eine Internetsuche über dieses Thema durchführen.

C.2 Die praktische Erfahrung

Fast alle CCIEs werden Ihnen sagen, daß die praktische Erfahrung einen unbezahlbaren Teil der Vorbereitung zur Labor-Prüfung darstellt. Verpassen Sie niemals eine Gelegenheit zur Konfiguration eines Routers oder zur Suche eines Fehlers. Wenn Sie in Ihrem momentanen Beruf nicht mit Routern und Switches arbeiten, kümmern Sie sich um ein gutes Verhältnis zu den Netzwerkbeauftragten und -technikern in Ihrer Firma. Erklären Sie ihnen Ihre Ziele, und bieten Sie Ihre Hilfe an, wann immer es möglich ist.

Wenn Sie Zugang zu Versuchseinrichtungen haben, nutzen Sie diese umfassend. Es gibt keinen Ersatz für die Erfahrung, die Sie durch die Arbeit in einer Versuchsanordnung gewinnen können, die Sie nach Belieben konfigurieren können und in die Sie nach Lust und Laune Probleme einbauen können, ohne daß Sie ein Risiko eingehen, ein produktiv genutztes Netzwerk zu unterbrechen.

In einigen größeren Städten ist es möglich, daß die lokale Cisco-Systems-Vertretung eine Versuchseinrichtung für ihre Kunden anbietet, die Sie nach Vereinbarung beanspruchen können. Fragen Sie Ihren lokalen Cisco-Ansprechpartner.

Eine weitere Möglichkeit besteht im Aufbau einer eigenen Versuchsanordnung. Auch wenn diese Option teuer ist, kann das Gehalt, über das Sie als ein CCIE verfügen, diese Investition als lohnend erscheinen lassen. Viele Quellen bieten gebrauchte Cisco-Geräte zu recht günstigen Preisen zum Verkauf an. Abonnieren Sie hierzu z.B. die Cisco-Newsgroup im Internet unter `comp.dcom.sys.cisco`. Hier werden regelmäßig gebraucht Router zum Verkauf angeboten, und Sie können einige gute Schnäppchen machen. Obwohl auch zwei Router schon nützlich sind, sollten Sie versuchen, zumindest vier zu erstehen, von denen einer vier oder mehr serielle Schnittstellen besitzen sollte, damit Sie ihn als einen Frame-Relay- oder X.25-Switch konfigurieren können. Es sei bemerkt, daß es nicht notwendig ist, die neuesten Geräte zu kaufen. Veraltete Router sind besonders günstig zu kaufen, da sie niemand mehr in einem Produktionsnetzwerk einsetzen möchte. Ein AGS+ ist beispielsweise für $800 bis $1500 zu erstehen. Er ist ein exzellenter Versuchsrouter, wenn Sie den Lärm aushalten.

Die Konfigurationen in diesem Buch wurden alle auf fünf 2500er Routern in verschiedenen Ausführungen und einem AGS+ ausgeführt, die mit Ethernet-, Token-Ring-, seriellen und FDDI-Schnittstellen ausgerüstet waren.

C.3 Die Intensivierung des Studiums

Nach den Grundlagen und parallel zum Erwerb Ihrer praktischen Erfahrung müssen Sie beginnen, ein tiefgehendes Verständnis über die Internetzwerk-Protokolle aufzubauen. Sie sollten mindestens die RFCs lesen, die in diesem Buch empfohlen werden. Am besten wäre es allerdings, wenn Sie so viele relevante RFCs lesen, wie Sie können. Sie sind auf vielen Seiten des Internets zu finden. Führen Sie einfach eine Internet-Suche nach »RFC« aus. Eine der besten Seiten ist `www.ietf.com`.

Natürlich sind nicht alle Internetzwerk-Protokolle in RFCs beschrieben. Schauen sie sich um nach professionellen Büchern, nach White-Papers und Anleitungen über die Nicht-IP-Protokolle wie z.B. SNA, AppleTalk, IPX und Banyan-VINES. Sie sollten zudem die Ethernet-, Token-Ring-, FDDI- und die WAN-Protokolle wie T-1, ISDN, X.25, Frame-Relay und ATM studieren. Sie werden reichhaltige, öffentlich zugängliche Informationen unter der Adresse `www.cisco.com` finden.

Eine sehr nützliche Studienmöglichkeit, die sowohl theoretisches als auch praktisches Wissen liefert, bietet die Cisco-Newsgroup unter `comp.dcom.sys.cisco`. Nehmen Sie sich besonders schwieriger Fragen und Probleme an, die in der Newsgroup gestellt sind, und finden Sie Ihre eigene Antwort.

Achten Sie anschließend auf die Antworten von CCIEs und Cisco-Ingenieuren, und vergleichen Sie, ob Sie richtig lagen. Wenn nicht, bestimmen Sie warum.

Stellen auch Sie Fragen an die Cisco-Newsgroup. Die meisten regelmäßigen Teilnehmer sind freundlich und gewillt, Ihr Fachwissen mit anderen zu teilen. Eine weitere gute Informationsquelle ist das Offene Forum unter `www.cisco.com/openf/openproj.shtml`, das Sie nutzen können, wenn Sie ein registrierter Benutzer der CCO von Cisco sind.

Zum Abschluß sei Ihnen empfohlen, eine Studien-Gruppe zu bilden, wenn Sie Kollegen mit denselben Zielen haben. Innerhalb der International-Network-Services waren CCIE-Studien-Gruppen sehr wirkungsvoll und haben viele CCIEs hervorgebracht.

C.4 Die letzten sechs Monate

Mit einem bis hierher soliden Hintergrund, bestehend aus praktischen und theoretischen Kenntnissen sollten Ihre letzten sechs Monate der Vorbereitung darin bestehen, die Cisco-IOS-Configuration-Guides Band für Band durchzuarbeiten. Mit jedem Kapitel, das Sie lesen, wiederholen Sie das entsprechende Kapitel in der Cisco-IOS-Befehls-Referenz, um sicherzustellen, daß Sie mit den gesamten Konfigurationsfähigkeiten des IOS für dieses Protokoll vertraut sind. Verwenden Sie anschließend Ihre Versuchseinrichtung, um das in diesem Kapitel betrachtete Protokoll in allen möglichen Kombinationen zu konfigurieren. Spielen Sie »was wäre wenn«-Spiele, und versuchen Sie, das Protokoll in ungewöhnlichen Situationen zum Laufen zu bringen. Sie werden erkennen, daß man die besten Erfahrungen nicht dann macht, wenn eine Konfiguration funktioniert, sondern dann, wenn sie nicht funktioniert.

Bewahren Sie eine Aufzeichnung Ihrer Konfigurationen auf und zusätzlich Ihre Gedanken darüber, wie sie funktionierten bzw. nicht funktionierten. Vergewissern Sie sich, daß Sie alle für dieses Protokoll relevanten Fehlersuch-Werkzeuge kennengelernt haben und anwenden können, wie z.B. die Befehle **debug** und **show**.

Ihr Ziel am Ende des Kapitels sollte in der Fähigkeit bestehen, zumindest die essentiellen Protokoll-Elemente aus dem Gedächtnis heraus konfigurieren zu können. Wenn Sie sich der CCIE-Prüfung unterziehen, ist es wichtig, den »einfachen Kram« ohne großes Nachdenken konfigurieren zu können, damit Sie den Kopf für die schwierigen Konfigurationsprobleme frei haben. Ebenso sollten Sie damit vertraut sein, wie sich das Protokoll verhält, welche Konfigurationsoptionen zur Verfügung stehen und wie eine Fehlersuche bei diesem Protokoll ausgeführt wird. Wenn Sie diese Ziele für ein Kapitel erreicht haben, nehmen Sie sich das nächste vor.

Innerhalb dieser letzten sechs Monate sollten Sie frühzeitig den schriftlichen Teil der CCIE-Prüfung absolvieren. Lassen Sie sich durch diese Prüfung nicht einschüchtern – sie dient hauptsächlich zur Aussiebung derjenigen, die vollständig unvorbereitet sind, so daß er oder sie nur die Kosten des schriftlichen Tests tragen muß und nicht die wesentlich höheren Kosten der praktischen Prüfung. Wenn Sie ein gutes Studier-Programm verfolgt haben, werden Sie die schriftliche Prüfung als nicht besonders schwierig empfinden.

Einige Cisco-Trainings-Partner bieten CCIE-Vorbereitungs-Kurse an, bei denen Sie in einer Versuchseinrichtung Aufgaben unter CCIE-Prüfungsbedingungen ausführen müssen. Sie sollten jedoch nicht denken, daß diese Kurse einen Ersatz für fleißige Studien und praktische Erfahrungen darstellen. Wenn Sie sich für einen dieser Kurse entscheiden, sollten Sie zuvor vollständig auf die CCIE-Prüfung vorbereitet sein. Den größten Nutzen, den Sie aus diesen kommerziellen Vorbereitungskursen ziehen können, ist das Gefühl, »im Feuer zu stehen« und schwierige Probleme innerhalb eines sehr engen Zeitrahmens zu bearbeiten.

C.5 Der Prüfungstag

Die CCIE-Labor-Prüfung testet nicht nur Ihre praktischen und theoretischen Kenntnisse, sondern auch Ihre Fähigkeit, dieses Wissen unter Druck anzuwenden. Sie werden zwei sehr intensive Tage durchleben, daher sollten Sie sich keinem zusätzlichen Druck aussetzen.

- Seien Sie sich dessen bewußt, daß die meisten Teilnehmer an einer CCIE-Prüfung bei ihrem ersten Versuch durchfallen. Halten Sie einen Ausweichplan bereit, um die Prüfung ein zweites Mal zu machen. Diese Strategie wird Ihnen dabei helfen, im ersten Versuch ruhig zu bleiben, und allein dies kann die Ausführung des Ausweichplans unnötig machen.

- Arrangieren Sie Ihre Reisepläne so, daß Sie hinreichend früh am Vortag der Prüfung ankommen. Sie sollten erst am Tag nach der Prüfung abreisen und nicht am selben Abend. Während der Prüfung sollten Sie nicht über die Uhrzeit Ihrer Abreise nachdenken müssen.

- Besichtigen Sie die Prüfungsgebäude am Vorabend der Prüfung. Sie sollten es vermeiden, vollkommen aufgeregt anzukommen, weil Sie sich verirrt haben.

- Am Vorabend der Prüfung sollten Sie nur eine leichte Wiederholung vornehmen. Wenn Sie versuchen, sich das Wissen noch mal schnell ins Gedächtnis zu pauken, wird Sie das nur nervös und schlaflos machen.

- Essen Sie gut zu Abend, trinken Sie keinen Alkohol, und schlafen Sie sich aus.

- Nehmen Sie am Prüfungstag ein gutes Frühstück zu sich. Es ist eine anerkannte Tatsache, daß ein gutes Mahl Ihre Leistung steigert.

- Kleiden Sie sich bequem. Es gibt keine Punkte für das Aussehen.

Vor der Prüfung müssen Sie eine Nicht-Veröffentlichungs-Erklärung unterschreiben, in der Sie sich verpflichten, keine Einzelheiten über das Versuchslabor an Dritte weiterzugeben. Die Prüfung wird 16 Stunden dauern und sich über zwei Tage erstrecken (an jedem Tag sind Mittagspausen eingeplant). Obwohl auch andere CCIE-Kandidaten im gleichen Raum an ihren eigenen Versuchsanordnungen arbeiten, werden Sie auf sich gestellt sein. Es ist äußerst wahrscheinlich, daß sich die Aufgaben der anderen Kandidaten von der Ihrigen unterscheiden. Die ersten anderthalb Tage (zwölf Stunden) werden Sie damit verbringen, ein Internetzwerk nach bestimmten Vorgaben aufzubauen. Dokumentieren Sie Ihre Arbeit für den Fall, daß Sie nach einer Erklärung gefragt werden oder auch um Ihre Konstruktionsentscheidungen und Ihre Konfigurationswahl verteidigen zu können.

Nachdem Sie den Konfigurationsteil des Labors überstanden haben, werden Sie eine Mittagspause einlegen. Während dieser Zeit werden Probleme in das von Ihnen konstruierte Internetzwerk eingebaut. Sie haben daraufhin vier Stunden Zeit, um die Probleme zu korrigieren und zu dokumentieren. Sie sollten auch Ihre ausgeführte Fehlersuchprozedur dokumentieren. Wie im Konfigurationsabschnitt können Sie auch hier nach Erklärungen gefragt werden.

Wenn Sie während der gesamten Prüfung eine bestimmte Anforderung nicht verstehen, zögern Sie nicht, Ihre Labor-Aufsicht zu fragen. Er oder sie soll Sie nicht nur testen, sondern Ihnen auch helfen. Das Wichtigste ist, daß Sie entspannt und konzentriert bleiben.

Wenn Sie Ihren CCIE errungen haben, dann haben Sie etwas erreicht, auf das Sie stolz sein können. Wenn dieses Buch oder die Ratschläge dieses Anhangs zum Erreichen Ihres Ziels beigetragen hat, senden Sie mir eine E-Mail, damit ich Ihren Stolz mit Ihnen teilen kann.

Anhang D
Antworten zu den Übungsfragen

Kapitel 1

1. Der Hauptzweck eines Local-Area-Netzwerks liegt in der Teilung von Ressourcen. Die Ressourcen können Geräte, Applikationen oder Informationen sein. Beispiele von geteilten Ressourcen sind Dateien, Datenbanken, E-Mail, Modems und Drucker.

2. Ein Protokoll ist ein von allen akzeptierter Regelsatz. In der Datenkommunikation bestimmen die Regeln gewöhnlich eine Prozedur oder ein Format.

3. Ein Media-Access-Control-Protokoll legt fest, wie ein vorhandenes LAN-Medium verteilt wird, wie mit dem Medium verbundene LAN-Geräte identifiziert werden und welche Form die Frames besitzen, die über dieses Medium übertragen werden.

4. Ein Frame ist ein digitaler »Umschlag«, der die nötigen Informationen zur Datenübertragung über eine Datenverbindung liefert. Die typischen Bestandteile eines Frames sind die Kennzeichen (Adressen) der Quell- und Ziel-Geräte der Datenverbindung, ein Merkmal über den im Frame enthaltenen Datentyp und Fehlerprüf-Informationen.

5. Eine gemeinsame Eigenschaft von allen Frametypen ist ein Format zur Identifizierung von Geräten auf der Datenverbindung.

6. Eine Media-Access-Control-Adresse oder ein -Kennzeichen stellt ein Mittel dar, um einzelne an ein Datenverbindung angeschlossene Geräte eindeutig zu identifizieren und damit die Datenübertragung zu ermöglichen.

7. Eine Adresse beschreibt einen Standort. Eine MAC-Adresse ist keine wirkliche Adresse, da sie permanent zur Schnittstelle eines bestimmten Geräts gehört und mit dem Gerät mitgenommen wird. Eine MAC identifiziert das Gerät, nicht den Standort des Geräts.

8. Die drei Quellen der Signalstörung auf einer Datenverbindung sind die Dämpfung, die Interferenz und die Verzerrung. Die Dämpfung ist eine Funktion des Innenwiderstands des Mediums. Die Interferenz ist eine Funktion des Rauschens, das im Medium auftritt. Die Verzerrung ist eine Funktion der reaktiven Eigenschaften des Mediums, die die verschiedenen Frequenzkomponenten des Signals verschieden beeinflussen.

9. Ein Repeater ist ein Gerät, das den nutzbaren Bereich eines physikalischen Mediums erweitert, indem ein abgeschwächtes Signal gelesen und eine »saubere« Kopie des Originalsignals reproduziert wird.

10. Eine Bridge ist ein Gerät, das die Kapazität eines LAN erweitert. Eine Bridge unterteilt die Datenverbindung in Segmente und leitet nur den Verkehr weiter, der auf einem Segment erzeugt wurde und für ein anderes Segment bestimmt ist. Durch die Kontrolle und Begrenzung des Verkehrs auf einer Datenverbindung, können mehr Geräte an ein LAN angeschlossen werden.

11. Eine transparente Bridge »lauscht« auf allen ihren Ports. Das heißt, sie überprüft alle Frames auf allen Medien, mit denen sie verbunden ist. Sie zeichnet die Quell-MAC-Kennzeichen der Frames in einer Bridging-Tabelle auf, sowie die Ports, an denen sie die Kennzeichen gelernt hat. Mit dieser Tabelle kann sie darüber entscheiden, ob ein Frame gefiltert oder weitergeleitet wird. Die Bridge ist transparent, da sie diese Lern-Funktion unabhängig von den Geräten ausführt, die die Frames erzeugen. Die Endgeräte haben keine Kenntnis über das Vorhandensein dieser Bridge.

12. Drei grundlegende Unterschiede zwischen Local-Area- und Wide-Area-Netzwerken bestehen darin:

   - LANs sind auf eine kleine geographische Ausdehnung beschränkt, wie z.B. ein einzelnes Gebäude oder ein kleiner Campus. WANs umfassen ein großes oder riesiges geographisches Gebiet, z.B. eine Stadt oder auch ein weltumspannendes WAN.

   - Alle Komponenten eines LAN befinden sich in der Regel in Privatbesitz. Dagegen werden einige Komponenten eines WAN, wie z.B. ein Paket-Switching-Netzwerk oder serielle Point-to-Point-Verbindungen, gewöhnlich von einem Service-Provider angemietet.

   - Ein LAN bietet eine hohe und günstige Bandbreite. Die Bandbreite über ein WAN ist wesentlich teurer.

13. Wenn ein Broadcast-MAC-Kennzeichen als Ziel-Adresse eines Frames verwendet wird, bedeutet dies, daß die Daten für alle Geräte auf dieser Datenverbindung bestimmt sind. In binärer Form enthält das Broadcast-MAC-Kennzeichen nur Einsen. In hexadezimaler Form lautet es: FFFF.FFFF.FFFF.

14. Die Hauptähnlichkeit zwischen einer Bridge und einem Router besteht darin, daß beide Geräte die Anzahl von Hosts erhöhen, die miteinander in einem gemeinsamen Kommunikationsnetzwerk verbunden werden können. Der Hauptunterschied zwischen einer Bridge und einem Router liegt darin, daß die Bridge getrennte Segmente eines einzelnen Netzwerks miteinander verbindet, während ein Router getrennte Netzwerke miteinander verbindet.

15. Ein Paket stellt eine Möglichkeit zur Verfügung, Daten von einem Netzwerk in ein anderes zu übertragen. Die Ähnlichkeit zwischen einem Frame und einem Paket liegt darin, daß beide Daten verkapseln und ein Adressierungsschema für die Datenübertragung vorsehen. Der Hauptunterschied zwischen einem Frame und einem Paket liegt darin, daß ein Frame Daten zwischen zwei Geräten auf einer gemeinsamen Datenverbindung überträgt, während ein Paket Daten über einen logischen Pfad (oder auch über eine Route) überträgt, der sich über mehrere Datenverbindungen spannt.

16. Es ändert sich weder die Quell- noch die Ziel-Adresse eines Pakets, wenn es durch das Internetzwerk transportiert wird.

17. Die Netzwerkadressen sind die Adressen, die in den Paketen verwendet werden. Jede Netzwerkadresse besitzt einen Netzwerkteil, der eine bestimmte Datenverbindung identifiziert, und einen Host- oder Knotenteil, der ein bestimmtes Gerät identifiziert, das sich auf der Datenverbindung befindet, die durch den Netzwerkteil angegeben ist.

18. Ein Paket identifiziert ein Gerät aus der Perspektive des gesamten Internetzwerks. Ein Frame identifiziert ein Gerät aus der Perspektive einer einzelnen Datenverbindung. Da die Verbindung zwischen zwei Geräten über ein Internetzwerk ein logischer Pfad ist, ist eine Netzwerkadresse eine logische Adresse. Da die Verbindung zwischen zwei Geräten über eine Datenverbindung ein physikalischer Pfad ist, ist ein Datenverbindungskennzeichen eine physikalische Adresse.

Kapitel 2

1. Die fünf Schichten des TCP/IP-Protokollschemas sind die folgenden:

    – Die physikalische Schicht

    – Die Datenverbindungs-Schicht

    – Die Internet- (oder IP-)Schicht

    – Die Host-to-Host-Schicht

    – Die Applikations-Schicht

    Die physikalische Schicht enthält die Protokolle des physikalischen Mediums.

    Die *Datenverbindungs*-Schicht enthält die Protokolle, die die physikalische Schicht kontrollieren: wie auf das Medium zugegriffen wird und wie es gemeinsam genutzt wird, wie Geräte auf dem Medium identifiziert werden und wie Daten in Frames eingepackt werden, bevor sie über das Medium gesendet werden.

Die *Internet*-Schicht enthält die Protokolle, die festlegen, wie die logische Gruppierung der Datenverbindungen in einem Internetzwerk und die Kommunikation über das Internetzwerk erfolgt.

Die *Host-to-Host*-Schicht enthält die Protokolle, die die logischen End-to-End-Pfade über das Internetzwerk festlegen und kontrollieren.

Die *Applikations*-Schicht entspricht den Session-, Präsentations- und Applikations-Schichten des OSI-Modells.

2. Die aktuell am häufigsten verwendete IP-Version ist die Version 4.

3. Router fragmentieren ein Paket, wenn es auf einer Datenverbindung übertragen werden soll und es länger ist, als die auf dieser Verbindung unterstützte maximale Paket-Länge (Maximum-Transmission-Unit oder MTU). Die Daten innerhalb des Pakets werden fragmentiert, und jedes Fragment wird in einzelne Pakete eingekapselt. Der Empfänger verwendet die Kennzeichen- und Fragment-Offset-Felder und das MF-Bit des Flags-Felds, um die Fragmente wieder zusammenzusetzen.

4. Das Time-to-Live-(TTL-)Feld verhindert, daß »verlorene« Pakete für immer durch das IP-Internetzwerk wandern. Das Feld enthält eine 8 Bit lange Integerzahl, die vom Erzeuger des Pakets gesetzt wird. Jeder Router, den das Paket passiert, wird diese Zahl um Eins vermindern. Wenn ein Router die TTL auf Null vermindert, wird er das Paket verwerfen und eine ICMP-»Zeit abgelaufen«-Fehler-Meldung an die Quell-Adresse des Pakets senden.

5. Die Regel des ersten Oktetts bestimmt die Klasse einer IP-Adresse auf folgende Weise:

   – Class A: Das erste Bit des ersten Oktetts ist immer 0.

   – Class B: Die ersten zwei Bits des ersten Oktetts sind immer 10.

   – Class C: Die ersten drei Bits des ersten Oktetts sind immer 110.

   – Class D: Die ersten vier Bits des ersten Oktetts sind immer 1110.

- Class E: Die ersten vier Bits des ersten Oktetts sind immer 1111.

6. Die A-, B- und C-IP-Adressen können in gepunkteter Dezimal- und in binärer Form auf folgende Weise erkannt werden:

Class	Binärer Bereich des ersten Oktetts	Dezimaler Bereich des ersten Oktetts
A	00000001 – 01111110	1 – 126
B	10000000 – 10111111	128 – 191
C	11000000 – 11011111	192 – 223

7. Eine IP-Adreß-Maske identifiziert den Netzwerkteil einer IP-Adresse. Jede Eins in der 32-Bit-Maske markiert das korrespondierende Bit in der IP-Adresse als ein Netzwerk-Bit. Eine Null in der Maske markiert das korrespondierende Bit in der IP-Adresse als ein Host-Bit. Eine boolesche Und-Prozedur wird auf alle 32 Bits der Adresse und der Maske ausgeführt. Im Resultat werden alle Netzwerk-Bits der Maske beibehalten, und alle Host-Bits werden durch eine Null ersetzt.

8. Ein Subnetz ist eine Untergruppe einer Class-A-, B- oder C-IP-Adresse. Ohne eine Unterteilung in Subnetze kann der Netzwerkteil einer Haupt-Class-A-, B- oder C-IP-Adresse nur eine einzelne Datenverbindung identifizieren. Diese Subvernetzung verwendet einige der Host-Bits einer Haupt-IP-Adresse als Netzwerk-Bits und ermöglicht damit, daß die einzelne Hauptadresse in mehrere Netzwerkadressen unterteilt wird.

9. Ein classful Routing-Protokoll kann nicht zwischen dem reinen Null-Subnetz und der Haupt-IP-Adresse und zwischen dem reinen Eins-Subnetz und der allgemeinen Broadcast-Adresse für alle Adressen der Haupt-IP-Adresse unterscheiden.

10. Das ARP oder auch Address-Resolution-Protocol ist eine Funktion, die die IP-Adressen von Schnittstellen auf einer Datenverbindung ihren korrespondierenden MAC-Kennzeichen zuordnet.

11. Das Proxy-ARP ist eine Funktion eines IP-Routers. Wenn der Router eine ARP-Anfrage empfängt und

    – sich das Ziel-Netzwerk oder das Ziel-Subnetz in der Routing-Tabelle des Routers befindet und

    – die Tabelle anzeigt, daß das Ziel über eine andere Router-Schnittstelle erreichbar ist, als über die, an der die ARP-Anfrage empfangen wurde,

    – so wird der Router auf die ARP-Anfrage mit seiner eigenen MAC-Adresse antworten.

12. Ein Redirect ist eine IP-Router-Funktion. Wenn ein Gerät ein Paket zu dem Router gesendet hat und der Router das Paket an einen Next-Hop-Router auf derselben Datenverbindung weiterleiten muß, dann wird der Router ein Redirect an das erzeugende Gerät senden. Das Redirect wird das Gerät darüber informieren, daß es den Next-Hop-Router direkt erreichen kann.

13. Das TCP oder Transmission-Control-Protocol bietet einen verbindungsorientierten Service über die verbindungslose Internet-Schicht. Das UDP oder der User-Datagram-Service bietet einen verbindungslosen Service.

14. Die korrekte Sequenzierung wird durch Sequenz-Nummern ermöglicht. Die Zuverlässigkeit wird durch die Verwendung von Prüfsummen, Bestätigungen, Timer und erneute Übertragungen erreicht. Die Flußkontrolle wird durch das Windowing ermöglicht.

15. Ein MAC-Kennzeichen ist eine binäre Integerzahl mit fester Länge. Wenn IP diese MAC-Kennzeichen als Hostteil der IP-Adresse verwenden würde, wäre keine Subvernetzung möglich, da keine Aufteilung der Host-Bits als Netzwerk-Bits möglich wäre.

Kapitel 3

1. Jeder Eintrag der Routing-Tabelle muß mindestens eine Ziel-Adresse enthalten, sowie die Adresse eines Next-Hop-Routers oder eine Angabe, daß die Ziel-Adresse direkt verbunden ist.

2. *Variabel subvernetzt* bedeutet, daß der Router mehr als eine Subnetz-Maske für Subnetze derselben Haupt-IP-Adresse kennt.

3. *Discontiguous* Subnetze sind zwei oder mehrere Subnetze einer Haupt-IP-Netzwerk-Adresse, die durch eine andere Haupt-IP-Adresse von ihrem eigenen Hauptnetz abgetrennt sind.

4. Der Befehl **show ip route** wird verwendet, um die Routing-Tabelle eines Cisco-Routers einzusehen.

5. Die erste Zahl ist die administrative Distanz des Routing-Protokolls, mit der die Route erlernt wurde. Die zweite Zahl ist die Metrik der Route.

6. Wenn eine statische Route so konfiguriert wurde, daß sie auf eine ausgehende Schnittstelle anstatt auf eine Next-Hop-Adresse zeigt, wird die Ziel-Adresse in die Routing-Tabelle als direkt verbunden eingetragen.

7. Eine Sammelroute ist ein einzelner Routen-Eintrag, der auf mehrere Subnetze oder Haupt-IP-Adressen zeigt. Im Zusammenhang mit statischen Routen können Sammelrouten die Zahl der zu konfigurierenden statischen Routen deutlich reduzieren.

8. Eine administrative Distanz bedeutet eine Bevorzugung eines Routing-Protokolls oder einer statischen Route. Jedes Routing-Protokoll und jede statische Route hat eine zugeordnete administrative Distanz. Wenn ein Router ein Ziel durch mehr als ein Routing-Protokoll oder eine statische Route erlernt hat, wird er die Route mit der geringsten administrativen Distanz bevorzugen.

9. Eine statische Wechselroute ist eine alternative Route zu einem Ziel. Die administrative Distanz ist so hoch gesetzt, daß die Wechselroute nur dann verwendet wird, wenn eine bevorzugtere Route ausfällt.

10. Die Equal-Cost-Lastverteilung verteilt den Verkehr gleichmäßig über mehrere Pfade mit gleichen Metriken. Die Unequal-Cost-Lastverteilung verteilt den Verkehr über mehrere Pfade mit verschiedenen Metriken. Der Verkehr wird umgekehrt proportional zu den Kosten der Routen verteilt.

11. Wenn eine Schnittstelle im Fast-Switching-Modus arbeitet, wird die Lastverteilung zielabhängig ausgeführt. Wenn eine Schnittstelle im Prozeß-Switching-Modus arbeitet, wird die Lastverteilung paketabhängig ausgeführt.

12. Eine rekursive Routing-Tabellen-Prüfung erfolgt dann, wenn ein Router nicht alle Informationen zur Weiterleitung eines Pakets mit einer einzelnen Routing-Tabellen-Prüfung ermitteln kann. Der Router kann zum Beispiel eine Prüfung ausführen, um die Route zu einem Ziel zu erhalten und anschließend mit einer weiteren Prüfung eine Route zum Next-Hop-Router für diese Route zu finden.

Kapitel 4

1. Ein Routing-Protokoll ist eine »Sprache«, die Router untereinander sprechen, um einander Informationen über Netzwerkziele mitzuteilen.

2. Ein Routing-Protokoll sollte mindestens folgende Prozeduren enthalten:

    - Die Weitergabe von Erreichbarkeitsinformationen über Netzwerke an andere Router.

    - Der Empfang von Erreichbarkeitsinformationen von anderen Routern.

    - Die Bestimmung optimaler Routen auf der Basis der eigenen Erreichbarkeitsinformationen und die Speicherung dieser Informationen in einer Routing-Tabelle.

    - Die Reaktion auf die Kompensation von und die Anmeldung von Topologie-Änderungen in einem Internetzwerk.

3. Eine Routen-Metrik, die auch mit Routen-Kosten oder Routen-Distanz bezeichnet wird, wird verwendet, um den *besten* Pfad zu einem Ziel zu bestimmen. Das *beste* Kriterium wird durch den Typ der verwendeten Metrik vorgegeben.

4. Die Konvergenzzeit ist die Zeitdauer, die vergeht, bis eine Gruppe von Routern einen kompletten Austausch der Routing-Informationen vollzogen hat.

5. Die Lastverteilung ist der Sendeprozeß, bei dem Pakete über mehrere Pfade zum selben Ziel gesendet werden. Es gibt vier Arten der Lastverteilung:

    – Die paketabhängige Equal-Cost-Lastverteilung

    – Die zielabhängige Equal-Cost-Lastverteilung

    – Die paketabhängige Unequal-Cost-Lastverteilung

    – Die zielabhängige Unequal-Cost-Lastverteilung

6. Ein Distanzvektor-Protokoll ist ein Routing-Protokoll, in dem jeder Router seine Routen auf der Basis der Routen seines Nachbarn berechnet und anschließend seine Routen an andere Nachbarn weitermeldet.

7. Verschiedene Probleme, die im Zusammenhang mit Distanzvektor-Protokollen auftreten, sind folgende:

    – Eine Anfälligkeit für falsche Routing-Informationen aufgrund ihrer Abhängigkeit von korrekten Informationen von den Nachbarn

    – Langsame Konvergenz

    – Routenschleifen

    – Counting-to-Infinity (Zählen bis zur Unendlichkeit)

8. Nachbarn sind Router, die mit derselben Datenverbindung verbunden sind.

9. Routen-Ungültigkeits-Timer löschen Routen aus einer Routing-Tabelle, wenn sie ein bestimmtes Age (Alter) überschreiten.

10. Der einfache Split-Horizon sendet keine Routen-Informationen zurück zur Quelle der Routen-Informationen. Split-Horizon mit blockierter Rückroute sendet die Informationen zurück zur Quelle, setzt aber die Metrik auf unerreichbar.

11. Das Counting-to-Infinity-Problem tritt dann auf, wenn Routen über eine Schleife aktualisiert werden. Jeder Router erhöht die Metrik der Route, bis die Metrik die Unendlichkeit erreicht. Dieser Effekt wird durch die Definition der *Unendlichkeit* als eine relativ kleine Metrik kon-

trolliert, so daß die Unendlichkeit ziemlich schnell erreicht und die Route als unerreichbar erklärt wird.

12. Die Holddown-Timer oder Unterdrückungs-Timer können manche Routing-Schleifen verhindern. Wenn eine Route als unerreichbar erklärt wird oder wenn sich die Metrik über eine bestimmte Schwelle erhöht, wird ein Router keine weiteren Informationen über diese Route akzeptieren, bis der Holddown-Timer abgelaufen ist. Dieses Verfahren bewahrt den Router davor, mögliche falsche Routing-Informationen zu übernehmen, während das Internetzwerk rekonvergiert.

13. Ein Distanzvektor-Router sendet seine gesamte Routing-Tabelle, aber er sendet die Tabelle nur an seine direkt verbundenen Nachbarn. Ein Verbindungs-Status-Router sendet nur Informationen über seine direkt verbundenen Verbindungen, aber er flutet die Informationen durch das gesamte Internetzwerk. Distanzvektor-Protokolle verwenden gewöhnlich eine Variante des Bellman-Ford-Algorithmus zur Berechnung der Routen, während Verbindungs-Status-Protokolle gewöhnlich eine Variante des Dijkstra-Algorithmus zur Berechnung der Routen verwenden.

14. Eine topologische Datenbank enthält die Verbindungs-Status-Informationen, die durch alle Router in der Verbindungs-Status-Routing-Domäne erzeugt wurden.

15. Jeder Router flutet ein Verbindungs-Status-Informations-Advertisement, das seine Verbindungen beschreibt, die Zustände seiner Verbindungen und jeden Nachbar-Router, der mit diesen Verbindungen verbunden ist, durch das gesamte Internetzwerk. Alle Router speichern alle empfangenen Kopien der Verbindungs-Status-Advertisements in einer Verbindungs-Status-Datenbank. Jeder Router berechnet einen kürzesten Pfad-Baum aus den Informationen in der topologischen Datenbank und übernimmt Routen in seine Routing-Tabellen auf der Basis des kürzesten Pfad-Baums.

16. Die Sequenz-Nummern ermöglichen einem Router die Unterscheidung zwischen mehreren Kopien desselben Verbindungs-Status-Advertisements und verhindern zudem, daß geflutete Verbindungs-Status-Advertisements endlos durch das Internetzwerk wandern.

17. Das Altern verhindert das Aufbewahren von alten und vermutlich überholten Verbindungs-Status-Informationen in einer topologischen Datenbank oder auch, daß sie von einem Router übernommen werden.

18. Ein Router konstruiert einen kürzesten Pfad-Baum, indem er zuerst sich selbst als Root einfügt. Mit den Informationen in der topologischen Datenbank erzeugt der Router eine Liste aller seiner direkt verbundenen Nachbarn. Die günstigste Verbindung zu einem Nachbarn wird ein Zweig des Baums, und die Nachbarn des Routers werden zu der Liste hinzugefügt. Die Liste wird auf doppelte Pfade überprüft und wenn sie existieren, werden die teureren Pfade von der Liste entfernt. Der günstigste Router auf der Liste wird zum Baum hinzugefügt, die Nachbarn dieses Routers werden zu der Liste hinzugefügt, und die Liste wird erneut auf doppelte Pfade überprüft. Dieser Prozeß wiederholt sich, bis keine Router mehr auf der Liste stehen.

19. Innerhalb einer Routing-Domäne entsprechen Areas Subdomänen. Sie machen das Verbindungs-Status-Routing effizienter, indem sie die Größe der Verbindungs-Status-Datenbank von jedem Router in der Area begrenzen.

20. Je nach Verwendung kann ein Autonomous-System als ein Internetzwerk unter einer gemeinsamen administrativen Domäne oder einer einzelnen Routing-Domäne bezeichnet werden.

21. Ein Interior-Gateway-Protocol ist ein Routing-Protokoll, das innerhalb eines Autonomous-Systems routet. Ein Exterior-Gateway-Protocol ist ein Routing-Protokoll, das zwischen Autonomous-Systems routet.

Kapitel 5

1. RIP verwendet den UDP-Port 520.

2. RIP verwendet eine Hop-Count-Metrik. Ein unerreichbares Netzwerk wird mit dem Setzen des Hop-Count auf 16 angezeigt, was RIP als eine unendliche Distanz interpretiert.

3. RIP sendet periodische Updates alle 30 Sekunden minus eine kleine Zufallsvariable, um zu verhindern, daß die Updates von benachbarten Routern synchronisiert werden.

4. Ein Routen-Eintrag wird als unerreichbar markiert, wenn sechs Updates verpaßt wurden.

5. Der Garbage-Collection-Timer oder Flush-Timer wird gesetzt, wenn eine Route für unerreichbar erklärt wird. Wenn der Timer abläuft, wird die Route aus der Routing-Tabelle entfernt. Dieser Prozeß ermöglicht es, eine unerreichbare Route lang genug in der Routing-Tabelle aufzubewahren, um den Nachbarn über ihren Status benachrichtigen zu können.

6. Der Zufalls-Timer, der zwischen 1 und 5 Sekunden schwankt, verhindert einen »Sturm« von ausgelösten Updates während einer Topologieänderung.

7. Eine Anfrage-Meldung fragt einen Router nach einem Update. Eine Antwort-Meldung ist ein Update.

8. Eine Anfrage-Meldung kann entweder nach einem vollständigen Update fragen oder in bestimmten Fällen nach bestimmten Routen.

9. Eine Antwort wird gesendet, wenn der Update-Timer abgelaufen ist, oder nach dem Empfang einer Anfrage-Meldung.

10. RIP-Updates enthalten keine Subnetz-Maske der Ziel-Adresse, daher muß ein RIP-Router die Subnetz-Masken seiner eigenen Schnittstellen benutzen, um zu bestimmen, ob eine angeschlossene Haupt-Netzwerk-Adresse subvernetzt ist. Wenn ein Router nicht mit einer bestimmten Haupt-Netzwerk-Adresse direkt verbunden ist, kann er nicht wissen, ob das Haupt-Netzwerk subvernetzt ist. Daher können keine Subnetze einer Haupt-Netzwerk-Adresse an ein anderes Haupt-Netzwerk weitergemeldet werden.

Kapitel 6

1. IGRP verwendet keinen UDP-Port. Auf das IGRP wird direkt aus der Netzwerkschicht mit der Protokoll-Nummer 9 zugegriffen.

2. Der maximale IGRP-Netzwerk-Durchmesser beträgt 255 Hops.

3. Die Standard-Update-Periode von IGRP beträgt 90 Sekunden.

4. IGRP vereinbart eine Autonomous-System-Nummer, damit mehrere IGRP-Prozesse innerhalb derselben Routing-Domäne und sogar auf demselben Router ausgeführt werden können.

5. McCloy wird die Adresse 192.168.1.0 zu Acheson als eine System-Route anmelden, da die Adresse in ein anderes Haupt-Netzwerk gemeldet wird. Acheson wird die Adresse 172.16.0.0 als eine System-Route zu McCloy melden und als eine interne Route zu Kennan.

6. Die Grundeinstellung des IGRP-Holddown-Timers beträgt 280 Sekunden.

7. IGRP kann die Bandbreite, die Verzögerung, die Last und die Zuverlässigkeit zur Berechnung seiner Metrik verwenden. In der Grundeinstellung verwendet es nur die Bandbreite und die Verzögerung.

8. Ein IGRP-Update-Paket kann bis zu 104 Route-Einträge enthalten.

Kapitel 7

1. Das Route-Tag-Feld, das Subnetz-Masken-Feld und das Next-Hop-Feld sind RIPv2-Erweiterungen, die nicht in RIPv1-Meldungen enthalten sind. Die grundlegende Form der RIP-Meldung bleibt bei beiden Versionen erhalten. Die Version 2 verwendet nur die in der Version 1 ungenutzten Felder.

2. Zusätzlich zu den Funktionen, die die neuen Felder nutzen, unterstützt RIPv2 Authentisierung und Multicast-Updates.

3. RIPv2 verwendet die Multicast-Adresse 224.0.0.9. Ein Multicast von Routing-Meldungen hat den Vorteil gegenüber den Broadcasts, daß Router ohne RIPv2 und alle Hosts die Multicast-Meldungen ignorieren.

Anhang D • Antworten zu den Übungsfragen   **821**

4. Wenn ein anderes Routing-Protokoll die RIPv2-Domäne als eine Transit-Domäne nutzt, kann das gegenüber dem RIPv2 externe Protokoll das Route-Tag-Feld verwenden, um mit seinen Nachbar-Routern auf der gegenüberliegenden Seite der RIPv2-Domäne Informationen auszutauschen.

5. Das Next-Hop-Feld wird verwendet, um andere Router über eine Next-Hop-Adresse auf demselben Multiaccess-Netzwerk zu informieren, die metrisch näher zum Ziel ist als der sendende Router.

6. Das RIPv2 verwendet dieselbe UDP-Port-Nummer wie das RIPv1, nämlich die Port-Nummer 520.

7. Ein classless Routing-Protokoll berücksichtigt in seinen Routen-Prüfungen nicht die Haupt-Netzwerk-Adresse, sondern sucht nach der längsten Übereinstimmung.

8. Um das VLSM zu unterstützen, muß ein Routing-Protokoll die Subnetz-Maske von jeder Ziel-Adresse in seinen Updates führen.

9. Die RIPv2-Ausführung von Cisco unterstützt die Klartext-Authentisierung und die MD5-Authentisierung. Im RFC 1723 ist nur die Klartext-Authentisierung festgelegt.

Kapitel 8

1. Das EIGRP ist ein Distanz-Vektor-Protokoll.

2. In der Grundeinstellung beansprucht das EIGRP nicht mehr als 50% der Verbindungsbandbreite, wobei die konfigurierte Bandbreite der Router-Schnittstelle zugrunde gelegt ist. Dieser Prozentanteil kann mit dem Befehl **ip bandwidth-percent eigrp** verändert werden

3. Das EIGRP und das IGRP verwenden beide dieselbe Formel zur Berechnung ihrer gemischten Metriken, aber das EIGRP skaliert die Metrik mit dem Faktor 256.

4. Die vier grundlegenden Bestandteile des EIGRP sind:
   – Die protokoll-abhängigen Module
   – Das Reliable-Transport-Protocol

- Das Modul zum Auf- und Wiederfinden von Nachbarn
- Der diffuse Update-Algorithmus

5. Die zuverlässige Anlieferung bedeutet, daß EIGRP-Pakete garantiert und in der richtigen Reihenfolge angeliefert werden. Das RTP verwendet einen zuverlässigen Multicast, in dem empfangene Pakete bestätigt werden, um die Anlieferung zu garantieren. Die Sequenz-Nummern werden verwendet, um die richtige Reihenfolge sicherzustellen.

6. Die Sequenz-Nummern garantieren, daß ein Router den neuesten Routen-Eintrag empfängt.

7. EIGRP verwendet die Multicast-Adresse 224.0.0.10.

8. Die EIGRP-Paket-Typen sind:

    - Hellos
    - Acknowledgments (Bestätigungen)
    - Updates
    - Abfragen
    - Antworten

9. Das Standard-EIGRP-Hello-Intervall beträgt 5 Sekunden, außer auf einigen langsamen (T1 und langsameren) Schnittstellen, bei denen die Grundeinstellung 60 Sekunden beträgt.

10. Die Standard-EIGRP-Hold-Zeit entspricht dem dreifachen des Hello-Intervalls.

11. Die Nachbar-Tabelle speichert Informationen über EIGRP-sprechende Nachbarn. Die Topologie-Tabelle listet alle bekannten Routen auf, die einen möglichen Nachfolger besitzen.

12. Die feasible Distanz zu einem Ziel ist die von einem Router berechnete geringste Distanz zu dem Ziel.

13. Die Feasibility-Condition ist die Regel, mit der mögliche Nachfolger für ein Ziel ausgewählt werden. Die Feasibility-Condition wird erfüllt, wenn die von einem Nachbarn angemeldete Distanz zu einem Ziel kleiner ist als die

feasible Distanz des Routers zu dem Ziel. Mit anderen Worten entspricht ein Nachbar eines Routers der Feasibility-Condition, wenn der Nachbar metrisch näher zum Ziel ist als der Router. Eine weitere mögliche Beschreibung ist, daß der Nachbar »downstream« in Richtung des Ziels liegt.

14. Ein möglicher Nachfolger zu einem Ziel ist ein Nachbar, der die Feasibility-Condition für dieses Ziel erfüllt.

15. Ein Nachfolger für ein Ziel ist ein möglicher Nachfolger, der momentan als Next-Hop zum Ziel verwendet wird.

16. Eine Route ist auf einem bestimmten Router aktiv, wenn der Router seine Nachbarn nach einem möglichen Nachfolger abgefragt hat und noch nicht alle Antworten von jedem abgefragten Nachbarn erhalten hat. Die Route ist passiv, wenn keine ausstehenden Abfragen vorhanden sind.

17. Ein Route wird aktiv, wenn sich keine möglichen Nachfolger in der Topologie-Tabelle befinden.

18. Eine aktive Route wird passiv, wenn von jedem abgefragten Nachbarn eine Antwort empfangen wurde.

19. Wenn ein Router innerhalb der Aktiv-Zeit (in der Grundeinstellung 3 Minuten) keine Antwort von einem abgefragten Nachbarn empfängt, wird die Route als Stuck-in-Active erklärt. Es wird im Namen des Nachbarn eine Antwort mit einer unendlichen Metrik verwendet, um das DUAL zu erfüllen, und der Nachbar wird aus der Nachbartabelle gelöscht.

20. Die Subvernetzung ist ein Verfahren zur Erzeugung einer Gruppe von Subnetz-Adressen aus einer einzelnen IP-Netzwerkadresse. Die Adreßaggregation ist ein Verfahren zur Zusammenfassung einer Gruppe von Netzwerk- oder Subnetz-Adressen in einer einzelnen IP-Netzwerkadresse.

Kapitel 9

1. Aus der Perspektive eines OSPF-Routers ist ein Nachbar ein anderer OSPF-Router, der an einer direkten Verbindung des Routers angeschlossen ist.

2. Eine OSPF-Nachbarverbindung ist eine begiffliche Verbindung zu einem Nachbarn, über die LSAs gesendet werden können.

3. Die fünf OSPF-Paket-Typen und ihre Aufgaben sind:

   - Hellos, die zum Auffinden von Nachbarn und zum Aufbau und zur Aufrechterhaltung von Nachbarverbindungen dienen

   - Updates, mit denen LSAs zwischen Nachbarn übertragen werden

   - Datenbank-Beschreibungs-Pakete, mit denen ein Router seine Verbindungs-Status-Datenbank während der Datenbank-Synchronisierung an einen Nachbarn übermittelt

   - Verbindung-Status-Anfragen, mit denen ein Router eine oder mehrere LSAs aus einer Verbindungs-Status-Datenbank eines Nachbarn anfordert

   - Verbindungs-Status-Bestätigungen, die eine zuverlässige Anlieferung der LSAs gewährleisten

4. Ein Router erzeugt ein Verbindungs-Status-Advertisement, um ein oder mehrere Ziele zu beschreiben. Ein OSPF-Update-Paket überträgt LSAs von einem Nachbarn zum anderen. Auch wenn LSAs durch eine gesamte Area oder OSPF-Domäne geflutet werden, verlassen Update-Pakete niemals eine Datenverbindung.

5. Die gebräuchlichsten LSA-Typen und ihre Aufgaben sind:

   - LSAs vom Typ 1 (Router-LSAs) werden von jedem Router erzeugt und beschreiben den erzeugenden Router, die direkten Verbindungen des Routers und deren Zustände sowie die Router-Nachbarn.

   - LSAs vom Typ 2 (Netzwerk-LSAs) werden von Designated-Routern auf Multi-Access-Verbindungen erzeugt und beschreiben die Verbindung und alle angeschlossenen Nachbarn.

   - LSAs vom Typ 3 (Netzwerk Summary-LSAs) werden von Area-Border-Routern erzeugt und beschreiben Inter-Area-Ziele.

– LSAs vom Typ 4 (ASBR Summary-LSAs) werden von Area-Border-Routern erzeugt und beschreiben Autonomous-System-Boundary-Router außerhalb der Area.

– LSAs vom Typ 5 (AS-External-LSAs) werden von Autonomous-System-Boundary-Routern erzeugt, um externe Ziele außerhalb der OSPF-Domäne zu beschreiben.

– LSAs vom Typ 7 (NSSA-External-LSAs) werden von Autonomous-System-Boundary-Routern innerhalb von Semi-Rumpf-Areas erzeugt.

6. In der Verbindungs-Status-Datenbank speichert ein Router alle ihm bekannten OSPF-LSAs, sein eigenes eingeschlossen. Mit der Datenbank-Synchronisierung wird gewährleistet, daß alle Router innerhalb einer Area identische Verbindungs-Status-Datenbanken besitzen.

7. Die Grundeinstellung des OSPF-Hello-Intervalls beträgt 10 Sekunden.

8. Das Standard-Router-Dead-Intervall ist das Vierfache des Hello-Intervalls.

9. Eine Router-ID ist eine Adresse, mit der sich ein OSPF-Router selbst identifiziert. Sie ist entweder die numerisch höchste IP-Adresse aller Loopback-Schnittstellen des Routers oder, wenn keine Loopback-Schnittstellen konfiguriert sind, die numerisch höchste IP-Adresse aller LAN-Schnittstellen des Routers.

10. Eine Area ist eine OSPF-Sub-Domäne, innerhalb der alle Router eine identische Verbindungs-Status-Datenbank besitzen.

11. Die Area 0 ist die Backbone-Area. Alle anderen Areas müssen ihren Inter-Area-Verkehr durch das Backbone senden.

12. Das MaxAge beträgt eine Stunde und ist das Alter, mit dem ein LSA als veraltet angesehen wird.

13. Die vier OSPF-Router-Typen sind:

– Interne Router, deren OSPF-Schnittstellen alle zur selben Area gehören

- Backbone-Router, die interne Router in der Area 0

- Area-Border-Router, die OSPF-Schnittstellen in mehr als einer Area besitzen

- Autonomous-System-Boundary-Router, die externe Routen in die OSPF-Domäne anmelden

14. Die vier OSPF-Pfad-Typen sind:

    - Intra-Area-Pfade

    - Inter-Area-Pfade

    - externe Pfade vom Typ 1

    - externe Pfade vom Typ 2

15. Die fünf OSPF-Netzwerk-Typen sind:

    - Point-to-Point-Netzwerke

    - Broadcast-Netzwerke

    - Non-Broadcast-Multi-Access-(NBMA-)Netzwerke

    - Point-to-Multipoint-Netzwerke

    - Virtuelle Verbindungen

16. Ein Designated-Router ist ein Router, der ein Multi-Access-Netzwerk und die mit dem Netzwerk verbundenen Router gegenüber dem Rest der OSFP-Domäne repräsentiert.

17. Die Cisco-IOS berechnet die ausgehenden Kosten einer Schnittstelle mit $10^8/BW$, wobei BW die konfigurierte Bandbreite der Schnittstelle ist.

18. Eine Area ist partitioniert, wenn ein oder mehrere ihrer Router kein Paket zu den anderen Routern der Area senden können, ohne das Paket aus der Area hinaus zu senden.

19. Eine virtuelle Verbindung ist ein Tunnel, der eine OSPF-Backbone-Verbindung durch eine Nicht-Backbone-Area erweitert.

20. Eine Rumpf-Area ist eine Area, in die keine LSAs vom Typ 5 geflutet werden. Eine reine Rumpf-Area ist eine Area, in die keine LSAs der Typen 3, 4 und 5 geflutet werden, mit

Ausnahme der LSAs vom Typ 3 für eine Default-Route. Semi-Rumpf-Areas sind Areas, durch die externe Ziele in die OSPF-Domäne angemeldet werden, in die vom ABR aber keine LSAs vom Typ 5 gesendet werden.

21. OSPF-Netzwerkeinträge sind Einträge in der Routing-Tabelle, die IP-Ziele beschreiben. OSPF-Router-Einträge sind Einträge in einer separaten Routing-Tabelle, die nur Routen zu ABRs und ASBRs speichern.

22. Der Authentisierungstyp 2 verwendet die MD5-Verschlüsselung, während der Authentisierungstyp 1 Klartext-Paßwörter verwendet.

23. Die drei Felder im LSA-Header, die die verschiedenen LSAs unterscheiden, sind das Typ-, das Advertising-Router- und das Verbindungs-Status-ID-Feld. Die drei Felder im LSA-Header, die die verschiedenen Instanzen desselben LSA unterscheiden, sind das Sequenz-Nummer-, das Age- und das Prüfsummen-Feld.

Kapitel 10

1. Ein Intermediate-System ist der ISO-Begriff für einen Router.

2. Eine Network-Protocol-Data-Unit ist der ISO-Begriff für ein Paket.

3. Ein L1-Router hat keine direkten Verbindungen zu einer anderen Area. Ein L2-Router routet nur Inter-Area-Verkehr. Ein L1/L2-Router routet Inter-Area- und Intra-Area-Verkehr und fungiert als ein Inter-Area-Gateway für L1-Router.

4. Die Grenzen von IS-IS-Areas befinden sich auf den Verbindungen zwischen Routern. Die Grenzen von OSPF-Areas sind die Router selbst.

5. Der Netzwerk-Entity-Titel ist eine Adresse, mit der sich ein Router selbst identifiziert, sowie die Area, in der er sich befindet.

6. Der NSAP-Selektor sollte in einem NET auf 0x00 gesetzt sein.

7. Die System-ID identifiziert einen Router eindeutig innerhalb einer IS-IS-Domäne.

8. Der NET-Teil vor den letzten sieben Oktetten ist die Area-Adresse.

9. Das IS-IS wählt keinen BDR.

10. Die Pseudo-Knoten-ID ist das letzte Oktett einer LAN-ID. Sie unterscheidet die LAN-IDs, die von einem einzelnen Router erzeugt wurden, der gleichzeitig DR auf mehreren LANs ist.

11. Das MaxAge einer IS-IS-LSP beträgt 1200 Sekunden (20 Minuten).

12. Das OSPF erhöht das Alter bis zum MaxAge. Das IS-IS verringert das Alter bis auf 0. Ein neues OSPF-LSA hat ein Alter von 0, während eine neue IS-IS-LSP das Alter des MaxAge hat.

13. Die Refresh-Rate eines IS-IS-Routers beträgt 900 Sekunden (15 Minuten).

14. Eine Complete-Sequence-Number-PDU enthält eine vollständige Liste aller LSPs einer Datenbank. Eine CSNP wird regelmäßig von dem Designated-Router auf ein Broadcast-Netzwerk gesendet, um die Datenbank-Synchronisierung aufrechtzuerhalten.

15. Eine Partial-Sequence-Number-PDU enthält eine Liste mit einer oder mehr LSPs. Sie hat zwei Verwendungen: Auf Point-to-Point-Netzwerken bestätigt sie den Empfang von LSPs. Auf Broadcast-Netzwerken wird sie verwendet, um LSPs anzufordern.

16. Ein IS-IS-Router verwendet das Overload-Bit, um seine Nachbarn zu unterrichten, daß er einen Speicherüberlauf erfährt und nicht die gesamte Verbindungs-Status-Datenbank speichern kann.

17. Das Attached-Bit wird von L1/L2-Routern verwendet, um L1-Router zu informieren, daß er mit dem L2-Backbone verbunden ist.

18. Die ISO legt vier Metriken fest: Default, Gebühren, Verzögerung und Fehler. Cisco unterstützt nur die Default-Metrik.

19. Der maximale Wert aller IS-IS-Metriken beträgt 63.

20. Der maximale Metrik-Wert einer IS-IS-Route beträgt 1023.

21. Die L1-IS-IS-Metriken gelten für Intra-Area-Routen, und die L2-IS-IS-Metriken gelten für Inter-Area-Routen.

22. Die internen Metriken gelten für Routen zu Zielen innerhalb der IS-IS-Domäne. Die externen Metriken gelten für Routen zu Zielen außerhalb der IS-IS-Domäne.

Kapitel 11

1. Routen, die von einem anderen Routing-Protokoll, von statischen Routen oder einer direkten Verbindung zum Ziel-Netzwerk erlernt wurden, können in eine Routing-Domäne redistributiert werden.

2. Während die Metriken, mit denen der beste Pfad unter mehreren Routen zum selben Ziel bestimmt wird, durch das eigene Routing-Protokoll entdeckt werden, werden die administrativen Distanzen, mit denen der beste Pfad unter mehreren Routen zum selben Ziel bestimmt wird, von anderen Routing-Protokollen erlernt.

3. Eine Ziel-Route innerhalb einer Routing-Domäne mit einer höheren administrativen Distanz kann in eine Routing-Domäne mit einer geringeren administrativen Distanz redistributiert werden. Wenn diese Route zurück in die Domäne mit der höheren Distanz redistributiert wird, können die Pakete in die Domäne mit der geringeren Distanz fehlgeroutet werden.

4. Die Redistribution variabel subvernetzter Ziel-Adressen aus einer classless Domäne in eine classful Domäne kann Probleme verursachen.

5. Das OSPF und das IS-IS verstehen beide die Standard-Metrik. Das RIP, das IGRP und das EIGRP verstehen sie nicht.

6. Der Befehl **metric** weist eine Metrik einem bestimmten Redistributions-Statement zu. Der Befehl **default-metric** weist eine Metrik allen Redistributionsbefehlen zu, die den **metric**-Befehl nicht enthalten.

7. Ohne das **subnets**-Schlüsselwort werden nur die mit dem Router direkt verbundenen Haupt-Netzwerk-Adressen redistributiert.

8. Ein Router, der eine Sammel-Route erzeugt, sollte die Null-Schnittstelle als Next-Hop für die Sammel-Route verwenden. Alle Pakete werden verworfen, deren Ziel-Adresse mit der Sammel-Route übereinstimmt, für die aber keine weitergehende Route zur genauen Ziel-Adresse existiert. Dies verhindert, daß der Router »verlorene« Pakete weiterleitet.

Kapitel 12

1. Die Adresse der Default-Route lautet 0.0.0.0.

2. Das IGRP und das EIGRP melden beide eine Default-Adresse als externen Adreßtyp an.

3. Ja.

4. Ein Rumpf-Router ist ein Router mit nur einer einzigen Verbindung zu einem anderen Router. Ein Rumpf-Netzwerk ist ein Netzwerk mit nur einem angeschlossenen Router.

5. Die Verwendung einer Default-Route beansprucht im Vergleich zu einer vollständigen Routing-Tabelle den Router-Speicher durch die verkürzte Tabelle weniger. Zudem wird die Router-CPU weniger beansprucht, da weniger Routing-Informationen verarbeitet werden müssen.

6. Die Verwendung einer vollständigen Routing-Tabelle statt einer Default-Route kann das Routing genauer machen.

7. ODR verwendet das Cisco-Discovery-Protocol (CDP) zum Auffinden von Routen.

8. ODR ist ab der IOS-Version 11.2 verfügbar.

9. Das Medium, über das das ODR betrieben wird, muß das SNAP unterstützen.

Kapitel 14

1. Die Routen-Maps und Access-Listen gleichen sich insoweit, als daß sie beide Vergleichskriterien sowie eine Aktion, die bei einer Übereinstimmung ausgeführt wird, verwenden. Die Routen-Maps unterscheiden sich von den Access-Listen dadurch, daß sie nicht nur ein Vergleichskriterium verwenden, sondern auch ein Änderungskriterium. Die Änderungsaktion kann eine Route abändern oder ein Paket in Abhängigkeit von den Paket-Parametern routen.

2. Policy-Routen sind statische Routen, die Routen-Maps verwenden, um zu bestimmen, welche Pakete geroutet und welche nicht geroutet werden sollen.

3. Routen-Tags sind Felder innerhalb von Routing-Informations-Paketen, die es erlauben, daß externe Informationen durch eine Routing-Domäne übertragen werden.

4. Routen-Tags haben keine Wirkung auf die Routing-Protokolle, mit denen sie übertragen werden.

Lösungen zu den Konfigurationsproblemen

Kapitel 2

1. Wenn die ersten vier Bits einer Class-D-Adresse 1110 anzeigen, dann enthält das tiefste erste Oktett 11100000 und das höchste erste Oktett 11101111. Dezimal lauten diese zwei Zahlen 224 bzw. 239. Folglich wird das erste Oktett einer Class-D-Adresse von 224 bis 239 reichen.

2. (a) Es müssen genügend Subnetzbits n gewählt werden, damit $2^n - 2 >= 16000$. Zudem müssen genügend Host-Bits h übrig bleiben, damit $2^h - 2 >= 700$. Die Subnetz-Maske 255.255.252.0 liefert 16382 Subnetze der Class-A-Adresse und 1022 Host-Adressen in jedem Subnetz. Diese Maske ist die einzig mögliche. Wenn ein weiteres Bit für Subnetze verwendet würde (255.255.254.0), gäbe es nicht genügend Host-Adressen. Wenn ein Bit weniger für Subnetze verwendet würde (255.255.248.0), gäbe es nicht genügend Subnetze.

   (b) Es müssen genügend Subnetzbits n gewählt werden, damit $2^n - 2 >= 500$. Zudem müssen genügend Host-Bits h übrig bleiben, damit $2^h - 2 >= 100$. Die Subnetz-Maske 255.255.255.128 liefert 510 Subnetze der Class-B-Adresse und 126 Host-Adressen in jedem Subnetz. Auch hier ist diese Maske die einzig mögliche.

3. Mit sechs Bits für Subnetze wird eine Class-C-Adresse $2^6 - 2 = 62$ Subnetze und $2^2 - 2 = 2$ Host-Adressen pro Subnetz besitzen. Mit diesem Subnetz-Schema kann eine einzelne

Class-C-Adresse für 62 Point-to-Point-Verbindungen verwendet werden. Eine Point-to-Point-Verbindung benötigt nur zwei Host-Adressen – eine für jedes Ende der Verbindung.

4. Eine Class-C-Adresse mit einer 28-Bit-Maske wird 14 Subnetze und 14 Host-Adressen in jedem Subnetz besitzen. Die Subnetze werden zuerst bestimmt.

Die Subnetze lauten:

```
11111111111111111111111111110000 =255.255.255.240 (Maske)
11000000101010001001001100010000 = 192.168.147.16
11000000101010001001001100100000 = 192.168.147.32
11000000101010001001001100110000 = 192.168.147.48
11000000101010001001001101000000 = 192.168.147.64
11000000101010001001001101010000 = 192.168.147.80
11000000101010001001001101100000 = 192.168.147.96
11000000101010001001001101110000 = 192.168.147.112
11000000101010001001001110000000 = 192.168.147.128
11000000101010001001001110010000 = 192.168.147.144
11000000101010001001001110100000 = 192.168.147.160
11000000101010001001001110110000 = 192.168.147.176
11000000101010001001001111000000 = 192.168.147.192
11000000101010001001001111010000 = 192.168.147.208
11000000101010001001001111100000 = 192.168.147.224
```

Anschließend werden die Host-Adressen für jedes Subnetz bestimmt. Die Broadcast-Adressen für jedes Subnetz werden auch angezeigt.

Die Host-Adressen für jedes Subnetz lauten:

```
11000000101010001001001100010000 = 192.168.147.16 (Subnetz)
11000000101010001001001100010001 = 192.168.147.17
11000000101010001001001100010010 = 192.168.147.18
11000000101010001001001100010011 = 192.168.147.19
11000000101010001001001100010100 = 192.168.147.20
11000000101010001001001100010101 = 192.168.147.21
11000000101010001001001100010110 = 192.168.147.22
11000000101010001001001100010111 = 192.168.147.23
11000000101010001001001100011000 = 192.168.147.24
11000000101010001001001100011001 = 192.168.147.25
11000000101010001001001100011010 = 192.168.147.26
11000000101010001001001100011011 = 192.168.147.27
11000000101010001001001100011100 = 192.168.147.28
11000000101010001001001100011101 = 192.168.147.29
11000000101010001001001100011110 = 192.168.147.30
11000000101010001001001100011111 = 192.168.147.31  (Broadcast)
11000000101010001001001100100000 = 192.168.147.32  (Subnetz)
11000000101010001001001100100001 = 192.168.147.33
11000000101010001001001100100010 = 192.168.147.34
11000000101010001001001100100011 = 192.168.147.35
```

```
11000000101010001001001100100100 = 192.168.147.36
11000000101010001001001100100101 = 192.168.147.37
11000000101010001001001100100110 = 192.168.147.38
11000000101010001001001100100111 = 192.168.147.39
11000000101010001001001100101000 = 192.168.147.40
11000000101010001001001100101001 = 192.168.147.41
11000000101010001001001100101010 = 192.168.147.42
11000000101010001001001100101011 = 192.168.147.43
11000000101010001001001100101100 = 192.168.147.44
11000000101010001001001100101101 = 192.168.147.45
11000000101010001001001100101110 = 192.168.147.46
11000000101010001001001100101111 = 192.168.147.47 (Broadcast)
11000000101010001001001100110000 = 192.168.147.48 (Subnetz)
11000000101010001001001100110001 = 192.168.147.49
11000000101010001001001100110010 = 192.168.147.50
11000000101010001001001100110011 = 192.168.147.51
11000000101010001001001100110100 = 192.168.147.52
11000000101010001001001100110101 = 192.168.147.53
11000000101010001001001100110110 = 192.168.147.54
11000000101010001001001100110111 = 192.168.147.55
11000000101010001001001100111000 = 192.168.147.56
11000000101010001001001100111001 = 192.168.147.57
11000000101010001001001100111010 = 192.168.147.58
11000000101010001001001100111011 = 192.168.147.59
11000000101010001001001100111100 = 192.168.147.60
11000000101010001001001100111101 = 192.168.147.61
11000000101010001001001100111110 = 192.168.147.62
11000000101010001001001100111111 = 192.168.147.63 (Broadcast)
11000000101010001001001101000000 = 192.168.147.64 (Subnetz)
11000000101010001001001101000001 = 192.168.147.65
11000000101010001001001101000010 = 192.168.147.66
11000000101010001001001101000011 = 192.168.147.67
11000000101010001001001101000100 = 192.168.147.68
11000000101010001001001101000101 = 192.168.147.69
11000000101010001001001101000110 = 192.168.147.70
11000000101010001001001101000111 = 192.168.147.71
11000000101010001001001101001000 = 192.168.147.72
11000000101010001001001101001001 = 192.168.147.73
11000000101010001001001101001010 = 192.168.147.74
11000000101010001001001101001011 = 192.168.147.75
11000000101010001001001101001100 = 192.168.147.76
11000000101010001001001101001101 = 192.168.147.77
11000000101010001001001101001110 = 192.168.147.78
11000000101010001001001101001111 = 192.168.147.79 (Broadcast)
11000000101010001001001101010000 = 192.168.147.80 (Subnetz)
11000000101010001001001101010001 = 192.168.147.81
11000000101010001001001101010010 = 192.168.147.82
11000000101010001001001101010011 = 192.168.147.83
11000000101010001001001101010100 = 192.168.147.84
11000000101010001001001101010101 = 192.168.147.85
11000000101010001001001101010110 = 192.168.147.86
11000000101010001001001101010111 = 192.168.147.87
11000000101010001001001101011000 = 192.168.147.88
11000000101010001001001101011001 = 192.168.147.89
```

```
11000000101010001001001101011010 = 192.168.147.90
11000000101010001001001101011011 = 192.168.147.91
11000000101010001001001101011100 = 192.168.147.92
11000000101010001001001101011101 = 192.168.147.93
11000000101010001001001101011110 = 192.168.147.94
11000000101010001001001101011111 = 192.168.147.95 (Broadcast)
11000000101010001001001101100000 = 192.168.147.96 (Subnetz)
11000000101010001001001101100001 = 192.168.147.97
11000000101010001001001101100010 = 192.168.147.98
11000000101010001001001101100011 = 192.168.147.99
11000000101010001001001101100100 = 192.168.147.100
11000000101010001001001101100101 = 192.168.147.101
11000000101010001001001101100110 = 192.168.147.102
11000000101010001001001101100111 = 192.168.147.103
11000000101010001001001101101000 = 192.168.147.104
11000000101010001001001101101001 = 192.168.147.105
11000000101010001001001101101010 = 192.168.147.106
11000000101010001001001101101011 = 192.168.147.107
11000000101010001001001101101100 = 192.168.147.108
11000000101010001001001101101101 = 192.168.147.109
11000000101010001001001101101110 = 192.168.147.110
11000000101010001001001101101111 = 192.168.147.111 (Broadcast)
11000000101010001001001101110000 = 192.168.147.112 (Subnetz)
11000000101010001001001101110001 = 192.168.147.113
11000000101010001001001101110010 = 192.168.147.114
11000000101010001001001101110011 = 192.168.147.115
11000000101010001001001101110100 = 192.168.147.116
11000000101010001001001101110101 = 192.168.147.117
11000000101010001001001101110110 = 192.168.147.118
11000000101010001001001101110111 = 192.168.147.119
11000000101010001001001101111000 = 192.168.147.120
11000000101010001001001101111001 = 192.168.147.121
11000000101010001001001101111010 = 192.168.147.122
11000000101010001001001101111011 = 192.168.147.123
11000000101010001001001101111100 = 192.168.147.124
11000000101010001001001101111101 = 192.168.147.125
11000000101010001001001101111110 = 192.168.147.126
11000000101010001001001101111111 = 192.168.147.127 (Broadcast)
11000000101010001001001110000000 = 192.168.147.128 (Subnetz)
11000000101010001001001110000001 = 192.168.147.129
11000000101010001001001110000010 = 192.168.147.130
11000000101010001001001110000011 = 192.168.147.131
11000000101010001001001110000100 = 192.168.147.132
11000000101010001001001110000101 = 192.168.147.133
11000000101010001001001110000110 = 192.168.147.134
11000000101010001001001110000111 = 192.168.147.135
11000000101010001001001110001000 = 192.168.147.136
11000000101010001001001110001001 = 192.168.147.137
11000000101010001001001110001010 = 192.168.147.138
11000000101010001001001110001011 = 192.168.147.139
11000000101010001001001110001100 = 192.168.147.140
11000000101010001001001110001101 = 192.168.147.141
11000000101010001001001110001110 = 192.168.147.142
11000000101010001001001110001111 = 192.168.147.143 (Broadcast)
```

```
11000000101010001001001110010000 = 192.168.147.144 (Subnetz)
11000000101010001001001110010001 = 192.168.147.145
11000000101010001001001110010010 = 192.168.147.146
11000000101010001001001110010011 = 192.168.147.147
11000000101010001001001110010100 = 192.168.147.148
11000000101010001001001110010101 = 192.168.147.149
11000000101010001001001110010110 = 192.168.147.150
11000000101010001001001110010111 = 192.168.147.151
11000000101010001001001110011000 = 192.168.147.152
11000000101010001001001110011001 = 192.168.147.153
11000000101010001001001110011010 = 192.168.147.154
11000000101010001001001110011011 = 192.168.147.155
11000000101010001001001110011100 = 192.168.147.156
11000000101010001001001110011101 = 192.168.147.157
11000000101010001001001110011110 = 192.168.147.158
11000000101010001001001110011111 = 192.168.147.159   (Broadcast)
11000000101010001001001110100000 = 192.168.147.160 (Subnetz)
11000000101010001001001110100001 = 192.168.147.161
11000000101010001001001110100010 = 192.168.147.162
11000000101010001001001110100011 = 192.168.147.163
11000000101010001001001110100100 = 192.168.147.164
11000000101010001001001110100101 = 192.168.147.165
11000000101010001001001110100110 = 192.168.147.166
11000000101010001001001110100111 = 192.168.147.167
11000000101010001001001110101000 = 192.168.147.168
11000000101010001001001110101001 = 192.168.147.169
11000000101010001001001110101010 = 192.168.147.170
11000000101010001001001110101011 = 192.168.147.171
11000000101010001001001110101100 = 192.168.147.172
11000000101010001001001110101101 = 192.168.147.173
11000000101010001001001110101110 = 192.168.147.174
11000000101010001001001110101111 = 192.168.147.175   (Broadcast)
11000000101010001001001110110000 = 192.168.147.176 (Subnetz)
11000000101010001001001110110001 = 192.168.147.177
11000000101010001001001110110010 = 192.168.147.178
11000000101010001001001110110011 = 192.168.147.179
11000000101010001001001110110100 = 192.168.147.180
11000000101010001001001110110101 = 192.168.147.181
11000000101010001001001110110110 = 192.168.147.182
11000000101010001001001110110111 = 192.168.147.183
11000000101010001001001110111000 = 192.168.147.184
11000000101010001001001110111001 = 192.168.147.185
11000000101010001001001110111010 = 192.168.147.186
11000000101010001001001110111011 = 192.168.147.187
11000000101010001001001110111100 = 192.168.147.188
11000000101010001001001110111101 = 192.168.147.189
11000000101010001001001110111110 = 192.168.147.190
11000000101010001001001110111111 = 192.168.147.191 (Broadcast)
11000000101010001001001111000000 = 192.168.147.192 (Subnetz)
11000000101010001001001111000001 = 192.168.147.193
11000000101010001001001111000010 = 192.168.147.194
11000000101010001001001111000011 = 192.168.147.195
11000000101010001001001111000100 = 192.168.147.196
11000000101010001001001111000101 = 192.168.147.197
```

```
11000000101010001001001111000110 = 192.168.147.198
11000000101010001001001111000111 = 192.168.147.199
11000000101010001001001111001000 = 192.168.147.200
11000000101010001001001111001001 = 192.168.147.201
11000000101010001001001111001010 = 192.168.147.202
11000000101010001001001111001011 = 192.168.147.203
11000000101010001001001111001100 = 192.168.147.204
11000000101010001001001111001101 = 192.168.147.205
11000000101010001001001111001110 = 192.168.147.206
11000000101010001001001111001111 = 192.168.147.207 (Broadcast)
11000000101010001001001111010000 = 192.168.147.208 (Subnetz)
11000000101010001001001111010001 = 192.168.147.209
11000000101010001001001111010010 = 192.168.147.210
11000000101010001001001111010011 = 192.168.147.211
11000000101010001001001111010100 = 192.168.147.212
11000000101010001001001111010101 = 192.168.147.213
11000000101010001001001111010110 = 192.168.147.214
11000000101010001001001111010111 = 192.168.147.215
11000000101010001001001111011000 = 192.168.147.216
11000000101010001001001111011001 = 192.168.147.217
11000000101010001001001111011010 = 192.168.147.218
11000000101010001001001111011011 = 192.168.147.219
11000000101010001001001111011100 = 192.168.147.220
11000000101010001001001111011101 = 192.168.147.221
11000000101010001001001111011110 = 192.168.147.222
11000000101010001001001111011111 = 192.168.147.223 (Broadcast)
11000000101010001001001111100000 = 192.168.147.224 (Subnetz)
11000000101010001001001111100001 = 192.168.147.225
11000000101010001001001111100010 = 192.168.147.226
11000000101010001001001111100011 = 192.168.147.227
11000000101010001001001111100100 = 192.168.147.228
11000000101010001001001111100101 = 192.168.147.229
11000000101010001001001111100110 = 192.168.147.230
11000000101010001001001111100111 = 192.168.147.231
11000000101010001001001111101000 = 192.168.147.232
11000000101010001001001111101001 = 192.168.147.233
11000000101010001001001111101010 = 192.168.147.234
11000000101010001001001111101011 = 192.168.147.235
11000000101010001001001111101100 = 192.168.147.236
11000000101010001001001111101101 = 192.168.147.237
11000000101010001001001111101110 = 192.168.147.238
11000000101010001001001111101111 = 192.168.147.239 (Broadcast)
```

5. Diese Lösung zeigt ein kürzeres Verfahren wie das vorherige, in dem jede Host-Adresse von jedem Subnetz ausgeschrieben wurde.

Eine Class-C-Adresse mit einer 29-Bit-Maske bedeutet, daß 30 Subnetze und sechs Host-Adressen in jedem Subnetz existieren.

Die Subnetze lauten:

```
11111111111111111111111111111000 = 255.255.255.248 (Maske)
11000000101010001001001100001000 = 192.168.147.8
11000000101010001001001100010000 = 192.168.147.16
11000000101010001001001100011000 = 192.168.147.24
11000000101010001001001100100000 = 192.168.147.32
11000000101010001001001100101000 = 192.168.147.40
11000000101010001001001100110000 = 192.168.147.48
11000000101010001001001100111000 = 192.168.147.56
11000000101010001001001101000000 = 192.168.147.64
11000000101010001001001101001000 = 192.168.147.72
11000000101010001001001101010000 = 192.168.147.80
11000000101010001001001101011000 = 192.168.147.88
11000000101010001001001101100000 = 192.168.147.96
11000000101010001001001101101000 = 192.168.147.104
11000000101010001001001101100000 = 192.168.147.112
11000000101010001001001101111000 = 192.168.147.120
11000000101010001001001110000000 = 192.168.147.128
11000000101010001001001110001000 = 192.168.147.136
11000000101010001001001110010000 = 192.168.147.144
11000000101010001001001110011000 = 192.168.147.152
11000000101010001001001110100000 = 192.168.147.160
11000000101010001001001110101000 = 192.168.147.168
11000000101010001001001110110000 = 192.168.147.176
11000000101010001001001110111000 = 192.168.147.184
11000000101010001001001111000000 = 192.168.147.192
11000000101010001001001111001000 = 192.168.147.200
11000000101010001001001111010000 = 192.168.147.208
11000000101010001001001111011000 = 192.168.147.216
11000000101010001001001111100000 = 192.168.147.224
11000000101010001001001111101000 = 192.168.147.232
11000000101010001001001111110000 = 192.168.147.240
```

Anschließend werden die Broadcast-Adressen von jedem Subnetz bestimmt, indem alle Host-Bits in jedem Subnetz auf Eins gesetzt werden.

Die Broadcast-Adressen der Subnetze lauten:

```
11000000101010001001001100001111 = 192.168.147.15
11000000101010001001001100010111 = 192.168.147.23
11000000101010001001001100011111 = 192.168.147.31
11000000101010001001001100100111 = 192.168.147.39
11000000101010001001001100101111 = 192.168.147.47
11000000101010001001001100110111 = 192.168.147.55
11000000101010001001001100111111 = 192.168.147.63
11000000101010001001001101000111 = 192.168.147.71
11000000101010001001001101001111 = 192.168.147.79
11000000101010001001001101010111 = 192.168.147.87
11000000101010001001001101011111 = 192.168.147.95
11000000101010001001001101100111 = 192.168.147.103
11000000101010001001001101101111 = 192.168.147.111
11000000101010001001001101100111 = 192.168.147.119
11000000101010001001001101111111 = 192.168.147.127
11000000101010001001001110000111 = 192.168.147.135
11000000101010001001001110001111 = 192.168.147.143
11000000101010001001001110010111 = 192.168.147.151
11000000101010001001001110011111 = 192.168.147.159
11000000101010001001001110100111 = 192.168.147.167
11000000101010001001001110101111 = 192.168.147.175
11000000101010001001001110110111 = 192.168.147.183
11000000101010001001001110111111 = 192.168.147.191
11000000101010001001001111000111 = 192.168.147.199
11000000101010001001001111001111 = 192.168.147.207
11000000101010001001001111010111 = 192.168.147.215
11000000101010001001001111011111 = 192.168.147.223
11000000101010001001001111100111 = 192.168.147.231
11000000101010001001001111101111 = 192.168.147.239
11000000101010001001001111110111 = 192.168.147.247
```

Schließlich werden die Host-Adressen für jedes Subnetz bestimmt. Alle Adressen zwischen den Subnetz-Adressen und den Broadcast-Adressen der Subnetze sind die Host-Adressen.

Subnetz-Adressen	Broadcast-Adressen	Host-Adressen
192.168.147.8	192.168.147.15	192.168.147.9 - 192.168.147.14
192.168.147.16	192.168.147.23	192.168.147.17 - 192.168.147.22
192.168.147.24	192.168.147.31	192.168.147.25 - 192.168.147.30
192.168.147.32	192.168.147.39	192.168.147.33 - 192.168.147.38
192.168.147.40	192.168.147.47	192.168.147.41 - 192.168.147.46
192.168.147.48	192.168.147.55	192.168.147.49 - 192.168.147.54
192.168.147.56	192.168.147.63	192.168.147.57 - 192.168.147.62
192.168.147.64	192.168.147.71	192.168.147.65 - 192.168.147.70
192.168.147.72	192.168.147.79	192.168.147.73 - 192.168.147.78
192.168.147.80	192.168.147.87	192.168.147.81 - 192.168.147.86
192.168.147.88	192.168.147.95	192.168.147.89 - 192.168.147.94
192.168.147.96	192.168.147.103	192.168.147.97 - 192.168.147.102
192.168.147.104	192.168.147.111	192.168.147.105 - 192.168.147.110
192.168.147.112	192.168.147.119	192.168.147.113 - 192.168.147.118
192.168.147.120	192.168.147.127	192.168.147.121 - 192.168.147.126
192.168.147.128	192.168.147.135	192.168.147.129 - 192.168.147.134
192.168.147.136	192.168.147.143	192.168.147.137 - 192.168.147.142
192.168.147.144	192.168.147.151	192.168.147.145 - 192.168.147.150
192.168.147.152	192.168.147.159	192.168.147.153 - 192.168.147.158
192.168.147.160	192.168.147.167	192.168.147.161 - 192.168.147.166
192.168.147.168	192.168.147.175	192.168.147.169 - 192.168.147.174
192.168.147.176	192.168.147.183	192.168.147.177 - 192.168.147.182
192.168.147.184	192.168.147.191	192.168.147.185 - 192.168.147.190
192.168.147.192	192.168.147.199	192.168.147.193 - 192.168.147.198
192.168.147.200	192.168.147.207	192.168.147.201 - 192.168.147.206
192.168.147.208	192.168.147.215	192.168.147.209 - 192.168.147.214
192.168.147.216	192.168.147.223	192.168.147.217 - 192.168.147.222
192.168.147.224	192.168.147.231	192.168.147.225 - 192.168.147.230
192.168.147.232	192.168.147.239	192.168.147.233 - 192.168.147.238
192.168.147.240	192.168.147.247	192.168.147.241 - 192.168.147.246

6. Eine Class-B-Adresse mit einer 20-Bit-Maske wird 14 Subnetze und 4094 Host-Adressen in jedem Subnetz besitzen.

Die Subnetze lauten:

```
11111111111111111111000000000000 = 255.255.240.0 (Maske)
10101100000100000001000000000000 = 172.16.16.0
10101100000100000010000000000000 = 172.16.32.0
10101100000100000011000000000000 = 172.16.48.0
10101100000100000100000000000000 = 172.16.64.0
10101100000100000101000000000000 = 172.16.80.0
10101100000100000110000000000000 = 172.16.96.0
10101100000100000111000000000000 = 172.16.112.0
10101100000100001000000000000000 = 172.16.128.0
10101100000100001001000000000000 = 172.16.144.0
10101100000100001010000000000000 = 172.16.160.0
10101100000100001011000000000000 = 172.16.176.0
10101100000100001100000000000000 = 172.16.192.0
10101100000100001101000000000000 = 172.16.208.0
10101100000100001110000000000000 = 172.16.224.0
```

Die Broadcast-Adressen der Subnetze lauten:

```
10101100000100000001111111111111 = 172.16.31.255
10101100000100000010111111111111 = 172.16.47.255
10101100000100000011111111111111 = 172.16.63.255
10101100000100000100111111111111 = 172.16.79.255
10101100000100000101111111111111 = 172.16.95.255
10101100000100000110111111111111 = 172.16.111.255
10101100000100000111111111111111 = 172.16.127.255
10101100000100001000111111111111 = 172.16.143.255
10101100000100001001111111111111 = 172.16.159.255
10101100000100001010111111111111 = 172.16.175.255
10101100000100001011111111111111 = 172.16.191.255
10101100000100001100111111111111 = 172.16.207.255
10101100000100001101111111111111 = 172.16.223.255
10101100000100001110111111111111 = 172.16.239.255
```

Mit den Subnetz- und Broadcast-Adressen lassen sich die Host-Adressen bestimmen:

Subnetz-Adressen	Broadcast-Adressen	Host-Adressen
172.16.16.0	172.16.31.255	172.16.16.1 - 172.16.31.254
172.16.32.0	172.16.47.255	172.16.32.1 - 172.16.47.254
172.16.48.0	172.16.63.255	172.16.48.1 - 172.16.63.254
172.16.64.0	172.16.79.255	172.16.64.1 - 172.16.79.254
172.16.80.0	172.16.95.255	172.16.80.1 - 172.16.95.254
172.16.96.0	172.16.111.255	172.16.96.1 - 172.16.111.254
172.16.112.0	172.16.127.255	172.16.112.1 - 172.16.127.254
172.16.128.0	172.16.143.255	172.16.128.1 - 172.16.143.254
172.16.144.0	172.16.159.255	172.16.144.1 - 172.16.159.254
172.16.160.0	172.16.175.255	172.16.160.1 - 172.16.175.254
172.16.176.0	172.16.191.255	172.16.176.1 - 172.16.191.254
172.16.192.0	172.16.207.255	172.16.192.1 - 172.16.207.254
172.16.208.0	172.16.223.255	172.16.208.1 - 172.16.223.254
172.16.224.0	172.16.239.255	172.224.16.1 - 172.16.239.254

Kapitel 3

1. Bestimmen Sie zuerst die Subnetz-Adressen jeder Verbindung, und schreiben Sie anschließend die statischen Routen auf. Bedenken Sie, daß die Router bereits Einträge für jedes direkt verbundene Subnetz in ihren Routentabellen besitzen. Die statischen Routen sind folgende:

RTA

```
ip route 192.168.2.64 255.255.255.224 192.168.2.131
ip route 192.168.2.160 255.255.255.224 192.168.2.131
ip route 192.168.1.128 255.255.255.240 192.168.2.131
ip route 192.168.1.16 255.255.255.240 192.168.2.131
ip route 192.168.2.32 255.255.255.224 192.168.2.131
ip route 192.168.1.160 255.255.255.240 192.168.2.131
ip route 10.1.1.0 255.255.255.0 192.168.2.131
ip route 10.1.3.0 255.255.255.0 192.168.2.131
ip route 10.1.2.0 255.255.255.0 192.168.2.131
```

RTB

```
ip route 10.1.4.0 255.255.255.0 192.168.2.132
ip route 192.168.1.128 255.255.255.240 192.168.2.174
ip route 192.168.1.16 255.255.255.240 192.168.2.174
ip route 192.168.2.32 255.255.255.224 192.168.2.174
ip route 192.168.1.160 255.255.255.240 192.168.2.174
ip route 10.1.1.0 255.255.255.0 192.168.2.174
ip route 10.1.3.0 255.255.255.0 192.168.2.174
ip route 10.1.2.0 255.255.255.0 192.168.2.174
```

RTC

```
ip route 10.1.4.0 255.255.255.0 192.168.2.185
ip route 192.168.2.128 255.255.255.224 192.168.2.185
ip route 192.168.2.64 255.255.255.224 192.168.2.185
ip route 192.168.2.32 255.255.255.224 192.168.1.20
ip route 10.1.1.0 255.255.255.0 192.168.1.173
ip route 10.1.3.0 255.255.255.0 192.168.1.173
ip route 10.1.2.0 255.255.255.0 192.168.1.173
```

RTD

```
ip route 10.1.4.0 255.255.255.0 192.168.1.29
ip route 192.168.2.128 255.255.255.224 192.168.1.29
ip route 192.168.2.64 255.255.255.224 192.168.1.29
ip route 192.168.2.160 255.255.255.224 192.168.1.29
ip route 192.168.1.128 255.255.255.240 192.168.1.29
ip route 192.168.1.160 255.255.255.240 192.168.1.29
ip route 10.1.1.0 255.255.255.0 192.168.1.29
ip route 10.1.1.3.0 255.255.255.0 192.168.1.29
ip route 10.1.2.0 255.255.255.0 192.168.1.29
```

RTE

```
ip route 10.1.4.0 255.255.255.0 192.168.1.163
ip route 192.168.2.128 255.255.255.224 192.168.1.163
ip route 192.168.2.64 255.255.255.224 192.168.1.163
ip route 192.168.2.160 255.255.255.224 192.168.1.163
ip route 192.168.1.128 255.255.255.240 192.168.1.163
ip route 192.168.1.16 255.255.255.240 192.168.1.163
ip route 192.168.2.32 255.255.255.224 192.168.1.163
ip route 10.1.2.0 255.255.255.0 10.1.3.2
```

RTF

```
ip route 10.1.4.0 255.255.255.0 10.1.3.1
ip route 192.168.2.128 255.255.255.224 10.1.3.1
ip route 192.168.2.64 255.255.255.224 10.1.3.1
ip route 192.168.2.160 255.255.255.224 10.1.3.1
ip route 192.168.1.128 255.255.255.240 10.1.3.1
ip route 192.168.1.16 255.255.255.240 10.1.3.1
ip route 192.168.2.32 255.255.255.224 10.1.3.1
ip route 192.168.1.160 255.255.255.240 10.1.3.1
ip route 10.1.1.0 255.255.255.0 10.1.3.1
```

2. Die statischen Routen lauten:

   RTA

   ```
   ip route 192.168.0.0 255.255..0.0 192.168.2.131
   ip route 10.1.0.0 255.255.0.0 192.168.2.131
   ```

   RTB

   ```
   ip route 10.1.4.0 255.255.255.0 192.168.2.132
   ip route 192.168.0.0 255.255.0.0 192.168.2.174
   ip route 10.1.0.0 255.255.0.0 192.168.2.174
   ```

   RTC

   ```
   ip route 10.1.4.0 255.255.255.0 192.168.2.185
   ip route 192.168.2.0 255.255.255.224 192.168.2.185
   ip route 192.168.2.32 255.255.255.224 192.168.1.20
   ip route 10.1.0.0 255.255.0.0 192.168.1.173
   ```

   RTD

   ```
   ip route 10.1.0.0 255.255.0.0 192.168.1.29
   ip route 192.168.0.0 255.255.05.0 192.168.1.29
   ```

   RTE

   ```
   ip route 10.1.4.0 255.255.255.0 192.168.1.163
   ip route 192.168.0.0 255.255.0.0 192.168.1.163
   ip route 10.1.2.0 255.255.255.0 10.1.3.2
   ```

   RTF

   ```
   ip route 10.1.0.0 255.255.05.0 10.1.3.1
   ip route 192.168.0.0 255.255.0.0 10.1.3.1
   ```

3. Die statischen Routen lauten:

   RTA

   ```
   ip route 172.16.7.0 255.255.255.0 172.16.2.2
   ip route 172.16.7.0 255.255.255.0 172.16.4.2 50
   ip route 172.16.6.0 255.255.255.0 172.16.2.2
   ip route 172.16.6.0 255.255.255.0 172.16.4.2 50
   ip route 172.16.8.0 255.255.255.0 172.16.4.2
   ip route 172.16.8.0 255.255.255.0 172.16.2.2 50
   ip route 172.16.5.0 255.255.255.0 172.16.4.2
   ip route 172.16.5.0 255.255.255.0 172.16.2.2 50
   ip route 172.16.9.0 255.255.255.0 172.16.2.2
   ip route 172.16.9.0 255.255.255.0 172.16.4.2
   ```

RTB

```
ip route 172.16.1.0 255.255.255.0 172.16.2.1
ip route 172.16.1.0 255.255.255.0 172.16.6.1 50
ip route 172.16.4.0 255.255.255.0 172.16.2.1
ip route 172.16.4.0 255.255.255.0 172.16.6.1 50
ip route 172.16.9.0 255.255.255.0 172.16.6.1
ip route 172.16.9.0 255.255.255.0 172.16.2.1 50
ip route 172.16.5.0 255.255.255.0 172.16.6.1
ip route 172.16.5.0 255.255.255.0 172.16.2.1 50
ip route 172.16.8.0 255.255.255.0 172.16.6.1
ip route 172.16.8.0 255.255.255.0 172.16.2.1
```

RTC

```
ip route 172.16.1.0 255.255.255.0 172.16.6.2
ip route 172.16.1.0 255.255.255.0 172.16.5.1
ip route 172.16.4.0 255.255.255.0 172.16.5.1
ip route 172.16.4.0 255.255.255.0 172.16.6.2 50
ip route 172.16.2.0 255.255.255.0 172.16.6.2
ip route 172.16.2.0 255.255.255.0 172.16.5.1 50
ip route 172.16.7.0 255.255.255.0 172.16.6.2
ip route 172.16.7.0 255.255.255.0 172.16.5.1 50
ip route 172.16.8.0 255.255.255.0 172.16.5.1
ip route 172.16.8.0 255.255.255.0 172.16.6.2 50
```

RTD

```
ip route 172.16.1.0 255.255.255.0 172.16.4.1
ip route 172.16.1.0 255.255.255.0 172.16.5.2 50
ip route 172.16.2.0 255.255.255.0 172.16.4.1
ip route 172.16.2.0 255.255.255.0 172.16.5.2 50
ip route 172.16.9.0 255.255.255.0 172.16.5.2
ip route 172.16.9.0 255.255.255.0 172.16.4.1 50
ip route 172.16.6.0 255.255.255.0 172.16.5.2
ip route 172.16.6.0 255.255.255.0 172.16.4.1 50
ip route 172.16.7.0 255.255.255.0 172.16.5.2
ip route 172.16.7.0 255.255.255.0 172.16.4.1
```

Kapitel 5

1. Zusätzlich zu den hier gezeigten RIP-Konfigurationen muß das Subnetz 192.168.5.0 mit sekundären Adressen zwischen RTE und RTF konfiguriert werden. Sonst wären die Subnetze 192.168.5.192/27 und 192.168.5.96/27 discontiguous. Die RIP-Konfigurationen lauten:

   ### RTA
   ```
   router rip
     network 192.168.2.0
   ```

   ### RTB
   ```
   router rip
     network 192.168.2.0
   ```

   ### RTC
   ```
   router rip
     network 192.168.2.0
     network 192.168.3.0
   ```

   ### RTD
   ```
   router rip
     network 192.168.3.0
     network 192.168.4.0
   ```

   ### RTE
   ```
   router rip
     network 192.168.4.0
     network 192.168.5.0
   ```

   ### RTF
   ```
   router rip
     network 192.168.4.0
     network 192.168.6.0
   ```

2. Um RIP-Unicast-Updates zwischen RTC und RTD zu erzeugen, lauten die Konfigurationen:

   ### RTC
   ```
   router rip
     network 192.168.2.0
     neighbor 192.168.3.2
   ```

   ### RTD
   ```
   router rip
     network 192.168.3.0
     neighbor 192.168.3.1
   ```

3. Die Update-Timer gelten für den gesamten RIP-Prozeß. Wenn der Update-Timer für die serielle Verbindung geändert wird, wird er auch für alle anderen Verbindungen des Routers verändert. Das bedeutet wiederum, daß die Timer auf den benachbarten Routern geändert werden müssen, und auch deren Nachbarn müssen ihre Timer ändern usw. Dieser Domino-Effekt der Update-Timer-Änderung auf einem einzelnen Router bedeutet, daß die Timer auf jedem Router in der gesamten RIP-Domäne geändert werden müssen. Der Befehl zur Erhöhung der RIP-Update-Periode auf zwei Minuten, der auf jedem Router konfiguriert wird, lautet:

   ```
   timers basic 120 360 360 480
   ```

   Da der Update-Timer verändert wurde, müssen die Invalid-, Holddown- und Flush-Timer ebenso geändert werden. Das Setzen der Invalid- und Holddown-Timer auf das Sechsfache der Update-Periode (wie es den ursprünglichen Grundeinstellungen entspricht), würde die Konvergenzzeit des Internetzwerks extrem erhöhen. Daher werden die Invalid- und Holddown-Timer auf das Dreifache der Update-Periode gesetzt. Die Dauer des Flush-Timers muß länger sein als die des Holddown-Timers, also wird sie 60 Sekunden länger eingestellt.

4. Das Netzwerk 192.168.4.0 ist zwei Hops von RTA entfernt, also wird die Addition von 14 zur Metrik der Route eine Unerreichbarkeits-Metrik von 16 verleihen. Erinnern Sie sich, daß in der Konfigurationsübung 1 das Subnetz 192.168.5.0 auf derselben Verbindung wie 192.168.4.0 unter der Verwendung von sekundären Adressen konfiguriert werden mußte, damit alle Subnetze von 192.168.5.0 zusammenhängend konfiguriert waren. Daher ist 192.168.5.0 auch zwei Hops von RTB entfernt. Wenn wir davon ausgehen, daß die beiden mit RTC verbundenen Schnittstellen von RTA und RTB die E0-Schnittstellen sind, dann lauten die Konfigurationen:

RTA

```
router rip
  offset-list 1 in 14 Ethernet0
  network 192.168.2.0
!
access-list 1 permit 192.168.4.0 0.0.0.0
```

RTB

```
router rip
  offset-list 1 in 14 Ethernet0
  network 192.168.2.0
!
access-list 1 permit 192.168.5.0 0.0.0.0
```

5. RTB kann mit seiner längeren Maske alle Subnetze korrekt interpretieren. Das Problem liegt bei RTA. Mit einer 27-Bit-Maske interpretiert RTA die Subnetze 192.168.20.40/29 und 192.168.20.49/29 von RTB als 192.168.20.32/27 – dasselbe Subnetz, mit dem er direkt verbunden ist. Daher hat RTA keine korrekte »Übersicht« über das Internetzwerk.

6. Dennoch können Pakete geroutet werden, wenn das Proxy-ARP aktiviert ist. Stellen wir uns vor, daß RTA ein Paket zur Weiterleitung an die Ziel-Adresse 192.168.20.50 besitzt. RTA interpretiert diese Adresse fälschlicherweise als Mitglied seines Subnetzes 192.168.20.32/27 und sendet ARPs für das MAC-Kennzeichen von 192.168.20.50 in dieses Subnetz. RTB empfängt das ARP. Er interpretiert 192.168.20.50 korrekt als Mitglied seines Subnetzes 192.168.20.48/29 und antwortet mit dem MAC-Kennzeichen seiner Schnittstelle, das die Adresse 192.168.20.32/29 trägt. RTA leitet daraufhin das Paket weiter an RTB, und RTB leitet das Paket zum richtigen Ziel. Wenn das Proxy-ARP deaktiviert ist, werden die Pakete nicht richtig von RTA zu RTB weitergeleitet.

Kapitel 6

1. Das Subnetz 192.168.5.0 muß mit sekundären IP-Adressen auf den Ethernet-Schnittstellen von RTE und RTF konfiguriert werden, um die discontiguous Subnetze der Token-Ring-Schnittstellen dieser Router zu verbinden. Die IGRP-Konfigurationen lauten:

   RTA

   ```
   router igrp 50
     network 192.168.2.0
   ```

   RTB

   ```
   router igrp 50
     network 192.168.2.0
   ```

   RTC

   ```
   router igrp 50
     network 192.168.2.0
     network 192.168.3.0
   ```

   RTD

   ```
   router igrp 50
     network 192.168.3.0
     network 192.168.4.0
   ```

   RTE

   ```
   router igrp 50
     network 192.168.4.0
     network 192.168.5.0
   ```

   RTF

   ```
   router igrp 50
     network 192.168.4.0
     network 192.168.5.0
   ```

2. Die minimale Bandbreite der Route ist die der Ethernet-Schnittstelle von RTD. Die gesamte Metrik ist die Summe aus dieser Bandbreite und den Verzögerungen jeder Schnittstelle:

   $1000 + 10 + 7 + 100 + 63 = 1180$

3. Die minimale Bandbreite der Route entspricht der der Ethernet-Schnittstelle von RTD. Da K5 nicht Null ist, lautet die Formel:

metric = [k1*BW$_{IGRP(min)}$ + (k2* BW$_{IGRP(min)}$)/(256-LOAD) +
k3*DLY$_{IGRP(sum)}$] * [k5/(RELIABILITY+k4)]

Wenn K1 = K2 = K4 = K5 = 1 und K3 = 0 gilt:

metric = [1*1000 + (1*1000)/(256-1) +
0*DLY$_{IGRP(sum)}$] * [k5/(255+1)]
= [1000 + 1000/255 + 0] * [1/256]
= 3,922

Die Nachkommastellen der Metrik fallen weg, und so ergibt sich die Metrik der Route von 192.168.2.96/27 zu 192.168.5.96/27 mit 3.

4. Die kleinste Metrik der fünf Pfade zwischen den zwei FDDI-Netzwerke beträgt 698, und die höchste beträgt 21541. Mit 21541/698 = 30,86 ergeben sich die Befehle, die zu den IGRP-Konfigurationen der beiden Routers hinzugefügt werden müssen: **maximum-paths** 5 und **variance** 31.

Kapitel 7

1. In der RIP-Konfiguration von Taos kann die Zeile **neighbor 172.25.150.206** hinzugefügt werden, damit Taos RIP-Updates als Unicast an diese Adresse sendet. Dieses Vorgehen funktioniert nur dann, wenn der RIPv1-Prozeß von Pojoaque bei RIP-Meldungen mit höheren Versionsnummern (höher als 1) die von RIPv1 nicht genutzten Felder ignoriert und den Rest des Pakets verarbeitet.

2. Berechnen Sie zuerst das/die Subnetz(e) mit der höchsten Host-Anzahl. Berechnen Sie anschließend, von den ungenutzten Subnetz-Bits ausgehend, das/die Subnetz(e) mit der nächsthöchsten Hostzahl usw. Wenn eine Gruppe von Bits für ein Subnetz verwendet wurde, so ist zu beachten, daß keine weiteren Subnetze mit derselben Bit-Kombination beginnen können. Wenn z.B. das erste Subnetz mit 00 beginnt, müssen alle folgenden Subnetze mit 01, 10 oder 11 beginnen. Wenn das zweite Subnetz mit 010 beginnt, darf kein folgendes Subnetz mit 010 beginnen.

Eine Lösung (mit hervorgehobenen Subnetzbits) lautet:

```
00000000 = 192.168.100.0/26    (62 Hosts)
01000000 = 192.168.100.64/27   (30 Hosts)
01100000 = 192.168.100.96/28   (14 Hosts)
01110000 = 192.168.100.112/28  (14 Hosts)
10000000 = 192.168.100.128/28  (14 Hosts)
10010000 = 192.168.100.144/28  (14 Hosts)
10100000 = 192.168.100.160/28  (14 Hosts)
10110000 = 192.168.100.176/29  (8 Hosts)
10111000 = 192.168.100.184/29  (8 Hosts)
11000000 = 192.168.100.192/29  (8 Hosts)
11001000 = 192.168.100.200/29  (8 Hosts)
11010000 = 192.168.100.208/29  (8 Hosts)
11011000 = 192.168.100.216/30  (2 Hosts)
11011100 = 192.168.100.220/30  (2 Hosts)
11100000 = 192.168.100.224/30  (2 Hosts)
11100100 = 192.168.100.228/30  (2 Hosts)
11101000 = 192.168.100.232/30  (2 Hosts)
11101100 = 192.168.100.236/30  (2 Hosts)
11110000 = 192.168.100.240/30  (2 Hosts)
11110100 = 192.168.100.244/30  (2 Hosts)
11111000 = 192.168.100.248/30  (2 Hosts)
11111100 = 192.168.100.252/30  (2 Hosts)
```

3. RTA, RTB und RTD tragen die Zeile **version 2** in ihren RIP-Konfigurationen. Zudem enthalten die RIP-Konfigurationen von RTA und RTB die Zeile **no auto-summary**. Die mit dem Subnetz 192.168.2.64/28 verbundenen Schnittstellen von RTA und RTB wurden mit den Befehlen **ip rip send version 1 2** und **ip rip receive version 1 2** konfiguriert. Die mit dem Subnetz 192.168.2.128/28 verbundene Schnittstelle von RTD wurde mit den Befehlen **ip rip send version 1** und **ip rip receive version 1** konfiguriert.

4. Die folgende Lösung verwendet den Schlüsselketten-Namen *CCIE* und die Schlüssel-Zeichenfolge *exercise4* auf RTB und RTD. Unter der Voraussetzung, daß beide Routerschnittstellen S0 sind, lauten die beiden Konfigurationen von RTB und RTD:

```
key chain CCIE
  key 1
    key-string exercise4
!
interface Serial0
  ip address 192.168.1.15X 255.255.255.252
  ip rip authentication mode md5
  ip rip authentication key-chain CCIE
```

5. Die Konfiguration geht hier davon aus, daß der Authentisierungsschlüssel in der Konfigurationsübung 4 am 31. Oktober 1998 um Mitternacht aktiviert wurde. Der zweite hier verwendete Schlüssel lautet *exercise5a*, und der dritte Schlüssel lautet *exercise5b*.

```
key chain CCIE
  key 1
    key-string exercise4
    accept-lifetime 00:00:00 Oct 31 1998 00:00:00 Nov 3 1998
    send-lifetime 00:00:00 Oct 31 1998 00:30:00 Nov 3 1998
  key 2
    key-string exercise5a
    accept-lifetime 00:00:00 Nov 3 1998 duration 36000
    send-lifetime 00:00:00 Nov 3 1998 duration 36000
  key 3
    key-string exercise5b
    accept-lifetime 10:00:00 Nov 3 1998 infinite
    send-lifetime 10:00:00 Nov 3 1998 infinite
!
interface Serial0
  ip address 192.168.1.15X 255.255.255.252
  ip rip authentication mode md5
  ip rip authentication key-chain CCIE
```

Kapitel 8

1. Es ist keine weitere Konfiguration notwendig, da die automatische Zusammenfassung weiterhin auf Earhart aktiviert ist.

2. Die EIGRP-Konfigurationen lauten:

   RTA

   ```
   router eigrp 5
     network 172.16.0.0
     network 172.18.0.0
   ```

   RTB

   ```
   router eigrp 5
     network 172.16.0.0
   ```

   RTC

   ```
   router eigrp 5
     network 172.16.0.0
     network 172.17.0.0
   ```

3. Diese Lösung verwendet eine Schlüsselkette namens *CCIE* und die Schlüssel-Zeichenfolgen *exercise3a* und *exercise3b*. Es wird davon ausgegangen, daß das heutige Datum der 30. November 1998 ist und mit dem ersten verwendeten Schlüssel um 08:30h begonnen wird. Damit lauten die Konfigurationen der seriellen Schnittstellen:

```
key chain CCIE
  key 1
    key-string exercise3a
    accept-lifetime 08:30:00 Dec 2 1998 08:30:00 Jan 1 1999
    send-lifetime 08:30:00 Dec 2 1998 08:30:00 Jan 1 1999
  key 2
    key-string exercise3b
    accept-lifetime 08:30:00 Jan 1 1999 infinite
    send-lifetime 08:30:00 Jan 1 1999 infinite
!
interface Serial0
  ip address 172.16.3.19X 255.255.255.252
  ip authentication key-chain eigrp 5 CCIE
  ip authentication mode eigrp 5 md5
```

4. Die EIGRP-Konfiguration von RTD lautet:

```
router eigrp 5
  network 172.16.0.0
  network 172.17.0.0
  no auto-summary
```

Außerdem muß die automatische Zusammenfassung auf RTB and RTA abgeschaltet werden.

5. Es sind keine Änderungen in den bisherigen EIGRP-Konfigurationen notwendig. Die Konfiguration von RTE lautet:

```
router igrp 5
  network 172.18.0.0
```

6. Die EIGRP-Konfiguration von RTF lautet:

```
router eigrp 5
  network 172.16.0.0
  network 172.18.0.0
  no auto-summary
```

Der Schnittstelle von RTA in das Subnetz 172.18.10.96/27 wird der Befehl **ip summary-address eigrp 5 172.18.10.192 255.255.255.224** hinzugefügt.

7. RTA kann die Sammel-Adresse 172.16.3.128/25 zu RTF und die Sammel-Adresse 172.16.3.0/25 zu RTB senden. Alle weiteren Zusammenfassungen erfolgen automatisch.

Kapitel 9

1. Die OSPF-Konfigurationen lauten:

RTA

```
router ospf 1
  network 10.0.0.0 0.0.255.255 area 0
```

RTB

```
router ospf 1
  network 10.0.0.0 0.0.255.255 area 0
  network 10.5.0.0 0.0.255.255 area 5
  area 5 virtual-link 10.100.100.9
```

RTC

```
router ospf 1
  network 10.0.0.0 0.0.255.255 area 0
  network 10.10.0.0 0.0.255.255 area 10
  network 10.30.0.0 0.0.255.255 area 30
```

RTD

```
router ospf 1
  network 10.0.0.0 0.0.255.255 area 0
  network 10.20.0.0 0.0.255.255 area 20
```

RTE

```
router ospf 1
  network 10.0.0.0 0.0.255.255 area 0
  network 10.15.0.0 0.0.255.255 area 15
```

RTF

```
router ospf 1
  network 10.5.0.0 0.0.255.255 area 5
```

RTG

```
router ospf 1
  network 10.10.1.58 0.0.0.0 area 5
```

RTH

```
router ospf 1
  network 10.20.100.100 0.0.0.0 area 20
```

RTI

```
router ospf 1
  network 10.5.0.0 0.0.255.255 area 5
  network 10.35.0.0 0.0.255.255 area 35
  area 5 virtual-link 10.100.100.2
```

RTJ

```
router ospf 1
  network 10.15.0.0 0.0.255.255 area 15
```

Die Router RTK bis RTN besitzen Frame-Relay-Schnittstellen. Die vier Schnittstellen zum Frame-Relay-Netzwerk befinden sich alle auf dem gleichen Subnetz, daher muß der OSPF-Netzwerk-Typ entweder Broadcast oder Point-to-Multipoint sein:

RTK

```
interface Serial0
  encapsulation frame-relay
  ip address 10.30.254.193 255.255.255.192
  ip ospf network point-to-multipoint
!
router ospf 1
  network 10.30.0.0 0.0.255.255 area 30
```

RTL

```
encapsulation frame-relay
  ip address 10.30.254.194 255.255.255.192
  ip ospf network point-to-multipoint
!
router ospf 1
  network 10.30.0.0 0.0.255.255 area 30
```

RTM

```
encapsulation frame-relay
  ip address 10.30.254.195 255.255.255.192
  ip ospf network point-to-multipoint
!
router ospf 1
  network 10.30.0.0 0.0.255.255 area 30
```

RTN

```
encapsulation frame-relay
  ip address 10.30.254.196 255.255.255.192
  ip ospf network point-to-multipoint
!
router ospf 1
  network 10.30.0.0 0.0.255.255 area 30
```

2. Die ABR-Konfigurationen lauten:

   ### RTB

   ```
   router ospf 1
     network 10.0.0.0 0.0.255.255 area 0
     network 10.5.0.0 0.0.255.255 area 5
     area 5 virtual-link 10.100.100.9
     area 0 range 10.0.0.0 255.255.0.0
     area 5 range 10.5.0.0 255.255.0.0
   ```

   ### RTC

   ```
   router ospf 1
     network 10.0.0.0 0.0.255.255 area 0
     network 10.10.0.0 0.0.255.255 area 10
     network 10.30.0.0 0.0.255.255 area 30
     area 0 range 10.0.0.0 255.255.0.0
     area 10 range 10.10.0.0 255.255.0.0
     area 30 range 10.30.0.0 255.255.0.0
   ```

   ### RTD

   ```
   router ospf 1
     network 10.0.0.0 0.0.255.255 area 0
     network 10.20.0.0 0.0.255.255 area 20
     area 0 range 10.0.0.0 255.255.0.0
     are 20 range 10.20.0.0 255.255.0.0
   ```

   ### RTE

   ```
   router ospf 1
     network 10.0.0.0 0.0.255.255 area 0
     network 10.15.0.0 0.0.255.255 area 15
     area 0 range 10.0.0.0 255.255.0.0
     area 15 range 10.15.0.0 255.255.0.0
   ```

   ### RTI

   ```
   router ospf 1
     network 10.5.0.0 0.0.255.255 area 5
     network 10.35.0.0 0.0.255.255 area 35
     area 5 virtual-link 10.100.100.2
     area 0 range 10.0.0.0 255.255.0.0
     area 5 range 10.5.0.0 255.255.0.0
     area 35 range 10.35.0.0 255.255.0.0
   ```

3. Die Konfigurationen lauten:

   ### RTE

   ```
   router ospf 1
     network 10.0.0.0 0.0.255.255 area 0
     network 10.15.0.0 0.0.255.255 area 15
     area 15 stub
   ```

   ### RTJ

   ```
   router ospf 1
     network 10.15.0.0 0.0.255.255 area 15
     area 15 stub
   ```

4. Die Konfigurationen lauten:

   ### RTC

   ```
   router ospf 1
     network 10.0.0.0 0.0.255.255 area 0
     network 10.10.0.0 0.0.255.255 area 10
     network 10.30.0.0 0.0.255.255 area 30
     area 0 range 10.0.0.0 255.255.0.0
     area 10 range 10.10.0.0 255.255.0.0
     area 30 stub no-summary
     area 30 range 10.30.0.0 255.255.0.0
   ```

   ### RTK

   ```
   router ospf 1
     network 10.30.0.0 0.0.255.255 area 30
     area 30 stub
   ```

   ### RTL

   ```
   router ospf 1
     network 10.30.0.0 0.0.255.255 area 30
     area 30 stub
   ```

   ### RTM

   ```
   router ospf 1
     network 10.30.0.0 0.0.255.255 area 30
     area 30 stub
   ```

   ### RTN

   ```
   router ospf 1
     network 10.30.0.0 0.0.255.255 area 30
     area 30 stub
   ```

5. Die Konfigurationen lauten:

   RTD

   ```
   router ospf 1
     network 10.0.0.0 0.0.255.255 area 0
     network 10.20.0.0 0.0.255.255 area 20
     area 20 nssa
   ```

   RTH

   ```
   router ospf 1
     network 10.20.100.100 0.0.0.0 area 20
     area 20 nssa
   ```

6. Es muß nur ein Ende einer Point-to-Point-Verbindung als temporäre Verbindung konfiguriert werden. In dieser Lösung wurde RTC ausgewählt:

   ```
   interface Serial0
     ip address 10.30.255.249 255.255.255.252
     ip ospf demand-circuit
   !
   router ospf 1
     network 10.0.0.0 0.0.255.255 area 0
     network 10.10.0.0 0.0.255.255 area 10
     network 10.30.0.0 0.0.255.255 area 30
     area 0 range 10.0.0.0 255.255.0.0
     area 10 range 10.10.0.0 255.255.0.0
     area 30 range 10.30.0.0 255.255.0.0
   ```

Kapitel 10

1. Diese Lösung verwendet die System-ID 0000.1234.abcX, in der das X eine Zahl bedeutet, die den Router innerhalb der IS-IS-Domäne eindeutig macht. Die System-ID besteht aus sechs Oktetten, da dies von der Cisco-IOS vorgegeben ist. Die minimale NET-Länge besteht aus acht Oktetten, bei der ein Oktett dem SEL entspricht. Daher ist die Area-Adresse eine Ein-Oktett-Zahl, die der Area-Nummer in der Tabelle 10.6 entspricht. Die Konfigurationen lauten:

   ### RTA

   ```
   interface Ethernet0
     ip address 192.168.1.17 255.255.255.240
     ip router isis
   !
   interface Ethernet1
     ip address 192.168.1.50 255.255.255.240
     ip router isis
     clns router isis
   !
   router isis
     net 00.0000.1234.abc1.00
     is-type level-1
   ```

   ### RTB

   ```
   interface Ethernet0
     ip address 192.168.1.33 255.255.255.240
     ip router isis
   !
   interface Ethernet1
     ip address 192.168.1.51 255.255.255.240
     ip router isis
     clns router isis
   !
   router isis
     net 00.0000.1234.abc2.00
     is-type level-1
   ```

RTC

```
interface Ethernet0
  ip address 192.168.1.49 255.255.255.240
  ip router isis
  clns router isis
!
interface Serial0
  ip address 192.168.1.133 255.255.255.252
  ip router isis
!
router isis
  net 00.0000.1234.abc3.00
```

RTD

```
interface Serial0
  ip address 192.168.1.134 255.255.255.252
  ip router isis
!
interface Serial1
  ip address 192.168.1.137 255.255.255.252
  ip router isis
!
router isis
  net 00.0000.1234.abc4.00
  is-type level-2-only
```

RTE

```
interface Serial0
  ip address 192.168.1.142 255.255.255.252
  ip router isis
!
interface Serial1
  ip address 192.168.1.145 255.255.255.252
  ip router isis
!
interface Serial2
  ip address 192.168.1.138 255.255.255.252
  ip router isis
!
router isis
  net 00.0000.1234.abc5.00
  is-type level-2-only
```

RTF

```
interface Serial0
  ip address 192.168.1.141 255.255.255.252
  ip router isis
!
interface Serial1
  ip address 192.168.1.158 255.255.255.252
  ip router isis
!
router isis
  net 00.0000.1234.abc6.00
  is-type level-2-only
```

RTG

```
interface Ethernet0
  ip address 192.168.1.111 255.255.255.224
  ip router isis
  ip router clns
!
interface Serial0
  ip address 192.168.1.157 255.255.255.252
  ip router isis
!
router isis
  net 00.0000.1234.abc7.00
```

RTH

```
interface Ethernet0
  ip address 192.168.1.73 255.255.255.224
  ip router isis
!
interface Ethernet1
  ip address 192.168.1.97 255.255.255.224
  ip router isis
  ip router clns
!
router isis
  net 00.0000.1234.abc8.00
  is-type level-1
```

RTI

```
interface Ethernet0
  ip address 192.168.1.225 255.255.255.248
  ip router isis
!
interface Ethernet1
  ip address 192.168.1.221 255.255.255.248
  ip router isis
  clns router isis
!
interface Serial0
  ip address 192.168.1.249 255.255.255.252
  ip router isis
  clns router isis
!
interface Serial1
  ip address 192.168.1.146 255.255.255.252
  ip router isis
!
router isis
  net 00.0000.1234.abc9.00
```

RTJ

```
interface Ethernet0
  ip address 192.168.1.201 255.255.255.248
  ip router isis
!
interface Ethernet1
  ip address 192.168.1.217 255.255.255.248
  ip router isis
  clns router isis
!
router isis
  net 00.0000.1234.abca.00
  is-type level-1
```

RTK

```
interface Ethernet0
  ip address 192.168.1.209 255.255.255.248
  ip router isis
!
interface Serial0
  ip address 192.168.1.250 255.255.255.252
  ip router isis
  clns router isis
!
router isis
  net 00.0000.1234.abcb.00
  is-type level-1
```

2. Die Konfigurationen lauten:

RTD

```
interface Serial0
  ip address 192.168.1.134 255.255.255.252
  ip router isis
!
interface Serial1
  ip address 192.168.1.137 255.255.255.252
  ip router isis
  isis password Eiffel level-2
!
router isis
  net 00.0000.1234.abc4.00
  is-type level-2-only
```

RTE

```
interface Serial0
  ip address 192.168.1.142 255.255.255.252
  ip router isis
  isis password Tower level-2
!
interface Serial1
  ip address 192.168.1.145 255.255.255.252
  ip router isis
!
interface Serial2
  ip address 192.168.1.138 255.255.255.252
  ip router isis
  isis password Eiffel level-2
!
router isis
  net 00.0000.1234.abc5.00
  is-type level-2-only
```

RTF

```
interface Serial0
  ip address 192.168.1.141 255.255.255.252
  ip router isis
  isis password Tower level-2
!
interface Serial1
  ip address 192.168.1.158 255.255.255.252
  ip router isis
!
router isis
  net 00.0000.1234.abc6.00
  is-type level-2-only
```

3. Die Konfigurationen lauten:

   RTG

   ```
   interface Ethernet0
     ip address 192.168.1.111 255.255.255.224
     ip router isis
     ip router clns
   !
   interface Serial0
     ip address 192.168.1.157 255.255.255.252
     ip router isis
   !
   router isis
     net 00.0000.1234.abc7.00
     area-password Scotland
   ```

   RTH

   ```
   interface Ethernet0
     ip address 192.168.1.73 255.255.255.224
     ip router isis
   !
   interface Ethernet1
     ip address 192.168.1.97 255.255.255.224
     ip router isis
     ip router clns
   !
   router isis
     net 00.0000.1234.abc8.00
     is-type level-1
     area-password Scotland
   ```

4. Die Konfigurationen lauten:

   RTC

   ```
   interface Ethernet0
     ip address 192.168.1.49 255.255.255.240
     ip router isis
     clns router isis
   !
   interface Serial0
     ip address 192.168.1.133 255.255.255.252
     ip router isis
   !
   router isis
     net 00.0000.1234.abc3.00
     domain-password Vienna
   ```

RTD

```
interface Serial0
  ip address 192.168.1.134 255.255.255.252
  ip router isis
!
interface Serial1
  ip address 192.168.1.137 255.255.255.252
  ip router isis
  isis password Eiffel level-2
!
router isis
  net 00.0000.1234.abc4.00
  is-type level-2-only
  domain-password Vienna
```

RTE

```
interface Serial0
  ip address 192.168.1.142 255.255.255.252
  ip router isis
  isis password Tower level-2
!
interface Serial1
  ip address 192.168.1.145 255.255.255.252
  ip router isis
!
interface Serial2
  ip address 192.168.1.138 255.255.255.252
  ip router isis
  isis password Eiffel level-2
!
router isis
  net 00.0000.1234.abc5.00
  is-type level-2-only
  domain-password Vienna
```

RTF

```
interface Serial0
  ip address 192.168.1.141 255.255.255.252
  ip router isis
  isis password Tower level-2
!
interface Serial1
  ip address 192.168.1.158 255.255.255.252
  ip router isis
!
router isis
  net 00.0000.1234.abc6.00
  is-type level-2-only
  domain-password Vienna
```

RTG

```
interface Ethernet0
  ip address 192.168.1.111 255.255.255.224
  ip router isis
  ip router clns
!
interface Serial0
  ip address 192.168.1.157 255.255.255.252
  ip router isis
!
router isis
  net 00.0000.1234.abc7.00
  area-password Scotland
  domain-password Vienna
```

RTI

```
interface Ethernet0
  ip address 192.168.1.225 255.255.255.248
  ip router isis
!
interface Ethernet1
  ip address 192.168.1.221 255.255.255.248
  ip router isis
  clns router isis
!
interface Serial0
  ip address 192.168.1.249 255.255.255.252
  ip router isis
  clns router isis
!
interface Serial1
  ip address 192.168.1.146 255.255.255.252
  ip router isis
!
router isis
  net 00.0000.1234.abc9.00
  domain-password Vienna
```

5. Die Konfigurationen lauten:

RTC

```
interface Ethernet0
  ip address 192.168.1.49 255.255.255.240
  ip router isis
  clns router isis
!
interface Serial0
  ip address 192.168.1.133 255.255.255.252
  ip router isis
!
```

```
router isis
  net 00.0000.1234.abc3.00
  domain-password Vienna
  summary-address 192.168.1.0 255.255.255.192
```

RTG

```
interface Ethernet0
  ip address 192.168.1.111 255.255.255.224
  ip router isis
  ip router clns
!
interface Serial0
  ip address 192.168.1.157 255.255.255.252
  ip router isis
!
router isis
  net 00.0000.1234.abc7.00
  area-password Scotland
  domain-password Vienna
  summary-address 192.168.1.64 255.255.255.192
```

RTI

```
interface Ethernet0
  ip address 192.168.1.225 255.255.255.248
  ip router isis
!
interface Ethernet1
  ip address 192.168.1.221 255.255.255.248
  ip router isis
  clns router isis
!
interface Serial0
  ip address 192.168.1.249 255.255.255.252
  ip router isis
  clns router isis
!
interface Serial1
  ip address 192.168.1.146 255.255.255.252
  ip router isis
!
router isis
  net 00.0000.1234.abc9.00
  domain-password Vienna
  summary-address 192.168.1.192 255.255.255.192
```

Kapitel 11

1. Die Schwierigkeit mit dem Internetzwerk der Abbildung 11.37 beim Betrieb von classful Routing-Protokollen auf RTB liegt darin, daß das Netzwerk 172.16.0.0 variabel subvernetzt ist. Die Lösung besteht in der Verwendung einer 28-Bit-Maske auf der E1-Schnittstelle von RTB, während RTC weiterhin eine 27-Bit-Maske für dasselbe Subnetz verwendet. Diese Lösung funktioniert, da sowohl eine 27-Bit-Subnetz-Maske als auch eine 28-Bit-Subnetz-Maske die Adresse 172.16.1.96 im Internetzwerk der Abbildung 11.37 korrekt abgrenzt.

   Die Konfiguration von RTB lautet:
   ```
   interface Ethernet0
      ip address 172.16.1.146 255.255.255.240
   !
   interface Ethernet1
      ip address 172.16.1.98 255.255.255.240
   !
   router rip
      redistribute igrp 1 metric 1
      passive-interface Ethernet0
      network 172.16.0.0
   !
   router igrp 1
      redistribute rip metric 10000 1000 255 1 1500
      passive-interface Ethernet1
      network 172.16.0.0
   ```

2. Diese Konfiguration ändert die E1-Maske von RTB zurück auf eine 27-Bit-Maske. Jedoch meldet das RIP das Subnetz 172.16.1.144/28 so nicht an. Um dieses Problem zu beheben, wird eine statische Route für dieses Subnetz mit einer 27-Bit-Maske eingegeben. Da die Maske der E0-Schnittstelle von RTB entspricht, wird sie automatisch in das RIP redistributiert.

   ```
   interface Ethernet0
      ip address 172.16.1.146 255.255.255.240
   !
   interface Ethernet1
      ip address 172.16.1.98 255.255.255.224
   !
   router ospf 1
      redistribute rip metric 50 subnets
      network 172.16.1.0 0.0.0.255 area 0
   !
   ```

```
router rip
  redistribute ospf 1 metric 2
  passive-interface Ethernet0
  network 172.16.0.0
!
ip classless
  ip route 172.16.1.128 255.255.255.224 Ethernet0
```

3. Die Konfiguration von RTB lautet:

```
interface Ethernet0
  ip address 172.16.1.146 255.255.255.240
  ip summary-address eigrp 1 172.16.2.0 255.255.255.0
!
interface Ethernet1
  ip address 172.16.1.98 255.255.255.224
!
router eigrp 1
  redistribute isis level-2 metric 10000 1000 255 1 1500
  passive-interface Ethernet1
  network 172.16.0.0
!
router isis
  net 00.0000.1234.abc1.00
  summary-address 172.16.1.128 255.255.255.128
  redistribute eigrp 1 metric 20 metric-type external level-2
```

Kapitel 13

1. Die Konfiguration von RTA lautet:

```
router rip
  redistribute igrp 1 metric 3
  passive-interface Ethernet0
  passive-interface Ethernet1
  network 172.16.0.0
  distribute-list 1 in Ethernet3
!
router igrp 1
  redistribute rip metric 10000 1000 255 1 1500
  passive-interface Ethernet2
  passive-interface Ethernet3
  network 172.16.0.0
!
access-list 1 deny 172.16.12.0
access-list 1 permit any
```

2. Die Konfiguration von RTA lautet:

```
router rip
  redistribute igrp 1 metric 3
  passive-interface Ethernet0
  passive-interface Ethernet1
  network 172.16.0.0
  distribute-list 2 out Ethernet2
!
router igrp 1
  redistribute rip metric 10000 1000 255 1 1500
  passive-interface Ethernet2
  passive-interface Ethernet3
  network 172.16.0.0
!
access-list 2 deny 172.16.10.0
access-list 2 permit any
```

3. Die Konfiguration von RTA lautet:

```
router rip
  redistribute igrp 1 metric 3
  passive-interface Ethernet0
  passive-interface Ethernet1
  network 172.16.0.0
  distribute-list 3 out igrp 1
!
router igrp 1
  redistribute rip metric 10000 1000 255 1 1500
  passive-interface Ethernet2
  passive-interface Ethernet3
  network 172.16.0.0
!
access-list 3 permit 172.16.2.0
access-list 3 permit 172.16.8.0
access-list 3 permit 172.16.9.0
```

4. Die Konfiguration von RTA lautet:

```
router rip
  redistribute igrp 1 metric 3
  passive-interface Ethernet0
  passive-interface Ethernet1
  network 172.16.0.0
!
router igrp 1
  redistribute rip metric 10000 1000 255 1 1500
  passive-interface Ethernet2
  passive-interface Ethernet3
  network 172.16.0.0
  distribute-list 4 out Ethernet0
!
```

```
access-list 4 permit 172.16.1.0
access-list 4 permit 172.16.2.0
access-list 4 permit 172.16.3.0
access-list 4 permit 172.16.7.0
access-list 4 permit 172.16.8.0
access-list 4 permit 172.16.9.0
```

5. EIGRP weist externen Routen eine höhere Distanz zu (170) als internen Routen (90). Wenn ein Ziel innerhalb der EIGRP-Domäne in das EIGRP aus dem IS-IS angemeldet wird, wird diese externe Route ignoriert, solange die interne Route zum Ziel nicht ausfällt. Daher müssen die EIGRP-Distanzen nicht verändert werden. Die **distance**-Statements in den IS-IS-Konfigurationen von RTC and RTD lauten:

RTC

```
distance 115
distance 170 192.168.10.254 0.0.0.0 1
!
access-list 1 permit any
```

RTD

```
distance 115
distance 170 192.168.10.249 0.0.0.0 1
distance 170 192.168.10.241 0.0.0.0 1
!
access-list 1 permit any
```

6. Das **distance**-Statement in der IS-IS-Konfiguration von RTD lautet:

```
distance 115
distance 255 192.168.10.241 0.0.0.0 1
!
access-list 1 permit any
```

7. Das **distance**-Statement in der EIGRP-Konfiguration von RTC lautet:

```
distance eigrp 90 90
```

Kapitel 14

1. Die Konfiguration von RTA lautet:

   ```
   interface Serial0
     ip address 172.16.14.6 255.255.255.252
     ip policy route-map Exercise1
   !
   interface Serial1
     ip address 172.16.14.10 255.255.255.252
     ip policy route-map Exercise1
   !
   access-list 1 permit 172.16.1.0 0.0.0.127
   access-list 2 permit 172.16.1.128 0.0.0.127
   !
   route-map Exercise1 permit 10
     match ip address 1
     set ip next-hop 172.16.14.17
   !
   route-map Exercise1 permit 20
     match ip address 2
     set ip next-hop 172.16.14.13
   ```

2. Die Konfiguration von RTA lautet:

   ```
   interface Serial0
     ip address 172.16.14.6 255.255.255.252
     ip policy route-map Exercise2A
   !
   interface Serial1
     ip address 172.16.14.10 255.255.255.252
     ip policy route-map Exercise2B
   !
   access-list 1 permit 172.16.1.0 0.0.0.127
   !
   route-map Exercise2A permit 10
     match ip address 1
     set ip next-hop 172.16.14.13
   !
   route-map Exercise2B permit 10
     match ip address 1
     set ip next-hop 172.16.14.17
   ```

3. Die Konfiguration von RTA lautet:

   ```
   interface Serial2
     ip address 172.16.14.18 255.255.255.252
     ip access-group 101 in
     ip policy route-map Exercise3
   !
   interface Serial3
     ip address 172.16.14.14 255.255.255.252
     ip access-group 101 in
     ip policy route-map Exercise3
   !
   ```

```
access-list 101 permit udp any 172.168.1.0 0.0.0.255
access-list 101 permit tcp any eq smtp 172.16.1.0 0.0.0.255
access-list 102 permit tcp any eq smtp 172.16.1.0 0.0.0.255
access-list 103 permit udp any 172.168.1.0 0.0.0.255
!
route-map Exercise3 permit 10
  match ip address 102
  set ip next-hop 172.16.14.9
!
route-map Exercise3 permit 20
  match ip address 103
  set ip next-hop 172.16.14.5
```

4. Die OSPF-Konfiguration lautet:

```
router ospf 1
  redistribute eigrp 1 route-map Exercise4
  network 192.168.1.0 0.0.0.255 area 16
!
access-list 1 deny 10.201.100.0
access-list 1 permit any
!
route-map Exercise4 permit 10
  match ip address 1
!
route-map Exercise4 permit 20
  match route-type internal
  set metric 10
  set metric-type type-1
!
route-map Exercise4 permit 30
  match route-type external
  set metric 50
  set metric-type type-2
```

5. Die EIGRP-Konfiguration lautet:

```
router eigrp 1
  redistribute ospf 1 route-map Exercise5
  network 192.168.100.0
!
access-list 1 permit 192.168.1.0
access-list 1 permit 192.168.2.0
access-list 1 permit 192.168.3.0
!
route-map Exercise5 permit 10
  match ip address 1
!
route-map Exercise5 permit 20
  match route-type internal
  set metric 10000 100 255 1 1500
!
route-map Exercise5 permit 30
  match route-type external
  set metric 10000 10000 255 1 1500
```

ANHANG F
Lösungen zu den Übungen zur Fehlersuche

Kapitel 2

1. Subnetz: 10.14.64.0

   Host-Adressen: 10.14.64.1 - 10.14.95.254

   Broadcast-Adresse: 10.14.95.255

   Subnetz: 172.25.0.224

   Host-Adressen: 172.25.0.225 - 175.25.0.254

   Broadcast-Adresse: 172.25.0.255

   Subnetz: 172.25.16.0

   Host-Adressen: 172.25.16.1 - 172.25.16.126

   Broadcast-Adresse: 172.25.16.127

2. Die Broadcast-Adresse des Subnetzes 192.168.13.160/28 lautet 192.168.13.175/28.

Kapitel 3

1. Das Subnetz 192.168.1.64/27 wird nicht mehr durch Piglet erreichbar sein. Die Subnetze von 10.0.0.0 werden weiterhin erreichbar sein.

2. Folgende Einträge sind fehlerhaft:

   – der zweite Eintrag auf RTA

   – der dritte Eintrag auf RTB

   – der zweite Eintrag auf RTC

   – der fünfte Eintrag auf RTC

3. Die Fehler sind die folgenden:

   – RTC: Die Route zu 10.5.8.0/24 zeigt auf die falsche Next-Hop-Adresse.

   – RTC: Die Route zu 10.1.1.0/24 sollte 10.5.1.0/24 lauten.

   – RTC: Es ist keine Route zu 10.5.4.0/24 vorhanden.

   – RTD: Die Route zu 10.4.5.0/24 sollte 10.5.4.0/24 lauten.

Kapitel 5

1. Die neuen Access-Listen fügen jeder Route zwei Hops hinzu, mit Ausnahme der Route 10.33.32.0.

2. RTB interpretiert alle Subnetze von 172.16.0.0 anhand der fehlkonfigurierten Masken. Die Folgen sind in den vier Einträgen der Routing-Tabelle gezeigt:

   – Eintrag 1: Dieser Eintrag ist korrekt, da 172.16.24.0 entweder mit 22 Bits oder mit 23 Bits maskiert werden kann.

   – Eintrag 2: Das Subnetz 172.16.26.0 wird durch RTC angemeldet. Da das 23. Bit dieser Adresse Eins ist und RTB eine 22-Bit-Maske verwendet, befindet sich diese Eins aus der Sicht des RTB im Host-Adreß-Raum. Daher interpretiert RTB das Advertisement für 172.16.26.0 als eine Host-Route und markiert sie mit einer 32-Bit-Maske in der Routing-Tabelle.

– Eintrag 3: RTB interpretiert seine Schnittstellen-Adresse 172.16.22.5 als Teil des Subnetzes 172.16.20.0/22, anstatt sie als Teil des Subnetzes 172.16.22.0/23 anzusehen. Wenn RTB das Advertisement von RTA für das Subnetz 172.16.20.0/23 empfängt, dann ignoriert RTB dieses Advertisement, da er davon ausgeht, daß er eine direkte Verbindung zu diesem Subnetz besitzt. Beachten Sie, daß sich das Subnetz 172.16.22.0 aus dem gleichen Grund auch nicht in den Routing-Tabellen von RTA und RTC befindet: RTB meldet es als 172.16.20.0 an.

– Eintrag 4: RTB interpretiert seine Schnittstellen-Adresse 172.16.18.4 als Teil des Subnetzes 172.16.16.0/22, anstatt sie als Teil des Subnetzes 172.16.18.0/23 anzusehen.

3. Die Antwort findet sich in der Routing-Tabelle von RTC in Bild 5.24. Beachten Sie, daß die Route zu 172.16.26.0/23 seit 2 Minuten und 42 Sekunden nicht erneuert wurde. Der Invalid-Timer von RTC läuft ab, bevor er ein neues Update von RTD empfängt, und er erklärt die Route zu 172.16.26.0/23 für ungültig. Da die Routen von RTA oder RTB nicht ungültig werden, liegt das Problem am Update-Timer von RTD – die Update-Periode ist zu lang. Wenn RTD schließlich ein Update sendet, wird es erneut in die Routing-Tabelle von RTC übernommen und bleibt dort so lange, bis der Invalid-Timer von RTC wiederum abläuft.

Kapitel 6

1. RTB empfängt Routen-Updates für 192.168.3.0/24 von RTD, aber er trägt das Subnetz nicht in seine Updates an RTA ein. Irgend etwas ermöglicht den Empfang dieser Route auf RTB, aber es erlaubt keine Anmeldung der Route. Vielleicht ein fehlkonfigurierter Routen-Filter?

2. Die Antwort findet sich in der Abbildung 6.40. RTC wurde mit **router igrp 51** und nicht mit **router igrp 15** konfiguriert.

Kapitel 7

1. Die Router RTA und RTB senden und empfangen nur RIPv2-Meldungen. RTC empfängt sowohl RIPv1- als auch RIPv2-Meldungen, sendet aber nur RIPv1-Meldungen. Folglich enthalten die Routing-Tabellen von RTA und RTB das Subnetz 192.168.13.75/27 nicht. Obwohl RTC die Updates von RTA und RTB empfängt, sind die Subnetze 192.168.13.90/28 und 192.168.13.86/29 nicht in seiner Routing-Tabelle enthalten, da er beide als 192.168.13.64/27 interpretiert, und dieses Subnetz ist mit seiner E0-Schnittstelle direkt verbunden.

2. Ja, das Subnetz 192.168.13.64/27 wird in die Routing-Tabellen von RTA und RTB übernommen, da sie nun RIPv1-Updates von RTC empfangen können.

Kapitel 8

1. Die Autonomous-System-Nummern der EIGRP- und IGRP-Prozesse sind nicht gleich.

2. RTG ist für RTF der Nachfolger zum Subnetz A.

3. Die feasible Distanz von RTC zum Subnetz A beträgt 309760.

4. Die feasible Distanz von RTG zum Subnetz A beträgt 2237184.

5. Die Topologie-Tabelle von RTG zeigt RTD und RTE als mögliche Nachfolger zum Subnetz A.

6. Die feasible Distanz von RTA zum Subnetz B beträgt 2198016.

Kapitel 9

1. Auf einer der benachbarten Schnittstellen ist entweder die IP-Adresse oder die Maske fehlkonfiguriert.

2. Ein Router ist als Rumpf-Area-Router konfiguriert und der andere nicht.

3. Der empfangende Router ist für die MD5-Authentisierung konfiguriert (Typ 2), und auf dem Nachbarn ist keine Authentisierung konfiguriert (Typ 0).

4. Die auf den beiden Routern konfigurierten Paßwörter stimmen nicht überein.

5. Die benachbarten Schnittstellen sind nicht mit derselben Area-ID konfiguriert.

6. Die Network-Statements von RTA sind in der falschen Reihenfolge konfiguriert. Das erste Statement paßt auf die IP-Adresse 192.168.50.242 und setzt sie in die Area 192.168.50.0.

7. Die Link-ID 10.8.5.1 ist vermutlich die schuldige, da die Sequenz-Nummer dieser Verbindung wesentlich höher ist als die Sequenz-Nummern der anderen Verbindungen.

Kapitel 10

1. Obwohl das IS-IS eine Nachbarverbindung aufgebaut hat, sind die IP-Adressen nicht aus einem Subnetz, und daher übertragen die Schnittstellen keinen Verkehr.

2. Der Router sendet nur L1-Hellos und läßt damit erkennen, daß er ein L1-Router ist. Er empfängt nur L2-Hellos von 0000.3090.c7df, daher ist dieser ein L2-Router.

Kapitel 11

1. Der Split-Horizon wird verhindern, daß das Rumpf-Netzwerk 192.168.10.0/24 aus der IGRP-Domäne in die RIP-Domäne gemeldet wird.

2. Nein, da nicht alle Subnetze von 10.0.0.0 auf der RIP-Seite direkt mit Mantle verbunden sind.

3. Das **network**-Statement unter der EIGRP-1-Konfiguration von Robinson paßt auf die Schnittstelle 192.168.3.32, auch wenn keine EIGRP-Hellos aus dieser Schnittstelle weitergeleitet werden. Daher wird das Subnetz innerhalb der EIGRP-1-Domäne als intern angemeldet.

4. Das EIGRP hat diese Sammel-Route automatisch erzeugt, da die Subnetze von 192.168.3.0 vom OSPF in das EIGRP redistributiert werden.

5. Die Adresse 192.168.1.0/24 befindet sich in der OSPF-Domäne, und das OSPF wird nicht in das EIGRP 2 redistribuiert. Im Unterschied zum OSPF verwendet das EIGRP den Split-Horizon. Obwohl die Adresse 192.168.1.0/24 in das EIGRP 1 gemeldet wird, wird Robinson sie nicht vom EIGRP 1 in das EIGRP 2 redistributieren.

Kapitel 13

1. Die inverse Maske in der ersten Zeile der Access-Liste ist falsch. Mit dieser Maske stimmen alle Routen überein. Die Zeile lautet richtig: **access-list 1 deny 0.0.0.0 0.0.0.0**.

2. Alle Routen, die nicht mit den Access-Listen übereinstimmen, erhalten die Distanz 255 (unerreichbar). Wenn eine bevorzugte Route ausfällt, wird Grimwig keinen alternativen Pfad verwenden.

3. Das OSPF berechnet seine Routen auf der Basis der LSA-Informationen. Der Routen-Filter hat keine Wirkung auf LSAs, daher wirkt der Filter nur auf den Router, auf dem er konfiguriert ist.

4. Die zwei Routen-Filter beziehen sich auf die falschen Schnittstellen. Die Zeile **distribute-list 1** sollte sich auf E1 beziehen und die Zeile **distribute-list 2** auf E0.

Kapitel 14

1. Der erste Fehler liegt im Schlüsselwort *telnet*, das in der Access-Liste 101 dem Ziel-Port zugeordnet ist. Es muß dem Quell-Port zugeordnet sein. Der zweite Fehler liegt darin, daß die Routen-Map-Statements in der falschen Reihenfolge sind. Die Telnet-Pakete von 192.168.10.5 stimmen mit dem ersten Statement überein und werden an 192.168.16.254 weitergeleitet.

Stichwortverzeichnis

A
ABR (Area-Border-Router) 430, 549
–, ASBR-Sammel-LSAs 430, 443
–, Fehlersuche 527
–, siehe auch Backbone-Router 430
–, siehe auch virtuelle Verbindungen 510
accept-lifetime 292, 299, 363, 374
access-class 788
access-list access-list-number 721
access-list 755
Access-Listen 770, 771
–, Accounting 794, 795
–, Aufruf 788
–, bearbeiten 776
–, benannte 790
–, deny any 772
–, erweitertes IP 780, 781, 782
–, gegenseitige Redistribution, Routen-Filterung 705
–, ICMP 785, 786
–, Identifikation 774, 775, 776
–, Konfigurationszeilen 774
–, permit any 772

–, Policy-Routing 736
–, sequentielle Ausführung 773
–, siehe auch Maps 727
–, Standard-IP 777
– –, Inverse Masken 778
–, TCP 783, 784
–, Überwachung 794
–, UDP 785
access-list-number 780
Accounting, Access-Listen 794, 795
ACK 468
–, Bestätigungen (Acknowledgements) 314
–, EIGRP 314
address mask 671
addresses 479
Address-Resolution-Protokoll 77
administrative Distanzen 113, 114
–, Filterung 719, 720
–, Protokoll-Wechsel 708, 709, 711, 712
–, Redistribution 639, 640, 641, 644, 645
–, RIP 197
Adreß-Aggregation
–, CIDR 352
–, EIGRP, Konfiguration 361

–, EIGRP-Pakete 350, 352, 353
Adressen
–, ARP 80
–, Daten-Verbindungen 25
– –, MAC 28
–, IP 57
– –, Masken 63, 64
– –, Netzwerke 60, 61
– –, OSPF 397
– –, OSPF-Nachbarn 406
– –, Reverses ARP 84
– –, Subnetze 66, 68
–, NET 552, 553
–, Netzwerk 39
– –, Host-Areas 40
– –, Netzwerk-Areas 40
–, Next-Hop, RIPv2 270
–, OSPF 479
– –, externe LSAs eines Autonomous-Systems 476
– –, sekundäre Adressen 488, 489, 490, 491, 493
– –, Zusammenfassung 502, 503, 505
–, Routen-Tabellen 100
–, Zusammenfassung, OSPF 531
aktive Nachbarn 370, 371, 372, 373
aktive Zustände, DUAL-Finite-State-Machines 326
Algorithmen 138
–, Distanzvektor 146
–, SPF 174, 451
–, zuverlässige Multicast-Algorithmen 313
Alter, LSAs 469
Alterung, Verbindungs-Status-Routing-Protokolle 170, 171
AND-Operator, IP-Adressen 64
Anfragen
–, ARP 77
– –, freiwillig 83
– –, statisches Routing 128
–, ICMP 86
–, OSPF 465, 466

–, RIP 197
Anfrage-Pakete, ARP 77
angeschlossene Router 473
anmeldende Router 466, 469
Antworten
–, ARP, freiwillig 83
–, ICMP 86
any 782
Applikationsschicht, TCP/IP 47
area area-id nssa 534
area area-id stub 534
area authentication 507
area authentication message-digest 508
area default cost 494, 534
area nssa 501, 502
area nssa-Statements, OSPF 497
area range 504, 532, 534
area stub 493, 495
area virtual link 534
area virtual-link 510
Area-Adressen-CLVs, Hello-PDUs 580
Area-Border-Router (ABRs) 430, 549
Area-ID
–, IS-IS 551
–, NET) 552, 553, 554
–, OSPF 397
–, OSPF, Nachbarn 406
–, OSPF-Pakete 460
area-id authentication 534
area-password 626
Areas
–, Integrated IS-IS 549, 550, 551, 552
–, IS-IS, Konfiguration 605, 606, 608
–, OSPF 428, 429
– –, Fehlersuche 526, 527, 528, 529, 530
– –, IDs 428
– –, Konfiguration 479, 480, 481
– –, NSSA (Semi-Rumpf-Areas) 496, 499, 502
– –, partitionierte 431, 432

– –, Reine Rumpf-Areas 495, 496
– –, Router 430, 431
– –, Rumpf-Areas 429, 447, 448, 450, 494, 495
– –, siehe auch Adreß-Zusammenfassung 504
– –, Verkehr 429
– –, virtuelle Verbindungen 433
–, Verbindungs-Status-Routing-Protokolle 179, 181
ARP (Address-Resolution-Protokoll) 77, 80, 81
–, Cache, statisches Routing 126
–, freiwilliges ARP 83, 84
–, Proxy-ARP 82
–, Reverses ARP 84
–, statisches Routing, Protokollkonflikte 127, 129
arp 94, 130
arp timeout 94
ASBR (Autonomous-System-Boundary-Router) 430
–, OSPF 430, 431
ASBR LSA, Zusammenfassung 473, 474
ASBR-Sammel-LSAs, OSPF 443
ATT, LSPs (Verbindungs-Status-PDUs) 586
ATT (Attached) Bit
–, IS-IS 551
Attempt Nachbar-Status, OSPF 409
Aufbau, Nachbarschafts-Verbindungen 414, 420
Aufruf, Access-Listen 788
ausdrückliche Bestätigungen
–, OPSF, Nachbarschaft 415
–, OSPF-Flooding 423
Ausfälle, IGRP, Fehlersuche 251, 253
Ausführungen, IGRP 236
Authentisierung
–, EIGRP, Konfiguration 362

–, IS-IS, Konfiguration 612, 613
–, OSPF, Konfiguration 506
–, OSPF-Pakete 461
–, RIPv2 278, 279
– –, Fehlersuche 292
– –, Konfiguration 290, 291, 292
– –, MD5 279, 280
– –, Paßwörter 279
Authentisierungsschlüssel
–, OSPF 401
automatische Zusammenfassung, Deaktivierung 359
Autonomous-System-Boundary-Router (ASBRs), 430, 431
Autonomous-Systeme 181, 182, 183
–, externe LSAs 444
–, IGRP 224, 225, 226, 236
–, OSPF, externe LSAs 476
autonomous-system-number 671
Autonomous-System-Nummern
–, EIGRP-Pakete 343
–, externe Routen-TLVs 348
auto-summary 299, 374
Au-Type, OSPF 401

B

Backbone, OSPF 480
–, Adreßzusammenfassung 502, 503, 505, 531
–, RIPv2, VLSM 298
–, virtuelle Verbindungen 509, 510, 511
Backbone-Router 430
–, virtuelle Verbindungen 433
–, siehe auch ABRs 430
–, siehe auch L2-Router 550
Backup-Interface-Status, OSPF 403
Bandbreite
–, IGRP 229, 230, 231, 233, 234, 235, 238
–, interne Routen-TLVs 346
–, OSPF 398

–, RIP, Vergleiche zum IGRP 227
bandwidth 254, 374
bandwidth, Metriken 142
Baum-Datenbank, SPF-Algorithmus 175
BDR (Backup-Designated-Router) 391
–, OSPF 391, 392, 393, 394, 395, 396, 399
–, OSPF-Nachbarn 407
–, OSPF-Pakete 463
Bearbeitung, Access-Listen 776
Befehl 95
–, accept-lifetime 292, 299, 363, 374
–, access list 755
–, access-class 788
–, access-list access-list-number 721
–, address mask 671
–, area area-id stub 534
–, area authentication 507
–, area authentication message-digest 508
–, area default cost 534
–, area default-cost 494
–, area nssa 501, 502
–, area range 504, 532, 534
–, area stub 493, 495
–, area virtual link 534
–, area virtual-link 510
–, area-id authentication 534
–, area-password 626
–, arp 94, 130
–, arp timeout 94
–, autonomous-system-number 671
–, auto-summary 299, 374
–, bandwidth 230, 254, 374
–, clear arp-cache 81, 94
–, clear ip accounting 794
–, clear ip route 713
–, clns routing 626
–, config-router 202
–, debug eigrp neighbors 368
–, debug eigrp packets 332, 367, 374

–, debug eigrp packets query reply update 332
–, debug ip eigrp neighbor 367, 374
–, debug ip icmp 95
–, debug ip ospf adj 420, 524, 534
–, debug ip packet 110, 130, 737
–, debug ip rip 203, 214, 283, 299
–, debug isis adj-packets 615, 622, 623, 626
–, debug isis snp-packets 620, 626
–, debug isis spf-events 618, 626
–, debug isis spf-statistics 618, 626
–, debug isis spf-triggers 618, 626
–, debug isis update-packets 620, 626
–, default-information originate 604, 626
–, default-metric 651
–, default-metric bandwidth delay 671
–, default-metric number 671
–, delay 230, 254, 319, 374
–, distance 708, 709, 712, 715, 716, 717, 719, 720
–, distance eigrp internal-distance external-distance 721
–, distribute-list 699, 701, 702, 704, 713, 721
–, distribute-list 10 in rip 706
–, domain-password 613, 626
–, ignore-lsp-errors 561, 626
–, interface e0 128
–, ip access-group 786
–, ip address 95, 214, 254
–, ip authentication key-chain eigrp 363, 374
–, ip authentication mode eigrp 374
–, ip authentication mode eigrp md5 363

–, ip bandwidth-percent eigrp 311, 320, 374
–, ip classless 299
–, ip hello-interval eigrp 315, 374
–, ip hold-time eigrp 315, 374
–, ip local policy route-map 739, 755
–, ip netmask-format 69, 95
–, ip ospf authentication-key 506, 534
–, ip ospf cost 398, 451, 534
–, ip ospf dead-interval 388, 400, 534
–, ip ospf demand-circuit 520, 534
–, ip ospf hello-interval 388, 400, 535
–, ip ospf message-digest-key 535
–, ip ospf message-digest-key md5 508
–, ip ospf name-lookup 535
–, ip ospf network 535, 625
–, ip ospf network broadcast 514
–, ip ospf priority 394, 399, 535
–, ip ospf retransmit-interval 400
–, ip ospf transmit-delay 535
–, ip policy route-map 739
–, ip policy route-map map-tag 755
–, ip proxy-arp 95, 130
–, ip rip authentication key-chain 299
–, ip rip authentication mode 299
–, ip rip authentication mode md5 291
–, ip rip receive version 282, 299
–, ip rip send version 282, 299
–, ip route 107, 130
–, ip route-cache 130
–, ip router isis 597, 615, 626
–, ip split-horizon 299

–, ip subnet-zero 274, 299
–, ip summary-address eigrp 358, 374, 671
–, isis csnp-interval 563, 626
–, isis hello-interval 556, 626
–, isis hello-multiplier 556, 626
–, isis metric 567, 626
–, isis password 612, 613, 626
–, isis priority 627
–, isis retransmit-interval 563, 627
–, is-type 602, 627
–, key 299, 374
–, key chain 299, 374
–, key-string 299, 374
–, match 729, 730, 734, 756
–, match interface 729, 755
–, match ip address 729, 730, 755
–, match ip next-hop 729, 755
–, match ip route-source 729, 755
–, match length 730, 738, 755
–, match metric 729, 755
–, match route-type 729, 755
–, match tag 729, 755
–, maximum-paths 245, 254, 535
–, metric holddown 254
–, metric maximum-hops 254
–, metric weights 254, 319, 354, 375
–, neighbor 214, 240, 254, 512, 513, 514, 518, 535
–, net 597, 627
–, network 202, 214, 239, 299, 354, 375, 479
–, network area 479, 480, 481, 483, 530, 535
–, no access-list# 776
–, no auto-summary 289, 360
–, no ip ospf message-digest-key 15 md5 abiquiu 509
–, no ip proxy-arp 128
–, no ip redirects 88
–, no ip route-cache 117, 243
–, no ip split-horizon 719
–, no route-map 732

-, offset-list 211, 214, 240, 254
-, ospf auto-cost reference-bandwidth 398, 535
-, ospf log-adjacency-changes 524, 526, 535
-, output-delay 214
-, passive-interface 205, 214, 240, 247, 272, 300, 357, 375, 479
-, passive-interferance 254
-, redistribute 650, 671, 721, 744, 748, 751, 756
-, redistribute connected 653, 671
-, redistribute igrp 751
-, redistribute rip metric 10 491
-, redistribute static 669
-, router 202, 239
-, router eigrp 354, 375
-, router igrp 240, 254
-, router isis 597, 627
-, router ospf 479, 535
-, router rip 202, 214, 300
-, send-lifetime 292, 300, 363, 375
-, service password-encryption 509
-, set 729, 730, 734, 756
-, set default interface 730, 756
-, set interface 730, 756
-, set ip default next-hop 730, 756
-, set ip next-hop 730, 756
-, set ip precedence 730
-, set ip precedence 741, 756
-, set ip tos 730, 742, 756
-, set level 730, 756
-, set metric 730, 756
-, set metric-type 730, 756
-, set next-hop 730
-, set tag 730, 756
-, set-overload-bit 564, 627
-, show 69
-, show arp 80
-, show clns is-neighbor 557, 607, 615, 627

-, show clns is-neighbor detail 615
-, show interface 230, 255
-, show interface serial 623
-, show interfaces 229
-, show ip accounting access-violations 794
-, show ip eigrp neighbor 316, 375
-, show ip eigrp topology 320, 375
-, show ip ospf 535
-, show ip ospf border-routers 453, 528, 535
-, show ip ospf database 435, 523, 535
-, show ip ospf database asbr-summary 443, 474, 536
-, show ip ospf database database-summary 526, 536
-, show ip ospf database external 444, 536
-, show ip ospf database network 440, 441, 473, 536
-, show ip ospf database nssa-external 446, 476, 536
-, show ip ospf database router 438, 439, 469, 536
-, show ip ospf database summary 441, 443, 474, 536
-, show ip ospf interface 397, 536
-, show ip ospf neighbor 406, 536
-, show ip ospf virtual-links 536
-, show ip route 103, 234, 255, 300
-, show isis database 564, 565, 607, 616, 627
-, show isis database detail 565, 566
-, show isis spf-log 617, 627
-, summary address 671
-, summary-address 610, 627, 666

–, summary-address eigrp 361
–, tag 671
–, timer active-time 373
–, timer basic 214, 255
–, timer lsa-group-pacing 437, 536
–, timers active-time 328, 375
–, trace 53
–, traffic-share 255, 354, 375
–, traffic-share balance 244
–, traffic-share min 244
–, validate-update 255
–, variance 242, 245, 255, 354, 375
–, version 281, 300
–, which-route 627
Bellman-Ford-Algorithmen 146
benachbarter Router, OSPF 400
benannte Access-Listen 790
Berechnungen
–, diffuse 310
– –, DUAL-Finite-State-Machines 326
– –, EIGRP 330, 332, 333, 334, 341
–, lokale, DUAL-Finite-Machines 326
Bestätigungen, OPSF
–, Flooding 423, 424
–, Nachbarschaftsverbindungen 415
–, siehe ACKs 314
Bestätigungs-Nummer, TCP 92
Binäre Zählweise 763, 765
–, dezimale Umwandlung 766
Bits
–, DoNotAge-Bit 458
–, Hippity-Bit 564
–, IP-Paket-Flags 51
–, OSPF 482
–, OSPF, temporäre Verbindungen 521
–, Overload-(OL-)Bit 563
–, Precedence, Policy-Routing 743
–, Precedence-Bits, Policy-Routing 741

–, TOS, Policy-Routing 742, 743
boolesche Operatoren, UND, IP-Adressen 64
Booten, OSPF, Loopback-Schnittstelle 483, 486
Border-Bit, Router-LSAs, OSPF 470
Bridges, LANs 31, 33
–, Skalierbarkeit 34
Broadcast-Netzwerke, OSPF 390
Broadcast-Subnetzwerke
–, IS-IS 556
–, LSPs 563
Bytes 765

C
Cache, ARP
–, Konflikte bei statischen Routing-Protokollen 127
–, statisches Routing 126
CCIE (Cisco-Certified-Internetzwerk-Experte) 797
–, Ablegen der Prüfung 803, 804
–, Ratschläge zum Studium 801
–, Seminare 799
–, vor der Prüfung 803
–, Vorbereitung auf die Prüfung 798
CIDR (Classless-Interdomänen-Routing) 352
Circuit-ID, IS-IS
–, Designated-Router 560
–, Nachbarn 557
Circuit-Type-Feld, IS-IS Hello-PDUs 577
Cisco-Certified-Internetzwerk-Experte, siehe CCIE 797
Class-A-IP-Adressen 61
–, Masken 63
–, Subnetze 66, 68
Class-B-IP-Adressen 61
–, Masken 63
–, Subnetze 66, 68
Class-C-IP-Adressen 61
–, Masken 63

–, Oktettgrenzen 71
–, Subnetze 66, 68
classful Routing
–, classless Redistribution 646, 647, 648, 649
–, RIP 189, 197, 198, 201, 202
– –, Grenzen 201
– –, Subvernetzung 199
classful Routing-Protokolle 67
classless Routing
–, classful Redistribution 646, 647, 648, 649
–, RIPv2 273, 274
–, siehe auch Adreßaggregation 350
classless Routing-Protokolle 67
–, RIPv2 289
Classless-Interdomänen-Routing (CIDR) 352
clear arp-cache 81, 94
clear ip accounting 794
clear ip route 713
CLNP, IS-IS 545
clns routing 626
CLNS-Routing, IS-IS-Konfigurationen 600
CLV-Felder, IS-IS-PDUs 574, 575, 576
–, Hello 578, 579, 580, 581, 582, 584
–, LSPs (Verbindungs-Status-PDUs) 586, 589, 590, 592
Code/Length/Value-Felder, siehe CLV-Felder 574
commands
–, ip classless 106
–, ip subnet-zero 106
Conditional-Receive-Bit
–, EIGRP, diffuse Berechnung 333
config-router 202
Cost, Unequal, IGRP-Lastausgleich 241, 242, 244
Counting-to-Infinity-Problem (Zählen bis zur Unendlichkeit), Distanzvektor-Routing-Protokolle 156

critical 742
CSNP
–, IS-IS 563
–, LSPs 563

D
Daemons, RIP 190
Data-Link-Protocol-Data-Units, siehe DLPDUs 549
Datenbankbeschreibung, siehe DD (database description) 408
Datenbanken
–, OSPF 385, 435, 437, 438
– –, Fehlersuche 526
– –, siehe auch LSAs 438
–, SPF-Algorithmus 175
–, Verbindungs-Status-Datenbanken 160, 171, 172, 173, 174
Datenverarbeitung
–, dezentralisierte 25
–, zentralisierte 23
Daten-Verbindungen 25
–, IP-Adressen
– –, Masken 63, 64
– –, Subnetze 66, 68
–, Kennzeichen (MAC) 27, 29
–, MAC-Adressen 28
–, Netzwerkadressen 39
–, TCP/IP 46
DC, OSPF-LSA-Options-Feld 477
DC-Bit, Demand-Circuit-Bit (Bit für temporäre Verbindungen) 458
–, OSPF, temporäre Verbindungen 521
DD, Datenbank-Beschreibung (database description) 408
DD-Pakete, OSPF 464, 465
–, Nachbarschaftsverbindungen 416, 417
DD-Sequenznummer, OSPF-Nachbarn 408
Dead-Intervalle, OSPF-Pakete 463
Deaktivierung, EIGRP 359
debug eigrp neighbors 368

debug eigrp packets 332, 367, 374
debug eigrp packets query reply update 332
debug ip eigrp neighbor 367, 374
debug ip icmp 95
debug ip ospf adj 420, 524, 534
debug ip packet 110, 117, 130
debug ip packets 737
debug ip rip 203, 214, 283, 299
debug isis adj-packets 615, 622, 623, 626
debug isis snp-packets 620, 626
debug isis spf-events 618, 626
debug isis spf-statistics 618, 626
debug isis spf-triggers 618, 626
debug isis update-packets 620, 626
DECnet, siehe IS-IS 545
default-information originate 604, 626
default-information-originate Statement 502
default-metric bandwidth delay 671
default-metric 651
default-metric number 671
Default-Metrik, LSPs (Verbindungs-Status-PDUs) 589
Default-Routen, Filterung 701, 704
Delay, IGRP 230, 231, 233, 234, 235, 238
–, interne Routen-TLVs 345
delay 254, 319, 374
Delay-Metriken 143
Demand-Circuit Bit (DC-bit) 458
deny (Access-Listen) 770, 771
–, aufeinanderfolgende Ausführung 773
–, deny any 772
–, Routen-Maps 733

deny any (Access-Listen) 772
Design, Subnetzmasken 69, 71
Designated-Router, OSPF-Pakete 463
detail 607, 737
dezentralisierte Datenverarbeitung 25
Dezimalsysteme, binäre Umwandlungen 766
diffuse Berechnungen
–, DUAL-Finite-State-Machines 326
–, EIGRP 310, 330, 332, 333, 334, 341
direkte Bestätigung 424
discontiguous Subnetze 201
–, OSPF-Adreßzusammenfassung 506
–, RIP (Routing-Information-Protokoll) 208, 209
–, RIPv2, Konfiguration 288, 289
distance 708, 709, 712, 715, 716, 717, 719, 720
distance eigrp internal-distance external-distance 721
Distanzen, Filterung 719, 720
Distanzvektor-Protokolle, EIGRP 309
–, Routenfilterung 699
–, Routing-Information-Protokoll 189
Distanzvektor-Routing-Protokolle 147
–, asynchrone Updates 157, 159
–, Beispiel 148, 150
–, Counting-to-Infinity-Problem 156
–, Hold-Down-Timer 157
–, Nachbarn 147, 148
–, Split-Horizons 152, 153, 154
–, Ungültigkeits-Timer 151
–, Updates 147
Distributed-Database-Protokolle 159
distribute-list 10 in rip 706
distribute-list 699, 701, 702,

704, 713, 721
DLPDUs (Data-Link-Protocol-
    Data-Units) 549
DNS-Überprüfung, OSPF,
    Konfiguration 487
domain-password 613, 626
Domänen, Routing 181
DoNotAge-Bit 458
–, OSPF, temporäre
    Verbindungen 521
DR (Designated-Router) 391
–, OSPF 391, 392, 393, 394,
    395, 396, 399
–, OSPF-Nachbarn 407
DRs
–, IS-IS 558, 559, 560
–, OSPF, NBMA-Netzwerke
    511, 512, 513, 515
DUAL (Diffusing-Update -
    Algorithmus) 316
–, EIGRP 316, 317, 318, 319
– –, diffuse Berechnungen
    330, 332, 333, 334, 341
– –, Finite-State-Machine 326,
    327, 328, 329
– –, Metriken 319, 320, 322
– –, möglicher Nachfolger
    318, 319, 320, 322, 323,
    324, 325
– –, Topologie-Tabelle 320,
    321, 322
Dual IS-IS, siehe Integrated IS-
    IS 546
dynamische Routing-Protokolle
    104
–, Algorithmen 138
–, Distanzvektor 147
– –, asynchrone Updates 157,
    159
– –, Beispiel 148, 150
– –, Hold-Down-Timer 157
– –, Nachbarn 147, 148
– –, Split-Horizons 152, 153,
    154, 156
– –, Ungültigkeits-Timer 151
– –, Updates 147
–, EGP 182
–, IGP 182
–, Konvergenz 144

–, Lastausgleich 145, 146
–, Metriken 140, 141
– –, Bandbreite 142
– –, Delay 143
– –, Hop-Count 142
– –, Kosten 144
– –, Last 142
–, Pfadbestimmung 138, 139
–, Routing-Information-
    Protokoll, siehe RIP 189
–, Verbindungs-Status 159,
    160
– –, Areas 179, 181
– –, Datenbank 171, 172,
    173, 174
– –, Flooding 161, 162, 170,
    171
– –, Nachbarn 160, 161
– –, SPF-Algorithmus 174,
    175, 176, 177
–, Vergleiche mit statischen
    Routen 184

E
E, OSPF-LSA-Optionsfeld 478
E2 (external type 2) Metriken
–, OSPF, sekundäre Adressen
    491
EA, OSPF-LSA-Optionsfeld
    477
Echo-Anfrage, ICMP 86, 87
Echo-Antwort, ICMP 86, 87
EGPs (Exterior-Gateway-
    Protokolle) 182
EIGRP (Enhanced-Interior-
    Gateway-Routing-Protokoll)
    309, 310, 311
–, DUAL 316, 317, 318, 319,
    320
– –, diffuse Berechnungen
    330, 332, 333, 334, 341
– –, Finite-State-Machine 326,
    327, 328, 329
– –, Metriken 319, 320, 322
– –, möglicher Nachfolger
    318, 319, 320, 322, 323,
    324, 325
– –, Topologie-Tabelle 320,
    321, 322

–, Fehlersuche 364
– –, Nachbarn 364, 366, 367, 368, 369
– –, Stuck-in-Active-Nachbarn 370, 371, 372, 373
–, Konfiguration 353, 354, 355, 356
– –, Adreßaggregation 361
– –, Authentisierung 362
– –, Redistribution 356, 357, 358, 359
– –, Zusammenfassung 359
–, Migration, Filterung 708, 709, 712
–, Module 312, 313
–, Nachbarn 316, 318
–, Pakete 313, 314, 342
– –, Adreßaggregation 350, 352, 353
– –, Header 342, 343
– –, TLVs 344, 348
–, Redistribution, OSPF-Konfiguration 656, 657, 658
–, RTP 313, 315
eigrp 712
Einkapselung
–, Frames (LANs) 26
–, OSPF-Pakete 458
–, SNAP, ARP 81
elektrische Protokolle (TCP/IP) 46
Enhanced-Interior-Gateway-Routing-Protokoll, siehe EIGRP 309
Entscheidungsprozeß, IS-IS 567, 568, 569, 570
Entscheidungspunkte, OSPF, Nachbarschafts-verbindungen 413
Equal-Cost-Lastausgleich
–, IS-IS 568
–, RIP 197
Equal-Cost-Lastverteilung 115
Ereignisse
–, Eingabe, DUAL-Finite-Machine 325, 326
–, OSPF 404

– –, Nachbarschafts-verbindungen 412
erweiterte IP-Access-Liste 780, 781, 782
ES-IS (End-System-Intermediate-System) 548
established, TCP-Access-Listen 784
Exchange Nachbar-Status
–, OSPF 410
Expiration-Timer
–, RIP 192
explizites permit any (Access-Listen) 772
ExStart Nachbar-Status
–, OSPF 410
Exterior-Gateway-Protokolle (EGPs) 182
externe Attribute von LSAs, OSPF 446
externe LSAs 444
–, Autonomous-Systeme 476
–, NSSA (Semi-Rumpf Area) 476, 477
externe Metriken 475
externe Pfade 453, 454
externe Protokoll-ID, externe Routen-TLVs 348
externe Protokoll-Metrik, externe Routen-TLVs 348
externe Routen
–, IGRP 226
–, IS-IS 567
externe Routen-TLVs, EIGRP 348
externe Routen-Zusammen-fassung, OSPF 503
externe Typ 2 (E2)-Metriken
–, OSPF, sekundäre Adressen 491
externer Verkehr, OSPF, Areas 429
externes Bit, Router-LSAs 470
externes Routen-Tag 476

F
Fast-Switching 116
FC
–, EIGRP 318

–, EIGRP, DUAL-Finite-State-Machines 328
–, Feasibility-Condition 318
FD
–, EIGRP 318
–, EIGRP, DUAL-Finite-State-Machines 328
–, Feasible-Distanz 318
Feasibility-Condition (FC), EIGRP 318
Feasible-Distance (FD), EIGRP 318
Feedback (Route) 697
Fehlersuche
–, Counting-to-Infinity 156
–, EIGRP 364
– –, Nachbarn 364, 366, 367, 368, 369
– –, Stuck-in-Active-Nachbarn 370, 371, 372, 373
–, IGRP 248
– –, Unequal-Cost-Lastausgleich 250, 251
– –, zwischenzeitige Ausfälle 251, 253
–, Integrated IS-IS 614
– –, Nachbarschaftsverbindungen 615, 616
– –, NBMA-Netzwerke 621, 623, 625
– –, Verbindungs-Status-Datenbanken 616, 617, 618, 620
–, LANs
– –, Bridge 31, 33
– –, Repeater 31
– –, Skalierbarkeit 34
– –, Vergleiche zu WANs 33, 34
–, OSPF 522, 523
– –, Adreßzusammenfassung 531
– –, Areas 526, 527, 528, 529, 530
– –, Konfigurationen 523
– –, Nachbarschaftsverbindungen 523, 524
– –, Performance 527
– –, Verbindungs-Status-Datenbanken 526
–, RIP 213
–, RIPv2
– –, Authentisierung 292
– –, Versionen 292
– –, VLSM 293, 294, 295, 296, 297, 298
–, statisches Routing
– –, Protokollkonflikte 125, 126, 127
– –, Verfolgung ausgefallener Routen 122, 124
–, Subnetzmasken 76
fehlgeschlagene Verfolgung statischer Routen 122, 124
Felder
–, CLV, siehe CLV-Felder 574
–, OSPF, NSSA (Semi-Rumpf-Area) externe LSAs 476
–, PDUs 572
–, RIPv2 269, 271
–, TCP 93
–, TLVs, EIGRP-Pakete 344, 348
Filter
–, Access-Listen
– –, aufeinanderfolgende Ausführung 773
– –, Aufruf 788
– –, Bearbeitung 776
– –, benannte 790
– –, deny any 772
– –, erweitertes IP 780, 781, 782
– –, ICMP 785, 786
– –, Identifikation 774, 775, 776
– –, Konfigurationszeilen 774
– –, permit any 772
– –, Standard-IP 777, 778
– –, TCP 783, 784
– –, Überwachung 794
– –, UDP 785
–, Sicherheit (Access-Listen) 770
–, Verkehr (Access-Listen) 770
Filterung (Route) 699

–, bestimmte Routen 699,
  701, 702, 704
–, Bridges 33
–, Distanzen 719, 720
–, gegenseitige Redistribution
  704
–, Protokoll-Wechsel 708,
  709, 712
–, Redistribution, mehrere
  Reditributionspunkte 713,
  714, 715, 716, 717
Finite-State-Machine
–, EIGRP 326, 327, 328, 329
Flags
–, DUAL-Finite-State-
  Machines
– –, Antwort-Status 327
– –, Ursprung der Abfrage 328
–, EIGRP, diffuse
  Berechnungen 333
–, EIGRP-Pakete 343
–, externe Routen-TLVs 348
–, TCP 92
flash 742
flash-override 742
Flash-Updates, siehe Triggered
  Updates (ausgelöste
  Updates) 156
Flattern (Route) 142
Flooding
–, OSPF 420
– –, Bestätigungen 423, 424
– –, MaxAge 426
– –, Prüfsummen 425
– –, Sequenznummern 425
–, Verbindungs-Status-
  Routing-Protokolle 161,
  162
– –, Alterung 170, 171
– –, Sequenznummern 162
Flush-Timer
–, IGRP 228
–, RIP 192
Flut-Timer, Multicast 314
Ford-Fulkerson-Algorithmen
  146
Forwarding-Adressen, OSPF,
  externe LSAs von
  Autonomous-Systemen 476

Forwarding-Adreß-Feld, OSPF,
  NSSA (Semi-Rumpf Area)
  476
Forwarding-Datenbanken,
  siehe Routen-Tabellen 99
Fragment-Ausgleich, IP-Pakete
  52
fragmentierte LSPs 564
Frame Relay
–, administrative Distanzen,
  Redistribution 645
–, inverses ARP, OSPF NBMA
  517
Frames, LAN 26
freiwilliges ARP (Address-
  Resolution-Protokoll) 83,
  84
Full Nachbar-Status, OSPF
  410
funktionale Protokolle (TCP/IP)
  46
Funktionen, IS-IS
–, subnetzwerkabhängige
  Unterschicht 554, 555, 560
–, subnetzwerkunabhängige
  Unterschicht 554, 560, 561,
  562, 563, 564, 570

G

Garbage-Collection, RIP 192
Gated Daemons, RIP 190
gebundene Updates, EIGRP
  310
gegenseitige Redistribution
  664, 697
–, Filterung 704
gepunktete Dezimalform, siehe
  dezimale Schreibweise 68
gerouteter Daemon, RIP 190
Grenzen
–, Oktett 71
–, RIP, classful Routing 201
Größe
–, IP-Pakete, Header 48, 49
–, PDUs, Hello 576
–, TCP-Header 92
Gruppenzugehörigkeits-LSAs,
  OSPF 444

H
Hardware, ARP 80
Header
–, EIGRP-Pakete 342, 343
–, IP-Pakete
– –, Fragment-Ausgleich 52
– –, Größe 48, 49
– –, Optionsfeld 54, 55, 56
– –, TOS (Type-of-Service) 49
– –, TTL (Time-to-Live) 52
–, OSPF, LSAs 468, 469
–, OSPF-Pakete 460, 461, 462
–, TCP 91
–, TCP, Größe 92
Hello-Intervall 387
–, OSPF 399
–, OSPF-Pakete 463
Hello-Pakete 314
–, EIGRP, Nachbarn 315
–, OSPF 384, 385, 462, 463, 464
–, OSPF, Nachbarn 405, 406
Hello-PDUs (Protocol-Data-Units) 570, 571, 572, 574, 576, 584
–, Größen 576
–, IS-IS 556
–, LAN 577
–, Point-to-Point 577
Hello-Protokoll, OSPF 387, 388
Hello-Timer, OSPF 400
Hexadezimale Zahlen 763, 767
Hippity-Bit 564
Hold-Down, RIP 193
Hold-Down-Timer
–, administrative Distanzen, Redistribution 643, 644
–, dynamische Routing-Protokolle 157
–, IGRP 228
Hold-Time-Feld, IS-IS-Hello-PDUs 577
Hold-Zeiten, EIGRP 315
Hop-Count
–, IGRP 238
–, interne Routen-TLVs 346
–, IS-IS 567

–, RIP 191
–, RIPv2 270
Hop-Count-Metriken 142
Host
–, ES-IS 548
–, OSPF, Loopback-Schnittstellen 486
–, RIP 194
Host-Adressen, Subnetzmasken, Oktettgrenzen 71
Host-Kennzeichen 40
Host-to-Host-Schicht
–, TCP 89
–, TCP/IP 47, 88
–, UDP (User-Datagram-Protokoll) 93, 94
Host-to-Host-Schicht-Protokoll 54

I
I-Bits, DD-Pakete, OSPF 465
ICMP (Internet-Control-Message-Protokoll) 84, 85, 86
–, Access-Liste 785, 786
–, Echo-Anfrage 86, 87
–, Echo-Antwort 86, 87
–, Redirect 87, 88
–, Router-Discovery-Protokoll 86
–, Ziel unerreichbar 103
idbq 334
Identifikation, Access-Listen 774, 775, 776
IDs
–, externe Routen-TLVs 348
–, IS-IS 551
– –, Nachbarn 557
– –, PDUs (Protocol-Data-Units) 572
–, LSAs, OSPF 469
–, LSPs 565, 585
–, OSPF 386, 387, 397
– –, Areas 428
– –, Loopback-Schnittstellen 486
– –, Nachbarn 406
– –, Prozeß-IDs 479, 481
–, OSPF-Pakete 460

–, OSPF-Paßwörter 507
–, Router-LSAs 471, 473
–, Verbindungs-Status, OSPF 466
–, Verbindungs-Status-Datenbank 172, 173
–, Verbindungs-Status-Protokolle 160
IETF, OSPF 383
ignore-lsp-errors 561, 626
IGP, OSPF 182, 383
IGRP (Interior-Gateway-Routing-Protokoll) 223
–, Autonomous-Systeme 224, 225, 226
–, Fehlersuche 248
– –, Unequal-Cost-Lastausgleich 250, 251
– –, wechselnde Ausfälle 251, 253
–, Konfiguration 239, 240, 241
– –, maximale Pfade 244, 245, 246
– –, mehrfache IGRP-Prozesse 246, 247
– –, Unequal-Cost-Lastausgleich 241, 242, 244
–, Metriken 231, 233, 234, 235
–, Pakete 235, 236, 238, 239
–, Redistribution, RIP-Konfiguration 652, 653
–, Routen 226
–, siehe auch EIGRP 311
–, Timer 227, 228
iidbq 334
immediate 742
implizite Bestätigungen
–, OPSF, Nachbarschafts-Verbindungen 415
–, OPSF-Flooding 423
implizites deny, Routen-Maps 733
implizites deny any (Access-Listen) 772
in 787
Inaktivitäts-Timer, OSPF-Nachbarn 407

infinite 292
InfTransDelay, OSPF 398
Init Nachbar-Status, OSPF 409
Initialisierungs-Bit, EIGRP, diffuse Berechnung 333
Input-Ereignisse
–, DUAL-Finite-Machine 325, 326, 329
–, OSPF 404
–, OSPF, Nachbarschafts-verbindungen 412
Integrated IS-IS (Intermediate-System-to-Intermediate-System) 545, 547, 548, 549
–, Areas 549, 550, 551, 552
–, Area-ID 551
–, DRs (Designated-Router) 558, 559, 560
–, Entscheidungsprozeß 567, 568, 569, 570
–, Fehlersuche 614
– –, Nachbarschafts-verbindungen 615, 616
– –, NBMA-Netzwerke 621, 623, 625
– –, Verbindungs-Status-Datenbanken 616, 617, 618, 620
–, Funktionen
– –, subnetzwerkabhängige Unterschicht 554, 555, 560
– –, subnetzwerkunabhängige Unterschicht 554, 560, 561, 562, 563, 564, 570
–, Konfiguration 596, 597, 598, 600, 601
– –, Areas 605, 606, 608
– –, Authentisierung 612, 613
– –, Default-Routen 603, 604, 605
– –, Routen-Zusammenfassung 607, 608, 610, 611
–, Nachbarn 556, 557
–, Nachbarschaftsverbin-dungen 556, 557
–, NET 552, 553, 554
–, OSPF-Vergleiche 547
–, PDUs 570, 571, 572

–, Update-Prozeß 561, 562, 563, 564
–, Zusammenwirken mit IS-IS 576
Interarea-Pfade, OSPF 453
Interarea-Verkehr, OSPF, Areas 429
Interarea-Zusammenfassung, OSPF 503
Inter-Domänen-Informations-Typ-CLV, LSPs (Verbindungs-Status-PDUs) 592
interface e0 128
Interior-Gateway-Protokolle (IGPs) 182
Interior-Gateway-Routing-Protokoll, siehe IGRP 223
Intermediate-System-Nachbarn-CLV, Hello-PDUs 581, 582
interne Routen
–, IGRP 226, 236
–, IS-IS 567
interne Routen-TLVs 346
–, EIGRP 346
interner Router, OSPF-Areas 430
internet 742
Internet-Control-Message-Protokoll, siehe ICMP 84
Internet-Schicht, TCP/IP 47
Internetzwerke 34
–, IP-Adressen 60, 61
–, Routen-Tabellen 101, 102
–, Router 38
– –, Pakete 36, 38
–, statisches Routing 105, 106, 107
– –, administrative Distanzen 113, 114
– –, alternative Routen 111
– –, Lastverteilung 114, 115, 117
– –, Protokollkonflikte 125, 126, 127
– –, rekursive Tabellen-prüfungen 119
– –, Sammel-Routen 108
– –, Tracing-Ausfälle 122, 124

– –, Wechselrouten 111, 113, 114
Intra-Area-Pfade, OSPF 453
Intra-Area-Verkehr, OSPF, Areas 429
Intradomänen-Routing-Protokoll-Diskriminator 571
Invalid-Timer
–, administrative Distanzen, Redistribution 643, 644
–, IGRP 228
–, RIP 192
Invalid-Updates, RIPv2 278, 279
inverse Masken
–, Access-Listen 778
–, OSPF 479
inverse masks, OSPF 479
inverses ARP, OSPF-NBMA 517
IP
–, Access-Listen
– –, erweiterte 783
– –, Policy-Routing 736
– –, Standard 783
–, Adressen 57
– –, Internetzwerke 60, 61
– –, Masken 63, 64
– –, OSPF 397
– –, OSPF-Nachbarn 406
– –, Reverses ARP 84
– –, Subnetze 66, 68
–, Pakete
– –, Fragment-Ausgleich 52
– –, Header-Länge 48, 49
– –, Options-Feld 54, 55, 56
– –, TOS (Type-of-Service) 49
– –, TTL (Time-to-Live) 52
–, Routing-Information-Protokoll, siehe RIP 189
–, Routing-Protokolle 137
–, TLVs, EIGRP-Pakete 345, 346, 348
–, Versionen 48
ip access-group 786
ip accounting access-violations, ip accounting 794
ip address 95, 214, 254

ip authentication key-chain
  eigrp 363, 374
ip authentication mode eigrp
  374
ip authentication mode eigrp
  md5 363
ip bandwidth-percent 372
ip bandwidth-percent eigrp
  311, 320, 374
ip classless 299
ip classless command 106
ip hello-interval eigrp 315, 374
ip hold-time eigrp 315, 374
ip local policy route-map 739,
  755
ip netmask-format 69, 95
ip ospf authentication-key 506,
  534
ip ospf cost 398, 451, 534
ip ospf dead-interval 388, 400,
  534
ip ospf demand-circuit 520,
  534
ip ospf hello-interval 388, 400,
  535
ip ospf message-digest-key 535
ip ospf message-digest-key md5
  508
ip ospf name-lookup 535
ip ospf network 535, 625
ip ospf network broadcast 514
ip ospf priority 394, 399, 535
ip ospf retransmit-interval 400
ip ospf transmit-delay 535
ip policy route-map 739
ip policy route-map map-tag
  755
ip proxy-arp 95, 130
ip redirects 95
ip rip authentication key-chain
  299
ip rip authentication mode 299
ip rip authentication mode md5
  291
ip rip receive version 282, 299
ip rip send version 282, 299
ip route 107, 130
ip route-cache 130
ip router isis 597, 615, 626

ip split-horizon 299
ip subnet-zero 274, 299
ip subnet-zero command 106
ip summary-address eigrp 358,
  374, 671
IP-Externe-Erreichbarkeits-
  Informations-CLV, LSPs
  (Verbindungs-Status-PDUs)
  590, 592
IPng 48
IP-Schnittstellen-Adressen-CLV,
  Hello-PDUs 584
IP-Umleitungen 95
IPv4 48
IPv6 48
IS-IS (Intermediate-System-to-
  Intermediate-System) 545,
  548
–, DLPDUs (Data-Link-
  Protocol-Data-Units) 549
–, Integrated IS-IS 576
–, LSPs 549, 562, 563
– –, Anzeige 565, 566
– –, CSNP 563
– –, Entscheidungsprozeß 568
– –, Fragmentierung 564
– –, Hippity-Bit 564
– –, ID 565
– –, Overload-Bit 563
–, Metriken 566, 567
–, Nachbarschaftsverbindun-
  gen, Einschränkungen 596
–, NPDUs (Network-Protocol-
  Data-Units) 549
–, PDUs (Protocol-Data-Units)
  549
– –, CLV-Felder 574, 575, 576
– –, Hello 576, 584
– –, SNPs (Sequenz-Nummern-
  PDUs) 593, 595
–, Redistribution
– –, RIP 665, 667
– –, Routen-Maps 744, 746
–, SNPA (Subnetwork-Point-
  of-attachment) 548
–, Vergleiche mit OSPF 547
–, VLSM 568
isis csnp-interval 563, 626
isis hello-interval 556, 626

isis hello-multiplier 556, 626
isis metric 567, 626
isis password 612, 613, 626
isis priority 627
isis retransmit-interval 563, 627
ISO, CLNP, IS-IS 545
is-type 602, 627

K

Kandidaten-Datenbanken, SPF-Algorithmus 175
Keepalives, IS-IS 556
Kennzeichen
–, Daten-Verbindungen (MAC) 27, 29
–, statisches Routing, Protokollkonflikte 128
key 299, 374
key chain 299, 374
key ID, OSPF-Paßwörter 507
key-string 299, 374
Klassen, IP-Adressen, Netzwerke 60, 61
Kompatibilität, RIPv1/RIPv2 273
Kompatibilitätsschalter, RIPv1/RIPv2 283, 284, 285
Konfiguration
–, EIGRP 353, 354, 355, 356
– –, Adreßaggregation 361
– –, Authentisierung 362
– –, Redistribution 356, 357, 358, 359
– –, Zusammenfassung 359
–, IGRP 239, 240, 241
– –, maximale Pfade 244, 245, 246
– –, mehrfache IGRP-Prozesse 246, 247
– –, Unequal-Cost-Lastausgleich 241, 242, 244
–, Integrated IS-IS 596, 597, 598, 600, 601
– –, Areas 605, 606, 608
– –, Authentisierung 612, 613
– –, Default-Routen 603, 604, 605

– –, Routen-Zusammenfassung 607, 608, 610, 611
–, OSPF 478, 480, 481, 482
– –, Adressenzusammenfassung 502, 503, 505
– –, Authentisierung 506
– –, DNS-Überprüfung 487
– –, Fehlersuche 523
– –, Loopback-Schnittstellen 483, 484, 486
– –, Nachbarschaftsverbindungen 523, 524
– –, NBMA-Netzwerke 511, 520
– –, NSSAs (Semi-Rumpf-Areas) 496, 499, 502
– –, Reine Rumpf-Areas 495, 496
– –, Rumpf-Areas 494, 495
– –, sekundäre Adressen 488, 489, 490, 491, 493
– –, temporäre Verbindungen 520, 522
– –, Verbindungs-Status-Datenbanken 526
– –, virtuelle Verbindungen 509, 511
–, Redistribution 650, 651
– –, EIGRP/OSPF 656, 657, 658
– –, IGRP/RIP 652, 653
– –, IS-IS/RIP 665, 667
– –, Metriken 652
– –, statische Routen 667, 668, 669, 670
– –, Zusammenfassung 659, 660, 661, 663, 664
–, RIP 204
– –, discontiguous Subnetze 208, 209
– –, Metriken 210, 211, 212, 213
– –, passive Schnittstellen 204, 205, 206
– –, Unicast-Updates 206, 207
–, RIPv2 281
– –, Authentisierung 290, 291, 292

– –, discontiguous Subnetze 288, 289
– –, RIPv1-Kompatibilitätsschalter 283, 284, 285
– –, VLSM 285, 287
–, Routen-Maps 731, 732, 733
Konfigurationszeilen, Access-Listen 774
Konvergenz (Routing-Protokolle) 144
Kosten
–, Lastverteilung 115
–, OSPF 398, 451
–, OSPF, Rumpf-Areas 495
–, Verbindungs-Status-Datenbank 172, 173
Kosten-Metriken 144

L
L1-Router (IS-IS) 550
L2-Router (IS-IS) 550
LAN, PDUs, Hello 577
Länge
–, LSAs, OSPF 469
–, OSPF-Pakete 460
Längen-Feld, IS-IS-Hello-PDUs 577
Längen-Indicator, PDUs 571
LAN-ID, IS-IS, Nachbarn 557
LAN-ID-Feld, IS-IS-Hello-PDUs 578
LANs (Local-Area-Netzwerke) 24
–, Bridges 31, 33
–, Daten-Verbindungen 25
– –, Kennzeichen 27, 29
– –, Frames 26
–, MAC-Adressen 28
–, Netzwerkadressen 39
– –, Host-Teil 40
– –, Netzwerkteil 40
–, Probleme 29
–, Repeater 31
–, Router 38
– –, Pakete 36, 38
–, Skalierbarkeit 34
–, Vergleiche zu WANs 33, 34

Last
–, IGRP 238
–, interne Routen-TLVs 346
Lastausgleich (Routing-Protokolle) 145, 146
–, IGRP, Unequal-Cost 241, 242, 244, 250, 251
–, IS-IS 568
–, RIP 197
Lastausgleich 114, 115, 117
Last-Metriken 142
Lastverteilung 114, 115
–, paketweise 117
letztes empfangenes Datenbank-Beschreibungs-Paket, OSPF-Nachbarn 408
Lieferung 313
linearer Sequenzraum, Verbindungs-Status-Routing-Protokolle 164, 165
Link-State-Protocol-Data-Units, siehe LSPs 549
Loading Nachbar-Status, OSPF 410
Local-Area-Netzwerke, siehe LANs 24
log, erweiterte IP-Access-Listen 780
lokale Berechnungen, DUAL-Finite-Machines 326
Lokale-Verbindungs-ID-CLV, Hello-PDUs 579, 580
Lollipop-förmiger Sequenzzahlenraum, Verbindungs-Status-Routing-Protokolle 168, 169, 170
Loopback-Schnittstellen, OSPF, Konfiguration 483, 484, 486
Loopback-Schnittstellen-Status, OSPF 403
Loose-Source-Routing (IP-Pakete) 55
LSAs (Verbindungs-Status-Advertisements) 160, 385, 699
–, Areas 179, 181
–, Flooding 161, 162
– –, Alterung 170, 171

– –, Sequenz-Nummern 162, 170
–, OSPF 385, 438, 440, 441, 442, 444, 447, 468
– –, Adreßzusammenfassung 502
– –, Anfragen 465, 466
– –, Autonomous-Systeme (externe LSAs) 476
– –, Datenbanken 435, 437, 438
– –, DD-Pakete 465
– –, Header 468, 469
– –, Nachbarschaftsverbindungen 414, 415
– –, Netzwerk-LSA 473
– –, NSSA (Semi-Rumpf-Area) externe LSAs 476, 477
– –, NSSAs (Semi-Rumpf-Areas) 497
– –, Router-LSA 470, 472, 473
– –, Sammel-LSA 473, 474
– –, temporäre Verbindungen 457, 521
– –, Updates 467
–, OSPF Nachbarn 408
–, SPF-Algorithmus 174, 175, 176, 177
–, Verbindungs-Status-Datenbank 171, 172, 173, 174
LSPs
–, Anzeige 565, 566
–, Broadcast-Netzwerke 563
–, CSNP 563
–, Entscheidungs-Prozeß 568
–, Fehlersuche 616, 617, 618, 620
–, Fragmentierung 564
–, Hippity-Bit 564
–, ID 565
–, Link-State-Pakete 160
–, Link-State-Protocol-Data-Units 549, 570, 571, 572, 574, 592
–, Nummern 564
–, Overload-Bit 563
–, Point-to-Point-Subnetzwerke 562

–, Sequenz-Nummern 562
–, SNPs, partielle 562
–, verbleibende Lebenszeit 561
LSRefreshTime 435

M

MAC (Media-Access-Control) 25
–, Adressen 28
Maps 727
–, Konfiguration 731, 732, 733
– –, deny 733
– –, implizites deny 733
– –, Policy-Routing 740, 741
– –, QOS-Routing 741
– –, Redistribution 744, 748
– –, Sequenz-Nummern 731, 732
– –, Tagging 749, 750, 751
–, Policy-Routing 727, 728
Masken
–, inverse, Access-Listen 778
–, IP-Adressen 63, 64
–, OSPF 397
– –, Autonomous-System externe LSAs 475
– –, inverse 479
–, OSPF-Pakete 462
–, Subnetz 67
– –, Design 69, 71
– –, Fehlersuche 76
– –, IP-Adressen 66, 68
– –, Oktettgrenzen 71, 73
–, VLSM 274
– –, RIPv2 274, 275
– –, RIPv2, Konfiguration 285, 287
masks, OSPF, inverse 479
Master/Slave-Beziehung
–, OSPF, Nachbarschaftsverbindungen 416
–, OSPF-Nachbarn 408
match 729, 730, 734, 756
match interface 729, 755
match ip address 729, 730, 755
match ip next-hop 729, 755

match ip route-source 729, 755
match length 730, 738, 755
match metric 729, 755
match route-type 729, 755
match tag 729, 755
MaxAge, OSPF-Flooding 426
maximaler Alterswert (MaxAge) 171
maximaler Altersunterschiedswert (MaxAgeDiff) 170
Maximum-Area-Adressen-Feld, PDUs 572
maximum-paths 245, 254, 535
max-reliability 742
max-throughput 742
M-Bits, DD-Pakete, OSPF 465
MC, OSPF-LSA-Optionsfeld 478
MD5, verschlüsselte Prüfsumme
– –, EIGRP 311
– –, EIGRP-Authentisierung 362
– –, Konfiguration 506, 507
– –, OSPF
MD5-Authentisierung, RIPv2 279, 280
–, Konfiguration 291
mechanische Protokolle (TCP/IP) 46
Media-Access-Control (MAC) 25
Meldungen
–, RIP 194, 195
– –, Anfragen 197
–, RIPv2 268, 269, 270
metric holddown 254
metric maximum-hops 235, 254
metric 652
metric weights 254, 319, 354, 375
metric-type 657
Metriken (Routing-Protokolle) 140, 141
–, Bandbreite 142
–, EIGRP 319, 320, 322

– –, diffuse Berechnungen 335, 337, 341
–, externe Routen-TLVs 348
–, Hop-Count 142
–, IGRP 231, 233, 234, 235
– –, maximale Pfad-Konfigurationen 245
–, IS-IS 566, 567
–, Kosten 144
–, Last 142
–, LSPs (Verbindungs-Status-PDUs) 586, 589
–, OSPF
– –, ASBR-Sammel-LSAs 474
– –, Autonomous-System, externe LSAs 475
– –, Kosten 451
– –, sekundäre Adressen 491
–, Redistribution 638
– –, Konfiguration 652
–, RIP 191
– –, Konfiguration 210, 211, 212, 213
–, RIPv2 270
–, Verzögerung 143
MF-Bit 51
min-delay 742
minimumLSPTransmissionInterval 562, 563
min-monetary-cost 742
Module, EIGRP 312, 313
möglicher Nachfolger
–, EIGRP 318, 319, 320, 322, 323, 324, 325
– –, diffuse Berechnungen 330, 332, 333, 334, 335, 336, 341
– –, DUAL-Finite-Machine 326
More Fragments (MF)-Bit 51
MOSPFs (Multicast-Open-Shortest-Path-First) 444
MS-Bits, DD-Pakete, OSPF 465
MTU (Maximum-Transmission-Unit) 50
–, DD-Pakete, OSPF 465
–, IGRP 229, 235, 238
–, interne Routen-TLVs 346

–, IP-Pakete 50
Multiaccess-Netzwerke, siehe auch NBMA 511
Multicast-Flow-Timer 314
Multicast-Open-Shortest-Path-First (MOSPF) 444

N

N, OSPF-LSA-Options-Feld 477
Nachbar-ID
–, LSPs (Verbindungs-Status-PDUs) 589
–, OSPF-Nachbarn 406
Nachbarn
–, Distanzvektor-Routing-Protokolle 147, 148
–, EIGRP 316
– –, FC (Feasibility-Condition) 318
– –, FD (Feasibility-Distanz) 318
– –, Fehlersuche 364, 366, 367, 368, 369
– –, möglicher Nachfolger 318, 319, 320, 325
– –, Stuck-in-Active 370, 371, 372, 373
–, Hello-PDUs 581, 582
–, IS-IS 556, 557
–, Nachbartabelle 316
–, OSPF 385, 386, 387, 404, 405, 406, 407, 408
– –, Authentisierung 456
– –, Flooding 420, 423, 425, 426
– –, Hello-Protokoll 387, 388
– –, Nachbarschaftsverbindungen 412, 414, 415, 416, 417, 418, 419, 420
– –, NBMA-Netzwerke 512, 513, 518
– –, Netzwerke 389, 390, 391
– –, Pakete 463
– –, Zustände 409, 410
–, siehe auch Nachbarschaftsverbindungen 414
–, Verbindungs-Status-Datenbank 172, 173
–, Verbindungs-Status-Routing-Protokolle 160, 161
Nachbarschaftsverbindungen
–, IS-IS 556, 557
– –, Einschränkungen 596
– –, Fehlersuche 615, 616
–, OSPF 385, 386, 404, 405, 406, 412, 414, 415, 416, 417, 418, 419, 420
– –, Aufbau 414, 420
– –, Backup-Designated-Router 393, 394
– –, Designated-Router 393, 394
– –, Entscheidungspunkte 413
– –, Flooding 420, 423, 425, 426
– –, Hello-Protokolle 387, 388, 389
– –, Input-Ereignisse 412
–, siehe auch Nachbarn 414
Nachbarstatus Down, OSPF 409
Nachbartabellen, OSPF 386
Nachfolger, EIGRP 322
NBMA (Nonbroadcast-Multiaccess) 315
–, OSPF-Konfigurationen 511, 520
– –, DR (Dedicated-Router) 511, 512, 513, 515
– –, Nachbarn 512, 513, 518
– –, Point-to-Multipoint-Netzwerke 516, 517, 518, 520
– –, PVCs (Permanent-Virtual-Circuits) 515, 516, 517, 518, 520
NBMA-Netzwerke
–, IS-IS, Fehlersuche 621, 623, 625
–, OSPF 390
neighbor 214, 240, 254, 512, 513, 514, 518, 535
net 597, 627
NET (Netzwerk-Entity-Titel) 552, 553, 554

network area 479, 480, 481,
    483, 530, 535
network 202, 214, 239, 299,
    354, 375, 479
Network 742
Netzwerk Protocol-Data-Units,
    siehe NPDUs 549
Netzwerkadressen 39
–, Host-Teil 40
–, Netzwerkteil 40
Netzwerke
–, LANs 24, 29
– –, Bridge 31, 33
– –, Frame 26
– –, Repeater 31
– –, Skalierbarkeit 34
– –, Vergleiche mit WAN 33,
    34
–, Nonbroadcast-Multiaccess-
    Netzwerke 511
–, OSPF 389, 390, 391, 398
– –, Rumpf 488
– –, virtuelle Verbindungen
    433
– –, Ziele 452
Netzwerk-Layer-Protokoll-ID
    (NLPID)
–, Hello-PDUs 584
Netzwerk-LSA, OSPF 440,
    473, 474
Netzwerkmasken
–, OSPF
– –, ASBR-Sammel-LSAs 474
– –, Autonomous-System
    externe LSAs 475
–, OSPF-Pakete 462
–, Router-LSAs, OSPFs 473
Netzwerk-Sammel-LSAs, OSPF
    441, 442
Netzwerk-Service-Access-Point
    (NSAP) 553
Netzwerkspalte (Routen-
    Tabellen) 102
Netzwerk-Statements, OSPF
    481, 482
Netzwerkteil 40
Next-Hop-Adressen
–, interne Routen-TLVs 345,
    347

–, RIPv2 270
Next-Hop-Router 101
Next-Hop-Spalte (Routen-
    Tabellen) 102
Nicht-Backbone-Router, siehe
    auch L1-Router 550
NLPID, Hello-PDUs (Protocol-
    Data-Units) 584
NNBMA, OSPF-Konfigura-
    tionen, PVCs (Permanent-
    Virtual-Circuits) 518
no access-list # 776
no auto-summary 289, 360
no ip ospf message-digest-key
    15 md5 abiquiu 509
no ip proxy-arp 128
no ip redirects 88
no ip route-cache 117, 243
no ip split-horizon 719
no route-map 732
Non-Broadcast-Multiaccess
    (NBMA) 315
Non-Broadcast-Multiaccess-
    Netzwerke, siehe NBMA
    511
no-redistribution Statement
    501
normal 742
no-summary 495
no-summary Statement 501
NPDUs (Network-Protocol-
    Data-Units) 549
NSAP (Netzwerk service access
    point) 553
–, SEL (Selektor) 553
NSSA 449, 496, 499, 502
–, externe LSAs 446, 476, 477
–, OSPF 446, 449, 450
Null-Authentisierung, OSPF,
    Konfiguration 506
Null-Schnittstellen, Redistribu-
    tion
–, Schleifen 663
–, Zusammenfassung 670
Nummern, LSPs 564

O

offset-list 211, 214, 240, 254
Offset-Listen, RIP 213

Oktette
–, binäre 765
–, hexadezimale 767
Oktettgrenzen, Subnetzmasken 71, 73
Oktettregeln, IP-Adressen 61, 62
OL-(Overload-)Bit 563
Opaque-LSAs, OSPF 446
opcode, EIGRP-Pakete 342
Open-Shortest-Path-First, siehe OSPF 383
Operatoren
–, AND, IP-Adressen 64
–, TCP-Access-Listen 784
Optionen
–, OSPF-Nachbarn 407
–, OSPF-Pakete 463
Optionsfeld
–, DD-Pakete, OSPF 465
–, IP-Pakete 54, 55, 56
–, LSAs, OSPF 469
–, TCP 93
optische Protokolle (TCP/IP) 46
OSI-Referenz-Modell, TCP/IP 45
OSPF (Open-Shortest-Path-First) 383
–, ABRs (Area-Border-Router) 549
–, Area 428, 429
– –, ID 428
– –, partitionierte 431, 432
– –, Router 430, 431
– –, Rumpf-Area 429, 447, 448, 450
– –, Verkehr 429
–, BDR (Backup-Designated-Router) 391, 392, 393, 394, 395, 396
–, Distanzen, Filterung 719, 720
–, DR (Designated-Router) 391, 392, 393, 394, 395
–, Eingabeereignisse 404
–, Fehlersuche 522, 523
– –, Adreßzusammenfassung 531
– –, Area 526, 527, 528, 529, 530
– –, Konfiguration 523
– –, Nachbarschafts-verbindungen 523, 524
– –, Performance 527
– –, Verbindungs-Status-Datenbanken 526
–, Flooding 420
– –, Bestätigungen 423, 424
– –, MaxAge 426
– –, Prüfsummen 425
– –, Sequenz-Nummern 425
–, Konfiguration 478, 480, 481, 482
– –, Adreßzusammenfassung 502, 503, 505
– –, Authentisierung 506
– –, DNS-Prüfungen 487
– –, Loopback-Schnittstellen 483, 484, 486
– –, NBMA-Netzwerke 511, 520
– –, NSSA (Semi-Rumpf-Areas) 496, 499, 502
– –, Reine Rumpf-Areas 495, 496
– –, Rumpf-Areas 494, 495
– –, sekundäre Adressen 488, 489, 490, 491, 493
– –, temporäre Verbindungen 520, 522
– –, virtuelle Verbindungen 509, 511
–, lollipop-förmiger Sequenz-zahlenraum 170
–, LSAs 438, 440, 441, 442, 444, 447, 468
– –, Autonomous-System, externe LSAs 476
– –, Header 468, 469
– –, Netzwerk-LSA 473
– –, NSSA, externe LSAs 476, 477
– –, Router-LSA 470, 472, 473
– –, Sammel-LSA 473, 474
–, mehrfache Punkt-Redistribution, Filterung 716, 717

–, Metriken, Kosten 451
–, Nachbarn 386, 387, 404, 405, 406, 407, 408
– –, Hello-Protokoll 387, 388
– –, siehe auch Nachbarschaftsverbindungen 414
– –, Zustände 409, 410
–, Nachbarschaftsverbindungen 385, 386, 404, 405, 406, 412, 414, 415, 416, 417, 418, 419
– –, Aufbau 414, 420
– –, Entscheidungspunkte 413
– –, Input-Ereignisse 412
– –, siehe auch Nachbarn 414
–, Netzwerke 389, 390, 391
–, Pakete 458, 459
– –, DD (Datenbankbeschreibung) 464, 465
– –, Header 460, 461, 462
– –, Hello 462, 463, 464
– –, Verbindungs-Status-Anfragen 465, 466
– –, Verbindungs-Status-Updates 467
–, Pfade 453, 454
–, Redistribution 635, 636
– –, EIGRP-Konfiguration 656, 657, 658
– –, Filtering 704
– –, Routen-Maps 744, 746
– –, Routen-Tagging 749, 750, 753
–, Schnittstellen 396, 397, 398, 399, 400, 402
–, siehe auch IS-IS 545
–, SPF-Algorithmus 451
–, temporäre Verbindungen 456, 457, 458
–, Verbindungs-Status-Datenbanken 435, 437, 438
–, virtuelle Verbindungen 433
–, Ziele 453
–, Zustände 402, 404
ospf auto-cost reference-bandwidth 398, 535
ospf log-adjacency-changes 524, 526, 535

out 702, 706, 787
output-delay 214
Overload-(OL-)Bit 563
–, LSPs (Verbindungs-Status-PDUs) 586

P
P, OSPF-LSA-Optionsfeld 478
Pakete
–, ARP 77, 80, 81
–, EIGRP 313, 314, 342
– –, Adreßaggregation 350, 352, 353
– –, Header 342, 343
– –, TLV 344, 348
–, Hello 314
–, ICMP 84, 85, 86
– –, Echo-Antwort 86, 87
– –, Echo-Request 86, 87
– –, Redirektion 87, 88
– –, Router-Discovery-Protokoll 86
–, IGRP 235, 236, 238, 239
–, IP
– –, Fragment-Ausgleich 52
– –, Header-Länge 48, 49
– –, Options-Feld 54, 55, 56
– –, TOS (Type-of-Service) 49
– –, TTL (Time-to-Live) 52
–, OSPF 384, 385, 458, 459
– –, DD (Datenbankbeschreibung) 464, 465
– –, Header 460, 461, 462
– –, Hello 462, 463, 464
– –, Nachbarn 405, 406
– –, Nachbarschaftsverbindungen 414
– –, Verbindungs-Status-Anfragen 465, 466
– –, Verbindungs-Status-Updates 467
–, paketweise Lastverteilung 117
–, Router 38
–, Routing, siehe Routing 740
–, Spoofing-Attacken 791
–, virtuelle Verbindungen 433
Paket-Identifikation (Access-Listen) 770

paketweise Lastverteilung 117
partielle SNPs 562
partielle Updates, EIGRP 310
partitionierte Areas, OSPF 431, 432
Partition-Repair-Bit, LSPs (Verbindungs-Status-PDUs) 585
passive Schnittstellen, RIP 204, 205, 206
passive Zustände, DUAL-Finite-State-Machines 325, 326
passive-interface 205, 214, 240, 247, 272, 300, 357, 375, 479
passive-interferance 254
Paßwörter
–, IS-IS, Konfiguration 612, 613
–, OSPF, Konfiguration 506, 507, 508, 509
–, RIPv2-Authentisierung 279
P-bit 450
PDUs (Protocol-Data-Units) 549
–, CLV-Felder 574, 575, 576
–, Hello 576, 584
– –, CLV 578, 579, 580, 581, 582, 584
– –, Größe 576
– –, LAN 577
– –, Point-to-Point 577
–, IS-IS 570, 571, 572, 574
– –, Hello-PDUs 556
–, LSPs (Verbindungs-Status-PDUs) 592
– –, CLV 586, 589, 590, 592
– –, Fehlersuche 616, 617, 618, 620
–, SNPs (Sequenz-Nummer-PDUs) 558, 593, 595
peerQ 334
periodische Updates, Distanzvektor-Routing-Protokolle 147
Permanent-Virtual-Circuits, siehe PVCs 512
Permit (Access-Listen) 770, 771

–, aufeinanderfolgende Ausführung 773
–, Permit Any 772
Permit Any (Access-Listen) 772
Pfade
–, IGRP, Maximierung 244, 245, 246
–, OSPF 453, 454
–, Routing-Protokolle, Pfad-Bestimmung 138, 139
physikalische Schicht, TCP/IP 46
Ping, statische Routen, Verfolgung (tracing) 122, 124
Point-to-Multipoint-Netzwerke 390
–, NBMA 516, 517, 518, 520
Point-to-Point-Hello-PDUs 577
Point-to-Point-Netzwerke
–, OSPF 389, 390
Point-to-Point-Schnittstellen-Status, OSPF 402
Point-to-Point-Subnetzwerke
–, LSPs 562
Point-to-Point-Verbindungen
–, TCP 89
Policy-Routing 727, 728
–, Routen-Maps 740
– –, QOS (Quality-of-Service) 741
PollInterval, OSPF-Nachbarn 407
Ports, TCP 90
Precedence-Bits, Policy-Routing 741, 743
Prefix-Längen-Feld, interne Routen-TLVs 346, 348
Priorität
–, OSPF 398
– –, Designated-Router 394, 395, 396
– –, Nachbarn 407
–, OSPF-Pakete 463
Prioritäten, IS-IS-Hello-PDUs 578
priority 742
Protocol-Data-Units, siehe PDUs 549

Protokoll-abhängige Module,
  EIGRP 312, 313
Protokolle
–, ARP 77, 80, 81
– –, freiwilliges 83, 84
– –, Proxy-ARP 82
– –, reverses 84
–, classful 67
–, classless 67
–, classless Routing, RIPv2
  273, 274
–, dynamisches Routing 104
–, EIGRP 309
–, Host-to-Host-Schicht 54
–, ICMP 84, 85, 86
– –, Access-Liste 785, 786
– –, Echo-Anfrage 86, 87
– –, Echo-Antwort 86, 87
– –, Redirektion 87, 88
– –, Router-Discovery-
  Protokoll 86
–, IGRP 223
– –, Autonomous-Systeme
  224, 225, 226
– –, Fehlersuche 248, 250,
  251, 253
– –, Konfiguration 239, 240,
  241, 242, 244, 245, 246,
  247
– –, Metriken 231, 233, 234,
  235
– –, Pakete 235, 236, 238,
  239
– –, Routen 226
– –, Timer 227, 228
–, IP 57
– –, Pakete 48, 49, 52, 54, 55,
  56
–, LANs, Daten-Verbindungs-
  Kennzeichen 27, 29
–, MAC (Media-Access-
  Control) 25
– –, Adressen 28
–, OSPF 383, 389
– –, Hello 387, 388
– –, Nachbarn 386, 387
– –, Nachbarschafts-
  verbindungen 385, 386
–, Redistribution 636

–, RIP 189
– –, Anfragen 197
– –, classful Routing 197, 198,
  199, 201, 202
– –, Fehlersuche 213
– –, Hop-Counts 191
– –, Konfiguration 204, 205,
  206, 207, 208, 209, 210,
  211, 212, 213
– –, Meldungen 194, 195
– –, Offset-Listen 213
– –, siehe auch RIPv2 267
– –, Timer 191, 193
– –, Triggered-Updates
  (ausgelöste Updates) 194
–, Routenfilterung 699
–, Routing-Protokolle 137
– –, Algorithmen 138
– –, IP, Routing-Protokolle
  137
– –, Konvergenz 144
– –, Lastausgleich 145, 146
– –, Metrik 140, 141, 142,
  143, 144
– –, Pfad-Bestimmung 138,
  139
–, RTP 313, 315
–, statisches Routing, Konflikte
  125, 126, 127
–, TCP, Access-Liste 783
–, TCP/IP, Host-to-Host-
  Schicht 45, 88, 89, 93, 94
–, UDP, Access-Liste 785
–, Wechsel, Filterung 708,
  709, 712
Protokoll-Variable, erweiterte
  IP-Access-Listen 780
Proxy-ARP (Address-
  Resolution-Protokoll) 82
Prozedur-Protokolle (TCP/IP)
  46
Prozeß-ID, OSPF 397, 479
–, Konfiguration 481
Prozeß-Switching 117
Prüfsumme
–, EIGRP 311
–, EIGRP-Authentisierung 362
–, EIGRP-Pakete 343
–, LSAs, OSPF 469

–, LSPs (Verbindungs-Status-PDUs) 585
–, OSPF 506, 507
–, OSPF-Flooding 425
–, OSPF-Pakete 461
–, TCP 92
Prüfungen
–, CCIE 797
– –, Ablegen der Prüfung 803, 804
– –, Ratschläge zum Studium 801
– –, Vorbereitung auf die Prüfung 798, 803
–, CCIE-Seminare 799
–, Routing-Tabelle, rekursive 119
Pseudoknoten-ID, IS-IS, Nachbarn 557
PVCs (Permanent-Virtual-Circuits) 512
–, administrative Distanzen, Redistribution 645
–, OSPF, NBMA-Netzwerke 512, 513, 515, 516, 517, 518, 520

Q

Quality-of-Service (QOS), Routen-Map-Policy-Routing 741
Quell-Ports, TCP 90
Query-Origin-Flag (O), DUAL-Finite-State-Machine 328

R

RARP (Reverse-Address-Resolution-Protokoll) 84
Redirektion, ICMP 87, 88
redistribute 650, 671, 721, 744, 748, 751, 756
redistribute connected 653, 671
redistribute igrp 751
redistribute rip metric 10 491
redistribute static 669
Redistribution (Routing) 635, 636, 637, 638

–, administrative Distanzen 639, 640, 641, 644, 645
–, classless zu classful 646, 647, 648, 649
–, EIGRP 356, 357, 358, 359
–, Filterung 704
–, gegenseitige 664, 697
–, Konfiguration 650, 651
– –, EIGRP/OSPF 656, 657, 658
– –, IGRP/RIP 652, 653
– –, IS-IS/RIP 665, 667
– –, Metriken 652
– –, statische Routen 667, 668, 669, 670
– –, Zusammenfassung 659, 660, 661, 663, 664
–, mehrfache Punkte, Filterung 713, 714, 715, 716, 717
–, Metriken 638
–, Routen-Maps 744, 748
– –, Tagging 749, 750, 751
Referenz-Bandbreite, OSPF 398
Regel des ersten Oktetts, IP-Adressen 61, 62
reine Rumpf-Areas, OSPF 448, 495, 496
rekursive Routing-Tabellen-Prüfungen 119
Reliable-Transport-Protokoll, siehe RTP 313
Repeaters, LANs 31
Reply-State-Flag (r), DUAL-Finite-State-Machines 327
reserviertes Feld
–, externe Routen-TLVs 348
–, interne Routen-TLVs 346, 348
–, PDUs (Protocol-Data-Units) 572
–, TCP 92
Retransmissions-Timeout (RTO) 314
reverse DNS-Prüfungen, OSPF, Konfiguration 487
reverses ARP (Address-Resolution-Protokoll) 84

RFCs
–, RFC 1700, ICMP 84, 85
–, RFC 1723 267
–, RFC 768, UDP 93
–, RFC 792, ICMP 84
–, RFC 826, ARP 77
RIP (Routing-Information-
  Protokoll) 189
–, Anfragen 197
–, classful Routing 197, 198,
  201, 202
– –, Grenzen 201
– –, Subvernetzung 199
–, Fehlersuche 213
–, Hop-Counts 191
–, Konfiguration 204
– –, discontiguous Subnetze
  208, 209
– –, Metriken 210, 211, 212,
  213
– –, passive Schnittstellen 204,
  205, 206
– –, Unicast-Updates 206, 207
–, mehrfache Punkt-Redistri-
  bution, Filterung 716, 717
–, Meldungen 194, 195
–, Offset-Listen 213
–, OSPF, sekundäre Adressen
  491
–, Redistribution 635
– –, Filterung 704
– –, IGRP-Konfiguration 652,
  653
– –, IS-IS 665, 667
– –, Routen-Tagging 753
–, siehe auch RIPv2 267
–, Timer 191, 193
–, Triggered-Updates 194
–, Wechsel, Filterung 708,
  709, 712
RIP-JITTER 191
RIPv1, RIPv2-Kompatibilitäts-
  Schalter 283, 284, 285
RIPv2 (Routing-Information-
  Protokoll-Version 2) 267,
  268
–, Authentisierung 278, 279
– –, MD5 279, 280
– –, Paßwörter 279

–, classless Routing 273, 274
– –, Tabellen-Prüfungen 273
–, Fehlersuche
– –, Authentisierung 292
– –, Versionen 292
– –, VLSM 293, 294, 295,
  296, 297, 298
–, Konfiguration
– –, Authentisierung 290, 291,
  292
– –, discontiguous Subnetze
  288, 289
–, Meldungen 268, 269, 270
–, RIPv1-Kompatibilität 273
–, VLSM 274, 275
Routen, IGRP 226
Routen-Tabellen 99
–, ICMP-Ziel-Unerreichbar-
  Meldung 103
–, Internetzwerke 101, 102
–, Netzwerkspalte 102
–, Next-Hop-Spalte 102
–, rekursive Tabellenprüfungen
  119
Router 38, 39, 40
–, Fast-Switching 116
–, Next-Hop 101
–, OSPF
– –, Areas 430, 431
– –, Ziele 452
–, Pakete 36, 38
–, Prozeß-Switching 117
router 202, 239
router eigrp 354, 375
router igrp 240, 254
router isis 597, 627
router ospf 479, 535
router rip 202, 214, 300
RouterDeadIntervall 388
–, OSPF 400
Router-Discovery-Protokoll
  (ICMP) 86
Router-ID
–, LSAs, OSPF 469
–, OSPF 386, 387, 397
– –, Loopback-Schnittstellen
  486
– –, Verbindungs-Status-
  Anfragen 466

–, OSPF-Pakete 460
–, Verbindungs-Status-
  Datenbank 172, 173
–, Verbindungs-Status-
  Protokolle 160
Router-LSA, OSPF 438, 470,
  472, 473
routine 742
Routing
–, administrative Distanzen
  113, 114
–, BDR 391
– –, OSPF 391, 392, 393, 394,
  395, 396
–, classful Protokolle 67
–, classless, RIPv2 273, 274
–, classless Protokolle 67
–, Domänen 181
–, DR (Designated-Router)
  391
– –, OSPF 391, 392, 393, 394,
  395, 396
–, dynamisch 104
–, ES-IS 548
–, Filterung 699
– –, bestimmte Routen 699,
  701, 702, 704
– –, Distanzen 719, 720
– –, gegenseitige Redistribution
  704
– –, mehrfache Punkt-Redistribution 713, 714, 715,
  716, 717
– –, Protokoll-Wechsel 708,
  709, 712
–, Flattern 142
–, Lastverteilung 115
– –, paketweise 117
–, Maps 727
– –, Deny 733
– –, implizites Deny 733
– –, Konfiguration 731, 732,
  733
– –, Policy-Routing 740, 741
– –, QOS-Routing 741
– –, Redistribution 744, 748
– –, Sequenz-Nummern 731,
  732

– –, siehe auch Policy-Routing
  728
– –, Tagging 749, 750, 751
–, Policy-Routing 727, 728
– –, QOS-Routing 741
– –, Routen-Maps 740, 741
–, Redistribution 635, 636,
  637, 638
– –, administrative Distanzen
  639, 640, 641, 644, 645
– –, classless zu classful 646,
  647, 648, 649
– –, Konfiguration 650, 651,
  652, 653, 656, 657, 658,
  659, 660, 661, 663, 664,
  665, 667
– –, Metriken 638
–, Routen-Feedback 697
–, Rück-Route 152
–, SIN (Ships-in-the-Night)
  637
–, statisch 105, 106, 107
– –, administrative Distanzen
  113, 114
– –, alternative Routen 111
– –, Lastverteilung 114, 115,
  117
– –, Protokollkonflikte 125,
  126, 127
– –, Redistribution 667, 668,
  669, 670
– –, rekursive Tabellen-
  prüfungen 119
– –, Sammel-Routen 108
– –, Verfolgung ausgefallener
  Routen 122, 124
– –, Vergleiche zu dynamischem Routing 184
– –, Wechsel-Routen 111, 113,
  114
Routing-Information-Protokoll,
  siehe RIP 189
Routing-Protokolle 137
–, Algorithmen 138
–, Distanzvektor 147
– –, asynchrone Updates 157,
  159
– –, Beispiel 148, 150

– –, Counting-to-Infinity-
   Problem 156
– –, Hold-Down-Timer 157
– –, Nachbarn 147, 148
– –, Split-Horizons 152, 153,
   154
– –, Ungültigkeits-Timer 151
– –, Updates 147
–, dynamic, Vergleiche mit
   statischen Routen 184
–, EGP 182
–, EIGRP 309, 310, 311, 342
– –, DUAL (Diffusing Update-
   Algorithmus) 316, 317,
   318, 319, 320
– –, Metriken 319, 320, 322
– –, Module 312, 313
– –, möglicher Nachfolger
   322, 323, 324, 325
– –, Nachbarn 316
– –, Pakete 313, 314, 342
– –, RTP (Reliable-Transport-
   Protokoll) 313, 315
– –, Topologie-Tabelle 320,
   321, 322
–, IGP 182
–, IGRP 223
– –, Autonomous-Systeme
   224, 225, 226
– –, Fehlersuche 248, 250,
   251, 253
– –, Konfiguration 239, 240,
   241, 242, 244, 245, 246,
   247
– –, Metriken 231, 233, 234,
   235
– –, Pakete 235, 236, 238,
   239
– –, Routen 226
– –, Timer 227, 228
–, IP 137
–, IS-IS 545, 548
– –, Vergleiche mit OSPF 547
–, Konvergenz 144
–, Lastausgleich 145, 146
–, Metriken 140, 141
– –, Bandbreite 142
– –, Hop-Count 142
– –, Kosten 144

– –, Last 142
– –, Verzögerung 143
–, OSPF 383
– –, Areas 428, 429, 430, 431,
   432
– –, BDR 391, 392, 393, 394,
   395, 396
– –, DR 391, 392, 393, 394,
   395, 396
– –, Flooding 420, 423, 424,
   425, 426
– –, Hello-Protokoll 387
– –, Input-Ereignisse 404
– –, Kosten 451
– –, LSAs 438, 440, 441,
   442, 444, 447, 468, 469,
   470, 472, 473, 474, 476,
   477
– –, Nachbarn 386, 387, 388,
   404, 405, 406, 407, 408,
   409, 410
– –, Nachbarschafts-
   verbindungen 385, 386,
   404, 405, 406, 412, 414,
   415, 416, 417, 418, 419,
   420
– –, Netzwerke 389, 390, 391
– –, Pakete 458, 459, 460,
   461, 462, 463, 464, 465,
   466, 467
– –, Pfade 453, 454
– –, Rumpf-Areas 447, 448,
   450
– –, Schnittstellen 396, 397,
   398, 399, 400, 402
– –, SPF-Algorithmus 451
– –, temporäre Verbindungen
   456, 457, 458
– –, Verbindungs-Status-
   Datenbanken 435, 437,
   438
– –, virtuelle Verbindungen
   433
– –, Ziele 453
– –, Zustände 402, 404
–, Pfad-Bestimmung 138, 139
–, Verbindungs-Status 159,
   160
– –, Areas 179, 181

– –, Datenbank 171, 172, 173, 174
– –, Flooding 161, 162, 170, 171
– –, Nachbarn 160, 161
– –, SPF-Algorithmus 174, 175, 176, 177
RTO (Retransmissions-Timeout) 314
RTP (Reliable-Transport-Protokoll) 313, 315
Rück-Routen 152
Rumpf-Areas
–, OSPF 429, 447, 448, 450, 494, 495
– –, NSSA (Semi-Rumpf Areas) 496, 499, 502
– –, Reine Rumpf- Areas 495, 496
Rumpf-Netzwerke, OSPF 391, 488
RxmtInterval, OSPF 400

S
Sammel-LSAs, OSPF 473, 474
Sammel-Routen 108
Schichten (TCP/IP) 46, 47
–, Host-to-Host-Schicht Protokoll 54
–, IS-IS
– –, subnetzwerkabhängige Unterschicht 554, 555, 560
– –, subnetzwerkunabhängige Unterschicht 554, 560, 561, 562, 563, 564, 570
–, TCP/IP, Host-to-Host 88, 89, 93, 94
Schleifen
–, administrative Distanzen, Redistribution 643
–, Counting-to-Infinity-Problem 156
Schlüsselwörter
–, any 782
–, critical 742
–, detail 607, 737
–, eigrp 712

–, established, TCP-Access-Listen 784
–, flash 742
–, flash-override 742
–, immediate 742
–, in 787
–, infinite 292
–, internet 742
–, max-reliability 742
–, max-throughput 742
–, metric 652
–, metric-type 657
–, min-delay 742
–, min-monetary-cost 742
–, network 742
–, normal 742
–, no-summary 495
–, out 702, 706, 787
–, priority 742
–, routine 742
–, subnets 655
Schnittstellen
–, Loopback, OSPF-Konfigurationen 483, 484, 486
–, OSPF 396, 397, 398, 399, 400, 402
– –, Input-Ereignisse 404
– –, Nachbarn 407
– –, Status 402, 404
–, RIP 204, 205, 206
–, siehe auch Verbindungen 397
–, Zusammenfassung, Redistributionskonfigurationen 670
Schnittstellen-MTU, DD-Pakete, OSPF 465
Schnittstellenzustand
–, Down, OSPF 402
–, DR, OSPF 403
–, DRother, OSPF 403
sekundäre Adressen, OSPF 488, 489, 490, 491, 493
SEL, NSAP 553
Seminare, CCIE-Prüfung, Cisco-Certified-Internetzwerk-Experte 799
Semi-Rumpf-Areas (NSSAs)
–, OSPF 449, 450

–, siehe NSSA, externe LSAs 446
Sender, ARP 80
send-lifetime 292, 300, 363, 375
Seq 334
Sequenz, EIGRP-Pakete 343
Sequenz-Nummer
–, DD-Pakete, OSPF 465
–, LSAs, OSPF 469
–, LSPs 562, 585
–, OSPF-Flooding 425
–, OSPF-Nachbarn 408
–, OSPF-Pakete 462
–, Routen-Maps 731, 732
Sequenz-Nummer-PDUs (SNPs) 558
Sequenz-Zahlenräume
–, Verbindungs-Status-Routing-Protokolle 162
– –, lineare Sequenz-Zahlenräume 164, 165
– –, lollipop-förmige Sequenz-Zahlenräume 168, 169, 170
– –, zirkulare Sequenz-Zahlenräume 167
serielle Verbindungen, Netzwerkadressen 39
serno 334
service password-encryption 509
set 729, 730, 734, 756
set default interface 730, 756
set interface 730, 756
set ip default next-hop 730, 756
set ip next-hop 730, 756
set ip precedence 730, 741, 756
set ip tos 730, 742, 756
set level 730, 756
set metric 730, 756
set metric-type 730, 756
set next-hop 730
set tag 730, 756
set-overload-bit 564, 627
Ships-in-the-Night-(SIN-)Routing 637

Shortest-Path-First-Protokolle, siehe Verbindungs-Status-Protokolle 159
show arp 80
show clns is-neighbor 627
show clns is-neighbors 557, 607, 615
show clns is-neighbors detail 615
show interface 230, 255
show interface serial 623
show interfaces 229
show ip accounting access-violations 794
show ip eigrp neighbors 316, 375
show ip eigrp topology 320, 375
show ip ospf 535
show ip ospf border-routers 453, 528, 535
show ip ospf database asbr-summary 443, 474, 536
show ip ospf database 435, 523, 535
show ip ospf database database-summary 526, 536
show ip ospf database external 444, 536
show ip ospf database network 440, 441, 473, 536
show ip ospf database nssa-external 446, 476, 536
show ip ospf database router 438, 439, 469, 536
show ip ospf database summary 441, 443, 474, 536
show ip ospf interface 397, 536
show ip ospf neighbor 406, 536
show ip ospf virtual-links 536
show ip route 103, 234, 255, 300
show isis database 564, 565, 607, 616, 627
show isis database detail 565, 566

show isis spf-log 617, 627
showe 69
SIA-Routen (stuck-in-active) 328
–, DUAL-Finite-State-Machines 328
Sicherheit, Filter 698
Sicherheitsfilter (Access-Listen) 770
Signale (LAN)
–, Bridges 31, 33
–, Probleme 29
–, Repeater 31
Silent-Hosts, RIP 194
Simple-Internet-Protokoll (SIP) 48
SIN-Routing (Ships-in-the-Night) 637
SIP (Simple-Internet-Protokoll) 48
Skalierbarkeit, LAN 34
Slaves, siehe Master/Slave-Beziehung 416
Sleeptime-Timer, IGRP 228
Smooth-Round-Trip-Time (SRTT) 314
SNAP-Einkapselung, ARP 81
SNPA (Subnetwork-Point-of-Attachment) 548
SNPs (Sequenz-Nummer-PDUs) 558
–, partiell 562
–, Sequenz-Nummer-Protokoll-Data-Units 570, 571, 572, 574, 593, 595
–, vollständig 562
Sockets, TCP 90
Source-ID-Feld, IS-IS Hello-PDUs 577
Source-Route-Bridges 33
Source-Routing (IP-Pakete) 55
Speicher, OSPF, Fehlersuche 527
SPF, OSPF 383
SPF-Algorithmus (Shortest-Path-First) 174
–, OSPF 451
–, Verbindungs-Status 174, 175, 176, 177

Split-Horizon
–, administrative Distanzen, Redistribution 643
–, Distanzvektor-Routing-Protokolle 152, 153, 154
–, RIP 193
Spoofing-Attacken 791
SRTT (Smooth-Round-Trip-Time) 314
Standard-IP-Access-Liste 777
–, inverse Masken 778
Statements
–, default-information-originate 502
–, no-redistribution 501
–, no-summary 501
–, OSPF 481, 482
– –, area nssa 497
statische Routen, IS-IS-Konfigurationen 604, 605
statische Wechselroute 111, 113, 114
statisches Routing 105, 106, 107
–, administrative Distanzen 113, 114
–, alternative Routen 111
–, Lastverteilung 114, 115
– –, paketweise 117
–, Protokolle, Konflikte 125, 126, 127
–, Redistribution 667, 668, 669, 670
–, rekursive Tabellenprüfungen 119
–, Sammel-Routen 108
–, siehe auch Policy-Routing 727
–, Verfolgung von ausgefallenen Routen 122, 124
–, Vergleiche zu dynamischem Routing 184
–, Wechsel-Routen 111, 113, 114
Status
–, OSPF 398
–, OSPF, Nachbarn 407
Strict-Source-Routing (IP-Pakete) 55

Stuck-in-Active-(SIA-)Routen,
  DUAL-Finite-State-Machines
  328
Stuck-in-Active-Nachbarn 370,
  371, 372, 373
Studium, CCIE-Prüfung 801
subnets 655
Subnetwork-Point-of-Attach-
  ment, siehe SNPA 548
Subnetze
–, discontiguous, OSPF-Adreß-
  zusammenfassung 506
–, IP-Adressen 66, 68
–, OSPF
– –, Adreßzusammenfassung
  531
– –, sekundäre Adressen 488,
  491
–, RIP
– –, classful Routing 199
– –, discontiguous 208, 209
–, RIPv2, discontiguous 288,
  289
Subnetzmasken 67
–, Design 69, 71
–, Fehlersuche 76
–, Oktettgrenzen 71, 73
–, VLSM 274
– –, RIPv2 274, 275, 293,
  294, 296, 298
– –, RIPv2, Konfiguration
  285, 287
Subnetzwerk, IS-IS 556
subnetzwerkabhängige
  Unterschicht
–, IS-IS 554, 555, 560
– –, Designated-Router 558,
  559, 560
– –, Nachbarn 556, 557
– –, Nachbarschafts-
  verbindungen 556, 557
subnetzwerkunabhängige
  Unterschicht
–, IS-IS 554, 560, 561, 562,
  563, 564, 570
– –, Entscheidungsprozeß 567,
  568, 569, 570
– –, Update-Prozeß 561, 562,
  563, 564

Sub-Subvernetzung, siehe
  VLSM 276
summary-address 610, 627,
  666, 671
summary-address eigrp 361
Switches 116
–, Kompatibilität RIPv1/RIPv2
  272, 283, 284, 285
–, Prozeß-Switching 117
Synchronisierung, OSPF,
  Nachbarschafts-
  verbindungen 416
System-ID
–, Hello-PDUs (Protocol-Data-
  Units) 581, 582
–, IS-IS
– –, Designated-Router 560
– –, Nachbarn 557
– –, NET 552, 553, 554
– –, PDU 572
System-Routen, IGRP 226

T
T, OSPF-LSA-Options-Feld
  478
Tabellen
–, Bridges 33
–, EIGRP, topologische 319
–, Nachbar
– –, EIGRP, Fehlersuche 366
– –, IS-IS 557
– –, OSPF 386
–, Nachbartabellen 316
–, Route 99
– –, ICMP-Ziel-Unerreichbar-
  Meldung 103
– –, Netzwerkspalte 102
– –, Next-Hop-Spalte 102
– –, rekursive Tabellen-
  prüfungen 119
–, Topologie
– –, EIGRP 320, 321, 322
– –, Stuck-in-Active-Nachbarn
  372
tag 671
Tagging von Routen-Maps
  749, 750, 751
Tags, OSPF, Autonomous-
  System, externe LSAs 476

TCP (Transmission-Control-
  Protokoll) 89
–, Access-Liste 783, 784
TCP/IP (Transmission Control
  Protocol/Internet Protocol)
  45
–, Applikations-Schicht 47
–, ARP 77, 80, 81
– –, freiwilliges 83, 84
– –, Proxy-ARP 82
– –, reverses 84
–, Daten-Verbindungs-Schicht
  46
–, Host-to-Host-Schicht 47,
  88
– –, TCP 89
– –, UDP 93, 94
–, ICMP 84, 85, 86
– –, Echo-Anfrage 86, 87
– –, Echo-Antwort 86, 87
– –, Redirektion 87, 88
– –, Router-Discovery-
  Protokoll 86
–, Internet-Schicht 47
–, physikalische Schicht 46
temporäre Verbindungen
–, OSPF 456, 457, 458
–, OSPF-Konfigurationen 520,
  522
Timeout, RIP 192
Timer
–, administrative Distanzen,
  Redistribution 643, 644
–, dynamische Routing-
  Protokolle, Hold-Down
  157
–, IGRP (Interior-Gateway-
  Routing-Protokoll) 227,
  228
–, Multicast-Flow 314
–, OSPF 400
–, OSPF-Nachbarn 407
–, RIP 191, 193
timer active-time 328, 373,
  375
timer basic 214, 255
timer lsa-group-pacing 437,
  536
Timestamp (IP-Pakete) 55

Time-to-Live, siehe TTL 52
TLV
–, EIGRP-Pakete 344, 348
–, IP-spezifisch 345, 346, 348
Topologie-Tabelle
–, EIGRP 320, 321, 322
–, Stuck-in-Active-Nachbarn
  372
topologische Tabellen, EIGRP
  319
TOS (Type-of-Service) 49, 741
–, IP-Pakete 49
–, Policy-Routing 741, 742,
  743
–, Router-LSAs, OSPF 471,
  472
trace 53
traffic-share balanced 244
traffic-share 255, 354, 375
traffic-share min 244
Transit-Netzwerke, OSPF 391
transparente Bridge 33
Triggered Update, RIP 194
TTL (Time-to-Live), IP-Pakete
  52
Two-Way, Nachbarstatus,
  OSPF 410
Typen-Feld, LSAs, OSPF 469
Type-of-Service, siehe TOS 49

U
UDP (User-Datagram-
  Protokoll) 93, 94
–, Access-Liste 785
überbelegte Verbindungen,
  OSPF über temporäre
  Verbindungen 457, 458
Überprüfungen
–, DNS, OSPF-Konfigura-
  tionen 487
–, RIPv2-Classless-Routing
  273
Überwachung
–, Access-Listen 794
Umwandlung, Dezimalsysteme,
  binär 766
Unequal-Cost-Lastausgleich,
  IGRP, Fehlersuche 250, 251

Unequal-Cost-Lastverteilung 115
Ungültigkeits-Timer, Distanzvektor-Routing-Protokolle 151
Unicast-Updates, RIP 206, 207
unregelmäßige Updates
–, dynamische Routing-Protokolle 157, 159
–, EIGRP 310
Unterstützte-Protokolle-CLV, Hello-PDUs 584
unzuverlässige Anlieferung 313
Update
–, Distanzvektor-Routing-Protokolle 147
–, dynamische Routing-Protokolle 157, 159
–, EIGRP 310, 314
–, OSPF 467
–, RIP 194
– –, Unicast 206, 207
– –, Vergleiche mit dem IGRP 227
–, RIPv2 278, 279
Update-Prozeß, IS-IS 561, 562, 563, 564
Update-Timer
–, IGRP 228
–, RIP 193
Urgent-Pointer, TCP 93
User-Datagram-Protokoll (UDP) 93

V

validate-update 255
Variable-Length-Subnet-Masking (VLSM) 274
Variablen
–, erweiterte IP-Access-Listen 780
–, RIP_JITTER 191
variance 242, 245, 255, 354, 375
Verbergen des Subnetzes 200
Verbindungen
–, Netzwerkadressen 39
–, OSPF, virtuelle 509, 511
–, Point-to-Point, TCP 89

–, Router-LSAs, OSPF 470
–, siehe auch Schnittstellen 397
–, temporäre Verbindungen 456
–, überbelegt, OSPF auf temporären Verbindungen 457, 458
–, virtuelle, OSPF 433
Verbindungs-Status-Advertisement (LSA) 160, 385, 699
Verbindungs-Status-Anfrage-Pakete, OSPF 466
Verbindungs-Status-Anfrage-Liste, OSPF-Nachbarn 408
Verbindungs-Status-Bestätigungen 424
Verbindungs-Status-Datenbanken
–, IS-IS, Fehlersuche 616, 617, 618, 620
–, IS-IS-Update-Prozeß 561
–, OSPF 385, 435, 437, 438
Verbindungs-Status-Erneuerung 435
Verbindungs-Status-ID
–, LSAs, OSPF 469
–, OSPF
– –, ASBR-Sammel-LSAs 474
– –, Autonomous-System externe LSAs 475
–, Router-LSAs, OSPF 473
Verbindungs-Status-Pakete (LSPs) 160
Verbindungs-Status-Protokolle, OSPF 383
Verbindungs-Status-Retransmissions-Liste, OSPF-Nachbarn 408
Verbindungs-Status-Routing, Filter 699
Verbindungs-Status-Routing-Protokolle 159, 160
–, Areas 179, 181
–, Datenbank 171, 172, 173, 174
–, Flooding 161, 162
– –, Alterung 170, 171

– –, Sequenz-Nummern 162
–, Nachbarn 160, 161
–, SPF-Algorithmus 174, 175, 176, 177
Verbindungs-Status-Update-Pakete, OSPF 467
verbleibende Lebenszeit (LSPs) 561
verbundene Nachbarn, Verbindungs-Status-Routing-Protokolle 161
verkabeln 25
Verkabelung, LANs 25
Verkehr
–, OSPF, Areas 429
–, Policy-Routing 728
Verkehrsfilter (Access-Listen) 770
verschlüsselte Authentisierung, OSPF 401
verschlüsselte Prüfsumme
–, EIGRP 311
–, EIGRP-Authentisierung 362
–, OSPF, Konfiguration 506, 507
verschlüsselte Sequenznummern, OSPF-Pakete 462
version 281, 300
Versionen
–, EIGRP-Pakete 342
–, IGRP 236
–, IP 48
–, OSPF-Paket 460
–, PDU 571, 572
–, RIPv2, Fehlersuche 292
Verteilung der Last 114
verzögerte Bestätigungen 424
virtuelle Verbindungen
–, OSPF 391, 433
– –, Konfiguration 509, 511
– –, temporäre Verbindungen 522
virtueller Verbindungsendpunkt, Router-LSAs, OSPF 470
VLSM (Variable-Length-Subnet-Masking) 274
–, IS-IS 568
–, RIPv2 274, 275

– –, Fehlersuche 293, 294, 295, 296, 297, 298
– –, Konfiguration 285, 287
–, siehe auch Adreßaggregation 349
vollständige SNPs 562
Vorbereitungen, CCIE-Prüfung 798

W

Waiting-Schnittstellen-Status, OSPF 402
Wait-Timer
–, OSPF 400
–, OSPF Designated-Router 394
WAN, Vergleiche mit LANs 33, 34
Wechsel, Protokolle, Filterung 708, 709, 712
Werte
–, maximale Altersdifferenz (MaxAgeDiff) 170
–, maximales Alter (MaxAge) 171
which-route 627
Window-Größe, TCP 92
Windowing, TCP 90

Z

Zahlen
–, binäre 763, 765
– –, dezimale Umwandlungen 766
–, hexadezimale 763, 767
Zeiger, Ziel-Adressen, Routen-Tabellen 101
zentralisierte Datenverarbeitung 23
ZeroAgeLifetime 561
Ziel, OSPF 453
Ziel-Adressen
–, Routen-Tabellen 100
– –, Zeiger 101
–, Router
– –, Host 40
– –, Netzwerkkennzeichen 40

Zielfeld, interne Routen-TLVs
  346, 348
Ziel-Kennzeichen, statisches
  Routing, Protokollkonflikte
  128
Ziel-Port, TCP 90
zirkulare Sequenznumerierung,
  Verbindungs-Status-Routing-
  Protokolle 167
Zusammenfassung
–, EIGRP, Deaktivierung 359
–, IS-IS, Konfiguration 607,
  608, 610, 611
–, OSPF, Fehlersuche 531
–, OSPF-Adressen 502, 503,
  505

–, Redistribution, Konfigura-
  tion 659, 660, 661, 663,
  664
Zustände 402, 404
–, Nachbarn 409, 410
zuverlässige Anlieferung 313
zuverlässiger Multicast 313
zuverlässiges Flooding (OSPF)
–, Bestätigungen 423, 424
–, MaxAge 426
–, Prüfsumme 425
–, Sequenz-Nummern 425
Zuverlässigkeit
–, IGRP 232, 238
–, interne Routen-TLVs 346

new technology

Anonymous
Hacker's Guide
NEW TECHNOLOGY

Ein kontroverser, umfassender Leitfaden zur Netzwerksicherheit, insbesondere für Rechner und Netze mit Zugang zum Internet. Der Autor vermittelt Insiderwissen der Hackerszene, verschweigt keine aktuelle Sicherheitslücke und informiert über neueste Hackermethoden und Sicherheitstechnologien. Bei jeder Sicherheitslücke wird ausführlich dargestellt, wie sie ausgenutzt werden kann und welche Gegenmaßnahmen getroffen werden sollten.

832 Seiten, 1 CD-ROM
ISBN 3-8272-5460-4, DM 89,95

www.mut.de

Markt&Technik-Produkte erhalten Sie im Buchhandel, Fachhandel und Warenhaus.
Markt&Technik Buch- und Software-Verlag GmbH · Martin-Kollar-Straße 10–12 · 81829 München · Telefon (0 89) 4 60 03-222 · Fax (0 89) 4 60 03-100

new technology

O. Pott/G. Wielage
XML
NEW TECHNOLOGY

Dieses Buch liefert in kompakter Form Praxiswissen, das Sie für den Einsatz von XML benötigen. Es vergleicht die Sprachen SGML, HTML, Dynamic HTML und XML, führt systematisch in XML ein und schildert fundiert die Syntax der Sprache. Inklusive vollständiger Sprachspezifikation für den Einsatz als Referenz.

296 Seiten, 1 CD-ROM
ISBN 3-8272-**5485**-X, DM 69,95

M. Masterson/H. Knief/S. Vinick/ E. Roul
DNS unter Windows NT
NEW TECHNOLOGY

Mit Hilfe dieses Buches lernen Sie, zuverlässige DNS-Systeme zu entwickeln und zu verwalten. Sie lernen auch, WINS, ein weiteres Namenssystem des Internet, mit DNS zu verbinden. Am Schluß des Buches wird gezeigt, wie Sie Ihr eigenes DNS entwickeln können, indem Sie mit anderen Sysops und Internet-Providern kooperieren.

408 Seiten
ISBN 3-8272-**5522**-8, DM 79,95

Gene Henriksen
Windows NT und Unix integrieren
NEW TECHNOLOGY

Mit dem Nebeneinander zweier Betriebssystemwelten befaßt sich dieser Titel. Von der Einführung in Windows NT und Unix, Netzwerkplanung, Filesharing, Drucken bis hin zu komplexen Problemen dieser beiden Welten bleibt kaum eine Frage offen.

376 Seiten, 1 CD-ROM
ISBN 3-8272-**9570**-X, DM 89,95

E. Schmid/ C. Cartus/R. Blume
PHP
NEW TECHNOLOGY

PHP als webserverseitige, in HTML eingebettete Skriptsprache ermöglicht es auf einfache Weise, Multimedia-, E-Commerce- und andere Webanwendungen zu erstellen. Insbesondere in Verbindung mit dem marktführenden Apache-Webserver wird PHP in der aktuellen Version 3 auf einer großen und stetig wachsenden Anzahl von Servern eingesetzt. Das erste deutsche Buch zu diesem zukunftsträchtigen Thema stellt PHP im praktischen Einsatz vor und ist als Handbuch und Nachschlagewerk ein Muß für alle, die sich professionell mit dem WWW beschäftigen.

368 Seiten, 1 CD-ROM
ISBN 3-8272-**5524**-X, DM 89,95

www.mut.de

Markt&Technik-Produkte erhalten Sie im Buchhandel, Fachhandel und Warenhaus.
Markt&Technik Buch- und Software-Verlag GmbH · Martin-Kollar-Straße 10–12 · 81829 München · Telefon (0 89) 4 60 03-222 · Fax (0 89) 4 60 03-100

JAVA

Ralph Steyer
Java 2
KOMPENDIUM

In diesem Kompendium erfährt der Einsteiger Grundkonzepte, eine Einführung in Java und erste Beispielanwendungen mit der Version 2. Für fortgeschrittene Programmierer sind die Infos zu den Klassenbibliotheken und ausführliche Referenzen ein unverzichtbarer Bestandteil.

1028 Seiten, 1 CD-ROM
ISBN 3-827**2-5564**-3, DM 99,95

Ralph Steyer
Java 1.2
SCHNELLÜBERSICHT

Das handliche und übersichtliche Nachschlagewerk bietet umfassende Informationen zu Java und erlaubt es, sehr schnell Befehle, Funktionen usw. nachzuschlagen, ohne sich mit überflüssigem Beiwerk zu belasten.

640 Seiten
ISBN 3-827**2-5435**-3, DM 49,95

Laura Lemay
Java 2
IN 21 TAGEN

Das bewährte Kurskonzept – jetzt zur neuen Version 2, jedes Kapitel mit Testfragen und F&A-Session – findet auch in Laura Lemays Update eines der weltweit erfolgreichsten Lehrbücher zur Programmiersprache Java seine Fortsetzung. Auf der Buch-CD finden Sie zudem den kompletten Inhalt im HTML-Format, alle Sourcedateien zu den Beispielen sowie das komplette Java-Entwicklungspaket von Sun in Version 2.

ca. 800 Seiten, 1 CD-ROM
ISBN 3-827**2-5578**-3, DM 89,95

Markt&Technik
www.mut.de

Markt&Technik-Produkte erhalten Sie im Buchhandel, Fachhandel und Warenhaus.
Markt&Technik Buch- und Software-Verlag GmbH · Martin-Kollar-Straße 10–12 · 81829 München · Telefon (0 89) 4 60 03-222 · Fax (0 89) 4 60 03-100

Die Welt der Netze

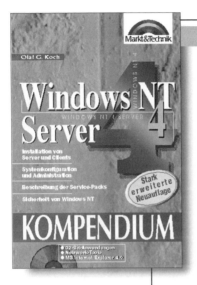

Windows NT 4 Server – Kompendium
Olaf G. Koch

Eine völlig überarbeitete und aktualisierte Neuauflage. Das Buch beschäftigt sich mit der Vernetzung und Administration von Windows NT 4.0. Gezeigt werden Konzepte für die erfolgreiche Einrichtung, Verwaltung und Integration in heterogene Netzwerke. Im Mittelpunkt stehen Domänenkonzepte, die Einrichtung in NetWare- und TCP/IP-Umgebungen und die Schaffung von Netzwerken auf der Basis von Windows NT. Ebenso wird die Einbindung von NT-Rechnern in die Novell-Welt besprochen.
Neu hinzugekommen sind die Beschreibung der Zwischen-Updates und die Sicherheitsaspekte für NT-Netze.
1 CD-ROM-Beilage mit nützlichen 32-Bit-Utilities, komplett aktualisiert
**1056 Seiten · 1 CD-ROM · ISBN 3-8272-5429-9
DM 89,95**

Windows NT 4 Server – Schnellübersicht
Gerhard Steiner

Die Themen: Grundlagen und Netzwerk, Installation Windows NT Server, Administration des Netzwerks, Kommunikation, Bandsicherung, Festplatten-Manager, Bedienung der Benutzeroberfläche, Ordner, Dateien und Festplatten, Systemsteuerung und Verwaltung, Zubehörprogramme.
448 Seiten · ISBN 3-8272-5198-2 · DM 39,95

Markt&Technik
www.mut.de

Markt&Technik-Produkte erhalten Sie im Buchhandel, Fachhandel und Warenhaus.
Markt&Technik Buch- und Software-Verlag GmbH · Martin-Kollar-Straße 10–12 · 81829 München · Telefon (0 89) 4 60 03-222 · Fax (0 89) 4 60 03-100

Cisco Press

Cisco Systems, Inc.
Cisco IOS – Grundlagen der Konfiguration

Dieses verständliche Nachschlagewerk bietet eine umfassende, detaillierte und vollständige Übersicht über Router- und Server-Support und Konfigurationstechniken. Zusätzlich zu Implementationsanweisungen und Aufgaben lehrt dieses Buch auch die Router- und Server-Kommandos an sich sowie die Syntax für jedes Kommando.

1184 Seiten
ISBN 3-827**2-2033**-5, DM 198,–

M. Ford u.a.
Handbuch Netzwerk-Technologien

Dieses Buch zeigt Ihnen auf verständliche Weise die verschiedenen Alternativen im Bereich der Internet-Netzwerke auf. Es behandelt die aktuellsten Technologien für WANs und zeigt, wie sie sich effektiv in einem Netzwerk einsetzen lassen.

752 Seiten
ISBN 3-827**2-2034**-3, DM 99,95

www.mut.de

Markt&Technik-Produkte erhalten Sie im Buchhandel, Fachhandel und Warenhaus.
Markt&Technik Buch- und Software-Verlag GmbH · Martin-Kollar-Straße 10–12 · 81829 München · Telefon (0 89) 4 60 03-222 · Fax (0 89) 4 60 03-100

Cisco Press

T. Quinn-Andry / K. Haller
Netzwerk-Design

Dieses Buch untersucht Netzwerk-Design-Kriterien für individuelle und integrierte Local-Area-Netzwerke (LANs). Dabei werden aktuelle Herausforderungen an Netzwerkdesigner und Administratoren berücksichtigt wie z.B. Datenverkehrsmuster, Priorisierung von Datenverbindungen, Sicherheit, Redundanz und Skalierbarkeit. Darüber hinaus stellen die Autorinnen Netzwerkentwürfe vor, die diese Faktoren in unterschiedlichem Grade berücksichtigen. Auf Grundlage der skalierbaren Entwürfe können Sie als Netzwerkdesigner und/oder Administrator diese einzigartige Sammlung von Designkriterien in Ihre speziellen Netzwerke integrieren.

400 Seiten
ISBN 3-8272-2032-7
DM 89,95

A. Leinwand / B. Pinsky / M. Culpepper
Cisco Router Konfiguration

Ganz nah an den Problemen des Netzwerkadministrators orientiert sich dieses praktische, reich bebilderte Handbuch aus der Reihe des Herstellers, der für rund 90 Prozent der heute im Internet eingesetzten Technologie verantwortlich zeichnet. Sie erfahren alles Wichtige zu Entwurf und Einrichtung von Netzwerken, von der Auswahl der richtigen Protokolle bis hin zur Wahrung der Netzwerksicherheit. Cisco Router und das zugehörige Betriebssystem Cisco IOS werden ausführlich und praxisnah erklärt.

416 Seiten
ISBN 3-8272-2042-4
DM 89,95

www.mut.de

Markt&Technik-Produkte erhalten Sie im Buchhandel, Fachhandel und Warenhaus.

Markt&Technik Buch- und Software-Verlag GmbH · Martin-Kollar-Straße 10–12 · 81829 München · Telefon (0 89) 4 60 03-222 · Fax (0 89) 4 60 03-100

Microsoft Certified Systems Engineer

Drew Hewood/Rob Scrimger
**MCSE
TCP/IP im MS-Netzwerk**

800 Seiten, 1 CD-ROM
ISBN 3-8272-2022-X, DM 99,95

Mary Pablo
**MCSE TestPrep
TCP/IP**

576 Seiten
ISBN 3-8272-5544-9, DM 59,95

Robert Wallingsford
**MCSE Training Guide
Exchange Server 5.5**

600 Seiten, 1 CD-ROM
ISBN 3-8272-5476-0, DM 99,95

Glen Martin u.a.
**MCSE TestPrep
Exchange Server 5.5**

360 Seiten
ISBN 3-8272-5472-8, DM 49,95

www.mut.de

Markt&Technik-Produkte erhalten Sie im Buchhandel, Fachhandel und Warenhaus.
Markt&Technik Buch- und Software-Verlag GmbH · Martin-Kollar-Straße 10–12 · 81829 München · Telefon (0 89) 4 60 03-222 · Fax (0 89) 4 60 03-100

PRENTICE HALL

Andrew S. Tanenbaum
Computernetzwerke

Dieses Buch – bereits in der dritten überarbeiteten Auflage – eignet sich für alle, die wissenschaftlich, beruflich oder im Rahmen ihrer Ausbildung mit Computernetzwerken zu tun haben. Hier finden Sie die Grundlagen, Techniken, Protokolle und Normen von Computernetzwerken. Das erstmals aufgenommene Glossar enthält Fachbegriffe mit Erklärungen und schlüsselt die unzähligen rätselhaften Abkürzungen auf.

880 Seiten
ISBN 3-8272-**9568**-8, DM 99,95

Douglas Comer
Computernetzwerke und Internets

Hier finden Sie umfassend alle Aspekte der Vernetzung, von der Datenübertragung über die Verkabelung bis hin zur Anwendungssoftware. Das Buch enthält keine komplizierten mathematischen Berechnungen und setzt keine Kenntnisse bestimmter Betriebssysteme voraus. In einem umfangreichen Glossar sind die im Buch verwendeten Begriffe nach Fachgebieten zusammengefaßt und definiert.

584 Seiten, 1 CD-ROM
ISBN 3-8272-**9552**-1, DM 69,95

Prentice-Hall-Produkte erhalten Sie im Buchhandel und Fachhandel.
Markt&Technik Buch- und Software-Verlag GmbH · Martin-Kollar-Straße 10 – 12 · 81829 München · Tel (0 89) 4 60 03-222 · Fax (0 89) 4 60 03-100 · www.mut.de

Haben Sie sich in Ihrem Netz verfangen?

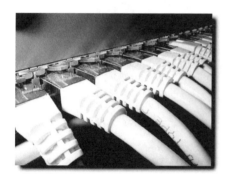

Ihr Netzwerk lebt und verändert sich täglich. Das kann neben der gewünschten Flexibilität Probleme erzeugen, denen man nicht gewachsen ist. Dafür sind wir da. Komplexe technische Zusammenhänge und Projektarbeiten sind unser Spezialgebiet. Ob Sie ISP Know-How benötigen, Ihr Netzwerk zukunftssicher aufbauen wollen oder ein Terrabyte Daten sichern müssen, unser Consulting Team berät Sie nicht nur in Fragen der Konzeption und Hardware, sondern begleitet Sie auch in den Phasen der Integration, des Service und der Schulung. Fordern Sie Informationen an unter info@cosmosnet.de.

COSMOS
CONSULTING GMBH   SCHATZBOGEN 39.81829 MÜNCHEN.TEL.: 089-451503-0

SYSTEMHAUS
INTERNETSERVICE
REDAKTION